《中国司法行政年鉴》编辑委员会　编

中国司法行政年鉴

法律出版社
PUBLISHING HOUSE OF LAW

《中国司法行政年鉴》编辑委员会

《中国司法行政年鉴》各省、自治区、直辖市司法厅(局)通讯员

刘汉林	北京市司法局志编办副主任
王子方	天津市司法局办公室史志科科长
李晓巍	河北省司法厅法制处处长
孟　钊	山西省司法厅政研室副主任
姜建国	内蒙古自治区司法厅办公室副主任
张国元	辽宁省司法厅办公室副主任
蒋雁北	吉林省司法厅办公室干部
王建辉	黑龙江省司法厅办公室综合科科长
唐秀凤	上海市司法局史志办公室副主任
袁　诚	江苏省司法厅办公室副主任
吕华南	浙江省司法厅办公室副主任
何一帆	安徽省司法厅办公室秘书科科长
张冬善	江西省司法厅办公室主任科员
黄志添	福建省司法厅办公室综合科干部
陈　燕	山东省司法厅办公室史志科科长
刘绍含	广东省司法厅办公室综合科科长
赖日东	广西自治区司法厅办公室副主任
林建华	海南省司法厅办公室副主任
郑智辉	湖北省司法厅办公室秘书科干部
刘委东	湖南省司法厅办公室综合科干部
李兴东	河南省司法厅办公室副主任
张银峰	四川省司法厅厅长办公室秘书
蒋玉琳	云南省司法厅办公室主任科员
陈　敏	贵州省司法厅法规处干部
陈大荣	西藏自治区司法厅办公室干部
马志泉	陕西省司法厅政研室副主任科员
张梅贞	青海省司法厅办公室干部
李永禄	宁夏自治区司法厅办公室秘书科科长
贾新婷	甘肃省司法厅研究室主任科员
封建江	新疆自治区司法厅政策法规处干部
董永祝	新疆生产建设兵团司法局《西部法苑》副主编
陈晓诚	新疆生产建设兵团监狱局办公室主任科员

《中国司法行政年鉴》
司法部机关各司局通讯员

王军益	政治部办公室主任
史迎新	监狱管理局研究室副主任
于有志	劳教局办公室干部
穆益斌	律师司业务处干部
邓甲明	公证司经济公证管理处处长
杜　春	基层司副司长
李恩甫	教育司办公室副主任
姚振怀	宣传司依法治理指导处处长
郑霞泽	法制司理论研究处处长
薛京梅	司法协助局执行处干部
耿志超	外事司办公室副主任
张登之	计财司办公室主任
陈庆云	审计局一处干部
张韶滨	监察局办公室干部
刘洪洋	离退休干部局办公室主任

1995年1月20日　中共中央在中南海举办法律知识讲座　　杜茂　摄

一九九五年一月二十日　中共中央根据司法部的建议，在中南海再次举办法律知识讲座。江泽民、李鹏、刘华清等中央领导同志出席了讲座。中国社会科学院法学研究所研究员王家福作了题为「社会主义市场经济法律制度建设问题」的讲座。讲座结束后，江泽民同志作了重要讲话。田纪云、李铁映、吴邦国、邹家华、姜春云、温家宝、王汉斌、任建新、迟浩田、宋健、李贵鲜、陈俊生、彭佩云、张思卿等领导同志和有关部门负责人出席了讲座。

杜茂　摄

1995年6月6日司法部举行中国委托公证人（香港）委托书颁发仪式，向新委托的64位公证人和连续委托的46位公证人颁发委托书。国务院副总理钱其琛、国务委员罗干等领导出席颁发仪式。

张实　摄

1995年5月18日国务院副总理李岚清视察中国政法大学

张实　摄

1995年7月12日第三次全国律师代表大会在北京召开。7月14日中央政法委员会书记任建新、国务院秘书长罗干等中央领导同志接见与会全体代表。

罗荣　摄

1995年1月15日中央书记处书记、中央政法委员会书记任建新、中央政法委员会副书记、国务院秘书长罗干慰问首都监狱劳教工作干警。

张实　摄

1995年3月2日国务院秘书长罗干视察河南省第一监狱

田野　摄

1995年2月9日国务院秘书长罗干视察司法部新办公楼工地

马军　摄

1995年2月17日全国司法厅（局）长会议在北京召开　　张实　摄

1995年6月16日全国司法厅（局）长座谈会在山东烟台召开　　张实　摄

1995年2月14日全国监狱工作会议在北京召开，会上司法部授予50名优秀监狱长（政委）和50名优秀劳教所长（政委）称号。

张实　摄

1995年12月26日 司法部在人民大会堂隆重举行第一届全国十佳律师、十佳公证员、十佳基层法律工作者颁奖大会。

张实 摄

第一届十佳律师合影

第一届十佳公证员合影

第一届十佳基层法律工作者合影

1995年11月1日全国司法行政系统警察队伍建设会议在北京召开

张实　摄

1995年12月25日《监狱法》理论与实践研讨会在北京召开

张实　摄

1995年10月19日《神州普法行》宣传活动新闻发布会在北京举行

张实 摄

1995年12月4日全国法制新闻宣传工作座谈会在北京举行

张实 摄

1995年10月全国普法办、司法部、中央电视台、法制日报社联合举办“神州普法万里行”大型法制宣传报道活动。

王冀川　摄

1995年1月17日中国律师文艺慰问团在京举办“律师之友音乐会”

张实　摄

1995年3月9日中宣部、司法部、文化部、联合举办的全国部分省市法制文艺节目汇报演出在京举行。

张实　摄

1995年4月30日司法部领导同志出席全国劳动模范和先进工作者表彰大会司法行政系统10位劳动模范和先进工作者进行座谈

张实　摄

1995年6月16日司法部领导与出席全国司法厅（局）长座谈会的先进基层司法局局长合影

张实　摄

1995年9月6日至11月17日新疆地市司法局长培训班在北京举行

张实　摄

1995年11月15日　司法部在华东政法学院隆重举行邹韬奋塑像揭幕仪式

1995年9月1日中国司法警官教育学院举行挂牌仪式

张实　摄

1995年10月7日第七次全国律师资格考试在全国举行

张实　摄

中国人民解放军的考生参加第七次律师资格考试

张实　摄

10月27日　司法部在深圳举行中国委托公证人（香港）委托书颁发仪式及向港台地区考生颁发律师资格证书仪式。58名香港律师获得司法部授权，取得委托公证人资格；18名通过全国律师资格考试的港台居民首次获得内地律师资格。

张玉华　摄

1995年7月3日　国务委员罗干会见波兰司法代表团

张实　摄

1995年1月12日中国和芬兰司法部长在北京签署《中芬司法合作与交流谅解备忘录》

张实　摄

1995年10月9日中国和匈牙利两国司法部长签署《中匈关于民事和商事司法协助条约》

张实　摄

1995年10月15日司法协助研讨会暨中国国际私法学会1995年年会在北京召开

高建新　摄

编 辑 说 明

一、《中国司法行政年鉴》是一部记载中国司法行政工作情况，反映司法行政工作全貌和各个年度工作发展和成就的综合性大型书刊。

二、1996 年册《中国司法行政年鉴》反映的是 1995 年的全国司法行政工作情况。

三、《中国司法行政年鉴》收录的资料，未包括台湾省。

四、《中国司法行政年鉴》收录的资料，截止至当年 12 月 31 日。

《中国司法行政年鉴》编辑部

1996 年 12 月

总 目 录

分类目录

第一部分 特 载

第二部分 全国司法行政工作概况

第三部分 各省、自治区、直辖市司法行政工作概况

第四部分　司法部负责人部分报告和讲话

第五部分 司法行政工作文件选载

总 类

队伍建设类

监 狱 类

劳动教养类

律 师 类

公 证 类

基层工作类

法学教育类

法制宣传类

法制工作类

仲裁登记类

其　他

第六部分　司法部部分会议简介

第七部分　司法外事和司法协助协议书、协定书和条约

第八部分　司法外事报告选载

第九部分　司法部归口管理的协会、学会工作概况

第十部分　法学教育、科研及法制报刊、出版机构工作概况

第十一部分　司法行政工作大事记

第十二部分　司法行政机关负责人名单

第十三部分　司法部表彰的先进集体和个人名录

第十四部分　司法行政统计资料

Contents of China Judicial Administration Yearbook 1996

Part I Special Coverage

Part II A Survey of the Nationwide Judicial Administrative Work

Part Ⅲ A Survey of the Provincial, Autonomous Regional and Municipal Judicial Administrative Work

Part Ⅳ Selection of Reports and Speeches by Ministers or Vice—Ministers of Justice

Part V Selected Documents on Judicial Administration

On General Matters

On Personnel

On Prison Service

On Notarial Work

On Grassroots Work

On Legal Education

On Legal Publicity

On Legal Work

On Registration of Arbitration

On Other Matters

Part Ⅵ Introductions to A Number of Conferences Organized by the Ministry of Justice

Part Ⅶ Agreements and Treaties on Foreign Judicial Administrative Affairs and Judicial Assistance

Part Ⅷ Selected Reports on Foreign Judicial Administrative Affairs

Part Ⅸ Brief Introductions to the Undertakings of the Associations and Societies Administered by the Ministry of Justice

Part X Brief Introductions to the Undertakings of Legal Education and Research Institutes, Legal Press and Publishing House

Part XI Chronicle of the Significant Events of Judicial Administration

Part XII Name List of Directors of Judicial Administrative Organs

Part XIII Name List of the Advanced Units and Individuals Commended by the Ministry of Justice in 1995

Part XIV Statistics of Judicial Administrative Work

(Translated by Chen Wenge)

第一部分　特　载

江泽民同志在中共中央举行的法制建设讲座结束时的讲话

（1995 年 1 月 20 日）

根据司法部党组的建议，预定的两次法律讲座今天结束了。中央政治局、书记处和国务院的领导同志及有关部门的负责同志，听取了法学专家的讲座，这对贯彻邓小平同志关于加强社会主义法制建设的思想，运用法律手段更好地管理国家和社会事务是很有意义的。

我们党的领导主要是政治、思想、组织领导。而政治领导的主要方式就是：使党的主张经过法定程序变成国家意志，通过党组织的活动和党员的模范作用带动广大人民群众，实现党的路线、方针、政策。党领导人民制定的宪法和法律是人民意志的体现，是党的主张的体现。执行宪法和法律，是对人民意志的尊重，是贯彻党的路线、方针、政策的重要保障。党既要领导宪法和法律的制定，又要自觉地在宪法和法律的范围内活动，严格依法办事，依法管理国家，对实现全党和全国人民意志的统一，对维护法律的尊严和中央的权威关系十分重大。这就要求我们党和国家的各级领导干部，必须不断地学习和掌握法律知识，具备较高的依法管理经济管理社会的能力。

为了适应社会主义市场经济发展和社会全面进步的要求，我国法制建设的进程正在不断加快，提高领导干部的法律素质已成为一项紧迫要求。各级领导干部一定要增强学习法律知识的自觉性，并且要形成制度，除了每年集中听一两次法制课外，还要充分发挥各级党校、干校在传授法律知识中的作用。小平同志关于加强社会主义民主与法制建设的思想以及法律的基本知识，应该成为党校、干校的必设课程。通过多种途径的学习和实践，务必使各级领导干部的法律知识和依法管理经济社会事务的水平，尽快地有一个较大的提高。

搞好法制教育，提高法律意识，增加法制观念，也是加强社会主义精神文明建设所必需的。我们在全体公民中开展普及法律常识教育，已经进行了近 10 年，“三五”普法工作还要继续搞下去，这是坚持贯彻“两手抓、两手都要硬”方针的重要内容。抓好这项工作，对加快我国的法制建设，深入开展反腐倡廉，维护社会稳定，促进改革开放和经济发展大有好处。

任建新同志在第三次全国律师代表大会上的讲话

（1995 年 7 月 14 日）

同志们：

中华全国律师协会召开的第三次全国律师代表大会，是我国律师界的一次盛会。我代表党中央和国务院对大会的召开和新一届律师协会的产生表示热烈的祝贺，并通过你们向全国律师工作者致以亲切的问候！

党的十一届三中全会以来，党中央、全国人大、国务院非常关心律师事业的发展。早在 1980 年，邓小平同志就指出，现在我们能担任司法工作的干部，包括法官、律师、检察官、专业警察，还缺很多。可以当律师的，当法官的，学过法律、懂得法律，而且执法公正、品德合格的专业干部很少。近几年，江泽民总书记也多次强调要加强律师工作。这些充分体现了党和政府对发展律师事业的关心和重视，为律师工作的改革与发展指明了方向。十几年来，在各级党委、政府的领导下，各级司法行政机关和律师协会积极努力，律师工作在改革中不断发展，律师在国家政治、经济和社会生活中发挥着越来越重要的作用，取得了显著成绩。

随着改革开放的不断深入和社会主义市场经济体制的逐步确立，律师事业的发展呈现出新的景象。到今年上半年，全国律师已发展到8万多人，是1986年全国律师协会成立时律师总数的6倍，这是值得庆贺的事情，是改革开放和社会主义民主与法制建设的一个重要成果。但也应当看到，我国律师队伍的数量和质量都还远远跟不上形势发展的要求。进一步壮大律师队伍，提高律师的政治素质和法律素质，健全和完善律师制度，仍然是现阶段律师工作面临的重要任务。各级司法行政机关和律师协会要认真总结经验，继续推动律师工作的改革和发展，充分发挥律师在经济建设和社会主义民主与法制建设中的作用。

律师制度是一个国家法制健全和文明程度的重要标志之一。我国的律师制度是我国社会主义民主与法制建设的重要组成部分，律师队伍是加快改革开放、经济建设的重要法制力量。健全、完善我国的律师制度关系到我国的法制形象，关系着现代化建设的顺利进行。我们要坚决贯彻小平同志“一手抓建设，一手抓法制”的思想，在加强法制建设中积极发展律师事业。要在全面总结律师工作经验的基础上，加快制定《律师法》，把律师工作全面纳入社会主义法制的轨道，进一步推进律师制度的改革，促进律师事业的发展。

律师是为社会提供法律服务的法律工作者，在维护稳定，促进经济和社会发展中负有重要职责。总的看，我国律师队伍是好的，是党和人民可以信赖的。但是，也应当清醒地看到，律师队伍中确有少数人挖空心思多捞钱，丧失职业道德，无视执业纪律，有的甚至走上违法犯罪道路，严重损害了律师的形象，造成了很坏的影响。我衷心希望广大律师要认真学习邓小平同志建设有中国特色社会主义的理论，坚持四项基本原则，自觉地贯彻执行党的路线、方针、政策，牢固树立全心全意为人民服务的人生观、世界观，不断提高自身的政治素质和业务素质，积极为维护社会稳定、促进经济发展做贡献。要恪守职业道德，严肃执业纪律，加强廉洁自律，坚决纠正“一切向钱看”，办“人情案”、“金钱案”的不良倾向，坚持以事实为根据，以法律为准绳，忠实地执行宪法和法律，严格依法办事，树立良好的社会形象，努力建设一支政治合格、业务精通、作风过硬的律师队伍。

各级党委、政府要切实加强对律师工作的领导，关心、支持、指导律师管理体制和律师工作的改革，随时注意总结改革中的经验教训，不断改进工作；要健全和完善管理监督机制，加强对律师队伍的管理和教育；要在律师队伍中加强党的建设，健全党团组织，强化思想政治工作；要维护律师的合法权益，对那些非法干涉律师执业，侵犯律师合法权益的事件要严肃查处，坚决依法追究，保障律师依法履行职责。

同志们，我国的律师事业面临着良好的机遇和严峻的挑战，随着改革开放的深入和社会主义市场经济的发展，律师工作前景无限广阔。各级司法行政机关、各地律师协会和广大律师要认清肩负的重任，在邓小平同志建设有中国特色社会主义理论的指导下，在以江泽民同志为核心的党中央的领导下，团结一致，奋力开拓，为维护改革、发展、稳定，为保障我国社会主义现代化建设事业的顺利进行而努力奋斗。

罗干同志在全国监狱工作会议上的讲话

（1995年2月16日）

同志们：

这次全国监狱工作会议是监狱工作进入新的历史时期召开的一次十分重要的会议。我代表国务院、中央政法委向你们，并通过你们向全国司法行政机关及监狱、劳教系统的全体干警致以亲切的问候。这次会议表彰的80名优秀监狱长、劳教所长、政委，都在各自的工作岗位上做出了突出的贡献，我谨向这些监狱、劳教系统人民警察的优秀代表表示热烈的祝贺！

自1981年9月召开的第八次全国劳改工作会议至今已有十几年的时间。十几年来，伴随着我国改革开放和现代化建设的进程，广大监狱人民警察不断解放思想，开拓创新，深化监狱工作的各项改革，努力提高执法水平和改造质量，为维护社会稳定、保障社会主义现代化建设的顺利进行做出了积极贡献。监狱、劳教工作在加强民主与法制建设、巩固国家政权，建立和发展社会主义市场经济过程中具有重要作用，愈来愈引起各级党委、政府和人民群众的重视。希望同志们遵照党的十四大和十四届三中、四中全会以及中央经济工作会议精神，按照全国政法工作会议的部署，全面认真地贯彻《监狱法》，落实国务院的两个文件，进一步深化各项工作改革，为保障改革开放和社会主义现代化建设顺利进行做出新的贡献。下面，我讲四点意见：

一、各级监狱机关为巩固人民政权、维护社会稳定做出了重要贡献，应给予充分肯定

建国四十多年来，在毛泽东、周恩来等老一辈革命家和党中央、国务院的亲切关怀和直接领导下，我们卓有成效地改造了1000多万名罪犯，其中包括日本战犯、国民党战犯、伪满战犯和末代皇帝，以及大批普通刑事罪犯，使他们中的绝大多数成为守法公民和自食其力的劳动者，取得了举世瞩目的成就。尤其是党的十一届三中全会以来，以邓小平同志为核心的第二代中央领导集体和以江泽民同志为核心的第三代中央领导集体，开创了我国社会主义事业发展的新时期，监狱工作也进入了新的发展阶段。在新的历史条件下，监狱的押犯构成发生了很大变化，监狱工作遇到了一些新的困难和问题。监狱系统的人民警察积极适应新的形势，在继承中创新，在改革中发展，不断探索具有中国特色的社会主义监狱制度，采取了一系列加强监狱工作的新措施和提高改造质量的新办法，取得了新的成就。罪犯脱逃率大幅度下降，重新犯罪率比例较低；执法水平和管理教育水平明显提高。实践证明，我国监狱改造罪犯的工作是成功的，得到了党和政府以及广大人民群众的充分肯定和称赞，在国际上也享有很高的声誉。这一历史性成就是监狱系统全体人民警察长期团结奋斗的结果。监狱人民警察在改造罪犯的特殊战线上，兢兢业业地工作，默默无闻地奉献，不愧为党和人民的忠诚卫士，诲人不倦的特殊园丁，不愧为一支忠于党、忠于人民、政治强、业务精、作风正、能吃大苦耐大劳的队伍，一支党和人民完全可以依赖的队伍，理应受到党和政府的高度赞扬、受到广大人民群众的尊敬。

二、充分认识新形势下监狱工作的特殊重要性

马克思主义基本原理告诉我们，国家是阶级矛盾不可调和的产物，而军队、警察、法庭、监狱则是国家机器的重要组成部分。历史上任何一个掌握国家政权的统治阶级都十分重视运用监狱这个武器来维护自己的统治。我国宪法规定，监狱是我国人民民主专政的重要工具，是国家的刑罚执行机关。监狱直接担负着惩罚和改造罪犯的艰巨任务，是巩固人民政权、维护社会稳定，保障社会主义现代化建设顺利进行的一个重要部门。随着改革的不断深入，经济的持续发展，需要有一个长期稳定的良好社会环境，更需要充分发挥人民民主专政工具的重要作用。邓小平同志强调指出：在阶级斗争存在的条件下，在帝国主义存在的条件下，不可能设想国家专政职能的消亡，不可能设想常备军、公安机关、法庭、监狱等等的消亡。"没有无产阶级专政，我们就不可能保卫因而也不可能建设社会主义"。各级党委和政府都要认真学习和深刻领会小平同志关于加强人民民主专政的重要理论和思想，充分认识到做好监狱工作是坚持党的基本路线，坚持四项基本原则，落实"两手抓、两手都要硬"，健全和完善社会主义法制建设的一个重要方面。

监狱工作在维护社会稳定中具有不可替代的重要作用。当前，影响社会稳定的各种因素依然存在，我们与境内外敌对势力的斗争将是长期的，一些地方社会治安状况不好，刑事犯罪案件不断上升的势头一时还难以改变，监狱押犯将不断增多，犯人构成更趋复杂，每年还将有三十万左右刑满释放人员回归社会。因此，确保监狱的安全与稳定，努力提高改造罪犯质量，对于维护千家万户的安宁，保证国家的长治久安，都具有极其重要的作用。

随着国际政治斗争的发展，监狱工作日益受到国际社会的关注，成为人权斗争的焦点之一。近几年来，西方敌对势力利用"政治犯"、"酷刑"、"劳改产品出口"等问题大作文章，恣意对我国进行诬蔑和诽谤；境内外敌对分子也蠢蠢欲动，采取各种手段搜集我国监狱机关的情报，甚至装扮成旅游者、商人等秘密潜入境内，混到监狱附近或监狱内进行活动。因此，加强监狱管理工作，改善罪犯的监管条件和待遇，做好改造罪犯的工作，对于回击西方敌对势力的造谣诬蔑，捍卫国家主权，维护我国形象，也具有十分重要的意义。

各级党委、政府和有关部门应当进一步统一思想，提高认识，从健全社会主义民主与法制、巩固国家政权、维护社会稳定、保障改革开放和现代化建设顺利进行的高度，充分认识做好监狱工作的特殊重要性，关心和支持监狱工作，帮助解决工作中的实际问题，保障监狱机关依法改造罪犯工作的顺利进行。

三、大力加强对监狱工作的领导，认真贯彻落实好《监狱法》和国务院的两个文件，切实解决监狱面临的困难

监狱工作任务繁重，责任重大，困难较多，各级党委、政府都要认真贯彻落实《监狱法》，领导和管理好本地区的监狱工作，把监狱工作纳入当地国民经济和社会发展规划，列入工作的议事日程，切实抓紧抓好。

改革开放以来，监狱工作遇到了许多新情况、新问题，尤其是面临着相当大的经济困难，严重制约和影响了监狱惩罚和改造罪犯任务的顺利完成。为此，《监狱法》第八条明确规定："国家保障监狱改造罪犯所需经费。监狱的人民警察经费、罪犯改造经费、罪犯生活费、狱政设施经费及其他专项经费，列入国家预算。国家提供罪犯劳动必需的生产设施和生产经费。”最近国务院下发的《关于进一步加强监狱管理和劳动教养工作的通知》，进一步明确了从根本上解决监狱的财政保障体制和投资保障体制等重大问题。按照《监狱法》的规定和国务院《通知》的要求，各地要采取切实措施，改革和完善监狱管理体制，理顺监狱与有关部门的关系，保障惩罚与改造罪犯工作的顺利进行。要按照中央和地方事权划分的原则，将监狱经费和狱政建设投资分别列入中央和省、自治区、直辖市政府的公共预算和计划；监狱人民警察经费应参照公安干警经费标准确定拨款数额；罪犯生活费要按照司法部与财政部制定的实物量标准计算生活费总额，纳入当地财政预算。为了尽快改革目前多数监狱设施陈旧、装备落后的面貌，要在现有基础上增加狱政设施、技术装备等专项拨款，并分别列入中央和地方的预算和计划。要扶持发展监狱生产，改革监狱现有的生产经营管理体制，将监狱生产性基本建设投资和技术改造投资列入中央和地方的固定资产投资计划。

各地政府都要下大力气，切实解决好监狱工作所需的经费。财政再困难，也要解决好这个事关巩固政权、树立国家法制形象的大问题。社会各界都要关心、支持监狱工作，积极开展社会帮教、社会支援、社会安置、社会监督活动，切实做好罪犯刑满释放后的安装帮教工作。各地政府要严格按照《监狱法》的规定，保护好监狱国有资产与监狱场所安全，妥善处理好场群关系，严防冲击监管场所，哄抢财物，确保监狱的安全与稳定。

四、依法治监、从严治警，不断提高监狱人民警察的素质，进一步提高改造工作质量

监狱系统的广大干警必须认真学习、全面贯彻《监狱法》。要进一步完善相关的法规，健全监狱内部的各项规章制度，严格依法治监。监狱的一切工作和活动都必须纳入法制轨道，严格依照《监狱法》办事，切实做到有法必依，执法必严，违法必究。要加强执法监督检查，保证《监狱法》的正确实施。监狱工作要坚定不移地把改造罪犯的工作放在一切工作的首位，切实贯彻执行“惩罚与改造相结合，以改造人为宗旨”的监狱工作方针，强化监狱的管理与安全，加大教育改造的力度，推进狱政设施、装备的现代化进程，加强监狱的法制建设。逐步建立法制健全、执法严明、管理文明、教育有效、设施完善、装备先进、改造手段科学、物质保障有力的具有中国特色的现代化文明监狱。

为了加强监狱的现代化建设，必须对监狱现有生产单位的经营管理体制进行改革。要以转换经营机制为中心，深化内部改革，逐步建立适应监狱管理特点的现代企业制度；监狱生产必须牢固树立质量观念、市场观念、效益观念。亏损单位要通过技术改造和加强管理，努力扭亏增盈；对于长期亏损、资不抵债，又难以扭亏为盈的单位，要坚决实行关、停、并、转。司法部和省（区、市）司法厅（局）及监狱管理局要加强和改善对监狱经济工作的宏观调控，管理好所属企业的国有资产，按照转变政府职能的原则，探索适应社会主义市场经济发展的宏观管理组织形式，组建集团公司，以适应市场、搞活企业、提高效益。

提高改造质量的关键是加强队伍建设，提高监狱系统人民警察的政治素质和业务素质。在建立社会主义市场经济体制的新形势下，监狱系统广大干警中的绝大多数是经得住考验的，但是确有极少数干警经受不住腐朽思想的侵蚀，以权谋私，搞权钱交易，甚至严重违法乱纪，在一定程度上影响了队伍的形象。如果不对这些人严肃纪律，依法惩处，势必造成严重后果。因此，司法行政机关的各级领导一定要高度重视监狱人民警察队伍的建设，坚持从严治警，认真查处一切违法违纪的人员，绝不护短，以保持司法系统人民警察队伍的纯洁性。

要坚持党对监狱工作的绝对领导。监狱人民警察作为国家专政机关的一支重要力量，任何时候都必须自觉接受和服从党的领导，用邓小平同志建设有中国特色社会主义的理论武装思想，坚定社会主义、共产主义信念。不断提高监狱人民警察的政治思想水平，加强领导班子建设，坚持不懈地开展反腐败斗争，抓好经常性的培训工作，努力把监狱人民警察队伍建设成为政治坚定、业务精通、作风过硬、廉洁奉公、有坚强战斗力的队伍。

同志们，在我国加快改革开放和现代化建设伟大事业的进程中，监狱工作任重道远。希望监狱系统的全体干警，在以江泽民同志为核心的党中央领导下，振奋精神，努力工作，为加强社会主义法制、维护社会稳定、发展社会主义市场经济做出新的贡献！

罗干同志在司法部“三个十佳”颁奖会上的讲话

（1995年12月26日）

同志们：

司法部开展全国十佳律师、十佳公证员、十佳基层法律工作者评选活动，表彰他们在法律服务和法制建设中做出的突出贡献，这是很有意义的一件事，也是建国以来第一次开展这样的活动。在这里，我向受到表彰和奖励的同志们表示祝贺，并通过你们向全国的广大律师、公证员和基层法律工作者表示亲切的慰问！

司法行政机关复建以来，在党中央和国务院的领导下，法律服务工作得到了较大的发展，特别是通过近几年的改革，法律服务队伍不断壮大，服务领域不断拓展，服务质量不断提高，基本形成了一个以律师、公证和基层法律服务机构为主体，以社会法律咨询机构为补充的法律服务体系，法律服务工作取得了令了鼓舞的成绩。广大律师、公证员、基层法律工作者勤勤恳恳，兢兢业业，秉公执法，在保护国家利益和公民、法人的合法权益等方面做了大量的工作，为社会主义市场经济的各个方面提供了优质的法律服务和法律保障，为改革开放创造良好的法制环境，为维护社会稳定，推进社会主义民主与法制建设，做出了积极的贡献。

当前，我国正处在世纪之交的重要历史时期。在这个历史时期中，要保证“九五”计划和2010年远景目标的顺利实现，就必须大力加强法制建设和法律服务工作，以创造一个良好的安定的社会政治环境。最近召开的全国政法会议，紧紧围绕全党工作大局，研究部署了明年的工作，也规划了“九五”期间和未来15年的政法工作，会议期间，江泽民总书记、李鹏总理同代表进行了座谈并发表了重要讲话，对做好新时期政法工作提出了明确的要求，对法律服务工作也提出了更高的要求，应该看到，社会主义市场经济的建立和发展，不仅需要完备的立法、严格的执法，而且需要完善的良好的法律服务。可以肯定地说，21世纪法律服务的领域将会更加广阔，任务将更加艰巨，希望大家认真贯彻党的五中全会精神，认真贯彻全国政法会议精神，在法律服务工作方面，进一步解放思想，深化改革，加快发展，希望广大律师、公证员和基层法律工作者认真学习邓小平同志建设有中国特色社会主义理论，刻苦钻研业务知识，掌握服务本领，提高服务水平。要严格遵守国家法律，遵守执业纪律和职业道德，廉洁自律，依法办事，在社会上树立起良好的形象。

同志们，当前我国的改革开放和经济建设总的形势很好，我们充满信心。同时也要看到，前进中还面临着不少新矛盾新问题，我们必须加倍努力工作。我相信，广大法律服务工作者一定能够担负起历史的重托，为改革开放和经济建设提供更好的法律保障和法律服务，为顺利实现“九五”计划和2010年远景目标做出新的贡献。

国务院关于进一步加强监狱管理和劳动教养工作的通知

（1995年2月8日）

各省、自治区、直辖市人民政府，国务院各部委、各直属机构：

建国40多年来，监狱、劳动教养所及其广大干警克服各种困难，做了大量艰苦细致的工作，依法教育改造了一大批罪犯和劳动教养人员，为巩固人民政权、维护社会稳定、保障社会主义建设顺利进行做出了很大贡献。近几年监狱管理和劳动教养工作遇到许多新情况、新问题，为了进一步加强这方面的工作，现就有关问题通知如下：

一、继续深化改革，逐步完善监狱管理和劳动教养制度

（一）监狱是国家的刑罚执行机关，要坚持惩罚与改造相结合、以改造人为宗旨的方针。对罪犯实施依法、严格、文明、科学管理；推行分类关押、分级管理、分类施教的办法；要利用各种有效形式，大力开展法制、道德、文化、技术教育，组织罪犯参加生产劳动，把他们改造成为自食其力的守法公民和社会主义建设的有用之材。

（二）劳动教养所是国家治安行政处罚的执行机关，要贯彻“教育、感化、挽救”的方针。对劳动教养人员重在教育，立足挽救，把劳动教养所办成教育、挽救他们的特殊学校。要根据形势发展和完备法制的需要，在收容、管理方式、教育措施等方面，对现行劳动教养制度进行改革和完善。

（三）要按照加快建设、分期分批实施的原则，创建现代化文明监狱和劳动教养所。根据中央和地方的财力情况，重点在北京、上海、天津、广州市建设4所现代化文明监狱，在上海、广州、杭州市建设3所现代化文明劳动教养所。为了加强对社会有一定影响的罪犯和劳动教养人员的教育改造工作，司法部可以在上述重点建设的监狱、劳动教养所中各选两所，作为部、市合办的监狱和劳动教养所。

（四）要在认真贯彻执行《中华人民共和国监狱法》的同时，进一步完善相关的法规并健全内部规章制度，严格依法治监。对劳动教养工作，应抓紧调研起草有关法规，以切实做到依法治所。

二、保障监狱、劳动教养所的经费供给和狱（所）政建设投资

（一）为了保证监狱管理和劳动教养工作顺利进行，要按照中央和地方事权划分的原则，将监狱、劳动教养所经费和狱（所）政建设投资分别列入中央和省、自治区、直辖市政府公共预算或者计划。

（二）监狱和劳动教养所干警经费，参照当地公安干警经费标准确定拨款数额，属于中央管理的单位由中央财政负担，属于地方管理的单位由地方财政负担。

（三）罪犯、劳动教养人员生活费，根据司法部与财政部制定的实物量标准计算生活费总额，纳入当地财政预算。对罪犯和劳动教养人员所需口粮，由粮食部门保证粮源和供应主渠道。

（四）为了加快监狱、劳动教养所的设施、装备现代化建设，在现有基础上适当增加狱（所）政设施更新维修费、技术装备专项拨款，列入中央和地方财政预算。狱（所）政建设投资，分别列入中央和地方计划，单立户头，专项核拨并视财力情况逐步有所增加。此项经费和投资，主要由地方负担，中央对困难地区给予适当补助。

三、扶持发展监狱、劳动教养所生产单位，改革生产经营管理体制

（一）将监狱、劳动教养所生产性基本建设投资和技术改造投资列入中央和地方的固定资产投资计划，单立户头，视财力情况逐步有所增加。中央分配到各地的这两项投资，各地应根据本地财力情况予以配套安排。

对中央安排的基本建设贷款，原贴息贷款余额部分，仍按老办法由预算安排的财政贴息资金中解决；新发生的贷款贴息问题，待拟定基本建设政策性贷款项目财政贴息资金管理办法时一并研究。对中央安排的技术改造专项贷款，继续实行中央和地方财政共同贴息的办法。中央安排的基本建设贷款和技术改造专项贷款规模分别纳入当年基本建设和技术改造投资计划，由中国人民银行在当年信贷计划中安排有关专业银行落实下达。

为有利于监狱、劳动教养所抓好教育改造工作，地方政府要在生产计划、项目和资金安排上给予照顾，尤其对从事农业生产的单位要给予重点扶持，帮助解决基础设施和农田基本建设落后及历史遗留问题，增强他们自我发展的能力。

（二）鉴于国家税制改革以后监狱和劳动教养所的生产单位税赋增加，关于保障教育改造工作所需要经费的具体办法由财政部、国家税务总局商司法部确定。

（三）司法部和省、自治区、直辖市两级监狱管理局、劳动教养工作管理局负责领导和管理本系统的各类生产单位，要管理好所属单位的国有资产，按照转变政府职能的原则，探索建立适应社会主义市场经济体制的宏观管理组织形式。省级政府及其有关部门可从实际情况出发，允许当地的监狱管理局、劳动教养工作管理局在计划、投资、财务以及生产管理等方面单列户头并赋予其相应的经济管理职能。

（四）改革监狱、劳动教养所生产单位的经营管理体制，以转换经营机制为中心深化企业内部改革，逐步建立适合监狱管理和劳动教养工作特点的现代企业制度。要大力调整产业结构和产品结构，厉行节约，提高经济效益。亏损单位要通过技术改造和加强管理，努力扭亏增盈。对于长期亏损、资不抵债，又难以扭亏为盈的单位，应实行关、停、并、转。

四、重视搞好监狱、劳动教养所干警队伍建设

（一）从事监狱管理和劳动教养工作的干警集执法、教育改造、组织生产等多种任务于一身，责任重大。在新形势下，尤其要重视和搞好这支干警队伍的建设。监狱、劳动教养所及其领导机关必须坚持从严治警，做到严格教育，严格管理，坚持不懈地开展反腐败斗争，纠正部门和行业不正之风。广大干警要严格依法办事，切实秉公执法，严守职业纪律，努力提高执法水平。对有违法乱纪行为，特别是贪污受贿、徇私枉法和任意体罚、虐待罪犯、劳动教养人员的，务必及时严肃查处。

（二）要按照干部“四化”方针和德才兼备的标准，

选拔具有法律、教育、生产管理等专业知识，有较高政策理论水平、秉公执法、清正廉洁并符合其他任职条件的干部，担任监狱管理局、劳动教养工作管理局局长及其他重要职务。今后凡是晋升上一级领导职务的，必需经过专业院校培训，考核合格后方能上岗。各省、自治区、直辖市选配监狱管理局、劳动教养工作管理局正职领导干部，要事先征求司法部的意见。

（三）要严格执行人民警察的录用、任免、考核、培训、交流、授衔、晋升、奖惩、辞退、退休等制度。为了提高监狱、劳动教养所干警队伍的整体素质，培养高层次的管理人才，要充分利用现有教学设施，对确需建设司法警官学院的，可根据财力情况，积极创造条件，按有关规定程序进行筹建。当前，各省、自治区、直辖市要加强领导，认真办好当地的监狱、劳动教养警官学校。监狱、劳动教养所干警必须受过专业培训，新增干警未经培训不得上岗。为了保证队伍素质，今后新增干警的主要来源应是高等、中专院校和警官院校的毕业生。对不适宜从事监狱管理、劳动教养工作的，要坚决辞退或调离。

（四）监狱、劳动教养所的干警编制，应根据其收押、收容的容量确定，有关适当增加干警编制和制定编制管理办法问题，由司法部与有关部门协商研究。

（五）对在地处偏远、条件恶劣的监狱和劳动教养所工作的干警，要结合当地实际情况给予优惠待遇。为了调动监狱、劳动教养所干警组织生产的积极性，允许实行干警生产管理津贴。具体办法由司法部与人事部、财政部研究。

五、切实加强对监狱管理和劳动教养工作的领导

（一）对罪犯和劳动教养人员进行教育改造，是维护社会稳定的一项重要工作，是社会治安综合管理的重要内容。各级政府要充分认识强化专政职能，做好监狱管理和劳动教养工作的特殊重要性，切实加强对这项工作的领导。

（二）各地政府要把监狱和劳动教养所的建设纳入当地国民经济和社会发展规划，认真解决监狱和劳动教养所的经济严重困难问题，相应改革和完善有关管理体制。

（三）提倡罪犯、劳动教养人员原居住地的基层政府或原单位与监狱、劳动教养所签定帮教协议，确定双方的责任，共同做好帮教工作和刑满释放、解除劳动教养后的安置工作。各地政府及有关部门要把对刑满释放、解除劳动教养人员的安置和继续帮教工作，作为落实社会治安综合治理领导责任制的一项重要内容，纳入本地区社会发展总体规划之中，统筹安排，抓好落实。司法行政、公安、民政、劳动、工商行政管理等有关部门，要认真履行职责，密切配合，共同努力做好这项工作。

（四）各地政府要保障监狱、劳动教养所及其资产的安全，做好附近群众的工作。监狱和劳动教养所的土地归国家所有，由监狱和劳动教养所管理、使用和开发，其他任何单位和个人不得侵占。对于冲击监狱、劳动教养所或哄抢监狱、劳动教养所资源财物的，要坚决制止并严肃查处。

（五）监狱、劳动教养所要经常向所在地政府汇报工作。政府领导同志要经常到监狱、劳动教养所检查、指导工作；要在重视抓好干警队伍建设的同时，关心干警的工作、生活，注重解决他们的实际困难，特别对偏远地区干警工作和生活条件差、子女上学和就业难等问题，更要努力给予解决，使他们消除后顾之忧，专心致志地做好教育改造工作，为维护社会稳定、保障改革开放和现代化建设做出贡献。

第二部分　全国司法行政工作概况

1995年监狱工作

1995年监狱工作是进一步发展的一年。《中华人民共和国监狱法》的贯彻实施，标志着我国监狱工作进一步纳入法制轨道；国务院《关于进一步加强监狱管理和劳动教养工作的通知》4号文件的下发，使监狱的财政保障体制和投资保障体制得到进一步确立；全国监狱工作会议的召开，明确了今后一个时期，监狱工作以创建现代化文明监狱为总体目标。一年来，监狱工作紧紧围绕贯彻一部法、两个重要文件和监狱工作会议精神，使监狱工作的整体水平有了较大提高。

一、认真贯彻《监狱法》，监管改造和执法水平有较大的提高。《监狱法》颁布实施后，全国监狱系统迅速掀起广泛宣传和认真组织学习、贯彻、落实《监狱法》的热潮。对外加大宣传力度，各地利用广播、电视、报纸等新闻媒介广泛进行社会宣传，在社会上产生了较大影响，提高了监狱工作和监狱人民警察的社会地位。对内组织干警深入学习《监狱法》，全国26万干警全部轮训一遍，大大增强了干警的法制意识。对罪犯也进行了《监狱法》教育，普遍提高了罪犯认罪服法，接受改造的积极性。1995年，全国监狱系统在超负荷关押的情况下，继续强化了对罪犯的教育改造，罪犯中依法改造和学习文化、技术的积极性大大提高，对罪犯的分押、分管、分教工作也有了较大进展。1995年狱内发案率为0.04%，罪犯脱逃率为0.12%。全国获减刑、假释的罪犯占押犯总数的23.27%。1995年，罪犯中获得各类文化证书的累计达165.4万人次，获得技术等级证书的罪犯累计达143.5万人次。在物价不断上涨，监狱经济困难的情况下，各监狱大力开展自种、自养、自加工，保证了罪犯的生活条件。监狱医院被定为二级医院的有17所，定为一级医院的有73所。1995年，监狱人民警察的执法水平显著提高，法制观念普遍增强。监狱法制建设有了新进展，相继出台了一系列与贯彻落实《监狱法》相关的规范性文件。

二、落实17次总理办公会议纪要和国务院4号文件有了新进展，财政和投资保障体制初步确立。2月中旬，全国监狱局长会议在北京召开，会议就落实国务院4号文件，保证财政、投资保障体制的建立与完善作了具体部署。一年来，经过上上下下的积极努力，以及中央和地方政府及有关部门的关心支持，全国监狱系统财政总拨款数比1994年有所增加，干警经费、犯人生活费在大多数省(区、市)已初步得到落实。

三、加强宏观管理，发展监狱生产，充分发挥劳动在改造罪犯中的作用。财政和投资保障体制确立后，1995年，监狱经济工作主要在加强宏观管理，挖掘内部潜力，苦练内功上做了大量工作。年中，司法部在广西召开全国监狱经济工作会议，会议提出：学先进，找差距，鼓干劲，定措施，力争尽快扭转监狱经济的亏损局面。1995年，监狱生产经营形势从总体上看是好的，适应社会主义市场经济的能力有所增强。

四、干警队伍建设迈出了新的步伐。1995年，监狱警察队伍认真贯彻《监狱法》、《人民警察法》，执法水平、综合素质和正规化建设都取得了突出成绩。11月，全国司法行政系统警察队伍建设会议在北京召开，会议明确了为维护社会稳定，努力培养一支跨世纪担当重任的警察队伍的奋斗目标。成绩主要表现在：一是执法水平、法制意识大大提高，严格执法、秉公执法、文明执法已在监狱警察队伍中蔚然成风；二是领导班子建设结构趋于合理，整体素质提高，监狱级领导班子成员中，大专以上文化程度的已达到53%，凝聚力、战斗力有所增强；三是坚持不懈地抓好教育培训工作。采取了多种形式，开展多层次、多渠道的办学培训，加快了教育培训速度。到1995年，全国干警队伍中大专文化程度的达到26.75%，改善了队伍的文化知识结构；四是在市场经济条件下，大力反腐倡廉，逐步完善了监督机制，提高了警察队伍的拒腐防变能力。同时，坚持开展了立功创模活动，涌现出一批秉公执法的教育能手、科技公关的先进典型。

五、创建现代化文明监狱工作有了良好的开端。1995年，《司法部关于创建现代化文明监狱实施意见》、《考核标准》和《评审细则》正式下发全国，考评委员会已经成立并开始工作，全国大部分省(区、市)结合自身实际，拟定了创建规划。浙江、北京、河南、云南、山东、江苏等省市分别推出第一批部级现代化文明监狱的创建单位，各地创建省级现代化文明监狱和文明监区活动也普遍展开。在创建活动中，逐步完善创建现代化文明监狱的实施方案，使创建活动走上了注重软件建设，立足于自力更生，着眼于提高监狱工作整体管理水平的健康轨道。

(司法部监狱局　李　静)

〔国务院发出通知重视监狱工作〕　2月8日，国务院签发〔1995〕4号文件《关于进一步加强监狱管理和劳动教养工作的通知》，强调监狱工作的重要性，确定国家对监狱的财政保障体制和投资保障体制。《通知》主要规定了：一是继续深化改革，逐步完善监狱管理和劳动教养制度。监狱是国家的刑罚执行机关，要坚持惩罚与改造相结合、以改造人为宗旨的方针。二是保障监狱、劳动教养所的经费供给和狱(所)政建设投资，将监狱、劳教所经费和建设投资列入国家预算。确定了干警经费和罪犯、劳教人员生活费标准。三是扶持发展监狱、劳教所生产单位，改革生产经营管理体制，国家给予一定的优惠政策，增强监狱、劳教所生产单位自我发展的能力。规定司法部和省(区、市)两级监狱管理局、劳教管理局负责领导和管理本系统的各类生产单位，管理好所属单位的国有资产，并按照转变政府职能的原则，探索建立适应社会主义市场经济体制的宏观管理组织形式。四是重视搞好监狱、劳教工作干警队伍建设。五是切实加强对监狱管理和劳教工作的领导，各地政府要把监狱和劳教所的建设纳入当地国民经济和社会发展规划，相应改革和完善有关管理体制。

国务院4号文件，是继1993年国务院17次总理办公会议纪要之后，重视监狱、劳教工作的又一个重要文件，对贯彻《监狱法》有了进一步的补充规定，主要有两方面的重要突破：一是对监狱工作方针的表述，把原来的"改造第一，生产第二"的方针改为"惩罚与改造相结合，以改造人为宗旨"，更准确地表达了中国监狱制度的性质，以监狱工作必将产生深远影响；二是监狱财政与投资体制的重大转折与突破，从原来的财政大包干改为国家给予经费保障的体制。《监狱法》和国务院4号文件的落实，对发展监狱工作，保障监狱机关正确执行刑罚，起到非常重大的作用。

(司法部监狱局　史迎新)

〔全国监狱系统50名优秀监狱长〕　40余年来，监狱工作取得了举世瞩目的成绩，涌现出了一大批业绩突出，群众公认的优秀领导干部，为了表彰先进，鼓舞斗志，进一步推动监狱工作向前发展，保证现代化文明监狱总体目标的实现，1995年1月28日，司法部发出《关于授予刘慎勋等50名同志优秀监狱长(政委)称号的决定》。决定号召司法行政系统全体干警，特别是监狱领导干部要向他们学习。学习他们立场坚定，热爱本职，全心全意献身监狱事业的高度政治觉悟；学习他们艰苦奋斗，任劳任怨，兢兢业业，无私奉献的敬业精神；学习他们坚持改革，锐意进取，勇于探索的创新精神；学习他们秉公执法，坚持原则，清正廉洁，率先垂范的高贵品质；学习他们谦虚谨慎，严以律己，联系群众，深入实际的优良作风。

这50名监狱长是：刘慎勋、周凯东、王文速、郭立明、李有发、崔存厚、王廷武、藏慕韩、梁兴、王乐廷、李洪金、杜宪民、周介昆、王兴土、王泉仁、宋向黎、顾天明、郑立青、郭之祥、陈永春、郭俊鸿、马林、辛宝山、贾沛林、冉继宏、熊自农、郑本畅、王远荣、张国贵、于保忠、刘炳衡、李秀萍、党子坚、韦咏森、杨清镐、李文华、黎先齐、陈登荣、黄必荣、岳宗谦、姜建辉、祥尼日嘎、冯国玉、魏学义、支正杰、王泽忠、马秀廷、马木提·力提甫、王吉明、刘志强。

(司法部监狱局　李　静)

1995年劳动教养工作

1995年，全国各级劳教机关和广大劳教工作干警在司法部党组及各地司法厅(局)的领导下，认真贯彻党的十四届四中、五中全会精神，围绕创建现代化文明劳教所的总体奋斗目标，坚持"教育、感化、挽救"的劳教工作方针，进一步解放思想，深化改革，团结拼搏，艰苦奋斗，努力完成了各项工作任务，取得了显著成绩。

一、创建现代化文明劳教所已经全面启动，试点工作有了良好的开端。部党组提出创建现代化文明劳教所的奋斗目标以后，各级劳教机关组织干警认真学习领会部领导讲话精神，研究制定了省(区、市)级现代化文明劳教所的标准和实施意见，并确定了第一批40个试点单位。为了进一步提高认识，树立创建工作的信心，部劳教局在中央司法警官教育学院举办了6期劳教局长、所长培训班，参训干部260多人。各地劳教局和部分试点单位将创建工作作为重要内容认真制定“九五”规划，写出了一批论文，修订了现代化文明劳教所场所布局的规划图纸，通过交流，互相学习，取长补短，共同提高。1995年12月，部劳教局组织工作组，先后对山东第一劳教所、济南市劳教所、江苏大连山劳教所、上海市女劳教所、浙江十里坪劳教所、莫干山劳教所、广东省戒毒劳教所、深圳第一劳教所、湖南坪塘劳教所、武汉市河湾劳教所、郑州齐礼阎劳教所等11个单位进行了认真的检查，从检查的情况看，试点单位已经取得了阶段性成果。一是领导重视，目标明确。二是干警积极性很高，声势很大。三是软件、硬件一起抓，舍得花本钱。据初步统计，这11个单位已投入资金7280万元(不包括生产建设资金)，用于所政建设和设施装备，其中地方拨款5300万元，场所自筹1980万元，在全国起到了带头作用。

二、积极配合社会上的“严打”及“扫黄”“禁毒”等专项斗争，较好地完成了收容大批劳教人员的艰巨任务。1995年共新收劳教人员13.3万名。各地克服了场所拥挤，投资不足，经费紧张等严重困难，通过挖潜及改扩建、新建场所等途径，努力提高收容能力，做好收容工作，基本做到了公安机关送多少，劳教机关依法收多少，并保持了场所秩序的稳定，为维护社会治安的稳定做出了应有的贡献。

三、强化了管理教育工作，提高了教育改造质量。1995年，各地认真贯彻司法部下达的关于管教工作的6个部令，进一步加强了管教工作的制度化、规范化建设，劳教人员的改好率保持在90%左右。管理工作坚持把确保场所安全放在一切工作的首位，狠抓各项规章制度的落实，加强了对重点人员的管理，劳教人员的逃跑率较上年历史最低点又下降了0.08个百分点；所内发案率、非正常死亡率也均有不同程度的下降。场所保卫工作进一步加强，已有28个省(区、市)的160多个场所建立了护卫组织，建立健全了规章制度，开展了业务训练，在保证场所安全上发挥了积极作用。教育改造工作不断深化，针对新形势下劳教人员构成发生的变化，在全面加强各类教育的同时，加大了入所教育、分类教育和个别教育的力度，取得了较好的教育效果。各地继续开展了生活卫生达标升级活动，努力办好劳教人员食堂，认真贯彻《食品卫生法》，大力开展自种自养自加工，在劳教人员大量增加的情况下，保证了劳教人员生活水平的持续稳定，所容所貌及环境卫生有所改观。全国劳教场所未发生大范围传染病流行和重大食物中毒事故，普遍开展了查治性病和戒毒的治疗工作，劳教人员性病治愈率达到67.9%，吸毒劳教人员的所内戒断率达到100%。

四、劳教经济快速发展，经济效益有所提高。各地进一步解放思想，更新观念，管理教育依法办事，生产经营放开搞活，进一步树立市场竞争观念、投入产出观念、成本效益观念，加强了生产项目的考查论证和运行管理，努力提高经济增长质量，实现了产值、销售收入、利税同步增长。1995年完成社会总产值同比增长了23%；完成主营业收入同比增长了12%；实现利税同比增长了90%。

五、加大了投资力度，增强了发展后劲。1995年，全国劳教单位完成固定资产投资同比增长20%；新建和改扩建各类房屋25万平方米。投资实力明显提高，形成了新的经济增长点，涌现一批经济效益好，有发展后劲的骨干企业。

六、加强了干警队伍建设，提高了队伍的战斗力。各地认真组织干警学习邓小平同志建设有中国特色的社会主义理论和党的基本路线，学习贯彻《人民警察法》、《国家赔偿法》，提高了广大干警的政策理论水平和执法执纪的自觉性，促进了干警队伍的正规化和规范化建设，同时，广泛开展了多层次、多专业的各类培训。通过“走出去”、“请进来”、鼓励干警自学等方式，共培训干警约8000人次，干警中大专以上文化程度占干警总数的比例达到25%，中专以上文化程度达到30%，进一步提高了干警队伍的政治业务素质。针对干警执法活动中的突出问题，一些省份进行了专项治理，制定了干警在执法活动中的过错追究制度。结合贯彻全国司法行政系统警察队伍建设会议精神，部劳教局在总结各地经验的基础上，也将制定相应的过错追究制度，大力提高劳教工作干警的执法执纪水平。

七、理顺管理体制有重大突破，进一步加强了劳教工作的领导。截至1995年底，全国30个省(区、市)全部组建了劳教局，设置了业务处(科)室，增加了编制，统一管理教育改造、生产经营和队伍建设等各项业务工作，促进了劳教事业的发展。特别是黑龙江省、贵州省、上海市、广东省、广州市及天津市等6省(市)率先将劳教局升格为二级局，增设了处室，扩大了编制，强化了劳教局的指挥功能，进一步调动了广大劳教工作干警的积极性。

(司法部劳教局　于有志)

1995年律师工作

在部党组领导下，1995年律师司的工作紧紧围绕党和国家的中心任务，以进一步深化律师工作改革为动力，以加强律师工作的法制化、规范化、科学化管理为目标，以大力开拓律师业务领域为重点，全面推动律师事业的健康发展，据统计，截止12月份，全国律师90000多人，律师事务所7200家，担任法律顾问195595家，代理刑事辩护案件136765件，代理经济案件211852件，代理行政诉讼案件12049件。为社会主义市场经济建设和社会稳定提供了优质的法律服务。

一、全力以赴推动《律师法》的出台工作，积极加快建章立制步伐，加强我国律师管理工作的法制化、规范化和科学化

(一)加快《律师法》的立法步伐，争取早日出台，是全国广大律师关注已久的大事。因此，今年我司把《律师法》早日颁布实施放在工作的首要位置上，全司上下齐心协力，全力以赴，做了大量的工作，付出了辛勤的劳动，也获得了值得欣慰的效果。

1. 今年以来我司7次参与组织修改《律师法》(草案)；

2. 组织国内外律师法调查，陪同国务院法制局赴广东、海南和上海进行调查；

3. 组织律师立法赴国外考察团，分别组织了全国人大法工委、内司委、国务院法制局等部门赴美国、澳大利亚、新西兰考察律师立法情况。

(二)为了配合《律师法》的出台，加强我国律师管理工作的法制化、规范化和科学化，我司积极加快建章立制工作。今年，经部长办公会批准颁布了3个规章，即《律师事务所在国外设立分支机构暂行管理办法》、《律师事务所名称管理办法》、《关于反对律师进行行业不正当竞争行为的若干办法》；部长办公会议已通过了《取得律师资格的港澳台居民在内地执业的若干规定》，并向有关部门征求意见；同时，还有5个规章已提交部长办公会议审议。为建立以《律师法》为核心的法律、法规管理体系打下了良好的基础。

二、进一步深化律师工作改革，加大改革的力度，加快建立符合社会主义市场经济要求和律师工作规律的律师管理体制

1995年律师工作加大了改革力度，推出一些重要的改革措施，从而使我国律师工作的改革不断向深层次发展。

(一)精心筹备，周密组织，成功召开了第三次全国律师代表大会，为建立新的律师管理体制迈出了重要的一步。部党组对第三次全国律师代表大会的召开高度重视，把大会的召开和全国律协的换届选举作为我国律师工作改革的重要步骤。因此，我司在制定1995年工作计划时把这项工作列为今年律师工作的一件大事，并成立了工作小组，与全国律协密切配合，精心筹备第三次全国律师代表大会，并多次向部党组作专题汇报，从而有条不紊地完成了大会的各项筹备工作。7月中旬大会如期在京举行，取得了预期的效果，在全国赢得了良好的反响。

(二)进一步改革和完善我国律师资格考试、录取制度，保证我国律师队伍的健康发展。改革和完善我国律师资格考试、录取制度，是我国律师队伍健康发展的重要保证之一。因此，我们在总结了几年来的经验基础上，根据我国的实际情况，对我国律师资格考试、录取制度进行了两点改革：

第一，实行了全国统一分数标准的录取工作改革。以往的全国律师资格的考试录取工作，都是实行由司法部确定比例，各省、市、自治区按比例规定录取分数线，这一做法的最大弊病，一是由于各地区的录取标准差异较大，因此录取的质量也参差不齐，二是考试录取工作的公平、公正原则难以实施和体现。因此，在反复研究和论证的基础上，今年2月份，我们向部党组提出了1994年律师资格全国统一录取标准的方案，得到了部党组的批准，在全国社会各界引起了强烈反响，得到了充分肯定和支持。

第二，对1995年的律师资格考试的判卷评分工作进行了重大改革。针对以往律考工作存在的问题，今年，我们实行了大区集中、交叉阅卷的办法，有效地提高了评卷质量。同时，在考试命题方面增加了律师职业道德和执业纪律的内容；在考生报名和考场设置方面，都相对集中，以保证考试组织工作的顺利进行。

(三)研究、制定建立中国法律援助的制度和方案。建立中国的法律援助制度关系到我国的民主与法制建设，直接体现我国社会主义制度的优越性。因此，我司把建立中国法律援助制度作为今年律师工作改革的一项重要内容。一方面重视总结国内有关省市建立法律援助机构的经验，另一方面组织人员赴国外考察法律援助制度情况，在此基础上，与司法研究所共同翻译出版了《国际法律援助概览》一书，并起草了建立中国法律援助制度和国家法律援助中心的方案，得到了部党组的批准。

三、加强律师管理工作，保证律师事业健康发展

(一)组织开展了全国律师职业道德、执业纪律评查活动。针对律师队伍存在的问题，从今年下半年起，在全国范围开展了律师职业道德执业纪律评查活动。目前，此项工作已基本结束。通过这次活动，律师职业道德、执业纪律的状况有了明显提高。

(二)通过换发新的律师执业证，对律师队伍进行了一次全面整顿。从1995年3月开始，在全国进行核发新的律师执业证书的工作。在换发过程中，根据我国律师队伍的现状，对违反律师职业道德和执业纪律、不符合执业律师(包括兼职和特邀)条件的不再换发律师执业证。目前，此项工作已基本完成，全国约有8万多律师领取了新证。

(三)开展了律师事务所的名称核定工作。从今年3月份开始，根据我部36号令的规定，对全国律师事务所的名称进行了核定。目前，全国律师事务所的有关数据已输入电脑，已核定了3300家律师事务所名称，通知了各地，并即将发布公告和编印成册，此项工作仍在进行中。

(四)与政治部配合，在全国范围内开展了评选"十佳"律师的活动，经过认真评选，选出了十位同志为全国"十佳"律师。

(五)加强了违法、违纪律师的查处工作。今年以来，处理、批转各省厅律师管理处有关投诉律师违法违纪信件、电话共74件；完成国务院领导同志、部领导批示交办的查处律师违法违纪案件十余件。

(六)加强了对部审批设立和管理的律师事务所的管理，出台了《加强对部审批设立和管理的律师事务所管理的意见》和部属所党组织建设的规定；名称不符合要求的律师事务所，全部更改了名称；改组、变更了"中国法律事务中心"的管理体制，在原基础上重新设立了"众鑫律师事务所"和"信利律师事务所"。

四、大力、全面开拓律师业务领域，为社会主义市场经济和社会稳定提供优质的法律服务

(一)组织召开了全国第一次律师刑事辩护工作会议。遵照肖扬部长的指示，今年8月份，我司就开始筹备召开全国律师刑事辩护工作会议。我司与全国律协一起，组织人员对山东、河南、陕西、宁夏、北京、河北等省市律师刑事辩护工作进行了专题调查，同时要求各地对本地区律师刑事辩护工作进行调查，各地在充分调查的基础上，报来了30份报告，29份经验介绍材料，90多篇优秀刑事辩护案例。经过充分的筹备，大会于11月19日至21日在云南昆明召开，并取得了圆满的成功，对于推动全国律师刑事辩护工作的发展起到了很好的促进作用。

(二)继续做好律师证券业务的管理和培训工作。今年9月份开始，我司对1993年以来被授予证券律师的资格及律师事务所的档案情况进行了清理，并开展了证券律师及律师事务所1995年度核查工作，建立了注册公告制度。同时，正在与中国证监会共同举办律师从事证券法律业务资格培训及考试工作。

(三)积极开拓律师业务新领域。今年，我司与中国农业银行就律师开展金融领域业务进行多次磋商；与国家经贸委就律师参与企业破产和兼并法律业务进行了协商；与建设部就律师参与房地产法律服务进行了磋商；与国家税务局就律师办理税务代理业务进行了联系。

(四)认真指导律师参与大案要案的辩护工作，成功地组织了克拉玛依"12·8"案、"吴弘达案"等大案要案的律师辩护工作，在国内产生了很好的影响。

五、采取多种形式，积极宣传律师工作改革取得的成就，树立律师良好的形象

(一)1995年元月与杭州市律师协会等有关单位共同成功地举办了三场"中国律师之友音乐会"，宣传律师制度，宏扬高雅艺术。

(二)完成了16集电视剧《思扬律师事务所》后期拍摄和制作工作。

(三)接待了三、四十家新闻机构的采访，通过新闻媒介宣传了律师工作改革的方针、政策和律师事业发展的成就和前景。

六、扩大了对外开放，加强了与国际律师界的交流与合作

(一)1995年3月，经过严格审查，并分别征求有关部门的意见后，批准了16家外国和香港地区的律师事务所在华设立了办事处，并举行了颁证仪式。同时，加强了对外国律师事务所驻华办事处日常管理工作，批准了30多名代表、代表助理在办事处任职。有序地进行外国律师事务所的审查工作，及时征求各部委的意见，建立了工作档案。

(二)组织开展了律师赴外培训工作。1995年6月，组织了律师赴香港培训；11月，组织了律师赴英国培训；12月，组织了律师赴日本培训。

在部党组的正确领导下和各级行政机关、广大律师的大力支持下，1995年我司虽然做了不少具体工作，也取得了一定的成绩，但是距部党组的要求和广大律师的希望还存在着较大的差距。特别是律师队伍的管理和建设、律师业务的开拓、建章立制等方面还有待于进一步加强。因此，在1996年的工作中，我们要在部党组的正确领导下，全心全意依靠广大律师，全心全意为广大律师服务，把我国的律师工作改革不断推向深入。

〔司法部决定在全国律师中开展职业道德执业纪

律评查活动〕 1995年4月13日，司法部向各省、自治区、直辖市司法厅（局）下发了《关于在全国开展律师职业道德执业纪律评查活动的通知》（以下简称《评查活动通知》），通知决定在全国律师队伍中开展职业道德和执业纪律的评查活动。

开展这次活动是基于一个时期内，律师队伍中一些人由于受社会不正之风的影响，忽视职业道德和执业纪律，从而使律师队伍中不讲职业道德、违反执业纪律的现象时有发生，在一些地方表现得比较突出。为了纠正上述问题，维护律师的良好形象，增强律师恪守职业道德、执业纪律的自觉性，司法部决定在全国律师队伍中开展一次律师职业道德和执业纪律的评查教育活动。

评查的内容：主要是依据《职业道德和执业纪律规范》等律师管理规定，检查自1993年以来，律师遵守职业道德和执业纪律的情况。

司法部在评查活动的通知中要求整个评查活动的时间不得少于三个月，全部评查在1995年9月底前结束。各地收到通知后，非常重视，河北、山西、陕西、江苏、吉林等省召开了由各地、市司法局长、律师管理科长、部分律师事务所主任参加的专门工作动员会，在会上提出明确的部署要求。江苏省苏州市司法局根据省司法厅的要求部署，就律师职业道德和执业纪律评查活动的内容、意义在《苏州日报》、苏州电视台做了大量报道，让社会各界更多地了解律师工作、监督律师工作；河北省司法厅将全省11个地区分5片，并抽人组成工作组分赴5片指导、督促、检查，黑龙江省哈尔滨市司法局根据司法部和省司法厅有关文件的精神，抓重点检查，并在《哈尔滨日报》等主要报纸上公布开展评查活动的消息及监督电话；贵州省司法厅为了加强对律师职业道德和执业纪律的社会监督，决定聘请社会监督员，对律师执业进行社会监督。贵州省司法厅聘请的社会监督员包括公、检、法、监察、新闻单位、社会团体及与律师执业有关部门的人员。

各地在评查活动中做到了四个结合：一是将评查工作同创先进律师事务所、表彰先进律师相结合；二是将评查活动同反腐倡廉相结合；三是将评查工作同完善管理相结合，评查后要修订律师事务所内的各项制度；四是将律师自我评查和社会各界监督相结合。

总的讲，通过这次职业道德和执业纪律评查活动，遵守职业道德、执业纪律的自觉性得到普遍提高，也纠正了律师队伍中一些违纪现象。各地在评查活动中，还发现评选了一批优秀律师，在社会上产生了良好的影响。

〔1995年全国律师资格考试〕 1995年10月举行了全国第7次律师资格考试。这次全国律师资格考试是有史以来报名人数最多的一次，报名人数达116000多人。报名人数最多的为山东省，人数达12000多人。报名人数在5000以上的还有辽宁、江苏、湖南、河南、北京等省市。全国共设立3997个考场。考试报名人数持续增长的原因有二：一是由于法学教育和成人高等教育有较快的发展；二是关于律师资格考试的宣传广泛、深入。在律师资格考试报名开始前，各地司法行政机关利用报纸、电台、电视等新闻媒介，大力宣传我国的律师制度和律师的社会作用，参加全国律考报名的人员中，具有法律专业大专以上学历的人数比往年有所增加。

考试于10月7日至8日举行。10月7日，肖扬部长、张耕副部长视察了北京的考场，鼓励参加考试的人员努力学习法律专业知识，并预祝取得好成绩。各省、市、自治区政府或人大及司法厅（局）的领导也视察了本地的考场。

为进一步贯彻公平、公正的原则，并在评卷工作中减少操作上的差距，考视结束后，评卷工作由黑龙江省司法厅、北京市司法局、河北省司法厅、上海市司法局、四川省司法厅、陕西省司法厅、湖北省司法厅分别联系当地的政法院校承担了所在大区的试卷评判任务。这次全国律师资格考试共有12000多人成绩达到合格标准。

〔律师事务所名称核定〕 1995年1月13日，司法部颁发了《律师事务所名称检索管理办法》，并于1995年5月1日起施行。为了贯彻落实该办法，从1995年3月起，对全国律师事务所的名称重新进行核定。

恢复律师制度十几年来，我国的律师事务所在数量和质量上均有了极大的发展。到1995年年初，全国的律师事务所总数发展到了6000多家。但是，律师事务所的名称较为混乱。律师事务所的名称，有的由行政区划加序号构成，如“某某市第某律师事务所”、“某某省第某律师事务所”，有的以带有表明特定法律业务的字样作字号，如“房地产律师事务所”、“商务律师事务所”，有的带有“中国”、“中华”、“某某某中心”等字样。在律师事务所的字号中，相互重复的很多，如“君和”，全国有7家律师事务所使用，“大地”有15家律师事务所使用。律师事务所名称的混乱，在一定程度上加重了律师事务所之间的不正当竞争。为此，《律师事务所名称管理办法》规定：律师事务所必须要有自己的名称。律师事务所的名称由字号加律师事务所构成，律师事务所只能有一个名称。律师事务所的字号应当是汉字，律师事务所根据业务需要可以使用外文名称，但外文名称应与中文名称的意思相同或发音相同。律师事务所的名称不能含有下列内容和文字：(1)有损于国家、社会公共利益的；(2)外国国家(地区)名称、国际组织名称；(3)政党名称、党政军机关名称、群众组织名称、社会团体名称及部队番号；(4)汉语拼音字母；(5)数字；(6)"中国"、"中华"、"全国"、"国际"、"____中心"字样；(7)可能对公众造成误解的名称；(8)表明特定律师业务范围，如带有"涉外"、"经济"、"金融"、"房地产"等字样或其谐音。申请设立律师事务所应将拟定名称报司法部审核，经核定的名称在全国范围内享有专用权。

司法部编制了律师事务所名称电脑检索系统，将全国律师事务所的名称材料，录入检索系统，并进行了检索和核定。到1995年底，核定了3300家律师事务所的名称。目前，名称核定工作正在进一步进行之中。

〔**1995年全国律师换发律师执业证**〕 为了进一步规范对律师执业资格和执业活动的管理，司法部于1995年4月15日下发关于换发《律师执业证》的通知，决定自1995年律师年度注册开始，将律师原使用的《律师工作执照》(包括《律师工作执照(兼职)》和《律师(特邀)工作证》)统一换发为新样式的《律师执业证》。

这次换发新《律师执业证》的目的是为了检查和规范律师的执业资格，维护律师的执业秩序和社会形象。

这次换发《律师执业证》的对象为1994年注册登记的专职律师、兼职律师和特邀律师。专职律师换证的条件是：已取得律师资格，在律师事务所专职从事律师工作。兼职律师换证的条件是：已取得律师资格并在法学教学、研究单位从事法学教育、研究工作或在企业、事业单位工作并符合兼职律师条件。特邀律师的换证条件是：符合司法部有关特邀律师从业的规定，身体健康，年龄未超过70周岁。申请换证的人员还必须提交相应的证件和证明材料。

这次换发《律师执业证》由各地司法厅(局)负责组织并审批签发新的《律师执业证》。各地司法厅(局)接到换证工作的文件后，均非常重视这项工作，制定了具体的工作计划和监督措施。在换证过程中对申请换证的材料严格审核。并把换证工作与律师职业道德、执业纪律评查结合起来，对律师的工作表现、职业道德和执业纪律遵守情况进行了一次大检查。通过换证达到了规范律师执业资格，整顿执业律师队伍，维护律师执业秩序的目的。全国统一换证工作已于1995年9月结束。

(司法部律师司)

1995年公证工作

1995年全国公证工作认真贯彻落实中共中央十四届三中全会、四中全会精神，紧紧围绕"深化改革、促进发展、强化管理、开拓业务"这一中心任务开展工作。在公证战线全体同志的积极探索和艰苦努力下，公证事业稳步发展，取得了显著的经济效益和社会效益。全国公证处达到3148个，公证人员发展到16949人，全年共办理各类公证7774173件，比1994年增加了2.6%，公证收费也实现了同步增长。公证工作的开展，为促进经济发展和社会稳定做出了重要的贡献。

一、公证体制改革稳步推进。一年来，各地认真贯彻落实第三次全国公证工作会议精神，进一步明确了改革的必要性和指导思想，在统一思想，转变观念的基础上，结合本地实际精心制定公证体制改革方案，并按照积极、稳妥、循序渐进的方针，重点抓了公证处改为事业单位的试点工作。据不完全统计，到年底，全国已有160多个公证处改为事业单位，400多个公证处实行事业化管理。在搞好试点的同时，各地及时总结和积极推广经验，使改革范围逐步扩大，为全面改制奠定了基础。

二、公证立法取得重大进展。历时8年的《公证法》起草工作，在深入调研和广泛征求系统内外、政法院校、法学研究机构意见及借鉴法、德等公证制度发达国家经验的基础上，经过反复修改，形成了《公证法(送审稿)》，12月底，已正式上报国务院，有望1996年提交全国人大常委会审议。地方公证立法也取得了明显的进展，浙江、宁夏、贵州、上海等地于今年先后通过了地方性公证法规，1995年底已制定地方公证法规规章的有天津、陕西、福建、四川、江苏、山西、广东等11个省、自治区、直辖市。地方公证立法的发展，既为地方公证工作的开展提供了法律保障，也为《公证法》的出台做好了基础工作。5月份，《提存公证规则》以部令的形式颁布施行后，立即引起社会各界的关注，《国务院公报》、最高人民法院《司法文件选》予以全文刊登。这个规则的实施，使提存公证进一步得到法律上的保障。6月30日通过的《中华人民共和国担保法》采纳了我部的意见写进了有关公证的内容，对公证机构的抵押公证实践给予了肯定。其中，关于对抗第三人的规定付予了公证以法定的保障效力。

三、公证业务领域不断拓展。各地公证机构和公证人员积极开拓业务，使公证业务领域不断扩大，一方面各地将服务于经济建设作为公证工作的重点，认真贯彻《公司法》、《全民所有制工业企业转换经营机制条例》等法律法规，积极为企业公司制改造提供公证法律服务；大力开展金融及房地产事务公证，使与市场经济相关的公证业务有了新的突破；全年共办理各类国内经济公证3371540件，占全年办证总数的44%；另一方面认真办理收养、继承、遗嘱等各类民事公证业务，重视农村和农业项目公证，积极为农民服务，切实发挥了公证在维护社会稳定，保护公民合法权益方面的作用。

四、涉港台公证工作取得突破性进展。2月份，司法部以部令颁布了《中国委托公证人（香港）管理办法》，对委托公证人的业务范围、委托条件及程序、注册条件、法律责任等作了规定，使委托公证制度走上了法制化的轨道，逐渐成为我国公证制度有机的组成部分。年内，根据《管理办法》规定，经过严格的培训、考试、考核，委托了122名香港律师为委托公证人，并先后在北京、深圳为委托公证人颁发了委托证书。在北京的颁证仪式上，钱其琛副总理对委托公证制度给予了高度评价，并表示1997年香港回归之后委托公证制度仍要继续下去。涉台公证工作方面，成功地实现了两岸公证人员的互访。1月8日，以海基会副秘书长许惠佑为团长的台湾公证参访团一行12人对大陆进行了为期10天的访问。6月12日以中国公证员协会会长徐健为团长的中国公证员参访团一行15人赴台进行了为期8天的回访。两岸公证参访团的互访，开创了两岸司法实务工作者相互交流的新局面，密切了公证界的相互联系。另外，各地认真执行《两岸公证书使用查证协议》，全年共向海基会寄送公证书副本42908件，同时，在扩大涉台公证服务领域和方式方面也做了一些尝试。

五、注重公证质量管理，公证业务健康发展。各地在积极开拓公证业务的同时，采取有力措施，加强公证质量管理和监督。年初，针对有些地方公证处不同程度地出现了忽视公证质量，片面追求经济效益，不重视社会效益的错误倾向，我部下发了《关于切实提高公证质量严防错证假证问题的通知》，并在《中国律师报》全文刊登。《通知》下发后，各地纷纷行动起来，一方面加强对公证人员进行职业道德和执业纪律教育，树立以质量求信誉，以信誉求发展的思想；一方面建立和完善公证质量管理制度，把公证质量的好坏作为公证处综合目标管理责任制的重要内容，列为考核评比的重要条件。同时，在全国范围内开展了广泛的公证质量检查活动，以自查、互查、检查组巡回检查等多种形式开展质量检查工作，对检查中发现的错、假证问题及群众投诉的案件进行了严肃处理，确保了公证业务的健康发展。

六、重视公证人员业务培训和组织建设，队伍素质不断提高。2月份，公证司成功地组织了司法行政系统第2次公证员资格考试。本次考试扩大了参考人员范围，各地报名的有8000多人，实际参考5716人，考试合格人员1641人。为提高办理涉外公证业务人员的业务素质，4—6月份，举办了两期涉外公证业务培训班，共培训372人，并为参训的349名考试合格者颁发了合格证书。8月份，又与"两高"中心共同举办了由132名公证员参加的"新法"培训班，学习了《担保法》、《公司法》、《商业银行法》等十几部新颁布的法律和规章。在加强业务建设的同时，注重对公证人员的管理和监督。6月份，颁布了《中华人民共和国公证员注册管理办法》，规定执业公证员年度注册制度，使管理工作进一步规范化、制度化。同时，严格奖惩制度，配合部政治部组织了全国司法行政系统"十佳"公证员评选活动，并号召全国司法行政系统广泛开展向"十佳"公证员学习的活动。

1995年的公证工作在取得显著成绩的同时，也存在一些问题和不足，如：公证体制改革步履维艰，从总体上讲步子不大；公证质量问题时有发生；公证宣传和理论研究的广度和深度还不够等等。这些问题都不同程度地制约着公证事业的进一步发展，有待于在新的一年中下大力气解决。

（司法部公证司）

〔第5批委托公证人〕 为适应香港与内地日益发展的社会关系和经济关系的需要，进一步发挥委托公证人在促进香港与内地的交往与合作等方面的作用，1995年度，司法部又进行了第5批委托公证人的委托工作，122名香港律师被委托为中国委托公证人。本次委托与前4批相比，人数多、规模大，申请担任委托公证人的律师达到206人，占全香港执业事务律师的10%；委托工作也更加规范，所委托的人选完全是依据《中国委托公证人（香港）管理办法》的规定，经过认真培训、严格考核，依据本人的条件和考试成绩择优确定的。经审查符合条件的申请人中有157人参加了司法部组织的培训和考试，122人考试合格。整个委托活动自始至终贯彻了公开、公正、公平竞争的原则，标志着委托公证制度走上了法制化的轨道。1995年6月、10月、1996年2月司法部先后在北京、深圳、香港举行委托书颁发仪式，为合格的122名委托公证人颁发了委托书。在北京的颁发仪式上，钱其琛副总理、罗干国务委员、中央政法委束怀德秘书长及肖扬部长到会祝贺，钱副总理发表重要讲话，对委托公证制度予以高度评价，并表示1997年香港回归之后这一制度还要继续下去。

至此，经过14年的发展，委托公证人总数有210人，现在注册执业的有206人。委托公证人在办证过程中以爱国爱港的热情和积极负责的精神做了大量工作，极大地满足了内地与香港民事、经济交往的需求，保护了当事人的合法权益。据不完全统计，14年来，通过委托公证人办理发往内地使用的公证文书就有40多万件，促进了香港与内地的民事、经济的交流，沟通了贸易、投资信息，同时，在解决历史遗留的法律问题和不同制度间的法律冲突方面进行了有益的探索，取得了良好的效果。

（司法部公证司　牛文忠）

〔**提存公证规则**〕　1995年6月2日，中华人民共和国司法部令（第38号）发布了《提存公证规则》。这是我国第一部关于提存业务的全国性规章。该规则发布后，新华社、中央电视台、人民日报、法制日报、中华工商时报、中国律师报等新闻单位分别进行了报导，《国务院公报》（1995年第22号）和最高人民法院编辑的《司法文件选》（1995年第8辑）收录并刊登了规则全文。

提存是各国通行的一种民事法律制度，提存可以分为给付性提存和担保性提存两种。给付性提存是债务清偿的一种特殊方式，是指因债权人的原因，致使债务人无法按时向债权人给付标的物时，如在货物运输活动中，遇到收货人不在或拒收，使货物无法给付的情况时，运输人可以通过办理提存公证履行给付义务，货物从提交给公证处之日起，视为运输人交货，货物的损毁、灭失等风险责任也随之转归收货人。担保性提存是指在购销、承包、租赁等经济活动中，以担保为目的，一方当事人将担保的钱物提交给法定的提存机构，由提存机构负责收存并按约定条件交付另一方当事人。公证处是我国办理提存业务的重要机构。公证处依照规定的条件和程序，对债务人或担保人为债权人的利益而交付的标的物或担保物（含担保物的替代物）进行寄托、保管，并在条件成就时交付债权人。提存公证的优越性在于能够明确债权债务关系，解除债务人应当履行、能够履行而无法履行的困境和精神负担，减少国家经济损失，促进社会经济的良性发展；特别是它还具有担保功能，能够消除经济合同双方当事人之间的不信任感，促使合同的正确履行。

早在50年代，我国提存业务就由公证机构办理。公证机构恢复重建后，为适应改革开放和经济发展的需要，司法部于1987年下发了《关于部分城市公证机关试办提存公证业务的通知》，首先在北京、上海、沈阳、开封4城市恢复开展提存公证业务，收到良好的效果。在此基础上，司法部又于1990年发出了《关于普遍开展提存公证业务的通知》，决定全国公证机关普遍开展提存公证业务，并对提存公证的范围、条件、程序等作出了规定。为配合提存公证的开展，沈阳、北京、新疆等地制定、颁布了专门的提存公证地方性规章。在司法部发布的《公证程序规则》和上海、天津、陕西、福建、江苏、河南等省市颁布的地方性公证法规中也对提存公证加以规范。几年来，各地公证机构共办理提存公证近3万件。为保证提存公证业务的正常开展，规范提存公证业务十分必要。司法部在参照各地立法实践和国外立法经验以及听取有关专家学者意见的基础上，根据我国办理提存公证业务的实际情况制定、颁布了《提存公证规则》。这个规则共31条，分别对提存公证的程序和提存的种类、效力、标的物、法律责任等实体内容做了明确具体的规定。

《提存公证规则》的发布实施将进一步发挥公证机构在市场经济中的中介作用，有利于及时调整债权债务关系，保护当事人的合法权益，减少社会财产的损失，有利于预防纠纷、减少诉讼，稳定社会经济民事秩序，为解决困扰经济流转中的"三角债"这一老大难问题，提供有效的法律服务。

（司法部公证司　梁　然）

〔**中国委托公证人（香港）管理办法**〕　1995年2月22日，肖扬部长签发了中华人民共和国司法部第34号令：发布并施行《中国委托公证人（香港）管理办法》。该《办法》是为进一步健全委托香港公证人制度，加强对委托公证人的管理，提高委托公证人的质量，维护当事人合法权益促进内地与香港经济、社会的稳定发展而制定的。《办法》的颁布与实施标志着我国委托公证人制度更加成熟与健全。该《办法》共分六章二十四条：第一章总则、第二章委托条件及程序、第三章注册条件及程序、第四章法律责任、第五章中国委托公证人协会、第六章附则。

从1981年以来到1993年，司法部共委托香港公证人四批88人。为了适应香港与内地日益发展的社会关系和经济关系，司法部在总结从1981年以来委托香港公证人实践经验的基础上，针对委托工作中存在的问题，司法部从1993年下半年起着手起草《中国委托公证人（香港）管理办法》。在起草《办法》过程中，广泛征求了国务院港办、新华社香港分社、中国委托公证人协会、中国法律服务（香港）有限公司意见，对各条款反复进行了研究修改后，于1995年2月22日发布施行。该《办法》对委托条件从政治态度、执业年限、职业操守、遵守内地法律、法规和办证程序、使用中文书写公证文书、用普通话进行业务交流以及年龄等方面，均做了较明确的规定。在申请审批程序方面，为了方便香港律师申请担任委托公证人，《办法》对申请程序、申报材料、培训考试、颁发委托书等作了较详细的规定。《办法》规定，申请担任委托公证人，需"参加司法部举办的法律知识和公证业务以及有关业务技能的短期培训并参加司法部组织的考试。""考试合格者，由司法部颁发委托书并予以首次注册。”这一规定与过去委托公证人在程序上有了很大改进，为每位申请人提供了公平竞争的机会，增加了委托公证人工作的透明度。《办法》还对注册条件及程序、委托公证人的法律责任等作了明确规定。《办法》的实施，使委托公证人工作有章可循，纳入规范化的轨道，减少了随意性，受到社会及香港各界的关注和欢迎。

（司法部公证司 岳 军）

〔1995年第二次全国公证员资格统一考试〕 司法部于1995年2月18日至19日举行了第二次全国公证员资格统一考试。全国共有5823人参加考试，1641人考试合格，合格率为28.5%。这次统考工作由司法部统一组织实施，编写统一《复习大纲》和《考试复习资料》、统一命题、统一评分标准、划定统一的合格分数线及对考试合格人员颁发了由司法部统一制作的《公证员资格考试合格证书》。

为了多渠道选拔优秀人才充实公证队伍，这次考试扩大了参考人员范围，除公证处的人员外，还有司法行政系统内的其他工作人员参加考试。司法部规定了报考人员的条件：必须是具有大专以上毕业学历的司法行政机关在编的现职干部、公证员助理和在公证处工作满5年以上的业务辅助人员及在公证处内，按劳人计(1985)6号文件招收的合同制工人。另外规定，凡是具备下列条件之一的经考试合格，可免试授予公证员资格：公证处现职人员中曾从事过民事商事应用法学教学、科研工作、具有高级专业技术职务的；具有高等学校法律大专学历，曾经从事审判员、检察员、律师、公证管理工作5年以上的；具有法学硕士、双学士学位，在公证处见习一年期满及1989年前具有法律大专学历，在公证处工作满5年的。

为了认真总结第二次全国公证员资格统一考试的情况，司法部公证司于1995年7月在山西太原市召开了“全国公证员统考工作总结会”。会议对第二次全国公证员资格统考工作进行了总结；对这次考试的录取方案及公证处以外人员的管理使用及颁发证书等问题进行了讨论，与会同志对上述有关问题达成了共识。

1995年8月25日司法部下发了《关于全国公证员资格考试合格分数线及授予公证员资格有关事宜的通知》。《通知》规定最低合格分数线为总分240分，其中卷四(公证制度和公证业务)必须在50分以上。各地可在司法部确定的最低合格分数线的基础上，根据实际情况，确定本省(区、市)的合格分数线。《通知》还对考试合格证书的颁发、授予公证员资格及公证处以外考试合格人员的管理使用等问题做了规定：即凡是具备司法部规定的报考条件，成绩合格者，均发给由司法部统一制作的《公证员资格考试合格证书》，在公证处工作的，经考核合格，由省、自治区、直辖市司法厅(局)授予公证员资格。对公证处以外的合格人员，未调入公证处工作的，不授予公证员资格，但作为储备力量，在公证处需要进人时，符合调入条件的，可优先调入公证处工作。同时，还规定了考试合格人员的成绩3年内有效。

第二次全国公证员资格统一考试，对吸收优秀人才充实公证队伍，提高公证队伍的专业素质，具有重要的促进作用。

（司法部公证司 李 梅）

1995年基层法律服务工作

1995年，全国基层法律服务工作紧紧围绕经济发展和社会稳定的大局，抓住机遇求发展，深化改革增效益，在自身建设中又迈出了坚实步伐，为基层社会主义法制建设做出了新的贡献。

一、深化改革，加强指导

在司法部统一部署、指导下，各地完善改革思路，加强改革指导，注重改革实效，推动基层法律服务工作改革的进程。迄今，已有近20个省专门制定下发了基层法律服务工作改革方案，并针对改革中出现的新情况、新问题，及时调整措施，有力地促进了改革的深化。北京、河北、辽宁、江苏、安徽、福建、山东、湖南、广西等省区和新疆兵团还召开基层法律服务工作会议或改革现场会，巩固了改革成果。山东省召开全省基层法律服务工作改革经验交流会，回顾总结了近两年来基层法律服务工作改革所取得的成绩，同时提出了今后一个时期应抓好5个工作重点。河北省召开了全省基层法律服务改革井陉现场经验交流会，提出要认真贯彻省厅关于深化改革的意见和加强基层法律服务工作的意见，在落实上狠下功夫，加大改革力度，加快改革进程；改革的重点是进一步理顺基层法律服务机构的管理体制和内部运行机制，积极推行司法所与法律服务所的分离，加强机构建设和队伍建设，深化服务层次，提高服务质量。

许多地区尝试进行法律服务所与司法所相分离的

改革，做到职能、人员、财务分开，克服法律服务职能与司法行政职能相混淆的弊端，保障基层法律服务所在人、财、物方面享有充分的自主权。湖南省于1995年10月颁布实施《关于深化基层法律服务工作改革的意见》，提出要牢固树立"大服务"的思想，遵循法律服务工作固有属性和内在规律，把基层法律服务机构建设成为不占行政编制、不要财政经费，自收自支、自负盈亏、自我约束、自我发展的法律服务实体。目前，全国实行"两不四自"的基层法律服务所已有10425个。

各地逐步搞活内部运行机制，使基层法律服务所的活力明显增强。目前，全国实行所长聘用制的有6813个所，实行全员聘用合同制的法律工作者达28830人，实行效益浮动工资制的达33681人，参加人身、医疗、养老保险的达11862人，明确为事业性质的所有13124个。

社会主义市场经济体制的建立给基层法律服务工作提供了广阔的发展前景和机遇，同时也给基层法律服务工作提出了更新、更高的要求。基层法律服务工作如何适应于改革、服务于改革并在改革中自我发展、自我完善，是急需研究，亟待解决的新课题。山东省率先成立全国第一家省级基层法律工作者协会，有利于基层法律服务工作加强自身建设，充分发挥行业管理的职能作用，推动基层法律服务工作进入新的阶段。

二、稳步发展，再上台阶

各地适应形势发展的需要，大力加强基层法律服务所的建设，突破了以乡镇、街道辖区为组建单位的单一建所模式，多形式、多层次地发展基层法律服务机构，使组织体制和布局更趋合理。全国现有基层法律服务所总数达35038个，占全国乡镇、街道建制数(50925个)的68.8%。同时，各类新型的法律服务所也纷纷出现。全国已建县(市、区)司法局法律服务中心1216个，经济开发区所137个，集贸市场所243个，厂矿企业所551个，行政村所174个，依托基层法律服务所建立律师事务所294个，公证办事处(联络处)1689个。

基层法律服务队伍得到了较大的发展。全国共有基层法律工作者111295人。各地通过举办各种类型的培训班、实行基层法律工作者资格考试、专业证书班等多种途径，努力提高基层法律工作者的政治、业务素质。全年参加法律大中专学习的达17636人，参加专业证书培训的达11672人，参加其他形式培训的达29374人。1995年底，具有大专以上学历的有26455人，占基层法律工作者总数的21.7%，具有高中(中专)学历的有64067人；取得律师资格的达到3567人。广西区司法厅继续实施和完善全区基层法律工作者统一考试制度，规定未取得资格的不能上岗；同时，专门组织力量编写了三本一套、约有40万字的全区基层法律工作者资格考试教材，为增强培训效果和考试质量提供了条件。

基层法律服务所的基础设施得到了明显的改善，为基层法律服务业务的开展提供了客观条件。目前，全国基层法律服务所拥有办公用房50166间，机动车10152辆，初步改变了建所初期"一人一所一间房，一张破桌一张床"的落后局面。四川省基层法律服务所拥有办公、生活用房近7万平方米，其中自有产权达2万平方米，有机动车230辆，400多个所安装了电话，有的还配备了电脑等现代化办公设备，改善了基础设施和办公条件。

三、建章立制，加强协调

一些省市加快基层法律服务所的法制建设步伐，促使基层法律服务工作走上法律化轨道。四川省专门制定了《基层法律服务所管理条例》，已于1995年12月20日由省人大常委会颁布施行，成为全国第一个基层法律服务业的地方法规。这一《条例》内容规范、科学、合理、切实可行，有利于规范法律服务秩序，保障基层法律服务工作的正常开展，促进基层法律服务事业的规范化管理和健康发展。

一些省市加强协调工作，理顺与基层政府及有关部门的关系，促进了基层法律服务工作的健康发展。河北、山东、福建、四川等10多个省司法厅与本省高级人民法院联合发文，明确基层法律工作者参与诉讼代理的权限，要求基层法律工作者与法院审判人员互相尊重，互相支持。广东、四川、浙江、安徽、江西等省颁发了有关依托乡镇法律服务所建立律师事务所若干问题的通知或意见，理顺了基层工作部门与律师部门之间的关系，调动了取得律师资格的基层法律工作者的积极性。

各地十分重视基层法律服务所的制度建设，把建立健全基层法律服务所的规章制度建设作为一项日常工作，持之以恒地常抓不懈，从而促使法律服务所上等级、上规模、上效益。辽宁省把各项工作纳入规范化轨道，相继制定了优秀法律服务所评选办法、基层业务工作年度目标管理考核暂行办法、基层法律服务所等级评定办法、优秀法律工作者评选办法基层法律服务所年审和法律服务执照注册暂行办法等5个规范性文件，使基层法律服务工作及其指导管理步入了规范化管理轨道。

四、发挥作用，效益显著

各地基层法律服务所努力适应形势发展的需要，积极开展各项法律服务业务，竭力为基层政府当好法律顾问、提供法律保障，踊跃为基层企业、事业单位和公民提供法律服务。基层法律服务所共担任法律顾问41万多家，代理民事、经济和行政诉讼38万多件，办理非诉讼法律事务近100万件，协办公证226万多件，调解各类纠纷104万多件，宣讲法律54万多场次，受教育35639万多人次,代写法律文书104万多份,解答法律咨询525万多人次。

各地基层法律服务所坚持以质量求生存,以效益求发展,努力提高法律服务质量,赢得了良好的社会效益和经济效益。全国基层法律服务所通过开展各项法律服务业务,共为当事人挽回和避免经济损失110.8亿元。湖南省2500个基层法律服务所积极为亏损企业提高法律服务和法律保障,为3927家亏损企业担任法律顾问,调解纠纷9683件,代理民事诉讼1569件,协办公证8843件,提出法律建议5496条,帮助企业引进项目703个,涉及标的额4089万元,挽回和避免经济损失2.37亿元,帮助1502家企业扭亏为盈,取得了良好的社会效益。

各地基层法律服务所坚持以农业和农村工作为服务重点,把服务对象不断向更基层的村委会、乡镇企业、地土承包户、个体工商户等延伸。辽宁省司法厅与省乡镇企业局联合下发了《关于加强乡镇企业法制建设和为乡镇企业提供法律服务的通知》,积极为乡镇企业的健康发展提供法律服务,促进农村经济的发展。广西玉林市城西镇法律服务所,竭力拓宽法律服务领域。一是为建立和完善农业社会化服务体系提供法律服务,担任顾问60家,办理农业开发见证260件。二是为乡镇企业提供法律意见书112份,审查修改合同235份。三是为开发房地产提供法律服务,妥善解决标的额达300多万元的征地补偿纠纷合同。四是协办计划生育合同公证1500多件。五是为企业合并、破产、拍卖提供法律服务34件,涉及标的额400多万元;六是为拓宽商业街提供一条龙法律服务。七是为镇建设规划提供整体服务。

同时,广大基层法律服务所适应社会主义市场经济发展的需要,主动介入金融、建筑、劳务、贸易、房地产、股份制企业等新行业,开展全方位的法律服务。如广东省东莞市樟木头法律服务所积极介入房地产市场,提供一条龙服务,协办房地产公证7000件,涉及标的额20亿港元,促进了该镇房地产的兴旺。仅1—8月,全国基层法律服务所就办理金融法律事务121708件,办理劳务法律事务331476件,办理技术和知识产权法律事务4815件,办理贸易法律事务38479件,办理房地产法律事务119202件,办理企业股份制改造法律事务4716件。

(司法部基层工作司　金觉民)

〔**司法所建设与发展**〕　司法所是县区司法行政机关设在农村乡镇人民政府和城市街道办事处的派出机构,承担着最基层政权组织的司法行政管理职能。它不仅是我国司法行政系统最基层的单位,也是我国基层政法机构体系中重要的组成部分。

司法行政机关自1979年复建后,基层司法局只设到县区,在农村乡镇和城市街道仅配一名司法助理员。随着城乡经济体制改革和政治体制改革的不断深化与发展,基层的经济发展与社会稳定迫切需求法律服务与法律保障,迫切需求延伸和强化基层司法行政职能,于是,广东、辽宁等沿海地区率先于80年代初期在乡镇创建了司法办公室,扭转了乡镇司法行政工作"势单力薄"的局面,强化了基层的法律服务、法律保障和法律教育职能,受到基层政府和广大群众的欢迎。自1984年起,司法部肯定推广了这一改革举措,特别是1988年后,司法部明确要求有条件的乡镇要积极建立司法所,从而推动全国司法所建设的步伐逐步加快。各地克服缺乏编制、经费的困难,在法律服务所提供的人力、物力和财力的基础上,纷纷组建乡镇(街道)司法所,到1994年底,全国已建立司法所13800多个。1995年6月,司法部在山东烟台召开加强县区司法行政工作会议,提出在当前乃至今后一个时期要把加强司法所建设,实现县区司法行政职能向乡镇(街道)延伸作为强化基层司法行政工作的一项紧迫和重要的任务,要求各地努力创造条件在1997年底将司法所建立起来。地方各级司法行政机关根据司法部的要求,紧紧抓住中央强调依法治国和重视基层政法组织建设以及各地正值县乡机构改革的有利时机,积极争取各级党政领导和有关部门的重视与支持,使司法所建设力度不断加大。湖南、山东、河北等省以省委、省政府或省政法委名义发文要求加强司法所建设,将其纳入基层政法组织建设的整体部署;不少地市、县在解决司法所的立户、列编、待遇等方面取得了突破性的进展。截止1995年底,全国已建立司法所16094个,有工作人员41847人,分别比上年增长16.5%和14%。建所率已达全国乡镇、街道建制总数的30%。

司法所的创立与发展,不仅促进了我国司法行政机关的职能向基层延伸,而且有利于我国基层政法工作体制的进一步完善。根据司法部的要求和基层实际需要,司法所主要承担如下职能:协助基层政府开展依法治理和依法行政;指导管理人民调解工作;指导管理基层法律服务工作;组织开展普法宣传和法制教育;组织落实对刑释解教人员的帮教和过渡性安置工作;代表基层政府处理疑难民间纠纷;参与基层社会治安综合治理工作。广大司法所牢固树立"大服务"的指导思想,紧紧围绕"改革、发展、稳定"的大局,奋发进取,拓展业务,发挥优势,强化职能,努力开拓基层司法行政工作新局面,在维护社会稳定、促进经济发展,加强法制建设等方面都发挥着愈来愈重要的和不可替代的作用,显示出旺盛的活力与生机。其作用主要表现在:(1)司法所已成为乡镇政府(街道办事处)依法行政的得力助手。目前,所有司法所都担任了基层政府的法律顾问，为其政务决策和依法行政提供法律咨询和执法建议，协助治理本地社会热点、难点问题，帮助建立行政执法检查监督机制，组织推进多层次、多形式的依法治理活动，如山东菏泽95%以上、湖南常德100%的乡镇都开展了依法治理活动。(2)司法所是维护基层稳定的一支不可缺少的重要力量。在司法所和广大司法助理员的指导推动下，1995年全国的村居民调委会和企事业单位调委会共调解民间纠纷602.8万件，防止民转刑7.1万件，防止自杀4.3万件；司法所和司法助理员在1995年共直接受理疑难纠纷101.2万件，其中调解78.3万件，处理21.6万件，还协助调委会调解纠纷59.3万件；广大司法所还逐步开拓了对刑释解教人员的帮教和过渡性安置工作，建立健全社会帮教网络，疏通安置就业渠道，普遍实行包管理、包教育、包转化的帮教机制，取得了明显的社会效果；广大司法所还利用自身职能优势，积极参与基层社会治安综合治理和各项严打及专项治理活动，为维护基层稳定做出了突出贡献。(3)司法所是促进基层经济发展的一支不可缺少的保驾护航队伍。全国的司法所和司法助理员指导管理下的基层法律服务工作，在1995年共担任法律顾问41.3万家，代理非诉讼法律事务99.9万件，代理民事、经济、行政诉讼38.5万件，调解纠纷114.4万件，协助公证226.2万件，代写法律文书104.5万份，法律咨询525.6万人次，为当事人挽回和避免经济损失109.1亿元，使基层法律服务工作成为我国法律服务体系中重要的组成部分。(4)司法所是基层开展法制宣传教育工作的骨干队伍。司法所和广大司法助理员承担了"一五"、"二五"基层普法的组织落实工作，培养了一支宏大的遍布乡村、街道和厂矿的基层法制宣传员队伍，采取丰富多彩的形式和富有成效的方法开展普法宣传，仅1995年，就宣讲法律54.7万场次，受教育面达3.6亿人次。(5)司法所是我国法制体系和法制运行机制中的重要组成部分。司法所的建立，使它与公安派出所、人民法庭和检察室共同构成我国乡镇(街道)一级较完备的政法组织体系，形成各司其职、相互配合、相互制约的基层政法工作运行机制。实践证明，司法所工作具有预防性、超前性和治本性的特点，其功能是其他基层政法组织无法替代的，因此，在我国法制体系和法制建设中具有重要的基础性地位。

全国司法所的建设和发展在目前还存在不少困难与问题，一是司法所建设在各地发展很不平衡，全国尚有近70%的乡镇(街道)未建立司法所，有些省发展缓慢，个别省还是空白；二是司法所的地位、设置、编制、经费以及司法助理员的待遇等问题在部分地方尚未得到有效解决，致使已组建的司法所发展根基不牢固，机构、队伍不稳定；三是有些地区司法所的管理体制不顺，县区司法局的管理难以到位，致使司法所不能专司其职，影响其职能作用的发挥。目前，司法部和地方各级司法行政机关正在采取有针对性的举措加以解决，不断加大司法所建设力度，力争到1997年底在全国普遍建立司法所，并逐步提高其整体素质和工作水平，为维护社会稳定、促进经济发展，加强法制建设做出更大的贡献。

(司法部基层工作司　杜　春　李　冰)

1995年人民调解工作

1995年，全国广大人民调解组织和人民调解员在各级司法行政机关的指导下，牢固树立"大服务"思想，坚持"调防结合，以防为主"的方针，不断加强人民调解组织建设、队伍建设，深化人民调解工作改革，努力拓宽业务领域，适应建立社会主义市场经济体制的要求，为维护社会稳定、促进改革开放和经济建设做出了积极贡献。

一、不断加强组织建设、队伍建设

各地认真贯彻中共中央《关于加强农村基层组织建设的通知》和司法部《关于进一步加强人民调解工作促进农村改革与发展维护农村稳定的通知》(司发〔1995〕002号)精神，采取多种措施，大力加强人民调解组织建设。首先对部分调解组织进行了整顿。湖南省结合农村基层组织整顿工作，同步建设整顿调解组织。省司法厅于年初发出了《关于开展农村调解组织现状调查的通知》，要求各地、市、州对农村人民调解组织的现状普遍进行一次调查，并派出3个调查组，深入7个地、市进行了典型调查，掌握了详尽的第一手材料；其次抓住3年为期的加强以农村党支部建设为核心的基层组织建设的有利时机，把农村调解组织建设整顿纳入基层组织建设整顿的总体部署，并与省委有关部门联合下发了《关于结合农村党支部建设整顿进一步加强人民调解组织建设的意见》，对调解组织的整顿完善工作提出了操作性强、科学合理的目标、措施和要求，各地结合实际普遍制定了具体实施方案，将整顿工作落到了实处，取得了明显的成效。1995年全省共整顿基层调委会42454个，整顿面达70%。初步形成了结构合理、素质优化、制度完善、报酬落实的新机制。通过整顿，一类调委会已达到40258个，比上年增加570个，占调委会总数的66.7%，三类调委会下降到2.8%。广西壮族自治区司法厅及时下发《关于结合农村基层组织建设进一步加强人民调解组织的意见》、《转发司法部关于进一步加强人民调解工作促进农村改革与发展维护农村稳定的通知》，加强人民调解组织建设。通过整顿，一类调委会比1994年增加209个，三类调委会减少117个。青岛市结合两个《通知》精神，利用加强基层党组织建设和开展农村治安斗争的有利时机对全市调解组织进行整顿，全市共整顿调委会3926个，调整调委会主任1042名、委员2517名，一类调委会比上年增加224个，二类调委会减少210个，三类调委会减少14个。江苏省通过整顿，一类调委会43293个，已占总数的75.15%，比上年增长了6.83%，三类调委会1660个，仅占2.89%，一年来有21166个调委会通过整顿得到了巩固和提高。

一些地区还结合人民调解组织整顿积极开展标准化调委会建设，使人民调解组织网络化、规范化。江苏省自1991年开展创建标准化人民调解委员会活动，制定了《江苏省标准化人民调解委员会条件(试行)》，通过召开动员会、座谈会、组织有关人员参观学习、印发宣传材料等形式搞好思想发动，统一认识。同时认真组织，精心指导，加强管理，保证了标准化调委会建设的顺利进行。标准化调委会建设经过了启动试点、逐步推开、全面发展、巩固提高几个阶段，目前取得了巨大成效，到1995年底，全省已建标准化调委会50767个，占调委会总数的86.78%。1995年底，省厅派干部到全省11个市，对部分地区创建标准化调委会的情况进行了调查，从当地实际出发，及时提出指导性意见，促进了这项工作的发展。苏州市于1995年颁发了《苏州市人民调解暂行办法》，并以此为契机强化了标准化调委会建设，到1995年10月，全市有97%的调委会达到了标准化条件。宁夏回族自治区进一步加强标准化调委会建设，标准化调委会占调委会总数的50%。福建省1995年下发了《关于开展规范化调委会建设的意见》，在全省开展这项活动。陕西省咸阳市、宝鸡市标准化调委会分别占调委会总数的63%和79%。山东、辽宁、河北等地也普遍开展了标准化人民调解委员会建设活动。通过这项活动，强化了调解组织建设，巩固和发展了三级调解网络，整顿了部分瘫痪、半瘫痪的调解组织，提高了调解队伍素质，规范了业务工作，同时加强了调委会的基础设施建设，改善了调委会的办公条件和工作环境，使人民调解组织的功能得以充分发挥。

各地还不断探索和加强在厂矿企业、城乡结合部、工农结合部、流动人员聚居区、多民族聚居区以及集贸市场建立和发展人民调解组织，积极推广跨地区、跨行业、跨部门建立联合调解组织、强化联合调解制度的新经验，使人民调解工作不断向新的业务领域延伸。贵州省在接边地区建立了联防联调组织409个，调处接边地区的各类较大民间纠纷200余件，促进了省际间经济合作与往来。湖南省在厂矿企业建立调解组织6544个，在集贸市建立调解组织313个。吉林省四平市、梅河口市、吉林市等地的司法行政部门和调解组织与工商行政管理部门联手，在集贸市场开展调解工作。辽宁省鞍山市已在366个企业中建立了调解组织，上到几十万人的大企业、下到乡镇街道几十人的小企业，大部分已建立了调解组织。河北省与北京市联合开展"护城河"工程，已在接边的23个县，106个乡镇，407个村全部建立了联合调解组织，为维护首都的社会稳定起到了积极的作用。上海市不断健全居(村)、国营大中型企业的调解组织，并把调解组织延伸到"三资"企业、集贸市场、外来人口成建制单位、建筑工地、物业管理公司以及个体劳动者协会。在积极建立联合调解组织的同时，各地进一步巩固调解网络，河北省唐山市在加强村级人民调解工作第一道防线的基础上，在乡镇、县区建起第二、三道防线，做到小事不出村、难事不出镇、大事不出县；邯郸县首创的10户调解员制度，经过8年的实践，进一步拓展职能，以10户调解员为基础带领村民联手奔小康。山东省部分地区将3级调解网络发展成为6级调解网络，横到边、纵到底，为化解社会矛盾、维护社会稳定做出了积极贡献。

各地在加强组织建设的同时，注重提高调解人员的素质。上海市针对调解队伍老化、文化偏低、后继乏人的状况，不断调整充实人员，并大力动员在职职工、干部、法律工作者利用业余时间参加调解工作，充实了一大批年富力强、懂法律、有经验、有威信的同志参加到调解队伍中来。现任调委会主任中，60岁以下的男性和55岁以下的女性占77.3%，初中以上文化程度的占80%，全市各级司法行政机关还加大了培训力度，共培训调解人员4万余人。江苏省把提高调解人员素质当作基础建设的首要任务来抓，南京、扬州等地大力强化培训力度，极大地提高了调解人员的专业水平和调解能力。青岛市组织调解人员学习法规，采取集中授课、分组讨论、现场参观的形式进行培训，参加培训的调解人员达50326人。广西壮族自治区组织人员编写教材，为调解人员办班，还专门举办企业调解干部培训班，全区有114242名人民调解员得到培训。

通过加强组织建设，提高了队伍的整体素质，促使人民调解员队伍不断发展壮大。湖南省人民调解委员会发展到60358个，拥有调解人员84万余人。广西壮族自治区有人民调解组织8044个，23万调解人员。过去基础较差的西藏自治区人民调解工作正逐步走向规范化、制度化，队伍不断壮大，据统计全区人民调解组织已发展到5311个，调解小组7319个，人民调解员

16115名，基本形成了人民调解组织网络化。阿里地区人民调解组织过去是一片空白，经过努力现已将应建的106个调解组织全部建立了起来。截止到1995年底，全国共建立人民调解委员会1009814个，比1994年增加407个；调解人员10258684人。

二、积极探索人民调解工作发展之路，不断强化自身改革，取得了初步成效

一些地区大力开展调查研究，不断研究新问题、总结新经验，努力实现人民调解工作与化解社会矛盾相结合、与法制宣传教育相结合、与建立现代企业制度相结合、与社区服务相结合、与加强基层民主政治建设相结合，推动人民调解工作向前发展。福建、江苏、上海、山东等省、市积极开展人民调解理论研究工作，组织召开了多次有关人民调解工作的理论研讨会议，有些地区专门下发文件组织各地开展调研活动。湖南省印发了《湖南省司法厅关于人民调解工作改革意见》，用“大服务”的思想拓宽思路，紧紧围绕党的中心工作和当前的难点、热点问题开展人民调解工作，并在组织建设、队伍建设、人员素质、内部管理等方面推出了许多有益的改革举措，以拓展和强化人民调解的社会功能。山东省积极贯彻1994年昌邑会议精神，在部分县（市、区）建立了县级人民调解委员会或人民调解领导小组，由党委、政府和有关部门参与齐抓共管人民调解工作的“大调解格局”。各地各类人民调解组织积极参与社会治安综合治理，把防激化工作纳入社会治安综合治理的责任考核范围，实行“一票否决权制”，有力地推动了全省社会治安综合治理的深入发展。上海市针对新时期人民调解工作的新情况、新特点，设立了浦东新区社会矛盾调解中心，作为政府解决矛盾的一个职能机构，是在社会主义市场经济体制下改革与发展人民调解工作的一个尝试，受到了广大群众的拥护和领导的称赞。各地人民调解组织积极参与社会治安综合治理工作，紧密配合当地党委、政府的中心工作，围绕难点、热点问题，主动发挥人民调解工作“第一道防线”的作用，做了大量的尝试：许多调解组织积极参与对外来流动人口的管理，通过进行法制宣传教育、办理身份公证和劳务合同见证、提供法律服务、制定村规民约等形式，减少了流动人口中纠纷的发生，维护了社会的稳定。一些调解组织针对当前民间纠纷的新特点，与法院、工商、民政、妇联、土地、环保、房管、卫生、计划生育等部门联手调解纠纷，发挥各自的优势，有效地化解了大量复合型纠纷。还有一些地区的人民调解组织积极参与市政建设、居民动迁过程中纠纷的调解，参与家庭纠纷和群体性矛盾的化解工作。针对当前大中型企业下岗人员多的特点，一些地区的调解组织发动调解人员与下岗人员“结对子”，为下岗人员排忧解难，为他们的再就业牵线搭桥。有些地方的调解人员还积极参与刑释解教人员的帮教安置工作，为消除治安隐患，维护社会稳定做出了积极贡献。

许多企业调解组织积极参与到企业深化改革当中，针对企业在转换经营机制中出现的一些新问题、新情况，采取了有针对性的服务与保障举措，为企业改革与生产发展保驾护航，陕西省略阳钢铁厂人民调解组织根据改革进程，紧紧围绕企业生产、经营、质量、效益、稳定，开展多种形式的法律服务，调解生产经营过程中产生的纠纷200多件，为保证企业的正常生产经营做出了贡献。鞍山钢铁公司各级调解组织几年来始终坚持“向调解要效益、要安全、要出勤率、要质量、要稳定”的工作方向，紧紧围绕影响企业转换经营机制的矛盾和纠纷，成功地调处了大量因换岗、分配、人事等方面的纠纷，纠纷调解率和调解成功率均达到100%，无矛盾上交、无纠纷激化、无民转刑、无非正常死亡。江苏省常州化工厂调解组织针对企业兼并过程中职工出现的一些思想波动，积极配合党政工团，全力以赴做好职工的思想动态预测和民间纠纷的预防工作，为稳定被兼并企业职工的思想情绪，顺利实施对兼并企业的改组、改造和改革发挥了重要作用。

各地还积极采取措施，加大人民调解工作的宣传力度，一方面加强队伍自身建设，一方面扩大调解工作的社会影响。山东省组织了十佳人民调解员事迹报告团巡回报告活动，由两名副厅长带队，分赴8个市地和胜利石油管理局作报告，赢得了社会的广泛重视和支持，扩大了人民调解工作的社会影响。一些省、市、自治区汇编出版了多种有关人民调解工作的书籍、刊物，拍摄了一些歌颂人民调解员的宣传片和电视剧，收到了良好的社会效果，对宣传人民调解工作，促进队伍建设和业务建设起到了促进作用。

三、以防激化为重点积极开展民间纠纷排查和专项治理，推动社会治安综合治理工作的开展

各地人民调解组织积极参与社会治安综合治理，为维护社会稳定起到了积极的促进作用。四川省根据每年春耕大忙期间，农村民间纠纷多，影响农村社会稳定和春耕正常生产的情况，下发了《关于开展春耕大忙期间民间纠纷专项治理活动的通知》，在春耕大忙期间，结合整治农村治安斗争，加强基层组织建设，集中开展了民间纠纷专项治理活动，并取得了显著成效，全省共调解各类民间纠纷130395件，调解成功率94.6%，确保了春耕生产的顺利进行。广西司法厅下发了《关于做好春耕和清明期间民间纠纷预防和调解工作的通知》，也取得了显著成效。河南省组织各级调解组织，在“三夏”、“双节”、“世妇会”期间集中力量开展了三次大规模的纠纷排查活动，共排查出各类纠纷49032件，防止大型械斗2300起，防止纠纷激化4239起。湖南省组织百万大军开展敏感期间影响社会稳定

的民间纠纷排查治理活动,4至6月,在全省范围内部署组织100万名基层干部、人民调解员集中排查治理大会战,排查出影响社会稳定纠纷53403起,纠纷重点户2.4万户,重点人4.6万人,分别采取了疏导和治理措施,既维护了社会的稳定,又对人民调解工作参与社会治安综合治理的作用进行了充分的宣传。1995年1月,河北省、北京市实施了旨在维护首都社会稳定的"护城河"工程,河北省司法厅、北京市司法局按照河北省委、北京市委的指示,联合下发了《关于组织实施"护城河"工程的指导意见》,通过建立三道防线和三级联防联调组织、建立健全纠纷防范机制、开展纠纷排查治理活动、加强对进京务工经商人员的管理等措施,在首都周围筑起了一道维护社会稳定的屏障,带动了京冀两地人民调解工作的积极发展,取得了丰硕的成果。吉林、山东等省开展"细胞工程",推行家政建设,减少纠纷诱因。上海市各区县调解组织开展义务法律咨询,开设"道德评议台",评选"最佳公用部位"、"好邻居"、"好婆媳"活动,签订建房、赡养协议,有效地推动了社会治安综合治理和基层精神文明建设工作的开展。

四、大力表彰人民调解工作先进集体和英雄模范人物

各地根据《人民调解委员会及调解员奖励办法》,表彰了一大批为人民调解事业做出突出贡献的人民调解组织和人民调解员。湖北、宁夏、甘肃、上海、西藏等省、市、自治区还召开人民调解工作表彰大会,对先进集体和先进个人予以表彰。1995年,受到司法行政系统表彰的先进集体24987个,先进个人49601名;受到各级党委、政府表彰的先进集体49589个,先进个人111408名。通过表彰,对常年战斗在人民调解战线上、无私奉献的人民调解员的成绩予以了充分的肯定,激励了他们从事人民调解工作的热情,鼓舞了干劲,坚定了信心。

经过广大调解组织和人民调解员的努力,1995年人民调解工作得到很大发展,全国共调解各类民间纠纷6028481件,调解纠纷总数相当于同期基层人民法院一审民事收案总数的2.2倍;调解成功5750302件,调解成功率为95.39%;防止民间纠纷转化为刑事案件70813件;防止民间纠纷引起自杀43403件,为维护社会稳定做出了巨大贡献。

(司法部基层工作司 王学泽)

〔"护城河"工程〕 在河北省委的倡导下,由河北省司法厅与北京市司法局联合实施的,以强化两地人民调解工作为突破口,以建立两地接边地区联防联调组织和调解协作制度为形式,以化解民间纠纷、防止纠纷激化、减少上访和预防犯罪为主要内容的,通过保障京冀接边地区的经济与社会良好秩序,旨在维护首都社会稳定的一项新举措。是在新形势下对人民调解工作改革发展的一次有益探索与尝试。

1995年1月,河北省司法厅、北京市司法局在涿州市召开了加强京冀接边地区人民调解工作座谈会,共同商讨加强京冀接边地区人民调解工作的问题。双方联合下发了《关于加强京冀毗邻地区人民调解工作指导意见》,对加强联合调解组织建设、制度建设提出了具体意见。会后,两地迅速贯彻,采取各种措施,启动了"护城河工程"。7月,两省、市领导分别听取了"护城河"工程进展情况的汇报,并在北戴河召开了"护城河"工程汇报会,推动了这项工程的深入开展。该工程实施一年多来取得了明显成效。

"护城河"工程的主要做法:(1)在京冀行政接边地区建立县、乡、村三级联防联调组织,联合预防纠纷,化解矛盾。至1995年底,京冀接边的23个县、106个乡镇、407个村已全部建立了联防联调组织。通过联防联调,化解了大量的跨界民间纠纷。(2)根据中央《关于加强农村基层组织建设的通知》的精神,加强人民调解组织建设,开展人民调解委员会整顿工作,重点整顿了瘫痪、半瘫痪的调解组织。通过整顿,1995年京冀两地的一、二类调解组织均有较大幅度的增加,分别占到调委会总数的99%和98%,使人民调解工作更加制度化、规范化,人员素质不断提高,增强了预防纠纷和防激化的能力。(3)全面加强基层基础工作。将"护城河"工程纳入各级党委政府社会治安综合治理目标责任制,大力推行依法治村,实行大事专报制度,建立健全纠纷管辖责任制、纠纷移办制度和联席会议制度,形成了完善的纠纷防范网络和防范机制,使民间纠纷得到有效控制。(4)开展民间纠纷排查治理活动,掌握纠纷发生规律,超前防范,及时化解。仅1995年就化解跨界纠纷3万件,防止矛盾激化2000件,减少上访近千件。(5)在流动人口聚居区建立调解组织,进行法制宣传教育,制定奖惩措施,加强对河北进京务工经商人员的管理,预防和减少了纠纷的发生。1995年,在与北京接边的13个县30余万进京务工经商人员中未发现一起违法犯罪和纠纷激化事件。(6)加强京冀接边地区的经济协作,实行优势互补,共同发展。联合预防、联合化解社会矛盾,推动了经济的相互协作,形成了"调解搭台,经济唱戏"的良好局面。通过联合建厂开矿、劳务输出、对口扶贫、人才流动等形式,带动了两地的经济发展,取得了明显的经济效益。河北省的承德市将"护城河"工程纳入了全市经济开放开发战略,作为促进开放的一条重要渠道。在实施"护城河"工程中仅河北省涿州市就从北京市引进项目100多个,资金1亿多元。

"护城河"工程的开展取得了巨大的社会效益,京冀两地已建联合调解组织近千个,调解人员114万,排查出的3万件纠纷全部得到了及时化解,进京上访人

员减少了50%。同时通过开展各种经济协作，促进了两地经济的发展。为维护首都及周边地区的政治安定、社会稳定、经济的持续快速发展做出了积极贡献。“护城河”工程得到了司法部的高度重视与大力支持，并引起中央有关部门的关注。目前，两地司法厅、局正在认真总结经验，拟在进一步深化和完善“护城河”工程的基础上，扩大战果，在更多的省际接边地区推广这一强化人民调解工作社会功效的新举措。

（司法部基层工作司　王学泽）

1995年法制宣传教育工作

1995年，对于全国法制宣传教育工作来说意义重大，既是“二五”普法规划实施的最后一年，又是制定“三五”普法规划，事关“一年耕耘，五年收成”的关键阶段。广大法制宣传教育工作者，认真学习五中全会文件，深刻领会江泽民等中央领导同志有关普法和法制建设的指示精神，立足本职，务实创新，开拓性地工作，使1995年的法制宣传教育工作出现了生动的局面。

一、中央领导同志带头听法制课，产生了广泛、深远的影响，各级领导干部积极学法用法成为1995年普法工作热点。经司法部党组建议，1994年12月9日和1995年元月20日，中共中央先后两次举办了法制讲座。江泽民、李鹏、乔石、李瑞环、刘华清、胡锦涛等中央政治局常委、国务院领导以及中央和国务院有关部门的负责同志参加了听课。江泽民总书记在讲座开始和结束时都发表了重要讲话，对“三五”普法作出了重要指示。此举体现了中央领导同志对加强法制建设和法制宣传教育工作的高度重视和关心，在国内外产生了广泛影响，极大地调动了亿万民众特别是各级领导干部学法用法的积极性。截止1995年底，全国有29个省（自治区、直辖市）举办了省级领导干部法律知识讲座，绝大多数的地市、县区级领导班子也相继听取了法制课。各地区、各部门的领导干部采取中心组学习、听专题法制讨论等多种方式参与学法活动，出现了领导干部自觉学法、用法，各行各业大力推进依法治理、依法行政、依法办事的可喜局面。

二、各地区、各系统认真搞好检查验收，为善始善终完成“二五”普法的各项任务提供了保证。切实搞好“二五”普法的检查验收，是完成党和国家交给司法行政机关的任务，检验“二五”普法成果的一个重要环节。在1995年初下发的法制宣传教育年度工作要点中，对此提出了明确的要求。1995年2月初，司法部在北京召开了“中央国家机关制定专业法总结验收方案经验交流会”，并及时下发《关于搞好专业法总结验收工作的通知》，同时转发了7个部委和5个省、区“二五”普法总结验收方案，使各地、各部门在实际操作中有所遵循。据了解，全国绝大多数省（区、市）和中央部委制定了结合本地区、本部门实际情况的“二五”普法验收方案。黑龙江、河北、山东、湖南、广东、广西等省份都由省级领导带队下到各地开展检查验收工作。上海市由60多位全国和市人大代表组成三个组分头视察检查了23个行业系统、单位的“二五”普法开展情况。邮电、地矿、广电、建设、林业、化工、兵器工业总公司等20多个中央部委，都由部领导挂帅，组成若干工作组到各大区抽样检查。这些部门的同志共同的感受是，如此严肃认真地对待一项学习任务，实为少有。9月，全国人大部分常委和人大代表视察“二五”普法决议的执行情况，为此我们作了精心安排，刘飏副部长还代表全国普法办公室向视察组专门汇报了“二五”普法的整体进展情况，使得这次视察活动对各地、各部门的法制宣传教育工作起到了有力的推动作用。从各地区、各部门上报全国普法办公室的验收报告看，普遍认为“二五”普法比“一五”普法在其广度、深度和实际社会效果上都有了较大的发展。

三、深入开展调查研究，广泛听取各方面的意见和建议，慎密构思“三五”普法蓝图。根据江泽民总书记“三五”普法还要继续搞下去的重要指示，部里年初就成立了起草“三五”法制宣传教育规划的工作班子。1995年4月8日，司法部党组专门听取了法制宣传司关于“三五”普法工作初步设想的汇报，并对起草“三五”普法规划工作提出了具体意见和要求。去年5月间，全国普法办公室下发了关于“三五”普法的调研提纲之后，各地层层进行了转发。各级普法主管机关认真组织力量开展了调查研讨。江苏、湖南、陕西等省专门召开了“三五”普法的研讨座谈会，仅湖南省普法办就征得有关论文一百多篇，体现了社会各界对普法工作的关心和支持。从1995年4月下旬开始到6月上旬，司法部组成了由刘飏副部长和法制宣传司三位正副司长带队的3个调研组，分赴沿海、中原和边疆民族三种不同类型的地区，进行了深入细致的专项调研。之后，又会同中宣部宣教局、全国人大办公厅研究室召开了多次座谈会、研讨会，认真听取、广泛征求中央和地方、普法主管机关和专业法主管部门等来自各个方面的意见和建议，共同商讨、构思“三五”普法规划，先后八易其稿，最后经中宣部、司法部领导审定，形成了《关于在公民中开展法制宣传教育的第三个五年规划》(草案)，上报党中央、国务院。

另外，在去年这一年里，全国普法办公室将一般性号召与具体指导相结合，与各级普法主管部门一道立足基层，着眼未来，在十年普法教育实践的基础上，积极摸索法制宣传教育工作的管理模式，将普法这项具有中国特色的创造性工作引向规范化、法制化。1995年初，法制宣传司拟就了关于普法工作立法的设想和考虑，并且在部领导的关心、倡导下，于当年4月成立了由法制宣传司、法制司组成的法制宣传教育立法起草班子。同时，我们积极扶持基层典型，河北、宁夏、广西柳州等地的法制宣传教育工作条例(或规定)在1995年都已经立法部门批准出台实施，它们将为法制宣传教育工作走上法制化道路典型引路、积累经验。

四、法制新闻、法制文艺宣传有声有色，多渠道、多形式的法制宣传教育有了新的开拓。特别是法制宣传司直接投入力量的几次有较大社会影响的宣传活动。比如动员一千多万公民参加的“全国消费者权益保护法知识竞赛”活动，宣传周期长，组织工作细，内容有针对性，社会各界重视程度高，到1995年中央电视台“3·15”决赛晚会划上了圆满的句号。法制新闻宣传近年来发展迅速。到1995年底，中华全国法制新闻协会已拥有中央及地方70家团体会员，仅司法行政系统就有107家法制报刊、1200多名法制新闻工作者。我们特别注意发挥该协会的行业组织优势和整体功能，提高法制新闻宣传的整体水平。为此在1995年开展了第八届法制好新闻评选、首届全国法制报刊评比，创办了《报刊阅评通报》，在年底还与中宣部、全国人大新闻局、新闻出版署等一起召开了“全国法制新闻宣传工作座谈会”，这些工作大大密切了法制宣传主管部门与众多新闻单位之间的联系，调动了广大新闻工作者进一步搞好法制新闻宣传报导的积极性。他们以高度的政治责任感，铁肩担道义，妙手著文章，大力宣传报导国家立法、执法、普法方面的成就，1995年仅由我部直接组织的中央新闻记者异地采访(司法行政业务和普法工作)就达8次，在各大报刊上发表的各类文章共800多篇，中央电视台播发新闻共92条、专题7条，中央人民广播电台播出新闻81条、专题21条，较好地宣传了司法行政各项工作的改革与发展。此外，我们还拍摄了宣传公证、律师等业务的专题片，制作了中央领导听法制讲座的录像带提供给各地，组织策划了大型普法宣传活动“神州普法行”，3个新闻采访报导组，行程两万多公里，采访了30多个普法和依法治理的典型单位，50位社会各界人士，采编了12条新闻，并且已准备好4期“焦点访谈”节目的素材。法制文艺宣传因其生动形象，被群众喜闻乐见，在农村乡镇找到了广阔的天地。法制文艺无论是专业或业余队伍的数量，还是演出的质量，在1995年都有了明显发展、提高。在该年度3月召开全国人大和政协两会期间，我部与中宣部、文化部联合举办了部分省市法制文艺节目进京汇报演出活动，共向两会代表和首都人民演出14场次，得到了各方面较高的评价。

五、法制宣传教育积极参与社会治安综合治理，为维护社会稳定发挥了重要作用。1995年全国各级普法主管机关贯彻落实“吴江会议”精神，把配合有关部门集中整治农村社会治安专项斗争，开展经常性和有针对性的法制宣传教育作为“二五”普法最后阶段的重要任务。绝大部分省(区、市)的基层单位开办了法制学习班，对有劣迹的轻微违法人员、刑释解教人员开展重点教育，实际效果很好。上海、广东、山东等地的普法主管机关根据当地流动人口多、犯罪现象严重的状况，与综治办、公安部门一道，利用多种形式和舆论阵地，有重点、有选择地宣传法律法规，大大增强了外来人员遵纪守法和运用法律手段维护自身合法权益的观念。较大力度的法制宣传教育工作及其营造的强大舆论声势，已成为许多地方维护社会秩序安定中最为活跃的因素之一，得到当地党政部门和领导的充分肯定。另外，青少年的法制宣传教育工作在1995年也有了一定的实质性进展。经过多次的协商研究，国家教委、中央综治办和司法部已在1995年12月发出了《关于加强学校法制教育的意见》，使在不同年龄层次的学生中开展法制教育有了更具操作性的办法与措施。而一些起步早、工作做得较好的地方，如天津市在1995年编写、试行了全市统一的中小学法制教材，上海市则将法制教育的内容纳入了各级学校的教学大纲。

六、依法治理工作又有了较大的发展，全方位、多层次的依法治理整体局面初露端倪。经过几年的精心培育、推广，依法治理的典型经验已在我们国家政治、经济、文化和社会生活的各个领域乃至各个角落生根、开花、结果。到1995年底，全国30个省(区、市)都已开展了依法治理工作，有3个省(市)出台依法治省(市)的决定和实施方案。全国45%的地级市、49%的县(市、区)已正式开展了依法治县(市、区)工作，50%的行政村实行了依法治村，乡镇、街道、学校、工厂等广大基层单位则更早、更广泛地开展了依法治理，各系统、行业的依法治理也开展得如火如荼，并且大都以实行部门执法责任制、错案追究制等得力措施来推动依法治理工作的顺利进行。民主法制教育与实践的有机结合，已实实在在成为亿万公民的亲身体验，依法治理工作出现了蓬勃发展的态势。作为依法治理工作职能部门，司法行政部门在各级党政、人大的领导、支持下，较好地发挥为业务指导、协调的作用。

总的看，1995年是广大法制宣传教育工作者团结奋斗、取得较好成绩的一年。但是各地、各部门的普法工作发展并不平衡，进度不一，完成“二五”普法任务的质量参差不齐；各级普法主管机关的职能作用还没有完全发挥，特别是在出现了有利于开拓法制宣传教育事业的大好形势下，少数部门和从事这项工作的同志对困难看得较多，因而工作被动；而一些思想认识问题仍严重困扰普法工作的深入开展。

（司法部法制宣传司　施汉生）

〔全国首次部分省、市法制文艺进京汇报演出〕

由中宣部、司法部、文化部联合举办的全国首次部分省、市法制文艺节（剧）目进京汇报演出活动，在召开全国人大和全国政协八届三次会议期间，于1995年3月6日进行首场演出，至3月17日圆满结束。河南、湖南、山西、江苏、浙江、广西及武汉市等7个省、自治区、市选送的7台节（剧）目，向人大代表、政协委员和首都观众共汇报演出了14场次。其中由武汉市、河南省、江苏省和广西壮族自治区联合组台的大型法制综合文艺节目，于3月9日晚在北京新世纪剧场为出席“两会”的千余名全国人大代表和全国政协委员作了专场汇报演出。这是建国以来第一次在首都舞台上展现以弘扬主旋律为宗旨，以法制题材为内容的法制文艺进京汇报演出活动。这些优秀作品，充分展现了法律与人、法律与社会、法律与生活这一主题。作品贴近群众，贴近生活，有鲜明的时代感。其中越剧《金凤与银燕》和话剧《世纪风》双双荣获中宣部1995年“五个一工程”的优秀戏剧奖和文化部的“文华奖”。特别是越剧《金凤与银燕》，还获得了中国作协的“茅盾文学奖”。新华社、人民日报、光明日报、法制日报、北京日报、中国文化报及中央电视台、中央人民广播电台、北京电视台等十几家中央和首都的新闻单位，先后对这次活动作了30多次报导和采访，使之产生了较大的轰动效应，为繁荣法制文艺，创造了丰富的经验。

中宣部、司法部、文化部对直接组织这次汇演活动的7个省、市的党委宣传部、司法厅（局）、文化厅（局）和26个参加演出的文艺团体给予了表彰。

（司法部宣传司　王　萍）

〔第八届（1994年度）全国法制好新闻评选活动〕

由中华全国法制新闻协会举办的第八届（1994年度）全国法制好新闻评选活动，于1995年4月～6月在北京进行。这次活动共评出优秀法制新闻作品207篇（件），其中，一等奖14篇（件）、二等奖44篇（件）、三等奖149篇（件），评选出法制好专栏奖6个。

这次评选活动的主要特点：一是参评面广，是历届评选活动中参评单位最多的一次。二是参评作品囊括了民主政治建设和法制建设重大题材，如人大制度建设、立法工作、维护社会稳定、人权保护、知识产权保护等题材；三是充分发挥了省级法制新闻协会的作用，在初评工作中，山东、江苏两省法制新闻协会认真组织本省的法制好新闻的初评工作，取得了比较明显的效果。山东省法制新闻协会参评作品55篇（件），获奖作品13篇（件），占本省推荐参评作品的23%。江苏省法制新闻协会参评作品60篇（件），获奖作品13篇（件），占本省推荐参评作品的21%。

（司法部宣传司　孙跃年）

1995年法学教育工作

1995年法学教育司在部党组的正确领导下，认真学习贯彻党的十四届四、五中全会精神，以邓小平同志建设有中国特色社会主义理论为指导，以《中国教育改革和发展纲要》和《纲要实施意见》为依据，积极落实部党组的各项指示，按照教育司1995年工作安排，在积极筹备好法学教育工作会议的同时，扎扎实实地把每项工作落到实处，实现了年初制定的工作目标。今年部属普通高等院校共招收本专科生5145人，硕士生348人，博士生16人。毕业本专科生4718人，硕士生235人，博士生9人。在校本专科生17970人，硕士生1042人，博士生38人。部属政法院校成人学历教育计划招生7934人，录取8555人。1995年主要抓了以下几项工作。

一、坚持政治理论学习，统一思想认识，积极筹备法学教育工作会议

为开好法学教育工作会议，部党组、部领导非常关心，并多次作重要指示。根据领导指示，结合自己工作实际，坚持抓了以下几点：

（一）坚持抓好理论学习，不断提高大家的思想认识和理论水平，进一步提高法学教育工作会议的筹备质量。首先是对部里组织的处以上干部学习《邓小平文选》一、二、三卷的活动认真抓好落实，在工作比较繁重的情况下，做到统筹安排，保证同志们在较短的时间内学好规定的内容，收到预期的效果；其次是抓好日常的政治理论学习，根据部机关党委的要求，坚持定期组织大家学习党中央、国务院的重要决定，党和国家领导人的重要讲话，使同志们时刻了解党的路线、方针、政策和每个时期的工作重心；三是及时组织学习党和国家领导人、部党组、部领导关于加强法学教育的指示，领会精神实质，提高认识，更新观念，统一思想、增强责任感和使命感，积极为法学教育的改革和发展努力工作。

（二）深刻领会《纲要》精神，积极探索法学教育改革和发展的新路子。《中国教育改革和发展纲要》为我国的教育改革和发展确定了总的目标和方向。党的十一届三中全会以来，法学教育得到了较大发展，但目前现状与客观形势的要求很不适应，因此，法学教育如何改革发展，才能更加适应社会主义市场经济体制的需要是这次会议解决的主要问题。根据肖扬部长对这次会议筹备的三点指示，在通过大量调研的基础上，对法学教育的教育层次、结构的调整，办学规模的扩大等属于我部无法解决的重大问题提出具体意见，在部领导的直接关心指导下，在多次与国家教委、国家计委、财政部、人事部等有关部门协商的同时，又于1995年11月23日向李岚清副总理当面做了汇报，以上问题得到了李副总理及有关部门的极大支持与关注，为确定法学教育的新思路奠定了基础。

（三）认真组织，积极做好会议的各项准备工作。为了开好这次会议，根据部党组、部领导的指示精神，首先对会议的筹备作出全面规划，理出会议主要解决的问题，同时分清哪些是通过请示、协商解决的问题，哪些是自己内部研究的问题，针对不同情况积极开展工作。其次是认真起草会议文件。今年对会议的主报告、普高、成人、职教三个教育改革意见、2010年发展规划等文件进行了反复讨论修改，使之更加合理，更有操作性。三是分工明确，责任到人。做到事事有人抓，件件有落实，使整个筹备工作有条不紊的进行。

二、继续深化院校改革，扎实做好部属普通高校工作

今年是高等法学教育发展史上十分重要的一年，在工作中认真贯彻落实《中国教育改革和发展纲要》和《纲要实施意见》及全国高等教育工作会议精神，坚持普通高等法学教育规模适当发展，结构进一步调整的指导思想，解放思想，抓住重点，在提高质量和办学效益上下功夫，主要抓了以下几项工作：

（一）进一步加强院校的党建和思想政治工作，保持院校教学、工作秩序的正常开展。工作中一是继续抓好《德育大纲》的贯彻实施，同时注意发挥政治理论课的多渠道作用，多从正面教育入手，培养学生树立正确的人生观、世界观；二是注意宣传典型，今年利用各种形式、场合大力宣传华东政法学院建设"凝聚力"工程的经验，收到了较好的效果；三是在4、5、6月和世妇会期间，在下发做好院校稳定工作通知文件的同时，注意与院校保持联系，司领导及有关人员注意深入到院校进行调查研究，发现问题及时解决，保证了院校的稳定。

（二）坚持以教学为中心，提高教育质量。院校的中心是教学，教学的质量又直接关系到院校的发展。今年首先召开了院校教务工作会议，针对教学中存在的问题进行研讨，确定了法学类核心课程教学大纲的编写和学分制实施步骤。第二，为推动院校教学水平的提高，组织制定了"教学水平评价指标体系"并已布置各院校开展工作。第三，继续抓好师资培训工作，今年委托华东政法学院、中国政法大学举办培训班两期，共培训65人，收到了较好的效果。第四，为提高部属院校的总体水平，经多方努力和专家评审，确定了中国政法大学民法学等七个学科为部级重点学科，并确定了30项部级科研项目。第五，加强对外交流、留学生选派、聘请外国文教专家工作。今年共选派留学生14名，接收外国留学生84名，聘请外国文教专家126名，与外国7所大学建立了校际联系。

（三）积极推进各项改革，加强院校的全面建设。根据《纲要》精神和部党组的指示，今年进一步加大了院校改革的力度。首先在华东政法学院去年实现招生并轨之后，今年又实现中国政法大学、西南政法大学的招生并轨，为院校的进一步深化改革创造了条件。第二，积极支持部属政法院校与当地政府和院校实行联合办学，经过努力已初见成效。第三，加快高层次法律人才的培养，在抓好现有研究生教育和上海国际律师培训中心的同时，经与国家教委、国务院学位办共同努力又相应扩大了规模。第四，针对部属院校专业设置的实际，增设了部分与法学专业相关的专业，为院校向以法学为主的综合性院校发展创造了条件。

三、进一步明确办学方向，努力开创成人法学教育的新局面

今年在成人教育工作中，积极贯彻大服务的思想，以社会需要为导向，立足政法口，面向全社会，积极培养复合型、外向型和职业型、应用型的法律人才，取得了可喜的成绩。主要情况是：

（一）进一步调整办学结构，提高办学质量。为适应成人高等法学教育的需要，加快复合型法律人才的培养，重点抓了以下几项工作：第一，通过与国务院学位办多次努力，完成了法律专业硕士学位设置和开展研究生教育的准备工作。配合国务院学位办召开了法律专业硕士研究生教育试点工作会议。组织编写了招生考试大纲和部属普通政法院校首批试点招生的统一命题工作。同时会同最高人民法院、最高人民检察院向国家教委、国家计委提出《关于追加法律专业硕士研究生招生计划指标，加快培养复合型法律人才的请示》的意

见。第二，在继续巩固“专升本”教育试办工作的同时，为进一步扩大招生规模，争取政策支持，起草了报国家教委并李岚清副总理《关于扩大“专升本”招生规模的请示》，李副总理做了重要批示。在国家全面压缩“专升本”招收规模的政策条件下，我部的招生计划仅列国家教委之后。第三，受国家教委委托，组织了中央司法警官教育学院“3＋2”招生改革科目的命题工作，承担了全国“3＋2”考试命题的会务组织工作。第四，为提高教育质量，根据国家教委的要求，组织开展了部属政法院校函授、夜大学教育质量评估工作。第五，继续开展了全国政法干部院校的教学水平评估工作，对刑法、民法两门课程进行了全国统考，并进行了评析与交流，收到了较好的效果。

（二）积极组织，全面推进非学历教育。实践证明，抓好各种培训是提高广大干部素质的一条有效途径，今年在积极配合政治部认真拟定以“五八八培训工程”为核心的司法行政系统“九五”干部教育培训规划的同时，主要抓了专业证书教育。今年共审批部属政法院校举办的专业证书教育招生计划5000人。组织开展了本系统监（所）、基层法律服务工作者的专业证书教育。期间与基层司共同召开了基层法律服务工作者专业证书教育试点工作会议，为基层法律服务工作者专业证书教育的全面开展创造了条件。

（三）加强对中华全国律师函授中心助学工作的指导，为实现部党组提出的到本世纪末律师队伍达15万的目标，开通有效的培养途径，经过多方努力工作，又实现了自学高等考试律师专业并轨开考，从而使该中心形成了多专业（法律、经济法、律师）、多教育（学历与继续教育）、网络化的办学格局。目前中华全国律师函授中心在籍学员达6万人。

（四）大力加强师资队伍和管理队伍建设，为造就一支通晓成人教育规律、思想稳定、业务精通、结构优化的师资队伍，今年先后举办了师资培训班两期共120人，举办成人法学教育管理干部培训班一期60人，收到了较好的效果。

四、认真贯彻《纲要》精神，积极做好中等法律职业教育工作

随着社会主义市场经济体制建立与完善，对我国的民主、法制建设和法律人才的培养提出了更高的要求，因此，对中等法律教育也提出了如何发展的问题。今年围绕这一问题，主要做了以下几项工作：

（一）组织召开了司法部法学职业教育改革与发展研讨会。会议对中等法学教育所面临的形势和任务，中等法学教育改革与发展的目标和途径，调整办学层次，开展高等法学职业教育试点工作以及法律高等职业教育的培养目标等问题进行了研讨，并形成了会议纪要。

（二）为调整中等法学教育层次，试办法律高等职业教育，组织了司法部试办法律高等职业教育可行性研究的科研课题，通过调研和广泛征求意见，形成了《法律职业教育可开应用文科高职教育之先河》的主报告和配套的法院、检察院系统书记员任职资格和培养、司法助理员和乡镇法律服务机构人员任职资格和培养、司法行政系统机关办事员等任职资格和培养、律师、公证人助手需求和培养的子课题报告报国家教委。

（三）为提高司法学校的教育质量，组织了全国司法学校部分专业课统一考试，并对考试结果进行了评析，收到了较好的效果。

（四）协助国家教委就政法类学校政治理论课改革进行了研讨，并参与《哲学基础》教学大纲的编写。

五、大力加强法学教材建设，努力适应教学需要

教材建设直接关系到教育质量，今年在继续抓好各类教材的编审质量的同时，认真落实李岚清副总理关于加快编写现代化法学教材的指示，多次组织有关专家、学者进行研讨，现已对确定的四个系列50种教材进行编写。在抓好上述工作的同时，还组织编审出版了普高、成人高等、司法学校新教材38种，修订教材22种。根据国家教委的部署，进行了司法部第三届优秀教材评奖工作，共评出普通高等院校法学优秀教材一等奖8种，普通高等院校法学优秀教材二等奖15种，成人高等院校法学优秀教材鼓励奖9种，司法学校优秀教材鼓励奖5种。

（司法部法学教育司　李恩甫）

〔司法部确定部级重点学科〕　部级重点学科的设立和建设是一项事关高等法学教育发展的具有战略意义的工作。司法部为贯彻落实党中央、国务院《中国教育改革和发展纲要》精神，根据国家教委《关于高等学校重点学科建设与管理的意见》的有关规定，于1995年3月制定并下发了《关于在部属普通高校设立和建设部级重点学科点的意见》（以下简称《意见》）。

在各校申报的基础上，司法部部级重点学科论证委员会确定了中国政法大学的民法学、刑法学；西南政法大学的经济法学、诉讼法学；华东政法学院的国际经济法学；西北政法学院的刑法学和中南政法学院的民法学等七个学科为司法部首批部级重点学科。

（司法部教育司　靳万森）

〔组织编写现代化法学教材〕　1995年，针对培养“三懂”法律人才问题，国务院副总理李岚清要求司法部组织编写一批现代化的法律教材。司法部迅速组织有关部门和法学界专家、教授认真调研，在征求各方面意见的基础上，形成编写现代化法学教材的整体思路，确定了基础课、民商法、经济法、国际经济学四个系列，共50种教材。1995年6月和9月司法部分两批召开50种教材四个系列主编会议。大家一致认为这批教材必须以邓小平同志建设有中国特色社会主义理论和党的十四届五中全会精神为指导，面向现代化、面向世界、面向未来，立足培养跨世纪的高质量法律人才。这批教材列入司法部“九五”期间普通高等法学教材的重点项目，现已全面启动，计划1997年秋季出齐。

（司法部教育司　沈忠俊）

〔第三届优秀教材评奖工作〕　根据国家教委颁布的《高等学校优秀教材奖励试行条例》及《关于进行第三届全国普通高等学校优秀教材评奖工作的通知》，1995年，司法部组织了第三届法学优秀教材评奖工作。

按规定本届法学优秀教材评审范围是1990年1月至1994年12月期间出版的普通高等学校教材。司法部所属五所普通高等法学院校、法律出版社、中国政法大学出版社及法学教材编辑部在这期间出版的法学教材共计502种，按8%的比例，经自下而上推荐，各单位报送司法部参加本届评选的教材共39种。

经专家评审会议评选出普通高等学校法学优秀教材一等奖8种，二等奖15种。此外，还评选出优秀教材鼓励奖，其中成人高等学校法学优秀教材9种，司法学校法学优秀教材5种。

根据国家教委要求，将获司法部普通高等学校法学优秀教材一等奖的8种教材上报国家教委，作为国家级优秀教材的参选教材。

（司法部教育司　沈忠俊）

〔邹韬奋塑像在华东政法学院落成〕　邹韬奋先生是我国伟大的爱国者、著名的政治活动家、杰出的新闻记者、政论家和出版家。1995年11月5日是其诞辰100周年纪念日。邹韬奋先生1921年毕业于华东政法学院的前身圣约翰大学。新中国成立后为纪念邹韬奋先生，1951年经华东军政委员会批准，将圣约翰大学的“怀施堂”改名为“韬奋楼”。1952年华东政法学院在圣约翰大学校址创建，四十年来一直沿用韬奋楼名，1994年上海市将韬奋楼列为青少年爱国主义教育的基地之一。

为继承发扬邹韬奋先生的爱国主义精神，缅怀其光辉业绩，对学生进行生动形象的爱国主义教育，经司法部党组研究决定，并经中共中央宣传部批准，在纪念邹韬奋先生百年诞辰时，在华东政法学院韬奋楼的院落内建造邹韬奋先生半身塑像。

1995年11月15日，司法部在部属华东政法学院隆重举行邹韬奋塑像揭幕仪式。专程前来上海市出席揭幕仪式的有：中共中央政治局委员、国务院副总理邹家华，中共中央政治局委员、上海市委书记黄菊，司法部部长肖扬、副部长刘飏，国家新闻出版署署长于友先、副署长桂晓风，上海市委、市人大、市政府有关方面的负责同志等。出席揭幕仪式的来宾有：有关部门兄弟院校的党政负责同志，上海市公、检、法、司、新闻、出版、区委、团市委、韬奋基金会等单位的负责同志，邹韬奋的亲属邹嘉骊女士和生前友好冯英子先生等。

揭幕仪式由司法部副部长刘飏主持。国务院副总理邹家华、上海市委书记黄菊为邹韬奋塑像揭幕。司法部部长肖扬、上海市委副书记陈至立、国务院副总理邹家华分别在揭幕仪式上发表了热情洋溢的讲话。

（司法部教育司　李　禹）

1995年司法外事工作

1995年是司法外事工作非常活跃的一年。根据统计，1995年，仅司法部本身就接待外国、境外代表团（组）22个，派出代表团（组）16个，派出出席国际会议团（组）10个，派出出国培训团（组）9个。中国法学会、中华全国律师协会、部属政法院校等各部归口管理单位和直属单位的对外交流与合作等活动发展迅速，并取得了较好的效果。

1995年的司法外事工作表现有以下特点：

一、加强高级别互访，保证国家间关系建立在更加稳定和坚实的基础上。

高级别互访，不仅有利于宣传我国改革开放政策、社会主义民主和法制建设以及司法行政事业的改革与发展，同时有利于多做外国政界、司法界、经济界等高层人士的工作，增进他们对我国情况的了解和理解，有利于为我国的现代化建设创造一个和平的国际环境，配合了我国在政治和人权领域的外交斗争，其意义远远超出司法领域本身。

1995年4月和10月，肖扬部长率领中国司法代表团分别对塞浦路斯和日本进行了正式访问。访问期间，肖扬部长与两国司法界和政界人士进行了广泛的接触，就政治、法律、经济等问题深入地交换了意见和看法。日本自民党元老、原日本副首相兼法务大臣后藤田正晴在与肖扬部长会谈时，高兴地回忆了1993年访华时与江泽民主席谈话的情景，认为中国共产党十四届五中全会刚刚通过的关于第九个五年计划和2010年远景规划的建议将在中国的发展和建设事业中发挥重要的作用。

1995年12月，肖建章副部长率领中国司法代表团对爱沙尼亚和保加利亚进行的正式访问也取得了圆满的成功。肖副部长详细地向对方介绍了我国法制建设在改革开放、社会主义市场经济建设进程中的作用，同时，深入地了解了爱、保两国政治、法律改革的情况。

1995年，经国务院批准，应肖扬部长的邀请，芬兰司法部长、伊朗司法部长、葡萄牙司法部长、波兰司法部长、匈牙利司法部长、摩洛哥司法大臣分别对我国进行了正式访问。通过会谈和参观，各国司法部长亲身感受到我国政治稳定、经济发展、社会安定，法律不断健全，司法制度不断完善。1995年1月随同芬兰司法部长访问我国的芬兰最高行政法院院长哈尔伯格，深受我国发展变化的感染，回国后，通过芬兰驻中国大使表示希望能再到中国，与中国同行深入交流法制建设方面的经验，并于1995年9月，携夫人重返中国，到中国政法大学和西北政法学院讲学和进行学术访问，受到欢迎。我方还在一些国家司法部长的会谈中，坦率地就人权问题，特别是司法人权问题交换了意见和观点。

作为高层互访的成果，经国务院批准和授权，肖扬部长与塞浦路斯司法部长签订了中塞民事、商事和刑事司法协助协定，与匈牙利司法部长签订了中匈民事和商事司法协助协定，与摩洛哥司法大臣草签了中摩民事和商事司法协助协定；此外，肖扬部长还与芬兰司法部长签署了中芬司法合作与交流谅解备忘录，与葡萄牙司法部长就两国签订司法协助协定问题交换了意见。肖建章副部长在访问保加利亚期间也与保司法部长就尽快签署两国引渡条约达成了共识。

全国政协主席李瑞环、国家副主席荣毅仁、全国人大常委会副委员长王汉斌、雷洁琼、国务委员罗干分别会见了应邀来访的外国司法部长。

此外，肖扬部长和刘副部长分别率领中国代表团出席了在开罗举行的第九届联合国预防犯罪和罪犯待遇大会和在维也纳举行的第四届联合国预防犯罪和刑事司法委员会。张耕副部长参加了由李鹏总理率领的中国政府代表团，出席了在哥本哈根召开的联合国社发首脑会议。

二、加强对外专业交流，为我国的法制建设和司法行政事业的改革和发展服务。

根据1995年2月召开的全国司法厅(局)长会议的精神，1995年司法外事工作的计划把为现代化文明监狱的建设以及深化法律服务工作改革等做为基本考虑。1995年，司法部接待的国外、境外专业代表团(组)和个人14起，派出专业代表团(组)和个人14起，派团(组)和个人出席专业性国际会议7起，派出专业培训团(组)和个人9起，66人。如为配合律师法的制定，推动律师法草案早日提交全国人大审议，促进我国律师体制的改革，1995年5月，派出两个律师立法考察团，分别对美国、澳大利亚、新西兰进行了考察。两个代表团除了部法制司、律师司和司法研究所直接参与律师法草案起草的同志外，还根据该项法案起草过程中需进一步解决的问题，邀请国务院法制局、全国人大常委会内务司法委员会、全国人大法工委等部门的代表参加代表团对上述国家进行访问。这两次访问对保证律师法草案按预定的时间提交全国人大常委会审议起了重要作用。

为配合公证立法，接待了由法国公证人高等理事会主席率领的代表团，派中国公证代表团以观察员身分出席了在柏林举行的第21届国际拉丁公证联盟大会，派代表团考察了西班牙和卢森堡两国的公证制度；为进一步使香港委托公证人制度规范化，还派出以部公证司司长为首的培训、考试小组赴港对新一批香港委托公证人候选者进行大陆有关法律和公证实务培训，并在培训结束后进行笔试和面试，保证了新一批香港委托公证人的质量，取得了较好的效果。

遵照部领导的指示，为我国刑事司法制度的发展借鉴国外的有益经验，派出了由法学专家、学者和实际部门的工作人员组成的中国司法部刑事司法专家代表团赴英国对英国的缓刑制度和适用于青少年犯的非监禁替代措施进行了深入的考察。

此外，为配合我国现代化监狱的建设，我们分别接待了来自香港、韩国的矫正官员代表团；派监狱代表团对香港进行了考察，同时派团出席了第15届亚太矫正管理者会议、国际监狱教育会议。无论是双边考察访问，还是多边会议，我们都注意大力宣传新颁布的监狱法和我国进行监狱现代化建设的设想和采取的各项实际措施。

通过派遣和接待专业代表团组，不仅为我们深入了解国外有关专门法律制度提供了良好的机会，更重要的是为我国有关法律的制定以及有关法律制度的健全、发展和改革提供了有益的启示和经验。

三、配合外交斗争的需要，积极参与国际人权领域的活动。

近年来，人权日益成为国际社会关注的问题，特别是以美国为首的西方国家把人权作为其外交政策的一个支柱，把人权问题意识形态化和政治化，利用人权问题向发展中国家施压，我国作为世界上最大的发展中国家和社会主义国家，更是他们首选攻击目标。而司法领域的人权问题更是人权问题的一个基本的方面受到格外注意。结合我部的管辖和所处的特殊地位，按照中央对国际人权斗争的总的部署和安排，遵循“坚持原则、灵活处理、实事求是、多做工作”的方针，积极工作，发挥了重要的作用。

我部继续派员参加中国代表团出席第51届联合国人权会,为我又一次挫败以美国为首的西方国家搞反华决议案的图谋做出了重要贡献。

在高级双边往来中,如在接待来访的波兰、匈牙利、伊朗、葡萄牙、摩洛哥等国司法部长时,我们根据中央部署,把人权问题,特别是司法人权问题做为正式会谈的内容,阐明我们的观点和主张,介绍我们在人权保障方面取得的成就,驳斥和澄清西方反华势力的无理攻击和指责,增进了对方对我国情况的了解和理解。

1995年1月,我司法部长邀请芬兰司法部长访华,为配合我国在人权领域的斗争,我们根据外交部的建议,并根据芬方的请求,同时邀请芬兰人权大使随团访华。访问期间,肖扬部长与芬司法部长专门就人权问题交换了意见,增进了双方在这一问题上的了解和理解;同时在充分协商的基础上,肖扬部长还与芬司法部长签署了两国司法合作与交流谅解备忘录,备忘录中也包含了关于交换通过法律保护人权和推进依法治国的经验的内容。双方一致认为这是一份很好的文件,对双方在法律领域加强合作与交流具有重要意义。在此后召开的联合国人权会期间,芬兰代表向我国代表表示,芬方更主张加强象在司法领域一样的合作,而不是搞对抗;7月江主席访问芬兰期间,芬方建议把在司法领域的合作作为正式会谈的内容之一,芬总统还专门与江主席谈及两国司法部长在北京签订的谅解备忘录,并把随芬司法部长访华时负责谅解备忘录文本谈判的芬兰最高行政法院院长介绍给江主席。

此外,围绕实施中美禁止监狱劳动产品出口谅解备忘录的问题,我们配合中央对美工作的方针和总的部署,与美国驻华使馆进行谈判,做到不卑不亢,有理、有利、有节,取得了较好的效果。

四、地方及归口单位和直属单位对外交流工作健康发展。

(一)积极努力,克服困难,以认真负责的精神配合部里做好国外和境外代表团组的接待工作。1995年,司法部共接待来自14个国家和地区及代表团组22个(包括联合国亚远所),这些代表团组分别访问了北京、上海、西安、深圳、杭州、广州、天津、长沙、昆明、哈尔滨、大连、南京、南昌等城市(其中上海市司法局接待了11个团组,陕西省司法厅接待了6个团组)。这些团组在各地的访问受到当地司法厅(局)领导和各接待单位的高度重视,特别是部长级代表团的访问,都有第一把手和主管厅(局)领导亲自挂帅和指挥,直接负责组织、安排接待工作的同志,不辞辛劳,各项正式活动安排得协调有序,饮食、住房、交通也安排得细致周到,在政治上取得了很好的效果,在这方面,上海和陕西等省、市做得尤为突出,受到外方的称赞。各政法院校以及司法行政系统的对外开放单位也不断总结经验,不仅很好地配合本系统各单位完成了参观、座谈等各项任务,还接待了兄弟部门邀请的大量国外、境外代表团组,宣传了我国民主与法制建设和司法行政事业的发展和取得的成就。如1995年9月,芬兰最高行政法院院长应肖扬部长邀请到西北政法学院讲学,陕西省司法厅和西北政法学院的领导高度重视,事先做了十分细致的准备,前往听讲的师生达200多人,会场气氛热烈,不仅表现了对外方的尊重,同时也体出了学院师生的治学精神,芬兰最高行政法院院长和芬兰驻华大使对陕西省司法厅和西北政法学院的出色组织工作以及我致力发展法学教育的热情留下了深刻的印象。

(二)认真负责,配合部里完成出国访问、考察和出席国际会议的任务。1995年,福建、新疆、吉林、安徽、湖南、河北、西藏、广西、辽宁、广东、上海、北京、天津和厦门等14个省区市的同志参加部里组织的代表团组前往国外、境外访问、考察和出席国际会议。各有关司法厅(局)对这项工作给予了大力支持,不仅努力按照要求选派干部,而且克服困难按时做好政审、申办护照等项工作。各地负责办理各项具体事务的同志,更是不辞辛苦,不讲价钱,做出了很大的贡献。

(三)发挥各地方和各单位的积极性,开展符合地方和部门特点和地方需要的对外交流活动。各政法院校配合法学教育发展,把对外交流的重点放在与国外著名院校建立校际合作关系,发展适合改革开放和建立社会主义市场经济体制的学科上,取得了日益显著的效果。由华东政法学院承办的中国国际高级法律人才培训中心(上海),在各有关部门的支持下,在中心的积极努力下,已在国内和国外产生了较大的影响,为今后的发展奠定了较好的基础。一些省市区司法厅(局),如上海、天津、云南、广东、北京、海南,把对外交流做为司法行政工作的一个组成部分,积极争取地方政府,特别是地方外办的理解和支持,通过多年的努力,对外交流的渠道和形式不断发展,不仅配合了各地法制建设的需要,同时扩大了司法行政部门的影响,开阔了视野,锻炼了干部。一些省区市在发展对外工作中,特别注意加强对外事工作的规范化管理和外事干部队伍的建设,如天津市司法局制定了外事工作管理暂行规定,又如上海和云南等地长期保持了外事队伍的稳定,在大胆使用的同时,加强对外事干部的培养。

(司法部外事司)

1995年司法协助工作

1995年，司法协助工作在改革、开放的新形势下，不断加快与外国缔结双边条约的谈判签约工作的步伐，加强司法协助的理论研究工作，进一步拓展了司法协助工作的领域。

〔**双边条约的谈判与签约工作**〕　3月下旬在尼科西亚与塞浦路斯举行了《中华人民共和国和塞浦路斯共和国关于民事、商事和刑事司法协助的条约》的谈判并草签。4月25日，应邀访问塞浦路斯的肖扬部长与塞浦路斯司法及公共秩序部长阿莱科斯·伊凡杰罗分别代表本国政府签署了该条约。

4月中旬在莫斯科与俄罗斯举行了《中华人民共和国和俄罗斯联邦引渡条约》的第二轮谈判并草签。6月26日吴邦国副总理与俄司法部长签署了该条约。

5月下旬在明斯克与白俄罗斯举行了《中华人民共和国和白俄罗斯引渡条约》的谈判并草签。该条约已于6月22日由吴邦国副总理与白俄罗斯副总理签署。

5月底至6月初在拉巴特与摩洛哥举行了《中华人民共和国和摩洛哥王国关于民事和商事司法协助的协定》谈判。11月21日，肖扬部长在北京与来访的摩洛哥司法大臣阿马卢勒斯特草签了该协定。

7月下旬在布加勒斯特与罗马尼亚举行了《中华人民共和国和罗马尼亚引渡条约》的第一轮谈判，11月中旬在北京举行了第二轮谈判并草签。

9月中下旬在布达佩斯与匈牙利举行了《中华人民共和国和匈牙利共和国关于民事和商事司法协助的条约》谈判并草签。10月9日，肖扬部长在北京与来访的匈牙利司法部长沃什道格·帕尔分别代表本国政府签署了该条约。

〔**我国参加的公约及与国外签订并生效的双边条约的执行工作**〕　1995年我国与海牙公约参加国及已生效的双边司法协助条约的缔约国之间相互请求司法协助共667件，在我国请求国外协助的320件，主要是送达司法文书，涉及的案由主要是离婚、经济合同及继承等，被请求国为日本、美国、加拿大、法国、英国、比利时、蒙古、西班牙、土耳其、德国、挪威、荷兰、希腊、俄罗斯、意大利、卢森堡、葡萄牙、波兰、巴基斯坦、捷克、瑞士、罗马尼亚、乌克兰、爱尔兰，也向香港地区提出请求，另外我国向国外提出的刑事及民事调查取证案件亦有增加，涉及的国家主要是意大利、法国、波兰等国；国外请求我国协助的347件，多为送达司法文书，以及有关调查取证、被判刑人移管、确定嫌疑犯的身份和地址等的刑事司法协助请求。请求国为美国、西班牙、罗马尼亚、法国、德国、日本、蒙古、荷兰、意大利、英国、希腊、俄罗斯、波兰、丹麦、哈萨克斯坦，香港地区也提出送达请求。综合分析，涉及公民民事权利上的约占30%，涉及经济活动的约占70%，由于在司法文书送达方面，我们做到了认真审查，及时送达，对我国法院的审判活动起到了积极的作用。

〔**双边条约的批准生效情况**〕　1995年2月28日，第八届全国人民代表大会常务委员会第十二次会议决定批准了《中华人民共和国和加拿大关于刑事司法协助的条约》。

1995年6月30日，第八届全国人民代表大会常务委员会第十四次会议决定批准了《中华人民共和国和土耳其共和国关于民事、商事和刑事司法协助的协定》。

1995年8月29日，第八届全国人民代表大会常务委员会第十五次会议决定批准了《中华人民共和国和希腊共和国关于民事和刑事司法协助的协定》。

1995年10月30日，第八届全国人民代表大会常务委员会第十六次会议决定批准了《中华人民共和国和保加利亚共和国关于刑事司法协助的条约》。

1995年10月30日，第八届全国人民代表大会常务委员会第十六次会议决定批准了《中华人民共和国和塞浦路斯共和国关于民事、商事和刑事司法协助的条约》。

〔**司法协助研讨会**〕　为了总结我国司法协助工作的经验，加强对司法协助的理论研究工作，10月12日至15日，以我局为主与中国政法大学、中国国际私法研究会共同在北京召开了《司法协助研讨会暨中国国际私法研究会年会》，有130多人与会，司法部副部长刘飏到会并讲了话。会议着重就司法协助、包括1997年香港回归后的区际司法协助问题展开讨论，许多专家、学者、司法机关和政府部门的负责人和专职人员踊跃发表观点、意见，向会议提交了一批专题论文，其中优秀论文业已编辑成书。通过这次会议，我局对目前国际法及国际私法的研究动态有了进一步的掌握，对司法机关、外事部门、经贸部门所关注的情况更加了解，这对改进和完善我局的工作大有裨益，并进一步推动了我国的司法协助工作发展。

(司法部司法协助局)

1995年司法行政法制工作

1995年，在建设具有中国特色的社会主义的理论指导和完善社会主义法律体系的实践运行中，司法行政法制工作紧密贯彻执行司法行政九五规划和司法部的整体工作部署，切实完成了立法、调研、行政复议等各项工作任务，并创造性地拓展和深化了司法行政法制工作。

一、司法行政立法工作

(一)根据八届全国人大、国务院的立法规划，在司法部领导的充分重视及亲自指导下，司法部法制司与有关部门协调合作，加快了《律师法》、《公证法》、《人民调解法》、《监狱法实施细则》等法律法规草稿的送审、调查、论证、起草工作，达到了预期的目标。

1. 关于《律师法》。司法部于1994年12月将《律师法(送审稿)》报送国务院后，法制司协同国务院法制局、全国人大法工委做好调查、论证和修改工作。1995年3月，法制司派人与国务院法制局的同志去广东、海南、上海等地进行律师立法调研活动；5月，组织法工委、法制局的同志去国外考察外国律师制度。从3月至8月，法制司会同国务院法制局对《律师法(送审稿)》进行了5次大的修改。对于律师法的立法情况、各方面对律师法的反映，都及时向司法部领导汇报，并进行全面、深入的研究。与有关部门合作，搜集整理了国外律师制度和国内律师立法两套参考资料。律师法不是列入1995年立法规划的项目，但由于对律师法立法论证有力，准备充分，工作细致，反映快捷，因而在8月就提请国务院常务会议讨论，并顺利通过，然后，提交全国人大常委会审议。10月召开的第八届全国人大常委会第十六次会议对《律师法(草案)》进行了第一次审议。会议认为，该草案总的是好的，基本可行，建议经适当修改后，提交下届全国人大常委会审议通过。同时就有关问题提出了修改意见。之后，法工委根据委员们提出的意见，对《律师法(草案)》作了进一步的修改。这期间，法制司主要做了三个方面的工作，一是向法工委提供关于律师立法的资料，二是对《律师法(草案)》中的一些规定为什么要那样写做好说明和解释工作。三是配合法工委进行调查修改工作，争取律师法在刑事诉讼法修正案通过后能尽快顺利通过。

2. 关于《公证法》。年初，法制司经与有关司局配合，将《公证法(征求意见稿)》发往国务院各部委、最高人民法院、最高人民检察院以及各省、自治区、直辖市司法厅(局)征求意见，并汇总、归纳了有关意见。进行了公证立法有关资料的收集整理工作，并对有关难点重点问题进行了多次研究论证。在上述研究论证工作的基础上，与部内有关司局多次协商修改后形成了《公证法(送审稿)》，经部党组审定后，于1995年12月上报国务院。

3. 关于《人民调解法(草案)》等立法准备工作。两度审核《人民调解法(草拟稿)》；与有关司局共同开始研究起草《监狱法实施细则》以及《未成年犯管教所管理办法》；与有关部门协商起草了《法制宣传教育法》。

(二)关于部发规章的制订、审核、修改工作

1995年司法部发布部令7件，规章性文件30多件。法制司全年审核规章草稿30多件，多数规章是与有关司局反复协商，多次修改，在审核的过程中，强化规章的质量标准，严格了对文字的规范要求，以及与有关法律法规的协调一致。通过细致的工作，使部颁规章在质量上有了一定的提高。

为了贯彻实施《国家赔偿法》，法制司按照年初全国司法厅(局)长座谈会上肖扬部长的讲话要求，在认真调查研究的基础上，起草了《司法行政机关行政赔偿和刑事赔偿办法》(以下简称《办法》)，并经部务会议讨论后以部令发布，做好了实施国家赔偿法的衔接工作。《办法》颁布后，为使各地能够准确领会《办法》，法制司应有关省厅的要求，两度派人赴江苏、山西两省为司法行政系统国家赔偿培训班讲课。

(三)关于对地方进行司法行政立法的指导工作

为让地方了解国家和各地有关立法信息，加强经验交流，法制司及时编发《司法行政法制工作简报》；为加强同地方的联系与工作指导，法制司派人赴吉林、湖北等地，参加地方工作会议，支持和指导地方工作。

1995年是地方进行司法行政立法较多的一年，法制司注意了对地方进行司法行政立法工作的指导，如深圳市在制定《深圳市律师执行职务条例》，天津市制定《天津市社会法律服务机构管理办法》时，法制司都就有关问题提出了修改意见。

二、积极参加国家立法工作

根据肖扬部长要全面参与刑事诉讼法修改工作的批示精神，部里成立了以张秀夫副部长为组长、法制司负责组织协调、有关司局参加的刑事诉讼法研究修改小组。配合人大法工委召开了有司法行政部门参加的刑事诉讼法修改座谈会，听取了监狱、律师、法制工作部门的意见。先后多次召开会议，协商、研讨修改工作，

并整理出修改论证材料。根据全国人大法工委的要求和刑事诉讼法修改的进度，1995年3月、6月和11月先后三次草拟函件送法工委，提出司法部的修改意见，如改革庭审方式、改革免诉制度、律师提前介入、狱内侦查权、增加有关保外就医的情形等建议得到了立法部门的认同，并已被考虑列入《刑事诉讼法修正案（草案）》中。

《人民警察法（草案）》最初没有将执行劳动教养处罚列入人民警察的职责，这不利于稳定劳教队伍，发展劳教事业。法制司及时提出了这个问题，并在部领导的带领下，协同部劳教局共同作立法部门和其他有关单位的工作，通过努力，在全国人大通过的《人民警察法》中增加了人民警察管理劳动教养的职能，保证了劳教工作的健康发展。

三、贯彻实施《仲裁法》，部署、指导仲裁委员会的设立登记工作

1995年9月1日，《仲裁法》正式实施。根据《仲裁法》的规定，省级司法行政机关负责仲裁委员会的设立登记工作。为保证法律的正确实施，使仲裁委员会的设立登记工作顺利进行，法制司先后十余次与国务院法制局负责《仲裁法》实施工作的同志协商，多次函告国务院法制局，就《仲裁委员会登记暂行办法》提出修改意见，在部领导带领下，与国务院法制局、人大法工委领导共同协商登记工作。为保证设立登记工作依法进行，草拟了有关设立登记工作的文件，先后召开了七个试点城市仲裁委员会设立登记工作座谈会和全国仲裁委员会登记工作会议，制订了有关登记工作的证书、表格等文书格式，具体部署、指导设立登记工作，使全国的设立登记工作依照《仲裁法》和司法部的各项要求顺利进行。北京、天津、上海、呼和浩特、昆明、广州、南昌、长沙、西安、抚顺等十个仲裁委员会已按《仲裁法》重新组建，并依法经所在地的省、自治区、直辖市的司法行政部门登记。

四、认真开展司法行政理论调研和立法研究工作

注重开展司法行政理论调研工作，为领导决策服务，为司法行政工作的改革和发展服务。年初，司法部发出了1995年司法行政系统开展理论调研工作的通知，根据司法行政工作的需要，以大服务为基调，分别就现代化文明监狱、律师、公证改革等问题提出调研方向和课题。6月又根据全国司法厅局长会议关于加强基层工作的要求，发出通知增加这一方面的调研项目。各地根据通知要求，安排调研计划，制定调研课题，检查调研进度，交流调研成果，广泛开展调研工作。甘肃省司法厅还制定了关于加强司法行政系统理论调研工作的决定，使理论调研工作进一步制度化、规范化。

五、做好行政复议、执法检查工作

在做好行政复议等日常工作的同时，司法部于年初发出了1995年执法检查通知，部署了以贯彻执行《监狱法》为主要内容的执法检查工作。推动广大司法干警依法管理，严格执法，保证《监狱法》的正确实施。

六、加强涉台港澳法律问题研究和对台事务工作

认真贯彻江泽民总书记在新春茶话会上的讲话和中央对台宣传工作会议精神，积极开展司法行政对台工作。

（一）加强海峡两岸法律问题的研究工作。1995年4月10日，经司法部批准，部台办委托江苏省司法厅在南京召开了“海峡两岸经贸法律实务研讨会”，来自江苏、山东、福建、广东等省市及台湾地区的法学界、经贸界人士参加了会议。张秀夫副部长和江苏省副省长王荣炳出席开幕式并讲话。1995年9月20日，经司法部批准，部台办和福建省司法厅在厦门市举办了“海峡两岸投资经贸法律理论与实务研讨会”，来自福建、山东、上海、江苏、浙江、广东等省市及台湾地区的法学界、经贸界人士参加了研讨会。张耕副部长出席开幕式并讲话。

（二）联系司法行政业务的实际，开展了海峡两岸法学界、法律界包括公证律师界的交流交往工作。在司法部台办具体组织、协调下，1995年1月8日，应海峡两岸关系协会和中国公证员协会的邀请，以台湾海峡两岸交流基金会副秘书长许惠佑为团长的台湾海基会公证人大陆参访团一行十二人，由中国公证员协会和部台办派人陪同，赴北京、上海、厦门、广州等四城市进行了为期十天的交流、参访，比较深入地了解了大陆公证处和公证员协会对《两岸公证文书使用查证协议》的贯彻执行情况，了解了大陆公证制度和公证机构的运行情况，增强了对大陆公证文书的信任感。通过参观、游览，对大陆经济及社会发展有了新的认识。

根据张秀夫副部长的指示，为了积极促成两岸公证界的双向交流，中国公证员协会和部台办于1995年6月12日应台湾海峡两岸交流基金会的邀请，组成中国公证员协会参访团赴台，进行了为期8天的交流参访活动。这次参访活动是两岸交流交往的一次重大突破，不仅是公证界的第一次，而且也是司法界的第一次。公证参访团赴台参访，实现了两岸公证人员的双向交流，增进了两岸公证界的了解，密切了两岸公证工作的联系，开创了司法工作人员赴台交流参访的新局面。

（三）认真做好涉台日常事务工作。1995年部台办共办理了38人次赴台交流参访活动的立项、报批手续；办理了有关文件、函件60件；编辑出版了《台湾事务简报》5期；参与国台办组织的有关几项协议的修改工作；参与涉台案件的查处工作。在开展海峡两岸交流交往工作中，坚持贯彻党中央、国务院对台工作方针政策，严把政治关口，保证了对台法律事务工作和涉台法律研究工作不出问题，受到了举办和参与单位的好评。

七、进一步完善专业法学社团的归口审批管理工作

为推动专业法学研究的开展，认真进行法学社团的审批和监督工作。1995年法制司共审查了4件成立法学社团的申请，做到了认真负责，严格把关。同时注意相应地开展监督指导工作，使专业法学社团的工作顺利进行。

（司法部法制司）

1995年司法行政队伍建设

1995年，在司法部党组的领导下，各级司法行政机关以邓小平同志建设有中国特色社会主义理论和党的基本路线为指导，认真贯彻落实十四届四中全会、五中全会精神，紧紧围绕全党全国的工作大局和司法行政工作重点，解放思想，开拓进取，齐心协力，克服困难，大力加强领导班子建设和干警队伍建设，司法行政队伍的整体素质有了明显提高，促进了各项工作的顺利进行，为司法行政工作的改革与发展提供了良好的思想保证和组织保证。

一、队伍建设的基本概况

1995年，为加强司法行政系统的干警队伍建设，部党组先后召开了以加强县区司法局建设，确保基层队伍稳定为主题的司法厅（局）长会议、全国司法行政系统警察队伍建设会议、全国司法行政系统培养选拔优秀年轻干部座谈会等，贯彻党的十四届四中全会和全国组织工作会议精神，从不同的侧面提出了加强队伍建设的措施和要求。各地司法部门认真贯彻会议精神，把抓班子、带队伍作为关系司法行政工作改革与发展的大事摆上重要的议事日程，常抓不懈，取得了明显成绩，为保证司法行政工作的顺利进行做出了贡献。

二、队伍建设的主要内容和主要做法

（一）政治理论学习逐步深入，思想政治工作不断加强，广大干警的思想觉悟进一步提高。一年来，为贯彻党的十四大提出的用邓小平同志建设有中国特色社会主义理论武装全党的战略任务，各地按照部党组的统一部署和要求，继续组织广大干警重点深入研读《邓小平文选》一至三卷，把《邓小平同志建设有中国特色社会主义理论学习纲要》一书纳入学习计划，举办了各种不同类型的学习班、培训班，把专题培训与经常性的在岗学习结合起来，学习过程中，广大干警围绕什么是社会主义和怎样建设社会主义这个主题，认真领会精神实质，努力把握建设有中国特色社会主义理论的科学体系，观察问题、分析问题和解决问题的能力得到提高。

在搞好理论学习的同时，注意把思想政治工作放在突出的位置加以强调，努力把广大干警的积极性保护好、引导好、发挥好。一年来，先后开展了爱国主义、集体主义、社会主义教育，形势政策教育，社会主义民主和法制教育。树立司法行政干警良好形象大讨论活动继续深入进行，认真开展了向孔繁森同志学习的活动。为配合思想政治工作的开展，认真落实党的宣传思想工作方针，进一步加大了宣传工作的力度，通过报刊、广播、电视等媒体，大力宣传司法行政系统的先进人物、先进集体。组织多家新闻单位对荣获集体一等功的浙江省庆元县司法局和一级英模查有根、二级英模李书奎等同志的先进事迹进行了采访报道。为迎接第四届世界妇女大会在京召开，政治部牵头组织编写了《高扬生命的风帆》一书，热情讴歌了司法行政系统29位巾帼英模的先进事迹。本年度，为8个单位记了集体一等功；评选并表彰了第一届全国十佳律师、十佳公证员、十佳基层法律工作者。宣传表彰活动，对各项工作的开展起到了积极的推动作用。

（二）组织建设进一步加强，领导班子结构日趋合理，党员先锋模范作用和党组织的战斗堡垒作用得到了较好发挥。本年度，按照党的十四届四中全会的要求，结合司法行政系统的实际，部党组和各级司法行政部门党组织把加强党的组织建设特别是加强领导班子摆上重要的议事日程，抓紧抓好。

1. 大力培养选拔跨世纪的优秀年轻干部。一年来，按照部党组《关于培养选拔德才兼备领导干部的意见》中提出的要求，始终把班子建设作为党的组织建设的重点，采取措施，狠抓落实。

一是制定了培养选拔年轻干部的三年规划，组织实施了“11211工程”。经过努力，10名部级后备干部名单已于年内产生并上报中组部；100名可进部机关和直属单位领导班子的司局级后备干部名单，200名可进司法厅（局）和监狱管理局领导班子后备干部名单，100名大型监狱和劳教所领导班子后备干部和100名工程技术及教学、科研等各类尖子人才名单已于年内基本建立起来。一支规模可观、门类齐全、层次较高的后备干部队伍已初步形成。

二是在较大范围内开展了民主推荐工作。在部机关处级以上和全国司法厅（局）及直属单位班子中，推荐部级后备干部，对有调整任务的司局进行了民主推

荐，在此基础上，又认真进行了组织考察。一年来，通过民主推荐，民意测验、组织考察和党组讨论决定等程序，先后对部机关和直属单位的20多个司局的领导班子进行了调整，提拔任用了一批中青年干部。

三是进一步做好协管干部工作，加强协管力度。按照部党组的要求，上半年先后对6个省、区、市司法厅(局)班子进行了考察。下半年，又先后专门组织了4个考察组，分赴14个省区对厅局的班子进行了较深入的考察，掌握了大量的第一手材料，向地方党委提出了调整充实班子的初步建议和意见，受到各地普遍重视和欢迎，为调整班子提供了参考和依据。

一年来，经过上述努力，全系统共调整充实厅(局)领导班子34个，其中，部机关司局级11个，直属单位10个，地方司法厅(局)13个；共任免厅局干部91人，其中新提拔41人。经过调整充实，到本年底，部机关司局级干部平均年龄49.5岁，比1993年底下降4.6岁，45岁以下的司局级干部15人，占总数的34.1%，比1993年提高20%，大专以上文化程度的比例从1993年初的75%上升到93.2%；直属单位领导班子平均年龄为52.7岁，45岁以下的有18人，占总数的22%，具有大专以上文化程度的有80人，占总数的97.6%。各地司法厅(局)领导班子的平均年龄为52.4岁，比1993年底下降2.4岁，45岁以下的领导干部15人，占总数的10.9%，比1993年底提高了2.9%，大专以上文化程度的比例从1993年的73.9%上升到88.5%。大批年轻同志走上领导岗位后，绝大多数能够坚决贯彻执行党的基本路线，锐意进取，开拓创新，受到群众的好评。

2. 加强对年轻干部的培养教育工作，坚持下基层锻炼和岗位交流制度，全面提高他们的政治业务素质，增强实际工作能力，促进年轻干部的健康成长。一是制定了干部教育培训的5年规划，先后安排了部机关及直属单位6名司局级干部，88名处级干部到中央党校司法部分校、国家行政学院学习；抽调学员，委托有关单位举办了两期地市司法局长、三期监狱劳教局长培训班等等，共计500多人。二是有计划地组织年轻干部到基层挂职锻炼，先后安排近20名司处级干部到基层挂职锻炼。三是有步骤地进行了干部岗位交流。一年来，按照部党组的部署，在部机关和直属单位之间以及在部机关内部安排了8名同志进行了岗位交流。

3. 加强党的组织建设，进一步发挥共产党员的先锋模范作用。一年来，各级党组织认真贯彻落实党的十四届四中全会精神，聚精会神抓党建，将这项工作列入重要议事日程。2月份，部党组先后发出了《关于加强自身建设的若干规定》和《中共司法部党组整改意见》等文件，以加强自身建设的实际行动努力作全系统的表率，同时，加强了对基层党组织建设的指导。上半年，根据部党组的安排，政治部先后派出调查组，深入山东、江苏、湖北、河南、黑龙江等地，对基层党建进行调查，了解和掌握基层党组织状况，特别是律师队伍的党建情况，起草了《关于加强律师队伍中党组织建设的意见》，对加强律师队伍党组织建设起到了很好的作用。同时，根据部党组的要求，本年度，还重点掌握了100个先进党支部的基本情况，总结推广了10个不同类型基层党支部的先进经验。经过努力，广大党员的先锋模范作用和党组织的战斗堡垒作用得到进一步发挥，党在司法行政工作中的核心领导作用得到了进一步加强。

(三)干警队伍建设取得了新进展，干警队伍素质进一步提高。一年来，主要抓了以下几项工作。

1. 认真开展纪律作风专项整顿。一年来，根据中政委、部党组的部署，把贯彻中央政法工作会议提出的“三条禁令”作为司法行政队伍建设和纠风工作的重点摆上议事日程。各级司法行政机关积极行动，认真组织广大干警学习有关文件，统一思想，提高认识。各地以贯彻《监狱法》、《人民警察法》、《国家赔偿法》和“三条禁令”为契机，掀起了以增强干警文明执法为中心内容的宣传教育活动，增强了广大干警严格执法、文明执法的意识。针对司法行政系统的实际情况和特点，把纪律作风整顿的重点放在监狱、劳教、律师、公证四个部门。在监狱、劳教系统，集体整治了打骂、体罚虐待犯人、劳教人员和利用减刑、减期、假释、保外就医索贿、吃请受礼这两股歪风，狠抓了队伍的制度化、正规化管理，规范行为举止，严肃警容风纪，提高了广大干警的执法水平，增强了战斗力。11月份召开的以依法管理，从严治警为中心内容的司法行政系统警察队伍建设会议，对深入开展专项治理，狠抓纪律作风整顿，进一步加强警察队伍建设起到了积极的推动作用。在律师、公证队伍中，认真进行职业道德和执业纪律教育，重点整顿向执法人员送礼、行贿，向当事人多收费，只管收费不认真办案以及在同行中进行不正当竞争等三股歪风查处违法违纪行为，维护了律师的形象和职业声誉，提高了法律服务的质量和水平。

2. 切实加强司法行政系统人民警察队伍的正规化建设。一年来，围绕正规化建设这个中心，重点抓了警衔正常晋升前的各项准备工作和警衔晋升培训工作。先后出台了《警衔标志、臂章、警号、警官证管理的若干规定》、《人民警察选升警衔暂行办法》(与公安部、安全部联合发文)等法规性文件。为处理监狱、劳教单位政工专业职务人员评授、调整警衔工作，在调查研究的基础上提出了处理意见，得到中央有关领导同志的批准，妥善解决了几年来一直困扰我们的棘手难题。截止年底，完成了30个省市区和部机关、直属单位的人民警察警衔微调和正常晋升工作，共有3.6万余人授予、晋升了警衔。同时，根据国务院关于人民警察的警衔标志由领章改为肩章的决定，为全国司法行政系统30万干警全部换发了新警衔标志。

为做好警衔晋升培训工作，还组织编写了培训教材，举办了8期晋升高级警官警衔人员培训班，有985名一级警督完成了培训任务，取得了培训合格证书。同时，还加强了对各地警司晋升警督培训工作的督促和指导。据统计，各地截止年底已有3.1万余名拟晋升三级警督警衔人员参加了培训。

3. 稳定基层，稳定队伍，加强县区司法局建设。近年来，有些地方在县区机构改革中撤并司法局的情况比较严重，引起了部党组的高度重视。为了健全司法行政机构，稳定基层干警队伍，部党组于6月中旬召开了全国司法厅(局)长座谈会，专题研究了县级司法局的建设问题，部署了在新形势下加强县区司法局建设的任务与措施。会后，又多方面努力，到中编委反映情况，申明理由，争取支持。同时，派员深入内蒙、宁夏、山西、河北等地调查研究，协助地方司法厅(局)做工作，分析研究撤并的原因，共商稳定机构和队伍的措施和对策。经过多方努力，撤并县司法局的势头得到了扼制，稳定了基层，稳定了队伍。

(四)公务员队伍入轨运行，人事工作制度化、规范化管理取得了一些进展。一年来，基本上完成了部机关公务员的过渡任职工作，国家公务员制度在部机关已顺利入轨运行。对没有过渡为公务员的干部，已按照部党组的决定，制定了交流、分流的具体方案。

部直属事业单位机构及人事制度改革工作有新的进展。年内新设中国律师报社、奥迪特审计事务所等9家事业单位。很多单位普遍推行了聘任制、考任制等新的用人制度，适合事业单位特点的人事管理制度正在逐步建立和完善。为推动这一工作的顺利进行，先后制定下发了《司法部直属单位干部调配若干规定》、《司法部直属单位退(离)休若干规定》和《司法部直属单位干部管理的若干规定》等文件，为探索建立人事管理新体制，走出一条制度化、规范化管理的新路子做出了努力。

三、搞好政工部门的自身建设，努力发挥职能作用

政工部门是各级司法行政机关党组(委)的政治工作机构，是干部、党员之家，在加强队伍建设的过程中，承担着非常重要的任务，其自身建设如何，对整个队伍建设起着很大的导向作用。11月底，肖扬部长在司法部政治部处级以上干部座谈会上，对加强政工部门自身建设问题，提出了7个方面的希望和要求，有力地促进了政工部门的自身建设。一年来，在部党组的领导下，各级政工部门在自身建设方面作出了努力，取得了一定的成绩，主要是抓了以下几项工作：一是抓学习，努力提高政治业务素质；二是抓作风建设，加强组织人事纪律教育，培养良好风纪，树立政工干部的良好形象；三是抓工作检查、督促，努力提高工作质量和工作效率，更好地发挥职能作用。通过贯彻落实上述工作任务，保证了队伍建设沿着正确的方向前进。

(司法部政治部)

1995年计划财务工作

1995年计财工作，在部党组和主管部长的领导下，以邓小平同志建设有中国特色社会主义理论为指导，认真贯彻落实党的十四届三、四、五中全会和中央经济工作会议精神，紧紧围绕部党组的中心任务，团结一致，克服困难，较好地完成了各项保障任务。

一、树立全局观念，搞好职能转变

我部公务员制度实施后，新的“三定”方案，将原行管司的部分职能并入计财司，使计财司的服务职能大大强化和增加，在人员编制不动的情况下，业务处室调整为七处一室(办公室、计划处、综合财务处、直属财务处、机关财务处、装备处、国有资产管理处、基建房管处)，具体业务既有宏观的，也有微观的，工作量增大，人员严重不足，在此情况下，计财司坚持政治领先。狠抓了政治思想工作，发动党员积极做思想工作，组织全司干部职工分期分批参加机关党委组织的学习邓小平文选学习班，系统的学习邓小平建设有中国特色的社会主义理论，统一思想，狠抓计财工作的改革；同时，适时进行机构调整，做好人员定位，加强工作中的协调，进一步明确职责，理顺工作关系，较快的完成了职能转变工作，为做好今年的工作奠定了基础。

二、积极争取经费，认真落实部党组提出的十件实事：

(一)积极筹措资金，保证经费供应。全年申请预算经费和筹措各种经费21177万元，其中：基建投资6770万元；司法业务费3150万元；外事经费600万元；教育事业费7828万元；科学事业费494万元；机关行政经费935万元；系统专项经费1400万元。为部机关和司法行政工作提供了经费保障。

(二)认真落实部党组提出的十件实事。

1. 努力改善机关办公条件。全年筹措资金900多

万元，购置业务用车、微机、复印机、录相机、文体器材、办公桌椅等共计120多台（套），改善了部机关的交通和办公条件。

2. 想方设法筹措基建经费，保证部办公楼工程建设进度。全年，共安排、调剂、自筹基建投资5856万元，其中：国家计委安排投资3000万元，从年度投资计划中调剂800万元，自筹2056万元，解决了工程资金短缺的困难，保证了工程进度，为明年初办公楼建成投入使用，奠定了基础。

3. 努力改善部机关职工住房和生活福利。为学院路合建1号宿舍楼安排基建投资466万元，保证了施工进度，为1996年改善部机关职工住房条件，打下了基础。改造修缮了和平里宿舍地下室和部机关浴室。今年分配职工正式住房92套，解决了新分配大学生和单身职工共20人的住房问题，还为7户住房困难户解决了临时住房。今年共筹措243万元，用于解决职工福利，为机关干部、职工办理了家庭财产保险和体检，改善了机关工作人员的生活条件。

（三）积极争取专项经费，为基层解决实际困难。今年从财政部、国家计委争取了1400万元，补助了35个省、自治区、计划单列市司法厅（局），解决了113个地（市）县司法局的危房修缮和办公业务用房的建设。从财政部争取了900万元的周转金，为中南政法学院、法制日报社、法律出版社的技术改造提供了经费保障。

三、狠抓制度建设，改进财务管理

（一）建章立制工作。今年以来，先后修改制定了二个标准，十个制度。二个标准是：《司法行政系统人民警察被装供应标准》、《司法行政系统业务用车编制》；十个制度是：《司法业务经费管理办法》、《外事经费管理办法》、《司法行政系统人民警察被装管理办法实施细则》、《司法部机关业务车辆管理暂行办法》、《司法部机关业务车辆燃油供给及维修保养管理办法》、《司法部机关住宅电话管理办法》、《司法部机关差旅费实行指标管理办法》、《司法部机关住房分配管理办法》、《司法部计财司预算外资金管理办法》。还参与了《律师事务所财务管理暂行规定》的调研、草拟和修改工作。上述标准、制度，有的已下发执行，有的正在征求有关部门的意见，有的待部长办公会议批准后下发执行。

（二）财务管理工作。今年财务工作贯彻“适度从紧”的财政方针，在管理上、资金使用效益上下功夫，主要抓了以下几个方面：

1. 建立较完善的符合实际需要的会计核算指标，使之与预算、决算报表相对应；决算质量普遍提高，外事经费、行政经费、教育事业费决算均获得二等奖和第二名的好成绩，教育事业费决算连续四年受奖；2. 理顺票据传递程序，纠正了一些不规范的作法；3. 设立预算执行“台帐”，考核预算指标执行动态；4. 减少资金运转环节，理顺设备购置费的运作程序，加强了财务部门与业务管理部门之间的手续衔接；5. 完善差旅费、医疗费、司法业务费审批手续和控制办法，加大了财务部门的控制力度，减少了开支，减少了浪费；6. 跟踪考核。综合财务处对某些经费项目支出，实行跟踪考核，收到了好的效果，为制定内部控制措施，改进财务管理提供了依据；7. 抓了部属单位的集团购买力管理。1995年办理专项商品控办审批380万元；8. 抓了财税物价大检查工作，完成了1994年财税物价大检查的收尾工作，抓了1995年部属单位财税物价大检查工作，单位自查、重点检查已经结束，目前进入整理分析问题阶段，为做好工作总结作准备；9. 对部属院校的专项资金进行了调查，并给财政部写出了调查报告。召开了勤工助学基金管理座谈会，为今后的管理提出了要求；10. 通过清理检查“小金库”，预算外资金管理有加强。

按照部清理“小金库”领导小组的要求，我司投入较多人力，集中时间组织自查，重点检查，按时完成了各种报表的汇总上报，派人去司鉴所重点核查。接待了财政部重点检查组，针对工作组提出的问题，找出了存在问题的原因，及时向部领导做了汇报，在部领导的支持下，积极提出了整改措施，起草了《司法部机关预算外资金管理暂行办法》，建立健全会计核算帐簿和会计核算科目，改变了历年来预算外资金管理在会计核算上不合规的作法，为将预算外资金规范化管理打下了基础，并多次与财政部联系说明情况，汇报整改方案，求得理解和支持，将此事对我部的影响减到最小。

四、各项业务工作有较大发展

（一）司法业务经费保障工作。今年着力抓了业务经费的组织和管理工作，取得了较好的效果。财政部今年对我部进行重点检查，在一定程度上增加了组织业务经费的难度。为保障我部业务工作的需要，想方设法，克服困难，多方筹措资金3150万元。在经费使用管理上，采取了“部门经常性任务核定指标控制，部重点任务和部门共性支出设专项经费保障的办法”，紧缩开支，提高经济使用效益，较好地保障了业务工作的开展。调整650万元用于部新办公大楼设备购置；安排537万元拨补到机关财务，比1994年增加36.3%，也是近年来补助最多的一年。组织外事经费600万元，保障了35个来访团组，58个出访团组的经费供应。

（二）基本建设。今年基本建设工作，重点抓了部属高校教学、生活设施和部办公楼的建设。特别对部办公楼的工程投资重点保障，在国家计委安排的资金计划不足时，想方设法从年度投资中调剂800万元，又调剂自筹计划2056万元，解决了工程资金短缺的困难。完成了中南政法学院工程的总体验收工作。国家批准的56个项目，总面积12.5万平方米，总投资6484万元，已全部竣工交付使用。工程质量总体良好，其中：图书馆、风雨操场及地下人防工程被评为武汉市样板工程。

(三)装备工作。积极与公安部、交通部协调做好司法行政系统警、囚车定编工作，同时下达了《司法行政系统业务用车编制》，为系统调拨491辆囚车，342辆警车；1995年我司法行政系统警服由公安代供改为自己管理后，我司配合各省抓了被装管理部门机构和人员的落实，解决各省交接工作中的各种问题，并实地到几个重点省了解情况，解决具体问题，尽快使警服管理工作走上正轨。抓了警服生产厂的考查，为确定定点生产厂家做了前期准备工作；转发了中央政法委《关于清理违反规定配枪的通知》，对司法行政系统武器的使用情况进行了清查；编报了1996年度武器购置计划。抓了部机关固定资产的管理。清查了部机关的机动车辆，建立了车辆档案；清理了部机关干部住宅电话，为今后的管理打下了基础。

(四)基建房管工作。用较大的精力疏通部内外的关系，加强和国务院机关事务管理局的联系，争取43万元的基建投资和修缮经费；完成了与中国政法大学合建1号楼的内外装修、设备安装、室外管网的规划、设计、施工及总体验收工作；完成了700平方米屋面防漏工程及和平里宿舍地下室排污、电路改造工作；清理了部机关土地、房屋，共有12宗独立地，总面积11万平方米，基本完成了指界工作；进行了机关干部职工住房情况调查；首次对部机关两台锅炉和变压器进行了年检；抓了自管宿舍家委会的工作。

(五)国有资产管理工作。在部党组的关怀下，今年成立了国有资产管理处，调整了人员，理顺了工作关系，转发了国家国有资产管理局有关文件9件，有力的推动了部属企事业单位国有资产管理工作；完成了1994年部属企事业单位国有资产年度统计工作，第一次获得了二等奖；完成了部属企业1994年国有资产年检，受到国家国有资产管理局的通报表扬；完成了部属企业清产核资的衔接报表、资金核实、产权界定等工作；完成了部属在京单位清查土地工作，共4户，6宗，面积6.6万多平方米，估价2宗，面积4.4万多平方米，估价532万元，升值净额362万元，升幅15%；完成了部属境外公司国有资产统计和产权登记工作。抓了部属公司脱钩划转工作。在调查研究的基础上，向部党组提出了脱钩划转方案，抓了公司的基本建设，保证部属公司划转前的平稳过渡做了大量工作。

(六)部属单位后勤工作。今年重点抓了后勤深化改革问题。近年来，部属后勤工作改革已取得了一定进展，今年在普遍调查的基础上，重点抓了中南政法学院后勤工作改革的试点，已取得了可喜的成果；抓了直属单位后勤工作先进集体、先进工作者的评比工作，共评出全国先进会计工作者1名，部级先进集体16个，先进工作者30名，大大调动了广大后勤干部职工的积极性。筹备召开了部属单位后勤工作会议，总结了工作，布置了今后的任务，表彰了先进集体、先进个人。肖建章副部长亲临会议，作了深化后勤改革的重要报告，为部属单位深化后勤改革指明了方向，提出了措施，明确了目标，鼓舞了广大后勤人员的士气，调动了积极性。

(七)行政经费保障工作。行政经费在定额低，预算紧的情况下，重点保工资，保人员经费，使机关干部、职工的工资按时发放。公用经费在电话费、差旅费、交通费、会议费等方面给予一定的安排，保证了机关工作正常运转。此外，行政经费还解决了机关食堂部分设备的更新和新办公楼的供暖，保证了冬季施工。

(八)抓了司内协调和公文处理工作。今年，承办各种文电1465份及几千份传阅文件，比1994年增加53%；及时检查维修设备，保证了25000张文电的复印工作；草拟了《计财司预算外经费管理办法》、《计财司业务车辆管理暂行规定》；完成了《中国司法行政年鉴》计财工作稿件；整理下发了五期计财工作简报；组织清查了司内在用固定资产和部分低质易耗品；承办了司内干部职务调整、晋升的有关文件、手续，还抓了些基础工作。

(九)抓了业务培训，提高业务能力。今年，针对我司人员变动大、专业性、政策性强的特点，为及时做好工作衔接，先后送出12人次，参加有关部委的短期培训和地方的学习班，有3名干部职工参加了党政大专班，学到了业务理论知识，提高了业务能力。

(司法部计财司　张登之)

〔司法部直属企事业单位国有资产管理工作〕
司法部直属企事业单位国有资产管理工作，在部党组的关怀和主管部门的领导下，从1989年底开始起步，1990年国务院《关于加强国有资产管理工作的通知》(国发[1990]38号)下发后，纳入了部工作的议事日程，几年来，主要抓了以下几项工作：

一、机构沿革

(一)部机关国有资产管理机构。1989年底至1991年3月由计财司公司管理筹备处兼管。1991年4月4日至1993年初，由计财司直属单位财务公司管理处兼管。1993年初至1995年4月初由计财司直属单位财务处兼管。1995年4月14日，司法部党组正式决定："增设计财司国有资产管理处"，至此，司法部有了专司直属单位国有资产管理的机构。

(二)部属企事业单位国有资产管理机构。1992年前，部属政法院校由总务处设备科兼管；法制日报社由技术物资处兼管；其他事业单位由财务处(科)兼管；部属各公司由财务部兼管。1992年3月，西南政法学院成立了物资设备办公室(处级)，专司学院的资产管理。

1993年9月，华东政法学院成立了国有资产管理领导小组，下设国有资产管理办公室(科级)。1995年8月，中南政法学院成立了资产管理办公室。其他企事业单位均指定了管理部门和人员。

二、几年来的主要工作

司法部直属企事业单位的国有资产管理工作经历了起步、巩固、发展三个阶段。1989年底至1990年为起步阶段，主要抓宣传、建立管理机构、落实人员；1991年至1992年为巩固阶段，主要抓资产存量摸底、进行清产核资试点；1993年至1995年为发展阶段，主要抓行政事业单位财产清查登记，企业单位清产核资和基础管理工作。

(一)进行了清产核资试点。根据国务院《关于加强国有资产管理工作的通知》精神和国务院清产核资领导小组办公室的要求(后改为财政部清产核资办公室)，我部抓了二种类型单位的清产核资试点工作。1991年在西南政法学院进行了事业单位财产清查登记试点，1992年在法制日报社进行企业单位清产核资试点，积累了经验，为部属单位全面开展清产核资工作奠定了基础。

(二)行政事业单位进行了财产清查登记工作。根据财政部清产核资办公室的要求，我部在西南政法学院进行财产清查登记试点的基础上，经部党组批准，部属15个行政事业单位财产清查登记工作于1993年上半年全面铺开，480多人经过半年多的努力，完成了任务。全部资产清查帐面数为29150万元，清查核实数31872万元，其中：固定资产26214.6万元，财产盘盈2645万元，盘亏22万元，待处理资产损失129万元。这次行政事业单位财产清查登记工作是我部恢复重建后的第一次，基本弄清了家底，找出了问题，进行了整章建制，为今后的管理打下了基础。

(三)进行了企业单位清产核资工作。按照财政部《关于1994年清产核资工作方案的通知》要求和财政部清产核资办公室1994年4月中央单位座谈会精神，结合我部在法制日报社试点的基础上，于1994年5月初成立了由肖建章副部长任组长的领导小组，并成立了办公室，具体组织部属企业清产核资工作。同时，印发了开展部属国有企业清产核资的通知，就部属企业清产核资工作的组织领导、方法、步骤和时间安排等问题，提出了要求。部属6个公司(含三级公司31个)、2个实行企业化管理的事业单位都成立以主要领导负责的办事机构，参加清产核资的人数达766人，占企业总人数的37%。经过半年多资产清查、资金核实、产权界定、资产评估等步骤，弄清了家底，资产总额达25179万元，其中：所有者权益总额11434万元，占资产总额的45.4%；负债总额13745万元，占资产总额的54.58%；资产闲置159万元，占资产总额的0.63%；资金挂帐总额204万元，占资产总额的0.81%。

1995年继续抓了清产核资工作，进一步对企业资金进行核实，完成了企业清产核资衔接报表，同时抓了部属单位土地清查等工作。财政部清产核资办公室下达《关于司法部1994年度清产核资资金核实的批复》，核定我部属企业国有资产总量为4968万元，核销资产损失342万元，所有者权益为11478万元，其中：实收资本8624.8万元(含国家资本金3745.8万元)，资本公积546万元，盈余公积2245.5万元，未分配利润61.7万元。

(四)抓了部属单位国有资产基础管理工作

1. 善始善终地完成了事业单位财产清查登记和企业单位清产核资工作。几年来，我们始终把财产清查登记工作和清产核资工作作为一项重要的基础工作来抓，部党组、部领导都十分关心，多次作决定、下指示，主管业务部门认真组织落实，各单位主要领导亲自抓，发动群众广泛，工作抓得彻底。六年的实践，达到了三个目的：一是摸清了“家底”，为今后的管理和建立现代企业制度打好基础；二是为优化资本结构创造了条件；三是在国家政策允许的范围内部分地解决了部属单位的历史包袱。

2. 切实加强了国有资产统计工作。资产统计是国有资产基础管理的一项重要内容。几年来，我们和部属企事业单位一道，努力作了许多工作，高质量地完成了国有资产统计工作，使我们比较准确的掌握了部属单位国有资产的总量、结构及分布状况，并对部属单位国有资产的资产负债状况和经营效益状况也有了一定的了解。由于我们严格按照国家国有资产管理局的要求，统计报表质量逐年提高，多次受到了国家国有资产管理局的通报表扬。

3. 建立健全了部属单位国有资产产权登记管理制度。几年来，我部认真落实了国家国有资产管理局的要求，把国有资产产权登记作为对部属企业资产经营活动实施产权监督管理的一种重要手段，建立了一套管理办法。我部的资产产权登记工作，是国家国有资产管理局的授权单位，于1992年在部属企业内开展国有资产产权登记工作，共办理登记企业总户数25户；1994年上半年完成了1993年度部属单位资产年检登记工作，登记企业总户数达到27户；1995年上半年完成的1994年度部属公司产权登记工作，登记企业总户数达到33户。经过连续几年的产权登记工作，我们初步掌握了企业国有资产增减变动情况，增强了企业国有资产产权意识，为加强部属国有企业的产权管理创造了基础条件。

4. 组织了产权界定工作。产权界定工作是政策性很强的工作。我们按照国家国有资产管理局的有关规定。在清产核资工作中，组织人力进行了产权界定工作，有力地维护了国有资产所有者权益，防止了国有资产流失。

5. 加强了境外国有资产管理。截止1995年底止，我部在境外的企业只有一家，即：中国法律服务（香港）有限公司，几年来，部领导对该公司的管理很重视，主管部长亲自抓，业务部门主要抓了资产统计报表，通过电话、信函、或当面向公司领导传达国务院、国家国有资产管理局及部领导的有关指示，管理工作有加强。

6. 抓了制度建设。针对1993年部属行政事业单位财产清查登记工作和1994年部属企业清产核资中发现的问题，抓了整章建制工作。修改了《部属企事业单位国有资产管理暂行规定》、印发了国务院《国有资产评估管理办法》（[1994]司计字05号）、转发了财政部、建设部、国家土地管理局、国家国有资产管理局《关于印发〈清产核资中土地清查估价工作〉的通知》（司发通[1994]038号）等十多份文件，部各直属企事业单位也根据实际情况制定一批具体管理制度、实施细则，各单位的国有资产管理工作有加强。

7. 国有资产管理专职机构和队伍建设。司法部机关在推行公务员制度中，加强了国有资产管理工作职能，在计财司设立了国有资管理处，体现了司法部党组、部领导对部直属单位国有资产管理工作非常重视和支持。据统计，部直属单位于1995年底前，有3个单位成立了国有资产管理机构（即：西南政法大学、华东、中南政法学院），有2个单位正在筹备管理机构（西北政法学院、中国政法大学），有的指定了部门和专人管理本单位的国有资产，从事国有资产管理的专职人员已达86人。几年来，各单位注意选配了一批德才兼备、精明强干的人员专职从事本单位的国有资产监管工作；同时也注意业务培训，我们先后组织培训班7期，参加国家国有资产管理局举办的培训班、研讨班13期，培养了176名专业人才，以适应建立社会主义市场经济条件下国有资产管理新体制和新方法的需要。

三、上级业务部门表彰情况

1993年国家国有资产管理局授予西南政法学院为国有资产管理先进单位；中南政法学院唐次寅为国有资产管理先进个人。1994年11月22日，国家国有资产管理局发出了《国有资产产权登记1993年度检查工作的通报》，我部是通报表扬的单位之一，也是我部第一次受到国家国有资产管理局的通报表扬。1995年上半年完成的1994年度资产产权登记工作，我部荣获国家国有资产管理局二等奖。1995年上半年完成的1994年度资产统计报表受到了国家国有资产管理局的通报表扬。

（司法部计财司　张登之）

〔司法部直属政法院校后勤管理研究会〕 司法部部属政法院校后勤管理研究会于1988年11月在重庆成立。是一个民办与官助结合，行政要求与自愿相结合的民间学术团体，是部计财司指导院校后勤管理的咨询组织。

研究会的宗旨是：团结和组织各院校广大后勤职工，坚持四项基本原则，贯彻党的方针、政策，加快和深化后勤改革，总结和交流经验，开展学术研究，从理论和实践有机结合中，探索院校后勤工作的规律及其社会化途径。提高后勤为教学、科研和师生员工服务的水平，加强后勤队伍的建设，充分发挥后勤服务育人、管理育人的作用，为培养社会主义经济建设所需要的合格的法律人才服务。

研究会的任务：加强院校之间的联系，互通信息，交流经验，开展对院校后勤管理科学化的研究，探索后勤改革的途径，促进后勤工作的发展；积极开展信息服务工作，向计财司反映后勤改革的情况，提出咨询意见并向有关部门提出建议。加强同其他兄弟院校间的横向联系和经验交流；协助计财司组织本系统院校后勤管理工作竞赛、评比和参观学习等活动；组织对后勤管理干部和职工的培训，提高思想文化素质，技术水平和业务能力。

1993年止，研究会已经历了三届，第一届理事会于1988年11月由各院校主管后勤的院校长、总务处长为理事组成。推举金鉴同志为名誉理事长，选举产生了以吕宗德同志为理事长，14名同志为理事的理事会，西南政法学院为常务理事单位，主持理事会的常务工作。本届理事会主要对院校总务工作的管理、改革等问题进行研究，在有关报刊杂志上发表论文20余篇，指导了部属高等院校后勤改革的健康发展。

第二届理事会于1991年10月在重庆换届，理事发展至总务、财务部门共23人。推举金鉴同志为名誉理事长，选举吕宗德为理事长，西北政法学院为常务理事单位，主持理事会的常务工作。本届研究课题拓宽到总务、财务，撰写论文36篇，其中，17篇论文获研究会的一、二、三等奖，对部属高校深化后勤改革起了积极的推动作用。

第三届理事会于1993年11月在西安换届，理事发展至总务、财务、基建部门。推举肖建章同志为名誉理事长，选举产生了以吕宗德同志为理事长，31位同志为理事的理事会。中国政法大学为常务理事单位，主持本届理事会的常务工作。本届研究会研究的范围拓宽至总务、财务、基建。理事会要求各院校研究组，紧紧围绕社会主义市场经济体制的建立与发展，研究新情况，解决新问题，大胆实践，推动院校后勤工作的全面发展。

第四届理事会于1995年8月26日在南戴河换届。推举肖建章同志为名誉理事长，吕宗德同志为副名誉理事长，选举产生了以张书屏同志为理事长，34名同志为理事的理事会。华东政法学院为常务理事单位，主持理事会的常务工作。本届理事会主要在院校后勤体制和运行机制改革等问题进行研究。

（司法部计财司　张登之）

〔**中南政法学院基建工程**〕　中南政法学院基建工程是我部"八五"期间重点建设项目，总投资6484万元，占地466.04亩（其中：代征道路29亩），建筑面积125399平方米，在校学生4000人。该工程自1994年6月24日开工到1994年底，国家批准的56个项目全部竣工，1995年7月进行了工程总体验收，工程质量良好，其中图书馆、风雨操场及地下人防工程被评为武汉市优质样板工程，为多出、快出高层次政法人材，奠定了物质基础。学院从1985年开始招生以来，坚持边建设边办学，取得了较好的效益，目前在校生已达5000人。

（司法部计财司　史守文）

1995年纪检监察工作

1995年，在中央纪委、监察部、司法部党组的领导下，司法行政纪检监察工作，认真贯彻中纪委五次全会和国务院第三次反腐败工作会议精神，紧紧围绕司法部党组关于司法行政工作改革和发展的要求，紧密联系司法行政系统的实际，切实履行纪检监察两项职能，着重抓好三项工作任务的落实，深入开展反腐败斗争和党风廉政建设，做了大量艰苦细致的工作。

一、领导干部廉洁自律有了新的进展。

全系统各级党组（委）和纪检监察部门把领导干部廉洁自律作为一项重要的政治任务，思想上高度重视，工作上精心部署。遵照中央纪委、中组部的要求，各级都按期召开了领导干部民主生活会，对照有关规定，认真自查自纠。部党组于7月28日召开了第一次民主生活会，党组8名成员全部参加了民主生活会，不担任现职的7名部级干部也进行了自查自纠。部机关各司局和直属企事业单位，于6月12日至7月13日，分别召开了第一次民主生活会，应参加500人，实参加494人，占98%。各地司法厅（局）都按照当地党委、纪委的要求，认真召开了民主生活会，应参加的厅局级干部245人，实际参加241人，占98%；处级干部7516人，实际参加7414人，占98%。

1995年领导干部廉洁自律工作一是领导重视。为使全系统领导干部廉洁自律经常化、制度化，根据肖扬同志的提议，部党组决定，将中纪委二次全会以来有关领导干部廉洁自律、政法干警十不准和司法部提出的领导干部十不准等有关规定，编印成《廉洁自律手册》发给全系统各级领导干部以便随身携带，随时对照、鞭策。北京市司法局党组提出领导干部除每年必须参加两次民主生活会，还要参加所在支部或小组的生活会；纪检、监察部门负责人列席党组会，参与干部考核任免，对不廉洁干部实行一票否决等项措施。江苏省司法厅党组，为强化监督机制，制定出处级以上领导干部个人重大事项报告制度，对领导干部的行为起到一定的制约作用，深受群众的欢迎。中国政法大学党委建立了党风廉政建设责任制，对校党委、校领导抓了领导干部的廉洁自律、加强党风廉政建设进一步明确了责任，增强了抓好党风廉政建设的责任感和自觉性。二是查纠认真。今年领导干部廉洁自律主要抓了三个方面的工作：（一）开好领导干部民主生活会。会前组织领导干部学习有关文件，提高思想认识和自觉性。党组织广泛征求群众意见，如实向本人通报。本人对提出的问题，在民主生活会上作出详细的回答。民主生活会后及时向群众反馈。（二）进一步清理党政领导干部乘坐超标准小汽车以及使用军警车号牌。各单位在去年清理的基础上，又逐单位、逐人进行检查、复查、核实和落实。全系统共清理出超标准小汽车48辆，使用军警车牌号22幅，均已按规定做了处理。（三）狠刹用公款"吃、喝、玩、乐"。我们根据中纪委的补充规定，结合司法行政系统特点，制定《不准参加用公款支付的营业性歌厅、舞厅、夜总会等的娱乐活动》、《不准接受可能对公正执行公务有影响的宴请》两项具体规定，以司法部正式文件下发全系统。各地各单位也都制定了具体实施方案。有的单位还对借用公款买私房、利用婚丧嫁娶敛财、接受下属单位财物等问题，都作了纠正和处理。三是突出重点。我们在全面抓了31个不准的落实外，重点抓好关于公款吃喝玩乐的两项补充规定的落实。每当部里和各司局召开工作会议或有重要活动时，部领导都提前打招呼，要求严格按照两个规定办事，不得违反。5月和6月，我们组织力量对部机关各司局和直属单位贯彻执行"两项具体规定"进行了检查；9月和10月又对各地和部属院校贯彻执行"两项具体规定"的情况进行检查。对执行好的单位和个人进行了表扬，发现苗头及时提出警告。据对15个省、区、市统计，今年招待费比去年下降了28%。四是严格执纪。各地对领导干部不廉洁、又不自查自纠和顶风违纪的问题,根据不同情况和情节轻重,做到认真严肃处理,绝不姑息迁就。

二、查办案件有了新的突破。

各级党组(委)、纪检监察部门始终把查办案件特别是查处大案要案作为反腐败斗争的突破口,加强领导,加大力度。据统计,1995年全系统共查处违法违纪案件1718件,涉及2114人。结案1349件,1631人。结案率分别为79%和77%。受党纪政纪处分的1641人,移送司法机关的136人。违法违纪案件中大要案154起167人,其中涉及处级干部39起41人。部纪检组监察局初查与立案调查的8起8人。对查案工作部党组非常重视,韩灵同志亲自挂帅,组成得力案件调查组,集中时间,抓紧内查外调,大部分违纪事实已经查清,有的案件已移交有关机关处理。在直接查办案件的同时,对全系统大要案查办工作加强了指导。8、9月份,分四个片召开了厅(局)纪检组长、院校纪委书记参加的查办案件工作汇报会,交流了大要案的查办情况,摸清了底数,推动了全系统的案件查处工作的进展。还对重大典型案件直接参与、督办、协办,使一些大案要案得到快速突破。同时,我们还将查办案件的情况向部机关司局以上干部进行了通报,使大家了解情况,取得共识。

三、纠正部门和行业不正之风取得新的成效。

根据中纪委、监察部和国务院纠风办的指示,司法行政系统始终把少数干警殴打、体罚、虐待犯人和劳教人员的问题,作为司法行政系统纠正不正之风的重点,进行专项治理,取得了突破性进展。1995年,各地在贯彻落实中纪委三条禁令和《监狱法》的精神中,紧密结合干警的思想实际和执法执纪状况,注重抓好干警的严格执法、文明执法。河南、黑龙江、云南等省司法厅领导多次带领工作组深入基层检查专项治理工作。山东、上海等省、市,近几年在制止殴打体罚犯人、劳教人员方面成效突出,但他们不松懈、不自满,发现苗头紧抓不放,严肃处理,做到警钟长鸣。由于各级领导的重视,工作得力,专项治理成效显著。据统计:1995年监狱、劳教所干警殴打、体罚、虐待犯人、劳教人员造成严重恶性事件比1994年下降了65.3%。各地还紧密结合本系统、本部门存在的热点问题,确定纠风重点,也都取得了较明显的成效。

行业不正之风,是一种腐败现象,直接影响党和政府的形象,影响党风、政风和社会风气。人民群众对此深恶痛绝。因此"纠风"要在"热点"问题上下功夫。各级纪检监察部门认真贯彻党中央、国务院一系列关于纠正部门和行业不正之风的指示,针对群众反映的热点问题,采取坚决有效的措施,遏制了不正之风的发生和蔓延。律师体制改革后,为律师事业的发展带来了活力和希望,但随之也出现了一些新情况、新问题,一些律师采取不正确、甚至违法的手段进行不正当竞争,还有的向当事人乱收费,甚至有的律师向当事人强行索要。社会上对这一问题反映很大。北京市司法局领导对此非常重视,把此问题列为纪检监察部门"纠风"的重点。在深入调查研究的基础上,果断地取消了一些收费项目,相继出台了一些新的规定,取得了较明显成效。大多数单位把群众反映强烈的犯人、劳教人员保外(所外)就医、减刑(期)、假释、安排工种等方面问题,作为"纠风"的重点,纪检监察部门直接介入,加大监督检查的力度。山西省监狱局"纠风"从领导干部的廉洁自律入手,针对群众反映强烈的"房子、车子、孩子、盘子"等热点问题,增强透明度,建立"两公开,一监督"制度,自觉接受群众的监督。

四、执法监察拓宽了新的领域。

执法监察是纪检监察工作的一项重要任务,也是纪检监察干部的重要职责。年初,会同部法制司制定下发了《关于开展执法监督检查的通知》,各地也都相应制定了执法监察的具体措施。天津市不断拓宽执法监察渠道,加大执法监察力度。在报上公布了律师违纪举报电话,接受社会的监督。杨柳青监狱在监号中设立"监狱长联系箱"。青泊洼劳教所利用劳教人员解教时敢讲实话的特点,在解教学员离所时,要求他们如实填写《出所问卷表》,对干警打骂劳教人员,收受劳教人员钱物等问题进行举报。新疆生产建设兵团农八师各监狱设立了党风党纪、执法监督员。这些做法对干警起到了警示作用。山东、上海、江西的纪检监察部门积极参与政治部门对干部的考核、任免;辽宁、山西、黑龙江、四川、云南等省纪检监察部门积极参与对犯人、劳教人员的减刑(期)、假释、保(所)外就医等热点问题的监督检查,湖南省司法厅纪检监察部门主动参与对重大事故的调查处理。中南政法学院、西南政法大学派出纪检监察干部参加招生工作。部纪检组监察局积极参与部机关首次向社会招考公务员的考核工作,等等。大大拓宽了执法监察的领域,发挥了执法监察的优势,为保证政令畅通,避免和减少了问题的发生,作出了积极贡献。

五、开展了多种形式的思想教育活动,保证了各项制度的落实。

各级党组(委)纪检监察部门把对干警的思想教育贯穿于反腐败斗争的全过程,渗透到干警廉洁自律、文明执法、敬业奉献等各个方面。一是用正确的思想理论塑造人。部机关科学调整工学矛盾,分批组织机关干部系统学习邓小平文选,使大家加深了对建设有中国特色社会主义理论的理解和认识。河北省司法厅在全系统广泛开展党风廉政教育活动,统一部署教育内容,制定检查验收标准,扎扎实实抓学习,收到良好的效果。二是用法律法规规范人。各级纪检监察部门采取岗位培训、智力竞赛、统一考试等办法，组织干警认真学习《监狱法》《人民警察法》及党纪政纪法律法规。强化了干警遵纪守法、严肃执法、秉公执法意识。三是用英模事迹鼓舞人。在大力开展向优秀党员干部孔繁森同志学习的同时，各单位注重培养、宣扬本单位的先进典型。广东、辽宁、湖北、江西、浙江等省先后召开了先进单位先进个人的表彰大会，树立了一大批廉洁奉公、文明执法、勤政为民的先进典型，起到用榜样教育人的良好效应。四是用反面教材警示人。广东、甘肃、浙江等地，对发生违法违纪的案例及时通报，并组织广大干警查原因、谈教训、论危害。起到了处理一个人教育一大片。通过深入的思想教育，广大干警逐步树立了正确的人生观、价值观、苦乐观，在思想上筑起了一道拒腐防变的坚固防线。据统计，全系统11993人次拒礼拒贿440余万元。

制度建设，注重在落实上下功夫。在对干警深入进行思想教育的同时，各地注重加强制度建设。根据有些地方的公证处忽略公证质量片面追求经济效益，不重视社会效益的错误倾向。司法部及时发出“关于切实提高公证质量，严防错证、假证的通知”。各地根据“通知”精神，先后制定了易于操作、切合实际的制度规定。山东省济宁市司法局制定了《关于追究执法过错责任暂行规定》。北京、湖北司法厅（局），针对社会上反映律师与法官之间存在的不正之风，与省、市高级法院联合制定了“法官秉公办案、律师廉洁从业的具体规定”。湖南、黑龙江等单位为保证《监狱法》的贯彻落实，制定了《干警违纪行为追究细则》。在建立、完善制度的同时，纪检监察部门都加大了对制度落实的监督检查的力度。新疆自治区司法厅组织工作组深入到基层，采取听、看、问和明察暗访等形式，对律师、公证遵守各项规章制度、职业道德执业纪律的情况进行监督检查，促进了制度的落实。

六、注重提高纪检监察干部素质，队伍建设有了新的加强。

健全机构是加强纪检监察队伍建设的一个重点。各级党组（委）重视抓好纪检监察队伍建设，加强了纪检监察部门的组织机构建设。据统计，全系统应设纪检监察机构668个，已设机构535个，占82%。领导班子建设特别是纪检组长、纪委书记的选配放在了首要位置，注重改善领导班子成员的年龄、知识、阅历等结构。比如，陕西省各监狱纪委领导班子年龄结构由1993年的平均52岁，1995年下降到48岁。高中专以上文化程度所占的比例由41%提高到86%，45岁以下中青年干部所占比例已由19%提高到30%。各地遵照肖扬部长讲的“凡是纪检组长、纪委书记未配上的要尽快配上”的要求，积极创造条件，大力选拔培养、使用一些年富力强的同志担任纪委书记。全国已有23个司法厅（局）选配了纪检组长。

纪检监察队伍是反腐败斗争的一支重要力量。一年来我们在培养提高纪检监察干部的政治业务素质上，着重抓了三件事。一是组织在职学习。认真学习政治理论和党纪、政纪、法律法规，不断提高政策理论水平。二是集中培训。今年十月，我们在中南政法学院举办了94名纪检干部培训班。聘请有深厚理论功底的教授、讲师授课，部监察局的正副局长、一室的正副主任结合全系统反腐败斗争开展的具体情况，也分专题作了介绍、分析、阐述，使培训班增添了实践性、生动性，收到良好效果。云南、浙江、甘肃等省在人员少、任务重、经费缺的情况下，也积极创造条件对纪检监察干部进行培训，反映很好。三是及时将各地反腐败斗争的好经验好做法予以转载。1995年部纪检组监察局主办的“纪检监察情况”，先后转发了各地的好经验好做法25期，不仅对提高纪检监察干部的业务素质起到了良好的作用，也对各地反腐败斗争的深入开展起到一定的推动作用。

1995年，纪检监察工作虽然取得了一定的成绩，但与领导和群众的要求还有一定的差距，主要问题：有的领导干部对反腐败斗争重视不够，对纪检监察工作人支持不力，有的纪检监察部门长期未配负责人，致使该抓的工作没人抓，该落实的工作没人落实；二是查办案件力度不够。致使一些大要案较长时间得不到突破；三是有些单位对领导干部查出的问题未作认真纠正；四是有的纪检监察干部畏难情绪较重。

（司法部纪检组监察局）

1995年司法审计工作

1995年司法行政系统内部审计工作在审计署、司法部党组的正确领导下，以党的十四届四中、五中全会和中央经济工作会议精神为指针，紧紧围绕深化改革，促进发展，维护稳定的大局，认真组织广大内审人员学习邓小平同志建设有中国特色的社会主义理论，深入贯彻落实全国审计工作会议精神和全国司法厅（局）长会议精神，扎实有效地开展《审计法》和《审计署关于内部审计工作规定》的宣传贯彻，扩大了审计的影响，提高了审计的知明度，有力地促进了内审工作向法制化、制度化、规范化方向发展。

一、认真贯彻全国审计工作会议精神和全国司法厅(局)长会议精神

为全面、系统地贯彻全国审计工作会议和全国司法厅(局)长会议精神，经部领导批准，于1995年3月7日、30日分别在湖南省长沙市召开第七次全国司法行政系统内审工作会议和在北京市召开部直属单位内审工作会议。参加会议的有各省、自治区、直辖市司法厅(局)、监狱管理局审计机构，部直属单位内审机构及司法行政系统所属审计事务所负责人，共110人。会议传达了李鹏总理、李贵鲜国务委员对审计工作的重要指示。李鹏总理充分肯定了审计工作在过去的一年里取得的成绩。并指出审计监督在维护国家经济秩序、加强廉政建设、保障国民经济健康发展等方面，正在发挥着越来越重要的作用，要求审计部门要进一步加强法制建设，加大审计执法力度，对严重违法、违纪问题，作出严肃处理。他还指出，搞好审计工作的关键是加强审计队伍建设，进一步提高审计队伍的政治和业务素质。会议还传达了郭振乾审计长和肖扬部长的重要讲话。与会代表围绕"两会"精神，并结合各地的实际情况进行了交流，总结了工作，布置了1995年的工作任务，并就如何搞好本级财政审计和加强对预算外资金审计进行了探讨。部党组成员、纪检组长韩灵同志参加了会议并讲话。他指出：这次会议是以邓小平同志建设有中国特色的社会主义理论为指导，认真贯彻党的十四大和十四届三中、四中全会、中央经济工作会议、全国审计工作会议和全国司法厅(局)长会议精神，突出以贯彻执行《审计法》为主题，讨论研究如何推动司法行政系统审计工作新进展。他强调指出今后一段时期的工作重点：一是要按《审计法》的规定建立健全内部审计制度，各省、市、区司法厅(局)对此应予以足够重视，并作为今后审计工作的重点。二是要建立健全内审机构。内审工作必须大力强化执法力度，必须坚持依法审计，执法必严，违法必究。三是围绕1995年深化国有企业改革重点及司法行政工作重点，搞好经济效益审计。四是拓宽审计新领域，搞好审计调查，在审计深度、力度上下功夫。继续大力发展社会审计。五是加强队伍建设和人员培训，注重培养年轻干部，努力提高审计人员的政治、业务素质。

二、深入学习贯彻《审计法》，强化审计监督

1995年是《审计法》实施的第一年，《审计法》的颁布实施，标志着我国审计工作进入了新的历史阶段，为审计工作的发展提供了新的机遇。继《审计法》颁布实施后，审计署又颁布了《审计署关于内部审计工作规定》，作为贯彻《审计法》的配套法规，为审计业务的开展提供了明确的法律保证，1995年以来我们把学习贯彻《审计法》和《审计署关于内部审计工作规定》作为促进改革，加强指导，推动工作，全面建设内审队伍的一项重要内容来抓，组织全系统广大审计人员认真学习，深刻领会，准确把握两部法律法规的基本内容和精神实质，并以此为契机，各级司法行政系统内审机构根据各地实际，分别采取不同形式，举办各类审计培训班，组织收看审计署举办的审计法律知识讲座。通过学习，使全体内审人员进一步明确了审计在发展社会主义市场经济中的地位和作用，内审工作的任务、权力、义务和审计程序，从而增强了法律意识和法制观念，提高了政策水平和执法水平，增强了做好内审工作的责任感和事业心，激发了工作的积极性和创造性及无私奉献精神。我们不仅重视审计人员自身学习，而且还重视抓了对社会进行广泛宣传，让更多的人了解《审计法》的基本内容，使他们学法懂法守法，努力创造良好的社会环境，为审计事业的发展多作工作。有的地区还把学习《审计法》列为专业法的主要内容，组织领导干部进行学习。专业法的宣传普及，有力促进了广大司法干警职工对审计工作的认识，增强和更新了审计意识、审计观念，提高了司法干警接受审计监督的自觉性。也使各级领导对审计工作更加重视关心和支持，主动为审计部门排忧解难，从而推动了审计事业的发展。国家在行政机关推行公务员制度和企事业单位进行机构改革中，各级领导都非常重视和关心审计机构的设置，全系统不仅没有出现内审机构严重滑坡和审计人员流失的问题，而且普遍得到了充实和加强，除少数内审机构在改革中被撤销合并外，大部分都予以保留，有的还升格，增加了人员编制。到1995年底，全国有20个省、区、市司法厅(局)设立审计处，并落实了人员编制，有2个单位的审计机构待批，其余单位为合署办公。目前全系统共有独立内审机构393个，审计人员2320名，其中专职人员1120名，兼职审计人员1200名。

学习贯彻《审计法》不仅在队伍建设上得到了加强，而且加强了制度建设，各地结合内审工作实际，根据《审计法》和《审计署关于内部审计工作规定》修订和完善了内审制度，有力地加强了审计工作的计划性、预见性和有效性。为了加强对行业内审工作指导力度，部审计局拟定了《司法行政系统内部审计工作规定》和《离任经济责任审计工作规定》。为了使这两个规定更加科学、严谨，更适合司法行政工作实际，于8月16日在北戴河专门召开部分省市司法厅(局)审计处处长座谈会，对两个规定进行征求意见，他们认为，在当前形势下，制定这两个规定非常及时，也非常必要，这必将对指导行业内审工作产生重大影响。

三、依法审计，加大审计执法力度

《审计法》的颁布实施，极大地鼓舞了全体审计人员的工作积极性和创造性，有力地推动了审计业务的

开展。1995年是我部内审发展较快的一年，不仅巩固和发展了审计队伍，建立健全内审制度，而且在审计实务上取得了可喜成绩。全系统共完成审计项目5159个，提出质量较高的审计报告1095份，被各级领导采纳的审计建议4731条，查处违法违纪金额6462万元，上缴财政1056万元，追回侵占挪用资金238万元，挽回损失浪费金额2993万元，增收节支537万元，促进提高经济效益5372万元。移交纪检监察部门立案处理60件。

部审计局一方面加强对司法行政系统内审工作的指导，另一方面重点抓了对部直属单位的直接审计，先后对上海华东政法学院1995年预算执行情况，法制日报社财务收支进行了审计，以及对部办公楼、部属部分律师事务所进行了委托审计事项；积极完成部领导临时交办的审计任务。如中国收养中心、高级律师、高级公证员培训中心的资产审计调查和财务收支审计等。通过审计监督，帮助被审计单位建立健全各项规章制度，改进和完善了财务管理，杜绝和纠正了违纪、违规问题的发生。

加强对审计事务所的管理和业务指导工作。据统计，全系统审计事务所已发展到16个，他们较好地发挥了社会审计的中介作用，在审计查证、资产评估，经济案件的鉴定和年检，基建预、决算验证等方面作了很多工作，取得了很大成绩。以他们过硬的技术，热情的服务，良好的信誉，盈得了社会的认可，经济效益显著提高。

1995年全国司法行政系统内审机构主要开展了以下五个方面的审计。

1. 财务收支审计。财务收支审计是各项审计工作的基础，开展不同层次，不同规模的财务收支审计，对于规范会计核算的基础工作，纠正不正之风，维护财经法纪，防患于未然，提高经济效益有着其他审计不可替代的作用。1995年在认真研究经济领域违法违纪问题的新特点，确定审计工作新思路的同时，大力推进财务收支审计常抓不懈。对一些被审计单位的帐户科目设置不规范，成本核算不健全，帐务处理不合规，帐帐、帐物、帐表不相符，财务手续、资料档案不全，内控制度不严，财务人员不固定等问题，及时地作了纠正，既维护财经法纪的严肃性，又使帮促工作落到了实处。

2. 经济效益审计。1995年我们针对部分企业经济滑坡和行政事业单位创办三产效益差，领导重视，群众关心的实际问题，对414个企业进行了审计调查，为全面了解企业现状，评价经济实力，加强经营管理，促进企业经济向效益型、质量型转变，减缓滑坡，建立现代企业制度，适应社会主义市场经济的发展起到积极作用。

3. 承包经营审计。承包经营是加强经营管理，提高经济效益，普遍采用的一种管理模式，但因管理不善，制度不健全，在承包经营活动中也存在着效益不实等违纪现象，为考核效益的真实性，规范承包经营的合法行为。1995年全系统共审计承包经营项目437个，收到了较好效果。

4. 基建审计。为保证国家对基建投资的安全可靠，减少和杜绝投资领域的违法乱纪行为。1995年我们对本系统的基建投资项目进行了审计，共审计197个项目，通过审计，减少了"人情价"和高估冒算工程款的现象，有效地遏制了基建投资中流失浪费。

此外，在全系统还推行了离任经济责任审计。离任经济责任审计，是一项比较新的一种审计制度，有利于明确领导干部在任职期间内经营决策，工作业绩，以及应承担的经济责任，作出客观公正的评价，对促进干部队伍的廉政建设，加强管理，提高经济效益，正确、合理使用干部提供科学依据。

1995年我们在抓了以上五项审计的基础上还完成了律师事务财务收支管理情况的审计调查909个，内控制度审计201个，并做好经济合同审签和年度会计报表的审签工作，部分地区还进行了国有资产保值增值和对外投资项目的审计。同时，各级审计机构积极参加当地的财务、税收、物价大检查和"小金库"的清理工作，配合纪检、监察部门办理经济案件审计查证，严肃了财经纪律，促进了廉政建设，有力地强化了审计监督，推动了司法行政系统经济建设健康、有序的发展。

（司法部审计司）

1995年离退休干部工作

1995年离退休干部局在部党组的领导下，以党的基本路线、基本方针为指导，认真学习和领会邓小平同志建设有中国特色社会主义理论，正确认识社会主义市场经济体制和改革开放深入发展的新形势，把江泽民同志提出的"要切实从政治、生活上关心离退休干部，使他们老有所为，安度晚年"的重要指示作为全年首要的政治任务加以贯彻实施。并按照1994年底召开的全国离退休干部局局长工作座谈会会议精神的要求，紧紧围绕落实两项待遇这个中心，用改革的思路研究老干部工作出现的新问题，努力探索在新形势下做好老干部工作的新途径、新方法。

在九五期间，老干部局仍然紧紧把握党中央确定的“抓住机遇、深化改革、扩大开放、促进发展、保持稳定”的20字基本方针，按照江总书记提出的老干部离休后要努力做到“政治坚定、思想常新、理想永存”的指示要求，认真组织老同志学习邓小平同志建设有中国特色社会主义理论，以建设有中国特色社会主义理论武装每个人的思想，做为全年老干部政治工作的重点。在具体做法上，坚持以正面教育为主、自学为主，通读邓选原著并写出心得体会或读书笔记是基本要求，附以必要的座谈讨论，以达到相互切磋与交流，共同提高的目的。在学习的时间安排上，根据老同志的特点和实际情况以及机关党委做出的统一布置和要求，做出适合老同志的合理安排。基本上是老同志平时在家自学，每月以支部为单位组织一次集中讨论与交流。为了配合政治学习，每隔一段时间，向老同志们发放一定数量的学习辅导参考材料及有关的文献资料，当中央出台有关大局的新文件和政策、精神及有关重大事件的内部通报，按照文件相应的级别规定，及时向老干部原原本本的进行传达，并注意归纳和集中老干部的反映和意见，及时将信息向有关方面反映。

在注重政治教育的同时，老干局还注意配合中央宣传的主旋律、参与重大政治活动的庆祝纪念的组织工作。1995年正值世界反法西斯战争暨中国人民抗日战争胜利50周年，为了大力弘扬爱国主义精神，宣传老同志在那场正义战争中所建立的历史功勋，教育下一代青少年，老干局特别组织了亲历那场战争的老同志撰写回忆纪念文章，并于8月23日组织了有机关共青团代表、干部和老同志参加的纪念抗日战争胜利50周年座谈会，不忘国耻，振兴中华是与会代表、新老同志发自内心的共同心声。与此同时，按照上级的要求和布置，安排组织了100多位各个时期参加革命工作的老同志，以一丝不苟的敬业精神和饱满的激情参加了全国老龄委主办的老红军、老将军、老八路、老干部革命历史歌曲大汇唱。在那庄严肃穆的场合，老干部充分展示了老一辈革命者自强不息，革命青春和理想永存的精神风貌。该电视录相片在中央电视1台向全国播放后，获得了社会各界的广泛赞誉和好评。

8月27日老干局组织了80多位离退休老同志参观了位于京郊西南原宛平县城内的中国人民抗日战争纪念馆和打响抗日第一枪的芦沟桥旧战场遗址，使大家再次受到了一场生动的爱国主义教育。老干部局在组织和安排老同志的政治活动和学习时，始终注意充分发挥老同志的政治优势、经验优势和作风优势。经过学习，把大家的思想统一到十四届五中全会精神上来，使老同志能够在教育和培养优秀青年干部、维护社会稳定、监督党风廉政建设方面继续发挥不可替代的重要作用。同时也使老同志自身在党性修养和思想作风方面达到了新的境界，保证老同志在政治思想和行动上与党中央保持一致。

多年来，老干部局一直十分重视老干部党支部的建设工作，并紧紧依靠党支部做好老干部的政治思想工作和服务管理工作。搞好老干部党支部的建设，不仅是老干部工作的一项重要内容，也是做好老干部工作的基本保证，支部的主要工作主要有以下几点，一是抓了党员的组织生活，开展思想教育；二是协助局里抓好老干部的服务管理工作，帮助老同志解决思想和生活上的问题和困难；三是定期反映老干部的基本情况、意见和要求。在实际工作中，注意发挥党支部在政治思想上的引导作用、组织生活和老干部各项活动的组织作用以及上级党组织和老党员之间的桥梁和纽带作用，并且注意把做好老干部的思想政治工作放在首位。坚持正面教育、弘扬时代的主旋律，大力宣扬学习孔繁森这样的新时期领导干部的楷模的优秀感人事迹，宣传老干部在推进改革开放、促进经济发展、保持社会稳定、加强社会主义精神文明建设方面所具有的不可替代的作用。党总支和局领导也十分重视支部反映的老同志的想法、意见和要求，对于各支部反映的老同志在生活中或其他方面的一些带有普遍性的问题和情况，党总支有针对性的开展思想工作，积极向有关部门及领导反映代表和维护了老同志的利益。

当前，在加强物质文明与精神文明建设当中，中央特别强调并提出要求，离退休人员要共享社会发展的成果。老干局在注意加强精神文明建设的同时，没有忘记做好离退休干部共享社会发展的精神文化成果的工作。本着以正确的舆论引导人、以高尚的精神塑造人、以优秀的作品鼓舞人为指导方针，在广大老干部中间提倡高尚娱乐、健康的文化生活，以实际行动关心、教育、培养下一代青少年。坚持寓教于乐，尽量把离退休老同志晚年的生活安排得丰富多采，并为此做了大量卓有成效的组织工作。在原基础上，重新组建了老干部合唱队、京剧组和舞蹈班，每月10、20日为唱歌、京剧活动日；每周四为学跳舞日，使老同志在娱乐和健身过程中既锻炼了身体，又增加了乐趣，陶冶了情操。每逢春节、“三八”、“七一”、国庆及九九重阳节等节日举行联欢庆祝活动，老同志们都要献上自编自演、情调高雅、丰富多采的作品和文艺节目，促进了精神文明建设，同时也极大地丰富和充实了老同志晚年的精神生活。

1995年老干部管理服务工作努力实现五个延伸即向社会、领导、各部门、家庭和老干部延伸，积极宣传和表彰尊老、敬老、爱老的老干部家庭和好子女、好老伴，充分发挥家庭的养老功能，激发和调动家庭成员爱老助老意识和积极性，同时切实抓好老干部党支部建设，进一步健全党内民主生活制度，不断增强老同志自我教育、自我管理、自我服务的功能。1995年，局领导和各处室负责人及有关的工作人员，相继走访了近百位老干部家庭，与他们促膝谈心，征询意见，做思想工作，同时还看望了几十位生病住院及有病在家的老同志，代表组织为他们送去了困难补助及生活慰问品，以及帮助老同志领送支票和药品，代办出入院手续，接送出入院等。为老人祝寿、带去了鲜花和生日蛋糕，进一步密切了老同志与工作人员之间的关系，增进了双方的情感交流，有力的促进了老干部工作的开展和深入，取得了很好的效果。

为使老干部安度晚年，解决生活上的问题和困难，需要牢固树立并不断增强服务意识。全体工作同志在局领导的带领下，克服了不少困难，想方设法为老同志办好事、办实事。在1995年，通过全局同志的共同努力，将部机关价拨给老干部的各类副食品、大米、水果等全部快速及时地送达老同志。春夏之交老干部局组织老同志分赴西安和杭州进行健康休息活动，7月中旬组织了80多名老同志赴南戴河避暑休养，由于随行工作人员妥善安排和照顾及老同志的配合，圆满地完成了全年健康休养工作。参与了由中国老年体协、老龄委等单位主办的第四届"全国健康老人"评选活动，李运昌、贾潜二位老同志当选为全国只有48个名额的全国"最佳健康老人"，为司法系统赢得了荣誉。召开了司法部部分在京直属单位离退休干部工作座谈会，参会代表交流了做好老干部工作的经验和体会，研究了面临的困难及问题，大家一致表示希望部老干部局今后要进一步加强和促进各兄弟单位工作情况的交流与协调，会议开得很成功，达到了预期的目的。

老干局在实行公务员制度两年来，机构较为健全，人员配置基本到位，工作队伍相对稳定。各处室各司其职各负其责，人员定职定岗，既分工又合作，工作已初步形成规范化、制度化管理。

（司法部离退休干部局）

1995年军队司法行政工作

1995年军队司法行政工作在中央军委、总政治部的领导和国家司法部的指导下，各级司法行政部门坚持正确的工作指导思想，抓住工作重点，克服了人员少、任务重的困难，振奋精神，开拓进取，既注意贯彻国家司法行政工作改革的思想，又注意保持军队司法行政工作特色，各项业务工作都有了不同程度的发展。

一、关于部队基层法律服务工作

1995年，全军师以下单位法律咨询站（组）发展到19375个，比上年度增加21.6%；基层法律咨询员56800余人，比上年度增加14.8%。坚定不移地把部队基层法律服务工作作为军队司法行政工作的重点，按照中央军委抓基层、抓落实的总要求，围绕部队中心工作，紧密结合经常性思想政治工作和经常性管理工作，保障部队基层官兵得到及时、优质的法律服务，是1995年全军司法行政工作始终坚持的基本原则和总的方向。重点抓了以下几项工作。

抓好基层法律服务骨干的培训。经总政领导批准，在西安政治学院举办了全军基层法律服务骨干培训班，培训师以下部队的基层法律服务骨干60多人，并在军队《司法行政工作》刊物上加按语转发了西安政治学院的培训经验，指导和推动了全军各大单位按照总政的要求，采取不同方式，举办各类培训班、集训班，积极抓好基层法律服务骨干的培训工作。全军共举办基层法律骨干培训班477次，23300多人参加了培训。

抓了基层法律服务工作的典型。总政司法局与有关大单位一起，注意发现和培养了一批法律服务搞得好的典型单位，先后向全军介绍了海军某部水警区、济南军区空军、沈阳军区某部高炮旅、总参某总队二大队、总后某基地等基层单位法律服务工作的先进经验，在全军引起了积极的反响。

抓了基层法律服务工作的调研。各级司法行政部门为了全面掌握基层法律服务的情况，加强工作指导，积极组织人员下部队，对基层部队开展法律服务的情况进行了全面了解。总政司法局重点调查论证了给部队基层法律咨询员颁发国家统一证件的问题。在此基础上，呈请司法部、总政治部领导批准，联合下发文件，确定给部队基层法律服务人员统一颁发工作证件，这对于改变当前基层法律服务证件不统一、法律效力低、工作不方便的问题，对于增强基层法律服务人员的光荣感、责任感，加强部队基层法律服务工作正规化、制度化建设，起到了重要推动作用。

完成了《军队基层法律服务手册》的编印工作。针对基层法律服务工作实际，总政司法局组织力量编写了《军队基层法律服务手册》，给基层法律咨询员提供了一部具有针对性、权威性、可操作性的工具书。经有关专家审定，报总政办公厅领导批准，已陆续印发到基层法律服务组织。

二、关于军队律师工作

军队律师工作继续坚持面向部队、面向基层、面向广大官兵的方向，坚持以主动服务、着眼预防和无偿服务为主的原则，进一步打牢军队律师工作的基础，有效地以法律手段维护了国家军事利益，维护了军队和军人的合法权益。全年军队律师共担任刑事辩护233件；代理民事诉讼427件、经济诉讼1959件、行政诉讼80件；解答部队官兵的法律咨询88004件，为各级首长提供法律意见6316件，为部队上法制课9501场，听课官兵达1439647人次，为部队挽回经济损失10.59亿元，避免经济损失4.3亿元。

完成了军队律师的年检注册。全军共有军以上单位法律顾问处241个，比上年度增加34个，有军队律师1289人，比去年增加187人。上半年，结合军队律师年检注册工作，对军队律师归口管理以来的情况进行了全面调查。调查的重点是，军队律师队伍的数质量情况、遵守执业纪律和职业道德情况以及法律顾问处正规化、制度化建设情况等。从调查的情况看，军队律师队伍建设比较好地贯彻了中央军委和司法部、总政治部的各项指示要求，广大律师严格依法办事，遵守执业纪律，恪守职业道德，全心全意为部队服务，在部队建设中发挥了积极的作用。通过调查，也使各级领导和政治机关进一步掌握了军队律师工作底数，加强了对军队律师工作的领导。

完成了1995年军队人员参加全国律师资格考试的组织工作。1995年的考试组织工作，严格按照司法部和总政治部的要求，从维护国家考试的威信，维护军队荣誉的高度，从严要求，精心组织，受到司法部和军队有关领导及广大考生的一致好评。共有162人考试合格，获得了国家律师资格证书。

对部分单位成立专业法律顾问处和香港驻军设立法律顾问处的问题进行了调查论证。针对市场经济条件下，国防专利和专有技术被侵权现象日趋严重的现实，组织力量调查论证了设立国防专利法律顾问处，加强对国际专利知识产权的保护问题。通过调查，取得了第一手资料，对军队知识密集型单位成立法律顾问处起了一定的推动作用，对于如何加强专业法律顾问处的管理积累了一些经验。

积极与全国人大常委会、国家机关有关部门就《律师法(草案)》如何规范军队律师问题进行了深入、广泛的调查研究，在许多重大问题上取得了共识，同时，还组织撰写有关理论文章，并主动做了大量协调协商的工作，为使军队律师工作最终能写入《律师法》打下了坚实的基础。

组织参加了全国“十佳律师”、“十佳基层法律服务工作者”的评选工作。沈阳军区法律顾问处副主任、军队律师董新发被评为全国“十佳律师”，南京军区某炮兵师法律咨询站负责人杨颖提名为全国优秀基层法律服务工作者。他们光荣出席了司法部在人民大会堂举行的颁奖大会，受到司法部和总政领导的亲切接见。同时，还组织军队律师代表参加中华全国律师协会代表大会，总政直属法律顾问处主任杨学民、海军航空兵法律顾问处主任郝进忠被推举为中华全国律师协会理事。

抓了各级法律顾问处的思想和业务建设。部队各级法律顾问处成立以来，在利用法律手段维护部队和官兵合法权益，为领导和机关提供法律服务方面做了大量工作。在原有的基础上，1995年加大了内部建设的力度，完善了一系列规章制度，试行了一些改革措施，同时加强了管理。全军各法律顾问处的工作是富有成效的，各方面的关系是顺畅的，发展是健康的。

三、关于理论研究和对外交流等工作

组织全军司法行政部门和人员从理论和实践的结合上，就军队司法行政工作、军队律师和部队基层法律服务工作的一些基本问题进行了理论研究，在各级报刊上发表理论文章80多篇，为推动工作的发展提供了必要的理论准备。8月9日，会同解放军报社组织一些军内外法学专家，召开了以落实《政治工作条例》，推动军队司法行政工作为主题的座谈会。会后，解放军报分别刊出了座谈会消息报道和发言摘要，在部队中引起较大反响。同时，加强了编发《司法行政工作》刊物的工作。《司法行政工作》刊物是军队司法行政工作的窗口。在编发的指导思想上，始终坚持加强指导、面向基层、突出重点、宁少勿滥的原则，强化精品意识，做好每一期的编写工作。通过这些工作，活跃了军队司法行政的理论研究工作。

为适当开展对外交流，经总政领导同意，总参外事局和总政外事局安排了总政司法局与澳大利亚武装部队军法总监若兰泽将军的座谈会，双方就关于军队司法行政工作问题进行了交流，使我们对外军的有关情况有了比较真实的了解。除此之外，我们还同香港注册律师、美国原军法总监、美国伊利诺大学国际司法交流中心负责人进行了接触，初步了解了香港及美国的律师制度情况，增加了知识，开阔了眼界。

为了培养军队政法战线特别是军队司法行政战线的法律人才，经总政领导批准，组织总政及驻京大单位政法战线20名年轻同志到北京大学研究生班学习，这些同志学成后，将成为军队政法战线上具有高学历的业务骨干。

(中国人民解放军总政治部司法局)

第三部分 各省、自治区、直辖市司法行政工作概况

1995年北京市司法行政工作

〔概况〕 1995年，北京市司法局行政工作，在邓小平建设有中国特色社会主义理论和党的基本路线方针指引下，坚持"两手抓"方针和"大服务"思想，服从和服务于全党全国工作大局，在改革和发展上迈出了较大步伐，较好地发挥了司法行政机关的职能作用，为维护首都稳定，促进经济发展和社会进步做出了新贡献。一年来，司法行政的各项工作都比上年有发展。全市共有律师事务所227家，比上年增长10.2%。其中占编所(国办所)41家，不占编所145家，兼职所21家，特邀所6家，另有14家基层法律服务所同时挂上律师所牌子。在145家不占编所中，合作所87家，合伙所52家，个人姓氏所6家。全市共有律师工作人员2787人，比上年减少20.5%。其中专职律师1229人，比上年减少14.9%，兼职律师763人，比上年减少37.5%。特约律师374人，比上年减少18.3%。其他辅助人员421人，比上年增加10.5%。(含律师助理、辅助人员)。律师应聘担任常年法律顾问4320家，比上年增加14.5%。其中为政府部门担当顾问111家，大中型企业729家，一般企业1278家，外资企业366家，乡镇企业790家，社团组织456家，事业单位448家，境外投资项目52家，公民个人55个。为顾问单位处理法律事务、参与诉讼涉及标的105.81亿元，比上年增长10.9%。索回赔、欠款11亿元。草拟法规规章1554个，草拟、审查、修改合同4609个，参与谈判2942次，提供法律咨询意见或建议12838件，代理解决纠纷、争议3150件。律师担任刑事辩护3496件，与上年持平。其中被告人委托辩护2512件，法院指定辩护380件，自诉案代理68件，公诉案代理36件。律师代理民事诉讼案5331件，比上年增加32%，其中主要有婚姻家庭案1819件，房宅基地案1042件，继承案408件，著作、商标、专利案108件。所有民事案涉及财产标的额10.65亿元。律师代理经济诉讼案5016件，比上年增加24.6%。其中主要有经济合同纠纷案2935件，侵权损害赔偿案452件，海事、海商案115件。涉及财产标的额51亿元。索回赔、欠款8.1亿元。律师代理行政诉讼案159件。比上年增加19.5%。其中涉及公安部门13件，工商部门21件，土地部门34件，税务部门1件，海关1件。律师参与非诉讼法律事务9247件，比上年增加18.7%。其中审查起草修改合同章程1414件，出具法律意见书1318件，提供咨询建议书1394件，见证750件，参加谈判670件，参与调解、仲裁1011件，专项民事商事代理359件，涉及财产标的额26.7亿元。律师代写法律文书8572件，解答咨询26192件，义务法律咨询服务7366件。公证工作到1995年底，全市24个公证处中，办理涉外业务的有11个。全市有公证人员244人。共办结各类公证171554件，比上年增加16.5%。其中涉外公证124729件，比上年增加47.1%；国内民事公证34302件，比上年减少22.6%；国内经济公证12523件，比上年减少30.8%。经济公证事项涉及金额85亿元。接待来访333353人次；处理来信6件。基层法律服务工作，到1995年底，全市共有基层法律服务机构369家，比上年增加5.1%。法律服务人员2207人，比上年减少2.3%。14家法律服务所加挂了律师所牌子。基层法律服务人员已为3383个政府部门、企事业单位担任法律顾问，比上年增加9.6%；代理民事、经济案件12041件，比上年增加1.7%；协办公证3762件，比上年减少45%；调解纠纷7783件，比上年减少17%；解答法律咨询95120人次，比上年增加32.9%；代写法律文书16771份，比上年减少6.9%；进行法制宣传10999场次；比上年增加30.8%。全年为当事人挽回经济损失2.1亿元，避免经济损失1.3亿元，全年业务收费1218.8万元。人民调解工作到1995年底，全市共有司法助理员688人，比上年减少2.3%。有调解委员会14027个，调解人员

209395人，其中调解委员65546人，分别比上年增加0.3%、14.9%和4.5%。在调委会中，农村中4313个，居民区4710个，企业3980个，事业单位869个，其他155个。司法助理员和调解人员共调解纠纷12万件，比上年增加7%。其中调解邻里纠纷2.36万件，婚姻纠纷2万件，生产经营纠纷0.78万件。赡、扶、抚养纠纷0.72万件，房屋宅基地纠纷0.71万件。通过调解，防止民间纠纷激化1801件，避免可能伤亡3082人。其中防止自杀242件298人，防止他杀、他伤1559件2784人。把帮教安置工作纳入基层调解工作范围，建立地区帮教委员会70个，基层帮教小组5539个，建立起一支3万人的帮教队伍，使2万名"两劳"释放、解教人员纳入帮教网络。法制宣传工作，1995年与市人大法制室等3家联合举办了以市场经济法律法规为内容的培训班6期，区县局领导干部2千多人次参加学习。年内制定了实施专业法教育的"折子工程"，在全市47个行政执法部门中开展了以学习宣传市场经济法律法规为主要内容的行政执法人员专业法培训工作，涉及149个法律法规。与市教育局联合摄制了300分钟的青少年法制教育系列片，已发行2000多套。与市委宣传部等3家联合制作了"方圆颂"法制小品文艺晚会。编辑了6.7万字的《首都公民守法须知》一书，发行16.5万册。组织征订发行《邓小平论民主与法制建设》等三本书共6万多册。3636个村开展依法治村工作，占自然村总数的82.5%。绘制发放法制宣传挂图56000多套，在全市4000多个宣传橱窗张贴。《北京法制报》全年发行204期3000余万份。处理读者来信一万多封。法学教育，1994—1995年度共有本科毕业生92名（政法大学函授站）大专毕业生258名（其中管理干部学院87名，律函171名），中专毕业生238名（其中第三警校161名、司法学校77名），1995—1996年度共招收专科升本科生909名，大专生188名，中专生204名。律函总分站共注册学员2500余名（其中律师专业900名）。

（刘汉林）

〔市第一家公职律师事务所成立〕 北京市公职律师所于8月成立。这是根据国务院批转《司法部关于深化律师工作改革的方案》精神，由市政府法制办牵头。有9个局、委的21名律师组成的第一家公职律师事务所。其宗旨是以法律服务于政府决策层。

（刘汉林）

〔完成律师协会换届改选工作〕 10月，市司法局召开第四届律师代表大会，对律师协会新一届理事会进行换届选举。这次换届选举，改变了以往律师协会的行政管理模式，实现了由政府官员担任律协领导向由执业律师担任律协领导的过渡。是深化律师工作改革的重大步骤，对于建立司法行政机关行政管理与律师协会行业管理相结合，逐步过渡为司法行政机关领导下的律师协会行业管理体制起了重要的推动作用。

（刘汉林）

〔北京已有26家外国律师事务所〕 3月16日，市司法局局长孙常立、副局长贾午光及律师管理处处长吴文彦出席了司法部在北京长城饭店宴会厅举行的批准外国（境外）律师事务所在华办事处开业的颁证仪式。司法部副部长肖建章主持仪式，部长肖扬为美国世达等16家律师事务所在华办事处颁证。此次批准在京开业的外国律师事务所有7家，他们是：美国世达、竞诚；意大利布罗西；日本相马达雄；德国拜托布克；新加坡赖伟源王开军；加拿大古德曼—菲利普等律师事务所。至此，北京已有26家外国（境外）律师事务所在京办事处开业。

（刘汉林）

〔100家涉台事务所100名涉台律师〕 这一举措，是4月18日下午北京市政府台湾事务办公室和市律师协会联合在北京国际饭店举行新闻发布会从会上获悉的。会上公开推荐100家涉台律师事务所和100名涉台律师。参加新闻发布会的有国务院台办、外经贸部、司法部、全国律协及市有关部门的领导和部分台商，共约200人出席新闻发布会。陆宇澄副市长出席发布会，给100名涉台律师颁发推荐证书并讲话。他指出，建立"双百"法律服务机制，是北京市进一步贯彻《中华人民共和国台湾同胞投资保护法》的一项重要举措，也是落实北京市对台经济工作会议关于"加强对台资企业的法律服务和保障"的体现，更是推动两岸经济技术交流的一项措施。市律师协会会长孙常在会上要求涉台律师在实际工作中要把好政治关、法律关和职业道德关，认真做好涉台法律服务工作。

（刘汉林）

〔律师协会上届领导人离任审计〕 1995年11月，市司法局审计处在市律师协会理事会换届改选期间，对律师协会上届领导人经管的财务收支情况进行了离任审计。共审计资金851.3万元，其中财政资金214万元、律师会费286.2万元，其他资金351.1万元。通过审计认定：上届律师协会的各项资金收支清楚，未发现违法乱纪问题。这次审计还协助律师协会的财会人员在科目设置、帐目处理等方面严密了手续，规范了程序。

（程 灏 刘汉林）

〔**经纬所在美设立芝加哥分所**〕　北京市经纬律师事务所芝加哥分所是经司法部1994年11月2日批准成立的。为在美国芝加哥市设立机构，经纬所于1995年3月派傅世德赴芝加哥市进行了半年时间的筹建。办完了所有注册手续，于1995年6月正式开业。

（刘汉林）

〔**为北京首次股票上市提供公证**〕　1995年3至4月，北人机、北旅、百货大楼、城乡贸易中心四家股份制企业以1.75亿元人民币社会公众股股票在北京市公开上市。这是北京市建国以来首次向社会公开发行的股票，是北京市贯彻党的十四届三中全会精神、深化经济体制改革、加速国有大中型企业转换经营机制的一个重大举措。为确保此次股票发行切实遵循“公平、公开、公正”及“诚实、信用”原则，按照市股票发行总指挥部的统一部署和发行主承销商华夏证券有限公司、北京证券有限公司、中国人民建设银行、北京国际信托投资公司的申请，市公证处介入了发行活动的全过程并提供了全过程、全方位的公证法律服务。

（刘汉林）

〔**公证体制改革进展顺利**〕　1995年初，北京市公证处经市编委批准，自1月1日起北京市公证处的所有编制由行政编制改为事业编制，公证处所有在编人员均与原行政性工资脱钩，与事业单位工资挂钩；在经费管理上实行自收自支，国家不再核拨行政经费。一年来，北京市公证处从1至10月，办证54225件，比上年同期增加37%，其中国内公证增加53%、涉外公证增加35%，各项工作的增加率都大于全市平均值。

（刘汉林）

〔**人大代表和政协委员关心普法**〕　北京市在实施1991到1995年的“二五”普法中，市各级人大代表和政协委员都加强了对法制宣传教育工作的指导和监督。五年来，仅就加强法制宣传教育，促进依法治市的各项工作看，市人大代表和市政协委员就提出议案400多件，参加视察达4000多人次。不断推动着全市普法工作的落实。

（陈柏柳　刘汉林）

〔**对“二五”普法进行检查验收**〕　1995年是实施“二五”普法规划的最后一年。市委法制宣传领导小组于上半年制定了《北京市“二五”普法验收方案》。6月，又召集全市各大系统汇报普法工作。下半年，先后对石景山、房山、门头沟等三个区和通县、平谷、顺义等三个县以及北京重型电机厂、中国人民大学、市百货大楼等单位的普法工作进行了检查验收。与此同时，全市各区县、各部门、各行业也都进行了普法工作的检查验收。各级人大常委委员，人大代表和政协委员视察了普法检查验收工作。至年底，全市“二五”普法检查验收工作已经完成。市十届人大常委会第24次会议审议了市政府《关于北京市实施法制宣传教育第二个五年规划情况的报告》。

（陈柏柳　刘汉林）

〔**八千帮教组织三万帮教人员**〕　这是1995年司法行政系统参与刑释解教人员帮教安置工作取得一定成效的体现。1995年，全市各区县司法局对参与刑释解教人员的帮教安置工作的重要性有了深刻认识，行动也比往年自觉。海淀区司法局设立了帮教科，海淀、朝阳、丰台、石景山等区召开了帮教工作经验交流会；市局召开了帮教工作研讨会。各区县司法局还在调查摸底的基础上会同有关部门，在乡镇、街道建立了帮教机构、发展帮教队伍，做好帮教工作。至年底，全市已建立帮教组织8千个，帮教人员3万名。刑释解教人员的安置率达88.9%，重新犯罪率为2.2%。

（刘汉林）

〔**十年无宅基地纠纷村**〕　密云县自1991年开展“二五”普法以来，依法开展了宅基地纠纷专项治理活动。宅基地纠纷逐年下降：1994年全县349个行政村发生宅基地纠纷259起（调解成功258起，成功率达99.6%）1995年1月至10月，全县宅基地纠纷仅130起。该县高岭镇辛庄村坚持法制宣传教育，强化村民法制法规意识，推进宅基地规范化、法制化管理，狠抓干部的模范带头作用，从1986年至1995年，全村建房250间，未发生一起纠纷，成为十年无宅基地纠纷村。

（刘汉林）

〔**有3636个村开展了依法治理**〕　1995年，全市的4367个行政村中已有3636个村开展了依法治村工作。占行政村总数的82.5%，实现并超过年初制定的70%的目标。

（刘汉林）

〔**北京被评选“三个十佳”**〕　12月26日，司法部在人民大会堂召开首届全国十佳律师、十佳公证员、十佳基层法律工作者命名表彰大会。会上对全国评选出的“三个十佳”给予表彰。北京市评为全国的三个十佳是：肖微（北京市君合律师事务所律师）；左燕芹（北京市公证处公证员）；赵华（北京市西城区双隆法律服务所基层法律工作者）。

（罗世生）

〔**第二次全国公证员统考结束**〕 2月18日至19日，市司法局在全市司法行政系统范围内组织由司法部命题的全国第二次公证员资格统考。考试内容包括"法学综合知识"、"民法"、"经济法"、"公证制度"、"公证业务"等五个方面。全系统159人报名，93人应试，有39人取得公证员资格。

（罗世生）

〔**第七次律师资格统考结束**〕 10月7日至8日，市司法局在全市范围内组织由司法部命题的全国第七次律师资格统考。考试内容包括"综合法律知识"、"实体法"、"程序法"、"律师实务"等四个方面。全市5840人报名，4661人应试，有1204人取得律师资格。

（罗世生）

〔**连续三年的"首都文明单位"**〕 北京市司法局继1988、1991年分别被北京市首都精神文明建设领导小组授予"首都文明单位"后，1993、1994、1995年又连续三年被市首都精神文明建设领导小组授予"首都文明单位"称号。继续向市司法局颁发了荣誉证书和标牌。

（陈斌儒）

〔**开展法律助残活动**〕 这项活动是昌平县司法局1993年开始兴起的。这一年，该县司法局向全县法律工作者发出了昌司发〔1993〕23号文件。文件决定，律师、公证、法律服务所要免费为残疾人提供法律咨询和代书，为残疾人企业服务要减收服务费。三年来，县司法局、局直属法律事务所和乡镇法律事务所已为县残联和15家残疾人企业义务担任了常年法律顾问，积极为他们提供法律服务，协助残疾人企业对法律文书的起草、合同协议的审核把关、企业内部管理制度的建立和完善、企业发展规划的制定、产品市场的开拓、经济纠纷的调解、追索拖欠货款等诸多方面的法律事务都及时得到解决。据统计，从1993年至1995年间的法律助残活动中，仅南环、桃洼、流村三家法律服务所就为残疾人和残疾人的福利企业提供法律方面的建议151条，解答法律咨询360多人次，代书30余件、诉讼代理65件，非诉讼代理29件、挽回经济损失16.5万元，避免经济损失120多万元。为残疾人企业的发展起到了依法保驾护航作用，受到市政府和市残联及全国残联、司法部的肯定与好评。

（刘汉林）

〔**中残联市残联赞扬昌平的助残**〕 8月11日上午，中国残疾人联合会发展部主任丁启文等一行5人到昌平县残联，考察昌平县依法扶残、助残工作。丁启文主任认为昌平县残联坚持三年聘请法律顾问及县司法局义务为残疾人提供法律服务的经验很成功，对全国有指导意义，建议在昌平县建立"法律援助促进会"，广泛维护残疾人利益。

（刘汉林）

〔**批准北京仲裁委员会设立登记**〕 1995年9月21日，北京市根据《中华人民共和国仲裁法》重新组建的仲裁委员会，向市司法局申请登记并提交了相应的文件。市司法局依据《中华人民共和国仲裁法》的规定，对北京设立仲裁委员会条件进行了审查。于1995年9月28日批准北京仲裁委员会设立登记，同时颁发了登记证书，并于1995年10月4日在《北京日报》予以公告。

（阎平山）

〔**为了18户农民的利益**〕 1993年11月，北京市顺义县赵全营乡、沿河乡的刘玉顺等18户农民从牛栏山镇林业站打听到，大秦铁路公司茶坞供应站中草药材开发部，正面向社会推广种植中草药。刘玉顺等经过与开发部联系、了解，得知种药材比种农作物成本低、效率高，是一条致富的好路子。随后与开发部签订了产品购销合同，交纳了79530元的种子款。1994年11月，合同到期，药材也成熟了。但农民们却再也找不到开发部的人。他们找到供应站，供应站的人互相推诿，只收款，不收购。农民们对此不死心，只好又去找铁路领导，但仍无结果。到了1995年2月，农民们通过中央电视台焦点时刻，找到天宁律师事务所律师刘子玉，刘律师听了情况介绍后，当即表示可以免费代理此案，一定为农民讨回公道。刘律师深入现场调查，逐户核算索赔金额，制定了起诉方案。将18份起诉书交到了怀柔县人民法院，开发部被推上了被告席。10月19日怀柔县人民法院就顺义县对18户农民诉大秦铁路公司茶坞供应站中草药材开发部一案进行公开审理。1995年12月20日作出一审判决。法院认为，茶坞供应站在未取得《药品经营企业合格证》、《药品经营许可证》和药材公司未委托代购中草药材的情况下，开办药材开发部和药材购销开发部，违反了法律规定，系非法经营，认定供应站及开办的药材开发部与刘玉顺等农民签订的预购合同无效。判决被告赔偿原告刘玉顺等农民实际损失41万元，诉讼费由被告负担。

（吴 军 刘汉林）

〔**赵华同志的先进事迹**〕 赵华，男，54岁，中共党员，中专文化。1959年参加工作，现任北京市西城区双隆法律事务所主任。1995年，赵华被司法部评为"全国'十佳'法律工作者"。赵华自1987年从事法律服务工作以来，带领全所办理各类法律事务1928件，为80余家企事业单位担任法律顾问，为当事人挽回经济损失5600余万元，避免经济损失1.2亿元。赵华在从事法律服务工作中，在讲求经济效益的同时，更注意社会效益。赵华在实际工作中做到以身作则、清正廉洁，拒收当事人钱物两万元，多次被评为区优秀共产党员和先进工作者。1994年，被市政府授予“北京市优秀司法助理员”称号。

〔**肖微同志的突出事迹**〕　肖微，男，现年35岁，法学硕士，中共党员，1987年参加工作，现任北京君合律师事务所主任。1995年被司法部授予“全国‘十佳’律师”称号。被北京市政府授予“北京市先进工作者”称告。肖微从事律师工作十年来，为国内外客户提供了大量综合性法律咨询和法律服务，内容涉及投资、贸易、证券、金融、房地产等领域。他参与上百种国家或地方重点投资的工程项目之法律服务，如北京机场高速公路工程、海南三亚机场和文昌电厂等项目，受到客户的广泛好评。客户评价他法律知识扎实、经验丰富、知识面广、办事讲求效率。作为全国第一批成立的合作制律师事务所、第一批转为合伙制的律师事务所主任，他十分重视律师所的内部管理，先后制定了一整套加强内部管理的规章制度，使律师事务所的运行不断朝专业化、规范化的方向发展，具备了较强的竞争能力。

〔**左燕芹同志的突出事迹**〕　左燕芹，女38岁，群众，大学本科毕业，二级公证员。现任北京市公证处副主任。1995年被司法部评为“全国‘十佳’公证员”。此前，左燕芹曾被评为北京市“三．八”红旗手、北京市“十佳”公证员。左燕芹1983年大学毕业后从事公证工作以来，积极运用法律知识，严格依法办理、审批各类公证事项。十多年来她所办的公证无一差错。面对建立社会主义市场经济新形势，她勇于开拓，不断拓宽公证工作领域，如她主持的北京市百货大楼等四家股份制企业的社会公众股票在北京地区公开上市发行的全过程公证和北京市首次批准成立股份制公司创立大会的公证。她工作作风严谨，接待当事人耐心、热情，有良好的职业道德和服务精神。平时她重视理论学习研究，1985年她撰写的《论我国的公证性质》一文，获1985年全国司法行政系统优秀论文三等奖，1993年《确立必须公证原则强化国家以民事法律手段对社会商品经济活动的干预》一文获司法部、北京市司法局调研论文一等奖。

〔**廖家骅同志的先进事迹**〕　廖家骅，男，57岁，中共党员，大专文化。1956年参加工作，现任北京市海淀区司法局局长、局党组书记。1995年被北京市人民政府评为先进工作者。在此前的1991年，廖家骅同志被评为北京市司法行政系统先进工作者。1993年，市司法局为他记二等功一次；同年，被司法部评为全国司法行政系统的优秀政治工作者。同时，司法部为海淀区司法局记集体一等功一次。廖家骅同志党性强，立场坚定，重视干警的政治理论学习。1994年，廖家骅同志带领全局同志积极办理各类法律事务达10万多件，创收800余万元。他坚持依法治局，使全局工作逐步纳入制度化、规范化管理轨道。工作中，坚持民主集中制，注意发挥副职作用。他严格要求自己，在实际工作中处处起模范带头作用，使得全局风气正，人心齐。

（北京市司法局　刘汉林）

1995年天津市司法行政工作

〔**概述**〕　1995年，在天津市委、市政府和司法部的正确领导下，我市各级司法行政机关认真贯彻全国和市有关会议精神，紧紧围绕维护社会稳定和促进经济发展这个中心，为实现市委“两上两突破”的要求，充分发挥法律服务和法律保障作用，圆满完成了年初提出的司法行政工作40项任务和10件实事，为天津市的社会稳定和经济发展做出了贡献。

本年度，市司法局狠抓了各级司法行政队伍建设，召开了“天津市加强区县司法局建设座谈会”，与18个区县委、县政府及区县组织人事、财政等部门共同研究加强区县司法局建设具体事项，与市委组织部、市委政法委联合下发了《关于加强各区县司法局领导干部考核管理工作的通知》，解决了区县司法局领导干部二类管理问题。在队伍建设方面，狠抓了思想建设、组织建设和作用建设，强化了干部人事制度改革，顺利完成了局机构改革和“三定”方案。

在充分发挥司法行政机关维护社会稳定的职能方面，监狱、劳教、律师、公证、人民调解、基层法律服务、法制宣传等部门通力协作，发挥自身业务优势，积极开展工作。在严格监管措施、做好收押收教、深挖积案要案、从重从快打击犯罪、预防和减少民间纠纷的发生、防止民转刑案件和搞好社会治安综合治理等方面发挥了职能作用。公证机关为城市危房改造、企业改革劳动用工制度、机关企事业单位分配住房、加强集贸市场和文化娱乐市场管理提供了大量的服务，减少了诉讼，维护了我市的安定团结。

在拓宽法律服务业务领域方面，一是把法律服务引入政府决策层，为18个区县政府担任法律顾问。在政府重大决策、对外开放、投资合作以及政务工作中发挥了重要作用；二是为现代企业试点单位和大型骨干企业服务。全市律师在100多家市政府确定的现代企业试点单位中担任法律顾问，帮助企业嫁接改造，参加企业重大经济活动，为企业转换经营机制提供优质高效的法律服务；三是开辟房地产交易、国有资产转让、金融、证券等新业务领域。积极为市体改委起草40多份法律文件和规章，协助产权交易市场成功地完成了天津市4起国有资产转让工作；积极参与股份制改造，为企业证券在国内外上市提供大量的法律服务；四是以农村经济改革为重点，为乡镇企业服务。把好立项关、引资关和经济纠纷关；为完善土地承包责任制，搞好农村“三改”方案提供法律保障；五是提前介入滨海新区管委会工作，帮助建立健全有关规章制度，为城市建设，拆迁改造提供见证服务；六是开展家庭法律顾问，为政协委员、人大代表、厂长、经理、普通老百姓提供法律服务，为1000多个家庭担任了家庭法律顾问。

〔**队伍思想建设**〕 本年度，全市司法行政队伍特别是领导班子建设得到进一步加强。在经过广泛民主评议和政绩考核的基础上，大胆选拔了年轻干部，有2名45岁左右的干部进入局级领导班子，23名40岁以下的干部担任了处级领导职务，建立健全了各级后备干部队伍和一整套民主评议、政绩考核及干部任免制度，使全系统领导干部在队伍年轻化和使用规范化方面，向前迈进了一步。年内，本着德才兼备、优势互补的原则，对部分业务部门的领导班子作了必要的调整，收到了很好的效果。

在干部思想建设方面，一是狠抓了理想和职业道德教育，二是狠抓了廉政教育。全系统坚持学习邓小平同志建设有中国特色社会主义理论、“九五”发展《纲要》及社会主义市场经济理论，局党组中心组每位成员和处级干部带头写学习心得体会，同时，在广大干警中深入开展讲政治、讲理想、讲信念、讲正气、讲学习，牢记宗旨，遵守职业道德和职业纪律教育；在业务部门开展了文明窗口、文明岗位活动；在党员中开展了“学理论、学党章，赞身边楷模，做合格党员”活动；在领导干部中开展“当一名合格的领导干部，做人民公仆”活动。许多干部在学习中身体力行，从我做起，从转变机关作风入手，深入实际、深入基层，切实为基层和群众说话办事，受到基层和群众的好评。在廉政建设方面，严格贯彻执行中纪委新老5条和补充规定、中政委“五条禁令”的规定，制定下发了《关于加强干部队伍纪律作风教育整顿问题的意见》和《司法行政干警廉洁自律行为规范》，与市高级人民法院联合下发了《关于加强法院廉政建设和律师廉洁从业若干问题的规定》，印发了领导干部在住房、建房、购房、装修住房等方面的规定，开展了遏制司法腐败现象的专项治理，共查处了违法违纪干警24人，使反腐败斗争取得了较好的成效。在今年市委政法委召开的政法系统廉政建设经验交流会上，我局介绍了司法行政机关清廉从政、从业的经验，受到了与会单位的好评。

〔**法制宣传工作**〕 本年度，天津市“二五”普法工作圆满结束。验收结果表明，全市658万普法对象参加了学习，普及率达84%。全市18个区县、76个市级国家行政机关100%完成了普法学习任务，验收合格率达100%；基层合格率达98%。在本次普法活动中，全市地师级干部普及率为100%，县处级干部为94.6%，科级干部为95%，企事业单位职工为90.3%，农（渔）民为87%，中小学生为96%，城镇居民为84.5%。市普法领导小组认为，本市“二五”普法工作完全符合中央和市里提出的要求，各项指标均达到所确定的指标。在本次普法工作中涌现出来的一批先进集体和个人受到市里和全国表彰。我局代表市政府在天津市第12届人大常委会第20次会议上做了关于“二五”普法工作报告，并通过审议。天津法制报为配合社会治安综合治理工作，开辟了“社会治安综合治理”专刊，扩大了宣传声势。年内，我局还成功地为市和区县党政领导举办了法制讲座，同时，在和平区进行了幼儿法制启蒙教育试点工作。鉴于我市外来人口多、流动频繁和犯罪率较高的特点，法制宣传部门加强了对这部分人的法制宣传教育，召开了天津市暂住人口法制教育现场会和“明星小康村”法制建设座谈会，对于防止和减少外来人口违法犯罪，维护社会稳定起到了一定作用。

〔**法学教育工作**〕 根据教育培训规划，天津市法学教育工作积极为经济建设培养各类法律人才，今年中国政法大学函授站录取新生636名，其中研究生55名，专升本129名，大专生155名，目前，在校生已达857人，超过原600人的规模要求，全国律师函授中心天津辅导总站在校生1580人，比去年增长25%；司法警官学校招收新生200名，在校生511人，是去年的1.5倍；司法学校招收新生286人，毕业生234人，在校生1068人，在籍生1700人，比去年增长80%，创建校以来最好的水平。全年共举办《监狱法》、《警察法》、“现代科学知识”讲座4期，563人次参加了学习；举办计算机、知识产权、税法及参加司法部高级培训中心等短期教育7期，参加人次为809人。

〔**律师工作**〕　律师工作在紧密围绕促进经济发展这个中心工作的同时，努力深化自身改革。在搞活搞好现有国资所的基础上，大力发展不占国家编制、不要国家经费的自律性律师事务所。今年，我市在已有34家自律性律师事务所的基础上，又新增14家，总数已达48家，使全市自律性律师事务所由占原来各类律师事务所总数的30.63%上升为38.40%，上升率近8%。拟定了《占编所资产界定意见》，为顺利完成资产界定和转制进行了充分准备。目前，已有2个占编所完成了向自律所的转制。年内，全市律师事务所由原来的111家发展到125家，律师队伍由1606人发展到1999人。全年办理刑事辩护案件3717件；代理民事案件6894件，比去年增长15.8%；办理经济案件5517件，比去年增长15.1%；非诉讼代理15856件，涉及财产标的额119869万元；担任政府和企事业单位法律顾问4267家，比去年增长106.1%；办理行政诉讼案件112件，比去年增长53.4%。律师在为维护社会稳定，配合"严打"工作的同时，不断提高自身素质，努力开辟新的服务领域。目前，我市律师的服务领域已拓展到社会经济生活的各个方面，一大批律师不仅办理一般的刑、民案件，而且也办理金融、投资贸易、不动产、证券、股票、知识产权、税务、海事海商、破产、高科技开发等业务，成为法律服务的复合型人才，受到社会的广泛赞誉。在加强律师规范化管理方面，我局制定了《天津市〈律师事务所审批登记管理办法〉实行细则》、《关于建立高标准律师事务所的意见》等7份规范性文件。

〔**公证工作**〕　公证工作在促进我市经济发展过程中，努力发挥法律服务和法律保障作用。各项业务紧紧围绕市场经济体制改革，抓住机遇，大胆探索。一是根据《公司法》和市政府有关规定，为24个大中型国营企业进行股份制改革，创立股份公司进行公证服务；二是为企业优化组合，转换经营机制提供服务，为400多家企业办理了租赁、承包经营合同，为近20家企业办理了企业兼并公证和企业招标、拍卖、破产、组建企业集团、企业产权出售等公证；三是为企业经济活动、内部管理提供服务，深入企业建立公证服务网络，与企业挂钩，开展上门服务，审查合同，帮助企业建立完善内部管理责任制，有效地维护了企业的合法权益，促进了经济发展。目前，全市有公证处20个，公证员队伍发展到287人，全年共办理各类公证116953件，比去年增长3.8%。其中经济公证49737件，占总数的42.5%，涉外及涉港、澳、台公证30971件。另外，我市还加强了对公证工作的管理，在各公证处大力推行主任负责制，制定了公证行业反不正当竞争规定，成立了公证质量检查委员会。为保障公证工作在健康的轨道上发展，奠定了基础。

〔**人民调解和基层法律服务工作**〕　人民调解工作充分发挥社会治安综合治理第一道防线作用，积极宣传群众，调处纠纷，化解矛盾，有效地维护了天津市的稳定。基层调解组织全年共调解各类民间纠纷35018件，调解成功32777件，成功率达93.6%，比去年增加1.4个百分点。防止民间纠纷激化643件852人，防止非正常死亡256件291人。基层法律服务所由去年229个缩减为224个、街、乡、镇法律工作者由去年的895人发展到921人，担任乡镇政府、企业法律顾问800家，办理各类案件8972件，挽回、避免经济损失3825万元。在今年举办43届世乒赛期间，全市调解人员积极行动起来，努力排查各种民间纠纷和不安定因素，为世乒赛的顺利举行，创造了良好的"软环境"，受到市委和市政府的高度评价。在今年召开的全市首次刑释解教人员安置帮教工作经验交流会和全市创无民间纠纷激化单位经验交流会上，总结推广了和平区建立安置帮教工作机构和天津石化涤纶厂等单位的先进经验和作法，受到了社会各界的好评。年内，我市完成了在12个大型农贸批发市场、外来人口聚居地和"三资"企业建立人民调解委员会的试点工作，使人民调解工作，渗透到社会生活的方方面面，消灭了"死角"。

〔**监狱和劳教工作**〕　年内，市司法局在监狱和劳教部门中认真学习贯彻了《监狱法》、《人民警察法》和国务院的"两个文件"，深入开展创建现代化文明监狱和劳教所活动，确保监所安全稳定。各监所在超负荷关押和经费比较困难的情况下，千方百计做好收押及扩大收押的准备工作，做到法院判多少、送多少，就收多少；什么时候送，就什么时候收，切实保证"收得下，管得住，跑不了，改造好"。年内，各监所认真落实各项监管制度和防范措施，加大依法管理工作力度，以防逃跑为重点，保持了各监所秩序的持续稳定，全年没有发生重大恶性事故，犯人脱逃率为0.6‰，犯人非正常死亡率比去年降低60%；劳教人员脱逃率为0.98%，两项指标均低于司法部和我局规定。为配合"严打"，各监所还积极组织了以新收犯人、劳教人员为重点的坦白检举活动，协助公安机关破获了一批大案和要案。

为了贯彻《监狱法》、国务院17次总理办公会议和四号文件精神，我局多次向市委和市政府请示汇报监狱、劳教工作在贯彻中央精神工作中存在的问题，得到了市领导的大力支持。市长张立昌、副市长宋平顺等同志对此十分重视，多次做出批示，财政部门在经费比较紧张的情况下，拨款1亿多元为监狱和劳教所解决困难，市委、市政府、市人大和市政协的领导同志还多次视察监狱，听取汇报，指导工作。在市领导和有关部门的大力支持帮助下，天津市成为贯彻《监狱法》和国务院两个文件精神较好的地区之一。

〔**司法信息、调研和法制工作**〕 司法信息围绕我局各个时期重点工作及时反映司法行政工作动态，年内，全系统共向上级和新闻单位报送信息507条，上级单位采用195条，采用率为38.46%，不少信息被市里主要领导批示；各新闻单位采用我局稿件190篇(次)，扩大了司法行政机关在我市的影响。调研工作围绕深化法律服务和维护社会稳定积极开展探讨，并取得较好成果，有4篇调研文章被市领导批示和重要刊物刊登。在法制工作方面，市人大常委会通过了《天津市社会法律咨询服务机构管理办法》。依照《仲裁法》规定，我局起草《天津市仲裁登记暂行办法》，对仲裁机构进行登记，并积极参与天津市仲裁委员会的组建工作。按市人大统一要求，积极推行行政机关部门执法责任制，统一行政执法依据，建立严格执法制度，加强了行政执法责任。

(天津市司法局)

1995年河北省司法行政工作

〔**概述**〕 1995年，是河北省司法行政工作打基础、抓基层，改革、建设、服务等都取得较大成果的一年，一些方面的工作有突破性进展，在维护社会稳定，促进经济建设中发挥了重要作用。

1995年，全省各监狱、劳教单位以创建现代化文明监狱、劳教所总揽全局，认真贯彻落实《监狱法》，坚持依法治监(所)，教育改造质量进一步提高，罪犯脱逃率、狱内发案率分别为3.28/万和0.59/千，均低于部、省限定标准，并继续在全国保持先进水平；劳教人员逃跑率同比下降0.57个百分点，所内发案率和非正常死亡率也均低于部定标准。监狱经济扭转下滑局面，实现利润比1994年减亏2519万元；劳教经济形势发生转折性变化，1995年实现利润265万元，一举扭转亏损局面。财政保障体制进一步落实，“皇粮”、“囚粮”及狱政设施费基本到位。

1995年，人民调解组织紧密配合“春季严打攻势”，在全省范围开展了民间纠纷集中排查和专项治理活动，这项活动以京冀毗邻地区、重要交通沿线、大型集贸市场和社情复杂的大村镇为重点区域，以易激化、易蔓延、易引起群众集体上访的重大疑难纠纷和复合型纠纷为重点调处对象。共排查出各类纠纷64676件，防激化1474件，劝止上访913起，发现并举报犯罪线索1105条，协助抓获犯罪分子331名，同时，狠抓了维护首都稳定的“护城河”工程。到1995年底，我省与北京毗邻的4市、13县(市、区)与京方建立了民间纠纷联合协调指导小组，58个乡镇、225个行政村均与京方建立了联合调解组织及联合调解制度，共调处各类纠纷20547件，其中，重大疑难纠纷和跨界纠纷1896件，防止纠纷激化325起；在进京打工人员聚居地建立了290个临时调委会，举办27期培训班对8588名进京打工人员进行了法制教育。这项工作，对维护首都稳定发挥了重要作用。

1995年，各级司法行政机关狠抓了基层组织建设，乡镇司法所建所率已达到48.2%，配备司法助理员3600名，已建村、街调委会58213个，共有调解人员934500人；建立乡镇疑难纠纷调解中心2654个，县级指导中心153个，分别占建制乡、县总数的89%和83%；各地还聘请4040名县、乡主要领导担任特邀人民调解员。全省逐步形成了党委挂帅、部门配合、上下配套、三线一体的“大调解”格局，全年，全省各类调解组织共调解民间纠纷243685件，防止矛盾激化4467件，避免非正常死亡6139人，在维护全省社会稳定中发挥了重要作用。

在法制宣传工作方面，1995年，是“二五”普法的最后一年，我省重点抓了领导干部学法，省五大班子成员带头听取了国际经济贸易、国际投资等方面的法律知识专题讲座，各市、地、县也都举办了领导干部法律知识讲座；为适应市场经济的要求，对24000名厂长、经理及财会、生产管理人员进行了市场经济法律、法规的培训；同时，各部门、各系统利用各种宣传阵地，采取多种形式，对领导干部和执法人员进行了经济法律、法规知识培训。各地还配合“严打”斗争，广泛开展了农村法制宣传教育，全省有120个市、县(区)建起法制教育中心，办班2063期，对36600名轻微违法人员进行了集中法制教育。继续开展了依法治村、民主管理工作，全省开展面达到了72%。年底，在总结、验收“二五”普法工作基础上，起草并经省人大常委会讨论通过了《河北省法制宣传教育工作的若干规定》，把法制宣传工作纳入了法制化轨道，这在全国各省、市为首家。

1995年，法律服务工作坚持改革与管理并举，继续健康发展。律师事务所和基层法律服务所推行“两不四自”改革及公证处推行事业化管理试点等项改革工作都取得新进展，进一步形成了多种模式并存的法律服务业发展新格局。与此同时，还着重加强了对法律服务队伍的管理，普遍开展了律师职业道德、执业纪律评查、基层法律服务所“六查”活动和公证文书质量大检查工作，制定了一系列的监督管理制度，促进了法律服务业的健康发展。全省律师、公证机构和队伍均有较大发展。截止1995年底，全省律师事务所达到400家，律师3090人，达到平均两万人中有一名律师；全省公证机构已发展到184个，注册的全国公证员731名；全省共有基层法律服务机构2951个，有法律工作者9210人。业务领域和服务质量也得到相应拓宽和提高。1995年，全省律师共办理各类法律事务114356件，比1994年增长17%；通过提供法律服务，律师共为企业和当事人挽回经济损失近9亿元，比1994年增加约4.5亿元。同时，全省律师积极开拓证券、金融、房地产信息、专利、商标等新业务领域，广泛参与招商引资、股份制改造、涉外经济项目谈判、签约和其他重大经济活动。全年，帮助企业起草、审查、修改合同、制度等法律文件10676件；代理企业解决经济纠纷7893件，挽回经济损失约5亿元；参与企业经济项目谈判、签约2876次；担任政府、企事业单位法律顾问10100家，其中：大中型企业760家，“三资”企业及外贸机构1200家。为经济建设提供了良好的法律服务。1995年，全省公证机关批量公证业务明显增加，普遍开展了粮棉生产定购合同、“四荒”拍卖合同、商品房买卖合同、计划生育合同、房屋拆迁协议、股份合作等批量公证业务。全年共办理各类公证事项251033件，其中，国内经济公证146959件，国内民事公证95468件，涉外及涉港澳台公证8606件；公证业务收费达775.5万元，与1994年比较，总办证量提高了53.1%，公证收费提高了18.5%。同时，广大公证人员还积极发挥公证机构监督作用，拒证和制止不法经济行为2076起，避免经济损失94522.9万元，为全省对外开放、经济建设和社会稳定做出了积极贡献。1995年，全省基层法律服务机构共担任法律顾问34905家，代理诉讼和非诉讼案件37606件，办理见证、协办公证50442件，分别比1994年增加29%和44%，避免和挽回经济损失30726.57万元，比1994年增加8.2%。

在法学教育方面，1995年突出抓了理顺体制、开拓生源、提高教学质量、深化教育改革等项工作，建立了厅法学教育中心，实行了统一管理的新体制；律师函授招生达5222名，在校生总数由全国第六位跃居全国第三位，增长速度名列全国第一，唐山辅导站成为全国第一大市级辅导站；政法函大招生达到5170名；两所中专学院完成招生720名，教学质量有所提高。在抓好学历教育的同时，还抓了在职干警培训，共对2052名干警进行了业务培训。恢复了“专业证书”教育。招考、招收学员459名，被司法部列为全国三个试点省份之一。

在法学研究方面，1995年，河北省法学会积极参与和组织省内外学术交流活动，先后参加了十三省、市、自治区法学会第十一届经济法学术研讨会、全省民法经济法学术研讨会和社会治安综合治理讨论会；派出13名法学教授、律师、法官参加了在北京召开的第四届亚太法协大会；积极参与立法和法制宣传活动，省法学会组织省内法学专家、学者、教授对《中华人民共和国律师法》（草案）进行座谈讨论，对部分条款提出意见和建议。与团省委等有关部门联合举办了河北省实施《中华人民共和国未成年人保护法》电视知识竞赛，省电视台作了实况转播；青少年犯罪研究会、民法学经济法学研究会、诉讼法学研究会等各学科研究会积极为全省、全国性学术研讨会组织论文，研究成绩斐然。

在计财装备工作方面，1995年，河北省司法行政计财装备工作以进一步改善办公用房条件、交通、通讯、被装管理、办公现代化设施为主要目标，全年预算内经费拨款完成372万元，落实司法行政业务用房补贴经费130万元；为全省司法行政系统配备各种车辆96辆，配发公证、律师、司法助理员服装6539套，标志、符号及附属品23961套，人民警察夏、秋、冬服配发总数达71044套，完成了50余个单位、13000余名干警新旧警衔的更换、发放工作；全年共拨房屋修缮补贴费130万元，市、地、县级司法局共筹资金438万元，完成新建或修缮总面积5475平方米。

〔**全省司法行政工作会议**〕　1995年1月12日至22日，河北省司法厅在石家庄市召开了全省司法行政工作会议。各市、地司法局局长和监狱、劳教单位的主要领导参加了会议。

会议深入学习了党的十四届四中全会精神，传达贯彻了全国和全省政法工作会议精神，在充分肯定1994年全省司法行政工作所取得的成绩的基础上，根据全国、全省政法工作会议精神，对1995年的工作任务作了全面部署，具体安排了五项工作：第一，积极参与社会治安综合治理，继续抓好维护社会稳定工作；第二，大力抓好监狱、劳教企业经济改革；第三，继续抓好“二五”普法和法学教育工作；第四，不断加快法律服务业的改革与发展；第五，努力抓好干警队伍建设。

会上，省司法厅崔志华副厅长代表厅党组作了题为《围绕大局夯实基础，抓好队伍，为维护社会稳定，建设经济强省作出新贡献》的工作报告。副厅长刘瑞川、郭延祥、劳教局局长范永信分别在大会和分组会上，就法律服务工作和监狱、劳教工作讲了话，副厅长孙晔作了总结讲话。

在这次会上，与会代表还在1月20日、21日参加了全省政法工作会议。省委书记程维高、省长叶连松到会作了重要讲话，省委副书记、省政法委书记许永跃作了工作报告。

〔全省司法行政工作座谈会〕 1995年7月28日至29日，全省司法行政工作座谈会在北戴河召开。参加会议的人员有各市、地司法局长，各监狱、劳教所长、司法学校、监狱工作警官学校等单位的主要负责人，共计67人。

这次会议通过传达贯彻全国厅(局)长座谈会精神，重点解决了以下几个问题：一是解决了县区司法局在党政机关机构改革中不在与政法委合署办公问题；二是研究了加强乡镇司法所建设的意见。三是总结交流了县区司法局建设的经验。有12个县(区、市)的司法局长介绍了经验。四是安排了下半年的工作，确定的工作重点是：进一步加强基层组织建设；大力加强司法行政基层基础工作；以创建现代化文明监狱和劳教所，总揽全局，依法治监，搞活经济。省司法厅厅长张春富作了工作报告，省委副书记、省政法委书记许永跃作了重要讲话。

〔全省司法行政系统思想政治工作会议〕 1995年10月16日至17日，河北省司法厅在保定监狱召开全省司法行政系统思想政治工作会议。各市、地司法局、各狱、所、学校主管政工的领导及政治处主任，共120人参加了会议。

这次会议以党的十四届五中全会精神为指导，传达贯彻全省政法系统思想政治工作会议精神，总结交流思想政治工作的成绩和经验，研究探索新形势下思想政治工作面临的新情况、新问题，部署今后一个时期的思想政治工作。

会议确定进一步加强思想政治工作的重点任务是：用邓小平同志建设有中国特色社会主义理论武装全体干警；集中精力抓好三学(学理论、学党章、学孔繁森)、三查(查世界观、人生观、价值观)、三克服(克服个人主义、拜金主义、享乐主义)、一坚持(坚持全心全意为人民服务的宗旨)活动和为人民服务大讨论；始终把加强领导班子建设作为思想政治工作的重心；进一步加强党风廉政建设，深入开展反腐败斗争。

会上，省司法厅厅长张春富作了《大力加强新时期的思想政治工作》的报告。会议印发了18份典型经验材料，有8个单位和个人作了大会发言。

〔全省人民调解工作会议〕 1995年3月11日，全省人民调解工作会议在石家庄市召开，这次大会是由省委、省政府召开的，省委、省政府和司法部对这次会议非常关心，省委副书记许永跃、副省长何少存、司法部副部长刘扬分别作了重要讲话，省司法厅厅长张春富作了工作报告。

这次大会是自1988年5月第二次全省人民调解工作表彰大会以来，召开的第三次人民调解工作的重要会议。会议认真总结了近年来的工作成绩，充分肯定了人民调解工作在维护全省社会稳定，促进改革开放和经济发展所起的重要作用，并按照全国、全省政法工作会议精神，确定了新形势下人民调解工作的主要任务。

在这次会上，为表彰先进，弘扬广大调解人员的无私奉献精神，省委、省政府决定：对在基层司法、调解工作中做出优异成绩的43个单位和154名个人，予以表彰；授予邯郸市北羊村调委会等18个单位"人民调解模范集体"称号，授予乔明付等39名同志"人民调解劳动模范"称号。省委以冀字(1995)15号文件下发《关于表彰全省人民调解工作先进集体和个人的决定》。

〔美国律师访问河北〕 1995年6月12日，美国印第安那州贝克·丹尼尔斯律师事务所高级合伙人麦克枚及律师刘吉庆来河北访问，省律师协会副会长许新军与美国客人会谈，双方就律师事务所之间的业务合作交流事宜交换了意见。副省长何少存、司法厅厅长张春富接见了美国客人。

12月20日，美国加州洛杉矶朱伟雄律师事务所律师朱伟雄博士应河北通商律师事务所的邀请到河北访问。河北省司法厅厅长张春富、河北省律师协会副会长许新军等会见了朱伟雄律师。许新军介绍了河北律师队伍及业务开展情况，朱伟雄律师就与河北通商律师事务所合作情况及与我省律师事务所进一步加强合作，拓展业务范围的设想作了介绍，表示愿意与河北的律师事务所建立业务合作关系。朱伟雄律师事务所是专门处理国际经贸投资的法律业务。此次访问，与河北通商律师事务所建立了合作关系。何少存副省长、张春富厅长出席了签约仪式。

(河北省司法厅)

1995年山西省司法行政工作

〔概述〕 1995年，全省司法行政机关以“大服务”的思想为指导，紧紧围绕省委、省政府的中心工作，积极提供优质高效的法律服务和法律保障，重点突出，措施得力，各项工作取得显著进展，为全省经济工作目标的完成和保障社会稳定做出了贡献。

法制宣传教育工作重点抓了《劳动法》、《国家赔偿法》、《消费者权益保护法》等法律法规的宣传。同时，组织了“二五”普法的考核验收。共编印1万本统考复习资料，印制10万份试卷，对省直110个厅局级单位的近10万人进行了考试。全省有近2000万人参加了考试。在“南征北战”和春季严打等专项斗争中，各地司法行政机关采用多种形式，紧密配合，大造声势，使法制宣传教育发挥了积极的作用。在法学教育方面，举办了以市场经济的新理论、新知识为内容的由47名县（区）司法局长参加的培训班；并采取放录像的形式对全省司法系统科股以上干部进行了培训。全省参加法律自考的学员新增4000人，注册学员达28000人。

在监狱、劳教场所的管理改造方面，通过学习贯彻《监狱法》、《人民警察法》，加强了对监管工作的领导，加大了教育改造力度。罪犯的脱逃、狱内发案、非正常死亡等“三率”分别为0.48‰、0.5‰、0.2‰，均低于部、省控制指标，继续在全国保持较低水平；劳教人员逃跑率为0.16%，所内无发案和无重大恶性事故，“三率”指标大大低于部、省控制指标。监狱和劳教系统经济运行态势良好。监狱系统完成总产值3.43亿元，比上年增长7.1%。劳教系统完成总产值3950万元，比上年增长17%。

在人民调解工作方面，以防止民间纠纷激化为中心的工作进一步得到加强。全省民调组织共调处民间纠纷132509件，调解成功率达90%。防止因民间纠纷可能引起的自杀案件862起、涉及1185人，防止民转刑案件1768件，涉及2641人。全省各地还针对本地多发性、季节性民间纠纷开展了大规模专项治理活动。在农村“一抗两保”活动中，广大民调干部开展争水争田争电纠纷的排查工作，为农村秩序的稳定做出了贡献。

在法律服务工作方面，全省新成立律师事务所21家，新建公证处2个，多数县成立了法律服务指导中心。在业务开展上，一是进行政府法律顾问工作。继太原市政府聘请律师做法律顾问后，晋中、朔州、阳泉等地市也首次聘请了法律顾问。全省律师为各级政府担任法律顾问达1122家。二是根据全省经济工作形势和企业的实际需要，调整了工作重点，更加主动地为效益好的国有大中型企业和骨干企业服务；帮助效益差的企业理顺关系，开展清欠，以盘活资金，摆脱困境。晋中地区清欠5000万元，大同市南郊区清欠100多万元。三是继续开展为重点工程建设提供法律服务。太旧公路沿线的太原、晋中、阳泉等地市法律服务人员，深入工地，及时介入，提供有效的法律服务，为施工单位避免和挽回经济损失200多万元。四是继续加强对法律服务工作的指导和监督，营造好的法律服务环境。出台了《山西省公证规定》，进一步规范公证工作，阳泉市司法局会同工商、物价、法院、政府法制处联合开展整顿法律服务市场工作，取得好的效果。全省律师担任法律顾问3426家，办理各类案件21399件，公证机关办理公证事项285400件，乡镇法律服务机构担任法律顾问8461家，协办公证56338件，办理法律事务12545件。

在自身建设方面，8月在大同市南郊召开全省地市司法局长座谈会，专题研讨新形势下如何加强县（区）司法局建设的问题。监狱系统按照省委“从严治吏”的要求，用一个月时间对干警队伍进行思想纪律作风整顿，律师公证队伍也开展执法检查活动。全省司法行政系统认真进行了清房，清理小汽车，反官僚主义，反浪费工作，厅纪检组查处两起大要案，反腐败斗争取得了阶段性成果。监狱劳教系统的领导班子普遍进行了调整，充实。司法厅机关及直属单位的领导班子也适当进行了调整，调整后的年龄、文化、专业结构得到改善。在召开的全系统1990年以来的表彰会上，表彰了20个模范集体、30名模范个人、84个先进集体、199名先进工作者。据统计，全系统受县级表彰的1230名，受地市级奖励的105名，受省级以上奖励的15名。根据省政府的安排、厅机关进行了干部队伍的“三定”和推行公务员制度工作，全厅机关干部在公务员考核中全部合格。

〔省政府表彰防止民间纠纷激化有功人员和集体〕 6月9日，省人民政府召开首次全省防止民间纠纷激化表彰会，对10年来在防激化工作中做出突出贡献的人民调解员、司法助理员、基层法律工作者和人民调解管理干部进行表彰。会议根据《山西省人民政府关于奖励防止民间纠纷激化有功人员和组织的规定》，对维护社会稳定，促进经济建设做出显著成绩的曲沃县城关镇西南街人民调解委员会和阳城县城关镇、万荣县通化镇法律服务所荣记集体二等功；对山西省针织厂人民调解委员会等30个单位授予“优秀集体”称号。有158名调解人员被省司法厅、省人事厅联合授予防激化优秀个人称号；省司法厅还对太原市北郊区新城乡司法助理员马贵恒等8位同志记二等功一次；授予兴安化学材料厂调委会等156个单位防激化优秀集体称号；授予阳曲县黄寨镇黄寨村调委会主任白福生等152人优秀个人称号。

自1986年以来，全省基层人民调解组织和法律服务机构认真贯彻执行“调防结合，以防为主”的人民调解工作方针，以防止民间纠纷激化为重点，积极开展工作，取得显著成绩，共调处民间纠纷180多万起，调解成功率达96%；防止纠纷激化可能引起的自杀事件达2.9万起涉及9.8万余人；防止民间纠纷激化可能转化为刑事案件的2.2万多件涉及3.4万人，有效地保护了国家和人民生命财产，维护了安定团结和经济建设。

省委、省政府、省人大、省政协领导刘泽民、万良适、孟立正、路正西等出席表彰大会并为受奖者颁奖，还作了重要讲话。

〔**法制宣传教育**〕　1995年是“二五”普法考核验收年。从4季度始，省普法领导组组成的由省人大等机关部门参加的“二五”普法考核验收组分赴全省11个地市进行考核验收。考核验收结果表明，我省的“二五”普法工作取得的成绩是显著的。

一是准备充分，启动扎实。全省有78名县级以上领导干部发表了广播电视动员讲话，有5.8万名执法人员和普法骨干走上街头开展法律咨询。全省征订发行普法系列教材50多万册，举办骨干培训班9288期，人数达15万人。二是在宪法的再宣传再教育中，全省共举办领导干部培训班803期，轮训12352人。在县级以上领导干部电视法律知识竞赛活动中，有45名县级以上领导干部进入了现场决赛。三是全面推行了专业法普法执法责任书制度。省普法领导组与省直100多个厅局签订了责任书。84%的厅局做到了时间、人员、内容三落实。四是在社会主义市场经济法律法规的宣传教育中，举办骨干培训班943期，培训骨干42000人；举办省级五大班子领导干部法制报告会12次。举办省直领导干部经济法讲座9期，听讲人达5000人次。全省范围开展了学习宣传《消费者权益保护法》的竞赛活动。全省有60余万人参赛。山西省委胡富国书记亲自参赛答卷，获省部级领导竞赛特别奖。收到良好的社会效果。五是全面开展了依法治理活动。全省有2万多个村开展普法教育，17775个村开展了依法治村活动，占农村总数的60%以上。全省有258个大中型企业开展了依法治厂活动，占全省大中型企业的75%。全省20个城市69个县开展依法治市、治县活动。六是卓有成效地运用各种宣传工具和形式宣传法制。省普法办组织拍摄的《重托》、《使命》、《期望》等3个电视专题片和太原市司法局、太原电视台合办的“法律在我们身边”节目，连续三届获司法部颁发的“金剑奖”；省直各专业执法部门制做电视法制节目370名个，其中40多个专业法电视宣教片被评为优秀作品。全省组织法制文艺演出2096场，观众达2171.2万人。省普法办组织创作的法制内容话剧《天职》，参加了中宣部、司法部、文化部组织的法制文艺进京汇报演出，获优秀组织奖。在全国法制擂台赛决赛中，我省40多人参赛，并有1队6人获奖。

“二五”普法中，我省有11个地区和单位，20名个人被推荐为司法部的先进集体和先进个人。受到省委省政府表彰的有12个县、88个基层单位；受到省普法领导组表彰的有21个县、61个基层单位、214名个人。

〔**法学教育**〕　1995年，法学教育紧紧围绕党和政府中心工作，各方面都有较大进展，取得较好的成绩。一是通过召开院校座谈会、经验交流会和深入院校听课等，多方指导，促进院校的改革，提高了教学质量。在司法部组织的全国范围同类院校的统考中，省司法学校继1994年取得第1名之后，1995年又取得了第1名。为此，省司法厅为该校记集体二等功予以励功。省政法管理干部学院也取得了刑法统考第5名，民法统考第3名的好成绩，跨进了先进行列。二是干部培训工作结合我省实际，采取调训和录像培训相结合的形式，走出一条求实、省钱、方便基层的路子，《山西成人教育》杂志专门作了介绍。此外，还举办了首期专业证书脱产校外班。43人取得了法律专业证书；还为部属院校代招成人脱产进修学员122人，圆满完成了招生任务。三是法律自学考试有较大发展，新增学员5217人，学员总计3万人；毕业学员1382人，五年毕业累计达7300人；取得专业证书的学员150人，历年累计达721人；中华律师函授在我省的发展状况良好，注册学员由380人增至802人，并在原有的法律专业基础上，又开设了律师专业，适应了社会的需求。

〔**全省法律服务研讨会**〕　1995年12月18—20日，全省法律服务研讨会在太原召开。参加研讨会的有各地市司法局领导、研讨文章作者、厅有关领导和厅机关有关部门负责人、榆社县委、县政府的领导等40余人。研讨会共收到调研文章19篇，主要探讨律师、公证、乡镇法律服务工作如何为我省重大改革项目、国有大中型企业、重点工程提供优质法律服务的问题。万寿恒厅长作了题为《把握机遇，服务大局，努力把我省的法律服务工作提高到一个新的水平》的报告。研讨会肯定、总结了我省法律服务人员为我省股份制企业改造、股票上市、房地产开发、中外合资和国有大中型企业经营、金融市场改革、太旧高速公路和万家寨引黄工程建设中提供法律服务的成绩和经验。与会人员一致认为，随着我省经济的发展，在我省法律服务人员的共同努力下，法律服务领域正在不断扩大，法律服务的触角已经延伸到更广更深的层面。在这种形势下，必须坚持已经取得的四条经验：一是法律服务必须树立服从大局，服务大局，努力为党和政府的中心工作服务的思想；二是要充分发挥整体优势，律师、公证、乡镇法律服务要紧密配合，联手工作；三是法律服务必须接受司法行政机关的指导；四是必须重视法律服务本身业务素质的提高，以适应形势和社会的要求。

研讨会对榆社县公证处在县有关部门和重点企业、乡镇设点；担任县委县政府公证顾问；与有关部门一起对扶贫资金的投向、扶贫项目的选定及受益者履约能力，进行严格审查把关，有效发挥公证职能作用的做法和黄河律师事务所，省公证处联手为万家寨引黄工程建设提供法律服务的做法和平定县司法局发挥整体优势，采用律师、公证、乡镇法律服务工作者以及局机关一起上，为太旧高速公路建设提供法律服务的做法以及和顺县司法局采用"三位一体，总体作战"为本县经济建设提供法律服务的做法，作了充分肯定。

研讨会还对今后法律服务的发展趋势作了预测，同时针对当前工作中存在的一些亟待改进的问题提出了希望和要求。

〔**全省公证为"四大战役"、"五个一工程"服务榆社现场会**〕　1995年12月23日，全省公证为"四大战役"、"五个一工程"服务现场会在榆社县召开。各地、市公证管理科科长、分管局长、晋中地区各县公证处主任参加了会议，省司法厅常高才副厅长出席会议并讲了话。会议重点交流了榆社县公证处充分发挥公证职能作用，为榆社脱贫致富特别是为保证大量扶贫资金的正确投向和有效周转提供优质服务的经验。榆社县委、县政府运用公证法律手段对经济建设实行宏观调控的做法也在会上进行了交流。县财政局、县农行、县项目办、城关镇城关村委会等单位分别介绍了他们是如何在公证处的支持和配合下做好工作的切身体会。与会同志一致反映，榆社县的经验很有推广价值，它给人们最大的启示是：国家对贫困地区实行扶贫政策，仅仅采取投放资金的办法还不够，还必须辅助于法律手段。否则，只能收到事倍功半的效果。

〔**县(区)司法局建设**〕　1995年6月，山西省绛县司法局在新时期加强县司法局建设的经验分别在全国司法厅(局)长会议上和司法部机关工作人员会议上作了介绍。绛县司法局自1980年3月组建以来，围绕自身建设，紧抓制约本身工作发展壮大的地位、职能、队伍等方面的问题，在改革中发展自己，在困难中开拓进取，靠主动精神争取社会各界和上级领导的重视和支持，工作得到了全方位的长足的发展，已成为该县民主与法制建设的一支不可缺少和难以替代的重要力量，干警队伍从建局初的5人增至134人，法律服务机构在全县形成网络，全县14个乡镇，7个厂矿全部建立了司法所、法律服务所，212个村委会全部建立了调委会，司法行政业务全面展开，各方面跨入全省、全国先进行列，被省司法厅授予1990年—1994年模范司法局称号，局长张继忠被评为司法系统出席全省的劳动模范，受到省委、省政府的表彰。他们从以下三个环节上加强自身建设：一是把握改革和市场经济发展脉搏，以优质的服务争取自身的地位和作用；二是寻找本身工作与改革、发展、稳定结合的最佳位置，以开拓精神强化职能；三是树立新时期司法干警良好形象，以规范、管理、建设队伍。

〔**山西法制报工作**〕　1995年，山西法制报社以党的十四届四中、五中全会精神为指导，紧紧围绕省委、省政府中心工作，继续坚持以正面宣传为主的原则，积极展开工作取得较好成绩。该报在全国59家(国内统一刊号)法制报刊全面评比中排在第12名，3篇新闻稿获全国法制好新闻二、三等奖，为该报历年获奖最多的一次，也是全国省级法制报获奖最多的一家。7篇新闻稿获省综治好新闻一、二、三等奖，为全省新闻单位获奖最多的一家。该报在配合省委省政府提出的"南征北战"专项斗争的宣传报道中，因成绩显著受到政法委的表彰和奖励。还获得了省人大、省环保局颁发的"1995三晋环保行"新闻采访活动组织奖。为使报纸进一步适应社会、形势发展之需，该报经过改刊扩版工作的筹备，陆续出版了《月末版·明镜特刊》、《综治广角》、《法制画刊》等专版，扩大了社会影响，并为1996年扩大为周二刊打下了基础。

〔**省劳改局更名为省监狱管理局**〕　根据《中华人民共和国监狱法》的有关规定和中编办字(1995)53号文件通知精神，山西省人民政府办公厅于1995年6月2日下发了《山西省人民政府办公厅关于山西省劳动改造工作管理局更名的通知》。山西省劳动改造工作管理局更名为山西省监狱管理局。同年6月30日山西省监狱管理局在原局机关大院(太原市五一路上官巷3号)举行了挂牌仪式。全省监狱系统各单位也于同一天由原来的劳改支队全部更名为监狱。更名之后，省监狱管理局局长、党组书记为孙秉晨，副局长、党组成员有张钰，张高宏、王社杰、焦书田。这次更名是具体贯彻落实《监狱法》的一个重要内容。通过更名，更加全面准确地反映了监狱作为国家刑罚执行机关的本质特征和职能，这是改革开放形势发展和监狱工作本身发展的要求所决定的，其意义是重大且深远的。

〔**律师马海旺执行职务被伤害致残案**〕 1995年4月10日，临汾市律师事务所律师马海旺接受当事人李雪梅的委托，代理李进行离婚诉讼。18日上午，李雪梅到律师事务所找马海旺律师反映自己离婚案情时，其夫白玉仁闯入律师事务所，揪住她头发进行残酷殴打。被马海旺律师和在场的其他人救出，后将李雪梅护送至解放路公安派出所。当日下午，白玉仁纠集多人守候在律师事务所门口，待马海旺律师上班进入办公室后，便随之蜂闯进屋，对马进行残暴殴打。一暴徒猛卡马的脖子，白玉仁与另一女人伸手狠抠马的双眼，致马双眼鲜血喷涌，右眼珠脱出，后摔倒在地。白某一伙暴徒仍不罢休，继续对马拳打脚踢，并跳到马的身上踩压，直至马昏迷过去。随后，白某一伙暴徒又将办公桌椅砸翻，才扬长而去。

案发之后，马海旺律师被赶来的同事送医院抢救。经法医鉴定，马海旺律师右眼失明，左眼视力极度下降，身体多处皮肤破裂及软组织损伤，已严重致残。

马海旺律师因执行职务惨遭伤害一案，引起强烈的社会反映，我省以至省外报纸、电视、广播纷纷对此报道，全国各界十分关注。省司法厅、省律师协会邀请省城法学界，律师界，政法机关和有关新闻单位举行了“依法保护律师执行职务合法权益座谈会”，强烈要求依法严惩凶手，维护法律尊严。全国律师界纷纷打电话、电报、致函以及捐款声援。中共中央、国务院，司法部、山西省委、省政府的有关领导同志都对此案件作了重要批示。6月26日，临汾市公安局依法逮捕了凶手白玉仁。29日，其余5名凶手除1人在逃外均被依法逮捕。12月14日，临汾地区中级人民法院公开审理了这起震惊全国的故意伤害案，依法判处主犯白玉仁有期徒刑13年，赔偿被害人经济损失2万元，对其余同案犯也分别作了依法判处。

（山西省司法厅）

1995年内蒙古自治区司法行政工作

〔**概述**〕 1995年是比较圆满地完成各项工作任务、全区司法行政事业实现稳步发展的重要年份之一。全年工作贯彻了改革加强自身工作，充分发挥职能作用，为自治区的改革、发展、稳定服好务的指导思想，取得新的突破，做出了新的贡献。

抓班子带队伍取得明显进展。根据形势和任务，重点抓了监狱、劳教所的班子建设，对区直半数以上监狱的领导班子进行了考核和调整充实，实现了革命化、知识化、年轻化、专业化的要求。2所监狱召开党员大会，选举产生了新党委。对区直劳教所的班子普遍进行了考核，作了充实和加强的准备。同时，始终注重了带动队伍建设。根据自治区党委的要求，在全体干警中开展了社会主义市场经济理论大学习、大讨论活动，清理思路，解放思想；结合树立司法行政干警良好形象大讨论，突出地抓了集中教育整顿，加强从严治警的制度建设；结合学习孔繁森，开展学习自治区劳模锡盟监狱干警张体先进事迹的活动，弘扬艰苦奋斗，无私奉献的时代精神；制定并实施了《关于加强全区司法行政队伍建设的意见》，促进了队伍的思想建设、作风建设和业务建设。

以贯彻国发〔1995〕4号文件为契机，努力改善监狱和劳教工作条件。代政府起草了4号文件贯彻意见，积极争取确立对监狱、劳教工作的财政保障体制。在自治区财力困难的情况下，保证了全年经费的增加，区直监狱、劳教系统事业费财政拨款分别达到6450万元、660万元，较上年增长32%和20%。盟市办监狱、劳教所的经费落实也取得较大进展。一定程度上保障了监管改造任务的完成和现代化文明监所创建工作的启动。

认真贯彻烟台全国司法厅(局)长座谈会精神，抓基层基础建设，稳定和恢复县级司法局的工作出现转机。积极倡导在全系统形成“赢得信誉靠实绩，争取地位靠作为”的共识，经不懈努力，使自治区机构改革方案中8个盟司法局未列入必设机构的问题得以解决，5个被撤并的县级司法局得以恢复，撤并率由57%降至52%。赤峰、呼和浩特、乌海三市的县级司法局全部保留并得到加强。

实施抓机遇战略，强化管理措施，推动各项业务工作稳步发展。监狱、劳教工作坚持依法严格、文明、科学管理，实现了场所的基本安全稳定。全年犯人脱逃率为1.44%，劳教人员逃跑率为0.63%，较上年分别下降1.04个千分点和0.16个百分点，确保了"四、五、六月敏感期"的安全和"世妇会"的顺利召开。区直监狱、劳教经济工作形势明显好转。监狱、劳教总体工作水平进一步提高；律师、公证、基层法律服务业务稳步发展，较好地发挥了保障和促进经济发展的职能作用。律师改革不断深化，律师事务所、执业律师实现了以6.8%和15.6%的速度递增，服务领域不断扩大，业务质量明显提高。公证工作有效地遏制了业务滑坡，办证总数达到10万件，经济公证涉及金额35亿元。基层法律服务业务全面发展，成为自治区法律服务行业中重要的新兴力量；进一步加强了对普法工作的领导，加大普法力度，突出地抓了各级领导干部学法用法，圆满完成了全区"二五"普法任务，取得显著社会效果。依法治理已向深层次发展，推动了依法治区的进程，城乡人民调解组织建设得到加强，人民调解工作坚持以防激化为重点，全年调解民间纠纷77965件，纠纷调解成功率达96.7%，及时化解了大量的人民内部矛盾，有效地预防和减少了刑事犯罪，成为促进社会安定的重要法制力量；法学教育事业、法学研究和律师、公证员协会工作都取得了新的进展。

〔**社会主义市场经济理论大学习大讨论**〕　自治区党委倡导发起、司法厅党组据实贯彻，在全区司法行政系统组织开展的一次重要的思想建设活动。其主要内容和要求是，在认真学习掌握社会主义市场经济基本理论的基础上，本着什么问题影响改革和工作发展，就讨论、解决什么问题的精神，查找思想障碍，清理思路，以全新的视角认识司法行政工作面临的机遇和自身的优势，审视过去的决策和工作，旨在冲破传统观念和陈旧的思维定式的束缚，丢掉左顾右盼的"慢"字，去除思前想后的"怕"字，克服各自为阵的"散"字，抛弃沿袭老一套的"旧"字，实现观念更新和思想认识上的飞跃。整个活动安排从年初开始，要求年内取得阶段性成果。厅党组及时召开全厅干部大会进行动员，中期又大会进行了强调，并采取中心组学习讨论会的形式听取了各部门、各单位的汇报，年底向政府报告了学习讨论的成果。2.实现了思想认识上的飞跃，统一了对以下问题的认识："大司法"的观念不可有，"大服务"的思想不可无。司法行政工作只有顺应形势和任务的发展，适应市场经济的需求，才有深厚的社会基础，并开辟出广阔的发展前景；司法行政"先天不足"，面临困难很多，这就更具有挑战性。只有坚持"大服务"，以作为促地位，司法行政的路子才能越走越宽；法律服务是司法行政机关的职能优势。"大服务"的过程就是强化司法行政机关职能作用的过程，振兴司法行政事业的过程；某个地区经济的落后，一个重要原因就是缺乏良好的法制环境，对社会生活、政治生活、经济生活和人们的行为缺乏有效的法律引导、规范、调整和保障。经济越落后的地方越是应该加强司法行政工作；改革加强自身工作是客观情势所驱，也是巩固司法行政机构，发展司法行政事业的根本途径。大学习、大讨论促进了全系统"树立大服务思想，实施大服务战略，司法行政工作在市场经济中大有作为"共识的形式，基本达到了解放思想，转变观念，清理思路，促进工作的目的。

〔**司法行政目标管理**〕　旨在强化竞争意识和激励作用，调动全员的工作积极性和创造性，增强工作活力，而引入司法行政管理工作的一种效能机制。是针对司法行政工作多门类，客观可比性强和绝大多数业务工作的成果可以量化为目标值来反映的特点，采取的一项重要的管理措施。始于1989年，在探索中不断完善和发展。1992年，全区司法行政目标管理工作情况在司法部机关干部大会上作了介绍，得到部领导同志的肯定。因受旗县司法局撤并影响，1993年司法厅停顿了对盟市司法局的目标责任制。1995年，自治区副主席王凤岐所分管部门试行职能任务目标管理，司法厅根据职能设定受控目标8项，即监狱、劳教、律师、公证、基层基础工作和法制宣传、法学教育、队伍建设；具体分解量化目标任务12项，涉及监管安全、教育改造、生产经营、法律服务、人民调解、普法教育、法律人才培养等业务和班子建设、廉政建设等内容。为确保落实，厅成立了目标管理领导小组及其办事机构，加强组织领导；对目标具体细化分解，使之任务到位、责任到人；精心实施特别强调有关盟市司法局、厅各业务部门要切实加强对机构撤并旗县的工作指导，帮助实现"编制不动，队伍不散，装备不调，工作不误"的目标；加经督查，改进加强司法行政统计工作，夯实目标管理的基础。1995年全区司法行政目标管理运作健康，圆满地完成了与政府签订的目标任务，被政府评定为本年度"目标管理达标优胜单位"，受到大会表彰和奖励。

〔**创建现代化文明监所**〕　为了全面贯彻实施《中华人民共和国监狱法》，适应社会主义现代化建设的需要，推动自治区监狱和劳教事业向更高层次发展，根据司法部的统一部署，据实制定下发了"创建现代化文明监狱和劳教所的实施意见"(司法厅第3、4号令)，提出要加强领导，精心组织，按标准、计划，分步骤、层次，用10—15年或更长一些时间，坚定不移地把全区监狱和劳教所建设成部或区级现代化文明监所。自治区监狱管理局、劳教局本着软硬件并举，软件先行的原则，认真组织实施，启动工作进展顺利。全年区直监狱落实300余万元专项经费，用于硬件建设，从监区治理入手，改善狱政、警戒、技术、装备条件。并狠抓软件建设，层层签订监管安全责任状，落实任务和责任；加大督查力度，狠抓监管规章制度的落实；严密防范、严厉打击狱内再犯罪活动，有效地遏制了狱内发案；深入开展办学上等级活动，有16所监狱（占总数的84%）办成特殊学校，其中区级优秀特殊学校3所，"三课教育"平均入学率和平均获证率分别达到90%、82%。经劳动部门批准，内蒙古第一监狱成为自治区第一家犯人"技术等级培训定点单位"；举办了全区犯人文艺汇演，推动了监区文化建设。劳教系统相对集中有限资金重点扶持乌海、乌盟、图牧吉、包头、锡盟等6个劳教所加强硬件建设。同时，在各所开展了贯彻部令、厅令，"练内功"活动，补充完善各项规章制度，加强基础业务建设，推动了各项工作的规范化、制度化、法制化建设进程。

〔**依法治理各项事业**〕　坚持学法用法相结合，开展依法治理是"二五"普法的基本要求，也是法制宣传教育充满活力，取得实效的根本途径。1995年初，自治区党委宣传部、综治委、司法厅共同召开全区依法治理经验交流会，全面总结"二五"普法以来全区依法治理工作的进展情况和主要成效，交流经验，研讨市场经济条件下依法治理的新思路，提出了深入开展依法治理的任务措施。各地区、各部门按照会议部署，在普遍号召的基础上，继续采取以点带面，示范引路，逐步推进的方法，明确工作任务，实行目标管理，推动了全区依法治理工作的发展。截止1995年底，全区已有7个盟市、85个旗县、784个乡镇（苏木）、5246个村（嘎查）、6230所学校，以及三分之一的行政部门和所有大中型企业开展了依法治理活动。一个以城市依法治理为中心，农村牧区和企业依法治理为基础，行业依法治理为主导，行政执法和司法强制为保障的群众性的依法治理格局初步形成。并在广度、深度上有了较大进展，实现了由自发阶段到自觉阶段的转变；由治标向标本兼治转变；由单项治理向综合治理转变；由单纯治民向既治民又治官的双向制约转变；由以维护稳定为主的治理向维护稳定与保障发展并重的治理转变。依法治理使自治区政治、经济和社会生活各个方面开始步入法制轨道。

〔**劳教所划类升级目标管理**〕　为了促进劳教工作的全面发展，提高总体水平，根据自治区创建现代化文明劳教所的总体规划，1995年在全区劳教系统继续深入开展了划类升级目标管理活动，取得明显成效。全区11个劳教所有10个所被评为一类达标所，其中包头和乌海市劳教所分获一、二名。划类升级目标管理使全区劳教工作实现了重点突破，全面发展的目标。一是改善了劳教工作条件。1995年劳教干警经费人均达到6100元以上、劳教人员生活费人均达到800元以上的有8个所，5个所劳教人员口粮列入当地粮食部门特价供应主渠道。经济压力和困难得到缓解。二是创建现代化文明劳教所起步好。各所制定规划，筹措资金460万元用于硬件和软件建设，积极推进各项工作的规范化、制度化建设进程。3个所达到区级管理规范化模范场所标准。三是管理工作坚持以"三防"为重点，贯彻部令为主线，加大执法力度，场所秩序持续稳定。全年实现无重大事故、无所内发案、无非正常死亡，劳教人员逃跑率大大低于司法部规定的控制指数，追回率为112.5%。生活卫生条件进一步改善。四是进一步加快了办学上等级步伐。有1个所达到区级优秀劳动教养学校标准；政治教育及格率达到99.5%，文化入学率、及格率分别达到98.5%和75%，全年共开设17个技术培训班，869名劳教人员受到培训；财产、滋扰、性罪错分类教育率分别达到93%、87%和85%，均比上年有较大幅度增长。20名干警被评为自治区个别教育能手；签订帮教协议书1150份，落实帮教对象1846人，覆盖率达到66%。五是经济效益有较大增长。工农业创产值、利税分别比上年增长30%和28%。粮豆总产量达到1300万公斤。第三产业比重加大，创收128.3万元，比上年增长8.5%；劳务收入比上年增长102%。六是队伍建设进一步加强。全年开办理论和"三法"（赔偿法、人民警察法、监狱法）学习班37期，参学干警2418人次；对140名一级警司人员进行了晋升警衔培训。本年度有271名干警被评为先进工作者，7名干警立功受奖；有31个单位被评为先进集体，3个单位荣立集体三等功。全区劳教系统首次产生"双十佳"个人和集体。

〔**中青年干部提拔使用**〕　为切实贯彻党的十四届四中全会、五中全会精神，自治区司法厅制定下发了《关于进一步加强司法行政队伍建设的意见》，提出培养一支能担负跨世纪重任的中青年干部队伍是司法行政队伍建设的首要任务。据此，厅党组决定首先调整充实监狱、劳教所的班子，着力解决存在的不齐不力问题。1995年，在认真培养全面考核的基础上，对西部地区5所监狱、1所少年犯管教所和监狱警官学校的班子进行了调整。班子配备坚持了大民主，不拘一格地选拔人才，共提任处级领导干部15名，平均年龄40.8岁，青年干部占93.3%，这在自治区是前所未有的。调整后的7个班子整体素质、知识结构、年龄结构更趋合理，平均年龄由51.7岁降至44.7岁。同时通过考核和民主推荐，确定了3所区直劳教所班子的后备青年干部。

〔监狱劳教经济形势明显好转〕　由于历史和现实的种种原因，尤其是受大气候的影响，1990年，自治区监狱和劳教经济工作出现严重滑坡，由盈变亏，到1992年末，区直监狱、劳教单位亏损挂帐和政策性超支挂帐累计达到4596万元。为改变困境，司法厅党组积极向自治区党委、政府进行汇报，争取监狱、劳教工作条件的逐步改善。在调查研究、全面动员的基础上，提出了以振兴农场经济为突破口，实现自治区监狱、劳教经济"三年脱贫、五年见富"的目标，拉开打经济翻身仗的序幕。1992、1993两年，厅党组书记赛吉尔夫率工作组三下连年亏损的保安沼地区各监狱、劳教所农业单位，贯彻政府主席办公会议纪要，力主改革，深入推行改造生产双承包责任制，实行工人分离、转换经营机制和放权、逐级承包到中队等，为基层工作注入了活力。1993年农业在遭受严重自然灾害情况下，亏损比上年减少377万元，减亏幅度为38%，工农业相抵实现平衡，经济形势开始好转。1994年，国家调整粮食收购价格，好的工作基础加上好的政策，全区监狱工农业生产实现利润507万元；劳教工农业生产实现利税196万元。1995年，全区监狱、劳教企业树立"吃饭靠国家，发展靠自己"的思想，增强市场意识，加强经营管理，积极调整产业、产品结构，优化资源配置，提高经济效益，走内涵发展的路子，努力提高可持续发展的能力。全年监狱工农业生产完成总产值1.26亿元(90年不变价)，实现利润1111.9万元；劳教工农业生产完成总产值3158.2万元，创利税449.7万元。自治区监狱、劳教生产经营逐步走向良性循环。

〔全面加强律师管理〕　为适应深化律师体制改革需要，改变律师管理相对滞后的状况，进一步提高管理水平，所采取的一项重要措施。1995年，主要从五个方面狠抓了律师管理，并取得成效。一是建立和完善了律师管理制度，强化了约束机制。制定下发了贯彻司法部《律师事务所审批办法》的补充规定和《内蒙古直属律师事务所管理办法》、《律师事务所个人开业审批登记办法》，并编发《律师工作管理文件选编(一)》，汇集了司法部、司法厅关于律师管理10大类76项规定和办法。二是组织全区第三次律师业务质量大检查。通过对1993、1994两年的案卷评查，从各地推荐的143卷好案卷中评出各类优秀案卷50卷，客观真实地反映了近两年律师的法律服务水平和成果。三是开展了以加强律师职业道德和执业纪律建设为主要内容的集中教育整顿。组织了全区性的律师职业道德和执业纪律的评查活动，促进了律师队伍政治素质的提高。四是组织律师事务所年检和律师注册。认定合格准予开业的律师事务所169家，准予换证注册的律师1775人，年检合格率和注册率分别为98.8%、88.9%。注册工作坚持与目标管理相结合，与律师教育整顿相结合，与完善各项管理制度相结合，对加强律师管理发挥了重要作用。五是组织了律师专业技术职务任职资格的评审工作。1995年经律师资格评审委员会审查，通过二级律师11人，三级律师60人，代评通过四级律师12人。对于吸引人才，稳定队伍，提高律师的专业水平起到了推动作用。

〔"二五"普法验收〕　1995年是自治区"二五"普法的验收年；以验促学，总结提高，不断深化普法教育是验收工作的重要特点。在自治区各级党委、人大、政府的领导和监督下，验收工作始终坚持"突出重点、从严要求、以验促学、以学促治、总结提高、继续深入"的原则，自下而上，分层进行，进展顺利，结果圆满。推动了学法用法的深入开展，提高了广大干部群众特别是各级领导干部的法制观念，为依法治区创造了条件。其主要措施是：1. 加强领导，整体动员。召开了全区法制宣传教育工作会议，对验收工作进行总体部署和动员，将加强领导，精心组织，确保实效作为一项政治纪律来强调。根据《内蒙古"二五"普法验收办法》，各地、各系统普遍成立了相应的领导和办事机构，认真组织自查自验，为全区验收奠定了基础。2. 制定方案，统一标准。下发了《关于对各盟市、直属机关工委、高教工委"二五"普法工作进行考核验收的意见》将验收任务规定为10个方面，具体分解为25项内容和112条标准，形成验收评定表，增强了可操作性。3. 试点引路，以点带面。九月份，自治区普法领导小组在包头市召开"二五"普法验收试点现场会，经过现场观摩和具体实践，使与会者提高了认识，统一了思想，掌握操作要领，为验收工作开了好头。4. 精心组织，从严要求。组成了分别由自治区党委宣传部、内蒙古人大内务司法委、司法厅牵头的验收组，集中近三个月的时间，分片对全区12个盟市和区直机关、高教工委系统进行全面考核验收。坚持普遍验收和重点抽查相结合，采取听、看、考、查、谈、评、议等步骤，提高了验收工作的准确性、广泛性。验收组共听取地区、部门性全面汇报90余次，抽考各类普法对象2198人，举办座谈会60余场。对每个盟市都重点抽查了1个旗县和部分行政执法部门、司法机关、经济管理部门以及国有大中型企业、各类中小学校；对区直机关、高教工委重点抽查了2个单位、1所大学。坚持了高标准、严要求。5. 加大宣传力度，大造社会舆论。自治区普法办与自治区广播电台、电视台、报社等新闻单位协作，开展了以"学法用法、依法治理"为主题的《普法社会行》活动，积极宣传"二五"普法的先进典型和成功经验。配合验收先后播发各类报道59条，向全社会展示了普法教育和依法治理在各行各业取得的丰硕成果，进一步激发起广大干部群众学法用法的热情。

〔内蒙古中华律函教育〕　中华全国律师函授中心内蒙古辅导总站组建于1988年。经历了从无到有、从小到大，从松散办学到正规化办学，从盲目助学到科学化助学的发展过程，取得令人瞩目的成绩。现已在全区12个盟市和牙克石市设立了辅导站，在清水河县设立了辅导分站；学员人数占到全国学员总数的七分之一，成为"全国第一大站"。内蒙古中华律函教育在全国同行业中始终起着导向的作用，争创了五个第一：第一个实行目标化管理；第一个成立教学指导小组；第一个规范性地开展教学研究；连续六年学员总数名列第一；连续六年荣获全国先进辅导总站一等奖。截止1995年底已累计毕业学员3000人，其中300余人考取了律师资格和法律顾问资格，全部被律师事务所和顾问单位聘用。1995年，律函内蒙古辅导总站继续狠抓基础建设，努力开创助学工作新局面：重点抓招生宣传和代办招生工作，使全区学员总数在激烈的办学竞争中仍保持了9000人规模；抓规范化管理，各辅导站进一步落实了对学员及各项工作的目标化管理，夺取了管理水平和助学效果双丰收；抓总结提高，先后总结了总站和锡盟、赤峰等站的办学经验，由中华律函中心《辅导站指导报》向全国作了推广。1995年，内蒙古辅导总站蝉联"全国先进辅导总站"，所属包头市、伊克昭盟、乌海市辅导站亦被评为全国助学先进单位，受到司法部的表彰。

〔公证质量管理〕　为了开创"以质量求信誉，以信誉促发展"的公证工作新局面，更好地发挥公证职能作用，为自治区的改革、发展、稳定服务，1995年从三个环节加大了公证质量的管理力度。1. 重视公证质量和社会效益，全面进行质量检查。自治区司法厅相继发出《关于开展全区公证质量检查的通知》、《关于公证质量抽查工作有关事宜的通知》，部署在全区开展公证质量大检查，采取自查、互查和抽查的办法，对1993年以来的20余万本公证案卷进行了检查。司法厅抽调部分盟市的公证人员组成三个组、对呼市、巴盟等6盟市17个公证处的656本公证案卷进行了抽查，查找漏洞，总结经验教训，进行业务交流。2. 树立典型，评先创优，掀起提高公证质量的热潮。在质量检查的基础上，开展了全区首次优秀公证案卷评选活动。司法厅和公证员协会吸收办证经验丰富、业务水平高的公证专业和管理人员，组成优秀公证案卷评选委员会，分管厅长亲自挂帅，对各地逐级推选的117个公证案卷严格评审，评选出自治区各类优秀公证案卷36本。对评选结果及其承办公证员司法厅通报全区予以表彰。3. 严肃查处错假证，维护公证信誉。一方面严格了对错假证责任人的处理规定；另一方面重视了具体查处工作。司法厅先后两次派出工作组，对两起群众投诉的公证案卷进行了查处，促进了重社会效益、重服务质量新风气的形成。

〔内蒙古法制报〕　自治区唯一的社会主义法制综合性专业报。1985年7月1日正式创刊。有蒙、汉两种文版。蒙文版，4开4版，半月刊；汉文版，对开4版，周1刊，国内公开发行。本着以党的基本路线为指导，立足法制，面向社会，报道政法大事，普及法律知识，反映法制生活，推进依法治理，弘扬精神文明，服务党的"中心"、大局的办报宗旨，《内蒙古法制报》始终积极正确地宣传党的基本理论、基本方针政策，深入开展法制宣传教育，不断展示社会主义民主法制建设的进程，总结推广法制建设实践经验和成就，及时反映群众的正义呼声，热情提供法律帮助，切实实行舆论监督，勇敢介入社会生活，揭露各种违法犯罪，抨击社会不良风气，为"改革、发展、稳定"的大局服务，以其坚定的政治立场、政治方向，高度的政治责任感，以及直面社会、依法直言、寓法于事的风格和鲜明的地区、民族特点赢得了读者的赞誉。在坚持办报宗旨、正确舆论导向和突出社会效益方面，多次受到自治区党委宣传部、自治区新闻出版局的表扬，受到司法部的充分肯定，视为较好的法制报。1995年，该报围绕党的中心工作，以深化"二五"普法教育、加强社会治安综合治理、推进依法治区进程和实施"大服务"战略为契机，比较好地把握住法制新闻报道为发展社会主义市场经济服务的切入点，对伊克昭盟和包头、乌海市的党委、政府和支柱企业紧紧扭住法制建设不放，抓改革、促发展、保稳定的做法与成就进行挖掘，立体化地系列报道，在全区上下引起强烈反响。包头市政府和伊盟行署将文章汇编成册，作为招商引资投资环境的宣传材料送发，引起中央和区内外领导同志及国内外客商的极大关注。在年度全区报纸质量、编排印刷评比中，该报被自治区新闻出版局、内蒙古报业协会评为"优秀报刊"。

〔图牧吉农业二期综合开发〕　图牧吉劳教所是自治区直属所，位于兴安盟扎赉特旗境内，总面积47.55万亩，其中草原面积33万亩，耕地11万亩，天然水面1000亩，土质肥沃，适于发展牧业、养殖业和农业，经济潜力很大。该所农业二期开发是国家、自治区批准立项，全区劳教生产农田基本建设的重点工程。其主要建设任务是：以三道泡子为灌溉水源，建设一座总装机380KW、总提水能力2364米/秒的提水站，同时修筑配套设施，营造防护林，在三年建设期内完成劳教所境内东部地区中低产旱田的改造。工程计划总投资380万元。自1992年破土动工到1995年已基本完成开发任务，共机械推筑干、支、斗、农渠60条7.5万延长米，人工修整干、支、斗、农渠48条5.5万延长米；建成总装机380KW提水泵站1座，修建水工建筑物83座；营造农防林500亩8.4万株；修建农田路3条1万延长米；建水泥晒场6000m²，以及购置农业配套机械19台套。完成土方42.1万m³，石方0.6万m³，浇铸混凝土450m³，投工49600个，动用机械3200台次。初步建成功能齐全、成龙配套的农田基础设施，达到地表水灌溉、灌排畅流的计设能力，使2万亩农田受益，收到抗灾、节能、增产、增收的综合效益。1995年，在遭受到严重干旱、早霜等自然灾害侵袭的情况下，项目区粮豆总产仍获得520万公斤的较好收成，比开发前三年平均增产249.6万公斤；项目区人均纯收入由开发前的585元增加到940元。初步展示了远大的发展前景。

〔**深化基层法律服务工作改革**〕　为了增强工作活力，强化职能作用，贯彻“全国司法行政系统基层工作改革座谈会议”部署，1995年加大了基层法律服务工作改革的力度，在确立适合自治区特点的基层法律服务机构的格局、组织形式和管理机制方面作了有益的尝试。司法所、法律服务所分离开始起步，有4个乡镇法律服务所实现了“所所分离”，13个所试行了“两不四自”的管理机制；法律服务中心发展迅速，共建县级法律服务中心20个，形成较强的周边辐射能力；突破了按行政区划设立法律服务所的传统做法，宜分则分，宜合则合，在新组建的基层法律服务所中属“一乡多所的”8个，“多乡一所”的11个，厂矿企业所5个；坚持责权利一致的原则，引导各基层法律服务所逐步建立竞争机制、激励机制和保障机制。改革促进了基层法律服务业务的稳步发展，1995年，基层法律服务所调解纠纷、民事代理、担任法律顾问、代写法律文书和解答法律咨询等业务均比上年有不同程度的增长，增幅最高的达36%，帮助基层政府和乡镇企业避免和挽回经济损失额达1656.4万元。

（内蒙古自治区司法厅）

1995年辽宁省司法行政工作

〔**概述**〕　1995年，全省各级司法行政机关认真贯彻党的十四届五中全会精神，紧紧围绕改革、发展、稳定的大局，加快司法行政工作的全面发展。

各级司法行政机关的领导和干部、律师、公证员以及基层法律工作者在开展法律大服务的活动中，进一步解放思想，转变观念，积极探索，大胆实践，取得了较好成绩，创造出了一些成功的经验。为了推动全省司法行政机关法律服务工作深入发展，认真总结了铁岭市司法局开展法律大服务工作的经验，并向省政府作了报告，省政府办公厅予以批转。向省政法委报告后，省政法委领导非常重视，组织了专题调查组到铁岭市开展实地调查，起草了《关于铁岭市司法局为改革、发展、稳定大局提供法律服务工作的调查》并印发全省。为加快全省法律大服务工作的发展，还及时召开了各市司法局长会议，现场总结推广了铁岭市司法局开展法律大服务工作的经验。在学习铁岭市司法局开展法律大服务经验的过程中，律师工作认真贯彻落实国务院批转的《司法部关于深化律师工作改革的方案》，以改革为动力，加快了律师队伍和律师业务的发展。公证工作以深化公证处内部运行机制改革为重点，不断扩大公证处机构转制试点工作成果，促进了公证效益的提高。基层法律服务工作不断拓宽服务领域，在促进地方区域经济发展中发挥出了积极的作用。

为强化法律保障职能，维护社会稳定大局，全省各监狱、教养院认真贯彻实施《监狱法》和国务院《关于加强监狱管理和劳动教养工作的通知》精神，坚持依法治监、院（所），从严治警，依法管理。根据司法部提出的创建现代化文明监狱，文明教养院的目标要求，精心组织实施，加快创建步伐。推动了全省监狱教育改造工作取得较好成绩。为尽快扭转全省监狱、劳教经济严重亏损局面，各监狱、教养院的领导和广大干警坚持解放思想，以改革统揽全局，克服重重困难，千方百计提高监狱、劳教单位经济效益，初步扭转了监狱、劳教经济困难的被动局面，取得了明显效果。

在法制宣传工作中，按照全省“二五”普法规划的要求，进一步加强了对普法工作的检查，组织开展了多种形式、群众喜闻乐见的普法宣传活动，充分利用电台、电视台等新闻媒介，增强法制宣传效果，保证了“二五”普法规划的圆满完成和依法治理工作的落实。

在法学教育工作中，按着“面向世界、面向未来、面向现代化”的方针，充分发挥法学教育工作优势，依托各种办学阵地，开辟多方办学渠道，积极开展法学教育，努力提高司法干警的法律素质，为社会培养了一批法律人才。

在加强全系统干警队伍建设工作中，坚持用邓小平建设有中国特色的社会主义理论教育和武装干警，努力塑造新时期司法行政干警、律师、公证员、司法助理员、基层法律工作者的良好形象。深入学习本溪市公安局加强干警队伍建设的经验，深化队伍建设工作改革，加大查处行业不正之风的工作力度，狠抓各级领导班子的纪律和思想作风建设，为全年司法行政各项工作的顺利完成，提供了思想上和组织上的保证。

〔铁岭市司法局开展法律大服务的经验〕 铁岭市位于辽宁省北部，素有“辽宁大粮仓”之称。几年来，铁岭市司法局提出了全市司法行政工作为经济建设服务的总体思路，即：要跳出司法行政小天地，进入经济建设大舞台，以全新的思维方式、全新的工作面貌、全新的管理模式，积极投身改革、支持改革、服务改革，紧紧围绕市委、市政府发展经济的战略部署和全市经济工作的难点、社会的焦点开展法律服务工作。做到全市的经济发展战略思考到哪里，法律服务工作就跟踪到哪里，急领导之所急，想领导之所想；哪些地方、部门、方面需要法律服务，司法行政工作的触角就延伸到哪里。变单纯咨询服务为全方位的综合服务，变事后服务为超前服务，变坐等上门被动服务为积极介入主动服务，把目前国家赋予司法行政部门的职能用够、用足、用好、用活。在社会主义市场经济体制新形势下全面加强队伍建设，努力塑造新时期司法行政干警的良好形象。一句话，就是贯彻司法部提出的“大服务”的思想，具体为，思想围绕“中心”转，工作围绕“中心”干，队伍围绕“中心”建。按照这个工作思路，在市委、市政府的指导和有关部门的积极支持配合下，对全市13家国有大中型企业开展依法治亏，取得了较为明显的效果。在全市组织律师开展依法清欠总体战共清回欠款总额达1.39亿元；强化了乡镇企业法律顾问工作，追回了一批外欠款；为帮助农民依法奔小康，在全市实施“依法治村”工作，开展了“帮助百家经营大户闯市场”活动；为抓调解促稳定，从3月24日起，在全市开展了以“四化解、四扩展”为主要内容的“百日大调解”活动，促进了地区的社会稳定；实施强化育人治本工程，建立以领导干部学法结业证为主的“三证”制度。市人大三届四次常委会通过《关于铁岭市人民代表大会常务委员会人员任免暂行办法的补充办法》中规定，今后凡未经法律知识培训，或未获得市司法局颁发的“铁岭市普及法律知识合格证”的，拟任命人员一律参加任命前的法律知识考试，考试成绩不及格者，不能提交市人大常委会审议任命。市政府还规定，没有经过法律培训或经培训没有取得结业证的市国有、乡镇企业经销人员不能从事经销工作，对无证上岗造成经济损失的要追究有关领导责任。

〔律师工作〕 按照国务院批转的《司法部关于深化律师工作改革的方案》的要求，本着“积极探索，抓好试点，逐步推广”的原则，努力发展“两不四自”（不要国家经费、不占国家编制，自收自支、自负盈亏、自我发展、自我约束）律师事务所。全省共有305个律师事务所，其中：占国家编制的律师事务所201个，“两不四自”制律师事务所104个，律师队伍发展到4100人，基本适应多层次法律服务需要。为加强律师队伍建设，开展了律师职业道德、执业纪律教育整顿工作，在这项工作中，共评选出19个从业清廉先进集体和27名先进个人，并建立和健全了律师工作规章制度。在开展法律服务中，律师为各级政府、机关、企事业单位、社会团体和个人担当法律顾问8825家，代理各类法律事务54415件，涉及财产标的额29.34亿元，索回欠款7.7亿元，代理刑事案件9054件、民事案件14567件、经济案件12737件，业务收费达2007.6万元。

〔公证工作〕 12月6日至8日，全省公证工作改革座谈会在沈阳召开，会议总结交流了全省公证工作改革的经验，研究制定了《辽宁省公证体制改革试点工作意见》。抚顺市出台了《无顺市公证若干规定》。全省开展了以提高公证质量为主要内容的优质服务竞赛活动，促进了公证工作的发展。到年末，全省有公证处111个，公证人员818名。全年共办理公证513973件，其中，涉外及涉港澳台公证57495件，比上年增长82%。公证收费3228万元，比上年增长45%。拒办公证1952件，制止不法经济活动312起，挽回经济损失16亿元。

〔基层工作〕 全省有1597个基层法律服务所，4467名法律服务工作人员。基层法律服务所通过深化内部改革，有548个所实现了“两不四自”的发展目标，占基层法律服务所总数的35%。全年共协办公证145406件，见证17890件，承办诉讼和非诉讼法律事务38346件，担当法律顾问16312家，清理外欠款近1.3亿元，为集体和个人避免和挽回经济损失5.5亿元。清欠额、避免和挽回损失额分别比上年增长84.8%和25.6%。

〔普法工作〕 年初，省司法厅与省委宣传部联合下发了《1995年普法与依法治理工作意见》。4月，省人大常委会组成三个视察组，对沈阳、大连等8个市的普法和依法治理工作进行了视察。10月，组织开展了全省法律知识大奖赛，有近20万人参加。4月11日至12日，在本溪市召开了全省“二五”普法工作考核验收现场经检交流会，总结表彰了一批好的典型。5月9

日，为省领导举办了法律知识讲座，邀请曾为中央领导讲课的中国社会科学院法学研究员王家福讲授“社会主义市场经济法律制度的建设”问题。省委、省人大、省政府、省纪委、省政协五大班子领导及省直机关300多名厅(局)级干部参加。省委书记顾金池在讲座结束时发表了重要讲话。省委常委中心学习组利用一天半时间组织了座谈讨论。为加强对普法和依法治理工作的理论研讨，5月，省司法厅与省委宣传部、省人大内务司法委员会联合下发了《关于召开全省普法与依法治理工作理论研讨会的通知》，全省共评选出29篇优秀论文。在“二五”普法工作中，进一步发展和扩大了法制宣传队伍，据不完全统计，到年末，全省共有法制宣传骨干近200万人。依法治省工作全面展开，依法治市工作深入发展。全省14个市、100个县(含县级市)、区都开展了依法治市、治县、治区工作。各级政府按照依法治省的总体要求，重视和加强了依法行政工作。全省有80%的县区以上行政执法部门实行了部门执法责任制，加强了法制机构建设，依法行政工作开始在一些地区和部门取得明显成效。依法治村、治街等基层依法治理活动由点到面逐步扩展。到年末，全省已有近90%的村和30%的街道开展了依法治村、治街活动。在省委、省人大和省政府的领导下，圆满地完成了“二五”普法和依法治省工作规划的任务。

〔**法学教育**〕　在对全省监狱、教养院管教干警岗位培训工作中，有1372人取得了岗位培训合格证书。省司法厅举办了法律专业证书大专班，重点对35周岁以上，具有高中学历，没有达到大专文化程度的干警进行了大专课程教育。为提高干警队伍的文化素质，在干警中开展了高中文化教育，有850名干警取得了高中学历。全省共举办各种培训班56期，有600多人受到培训。在成人法学教育工作中，专科升本科、自学考试两项工作扩大招生人数达3000人。中国政法大学函授教育在全省招生达988人，毕业411人，有大专班在读生200人。在中华律师函授自考工作中，全年招生突破5000人。全省中华律师函授自考工作连续7年被评为全国律函工作先进辅导总站。省律函被司法部评为全国律函中心、大连市司法局、朝阳市司法局先进集体，有7人被司法部评为先进个人。

〔**监狱工作**〕　认真贯彻实施《中华人民共和国监狱法》，落实国务院《关于加强监狱管理和劳动教养工作的通知》精神，全省监狱财政保障体制得到初步确立，监狱工作进一步纳入法制化的轨道。为抓好对《监狱法》的学习，司法部监狱局与省监狱局联合摄制了《监狱法》电视教学片，在全国监狱系统发行。为认真学习贯彻《监狱法》，举办了全省各监狱的正、副监狱长学习班、师资培训班。各监狱采取举办脱产培训班、组织考试、开展知识竞赛等方法，使干警学习面达100%。还在罪犯中开展了形式多样的学习《监狱法》活动。省监狱局采取闭卷考试方法对部分监狱进行验收，及格率达93%以上，根据司法部监狱局提出的创建现代化文明监狱八条标准，制定了创建省级现代化文明监狱、现代化文明监区和现代化文明监狱先进单位的条件，并提出了软、硬件并举，突出抓好软件建设的创建工作思路。各监狱按照省监狱局提出的要求，结合本单位实际，制定了规划和实施方案，选准突破口，狠抓落实。在办特殊学校工作中，有4个监狱实现了挂牌办学，有2个监狱挂牌办学验收合格。多数监狱“三课”教育的入学率、课时完成率和获证率达到标准要求，顽危犯转化率达49%，社会帮教合同覆盖面达21.6%。监管安全防范工作，没有发生特大恶性案件，罪犯脱逃率、狱内发案率均低于司法部规定的指标。关押改造“两乱犯”工作取得较好成绩，受到中央和省有关部门的表扬。在7、8月间全省部分地区发生特大洪水灾害期间，监狱没死一人，没跑一人，改造秩序稳定。监狱经济在遇到历史上最为严重困难的条件下，工业单位集中力量抓好畅销产品的生产，围绕市场需求，调整产品结构，积极开发新产品。面对产品大量积压、货款大量拖欠的情况，一面加大销售与清欠力度，一面利用自身设备、技术和劳动力等优势，积极开展工业性协作加工活动和劳务生产，努力弥补经济亏损，使一些单位亏损趋势开始得到遏制，有的单位实现扭亏为盈。农业再度夺取粮食丰收，总产达6150万公斤，比上年增长16%。畜牧业、场办工业和劳务业也取得了较快发展。

〔**劳教工作**〕　坚持“教育、感化、挽救”的劳教工作方针，不断强化管教工作，稳定改造秩序，提高改造质量，劳教人员逃跑率、非正常死亡率均低于司法部规定的指标。全省有20个劳教院(所)，共办成5个省级校、1个部级校，劳教人员改好率保持在90%左右。年内劳教院(所)未发生流行性传染病和食物中毒事故，还开展了查治性病和戒毒治疗工作，有11个单位的生活卫生管理工作达到省级标准，其中有2个单位达到部级标准，有12个单位建立了院(所)护卫组织，加强了安全保卫工作。

劳教经济年实现国内生产总值17266万元(现价)、12465万元(不变价)。年完成销售收入17729万元，年完成营业性利润2602万元，创历史最好水平。

年初，省劳教局在大连召开了全省劳教单位主要领导会议，认真部署了进一步做好创建现代化文明教养院(所)的工作。在认真开展调查研究的基础上，根据司法部劳教局制定的创建现代化文明教养院(所)的标准，先后制定了《全省劳教系统创建现代化文明教养院

(所)规划》、《全省劳教系统创建现代化文明教养院先进单位评比条件》、《全省劳教系统文明大队条件》,加强了对创建现代化文明教养院(所)工作的指导,保证了创建工作的健康发展。

〔**人民调解**〕 全省人民调解委员会年内共调处各类民间纠纷 218231 件,成功率达 94.4%,防止民间纠纷激化 2870 件,挽救了 1600 人的生命,避免了 2867 人走上犯罪道路。认真开展整顿基层调委会的工作,共整顿了 22069 个调委会,并在三资企业、集贸市场、接边地区新建调委会和联合调解组织 672 个。到年末,全省调委会已发展到 42218 个,调解人员发展到 62 万人。人民调解工作与推行现代企业制度相结合,推动了企业人民调解工作的不断发展。全省共有 8486 个厂矿企业建立了调委会 15545 个,调解人员 223225 人,其中,在较大企业设立调解工作管理机构 1826 个,配备专职、兼职调解管理干部 8219 人。

全省有 1730 个乡镇、街道共配备专职司法助理员 1739 人。年内由司法助理员调解的各类纠纷 23120 件,处理 7018 件,协助调委会调解纠纷 18412 件。防止因民间纠纷引起的自杀事件 157 件、26 人,防止民间纠纷转化为刑事案件 323 件、505 人。全省已建立司法所(科)167 个,配备人员 471 人。

〔**队伍建设**〕 坚持用党的基本理论和基本路线教育干警。不断增强广大干警贯彻党的基本理论和基本路线的自觉性和坚定性。为加强各级领导班子建设,省厅制定了《关于加强县处级领导班子建设的意见》,调整了 24 个省直监狱、劳教单位领导班子,任免干部 39 名,其中,提拔一把手 12 名。省厅在司法部召开的全国司法行政系统培养选拔优秀年轻干部座谈会上介绍了经验。在深入开展全系统教育整顿工作中,省司法厅表彰了 95 个先进集体,280 名先进个人,查处违法违纪案件 45 起,清出不适合人员 115 人,交流 254 人。律师结合年检注册和换发执照,对 144 名律师暂缓注册,对 355 名律师不予注册。根据有关规定,对 15 名律师给予了纪律处分,并取消了 2 名律师的资格。建立健全反腐倡廉监督制约机制,使反腐败斗争不断取得实效,年初以来,从抓制度建设入手,加大反腐败工作力度,在县处级以上领导干部中开展了"四查四看"活动,推进了反腐倡廉各项措施的落实。"四查四看"的内容是:查是否做到了认真贯彻党的路线、方针、政策,在思想上、政治上、行动上同党中央保持一致,看有无对党中央的重大决策特别是反腐败的指示贯彻落实不力或上有政策,下有对策以及令不行禁不止的问题;查是否牢固树立了全心全意为人民服务的思想,为党的事业尽心尽力地工作,看有无宗旨观念淡薄,革命意志衰退,工作不深入,脱离实际,对工作不负责任的官僚主义作风;查是否保持了密切联系群众和艰苦奋斗的优良传统和作风,自觉抵制各种腐朽思想的影响,坚持同各种腐败现象作斗争,看有无在工作中弄虚作假,欺上瞒下,言行不一,做表面文章等形式主义问题;查是否认真执行了上级反腐败的有关规定,遵守各项廉政制度,看有无以权谋私、贪赃枉法,公款吃喝玩乐,挥霍浪费等问题。其次,制定了《辽宁省司法厅县(处)级以上领导干部违反廉洁自律规定行为的处理意见》受到了司法部的肯定,省纪委《辽纪办通报》予以转发。我们还就严禁机关工作人员参加不正当社会生活的若干事宜作出规定,制定了具体的实施意见。律师工作制定了依法执业从业清廉的有关规定,推动了队伍的廉政建设工作。

在辽宁省委、省政府开展全省政法系统先进集体、优秀政法干警标兵和优秀政法干警评选活动中,省司法行政系统有铁岭市司法局等 6 个先进集体、丛景财等 2 名优秀政法干警标兵、王荣华等 28 名优秀政法干警受到表彰。

荣获全省政法系统先进集体、优秀政法干警标兵和优秀政法干警称号人员名单。辽宁省政法系统先进集体:铁岭市司法局、沈阳市第一律师事务所、大连市劳动教养院、本溪市劳动教养院、辽宁省营口监狱、辽宁省盘锦监狱。辽宁省优秀政法干警标兵:丛景财(沈阳市张士劳动教养院管理所五大队教导员)、任玉书(辽宁省盘锦监狱监狱长)。辽宁省优秀政法干警:王荣华(沈阳市东陵监狱副监狱长)、都兴林(大连市沙河口区司法局局长)、阎崇海(大连市监狱前进建筑工程公司经理)、李春勇(鞍山市监狱四大队教导员)、王汝忠(海城市望台镇司法助理员)、刘胜元(抚顺市南花园监狱政治处主任)、王万福(抚顺市天威律师事务所主任)、尹连生(本溪市溪湖监狱监狱长)、柏晓云(本溪市华厦律师事务所主任)、刘俊良(丹东市宝山监狱十大队大队长)、李景文(锦州市劳动教养院六大队大队长)、郝子义(营口市劳动教养院四大队大队长)、张发(阜新市第五律师事务所主任)、刘信(辽阳市北郊监狱党委书记、监狱长)、刘昌杰(铁岭市第二律师事务所主任)、吴喜凡(朝阳市凌东监狱、生活卫生科科长)、王宁富(盘锦市劳动教养院干警)、邵英奎(葫芦岛市龙港区律师事务所主任)、宫连(辽宁省马三家劳动教养院政委)、王宝清(辽宁省马三家劳动教养院新收解除大队副大队长)、张洪钧(辽宁省营口监狱监狱长)、王锋(辽宁省监狱管理局设计院院长)、牟家立(辽宁省沈阳第三监狱监狱长)、初愉(辽宁省大连南关岭监狱监狱长)、崔忠礼(辽宁省瓦房店监狱政委)、齐国兴(辽宁省凌源第二监狱监狱长助理)、孟凡武(辽宁省沈阳第二监狱供销处处长)、王蔚(辽宁省女子监狱干警)。

〔抗洪抢险〕　7、8月间全省遭受了建国以来的特大洪涝灾害，地处浑河、辽河流域的部分监狱、教养院(所)均受到洪水强烈袭击，造成严重的经济损失。据初步统计，损失达6554.7万元，其中直接经济损失5294.7万元，间接经济损失1260万元。7月30日，由于抚顺大伙房水库泄洪，使抚顺、本溪、铁岭等9个监狱、9个教养院受洪水袭击，有158869平方米的房屋进水，有19043平方米的房屋倒塌，有75032平方米的房屋有不同程度的下沉和断裂，有1600延长米的围墙被冲毁，直接损失2292.6万元。全省监狱、教养院受灾农田32370亩，其中粮食作物受灾面积20000亩，绝收面积达20000亩，有4400亩菜地被洪水淹没，有1200多株果树被连根冲走。有11个监狱、劳教单位企业停产，6个单位半停产，涉及受灾企业工人19000人，以矿山、养殖、农副产品加工企业损失最重，固定资产损失达1148万元，各种原、燃料损失达395万元。受灾严重地区的监狱、教养院(所)几乎大部分机电设备被洪水浸泡，部分报废，水利设施被冲毁，直接损失达770万元。

在严重灾害面前，全省各级司法行政机关主要领导亲临一线，指挥抗洪抢险斗争。各监狱、教养院(所)严阵以待，确保安全稳定。广大干警想灾区之所想，急灾区之所急，在做好本单位抗洪抢险的同时，积极参加地方抗洪抢险斗争，组织抢救遇难群众，积极捐款捐物，涌现了一批先进人物和先进事迹，受到各级党委、政府领导的表扬。在这次抗洪抢险斗争中，由于各级领导得力，精力组织，全体干警恪尽职守，工作到位，取得了抗洪抢险的最后胜利。

〔厅机关推选公务员制度工作〕　根据《国家公务员暂行条例》的规定和省委、省政府的统一部署，省司法厅机关从3月下旬到9月下旬，开展了推选国家公务员制度的工作。这项工作共分准备、实施和总结验收三个阶段进行。在准备工作阶段，认真组织厅机关干部学习了《国家公务员暂行条例》及其他公务员制度知识，对厅机关72名工作人员进行了测试，开展了公务员制度竞赛活动。为防止在推选公务员制度工作中出现偏差，厅干部处多次派人到省直其他单位参观学习，研究制定了《辽宁省司法厅推选国家公务员制度实施方案》。在1994年度考核工作的基础上，对列入公务员范围的厅机关70名处以下干部作了进一步全面的考核，每个人都写出自己近3年来思想和工作情况的书面总结，经个人述职、民主评议，由各处室主要负责同志签署了评鉴意见。在这次考核中，有11名同志被确定为优秀，占现有工作人员的14.1%，其余同志均确定为称职。然后，严格审查了每个机关工作人员的政治历史、干部身份等情况，填写了《参加国家公务员过渡人员资格审查表》。在实施阶段，搞好对中层领导职务的聘任工作，经自荐、推荐和领导提名，确定27名同志竞聘正、副处长，省厅党组根据民意测验和考核，聘任处长10名(其中晋升职务7名)、副处长11名(其中晋升职务7名)。在设置职位的工作中，对厅机关设置的87个职位，编写了《职位说明书》。按照"公开、平等、竞争、择优、交流"的原则，在厅机关内部交流了11名同志。按照有关规定，在聘任非领导职务的工作中，开展了民意测验工作，并在此基础上，聘任调研员6名(晋升3名)，助理调研员8名，主任科员21名(晋升7名)，副主任科员11名(晋升6名)，科员2名。在推行公务员制度工作中，制定了《厅机关人员考勤制度的若干规定》，按照省委、省政府《关于省直机关分流人员，推进机构改革若干问题的暂行规定》的要求，分流人员10人，其中提前退休4人，辞去公职3人，充实到所属事业单位3人，面向社会招录公务员4人。

通过机关推行公务员制度工作，提高了机关干部的整体业务素质，巩固了机关改革的成果，推动了厅机关建设工作的全面发展。9月下旬，省编制办检查验收并通过了省司法厅机关推行国家公务员制度的工作，被确定为考核合格单位。

（辽宁省司法厅　李广海）

1995年吉林省司法行政工作

〔概况〕　1995年，吉林省司法厅机关专项行政编制为157名，机关工勤人员事业编制为15名。厅机关内设政治部(副厅级)、干部处(警务处)、组织宣传处、干部教育处、办公室、劳动教养工作管理局、计划财务装备处、法规处、法制宣传处、律师管理处、公证管理处、基层工作处、直属机关党委、机关工会、仲裁工作处、司法医学鉴定委员会办公室等16个处室。厅直事业单位16个，包括省法学会、省律师协会、省公证协会、省公证处、省律师事务所、省经济律师事务所、省联宜律师事务所、省商务律师事务所、省国际经济贸易律师事务所、省诚信律师事务所、省诚达律师事务所、吉林法制报社、法制天地杂志社、省司法厅电大函授总站、省司法警官学校、厅机关服务中心。

1995年，吉林省有市(州)、县(市、区)司法局69个，有工作人员22883名。全省有律师事务所158个，律师工作者2206人。其中专职律师923人，兼职律师574人，特邀律师443人；有一级律师4人，二级律师61人，三级律师277人，四级律师386人，律师助理128人。全省有公证处81个，公证工作人员546人。其中一级公证员1人，二级公证员10人，三级公证员129人，四级公证员233人，助理公证员54人。全省有各类人民调解组织19825个，调解人员223273人，有乡镇法律服务所855个。

经吉林省人民政府批准，9月13日，省司法厅内新设仲裁工作处；11月24日，省司法厅内新设司法医学鉴定委员会办公室；12月11日，省司法学校与省监狱警官学校合并，成立了吉林省司法警官学校。

1995年，吉林省司法行政机关充分发挥专政、保障、服务职能，各项工作都有较大发展。监狱、劳教工作以维护稳定为重点，以创建现代化文明监所为目标，强化各项措施，取得了新的进展。全省监狱、劳教所监管秩序持续稳定，罪犯、劳教人员脱逃率、狱所内发案率和事故率均有所下降。创建现代化文明监狱、劳教所工作实现了第一阶段目标。监狱、劳教经济克服了资金紧张、产品滞销、原材料涨价、各种增值因素增加等困难，实现了工农业产值稳定增长。法律服务工作以"大服务"思想为指导，继续深化了内部管理体制和运行机制的改革，实现了队伍机构的发展。普法工作以领导干部学法用法为重点，以提高全体公民法律意识为目标，取得了可喜的成绩。人民调解工作立足于减少社会不安定因素，强化了第一道防线作用。基层基础工作以巩固稳定为重点，县区司法局职能进一步得到强化。队伍建设以班子建设为重点，以提高干警素质为目标，取得了较好的效果。

〔**监狱、劳教工作**〕 1995年，吉林省各监狱、劳教机关结合贯彻《监狱法》和创建现代化文明监所活动，充分发挥专政职能，为确保一方平安，维护全省的社会稳定、政治稳定做出了应有贡献。一是实现了监狱、劳教场所的安全稳定。通过《监狱法》的贯彻实施，教育干警牢固树立专政意识，忧患意识和稳定意识，进一步完善了防范机制，提高了发现控制能力。同时，狠抓了各项监管制度的贯彻落实，努力实现依法、严格、科学和文明管理，基本上形成了严密的监管网络和执法体系。1995年，全年罪犯脱逃率、狱内发案率、事故率分别比1994年下降了6%、7%和33%。劳教人员逃跑率比1994年下降了0.07%，全年所内无发案，没有发生重大事故。二是创建现代化文明监狱、劳教所工作本着从实际出发，坚持标准，量力而行，逐步到位的原则，坚持软件、硬件建设一齐抓。到年底，省四平监狱、白城市监狱、省九台劳教所已建成为省级现代化文明监狱和劳教所。三是监狱、劳教经济工作稳步发展。全省监狱系统完成工农业总产值32000万元，比1994年增长3%以上。全省劳教系统实现总产值4500万元，比1994年增长12.5%，实现经营性利润700万元，比1994年增长2.7%。

〔**法律服务工作**〕 1995年，吉林省法律服务工作以"大服务"思想为指导，深化改革，强化管理，取得了可喜的成果。一是实现了队伍机构的发展。律师事务所新增18家，达158家，其中"两不四自"所达17家。公证机构新增2个，达80个，其中新设4个事业单位性质的公证处。二是法律服务领域进一步拓宽。全省律师担任常年法律顾问新增259家，达3410家，公证常年法律顾问达257家。受聘担任法律顾问的对象中，从原来的只有政府和企业单位，新增加了个体户、私营经济和家庭。一些律师还与关、停、并、转企业和经济不景气企业结成法制建设共建单位。辽源市律师事务所还为人大代表、政协委员等发放了法律服务卡，无偿提供法律服务。经省政府第33次常委会讨论批准，司法厅组织高级律师成立了省政府法律咨询组，在社会上引起积极反响。三是法律服务管理工作进一步加强。省司法厅制定了《标准化律师所标准》、《公证机构、公证人员惩戒的规定》等13个法律服务方面的规范性文件，使管理工作进一步规范化。在全省自上而下开展了对律师公证人员职业道德和执业纪律教育的查摆活动。通过教育整顿，全省律师、公证人员的纪律作风建设得到强化，受到司法部的肯定。在全国开展的律师、公证员和基层法律工作者"十佳"评选中，四平市华圣律师事务所主任律师王海云当选为十佳律师，公主岭市公证处主任公证员周玉兰当选为十佳公证员，吉林市丰满区江南乡法律服务所所长郭向阳获得提名奖。四是基层法律服务工作在稳定中加快发展。全省"两不四自"乡镇法律服务所已达503个。为了调动为"三农"服务的积极性，10月份在全省乡镇法律服务所开展了"为农村经济致富奔小康建功立业"竞赛活动。

1995年，全省律师办理各类案件23748件，非诉讼法律事务4837件。全省公证机构办理公证212831件；避免和挽回经济损失5242万元。全省乡镇法律服务机构为乡镇政府企业担当法律顾问4580家，办理法律事务194551件。

〔**普法工作**〕 1995年，吉林省普法工作以领导干部学法用法为重点，推进依法治省为目标，取得新的进展。一是向省委提交了《关于举办省级领导干部带头学法用法的通知》。省委决定，采用"学分制"的办法，促进领导干部带头学法，得到国家司法部的肯定，肖扬部长批示："好办法。请吉林普法办总结一下经验，予以推广"。二是认真开展了"二五"普法的总结验收和查漏补课工作。起草了《关于我省'二五'普法情况及今后工作意见的通知》，省委以文件形式发全省。1995年12月2日，《法制日报》在一版显著位置以"吉林'二五'普法成果喜人"为题报道了全省"二五"普法工作情况。三是配合国家"神州普法行"活动，编辑了15则普法新闻，以《吉林普法行》为题，在吉林电视台新闻联播节目中进行连续报道。四是在全省开展了评比依法治理十大模范村活动，加强了农村依法治理，全省有85%的村开展了依法治理。五是在全国率先形成了我省《法制宣传教育第三个五年规划(草案)》和《关于如何搞好"三五"普法》的调查报告，积极做好"三五"普法的准备工作。

〔**人民调解工作**〕 1995年，吉林省各级人民调解组织普遍开展了民间纠纷排查活动，掌握了调解工作的主动权，全年共调解民间纠纷145262件，避免非正常死亡967人。在全省开展了人民调解工作"细胞工程"建设，全省推广了四平市、梅河口市、吉林市船营区司法局与当地工商行政管理部门在集贸市场开展民调工作、促进市场经济繁荣方面的作法和经验，以及民调工作与社区服务相结合的经验。注重培养典型，继长春市二道区东站十委后，又涌现出一批象延吉市新兴街民安委、梨树县铁西街、吉林市船营区政和街9委等好典型。同时，坚持把民调工作为建立现代企业制度和加强基层民主政治结合起来，在厂矿企业和子业单位建立了5360个调解委员会，在农村建立了1048个调解委员会，使民调工作在推动企业经营机制转换以及加强农村政权建设方面发挥了重要作用。省司法厅组织拍摄了宣传模范调解干部谭竹清事迹的电视专题片《爱的奉献》。11月份，召开了第二次全省人民调解工作会议，会上表彰了优秀调委会和优秀人民调解员，成立了"吉林省人民调解员协会"。

〔**加强县区司法局建设工作**〕 1995年，吉林省司法行政系统深入贯彻司法部"烟台会议"精神，进一步加强了县区司法局建设，使职能进一步强化。为搞好县区司法局建设，确定在长春市辖的县级市榆树市搞试点。省司法厅领导多次深入到榆树市司法局指导工作，试点成功后，又在榆树市召开现场会，及时总结推广了榆树经验。榆树市、德惠市、双阳县、图们市、白山市八道江区等司法局相继增设了释解人员工作科和行政执法科。在国家司法部6月召开的加强县区司法局建设座谈会上，我省介绍了经验。8月，省司法厅在梅河口市召开了加强县区司法局建议会议，副省长王国发到会讲话，20位司法行政工作开展好的县区党政领导参加了会议。

〔**谭竹清**〕 女，64岁，1956年开始担任长春市二道区东站十委调委会主任。近40年来她凭着对党的忠诚和为人民群众服务的一片热心，先后4次放弃招工、招干的机会，把青春献给人民调解事业。在工作中，她大胆探索调解工作新路子，不断总结经验。近十年来，调解大小纠纷500余起，防止矛盾激化几十件，防止非正常死亡21人。在她的积极努力下，通过艰苦奋斗，使十委成为一个社会安定，经济繁荣，环境优美，群众安居乐业的文明委。近十年来，东站十委先后受到中央、省、市的表彰达150余项次，1988年，谭竹清被评为"十佳"人民调解员，还荣获全国"三·八"红旗手、省市劳动模范和省、市特等劳动模范荣誉一百余项次，在93年第三次全国人民调解工作会议上，当选为中华全国人民调解员协会副会长。1995年5月，又被国务院授予"全国劳动模范"荣誉称号。被委上居民亲切地誉为"小巷总理"。

〔**王海云**〕 男，60岁，吉林省四平华圣律师事务所(原四平市律师事务所)主任。一级律师。1961年毕业于吉林大学法律系。1982年从事律师工作。王海云凭着对党和人民的赤诚之心，对事业的执著追求，在律师岗位上一干就是14年。这期间，他不怕风险、奋力维护法律尊严，先后有10余名刑事被告人经他辩护从死亡线上拉回来；他知难而进，不屈不挠斗强权，先后有6位不同级别的政府领导人被人大罢免；他尽职尽责，每天工作多达十几个小时，接待全国各地的来访者，给数以千计的群众回信。一年365天，他至少有300天奔波在外办案，没有星期天，没有节假日；他从业清廉，恪守职业道德，从业14年，从没收过当事人1分钱，没向顾问单位索要任何东西，报销过一张条子。由于王海云的突出贡献，他先后荣立一、二等功各1次，被授予四平市劳动模范，政法战线标兵，省优秀律师，全国司法行政系统从业清廉先进分子及全国38例优秀案例评选获得者。1995年，被司法部授予全国十佳律师称号。当选为省、市政协委员，区人大代表。法制日报、中国律师报、吉林日报等多家新闻单位曾报道过他的事迹。

〔**周玉兰**〕 女，42岁，吉林省公主岭市公证处主任，二级公证员。1981年从事公证工作以来，孜孜不倦地学习法律、法规和业务知识，写下了30多万字的读书笔记，她撰写的《论遗赠抚养协议公证应注意的几个问题》论文，被省法学会和公证员协会评为二等奖；公证员业务考试获全省第一名。她工作兢兢业业、勤勤恳恳。业务量创全区七市、县公证员第一名。她坚持办证原则，不徇私情，尽职尽责。几年来她办理各类公证13480件，合格率100%。她的事迹在吉林省《党的生活》杂志、《吉林日报》、《公主岭市纪检》、《吉林法制报》、《四平日报》相继刊载。她连续11年被评为公主岭市委、市政府先进工作者；4次被评为四平市司法局先进工作者；2次被评为四平市政法战线标兵、排头兵，1次被评为四平市劳动模范，4次被吉林省司法厅记一等功，2次授予吉林省优秀公证员，2次被评为全国司法行政系统先进工作者，公证质量评比先进个人，1次被评为司法行政系统全国劳动模范。两次参加全国司法行政系统英模报告团。1995年，被司法部授予全国十佳公证员称号。

（吉林省司法厅）

1995年黑龙江省司法行政工作

〔**概述**〕　1995年，全省各级司法行政机关和全体干警突出监狱、劳教工作、法律服务工作、干警队伍建设和监狱、劳教经济工作这个重点，全面承担起了法律服务和法律保障职能，为我省经济发展和社会稳定做出了应有的贡献。

——全省监管场所秩序稳定。全省监狱、劳教所紧紧围绕学习贯彻《监狱法》和国务院《关于加强监狱管理和劳动教养工作的通知》，以创建现代化文明监狱、劳教所为目标，始终把安全与稳定放在监狱、劳教工作的首位，开展了两次以“打基础、保稳定、创三无”为内容的“百日攻坚战”，并以此推动各项监管改造措施的落实。1995年，全省犯人脱逃率为0.63%，比部颁标准低65%。劳教人员逃跑率为0.35%，比部颁标准低0.85%。有30个监狱、劳教单位实现“三无”。

——法律服务工作取得新进展。制定并实施了《全省司法行政机关改善经济发展环境15条措施》，有力地促进了法律服务工作的开展。全省已有律师事务所330家、比上年增加11%，执业律师人数达到2695人，比上年增加37.2%，代理诉讼和非诉讼法律事务4.19万件，比上年同期增加11.4%。全省办理各类公证24万件，比上年提高10%，收费达868万元，是上年的126%，基层法律服务1.6万余家，办理法律事务22.6万件，法律服务工作为企业单位和当事人避免和挽回经济损失达14亿元。

——法制宣传和法学教育工作不断深化。在不间断地开展市场经济法律、法规宣传的同时，全面开展了“二五”普法验收工作。有13名省级领导干部带队组织验收工作。领导干部学法取得很大进展，依法行政的意识不断增强，分别举办了省级领导和厅局级领导干部社会主义法制建设讲座，培训达500人。依法治理工作发展迅速，依法治村、民主管理普及面达89%，有56个县、9个市地提出依法治理目标。

——监狱劳教经济危困状况开始好转。1995年，我们把发展监狱、劳教经济作为工作重点，大力推行了“统一领导、双轨运行”管理体制改革、重点抓了5个亏损严重的工业监狱经营机制的转换、公开招标选聘企业领导者，实行委托经营，广开生产门路，组织近万名犯人开展外役创收。据统计，1995年，省直监狱工业生产实现产值1.95亿元。比上年同期增长25%，外役创收已达2000多万元。监狱农业实现粮食总产19万吨，比上年增加3.3万吨，经济作物总产4.8万吨，超历史最好水平。

——积极参加社会治安综合治理。通过在狱所内开展“交余罪、揭线索、挖团伙”的政治攻势，配合了集中整治和各项严打斗争，全省犯人、劳教人员共检举各类犯罪线索1580件，均移交公安、检察部门。“两放”人员安置帮教工作取得突破性进展，市地、县区司法局建立“两放”帮教安置机构665个，创办经济实体155家，安置“两放”人员1526人次。人民调解注重加强了重点人口和部位的调解工作。1995年，共调解各类民间纠纷7万余件，调解成功率达97%，法制宣传、律师、公证工作也都为社会治安综合治理做出积极贡献。

——班子和干警队伍建设迈出了新步伐。把选拔能够担当跨世纪重任年轻干部摆上重要位置，制定和下发了年轻干部培养选拔方案，并在30%的监狱、劳教的领导班子中配备上1名35岁左右的领导干部，各级领导班子年龄、文化结构有了较大改善。在干警队伍中，广泛开展了“学东莱、打基础”争先创优活动，树立了县区司法局、监狱、劳教所、律师事务所、公证处、基层法律服务所6个基层工作先进标兵。组织广大干警学习《邓小平文选》。通过开展向孔繁森同志学习活动，广大干警树立了顾全大局、克己奉公、无私奉献、讲求高效、爱岗敬业精神。

〔**黑龙江省委常委举办法律知识讲座**〕　9月5日，省委常委学习中心组在省委常委会议室举办了社会主义市场经济法经济法律知识讲座。省委书记岳岐峰、省人大常委会主任孙维本、省长田凤山、省政协主席周文华、省委常委孟庆祥等16位领导同志参加了学习。省委普法讲师团成员、东北林业大学社科系副教授王耀先讲授了《社会主义市场经济与法制建设的几个问题》。

在听讲过程中，参加学习的领导同志不时地记笔记、插话互相交流。岳岐峰说，在由计划经济向社会主义市场经济体制转变过程中，政府要注意掌握好以法律手段为主、以行政手段为辅的经济调控措施，要处理好两者的关系。企业领导者要学法、懂法、守法，学会运用法律手段保护企业的合法权益，避免因不懂法造成经济损失。执法人员更要带头学法执法，对少数执法违法者要坚决依法查处。王耀先副教授在讲课中提出的关于发挥地方立法作用，抓紧研究制定地方经济立法规划，发挥公证、律师等法律中介服务机构在社会主义市场经济中的作用和建立政府法律顾问制度的三条建议，岳书记、田省长认为很好，要认真研究采纳。

〔公证工作与公开选干〕　9月18日，我省公开选拔副厅(局)级领导干部工作正式开始，省委要求纪检、监察和公证部门派员参加，对整个考试、面试工作实施行政、法律监督。为确保公证质量，省厅党组选派素质好、经验丰富的省公证处主任和一名公证员对命题、评卷工作进行公证，同时组织省及哈市公证处派出优秀公证员在面试阶段进行公证。从9月18日至10月5日，对省委公开选拔副厅(局)级领导干部工作的公证发挥了证明、服务、沟通、监督的作用。该项工作主要从笔试和面试两个环节进行。在命题评卷阶段，公证员与命题组一同进入封闭状态，对命题评卷全过程进行监督。在封题、发题、收题、开封、核分、登分等环节亲自动手，现场参与，特别是开封时逐张检查，对有特殊标记的卷面提出单独评卷的要求，从而确保了公证质量。在面试阶段，省厅组织省及哈市所辖太平、动力、道里、道外四个区的18名公证员，两人一组分别在公开选拔的9个面试考场，在确认面试人员身份等环节全过程进行了现场公证。

〔全省律师启用新的执业证〕　1995年，全省律师年检、注册、换发新证工作于9月底前顺利结束。省司法厅对这次年检、注册工作进行了改革。各律师事务所须按照省厅要求，在业务工作、制度建设、职业道德、执业纪律、财务管理等方面逐级接受年度检验，合格的方可注册。注册时，按律师级别，由律师个人一次性缴纳注册费。注册结束后，从10月1日开始，全省律师启用新的《律师执业证》。

〔省政法管理干部学院实现“三连冠”〕　为检查、评估全国政法管理干部学院的教学质量，指导并推动全国政法管理干部学院的教学工作，司法部法学教育司1995年继续组织了全国政法管理干部学院大专班的刑法、民法课程统考，省政法管理干部学院参加民法统考，并以总平均分80.71分夺得全国第一名。这是学院自1992年以来，连续第三次荣登榜首，实现了“三连冠”的目标。司法部向全国通报了考试成绩，并对省政法管理干部学院予以表扬。

〔伍增荣、孙淑兰进人“十大女杰”行列〕　省光华律师事务所主任伍增荣和革志监狱副监狱长兼女监大队教导员孙淑兰双双进入省“十大女杰”行列。《黑龙江日报》刊登了她们的事迹。1995年全省首届“十大女杰”评选活动是省妇联和黑龙江日报社联合举办的。

（黑龙江省司法厅）

1995年上海市司法行政工作

〔概述〕　1995年，全市各级司法行政机关认真贯彻“改革、发展、稳定”的基本方针，开展各项工作，为维护社会稳定、促进改革开放和经济建设，作出了积极的贡献。

坚持把维护社会稳定放在首位。积极配合“严打”斗争，参与社会治安综合治理，特别注重在“防”字上下功夫。不仅调处大量家庭、邻里纠纷，而且调处影响社会稳定的群体性矛盾。全年共调处群体性社会矛盾870余件，民间纠纷52265件，其中防止因民间纠纷激化引起的自杀事件99起(涉及105人)，防止民转刑案件86件(涉及141人)。继首家杨浦区义务法律咨询站和上海市陈律师义务法律咨询站建立后，浦东新区、普陀区、静安区也建立了法律援助机构，接待群众咨询5200人(次)。公证机关配合市政建设办理动拆迁协议公证3万余件。监狱、劳教所及时收押、收容罪犯、劳教人员，并组织200名社会志愿帮教者与罪犯、劳教人员“结对子”，探索综合治理的新路子。

贯彻《监狱法》，理顺体制，调节布局，推动监狱、劳教工作新发展。在市委、市政府领导下，进一步理顺监狱、劳教工作管理体制。召开监狱、劳教工作会议，调整充实监狱局、劳教局、申江企业总公司的领导班子，基本完成了内部机构设置和人员配备。监所布局调整工作顺利启动：青浦监狱一期工程基本完成；少管所已完成土建；女子监狱动工兴建；宝山监狱已申请立项；周浦监狱和第三劳教所改扩建一期工程已交付使用，共增加收押、收容量5500人。在罪犯劳教人员增多、改造难度增大的情况下，监狱和劳教所（监所）秩序继续保持稳定，1995年脱逃率仍控制在1.49‰和0.9‰，在全国名列前茅。

深化改革，强化管理，法律服务工作迈新步。在原市第二律师事务所改革试点的基础上，又有80%的市属占编所提出改革方案。全市律师均已纳入社会养老保险。浦东新区试行公职律师制度，为政府机关依法行政提供服务。《上海市公证条例》已经市人大常委会讨论通过。公证处和乡镇法律服务所建立、健全了公证员办证责任和过错赔偿制度。市局举办律师职业道德培训班6期。健全律师惩戒机构，设立投拆电话，共查处律师、公证员违法违纪案件109件，处理10人。律师队伍不断壮大，业务进一步拓展。全市律师事务所发展到215家，其中区县管理的律师事务所由43家增至180家。全市律师队伍发展至4403人，其中专职律师2027人，比上年增加8.9%；律师担任企事业单位法律顾问20035家，办理刑案辩护8576件，代理民事案件19923件，代理经济案件25167件。办理公证24.2万件，其中国内经济公证3.9万余件，同比增加47.2%；办理商品房买卖公证1.8万件，抵押贷款公证4830件，同比分别增加74.4%和103.6%。乡镇法律服务所担任乡村企业法律顾问5454家，为企业追回拖欠款1.9亿元，使企业避免经济损失1.7亿元，调处各类纠纷3827件。乡镇现有律师138名，有14个乡镇在乡所基础上成立律师事务所。

领导重视，各方配合，基本完成“二五”（1991～1995）法制宣传教育规划（简称“二五”普法）。1995年，“二五”普法进行全面总结检查。市人大、市政协、市委宣传部、市司法局等组成了“上海市‘二五’法制宣传教育检查团”。通过检查充分肯定“二五”普法取得的显著成绩，也指出存在的问题和不足。全市被评为“二五”普法先进单位200个、先进个人401名；全国普法先进单位24个、先进个人23名。

1995年被评为“上海市司法行政系统红旗集体10个、上海市司法行政系统个人标兵10名；市文明单位4个；市级机关文明单位1个；9人被评为全国、全市先进（除普法先进外）。

〔中共上海市司法局委员会成立〕 4月24日，经中共上海市委批准，中共上海市司法局党组改为中共上海市司法局委员会；由薛明仁、陈鹤鸣、朱济民、缪晓宝、张凌、杨全心、吴军营组成，薛明仁任书记，陈鹤鸣、朱济民任副书记。市委还批准市司法局政治部为副局级机构。

〔上海市监狱、劳教工作会议〕 5月26—27日在友谊会堂召开。市委常委、市公安局长朱达人，副市长孟建柱、司法部、市政法系统有关部门负责人及监狱、劳教系统的数百名干警出席了这次自1982年上海市第9次劳改工作会议以来规模最大的一次工作会议。市委、市政府副秘书长刘云耕代表市委、市政府在会上讲了话。会议回顾总结了13年来上海监狱、劳教工作的成绩和经验，提出今后上海监狱、劳教工作的任务：组织广大干警深入学习《监狱法》；全面规划，精心组织，推进现代化文明监所建设；从严治警，切实提高干警队伍的整体素质；深化改革，研究探索既适应监狱、劳教所工作特点，有利于罪犯、劳教人员劳动改造，又符合市场经济规律的经济管理体制。

〔上海市监狱管理局挂牌〕 经市政府批准，上海市劳改局自5月26日更名为上海市监狱管理局，级别为正局级。朱济民、朱崇武、麦林华任副局长。原市监狱、劳改一支队、二支队、七支队、二总队、三总队和医院分别更名或定名为市提篮桥监狱、五角场监狱、周浦监狱、北新泾监狱、白茅岭监狱、军天湖监狱和监狱总医院。同时，经市委决定，成立中共上海市监狱管理局委员会，由朱济民、林化宾、胡荣根任副书记。

〔上海市劳动教养工作管理局成立〕 经市政府批准，上海市劳动教养工作管理局于5月26日成立，级别为副局级。吴军营任局长、局党委书记。

〔学习、宣传、贯彻《监狱法》〕 监狱局首先组织干警学习《监狱法》并开展干警执法执纪大检查；其次，组织《监狱法》讲师团，对罪犯宣讲；举办罪犯学习《监狱法》知识竞赛和演讲比赛，给罪犯家属发公开信、在接见日向家属展览黑板报、组织咨询服务；同时向社会宣传：与上海电视台“智力大冲浪”栏目联合录播《监狱法》知识竞赛；在上海电视台播映上海监狱系统依法改造罪犯的九集专题片《上海监狱纪实》；与上海社科院合编出版《监狱法问答》辅导读物。

〔《炼魂—今日上海监狱》出版〕 薛明仁主编。这是全国第一本全面反映监狱工作的大型摄影画册，分10个专题反映上海监狱干警认真执行《监狱法》的情况和改革开放以来上海监狱工作所取得的成就。汪道涵为画册题写书名，朱穆之等任特邀顾问并题词。司法部常务副部长张秀夫专程来沪参加12月29日在华夏宾馆举行的首发式，并肯定画册准确、系统、翔实、生动地反映了中国监狱工作。

〔**社会帮教志愿者队伍成立**〕　4月28日由来自市总工会、团市委、市妇联、市委老干部局等系统的100多名社会帮教志愿者组成，年底扩大到200余人。帮教采用“一帮一”形式，以平时通信，个别谈话为主，还组织针对性强、融文化、技术教育在内的有特色的帮教活动，帮助罪犯认罪服法，树立正确的世界观、人生观和价值观。

〔**16项罪犯创造发明全国获奖**〕　在第九届全国“星火杯”发明创造竞赛上，市监狱局选送的16项罪犯创造发明全部获奖，其中二等奖7个、三等奖4个、四等奖5个。经推荐，“救生设备用逆向反光材料”还荣获中国发明成果金杯奖。“ML－01型日光灯高效电子节能灯脚”等三项发明，也分获第九届全国“星火杯”发明展览会银奖和铜奖。在前第七、八两届全国竞赛中，上海有45项罪犯的创造发明获奖，还获得15项国家专利。

〔**邓小平法制思想研讨会**〕　与中共上海市委政法委员会、市法学会联合举办，4月24日在锦江小礼堂召开。市法学专家、教授、研究人员和政法部门200余人参加。会议收到60多篇论文，反映了上海法学、法律工作者联系社会主义民主和法制建设的实际，学习研究邓小平法制思想的丰硕成果，其中48篇汇编成册。会上，中共上海市委副书记、市委政法委书记王力平等19位作者宣读了论文。

〔**上海仲裁委员会成立**〕　9月18日，市司法局根据《中华人民共和国仲裁法》和国务院关于《仲裁委员会登记暂行办法》有关规定，准予设立登记，并发公告。由李国光任主任，谢天放、庄晓天、曹建明、蒉延庆任副主任，并聘请了231名法律、经济贸易方面各有专长的仲裁员。

〔**浦东新区建立社会矛盾调解中心**〕　这是全市第一家专司社会矛盾调处职责的机构，6月29日成立。其主要任务及职能是：直接参与区内发生的重大群体性社会矛盾纠纷的调解；对可能引发的社会矛盾纠纷及时提出预防性建议；随时掌握纠纷苗子、协调各方力量，把矛盾解决在萌芽状态、解决在基层。至年底，“中心”直接参与调处各类纠纷58起，提供各类简报、专报、情况反映96件，撰写调研文章11篇，收到群众表扬信6封，锦旗3面。赵启正副市长赞誉：“这是一件创造性的新事”。

〔**上海市第二律师事务所深化改革后更名为震旦律师事务所**〕　7月8日起，按照不占国家编制，不要财政拨款，自收自支、自主管理、自我约束、自我发展的要求，制订改革方案，经司法局和市体改委批准实施，所内律师由合作律师和聘用律师组成。实行考核到人、按劳分配和医疗、待业、养老、人身意外保险制度，遇风险由合作律师承担无限连带责任。这样的改革，既保持了原国办大所的人力和硬件优势，又注入了新的活力，有利于整体规模发展。

〔**浦东新区试行公职律师制度**〕　8月23日试行的该制度规定：公职律师由符合专职律师条件的国家行政机关公务员担任，主要职责是承担为行政决策或重要项目谈判出具法律意见书，代理行政诉讼和起草、审核、修改法律文件等政府法制方面的工作。不得从事本部门和政府法制工作以外的法律事务，不得进行有偿法律活动。公职律师同时适用律师惩戒和处罚的统一规定，每年必须登记注册。

〔**外国律师走进上海滩**〕　外国（境外）律师事务所在沪设立办事处的试点工作，自1992年7月开展以来，共有11个国家和香港地区的81家律师事务所前来申请咨询。经司法部批准，现有15家外国（境外）律师事务所在上海设立办事处，其中美国、法国、德国、日本、加拿大各1家，英国3家，香港7家，其余的正在申请、批准中。经过几年努力，外国（境外）律师事务所办事处（下称“办事处”）的业务活动逐步走上正轨，业务量和收入比上年度有很大提高；同时，利用其专业特长与出入境的便利，通过讲学、报告会、组团出访等形式，将世界有关国家与地区的经济、法律情况介绍给沪上企业界、学术界，扩大上海在世界的影响；办事处还加强了同境内律师事务所业务双向委托、交流。

〔**方达律师事务所成功代理组建大型中美合资企业法律事务**〕　方达律师事务所受上海水仙电器股份有限公司委托，全权代理该公司与美国惠而浦海外控股公司，共同投资7500万美元，合资组建上海惠而浦水仙有限公司的法律事务，并取得成功，保证了该合资企业按期在浦东金桥出口加工区成立。

〔**全市138名农民当上律师**〕　他们都是大专以上学历、经全国律师资格考试而取得律师执业证，并依托乡镇法律服务所积极为农民和农村经济服务。

〔**陈律师义务法律咨询站揭牌**〕　这是一家市级律师义务法律咨询站，以电视剧《神圣的阳光》主角陈茵之律师姓氏命名，由市属律师事务所律师轮流接待市民咨询。6月2日开办后受到市民的关注与欢迎，至年底共接待当事人3041次，并于9月2日建立了普陀分站。杨浦区、静安区、浦东新区等也先后建立了义务法律援助机构。

〔**首期律师涉外法律进修班举行**〕 市涉外法律人才培训中心(下称“培训中心”)举办首期培训班。参加培训的有部分律师事务所负责人和部分区县司法局长，7月4日～26日先在国内培训，然后应美国华盛顿大学法学院邀请赴美进行法律专业的培训考察。通过培训考察，学员们对美国的司法制度与民商法律制度，美国律师管理体制与美国律师事务所的运作机制，美国社会现状与法制状况加深了了解，对提高学员办理涉外法律业务的能力，推进上海律师制度的改革，很有教益。

〔**上海8名律师当选全国律师协会理事**〕 在7月13日～15日召开的第三次全国律师代表大会上，上海郑传本、高前和、朱洪超、武延年、唐公民、缪林凤、吴伯庆和段祺华8位律师当选为新一届全国律师协会理事，朱洪超被选为全国律师协会常务理事、副会长。

〔**上海市公证条例**〕 12月29日经市十届人大常委会第24次会议审议通过，共8章56条，1996年3月1日施行。该条例根据国家有关法律、法规，结合上海实际，从规范公证行为，发挥公证的证明、服务、沟通、监督作用出发，对公证机构、人员、管辖、业务、程序等作了明确规定，尤其是规定了土地使用权的转让、抵押、重大建设项目和大型建设项目的招投标，国有企业的租赁、产权出售、拍卖及外销商品房买卖等应当公证的事项。还确立了公证赔偿责任制度。

〔**台湾公证人首次访沪**〕 1月11～13日，以台湾海基会副秘书长许惠为团长的台湾公证人大陆参访团一行12人访沪，就海峡两岸的公证制度和履行《两岸公证书使用查证协议》等进行交流、探讨，并访问了市公证处。1995年，上海向台湾海基会寄送公证书副本共2193件，收到台湾海基会寄送的公证书副本1038件。

〔**《神圣的阳光》播出170集**〕 由市司法局与上海电视台联合摄制的法制系列短剧《神圣的阳光》自1994年6月1日在上海电视台首播后，已播出170集，其中1995年播出108集。由于该剧贴近生活，寓教于乐，形象直观，有情节又有法律知识，深受观众欢迎，成为上海法制宣传的窗口。剧中女主角陈律师也成为市民心目中维护法律和正义的律师形象。

〔**隆重举行七届宪法宣传周活动**〕 上海在普法中始终把宪法宣传教育放在首位，并贯穿于全过程。从1989年起，每年确定一个主题，举行一年一届的宪法宣传周活动，在全市大张旗鼓地宣传宪法的基本精神和原则，至1995年共举行了七届。在历届宪法宣传周活动期间，从市区到郊县，从机关到基层，都认真安排、精心组织，以电视节目、报告会、理论研讨会、座谈会、法律咨询、知识竞赛、文艺演出等多种形式，围绕主题开展宪法宣传教育，增强广大干部群众的宪法观念。

〔**重视外来人员法制教育**〕 全市现有外来人员251万。在“二五”普法中，上海加强外来人员的法制教育。一、以乡、镇、街道为主，设立外来人员学校，加强教育和管理。长宁区周家桥街道开办“外来人员学校”的经验，由人民日报、中央人民广播电台、解放日报报道后，各区相继成立“外来人员学法业余学校”、“外来民工文明学校”、“外来人员法制教育中心”、“外来人员管理学校”和“保姆技能学校”等。二、规范外来人员法制教育的内容。市司法局与市公安局联合编写通俗法律读本《入沪指南》、《外省来沪人员投资务工须知》；与市综合治理办公室创办《打工族画刊》，为外来人员提供学法资料。各区县也结合实际，编印外来人员法律读本，受到用工单位和外来人员的普遍欢迎。

〔**大众传播媒介让法制宣传教育进入千家万户**〕 “二五”普法中，上海新闻界加强了法制宣传的声势和力度，在原有宣传栏目基础上，又开设了新的法制专栏、专题节目，如上海电视台《神圣的阳光》、《案件聚焦》，东方电视台《东方110》，有线电视台《金色天平》、《警坛纵横》、《上海交通素描》，教育电视台《法苑写真》，上海电台《市民与社会》和解放日报《法制与生活》、青年报《法律与权益》等，有效地配合和推动了“二五”普法的深入开展。

〔**一批高层次法律人才加盟律师队伍**〕 1995年有161名来自社会各方面的法律人才加入律师队伍。他们受过法律专业培训，全部具有高等学校毕业文凭，本科生、硕士生、博士生占40.1%，从而使上海律师中具有法学硕士、法学博士学历的人数达到196名。

〔**上海法律人才交流中心成立**〕 12月14日，经市人事局和市编制委员会批准建立。该“中心”主要负责全市律师、公证人员的人才流动、人员交流、档案管理、职业培训等工作，以吸引人才、培养人才，保证法律人才有序流动。

〔上海大学法学院深化教学改革〕　从9月起施行短学期制、学分制、选课制，调动了学生学习的积极性、强化了教师的敬业精神，提高了教学质量。在教学方法上，以刑法学为试点实行案例教学法，提高了学生理论联系实际的思辩、论辩能力。

〔华夏希望小学在宁夏建成〕　由中共上海市委副书记王力平题写校名的华夏希望小学，系上海华夏宾馆出资20万元与宁夏海原县九彩乡合作建造，其中5.1万元为宾馆员工捐款。该校已于8月底建成，9月投入使用。

〔司法鉴定科学技术研究所积极拓展业务〕　该所系司法部部属综合性研究所，已有40多年历史，现有7个研究室，承担科研、检案、专业人员教学等任务。1995年完成科研项目18项，其中申报国家科研进步奖3项、获司法部科技进步奖2项，接受并完成全国各类刑事、民事案件的司法鉴定及疑难案件的复核鉴定1620例，并举办了全国首期"法医男性学讲习班"。

〔朱屺瞻大师《梅花草堂集册》珍藏本公证〕　朱老在105华诞前，授权上海美术出版社有限印制105册，每册均由朱老亲笔落款，并盖以齐白石镌刻的"梅花草堂"原印。市公证处对《梅花草堂集册》有限印制珍藏本的真实性和毁版过程作了公证，并在5月3日举行的首发式上，将出具的公证书分别装订于每册珍藏本内。还对该集册每幅书画一一拍照留底存档。

（上海市司法局　唐秀风）

〔周介昆、秦桂香获司法部表彰〕　2月16日，司法部在北京表彰50名全国优秀监狱长和30名全国优秀劳教所长，上海市军天湖监狱长周介昆和女劳教所所长秦桂香名列其中。

〔陈富林荣获全国十佳基层法律工作者称号〕　松江县华阳镇司法助理员兼法律服务所主任陈富林，多年来通过参与项目谈判、决策论证、草拟和审查经济合同等，为镇村经济发展提供优质、高效的法律服务，避免经济损失163万元；他忠于职守、无私无畏，切实抓好民间纠纷防激化工作，6年中未发生一起激化案件，非诉讼纠纷调解成功率达99.7%，并采取"中学青保示范班"、村调解主任到法律服务所跟班学习等措施，推进依法治村，为地区社会秩序稳定作出显著成绩。11月29日，司法部授与他全国十佳基层法律工作者称号。

〔全国"二五"法制宣传教育工作先进集体名单〕　上海市法制宣传教育办公室、上海市徐汇区、上海市虹口区、上海市人事局、上海市市政工程管理局、上海柴油机股份有限公司、上海太平洋化工公司吴泾化工总厂、上海市邮电管理局、上海物资（集团）公司、上海市对外经济贸易委员会、上海市文化局、上海市卫生局、上海市工商行政管理局、上海市凤凰股份有限公司、上海市技术监督局、上海市江南造船厂、上海市锦江（集团）公司、上海市第一百货商店股份有限公司、上海市第一钢铁厂、上海市静安区教育局、上海市普陀区桃浦镇、上海市松江县新桥乡春申村、上海电视台《案件聚焦》栏目、上海市高级人民法院法制宣传处。

〔全国"二五"法制宣传教育先进个人〕　张国辉、庄彬芳、吴蔼芳、陆宛如、赵磊、王会义、施加人、邵庆良、郑长裕、叶青、崔鹏飞、吴岭、沈采之、王秀宝、钱人杰、熊传林、谈永德、叶云晓、方辰发、丁荣良、颜国俊、张根娣、曹建明。　（上海市司法局　唐秀风）

1995年江苏省司法行政工作

〔概况〕　1995年，全省司法行政系统以党的十四届四中、五中全会精神为指针，紧紧围绕"改革、发展、稳定"大局，切实贯彻省第九次党代会精神，坚持以维护稳定为己任，以队伍建设为龙头，一手抓改革发展，一手抓监督管理，指导思想明确，工作措施有力，业务发展实现新跨越，改革管理又上新水平，为江苏的政治、社会稳定以及改革开放和经济建设作出了应有的贡献。

〔基本情况及主要业务统计数据〕　全省共有117个市、县（区）司法局，30个监狱劳教单位，其中监狱25个、劳教所5个，全系统共有干警20644人，其中监狱、劳教干警13623人。全省共有公证处110家，有公证员526人，其中一级公证员3人，二级公证员47人；律师事务所413家，其中国资所321家，合作所44家，合伙所48家，共有律师工作人员4184人，其中一级律师 11 人，二级律师 83 人；基层法律服务所 2117 家，共有法律工作者 6933 名。

与 1994 年相比：(1)办理公证 356559 件，增长 10.90%，其中国内经济公证 156650 件，与上年基本持平，民事权利义务公证 145598 件，增长 14.88%，涉外民事公证 37962 件，增长 5.21%；涉外经济公证 16349 件。(2)律师担任刑事诉讼辩护及代理刑事自诉案件 13108 件，与上年持平；代理民事诉讼案件 21925 件，增长 35.08%；代理经济诉讼案件 21925 件，增长 29.03%；代理行政诉讼案件 917 件，增长 52.32%；担任常年法律顾问 21994 家，增长 11.72%，办理非诉讼法律事务 27810 件，下降 9.40%；代写法律文书 39275 件，解答法律咨询 272798 件，为当事人挽回和避免经济损失 47 亿元。(3)全省有 14499 名犯人、4094 名劳教人员分别被依法减刑、减期或假释，罪犯、劳教人员的脱逃率分别下降 8%和 36.6%，有 12 个监狱劳教单位实现"三无"，分押达标中队分别占押犯、劳教中队的 71.5%和 100%，分管罪犯、劳教人员分别占总数的 96.4%和 85%。监狱劳教系统完成工农业总产值 13.95 亿元，其中监狱系统 12.35 亿元，劳教系统 1.6 亿元，分别增长 11.3%和 18%，完成主营业收入 19.5 亿元，监狱、劳教系统分别增长 7%和 27.6%，农业总产 18.25 万吨，创历史最好水平。(4)人民调解组织调处各类民间纠纷 31.6 万余件，调解率 96.2%，调解成功率 96.15%，防止民间纠纷转化为刑事案件 2907 件，防止因民间纠纷引起非正常死亡 3000 起 3494 人。乡镇法律服务所调处各类纠纷 82826 件，协办公证 152515 件，办理民事诉讼、非诉讼法律事务 103902 件，担任法律顾问 48083 家。为政府和乡镇企业避免和挽回经济损失 19.62 亿元。

〔**法律服务**〕　全省各地坚持以经济建设为中心，发挥了法律服务机构的中介组织作用，促进了我省社会主义市场经济的逐步建立。(1)不断拓展新的法律服务领域。一是为政府和骨干企业担任法律顾问取得了新的进展。全省法律工作者担任各级政府法律顾问达 1460 家，南京市白下区政府的 8 名正副区长全部聘请了法律顾问，使法律服务更广泛地渗透到了政府宏观调控、企业重大生产经营的决策之中。二是普遍介入了金融、证券、房地产、外经外贸、劳务输出等领域，苏州、无锡、南京等地还积极介入新区、工业园区、度假区、保税区、高新技术开发区等领域。各地公证处积极试办了一批新型公证项目，收到良好效果。三是成功地代理了一批标的大，有影响的案件。在经济欠发达的沛县，律师一次为当事人避免损失近半个亿，受到省、部领导的高度肯定。四是全系统还把为农业、农村工作和维护农民合法利益提供法律服务摆上重要位置，各方形成合力，积极为农业主导地位，农村改革和产业结构调整服务，把服务对象延伸到农村的各类组织和个人。(2)进一步更新法律服务的技能，提高了法律服务的层次。各级各类法律服务机构由过去的单一服务，逐步过渡到参与经济立项、资信调查、参与谈判、签订合同、代理申领各类证照、批准证书、调处纠纷等全方位服务。全省非诉讼法律事务占总量的比例近 50%，部分法律服务机构还开展了风险代理，法律援助、设立服务卡、信用帐户、家庭顾问等紧贴当事人的服务项目。苏州、无锡、连云港等地一些律师事务所先后与美国、西欧、东南亚等国家及港澳台地区的律师机构建立了商标、专利权等知识产权领域专项代理协作业务关系，促进了法律服务水平的提高。

〔**法律保障**〕　全省各级司法行政机关全力以赴，为我省政治和社会的持续稳定作出了应有的贡献。(1)监狱、劳教单位积极参与"禁毒禁娼"斗争，克服设施陈旧、监所暴满、财力不足等困难，想方设法扩大关押、收容规模，关押，收容罪犯、劳教人员比上年底净增近万人。为确保监所秩序稳定，全系统逐级签订并严格执行"三防"工作责任状，净化了"四个要害"管理、收回了外宿犯，对团伙犯进行了全省拆调，顺利完成了部分外省籍犯人的二次大调遣。全系统还开展了"五比、五看"为主要内容的监管工作百日安全竞赛活动，对押犯进行了《监狱法》的学习教育、"严打"形势教育，开展监所纪律的专项整顿。劳教单位完善了分类分级管理，进一步提高了改造质量。(2)狠抓领导干部、青少年和流动人口的法制宣传教育工作。省四套班子领导参加了第三次学法讲座，推动了全省领导干部的学法。无锡、南京、南通、镇江等地还根据省厅的要求，加大了在青少年、社会闲散人员和流动人口中开展法制宣传的力度。新沂市大力推广新安乡的《安民手册》，有力地促进了依法治村，这一做法引起全国人大法工委、农业部的高度重视，《人民日报》对此专门作了报道。(3)加强人民调解组织建设，加大调解力度。一是认真贯彻省委、省政府《关于进一步加强人民调解工作的意见》精神，加强基层调解组织的标准化建设，整顿处于瘫痪、半瘫痪的调委会，提高调解工作快速反应能力。二是适应改革开放的需要，将调解组织渗透到城郊结合部、三资企业、乡村企业，渗透到机关事业单位。三是以防激化为重点，在全省范围内开展专项治理活动，把停产、半停产企业的内部纠纷、农村的违法婚姻和宅基地纠纷等作为治理的重点。徐州市司法行政部门成功地调处十多起百人上访、闹事纠纷事件，有效地维护社会稳定、得到当地党委、政府和省委、司法部领导的肯定。

〔**深化改革，强化管理**〕　省厅在工作思路上确定一手抓改革发展，一手抓监督管理，各项工作协调发展。在改革方面，(1)以贯彻落实国务院(95)4号文和省政府《关于加强监管改造和劳动教养工作的通知》为契机，推动了监狱、劳教财政保障体制的重大变革；积极督促监狱、劳教所按照已确定的创建工作三步走战略，加紧实施现代化文明监狱、劳教所的建设。在经济工作方面，确定了监所经济发展战略，即苏南发展工业一体化，苏北发展农工商一体化经济建设，加快了跨行业、跨所有制、跨系统的企业集团的组建，调整、优化了产品结构。(2)从增强内部运行机制入手，不断深化律师、公证、基层法律服务体制改革。律师方面，全省新发展律师事务所67家，其中国资所18家，合作所11家，合伙所38家，初步形成了多种执业组织并存的格局。公证方面，全省有5家公证处转为事业单位，80%的公证处内部实行事业化模拟运转。基层方面，积极推进室所分设，扩大"两不四自"的面，全省20%法律服务所实行室所分设和70%的法律服务所实行"两不四自"。同时全省积极探索法律援助制度，为经济拮据的单位和个人提供无偿法律援助，无锡市法律援助中心已正式成立运行。

为保证司法行政各项事业健康发展，各地在深化改革的同时，不断强化监督管理工作，一是强化目标管理责任制，层层落实目标管理责任状，一级抓一级，做到责职分明，奖惩挂钩。省厅确定了十六个目标管理项目，完成情况良好。二是加强内部建章立制工作，省厅制定并出台了《江苏省律师事务所人员管理办法(试行)》等10多个规范性文件，淮阴、连云港、盐城、常州等市就律师、公证工作管理，反不正当竞争，财务收支管理等制定了一系列规定。扬州市在全省率先建立了律师、公证风险基金，进一步完善了公证、律师人员的保障机制。三是针对律师工作改革过程中出现的新情况、新问题，加大了监督检查的力度。根据司法部的统一部署，省厅在全系统开展了执法检查，律师职业道德和职业纪律的评查活动，并结合我省实际情况，制定下发了《关于严格执业纪律，进一步加强律师队伍管理的紧急通知》，适时召开了全省律师管理研讨会。无锡等地还聘请社会知名人士、新闻单位、政法、纪检人员为行风监督员，利用社会力量，全方位加强对律师工作的管理。

〔外部环境得到进一步改善〕　全省司法行政机关积极争取党政领导关心支持，为司法行政工作开展创造了良好的内外部环境。一是省委、省政府领导多次听取省厅工作汇报，召开省长办公会议，特别是省委书记陈焕友主持召开的第18次省委常委会，专门就司法行政工作的重点、难点问题进行研究，明确地提出了解决监狱、劳教财政保障、干警待遇、加快厅机关装备建设等一系列问题的意见，并形成纪要转发。各地积极向党委、人大和政府等领导机关汇报工作，争取党政领导的关心和支持。淮阴市局根据政府制定的关于加强法律服务市场管理的通知精神，果断地取缔了9个单位和5个个人非法组建的法律服务机构。镇江市局取缔非法律师机构的做法得到了司法部的肯定。建湖县政府下发《关于建湖县公证处为办理"建筑物抵押"登记部门的通知》，为该县公证工作拓宽了新领域。二是加强了同计委、体改委、财政以及公、检、法、台办等部门的联系，就法律服务从业人员的管理、必须公证项目和改革与管理的有关问题联合下文，省厅和省体改委联合下发了《关于合伙形式律师事务所的若干意见》，与省高院联合下发了《关于基层法律工作者参加诉讼代理活动有关问题的通知》等有关规定，为司法行政工作的开展创造良好的外部环境。

〔队伍建设〕　全系统始终把队伍建设摆在首位，队伍的凝聚力和战斗力得到进一步加强。(1)发挥思想政治教育的威力，充分调动干警的积极性。全系统有计划、有组织开展了"四个教育"，即学习小平同志建设有中国特色社会主义理论教育；学习十四届五中全会和中纪委第五次全会精神为主要内容的反腐倡廉教育；学习十四届四中全会为主要内容的党建教育；学习张家港精神和学习孔繁森事迹为主要内容的勇于开拓、乐于奉献的教育。有效地增强了广大干工的主人翁责任感。结合学习教育活动，省厅在全系统开展了争先创优、立功创模活动，评选出"十佳律师"、"十佳公证员"、"十佳基层法律工作者"、"双十佳监狱劳教干警"。举办了"爱国、爱岗、爱集体"征文演讲竞争等活动，在全省掀起一个学先进，创一流的热潮。(2)加强了党组织建设、领导班子建设和干警廉政建设。各地各单位注重在法律服务和监所工作第一线发展党员，在基层公证处、事务所和大、中队建立党的组织，取得明显成效；按照"四化"标准，加强了监狱劳教单位的班子建设，年内提拔27名35岁到45岁之间的干部走上处级领导岗位，对20个班子进行了考核，对其中15名正职干部作了调整；绝大部分单位制订和完善了行风建设制度，省厅出台了《关于处(县)级干部党风廉政建设责任制暂行规定》等规范性文件，各监狱劳教单位、各级司法局都注意从领导干部以身作则、廉洁自律做起，主动接受各方监督。监狱劳教单位对执法活动、经营活动出现的少数以权谋私、索贿受贿和殴打体罚虐待罪犯劳教人员的案件进行了严肃查处。(3)采取多种途径提高队伍的业务素质，全系统通过函授、自学考试、岗位培训、举办各类培训班等多种途径，努力培养各类人才。省厅举办了县(市)区司法局长培训班，企业股份制改造、执业律师培训班等15个培训班，连云港、常州、扬州、盐城等市司法局加大在职岗位培训力度。为提高依法治监水平，全省监狱劳教系统干警普遍接受了《监狱法》的轮训。

〔法制、调研、信息等工作实现新突破〕 为了增强宏观决策能力和业务指导水平，全系统以建章立制为重点，强化了宏观管理。省厅制定内部规范性文件40余件，使各项工作逐步走上了规范化、法制化的轨道。根据《仲裁法》的规定，协助有关部门积极组建新的仲裁委员会。全系统重点围绕“三五”普法和律师管理工作，全方位开展调查研究，完成20多个专题调研项目。《江苏省司法行政工作“九五”期间发展计划》受到部和省领导的肯定。全省信息工作有了新的较大发展，有不少信息引起省、部领导的重视，有的信息被中办、国办采用。

（江苏省司法厅 陆云泉 李长山 唐 俊）

1995年浙江省司法行政工作

〔概述〕 1995年，浙江省司法行政机关以邓小平同志建设有中国特色社会主义理论和党的基本路线为指针，认真学习、贯彻党的十四届三中、四中和五中全会精神，牢固树立“大服务”观念，以为经济建设服务和维护社会稳定为中心，充分发挥法律服务、法律保障、法律教育职能作用，紧紧抓住创建现代化文明监狱、劳教所，总结验收“二五”普法成果和深入开展依法治理活动，完善法律服务改革，强化法律服务管理，加强县区司法局建设，积极参与社会治安综合治理等重点，各项工作取得了较大的成绩。

——监狱工作认真贯彻全国监狱工作会议精神，以创建现代化文明监狱和贯彻《监狱法》为主线，坚持监狱工作方针，严格执法，文明管理，监管改造工作再上新台阶。一是积极开展创建现代化文明监狱活动。11月，省一监被省厅命名为省级现代化文明监狱，并于12月份通过了部级现代化文明监狱的考核验收。二是坚持依法治监，深化教育改造，确保监管改造秩序的稳定。1995年全省押犯大量增加，收放相抵，净增6000人，押犯总数达到了近30年来的最高数，而且外省籍流窜犯占总押犯的12%左右。在严峻的监管形势下，各单位认真贯彻执行《监狱法》，促进了监管改造质量的提高。到年底，全省共脱逃罪犯31名，脱逃率为0.062%，略低于1994年，是历史最好水平。三是狠抓监狱经济的发展，不断提高经济效益。全年完成工农业总产值和销售收入比1994年增长8%。监狱经济的发展，为弥补经费不足，改善监管条件发挥了重要作用。

——劳教工作紧紧围绕创建现代化文明劳教所这一中心目标，坚持“两手抓，两手都要硬”的要求，继续加大劳教工作改革力度，加快劳教经济发展步伐，各项工作取得了明显进步。省莫干山劳教所、十里坪劳教所被司法部列入全国首批进行创建工作验收的7个单位之中。劳教场所秩序稳定。劳教人员脱逃率为0.46%，低于部规定指标。“三课”教育入学率分别为100%、98%和98%；社会帮教落实率达70%以上。劳教经济发展上水平。全年实现工业总产值11157.85万元，比上年增长68.55%。

——律师工作努力推进改革，加大管理工作力度，业务进一步发展，服务质量继续提高。据统计，全省律师共担任常年法律顾问21290家，比1994年增加32.66%；律师办案总数比去年同期增长30%以上，业务收费增长超过50%。全省有律师事务所275家，律师人员3185名（含辅助人员），比上年增加近百名。律师的业务素质进一步提高，经司法部和国家证监委认可的证券律师事务所由上年的7家增至10家，有资格的证券律师从25人增至37人。

——公证工作积极探索体制改革的路子，努力完善内部管理机制，经过努力，《浙江省公证条例》得以颁布施行，使我省的公证工作在社会主义市场经济中更好地发挥中介组织的服务、沟通、公证、监督的作用。据统计，全省共办理各类公证30万件。国内民事、经济类公证比上一年有所下降，而涉外公证和涉台公证数量分别比上一年上升63%和66%，金融、房地产、拍卖、证券、票据等方面的公证业务稳中有升。

——基层法律服务工作适应农村改革和当地市场经济发展的需要，积极发挥自身优势，广泛开展“上等级、上质量、上规模、上效益”活动，法律服务的覆盖面扩大。全省有基层法律服务所974家，其中增挂律师事务所牌子的58家；共担任常年法律顾问15177家，比上年增加4785家；共代理民事经济诉讼和非诉讼法律事务31829件，比上年增加1925件。

——人民调解工作在重视自身组织建设的基础上，充分发挥第一道防线作用，以预防民间纠纷激化为重点，及时化解各类矛盾，积极参与社会治安综合治理，广泛开展“平安社区”活动，为“保一方平安”作出了自己的努力。到年底，全省共有各类人民调解组织54780个，其中一类调解组织33880个；共有人民调解员 219015 人，受理民间纠纷 235746 件，调解成功 223507 件，成功率达 90%，防止民间纠纷引起自杀 1697 人次。

——“二五”普法教育全面结束，依法治理活动广泛开展。按照省七届人大常委会第二十二次会议作出的《关于在全省深入开展法制教育的决议》和省委、省政府颁发的《浙江省在公民中开展法制宣传教育的第二个五年规划》的要求，圆满完成了“二五”普法的各项任务，并通过了总结验收。全省共有 2752 万人接受了“二五”普法教育，占应普对象总数的 91.43%。有 17835 个单位开展了依法治理。各地以中共中央举办法制讲座为契机，纷纷掀起领导干部学法热潮。李泽民、万学远等党政主要领导与省委中心学习组成员、省有关部门负责人一起，听取了有关专家关于《公司法》与现代企业制度的法制讲座。省级机关和许多市地邀请了华东政法学院常务副院长曹建明教授为领导干部讲授“国际商贸法律制度及关贸总协定”。各地还结合反盗窃、禁毒、扫黄打非、打拐、集中整治农村社会治安、外来人口管理等专项斗争和专项治理，大力开展了社会治安综合治理法制宣传教育。

——法学教育根据发展社会主义市场经济和民主与法制建设的需要，按照《中国教育改革和发展纲要》和全国教育工作会议提出的有关大力发展职业教育和成人教育的要求，积极开展学历教育、岗位培训和大学后继续教育。律函浙江辅导总站在原法律专业的基础上新增律师专业，招收学员 2612 人，被司法部评为全国先进辅导总站，律函嘉兴、宁波辅导站被评为全国先进辅导站。华政函授、企业经济法岗位培训也取得了显著成绩。（吕华南）

〔庆元县司法局在“烟台会议”上介绍经验〕 1995 年 6 月，庆元县司法局被司法部列为全国十二个先进县(区)司法局之一，吴晓平局长作为特邀代表参加了司法部在烟台召开的全国司法厅(局)长座谈会，并在会上作了题为《艰苦奋斗　开拓进取　推进山区司法行政工作》的发言，介绍了庆元县司法局知难而进，吃苦耐劳，努力开展司法行政工作的历程。

浙江省庆元县地处山区，经济落后，司法行政工作基础差、难度大。几年来，庆元县司法局坚持在落后的客观条件下充分发挥主观能动性，牢固树立艰苦奋斗的思想，开拓进取，闯出了一条山区司法行政工作的路子，打开了新局面。他们针对本县山林纠纷多，长期影响社会稳定和经济发展的实际，主动出击，并多次冒着生命危险，全力调处山林纠纷，有效地解决了县委、县政府工作的重点和难点。1988 年以来，他们共调处山林纠纷 275 起，其中省际纠纷 52 起、县际纠纷 13 起、县内纠纷 210 起，面积达 192256 亩，会同有关部门制止因山林纠纷引起的群众性械斗 18 起。他们注重做好政府法律顾问工作，帮助县、乡政府建章立制，发挥参谋和助手作用，使依法治理向纵深发展。他们并结合当地实际，发挥律师、公证、基层法律服务工作的职能作用，为山区经济建设提供全方位、高质量的法律服务。庆元县司法行政工作的深入开展，引起了县委、县政府的高度重视和支持，也使其自身建设大大加强，地位得以提高。1995 年 7 月 14 日，司法部副部长肖建章等亲临庆元，授予庆元县司法局集体一等功并召开庆功表彰大会。司法部号召全国司法行政系统的广大干警要向浙江省庆元县司法局学习。学习他们坚定不移地贯彻党的基本路线，服从服务于经济建设大局的高度政治觉悟；学习他们解放思想、积极探索、锐意改革的开拓意识；学习他们的求真务实、真抓实干的工作作风和勇于创新、争创一流的革命精神。之后，浙江省司法厅响应司法部号召，在全省司法行政系统开展向庆元县司法局学习的活动，通过学庆元、赶庆元、超庆元，把全省司法行政工作推上一个新的台阶。（杨成梁）

〔省政府同意设立刑释解教回归人员管理机构〕 浙江省政府在浙政发[1995]104 号文件中明确规定：各级政府及有关部门要把对刑满释放、解除劳动教养人员的安置、帮教工作，作为落实社会治安综合治理领导责任制的一项重要内容，纳入本地区社会发展总体规划，统筹安排，抓好落实。各市、县司法局经同级编委批准，可在核定编制内设立刑满释放、期满解教人员安置、帮教工作机构。这个文件的下发，有力地推动了刑释解教回归人员管理教育工作的开展。目前，全省已有 14 个县(市、区)、39 个乡镇建立了刑释解教人员管理教育机构，还有一批县(市、区)结合机构改革，正在报批过程中。（吕华南）

〔浙江省首家转制为事业单位的公证处〕 义乌市公证处是浙江省先进公证处之一，1992 年被司法部评为全国公证质量先进集体、1994 年被浙江省司法厅授予集体二等功。1995 年经义乌市政府批准，成为浙江省首家由行政机关转制为事业单位的公证处，经费实行自收自支，自负盈亏，从而迎来了新的发展时期。

义乌市公证处为配合“兴商建市”战略，及时将公证服务的触角延伸到小商品市场建设的领域，为全省提供了公证机构参与市场管理工作的重要经验。过去义乌市小商品市场的货物托运点，由于管理不严，国家和集体利益严重受损。1991 年前，70 余个托运点每年只有承包款约百万元，一度出现不正当的混乱局面，打架斗殴、偷税漏税现象严重。当地人戏称托运业为“上海滩”。1991 年，义乌市政府组织公安、司法、物价等部门对货物托运业进行了全面整顿。所有托运点实行公开招标承包，由公证处进行现场监督，使货物托运点承包行为有序、公开进行。这样不仅迅速制止了托运点的混乱局面，还为地方财政增加上千万元的收入。目前，货物托运点每年上交的承包款达1800多万元，税收1800万元，城市建设费1500万元，共计5100多万元。1994年，现代化的新小商品市场建成后，1.3万个摊位的安排牵动了上万万名经商者的心。有一段时间曾出现一张摊位票值6万多元，少数人掌握着大量的摊位分配权的现象，如何公平合理地安排摊位，一时成为全市人民关注的焦点。义乌市公证处及时向市领导提出由公证处对抽签定位进行监督的建议，得到了采纳。公证处加班加点赶制了1万余个签号。随后，当场进行抽签，当场出具公证书。仅用3天时间就把13910个摊位安排妥当，无一差错。

近年来，义乌市公证处还通过现场监督的形式，将公证的职能作用运用到行政管理工作中。1991年以来，共办理各类现场监督公证742次，其中对政府行为进行现场监督的公证有221次。这样，既服务于经济建设，又促进了公证事业发展。通过现场监督公证，提高了全民的公证意识，商城义乌出现了方兴未艾的"公证热"。义乌市政府善于运用公证手段行使行政管理，在《担保法》实施之际明文规定抵押贷款担保合同必须经过公证，在《城镇房地产交易市场管理试行办法》中也明确了公证的任务。公证处主任还被吸收到市建设工程招投标和无形资源出让管理领导小组中，市政府在《建设工程招投标实施办法》中明确规定投资额在50万元以上的工程都要公开招标，并由公证处监督和开标。目前，公证业务范围广泛，商品房预售、国有土地出让、建筑工程承包、抵押贷款担保等都成为义乌市公证处的主要业务来源。全年共办理各类公证16088件，业务收费200多万元。（潘广俊）

〔浙江省开展百名巾帼能人对百名失足女性爱心帮教志愿活动〕 这项活动由省司法厅、省妇联、省监狱管理局联合主办，于1995年8月22日在省女子监狱举行。来自全省各条战线的160余名巾帼能人，怀着一颗崇高的爱心和强烈的社会责任感，对百名失足女性进行了面对面的真诚帮教，现场气氛感人，情景交融，许多服刑女性的灵魂深受震撼，流下了忏悔的眼泪。活动中巾帼能人还发出了"爱心帮教志愿活动倡仪书"，呼吁全省有志女性参与这种用女性自身力量帮教犯罪女性的善举，用各种形式对女犯开展帮教活动，促使女犯尽快以新人新貌自立于社会。浙江省副省长鲁松庭，省政协副主席薛艳庄、张克健，省关心下一代工作委员会主任王耀亭及省人大法工委、省法院、省检察院、省公安厅等单位的领导参加了活动。鲁松庭副省长代表省委、省政府对这次活动表示热烈的祝贺，充分肯定了在第四次世界妇女代表大会即将在北京召开之际举办这次活动，对于加强监狱与社会的联系，运用社会力量教育改造服刑人员，促进服刑人员的改造和转化所起的重要作用。在这次活动中，有60余家中央和省市级新闻媒体的记者前来采访报道。（徐樟清）

〔浙江省第一监狱被命名为首家省级现代化文明监狱〕 浙江省第一监狱是一个关押重刑犯的监狱，近5年来两次荣立集体一等功，还被评为全国司法行政系统先进集体、省级先进基层党组织。司法部提出创建现代化文明监狱以来，该监抓住机遇，知难而进，以自力更生、艰苦奋斗和脚踏实地、勇于探索的精神，进行新的创业，全监上下广泛发动，做了大量卓有成效的创建工作，整个监狱面貌焕然一新。经省司法厅、省监狱管理局组织的考核评审组，对照司法部《关于创建现代化文明监狱的标准》和《考评细则》，对该监1993年以来一个考核周期内整体工作进行逐年、逐项评分，达到了平均983分的好成绩，已符合省级现代化文明监狱的标准。1995年11月20日，被省司法厅批准命名为省级现代化文明监狱。（徐樟清）

〔浙江省劳教系统试行"准工"制度〕 "准工"制度，即依据劳教所是国家治安行政处罚的执行机关的性质，对符合一定条件的劳教人员，准予实行类似职工的管理方式的制度。

1990年浙江省劳教局组建以来，先后在全省劳教场所实施了"民主管理"、"工资制"、"凭票就餐制"、"放假制"及"所内试工"等一系列管理制度，在1995年9月全国劳教管理工作会议上，浙江省劳教局将其统一归纳为"准工"制度的工作经验，还被司法部推荐给外交部，作为对外宣传的资料。

"准工"制度的主要做法：

1. 提高认识，立足"三基"即认识基础、实践基础和制度基础。试行"准工"制度，使这些以往社会规范无法制约的人，真正体会到军队铁的纪律、学校育人的氛围和工厂科学规范的管理。在人数比例上从严掌握，仅限于表现好，且家庭关系融洽的人员；在管理上做到场所（大、中队）、主管干部、当地派出所、居委会和劳教人员及家属多方建章立制，使劳教人员始终处于严密的管理网络之中；在处罚上做到严明纪律，决不迁就。到目前为止，全省近千名民管会成员，2000多名享受放假的人员，120多名"三试"人员，360多名"所内试工"人员，未发生严重违法违纪情况。

2. 依法办事，体现"三性"即劳动教养制度的政治性、社会性和行政性。为了充分体现这三性，浙江省劳教局在试行"准工"制度的过程中，注意了以下三个关系：一是民主管理与干警直接管理的关系；二是类似职工与劳教身份的关系；三是行政处罚与刑事惩罚的关系。对“试工”人员每月进行考核，半年一小结，一年一鉴定。并要求他们严格遵守各项制度，不忘自己的劳教身份，以有效地矫正陋习和不良心理。

3. 实事求是，坚持“三合”即合乎改革开放和社会主义市场经济新形势，合乎劳教场所实际情况和需要，合乎劳教人员的自身条件。浙江省劳教局在试行“准工”制度过程中，一直遵循从实际出发、实事求是的工作原则，并允许和鼓励各所在“三合”的前提下，结合本所实际，大胆创新，形成各自的特色。

（金建中）

1995 年安徽省司法行政工作

〔**概述**〕　1995 年安徽省司法行政业务工作发展较快，机构队伍保持了稳定，基层基础得到巩固加强。

在全省机构改革中，司法行政机关广泛宣传司法行政工作在发展社会主义市场经济和民主法制建设中的地位和作用，积极争取各级党委人大政府的重视和支持，全省县级司法行政机关保持了稳定，基层司法行政机构网络建设取得了新的进展。

法律服务工作坚持大服务的指导思想，在继续深化机构组织形式改革和管理体制改革的同时，重点抓了规范化管理。通过对律师、公证人员职业道德、执业纪律的教育和监督、检查，促进了法律服务队伍整体素质的提高。1995 年法律服务机构队伍不断壮大，全省新增律师事务所 30 个、律师 496 名，公证处 9 个，公证人员 152 名，基层法律服务所 35 个，法律服务人员 413 名，法律服务各项业务较上年均有较大幅度的提高。

省司法厅与有关部门密切配合，认真组织了“二五”普法的总结验收，确保了全省“二五”普法目标任务的全面实现和圆满完成，顺利通过了全国人大常委会“二五”普法决议执法检查组的检查验收。评出全国普法先进单位 11 个，先进个人 23 名。全省依法治理工作取得了新的进展，5 个地市、44 个县（市）、860 个乡镇、2000 多个单位开展了依法治理。《安徽省人民政府“九五”时期依法治省规划》已经省政府常务会议原则通过。

1995 年省司法学校、政法干部学校、劳改工作警官学校共培养普通中专毕业生 1223 人，招收新生 1250 人，在校生总规模达到 2960 人，分别比上年增加 177%、107 和 9%；华东政法学院专、本科函授毕业生 212 人，新招 121 人，在籍学员 269 人；中华全国律师函授中心安徽辅导总站注册学员 2150 人，比上年增加 41.2%。委托安徽农学院、安徽工学院举办了“实践生”和经济法专业专科试点班；省政法干校经省教委批准举办了电大法律大专班。

全省监狱劳教系统认真贯彻国务院《关于进一步加强监狱管理和劳动教养工作的通知》精神，深入宣传贯彻《监狱法》和《安徽省劳动教养实施条例》加速监狱和劳教工作法制化进程，确保了场所的持续稳定，改造教育质量进一步提高；监狱劳教经济工作也保持了持续发展的势头。全年犯人脱逃率为 0.84‰，狱内发案率为 0.6‰，比上年下降 0.3 个千分点；劳教人员脱逃率，所内发案率分别为 0.35% 和 0.4‰，比上年下降 0.15 个百分点和 0.2 个千分点。全省监狱工农业总产值为 5.07 亿元，利润 2950 万元，分别比上年增长 1.71% 和 23.74%；劳教工农业总产值为 5800 万元。创建现代化文明监所打下了一定的基础，合肥监狱和女教所的试点工作进展顺利。

司法行政的法制调研工作，装备工作，法学研究和法制报刊工作等都取得了新的成绩。

全年省厅共制定内部规范性文件 8 件。省厅和省监狱管理局以律师工作的发展与管理和创建现代化文明监狱为主题，分别组织了两次规模较大的理论研讨活动。省法学会召开了邓小平民主法制思想和婚姻法学研讨会，全省有关部门就安徽省公正执法情况进行了座谈，并由省人民出版社出版了公正执法研讨论文集。《安徽法学》被评为省一级优秀期刊。省法学会再次组团赴美访问，促进了对外法学交流。省厅通过《安徽司法简报》、《司法行政信息》、《信息专报》等载体共向上级机关报送信息 300 多条（次），被司法部、省委、省政府以及省委政法委采用 50 多条（次）。

《安徽法制报》通过改进版面、调整内容，进一步扩大了社会影响，被评为全国优秀法制报之一。《法制导刊》编辑部，加强了编辑力量，刊物质量有所提高，发行量从年初的 8 万份增加到 12.6 万份。

截至 1995 年底，全省地市县司法局已有 57 个基本解决了办公业务用房，总面积为 33000 平方米，全省拥有各种交通工具、汽车 260 辆，12 个地市司法局配备了传真机。

〔司法行政工作受到省领导高度重视〕 1995年，省领导就司法行政工作在维护社会稳定、建立社会主义市场经济体制中的基础性、前导性地位和作用等多次发表重要讲话，省委、省人大、省政府、省政协对司法行政工作给予了高度重视和大力支持。

省委书记卢荣景亲自参加省厅级以上领导干部学法讲座，省六大班子带头学法用法；省委、省政府以"两办"名义发出电报通知，动员部署全省"二五"普法验收；省委常委还专门听取了司法厅党组关于依法治省问题的汇报。

国发(1995)4号文件下发后，省委、省政府在省财力紧张的情况下，按照国务院第17次总理办公会议精神，落实了干警经费和犯人劳教人员的生活费。

省委在《关于加强基层政法组织和社会治安综合治理组织建设的通知》中，明确地提出把基层司法所建设放到重要位置。

省领导及有关部门对新时期司法行政工作认识上的飞跃，带动了全省各级党政领导的重视和支持，许多地方的党委、人大、政府把司法行政工作纳入重要议事日程，不仅在法律服务、法制宣传教育、人民调解等具体业务工作上加强了指导，而且在司法行政基层组织建设、基础装备建设等方面，给予了充分的关心和支持，为司法行政工作的发展提供了良好的外部环境。

〔全国人大"二五"普法执法检查组赴皖检查指导〕 1995年10月，全国人大常委会副委员长李锡铭和全国人大常委会"二五"普法决议执法检查组赴安徽检查指导。在实地检查了合肥、芜湖、宣城、黄山等地市县"二五"普法工作情况之后，检查组认为，安徽党政领导高度重视法制宣传教育，各有关部门做了大量的工作，全省对"二五"普法决议的贯彻实施是认真的，全面的，工作是扎实的，特别是领导干部学法扎实有效，较好地完成了中共中央、国务院批转的"二五"普法规划规定的各项任务，"二五"普法教育取得了明显成效。

〔领导干部重视学法〕 1995年4月和9月，省司法厅会同省直有关部门成功地举办了两期省厅级领导干部学法讲座，邀请了华东政法学院曹建明教授主讲《国际商贸法律制度和关贸总协定》，复旦大学杨心宇副教授主讲邓小平同志民主法制建设思想，上海市高级人民法院周虞庭长主讲《国家赔偿法》，参加听课的省级领导30人次，总人数达2000多人；省领导高度重视学法，4月份的学法讲座省六大班子主要领导和在省级领导干部共26人全部到场听课，参加听课的总人数达1700多人，取得了较大的宣传声势和社会效果。据统计全省16个地市均举办了不同形式的领导干部法律知识讲座，推动全省"二五"普法掀起了一个新的高潮。

〔加强基层司法行政工作〕 全省各级司法行政机关突出基层基础工作这个重点，加速职能向基层的延伸。1995年3月全省经济十强县(市)基层司法行政工作濉溪现场会后，省厅又推广了六安地区以乡建立司法所，全椒县加强乡镇法律服务所，宁国县开展刑释解教人员安置帮教，当涂、天长开展行政执法检查，南陵、桐城在机构改革中加强县区司法局机关建设，以及一些县(市)加强人民调解和法制宣传工作的经验做法，在面上实现了县区司法局建设的新突破，受到司法部领导的表扬和肯定，按照肖扬部长批示，司法部以文件形式转发了安徽省司法厅关于加强县区司法局建设的报告。全省基层司法所、法律服务所和人民调委会组织机构建设，规范化、制度化建设以及基层设施建设均取得新的进展。全年新建司法所78个，新增司法助理员204名，其总数分别达500个和2311名；各地根据《安徽省乡镇法律服务所机构编制标准(试行)》，整顿撤并55个法律服务所；新建调委会240个，总数达36611个，占应建数的98%，创建标准化调委会3600个，89%的调委会实现了调解工作"四无"，调解各类纠纷数比上年增加7.9%。

〔强化律师工作管理〕 1995年，是我省强化律师工作管理年。根据司法部(1995)028号文件的统一部署，我省在律师队伍中开展了一次全面深刻的职业道德执业纪律评查活动。经过认真的评查验收，全省共修订各种规章制度300多条，对不合格律师进行了查处，评选出20个先进律师事务所，50名先进律师和律管干部，各地在评查中，广泛征求政法部门、律师事务所客户和社会各方面对律师的评价和意见。省厅于9月1日邀请省、市部分法官、检察官、公安人员进行座谈，听取意见，司法部肖扬部长为此批示："安徽省邀请公检法人员评议律师的做法值得各地仿效，对推动律师严格执法、维护法律正确实施，确保律师队伍纯洁，树立律师的良好形象有着重要作用。请律师司会同律协总结他们的经验予以推广。"

〔全国涉外收养公证座谈会在皖召开〕 1995年9月4日至5日，司法部和中国收养中心(筹备组)在安徽省铜陵市召开了全国涉外收养公证工作座谈会，会上共有6个单位的负责人作了经验交流。安徽省公证管理处报送的关于《明确职责，加强管理，维护我省涉外收养工作正常秩序》、《贯彻收养法，积极认真办好涉外收养公证》的经验交流材料和专题发言受到与会者的好评。

〔《安徽省劳动教养实施条例》经审议通过〕 1995年4月24日，《安徽省劳动教养实施条例》(以下简称《条例》)经省人大常委会第十六会议审议通过，并于9月1日起正式实施。《条例》共11章58条，对劳动教养工作的主要环节、基本方面作出了规定，重点将解决劳教的审批、管理、安置等，特别是审批环节中存在的问题。《条例》的颁布，填补了劳教地方立法的空白，标志着劳教工作进一步纳入法制轨道，对于正确实行劳动教养的"教育、感化、挽救"的方针，严格按照人民内部矛盾管理劳动教养人员，依法保障劳教人员的合法权益，具有重要意义。部领导对这一地方立法成果给予了较高的评价，张秀夫副部长批示：在国家没有立法之前，地方先立法，是好事。这不但使一个省的劳教工作有法可依，而且对我国《劳教法》的出台是个促进，值得重视。

〔加强队伍建设〕 省司法厅以推行公务员制度为契机，推动干部人事制度的改革，1995年9月份，厅机关进行公开考试择优上岗的尝试；厅直单位重视青年干部的选拔与培养，普遍推行了领导干部目标责任制；省厅考核了十几个县处级班子，调整了70多名领导干部，促进了部分领导班子的新老更替，增强了领导班子的凝聚力和战斗力。全系统参与了安徽省"十佳干警"和"十优干警"的组织评选工作，有5名同志入选。全省司法行政机关坚持从严治警，加大执法执纪监督检查力度，1995年厅直单位共立案查处违法违纪案件104起，涉及129人。从10月起，省厅组织力量对9个地市司法局、10个监狱、2个劳教单位的执法执纪情况进行了抽查。通过开展执法执纪监督检查，广大干警增强了严格执法和廉洁自律意识，各地各单位及时发现和纠正了执法环节和法律服务中所存在的一些问题，有力地促进了党风廉政建设，遏制了行业不正之风。

〔安徽省司法行政系统"九五"计划及2010年远景目标〕 1995年，安徽省司法厅根据党的十四届五中全会、省委六届二次会议精神、全省政法工作会议和全国司法厅(局)长会议提出的要求，联系安徽的实际，制定了《安徽省司法行政系统"九五"计划及2010年远景目标》(以下简称《计划目标》)。

《计划目标》概括了"八五"期间安徽省司法行政工作改革发展情况，客观地分析了当前的形势，提出了今后五至十五年安徽省司法行政工作的基本目标和任务。

《计划目标》要求全省司法行政机关在"九五"期间，紧紧围绕我省国民经济和社会发展的"九五"计划目标，牢固树立大服务思想，进一步强化司法行政机关的法律保障、法律服务和法律教育的职能，在创建现代化文明监所、建立完善全省乡镇(街道)级司法行政组织机构网络、推进依法治省和依法行政这三个方面实现新的突破，带动各项工作全面发展。到2010年全省司法行政法律保障、法律服务和法律教育的职能得到全面强化，形成比较完善的、具有中国特色、又符合国际通常惯例的司法行政工作体制和制度。

《计划目标》对今后五至十五年安徽省司法行政工作的发展具有重要的指导意义。

(安徽省司法厅)

1995年江西省司法行政工作

1995年是江西省司法行政工作稳定发展的一年。一年来，在江西省委、省政府和司法部的正确领导下，全省各级司法行政机关以邓小平同志建设有中国特色社会主义理论和党的基本路线为指导，认真贯彻党的十四届三中、四中、五中全会精神，正确处理改革、发展与稳定的关系，牢固树立"大服务"思想，团结全体司法行政干警艰苦奋斗，锐意进取，充分发挥了司法行政机关的职能作用，开创了司法行政工作的新局面。

一、监狱改造秩序持续稳定，经济形势逐步好转

1995年初，江西省监狱管理局成立了学习、宣传、贯彻、执行《监狱法》领导小组，由局主要领导担任组长，下设综合、学习宣传、实施三个小组，具体负责指导、部署、督促、检查《监狱法》贯彻落实情况，全省各监狱也成立了相应机构。江西省监狱管理局还就学习、宣传、贯彻执行《监狱法》情况向江西省委、省政府作了专题汇报，得到了江西省委、省政府的关心支持。为使全系统学习、宣传、贯彻《监狱法》形成浓厚的氛围，做到人人皆知，江西省监狱管理局适时举办了一期师资培训班和三期处级干部培训班，培训领导干部和骨干百余名；各监狱共举办骨干学习班78期，培训干警3792名；全系统已有7000余名在职干警参加了五至七天的短训，并组织了全系统干警参加《监狱法》统考和知识竞赛。此外，江西省监狱管理局和各监狱在犯人中也采取了多种形式贯彻，江西省监狱管理局下发了三万本铅印《监狱法教育提纲》，并以《监狱法读本》为教材，对犯人进行了一个学期的《监狱法》专题教育，举办了《监

狱法》知识竞赛和统考,全省除文盲犯以外共有29692名犯人参加,占押犯总数的87.5%,总及格率95.13%。

根据1995年全国监狱工作会议布置,江西省监狱管理局于5月19日下发了《关于创建现代化文明监狱的实施意见》,建立了创建机构,明确了创建指导思想和创建原则,制定了创建总体规划和实施步骤,并结合全省监狱系统实际,制定下发了《江西省省级现代化文明监狱标准(试行)》、《江西省现代化文明监狱标准(试行)》、《江西省创建现代化文明监狱先进单位条件》,提出1996年内建成1所省级现代化文明监狱,1997、1998年再建成2所省级现代化文明监狱,到2000年共建成5所省级现代化文明监狱(其中按现代化文明监狱标准新建1所),并力争1至2所达到国家级标准,2000年以后每年建成1至2所,2010年前后全部建成现代化文明监狱。江西省劳教局也提出要在本世纪末,把江西省强制戒毒劳教所和南昌市劳教所建成现代化文明劳教所的目标和要求。

进入4月份以后,江西省连续几次遭到大到暴雨的袭击,时间长达3个多月,出现了百年不遇的特大洪涝灾害,给江西省经济和人民财产造成了严重损失。这场洪涝灾害也给江西省监狱单位特别是地处鄱阳湖滨的监狱农场(珠湖、成新、朱港农场,滨湖农科所)造成了极为严重的损失,受灾损失达5267.42万元,并威胁着77.6公里长堤和堤内近两万人的安全。这场旷日持久的特大自然灾害发生后,监狱单位的安危日夜牵动着中央和江西省各级领导的心。江西省委、省人大、省政府、省政协、省防汛抗旱总指挥部、省委政法委的领导和有关领导,对监狱系统尤其是监狱农场的抗洪抢险及灾情十分重视、关心,及时拨给防汛救灾经费170万元,解决贷款100万元。江西省委书记吴官正,省委副书记、代省长舒圣佑,在领导、主持全省抗洪抢险工作十分繁重、紧张的情况下,二位主要领导同志先后于6月23日、6月24日、7月5日、7月10日共五次对监狱单位的防汛抢险工作作了重要指示,提出要求,肯定成绩,慰问干警,鼓舞士气。江西省委副书记、省人大副主任卢秀珍7月9日亲临珠湖农场检查防汛工作;江西省委常委、常务副省长黄智权在继6月28日亲临成新、朱港农场防汛第一线进行检查指导后,于7月5日、9日二次作了重要指示;江西省政协主席朱治宏7月2日亲临厅、局防汛总指挥部,了解情况,进行指导;江西省人大副主任王昭荣自7月3日至15日,一直吃、住在厅、局防总,及时了解和掌握情况,对防洪抢险急需解决的重要问题,数次作批示,并及时和江西省委、省政府、省防总领导取得联系,打电话,亲自跑;江西省人大副主任、省防总总指挥张逢雨7月7日对监狱农场的防汛抢险工作又作了具体指示;江西省委政法委书记彭宏松在5月13日至15日到监狱农场检查防汛工作,6月27日又到成新、朱港农场进一步进行检查指导,7月2日起到12日,日日夜夜在朱港农场防洪抢险第一线亲自组织指挥,与干警同吃、同住、同战斗。江西省政府副秘书长胡咏、省委政法委副秘书长曾页九、省检察院副检察长林海、省公安厅副厅长徐晓刚、张玉山,江西省武警总队副参谋长吴大德等领导同志,或到第一线,或到厅、局防总具体研究指导防洪抢险的有关工作。江西省司法厅厅长高登霄、副厅长吴根水一直在厅、局防总坐镇指挥,副厅长王朝章、纪检组长王文林在厅机关处理日常工作,副厅长巫贤德、喻曹清在朱港、成新一线指挥抗洪抢险。由于加强了领导,全省监狱单位特别是监狱农业单位的2000余名干警带领近万名犯人全力以赴投入抗洪抢险,切实做到思想、组织、措施、责任、物质、预案六落实,排除了一个又一个险情,确保了77.6公里圩堤的安全,夺取了抗洪抢险斗争的全胜。

全省监狱、劳教单位以"三防"工作为重点,继续开展规范化管理、"三分"、"三试"和办劳教特色工作,加强了罪犯和劳教人员的依法管理、严格管理、文明管理、科学管理,全面推进了分类教育和个别教育,有力地促进了教育改造质量的提高。全年脱逃犯人45名,脱逃率为1.34‰,与上年基本持平;脱逃劳教人员6人次,脱逃率为0.15%,比上年下降0.16个百分点。全省监狱系统、劳教系统经济在受灾损失严重的情况下仍有所发展,共实现工农业总产值4.25亿元,经营性利润1100万元,财务收支与上年持平。

二、"二五"普法考核验收和"三五"普法准备工作全面完成

1995年是"二五"普法的最后一年,也是准备启动"三五"普法的关键一年。全省各级司法行政机关以考核验收为契机,发挥普法主管机关的作用,在全省再次掀起了全民学法的高潮。5月23日至24日,江西省委常委集中两天时间学习"社会主义市场经济与法制建设",11个地市委中心组和大部分县、市、区和许多省直单位都建立了"每月学法日"制度。领导干部带头做到了学法计划、内容、课本、时间的落实,带动全民普法的深入开展,以"一论五法"为主要内容的学法活动在全民中全面展开。专业法宣传普及深入开展,仅第三期全省经济法律法规培训班就培训了近万名厂长、经理,根据江西省委办公厅、省政府办公厅《江西省"二五"普法考核验收实施方案》,全省各级司法行政机关着重抓了宣传发动工作,大造声势,形成了群众积极参加,各部门、各单位紧密配合的格局。各地方、各专业法主管部门层层制定了考核验收实施细则和评分标准,认真抓了试点工作,开展了查漏补缺和自查自验,在此基础上,组织考核验收。年底,江西省普法领导小组从7个省直单位抽人组成9个检查组，对11个地市和江西省部分专业法主管部门"二五"普法情况进行了抽查。抽查情况表明，江西省"二五"普法总体上呈现了认识有高度、措施有力度、普及有广度、用法有深度的特点，通过"二五"普法和依法治理，增强了干部群众的法制观念和依法办事的能力，有力地促进了社会治安持续好转，推动了全省经济的健康、快速发展，促进了全省各项事业的依法管理和城镇各项事业的新发展。

三、法律服务的管理工作进一步强化，社会效益和经济效益同步增长

1995年，江西省司法行政机关进一步加强了对法律服务工作的管理力度和自身法制建设，先后制定了《江西省法律服务管理规定》、《江西省公证员考核办法》、《江西省司法厅反对公证行业不正当竞争办法》、《律师登记细则》、《省直律师事务所管理规定》等规范性文件，对法律服务机构和法律服务人员加强管理，维护了法律服务工作秩序，保证了法律服务工作健康发展。全年共办理公证事项24万件，业务收费700多万元，在办理的24万件公证事项中，经济合同公证14.4万件，占60%，合同履行率达99%，涉外及涉港澳台公证1.92万件，占8%，通过公证调入非贸易外汇折合人民币1173万元。全年律师共担任法律顾问6743家，民事代理13684件，刑事辩护4672件，占法院同期审结率的61%，非诉讼法律事务16664件，业务收费近1603万元；全年办理的著作权、商标权、专利权纠纷案比上年增加85%，涉外及涉港澳台案比上年增加70%，海事、海商案比上年增加63%，工商管理和税务案比上年增加69%和90%；参加招商引资洽谈198人次，比上年增加52%。特别是竭尽全力办理了婺源县山林补偿纠纷案等一批社会影响较大的案件，维护了社会稳定，促进了经济发展；代理了一些标的较大经济纠纷案件，全年律师办理1000万元以上的经济纠纷案16件，比上年增加80%；500—1000万元的经济纠纷案148件，比上年增加64%，有力地维护了国有大中型企业的合法权益。

为稳定基层司法助理员队伍，江西省在连续三年解决650名"农转非"指标的基础上，1995年又解决了300名指标，为基层办了一件大实事。基层队伍的稳定，为顺利开展人民调解工作和乡镇法律服务工作提供了有力的组织保证。全年共调解民间纠纷18.99万件，调解成功率95.3%，防止民间纠纷引起的自杀1982件2388人次，比上年增加150件102人次；防止民转刑案件2698件4589人次，比上年增加109件91人次，人民调解工作化解了大量的不安定因素，有力地维护了社会稳定，充分发挥了社会治安综合治理第一道防线的作用。新建乡镇法律服务所100个，乡镇法律服务共调处疑难纠纷21165件，协办公证34598件，诉讼代理9848件，非诉讼代理18632件，担任法律顾问10298家。

通过上述法律服务工作，共为国家、集体和公民避免或挽回经济损失10亿元。

四、班子队伍建设和司法行政机关自身建设进一步加强

1995年，江西省司法行政机关把抓基层，打基础，加强县(市、区)司法局建设摆上了重要议事日程。根据司法部"烟台会议"精神，江西省司法厅于9月12至14日在南昌市召开全省地市县区司法局长会议，江西省委副书记、常务副省长黄智权和省委常委、省委政法委书记彭宏松出席会议并分别讲了话。会议提出在全省全面实施加强县(市、区)司法局建设的"一二三四"工程，即夯实一个基础(加强司法所建设)，强化二项管理(法制服务工作管理、干部二类管理)、拓展三项业务(做好刑释、解教人员的安置帮教工作，创办法律培训中心，参与对流动人口的管理)、做到四个不断(不断深化改革、不断加强班子队伍建设、不断加大自身宣传力度、不断提高整体工作水平)；推广了南昌市、吉安地区、新余市、宜春地区、鹰潭市、南昌县、永新县、乐平市、贵溪县等地在加强县区司法局建设方面的先进经验，为基层指明发展方向和奋斗目标。同时，精心组织开展了创建"规范化县(市、区)司法局"活动，经景德镇市司法局申报和江西省司法厅实地考核验收，批准乐平市司法局为"江西省规范县(市、区)司法局"，推动了创建"规范化县(市、区)司法局"活动和县级司法行政工作的开展，促进了整体工作水平的提高。

在全系统加大了"争先创优、立功创模"工作力度，先后开展评选"十佳"司法局长、"十佳"律师、"十佳"公证员活动，为3名个人办理了一等功的报批手续，为14个集体、39名个人办理了二等功审批和考察工作。先后在贵溪县、九江市、乐平市召开授予二等功庆功大会，在南昌市召开授予查有根一级英模和革命烈士命名大会。与此同时，江西省司法厅以作风建设为重点，切实加强了班子建设，考察、调整、充实了11个县(处)级班子，制定了《关于培养选拔优秀青年干部的实施意见》。

1995年，全省各级司法行政机关充分发挥纪检、监察、审计部门的职能作用，从教育、挽救、爱护人出发，以领导干部廉洁自律、纠正行业不正之风、查处大案要案为重点，加强了对全体干警、党员的学习教育，加强了建章立制和督促检查，有力地促进了反腐倡廉工作的深入发展。11月22日，江西省司法厅在南昌召开了全省反腐倡廉先进集体、先进个人表彰大会，有36个先进集体、62名先进个人受到表彰。全年纪检、监察部门共立案74件，结案62件，有6人受到党纪处分，51人受到政纪处分，20人被移送检察机关追究刑

事责任。全年共审计单位(项目)175个,查出违纪金额191万元,直接挽回经济损失68万元。此外,自6月份以后,全省各级司法行政机关大力开展了队伍的集中整顿工作,根据中政委"三条禁令"和江西省委书记吴官正"三个严禁"的指示精神,以公证、律师、乡镇法律服务人员私自收案(费)、不正当竞争、重经济效益、轻社会效益为自查自纠的重点,大力开展职业道德和执业纪律评查活动,整顿队伍的纪律、作风,保证了工作的健康发展。

〔**一级英模——查有根**〕 江西省第三劳改支队供电所所长、一级警司查有根同志,男,34岁,于1994年5月26日凌晨,在与罪犯搏斗中,被罪犯刺中13刀,献出了宝贵的生命。

查有根同志生于1960年8月1日,江西省都昌县人。1994年5月25日,查有根同志为完成架设通信电缆突击任务,加班到晚上11点多钟才回家休息。26日凌晨3时,他发现有人在一大队财务室行窃,立即叫醒住在隔壁的干警刘建春同志去抓盗窃犯。当他们赶到一大队办公室附近,保持高度警惕性的查有根考虑到监管场所复杂性和存在团伙作案的可能性,就主动留下监视,让刘建春赶快去叫人。刘走后,作案罪犯逃离现场时,查有根同志立刻奋不顾身勇敢地冲上前去拦住罪犯。凶犯掏出尖刀丧心病狂地向查有根的要害刺去,被刺13刀,身负重伤的查有根仍狠揪住罪犯不放,他右手揪住罪犯的衣服,左手紧紧抓住凶犯的尖刀,与罪犯展开了殊死的搏斗,终因流血过多,休克昏倒在血泊中。

为了表彰查有根同志的模范事迹和献身精神,经江西省司法厅报请,司法部决定追授查有根同志全国司法行政系统一级英模模范称号。经中共江西省直属机关工作委员会研究并报省委常委会研究,同意追认查有根同志为中国共产党党员。经省民政厅研究并报省政府同意授予查有根同志革命烈士。

司法部号召全国司法行政系统广大干警向查有根同志学习。学习他忠于党、忠于人民,以维护社会治安为己任的高尚品德;学习他无私无畏、临危不惧、勇于献身的英雄气概和斗争精神,认真学习建设有中国特色社会主义理论,扎扎实实做好各项司法行政工作、为改革、发展、稳定作出新的贡献。

1995年12月8日,江西省委常委、省委政法委书记彭宏松,司法部党组成员、政治部副主任孙在雍出席在南昌市召开的查有根同志全国司法行政系统一级英模、中共江西省委追认其为中共党员、江西省政府批准其为革命烈士的命名大会,并分别在会上讲了话。出席大会的还有江西省委组织部副部长徐祖松、江西省直工委书记高冬梅、江西省政府副秘书长胡咏,江西省司法厅领导高登霄、王朝章、吴根水、巫贤德、喻曹清、王文林同志。高登霄同志在会上讲了话。

(江西省司法厅)

1995年福建省司法行政工作

1995年,我省司法行政工作,在省委、省政府和地方各级党委、政府的领导下,坚持以邓小平同志建设有中国特色社会主义理论和党的基本路线为指导,紧紧围绕改革、发展、稳定的全党全国工作大局,坚持贯彻"大服务"思想,充分发挥职能作用,为我省经济建设和社会全面进步作出了积极贡献。

一、监狱、劳教工作

1. 监所秩序基本稳定。全省押犯33323人,比上年净增4028人;共收容劳教人员7607人,比上年净增1006人。在监所暴满的情况下,全省监狱、劳教单位努力提高改造教育质量和干警执法水平,从严治警,文明管理,科学管理,监所秩序的基本稳定,基本上做到"收得下、管理住、跑不了、改造好",保证了我省"严打"和专项治理斗争的深入开展。犯人脱逃率0.23%、劳教人员逃跑率0.35%,均低于全国年指标,全年无非正常死亡和重大责任事故。

2. 生产经济持续发展。产业结构得到调整,建材、机械、加工产业进一步发展,增强了市场竞争能力。水泥生产能力达到年产50万吨,龙岩青草盂水泥厂跃入中型企业行列。农场粮食生产实现了自给并完成了征购任务。饲养业初具规模,武夷山农场和新垦农场发展养猪业,均被当地政府列入"菜篮子"工程加以扶持。监狱系统全年完成工农业总产值18115万元,按可比价比增40%,实现利润935万元。劳教系统全年完成产值2088.94万元,实现利润389.38万元,与去年相比均翻了一番。

3. 创建现代化文明监狱、劳教所工作迈出可喜的一步。经过统筹规划,已确定福州监狱、龙岩监狱、省女劳教所作为创建现代化文明监狱、劳教所的试点单位,各监狱、劳教单位均制定了各自的创建规划,各项硬件和软件建设出现良好势头,监狱、劳教的财政和投资保障体制初步确立,基本解决了干警吃"皇粮"和犯人吃

“囚粮”的问题。1995年监狱系统争取到省长预备金260万元和省计委非生产性项目补助资金594万元，劳教系统争取到省长预备金50万元和省计委非生产性项目补助资金265万元，用于改善改造教育设施和环境。创建现代化文明监狱、劳教所有了一个良好的开端。

二、法律服务工作

1. 改革进一步深化。法律服务机构和队伍不断壮大，形成了覆盖全省、上下贯通的法律服务体系。律师事务所213家，执业律师2258名，公证处88家，公证员529人，基层法律服务所770家，基层法律工作者3031人。(1)体制改革迈出坚实一步。新批准成立不占编所22家，占编律师事务所整体转制1家，在213家律师事务所中，合伙所57家、自收自支所102家，两者占75%。公证体制改革积极稳妥，在先抓好建瓯、厦门、泉州三个公证处转制试点的基础上，逐步总结推广，已有45个公证处从行政转为事业编制，占全省公证处的一半。基层法律服务所逐步实行司法办与服务所相分离的改革，已有35个实行“两不四自”的管理体制，有226个实现了自收自支的经费管理。(2)机制改革全面深入。各律师事务所、公证处、基层法律服务所均普遍形成了比较完善的内部运行机制，为法律服务工作增强了生机和活力。

2. 业务再上新台阶。全省律师担任法律顾问10686家，比增30%，办理各类法律事务53679件，比增9%；公证处办理各类公证242973件，比增16%；基层法律工作者担任法律顾问12268家，比1994年增加11家，办理各类法律事务6780件，比增7%。法律服务业务领域广泛，涉及到行政、金融、证券、商标、国际贸易投资、国际技术转让和大型建设项目等诸多领域，渗入政治、经济、社会生活各个方面，形成了全方位、多层次的法律服务格局。长乐国际机场、福厦高速公路、福州二环路、马石岬遂道、沙县机场等全省重点建设项目都有法律服务机构介入，取得很好效果。涉外和涉港澳台方面的法律服务业务明显增长，全省律师和基层法律工作者共办理各类涉外和涉港澳台法律事务1万多件，公证人员办理涉外和涉港澳台公证160347件，比增45%。闽台间公证书副本寄送增加，省公证员协会向台湾海基会寄送公证书副本8670件，比上年6453件增加2217件，收到台湾海基会寄来公证书副本2148件。此外，法律援助制度逐步建立，引起社会各界的广泛关注。

三、法制宣传教育工作

1. 干部学法掀起热潮。8月份省里举办了首次省级领导干部法律知识讲座，省委书记贾庆林主持并作了重要讲话，省委、省政府主要领导同志听取了讲座。全省有八个地(市)和四分之三以上的县市也先后举办了领导干部法律知识讲座，这些地(市)、县五套班子领导成员普遍参加了学习。各地普遍形成了领导干部学法制度。领导干部带头学法，掀起了全省人民的学法热潮，有二千多万普法对象受到了教育，各系统专业法学习都取得较大进展。

2. 依法治理取得成果。实现依法治地(市)4个，依法治县(市)62个，依法治乡(镇)869个，依法治村11053个，依法治厂1692个，全省基本形成了以城市依法治理为中心，以农村、企业依法治理为基础，行业依法治理为主导的多层次、多门类的依法治理格局。10月份在三明召开了全国部分城市第三次依法治市(县)研讨会，总结交流经验，进一步推动了依法治理工作的深入开展。

3.“二五”普法验收顺利完成。在各地、各部门自查、互查的基础上，全省组织了五个验收小组分赴九个地市的十八个县(市、区)进行了抽查验收，保质保量地完成了验收任务。

四、基层基础建设

针对在地方机构改革中三、四类县以及区的司法局不是应设机构，有可能被撤并的问题，省厅专门组织了两个调查组，分赴沿海和山区进行了调查，先后两次向省委、省政府提出了请求保留县区司法局的报告，引起了省委、省政府的重视。8月15日，省委书记贾庆林主持召开会议，明确全省各县区司法局在县区机构改革中予以保留，并由省编委转告各地。全省司法行政机构的稳定，推动了基层基础建设。全省有85%的县区司法局业务用房得到改善，1995年有10多个县区基层司法局搬迁新房办公，有的还配备了现代化的通讯设备，大批律师事务所、公证处和基层法律服务所的办公条件得到明显改善。

五、队伍建设

1. 大力加强思想政治建设。把全省干警的思想政治工作放在队伍建设的首位，认真学习邓小平同志建设有中国特色社会主义理论和党的基本理论，在全系统广泛开展干警良好形象大讨论活动和学习孔繁森同志活动，以纪念抗战胜利五十周年为契机，普遍进行了一系列爱国主义教育，深入开展争先创优活动，使全省干警队伍的思想政治素质和理论水平，有了显著提高，涌现出全国十佳律师张斌生、十佳基层法律工作者林雀，以及省委政法委表彰的贯彻执行“七条禁令”先进集体厦门市公证处、三明市公证处、三明劳教所和先进个人南平市司法局长黄芳泰、莆田市司法局长黄宗坤、泉州市公证处主任张文章等。

2. 狠抓领导班子建设。全系统把领导班子建设摆在突出的位置上来抓，省厅组织了5个考核小组对直属27个县处级领导班子100名领导干部进行了一次全面考核，调整了10个领导班子，任免副处级以上干部65人，改组了问题较多的两个领导班子，建立健全了民主集中制，使领导班子的导向功能、凝聚功能、决策功能、执行功能、创新功能、完善功能普遍得到提高。

3. 加快培养选拔优秀年轻干部。按德才兼备原则选拔40多岁左右的县处级领导干部8人，建立了后备干部库，与省委党校联合举办了一次中青年干部培训班，收到良好效果。

4. 廉政建设取得新成绩。领导干部廉洁自律有新进展，省厅颁发了《严格禁止利用公款吃喝玩乐的若干规定》，监狱管理局制定了《关于廉政执法的八项规定》，各单位普遍健全了一些重要执法活动中监督制约机制，狠刹行业不正之风，加大了查处案件力度，共查处违法违纪案件112起132人，受党纪政纪处分95人，移送司法机关处理31人。

（福建省司法厅）

1995年山东省司法行政工作

〔概述〕 1995年，山东司法行政机关在省委、省人大、省政府、司法部的领导和监督下，以邓小平同志建设有中国特色社会主义理论和党的十四届三中、四中全会精神为指针，紧紧围绕党的中心任务，牢固树立大服务思想，加快改革步伐、加大管理力度，加强队伍建设，各项工作有了较大发展。

（一）认真贯彻落实《监狱法》，监狱、劳教整体工作得到进一步加强。一年来，全省各监狱、劳教所坚持以贯彻落实《监狱法》、《人民警察法》和创建现代化文明监狱、劳教所为主线，开展了“依法治监（所）年”和“管理效益年”活动，取得显著成效。年内，收押罪犯17135名，收容劳教人员3514名，各监狱、劳教所在圆满完成收押收容任务的同时，坚持用《监狱法》和党的监狱、劳教工作方针、政策规范一切执法活动，严格执法、严格管理，确保了全省场所持续稳定，全年狱、所逃跑率分别为0.2‰和0.3%，是全国最低的省份之一，没有发生凶杀、哄监闹狱、集体暴力脱逃和重大破坏等恶性事故。同时，各单位坚持“严管与善教”相结合，不断改进和完善教育机制，强化教育改造措施，教育改造质量不断提高，有11039人（次）获得文化结（毕）业证书、19226人（次）获技术等级证书或职业培训证书。罪犯、劳教人员刑释解教前改好率达95%以上。创建现代化文明监狱、劳教所工作全面启动并取得实质性进展，省第一监狱、省第一劳教所和济南市劳教所的创建工作得到司法部的充分肯定。

（二）充分发挥市场中介组织的作用，律师、公证、基层法律服务继续保持快速发展的势头。全省各级司法行政机关坚持一手抓改革，一手抓管理，实现了经济效益和社会效益的同步提高。律师工作继续认真贯彻省政府批转的律师工作改革意见，努力发展机构，壮大队伍。全省新建律师机构84个，发展执业律师424名，使全省律师机构达到426个，执业律师发展到4200多人。在大力发展律师队伍的同时，为了确保律师工作健康有序地发展，在全省律师中开展了职业道德和执业纪律教育整顿活动，使全省律师机构的整体水平和律师队伍的整体素质有了明显提高，得到司法部的肯定。律师工作改革的不断深入和管理工作的加强，促进了业务的迅猛发展，全省律师为政府、企事业单位和公民担任法律顾问17281家，比上年增长21.6%，办理民事、经济、行政及非诉讼代理业务分别比上年增长46%、30%、70%和24%，涉外业务增长2.4倍，业务收费增长40%。公证工作以改革内部运行机制为突破口，大胆尝试，大胆探索，全省有88个公证处实行了事业单位管理。业务领域不断拓宽，已发展到农业承包、企业改制、市场营销、外经外贸、金融、房地产等110多个项目，各项公证业务都有较大增长。全年共办理各类公证71万余件，比上年增长13%，其中涉外业务增长37%；业务收费增长1.19倍。基层法律服务工作在调查研究的基础上，狠抓了司法所、法律服务所分离和法律服务所内部机制改革，使25.2%的司法所和法律服务所实行了“两所”分离，46%的乡镇法律服务所实现了“两不四自”（不占国家编制、经费，实行自愿组合、自收自支、自我发展、自我约束）。法律服务各项业务有较大增长，其中担任法律顾问38700多家，比上年增长8.5%，办理各项业务158万多件，比上年增长21.8%。

（三）法制宣传和依法治理工作不断深化，圆满完成了“二五”普法任务。截止年底，全省共有5573万人参加了学习，占普法对象总数的94.1%。同时，重点抓了领导干部学法用法、青少年法制教育以及有关人员关于市场经济法律法规的学习培训。全省各地共举办各类法律培训班3591期，举办法制讲座5112次。其中，举办的经济法律法规培训班，有15.8万名厂长、经理和企业管理人员参加了学习；举办了两期省“五大班子”领导和省直部门主要负责同志参加的法制讲座，15期厅局长法制讲座，共有4400名各级领导同志参加学习。为了善始善终搞好"二五"普法工作，全省组织了10个检查组，由省级领导带队，对各地"二五"普法工作情况进行了检查验收。

依法治理工作全面展开并不断深入。全省17个市地、139个县(市、区)全部制定、实施了依法治理规划。农村依法治理面已达80%，依法治厂、治校分别达到70%。经过努力，《山东省实施依法治省五年规划》经省人大常委会批准颁布实施，标志着全省依法治理工作进入了一个新阶段。

(四)司法行政基层基础建设不断加强，为维护城乡稳定发挥了重要作用。为了进一步巩固和发展司法行政基层队伍，全省广泛开展了"双基建设年"活动，尤其在下半年通过贯彻司法部关于加强县级司法局建设会议精神，各地都提出了加强基层司法行政工作建设的意见，得到了各级党委政府的重视和支持。目前，全省已恢复重建司法所2446个，占应建数的96.7%，有31%的所达到省级规范化司法所标准。基层人民调解工作在健全县、乡、村三级调解网络的基础上，以防止民间纠纷激化为重点，不断提高防范能力和调处水平，全省10万多个调解组织共调处纠纷31.9万余件，防止"民转刑"案件2408起，避免因民间纠纷引起非正常死亡2229人，为维护城乡基层稳定发挥了"第一道防线"的作用。

(五)司法行政队伍整体素质有了新的提高。各级司法行政单位始终把加强队伍建设当作头等大事来抓，坚持一手抓业务发展、一手抓队伍建设，有力地保证了司法行政各项工作的健康发展。一是通过抓理论学习，使全省司法行政干警的政治理论和政策水平有了新的提高。一年来，先后在全系统组织开展了《邓选》1—3卷、邓小平建设有中国特色社会主义理论和党的十四届五中全会精神的学习，开展了"以作为促地位"、"艰苦奋斗、无私奉献"和树立良好形象等教育活动，收到明显效果。二是狠抓了基层党组织建设。加强了对各监狱、劳教所大中队和律师所、公证处、基层法律服务所的党组织建设。基层党组织的战斗堡垒作用和党员的先锋模范作用得到充分发挥。三是深入开展了立功创模活动。年内，有38名优秀司法局长、监狱长受到表彰，有26个单位荣记二等功，有26名同志荣记个人一、二等功。四是坚持多形式、多层次、多规格的培训教育，使县以上司法行政机关干警文化结构达到"六、七、八"(60%的一般干警、70%的科级干部、80%的处级干部达到大专以上文化程度)的目标要求，业务素质和工作能力有了明显提高，为司法行政各项业务工作的快速发展提供了有力的保证。面向社会的法学教育工作不断发展，司法行政管理的省政法管理干部学院、省法律学校、省警官学校以及各种形式的法律函授班全年招收大中专学生2000多名，毕业1691名，在学人数达到了12900多名。　(郑　尧)

〔**山东省"二五"普法成绩斐然**〕　"二五"普法以来，山东省着眼于提高全省公民的法律素质，推动各项事业的依法管理，坚持典型引路，加强宏观指导，狠抓任务和措施的落实，法制宣传和依法治理工作取得了新的进展，创造出了许多很有特色的经验，多次在全国推广。

一、突出重点，强化领导干部学法用法。山东省政府及各市地、县(市、区)建立了党委中心组学法日制度，由宣传部和司法行政机关共同制定计划，定期组织学习辅导。1995年，山东省委举办了两次省级领导干部法律讲座。为检验各级干部的学法效果，省普法办公室统一印制试卷，对全省24万名科级以上干部进行了"二五"普法考试，参考率、合格率均在95%以上。

二、围绕中心，强化"热点"普法宣传。五年间，山东省3次举办全省市场经济法制辅导员培训班，培训宣讲骨干700余人。全省市、县两级共举办市场经济法律学习班6.1万余期，参训629万多人(次)；举行法制讲座5.7万余场，参加听讲座人数达3289万多人(次)。山东省司法厅与省经委、省工商局、省税务局、省职教办、省广播电台联合举办了两期经济法律法规培训班，共培训经济管理干部和厂长(经理)15.8万名。

三、改进形式，加大法制新闻宣传力度。1995年5月，山东省法制新闻协会正式成立，先后两次组织新闻记者进行全民普法、依法治省系列采访报道活动，两次举办全省法制好新闻评选活动。全省共有102家市地级以上电台、电视台、报刊与省普法办公室联办了法制栏目。1995年底，举行了全省法制文艺节目汇演，共有22个节目参演，从中精选出优秀节目在省电视台播放，受到社会各界好评。

四、以点带面，深化和拓宽基层依法治理。1992年8月，中组部、民政部、司法部、中央政策研究室在山东省章丘县召开了"全国依法治村民主管理经验交流会"，着重推广了章丘县"依法建制、以制治村、民主管理"的经验，引起强烈反响。全国章丘会议后，山东省把依法治村、民主管理活动向下延伸到家庭，向上升级到乡镇、县区，向外扩展到工厂、学校，推动了基层依法治理的大面积进展。截止年底，山东有80%以上的行政村实行了依法治村，依法治厂、治校的铺开面分别达到70%，17个市地、139个县(市、区)全部制定实施了依法治理规划。

五、着眼全局，出台依法治省五年规划。为推动依法治理向高层次、深领域发展，1995年6月，山东省人大常委会正式批准了《山东省依法治省五年规划》，作出《决议》；同年7月，中共山东省委就认真组织实施依法治省规划专门发出了通知。依法治省五年规划的正式颁发执行，标志着山东省全方位、多层次的依法治理格局已经形成，全省经济建设及各项事业的管理初步纳入法制化轨道。（程 滨）

〔**山东省开展律师职业道德、执业纪律教育整顿活动**〕 为了加强律师队伍建设，进一步维护和树立律师的良好形象，省司法厅、省律师协会决定自1995年1月至6月在全省范围内对执业律师开展职业道德和执业纪律教育整顿活动。其指导思想是：依据有关政策和规定，在加强教育的基础上对律师队伍的思想、作风、道德、纪律、财务等方面进行全面检查整顿，以达到统一思想、纯洁队伍、规范机构、健全制度、加强纪律、提高素质、保持队伍良好形象的目的，以保障全省律师工作改革进一步深化，推动律师事业健康发展，为全省的经济建设和民主法制建设做出更大贡献。

在这次教育整顿活动中，律师事务所整顿的重点主要包括：各项规章制度不健全的情况；摆脱司法行政机关或律师协会行业管理的情况；财务管理混乱、虚报业务收费及拒不接受审计监督的情况；违反规定、乱设机构、乱用不符合条件的人员作执业律师的情况；党团组织不健全、政治学习不落实的情况；内部管理松懈，支持、怂恿或采取其他手段进行不正当竞争的情况等。执业律师教育整顿的重点主要包括：不正确履行职务的行为；以非法或不正当手段侵害当事人财产权利或人身权利的行为；拒绝办理刑事案件及其他标的额小的案件的行为；参与社会丑恶活动的行为等。为保证这一活动的顺利进行，省司法厅、省律师协会要求在教育整顿过程中，自始至终坚持六条原则：一是加强领导，有组织有计划地进行；二是正面教育，以提高认识为主；三是注重实效，不走过场；四是边整边改边建；五是惩戒与维权相结合；六是严格执行政策，照章办事。

1995年7月，省司法厅、省律师协会组织了检查组，赴各地对教育整顿情况进行检查并召开总结会议。会议认为，此次活动开展的扎实有力，收到了显著成效：(1)全面了解了律师队伍状况，总的看，绝大多数律师较好地遵守了职业道德和执业纪律；(2)维护了律师管理的权威性和严肃性，理顺了律师事务所与司法行政机关的关系；(3)加强了制度建设，各项管理工作已有章可循；(4)清退了一批不符合执业条件的人员，有1个律师事务所、11名执业律师被惩戒或受到行政处分，有45个不符合规定的分支机构被撤销，有17个律师事务所和513名律师在年度注册中被暂缓注册。

省司法厅、省律师协会开展的律师职业道德、执业纪律教育整顿活动，得到了司法部的充分肯定，张耕副部长在省司法厅报送的文件上作了重要批示。5月，司法部发出了关于在全国开展律师职业道德执业纪律评查活动的通知。（陈 燕）

〔**山东省五市地公证工作座谈会**〕 1995年5月9日，山东省司法厅在临沂市召开了由德州、滨州、临沂、菏泽、聊城五市地司法局和公证处负责人参加的公证工作座谈会，专题研究经济欠发达地区公证工作改革与发展问题。会上，各市地介绍了他们在公证工作改革中取得的成绩和经验。1995年，临沂、聊城两地区办证数量分别比上年增长38%、37.5%；菏泽、滨州、聊城地区的公证业务收费分别比上年增长0.88倍、1.5倍和3.5倍。会议总结了五市地在公证工作改革与发展中创造的一些成功经验：解放思想、更新观念、认识到位是公证工作改革的重要前提；建立公证处内部竞争激励机制，实行主任负责制是公证工作改革的重要内容；将公证事项纳入规范化管理轨道是公证业务发展的有效途径；公证组织网络化是扩大服务覆盖面、完善公证服务方式的必要措施；以农业和农村工作作为服务的主攻方向，是公证事业发展的重要基础。会议明确了五市地公证工作改革与发展应当遵循的原则：实事求是、因地制宜；分别情况，各有侧重；以改革促发展；经济效益和社会效益并重等。会议要求公证工作要在改革公证处内部运行机制上加大力度，拓展服务领域，坚定公证工作改革的信念。（袁荣开）

〔**山东省法学教育结硕果**〕 “八五”期间，我省司法行政法学教育工作紧紧围绕提高干警素质和为社会培养法律人才这两个重点，坚持“立足政法，面向社会”的方针，积极探索，努力开拓，使法学教育工作取得了显著成绩。（一）短期培训教育发展迅速。五年间，省司法厅在全系统内狠抓了岗位培训和短期培训，共培训监狱、劳教工作干警26890余人次，培训“三资企业”中方高级管理人员335名，培训县（市、区）司法局长、律师、公证员、基层法律服务人员等共49900余人（次）。（二）专业证书教育成绩斐然。自1991年以来，省司法厅相继在青岛、泰安等地举办了大专专业证书班，使1430名干警取得了专业证书；监狱及劳教系统委托有关院校举办的各种形式的专业证书教育，有1917名干警取得了专业证书；中华全国律师函授也为250多名学员申报了专业证书。（三）拓宽了普通中等法学教育改革招生的路子。“八五”期间，省司法厅所属法律学校、省警官学校分别向社会输送毕业生1254人，在校生都在千人以上；招收委培生、自费生达2220人。根据国家教委安排，省法律学校开办了内地西藏班，为西藏培养法律中专生160多人。（四）成人学历教育蓬勃发展。“八五”期间，华东政法学院山东函授站毕业专、本科学员886名，在华东地区名列前茅；省政法管理干部学院毕业学员3391名；中华全国律师函授教育我省在学人数占全国学员的十分之一，五年毕业学员近千人；

省司法厅委托省政法管理干部学院举办的律师专业大专班在学学员2000人左右；各市地司法局依托电大等办学单位举办的成人大中专教育，毕业大中专学员2540人。通过各种培训教育，全省司法行政系统干警的文化水平比1990年的37.85%提高了30个百分点，大专以上文化程度达到69.1%，其中：律师、公证员队伍大学专科以上文化程度分别达到83.3%和67.1%。华东政法学院山东函授站1991年、1992年被华东政法学院和司法部评为函授教育先进集体；1991年至1994年中华全国律师函授山东辅导总站连续四年被中华全国律师函授中心和司法部教育司评为先进辅导总站，1995年又被司法部授予“法学教育先进集体”称号。　(尹承宏)

〔**山东省率先成立基层法律工作者协会**〕　1995年11月28日，山东省基层法律工作者协会成立，这是全国第一家成立的省级基层法律工作者协会。

协会的任务是：组织会员学习党的政策和国家有关法律法规及基层法律服务工作专业知识；开展理论研讨活动，总结交流经验；维护会员的合法权益；开展对外交流活动等。

协会的成立，对于促进我省基层法律服务工作健康发展，维护基层法律工作者的合法权益，发挥其在维护社会稳定、促进经济发展中的作用，具有重要的意义。它标志着山东省基层法律服务工作又迈上了一个新的台阶。

目前，协会已拥有团体会员2500个，个人会员7400余人。

(李主太)

〔**全国十佳公证员——傅增敏**〕　傅增敏，男，51岁，山东蓬莱市人，青岛市公证处主任。1991年以来，他把竞争机制引进公证处内部，在全国率先试行了自收自支的经费管理办法和效益浮动工资制。1988年公证业务收费不足3万元，改革后的1991年收费46万元，1992、1993年收费均达400万元。他积极开拓公证领域，办理了土地使用权有偿出让、转让合同公证；股票发行现场监督公证；土地使用权拍卖公证；工商银行转帐支票应用密码取代印鉴协议公证等。1992年，他抓住房地产市场开放机遇，半年时间内即为83幅地块3000余亩土地使用权有偿出让、转让合同办理了公证，涉及金额达22亿元。1991年至1994年办理抵押贷款合同公证1000余件，涉及金额达25亿元。在他的领导下，青岛市公证处先后被评为市级文明标兵单位；山东省司法行政系统党风廉政建设先进集体；1992年被授予全国公证质量评比先进单位；1993年被评为全国司法行政系统政治工作先进集体并荣立集体二等功。傅增敏同志被省司法厅荣记个人一、二、三等功各1次，1992年被评为全国公证质量先进个人，并多次荣获青岛市委授予的优秀共产党员称号，1995年当选为第一届全国十佳公证员。　(尹承宏)

〔**全国优秀监狱长——马林**〕　马林，1953年生，山东曹县人，中共党员，1970年参加工作，1992年任山东省第八监狱监狱长、党委书记，济宁市政协委员。10多年来，他从加强领导班子自身建设入手，艰苦创业，从严治警，依法治监，强化培训，开发人才，带出了一支业务过硬、作风过硬，能打硬仗的干警职工队伍。他以高度的事业心、责任感，全身心地投入到监管改造工作之中，不断强化监管，细化教育，努力探索提高改造质量、确保监狱安全稳定的新路子。坚持依法、严格、科学、文明管理，办成了省级优秀特殊学校，全面实行对罪犯表现的“百分考核”和对罪犯实行分押、分管、分教，实施分级处遇和分类教育，有效地提高了教育改造罪犯的针对性；建立和完善了法制、道德、文化、技术、劳动教育五位一体的课堂教育和个别教育、社会教育、家庭教育、相互教育、自我教育五位一体的课外教育，即两个“五位一体”综合教育机制，开展了对罪犯心理咨询、心理矫治工作；同时强化监狱的安全防范工作，确保了监狱的持续安全稳定。11年来，先后关押改造罪犯7705名，8年未发生罪犯脱逃事故，刑释人员重新犯罪率在3%以下。他同历届领导一起带领全体干警职工经过10年多的艰苦创业，将一个小煤矿建设成为一个拥有固定资产上亿元的现代化矿井，先后达到煤炭工业部部级质量标准化矿井和国家二级企业标准，1994年又跨入了国家大型企业行列。先后被省、国家能源部、全国安全生产委员会命名为“安全生产先进单位”，连续6年被授予省级“文明单位”称号，荣立集体一等功1次、二等功2次。他本人被省司法厅荣记个人一等功、二等功各1次，1995年2月被司法部授予“全国优秀监狱长”称号。

(章奇立　陈　进)

〔**全国优秀监狱长——辛宝山**〕　辛宝山，山东省海阳县人，1941年生，大学学历，高级工程师。他自1990年4月任山东省烟台监狱党委书记、监狱长以来，始终坚持“抓改革，创新路；抓管理，上等级；抓效益，创一流”的指导思想，团结党委一班人，带领全体干警职工奋力拼搏，大打监管改造、办学升级、生产经营、规范化管理等攻坚战。在短短的4年里，使烟台监狱从困境中崛起，并跨入了全国同行业的前列。在监管改造方面实行了对罪犯的分管、分押、分教，实现了“收得下，管得住，跑不了，改造好”的要求，连续5年未逃跑犯人，确保了监狱的安全稳定。在创办特殊学校工作中，他提出了“全面办学，整体办学，长期办学”的指导思想,坚持把办学工作目标纳入监狱目标进行管理,纳入内部工作责任制实施考核,有效地提高了办学质量和进度。1994年烟台监狱育新学校晋升为部级优秀特殊学校。他廉洁勤政,作风民主,严于律己,善于团结同志。党委一班人在他的带领下,做到了政治上"合心",工作上"合力",行动上"合拍",被上级领导称为是一个干大事业,求大发展,上大台阶的领导班子。他曾先后荣立二等功两次,荣获山东省机械系统优秀企业家、烟台市优秀干警、优秀共产党员等称号,1994年被省司法厅荣记个人一等功,1995年2月被司法部授予"全国优秀监狱长"称号。

(卢伟东)

〔**全国优秀劳教所长——杨洪森**〕 杨洪森,男,54岁,山东省第一劳教所所长、党委书记。他认真贯彻执行党的劳教工作方针政策,坚持依法、严格、文明、科学管理,针对劳教人员的新情况、新特点,提出了"管理是基础、教育是关键"的工作思路和"服从管理、接受教育、热爱劳动"三条衡量劳教人员改造表现的基本标准,有效地提高了管理教育工作的针对性和有效性。他重视自身、班子和队伍建设,主持制定了《党委工作规则》等十多项党委工作制度和《严格治警依法治厂实施细则》,把队伍建设纳入规范化轨道。在创建现代化文明劳教所的工作中,他坚持"加强领导、统一规划、突出软件、完善硬件、抓好试点、全面推进"的原则,主持制定了《创建现代化文明劳教所工作规划》。两年来,在上级部门的领导和支持下,软件硬件建设逐步得到完善,在全省率先达到了现代化文明劳教所标准,被省司法厅命名为省级现代化文明劳教所。他率先垂范,深入基层,务实敬业,关心群众,受到广大干警职工的尊敬。在他的领导下,山东省第一劳教所先后荣获"全国劳教系统先进劳教所"、"部级优秀劳动教养学校"、"全国司法行政系统模范集体"、"全国劳教系统十强企业"、"省级文明单位"等称号;他本人曾被评为淄博市"优秀党务工作者"、"优秀企业家",省"企业管理先进工作者"等,1995年被司法部授予"全国优秀劳教所长"称号。

(黄 涛)

1995年广东省司法行政工作

〔概述〕 1995年,广东省各级司法行政机关紧紧围绕改革、发展、稳定的大局,牢固树立大服务思想,进一步深化改革,强化管理,开拓业务,努力加强基层司法行政工作和干警队伍建设,各项工作取得了新的发展,为实现广东省委、省政府确定的建设珠江三角洲经济区、振兴山区经济和粤东西两翼齐飞的发展战略提供了有效的法律服务和有力的法律保障。监狱和劳教工作有了新的进展,监所财政保障体制得到加强,创建现代化文明监所活动全面开展,监所改造秩序持续稳定;律师工作在深化改革和加强管理中快速发展,队伍不断壮大,素质不断提高,业务不断拓展。年内全省新建律师所87所,律师所总数已达579家,比上年增加17.8%;在按规定停止一批兼职律师执业后,全省执业律师仍比上年增加4.7%,达到5853名。全省律师担任常年法律顾问15919家,比上年增长4.9%,办理民事诉讼代理15738件、经济诉讼代理23825件,分别增长6%、56%;公证工作在巩固中提高,取得了新成绩。全省办结各类公证705022件,其中涉外公证303400件,办证总量继续保持在全国各省市中的领先地位,而且标的大、影响广的业务有所增加,社会效益较好;基层法律服务和人民调解工作有所加强。全省基层法律服务所担任法律顾问30292家,比上年增长9.53%。办理民事诉讼代理12444件,比上年增长43.05%;非诉讼代理80212件,比上年增长9.29%;全省共调处各类民间纠纷170165件,防止纠纷激化279件,有效地发挥了社会治安第一道防线的作用;法制宣传教育力度进一步加大,"二五"普法规划所确定的任务基本完成,依法治理工作向纵深发展;成人法学教育工作扎实推进,在培养高层次、外向型、应用型法律人才方面迈出了新步伐,为全省司法行政工作的深入发展起到了培养法律人才的作用。

〔**监狱、劳动教养管理工作**〕 《国务院关于加强监狱劳教工作的通知》("国发[1995]4号"文)下发后,广东省司法厅多次向省政府、省委政法委报送专题请示。为争取狱所各项经费列入财政预算,提高"皇粮"、"囚粮"等有关经费标准,做了大量工作。厅、局领导多次登门向省领导和省财厅等有关部门反映监狱、劳教工作面临的困难和问题,共商贯彻落实措施。经多方努力,落实省直狱所干警经费首次列入财政预算,落实经费每人每年10187元、医疗费每人每年800元;犯人、劳教人员经费提高到人年均900元,其中伙食费840元。还积极督促、帮助市属监狱、劳教单位抓好国务院文件精神的贯彻落实,使市属狱所干警经费和犯人、劳教人员生活费有不同程度的提高。根据省政府关于实行各市和狱所挂钩，定点投监送教，定额补贴的精神，积极与挂钩市联系，共同研究落实方案，补贴经费已基本到位。通过一年的工作，广东的监所财政保障体制得到加强，经费严重紧缺的困难有较大缓解，有力推动了我省监狱劳教工作的发展。

广泛开展学习、宣传、贯彻《监狱法》活动。年初以来，先组织监狱长集中学习，然后由各监所分批办班培训，学习、领会和掌握《监狱法》的立法精神和具体规定。对省制定的规章制度进行全面清理，修订和废止了一批规章制度。广东省监狱管理局对各监狱执行《监狱法》的情况进行了大检查，进一步强化了干警的执法意识。同时，还开展专题调查，及时了解各类罪犯对《监狱法》的反映，制定宣传教育对策，有针对性地组织罪犯学习《监狱法》，端正改造态度，自觉接受改造。各地还利用监狱更名挂牌机会，通过各种新闻媒体，向社会各界广泛宣传《监狱法》，以及监狱工作取得的成就，使各级党委、政府和社会各界更加了解和支持监狱工作。

狱所以实施《监狱法》和落实国务院、省政府文件为契机，坚持"软件"先行，全面启动，迈开了现代化文明监所建设的步伐。各单位结合实际，采取措施，提高执法水平和管理水平，推进规范化建设；提高"三课"教育水平，确保教育实效；加强领导班子建设，提高队伍整体素质等放在"先行"的重要位置上，全面加强了监狱、劳教管理工作的整体水平和规范化建设。根据省委书记谢非同志关于改革教育改造工作的指示精神，省监狱管理局、劳教局分别提出了改革方案，从收押收容、教育内容、方式和安置帮教等方面进行了改革尝试，以进一步提高教育改造质量，减少重新犯罪。以防脱逃、防非正常死亡等重大事故为重点，加强安全防范工作，进一步健全领导责任制，取得了较好的效果。犯人、劳教人员脱逃率和监所内发案率均有所下降，全省12个劳教单位实现了无脱逃、无重大案件、无非正常死亡。

各狱所按照规划要求加快了硬件建设步伐。番禺监狱的规划方案已全部完成；省戒毒所、惠州市劳教所开始部分收容；深圳市第二劳教所、中山市劳教所也进入单体施工阶段，正在加紧建设，可望1996年形成收容能力。东莞监狱争取在1996年，省戒毒所、广州市东坑劳教所、深圳市第一劳教所争取在1997年建成部级或省级现代化文明监所。其他狱所积极开展创建文明大队（中队）活动，有力推动了全省监狱、劳教工作整体水平的提高。

〔法律服务工作改革与管理〕　1995年省厅明确提出"一手抓改革，一手抓管理，以管理促改革，以改革促发展"的工作思路，确定"1995年为律师工作管理年"。通过一年努力，加大管理力度的措施已逐步到位，收到了初步效果。

完善律师管理制度。5月9日，省人大常委会审议通过了《广东省律师执业条例》。此前，深圳市人大常委会也批准颁布了《深圳经济特区律师条例》。根据部有关规定，广东省司法厅还分别制定了《省直律师所管理工作若干问题的意见》、《兼职、特邀律师管理暂行规定》等内部规章。深圳、广州、佛山、中山等市针对改革中出现的新情况、新问题，也及时制定了一些律师管理办法，加大了制度的覆盖面和管理力度。省厅制定了《律师事务所财务会计管理暂行规定》，要求律师所配备财会人员须持有上岗证，定期向主管部门上报财务报表，接受审计监督。

全面开展律师教育整顿活动。全省各地按省厅统一部署，普遍举办学习班，对律师进行封闭式教育整顿。组织律师学习部颁《律师职业道德和执业纪律规范》、《律师惩戒规则》等规章，联系实际找问题、查原因、议整改。各律师所针对存在问题，认真自查自纠，收到了一定实效。结合年审注册，对全省500多个律师所和5000多名执业律师进行了职业道德和执业纪律评查。

抓住正反典型，弘扬正气，严肃查处违纪行为。在全省开展了评选"十佳律师"活动，弘扬了律师的良好形象。及时查处违法违纪案件。全省已有17个市成立了律师惩戒机构，各地对投诉律师的案件做到及时查处。停止整顿了3家有严重违纪行为的合伙所，处分违纪律师2人，并通报全省。各地切实加强了律师所党的组织建设，省直所成立了党总支和10个党支部，健全了组织生活制度。

各级司法行政机关继续探索新的律师体制，完善内部运行机制。《广东省律师改革方案》业经省政府批准实施。律师工作改革先行一步的深圳、广州、珠海等市，在加强配套、规范市场、规模经营等方面取得新突破。引导、推动合伙所向高层次、规范化发展，逐步建立一批标准高、实力强、形象好的律师事务所。在深圳、广州等市和省直抓试点，逐步推行法律援助制度。广州市经市编委批准成立法律援助中心，茂名、中山、东莞、韶关等市及省直属部分律师所也积极开展法律援助活动，在社会上受到较高评价。各地积极探索国资所的改革，努力搞活内部机制。中山、台山等市仿效省厅做法，保留律师编制，引进合伙所的有效机制。各地国资所普遍采取改革分配制度、扩大自主权等措施，有效增强了生机活力。

公证和基层法律服务工作的改革在积极探索中稳步进行。公证工作改革根据"积极稳妥，实事求是，循序渐进"的思路和分"三步走"的构想，出台了《关于公证工作改革意见》，并陆续制定了《建立公证机构的规定》

和《实行公证处主任负责制试行办法》等规定，推动了我省公证工作改革第一步松绑、放权、搞活机制的顺利开展。基层法律服务所坚持巩固、完善、提高、发展的方针，积极创造条件，逐步实行自收自支、独立核算、自担风险的机制。机构布局上，突破按乡镇设置的单一模式，法律事务较多的地区逐步在管理区、企业和中小学设立法律服务站、法律顾问室和学校法治室，使法律服务机构进一步向基层延伸；在人员构成上，普遍实行"一所多轨制"，采取国家编制、地方编制和自行聘用等多种形式壮大队伍。

〔**县区司法行政工作**〕 司法部"烟台会议"后，加强基层建设的问题摆上了更加重要的位置，进一步明确县(区)司法行政工作的根基地位，确定了今后一个时期"抓基层，促全局"的工作思路。省厅党组制定下发了《关于加强县(区)司法局领导班子建设的意见》，有效地促进县区司法局领导班子建设。各地积极采取措施，切实加强县区司法局建设，取得了较好成效。

一是把乡镇(街道)司法所和法律服务所作为加强县区司法局建设的大事来抓。6月，省厅向省编委提出了《关于请求给全省乡镇(街道)司法办公室定级定编的请示》。省编委派员赴珠海、中山等地了解乡镇司法办的有关机构、队伍情况。各市、县(区)司法局也主动向当地党政领导和编委请示报告，力争尽快解决司法所定级定编问题。至年底，茂名、惠州、韶关、阳江、汕头、清远、肇庆等七市的编委已正式下文，明确司法办改称司法所，不少市改所和定编定级工作也加紧落实，为解决基层司法行政办事机构的体制问题，发挥整体功能打下了良好基础。

二是加强业务建设，充分发挥职能作用。各市普遍重视和加强对县(区)司法行政工作的指导。韶关市局领导分头带队深入基层，与县区司法局一起分析研究，采取得力措施，加强业务建设，扭转了业务大幅下降的被动局面。清远市局积极理顺关系，为县区开拓新业务铺路架桥。各县(区)司法局树立大服务思想，主动围绕党和政府的中心工作，找准位置，主动介入本地经济建设和社会生活的各个方面，充分发挥部门优势，特别是在法律教育和法律服务中的突出作用，为维护城乡稳定和促进经济发展作出贡献。

〔**"二五"普法教育工作**〕 我省积极贯彻执行党中央、国务院批转的全国"二五"普法规划和全国人大常委的"二五"普法决议。全省各市、县(区)、镇(乡)和各级专业法主管部门层层制定规划，发动群众，认真开展以宪法为核心，以专业法为重点的法制宣传教育活动。经过各部门和全省人民群众的共同努力，已基本完成省"二五"普法规划所确定的任务和目标，进一步推进了民主法制建设，为广东改革开放、经济建设和社会稳定发挥了保障和促进作用。

积极开展全民法和专业法的学习宣传。全省城乡全面铺开中央和省提出的全民法和共同专业法的学习教育，在全省4700多万普法对象中普及了11个法律和45个共同专业法。各专业法主管部门在组织本系统学习的同时，在社会上广泛宣传了100多个专业法律、法规和规章，使专业法学习教育形成"二五"普法的重点和特色。据不完全统计，五年来，全省共发行各类法制教育资料2750万份、录像录音带1万多盒、本省法制报刊1亿多份；制作播放法制电视节目4038个；举办培训班19076期；上法制课54523次，1752万人次接受了辅导教育；动员300多万人次参加各类法律知识竞赛。

突出抓好各级干部学法、用法，发挥示范带头作用。在全省干部中广泛开展了学习《中华人民共和国宪法讲话》、《社会主义法制建设若干问题讲话》的活动，110多万名干部参加了学习和考试。发动近万名干部参加学习"两本书"电视竞赛。还发行6000册《邓小平同志论民主法制建设》等三本理论读物，组织各级干部学习。为了深化领导干部学法用法，1995年省举办了6期领导干部法制讲座，中央政治局委员、省委书记谢非同志作了重要讲话，省五套领导班子及省直各部门的负责同志参加讲座。各市也纷纷聘请法律专家、学者讲课，促进了"二五"普法的深入进行。

配合各级党委、政府的中心工作，多形式、全方位地开展法制宣传教育。省和各地组织经济管理部门和企业负责人带头学好经济法规，举办了多期法制讲座和培训班，努力提高他们依法管理经济的能力。配合维护社会治安，坚持不懈和富有成效地开展形式多样的法制教育，为"严打"和扫除"黄、赌、毒"等专项斗争广造社会舆论，把教育与打击、防范与管理有机地结合起来。围绕农村"社教"，全省编发各类宣传资料1500多万份，上法制课2100多次，培训宣传骨干近40万人(次)。针对外来人员违法犯罪突出的问题，组织珠江三角洲地区的外来人员学习有关治安和劳动管理的法律、法规，有关市发行教育资料300多万册。为进一步改善我省的执法环境，在司法、执法机关普遍建立执法责任制，做到执法主体、目标责任、保障措施"三到位"。突出抓了青少年特别是在校大、中、小学生的法制教育，促进了青少年健康成长。

依法治理工作全面推开。"二五"普法期间，我省依法治理工作进入一个新阶段，城乡各地由点到线、由线到面不断发展，在实践中探索积累了有益经验。至1995年，全省正式实施依法治市、县(区)工作的已有地级市4个，县(市、区)46个；开展依法治理、民主管理的镇、乡894个，管理区20533个；开展依法管理的厂矿企业15501个，其中80%以上是国有大中型企业。一个以政府为龙头，基层为基础，行业为支柱，各层次、各行业纵横结合的依法治理网络已开始形成。

〔**法学教育工作**〕　全力实施成人法学教育“万、千、百工程”(即全省在学人数10000人，毕业1000人，研究生、双学位在学100人)，在巩固原有基础的同时取得了新进展。经省高教厅同意，律师函授大专开考了律师专业，律师函授专科在读生达3600人，是律函开办10年来人数最多的一年，并在香港、澳门分设律师函授辅导站、点；举办了第二期面向基层法律服务工作者的业余法律专业证书班，共招生1300人；自学考试大学本科在读人数达2800人，是开办6年来人数最多的一年；扩大招收经济法研究生，加大力度培养高层次法律人才。年内，全省各类成人法学教育人数达10322人，毕业1790人，另有自办普通中专在学1600人。

〔**队伍建设**〕　1995年，各级司法行政机关认真贯彻“两手抓，两手都要硬”的方针，以班子建设为重点，以理论教育为先导，以从严治警、从优待警为保障，全面加强队伍建设。

突出抓好各级班子建设。4月召开了全省各市暨部分县区司法局长“如何当好第一把手”座谈会，从理论和实践的结合上认真总结了当好司法局长的经验，进一步探讨了新形势下全面提高领导水平和领导艺术的途径和办法。研究提出了加强县区司法局领导班子建设的具体意见。积极配合省委和司法部有关部门，认真做好厅、局领导班子的届中考核工作，推进了厅、局领导班子建设。省厅组织9个工作组，对各市局、省直监所等49个单位的领导班子进行了全面考核，调整充实了各级领导班子，改善了处一级领导班子的年龄和知识结构，促进了各级领导班子建设。

深入开展树立司法行政干警良好形象活动。各级司法行政机关学习孔繁森同志的先进事迹，广泛开展“便民、利民、为民服务”活动，不断改进工作作风，提高工作效率和质量。一方面，树立典型、弘扬正气，使全省干警学有榜样，赶有目标。在逐级评选的基础上，省厅表彰了在司法行政各项工作中做出显著成绩的67个先进集体和250名优秀个人，宣扬、表彰了各条战线“十佳”工作者。组织先进代表到基层单位巡回演讲，进一步推动了争先创优活动的深入开展。另一方面，以监所警察和律师为重点，从各行业实际出发，积极开展教育整顿，狠刹不正之风。对法律服务人员深入进行职业道德和执业纪律教育，开展了全行业教育整顿活动，严格了执业管理；从严整治了监狱、劳教警察中存在的以权谋私、贪赃枉法以及打骂体罚犯人和劳教人员等违法违纪行为。省厅纪监部门全年共受理群众举报155件，经初查立案47宗，结案35宗，处分党员、干部46人，进一步增强了队伍的战斗力。

抓好岗位培训，提高了干警政治业务素质。各级司法行政机关充分发挥高等院校、电大和培训中心的作用，多渠道、多层次对监狱、劳教警察和法律服务人员特别是基层法律服务人员开展业务培训、岗位培训和学历教育，据不完全统计，全年举办各种培训班100多期，培训干警5000多人次。同时，选送了9名厅、局、处级领导干部参加司法部举办的培训班，提高了领导干部的政策理论和业务水平。

（广东省司法厅　刘绍含）

1995年广西壮族自治区司法行政工作

〔**概况**〕　1995年，广西有司法行政机关120个，其中，除自治区司法厅及其所属的自治区监狱管理局、自治区劳教工作管理局外，有地（市）司法处（局）14个，县级司法局103个。另有乡镇司法办公室（司法所）1224个。有律师事务所217个，律师2128人，公证处102人，公证员405人；乡镇法律服务所1303个，法律工作者4041人。

年内，各项司法行政业务得到进一步发展。一是监所改造秩序稳定，生产形势较好，综合经济指标居全国监狱前列。犯人和劳教人员脱逃率分别为0.08%和0.097%，分别比上年下降28.33%和17.79%；全年实现监狱和劳教工农业总产值5.65亿元。二是法律服务工作改革继续向前推进。律师工作改革在不断加快建立“两不四自”律师事务所的同时，重点抓了占国家编制律师事务所的改革，并加强执业律师的职业道德和执业纪律教育。公证工作继续进行将公证处由行政机关改为事业单位的试点。基层法律服务逐步实行法律服务所和司法办公室（司法所）分离，鼓励建立“两不四自”法律服务所。三是全面完成“二五”普法任务，依法治理工作继续深入发展，各级调解组织和各级调处纠纷办公室处理各类纠纷17.72万件。四是司法行政干警队伍的素质进一步提高，有307个单位、453人立功受奖，其中，荣立二等功的集体和个人各1个，三等功的个人50人。年内，《广西法制报》被评为全国优秀法制报。

〔**监狱工作**〕 全区监狱以学习贯彻《中华人民共和国监狱法》和创建现代化文明监狱为工作主线，坚持依法、严格、文明、科学管理，不断强化和改进改造手段和措施，继续推进对犯人的“分押、分管、分教”工作，努力提高改造质量。自治区财政加大对监狱狱政设施和技术装备的投入。全年防脱逃、防重大狱内案件、防非正常死亡工作创历史最好水平，犯人脱逃率在1‰以下，罪犯改好率保持在95%。年末，发生犯人逃跑、狱内重大案件和非正常死亡分别比上年下降28.33%、50%和35.70%。

监狱工业生产上半年曾出现亏损，后重新测算和修订各项经济指标，动员多方力量，采取增产增收措施，抑制了经济滑坡，全年完成工业总产值4.13亿元(1990年不变价)，接近上年水平。农业生产继续抓好甘蔗、茶叶、水果等经济作物，加速发展畜牧、水产业，年内实现产值1.5亿元。

〔**劳动教养工作**〕 1995年，各劳教所在干警中推行“包管教”、“包转化改好”责任制，严格警戒护卫和巡逻检查制度。为加速创建现代化文明劳教所，自治区劳教局在各劳教所上交利润中返还40%用于所政设施建设。年末，劳教人员数比上年增加44.96%，而逃跑率却下降了17.79%。加强了教育改造工作，劳教人员政治教育考试合格率、文化教育获证率、职业技术教育获证率和分类教育考试合格率均达到95%以上，所内劳教人员改好率、难改造人员转化率达90%以上。广西强制戒毒劳教所毒瘾劳教人员的戒断率达到100%，复吸率极低。劳教生产超额完成年度生产计划，实现工农业总产值6207.80万元，比上年增长11.85%。

〔**律师工作**〕 根据司法部关于律师工作改革的有关规定，为推进我区律师工作改革和强化管理，自治区司法厅先后制定了《关于深化占编制律师事务所改革的意见》等5个文件，全区建立了“两不四自”所64家，占律师事务所总数的29%，有不占编律师245人。还加强了律师职业道德和执业纪律教育，对违反《律师惩戒规则》的律师进行处理，对不合格的律师事务所责令停业整顿，年内取消3名律师的律师资格，责令3个律师事务所停业整顿，撤销1个律师事务所；进一步拓宽律师服务领域，自治区司法厅和自治区体改委联合行文规定，企业股份制改组必须有律师参与，把律师出具的法律意见书作为改组企业上报政府审批的必备文件，其他如金融、房地产、高科技开发等领域的律师业务也得到进一步发展。1995年，全区律师共担任国家机关和企事业单位的法律顾问1.1万家，担任刑事辩护4720件，担任经济、民事案件代理1.33万件，为当事人避免或挽回经济损失9.12亿元。

〔**公证工作**〕 进一步深化公证体制改革，在总结北海市公证处由行政机关向事业单位过渡试点经验的基础上，增加试点单位。年内，已有桂林市、玉林市、北流市等13个公证处改制为事业单位，一些经济发达地区还突破了按行政区域设置公证处的限制，成立第二公证处。同时，通过建章立制使公证管理逐渐走上制度化、规范化管理轨道。先后制定了《广西壮族自治区公证员注册管理办法》、《公证员资格的授予与撤销的若干规定》、《公证质量管理试行办法》等5个文件，从而保障了公证工作快速健康地发展。全区办理各类公证事项12.77万件，其中国内公证11.08万件，涉外公证1.69万件，制止不法经济行为817件，避免或挽回经济损失4.55亿元，为国家调入非贸易外汇10.34万元，社会效益和经济效益同步增长。

〔**基层法律服务**〕 1995年，全广西逐步试行基层乡镇法律服务所与司法办公室(司法所)分离，积极建立“两不四自”法律服务所，一些经济较发达地区把基层法律服务工作延伸到村一级，如玉林地区、北海市的大多数县(市)实行了一乡(镇)多所、村级设站、队(组)设联络员；经济欠发达地区，如河池、百色地区尝试了多乡(镇)一所制。各地基层法律服务机构积极开辟新的服务领域，抓住本地的热点、难点问题，主动介入到金融、房地产、劳务、生产资料市场、土地开发、计划生育、拍卖、转让等领域，为促进地方经济发展提供法律服务。此外，为规范基层法律机构管理，自治区司法厅先后出台了《关于基层法律服务工作深化改革和强化管理的意见》、《关于建立“法律事务中心”和依托乡镇法律服务所建立律师事务所、公证办事处的意见》等4个文件，并在全广西范围内首次开展了基层法律服务机构和法律服务执照的年审注册工作，规定凡是首次申领基层法律服务执照的，一律由自治区司法厅审批。年内，共完成976个基层法律服务机构和1880个法律服务执照的年审注册工作，建立“两不四自”法律服务机构10个，建立法律事务中心50多个，基层法律服务机构担任常年法律顾问1.04万家，民事代理3.64万件，协办公证事项4.09万件，见证1.47万件，调解经济纠纷3.89万件，为当事人避免或挽回经济损失2.69亿元。

〔**法制宣传教育**〕 全面完成“二五”普法任务，今年是“二五”普法的最后一年。年初，各地认真组织普法对象参加“二五”普法第五单元的学习考试，有针对性地学习了《社会主义市场经济法律法规选编》和《社会主义市场经济法律知识读本》以及《仲裁法》、《国家赔偿法》、《城市房地产管理法》、《劳动法》、《预算法》、《审计法》等。10月，自治区成立“二五”普法考核验收团，对各地、市、柳铁、区直单位和大专院校进行考核验收，采取听、查、评、看、谈等方式进行全面考评，经考核，全部达到合格标准。“二五”普法期间，全广西2330多万普法对象有90%以上参加了普法学习，考试合格率达83.58%。其中，党政机关、事业单位干部职工参学率达98.39%、考试及格率达94.88%，县级以上领导干部参学率、参考率、及格率分别为99.96%、99.9%和98.5%；企业职工参学率、考试及格率分别为97.34%、89.24%；居民、个体工商户参学率、考试及格率分别为89.95%和79.21%；农民参学率、考试及格率分别为85.59%和75.47%。

〔**领导干部学法讲座**〕　根据江泽民总书记关于领导干部要学法用法的有关指示精神，年内，自治区举办了1期省级、5期厅(局)级领导干部学法讲座。自治区党委书记赵富林同志亲自主持省级领导干部学法讲座并作了重要讲话，副书记丁廷模、马庆生等13位省级领导干部参加了听课。下半年，自治区普法办对厅(局)级以上领导干部的学法情况进行了检查考试，参学率和参考率分别达到99.96%和100%。

〔**依法治理活动**〕　各地在学法用法的基础上，普遍开展了依法治理活动。年内，有6个自治区辖市、1个地区、71个县(市、城郊区)、1232个乡(镇)、1.25万个村委会、5247个企业和2.02万个学校有组织、有计划、有步骤地开展依法治理，有效地促进了整个广西物质文明和精神文明建设。此外，为配合依法治理工作，自治区司法厅、自治区普法办和自治区文化厅还组织各地创作、排演法制文艺节目，进行巡回演出，其中有两个优秀节目进京参加全国法制文艺调演，向全国人大代表和政协委员汇报演出。年内，各地共演出法制节目500多场(次)，观众达40多万人。

〔**法学教育与队伍建设**〕　法学教育　充分发挥厅属院校的优势，采取普教、成教、函授和职教相结合办法，拓宽办学路子，在14个地、市建立法学教育函授站或辅导分站，在边远的监狱场所开设辅导点。同时，继续办好法律专业自学考试，并新开办了律师专业。年内，广西政法管理干部学院有在校生1114人，广西司法学校在校生407人，广西监狱警官学校在校生558人，参加全国律师函授中心和自治区法律自学考试的学员1830人。1995年，厅属院校大专毕业178人，中专毕业418人，律师函授或自学考试毕业(大专)198人。

〔**干警队伍**〕　1995年，司法行政干警队伍建设主要抓三个方面：一是组织干部职工认真学习邓小平建设有中国特色社会主义理论和社会主义市场经济知识，进行爱国主义、集体主义、为人民服务宗旨、职业道德和艰苦奋斗的教育，在系统内开展了树立司法行政干警良好形象大讨论和争先创优活动。二是稳住基层司法行政队伍。年初，自治区司法厅党组给自治区党委呈报了《关于在县级机构中保留县级司法局的请示》，赵富林书记作了“原则同意司法厅党组意见，保留县级司法局”的批示，自治区党委办公厅、自治区人民政府办公厅桂办发[1995]13号文件也明确规定保留地、市、县各级司法行政机构。各地通过多方努力，稳住了基层司法行政队伍。四是加强领导班子建设。年内，对4个地(市)司法处(局)、17个监狱、劳教所的领导班子进行了调整充实。三是做好干警培训工作。有1.01万名干警参加了各类业务培训班，占干警总数的63.6%，完成1485名干警的警衔授衔工作，警衔晋升249人，警衔转换317人，评审专业技术职称35人。此外，年内厅直属机关还立案查处违法违纪案件50起，结案35起，有22人受到行政处分。

〔**人民调解与调处“三大纠纷”**〕　1995年，人民调解工作结合广西农村基层政权建设，对村级调解委员会进行了调整。现全区有调解委员会1.7万个，占应建调解委员会总数的98%，有调解人员25万多人。各调解委员会共调解各种纠纷18.5万件，调解成功率92.3%。乡镇司法助理员调解处理民间纠纷3.35万起。各级调处土地、山林、水利纠纷(简称“三大纠纷”)办公室以大案要案和跨省、地、县纠纷为重点，加大调处力度，增加人力和时间，年内共调结“三大纠纷”案件2.13万起，结案率为纠纷总数的93.1%，避免群众性械斗977起，挽回经济损失1亿多元。其中，调结大案要案849起，跨省、地、县纠纷139起，农林场纠纷526起，开发区纠纷459起。

(广西壮族自治区司法厅)

1995年海南省司法行政工作

〔**监狱工作**〕 1995年，全省各监狱认真学习、宣传、贯彻《监狱法》及国务院两个重要文件，扎扎实实地开展“监狱改造安全年”活动，坚持依法治监，依法治警，狠抓各项管理制度的贯彻落实，层层签订监管改造安全工作目标责任书，从局长、监狱长到中队长、分队长层层签订“军令状”，落实领导目标责任制。坚持领导值班和巡回工地检查等制度，通过多种形式抓检查、抓督促，确保罪犯一天24小时不脱管。全省监狱系统实行了中队下设分队的“三级管理、二级核算”的管理机制；在积极作好“新收分流”和“三分”基础工作的同时，采取宽管犯人与亲人吃团圆饭、探监同居，与家人通电话、准假回家探亲，组织参观开发区等措施，极大地调动了犯人改造的积极性。与此同时，还突出抓了罪犯的政治思想教育工作，加强罪犯的法制、道德、文化、技术教育，增强管理教育工作的针对性，并把犯人生活卫生管理工作摆到了与西方人权斗争的高度，切实做到“四个落实”，为实现安全监管提供了重要的保障，使监管安全工作一环扣一环，形成齐抓共管的局面，监狱工作持续安全稳定。全年罪犯脱逃率为2.4‰，比上年下降40%；顽危犯教育转化率为56.3%；依法减刑573人次，假释119人，加刑处罚61人次。犯人生活卫生工作不同程度有了改善，狱内“两规范”建设和罪犯“三分”工作顺利开展，改造秩序持续安全和稳定，较好地配合了社会治安综合治理和“严打”斗争的开展。各监狱按照“统一领导，双轨运行”的思路，建立了“三级管理、二级核算”的管理机制，在开展清资查产核算工作的基础上，实行“收支两条线”的财务管理，监狱、企业经费、资产分别立户的分帐管理。监狱生产在项目缺少、资金困难、原有企业基础落后的情况下，以开发新产品、新项目和抓“菜篮子工程”为重点，积极发展生产，取得明显成效。全省6个监狱企业共完成工农业总产值2286万元，其中，工业产值1917万元，农业产值325万元，销售收入2968万元。财务收支在1994年亏损35万元的基础上，1995年基本持平，结束了建省以来经济长期亏损的局面。全系统“菜篮子工程”建设初显成效，共自产蔬菜105.03万公斤，猪肉6.37万公斤。绝大多数单位蔬菜、肉类、豆制品基本做到自给。被列为1995年海南省重点建设项目的三亚监狱首期工程已经竣工并部分投入使用，实现年底收人的目标要求。

〔**劳动教养工作**〕 1995年，各劳教所遵照司法部“软件先行”的指示精神，力抓软件建设，在队伍建设、规范化管理、教育方法、改造实效及劳教生产等方面，取得可喜的成绩。劳教所以“三防”工作为重点，认真落实各项安全防范措施，进一步加强护卫警戒工作、直接管理工作、安全检查工作。经常对干警的直接管理进行监督检查，切实做到“三大现场”不离人，二十四小时不脱管。加强对重点人员、重点环节的管理防范工作，切实堵塞漏洞，消除事故隐患。坚持开好劳教人员思想动态分析会，建立动态分析资料库，加强对危险分子、难改造人员以及新投入的劳教人员的监控，一手抓收容安置，一手抓安全管理，坚持和完善百分考核制度，按照“日记载、周检查、季评比、半年鉴定”的要求，全面加强对劳教人员的管理，坚持以转变劳教人员思想，重塑灵魂为目标，以政治教育为核心，文化、技术教育为重点，辅助于社会帮助，对劳教人员进行思想道德、爱国主义、法律常识等教育，促进了劳教人员的思想改造，全年“三课”教育入学率分别为100%、100%和87%。及格率达95%。同时，动员社会力量开展联合帮教活动，加强对劳教人员的思想改造，有效地提高了教育改造质量，全省劳教人员逃跑率为0.11%，有316人次获得减期。省女劳教所实现了全年安全管理，在狠抓依法治所的同时，积极发展生产，为建设文明劳教所创造物质条件。劳教单位在巩固原有橡胶木改性加工和斗车、服装加工等生产项目的同时，想方设法扩大生产门路，全省劳教生产完成工业总产值180万元，创收60万元。省三亚劳教所年底已正式收容劳教人员，使全省劳教所超押爆满的状况得到初步缓解。

〔**公证律师工作**〕 1995年，公证律师工作以体制改革为重点，深化改革，加强管理，提高素质，开拓业务。一是制定印发了《厅属占编律师事务所暂行管理办法》，实行主任负责制和全体专职执业律师会议制相结合的管理体制。二是原合作制律师事务所按合伙律师事务所形式重新规范工作顺利进行。在加强管理方面，着重抓了三件事：一是起草《海南经济特区律师执业管理条例（送审稿）》，该条例已经省政府第100次常务会议审议，原则上通过，二是认真进行了全省律师、公证员年度注册与换发新证、律师事务所和公证处年度检验工作，并实行了注册年检公告制度，加强对律师、公证员执业的社会监督，把品行考核作为申办律师事务所和执业年度考核的重要条件，大力促进依法办事，清廉服务;三是组织公证书质量大检查。有83%的公证处按规定要求认真开展了自查工作,合格率达80%,没有发现错证和假证,有力地促进了办证质量的提高。在业务开拓上,以非诉讼法律事务为主攻方向,通过完善服务方式开拓新的服务领域,向全方位、多样化服务转变,向综合性、系列化、“一条龙”的服务转变。全省有律师事务所71家,其中不占编制的自律性律师事务所36家,执业律师391人,其中,专职律师334人。全省律师担任常年法律顾问607家,代理诉讼2273件,办理非诉讼法律事务1380件。全省有公证处25家,公证员队伍达161人,其中,执业公证员102人。1995年共办结各类公证16651件,其中,国内民事公证2678件,国内经济公证3747件,涉外涉港澳台公证10266件。

〔**法制宣传工作**〕 1995年,我省充分发挥普法主管部门和专业法主管部门的积极性,结合实际,采取灵活多样的形式和方法,开展法制宣传教育活动。全省举办各类专业法骨干培训班328期,举办法制讲座186场(次),上法制课1869场(次),电影电视宣传3698次,有线广播宣传1528次,印发宣传资料24万多份,开展法制文艺宣传24场次,组织发动186万名干部职工和群众参加各类专业法总结验收考试考查。全省抓“二五”普法总结验收试点68个,全省各市县全面完成“二五”普法规划总结验收工作。今年来,一是认真贯彻落实司法部《关于为各级领导干部带头学法用法做好服务的通知》精神,举办各级领导干部法制讲座和理论培训班,促进领导干部学法用法;二是继续抓好社会主义市场经济法制的宣传教育。有关部门和系统通过灵活多样的形式,大力开展各专业法的宣传教育活动,促进了有关社会主义市场经济法律法规学习的深入开展;三是围绕社会治安综合治理和“严打”,大张旗鼓地开展各项专项斗争的法制宣传;四是与教育部门一道开展声势浩大的中小学法制教育活动,有力地推动了依法治校、依法治教工作;五是通过印发宣传资料,办班学习,考核考查等形式,组织12万多名个体工商户及其从业人员,3000多家私营企业人员学习有关法律法规知识,抓好个体工商户、私营企业的法制教育,促进了个体劳动者遵纪守法、文明经商;六是认真抓好法制文艺宣传工作。与省委宣传部、省文体厅联合部署举办全省法制文艺汇演工作,与省电视台联合制作《说法20'》节目,促进了全民学法用法的开展。

〔**基层法律服务**〕 1995年,全省有基层法律服务所249个,法律服务中心7个,基层法律服务工作者994名(其中,乡镇法律服务工作者870名,街道法律服务工作者33名,厂矿法律服务工作者9名,农林场法律服务工作者82名)。一年来,紧紧围绕基层法律服务工作改革的目标,坚持因地制宜、分类指导、积极慎重的原则,采取先行试点,逐步扩展的方法,积极推进基层法律服务所向“两不四自”的体制转轨。5月底,我省首家实行“两不四自”的农民法律服务所——那恁法律服务所在儋州市那大镇挂牌成立,把法律服务所直接建立在管区,扩大了法律服务的覆盖面。部分条件成熟的市县(区)司法局,还因地制宜,以建立法律事务中心为“四自”转轨试点,继海口、琼海、文昌等市县司法局成立法律事务中心后,今年又有儋州市、通什市、东方县、海口市振东区等司法局先后建立了法律事务中心,大胆实行了人、财、物权下放和主任负责制的改革。各市、县司法局把基层工作的改革和创“一级法律服务所”、“无民间纠纷激化乡镇”、“一类基层科(股)”等工作列入目标管理,将达标任务责任到人,层层抓落实,强化管理。陵水县司法局与乡镇司法办、法律服务所分别签订《工作目标管理责任书》;琼海市坚持不懈地在乡镇开展“流动红旗”竞赛活动,1995年该市“一级所”达标率达100%;儋州市掀起争当“优秀司法助理员”活动,达标所占建所总数的90%。同时,针对我省中、西线部分市县基层法律服务工作发展缓慢的实际,实行分类指导,加强薄弱环节,促进平衡发展,改变了山区司法行政基层工作落后局面。目前,全省有141个法律服务所达到省一级法律服务所标准,占全省法律服务所的56.6%。基层法律服务机构解答法律咨询6718人次,代写法律文书6283份,协办公证423份,诉讼、非诉讼代理5098宗,担任常年法律顾问1356家,为企业单位挽回和避免经济损失1582万元。

〔**人民调解工作**〕 1995年,全省有人民调解委员会3143个,调解员26879名,纠纷信息员28309名。人民调解委员会下设调解小组,每十户居(村)民中设调解员和纠纷信息员,形成了三级调解网。人民调解组织根据纠纷发生的季节性特点以及民间纠纷发生的不同地域、不同种类,采取针对性的预防措施,及时发现、控制和调处纠纷,化解了大量的人民内部矛盾,维护了社会稳定,尤其是我省广大农村地区的社会稳定。人民调解组织本着“为一方服务、促一方繁荣、保一方平安”的宗旨,积极开展专项治理。首先,抓业务培训,提高调解人员的整体素质。各市、县采取巡回辅导,以会代培等形式,对基层人民调解员、司法助理员进行业务培训,收到较好效果。其次,抓建章立制,加快调解组织的标准化建设。各地一方面采取多种渠道落实调解组织的办公、学习、培训等费用和调解人员的误工补贴,另一方面通过制定村规民约、厂规店章,使之成为群众自我约束的规范,此外,还大力开展“遵纪守法光荣户”、“五好家庭”、“军民共建文明店”、“文明摊位”等活动,大大增强了公民的民主自治意识和自我约束能力,推行依法治村、治厂，促进城镇民调工作的深入发展。各级司法行政机关主动与有关部门协调，抓好城镇人民调解工作的指导管理，针对城市人民调解工作组织结构复杂、人员年龄和文化结构悬殊较大的特点，以及城市民间纠纷类型多，纠纷主体以知识型的青年人多，纠纷突发性大且易引发刑事案件的实际情况，提出了抓思想认识，抓组织建设、抓制度健全，抓科学管理的"四抓"对策，有力地促进了城市人民调解工作的发展。1995年，我省各级人民调解组织共调解民间纠纷11296宗，调解成功10724宗，成功率95%，防止民转刑52宗。

〔**法学教育**〕 1995年，根据司法部提出的法学教育要向县级司法局延伸的要求，积极作好县级司法局参与法学教育的准备工作，发挥法学教育主管部门的职能作用。结合我省工作实际，坚持"学用结合，以用为主"的原则，面向社会，面向基层，积极办好成人法学教育，为社会培养输送法律人才。今年，律函中心在原有法律专业的基础上，率先在全国开设了自学考试律师专业。为了扭转律函近几年的疲软局面，准确抓住机遇，推动我省律函工作上新台阶，我们及早动手，充分做好招生的各项工作。一是贯彻落实全国律函工作会议精神，通过报纸、广告、传单向社会广泛宣传介绍律函，广造声势，开拓生源；二是向中心申请争取代办，代理本省学员的招生、注册收费等教务工作，为学员提供方便；三是主动与省财税厅、物价局联系，申报领取律函收费许可证，完善经费管理制度，合理收费，接受监督；四是加强管理，周到服务，规范工作程序，提高办事效率，及时传递反馈教学信息，免费保证误课学员教学音像带的借用。目前，律函在册人数已有200余人。中南政法学院已有两届学员毕业，共计90余名；在校三个年级六个教学班，学员达300余人。受中国政法大学、西南政法大学、中央政法管理干部学院、中国司法警官教育学院等五所部属院校的委托，在我省录取成人脱产入校生50名。在社会办学竞争激烈，争抢生源的情况下，一方面发挥司法行政主管法学教育的职能作用，扬长避短，利用办学时间长，有基础、有经验、路子熟等优势，加大宣传力度，扩大影响；另一方面加强与考试局等主管部门的联系，争取政策优势，得到他们的支持，帮助解决办学中遇到的困难。根据我省司法行政工作要求，举办了六期岗位培训班，培训干警305人次，调训干警41人。此外，根据国家法制建设的要求和新法的颁布实施，对干警进行经常性的法制教育，完成了系统内"二五"普法任务，增强干警的法制观念，提高整体执法水平。今年重点组织学习了《人民警察法》、《监狱法》和《国家赔偿法》等新法律、法规，把这三个法纳入系统内"二五"普法的内容，各监狱和劳教所等单位，坚持领导亲自授课，制作播放电视专题采访录像节目等，并举行了知识竞赛活动，全系统监狱、劳教干警1500多人全部参加了培训考核，有力地促进了队伍的学法用法，警容风纪明显提高。

〔**仲裁登记工作**〕 《中华人民共和国仲裁法》于1995年9月1日正式实施，根据《中华人民共和国仲裁法》的规定，海南省仲裁机构设立登记工作是海南省司法厅的一项新职能。为此，海南省司法厅根据司法部的要求，积极做好我省仲裁机构设立登记的准备工作。

（海南省司法厅）

1995年湖北省司法行政工作

〔**概述**〕 1995年，全省司法行政机关在省委、省政府和司法部的领导下，大力加强基层基础建设，积极开展各项业务工作，充分发挥职能作用，各项工作有了较大发展。

监狱、劳教工作实现了改造、生产双丰收。各监狱、劳教单位抓住学习、贯彻《监狱法》和国务院(1995)4号文件精神的契机，全面贯彻监狱劳教工作方针，以"四防"为重点，狠抓各项管理措施的落实，积极推动创建现代化文明监所活动，确保了监所改造秩序稳定。全省监狱罪犯脱逃数、狱内发案数、非正常死亡数分别比上年下降38%、2.8%和27%，脱逃率、发案率和非正常死亡率处于近十年来的最低水平；劳教人员逃脱率和非正常死亡率也比上年有所下降。全省监狱、劳教单位在抓好改造教育的同时，加快监狱劳教经济改革步伐，深化管教、生产、政工"三承包"责任制，加快技改，加大扭亏增盈力度，大力发展粮棉生产和多种经营，监狱和劳教经济工作全面发展。全省监狱企业完成工业产值、农业产值、工农业总产值分别比上年增长13%、8%、11%；全省劳教企业完成工业产值、农业产值、第三产业产值和生产总值分别比上年增长40.1%、50.6%、11.2%和39.6%。

法律服务工作全面发展，改革步伐进一步加快。全省律师工作改革步入全面实施阶段，律师机构迅速发展壮大，尤其是合伙制律师事务所发展较快，专业化程度逐步提高，仅1995年一年就新建合伙制律师事务所29个，占现有合伙制律师事务所总数的50%。在发展合伙的同时，还重点抓了国有所的改革，打破行政模式，引进“四自”机制，焕发了生机与活力。公证工作服务网络建设得到加强，在经济开发区、开放区设立分支机构，在企事业单位设立联络点。同时，在公证处内部进行了搞活运行机制的改革，个别地方在坚持公证机构职能，公证文书法律效力和公证人员身份不变的前提下，进行了公证处向事业单位转变的探索。基层法律服务工作进行了分配制度改革，部分地区开展了司法所和法律服务所分离试点。

人民调解工作进一步发展。全省人民调解组织深入贯彻《湖北省标准化人民调解委员会条例》，广泛开展了创建标准化调委会活动，逐步建立、完善了调解网络，以防激化为重点，调处了大量民间纠纷。基层“两所”建设进一步加强，队伍不断壮大。

法制宣传工作顺利完成了“二五”普法考核、验收。迎接了全国人大检查组对我省“二五”普法工作情况的检查，并得到充分肯定。在普及全民法律常识，狠抓领导干部学法用法的基础上，全省还涌现出了一批依法治市(区、县)、治厂、治乡、治村等依法治理的典型。

法学教育工作取得了新成绩。省司法学校、省监狱管理警官学校、武汉市司法学校顺利通过了省教委、市教委的合格评估，扩大了招生规模，改善了办学条件。法律函授教育顺利完成了系统管理的接轨。较好地完成了中央两劳学院、中央政法管理干部学院和中国政法大学在我省的招生工作。

法学研究和法制调研工作进一步加强，顺利完成了省法学会换届选举。法制调研工作根据全国人大和省人大的要求，对部分法律修正案和草案提出了修改意见，起草了一些地方性法规，开展了系统执法检查。

加强队伍建设，提高干警素质。全省司法行政系统认真组织全体干警学习邓小平同志特色理论，开展向孔繁森同志学习活动，加强对干警的培训工作，把对司法助理员和乡镇法律服务工作者进行实用业务培训工作摆到突出位置，提高了广大干警政治业务素质。切实加强了领导班子和后备干部队伍建设，考核调整了部分监狱、劳教单位领导班子，对厅直属单位和机关部分处室领导进行了调整充实，按照二类管理的原则，对地、市、州上报的正副局长人选进行了考核把关。认真贯彻党的十四届四中全会精神，培养、选拔了一批优秀年轻干部，建立了后备干部名单。广泛开展评先创优活动，和省人事厅联合表彰了全省司法行政系统四十名先进工作者，认真贯彻落实全国司法行政系统纪检监察工作会议和全省反腐倡廉工作会议精神，全省各级司法行政机关召开了领导干部廉洁自律专题民主生活会，各级领导班子进行了认真自查。继续加大办案力度，加强对大、要案的查处力度，狠刹了监狱、劳教人民警察在执行公务中的违法违纪行为和法律服务中的办假案、人情案，搞不正当竞争等行业不正之风。在着力抓好干警队伍建设的同时，厅党组还注意加强自身建设，坚持高举“团结、实干、廉洁”的旗帜，凡是要求群众做到的，自己首先要做到，较好地坚持了党组成员双重组织生活制度和民主集中制。

〔创建现代化文明监狱〕　省监狱局制定了《关于创建湖北省现代化文明监狱的实施意见》，从指导思想、创建原则、创建目标、措施保障、申报考评程序、奖惩办法等方面作出具体规定。我省创建工作分四个层次展开：一是部级现代化文明监狱，2000年前建成2所；二是省级现代化文明监狱，2000年前建成5所；三是现代化文明监区，2000年前建成一批；四是基础层次，在全省范围内开展创建“五好”大(中)队、规范化大(中)队活动，“九五”期间要有60%的单位达标。

〔六项整顿〕　针对影响监管安全工作的隐患，1995年全省监狱系统开展了“六项整顿”活动，即整顿“三外”(外宿、外劳、外杂)犯、整顿保外就医犯人、整顿禁闭室、整顿副业队、整顿门卫接见室、整顿事务犯。通过整顿，全省压缩外宿摊点622个，收监1203人，压缩外劳、外杂人员1134人，11个监狱实现了无外宿犯，“三外”犯脱逃由上年占脱逃罪犯的23%下降到8%，全年未发生从禁闭室逃跑的案件。对全省2384名保外就医罪犯进行了清理，保外就医罪犯违法违纪现象明显减少。

〔全省监狱系统第二期农业综合开发任务全面完成通过验收〕　经过三年奋战，我省监狱系统第二期农业综合开发工作全面完成，1995年通过省级验收。全省累计完成投资962.67万元，改造中低产田4.53万亩，完成土石方362.97万方，新建排灌泵站14座，维修泵站9座，开挖疏通渠道128条、188公里。新增有效灌溉面积23974亩，改善灌溉40170亩，新增除涝面积18800亩，改善除涝面积53070亩。年均增产粮食3173吨，棉花1269吨，油料940吨。项目生态环境明显改善，经济效益显著提高。

〔五好大中队〕　继1993年、1994年省监狱局下发《关于在全省劳改单位开展创建五好大队、五好中队活动的通知》和《关于下发〈五好大、中队评分考核办法〉的通知》，1995年又将创建五好大中队活动纳入创建现代化文明监狱的重要内容，作为创建基础工作来抓。1995年度,全省监狱系统评选出沙洋小江湖监狱机械化大队等23个五好大队,沙洋一农场二中队等79个五好中队。

〔**学习贯彻实施《监狱法》**〕 《监狱法》颁布后,省司法厅积极向省委、省政府领导进行专题汇报,引起了省委、省政府领导的高度重视。省委政法委下发了《关于认真学习贯彻施行〈监狱法〉的通知》,对全省政法系统学习贯彻《监狱法》提出了明确要求。国务院(1995)4号文件下发后,省政府发出了《省政府贯彻国务院进一步加强监狱管理和劳动教养工作的通知》,明确将监狱经费和狱政建设投资列入财政预算及投资计划,强调继续扶持监狱、劳教单位生产,进一步加强对监狱、劳教工作的领导。省委书记贾志杰,副书记杨永良,省委常委、政法委书记刘荣礼,省人大常委会副主任谢培栋,副省长苏晓云等领导多次到监狱、劳教单位视察督促检查《监狱法》实施情况。

〔**规范化中队建设达标活动**〕 全省监狱系统根据《湖北省劳改单位规范化达标考核(试行)办法》,结合贯彻施行《监狱法》和创建现代化文明监狱活动,全面开展规范化中队建设达标活动,加强基层基础管教工作,强化罪犯行为规范自我养成。1995年全省共批准命名省级规范化达标中队82个,监狱级规范化达标中队245个,分别比上年增长128%和38%。

〔**全省监狱系统办学工作**〕 截至1995年底,全省已有28个监狱办成特殊学校,占押犯单位数的93.3%,12所特殊学校实行了电化教学。政治教育方面,68853名罪犯接受了《监狱法》教育,入学率达99.3%,经考试考核及格率平均达到96.6%;文化教育方面,全省累计获文化毕业证书、结业证书48230人;技术教育方面,全年获各种技术等级证书和技术培训证书11054人,比上年增长45.4%,累计获各种技术证书罪犯达54759人,其中劳动部门发证10118人,本单位发证44641人。

〔**我省监狱系统育成"鄂抗棉3号"优良品种**〕 1995年2月,经省农作物品种审定委员会审定,我省监狱系统选育的棉花新品种正式命名为"鄂抗棉3号"。该棉种选育项目是我省"八五"重点科技攻关项目,是以国家级有突出贡献的专家,高级农艺师丁俊麟为首的棉花育种组继育成"鄂沙28"、"鄂抗棉2号"后又一个棉花新品种,绒长、强力、细度、成熟度、光电仪长度等各项技术指标均居同类棉种前列。1993—1994年在江汉平原生产示范26万亩,"鄂抗棉3号"比当地品种增产10—20%,在河南、山东、江西、安徽、新疆等地试种,比当地品种增产10—30%。目前,该棉种的良种繁育体系已建立,省监狱局正与农业部门合作组织在我省的大面积推广。

〔**全省劳教工作会议**〕 3月10日至11日,全省劳教工作会议在武汉召开,省劳教局、全省各劳教单位主要负责人参加了会议。会议学习、贯彻了国务院《关于进一步加强监狱管理和劳动教养工作的通知》和全国司法厅(局)长会议、全国劳教局长会议、全省司法行政工作会议精神,总结交流了1995年度工作,安排部署了1996年工作任务。

〔**全省劳教单位生活卫生管理工作达标升级活动**〕 省劳教局在全省劳教单位开展了生活卫生管理工作达标升级活动,对各单位的生活卫生管理机构、布局设施、环境内务及个人卫生、伙食管理、医疗卫生、劳动保护等七大项三十个小项进行检查评比。全省各劳教所生活卫生管理工作全部达到基本达标标准以上,其中十堰市劳教所、武汉市何湾劳教所、省邓林劳教所、武汉市柏泉劳教所、沔湖墩劳教所、黄石市劳教所达到省级先进单位标准。

〔**全省劳教学校办学工作考核**〕 11月11日至19日,省劳教局对全省已命名为劳动教养学校单位的办学工作进行了全面检查。检查内容包括队伍建设、管教指标以及授课时间、劳教人员表现、教育机构、制度建设、师资队伍、"三课"教育入学率、入出所教育、个别教育、难改造人员转化、教育设施和经费、辅助教育、社会帮教、单位生产经营等。

〔**武汉市何湾劳教所为司法部首拟创建现代化文明劳教所单位**〕 8月19日,司法部常务副部长张秀夫在省司法厅、省劳教局、武汉市司法局领导陪同下视察了武汉市何湾劳教所,对该所办干警大专班,组织劳教人员学电脑、学驾驶以及对劳教人员现金实行专管等工作给予了充分肯定,并为该所题词:"奋发图强,争取首批建成现代化文明劳教所!"省劳教局召开党委扩大会议专题研究贯彻落实张秀夫同志指示精神,按照部现代化文明劳教所标准,结合何湾所的实际,拟定了创建现代化文明劳教所的具体措施、步骤。年底,由部劳教局组织的全国首批创建现代化文明劳教所考核组对该所资格进行了审核,认为可列入全国首批创建现代化文明劳教所单位。

〔**武汉市政府办公厅印发《关于进一步加强劳动教养工作的通知》**〕 经武汉市政府同意,武汉市政府办公厅下发了《关于进一步加强劳动教养工作的通知》,根据《国务院关于进一步加强监狱管理和劳动教养工作的通知》和《湖北省人民政府贯彻国务院关于进一步加强监狱管理和劳动教养工作的通知》精神,结合武汉市实际,提出了进一步加强劳动教养工作的意见。《通知》要求,从1996年起,武汉市劳教干警经费参照公安干警经费标准确定,劳教人员经费根据司法部与财政部制定的实物量标准纳入财政预算;所政建设投资列入计划,单立户头,专项核拨,并视财力情况逐年增加;对劳教所生产性基建投资配套、技术改造、生产计划、项目和资金安排继续予以扶持;重视抓好劳教工作干警队伍建设;切实加强领导,市政府每年定期听取劳教工作汇报,有关部门要帮助改善干警工作条件,解决他们住房、医疗、子女入学、就业等实际困难。

〔首起律师责任保险合同在汉签订〕　10月25日,中国平安保险公司武汉分公司与武汉正信律师事务所关于律师责任保险合同在武汉举行签字仪式。根据该合同规定,对武汉正信律师事务所的律师、律师助理等工作人员在执行律师职务时因过错责任造成委托人经济损失的,委托人可凭市律师惩戒委员会的鉴定结论或法院判决书,由中国平安保险公司予以经济赔偿。据悉,本合同系中国平安保险公司在国内签订的首起律师责任保险合同。

〔强化对法律服务人员、法律服务机构的管理〕

省司法厅以1995年换发律师执照为契机,对律师队伍进行了一次全面清理,健全了律师执照年检注册制度,对无证执业、不按规定注册者制定了相应的处罚措施,完善了兼职、特邀律师的管理办法。对已注册换证的律师名单在《湖北日报》上专版刊登。各地普遍推行法律服务人员过错赔偿制度,各级司法行政机关都成立了律师惩戒组织,加强督促检查。根据司法部关于律师事务所审批登记管理办法和我省实施细则,调整了律师机构审批程序,加强了对律师机构的管理。

〔武汉市法律援助工作走上制度化、规范化轨道〕

5月5日,武汉市律师协会常务理事会通过了《武汉市律师法律援助办法》,以法规的形式对律师向诉讼中因维护自身合法权益需请律师提供法律帮助而支付律师费用的困难者给予法律援助工作进行了规范,该《办法》共分十二条,对法律援助范围、条件、方式、基金来源、管理机构组成和任期、要求法律援助的申请、律师事务所的援助义务等作了具体规定。

〔枣阳市北城法律服务所主任高士学荣获全国十佳基层法律工作者称号〕　在司法部首届十佳基层法律工作者评选中,我省枣阳市北城法律服务所主任高士学当选"十佳",这个仅有12名工作人员的街道所1995年创收达到40余万元,固定资产达83万余元。继1992年司法部、司法厅授予"部优所"、"省优所"称号后,1995年8月,省司法厅为该所荣记集体二等功。

〔"二五"普法考核验收〕　省普法工作领导小组下发了关于全省"二五"普法考核验收工作意见,各地按照考核验收的要求和程序,认真查漏补课,采取听、查、考、谈、评五个步骤,突出领导干部、执法人员和青少年三个重点,把好知识考核和行为测评两道关口,遵循上一级验收下一级的原则进行。省普法工作领导小组对121个省直一级单位,12个地、市、州,4个省直管市和神农架林区的普法工作进行了考核验收,全省3000万普法对象(大、中、小学生除外),有2700余万人参加了"九法一例"的学习,占普法对象总数的90%。全省大多数中、小学开设了法制课,近千万名在校学生接受了法制教育。参加学习专业法的人数达950余万人,占专业法普法对象的91%。

〔全国人大检查组视察我省"二五"普法工作〕

9月20日至10月21日,全国人大常委会执法检查组会同省人大常委会视察组、省普法领导小组考核验收组对我省武汉、荆沙、襄樊、宜昌、十堰、黄石、荆门等7市,黄冈、咸宁等2个地区和恩施自治州的"二五"普法工作进行了视察,检查组对他们在普法工作中所取得的成绩给予了充分肯定。

〔省委副书记、省长蒋祝平要求加强普法和依法治省工作〕　4月20日,省委副书记、省长蒋祝平来到省厅机关视察,看望、慰问司法行政工作干警,在听取了厅领导汇报后,蒋省长就司法行政有关业务工作讲了一些重要意见。关于普法工作,蒋省长强调要善始善终完成"二五"普法任务,强调学法要从领导做起,领导干部要带头学法、用法。领导干部听法制讲座是个好形式,各级领导干部都要严格依法办事,依法行政,把湖北的学法用法工作搞好,带动全省法制宣传教育工作深入开展。只要大家法律意识提高了,坚持依法办事,许多问题就会迎刃而解。江总书记提出依法治国,许多省、市提出依法治省,依法治省是一项治本措施,司法厅要就此问题向省政府写出报告。他还在厅简报上批示:"司法行政部门困难多、任务重,诸多问题积压,请计划、财政关怀,尽力支持、缓解。"

〔深化省司法学校教育改革〕　省司法厅党组批复了《湖北省司法学校关于机构、人事、分配制度改革方案的报告》,进一步明确了学校的领导体制、内部机构设置、干部职数与管理权限,同意学校按照"定编、定岗、定职、定责”的要求，对干部、教师实行聘任制，对工勤人员实行聘用合同制，按照按劳分配的原则，合理拉开分配档次的意见。

〔我省高教自学考试开考《律师》、《经济法》专业〕 根据国家考试委员会、司法部《关于开考律师专业和组织司法人员参加学习的通知》和国家考试委员会(1995)1号文件精神，省司法厅会同省考试委员会、中南政法学院，通过自学考试的方式，在全省范围内开考《律师》(专科段)、《经济法》(专、本科段)，并组织在职司法干部、律师、公证员及社会上从事法律服务工作的人员参加学习，学员人数达4000余人。

〔表彰律函工作先进集体和先进个人〕 根据司法部《关于评选表彰律函工作先进集体和先进个人的通知》精神，省司法厅对全省十年律函工作中作出突出成绩的先进辅导站和先进个人进行了表彰，共评选出5个先进辅导站，14名先进个人，在此基础上选出1个先进集体，5名先进个人上报司法部表彰。

〔全省法学教育“九五”规划〕 “九五”期间全省法学教育总体设想：成立省高级法律人才培训中心，完成地、市、州司法局法学教育基地和成人函授教育网点建设，按照司法部“588”教育工程和“568”培训规划的要求，完成全省在职干警、律师、公证员的学历和专业业务培训任务，即司法行政机关干警大专以上学历由现在的37%达到60%以上；律师数量达到8000人，本科以上学历达50%以上；公证员数量达到1000人，本科以上学历达20%以上；基层法律服务工作者发展到10000人，大专以上学历达60%以上，其中10%以上取得律师或公证员资格。积极创造条件，做好省司法学校、武汉市司法学校、省警官学校合并工作，争取升格为高级职业学校和专科学校。

〔湖北省第五次人民调解工作会议〕 12月12日至15日，湖北省第五次人民调解工作暨表彰会议在武汉召开，全省各地、市、州、省直管市、神农架林区司法局分管人民调解工作的局长和部分县(市、区)司法局长、大中型企业民调办公室负责人、司法助理员和调委会主任、调解员代表共130余人参加了会议，省直政法部门负责人应邀出席了会议。襄樊、保康、天门等地党政领导到会介绍经验。省委副书记杨永良作了书面讲话，省委常委、政法委书记刘荣礼、副省长苏晓云到会讲话，省人大常委会副主任谢培栋到会颁奖。会议总结了1990年全省第四次人民调解工作会议以来的主要成绩，研究部署当前和今后一段时期的工作任务，对在人民调解工作中作出贡献的40个优秀人民调解组织、71名优秀人民调解员和9名优秀人民调解工作管理人员进行了表彰。五年间，全省调解各类民间纠纷199.1万余件，调解成功189.5万余件，防止民间纠纷激化事件5.9万余件，避免可能因纠纷激化引起的自杀3.4万余人次。

〔襄樊市开展民间纠纷集中排查统一行动〕 7月至9月，襄樊市委、市政府组织了为期三个月的民间纠纷集中排查调处统一行动，结合社会治安综合治理和城乡依法治理活动，在由党委、政府领导任组长，政法委、政法各部门负责人参加的集中排查调处民间纠纷领导小组的统一组织下，分准备、调查摸底、集中调处、整修、检查总结表彰五个阶段，对民间纠纷进行了集中排查调处。此次行动共排查出各类遗留民间纠纷3868件，调处成功3822件，移交有关部门处理37件，防止“民转刑”170起，制止群众性械斗、闹事94起，避免非正常死亡85起。统一行动期间，全市治安案件和民间纠纷发生分别比1994年同期下降11.8%和71.9%。

〔武汉市形成刑释解教人员立体化帮教格局〕 1995年3月，武汉市委、市政府批准成立了全市刑释解教人员安置帮教工作领导小组，由市委常委、副市长殷增涛任组长，市政府一名副秘书长和司法局、公安局局长任副组长。8月，市编委明确市、区(县)安置帮教办公室为常设机构，作为同级司法局的一个职能部门。针对帮教安置工作涉及面广、情况复杂的特点，该市采取了大墙内外相结合的帮教方法。劳教管理部门开展“送一程”教育活动，1994年以来，全市5个劳教单位开办离所前法制教育班150余期，受教人数1800余人，还开办了电脑、汽车驾驶等培训班，使大多数人掌握了一技之长。离监所后，各级司法行政机关会同有关部门开办80余期法教班，进行跟踪帮教。全市现有200多个帮教工作班子，2900个群众性帮教小组，兼职帮教队伍9000余人。该市还积极组织过渡安置实体，1994年底，市司法局创办了市属第一个安置实体——境外景娱乐城，1995年8月，又创办了电控防盗器材厂和龙华汽车康复美容院。各区县也积极创办安置实体，青山区将原区科委中心实验室近900平米的大楼及硅铁粉加工项目划拨给司法局，并拨专款10万元，创建了青山区安置帮教基地。目前，全市已创办过渡性安置实体20个，安置释解人员7520人。在筹措安置帮教基金上，该市一方面积极争取专项经费，另一方面成立市刑释解教人员安置帮教基金会，筹集10万元注册资金，全市已有48个单位捐款达60万元。统一管理、统一协调、部门合作、区域协作的安置帮教体系在该市基本形成。

〔**全省法制调研工作暨理论调研成果交流会**〕　12月21日至22日，全省法制调研工作暨理论调研成果交流会在襄樊召开，会议传达了省政府法制工作会议和全国仲裁委员会登记工作会议精神，总结了1994—1995年度全省司法行政系统法制调研工作成绩和经验，研究、布置了1996年调研工作。全省各地、市、州司法局、省监狱局、劳教局法制调研工作者参加了会议，省司法厅和襄樊市领导到会讲话。

〔**中南六省、区律师业务研讨会**〕　11月6日至9日，中南六省、区律师业务研讨会在湖北省宜昌市召开，来自广东、广西、河南、湖南、海南、湖北等六个省、自治区的律师代表共54人参加了会议。会议由省律协会长杨以才主持，宜昌市和省厅领导应邀到会。本次研讨会共收到论文28篇，与会代表围绕律师如何在市场经济和社会生活中提高法律服务质量，更好发挥律师作用进行了讨论和研究。

〔**《律师世界》**〕　湖北省律师协会的会刊，1995年该刊由自办发行改为邮局发行，在编辑部仅有4名工作人员的情况下，发行量由5000份增加到13000多份，栏目设置上，增强了大案报道、热点透视、律师文学等栏目，该刊已成为全国同类刊物中的佼佼者，受到司法部、省新闻出版局的好评。

〔**湖北省法学会第四次会员代表大会**〕　8月11日至12日，湖北省法学会第四次会员代表大会在武汉召开，来自省直有关单位、部分大专院校以及各地、市、州会员代表123人出席了会议。省委常委、政法委书记刘荣礼到会讲话，副省长苏晓云作了书面讲话。江松代表第三届理事会作了工作报告，马克昌作了关于修改《湖北省法学会章程》的说明，大会通过了第三届理事会工作报告和修改后的《湖北省法学会章程》。会议推举刘荣礼同志为名誉会长，谢培栋、苏晓云、韩德培、曾昭琼、章若龙、马克昌为顾问，选举湖北省法学会第四届理事会理事77名。在四届一次理事会上，选举常务理事30名，选举杨以才同志为会长，马骏驹等11名同志为副会长；选举桂斯斌同志为秘书长，江润才等4名同志为副秘书长。

〔**系统工会和机关党委工作**〕　1995年厅系统工会组织了全系统工会会费的收缴工作，开展了监狱、劳教系统贯彻《监狱法》、《劳动法》的调查和对监狱、劳教企业特困职工救助活动。厅机关党委举办了厅机关、直属单位入党积极分子培训班，组织了机关"两学"活动，认真组织开展了向孔繁森同志学习活动。

〔**全省司法行政工作会议**〕　3月6日至9日，省司法厅在武汉召开了全省司法行政工作会议，全省各地、市、州，神农架林区司法局长和省监狱局、劳教局、省法学会、律师协会、法律事务中心、司法学校、公证处、湖北法制报社主要负责人，以及省直有关部门领导参加了会议。会议传达贯彻了全国司法厅(局)长会议精神，结合湖北实际，总结1994年工作，部署了1995年的任务。

〔**全省地、市、州司法局长座谈会**〕　8月10日至12日，省司法厅在武汉召开了全省地、市、州司法局长座谈会。全省各地、市、州、省直管市、神农架林区司法局长、省人大、省委组织部、省政府办公厅、省政府法制办、省人事厅、省编办、省计委、省财政厅及政法各家负责人参加了会议，省委副书记杨永良、省委常委、政法委书记刘荣礼、副省长苏晓云到会讲话。会议传达了全国司法厅(局)长座谈会精神，厅长鲁德喜作了题为《强化职能，稳定基层，开创我省县区司法行政工作新局面》的工作报告，丹江口市等12个县(市、区)司法局在会上交流了经验。省委、省政府领导对如何做好县区司法行政工作作了重要指示。杨永良同志要求要进一步提高对新时期司法行政工作重要性的认识，强化县市区司法行政机关职能，加强对司法行政工作的领导。刘荣礼同志强调要保持司法行政机构和队伍的稳定，在机构改革中，司法行政工作只能加强，不能削弱，机构只能稳定，不能撤并。苏晓云同志在讲话中要求各县市区党委、政府对司法行政机关的困难和问题要多加关心，在财力、物力上适当给予倾斜，要把解决司法行政机关的困难视同解决政法其他部门的困难一样，甚至还要更多一些，为司法行政机关创造一个良好的工作、生活环境和条件。

〔**省厅档案管理达到省一级标准**〕　12月22日，省档案局和省委政法委组成联合评审小组到省司法厅对档案管理工作进行了综合测评，省厅档案管理以总分97分达到省一级标准。厅档案室现有库存档案、资料2977卷(盒)，其中，文书档案长期、永久保存1515卷，短期保存161卷，会计档案463卷(册)，声像档案99卷(盒)，科技档案27卷(盒)，资料712盒，配备了微机、复印机、去湿机、空调、录音机、密集架、吸尘器等设备，实现了微机查找、密闭库房保存。据不完全统计，1980年以来，综合档案室共接待查档人员3680人次，提供档案7000多卷，充分发挥了档案的效能。

〔**高举"团结、实干、廉洁"的旗帜，加强厅党组自身建设**〕　1995年4月，省委对司法厅领导班子进行了调整。新一届党组在充分调查研究,广泛听取群众意见的基础上,提出要高举“团结、实干、廉洁”的旗帜,以此作为加强厅党组自身建设和厅机关建设的奋斗目标。党组研究了四条加强自身建设的措施:一、正副厅长、党组成员合理分工,充分发挥一班人作用;二、要求厅党组每个成员都要做到讲党性、讲团结、讲实干、讲廉洁,凡是要求大家做到的,自己首先要做到;三、健全制度,用制度来保证自身建设;四、在工作方法上,坚持一级抓一级,一级对一级负责的原则。在政治理论学习上,厅党组认真坚持中心学习小组制度,每季度学习一次。在组织原则上坚持民主集中制原则,三个大的问题坚持集体决策:一是事关全局性的工作安排、部署、计划;二是干部的提拔、任免、奖惩和调动;三是大的经济开支。在党组成员个人分工的范围内,坚持个人分工负责制,做到有职、有责、有权。在廉政建设上,党组成员坚持过双重民主生活,即厅党组每半年召开一次民主生活会,同时参加分管处室党支部的生活会,以普通党员的身份汇报自己的思想和工作,接受群众的批评监督,按中纪委“新老五条”及其补充规定,切实加强自身廉政建设,不以权谋私,不搞特殊化。在工作作风上,党组成员经常深入基层,深入实际,帮助基层解决工作中的困难和问题,注意倾听群众的呼声,解决群众的疾苦,得到了群众的拥护和支持。

〔**省厅代表队获全省政法系统党建与民主法制建设知识竞赛第一名**〕 根据省委政法委《关于在全省政法战线开展党的建设与民主法制建设知识竞赛活动的通知》精神,省司法厅认真安排部署全省司法行政系统学习竞赛活动,经过“学、讲、考、赛”四个阶段,历时5个月。10月21日,厅代表队参加了省委组织部和省委政法委在湖北电视台举办的电视决赛,获决赛第一名,同时,全省有150名司法行政干警荣获优胜奖。

〔**加强制度建设,树立厅机关良好形象**〕 为切实转变作风,树立司法行政机关良好形象,省厅制定、完善了各项机关工作规章制度。一是政治理论学习制度,各支部每周四学习半天;二是民主生活会制度,各支部定期召开民主生活会;三是办公会议制度,包括厅党组办公会议制度、厅长办公会议制度、厅务会制度、各处室办公会议制度;四是厅机关作息、值班、请销假制度;五是老干部工作制度;六是车队管理制度;七是机关餐厅、招待所管理制度;八是厅机关全体干部职工不定期学习制度。通过建章立制,理顺了关系,明确了职责,机关形象焕然一新。

〔**开展立功创优活动**〕 省司法厅与省人事厅联合下发了《关于评选表彰全省司法行政系统先进工作者的通知》,并在《湖北法制报》上专刊刊登候选人简介和选票,在全省范围内开展了评优活动,评选出陈慧因等10名先进律师工作者、洪保亚等10名先进公证工作者、袁和平等10名先进基层法律工作者、邹秀荣等10名先进监狱、劳教人民警察。先后为兰雄彪、徐维祥、朱祚煊、邓德枝、郑志明、许德元等同志记二等功。结合学习创建现代化文明监所、“五好”大中队和“双文明单位”活动,以单位超历史,项项工作争“单打冠军”为奋斗目标,掀起了争先创优活动的高潮。

(湖北省司法厅)

1995年湖南省司法行政工作

〔**概述**〕 1995年全省司法行政工作的指导思想和基本思路是:深入贯彻中央和全国全省政法工作和司法厅局长会议精神,坚持一个指针(邓小平建设有中国特色的社会主义理论),发挥两大职能(法律保障与法律服务),突出三个重点(依法治监、从严治警,积极创建现代化文明监所;搞好国资占编所改革,开展法律服务改革年、管理年、质量年活动;加强基层基础建设,全面提高班子队伍的素质),切实搞好“四抓”(围绕稳定抓措施,服从大局抓服务,深化改革抓发展,搞好党建抓队伍),达到“六新”(维护稳定、参加社会治安综合治理有新进展;创建现代化文明监所工作要上新水平;为促进国有企业改革和发展农业法律服务工作要上新台阶;各项工作改革要有新力度;基层司法行政三大建设要有新发展;领导班子、队伍建设要有新的提高)。全省司法行政各项业务工作取得了较好成绩:普法工作承前启后形成高潮。全省狠抓了“二五”普法考核验收工作。14个地州市的873名地级领导干部、省直机关1058名厅级领导干部及7800名处级干部和近百万名公务员、教师和其他普法对象参加了验收考试,全省4600万普法对象受教育面达到了95%,较好完成了“二五”普法任务。同时全省50%的地州市县区开展了依法治理,全省依法治村面达到了75.5%。法学教育的发展势头很好。在全省成人教育招生总指标下调30%的情况下,法律电函大招生指标却比上年增长了

15%。省厅举办的以企业厂长经理为主要对象的第一期市场经济法律知识培训班圆满结束，9811名学员获结业证；同时第二期经法班又完成招生任务12725名。省法学会年内先后参加了7次大型国际、国内法学界理论研讨会，并与省委政法委举办了维护社会稳定的理论研讨会，向有关部门推荐学术成果10项，其中7项获全省第三届社会科学优秀成果奖。全年全省律师共担任常年法律顾问7713家，比上年增加4.8%；共办理各项案件72640件，其中刑事辩护及代理10414件（比上年减少约3%），民事诉讼代理16271件（比上年增加25.3%），经济诉讼代理14179件（比上年增加7.5%），行政诉讼代理1441件（比上年增加4.3%），非诉讼法律事务30335件（比上年减少18.8%），共为当事人索回赔欠款66120万元，业务收费2206万元；此外代写法律文书21494件，解答咨询93608人次。全省公证机关共办理各类公证305904件，比上年减少15.8%，其中民事公证182732件（比上年增加18.3%），经济公证106108件（比上年减少42.5%），涉外及港澳台公证17064件（比上年增加17.9%）；公证业务收费972万元，比上年增加1.2%。全省各级调解组织共调处各类民间纠纷353996件（比上年减少8.5%），防止民转刑7728件，防止非正常死亡6466件；年末全省验收一类调委会达40258个，占总数的66.7%，三类调委会下降到2.8%。全省基层法律服务所共担任常年法律顾问26088家（比上年增加10.6%），办理两个代理82212件（比上年增加16.1%），协办公证52726件（比上年减少43.8%），调处各类纠纷77367件（比上年减少11.5%），为当事人挽回和避免经济损失4.6亿元。年末，全省在押犯63182人，全年新收犯人13518人，释放15041人，犯人脱逃率为1.2‰，捕回率86%，狱内发案45起，破案41起；全省监狱系统实现工农业总产值3.85亿元，比上年增加1.4%，实现销售收入5.5亿元，比上年增加9.8%；全省在教人员15095人，全年新收劳教9925人，解教9864人，逃跑率为0.27%，捕回率53.7%，所内发案3起，破案3起；全省劳教系统实现工农业总产值1.6亿元，实现销售收入1.7亿元，实现利润1056万元。至1995年底，全省司法行政系统共有干警21845人，其中司法行政干警7395人，监狱干警11683人，劳教干警2767人；全省有14个地市、122个县（市）区司法局，有309个律师事务所、136个公证处、1936个基层法律服务所，有18个省直监狱、11个地市监狱、4个省直劳教所、13个地市劳教所；全省共建立各级调委会60358个，拥有调解人员84万人。1995年全省司法行政工作呈现较快发展的好势头，基本实现了年初提出的“六新”要求。

〔开展敏感期间百万基层干部、民调人员民间纠纷大排查活动〕　4至6月，省厅组织全省近百万名基层干部、司法助理员、调解员，开展了对影响社会稳定的民间纠纷的大规模排查治理活动，共排查出各类纠纷苗头2.8余件、纠纷重点户2.4万户、重点人3.6万人，通过治理、调处，共防止因民间纠纷激化可能引起的自杀541件635人，“民转刑”案件613件986人，制止集体上访、游行、静坐事件1164件，群众性械斗568件，避免各类经济损失近1.3亿元。这项活动引起了地方领导的高度重视，层层建立了主管领导担任组长的排查治理领导小组，其中市、县级领导干部186名。省委、省政府、省政法委及司法部都对此给予了充分肯定，司法部、省委、省政府、省政法委的内部刊物和中央、省级新闻单位都转发、刊登了这一作法和成效。

〔积极参加全省“春季严打攻势”和第二次集中整治农村社会治安专项行动〕　为配合这两次全省统一行动，全省司法行政系统做了大量工作：一是各地司法行政部门大张旗鼓地开展了相应的法制宣传教育活动，并举办了大批轻微违法人员和刑释解教人员法制学习班，并对此类人员建档立册，加强了跟踪教育和管理；二是组织人员力量，直接参加“严打”和整治行动，同时抓住有利时机，加强了基层司法所、法律服务所和人民调解组织建设，巩固了政法综治基层基础工作；三是各监所都开展了“百日三无安全竞赛”活动和打击破坏监管秩序活动、反改造行为和牢头狱霸、所王所霸的专项斗争，确保监所安全与稳定，各种事故、发案数比去年同期下降；四是各监所多方筹措资金，添置必需设施，基本保证了增容增押工作的需要。

〔认真清理保（所）外就医人员〕　根据省委领导指示，从11月份开始，省厅和监狱局、劳教局组织全省监所开展了清理保外（所外）就医人员工作。经过全面调查和深入考察，掌握了全省2800多名保（所）外就医人员的基本情况，并发现了存在的问题，采取了相应的对策：一是对暴露的问题严肃查处；二是对应当收监（所）的人员立即进行收监；三是制定了改进保（所）外就医工作的六条措施，严格审批，严格管理。通过这次清理，消除了一些社会不稳定因素，减少了社会治安隐患。

〔进一步巩固“第一道防线”〕　年内，为强化人民调解工作，采取了几项有力措施：一是结合农村基层党组织整建工作，同步建整民调组织。为此，省厅与省委农村党支部建设整顿领导小组办公室联合下发了《关于进一步加强人民调解组织建设的意见》。二是加大了民调人员培训力度，提高了业务素质。全年县乡两级共举办调解人员培训班6551期，参训人数达435798人次。三是进一步发展联防联调组织，强化跨区域纠纷调处工作。年内全省共建跨省、地、县、乡联防联调组织2284个，共调解各类重大纠纷2000件。四是深化人民调解工作改革，全省全年探索共建集贸市场民调组织1003个，其中500个摊位以上的集贸市场调委会313个，经济开发区民调组织70个，在流动人口聚居区建立民调组织154个。

〔依法治监，从严治警〕 全省监狱、劳教系统主要采取了以下措施：一是抓干警直接管理，撤换以工代警人员。各监所除按规定考试录用了一批代警人员为正式干警外，其余代警人员大部分回到生产经营一线；积极充实基层警力，新录干警和新分配来的毕业生、干部都先下基层锻炼，使基层一线干警达到总数的50%以上；狠抓"三大现场"干警直接管理，干警定岗到位，扔掉了"拐棍"。二是开展执法检查，从严治警。年内各监所进行了两次执法执纪检查活动，省厅及两局联合组织了一次检查活动。针对检查出来的问题积极采取措施整改。三是加强干警培训，提高领导班子和队伍素质。省监狱局花重金选派了48名中层以上监狱领导干部到北京大学学习经济管理，厅劳教局组织培训了基层干警600人，并选送了一批优秀年轻干警到正规院校培养深造。四是采取措施，加强了对保(所)外就医、请假、减刑(教)、假释、超范围收押等重要事项的管理，严格了审批制度。五是大力改善犯人劳教人员的卫生条件，将其伙食费标准提高到每月72元左右，比原来提高了40%。同时各监所大力开展自种自养自加工，创产值上千万元，弥补了伙食费用的不足，保证了犯人劳教人员的基本生活需要。

〔逐步建立监所工作财政保障体制，改善外部环境〕 一是在全省范围内大张旗鼓地宣传《监狱法》。一些监所与当地开展文明共建、治安联防活动，争取当地党政和群众对监所工作的支持。一些监所则采取请进来学习(请当地党政领导和政法部门负责人到监所座谈)、走出去宣传(派干警深入周围单位和乡村向群众宣传，主动向当地党委、政府汇报)的方法，依法搞好狱(所)群关系。二是省厅和监狱局邀请省人大、省政协分别组成视察团到部分省直监所进行视察，检查《监狱法》和国务院(95)4号文件贯彻落实情况，重点了解了监所当前存在的困难和问题，并向省委、省政府提出了有关意见、建议，进一步引起了省党政领导对监所工作的重视。三是省厅与省财政厅联合对监狱经济困难情况进行了调查，为解决我省监狱经济困难提供了重要依据和建设性意见。四是初步建立监所工作财政保障体制。干警经费和犯人、劳教人员生活费纳入了财政预算，全年财政共拨款9184万元，比1994年增加7%。省财政还拨款400万元用于狱(所)政建设，并解决了2500万元重点工程建设配套资金。五是召开了全省社会帮教工作表彰大会，共有25个社会帮教先进集体和39名先进个人受到了省综治委的表彰，促进了全社会关心支持罪犯劳教人员的教育改造。

〔积极创建现代化文明监所〕 省厅年初召开了创建现代化文明监所动员大会，监狱局、劳教局分别制定了整体创建规划，监狱局提出"九五"期间将省少管所和女子监狱分别建成部、省级现代化文明监狱；劳教局计划先抓好坪塘、白马垅两个所和新开铺所创建部、省级现代化文明劳教所试点工作，其中坪塘劳教所创建工作已得到了司法部的肯定。同时，全省还有12个监所开展了创建现代化文明监(所)区活动，取得了一定成效。

〔全省100家国有大中型企业厂长经理学法用法及对法律服务需求的大型调研活动〕 3至5月，省厅与省普法办联合组织了上千人参与的全省100家国有大中型企业厂长经理学法用法及对法律服务需求的调研活动，形成各种调查报告106篇，召开了全省调研成果汇报交流会，推动了我省企业法律服务工作。省厅形成了《运用法律手段维护国有企业合法权益》的综合调查报告，省委领导同志作了重要批示，省委办公厅《内参》、省政府《湖南政报》、司法部的《简报》、《当代司法》、《法制日报》、《湖南日报》等数家报刊、内刊刊登。

〔积极办理涉外事务，促进招商引资〕 为贯彻省委书记王茂林关于律师工作要为外商服务、为招商引资工作服务的指示精神，省厅及各地州市局成立了招商引资法律服务指导委员会，指定了一批素质较高、条件较好的律师公证机构和律师、公证员专门办理涉外法律事务。1995年全省律师为390家"三资"企业担任常年法律顾问，担任境外投资项目法律顾问55次，代理涉外及港澳台民事诉讼102件，代理涉外经济诉讼2207件，办理涉外非诉讼法律事务397件，帮助引进外资折合人民币7亿多元。

〔办搞活办好国有企业提供法律服务〕 1995年全省律师担任5046家国有企业常年法律顾问，为顾问单位草拟规范性文件5209份；草拟、审查、修改经济合同和章程16987份，提供法律咨询、建议、出具法律意见书23758份，参与谈判7061次，解决纠纷8233起，帮助索回赔欠款5.1亿元。如四季度湘潭市司法局组织近200名律师，围绕市委、市政府提出的"强工富市"发展战略，为100多家企业追回外欠款2369万元。

〔**进一步深化法律服务改革**〕　全省“两不四自”律师事务所发展到61家，律师机构内部活力进一步增强，先服务后收费、风险办案等优质服务方式更加适应需要。长沙、株洲市等地司法局分别成立了律师法律援助机构。省第四届律师代表大会选举产生了由执业律师组成的新的律协领导机构。各法律服务机构积极为工作人员办理人身、医疗、养老社会保险，解决其后顾之忧。公证工作改革探索了在一个行政辖区内建立两种不同性质的公证处的做法，全省有55%的公证机构按事业单位性质实行自收自支或差额补助经费管理的内部模拟运行机制，为实行公证体制的转轨创造了条件。9月中旬，我省在全国率先面向全省社会统一举行了首次法律工作者资格考试，参考1385人，录取334人。法律服务所与司法所逐步分离，步入“自收自支”轨道。同时，我省法律服务工作与美国、日本、新加坡、泰国、马来西亚、香港、澳门等国家地区的交流活动进一步加强，增强了合作，吸收和借鉴了国际先进经验和做法，开拓了工作视野。

〔**各级党政领导带头学法**〕　2月27日，省党政军领导王茂林、杨正午等同志及省各部、委、办领导同志100余人集中听了法制课之后，全省共有14个地州市和105个县市区党委中心学习组集中听了法制课。8月31日，由省司法厅长吴振汉主讲，省5大家及有关部门的领导同志第2次集中听了法制课。

〔**普法教育举措新、效果好**〕　省厅与省普法办新编的《普法三字经》，分成“公民编”、“妇女编”、“农民编”、“少儿编”等系列，在第4次世界妇女大会前推出，受到社会欢迎。省司法厅与省话剧团编演的大型法制话剧《世纪风》，在全国人大、政协“两会”期间进京汇报演出3场，并在各地巡回演出，反响好，获中宣部精神文明“五个一”奖。省厅与湖南电视台联合摄制的《普法在三湘》电视系列专题片的播放等形象化、艺术化宣传取得了较好的社会效果。

〔**“三五”普法启动准备早**〕　4至6月，省普法办公室向全省市县党政领导、人大代表、基层干部和其他热心普法工作的718名同志发出《关于请求为“三五”普法工作献计献策的函》，全省共召开座谈会96次，重点调查单位235个，问卷信函3087件，参与调查的干部群众达5000多人次，共收到调研文章488篇。12月中旬，省厅与省普法办联合召开了“三五”普法理论研讨会，对“三五”普法的重点对象、工作人员机构、经费保障、普及形式与措施等进行了深入的探讨。省委副书记郑培民到会并作了重要指示。

〔**开展争创“四、五、六好”竞赛活动**〕　省厅突出抓了基层单位建设，对基层基础工作作了重点部署安排。为此，在全省组织开展了争创“四、五、六好”(即四好律师事务所、公证处、法律服务所，五好县市区司法局，六好监所大队)竞赛活动，并在全省地州市司法局长会议上进行了表彰。

〔**大力推进县区司法局三大建设**〕　全省狠抓了县级局队伍、业务、物质三大建设，取得了丰硕成果。8月，省厅召开了地州市司法局长暨县级司法局“三大建设”经验交流会。随后，省委办公厅以湘办发[1995]26号文件批转省司法厅党组《关于加强县市区司法行政工作的报告》。省委办、省政府办还下发了29号文件，明确了县区司法局对乡镇司法所的直接管理体制。常德市委于12月中旬召开了县区司法局“三大建设”经验交流会，各个县区委主管政法的副书记到会。常德市司法行政系统在不到一年时间内，筹措资金400多万元投入县区司法局“十个一”建设(即每个局都有一栋较好的办公楼、一个园林式院落、一所法制总校、一处招待所、一间装饰精美的会议室、一套整齐划一办公用具、一辆国产轿车、一台法制宣传车、一台电脑打字机、一部移动电话)，成效显著，省厅向全省推广了这一经验做法。

〔**调整班子，改进领导作风**〕　1995年全省各地还合理调整了地县级局领导班子。全省11个地市35名县区司法局长作了调整，地市县区副局长调整了88名，按“四化”要求充实了领导班子力量，提高了班子整体素质。全省司法行政机关围绕领导干部廉洁自律和贯彻民主集中制两个问题，所有处以上干部在专题民主生活会上作了自查自纠，改进了工作作风。通过这些工作，增强了各级领导班子的活力和战斗力。

〔**开展队伍教育整顿，严肃法纪**〕　省厅和两局及各地市、县区司法局都开展了思想作风整顿和学习孔繁森同志等活动，进一步树立全心全意为人民服务的思想。省厅重点抓了监所执法执纪和法律服务人员的职业道德教育，严肃查处各种问题。在全省律师队伍大评查中，对违反执业纪律、职业道德的4名律师进行了惩戒，对有问题待查的25人不予换发执业证。许多监、所还结合《监狱法》的贯彻落实，开展了干警队伍整顿，着重提高执法水平。全省系统没有发生新的经济案件和体罚虐待犯人、劳教人员的问题。年内纪检、监察、审计部门发挥职能作用，审结违法违纪案件157起221人，有1200多人次拒礼拒贿，金额达75万多元；审计项目(系统)149个，查出损失浪费287万元，促进

增收节支180多万元，纠正违纪增加上缴284万元

〔**常德市公证处荣记全国司法行政系统集体一等功**〕 常德市公证处1981年组建以来，牢固树立为党和政府中心工作服务的指导思想，发扬敬业、爱业、创业精神，不断拓展公证业务领域，提高服务质量。1989年来，先后为157家企事业单位签订了常年公证服务合同，提出司法建议1059条，办理公证事项7212件，为常德市的社会稳定、经济发展做出了突出贡献。曾先后被湖南省委、省政府、司法部授予“双文明建设模范单位”、“全国司法行政系统廉洁奉公先进集体”、“全国公证质量先进集体”等光荣称号，并荣立集体二等功。他们的工作表现，受到各级党委、政府和人民群众的赞誉，为公证机关赢得了良好的社会信誉。

〔**省坪塘劳教所荣记全国司法行政系统集体一等功**〕 该所原为地方企业，1979年改为劳教单位。在十多年的发展中，曾一度陷入改造秩序混乱、生产经营效益差的困境。1989年领导班子调整后，他们认真贯彻党的劳教工作方针，抓住机遇，锐意改革，从逆境中奋起，在所内实施“三整一建”，整顿改造场所秩序，整顿生产秩序，整顿干警职工队伍，建立健全规章制度，教育改造和生产经营取得了突出成绩。从1989年起连年实现“三无”，并跻身于全国劳教系统“十强企业”。先后被司法部、国家教委、国家环保局授予“全国优秀劳动教养学校”、“全国环保宣教先进单位”等光荣称号，多次荣立集体二、三等功。该所创办“三式”(校园式、军营式、园林式)劳教所，开展“三饭”(生日饭、团年饭、告别饭)感化教育，实行规范化目标管理考核等经验在全省、全国推广，具有一定影响。

〔**全国十佳律师秦希燕**〕 湖南湖湘律师事务所(原省二所)主任秦希燕，执业10年来，他共承办各类案件680多件，担任110多家单位的常年法律顾问。他承办的刑事案件中，宣布无罪释放的6件，死刑改死缓和无期徒刑的4件。通过办案，共为当事人挽回经济损失3.4亿元，其中全国闻名的“168工程”案一次就挽回经济损失1.1亿元。他先后出版法学专著6部，发表法学论文43篇，参与国家立法科研项目一项。他提出的认定盗窃既遂的标准——“控制论”，已被刑法界公认。他先后荣获湖南省优秀律师、湖南“十大杰出青年”、湖南省“新长征突击手”等光荣称号。

〔**全国十佳公证员朱文君**〕 常德市公证处主任朱文君(女)，对公证事业执着热爱，刻苦钻研业务，具有强烈的开拓创新精神。自1985年以来，常德市公证处在她的带领下，公证项目、办证数量和业务收费呈直线上升趋势，在全市打开了工作局面。自1984年以来，她个人先后办理收养公证274件，遗嘱公证135件，调处疑难纠纷230多起；办理涉外公证800多件，发往20多个国家、地区，全部产生了法律效力。她还揭露制止诈骗行为48起，拒办虚假、不合法公证432起，为国家、集体避免损失2470万元，她先后拒礼拒贿折款2万元。曾荣记个人二等功、三等功，荣获全国公证质量先进个人、省“巾帼建功标兵”、省“三八红旗手”等称号，常德市公证处也连续被部、省、市评为先进单位。

〔**全国十佳基层法律工作者何协舫**〕 湖南南县南洲镇法律服务所主任何协舫，自走上法律服务岗位第一天起，就充分发扬秉公执法、恪尽职守、勤业敬业、无私奉献的精神，自1987年以来，共担任镇政府、村居委会、企事业单位常年法律顾问77家，代理诉讼案件89起，非诉讼案件159起，协力公证875件，调解各类生产经营纠纷416起。通过法律服务，为当事人挽回经济损失869万元，避免经济损失1200多万元。他领导的法律服务所在全省率先面向社会公开招聘法律工作者，率先实行全员劳动合同制和效益浮动工资制，率先实行“风险办案”和为工作人员办理人身保险，使全所工作显现勃勃生机，年业务收费从1987年的5000元上升到目前的8万多元。他先后6次被县委县政府记功，89年被司法厅记二等功，1991年被司法部评为全国司法行政系统“廉洁奉公先进工作者”。1992年他领导的所被司法部评为“全国优秀法律服务所”。

(湖南省司法厅　刘委东)

1995年河南省司法行政工作

〔**全省司法行政工作会议**〕 1995年2月12日，河南省司法行政工作会议在郑州召开。主要任务是：以建设有中国特色的社会主义理论和党的十四届三中、四中全会精神为指针，认真学习贯彻全国、全省政法工作会议精神，总结上年工作，部署本年任务，集中研究司法行政工作如何适应我省社会发展、经济建设和社会稳定，努力开创河南司法行政工作新局面等问题。会议确定了司法行政工作的指导思想，即坚持邓

小平同志建设有中国特色社会主义理论和党的基本路线，全面贯彻党的十四届三中、四中全会精神，贯彻落实全国、全省政法工作会议精神，牢牢把握“抓住机遇，深化改革，扩大开放，促进发展，保持稳定”这一全党全国工作大局，坚持工作、队伍“两手抓，两手硬”，突出重点，真抓实干，努力开创司法行政工作新局面，为我省的社会稳定和经济发展，做出更大的贡献。会议提出了1995年的主要工作任务：(1)充分发挥司法行政机关的职能作用，维护社会稳定；(2)充分运用法律手段，促进全省经济工作主要任务的顺利完成；(3)大力加强监狱、劳教工作，确保狱所稳定，提高改造质量；(4)千方百计发展监狱、劳教经济；(5)深化以法律服务工作为重点的改革，逐步建立起科学、合理、配套和充满生机与活力的法律服务工作体系；(6)继续加强司法行政队伍党的建设，加强廉政建设，加强业务培训，全面提高队伍素质；(7)大力加强司法行政部门的基层基础建设，努力稳定基层机构和队伍；(8)建立健全竞争激励机制；(9)加大自身宣传工作力度，促进各项工作迈上新台阶。

〔**法制宣传与“二五”普法工作**〕　1995年的法制宣传工作主要有以下特点：一是自上而下地掀起了领导干部学法热潮，先后举办两次较大规模的省、厅级领导干部法律知识讲座，各市地、县区纷纷举办了领导干部法律知识培训班，全省有27000名县以上干部、86万名一般干部参加了《中华人民共和国宪法讲话》和《社会主义法制建设若干问题的讲话》两部书的学习，工商、税务等系统的专业法学习都取得了显著效果。二是全面进行了“二五”普法的考核验收。全省九个检查组通过听汇报、看材料、抽查、对市地主要领导和县处级干部进行考试等方法对“二五”普法工作进行了考核验收，“二五”普法任务圆满完成。三是方法灵活，注重实效，先后组织了《法制之春》文艺节目进京演出和“二五普法中原行”采访等活动，多形式展示“二五”普法成果。四是依法治理工作不断深化，为依法治省奠定了实践基础。全省已有7个市地、58个县区、2400多个乡镇、30000多个企事业单位开展了依法治理活动；在农村，开展了依法治村、民主管理工作，使农村的社会治安和农村经济有了明显好转。五是认真开展了“三五”普法和依法治省调研，向省委呈报了《河南省依法治省方案(草案)》，为启动“三五”普法和实施依法治省作了超前准备。六是法制报刊加大了对司法行政工作的宣传报道力度，取得了明显的社会效果。

〔**监狱工作**〕　1995年，我省监狱工作围绕稳定、发展、改革大局，大力开展创建现代化文明监狱工作，保持了全省监狱的基本稳定，监管改造工作处于全国先进水平，监狱经济在全国监狱系统处领先地位。(1)加强干警的政治理论教育，提高干警的政治素质。(2)认真贯彻落实《监狱法》和国务院(95)4号文件，全省司法行政系统把1995年作为《监狱法》的学习宣传年，举办了两期160多名干警参加的《监狱法》培训班，对罪犯进行了《监狱法》的宣传教育。(3)省政府常务会议确立了监狱、劳教所财政、投资保障体制和扶持发展生产、加强干警队伍建设的政策措施。9月召开了全省监狱工作会议，使创建现代化文明监狱进入实施阶段。确定省豫东监狱、省第一监狱为首批创建单位。(4)配合创建现代化文明监狱工作，积极发展监狱经济。成立了企业管理协会，加强了对企业管理工作的组织领导。1995年，我省监狱经济主要指标在全国监狱系统排序第一。(5)监管改造秩序持续稳定，教育改造质量不断提高，省第五监狱、豫西监狱、三门峡监狱已被批准为省级优秀特殊学校。监狱内没有发生凶杀、暴狱等重特大恶性事件和传染病流行、食物中毒事件。罪犯政治、文化、技术“三课”入学率分别达到99%、97%、97%，有2481名罪犯通过学习获得当地教育、劳动部门颁发的文化、技术等级证书。(6)继续有效地推行对罪犯的分押、分管、分教工作，大部分监狱实行了奖励罪犯与来监配偶同居及特许探亲。豫东监狱等单位开始试行罪犯工资制。

〔**劳动教养工作**〕　1995年，全省劳教单位劳教人员脱逃率低于司法部部控指标。全年所内没有发生凶杀等重特大恶性事件，没有传染病流行、食物中毒事件，改造秩序持续稳定，教育质量不断提高，劳教人员政治、文化、技术“三课”入学率达到99%、90%、97%，有1834名劳教人员通过学习获得当地教育、劳动部门颁发的文化、技术等级证书，齐礼阎劳教所被批准为部级优秀劳动教养学校。全省劳教经济取得重大进展，多项指标超过责任目标。继续推行劳教人员的“三分”和分级处理工作，大部分劳教所实行了奖励劳教人员特许探亲，劳教人员与配偶同居等，激发了劳教人员改造的积极性、自觉性。集中精力创建现代化文明劳教所，12月底，郑州市齐礼阎劳教所顺利通过司法部的检查验收。

〔**律师工作**〕　1995年，全省律师事务所发展到441家，比上年增加31家，律师从业人数5210人，比上年增加13%，全省律师共办理各类诉讼案件59707件，比上年增长49.5%；办理非诉讼法律事务92443件，担任各级政府、企事业单位法律顾问11339家，为企事业单位挽回或避免经济损失10亿多元。(1)发展壮大律师队伍，优化律师队伍结构。队伍素质有了明显提高，全省专职律师中，本科以上学历占21%，专科以上学历占 62%，新增律师中，本科以上学历的占 41%。继续鼓励和促进一个县组建两个以上律师事务所，已有 85%的县(市、区)组建了两个以上律师事务所，乡镇律师事务所由 1994 年的 5 家发展到 7 家。一个门类齐全、布局合理的律师服务网络初步形成。(2)深化管理体制改革，充分发挥律师事务所的积极性和主动性。1995 年底，全省有 192 家律师事务所实行了主任选举制，381 家律师事务所进行了财务审计，403 家律师事务所实行了目标管理。(3)改革律师事务所的内部运行机制，增强其自我管理、自我发展、自我约束的能力。到 1995 年底，全省有 316 家律师事务所实行了效益工资制，占总数的 71.6%，还有 12%的贫困地区，经济不发达地区的律师事务所实行了内部效益工资制。有 128 家律师事务所实行了医疗、养老保险金制度，占全省总数的 29%。为了实现律师事务所的规范化管理，全省各级司法行政机关指导律师事务所建章立制，各地分别情况制定了《财务审计制度》、《统一收案收费制度》、《律师考勤制度》、《政治业务学习制度》、《重大疑难案件汇报讨论制度》等，使律师的管理工作逐步实现了制度化、规范化。

〔**公证工作**〕 公证机关充分发挥国家证明机关的职能作用，为维护经济秩序做出了重要贡献。1995 年，全省公证机关共办理各类公证事项 802322 件(含大宗办证)，比上年增长 96%，超责任目标 118.6%，其中经济公证 357146 件，民事公证 431535 件，涉港、澳、台公证 13641 件，依法揭露和制止经济、民事违法行为 5306 起，涉及金额达 32408 万元，海峡两岸互送公证书副本 2516 件，催办、查证 120 件。1995 年，公证机关进行了内部运行机制的改革，主要分三种类型：(1)对全省实行事业编制的 24 个公证处中少数条件好、队伍素质高、人员改革意识强的进行自收自支或收支两条线的全供事业单位试点。(2)对证源比较充足，队伍实力较强，但改为事业单位条件还不成熟的 132 个公证处实行“岗位目标制”。(3)对证源严重不足、队伍素质不高、业务开展还比较困难的 22 个公证处，仍实行“行政管理、财政全供”。公证机关根据河南省情，围绕“农”字做文章，使农村公证工作有了较大突破，全年共办理涉农公证 624000 件，占全年办证量的 78.7%，促进了农村的社会稳定和经济发展。

〔**人民调解工作**〕 1995 年，全省人民调解组织进一步加强了民间纠纷的调处工作，重点加强了对停产半停产企业、大型集贸市场、少数民族聚居区及跨地域纠纷的调处工作，掌握了纠纷调处工作的主动权。1995 年，全省城乡调解委员会达 54008 个，占应建数的 99%。各调委会在“三夏”、“世妇会”、“双节”期间，集中时间、集中人力，开展了三次大规模的纠纷排查活动，共排查出各类纠纷 49032 件，防止大型械斗 2300 起，防止矛盾激化 4239 起。全年共调处各类纠纷 441816 件，调成率为 95.3%，防止民转刑案件 4283 件，防止非正常死亡 6101 人次，劝阻上访事件 960 件。发挥了社会治安“第一道防线”的作用。各级司法行政机关全力做好刑释解教人员的安置帮教工作，截止 1995 年底，全省已建立各级帮教委员会、领导小组 1657 个，帮教工作小组 44578 个，吸收帮教工作人员 180672 人。一个由县(市、区)司法局——司法所——调委会构成的县、乡、村三级安置帮教工作网络初步形成。并使 30497 名刑释解教人员得到了有效的帮教，其中，427 人加入了中国共产党和共青团，1046 人担任了不同层次的领导职务，1433 人被评为不同层次的先进工作者、技术能手，重新违法犯罪率由 1991 年的 7% 下降到 2.3%，对维护社会秩序的稳定起到了重要作用。

〔**法学教育工作**〕 1995 年，全省政法院(干)校采取成人脱产学历教育、函授、电大、自学考试辅导、实用人才大专班、职业中专、普通中专、短期培训等多种形式，大力开展法学教育和干警培训工作。成人本科招生 160 人，成人大专招生 718 名，成人中专招生 650 名，普通中专招生 485 名，自学考试辅导班、法律电大班、实用人才大专在校学生达 1400 多人，全国律函河南在校生达到 2764 人，职业中专在校学生 1200 人，培训各类干警 3000 多人次。为社会培养了一批合格的法律人才。同时，加强了对轻微违法青少年的法制教育工作，在各级各类学校普遍开设了法制教育课程，增强了青少年的法制观念。各市(地)普法办与教育部门配合，针对一些青少年法律意识较差的实际，到学校进行法制专题讲座，使受教育面达到 80%以上。对减少不安定因素，促进社会稳定产生了重要影响。

〔**队伍建设**〕 1995 年，河南省司法厅加强以队伍建设为重点的勤政建设，保证了各项目标任务的完成。(1)切实加强各级领导班子建设，一是配合机关推行公务员制度，加强厅机关处级领导班子的配备工作。新的处级领导班子平均年龄正处级由 53.6 岁降到 43.3 岁，副处级领导职务由 45.3 岁降到 38.2 岁，全部达到大专以上学历。二是加强了省属监狱、劳教所领导班子建设，调整使用处级领导干部 93 人。三是加强了对市(地)、县(区)司法局(处)的二类管理。(2)深入开展集中教育整顿，加强干警纪律作风建设，使一些群众反映强烈的问题得到了圆满的处理。(3)大兴调查研究之风，转变工作作风。据不完全统计，厅党组成员全年下基层搞调研 80 余人次，厅机关全年共有 280 人次下基层搞调研，对司法行政工作面临的许多热点、难点问题等提出了很好的调研意见，为厅党组的决策提供了可靠的依据。(4)深入开展"争先创优"活动，充分调动广大干警献身司法行政事业的积极性和创造性。1995年，全省共有32人受到省委、省政府和司法部的表彰，有805人受到厅、市(地)级表彰，省豫东监狱监狱长贾沛林同志获"全国先进工作者"称号，有3人荣立个人一等功，33人荣立二等功，322人荣立三等功，登封市司法局荣立集体一等功，有44个单位荣立集体二等功，44个单位荣立集体三等功。(5)狠抓领导干部的廉洁自律工作，加强廉政建设。在全系统实行了廉政建设领导责任制，实行了违法违纪率目标管理考核制，实行了廉政建设一票否决制。印制《廉洁自律手册》发至全省司法行政系统。(6)狠抓案件查处工作，1995年全系统共查结案件63起，处分81人。

〔豫办(1995)40号文件〕 厅党组积极贯彻司法部烟台会议精神，将会议材料翻印后分送省委、省人大、省政府、省政协主要领导同志，从9月份开始，党组又向省委、省政府报送《关于进一步加强县级司法行政工作的报告》，经过反反复复的工作，12月7日，省委办公厅、省政府办公厅以豫办(1995)40号文件转发厅党组《关于进一步加强县级司法行政工作的报告》。要求在新形势下，进一步加强县级司法行政工作。《报告》着重提出了以下几点意见：(1)充分认识加强县级司法行政工作的必要性和重要性；(2)进一步明确了县级司法局的12项职责和任务；(3)加强县级司法行政机关的组织建设和基础设施建设；(4)进一步加强对县级司法行政工作的领导，各级司法行政机关要加强对基层司法行政干警的理论学习和思想教育，加强业务培训，努力造就一支政治坚强，作风过硬，业务精通，开拓创新的基层司法行政干警队伍。豫办(1995)40号文件出台，为加强县级司法行政工作奠定了坚实的基础。

(河南省司法厅)

1995年四川省司法行政工作

〔概述〕 1995年四川省司法行政工作在省委、省政府和省委政法委的直接领导下，在司法部的具体指导下，认真贯彻执行党中央提出的"抓住机遇，深化改革，扩大开放，加快发展，保持稳定"的二十字方针和党的十四届三中全会精神，始终坚持了司法厅党组年初提出的"一个服从(即自觉服从和服务于全党工作大局)，两手抓(即一手抓法律服务和监所改革；一手抓司法行政队伍建设，保障改革顺利发展)，三大任务(即履行职责搞好法律保障，深化改革做好法律服务，扎扎实实抓好队伍建设)"的工作指导思想，在改革中发展，在发展中提高，全面完成了省委、省政府和司法部下达的各项任务，为确保四川的政治、社会稳定和促进四川经济持续、快速、健康发展作出了较大贡献。

认真履行司法行政法律保障职能，竭力维护四川城乡社会稳定。年内，全省监狱和劳教系统切实加强了监狱和劳教工作，坚持以改造人为宗旨，强化了监管改造和监狱劳教经济的发展。特别是在监管改造上，始终坚持依法、严格、科学、文明管理；以创建现代化文明监狱和劳教所为方向，切实加强了硬件和软件建设；加大了规范化管理力度，现实行"三分"的监狱已达37个，占押犯单位总数的74%；"三分"押犯已占押犯总数的45%。通过上述工作，全省监狱劳教场所秩序稳定。

切实加强了城乡基层人民调解工作，充分发挥了"第一道防线"的作用。基层调解组织进一步完善，业务领域进一步拓宽。全省现有村(居)委会和企事业单位调委会91288个，共有调解员420092名，其他调解人员509815名。全年共调解民间纠纷846075件，调解成功率达95.55%，其中调解婚姻纠纷136340件，继承纠纷473533件，赡养抚养纠纷69993件，房屋宅基地纠纷63850件，邻里纠纷126944件，劳务纠纷63804件，生产经营纠纷131410件，赔偿纠纷64688件。防止民间纠纷引起自杀5472件，6452人；防止民间纠纷转化为刑事案件8636件，13327人。为保证全省城乡社会治安稳定作出了积极努力。

认真搞好法制宣传教育，不断提高广大公民的法律素质。领导干部带头学法用法。中共四川省委中心学习组为省级领导干部组织了两次专题法制讲座，省委书记谢世杰、省人大主任杨析综、省长肖秧、省政协主席聂荣贵等领导同志认真听讲。继后又组织两次厅、局级领导干部专题法制讲座，参加听课的厅、局级以上领导干部和部分宣讲骨干达1900余人。绝大多数市、地、州、县也举办领导干部法制讲座，达200多场次，1万余名县、处级干部听了课。各级领导干部带头学法，推动了全社会的学法和依法治理工作。省级各机关结合本部门专业学习专业法律、法规，参学率达90%以上，依法行政、依法管理水平进一步提高；为了加强青少年的法制教育，各中学和小学三年级以上，已将法律知识教育纳入教学计划；在继续巩固1994年开展的12个地级市、1个州、140个县(市、区)依法治市、县的基础上，又有3000多个乡(镇)(约占50%)实施了依法治乡(镇)活动。

积极参与禁毒和打击非法组织“门徒会”的斗争。在禁毒方面，全省不仅加大了国家禁毒法律法规的宣传力度，而且加强了对毒品罪犯的改造工作。西山坪劳教所强制戒毒大队，在经费困难，医疗戒毒设备较差的情况下，创造了封闭式管理和开放式教育相结合，生理戒毒和思想矫治相结合，劳动锻炼和药物治疗相结合的“三结合”戒毒方法，使收容的134名吸毒者戒掉了毒瘾，有效地保证我省禁毒斗争的顺利开展。

认真履行法律服务职能，有效地促进了我省对外开放和经济持续、快速发展。一是律师改革成效显著。全省把律师改革作为法律服务体制改革的重点，在转变观念、改革体制、发展队伍、变革管理方式、加强律协建设等方面均有新的进展。1995年，全省由于加大律师体制改革的力度，律师事务所发展到485个(其中有涉外、经济、科技、证券等专业律师事务所37个)，新增82个，上升20.34%，其中除国办(在编)所外，合作(合伙)制事务所达99个，新增36个；实行自收自支的国办所210个，新增56个。律师队伍逐渐壮大。全省共有律师7017名，其中专职律师发展到3136名，上升24.39%(博士、硕士学位42名，法律大学本科530名，其他大学本科208名，大学专科1935名)。律师担任常年法律顾问15422家，与上年同期相比上升4.99%。其中国家机关、政府负责人851家，企业8451家，外商投资企业327家(内港、澳、台投资216家)，境外投资项目124家。全省律师办理刑事案件辩护和自诉、公诉代理15910件，上升4.99%；民事诉讼代理26217件，上升13.99%；经济案件诉讼代理23466件，上升14.99%，其中经济合同纠纷17414件；行政诉讼代理1099件，上升4.96%；二是公证工作稳定发展。全省各级司法行政机关紧紧抓住1995年1月正式实施的《四川公证条例》的大好机遇，广泛开展宣传活动，增强公民的公证意识，保证了公证业务的基本稳定。全年共办理国内公证324236件，与上年度基本持平；办理涉外及港澳台公证29809件，上升42.4%；拒绝民事公证1941件、经济公证1184件。其中，制止不法经济活动424件，为国家、集体和公民避免经济损失21.8亿多元。三是基层法律服务工作向深层次发展。全省乡镇法律服务所发展到2179个，新增222个，上升11.4%，进一步缓解了农民请律师难、办公证难的矛盾。基层法律服务人员发展到8872名，新增1173名，上升15.2%。法律服务所坚持为市场经济服务的指导思想，体制上坚持自收自支，法律服务工作上了新的台阶。全年担任法律顾问15630家，新增2734家，上升21.8%。通过开展基层法律服务，不仅确保了城乡基层人民群众的合法权益，而且为集体和公民避免及挽回经济损失4.7亿多元。

切实加强了队伍建设，广大司法行政干警的政治业务素质有了显著提高。1995年，全省司法行政干警队伍建设重点抓了政治理论教育、领导班子建设和树立司法行政干警队伍良好形象大讨论，收到了较好的效果。一是狠抓政治理论教育，提高了广大干警的政治思想觉悟。全省各级司法行政机关和监狱劳教单位及时安排、认真组织广大干警学习《邓小平文选》，提高广大干警对建设有中国特色社会主义理论的认识和执行党的基本路线不动摇的自觉性，从而结合司法行政实际，树立“大服务”的思想和开拓进取的观念，增强做好新时期司法行政工作的信心和决心，确保司法行政各项任务的圆满完成。二是狠抓领导班子建设，发挥了领导核心作用。根据省委的统一部署，各级班子均开展了争创“四好”班子的活动。厅党组将创“四好”班子摆在队伍建设的重要位置，特别注意选好配强“一把手”。1995年中对40多个监狱劳教单位和《四川法制报》社的“一把手”进行了调整，实践证明，调整后的班子各方面表现较好。各级领导班子十分注重党风廉政建设，制定了一系列措施，及时解决存在的问题和一些腐败现象，确保了改革和发展的顺利进行。三是广泛开展“良好形象”大讨论，弘扬了正气。在此方面，主要抓了“四结合”：一是同集中整顿教育干警相结合；二是同深化司法行政工作改革相结合；三是同反腐败相结合；四是同弘扬正气、树立先进相结合。这有利于人人参加，认真思考，对照检查，促使干部队伍素质有较大提高。与此同时，按照司法部的统一要求，对全省律师认真开展了执业纪律执业道德评查活动，评查结果，律师事务所基本合格；律师合格率为95%以上。四是加重各类专业技能培训，广大干警的管理水平和工作能力有明显提高。各地各单位进一步加强了干警队伍的业务培训，分别采取举办专业学习班，选派人员进校深造和加强在职训练等多种措施，开展岗位培训。省厅年均组织基层司法业务、公证员资格、律师资格考前和知识产权等培训班4—5期；各市地州司法局年均组织各类培训班15—17期；培训人员年均达5000多人。培训工作的加强，有效地促进了整个队伍业务素质的提高。1995年四川省委公开选拔副厅级领导干部公共知识和业务知识的笔试结果，获得前四名者均为司法行政考生。

〔开展全省性律师作风纪律整顿评查活动〕 为了适应社会主义市场经济发展的新形势，彻底纠正律师在法律服务中“一切向钱看”，办“关系案”、“人情案”等不正之风，及时处理违法、违纪人员，净化律师队伍，年内，在全省范围内开展了律师作风纪律整顿评查活动。全省485个律师事务所参加评查，参评率达

100%，其中合格440家，约占91%；基本合格45家，约占9%。5812名执业律师参加了评查，占执业律师人数的98.5%。通过评查验收合格的5440人，占93.5%；基本合格的367人，占6.3%；不合格的5人，占0.09%。

〔建立健全公证管理规章制度〕　为了提高公证办证质量，保证公证书的法律效力，省厅制定了《公证书错误处理办法(试行)》，对因公证书错误给当事人造成损失的应予以相应的赔偿。为进一步加强对公证员的管理，各级司法行政机关成立了公证员惩戒委员会，制定了《关于公证员违纪惩戒办法(试行)》，对公证员违反职业道德如何处理作了明确的规定。针对一些公证处在设立办事机构中名称不规范、人员不合格、布局不合理的现象，省厅制定了《关于公证处设立协办室、办事处、办证室有关问题的通知》，要求对各公证处设立的公证办事处进行清理，对不符合条件的予以调整或撤销。由于采取了上述措施，提高了公证办证质量，规范了公证法律服务市场，维护了公证处的良好声誉。

〔在全省农村开展春耕大忙期间民间纠纷专项治理活动〕　四川是农业大省，每年的春耕期间是农村各类纠纷的多发期，成为影响农村社会稳定和春耕生产正常进行的一个突出问题。为维护农村社会稳定和正常的春耕生产秩序，省社会治安综合治理委员会和省司法厅经过认真研究，于今年3月对全省农村开展“专项治理”工作进行了统一部署。各级司法行政机关纷纷抽调机关干部深入农村第一线，进行深入的法制宣传教育，增强广大农民的法制观念和遵纪守规意识。各地在专项治理中，认真贯彻“调防结合，以防为主”的方针，同时普遍开展了纠纷排查，对查出的纠纷和纠纷隐患逐一排队，实行领导和人民调解员联合调解承包责任制，及时调解处理。

此次全省范围内的民间纠纷专项治理活动，收到了可喜成绩。据不完全统计，今年全省春耕期间民间纠纷与往年同期相比下降了约1/2，并且95%左右的纠纷得到了及时调解，调解成功率达95%以上，不仅有力地维护了农村的社会稳定，而且有效地保证了全省农村“双抢”任务的顺利完成。

〔全省司法行政干警廉洁自律自查自纠取得新的成绩〕　1995年，全省各级司法行政机关和监狱、劳教所认真贯彻落实中纪委五次全会精神，继续抓好领导干部的廉洁自律工作，按照中央、省委的统一部署和安排，以“三十一个不准”为依据，认真开展了廉洁自律自查自纠工作。一是结合本部门实际，认真进行了安排部署。省厅根据省委和省纪委关于领导干部廉洁自律自查自纠工作部署，结合司法行政机关和监狱、劳教所的实际，先后下发了《关于开展领导干部廉洁自律自查自纠的意见》、《厅直机关县(处)级领导干部廉洁自律自查自纠的实施意见》，以及对科级领导干部的具体要求。各地各单位也结合实际制定了措施，作出了安排。二是加强对廉洁自律自查自纠工作的领导，成立了自查自纠领导小组，做到了有部署、有指导、有检查，从思想、组织、措施方面保障了此项工作的健康发展。三是在开展廉洁自律自纠工作中注重抓好三个环节：领导自身学好；开好民主生活会；抓好会后的情况通报，自觉接受群众监督。四是县(处)级以上领导干部积极行动，态度端正。从省厅检查的11个单位来看，已参加专题民主生活会的中层以上领导干部275人，占应参加人的95%，因出差或有病未参加生活会的同志事后也补了课，向组织上写出了书面汇报材料，省厅及厅直机关县(处)级以上领导干部参加自查自纠的人数达到了100%。

(四川省司法厅　乔德春　张银峰)

1995年云南省司法行政工作

〔概述〕　1995年云南省的司法行政工作，根据省委、省政府“解放思想、深化改革、加快发展、保持稳定”的方针，以司法部提出的“大服务”思想为指导，按照厅党组“抓改革、促发展；抓班子、促队伍；抓硬件、促安定；抓开放，促交流”的思路，全体干警艰苦奋斗，积极发挥司法行政机关的法律服务和法律保障的职能作用，各项业务都有长足的进展。

——监狱、劳教工作以学习、宣传、贯彻《监狱法》和《人民警察法》为契机，以创建现代化文明监狱、文明劳教所为目标，不断强化监管改造工作，顺利完成全年收押犯人和收容劳教人员的任务。全省监狱系统在组织干警认真学习《监狱法》的基础上，积极制定创建现代化文明监狱规划，全面启动、分步实施。到年底，第一批列入创建文明监狱的单位的建设步伐都有明显进展。小龙潭监狱的软、硬件建设基本上达到部颁现代化文明监狱的标准。劳教系统创建现代化文明劳教所的工作也开始启动。省第三劳教所等部分劳教所在抓紧软件建设的同时积极创造条件，抓硬件建设。全省监所秩序持续稳定，犯人脱逃率和劳教人员逃跑率分别控制在1.57‰和0.76%以下；有3个劳教所10个大(中)队全年实现了“三无”(无逃跑、无恶性事故、无非正常死亡)。与此同时，全省监狱、劳教所以提高经济效益为中心，调结构、抓管理，过去长期亏损的几个企业已扭亏为盈。到年底，全省监狱系统及劳教系统分别完成工农业产值(1990年不变价)9.09亿元和2611.2万元，各比上年增长3.6%和25%。

——法律服务工作，继续深化改革，拓宽服务领域，主动为社会主义市场经济的建立提供服务。据1995年统计，全省律师事务所已发展到245个，其中合作、合伙制事务所62个，比去年增长30%。全省律师人数已达1841人，省律师协会已顺利完成换届工作。1995年全省律师担任法律顾问4469家，刑事辩护及代理12828件，民事诉讼代理11006件，经济诉讼代理7783件，行政诉讼代理752件，非诉讼事务6034件，解答法律咨询50622人(次)，代写法律文书18245件，为当事人避免和挽回经济损失近10亿元。律师业务不仅进入金融证券、边境贸易、知识产权等新领域，而且还延伸到股票上市、房地产交易和引进外资等经济活动中。公证机构已开始进行由行政机关向事业单位的转变试点，至1995年底已有17个公证处改为按市场经济规律运行的事业性法律服务机构。全省149个公证处、446名公证员全年办理各类公证32.22万件，为当事人避免和挽回经济损失5.3亿元，办证质量和数量都有提高。基层法律服务工作，根据全国司法行政系统基层工作改革座谈会精神，积极推动有条件的乡镇(街道)法律服务所向“四自”型过渡。1995年全省基层法律服务所已发展到1180个，占全省乡镇(街道)总数的73.5%；基层法律服务工作者已达3444人，担任法律顾问2267家，调解经济纠纷8461件，担任民事诉讼代理4317件，非诉讼事务代理5229件，协办公证52758件，办理见证18864件，代写法律文书25098件，为当事人挽回和避免经济损失8512.05万元。社会法律咨询工作按照《云南省社会法律咨询服务若干规定》重新审批登记，获准开业的有9家，执业人员69人，基本上走上健康发展的轨道。

——人民调解组织通过规范化建设，进一步增强了战斗力。到1995年底全省各类调委会已发展到1.6万多个，调解人员近25万人，广大调解人员以防激化为重点，积极参与社会治安综合治理。全年调解各类民间纠纷22万多件，相当于同期全省法院系统受理民事案件的5倍多，防止民间纠纷转化刑事案件及引起自杀事件3800多件，已成为化解人民内部矛盾，增强民族团结，维护社会稳定，促进农村经济发展的重要力量。

——法制宣传教育，1995年已胜利完成“二五”普法规划，并结合法制实践把全省依法治理工作推向一个新阶段。法学教育工作继续采取多渠道、多形式、多层次的方法培养法律人才。1995年法学高等教育本科在校生增至610人，研究生有20多人，专科在校生有2130人，电大法律专业在校生有110人，函授法律专业中专在校生已达557人，律师专业函授生增至788人，成人业余法学教育发展势头良好。

此外，司法外事活动，1995年先后组团对泰国、新加坡进行了考察访问；全年接待了来自美国、泰国、德国、日本、老挝及香港等6个国家和地区的代表团(组)的来访。

——进一步加强领导班子建设，提高干警队伍政治素质和业务素质。1995年对全省各地、州、市司法局和30个监狱、劳教所领导班子进行了考核、提拔和调整。组织广大干警学习邓小平建设有中国特色社会主义的理论和法制建设思想，不断提高干警政策业务及执法水平。1995年，为了表彰先进，树立正气，经过推选，报请司法部评定，小龙潭监狱监狱长岳宗谦、昆明监狱监狱长姜建辉、第三劳教所所长段子清分别被评为全国优秀监狱长和劳教所长，震序律师事务所主任马军被评为全国“十佳”律师之一，受到司法部的表彰。年底，厅机关还对全省司法行政系统的100名先进个人进行了表彰。同时认真贯彻从严治警方针，加强对律师、公证员和基层法律服务工作者的管理和职业道德、执业纪律教育，严肃查处违法违纪行为，狠抓廉政建设，全省司法干警精神面貌有了很大改观。

〔**创建现代化文明监狱工作全面启动**〕 1994年底，全省监狱系统按照司法部的统一部署，制定了创建现代化文明监狱的规划和实施意见。1995年2月，省监狱局及所属监狱相继成立了创建工作领导小组，在深入学习、广泛宣传《监狱法》的基础上分别制定了创建部级和省级现代化文明监狱以及现代化文明大(中)队的标准、实施步骤和考评细则，全省创建现代化文明监狱工作迅速全面启动。

在创建中，既坚决贯彻执行司法部的统一部署，又从云南的实际出发、量力而行，以点带面，分步实施，使创建工作与管教、生产、队伍建设工作相结合；软件与硬件建设相结合；长远目标与阶段性工作相结合。全省23个监狱共投入资金3600万元用于狱政设施建设。在软件建设中狠抓干警对《监狱法》和《人民警察法》的学习和培训，不断提高干警的政治、业务素质和执法水平；在监管工作中，以“三防”为重点，认真执行《罪犯改造行为规范》，坚持和完善百分考核，加强对罪犯的教育，狠抓犯人生活、卫生工作；在监狱生产中，强调适应市场、调整结构、加强管理、提高效益，努力为创建工作创建物质条件。

经过一年多的努力，小龙潭监狱以973分通过司法部考核小组的检查验收，达到部级现代化文明监狱标准，进入全国首批部级现代化文明监狱的行列。被列为云南省首批创建省级现代化文明监狱的省第三监狱等6个监狱正在积极开展创建工作，力争明年有1～2个达到标准，其他监狱开展的创建现代化文明大(中)队和先进活动进展也很快。到1995年底，全省创建现代化文明监狱工作已全面启动，呈逐步推进态势。

〔新建强制戒毒劳教所的工作顺利完成〕　为适应深入开展禁毒斗争及改造吸毒劳教人员的需要，1995年又有西双版纳傣族自治州及昭通地区两个戒毒劳教所建成。至此，除原有的省一、二、三、四劳教所附带收容吸毒劳教人员外，全省在昆明、大理、保山、德宏、西双版纳、昭通等六个吸毒人员较多的地州建了强制戒毒劳教所。这些劳教所实行强制戒毒与思想教育相结合，药物治疗与心理矫治相结合，对被收容的吸毒劳教人员，实行严格管理，强化教育，通过教育改造和劳动生产，促使他们转化思想、戒除毒瘾、增强体质，成为对社会有用的人。1995年新收容的1898名吸毒劳教人员当年即全部脱瘾，他们的身心都有了不同程度的康复。

〔全省"二五"普法已按规划完成各项任务〕　1991年至1995年，云南各族人民按照省委、省政府批转的《关于在全省公民中开展法制宣传教育的第二个五年规划》，广泛深入地开展了宪法、专业法和社会主义市场经济法律、法规的学习，并结合法制实践全面推进依法治理工作。到1995年年底已胜利完成"二五"普法各项任务，达到预期的目的，使云南的民主与法制建设有了长足的进步，各行各业初步走上了法制化轨道。

五年来，全省2600多万普法对象，有2200多万参加了"以宪法为核心，以专业法为重点"的法律法规的学习。其中县处级以上干部参学率达95.7%，企事业单位职工参学率达91.6%，农民参学率达80.6%，大、中、小学学生参学率达97%。1995年底，在全省各地区各部门认真自检自查的基础上，省委普法办、省人大、省司法厅有关人员在省委政法委书记姜兴长同志的带领下分批对全省各地区普法工作进行检查验收，结果表明："二五"普法教育增强了全省公民的宪法意识和依法办事的观念；社会主义市场经济法律常识在公民中初步得到普及；依法治理工作已全方位开展。到1995年底，全省57个地、州、市县开展了依法治理活动；880个乡镇开展了依法治乡、治镇活动；7377个村开展了依法治村活动。全省各族人民已完成了"二五"普法规划规定的各项任务。

〔云南司法大楼建成〕　位于昆明国际贸易中心大厦东侧的云南司法大楼占地3亩多，建筑面积9700平方米，总投资2300多万元，1994年7月1日破土动工，1995年12月26日正式落成。

新建成的云南司法大楼暨法律服务中心高12层，7～12层为省司法厅办公用房，有办公室70多间，大、小会议室8个，第12层楼的大会议室可容250多人开会。1～6层为法律服务中心，有70多个标准间及156个床位，附设会议室、餐厅、舞厅、外宾接待室、地下停车场，设施齐全。云南司法大楼集服务与办公、培训与接待多种功能。它的建成使省司法行政机关的办公条件得到极大的改善，是云南司法行政系统硬件建设的一个重大成果。

〔云南省人民调解员协会成立〕　云南省人民调解员协会于1995年4月12日在昆明成立。大会选举68名理事组成第一届理事会，选举了卜其浩、刘泉、李树芳、吴承苍、文启章、刘宗全、周瑞荣、金永富、王玉俊、冯应松、宋启邦、欧阳旭、王东甫、李炎、宋泽魁、邹韶禄、王雪玲、李正高、陈明珠、赵秀、马明生、李自友、吴锦、蒋承斌、龙永春、李德友、吴培伦等27人为常务理事；选举省司法厅副厅长吴培伦为会长；选举省高级人民法院副院长王东甫、昆明钢铁公司党委副书记李炎、云锡公司党委副书记邹韶禄、楚雄卷烟厂党委书记李自友、省司法厅政治部副主任李正高、曲靖地区烟草专卖局副局长吴承苍、大理市城邑乡龙龛村调解会主任赵秀、昆明市盘龙区珠玑街杨家庄调委会主任周瑞荣为副会长；省司法厅基层工作管理处处长蒋承斌被推选为秘书长。常务理事会决定省司法厅基层工作管理处副处长卜其浩、昆明市司法局副局长李德友为副秘书长。

会议推选副省长戴光禄、司法厅厅长姜兴长担任名誉会长，提名聘请省人大常委会副主任杨一堂、省政协副主席李林阁担任顾问。

云南省人民调解员协会设一室二部，即办公室、服务部、培训部。办公室的主要职责是处理、联系协会日常事务和举办协会福利事业；服务部的职责是联络和发展协会会员，收取会费、宣传人民调解工作和组织经验、信息交流等项工作；培训部则是协助各级司法行政机关组织、指导全省调解人员学习党的方针、政策和国家有关法律、法规以及调解业务知识，制定培训计划，组织业务培训。

〔云南省律师协会完成换届选举〕　1995年10月25～27日，云南省第三次律师代表大会在昆明举行，来自全省17个地、州、市的153名代表及30名特邀代表参加了大会。会议听取和审议了云南省律师协会第二届理事会的工作报告、审议和通过了《云南省律师协会章程(修改草案)》，选举产生了理事52人。理事会选出杨铭玺、李远毅、苏建明、李廷柱、杨树森、杨启猷、袁剑、马军、王灵芝、赵素裕、郑培明、郭靖宇、赵加龙、曾功德、姜涛等15人为常务理事。选出会长杨铭玺、副会长李远毅、郑培明、马军、杨树林、郭靖宇。推举了省人大常委会主任尹俊，省政法委书记、省司法厅厅长姜兴长为名誉会长。聘请省人大常委副主任杨一堂，副省长戴光禄，省政协副主席赵廷光，原省人大常委会副主任余活力，省委政法委副书记杨发银，省政协法制委主任、省律协第二届会长田长维，云南大学法律系主任、省律协第二届副会长徐中起担任顾问。聘任省司法厅律师管理处副处长李正荣为秘书长。

新选出的理事和协会领导人基本上都是执业律师，按照修改后的协会章程，律师协会为全省律师的自律性组织。新的律师协会将实行司法行政机关管理和协会行业管理相结合的新型管理模式。

〔**昆明仲裁委员会登记成立**〕 为适应社会主义市场经济和民主法制建设的需要，1995年9月省司法厅设仲裁、法规处管理仲裁委员会的登记和本省司法行政法制建设工作。

1995年9月1日《仲裁法》实施后，本省有关单位依照《仲裁法》的规定，筹组昆明仲裁委员会。12月，省司法厅审查了昆明仲裁委员会申请登记所报的名称、章程、委员会组成人员及所聘任的仲裁员等，同意昆明仲裁委员会登记成立、并公告周知。

昆明仲裁委员会主任：邱创教，副主任：郭方明、姚建友、李江、魏有富。委员有王国亮等11人。并聘任了首批仲裁员41人。

昆明仲裁委员会已在登记成立后正式开展仲裁业务。在此之前原有的工商、城建、技术监督等行政部门的仲裁机构已于1995年9月1日终止。

〔**整顿法律服务行业不正之风**〕 为了加强对律师的职业道德和执业纪律教育，整顿法律服务行业重经济效益轻社会效益，不按收费标准收费，用给好处费、介绍费等手段争案源，搞不正当竞争等不正之风。1995年5月至7月，省地两级司法行政机关分批对全省执业律师，集中进行培训和评查。培训考核和评查不合格的不予年检注册；有严重违法违纪行为的，由省律师惩戒委员会依照《律师惩戒规则》进行惩戒和通报。与此同时，根据《云南省社会法律咨询服务若干规定》及省司法厅与省工商局联合发出的《关于对全省社会法律咨询服务机构进行清理整顿和重新审查登记的通知》对全省过去自行成立的社会法律咨询有偿服务机构也进行了清理和整顿，对不符合《规定》条件的禁止挂牌、停止服务；符合条件的重新进行审批登记，始准开业。

这次整顿工作，厅领导亲自主持进行，纪检、监察、政工及业务部门齐抓共管，全省执业律师通过培训及评查，职业道德、执业纪律意识大大增强，法律服务行业不正之风有所克服。1995年年检注册律师中有100多人因评查、考核不合格等原因未准注册；有5人受到惩戒。社会法律咨询服务机构，经过整顿和重新审批登记有9家获准开业，全省法律服务行业秩序明显好转。

(云南省司法厅史志办公室 韩天庆 蒋玉琳)

1995年贵州省司法行政工作

〔**概况**〕 1995年全省司法行政工作以司法部提出的："进一步深化改革，促进发展，开拓业务，加强管理，提高素质，为维护社会稳定和社会主义市场经济法律秩序，为完成党中央提出的为经济工作任务提供法律保障和法律服务"为指导思想，在突出抓好监狱、劳教工作和深化司法行政各项工作改革的同时，重点抓好法律服务，强化管理，使各项司法行政工作取得了新的成绩。

全省144个律师事务所1060名注册律师共担任政府、企事业单位及公民的常年法律顾问2083家，办理刑事辩护和刑事公诉案件被害人代理4148件，民事、经济、行政诉讼代理12539件，办理非诉讼法律事务2483件。全省96个公证处共办理各类公证97633件，其中国内民事公证69347件，国内经济公证25097件，涉外公证3189件(其中涉台公证875件)。通过拒办公证制止不法经济活动89件，帮助当事人避免经济损失939.63万元。提出司法建议51件，被采纳41件。全省536个基层法律服务所共担任乡政府、企业及公民的法律顾问497家，调解疑难纠纷13754件，其中经济纠纷4567件，协办公证5612件，承担民事诉讼代理4932件，非诉讼代理1877件，代写法律文书10726件，解答法律咨询202.572人(次)，为当事人挽回经济损失 1168 万元，避免经济损失 1186 万元，各级人民调解组织共调处各类民间纠纷 26.57 万件，调解成功率为 94%；防止民间纠纷转化为刑事案件 2320 件，涉及 5079 人，防止非正常死亡 933 件，涉及 1316 人。

1995 年全省各监狱新收押犯 11943 名，刑满释放 12230 名，依法减刑、假释 9543 名，罪犯脱逃率为 2.9‰，捕回率为 59.3%，狱内发案率为 0.68‰，非正常死亡率为 0.75‰。各劳教所新收劳教人员 2802 人，其中吸毒 659 人，比上年同期增长 258%，期满释放劳教人员 1517 人，逃跑率、非正常死亡率、所内发案率均控制在司法部规定的标准内。全年劳教单位完成工农业总产值 1243.5 万元，比上年同期增长 10.5%。

为认真贯彻执行司法部关于加强县级司法行政工作建设会议精神，省司法厅于 1995 年 8 月 15 日至 17 日在贵阳召开了各地、州、市及部分县司法局长会议，会议中回顾总结交流了我省司法行政机关恢复重建以来的工作情况，研究了进一步加强我省县级司法行政工作的措施，会上 14 个地、县司法局作了经验交流，认真讨论修改了省司法厅结合贵州省实际起草的《关于进一步加强县级司法行政工作建设的意见》，省委、省政府以省办发[1995]50 号文件批转了《意见》，文件规定县司法行政工作要进一步做好法制宣传、公证、律师、基层法律服务管理，人民调解工作管理，法学教育等工作外，还必须认真做好刑满释放、期满解教人员的帮教和过渡性安置工作。

1995 年全省司法行政系统按照中央及司法部的部署，在全系统认真开展了反腐倡廉教育，抓好廉政制度建设方面的工作。一是组织广大干警认真学习邓小平同志建设有中国特色社会主义理论和关于端正党风、严肃党纪及廉政勤政、反对腐败等有关论述；学习江泽民同志在中纪委五次全会上的讲话；学习先进模范人物孔繁森、田沛发等同志的模范事迹，使全体干警在学英模中找差距，定措施，树立正确的世界观、人生观、价值观。二是结合各部门的实际情况制定了有效的监督管理措施，建立约束机制，厅机关制定了《把好进人关的规定》、《贵州省司法厅廉政建设的具体规定》、省监狱管理局、省劳教局制定了《领导干部个人收入申报制度》、《礼品登记制度》、《贵州省监狱人民警察工作纪律具体规定》、《贵州省劳教干警廉政守则》、《贵州省劳教干警"十不准"》等规定，进一步促进了全省司法行政系统队伍建设的健康发展。

为搞好队伍建设，1995 年全省司法行政系统把执法和执纪、纠风工作的重点放在监狱、劳教、律师、公证和基层法律服务方面。一是在全省律师中开展职业道德执业纪律评查工作。全省 144 个律师事务所的 1060 名律师进行了自律评查，进一步纠正了律师队伍中行业不正之风，促进了我省律师队伍的廉政建设。二是在监狱、劳教系统开展了执法执纪检查工作，这次执法执纪的检查着重对干警执行严禁打骂、体罚、侮辱、虐待监管和劳教人员；办理收容（押）、解教释放、延期、减（刑）期，保外就医；严禁乱收"两劳"人员亲属接见费，请假保证金等进行检查，通过检查制定措施，增强干警的法制观念，严格执法，正确行使职权，自觉履行义务，提高干警的政治和业务素质。

〔强化律师、公证、基层法律服务管理〕 1995 年全省律师、公证、基层法律服务工作把加强业务指导和强化管理工作，作为推动法律服务工作发展的重要一环来抓，主要采取了以下措施：律师工作：一是认真抓好全省律师事务所的年检和律师人员的注册工作。按照司法部的规定，通过注册，整顿了律师队伍，对 144 个律师事务所，1060 名律师换发了新的律师工作执照。二是在律师中开展律师职业道德和执业纪律教育评查活动。通过评查，各地、州、市司法局评出一批优秀律师，省司法厅评选表彰了十名优秀律师，树立了先进、纠正了行业不正之风。三是建立律师工作监督机制。为提高律师工作的质量，使当事人满意，省司法厅于 8 月 28 日向社会聘任十名律师社会监督员，进一步加强律师职业道德和执业纪律的社会监督，保证律师更好地为社会提供法律服务。四是加强业务指导，超额完成绝大多数业务目标。法律顾问超目标 15.7%，非诉讼法律事务超目标 79.1%。全省律师事务所收费 600 万元，超目标值 87.5%。

公证工作：一是认真抓好地方公证法规和有关规章制度的制定工作。二是针对涉台公证业务中的问题，建立了省、地（市）二级涉台公证请示汇报制度。1995 年省厅共审批各地上报的继承、收养涉台公证事项 219 件。三是加强对全省公证处、公证员的管理，实行年检、注册制度。1995 年共年检、注册公证处 75 个，公证员 219 人。四是开展公证质量检查。1995 年省厅要求各地对 1995 年以来办结的公证文书进行质量大检查，全省各级司法行政机关、各公证处共对 10 多万件公证文书进行了检查，省厅派出检查组对安顺、毕节两地公证文书进行了抽样检查，保证办证质量。五是认真履行海峡两岸公证文书使用查证协议，做好涉台公证文书副本的寄送、查询工作。从 1993 年 5 月 29 日《海峡两岸公证文书使用查证协议》生效以来，共寄送公证文书副本 1619 件，受中国公证员协会委托，检查海基会退查的公证文书 118 件。

基层法律服务工作：认真开展对基层法律服务所的整顿，通过年检建立了年检注册制度。1995 年已对 415 个乡镇法律服务所（含中心法律服务所），951 名乡镇法律工作者进行了年检注册，并对年检合格的乡镇法律服务所颁发了《贵州省基层法律服务执业许可证》。为了规范管理"中心法律服务所"的法律服务工作,提高基层法律服务质量,省司法厅颁发了《贵州省中心法律服务所管理办法》,对成立中心所的条件,审批程序,人员管理等方面作出了详细规定。

〔**成人法学教育有新进展**〕 1995年司法行政系统成人法学教育工作为适应建设有中国特色社会主义市场经济的需求,根据司法行政工作中为社会提供法律服务职能对律师法律人才的需要,经国家教委批准,设立了中华全国律师函授中心律师专业助学班。律师专业采取联合办学的方式,分别在各地、州、市司法局、贵大、师大、民院、省社科联联合举办律师专业助学班,我省律师专业报读人数500人。1995年报考西南政法大学法律函授专业专、本科人数达历史最好水平,报考本科542人,报考专科300余人,共计录取1995级专、本科生306人,加上在读生近500人。中华全国律师函授中心法律、律师两个专业共招生近700人。为中华全国律师函授中心学员和社会自学考试学员报名参加高等院校法律自学考试达2400科次以上。1995年省政法干部管理学院成人法学专业大专班计划招收脱产和不脱产学员480人,学院在按照条件,保证质量的前提下,实际招收学员534人,超计划11%。其中法律专业招收学员242人,涉外经济法律招收学员35人,函授法律专业学员257人。到1995年底,学院共有成人法律专业学员1339人(含函授法律专业学员456人)。

〔**省法学会第四次代表大会及纪念学会成立十周年大会**〕 1995年10月18日至19日,贵州法学会在贵阳召开第四次会员代表及学会成立十周年纪念大会。大会选举产生了由73名理事组成的新的第四届法学会理事会,选举省司法厅厅长方光林为会长、文明铣、王广尤、王安新、冉茂元、李清渠、刘其必、邱学尧、肖常伦(专职)、邹渊、周毓业、赵国生、温卓文、熊奇伟为副会长、肖体礼任秘书长。并对学会十年来的工作进行了回顾和总结,十年来,学会共组织召开各类研讨会174次,其中省际研讨会70次,人数2771人,收到论文2092篇,参加国际会议9次,获得省级社科成果二、三等奖、优秀奖、成果奖共十九个,编发《贵州法学》68期,十余万册,此外还参与编写年鉴,地方志,参与地方立法共计六十余部。经过十年的努力与发展,贵州省法学会组织机构基本健全完善,在全省范围内基本形成了联系网络,从宪法到各基本法都相继成立了专门学科研究会,现总会员数达1000余人,专科研究会6个,团体会员单位8个,联络组7个,会员小组7个。其中30岁以下会员占三分之二,大专以上学历会员占90%以上,取得律师资格的会员占三分之一。会员分布在各行各业,知识结构比较合理,对开展学术研究提供了有利条件。

〔**"二五"普法结束成绩显著**〕 我省"二五"普法工作,在各级党委、人大、政府的领导和监督下,胜利结束。成效显著。"二五"普法期间全省2400余万名普法对象,都不同程度地学习了有关法律法规,法律意识和法制观念有所增强,绝大多数公民能自觉地学法用法。在"二五"普法期间省、地、县三级按规定成立了法制宣传教育领导小组。省领导小组成员1600多人,办公室成员300多人。共有普法专兼职人员700余人。全省共举办1200多期普法骨干培训班,培训普法骨干十万余人(含农村、乡镇各种形式培训班培训的骨干)。"二五"普法期间全省共印制发行《中华人民共和国宪法讲话》、《社会主义法制建设若干问题讲话》64万余册,省普法办组织编印法律法规3册,其中印发12万余册。还编印法律知识读本2册,共发行12万余册,"二五"普法期间,主要做了以下几方面的工作,一是强化社会主义法制理论的学习,提高广大干部法制理论水平。根据"二五"普法的要求,全省共组织各级各类干部59.8万人参加了中宣部、司法部编印的《宪法讲话》和《社会主义法制建设若干问题讲话》两本书的考试,占全省干部总数的92%,其中县处级干部参考12098人,占县处级干部的75%。通过较大范围法制理论的学习,提高了干部特别是领导干部的法制观念,法制意识和法制理论水平,为加强"二五"普法工作的组织领导,促进普法工作的开展,打下了良好的基础。二是多种形式地开展宪法学习活动,提高了广大公民的宪法观念。三是把农村普法纳入社会主义思想教育内容,促使普法社教双丰收。四是总结推广普法试点经验,推动全省普法工作的开展。大力推广了水城矿务局老鹰山煤矿组织干部职工根据业务工作需要实行"一法一培训、一法一授课、一法一考试"的做法。五是强化专业法律法规学习,增强为社会主义市场经济服务的观念。六是坚持学法用法相结合,促进城市和农村依法治理工作的开展。省法制宣传办公室结合我省农村实际,组织编写了《农民法制知识读本》,运用一百多个法律法规中的有关内容,回答了我省农村基层干部和广大农民需要了解掌握的718个问题。七是坚持抓好青少年学生法律教育,做到法制教育从娃娃抓起。1995年5月省法制宣传领导小组会同省教委、高校工委等部门在黔南州民族干部管理学校召开了全省学校法制教育经验交流会,总结了47个大专院校,中小学校和教育行政部门开展学校法制教育的经验。八是严格"二五"普法总结验收标准,完成"二五"普法任务。1995年下半年"二五"普法工作的验收在全省范围内全面铺开,到目前为止,黔西南州、六盘水市,贵阳市、安顺地区和国防科工委所属的20余个单位的“二五”普法验收工作已完毕。通过“二五”普法取得了以下成效：一是促进了广大公民法律意识和法制观念的增强。二是促进了各级干部特别是领导干部和执法人员依法行政，严格执法的自觉性的提高和社会主义市场经济法制观念的增强。三是促进了各行各业依法建章立制，实行制度化、规范化、法制化管理。四是促进了依法育人工作的开展。许多单位通过普法学习，培养了一批既懂法律，又懂业务，依法办事的骨干力量，推动了业务工作的开展。五是促进了社会治安综合治理工作的开展。结合社会治安综合治理开展法制宣传教育，一些地方、部门和单位，各类刑事案件发案率有所下降，违法犯罪减少，社会治安综合治理实现了达标。六是促进了两个文明建设。

〔司法行政法制工作有成效〕　为适应社会主义市场经济发展的需要，发挥公证服务、沟通、证明、监督作用，省司法厅和省政府、省人大相关部门成立了《贵州省公证条例》起草小组，经过一年的努力，《贵州省公证条例经几次讨论，论证，现已经省政府审核批准，报省人大，拟在1996年提交省人大常委会讨论通过颁布执行。1995年是认真贯彻执行《监狱法》的第一年，我省监狱管理机关结合我省贯彻《监狱法》的实际，根据存在的问题，为了维护监狱正常的监管、生产、生活和工作秩序，提高改造质量，省司法厅、省监狱局和省政府有关部门起草了《贵州省维护监狱秩序办法》上报省政府。同时为了加强司法行政内部的各项管理，各级司法局狠抓建章立制工作。1995年省司法厅制定了《贵州省司法行政部门优秀调研文章及信息奖励表彰办法》、《贵州省中心法律服务所管理办法》、《贵州省律师事务所审批登记管理办法实施细则》等规范性文件9件，为司法行政工作走上规范化管理打下了基础。

〔信息调研工作有新突破〕　1995年全省司法行政系统结合司法行政工作的特点及时向司法部、省委、省政府、省政法委员会及有关部门反映我省司法行政工作的新情况新问题。1995年共编写《情况反映》4期，其中《贵州省委召开常委会议听取省司法厅贯彻全国司法厅(局)长座谈会的情况汇报并作指示》、《贵州省人民政府进一步加强劳教工作》两期，《情况反映》被司法部采用并转发全国。编写《贵州司法信息》50期，其中《贵州省司法厅聘请律师工作社会监督员》被《司法部简报》、《贵州日报》等采用。1995年全省司法行政系统加强了调查研究工作。省厅根据省政法委员会的布置，完成了《贵州省1990—1994年城市、城镇刑释解教人员安置帮教情况抽样调查报告》和《我省法律服务工作现状及发展对策》两个课题的调研。《贵州省1990—1994年城市、城镇刑释解教人员安置帮教情况抽样调查报告》对贵阳市南明区、大方县大方镇、龙里县龙山镇、六盘水市钟山区监管和劳教回归人员2496人进行了调查。被调查对象中，已有固定工作，临时工作的以及回乡务农的共安置1883人，占调查总数的78.9%。在被调查对象中，已落实帮教的1657人，占总数的65.5%，在被调查对象中，刑满释放和解除劳教后三年内表现好的421人，占调查总人数的17.65%，表现一般的有1765人，占调查总数的73.7%。表现差的118人，占调查总数的4.9%，重新犯罪的69人，重新犯罪率为3.4%。这一课题的调研，为贯彻执行司法部关于做好刑满释放人员的社会安置工作起到了较好的指导作用。1995年全省各级司法行政机关还结合自己的工作特点，通过深入基层调查研究，共写出调研文章110余篇，为各级领导决策指导工作提供了依据。

〔省司法厅成立仲裁工作处〕　《中华人民共和国仲裁法》自1995年9月1日起正式施行，《仲裁法》规定设立仲裁委员会，应当经省、自治区、直辖市的司法行政部门登记，这是《仲裁法》赋予司法行政机关的一项新的职能。为切实履行好这一职能，搞好我省的仲裁工作，经省机构编制委员会黔机编(1995)009号文件批准，1995年3月贵州省司法厅仲裁工作处正式成立，与厅政策法规处合署办公。仲裁工作处主要有以下职责：一是对仲裁委员会进行设立登记，按照《仲裁法》的规定，登记是仲裁委员会设立的必要条件，经过登记的才能正式成立，未经登记的则不能设立。二是变更备案，仲裁委员会变更住所，组成人员和原有的某些登记事项都要向登记机关备案。并向登记机关提交与变更有关的文件。三是注销登记。仲裁委员会决议终止的要向登记机关办理注销登记，提交注销登记申请书，组建仲裁委员会的市的人民政府同意注销该仲裁委员会的文件，有关机关确认的清算报告和仲裁委员会登记证书。四是负责设立登记、注销登记公告。登记机关对仲裁委员会的设立、注销登记，自作出登记之日起生效，并予公告，五是监督管理职能。对仲裁委员会的监督管理分别由司法行政等部门从不同角度进行。司法行政部门的登记就是监督管理的形式之一。根据《仲裁法》的规定，目前我省可以设立贵阳、六盘水两个仲裁委员会，现这两个仲裁委员会正在筹建之中。

〔贯彻落实《监狱法》依法治监、从严治警〕　《监狱法》是新中国第一部有关监狱工作的重要法典。它标志着具有中国特色社会主义监狱制度的确立和完善，它表明我国监狱管理工作进一步纳入法制轨道，进入一个依法治监、从严治警，进一步提高改造质量的新时期。

1995年是实施《监狱法》的第一年。我省监狱机关以《监狱法》出台为契机，运用广播、电视、报刊等新闻媒介，进行了广泛宣传，争取社会各界对监狱工作的关心、支持、帮助、配合、全方位的《监狱法》的贯彻执行创造良好条件。在监狱系统内部，采取多种形式，多种方法、多种途径，组织广大干警学习《监狱法》，熟悉法律条文，达到知法、懂法、执法、守法。对罪犯进行《监狱法》教育，引导罪犯依法改造。

省人民政府根据“监狱法”的规定，将全省罪犯改造工作的管理机关——贵州省劳改局命名为贵州省监狱管理局，同时将所有罪犯改造场所统一称为监狱，这是我省监狱工作具有重大意义的一件大事。

通过《监狱法》的贯彻实施，我省广大监狱干警增强了法律意识，树立了依法治监，依法教育管理罪犯，严格执法的观念。以防止罪犯脱逃，防止狱内重大案件，防止狱内凶杀为重点，强化狱政管理，继续对罪犯实行系统的政治、文化、技术“三课教育”和个别教育，全年罪犯脱逃率、狱内发案率、罪犯非正常死亡率，顽危犯转化率，重新犯罪率和狱内传染病率都控制在司法部下达的指标内，完成了省政府下达的目标任务，确保了狱内安全，为全省社会治安的稳定好转做出了贡献。执法检查未发现监狱干警索要、收受、侵占罪犯及其亲属的财物；私收罪犯或玩忽职守造成罪犯脱逃；刑讯逼供或体罚、虐待罪犯；侮辱罪犯人格；殴打或纵容他人殴打罪犯；为谋取暴利，利用罪犯提供劳务；违反规定，私自为罪犯传递信件或物品，非法将监管罪犯的职权交予他人行使和其他违法行为。遵纪守法、令行禁止，廉洁奉公，树立了监狱干警的良好形象。

〔**加强所政设施建设，建设现代化文明劳教所**〕

1995年全省劳教系统围绕创建现代化劳教所的总体目标，坚持以邓小平建设有中国特色社会主义理论为指针，把“创建”工作放在整个工作的首位，积极搞好“创建”文明劳教所的工作。我省目前已建成劳教所6个，但由于起步晚，全省经济文化欠发达，劳教所普遍基础差。针对这一现状，在创建文明劳教所的过程中，实事求是，量力而行，制定了《贵州省创建现代化文明劳教所工作规划》。在全省各劳教大队开展了“管理工作规范化、教育工作正规化”的工作。要求各劳教所做到制度规范，定置规范、干警工作规范，行为规范；教育工作要求设置专门教育机构和专职教师，做到正规化。劳教局于1995年11月5日至25日对6个劳教所进行了检查，验收结果，表明大多数劳教所已达到管理规范化、教育正规化的要求，为创建文明劳教所，打下了基础。

（贵州省司法厅）

1995年西藏自治区司法行政工作

1995年，我区的司法行政工作在自治区党委、政府的直接领导下，在司法部的业务指导下，以邓小平同志建设有中国特色的社会主义理论和党的基本路线为指导，认真贯彻落实党的十四届四中、五中全会，自治区党委第五次代表大会和全国司法厅（局）长会议精神，以中央第三次西藏工作座谈会议为契机，解放思想，更新观念，发挥职能，强化管理，卓有成效地在监管改造、劳动教养、法律服务、法制宣传、基层人民调解、干部队伍建设等方面做了大量工作，为确保我区政治局势的稳定发挥了重要作用，促进了经济的发展和社会的进步。

〔**监管改造工作**〕 我区监狱系统，认真贯彻执行《监狱法》，在坚持“惩罚与改造，以改造人为宗旨”的监狱工作方针的同时，坚持“依法、严格、科学、文明”管理罪犯，并做到“收得下，管得住，跑不了，改造好”，尤其在改造好上下一定功夫。在提高改造质量上，严格执行《监狱法》的各项规定，保障罪犯的合法权益，打、骂、体罚罪犯违纪违法行为基本得到杜绝；积极开展对罪犯规范化的管理工作，狠抓了罪犯养成教育，从内务整齐化一、搞好环境卫生入手；严格队列训练，使绝大多数罪犯的行为基本符合规范化要求，监狱环境状况得到了很大改观；进一步开展了“三分”工作，罪犯的分押纯度达到了60%以上。各监狱狠抓了以防脱逃、防非正常死亡、防重大事故为主要内容的安全防范工作。在教育方面，让罪犯掌握一至二门实用技术，为他们将来回归社会再度就业创造条件。1995年罪犯入学率达应入学人数的95.6%；政治、文化技术考试及格率为97.3%；《监狱法》考试及格率为70%，促使罪犯向好的方面转化，达到了认罪服法，接受改造的目的。一年来，罪犯中有496名获减刑，5名获假释。充分体现了党和政府“给出路”的政策。

在我区，监狱工作一直是国际社会关注的热点，又是西方敌对势力，达赖集团攻击的目标之一。监狱工作的好与否，直接关系到我区政治局势的稳定和国家的形象。1995年各监狱单位在司法厅的统一领导下，加大了反分裂斗争的力度，针对达赖祸藏祸教的罪恶行径，在监狱内以各种形式深刻揭露了达赖在国外利用宗教，利用信教群众虔诚宗教感情，对抗中央，分裂祖国，破坏民族团结的各种图谋，用铁的事实教育罪犯，剥去了达赖"宗教领袖"的伪装，达赖已成为西方敌对势力"西化"、"分化"中国的忠实工具，是出卖祖国，出卖民族、出卖西藏人民利益的民族败类，是叛国集团的总头子，是破坏西藏稳定和发展的总根源。从而有力地保证了敏感日期和西藏自治区成立三十周年大庆活动、重大节日期间监狱的稳定和安全。

大胆调整产业结构，强化经营管理，增强自身活力，发展监狱经济，为建设现代化文明监狱积极创造条件。

〔**劳动教养工作**〕　我区劳教系统坚持了党的"教育、感化、挽救"的劳教工作方针，始终把对劳教人员的教育改造工作放在首位。1995 年各劳教单位有重点地抓了四个方面的工作：一是狠抓劳教人员的思想改造工作，对他们深入地宣讲《西藏的主权归属和人权状况》白皮书，使劳教人员从思想深处认识到西藏是祖国不可分割的一部分，反省自己的行为，顽固不化，是没有出路的。二是坚持"三课"教育与劳动改造相结合的教育改造措施，其目的是使劳教人员重新走向社会后成为遵纪守法、自食其力的有用之材。三是加强对劳教人员的社会帮教工作，及时与有关单位联系，签订了对劳教人员的帮教协议，举行形式多样的帮教大会，把对劳教人员的社会帮教工作引向了深入。四是搞好劳教人员生活，保证他们吃饱、吃熟、吃得卫生，争取吃好，以此促使劳教人员向好的方面转化，加速改造，重新做人。1995 年自治区劳教所内发案率为零，分类教育面达 100%，政治、法制教育合格率达 95%，年度评审中有 72 名劳教人员减期。

紧紧围绕创建现代化文明劳教所为目标，抓好"硬件"和"软件"建设。1995 年自治区劳教局先后制定了《关于创建现代化文明劳教所规划纲要》、《劳教经济九五发展计划》并成立了领导小组，以提供强有力的组织保证，把"硬件"建设作为 1995 年的攻坚部分。同时，坚持"软件"先行的原则，制定了《劳教局党委议事规则》、《劳教局岗位责任制》、《劳教干警行为准则（试行）》、《劳教干警勤政廉政措施》等 7 个规章。

我区劳教系统把发展壮大劳教经济当作大事来抓。

〔**法律服务工作**〕　（一）律师工作。截至到 1995 年 12 月底，我区共有律师事务所 10 家，其中合作制（试点）1 家。分别为雪域、羌塘、循矩、冈底斯、恒丰、宏伟、日光、显达、泥洋、雅砻律师事务所，有执业律师 47 名。据统计，1995 年我区各律师事务所共办理各类案件 570 件，与 1994 年 425 件相比上升 148 件，上升率为 27%。其中：刑事 157 件，民事 174 件，经济 132 件，行政 7 件，非诉讼代理 100 件，担任常年法律顾问 91 家，为国家、集体、个人挽回经济损失 5411 万元。根据司法部《关于在全国开展律师职业道德执业纪律评查活动的通知》司发通（1995）028 号，对全区 10 家律师事务所和 47 名执业律师进行了评查验收，有力地加强了对律师执业资格和执业活动的管理。同时，积极开展十佳律师推荐工作。还在年底召开了有关部门领导和人士参加的座谈会，纪念西藏律师工作开展十周年（1985—1995）及义务咨询日活动，进一步扩大了律师在社会上的影响和知名度，收到良好的效果。

（二）公证工作。全区共有公证处 8 个、公证员 28 名。各个公证处以继续贯彻落实《公证处主任负责制》、《公证员岗位目标责任制》，以完善内部规章制度为重点，树立法律服务意识，狠抓办证质量和制度建设。据统计，1995 年我区公证机关共受理各类公证事项 1399 件，出证 1364 件。其中经济 1045 件，民事 319 件，涉及总标的达 1.2758 亿元。为国家机关、企事业单位及公民个人避免经济损失 4585 万余元，与 1994 年 898.65 万元相比，增升 4 倍，办理涉外公证 45 件，使用于十多个国家和地区。

根据司法部司办字（1995）12 号文件《关于切实提高公证质量严防错证假证的问题的通知》的统一部署，及时在全区公证机关开展了公证质量检查活动。通过这次活动，促进了我区公证机关的办证质量的提高。同时，根据司法部"评选全国十佳公证员活动的通知"，报经司法部批准，我区拉萨市公证处主任洛桑土多为全国十佳公证员提名奖。

〔**法制宣传工作**〕　1995 年是我区法制宣传教育工作重要的一年，也是"二五"普法工作的最后一年。根据我区"二五"普法规划的总体部署和要求，结合社会主义市场经济的特点，着重宣传了《劳动法》、《产品质量法》、《公司法》、《税法》、《赔偿法》、《消费者权益保护法》等专业法律，并针对不同对象，不同层次，在全区各大系统开展了由国家司法部、工商行政管理局、中国消费者协会联合举办的全国《消费者权益保护法》知识竞赛活动，参加者近 3 万多人（次），并荣获全国组织二等奖。

为全面了解我区"二五"普法进展情况，认真搞好"二五"普法考核验收工作，研究探讨"二五"普法工作。1995 年 9 月，我们对全区依法治理工作情况进行了一次细致的统计和调研。从调查的情况看，我区依法治理工作尚处于试点阶段。截至 1995 年 12 月份，我区开展依法治理工作的有 11 个县（区）、42 个乡（镇）、270 个村(居)委会、12家部门和企业单位。随着“三五”普法的继续开展,我区依法治理工作的步伐将不断加快。

为搞好我区“二五”普法的考核验收工作,1995年6月制定了《西藏自治区法制宣传教育第二个五年规划执行情况考核验收实施方案》,并报自治区党委。自治区党委办公厅以藏党办发(1995)18号文件正式批转了《实施方案》,并“同意我区‘二五’普法工作提前结束,不再后延,‘三五’普法工作与全国接轨”。为抓好我区“二五”普法考核验收工作,明确提出了:“从严要求、突出重点、以验促学、总结提高、继续深入”的二十字方针。在此基础上,自治区普法办于11月底组织工作组,先后到山南、林芝、那曲等地区,对“二五”普法的考核验收、总结进行检查、督促和指导,并注意对“二五”普法考核验收好的做法以及经验进行总结和推广。从我区“二五”普法工作考核验收的动员部署,到自查自纠、查漏补缺,再到全面考核和验收,整个工作步步有序。各地(市)、各单位相继成立了由主管领导挂帅的考核验收工作组,深入基层进行指导、检查、督促。在考核方法上,分对象、分层次,对领导干部一般进行笔试,农牧民采取用口试,并辅以知识竞赛等进行考核,拉萨、山南、阿里等地区对直属机关统一命题进行考核,合格率达到90%以上。截至到1995年12月底,我区“二五”普法考核验收工作基本结束。同时,为迎接“三五”普法的启动做好准备。

〔**人民调解工作**〕 人民调解工作是社会治安的“第一道防线”。我区社会的稳定关键在于广大农牧区的稳定,广大农牧区的稳定是我区全局稳定的基础。1995年,我区人民调解工作在各级司法行政机关的领导下和各级人民法院的指导下,人民调解工作正逐步走向规范化、制度化,各级人民调解组织始终坚持“调防结合,以防为主”的工作方针,以防止民间纠纷激化为重点,针对不同时期及民间纠纷的特点、规律,认真及时排查,跟踪服务,定期或不定期地进行回访,及时调处和化解大量的民间纠纷,取得明显成效。截至1995年12月底,我区人民调解委员会已发展到2366个,调解小组7319个,基本形成了人民调解组织网络化,现有人民调解员16115名,司法助理员884名。据不完全统计,1995年我区的人民调解组织共受理各类民间纠纷11490件,调处10944件,调解率为95.2%。有效地防止了各类纠纷的激化,预防了犯罪,减少了诉讼,增进了人民内部的团结,为维护我区社会的稳定,经济的发展做出了积极的贡献。

我区的阿里地区,由于过去人民调解工作是一片空白,1995年7月,该地区的司法处把此项工作向地委、行署作了全面的汇报,经地委、行署联合会议研究决定,已将106个调解组织全部建立,选举产生调解员518人,配备司法助理员7人。从而使阿里地区的基层人民调解工作得以走向正轨。

为总结我区人民调解工作过去十多年的工作经验,表彰先进,树立典型。我们于1995年11月5日与西藏自治区高级人民法院联合召开了“西藏自治区首届人民调解工作表彰大会”。会上共表彰先进集体18个,先进个人19名。从而进一步增强了人民调解员做好我区人民调解工作的责任感和使命感,并为我区人民调解工作健康发展产生了积极而深远的影响。

〔**队伍建设**〕 在我区司法行政干警队伍的思想建设上,坚持用邓小平同志建设有中国特色的社会主义理论武装司法行政干警的头脑,坚持一切从西藏的实际出发,摆脱陈旧思想束缚,增强开拓创新意识,运用马列主义、毛泽东思想的立场、观点、方法来指导我区司法行政工作的改革和发展。研究新情况,解决新问题,提高驾驭全局工作的能力。同时,认真贯彻了中央第三次西藏工作座谈会、十四届四中全会、区党委第五次党代会的精神,并组织干警学习《第十世班禅灵童转世有关问题解答》和中央第三次班禅灵童转世工作座谈会精神,使广大干警对班禅灵童转世的历史定制、宗教仪轨等有了进一步了解,对达赖擅自宣布班禅转世灵童的祸藏祸教的险恶用心有了明确的认识。与此同时,在全系统开展了学习领导干部的楷模、优秀共产党员——孔繁森同志的活动,并结合北京市王宝森的犯罪行为和陈希同同志的问题,用正反两个方面的典型教育广大干警和职工,掀起了学楷模、见行动、赶先进的热潮,增强了广大干警的使命感和事业心。

在领导班子建设上,加大司法行政系统各级领导班子建设和优秀年轻干部的培养选拔工作,按照干部“四化”方针,坚持德才兼备、任人唯贤、能者上、庸者下的用人标准。在1994年考察的基础上,对重点培养对象进行全面考核,坚持走群众路线,克服“少数人选择少数人”现象,保证了选拔干部的素质。截至1995年底,经自治区人大常委会任免和自治区党委批准,我区司法行政系统已提正地级干部1人(1995年7月12日西藏自治区六届人大常委会第15次会议通过,扎西顿珠任西藏自治区司法厅厅长),正、副县(处)级干部13人(其中正县6人,副县7人);经厅党组批准,区(科)级干部63人,调整和交流的县(处)级干部12人。其次,1995年干警警衔晋升的有94人,其中首次授衔的55人,晋升的35人,提前晋升的3人,选升的1人。

在党的组织建设方面。(1)进一步健全了党的基层组织,凡有条件的单位均已建立了党支部、成立了党小组,开展了工作;(2)做好一年一度党员民主评议和新党员的发展工作。截至1995年12月底,共发展新党员10名,批准转为中共正式党员的16名;(3)转变领导作风，积极为农牧区扶贫工作尽心尽力，并与自治区财政厅一起派员前往西藏日喀则地区南木林县共同开展了扶贫工作。

认真做好"三定"方案的制定和国家公务员制度的推行工作。根据区党委藏党发(1995)18号文件精神，对司法厅系统的机构设置、人员编制及职责范围再次进行调整、明确。1995年初，对本系统干警的德、能、勤、绩进行了全面考核，优秀的占25%，称职的占74%，不称职的占0.5%。并为推行国家公务员制度奠定了基础。

为解决我区司法行政工作存在的实际困难，更好地发挥司法行政机关的职能作用，司法厅主要领导借出席司法部召开会议之际，向部里汇报了我区司法行政工作的情况。司法部常务副部长张秀夫同志在1995年11月2日听取了汇报后，于11月4日召开了十四省、市司法厅(局)长座谈会，并形成了《司法部关于对口支援西藏司法行政机关的通知》。(即司发通(1995)119号文件)。这样一来，中央关心西藏，全国司法行政系统支援西藏，我区司法行政系统所面临的一些困难和问题，将会逐步地得到解决。

(西藏自治区司法厅)

1995年陕西省司法行政工作

〔**概述**〕 1995年，全省各级司法行政机关和广大干警坚持以邓小平同志建设有中国特色社会主义理论为指针，认真贯彻落实全国司法厅(局)长会议精神，牢固树立大服务思想，为维护国家政治和社会稳定及社会主义市场经济秩序，提供了可靠的法律保障和优质的法律服务，取得了可喜的成绩。一是进一步深化法律服务工作改革，加强法律服务行业管理，为社会提供全方位的法律服务。律师工作在继续贯彻省政府批转的《陕西省司法厅关于深化律师工作改革的若干意见》的基础上，着重抓了占编律师事务所的改革试点工作，重点解决产权不明晰、机制不灵活、制度不健全等问题。同时，还在188个律师事务所和2172名律师中开展了职业道德和执业纪律评查活动，制定、完善了40多条律师工作管理规定，促进了律师事业的健康发展。全省新组建律师事务所7个，新增执业律师370人，共办理各类案件29465件，担任法律顾问3695家，为国家、集体和公民挽回经济损失7亿多元。公证工作也在用人制度、分配制度和财务管理制度等方面进行了改革，增强了公证工作活力。全省116个公证处、583名公证人员共办理各类公证138745件，收费680多万元。基层法律服务工作坚持走多形式、多层次发展的路子。截止年底，全省已建司法所543个，乡镇法律服务所1488个，其中一乡多所4个，多乡一所15个，集贸市场和行政村建所13个，县(区)法律事务中心65个，全年它们共担任法律顾问11995家，调解各类纠纷12494件，法制宣传1756场，协办公证11505件，民事代理12494件，挽回经济损失5249,56万元。二是紧紧围绕各级领导干部学法用法和"二五"普法总结验收，积极有效地开展法制宣传教育工作。省委中心学习组参加法律知识讲座两次，进行厅局级干部法律知识讲座4讲，听讲887人次，处级干部法律知识讲座7讲，听讲人数5700人次。同时，成立了由21名专家、学者和执法部门领导组成的法制宣传教育讲师团，为省内外干部群众讲授法律知识20多场次。三是以创建现代化文明监狱、劳教所为龙头，积极推进依法治监(所)工作。去年，全省各监狱和劳教所以贯彻落实《监狱法》为契机，深化改革，强化管理，努力提高改造教育质量，使监狱、劳教工作有了新的发展。全省押犯中有1348人获得文化毕业、结业证书，1500人获得技术等级证书，6313人受到减刑、假释奖励，狱内脱逃率和发案率分别为0.85‰和0.67‰。劳教人员脱逃率为0.3%，300多名劳教人员被提前解教、减教。与此同时，监狱、劳教经济也有了稳步发展。全年监狱局共完成工农业总产值22318万元，劳教单位完成工农业总产值885万元。四是以培养高层次、复合型法律人才为目标，法学教育工作迈上了新台阶。去年省属政法院校和电大工作站共向社会输送各类正规教育毕业生301人，共招收各类新生2167人。同时，还配合推行公务员制度和实施《监狱法》、《人民警察法》、《法官法》、《检察官法》分期、分批进行岗位培训，共培训各类在岗人员333人。五是以领导班子建设为重点，进一步加强干警队伍建设。去年，全省司法行政系统认真贯彻党的十四届四中全会和中纪委第五次全会精神，抓大事，抓落实，狠抓了以领导班子建设为核心的干警队伍建设。制定了培养、选拔跨世纪年轻干部的规划，选拔了一批中青年优秀干部进入各级领导班子，重视了对各级领导班子后备干部的培养选拔，建立健全了党的民主集中制；加强了干警队伍的培训工作和思想政治工作，结合评选"十佳"和学习孔繁森、田建国活动，在全系统开展了争先创优、立功创模活动，进一步提高了干警队伍的整体素质。

〔肖扬部长来陕检查指导工作〕 1995年7月19日至23日,司法部部长肖扬同志来陕调查研究、检查指导工作。肖扬同志在陕期间,先后召开省司法厅机关处以上干部座谈会,深入到临潼县、碑林区、兴平市司法局和省少年犯管教所现场考察、实地调查;省委常委、副省长徐山林同志参加座谈会并就县(区)司法局的机构设置、职能作用发挥等问题与肖扬同志作了深入地探讨,省委书记安启元、省长程安东同志会见并宴请肖部长一行。肖扬同志在陕期间,就司法行政工作的改革与发展、县(区)司法局的建设和监狱工作等问题发表了重要谈话,作了重要指示。他着重指出,加强司法行政工作,完善司法行政体制是时代发展的必然要求。首先,我们要站在健全国家法制,推动国家进步和社会文明的角度来看待这个问题。他认为,法制的健全,是社会进步的表现,一个法制健全的国家,必然有完善的司法体制。其次,要从维护社会稳定的角度来认识司法行政工作。他说,维护稳定,必须从打击罪犯和预防犯罪两个方面入手,打击固然重要,但预防更为重要。司法行政工作的相当一些内容,都属于预防犯罪的工作。再次,还要从促进经济发展的角度来发展司法行政事业。他强调指出,发展市场经济,必须首先发展中介组织。我们的律师、公证等法律服务机构,作为市场经济的中介组织,对市场经济的发展起着重要的服务、沟通、公证、监督作用。因此,必须大力加强和发展我们的法律服务机构。肖扬同志在陕期间,还到西北政法学院与师生代表就办学方向、法学教学改革等问题进行了座谈。陪同肖扬同志来陕视察的有司法部部长办公室主任赵大程、司法部教育司副司长霍宪丹等同志。

〔领导干部法律知识讲座〕 江泽民等中央领导同志两次听取法律知识讲座后,陕西省司法厅党组向省委呈报了关于举办领导干部法律知识讲座的意见,省委及时批转各地、各部门执行。省委中心学习组率先听取法律知识讲座,省委书记安启元、省长程安东等领导同志,结合学习讨论,对全省法制宣传教育和依法治理工作作了重要讲话。根据省委领导的指示精神,省普法办、省直机关工委共同组织举办了厅局级领导干部法律知识系列讲座4期,参加听讲887人次,处级领导干部法律知识系列讲座7期,听讲人数5700人次,并以所讲授的《邓小平论民主法制建设》、《学习〈邓小平论民主法制建设〉讲话》两本法制理论教材和市场经济法律知识为主要内容,对省直机关副处级以上领导干部学法情况进行了统一考试,89个部门的2616名处以上干部参加考试,全部合格。在省委中心学习组的带动下,全省10个地(市)和38个县(区)党委中心学习组也举办了法律知识系列讲座。

〔全省司法行政系统第二届"双先"表彰大会〕 陕西省司法行政系统第二届先进集体、先进工作者表彰大会于1995年9月7日至8日在西安隆重召开。参加这次会议的有先进集体、先进工作者代表,各地(市)司法局长,省监狱局、劳教局、厅直单位和厅机关各处(室)负责同志近200人。会上,省人事厅、司法厅作出了联合表彰决定,为韩城市司法局等6个单位各记集体二等功一次;为魏魁英等13名同志各记个人二等功一次;授予西安市雁塔区司法局等35个单位"陕西省司法行政系统先进单位"和王松敏等194名同志"陕西省司法行政系统先进工作者"光荣称号。会议还对5年来全省司法行政系统争先创优、立功创模活动进行了总结,交流了经验,并对今后一段时期"学先进、赶先进、争当先进"的争、创活动进行了安排部署。因此,这次大会,是陕西司法行政工作改革和发展的成果展示会;是全省司法行政系统"争先创优、立功创模"活动的阶段总结会;是广大司法行政干警模范事迹和良好形象的宣传表彰会;也是进一步强化队伍建设,争创一流工作水平的动员会。会议期间,省委副书记刘荣惠到会讲话,并为先进代表颁奖,省委政法委、省高级人民法院、省检察院、省公安厅、安全厅和人事厅等单位的领导同志也出席大会表示祝贺。司法部向大会发来了贺电,一些基层单位也向大会送来了贺信。大会结束时,出席会议的全体"双先"代表向全省司法行政干警发出了倡议书,号召大家以这次会议为契机,万众一心,励精图治,扎实工作,艰苦创业,为全面开创陕西司法行政工作的新局面而努力奋斗。

〔目标管理责任制〕 为了加强机关建设,改进机关作风,提高工作效率,努力创造"团结、和谐、廉洁、务实、高效"的工作氛围和工作局面,陕西省司法厅于去年开始实行了目标管理责任制。根据全省司法行政系统的年度工作要点和各处(室)的职责范围,把各项业务工作项目和精神文明建设指标量化打分,逐一确定到每个处(室),再根据公务员的不同岗位落实到具体人,并提出时限要求和业务标准,汇编成册,制定成《目标管理责任书》。接着,召开全体公务员和工勤人员大会,举行了目标责任书签字仪式,各主管厅长代表厅党组与各处(室)负责人在责任书上签了字。从而形成了各厅长对分管处(室)全面负责,处长、主任对每个岗位全面负责的管理机制,出现了人人肩上有担子,个个头上有目标,一级抓一级,层层抓落实的良好工作态势。为了保证任务落实,措施到位,配合实行目标管理责任制,厅机关还制定了《陕西省司法厅机关公文处理细则》、《陕西省司法厅机关督办工作细则》和《陕西省司法厅重大问题报告制度》等12个规范性文件，每半年对照检查一次，促进了机关工作的规范化和制度化。今年年初，经过部署动员、个人总结、述职汇报、民主评议、组织考核、考核委员会审定和总结评比等步骤，共评出目标管理一等处(室)3个、二等处(室)11个；优秀公务员11名，称职公务员67名；先进工勤人员2名。

〔**禁毒戒毒现身说法演讲团**〕　为了配合"6.26"世界禁毒日活动，加强对烟毒型劳教人员的分类教育，陕西省劳教局在各劳教所禁毒戒毒现身说法演讲活动的基础上，选拔了11名改造表现好、演讲水平高的劳教人员，抽调6名干警组成了禁毒戒毒现身说法演讲团，从6月19日开始走向社会进行了为期20天的宣传活动。演讲团先后在周至县、宝鸡市、西安市等地演讲10余场，听众达12000多人。每次演讲，这些曾经走过人生弯路的劳教人员，都是眼含泪花用唱给妈妈的歌拉开演讲会的序幕，以《烟毒猛于虎》、《冲出黑色的迷雾》、《彻底戒掉毒瘾，恢复艺术生命》、《牢记吸毒教训，创造幸福明天》、《拨开毒雾，重塑自我》、《忘掉昨天·珍惜今天·迎接明天》为内容，用自己的亲身经历，诉说了吸毒的危害。参加演讲的这些劳教人员，他们有的曾初为人母，家庭幸福美满；有的曾光荣入伍，受到部队嘉奖；有的曾在艺术的殿堂里小有成就；有的曾是勤劳致富的能手。他们以无可辩驳的事实告诫人们，吸毒害人害己害社会，戒毒益国益民益自己，吸毒乃是万恶之源，戒毒方能获得新生，只要有坚强的意志和顽强的毅力，做到自尊、自爱、自重、自强，毒瘾是完全可以戒掉的。

〔**公证质量大检查**〕　根据《司法部办公厅关于切实提高公证质量严防错证假证问题的通知》精神，去年7月至9月，陕西省司法厅组织开展了公证质量大检查活动。全省各级司法行政机关对这一活动非常重视，专门作了安排部署，各地公证机构都十分认真地进行了办证质量自查和互查活动，总结经验教训，纠正存在问题。西安、宝鸡、铜川、渭南、延安、榆林等地市司法局组成检查组，对44个公证处的办证质量进行检查和评查，共检查各类公证卷宗22000多件，发现错证两件，其余全部合格。省司法厅抽调二级公证员和业务素质较高的公证处主任及公证管理干部13人，组成3个检查组，分赴汉中、延安、西安三地(市)、对6个公证处的办证质量进行了检查，先后抽查公证卷宗892件，除发现两个公证处各有1件错证外，其余全部合格，没有发现假证。通过自查、互查、抽查等活动，进一步强化了公证员的办证意识，严格了公证管理制度，纠正了存在问题，为把全省公证质量提高到一个新水平奠定了基础。

〔**刑释解教人员帮教安置工作**〕　宝鸡市金台区司法局认真贯彻中央(1992)7号文件和中央综治委等六部委(1994)2号文件精神，从维护社会稳定的大局出发，积极做好刑释、解教人员帮教安置工作，为当地深化改革和经济发展创造了良好的治安环境。为了做好这项工作，他们首先从宣传教育入手，取得全社会的关心和支持。去年，他们相继制定了《关于切实做好刑释、解教人员帮教安置工作的意见》和《关于刑释、解教人员帮教安置工作办法》，召开了刑释、解教人员帮教安置工作座谈会，交流经验，探讨工作，得到了区领导的充分肯定。区委、区政府给司法局增加了编制，在司法局增设帮教安置科，选调了政治素质好，业务能力强，工作经验丰富的同志从事这项工作。各乡镇政府、街道办事处和大中型企业也都相继成立了帮教领导小组和具体工作机构，增强教育效果，加大安置力度，并把这项工作列入综合治理和领导干部工作责任考核范围，层层签订责任书。截止年底，全区共组建各级帮教安置工作管理机构50个，配备工作人员300多名，200多个企事业单位、居(家)委会和村组都分别成立了帮教小组，帮教工作人员达900多人。举办刑释、解教人员法制学习班16期，使90%以上的回归人员受到了教育，并先后使90名刑释、解教人员得到妥善安置，安置率达到65%，初步形成了层层有机构，工作有人抓的工作格局。

〔**基层法律服务人员培训班**〕　为了提高全省企业和乡镇司法人员的业务素质，加强基层法律服务工作，贯彻司法部烟台会议精神，省厅基层工作处于8月28日至9月23日在泾阳县分别举办了全省大中型企业司法干部和乡镇司法助理员法律培训班。共有156人参加了学习。

培训班共邀请陕西省19名法学教授和专家，以邓小平同志民主与法制建设思想为主线，对村民委员会与农村基层组织建设、市场经济与法制建设、民法通则、民事诉讼法、公司法、经济合同法、企业法、劳动法、国家赔偿法和全民所有制工业企业转换经营机制条例以及财税改革、金融投资、证券、产品质量与反不正当竞争等28个方面的法律制度进行了专题讲授。期间，还组织学员对企业和乡镇(街道)的司法行政基层工作及目前存在的热点、难点问题进行了认真的交流座谈，探讨了解决这些问题的新方法，新路子，进一步增强了大家搞好基层法律服务和人民调解工作、开展依法治乡、治村、治厂的紧迫感和责任感。通过学习，大家普遍反映，这次学习班办得及时，内容丰富、实用，增长了知识，开阔了视野，加强了联系，对调处纠纷，开展法律服务，搞好农村社会治安综合治理，维护社会稳定，促进陕西省大中型企业改革顺利进行起到了积极的作用。

〔**执法责任制**〕 为了保证法律、法规的正确执行，严格行政执法，加强司法行政系统的法制建设，宝鸡市司法局率先在全省司法行政系统实行了执法责任制。他们按照"排法定责、以责定标、按标考评、以效奖惩"的原则，通过四个步骤在全市司法行政系统推行了执法责任制。一是明确法律、法规，确定执法部门。对十一届三中全会以来全国人大及其常委会、国务院、司法部、省人大及其常委会和省政府颁布的法律、法规、规章汇集整理，归类排序，并在此基础上，按照法定授权和各部门的职责范围，确定具体执法部门，明确执法责任。二是制定执法责任目标，分解落实责任。局里把涉及各部门执行的法律、法规、规章和规范性文件归类汇编成《执法责任制法律规范目录》，按照简明、量化、考核的原则，结合本部门的执法任务，制定具体的执法责任目标，计分考核办法和监督检查制度。再把目标责任层层分解落实到各科(室)和个人，做到执法单位、执法人员、执法职责、规章制度和考核办法"五落实"。三是建章立制，健全监督措施。他们制定出执法人员素质要求、纪律要求和监督制约措施，有计划地开展经常性的执法监督检查，提高整体执法水平。四是检查验收、完善补充，巩固提高，使之形成制度，长期坚持。通过实行执法责任制，进一步改善了司法行政机关的执法活动，防止和克服了执法过程中出现的分工不明、责任不清，互相推诿扯皮的现象，使行政执法活动逐步做到规范化、制度化。

〔**王松敏同志主要事迹**〕 王松敏同志是我省司法行政系统一位先进典型人物。自1984年以来连年被评为西安市司法行政系统先进工作者，连续3年被评为西安市市级机关优秀党员，先后两次被中共西安市委授予"优秀共产党员"称号；1990年被授予全国司法行政系统先进工作者，受到人事部、司法部表彰，1991年被陕西省司法厅荣记个人一等功；现为西安市和陕西省人大代表、省人大法制委员会委员；去年，被陕西省委授予"优秀共产党员"称号，并被评为全国司法行政系统十佳律师。

王松敏同志自1981年从事律师工作以来，先后为38家企事业单位担任法律顾问，承办各种案件700余件，挽回各类经济损失8000余万元。他特别能吃苦，特别能奋斗，特别能工作，竭心尽力为企业排忧解难；他临危不惧，多次平息群众械斗，为维护社会安定不懈地努力；他主持公道，一身正气，在刑事案件辩护中9名被告被无罪释放，200余人被依法从轻、减轻判处，纠正了错案，维护了法律尊严；他廉洁自律、洁身自好，拒收当事人所送现金4万元，拒收物品达300余次，以实际行动树立了人民律师的良好形象。

〔**刘全忠同志事迹简介**〕 刘全忠同志是陕西省澄城县公证处主任。从事公证工作10多年来，凭着高度的责任感和实干精神，为开拓公证事业不断探索创路，工作成绩显著。80年代初期，他独身一人身背挎包，巡回城乡，边调查、边宣传、边办证，创出了"出门办证"的经验。近年来，他又带领全处同志在捕捉证源信息，建立证源基地，提高办证质量，常年公证服务和实行主任负责制、责任赔偿制等领域，相继走出一条条新路子。10多年来，他超负荷地工作，一人办证5700件，公证的合同履约率达99%以上，揭露和制止违法行为70多起，为国家、集体、公民挽回经济损失500多万元。先后10多次被省、地、县评为先进工作者，并荣立个人二等功一次，1990年被司法部、人事部评为全国司法行政系统先进工作者；1992年被陕西省委、省政府授予陕西省劳动模范称号，去年又被评为全国十佳公证员。他领导的公证处被陕西省司法厅荣记集体二等功一次，被司法部授予全国公证质量先进集体。

〔**任志贤同志主要事迹**〕 任志贤同志是一个拄着双拐的残疾人，但他身残志坚，在基层司法行政岗位上做出了突出成绩。他所在的桥山镇是黄陵县的经济、文化中心，随着经济的发展、各种纠纷大量涌现，影响当地的社会稳定和群众安居乐业，也搅得政府机关无法办公。为了尽快扭转这种局面，任志贤扶着双拐，对各种纠纷逐一调查、走访，解决了一大批长期遗留下来的老大难问题。其中不论是群众之间的，还是涉及到县、镇领导的，他都能据理说服、依法调处，被群众誉为"乡贤"。几年来，他克服常人难以想象的困难，共接待群众来访2000多人次，调处各类纠纷1100余起，解答了大量的法律疑难问题。他先后当选为县、镇人大代表，受到省、地、县表彰12次，并荣立个人一等功一次，1992年被陕西省委、省政府授予陕西省劳动模范称号，1995年被评为全国十佳基层法律工作者。

(陕西省司法厅　马正泉)

1995年甘肃省司法行政工作

〔概况〕　1995年，全省各级司法行政机关坚持党的基本路线，紧紧围绕全党工作大局，进一步加强监管改造工作，牢固树立大服务的思想，不断深化改革，加强管理，提高素质，真抓实干，使各项工作都上了一个新台阶，为维护全省社会稳定、促进经济发展发挥了积极作用。

（一）监狱、劳教工作以贯彻《监狱法》为契机，以创建现代化文明监狱、劳教所为目标，各项工作有了较大进展。

1. 认真学习《监狱法》，积极落实监狱、劳教财政、投资保障体制。《监狱法》颁布后，全省监狱系统认真组织广大干警学习贯彻《监狱法》，各单位普遍采取分期分批办培训班，由领导干部宣讲、辅导，举办《监狱法》知识竞赛和考试等形式，对全体干警进行了培训。共举办《监狱法》培训班103期，参加培训干警3860多名。在抓好干警学习《监狱法》的同时，经多次请示、汇报，省政府常务会议做出了关于我省狱所财政保障体制的决定，并开始分步实施，使我省监狱、劳教系统落实财政、投资两个保障体制的工作有了突破性进展。

2. 全面启动了创建现代化文明监（所）工作。根据司法部创建现代化文明监狱、劳教所的要求，制定了我省创建现代化文明监狱、劳教所的规划。规划提出，从现在起，到2010年，分三步走，用16年时间，把全省一半监狱、劳教所建成省级现代化文明监所，并建成部级现代化文明监所五所。

3. 强化监管改造措施，确保监所的安全与稳定。全省各监狱、劳教所认真贯彻执行党的监狱、劳教工作方针，不断强化各项监管改造措施，确保了监管场所的安全与稳定。全省监狱罪犯脱逃率为1.28‰，狱内发案率控制到了0.22‰以下。劳教人员逃跑率为0.62%，劳教所内未发生重大案件。

4. 努力抓好监狱、劳教生产。面对资金短缺、市场竞争激烈的严峻形势，监狱局于7月份召开了全省监狱经济工作会议，提出了发展监狱经济实行"一厂一策"的工作思路，使监狱经济工作有了较好的转机。

（二）深化改革，加强管理和制度建设，促进了律师、公证和基层法律服务事业的发展。

1. 深化改革，继续抓好试点。省厅1994年关于三项改革方案中确定的国办律师事务所整体平稳过渡到合作制律师事务所试点，公证处向事业单位过渡试点和基层法律服务所"一所多能"等试点，以及各地确定的各项改革试点工作进展都比较顺利，成效比较明显。

2. 加强管理，建立健全各项规章制度。今年，省厅起草的《甘肃省公证若干规定》（草案）已经省人大常委会第18次会议审议。省厅制定的《甘肃省自律性律师事务所管理办法》等规章已经出台。各地县司法行政机关在加强"三项"法律服务工作的管理上，也建立了不少行之有效的制度，加强了法律服务机构的内部管理。

3. 开展律师、公证执法检查，促进了各项法律服务工作的发展。省厅对全省律师、公证工作进行了执法检查。通过检查，增强了法律服务人员的职业道德和执业纪律观念，提高了依法办案、依法办证的自觉性，促进了法律服务事业的发展。到年底，全省已经建立了多种体制并存的法律服务机构844个，法律服务人员已发展到3200多名，广大律师、公证人员和基层法律服务工作者紧紧围绕中心工作，围绕维护社会稳定的大局，积极拓宽服务领域，努力提高服务质量，各项法律服务工作都取得了明显的成效。全省律师应聘担任常年法律顾问，办理各类法律事务17120件，比上年增长40.64%。各地公证处共办理各类公证80590余件，比上年增长3.93%。各基层乡镇法律服务工作异常活跃，各项业务均比上年有大幅度的增长。

（三）法制宣传教育工作声势大、效果好，依法治理、依法行政、依法办事出现了可喜的局面。

1. 突出抓好领导干部学习法律知识。省上先后组织了省厅级领导干部学习市场经济法律知识讲座四次，主要讲授辅导学习了市场经济法律知识和新颁布的一些法律。参加听讲的省厅级领导干部2200多人次。各地、县都采取了多种形式，举办了领导干部培训班、报告会、市场经济法律知识讲座，提高了领导干部的法制观念和依法办事的自觉性。

2. "二五"普法检查验收工作进展顺利。上半年，各地、县和省直各部门对本地区、本部门的"二五"普法工作进行了检查验收。9月份，省上组织了由省级领导干部带队的十个普法验收小组，分别对省直部门、大专院校、科研单位和各地、州、市的"二五"普法工作进行了抽查。总的看，在各级党委、人大、政府的领导和监督下，"二五"普法效果明显，检查验收工作进展顺利。在"二五"普法检查验收的基础上，省上评选出了14个普法先进县、138个普法先进单位和195名普法先进个人。

3. 依法治理工作有了较大的进展。据统计，截止年底,有白银、天水、嘉峪关等4个地市和甘肃矿区已全面开展了依法治理工作。全省开展依法治县(市、区)有27个,依法治乡(镇)的有624个,依法治村的7911个,依法治厂的企业已达2165户。省上还于12月初,召开了全省依法治厂经验交流会。

(四)稳定机构,稳定队伍,加强基层基础建设,促进了县区司法行政各项业务的稳步发展。

在加强县区司法局建设上,一方面,针对我省在机构改革中,部分县级司法局一度处于可能被撤并的情况,以及因此而引起的少数干警思想不够稳定的问题。省厅及时向省委、省政府及有关部门汇报,提出保留县级司法局机构的建议。厅领导在下基层时主动同当地党政领导联系,求得理解和支持。另一方面,司法部"烟台会议"之后,省厅于7月份,在榆中召开了全省司法处(局)长座谈会,专题研究了如何加强县区司法局建设的问题。会议确定了"分类指导、一县一策、重点突破"的加强县区司法局建设的总体思路,提出了六条加强的具体措施。"榆中会议"之后,各地、县司法处、局及时进行传达、学习,使广大基层干警明确了县区司法局的职能、地位、作用和任务,进而鼓舞了士气,增强了信心,调动了工作积极性和主动性。保持了县区司法行政机构和队伍的基本稳定,促进了各项业务的稳步发展。

(五)人民调解工作坚持"调防结合、以防为主"的工作方针,在社会治安综合治理中发挥了积极的作用。

1. 多层次、网络化的民调组织体系已初步形成。到年底,全省共有各类调解委员会23476个,共有调解员163645人。为了适应市场经济发展和社会稳定的需要,各地积极探索在市场经济条件下做好人民调解工作的新途径,全省已建立起集贸市场调解委员会13个,跨地区、跨单位的调委会32个。酒泉、天水、民乐等县市还在村民中设立"十户调解员"及信息员,使我省多层次、网络化的民调组织体系已初步形成。

2. 努力提高调解员的业务素质和工作能力。为了不断提高调解员的业务素质和工作能力,各地各单位十分重视调解人员的培训,全省全年共培训调解人员56796名。在全省司法行政基层工作座谈会上,有12个单位介绍了他们的基本经验和做法。

3. 注重重点防范和专项治理,强化调处工作力度。各地调解组织在工作中,始终坚持把防矛盾激化和为经济建设创造良好环境作为重点,注重重点防范和专项治理,强化了调处力度。全省调解组织全年共调解各类民间纠纷10.4万余件,成功率为93%以上。防止民间纠纷转化为刑事案件1461件,涉及2356人。避免因民间纠纷引起的非正常死亡713件,涉及911人。

〔全省监狱系统认真宣传、学习、贯彻《监狱法》〕 《监狱法》颁布后,监狱系统从省局到各监所对《监狱法》的宣传、学习和贯彻进行了认真部署。通过《甘肃矫治报》、《甘肃监所》等报刊和召开座谈会、办板报、专栏、播放电视专题片等多种形式广泛宣传,形成了声势。省局通过举办学习《监狱法》师资培训班、警衔晋升培训班,各监所组织干警在岗轮训班,坚持学习日制度,掀起了学习《监狱法》的高潮。同时,各监所组织干警对照法律条文,检查了干警在执行公务中存在的问题,及时纠正了个别干警违法违纪行为,提高了干警的法制观念。

〔省委副书记杨振杰到兰州、金城监狱慰问干警、职工〕 1月27日,省委副书记、省委政法委书记杨振杰在省司法厅厅长张忠的陪同下,到兰州、金城代表省委向全省监狱系统干警、职工表示了亲切地慰问。杨振杰同志深入到监狱察看了犯人生产车间、宿舍和食堂,听取了监狱领导就春节期间的干警、职工工作、生活及对犯人生活、文娱活动安排的汇报,并作了重要讲话。

〔全省司法处(局)长会议〕 2月22日至24日,在全省政法工作会议召开的同时,全省司法处(局)长会议在兰州召开。参加会议的有厅领导,机关各处室负责人,各地、州、市司法处(局)局长、办公室主任和监狱局、劳教局负责人共60余人。会议传达了全国司法厅(局)长会议和全国监狱工作会议精神,学习了江泽民总书记关于学法用法的重要讲话,听取了省委副书记在全省政法工作会议上的报告和省委书记阎海旺的讲话。厅长张忠同志就如何贯彻全国司法厅(局)长会议和全国监狱工作会议精神讲了意见。主管业务的副厅长分别就各项业务工作讲了意见。

〔甘肃省司法行政系统先进集体、先进工作者表彰大会〕 2月25日全省司法行政系统先进集体、先进个人表彰大会在兰州召开。大会表彰了55个先进集体和163名先进工作者。会上,省司法厅厅长张忠作了题为《用辉煌的业绩,再塑司法行政干警良好形象》的讲话。出席大会的代表向全省司法行政干警发出了倡议书。省委副书记杨振杰出席了会议,并作了重要讲话。

〔省政府召开第四次常务会议,作出理顺我省监狱、劳教财政保障体制的决定〕 为解决我省监狱、劳教单位的经济困难,理顺我省监狱、劳教财政保障体制,2月28日,受张吾乐省长的委托,常务副省长郭琨主持了省政府第四次常务会议。会议产生了纪要。纪要指出:鉴于我省监狱及劳教单位经济困难多,根据国务院1993年第17次总理办公会议纪要精神和《监狱法》

的规定，会议决定：理顺我省监狱财政保障体制，将监狱干警经费、罪犯改造经费、罪犯生活费、狱政设施经费及其他专项经费列入财政预算。具体办法按省政府办公厅、省司法厅、省计委、省财政厅商议的意见执行。合作监狱的经费由甘南州财政解决，省上酌情给予专项补助。

〔**全省第一次监狱工作会议**〕　3月14日至16日，由省政府主持召开的全省第一次监狱工作会议在兰州举行。出席会议的有省委副书记杨振杰、副省长郭琨，省政府有关部门，司法厅、监狱局、劳教局的领导和各处室处长、主任，各监狱、劳教所的监狱长、所长、政委等共200多人。会议的主要任务是：传达全国监狱工作会议精神，研究我省贯彻《监狱法》和国务院国发(1995)4号文件的措施，部署了今后一个时期的监狱工作。在会上，副省长郭琨作了重要讲话。司法厅厅长张忠作了《以创建现代化文明监狱为目标，依法治监，开创我省监狱工作新局面》工作报告。监狱局局长陈有贵作了会议总结。

〔**省厅级领导干部市场经济法律知识讲座**〕　3月23日、4月26日、8月11日、11月7日，省委办公厅、省直机关工委、省司法厅、省法教办在兰州宁卧庄宾馆大礼堂联合举办了四期省厅级领导干部市场经济法律知识讲座。先后聘请了中国政法大学教授江平、中国人民大学法学院副教授周珂、华东政法学院常务副院长曹建明、中国社科院法学研究所研究员王家福，分别讲授辅导了《民商法律制度与知识产权的法律保护》、《社会主义市场经济与社会主义法制建设》、《国际商贸法律制度与关贸总协定》和《社会主义市场经济法律制度建设》。参加听讲的省厅级领导干部有2200多人次。

〔**省直机关青年志愿者在兰州监狱开展帮教活动**〕　5月3日，共青团甘肃省省直机关工委组织省委宣传部等16个单位100多名青年志愿者，组成帮教团，到兰州监狱对犯罪的青年进行帮教。中共甘肃省省直机关工委副书记朱永兴、省监狱局局长陈有贵等领导参加了帮教活动。在帮教会议上，朱永兴副书记及共青团甘肃省省直机关工委书记讲了话。青年志愿者向服刑人员赠送图书近千册，与服刑人员同台演出了文艺节目，开展了有益的文体活动。

〔**省委副书记杨振杰视察省少管所和天祝监狱**〕　6月13日、14日，省委副书记杨振杰、省政法委副书记李宝峰、省综治办副主任王久晨在省监狱局局长陈有贵、武威地委副书记裴永俊的陪同下，到省少管所、天祝监狱视察工作。杨振杰一行深入到省少管所、天祝监狱的监舍、生产区，详细询问了犯人的生活、生产和改造情况，听了监所领导的工作汇报，对省少管所、天祝监狱的工作表示满意。在天祝监狱，杨振杰同志还接见了科、大队以上领导和驻厂武警官兵，代表省委向辛勤工作在高寒山区的干警和武警官兵表示慰问和感谢。

〔**全省司法处(局)长座谈会**〕　7月19日至21日，全省司法处(局)长座谈会在榆中召开。参加会议的有省厅领导、各地、州、市司法处(局)处长、厅机关各处室负责同志和部分县区司法局局长共40多人。会议传达了全国司法厅(局)长座谈会议精神，学习了全国12个县级司法局建设的先进经验，重点研究了加强县区司法局建设的意见。会议结束时，张忠厅长做了题为《抓住机遇、振奋精神、发挥优势、努力开创县区司法行政工作新局面》的讲话。讲话回顾了我省近几年来，加强县区司法局建设的基本做法和经验；分析了全省县区司法局建设的现状和问题；结合我省实际提出了今后加强县区司法建设总的指导思想和具体措施。

〔**"二五"普法检查验收**〕　二月份，在全省司法处(局)长会议上，省厅对"二五"普法检查验收工作作了部署。上半年，各地、县和省直各部门对本地区、本部门的普法工作进行了检查验收，并写出了"二五"普法工作总结报告。9月份，省委、省政府联合发出通知，省上组织了十个普法检查验收小组，由省级领导干部带队，分别对省直部门、大专院校、科研单位和各地、县的"二五"普法工作，采取听汇报、看成果、查资料、提问、抽考、评议等形式进行了抽查验收。从整个情况看，全省"二五"普法检查验收工作进展顺利。

〔**全省司法行政基层工作座谈会**〕　9月下旬和10月中旬，全省司法行政基层工作座谈会分西、东两片相继在张掖、平凉市召开。参加会议的有厅机关部分处室负责人，各地、州、市司法处(局)主管领导，部分县区司法局、乡镇法律服务所、司法所的负责人。省人大副主任胡慧娥、省司法厅厅长张忠、副厅长陈永安、王良田出席了会议。会上，厅长张忠、副厅长陈永安、王良田分别在会议开始和结束时讲了话。有25个单位和个人介绍了他们加强基层基础工作的经验。考察、参观了张掖市城关镇"一所多能"法律服务所和平凉市四十里铺镇、柳湖乡法律服务所。会议期间，省人大副主任胡慧娥作了重要讲话。

〔**甘肃省服刑人员改造积极分子第三次代表大会**〕
10月5日至7日，甘肃省服刑人员改造积极分子第三次代表大会在定西监狱召开。司法部监狱局、陕西省、新疆自治区监狱局和共青团甘肃省委员会等单位向大会发来了贺电、贺信，并到会亲临指导。省人大常委会副主任胡慧娥以及省上有关部门的负责同志出席了会议。全省18个监狱、少管所的281名改造积极分子受到表彰奖励。在会上，省司法厅厅长张忠致了开幕词。监狱局局长陈有贵作了《认清形势，明确方向，努力把自己改造成为适应社会主义现代化建设的守法公民》的报告。胡慧娥同志作了重要讲话。省司法厅副厅长陈永安致闭幕词，对大会进行了总结。

〔省人大副主任胡慧娥、咨询员杨复兴到省第一劳教所视察工作〕　10月11日，省人大副主任胡慧娥、咨询员杨复兴，省人大司法民政委员会副主任李嘉宾，在省司法厅厅长张忠的陪同下，视察了省第一劳教所的工作。胡副主任、杨咨询员一行听取了省第一劳教所的工作汇报和情况介绍，就如何关心、爱护、教育、挽救劳教人员同所领导及有关科室的负责人进行了座谈，并就劳教所的工作作了充分肯定，提出了更高的要求。胡副主任、杨咨询员还视察了一大队劳教人员宿舍、食堂、女学员队和苹果园、塑料大棚等。

〔全省依法治厂经验交流会〕　12月6日至8日，省委宣传部、省经贸委、省司法厅、省法教办联合在武威召开了全省依法治厂工作经验交流会。省委副书记杨振杰，省委宣传部副部长罗祖孝，省司法厅厅长张忠、副厅长王立民出席了会议。参加会议的有30多家企业的代表，省级有关厅、局、公司和各地宣传部、经贸委、司法处(局)的负责人共120多人。会上，金川公司等11个企业介绍了经验，印发了兰钢公司等13个企业的经验材料；省司法厅厅长张忠报告了“二五”普法以来全省开展依法治厂的情况和进一步搞好依法治厂的意见，省委宣传部副部长罗祖孝作了会议总结。会议期间，省委副书记杨振杰同志就如何深化依法治厂、加强企业法制建设发表了重要讲话。

〔制定的法规、规章〕　省厅起草的《甘肃省公证若干规定》(草案)，1995年11月28日，经省政府常务会议第23次会议讨论同意。12月11日，提请省人大常委会第18次会议进行了审议。全年省厅制定出台的规章有《甘肃省自律性律师事务所管理暂行办法》、《甘肃省律师事务所审批管理办法实施细则》、《甘肃省司法厅起草司法行政法规、制定规章的规定》、《甘肃省司法厅关于加强司法行政理论调研工作的决定》和《甘肃省司法厅理论调研奖励办法》等5个规章。

〔稳定机构、稳定队伍、切实加强县区司法局建设〕

县区司法局在基层第一线，是民主与法制建设的前沿指挥部，司法行政机关的许多工作需要他们去组织、去落实，地位十分重要，作用重大。一年来，我们把加强县区司法局建设当作一项十分重要的基础工作来抓。一方面，针对我省在机构改革中，部分县区司法局一度处于可能被撤并的情况，以及因此而引起的少数干警思想不够稳定的问题，省厅及时向省委、省政府领导及有关部门进行汇报，提出保留县区司法局机构的建议。厅领导在下基层时，主动同当地党政领导取得联系，求得理解和支持。另一方面，司法部“烟台会议”之后，省厅于7月份，在榆中召开了全省司法处(局)长座谈会，在对全省县区司法行政机关队伍建设和业务开展情况进行全面调查、吃透下情、总结经验的基础上，专题研究了如何加强县区司法局建设的问题。针对我省县区司法局建设上存在的问题，会议从实际出发，确定了“分类指导、一县一策、重点突破”的加强县区司法局建设的总体思路，提出了六条措施，一是抓关键，建设好县区司法局领导班子；二是抓基层，培养锻炼好一支能战斗的基层干警队伍；三是抓重点，选准选好适应当地司法行政工作发展的好路子；四是抓规范，建立健全好一套行之有效的管理制度；五是抓硬件，为县区司法局创造一个良好的工作环境；六是抓宣传，为县区司法局建设创造一个良好的舆论环境。

省厅“榆中会议”之后，各地县司法处、局主动向当地党委、政府汇报，及时组织广大干警进行传达、学习，认真讨论贯彻意见。由于全系统上下的共同努力，在各级党委、政府领导的关怀、支持下，全省县区司法局机构、队伍基本保持稳定。到年底，各地县司法行政机关结合自己的实际，提出了贯彻意见，初步形成了各个地方、包括各个县区的工作思路和对策，使县区司法局建设出现了好的势头。庆阳地委批转了司法处《关于加强县市司法局建设的意见》。天水市把司法行政机构向乡镇延伸作为一项重要工作来抓，在全市160个乡镇建立了司法所。陇南地区狠抓了50个基层乡镇法律服务所的建设。武威市市政府发文，提出在乡镇抓好“两所一庭”(司法所、派出所、法庭)建设。民勤、古浪、天祝、金川等县区制定了加强队伍自身建设的意见。县区司法局机构、队伍的稳定和加强，有力地促进了法制宣传、法律服务、人民调解等项业务工作健康稳定地发展，为维护全省社会稳定、促进经济发展作出了积极贡献。

〔支正杰〕　男，生于1938年7月。1963年毕业于甘肃农业大学，长期工作在监狱系统自然环境和工作、生活条件较为艰苦的农业单位。1984年任五大坪农场场长、党委副书记。1992年10月，任甘肃省铜城监狱政委、党委书记。由于他能团结、带领监狱党委一班人，不断强化监管改造工作力度，积极探索发展监狱生产、提高经济效益、摆脱困境的路子，在监管改造和监狱经济上都取得了突出的成绩。于1995年2月被司法部树立为优秀监狱长（政委）。

〔**张艳惠**〕　女，生于1942年2月。1991年任省第二劳教所副所长、党委副书记，1993年任所长、党委书记。张艳惠长期工作在监狱、劳教单位，1990年因禁毒斗争的需要，司法部和省委、省政府决定在兰州筹建第二劳教所，建所伊始，她就把抓基建、上项目、抓管教、抓队伍几项重点工作同步进行。由于她开拓进取，真抓实干，全身心地投入到党的劳教事业上，带领、团结领导班子一班人和全所干警、职工，在管教、生产、队伍建设上都取得了显著成绩，1995年2月被司法部命名为"全国优秀劳教所长"。

〔**侯殿录**〕　男，生于1937年，甘肃省古浪县人。现任甘肃省古浪县黑松驿乡司法助理员兼法律服务所主任。该同志自1986年担任司法助理员以来，不辞辛苦，任劳任怨，恪尽职守，秉公执法，常年工作在基层第一线，十年来，经他调处的各类民间纠纷500多件，调处成功率达98.8%；防止因民间纠纷可能引起的自杀事件17起，民转刑案件24起。近年来，在兼任法律服务所主任工作中，认真学习，刻苦钻研，热情为乡上领导、农民群众提供高质、有效的法律服务，受到了党和政府以及人民群众的高度赞扬。1994年4月被省委、省政府授予全省劳动模范称号。1995年被司法部评为"全国十佳基层法律服务工作者"。

（甘肃省司法厅）

1995年青海省司法行政工作

〔**职能演变**〕　根据中共中央、国务院《关于青海省党政机构改革方案的通知》和中共青海省委、省人民政府《关于青海省省级党政群机构设置的通知》，青海省司法厅机构改革"三定"（定编制、定人员、定职能）方案，已经青海省机构改革领导小组审核批准，正式组织实施。

（一）职能转变

青海省司法厅担负执行刑罚、管理监狱、劳动教养、法律服务和法制宣传教育等司法行政任务，研究制定全省司法行政工作的发展规划和政策、法规，加强对全省监狱、劳动教养工作的管理和领导；宏观管理并监督全省律师、公证等法律服务工作；参与立法，促进社会主义民主与法制建设；组织指导全省法学教育和普法等工作。

（二）内设机构

根据上述职能，司法厅机关设10个职能处室：办公室、法制处（与仲裁工作处合署）、宣传教育处、律师管理处、公证管理处、基层工作处、计财处、政治部（与直属机关党委合署）、青海省劳动教养工作管理局、纪律检查组（与监察、审计合署）。

青海省法学会、青海省律师协会、青海省公证处从行政序列划出，改为县级事业单位，隶属司法厅领导。

（三）人员编制和领导职数

青海省司法厅机关专项编制105名，其中厅长1名、副厅长4名（1名副厅长兼任监狱管理局局长），核定县处级领导职数25名（含直属机关党委专职副书记和纪检、监察、审计职数2名）。机关后勤事业编制10名（司机、通讯员）；老干部服务所事业编制3名。省法学会列事业编制9名；省律协列事业编制8名；省公证处列事业编制7名（经费实行差额补助），县处级领导职数2名。

〔**工作概述**〕　1995年，青海省的司法行政工作在省委、省政府和司法部的领导下，以邓小平建设有中国特色社会主义理论和党的十四届四中、五中全会精神为指导，努力服从、服务于党和国家的工作大局，围绕"改革、发展、稳定"的方针，狠抓《监狱法》和《第17次国务院总理办公会议纪要》、《国务院关于加强监狱管理和劳动教养工作的通知》的落实，强化监管和教育改造工作，牢固树立大服务思想，进一步加强县区司法局建设，不断深化法律服务工作改革，积极参与社会治安综合治理，各方面工作取得了较好成绩。

监狱、劳教所的管理、教育改造工作持续健康发展，改造质量稳步提高。年内制定了现代化文明监（所）的建设目标，狠抓对罪犯、劳教人员的依法、严格、科学、文明管理，开展以《监狱法》为中心内容的法律教育、爱国主义教育、个别教育和社会帮教工作，进一步巩固了改造成果。罪犯、劳教人员的脱逃率，狱（所）发案率，非正常死亡率等均保持在较低水平，确保了监（所）改造秩序的稳定，有效地维护了我省的社会安定。通过认真贯彻《监狱法》和国务院两个文件，监（所）经费保障体制初步确立。监狱系统历史遗留问题，国家给予了特殊照顾，得到了部分解决。监狱农业生产遭特大旱灾及雹灾，但经过努力，粮油减产幅度仍控制在两成以内。工业生产在困境中竭力运行。人民调解工作进一步加强，调处各类民间纠纷近2万件，预防和减少了刑事犯罪，发挥了社会治安综合治理的“第一道防线”作用。法律服务工作有了较快发展，深化了律师制度改革，不断加强律师队伍建设和律师业务建设，适应社会主义市场经济体制发展需要的、多种模式并存的律师执业格局初步形成。公证工作不断完善管理体制，加强了建章立制，狠抓业务培训和办证质量，不断拓宽服务领域。通过“一五”和“二五”普法规划的实施，全省有336万人接受了普法教育，普及面达85%，增强了人们的法律意识和法制观念，各级政府和干部依法行政、依法办事的自觉性有所提高。法学教育、司法行政法制建设、司法行政机关党的建设、队伍建设、廉政建设和物质装备建设等都取得了长足的进步。全省司法行政系统17000余名干警职工为我省的社会主义经济建设，为维护政治稳定和社会安定，为促进民族团结和社会进步做出了积极贡献。

(一)监狱工作

1995年，全省监狱系统共有县级单位17个，包括农场8个，工厂5个，建筑公司、建青联合企业公司、土木建筑设计院、中心医院各1个，其中押犯监狱为5个农场、5个工厂；另有直属科级单位5个，包括招待所和4个干休所。原监狱局修建队整建制划归西川监狱管理。

1. 监管改造创近些年来最好水平。在武警部队和公检法部门的支持、配合下，进一步落实了各项监管措施，犯情基本稳定，狱内秩序正常，全年罪犯脱逃3起4人，脱逃率为0.4‰，比上年下降66.67%，下降幅度居全国第一；狱内未发生重大案件，只发生一般案件4起，发案率为0.4‰；非正常死亡7名，比率为0.7‰。三项监控指标分别比上年下降0.8、0.2和0.1个千分点，比司法部的要求低0.9、0.2和0.3个千分点。“百日安全”活动期间，所有押犯单位都实现了“四无”，即无罪犯脱逃，无重大案件，无重大事故，无干警严重违法乱纪的目标。政治文化、技术教育指标完成情况也好于历年。在财力困难的情况下，规定了犯人伙食费暂行标准，较好地保证了罪犯基本生活条件。

2. 监狱经费保障体制初步确立。1995年，青海省人民政府第32次省长办公会议作出决定并形成《纪要》，确定按1.2万名押犯规模编制干警，建立和完善了干警“吃皇粮”、犯人“吃囚粮”的财政保障体制和投资保障体制。同时要求监狱系统的企业深化改革，加强管理，提高市场竞争能力和经济效益。1995年财政预算拨款比1994年增长逾2000万元。

3. 历史遗留问题国家给予了特殊照顾，得到部分解决。我省监狱系统由于历史原因延续下来的特殊困难，在中央、国务院、省委、省政府和司法部的关心支持下，同意一次性补助2700万元做为超编干警安置经费，帮助调出1000名干警；从1996年起分十年拨给专款7700万元(第一年1400万元，以后逐年减少140万元)补助政策性转工人员养老费用；并对拖欠职工工资问题，加入当地社会养老保险问题等提出了指导意见。

4. 经济工作在困境中竭力运行。工业因债务负担沉重，资金紧缺，经营管理水平低，市场适应能力差等原因，亏损单位增多。全系统经济困难的局面进一步加剧。

1995年面对大多数单位亏损，发不出工资的严峻局面，司法厅党组和监狱局党委多次强调，要把稳定放在首位，千方百计保吃饭、稳人心，对各类人员工资、生活费发放提出了具体要求。同时，加强了队伍思想、作风、组织建设，保证了各项工作正常开展。

(二)劳动教养工作

全年收容劳教人员339人(其中少年劳教14人，女性劳教19人)，解除劳动教养210人(其中少年劳教4人，女性劳教17人)，年底在册劳教人员644人。通过在劳教人员中开展“双百分考核”、“双百日安全”、“文明中队”活动，巩固了“三防”成果，各项指标好于去年。截止年底，逃跑劳教人员2起4人，逃跑率为0.66%，比去年下降0.29个百分点，为历年来“三防”工作的最好成绩。完成“三课”教育665课时，到课率100%，政治、文化、技术教育及格率分别为99%、95%和65%；个别谈话教育4625人(次)；签订帮教协议366份；接待社会帮教212人(次)。劳教人员解教回归社会后重新违法犯罪率为10%以下，教养成功率在90%以上。

1995年，省劳教所农业获得丰收，工副业生产比上年有所增长，比上年增长89.2%。基本建设有较大进展，所区环境和干警居住条件有所改善。为发展劳教经济，新上万吨碳化硅项目经报批立项。

(三)律师工作

1995年的律师工作，以贯彻落实省政府办公厅转发的《青海省律师工作改革方案》为重点，加快改革步伐，推动了我省律师工作的全面发展。

1. 继续深化内部改革。初步建立了以适应社会主义市场经济体制发展和需要的多种模式、多种形式并存的律师执业格局。我省首家合伙律师事务所西海律师事务所顺利转制。全省60家律师事务所中有占编所54家，社团院校所3家，合作所2家，合伙所1家。占编所中实行自收自支的3家，差额补助的4家，统收统支的47家，分别为占编所总数的5.5%、7.4%和87%。

2. 不断强化内部管理，完善改革的配套措施。各律师事务所普遍实行效益浮动工资或奖金制，把律师的收入、分配直接与办理法律事务数量、质量、职业道德等挂钩，既调动了律师的积极性，又强化了内部管理。省厅结合年检注册，对全省60家律师所和近500名申请执业的律师作了综合考核，为考核合格的424名律师换发了《律师执业证》。与省财政、物价部门共同制定了律师执业活动管理费的收取、使用办法。同时，与省保险部门协调，解决了非占编所律师人员和占编所内非占编律师人员的医疗、养老、人身保险投保问题。

3. 律师队伍建设得到加强。1995年有140多名律师经培训和考试取得了税务师资格，为律师开展税务代理业务打下了基础。选送4名律师参加高级律师培训，开展了律师职业道德和执业纪律评查活动。组织了有638人参加的律师资格考试工作，有40人考试成绩合格，由司法部批准授予律师资格。截止年底，全省注册执业律师达到424人，其中专职215人，兼职109人，特邀100人。执业律师学历层次不断提高，有硕士学位6名，本科以上139人，占32.7%。

4. 律师业务进一步发展。1995年共担任法律顾问839家，办理各类诉讼案件4809件。其中刑事诉讼1937件，民事诉讼1760件，经济纠纷1020件，行政诉讼92件，办理非诉讼法律事务1058件。涉及财产标的额104472万元，为当事人挽回和避免经济损失16130万元。代写法律文书2400份，解答法律咨询12778人(次)。

(四)公证工作

为推动公证处的内部改革，总结推广了西宁市城东公证处近年深化内部改革的经验。全省公证处实行经费全额管理的50个，差额管理的2个；有14个公证处改为事业单位后，工作运转基本正常。设立了全省公证质量公开监督投诉电话，司法厅对21个公证处的580份卷宗进行了抽查，发现问题及时指出并限期纠正，规范了办证程序，提高了办证质量。为提高公证队伍的整体素质，举办了公证业务培训班，选派6名公证人员参加了中、高级公证人员培训。现有一级公证员1名，三级公证员20名，四级公证员110名。各地公证处积极拓展办证领域。省公证处、城东公证处主动介入，为我省"青百"、"三普"股份有限责任公司提供公证服务；西宁市城东公证处针对本地区小商贩多的特点，开展了铺面使用权协议公证，形成了批量；玛沁县仅为雪山乡挖虫草劳务公证一项就办证500余件；乐都、互助两县公证处首次办理了全省"四荒"使用权拍卖公证。全省52家公证处，190名公证人员全年共办理各类公证事项25188件，其中经济公证16704件，民事公证7792件，涉外、涉台、港、澳公证692件，涉及总标的额2.06亿元，公证收费比上年增长23%。较好地发挥了市场经济中介组织的作用。

(五)县区司法局建设及基层基础工作

为使州县司法局合署后司法行政工作不被削弱，省司法厅深入基层调查研究，与州、县共商加强司法行政工作的措施。司法部烟台会议后，省司法厅及时召开全省司法处(局)长座谈会，重点研究进一步加强县区司法局建设问题。提出对合署办公的州、县司法局要做到"牌子不摘、印章不废、业务不丢、队伍不散、财产不流失、编制不挪占。"保证了基层司法行政工作的正常运转。

1995年5月，省司法厅召开了第二次全省人民调解工作会议暨表彰大会，总结交流了12年来我省人民调解和基层法律服务工作的经验，安排部署了今后一个时期的工作，表彰了先进，成立了青海省人民调解员协会。1995年，全省共有人民调解组织5713个，调解人员22128人，分别比上年增长1.5%和3%。整顿调解组织993个，培训调解人员4345人。全年共调解各类民间纠纷19700件，调解成功率为92%；防止民间纠纷激化178件，307人；避免非正常死亡35件，41人。1995年，全省共有基层法律服务所49家，法律工作者158人，分别比上年增加11%和13%。担任法律顾问76家，代理民事、经济诉讼459件，协办公证519件，避免和挽回经济损失92万元，同时，广大人民调解员和司法助理员大力开展法制宣传教育，积极参与社会治安综合治理和"严打"、"除六害"、民间纠纷调解月、打击农村牧区恶势力等活动，对维护社会稳定、促进经济发展起到了重要作用。

(六)法制宣传教育工作

1995年，在全省广大干部和人民群众中，认真组织了邓小平民主法制理论和社会主义市场经济法律知识学习。举办了学习邓小平民主法制理论宣传骨干培训班；发行《邓小平论民主法制建设》等两本书1.2万套。根据省委宣传部和司法厅党组的建议，省委连续4次安排省五大班子领导同志集体参加法律知识讲座，推动了全省对邓小平民主法制建设理论和市场经济法律知识的学习。在全省范围组织了7万人参加的"全国消费者权益保护法知识竞赛"。召开了省直有关部门负责同志和部分法学专家、大中型企业厂长经理参加的"市场经济与法制建设"座谈会，加强了对《青海法制报》、《青海法学》等7报刊的管理指导，加大了法制宣传力度。全年有200余篇(条)法制宣传稿件被省内外报刊、广播、电视台采用，形成了较好的法制舆论环境。在县(处)级以下单位验收的基础上，由省、厅级干部带队的24个验收组对省直81个厅、局、委、部和8个州、地、市的"二五"普法教育工作进行了考核，全部验收合格。全省398万余名普法对象中，有336万多人参加了"二五"普法学习，普及面为85%，其中，县处以上领导干部普法面占98%；干部、职工、农牧民、在校学生和其他人员分别为90.6%、74.2%、99.3%和77.6%，超计划完成了规划规定的任务。增强了全民的法律意识和法制观念。

(七)法学教育工作

为适应社会、经济发展对法律人才的需求，1995年法学教育工作进一步得到加强，成人法学函授教育及中等法学教育有了一定发展。省司法学校贯彻“教书育人、管理育人、服务育人”的宗旨，强化教学管理，修订规章制度和教学内容，狠抓教学质量，取得了较好成绩。全年为社会输送毕业生174人，招收新生161人。为配合监狱、劳教系统队伍建设，制定了警衔晋升培训教学计划及管理制度。法律函授教育稳步发展。西北政法学院青海函授站招生60名。中华律师函授所招学员876名，完成司法部下达我省计划的197%，创建站最好水平。根据函授学员分布情况，在原2个基层辅导站的基础上，增设海北、海西2个辅导站。函授教育工作连续2年受到司法部的表彰。

(八)队伍建设

组织广大干警认真学习了邓小平建设有中国特色社会主义理论，大力开展向孔繁森等英雄模范学习活动和争先创优，立功创模活动，召开了全省司法行政系统“双先”表彰大会，有2个单位荣记集体二等功，7个单位和15名个人分别荣记了集体、个人三等功；有17个单位和68名个人分别授予了先进集体、先进工作者、先进生产者荣誉。受到司法部表彰的优秀监狱长、劳教所长、十佳公证员各1名，省劳动模范2名。警察队伍中大中专文化程度的比例由1990年的38.38%上升到40.27%。监狱、劳教系统领导班子成员大专以上文化程度的占23.9%，比1994年提高4.6个百分点；平均年龄50.9岁，比上年下降3岁。同时，加大后备干部的选拔力度，加强对各级领导班子的考察工作，厅党组先后组织两次民主推荐领导干部活动，确定了厅、处级干部后备名单，对14个县处级领导班子作了充实、调整。党风廉政建设得到加强，制定了《青海省司法行政系统副处以上领导干部廉洁自律十条规定》，召开了全省司法行政系统纪检监察工作会议，组织了1200余名副科以上干部参加的反腐败斗争政策法规考试。厅纪检组和监狱局纪委全年共收到和接待来信来访847件(次)，立案15件，结案14起。

〔青海省人民政府第32次省长办公会议〕 为贯彻落实《监狱法》和《国务院关于加强监狱管理和劳动教养工作的通知》，青海省人民政府于6月14日召开省长办公会议，并形成《纪要》。会议决定：1. 建立和完善我省监狱、劳教系统干警“吃皇粮”、犯人“吃囚粮”的财政保障体制。按国家规定，以省内在押犯人1.2万名规模的比例配备监狱干警，确定拨款数额，并将其经费纳入省财政预算，予以保证；对调整和压缩后需分流的人员，逐年精减，妥善安置，分流过程中，省财政给予必要的扶持；罪犯、劳教人员的生活费，按财政部、司法部制定的实物量标准核定，并纳入省财政预算。2. 监狱、劳教干警住宅建设资金，纳入省内基建、维修改造计划，基建资金逐年解决；现代化文明监狱建设配套资金，按国家规定的配套比例，纳入投资计划，给予配套。3. 监狱、劳教系统的企业要深化改革，加强管理，提高市场竞争能力和经济效益。省财政对监狱系统生产单位的亏损补贴继续保留；财政、计划、劳动、农业主管部门和经贸委对监狱、劳教系统的工农牧业生产应和其他企业一视同仁，统筹安排生产性投资和技术改造资金。4. 已与省财政厅商定的有关经费，抓紧落实。5. 对我省一些难以解决的特殊困难和历史遗留问题，拟出意见尽快上报国务院，争取得到国家的支持和帮助。

〔严重旱灾〕 因气候反常，从4月上旬至6月下旬，持续干旱70多天，监狱局系统8个农场67%的播种面积遭受历史上罕见的旱灾。全局农业经济损失逾千万元。

〔解决青海监狱系统特殊困难〕 8月7日，青海省人民政府正式向国务院报送了《关于解决青海监狱系统特殊困难的请示》。8月23日，青海省副省长喇秉礼率有关厅、局负责人赴京作专题汇报，经国务院办公厅秘书四局协调，提出如下解决办法：(一)青海监狱体制问题，今后应以关押本省犯人为主，确定1.2万名押犯的规模；(二)帮助调出1000名超编干警，每调出一名干警由青海省监狱局随调3个编制，对超编干警安置经费一次性补助2700万元，调出1000名干警随调3000名编制的具体事宜，由司法部商有关部门和地方办理。调出3000名编制后仍多余的编制，由司法部和中央编委办公室商青海省作出妥善处理；(三)关于解决对监狱干警和政策性转工人员拖欠工资问题，从今后中央财政转移支付给青海省的资金中自行调剂解决。(四)关于政策性转工人员的养老费用加入当地社会养老保险，保险经费由中央财政、地方财政和监狱系统共同负担。中央财政对6932名政策性转工人员，按每人每年2000元标准补助，从1996年开始，第一年补助1400万元，以后每年减少140万元，十年减完。十年累计，中央财政共补助7700万元。

(青海省司法厅)

1995年宁夏回族自治区司法行政工作

〔**概况**〕　1995年宁夏回族自治区司法行政工作，在自治区党委、政府和司法部的领导下，广大司法行政干警以邓小平同志建设有中国特色社会主义理论和党的基本路线为指针，以经济建设为中心，紧紧围绕改革、发展、稳定的大局，全面贯彻党的十四届四中、五中全会精神，牢固树立司法行政“大服务”的思想，不断加快司法行政工作改革与发展的步伐，进一步拓展了司法行政业务领域，全面发挥了司法行政法律保障、法律服务和法律教育的职能作用，为维护民族地区社会稳定，保障我区经济建设和改革开放的深入发展，促进社会主义民主与法制建设做出了应有的贡献。

——强化了监狱的刑事惩罚、教育、改造和劳动教养的行政处罚强制执行、教育、挽救职能，不断加大发展监狱、劳教经济工作，努力提高教育、改造质量，以创建现代化文明监狱、劳教所为重点，全面推进各项业务的改革和发展。各监所克服了监舍简陋、经费严重不足等困难，坚决执行中央和自治区的统一部署，基本达到了司法部提出的“收得下、管得住、跑不了、改造好”的要求。各监狱(所)针对新形势下，敌情趋于复杂、监管改造难度加大，危险因素增多的实际情况，始终把监管安全作为首要任务来抓，不断完善监管制度和安全防范措施，有效地保证了监所秩序稳定。同时努力发展监狱、劳教生产，增强了我区监狱、劳教经济实力。

——深化了律师、公证和基层法律服务各项工作的改革力度，努力做到“改革深入到哪里，社会主义市场经济发展到哪里，律师、公证和基层法律服务工作就跟踪到哪里”的要求。通过优质的法律服务，树立了自身的良好形象。各法律服务机构认真贯彻“全区律师、公证、基层法律服务工作改革意见”，不断拓宽法律服务领域，为各级政府和现代化企业制度试点单位提供了高效优质的法律服务和法律帮助。

——法制宣传、法学教育和依法治理工作力度不断加大，广大公民的法律意识和法制观念不断增强。各级党政领导和广大公务员努力提高依法办事、依法决策、依法行政的水平，广大城乡、场矿、学校和街道等单位积极深入地开展依法治理、依法管理活动，把各项事业的管理纳入法制的轨道。法学教育稳步发展，教育改革不断推进。宁夏法律学校和区法律人才培训中心坚持以提高教学质量为已任，调整、改革和完善办学层次，为我区法制建设和社会全面发展，培养了大批德才兼备的法律专业人才。

——努力夯实基层基础工作，使司法行政队伍建设不断得到加强。坚持抓基层、打基础是搞好基层司法行政工作的根本。我区各级司法行政部门全力做好工作重心下移，为基层多做事情，为基层多出思路，先后出台了一系列加强基层基础工作的具体措施，使基层司法行政工作力量明显加强。通过扎扎实实的工作，赢得了各级政府的关心、支持和重视，基层队伍建设不断加强，业务领域不断扩大，社会效益明显提高。

〔**机构**〕　1995年，全区司法行政机关、区司法厅直属单位有宁夏法律学校、自治区监狱局劳动教养管理局、宁夏法制报社、自治区公证处、宁夏法律人才培训中心、12个律师事务所；下辖4个地市司法局和24个县(县级市、区)司法局、9个监狱、劳教所；归口管理的单位有宁夏法学会、宁夏律师协会、宁夏公证员协会、宁夏调解员协会。

〔**法学教育**〕　全区司法行政法学教育机构有宁夏政法干校(法律学校)、宁夏法律人才培训中心和宁夏劳改警官培训中心外，还有中国政法大学宁夏函授站、中华全国律师函授中心宁夏辅导总站。全年法学教育在改革中稳步发展，超额完成招生任务，录取大中专学生318名，完成计划的150%，比1994年增长30%；律函招生注册学员780名。全年共培训干警385名，其中司法行政机关干警345名。向社会输送了276名本科、专科、中专毕业生。

〔**法制宣传**〕　各级司法行政部门认真贯彻落实江泽民总书记关于法制宣传教育工作的两次重要讲话精神，圆满完成了“二五”普法的各项任务。普法全面验收采取补课、自查和抽查在全区城乡分阶段进行，并将十年普法成果在全区各地进行了巡回展示。以省级领导干部带头学法为先导的全区各级领导干部的学法用法活动深入开展。全年共举办省厅级领导干部法律知识讲座两期，绝大部分省厅级干部参加了这一活动。全区有18个市县区作出了依法治理决定，依法治理企业、学校、村镇的铺开面分别达到70%、25%、80%和

30%。《宁夏法制报》在顺利实现对开四版周报计划后，坚持正确的舆论导向，扩大宣传容量，提高报道质量，取得了较好的社会效益和经济效益。司法厅与宁夏电视台联办的《法律与生活》栏目深受广大群众的喜爱。在电视台的收视调查活动中，以仅次于《新闻联播》的收视率而名列第二位。全年共播出 26 期。印发宣传材料 1.7 万份，有 3 万人次参加有奖法律知识竞赛活动。

〔**律师工作**〕　巩固和发展律师机构，扩大律师队伍。全区已建律师事务所 52 家，比去年增加 13%。通过改革，“两不四自”律师事务所增至 13 个，自收自支的事务所发展到 15 个。新授予律师资格 78 名，律师总数达 440 名，其中专职律师达到 257 名，特邀兼职律师 183 名。各律师事务所不断深化内部机制改革，建立健全各项规章制度和各种形式的激励机制，增强了内部活力，激发了广大律师的积极性，各项律师业务大幅度上升。律师担任常年法律顾问 627 家，其中担任国家机关、政府负责人法律顾问 46 家，企业 391 家、乡镇企业 31 家，社团组织 58 家。办理各类法律事务 8068 件，其中刑事案件 1732 件，民事代理 2546 件，经济诉讼代理 1905 件，行政诉讼代理 93 件，非诉讼代理 1792 件，各律师事务所共为国家、集体和公民挽回和避免经济损失 16987.11 万元。同时积极探索在大型企业建立律师事务所，依托乡镇法律服务所建立律师事务所，为维护社会稳定，推动经济发展提供了优质的法律服务。

〔**公证工作**〕　公证业务领域不断拓宽，社会效益明显提高。全区 28 个公证处共办理各类公证 21924 件，其中国内公证 20756 件，涉外公证 1168 件，比去年增加 307 件，上升 35.7%。办证合格率达 98%以上。全年拒绝公证 127 件，提出司法建议 7 件，有 4 件被采纳。全区各公证处共接待群众来信来访 34166 人次，处理群众来信 44 件。各公证处普遍建立了统一办证程序、统一审批公证，统一档案管理的办证“三统一”制度，开展了公证员注册登记、年检考核工作，杜绝了假证、错证、人情证的发生。这些措施保证了公证事务积极参与经济建设主战场，如办理了河东机场跑道招标合同公证，银北、银川、固原公路线牌有偿使用合同公证，银川商业零售摊点拍卖公证等事项，避免和减少了经济纠纷，扩大了公证工作的社会影响。

〔**基层工作**〕　人民调解工作。调解组织继续巩固，全区有调解委员会 3780 个，共有调解人员 40402 人，其中调委会委员 15778 人，其他调解人员 24624 人，调解人员受培训 12255 人。全年共调解各类纠纷 17435 件，比去年增加 1609 件，上升 10.2%。其中调解成功 16575 件，调解成功率为 95.1%。全年防止民间纠纷引起的自杀 94 件 125 人，因民间纠纷引起的自杀 8 件 8 人，比去年增加 3 件 3 人，上升 60%；防止民事纠纷转化为刑事案件 188 件 398 人。人民调解工作进一步强化标准化调委会建设和管理，建立完善“大调解”机制，加大排查、调解、治理“三结合”工作力度，深化防激化工作，在维护社会治安稳定中有效地发挥了政法工作第一道防线的作用。还召开了全区人民调解工作“双先”表彰大会和人民调解员协会成立大会，以此为动力，形成了以司法所为龙头，以调委会为核心的“乡、村、组、员”四级调解网络。在大型集贸场、城乡结合部、“三资”企业建立了调解组织的试点机构。在回族聚居的地区聘请阿訇担任义务调解员的做法广为推开，使阿訇在调处重大群体性矛盾纠纷中发挥了积极的作用，为宁夏的社会稳定作出了积极贡献。

司法助理员和法律服务所工作。全区共有司法助理员 392 人，其中专职 370 人，兼职 22 人。司法助理共调处各类民事纠纷 6608 件，协助调委会调解纠纷 3714 件，比去年增加 1104 件，上升 42.3%。全区共有基层法律服务所 115 个，有法律服务工作者 280 人，其中取得律师资格的 17 人。法律服务所共调处各类民事纠纷 4522 件，比去年增长 1386 件，上升 44.2%，协办公证 243 件，民事代理 2181 件，比去年增加 1010 件，上升 86.3%。担任法律顾问 273 家，解答法律咨询 18620 人次，代书 1458 份，进行法制宣传 1968 场次，受教育人达 721126 人次。全区基层法律服务工作逐步深化，组织网络已遍布城乡，以乡镇街道为依托的单一建所模式已被突破。固原城关法律服务所创造条件建立了律师事务所，实行一套人马两块牌子，拓宽了法律服务内容，广大基层法律服务工作者坚持面向农村改革、围绕乡镇经济发展，竭诚为农村经济服务，增强了勃勃生机和活力。全年为乡镇企业和村办实体及公民挽回经济损失 498 万元。此外，各基层法律服务所还实行了全员聘用合同制，财务实行自收自支，分配实行效益浮动工资制，通过这些措施，逐步使基层法律服务所成为自律性的法律服务实体。

〔**法制工作**〕　结合社会主义市场经济体制和司法行政部门内部改革，通过调查研究有针对性地制定一系列规范性文件，保障司法行政改革为经济建设健康运行创造条件。报经自治区人大常委会讨论通过颁布了《宁夏回族自治区公证条例》，对保障和促进公证各项事业的发展奠定了良好的基础。制定了《关于加强人民法院廉政建设和律师廉洁从业的规定（试行）》、《基层法律服务所管理办法》、《基层法律服务人员注册登记办法》等规范性文件，使我区司法行政各项工作进一步纳入依法管理的轨道。此外，组织了有关《南部山区基层法律服务的基本思路》和《监狱企业如何走出困境》、《律师为现代企业制度如何服务》等专题为主的大型调查研究活动，为领导决策提供了第一手材料，受到自治区有关部门和领导的好评。

〔**执行刑罚**〕　全面贯彻实施《监狱法》，不断强化监管教育，改造质量得到稳步提高，全年新收押犯占年末押犯数的24.3%；年末押犯总数达到7025人，比去年增加446人，上升6.8%；按期刑满释放1647人；在押犯中依法给予减刑、假释1249人，占押犯数的17.8%；服刑期间再犯罪又受法律处罚的占押犯数的0.1%，比去年下降50%；逃跑率为0.2%，捕回率为50%。

〔**监管教育**〕　监管改造在监管防范上下功夫，全区各监所实施分押的纯度已达75%以上；以分级处遇为主的分管工作在全区基本完成；实施分教的罪犯已达100%。各监所坚持在罪犯中开展“创文明中队、文明班组和改造、生产竞赛活动”，有6个中大队和17个班组被授予文明班组称号，10名罪犯被评为全区改造积极分子标兵，150名宽管级罪犯经批准回家探亲，在社会上引起很大反响。吴忠监狱狠抓办学上等级工作，已被命名为省(区)级优秀特殊学校。罪犯中有3800人脱盲。

〔**劳动教养**〕　坚持“教育、感化、挽救”的工作方针，劳教工作稳步前进。全年新收容劳教人员占年末总数的44.6%；年末总数比去年增加261人，上升32.9%；解除劳教325人；逃跑率为1.6%，追回率为61.5%。

〔**经济工作**〕　监狱劳教单位不断挖掘内部潜力，转换经营机制，积极进行技术改造，在认真贯彻国务院“两个文件”精神的同时，认真落实自治区司法厅关于加快监狱劳教经济工作的意见，狠抓以提高经济效益为中心的生产经营工作，取得了较好成绩。监狱系统全年实现工农业总产值4026万元，比上年增长14.7%；实现销售收入5218万元，比上年增长29.45%，减亏423万元，亏损下降为70.27%。劳教单位全年完成工农业总产值133万元，实现劳务收入50.02万元，比上年分别增长100%和314.7%。各农业单位合理调整种植业、畜禽养殖结构，推广农业新技术，开展科学种田，引进优良品种，加强农业基础建设，在灾害之年、粮食面积比去年减少17.9%的情况下，粮食总产量达到560万公斤，比去年增产21%，平均单产287公斤，比去年提高21.6%。生产甜菜7391吨，比去年增产10.5%。由于干警经费不到位，罪犯伙食低，再加上我区财力困难，各监狱劳教单位大力发展自种自养，千方百计改善罪犯生活。工业单位自产蔬菜28.1万斤，农业单位自产蔬菜68.8万斤，并实行肉食自给达25%。各监所以学习贯彻监狱法为契机，以创建现代化文明监狱劳教所为目标，积极开展依法治监(所)活动，从而有效地促进了监狱劳教经济的稳定发展。

〔**队伍建设**〕　全区各级司法行政部门坚持依法从严治警，在干警队伍中开展以整顿思想、纪律作风为主要内容的教育整顿活动。重点抓了领导班子考核调整充实，选拔优秀年轻干部和反腐倡廉工作，队伍的凝聚力、战斗力明显提高。全年共考核提拔使用干部42人，组织培训200余人次，选拔8名年轻干部到区党校、中央政法管理干部学院学习培训。举办监狱长、劳教所长、县区司法局长等培训班12期。到年末，全监狱系统干警队伍中大中专毕业生的比例达58.2%。

〔**县区建设**〕　县区司法局是维护社会稳定，促进经济发展，加强法制建设的重要力量。由于1994年10月出台的自治区机构改革方案中未将地区司法处和县区司法局列入必设机构，随之而来的是司法行政干警队伍的动荡不定以及业务的大滑坡。面对这种状况，区司法厅的领导及时研究，同时提出全力以赴做好县区司法行政的稳定工作。区司法厅主要领导同志一方面一次又一次地找自治区党政主要领导同志，向他们反映意见，陈述理由；另一方面一个地县一个地县地耐心细致做工作。还请来司法部的领导同志亲自出面做工作。经过10个月锲而不舍的努力，终于赢得了自治区党政领导同志的理解、重视和支持，地区司法处和县区司法局在自治区机构改革中都作为必设机构被完整地保留了下来。这样宁夏司法行政系统机构健全，队伍稳定，各项业务工作都扎扎实实地在全区健康有效地开展起来。县区司法局集中力量全力开展律师、公证、人民调解、法制宣传、基层法律服务和依法治理、做好刑满释放和期满解教人员的帮教安置工作，为维护我区社会稳定，保障改革开放和现代化建设事业的顺利进行，提供了卓有成效的法律保障和法律服务。

(宁夏自治区司法厅　李永禄)

1995年新疆维吾尔自治区司法行政工作

1995年，全疆各级司法行政机关在党的十四届四中、五中全会精神指引下，认真贯彻落实年初、年中两次全国司法厅(局)长会议和自治区党委四届八次全委扩大会议精神，紧紧围绕新疆"稳定与发展"的主题，树立大服务的思想，深化司法行政工作改革，进一步强化了法律保障和法律服务职能，各项工作取得了新的进展，为自治区的社会稳定和经济发展作出了积极的贡献。

〔**监狱工作**〕 1995年，新疆监狱管理工作突出抓好依法治监，从严治警和发展监狱经济三个重点，监狱整体工作水平有新的提高。年初，新疆司法厅监狱管理局作出《关于创建现代化文明监狱达标中队的决定》，制定了《甲级达标中队和乙级达标中队细则(考核标准)》。年底，卡尔墩监狱三中队，第三监狱四中队、第一监狱七中队、牌楼监狱二大队二中队，被命名为首批创建现代化文明监狱乙级达标中队。与去年同期相比，罪犯脱逃率下降10.4%；狱内重大案件发案下降40%；非正常死亡下降21.1%，自治区第四监狱库车监狱、伊犁少管所、喀什少管所实现了全年无脱逃无狱内重大案件、无非正常死亡事件的发生。

在做好监管改造工作的同时，努力抓好生产。监狱工业单位改善经营管理，加强安全生产，努力使用新技术，开发新产品，加大生产的科技含量，取得了较好的效果。监狱农业单位坚持"增粮增棉、提高单产"的指导方针，在调整了种植结构，增加经济作物播种面积2.1%的同时，加大了对农业生产的科技投入，农业生产虽遇春寒、大风、虫害等自然灾害，种植业和各项生产获历史最好水平。

〔**劳教工作**〕 1995年全疆共收容劳教人员2800人，解教926人，逃跑14人次，逃跑率0.4%，比上年下降0.3%。年末在册劳教人员3800人。一年来，管理教育工作在面临场所暴满(劳教人员的容量达历史最高峰)，人员构成复杂(政治罪错人员、吸毒人员、病员增多)，生产任务重(全区劳教外出19个劳务点)，警力严重不足的情况下，确保了场所的稳定，没有发生非正常死亡和所内案件。教育改造质量有所提高，现全疆八个劳教所已有专职教师15人，兼职教师45人，劳教人员兼教5人。坚持自种自养，弥补伙食经费不足，各劳教所因地制宜采取了一些切实可行的措施，用生产收入弥补劳教人员的伙食费，全年共投入资金112万元，全疆劳教人员的伙食费月平均达85万元，蔬菜及肉、鱼、蛋基本达到自给或半自给。

全疆劳教生产坚持"依靠农业，振兴劳教经济"的方法，通过调整结构，抓经济作物的种植等一系列措施，全面超额完成了各项生产计划。

〔**律师工作**〕 1995年，新疆共有律师事务所169家，执业律师1170名，其中专职律师785名，兼职律师195名，特邀律师190名。

全疆执业律师应聘担任常年法律顾问2538家，其中为国家机关和政府负责人担任法律顾问186家。企业1493家、外商投资企业19家、境外投资项目21家、乡镇企业356家、社会团体及群众组织126家、事业单位260家、公民个人77家。顾问律师为聘方草拟规范性文件2026件，草拟审查修改合同3360件，参与谈判1149次，提供法律咨询意见或建议8030件，代理解决纠纷2744件；涉及财产标的额49231万元，索回赔欠款19071万元。办理刑事诉讼辩护及代理5856件。民事诉讼代理5117件，涉及财产标的额9828万元，办理经济诉讼代理7707件，涉及财产标的额226326万元，索回赔欠款72466万元。行政诉讼代理333件，担任被告代理人96件，担任原告代理人237件。办理非诉讼法律事务4791件，涉及财产标的额13237万元。此外，代写法律文书10629件，解答法律咨询42071件，义务法律咨询活动3233人次。

1995年新疆司法厅批准成立吐鲁番恒生律师事务所、兵团丝路律师事务所、和田天骄律师事务所。

1995年，新疆司法厅完成了律师事务所年检和律师换发新证注册工作。有164家律师事务所通过了年检，5家律师事务所的因各种原因未通过年检。965名律师通过了换证注册，对65名存在问题，尚待查清的律师暂缓注册，对140名律师不予换证注册。选派10名律师参加了司法部举办的"中晋高"学习班。10月7日至8日，新疆司法厅组织全区3522名考生参加了全国第七次律师资格统考，通过266人，其中少数民族考生19人。1995年新疆律师协会举办两期执业律师上岗培训班，93名新批准执业的律师接受了培训。11月，新疆第四次律师代表大会召开，150名代表出席了会议，大会通过了新的协会章程，选举产生了律师协会第四届理事会和常务理事会。

〔**公证工作**〕　1995年，新疆共有公证处126个，公证人员345名，其中二级公证员13名、三级公证员58名、四级公证员95名，公证员助理52名，工作人员115名，聘用人员12名。公证人员中有大专以上学历的占47%。全年共办理各类公证事项98.265件，比上年增加34.5%，其中民事类公证38.582件，经济类公证48.464件，涉外及涉港澳台公证11.219件。全年公证收费291.04万元，增长13.89%。全年接待来访76.262人次，处理来信1013件，处理外地公证处委托事项11件，提出司法建议211件。通过办理公证，揭露和制止不法经济行为为124件，涉及金额1062.17万元。

新疆有45名汉族考生、14名少数民族考生通过了全国第二次公证员资格考试，取得合格证书。本年度，有17人取得了三级公证员职务任职资格，16人取得四级公证员职务任职资格，2人取得公证员助理职务任职资格。

1995年，首次进行了公证员工作执照注册工作，经注册审核，有258名公证员获得了从业执照。新疆司法厅对全疆涉外公证处和公证员重新进行了登记备案。

1995年，新疆公证员协会共向台湾“海基会”寄送公证书副本127件，收到“海基会”寄来的公证书副本18件。

〔**基层法律服务工作**〕　1995年，新疆共有乡、镇、街道、农牧团场法律服务所723个，比上年增加44个，有基层法律工作者2258人，增加356人，其中大专以上文化程度占33.66%。考取律师资格的有89人，有525人参加法律大中专学习，95人参加专业证书班培训，356人参加其他形式的培训。

1995年，全疆基层法律服务所共调解各类纠纷24.475件，其中经济纠纷9654件；协办公证38.296件，其中经济合同公证21.749件；民事代理8638件，其中诉讼代理4957件；宣讲法律知识58.626场次，受教育人数2425万人次；担任法律顾问6031家，其中为乡镇政府、街道办事处、村（居）委会担任法律顾问2507家，为乡镇、街道企业担任法律顾问1254家，为个体工商户担任法律顾问981家，为其他单位担任法律顾问1289家；代写法律事务文书24.713份；解答法律咨询49.924人次；办理见证25.438件。通过各项法律服务，为国家、集体和公民个人挽回经济损失11942.16万元，避免经济损失9081.21万元。

1995年，全疆范围内首次进行的基层法律服务所、法律工作者年检注册工作，有21个法律服务所，1255名法律工作者准予注册；53个法律服务所、44名法律工作者被暂缓注册；16个法律服务所被注销执照。

〔**人民调解工作**〕　1995年，新疆共有调解委员会19.045个，调解人员120.335人，其中村民委员会调解委员会9496个，调解人员43.792人；居民委员会调解委员会1377个，调解人员6953人；企(事)业单位调解委员会2443个，调解人员23488人；生产建设兵团农牧连队、企事业单位调解委员会5552个，调解人员45.420人；其他单位调解委员会177个，调解人员702人。另外，有764家企业设立了人民调解工作管理机构，配备工作人员1546人；还有1499家企业配备人民调解专职干部2321名。

新疆人民调解工作1995年贯彻落实自治区第三次人民调解工作会议精神，通过深入开展创建规范化调委会活动，加强和巩固了调解组织建设，形成了多层次、全方位的调解网络体系，扩大了调解组织的覆盖面；坚持大服务的方向，积极开展“五个结合”，并重点加强为农村改革与发展和维护社会稳定服务的力度，努力开拓人民调解工作的领域；逐步完善人民调解工作的管理体制，出台了《新疆维吾尔自治区人民调解员协会会费管理办法》，调解人员协会的各项工作步入正轨，共发展团体会员124个、会员306人，人民调解工作出现了勃勃生机。

1995年，全疆各类调解组织共调解各类民间纠纷91827件，调解成功83408件，成功率90.83%。通过调解，防止民间纠纷转化为刑事案件1068件、2099人；防止民间纠纷引起自杀事件558件、906人。全年因民间纠纷引起自杀事件38件、23人。因民间纠纷转化为刑事案件144件、261人，比上年增加78件、161人。

1995年共整顿人民调解委员会8393个，培训调解人员35171人。全疆共有一类调解委员会9288个、二类调解委员会6025个、三类调解委员会1161个，全年各级党委、政府和司法行政机关共表彰人民调解先进集体1711个，表彰人民调解先进个人2767人。优秀人民调解员吾斯曼·卡德尔为人民调解事业献出了宝贵的生命。

1995年，全疆已配备乡、镇、街道办事处司法助理员1757人，其中专职1515人。全年司法助理员共受理各类民间纠纷21542件，其中调解纠纷19638件，调解处理纠纷13236件，协助人民调解委员会调解各类纠纷8896件。

〔**法制宣传教育工作**〕　1995年是“二五”普法

的最后一年，自治区1138万名普法对象中，已有1031万人参加了普法学习。

1995年，自治区普法办公室完成了对12个地、州、市的普法验收工作，并对10个厅局级单位进行了抽查验收。

7月，自治区党委组织部、宣传部、自治区普法办公室联合下发了《关于在各级领导干部中开展法制理论和法律、法规学习与考核工作的通知》，要求下半年在全区各级领导干部中普遍开展邓小平关于法制建设的理论和社会主义市场经济法律、法规知识的学习，并在年底进行了统一考试，成绩存入个人档案。自治区普法办公室具体承办了在全区范围内开展社会主义市场经济法律、法规的宣传活动。一是在新疆教育电视台、新疆电视台举办《社会主义市场经济法规讲座》，并录制成像带，作为全区的普法学习资料。二是编写出版了《社会主义市场经济法规知识读本》(维汉文版)，作为全区普法学习教材。

1995年，自治区普法办公室围绕"稳定"工作，与自治区党委宣传部、统战部、自治区宗教局等单位联合下发了关于宣传宗教管理法规的通知，并在《普法通讯》上加强了宗教法规的宣传力度。下半年，由自治区司法厅牵头组成的自治区法制教育讲师团，分赴各地讲授法制课，受到好评。

1995年，自治区普法办公室把青少年作为普法重点对象，与自治区教委共同组织编写了全疆中小学法制读本(维汉文版)。8月21日，为迎接北京世妇会的召开，自治区司法厅、自治区妇联与新疆电视台共同举办了"妇女权益保障法"电视大奖赛。另外，为让全社会了解司法行政工作的职能及作用以及宣传司法战线上的先进人物、事迹，新疆司法厅与新疆人民广播电台在5月至11月期间，共同开办了"司法之声"栏目，自始至终有声有色。

新疆法制报正确把握办报的舆论导向，在宣传法制、促进社会治安综合治理、交流司法工作经验，传播法律知识、反映政法工作等方面发挥了积极作用。发行量已达6万余份，汉文版由四开版扩版为对开八版，从文章内容到编排，质量都有提高；维文版在新疆首届优秀报纸评选中荣获"双十佳"报刊。

〔法学教育工作〕 西北政法学院新疆函授站已形成专科和本科两个层次；汉语和维语两个语种，三个年级九个班的规模，现有在校生762人。新疆司法厅5月中旬召开了中华全国律师函授中心新疆辅导总站第六次工作会议，参加会议的有全疆十四个辅导总站的负责人。律函报名人数比去年有增长，1995年实际报名注册人数突破1000人。各辅导站积极落实辅导措施，使律函学员的考试成绩有所提高，及格率高于社会自考及格率。新疆司法学校和新疆监狱工作警官学校围绕办学层次调整的目标，积极探索教学工作新路子，努力培养适应社会需要的复合型人才。

〔建章立制工作〕 草拟了《关于加强对依法赋予强制执行效力的债权文书执行工作的通知》；主动与自治区高级人民法院取得联系，多次磋商，达到共识，终以自治区司法厅与自治区高级人民法院联合发文的形式向全疆各级法院及司法行政机关下发了该《通知》，此《通知》的执行，对我区公证债权文书强制执行效力的保护与实现，有着重要意义。积极配合厅各业务处(室)搞好建章立制工作，1995年共草拟或审核修改厅机关规范性文件9件。

〔法学研究工作〕 先后召开了四次座谈会。一是《监狱法》座谈会；二是学习江泽民关于统一祖国重要讲话的座谈会；三是民族区域自治法座谈会；四是宗教与法制座谈会。主持召开了西北五省(区)法学理论研讨会和自治区法学理论研讨会；组团参加了第十四届亚太法协大会，发挥了法学研究工作为民主与法制建设服务的积极作用。

〔干部队伍建设〕 截至1995年年底，新疆司法行政系统在编人员数，监狱系统5165人、劳教系统502人、司法行政机关(含厅、地级处局、县级局)1381人、司法助理员917人、公证员337人、律师625人、新疆法制报社50人、新疆司法学校113人。新疆司法厅全年兴办警衔晋升培训班6期、培训干警317人，选调全疆各地、州、市司法处(局)长和厅机关处级干部30人参加全国司法处(局)长岗位培训班(新疆班)的学习。1995年重点对13个监狱、5个劳教所的领导班子进行了考察，充实了15个领导班子，调整提拔了30名优秀年轻干部担任监狱、劳教所领导职务。通过教育学习，大家踊跃学习孔繁森无私奉献精神，努力做好本职工作，涌现了大批先进模范人物。有3名同志被司法部授予"全国优秀监狱长"、"全国优秀劳教所长"，有6名同志被自治区评为劳动模范和先进工作者，有1名同志被自治区评为民族团结进步模范，另有18名律师受到司法部通报表彰。福海监狱被评为全国民族团结先进集体。

(新疆司法厅政策法规处　封建江)

1995年新疆生产建设兵团司法行政工作

〔概述〕　1995年，兵团司法行政机关牢固树立大服务思想，充分发挥职能作用，努力抓队伍、抓基层、抓管理、树典型、带全局，加大工作力度，加快工作节奏，狠抓措施落实，积极为兵团社会稳定和经济发展服务，继续呈现出大发展的态势。

一、律师工作在扩大队伍的同时，积极开辟非诉讼法律服务项目，拓宽服务领域，业务范围和业务量均有较大幅度增长。年内新组建律师事务所2家，达到29家，新增执业律师22人，达到145人；兵团律师协会正式成立，建立了以司法行政机关管理为主，律协行业管理为辅的新的管理体制；广大律师紧紧围绕建立和发展社会主义市场经济，不断拓宽法律服务的广度和深度，已全面深入到各类要素市场及企业改制改造、外经外贸、金融等新领域，为兵团经济发展提供了全方位法律服务。全年共担任各级领导、行政机关、社会团体和企事业单位法律顾问608家，比上年增长10%，办理经济、民事、刑事、行政等诉讼和非诉讼案件4277件，比上年增长33%，协助企业清理内外欠款并追回赔欠款4388万元。

二、公证工作强化内部改革和行政推动力度，加快质量规范化管理，以农牧业承包和抵押贷款合同公证为龙头，使公证业务在新的领域实现了突破，提高了办证质量，树立了良好声誉。全年共办理各类公证2.78万件，比上年增长4.7%，通过办证揭露和制止不法合同119件，挽回经济损失970万元。同时，公证服务领域不断拓宽，公证项目逐年增加，目前已开拓了金融、房地产、科技服务、货物买卖、拍卖、提存、企业承包和租赁经营及农牧业承包等大面积、大批量公证等100多项。经济公证发挥了强化宏观调控，预防经济纠纷，培育市场经济体制等方面的积极作用。兵团公证处实行"一处两制"改革仅一年，创造的经济效益相当于前十年的总和。青德里垦区公证处在基层法院的支持下，建立了兵团及全疆第一个公证执行室，为已经公证且赋予法律效力的债权债务合同的全面履行和执行提供了新鲜经验。

三、基层司法行政和法律服务工作，结合各师局司法行政机构改革和司法所增编等有利时机，加强管理，完善职能，理顺关系，开拓业务，促进了发展。一是召开兵团基层司法行政工作经验交流会，研究制定兵团基层司法行政工作的发展战略，确定了以加强基层基础工作为重点，推动全局发展的工作思路；二是结合机构改革，在组织机构的设置方面取得了新突破，并做到了"三个明确"：即编制职能明确，管理体制明确，基础设施建设标准明确；三是进一步强化了基层司法所和垦区司法局的法律保障、法律服务和法制宣传教育职能；四是积极开拓新领域，坚持为农业服务为重点，把服务对象扩展到团场企业、农牧连队和私营企业、经济合伙组织以及劳务输入输出、生产资料市场等新兴领域，年内法律工作者共担任法律顾问2712家，比上年增长25%，协办公证2.67万件，比上年增长36%，代理经济、民事诉讼案件3307件，比上年增长89.9%。在为当事人担任法律顾问和民事代理中，追回赔欠款5898万元。

四、加强新形势下的人民调解工作，竭力维护社会稳定。各级司法行政机关紧紧抓住防止民间纠纷激化这个重点，强化调委会建设，在组织机构、工作规范、调解重点、指导管理上都有大的发展和新的突破。一是组织建设实现了网络化。年内兵团已建立各类调委会5759个，比上年增加701个，拥有人民调解员2.8万名，比上年增加2247人。各师局还普遍在垦区集贸市场、流动人口聚居区、场乡结合部建立了跨地区、跨行业、跨部门的联合调解组织。二是工作实现了规范化。各师局结合实际，普遍制定了标准化调委会考核办法，建立健全了以目标管理为主要内容的岗位责任、纠纷排查等制度，提高了工作质量。三是工作重点突出了防激化。针对近年来突发性、群体性和易激化、易反复民间纠纷增多的实际，集中主要精力开展全面预防、专项预防和重点预防，全年共调解各类民间纠纷1.8万件，调解成功率为93%；防止因民间纠纷引起自杀69件78人；防止因民间纠纷转化为刑事案件246件218人。四是指导管理上突出了制度化。即安排部署调解工作形成了制度；检查考核调解工作形成了制度；奖励防激化工作形成了制度。

五、法制宣传和以宪法为核心、专业法为重点的"二五"普法教育、依法治理工作全面推进，并顺利完成了"二五"普法考核验收工作。至1995年底，兵团经过近五年的"二五"普法教育，有98%的党政机关干部、95%的团场及企事业职工完成了共同法的学习任务，有五分之四的系统和部门组织职工学习了专业法，绝大多数单位已经完成了学习任务。各单位还注意抓好各级领导干部经济法律法规的学习，全兵团共举办各种培训班、报告会和法制讲座132期(次)，参加学习的干部、职工达3.8万人(次)。28个师(局)级单位顺利通过兵团组织的考核验收。依法治理工作取得较大进展，依法治理的单位已发展到1340个，其中有2个师、121个团场、147家企业提出并实施了依法治理规划，有力地推动了普法及依法治理工作，促进了各项法律法规在兵团的实施。

六、监狱秩序持续稳定，经济效益明显提高。年内由司法行政机关直接管理的三个监狱，以建设现代化文明监狱为目标，以“三防”为重点，加强工作的规范化、制度化、科学化管理，犯人的政治、文化、技术教育和分类教育取得较好成绩。犯人脱逃率下降34%，低于控制指标，没有发生狱内案件；犯人减刑、假释面达14%。监狱生产克服困难，调整产业结构，挖掘潜力，加大科技投入，保持了经济稳定增长，全年完成工农业总产值419万元。

七、大力加强司法行政队伍建设，充分发挥了保证和促进作用。一是抓班子建设，改善了领导班子的文化、年龄结构，增强了整体素质。二是抓业务培训。选送基层司法局长和团场司法助理员参加全国岗位培训和成人法学非学历教育，组织70余人参加成人学历教育。三是抓作风建设，大力推进和完善司法行政目标管理责任制。通过作风纪律整顿，精简了机关，充实了法律服务第一线的力量。四是抓廉政建设，反腐纠风工作取得了初步成果。年内全系统有三位同志获得全国首届“十佳”律师、“十佳”公证员和“十佳”法律工作者提名奖。

(董永祝)

〔**律师工作**〕 1995年，兵团律师担任常年法律顾问608家，比上年增长10%；办理民事案件945件，比上年增长18.3%；办理经济案件1670件，比上年下降28.8%；办理行政案件47件，比上年增长114%；办理刑事案件632件，比上年增长25%；办理非诉讼事务983件，比上年增长2%，代写法律文书2107件，同比增长45.5%；解答法律咨询7885人次，比上年增长2.5%；索回赔欠款4388.35万元。

1995年，兵团发展执业律师22人，其中专职律师9人，聘用专职律师6人，兼职律师4人，特邀律师3人。年末，兵团有执业律师145人，其中专职律师(含聘用115人，兼职律师19人，特邀律师11人)。

1995年，兵团司法局组织了首届“十佳”律师评选活动，评选出庞沙龙、倪洪生、马哲、陈德涛、梁正辉、蔺志江、罗新、邵庆云、沈玉琴、马道建等10人为“十佳”律师，其中庞沙龙在全国首届“十佳”律师评选活动中获得提名奖。

1995年，根据司法部《律师事务所名称管理办法》，兵团先期有21个律师事务所经司法部批准，以字号命名。

(崔良仁)

〔**公证工作**〕 1995年，全兵团24个垦区公证处共办证27778件(民事类7253件，经济类20525件)，比上年增长4.7%，业务收费比上年增长91%。

——公证改革迈开步伐，增强了活力和生机。兵团司法局把公证改革的着眼点放在改善内部运行机制上，公证机构普遍制定并实行了公证处主任负责制和岗位目标管理责任制，建立和完善了奖励制度。农五、七师司法局简政放权，扩大公证处自主权，产生了能动效应，1995年业务创收人均5.5万元以上。农二、三、九师司法局等单位，在所辖的公证处实行主任负责制，明确了职责、任务和奖惩，开创了公证工作新局面。农二师所辖的3个公证处1995年办证件数比上年增长88%，业务收费增长179%。农三师草湖垦区公证处业务收费比上年增长9倍多。

——服务领域不断拓宽，经济公证比例增大。1995年经济类公证占办证总数的74%，其中：贷款合同公证1747件，各类经营承包、租赁合同公证15103件，劳务合同公证1748件，还款协议公证693件。另外民事类公证有新突破，如：办理产权公证2929件，房屋买卖、租赁公证1843件，计划生育责任书公证961件，综合治理责任书公证3733件。农五师各团场推行“两费自理”的土地租赁承包形式，公证处主动介入，为“两费自理”提供法律服务，并及时在八十九团场召开“土地租赁承包公证现场会”，总结推广经验，产生积极效果，共办理“两费自理”承包公证5231件，促使团场运用公证手段规范土地租赁承包。农二师博克西垦区和焉耆垦区公证处抓住本地区住房制度改革的契机，办理房产使用权证公证，分别为1337件、2921件。乌鲁木齐垦区公证处进入房地产市场，办理房屋买卖公证204件。农七师奎屯垦区公证处开拓贷款合同公证，全年办理734件，占该处办证总数的89%。

——公证质量管理加强，服务信誉提高。各级司法行政部门严格执行司法部《关于切实提高公证质量严防错证假证问题的通知》，开展公证质量自查活动，严肃查处了错假证。农五师青德里垦区和农七师奎屯垦区公证处加强与垦区法院的合作，提高了公证的信誉。青德里垦区法院还在垦区公证处设立公证执行室，成为新疆乃至兵团首创。另外，兵团司法局与土地管理局联合下发了《关于兵团农垦城镇国有土地使用权出让、转让办理公证的通知》，加强了土地管理的规范化、法制化。

——1995年兵团司法局评选表彰了4个优秀公证处和8名优秀公证员：农三师草湖垦区、农五师青德里垦区、农七师奎屯垦区、乌鲁木齐垦区公证处；郭风泉、高建新、韦玲龙、阎孝和、丁锋、蒋志清、王瑞、晏兴旺。农七师奎屯垦区公证处主任王光勇在司法部组织的全国首届“十佳”公证员评选活动中荣获提名奖。

本年度兵团系统有128人参加了全国公证员资格统一考试，其中15名取得了合格证书。　（袁新慧）

〔**基层司法行政和法律服务**〕　1995年，兵团加大基层司法行政工作力度，拓宽法律服务领域，情况如下：

一、体制改革逐步推开。在树立“大服务”思想的前提下，各基层司法所继续推行独立核算、定额上缴、所长聘任制、工作人员招聘制和效益浮动工资等一系列改革措施。农八师一四三团场法律服务所实行全员聘用制和效益浮动工资3年来取得业务收入、个人收入、集体积累3个翻番，办案数量以每年20%的速度增长。各师、局还积极创造条件筹建基层律师事务所和公证办事处，研究了建所的具体措施并逐步开始实行。

二、组织建设进一步加强。兵团和9个师(局)的司法局建立健全了法律服务中心。继1994年农二师15个师属厂矿企业成立司法科后，1995年农六师要求所属企业建立司法科，其他各师在部分厂矿企业建立的司法科和司法办公室也继续得到健全和巩固，在组织体系上形成了城乡一起上，团场、厂矿一起上的好局面。各团场法律服务所围绕“上等级、上水平、上质量、上效益”的方针，组织建设、制度建设和基础设施建设均有较大发展。农七师司法局制定基层目标管理30条，农八师司法局制定了完善目标管理的12种制度。农一师17个基层法律服务所拥有机动车辆19台，1995年共有33个法律服务所达到优秀所标准。

三、为市场经济体制的建立提供了全方位的法律服务。在围绕党委的中心工作服务的思想指导下，各单位主动介入，扎扎实实办实事。1995年全兵团有536名基层法律工作者共担任法律顾问2712家，同比增长25%；协办公证26701件，同比增长35.8%；办理见证20828件，同比增长28.3%；民事代理1945件，同比增长89.8%；非诉讼代理1361件，同比下降11.9%；代写法律文书7381件，同比增长28.8%；解答法律咨询25529人次，同比增长34%；调解各类纠纷7745件，法制宣传3708场，受教育人数达119万人次；为企事业单位和人民群众避免经济损失6137万元，挽回经济损失5898万元。

四、调研、培训工作成绩斐然。1995年全系统写出了《外来民工的现状及纠纷的成因和预防措施》、《基层法律服务工作改革》、《创造条件成立基层律师事务所》等理论研究、调查报告和经验总结共30余篇，部分单位还根据调查研究的情况，将基层工作存在的问题和改善的措施报送各级党政机关。在培训工作上，1995年有45名基层管理干部和法律工作者完成了兵团司法局在西北政法学院举办的法律专业证书班的学业。全年共培训基层司法行政工作人员148名，全兵团达到大专以上学历的基层法律工作者已占总数的54.3%，并有38名取得律师资格，5名取得公证员资格。　（易　平）

〔**人民调解工作**〕　1995年，兵团各级人民调解工作继续推进以“五有”(有班子、有牌子、有房子、有章子、有必要的办公条件，严格的规章制度和规范的业务卷宗)为内容的调委会标准化建设。共整顿调委会1869个，培训调解人员12829人次；有3161个调委会达到部颁一类调委会标准。

广大调解人员发挥三级调解网的作用，以预防民间纠纷激化为工作重点，广泛开展民间纠纷的排查和专项治理，积极参加社会治安综合治理，全面开展“遵纪守法光荣户”活动，最大限度地消除了纠纷隐患。农一师三团二十一连调委会始终坚持1988年制定的《民间纠纷排查工作十年规划》，在排查和防激化工作过程中促进连队的“五个团结”(干群团结、民族团结、班组团结、新老团结和邻里团结)，为连队的改革、稳定、发展起到了不可替代的作用。哈密垦区深入进行人民调解工作改革，积极探索建立兵地联合调解组织的经验，促进连村团结，民族团结，并积极开展参与对流动人口的管理和刑释解教人员的帮教安置工作，他们在外来民工聚居区设立法制宣传站，建立调解组织，进行“二证一保”(身份证、劳务工作证、保证人)的登记工作。

1995年全兵团的5759个人民调解委员会，27765名调解员和227名司法助理员共调解民间纠纷7989件，处理民间纠纷780件，防止民间纠纷引起自杀事件69件78人；防止民间纠纷转化为刑事案件246件218人。有265个调委会和749名调委员受到各级司法行政部门和师、团党委的表彰。　（易　平）

〔**“二五”普法总结验收**〕　从1991年至1995年实施的兵团第二个五年普法教育工作，根据上级的统一部署和安排，于1995年8月中旬，兵团组成4个验收组，以统一标准、统一程序和统一方法，对28个师(局)级单位进行了考核验收。验收组给达到或基本达到验收标准的26个单位颁发了合格证牌，不合格的塔农大和教育学院经认真补课后达到了合格标准。11月底，兵团“二五”普法验收工作圆满结束。

兵团为期五年的“二五”普法教育有如下几个特点：一是把抓各级领导干部学法用法作为开展普法教

育的突破口，通过领导干部的率先垂范，带动其他重点对象和全体公民的学习；二是把有关社会主义市场经济方面的法律法规，作为"二五"普法重点内容，层层举办培训班，深入学习有关的经济法规；三是通过法制宣传教育推动依法治理的进程；四是突出了专业法的学习，始终坚持以学习宪法为核心，以学习专业法为重点；五是普法教育紧紧围绕党的中心工作，围绕建立社会主义市场经济和现代企业制度而进行。

通过实施第二个五年法制宣传教育，在促进兵团改革发展，社会稳定，加强民主与法制建设方面发挥了重要作用。主要表现在如下几个方面：一是各级领导干部依法办事的自觉性有了较大提高。以权代法、以言代法，单纯靠行政命令指挥生产和工作的习惯得到纠正。为克服和防止决策中的随意性，确保重大决策的合法性，越来越多的领导干部和企业管理人员聘请法律顾问参与企业决策。二是企业各项事业逐步走向法制轨道。按照《经济合同法》的要求，本着平等、协商、权利义务对等原则签订合同，单位建立合同管理机构，负责合同签订时的审查，履行时的监督和形成纠纷时的调解。1985年全兵团聘请法律顾问的企业只有几家，1995年猛增到608家，团场司法所担任营连单位法律顾问2712家，法律顾问仅1995年就为企业挽回经济损失5898万元，避免经济损失6137万元。三是推动依法治理的进程。按照法律的有关要求建立和完善企业内部的各项规章制度，使依法治理的整套措施落实到各项规章制度之中，把各行各业的工作纳入制度化、规范化、法制化的轨道。四是促进了社会稳定。

各单位在抓法制教育中注重了四个结合：一是与抓廉政建设紧密结合，稳定了民心；二是与抓新生人员教育紧密结合，稳定了内部；三是与抓外来民工教育紧密结合，稳定了社会；四是与抓民族团结教育紧密结合，稳定了四邻。仅1995年全兵团依法调解各种纠纷17989起，防止民转刑案件246件，为促进社会治安的稳定好转发挥了极为重要的作用。 （张卫中）

〔**兵团基层司法行政工作经验交流会**〕 1995年9月5日至6日，兵团基层司法行政工作经验交流会在乌鲁木齐召开。会议主要是学习贯彻司法部在烟台召开的全国司法厅(局)长座谈会精神，总结交流兵团基层司法行政工作经验，研究部署加强基层司法行政工作的任务和措施。兵团司法局领导及各师局司法局长、基层科长，部分法律服务单位负责人、司法助理员代表参加了会议。会议期间，自治区党委常委、兵团党委书记、政委王传友，兵团党委常委、副司令员、政法委书记王汉儒等兵团领导同志接见了与会代表，并作了重要讲话。

会议认为，自1985年以来，兵团基层司法行政工作经过十年创业，取得了四个方面的经验：一是抓组织建设，稳定基层司法行政机构和队伍；二是抓业务建设，努力为团场党委的中心工作服务；三是抓工作开拓，以作为求地位；四是抓改革，搞活基层法律服务。

会议在总结十年工作的基础上，研究了在建立社会主义市场经济的新形势下做好基层司法行政工作的任务和措施。一是紧紧围绕中心工作，在基层依法治理、依法行政中充分发挥参谋助手作用；二是把维护社会稳定，反对民族分裂和非法宗教活动放在首位，为确保一方平安贡献力量；三是贯彻大服务思想，拓宽服务领域，提供优质高效的法律服务，促进兵团经济发展；四是加强队伍建设，确保基层司法行政工作根基的稳固；五是狠抓基层司法行政干警素质的提高，确保各项司法行政工作顺利进行。

会议提出，加强基层司法行政工作要正确解决四个方面的认识问题，即认清局部与全局的关系，明确司法行政工作在改革、发展、稳定大局中的位置；认清个性与共性的关系，充分发挥司法行政工作自身优势，认清改革与管理的关系，不断强化基层司法行政部门的职能作用；认清客观环境与主观努力的关系，充分发挥主观能动性，以作为去争地位。

（新疆生产建设兵团司法局 董永祝）

第四部分　司法部负责人部分报告和讲话

学习贯彻《监狱法》，努力实现建设现代化文明监狱的战略目标

——肖扬同志在全国监狱工作会议上的讲话

（1995年2月14日）

1981年召开第八次全国劳改工作会议以来已经13年多了。这次会议实际上是第九次全国监狱工作会议。13年来，国家的政治、经济、社会形势发生了巨大变化。监狱工作与整个社会发展相适应，也有显著的进步，取得了巨大成就。在这次会议之前，国务院下发了《关于进一步加强监狱管理和劳动教养工作的通知》，充分说明党中央、国务院对监狱工作的高度重视和极大关怀。这为我们更好地学习、贯彻《中华人民共和国监狱法》、早日实现建设现代化文明监狱的宏伟目标，奠定了很好的基础。罗干同志将代表国务院及中央政法委员会对监狱工作作重要指示，这对我们司法行政系统特别是监狱部门工作的同志是极大的鼓励和鞭策。

《中华人民共和国监狱法》（以下简称《监狱法》）的颁布和实施，是我国社会主义法制建设史上的一件大事，是监狱工作发展史上的一个里程碑，是一件值得庆贺的盛举。《监狱法》是建国四十多年来监狱工作成就的结晶，是监狱工作历史经验的科学概括和总结，凝聚着广大监狱干警长期以来惩罚犯罪、教育改造罪犯的丰富经验和解放思想、勇于探索、敢于创新的聪明才智，饱含着从事执行刑罚和监狱理论研究工作者的科研成果。《监狱法》的实施，标志着我国监狱工作进入了新的历史发展时期。

《监狱法》是新中国第一部监狱法典，是国家重要的刑事法律之一。它的颁布，填补了我国刑事立法的空缺，与《刑法》、《刑事诉讼法》共同构成了我国完整的刑事法律体系，完善了从侦查、起诉、审判到执行的刑事司法制度，以法律形式明确了国家刑罚执行机关与国家法律监督机关、审判机关、侦查机关在刑罚执行过程中的相互关系。《监狱法》既体现了中国社会主义的特色，又汲取了外国监狱制度中的科学内容，合乎国际惯例和发展潮流，使我国刑事司法工作又迈出了重要的一步。《监狱法》以邓小平同志建设有中国特色社会主义的理论为指导，反映了在改革开放条件下依法治理国家、走上法制社会轨道的时代主题，是推进社会主义市场经济深入发展、不断健全完善与之相适应的社会主义法制的具体体现。《监狱法》的实施，对社会治安综合治理，对社会稳定，对发展市场经济所必需的良好社会环境和经济秩序，必将发挥重要作用，对在国际社会树立我国的法制形象，有理、有利、有节地进行国际人权斗争也将产生重大影响。

这次全国监狱工作会议的主要任务是：以邓小平同志建设有中国特色社会主义的理论和法制思想为指导，深入贯彻党的十四大和十四届三中、四中全会以及中央政法工作会议、经济工作会议精神，认真学习、贯彻《监狱法》和国务院的两个重要文件，明确今后一个时期我国监狱工作的总体奋斗目标，进一步部署创建现代化文明监狱工作。

下面，我代表司法部讲四个问题。

一、监狱工作四十多年取得的巨大成就，为《监狱法》的出台奠定了良好的基础

新中国的监狱工作，是在毛泽东等老一辈无产阶

级革命家的亲切关怀和直接领导下建立并发展起来的，取得了改造末代皇帝、战争罪犯、历史反革命罪犯和大批普通刑事罪犯的光辉成就。十年动乱期间，监狱工作遭到严重破坏。党的十一届三中全会以后，以邓小平同志为核心的第二代中央领导集体和以江泽民同志为核心的第三代中央领导集体，开创了我国社会主义事业发展的新时期，监狱工作也进入了全面发展的新时期。40多年来，特别是改革开放以来，监狱在惩治和改造犯罪分子、保护广大公民的利益不受侵犯、保障社会主义现代化建设和改革开放顺利进行方面，发挥了重要作用。我国成功地收押和改造了1000余万名罪犯，他们当中的绝大多数刑满释放回归社会后，能够遵纪守法，重新做人，许多人已成为社会主义建设的有用之材。同时，监狱的自身建设也有了长足的发展。监狱各项工作逐步走上法制化、规范化的轨道，监管条件有了很大改善，队伍建设取得很大发展，具有中国特色的社会主义监狱制度已经建立并不断完善。这一切都为《监狱法》的出台创造了极为有利的条件。

不断推进监狱工作改革，加快监狱法制建设，为《监狱法》的颁布实施提供了扎实的工作基础。改革开放以来，监狱工作在继承中创新，在改革中发展。监狱职能不断得到强化，改造罪犯质量逐步提高，具有中国特色的社会主义监狱制度日臻完善。从80年代初期开始，我国监狱系统先后推行了管教、生产双保证责任制，办特殊学校，落实狱政管理的依法、严格、文明、科学管理原则，发展改造工作的"三个延伸"，完善计分考核，实行规范化管理，推行监区文化建设，重点开展心理测试、心理矫治等。1989年以后，为了进一步提高改造质量，监狱突破了传统的混押、混管、混教模式，对罪犯实行分别关押、分级管理、分类教育，并将这一工作在全国推开，从而使监狱的整体工作水平提高到一个新高度。与此同时，先后制定了《监狱、劳改队管教工作细则》、《罪犯改造行为规范》、《监管改造环境规范》、《对罪犯实施分押、分管、分教的试行意见》以及《少年管教所暂行管理办法》等255件规章和制度。通过监狱的一系列改革和建章立制活动，监狱秩序持续稳定，改造效果显著增强。在1983年开始的"严打"斗争以及以后多次开展的专项斗争中，克服了监狱爆满、经费短缺、警力不足等困难，坚决执行中央的统一部署，较好地完成了收押和改造罪犯的任务。据统计，从"严打"开始直到1994年底，全国监狱新收押罪犯384万余人，基本上做到了司法部提出的"收得下，管得住，跑不了，改造好"四点要求。1994年同1983年相比，狱内发案率从0.42%降到了0.053%，罪犯脱逃率从0.69%下降到0.127%。自监狱办特殊学校以来，累计已有141万人次获得各级文化毕业、结业证书，有116万人次获得各类技术等级证书；罪犯改好率保持在90%以上，罪犯刑满后的重新犯罪率一直保持在6%到8%之间，大大低于西方国家的重新犯罪率。

努力发展监狱生产，加快监狱设施建设，为《监狱法》的颁布实施提供了坚实的物质基础。组织罪犯劳动生产是改造罪犯的重要手段。建国以来，监狱系统组织了大批罪犯投入到劳动改造中去，使罪犯用辛勤劳动的汗水洗刷过去的罪恶，在劳动改造中获得新生。经过几十年的努力，监狱生产有了很大的发展，监狱建设和监区环境有了明显改观。尤其是80年代以来，监狱所属企业开始着手调整产业、产品结构，转换经营机制，推行经济责任制，加强生产经营管理，挖掘监狱内部潜力，大大增强了监狱系统的经济实力。多数监狱设施比较齐全，生产达到一定规模，其中数十所监狱的建设水平和管理程度已经达到或者接近现代化文明监狱的标准。长期以来，监狱生产担负着本系统75%左右的经费开支，承担着消化大量增支因素、"办社会"、偿还贷款以及解决历史欠帐等方面的经费开支，为监狱事业的发展作出了不可磨灭的贡献。为了减轻监狱的经济压力，中央和国务院先后多次发文，对解决监狱严重经济困难作出指示。1993年第17次总理办公会议作出决定，将监狱干警经费、犯人生活费列入财政预算。这一决定在保证监狱切实发挥刑罚执行机关的职能、将主要精力放在提高罪犯改造质量方面，起了重要作用，也为国家最高权力机关以法律形式确立监狱的财政保障体制奠定了基础。

加强罪犯改造理论研究，注重监狱学科建设，为《监狱法》的制定提供了科学的理论依据。理论离不开实践，实践更需要理论的指导。40多年来，我国改造罪犯理论研究取得了可喜的进展，逐步形成了比较科学、完整的监狱理论体系，基本上完成了监狱学科的框架建设。理论研究发展最快、成绩最显著的时期，是党的十一届三中全会以后的十多年间。这一时期监狱理论研究呈现了百花齐放、百家争鸣的可喜局面，极大地丰富了改造罪犯的理论，推动了监狱学科建设。据不完全统计，自1979年以来，有关改造罪犯的各类专著、书籍共出版了200余本，发表论文3000余篇。目前，监狱系统有各类刊物36种，年发行量在67万册以上。在监狱理论研究中，广大实际工作者和理论工作者十分重视运用邓小平同志关于加强人民民主专政的思想，一手抓建设、一手抓法制的思想，"两手抓、两手都要硬"的思想，严厉打击刑事犯罪分子的思想，打击极少数犯罪分子、保护广大人民群众的思想等进行理论研究。这既是建设有中国特色社会主义的理论的重要内容，也是中国改造罪犯理论的基石。随着我国对外开放的进一步扩大，监狱系统与国际上的交流越来越多。一方面，我们充分利用这些机会广泛宣传我国监狱工作的伟大成就，介绍我国在监狱管理和改造罪犯方面积累的成功经验;另一方面,注意吸收和借鉴国外监狱有益的经验及先进的技术手段,一些有益的做法,已被引入或者借鉴到我国《监狱法》中来。

坚持从严治警,注重队伍建设,为《监狱法》的颁布实施提供了可靠的组织保障。中国监狱的人民警察队伍是一支具有武装性质的刑事司法力量。长期以来,各级监狱机关始终坚持党的绝对领导,抓好各级领导班子建设,坚持从严治警,严格教育,严格管理,严格训练,严格要求,坚决纠正行业不正之风,同腐败现象作斗争,加强了制度建设和监督机制。自1981年以来,对监狱干警普遍进行了培训,共培训干警130.9万人次,目前,干警队伍中大、中专毕业生的比例已达到55.67%,干警队伍的政治、业务素质不断提高。监狱干警集执法、管理、教育改造、组织生产等多种任务于一身,长年与罪犯相接触,危险性很大;多数监狱地处偏僻,干警的工作、生活条件十分艰苦,有的甚至长时间领不到工资。就是在这样的情况下,广大干警表现出了高度的责任心、强烈的敬业精神和崇高的牺牲精神,圆满地完成了惩罚与改造罪犯的艰巨任务。近年来,国外反华势力从各方面对我施压,攻击我监狱和司法制度,干涉我国内政。我们利用各种场合,通过双向谈判、新闻媒介、多边交流等多种形式,针锋相对地回击西方一些国家对我的污蔑和攻击。我们还紧密配合外交斗争,依法、适时地对一些案犯采取减刑、假释、保外就医等法律手段,收到了很好的效果。肯定地说,各级监狱领导班子和绝大多数干警是政治上可靠、业务上合格的。据不完全统计,仅13年来,监狱干警因公负伤的就有1015名,英勇牺牲的178名。那些为国捐躯的烈士们将永远活在我们的心中!在此期间,监狱系统还涌现出一大批先进集体和英雄模范人物,全国有52所监狱荣记集体一等功,3706个单位记二、三等功,18所监狱被司法部授予优秀特殊学校称号;72名同志被评为全国劳动模范、先进工作者或荣获国家"五一"劳动奖章,18人获司法部一、二级英模称号,11181人荣记个人一、二、三等功,200人获司法部"个别教育能手"称号。我谨代表司法部党组向全体监狱干警表示亲切的慰问,向英勇牺牲、光荣负伤的同志表示崇高的敬意!

二、《监狱法》体现了我国社会主义监狱制度的基本特色,是对我国社会主义法制的发展

《监狱法》以宪法为依据,全面总结了40多年来监狱工作的成功经验,借鉴国外监狱制度中的有益做法,结合我国监狱工作的实际为我所用,丰富和发展了我国的改造罪犯理论,形成了有中国特色的社会主义监狱制度,使我国社会主义法制进一步完善,《监狱法》的特色和发展主要有:

(一)体现社会主义监狱的性质,坚持惩罚与改造相结合,以改造人为宗旨的方针。中国的监狱是人民民主专政机关,是国家机器的重要组成部分。它代表广大人民群众的利益和意愿,依法对少数犯罪分子执行刑罚。惩罚是犯罪的必然结果,但是,中国的监狱对罪犯不是单纯的惩罚。改造罪犯,把他们塑造成为能够自食其力的守法公民和建设社会主义的有用之材,才是中国监狱的根本目的。长期以来,各级监狱机关紧紧把握"改造第一,生产第二"的工作方针,努力在改造人上下功夫,取得了历史性的成就。应当说,"改造第一,生产第二"的方针在监狱工作历史上曾起过积极的作用。然而,这一方针的表述不十分严谨、准确,认识上易产生歧义,实践中常引起争论。此次,国务院的《通知》将监狱工作方针正式表述为"惩罚与改造相结合,以改造人为宗旨",比原来的表述更为准确、严谨、规范,更能体现中国社会主义监狱制度的基本特征。《监狱法》第三条规定:"监狱对罪犯实行惩罚和改造相结合的原则……,将罪犯改造成为守法公民"。坚持惩罚与改造相结合,把绝大多数罪犯改造成为守法公民,既是我国监狱工作40多年来惩罚和改造罪犯的成功经验,也是我国《监狱法》的一个新发展。

(二)坚持劳动改造与教育改造相结合,强调对罪犯的思想教育。坚持劳动改造与教育改造两大主要手段,是中国监狱改造罪犯取得成功的一条基本经验,也是我国《监狱法》的特色之一。《监狱法》第三条规定,监狱对罪犯实行"教育和劳动相结合的原则";第四条规定,监狱对罪犯应"根据改造罪犯的需要,组织罪犯从事生产劳动,对罪犯进行思想教育、文化教育、技术教育。"《监狱法》第六十九条规定:"有劳动能力的罪犯,必须参加劳动。"马克思主义认为:劳动创造了人类,劳动也改造了人类。组织罪犯从事有益于社会的生产劳动,目的是使他们树立劳动观念,养成劳动习惯,掌握生产技能,矫治犯罪恶习。中国监狱组织罪犯参加劳动,虽然是强制性的,但不具有折磨人、摧残人的性质,不会搞超体力劳动,并且保护罪犯在劳动中应有的合法权益。

中国监狱在注重罪犯劳动改造的同时,特别强调对罪犯的教育改造,其中对罪犯的思想教育摆在了突出位置。《监狱法》继承了过去监狱法规中重视思想道德教育的经验,并在此基础上作了更加明确、具体的规定。首先,在总则中突出强调监狱应当对罪犯进行思想教育,进而又在教育改造一章中明确规定对罪犯的思想教育包括进行法制、道德、形势、政策、前途等内容的教育。其次,教育改造重视适应社会主义市场经济条件下罪犯顺利回归社会的需要,进一步突出了对罪犯进行文化、技术教育方面的内容,并规定了"罪犯的文化和职业技术教育,应当列入所在地区教育规划"。此外,还具体规定了学业证书教育、技术等级证书教育和自学证书教育的内容。这就使监狱对罪犯的文化教育、技术教育和罪犯的自学考试，具有了与社会同类教育相同的学业证明。这一新发展开辟了对于在特殊环境之中的特殊人员进行正规教育、提高文化技术素质的新路子，必将大大激发罪犯发奋求学的自觉性。

（三）坚持严格管理、文明管理与人道主义相结合。建立严格的管理制度，是维护监狱正常秩序、维护社会稳定的必要保证，也是矫治罪犯陋习、使他们养成良好的生活习惯、增强组织纪律观念的必要措施。我国监狱工作的经验表明，必须建立严格的罪犯生活、学习、劳动、教育等规章制度，实行规范化管理。同时，必须把严格管理和文明管理、人道主义结合起来，相辅相成，互相促进。依照《监狱法》的有关规定，一方面对破坏监管秩序的罪犯实行必要的惩罚，另一方面又要求监狱干警尊重罪犯的人格，不侮辱，不歧视，严禁打骂、体罚、虐待罪犯，提供人道主义待遇，保证罪犯的生活、卫生、医疗、教育、学习、劳动的基本条件。《监狱法》第六十七条还规定了"监狱应当组织罪犯开展适当的体育活动和文化娱乐活动"，目的是为了丰富罪犯的业余文化生活，为他们提供良好的改造环境，创造积极向上的改造氛围。《监狱法》还规定了允许符合法定条件的罪犯离监探亲，按规定对参加劳动的罪犯给予劳动报酬，实行劳动保护和劳动保险。要求干警具有较高的思想道德水平和文化知识，以文明的言谈举止引导、启发罪犯，对罪犯晓之以理，动之以情，以理服人，以情感人，使罪犯感受到这一切都是为了挽救他们，进而自觉接受改造。这充分体现了我国《监狱法》严格管理与文明管理相结合、实行人道主义原则的特色。

（四）坚持专门机关与群众路线相结合，动员社会力量参与帮教活动。专门机关与群众路线相结合，是我国政法工作的一条基本原则，也是监狱改造罪犯实践所证明的一条成功经验。改造罪犯是涉及"大墙内外"方方面面、复杂的系统工程，必须紧紧依靠广大人民群众，动员社会各界力量参与对罪犯的帮教活动。为此，《监狱法》第六十八条规定："国家机关、社会团体、部队、企业事业单位和社会各界人士以及罪犯的亲属，应当协助监狱做好对罪犯的教育改造工作。"这条具有社会主义特色的规定，一方面可以使罪犯感受到社会的关心和期待，树立改造的信心和重新做人的勇气；另一方面，可以促使社会各界理解、支持监狱工作，帮助解决罪犯服刑期间和回归社会后遇到的困难和问题。这充分体现了我国《监狱法》对罪犯的改造实行综合治理的社会主义特色。

（五）明确规定了国家刑罚执行机关与侦查机关、法律监督机关、审判机关相互间的关系。明确刑罚执行机关与侦查机关、法律监督机关、审判机关在刑事司法活动中的相互关系，是根据40多年的刑罚执行实践，特别是改革开放十多年来的实践，逐渐总结、探索的一条经验，体现刑罚执行活动自身规律的要求，也体现了健全社会主义法制的需要。《监狱法》首次以法律形式规定了刑罚执行机关在刑罚执行、狱政管理等活动中与侦查机关、法律监督机关、审判机关之间的相互关系，明确了各机关的权利、义务。如《监狱法》在"收监"、"监外执行"、"减刑"、"假释"、"释放和安置"、"警戒"、"对罪犯服刑期间犯罪的处理"等环节上，对刑罚执行机关与公安、检察、法院的相互关系，都作了具体、详尽的规定。《监狱法》第十六条规定了人民检察院对监狱执行刑罚的活动是否合法，依法进行监督。有关条款不仅对监狱和公、检、法机关的具体业务作了"可以"、"必须"、"应当"等用语准确的法律规定，而且提出了具体的期限、程序和结果的要求。例如，《刑事诉讼法》第一百六十三条规定："监狱和劳动改造机关在刑罚执行中，如果认为判决有错误或者罪犯提出申诉，应当转请人民检察院或者原判人民法院处理。"但是，该条款没有具体规定接受处理的人民检察院和人民法院如何答复和何时答复处理结果，以致某些监狱转请检察院、法院处理的申诉未能得到回复。针对这种情况，《监狱法》第二十四条规定："人民检察院或人民法院应当自收到监狱提请处理意见书之日起六个月内将处理结果通知监狱。"《监狱法》的有关规定，使得监狱与公、检、法机关之间的相互关系有了明确而切实的法律保障，这是我国刑事司法制度的一大发展。

（六）充分保障罪犯的正当权利。罪犯是人，是犯了罪的公民，他们在服刑期间处在被剥夺、限制部分公民权利的法律地位。因此，罪犯既有接受惩罚和改造的义务，又可行使未被剥夺限制的公民权利。把罪犯当人看，保障他们的正当权利，是有效地改造罪犯的前提。我国监狱历来重视保障罪犯的正当权利。《监狱法》总结了40多年来监狱保障罪犯正当权利的经验，全面、系统、具体、详尽地规定了保障罪犯正当权利的有关条款。《监狱法》共78条，其中涉及保障罪犯权利的就有20多条。总则第七条明确规定："罪犯的人格不受侮辱，其人身安全、合法财产和辩护、申诉、控告、检举以及其他未被剥夺或者限制的权利不受侵犯"。以后各章中的有关条款，具体规定了罪犯的不受体罚虐待权，申诉权，依法获得减刑、假释权，通信权，会见亲属权，符合法定条件的离监探亲权，接受教育权，休息权，获得劳动报酬权，获得劳动保护和劳动保险权，刑满释放后获得安置、救济权和享受与其他公民平等的权力，等等。其中，罪犯离监探亲，在原有规定中仅限于罪犯的直系亲属病危、死亡或其他重大情况、确需罪犯本人回去处理的几种情形，这次颁布实施的《监狱法》，从有利于罪犯改造考虑，在第五十七条中规定了监狱可以根据法定条件，准许犯人离监探亲。这是我国监狱制度的新发展，是中国政府重视罪犯权利的具体体现。为了切实保障罪犯的正当权利,《监狱法》对监狱的人民警察提出了严格、具体的要求,要求监狱人民警察严格遵守宪法和法律,忠于职守,秉公执法,严守纪律,清正廉洁;第十四条还列举了监狱人民警察在执行监狱管理公务中必须禁止的九种违法行为,并规定了惩戒条款。通过规范监狱人民警察的执法行为,使罪犯的正当权利避免受到侵犯。象我国《监狱法》如此全面、具体地规定罪犯的权利并给予切实有效的保障,并把罪犯的主要权利写在总则中,这在世界各国的监狱法律中是少见的。这充分体现了我国对人权的高度重视,也体现了我国罪犯权利的广泛性和真实性。

(七)进一步完善了适用《刑法》"减刑"条款的具体规定。我国《刑法》第七十一条规定:犯罪分子在刑罚执行期间如果确有悔改和立功表现,可以减刑。在司法实践中,有的对此理解为"可以减刑"、也"可以不减刑",从而使"减刑"带有任意性。《监狱法》第二十九条将"减刑"区分为"可以减刑"和"应当减刑"两种情况,并且具体列举了"应当减刑"的六种"重大立功表现"。第三十条还规定了受理监狱减刑建议意见书的人民法院审核裁定的具体期限。《监狱法》对于《刑法》有关减刑条款的进一步完善,解决了司法实践中长期存在的一个难题,进一步完善了我国刑事司法制度,是对社会主义法制的新发展,它既增强了减刑条件的透明度和处理时限的明确性,有利于加快法院办理减刑案件的进程,又有利于发挥罪犯接受改造的主动性,调动罪犯争取立功的积极性。

(八)以法律形式确定了国家对监狱的财政保障体制和投资保障体制。《监狱法》第八条明确规定"国家保障监狱改造罪犯所需经费,监狱的人民警察经费、罪犯改造经费、罪犯生活费、狱政设施经费及其他专项经费,列入国家预算。国家提供罪犯劳动必需的生产设施和生产经费。"这一法律规定解决了长期困扰监狱工作的最大难题,从经济上保障了监狱集中主要精力发挥国家刑罚执行机关的职能,提高改造罪犯的质量。《监狱法》还明确规定监狱依法使用的土地、矿产资源和其他自然资源以及监狱的财产受法律保护,任何组织或者个人不得侵占、破坏。上述规定体现了健全监狱体制中具有重大意义的新发展。

(九)明确了司法行政机关对监狱的领导关系。《监狱法》首次以法律形式肯定了 1983 年监狱领导体制改革的成果,明确了司法部主管全国的监狱工作,也就是明确了司法部对监狱工作的领导关系。规定了监狱的设置、撤销、迁移,由司法部批准。这一规定的立法含义,当然包括省(区、市)级政府的司法行政部门对监狱的领导关系,在制定《监狱法实施细则》时,应明确司法部、司法厅(局)对监狱工作的领导关系,包括对监狱的管理、监督、指导。

(十)在有关名称、用语上采取了符合国际惯例的法律语言。以《监狱法》为名,准确地概括了该法执行刑罚的本质,科学地反映了《监狱法》调整与刑罚执行有关各方面社会关系的范围,也与多数国家采用的法律名称一致起来;在有关用语上,以"监狱"代替过去的"劳改队",用"服刑"、"执行刑罚"等法律语言代替过去的"劳动改造"等。这不是一个简单的用语变化,而是一个实质性的变化,标志着我国的监狱制度走上了严格依法管理的法制轨道。

三、认真贯彻《监狱法》,严格依法治监,努力实现建设现代化文明监狱的宏伟目标

贯彻《监狱法》与建设现代化文明监狱,是今后相当长时期内我国监狱工作的基本任务。两者是相互联系、互为要求、相辅相成的。"现代化文明监狱"的标准主要体现在《监狱法》的概括规定之中。

为了更好地履行监狱的专政职能,正确执行刑罚,就必须真正做到:法制健全,执法严谨,管理文明,设施完善,装备先进,改造手段科学,物质保障有力,监狱的整体水平实现法制化、规范化、科学化和现代化。所以,建设现代化文明监狱既是贯彻《监狱法》、实行依法治监的内在要求,也是必须具备的外部条件。因此,今后我国建设现代化文明监狱的总体思路是:以党的基本路线为指针,以邓小平同志建设有中国特色的社会主义理论为指导,根据全面贯彻实施《监狱法》的要求,立足于中国的实际情况,吸收和借鉴外国监狱制度的有益做法,加强领导,统一标准,总体规划,统筹安排,分步实施,逐步把我国监狱建设成为坚持社会主义方向,体现人类社会文明、进步成果的现代化文明监狱。

建设现代化文明监狱应当遵循以下几个原则:一是硬件建设与软件建设并举、尤其要注重软件建设的原则。软件建设包括干警素质、执法水平、管理制度、教育方法、劳动手段、改造效果等等。二是分层次创建的原则。现代化文明监狱分为①部级(国家级)和②省(区、市)级两个层次;为了调动所有监狱和广大干警积极性,还可设置③现代化文明监区和④创建现代化文明监狱先进单位两个层次。三是分类建设、分类指导的原则。可根据沿海和内地、工业和农业的不同情况,关押对象和经济条件的差异,不搞一种模式。四是统一规划、分步实施的原则。五是讲求实效的原则。

为了加速现代化文明监狱的建设步伐,早日实现这一宏伟奋斗目标,当前,要着重做好以下几项工作:

(一)认真学习、宣传《监狱法》,将主要精力集中到创建现代化文明监狱的工作上来。

要大力加强对《监狱法》的宣传教育工作。《监狱法》的出台既是国家的一件大事,更是我们司法行政部门的一件大事。要充分利用多种形式和新闻媒介做好宣传工作。各省(区、市)司法厅(局)、监狱管理局应向当地党委和政府汇报，向社会各界宣传《监狱法》的主要精神，取得全社会的理解和支持。各级领导干部要带头学习《监狱法》，带头贯彻《监狱法》；要认真组织全体干警学习和贯彻《监狱法》，利用现有条件，分期、分批对全体干警进行培训，尤其要抓好监管区以上干部的培训工作，在全系统掀起学习《监狱法》、贯彻《监狱法》、执行《监狱法》的热潮。要围绕学习、贯彻《监狱法》，宣讲建设现代化文明监狱的目标、要求、讲清、讲透贯彻《监狱法》与创建现代化文明监狱的相互关系，使各监狱和广大监狱干警把主要精力集中到依法治监、创建现代化文明监狱上来。

（二）抓紧与《监狱法》相配套的法规、制度建设。

《监狱法》是规范监狱工作的"母法"。为切实保证《监狱法》的贯彻执行，要尽快制定《监狱法实施细则》、《监狱组织条例》、《未成年犯的管理教育办法》等一系列配套法规，建立、健全贯彻实施《监狱法》的规章制度。要利用贯彻《监狱法》的大好时机，将监狱的各项工作纳入法制化、规范化的轨道，进一步完善管理制度、教育制度和劳动制度，提高执法水平。

（三）严格依法治监，抓好现代化文明监狱的软件建设。

严格依法治监，是我们贯彻《监狱法》的头等大事，也是衡量是否建成现代化文明监狱的一个重要标准。《监狱法》颁布实施后，有条件的地方应当加快实现狱政设施、技术装备、交通工具、通讯信息的现代化步伐，同时，监狱的一切工作必须以《监狱法》为准绳，监狱人民警察必须树立起严格依法治监的意识，严格依照法律规定管理监狱、执行刑罚、对罪犯进行教育改造。要对照《监狱法》，一条一条地检查监狱工作。凡与《监狱法》的规定相抵触的，应当立即停止；凡不符合《监狱法》规定精神的，应当及时调整。

司法部监狱管理局要会同各省、区、市司法厅（局）和监狱管理局，在今年下半年组织人员到各监狱检查贯彻《监狱法》的情况，年底汇总向司法部报告。要大力加强监管改造工作，坚持对罪犯实行依法管理、严格管理、文明管理和科学管理；加强对罪犯的规范化管理；坚持和完善计分考核、依法奖罚制度；全面推行分类关押、分级管理和分类教育。要把防脱逃、防重大案件、防非正常死亡的工作落到实处。对改造秩序混乱，事故连连发生的监狱，要采取果断有力措施，重点整顿，限期改变面貌。要进一步加大教育改造工作力度，努力提高改造质量。要根据形势的发展、罪犯构成及特点的变化，适时调整教育的内容和方式、方法，增强教育改造工作的针对性和实效性。要坚持办好特殊学校，对罪犯进行以法制、道德、人生观、形势政策等为主要内容的思想教育和文化、技术教育。要继续搞好对罪犯的分类教育和个别教育，开展法律咨询和心理矫治，建设丰富多采、有益于罪犯改造的监区文化，开展形式多样、有利于罪犯身心健康的各类辅助教育，切实抓好社会帮教工作。通过上述活动，先把监狱的"软件"搞强，为创建现代化文明监狱打下坚实的基础。

（四）认真抓好监狱生产，提高经济效益，落实财政、投资保障体制，为建设现代化文明监狱奠定可靠的物质基础。

建设现代化文明监狱的突出困难是资金问题。一方面要尽可能多地争取当地党委、政府的支持；另一方面要依靠监狱生产，坚持走自我积累、自我投入、自我发展的路子。在干警经费和犯人生活费纳入财政预算之后，要建立一项制度，各监狱都应从每年的生产收入中，提取一定比例的资金，作为现代化文明监狱的建设基金，专门用于建设监狱设施和改善技术装备。

在监狱生产方面，要力争在一两年内建立起一套既适应国家及地区经济发展、又适应自身特点，符合罪犯劳动改造需要的产业政策。要抓住1995年国家重点深化国有大中型企业改革的有利条件，研究探索既适应监狱工作特点、又符合市场经济需要的监狱经济管理体制。

要抓住落实《监狱法》和总理办公会议纪要以及《国务院关于进一步加强监狱管理和劳动教养工作的通知》为契机，积极主动向地方党委、政府及有关部门反映监狱工作存在的严重困难，争取新的财政、投资保障体制尽早建立和完善，经费尽早落实。截止目前，已有13个省（区、市）的经费基本按《纪要》落实到位，但仍有5个省（区）还未解决，其余12个省（区）政府虽然确认了建立财政保障体制，但经费尚未完全到位。另一方面，旧的问题刚刚解决，又出现了新的矛盾。去年以来，据匡算，仅增值税、干警套改公务员工资和粮油调价三项增支因素，全国监狱系统要增加支出20余亿元，监狱经济困难进一步加剧。面对这一严峻的问题，各地司法厅（局）和监狱管理局要紧紧依靠当地党委、政府及有关部门，积极沟通协商，实事求是地反映问题，尽可能使问题得到及时、彻底的解决。

根据建设现代化文明监狱的总体思路、要求、原则和措施，我们在对全国监狱情况进行综合分析的基础上，拟定了《关于贯彻实施监狱法创建现代化文明监狱的标准和实施意见（讨论稿）》。确定在本世纪内和下世纪前十年内，按两个层次、分期分批地把全国监狱基本建设成为现代化文明监狱。各省（区、市）司法厅（局），要根据司法部制定的《标准和实施意见》，尽快制定出本地区的规划，拟定省（区、市）级现代化文明监狱标准，报司法部备案。原则上软件应是统一要求，硬件根据实际情况可以有所区别。要按照每所监狱原有的设施条件、经济实力、工作基础、队伍状况，逐个排队，将所有监狱都纳入规划之中，并确定每所监狱的达标时间。

从全国监狱的现状和经过努力能够达到的目标考虑，我们的意见是：第一批在1996年之内，多数省（区、市）都应争取有1—2所监狱基本建成；第二批在1998年之内，每个省（区、市）争取有2—5所监狱建成；至下世纪前十年内，实现我们的总体奋斗目标。

四、从严治警，建设一支过得硬的监狱人民警察队伍

前面说过，我国的监狱干警是一支党和人民可以信赖的队伍。但是，也必须清醒地看到，近年来，在少数干警中确实发生了一些性质严重的违法乱纪问题，还有不少干警的法制观念不强，政治、业务素质不高。任建新同志在去年12月召开的全国政法工作会议上再次强调，要一手抓社会稳定，一手抓队伍建设。《监狱法》明确了监狱人民警察的法律地位，并提出了严格要求。在《监狱法》颁布实施的新形势下，各级监狱机关必须下大力气抓好干警队伍建设。

首先，坚持从严治警的方针，加强干警队伍的思想建设。从严治警是依法治监的前提，也是建设现代化文明监狱的重要内容。要依照《监狱法》及其他有关规定，对监狱人民警察严格要求，严格管理，以《监狱法》为依据，检查和衡量干警的言行；要开展经常性的思想政治工作，教育干警热爱本职工作，遵守职业道德，恪守工作纪律，秉公执法，严格依法行使职权，不断提高政策水平和执法水平。

其次，抓好各级领导班子的建设，培养和选拔一批跨世纪的领导人才。省（区、市）监狱管理局的主要领导，一定要按照中央决定的“条块结合，下管一级”的管理体制，由司法部和司法厅（局）协助地方党委配强管好。要按照党的十四届四中全会精神，选择和任用一大批德才兼备、富有改革创新精神的年轻干部。各监狱管理局应参照地方领导班子的建设要求，至少配备一名40岁左右的年轻干部，各监狱领导班子至少配备一名35岁左右的年轻干部。对大型监狱的主要领导，在职级上可以高配。

第三，要重视干警培训工作，强化三级培训网络。积极创造条件，通过院系调整，组建中央司法警官学院。今后监狱警察的主要来源应是大专院校和警官院校的毕业生；外单位转来的干部，也须接受警官院校的专业培训。要有计划、分期分批对监狱基层干警进行培训，有条件的可以到院校进修，提高第一线干警的业务素质。

第四，要理顺监狱领导管理体制，确保监狱工作的高效运转。监狱人民警察是一支武装性质的队伍，必须保证党对这支队伍的绝对领导。各省（区、市）监狱管理局和各监狱，都要建立党委。党委的主要职责是议大事、管大事，发挥核心领导作用。要实行党委领导下的监狱长负责制。要继承我们好的传统，建立政治工作体系，省（区、市）监狱管理局和各监狱可根据实际情况设政治委员。

第五，要加强基层建设。基层的作用十分重要，党中央的指示精神，国家的法律，上级领导机关的决策，都有赖于基层而得以贯彻落实。基层的干警长年战斗在第一线，直接与罪犯打交道，他们更需要关怀和帮助。各级领导要想方设法充实基层的力量，保证按一定比例配备警力。今后大专院校毕业分配到监狱的干警，要首先充实到基层第一线，在实践中锻炼提高。监狱各级领导班子的配备，要注意从有基层工作经验的优秀干警中选拔。要切实关心第一线工作干警的身体健康，定期检查身体，保证他们能够休假。在分配、生活、住房等方面，政策要向基层干警倾斜。

第六，建立、健全内部监督机制。监狱管理机关和各监狱都要坚持依法从严治监，从严治警。要教育广大干警自觉保持廉洁奉公的作风，提高拒腐防变的能力。建立、健全各种反腐败的内部监督机制，充分发挥法律监督、党纪政纪监督和群众监督的作用。监狱机关的党组织和纪检、监察部门要把保证《监狱法》的贯彻执行作为一项长期的、经常性的重要工作抓紧抓实，建立对《监狱法》执行情况的检查、监督等专项制度。要逐步建立和实行监狱执法中的国家赔偿制度和责任追究制度。对监狱因执行刑罚发生错误而造成的损失，要依法给予赔偿。对违法乱纪行为，特别是贪污受贿、以权谋私、徇私枉法和任意打骂、体罚、虐待罪犯的，要严肃查处，依法追究责任，决不姑息迁就。

第七，建立监狱工作的巡视制度。部监狱管理局和各省（区、市）监狱管理局都要建立巡视制度，对全国和本地区所辖监狱的执法情况和工作情况定期进行严格的检查、监督，广泛听取基层干警以至服刑人员的意见和建议，研究提出改进工作的措施，从而保证《监狱法》和监狱工作方针及各项政策的贯彻实施。

第八，要特别关心贫困单位的干警、职工的疾苦，想方设法解决他们的基本生活问题。领导机关特别是主要领导同志要深入蹲点，与那里的领导、群众共商脱贫大计，并给予切实有效的帮助。

司法部和各省（区、市）司法厅（局）必须加强对监狱工作的领导。这主要是加强对监狱管理局执行路线、方针、政策和法律的情况进行检查和监督；审查、批准监狱工作的重大决策和重要部署，并检查其执行情况；与有关部门疏通、协调，解决监狱管理局自身不能解决的问题；管理监狱局的领导班子和监狱系统的处级干部；加强对干警队伍思想建设和政治工作的领导与监督。同时，要注意发挥监狱管理局的职能作用。总之，上下之间要相互理解，形成合力，把监狱工作提高到一个新水平。

在这里,还要强调一下劳教工作。劳动教养制度,是一项具有中国特色的司法制度。创建40年来,成功地教育挽救了200多万轻微违法犯罪人员,为预防和减少犯罪、维护社会稳定作出了积极贡献。经过广大劳教工作干警的艰苦奋斗,已经发展到具有265个场所,10多万干警职工,22亿固定资产,年创产值25亿元的规模。去年6月,全国农村社会治安综合治理工作会议决定将劳动教养对象的收容范围扩大,致使劳教人员数量大幅度上升。目前,全国劳教场所收容总数已达25万名,超过了1983年"严打"时的最高峰(当时22万人),并且继续呈上升的趋势。同时劳教人员的结构也发生重大变化,流窜作案、"多进宫"、农村劳教人员、以及重复吸毒、卖淫、嫖娼劳教人员已占总人数的80%以上。这些劳教人员恶习很深,教育改造难度大,劳教工作任务更加繁重,工作相当艰巨。几十年的实践证明,劳动教养这项法律手段,在维护社会治安方面的作用是不可替代的。今后,劳教工作只能加强,不能削弱;只能提高完善,不能有丝毫的松懈。

为了适应劳教工作面临的新情况,要加快劳教立法的步伐。《监狱法》的立法工作为我们积累了经验。当前要加强调查研究,积极做好有关部门的工作,突破难点,推动立法工作。争取在与整个法律体系的关系、性质、审批、监督程序等问题上,取得重大进展。在新的劳教法律没有出台之前,《监狱法》规定的不少原则,特别是对干警的要求,对劳教工作也有参照作用,劳教工作干警也要认真学习。

同志们,当前建设现代化文明监狱和劳教所已具有良好的外部、内部条件,机不可失,时不我待。从现在起,全国监狱和劳教所都要紧紧围绕创建现代化文明监狱劳教所这一目标,扎实有效地开展工作,形成全员性参与、全方位运转、上下一致、齐心共创的局面。在新的一年中,我们一定要在党的十四大和十四届三中、四中全会精神的指引下,在江泽民同志为核心的党中央领导下,按照全国政法工作会议的总体部署,继续为维护社会稳定、保障改革开放和社会主义现代化建设的顺利进行作出我们应有的贡献。我们坚信,有中央和各省、区、市领导的关心与重视,各有关部门的大力支持,经过全体干警的艰苦奋斗,顽强拼搏,我们的目标一定能够实现!

张秀夫同志在全国监狱工作会议结束时的讲话

(1995年2月16日)

这次全国监狱工作会议,在党中央、国务院的亲切关怀下,经过与会同志的共同努力,顺利完成了各项议程,取得了圆满成功。会议始终以邓小平同志建设有中国特色社会主义的理论为指导,认真贯彻党的十四大和十四届三中、四中全会以及中央政法工作、经济工作等会议精神,突出了实施《监狱法》和创建现代化文明监狱的主题。这次会议必将对今后一个时期的监狱工作发挥重要的指导作用,在中国监狱工作史上写下光辉的一页。同志们普遍反映,这次会议气氛热烈,明确了目标,增强了信心,收获很大,是一次统一思想、振奋精神的会议,是一次务实鼓劲、催人奋进的会议。今天,罗干同志亲临会议,作了重要讲话。这是对我们司法行政干警、职工的巨大鼓舞和鞭策。我谨代表司法行政部门包括监狱系统的全体干警、职工向党中央、国务院表示崇高的敬意和由衷的感谢!

《中华人民共和国监狱法》的颁布实施,国务院继召开总理办公会专门研究解决监狱严重经济困难之后,又发出《关于进一步加强监狱管理和劳动教养工作的通知》,充分体现了党中央、国务院对监狱工作的高度重视和亲切关怀。可以说,当前,监狱工作有着很好的外部条件,时机十分有利。我们一定要贯彻落实好这次会议精神,团结一致,埋头苦干,力争我国监狱工作在1995年有较大的发展,不辜负党中央、国务院对我们的殷切期望。下面,根据大家讨论的情况和部党组意见,我再讲几个问题。

一、认真组织学习,做好会议的传达贯彻工作

这次会议内容丰富,意义重大。《国务院关于进一步加强监狱管理和劳动教养工作的通知》先后修改了十几稿,其中有许多精辟的论述和明确的规定,是重要的法规性文件,这表明国家对监狱工作的高度重视和极大的关心。罗干同志的重要讲话高度评价了我国监狱工作取得的突出成就和广大干警付出的辛勤劳动,强调了新形势下监狱工作的重要作用,对我们提出了更高的要求。肖扬同志在"学习、贯彻《监狱法》,努力实现建设现代化文明监狱的战略目标"的报告中,对《监狱法》作了深刻、透彻的分析,对实践有重大的指导作用。学习领会好会议的文件，才能贯彻落实好会议精神。希望大家回去以后，在组织广大干警认真学习和掌握邓小平同志建设有中国特色社会主义理论的同时，要很好地组织大家学习《监狱法》、国务院的《通知》、罗干同志的重要讲话和肖扬同志的报告，全面、准确地领会精神实质，统一思想认识。要运用各种宣传工具，采取多种形式，掀起一个学习热潮。各级领导干部不但要自己带头学，而且要深入基层，做辅导报告。学习要联系自己的实际，制订创建现代化文明监狱计划，开展创建现代化文明监狱活动。当前，监狱工作要紧紧围绕"抓住机遇、深化改革、扩大开放、促进发展、保持稳定"的全党全国工作大局，狠抓依法治监、从严治警，保证收押任务的顺利完成，确保监狱的安全与稳定。今年监狱工作的具体目标是：争取《监狱法》和国务院两个文件确定的财政、投资保障制度基本到位；全面推开创建现代化文明监狱活动，验收、命名一批部级或省级现代化文明监狱；罪犯脱逃率继续控制在0.13%以内，狱内发案率控制在0.06%以内；实现工农业总产值140亿元；基本杜绝干警体罚、虐待致死罪犯案件的发生；根据《监狱法》有关规定，分别与最高人民法院、最高人民检察院、公安部、武警总部、财政部、卫生部等制定下发可操作的具体规定。司法厅(局)和监狱管理局的领导，一定要深入实际，抓督促、抓检查、抓落实，认真研究新情况、解决新问题；特别是要到困难大、问题多的单位去，解剖麻雀，总结经验，提出符合实际、具有指导性的措施和办法，尽早使《监狱法》和国务院的两个文件落到实处，使监狱工作的整体水平上一个新台阶。

二、要贯彻好会议精神，必须进一步解放思想、更新观念

近10多年来，监狱工作取得了很大成绩，推出了一系列改革举措，监狱整体工作水平和干警的素质都有较大提高。但是，应当看到，监狱工作有一定的特殊性，受"左"的思想和计划经济体制的影响比较多，与社会其他行业相比，改革的难度比较大，我们的思想解放得还不够，至今仍有不少陈旧的观念和思维方式束缚着大家的思想。《监狱法》和国务院的《通知》，是40多年监狱工作实践的总结，也是近10多年来改革成果的总结，既有继承，又有发展。今后，要贯彻落实好《监狱法》和国务院《通知》，就必须继续解放思想、更新观念。否则，即使是在当前良好的外部条件下，我们的工作仍然难以上新的台阶。解放思想、更新观念，决不是一次就能完成的，在不同时期，解放思想、更新观念有不同的内容和要求，因此，为了适应形势发展的需要，就要不断地解放思想、更新观念。

在管教工作方面，新的监狱工作方针，强调惩罚与改造相结合，更加突出改造人这个根本目的。这就要求我们在改造人上多下功夫，想方设法提高对罪犯的改造质量。在这方面，近些年采取了一些改革措施，收效很大，但并不意味着到顶了，还大有文章可做。例如："三分"(分押、分管、分教)工作，目前的分押标准是不是很周全就值得进一步研究，象过失犯罪、经济犯罪等类型的罪犯，可不可以再分出来，单独编队，单独管理和教育。上海、江苏等地的一些监狱已经这样做了，各方面反映很好。又如处遇如何规范化、制度化、公开化也是一个值得探讨、有待改革的问题。对罪犯的管理，随意性比较大，一强调严格管理，一些同志就片面理解为可以任意训斥、打骂、体罚，甚至虐待；一强调文明管理，一些同志又放松要求，不管不问，甚至放任自流。我们有些干警在工作中表现出来的随意性，已经到了不能容忍的地步，必须下大力气解决。

在监狱生产方面，需要按照社会主义市场经济体制的要求改革的内容就更多了。如现在有不少同志过分强调监狱生产的特殊性，继续沿用行政的、计划经济体制下的管理方式去组织监狱生产，不面向市场、参与竞争，一味地等、靠、要，向国家伸手。应当承认，监狱生产有一定的特殊性，诸如劳动者的身份不同、劳动环境不同；国家对监狱生产的某些政策与社会生产不同等。但是，监狱生产是改造罪犯的重要手段，这就决定了监狱必须要搞生产，而且要搞好，使之有利于改造罪犯；监狱生产不能脱离市场而存在，产品一定要适应市场需要；监狱自身发展需要监狱生产不断增加积累等。在这些主要方面，监狱生产与社会生产则是相同的，因此，监狱生产也必须朝着面向市场、适应市场的方向改革，否则是没有出路的。

在队伍建设方面需要破的陈规陋习也不少。如在用人方面的论资排辈、搞平衡照顾，不敢启用优秀的年轻人、不尊重知识和人才的问题在不少单位仍然存在。这是我们监狱系统有待深化改革的一个大问题。当今社会已进入科技、信息时代，各方面的知识和需求迅速发生着变化，不尊重知识、不尊重人才，其结果只能是被甩在后面。市场的竞争，说到底是人才的竞争，没有人才什么事也办不成，甚至好事也会办坏。选择、任用人才，视野要宽一点，气魄要大一点。要坚持干部分类管理的原则，不要按党政干部、人民警察的标准选用生产经营的管理人员。

总之，只有不断解放思想，更新观念，才能适应逐步完善的法制建设和瞬息万变的市场经济，使我们的工作不断前进。

三、依法治监，确保监狱的安全与稳定

围绕全党、全国工作大局，监狱的首要任务是切实履行监狱职能，确保场所的安全与稳定。监狱作为国家刑罚执行的专门机关，惩罚罪犯是其神圣职责之一，确保监管安全任何时候都是我们第一位的任务，监管安全是维护狱内正常秩序，严格执行刑罚，有效组织罪犯进行教育改造的前提和保证,也是维护社会稳定、搞好社会治安的重要方面。纵观狱内发生的案件和各类安全事故,绝大多数都是由于干警思想松懈、麻痹或者有章不循、循章不严等人为因素造成的。为此,我们付出了沉重的代价,给国家、人民、干警自身及家庭造成了无可挽回的损失,教训十分沉痛。监管安全要以防逃和防各类案件为中心,尽管《监狱法》规定追捕逃犯主要由公安机关负责,但是监狱仍有发现逃犯即时追捕的义务,况且,罪犯脱逃,监狱是有责任的。各监狱必须认真抓好防逃工作,罪犯脱逃率只许下降,不许上升,更不准隐瞒不报。为此,一要切实增强干警的敌情观念和专政意识,不断用社会治安的严峻形势和本地区、本单位的典型案例教育干警,警钟长鸣,坚决克服松懈麻痹思想。二要把各项规章制度真正落到实处,经常督促、检查,坚决纠正有章不循、循章不严的倾向。三要大力加强狱内侦查工作,准确把握狱内敌情动向,及时防范、打击狱内犯罪活动,防患于未然,把各类案件消灭在萌芽之中。四要按照司法部的规定,严格控制外役劳动,严禁犯人外宿。组织外役劳动,必须在确保监管安全,防逃有方的前提下进行,否则即使有较多的经济效益也不能干。需要特别强调的是,今后任何人不得以任何理由让罪犯外出经商、跑项目。此事我们已是三令五申,谁要是一意孤行,就是明知故犯,再发生象前不久湖北、新疆发生的那样的问题,我们一定要严加追究监狱和监狱管理局主要领导人的责任,该撤职的撤职,该警告的警告,决不迁就、袒护。五要结合建设现代化文明监狱的要求,加快狱政设施和技术装备的现代化,增强监控、防范能力和干警的自卫能力。

为使监狱的各项工作步入正轨,提高监狱工作的整体水平,必须走依法治监的道路,用《监狱法》规范监狱的各项活动,努力提高执法水平。今年,各监狱要结合《监狱法》的学习、贯彻,对干警进行全员培训,在每一名干警的思想上牢固树立有法必依、执法必严、违法必究的观念,重点解决保护罪犯的正当权利,严禁干警打骂、体罚、虐待罪犯的问题。《中国改造罪犯的状况》白皮书发表已经两年,司法部三令五申禁止打骂、体罚、虐待罪犯,并且每年都将这方面的案例收集起来通报全国,以期引起各监狱的警觉和防范。《赔偿法》已经开始施行了,司法部起草了一个《司法行政机关行政赔偿、刑事赔偿暂行办法(讨论稿)》,其中就有监狱管理人员体罚、虐待罪犯造成身体伤害或死亡,殴打或唆使、纵容他人殴打罪犯,侮辱罪犯造成严重后果需要予以赔偿的规定。从现在起,我们要坚决照《赔偿法》办事,凡打伤、打死犯人的,不仅依法追究直接责任人员和单位领导的责任,而且要依照有关规定予以赔偿。依法治监、提高执法水平,应当以此为突破口,下决心解决这一多年来想解决而没有解决好的问题。黑龙江的事实和经验证明,只要领导重视,措施有力,常抓不懈,是完全可以办到的。同时,要坚决杜绝执法领域的权钱交易、贪赃枉法等腐败现象。对犯人处遇的决定、批准离监探亲以至减刑、假释、保外就医意见的提出,都应当坚持集体研究、依法逐级审批,并向犯人公开条件、公布结果,还应自觉接受人民检察院的监督。

四、多做工作、做好工作,力争财政、投资保障体制的及时到位

《监狱法》和国务院的两个文件,确立了国家对监狱工作的财政和投资保障制度。按照《监狱法》和国务院《通知》的规定,监狱人民警察经费参照当地公安干警经费标准列入预算,罪犯生活费按实物量标准计算生活费总额,纳入地方财政预算,这比总理办公会议纪要又进了一大步。国家已经给了我们许多很好的政策,能否及时到位,就要看各地司法厅(局)和监狱管理局的工作了。当然,司法部依然会责无旁贷地做促进、协调工作,对落实不好的省、区、市,司法部将再次派工作组协调落实,但能否落实关键在地方。同志们不要畏难重重、退缩不前。确立监狱财政保障制度是国务院作出的重要决策,不但写进了总理办公会纪要、国务院《通知》,而且载入了《监狱法》,我们相信各省、区、市政府是会充分重视、进一步落实的。过去有些地方落实得慢一点、差一点,主要是对这件事的意义了解不够,对监狱经济困难的严重情况知之不多,原因在于我们汇报少。只要我们把这次会议的精神汇报好,把下面的艰难情景说清楚,把工作做到家,党委和政府是会理解、支持我们的。更何况,十四届四中全会强调各级政府要维护中央的权威,政令要畅通;《监狱法》是国家的法律,地方人大有权也有责任监督法律的执行;各级政府要"保一方平安";监狱工作是重要一环,监狱不稳定,改造质量不高,平安也是保不住的。各地司法厅(局)、监狱管理局要把这项工作作为一件大事抓好、落实好,核心问题是建立制度,而不是在财务包干基础上的讨价还价。从1994年落实情况看,这项政策能否及时落实到位,并不完全取决于当地的经济条件和财政状况,有些省的经济比较困难,财政状况并不好,却能及时落实到位;而有些省的财政状况比较好,却迟迟没有落实好,关键在于党委、政府是否真正重视,我们的工作是否真正做到了家,是否取得了各有关部门的理解和支持。

同志们,在有了国务院总理办公会议纪要和《监狱法》之后,这次大家又带回去了国务院《通知》和罗干同志重要讲话,落实国家对监狱工作的财政和投资保障制度的条件非常有利,时机非常之好,机不可失,时不再来。大家回去后要以高度的责任感和历史使命感,积极主动地向党委、政府汇报情况,反映问题,提出方案,争取有关部门的理解和支持,一鼓作气圆满落实好。那些按政策规定已到位的省（区、市），对各监狱的干警经费和罪犯生活费，要按照“收支两条线”的原则，及时下拨到各单位，不得截留或挪用。

五、重视发展监狱生产，坚决抓出成效

《监狱法》确立了国家对监狱工作的财政保障制度，有些同志对监狱生产的意义和作用产生了错误的认识，认为监狱生产“可有可无”了，“搞好搞不好无所谓了”，“可以松口气了”，这是完全错误的。前面我已经讲过，监狱生产是改造罪犯的重要手段，是监狱工作的重要组成部分，不仅中国的监狱这样做，世界上大多数国家的监狱莫不如此。试想，如果监狱不搞生产，大批犯人坐吃闲饭，最终势必严重影响对罪犯的改造质量和监狱的稳定。从这个意义上讲，不仅现在在监狱所需经费不能全部保障的情况下，需要搞好监狱生产，就是在今后监狱所需经费有了较多保障的情况下，同样应当搞好生产。目前，国家拨给监狱的经费与监狱实际需要尚有较大的差距。同时，建设现代化文明监狱也需要大量的资金，国家财力有限，增拨的很少，五所部直属监狱、劳教所只给了 3200 万元，还要分三年付给，一年只有 800 万元，大量的资金要靠发展监狱生产来积累。我们必须把监狱生产放到重要位置，认真抓出成效来。

必须坚决贯彻朱镕基副总理关于监狱生产不能亏损的重要指示，对监狱企业实行分类管理，分类指导。各地要根据各监狱的生产发展前景、资源潜力、管理水平等不同情况，进行分类排队，把监狱企业划分为生产发展型、巩固型、收缩型三种类型，在投资、财务、管理等方面采取区别对待的政策。目前，主要是抓好发展型和收缩型单位的建设和管理。要通过加大对发展型单位的投入，建设一批监狱系统的经济支柱企业和关押改造基地；对那些长期亏损、扭亏无望的单位要采取收缩或关、停、并、转的措施，逐步消灭经营性亏损。要有信心、有决心发展监狱系统的大工业、大农业，增强市场竞争能力。

要建立监狱系统国有资产管理体制。按照国务院国发[1995]4 号文件和《国有资产监管条例》的精神，各省（区、市）监狱管理局应建立国有资产管理机构，做好监狱系统国有资产的委托管理工作，落实资产的所有权、经营权和监督权，确保监狱系统国有资产的保值、增值。

要切实解决好工人厂分离和办社会负担过重的问题，《监狱法》规定：“监狱的管理人员是人民警察。”这就是说，在监狱管理工作中，不再允许存在“以工代干”的现象。另一方面，国家对监狱工作的财政保障，也不包括工人这一块。全国监狱系统在职和退养工人近 50 万，这些工人的开支，国家是不保的，要靠自己发展生产来解决。因此，要加快工人厂的建设，积极推进社会保险制度的改革，按照国家的总体要求和自己的实际情况，确定养老保险、失业保险、医疗保险和住房公积金的实现形式，逐步加大系统办社会职能社会化的比重，减轻监狱系统的经济负担。据了解，工人厂分离之所以进展缓慢，究其原因，主要是有些同志仍想走“以工代干”、“以工转干”的老路。对此，部党组作了认真研究，一致认为“以工代干”、“以工转干”的路子，不但国家和监狱在经济上不堪负担，而且使监狱警察队伍只能在低层次循环，对建设现代化文明监狱十分不利，必须坚决改变。今后，监狱警察应一律由专业院校补充。我们鼓励监狱系统工人通过考试升学，但决不再搞“以工代干”、“以工转干”。

在此，我要谈谈“统一领导，双轨运行”的问题。“统一领导，双轨运行”，当时主要是针对监狱内部政企不分、以行政办法管理经济工作的旧模式而提出来的，其基本精神是要强化改造、搞活经济，摒弃用管理监狱的办法来管理监狱经济；同时，又可以避免忽视监狱工作特点，用搞市场经济的办法来搞监管改造。总的看，“统一领导，双轨运行”的基本精神是好的，应予肯定。但是，如何操作，还需要通过试点逐步摸索经验。从目前来看，可先做好以下几项工作：一是财务分开，也就是监狱财务和企业财务要分开，各自独立建帐，各自在银行开户。两者分开的目的，是要确保国家核拨的监狱经费专款专用和企业财务核算的科学规范。这个问题，我部与财政部已取得共识，会后要抓紧调研，尽快下达实施意见。二是国有资产分开界定。要分清楚哪些属于监狱的国有资产，哪些属于企业的国有资产，两者要界定清楚，分别建帐，分别管理。这样做的好处是，今后监狱只对企业负有限责任，企业承担国有资产的保值、增值，企业亏损不再影响监狱的运转，可以保全监狱资产。三是在党委统一领导下决策分开。监狱党委统一领导，不是包揽经济工作的一切，主要是管长远规划、重大投资、经营方向和财务预算。属于为适应市场变化而进行的结构调整、产品开发、技术改造、经营销售和企业管理等，应交由厂长（经理）和“三总师”组成的生产指挥班子决策并组织实施。四是人员分开。第一步，先把混岗劳动的工人同罪犯分开，以工代干的工人从干部岗位上分离出来，单独组建工人厂（或车间）；第二步，要逐步建立与现行监狱干警管理制度相配套的企业干部管理体制，实行符合市场经济特点的灵活的用人制度和分配办法，以利于吸引多方面的技术、管理人才，调动各类人员的积极性。同时，要尽快组建监狱系统集团公司。朱镕基、李岚清、罗干等国务院领导同志早在两年以前就批准部监狱管理局成立集团公司。这是市场经济发展的必然要求，监狱系统企业要想在市场竞争中站稳脚跟，扩大市场，发挥优势，壮大实力，必须走集团化的道路。各省、自治区、直辖市监狱局要尽快组建承担省局管理监狱经济职能的集团公司，也可以有选择地成立优势产业的行业性集团公司或跨地区的监狱系统集团公司。此外,各地要坚决执行关于禁止监狱产品出口的规定。在当前国际人权斗争十分激烈复杂和中、美两国围绕知识产权正在紧张谈判的情况下,我们决不能在监狱产品出口问题上出漏子,为局部利益而损害国家全局利益,损害国家形象。

六、加强思想政治工作,提高干警队伍素质

最近一个时期,中央领导同志特别强调加强政法队伍建设,作了很多重要指示,肖扬同志在报告中已经作了很好表述。我再讲一点意见,就是要清醒认识国内外斗争形势,树立做好监狱工作的高度使命感和责任感。监狱工作干警作为国家的执法者,在工作中的一言一行,往往与国家的利益与执法形象有着密切的关系。必须体现好这一形象,做到时时、刻刻、处处站在党和国家利益的高度考虑和处理问题,必须站得高、看得远,时刻关注国内外形势发展与党和国家的大政方针,做到立足本职,胸怀全局。

这些年,国际形势急剧变化。这些变化,很多都与我们的工作有密切联系。东欧社会主义阵营解体后,以美国为首的西方反动势力企图主宰世界,推行霸权主义和强权政治。他们从自身的利益出发,一方面,不能无视中国的地位;另一方面,又不希望社会主义中国的强大,企图从战略上遏制中国。为此,他们加紧推行对我"西化"和"分化"的战略,企图用西方的社会制度、意识形态和价值观念来和平演变中国;企图通过培植、鼓动与支持政治的、民族的、宗教的反动分裂势力,将中国分而治之。我们在捍卫国家主权、维护民族利益和统一等方面,同他们的斗争将是长期、复杂的。这场斗争的一个重要领域,是国际人权斗争,并且,这一斗争在监狱工作中的反映越来越突出。近年来,他们不断地以所谓迫害持不同政见者、迫害宗教人士、或以劳改产品出口、打骂体罚虐待罪犯等问题为借口,攻击和污蔑我国的政治制度,对我施加压力;关押在监狱的一些罪犯也通过各种方式,千方百计地与国外反华势力联系、勾结,对监狱工作、对我们党和国家进行诬蔑攻击,企图得到西方反动势力的支持和声援。这样的事,去年发生了不少起。可以说,在新形势下,监狱工作已经成为国际人权斗争的一条重要战线。在这一斗争中,如果我们工作不慎,出现疏漏,授人以柄,其后果将不仅仅是个人犯错误、单位受损失,还会给国家的外交斗争造成被动,给国家的执法形象造成损害。因此,要经常教育干警提高政治敏锐性,时刻保持一个国家执法者所应有的高度警惕性,站在国际斗争的高度,站在维护国家尊严和形象的高度,树立做好监狱工作的使命感、责任感,切不可因为我们的疏忽大意和工作中的问题,而影响大局、给党和国家脸上抹黑。

从国内形势来看,这几年,正是深化改革、向社会主义市场经济转轨的关键时期。今年,我们面临着抑制通货膨胀、深化国有企业改革等一系列繁重任务,一些别有用心的人,会千方百计地利用人民群众对物价上涨、腐败现象、治安不好等问题的不满情绪制造事端,社会不安定因素可能继续增加。这些情况,必然会反映到监狱工作当中。为此,必将对我们的工作提出新的和更高的要求:一是为了整顿治安、维护社会稳定,服刑人员将持续增加,监狱工作任务必然更加繁重,并带来关押场所、干警编制、生产门路、经费保证等一系列问题。我们必须从各方面做好充分的准备。尤其是在服刑人员大量增加,场所、警力不足、经费短缺、因为缺乏生产门路坐吃闲饭的犯人增加等情况下,要在确保如数收监的同时,不放松对犯人的管理教育,尽可能地搞好生活卫生,稳定犯人的思想情绪,防止发生各种事故,保证场所秩序的持续稳定。二是在深入改革的过程中,社会上的不稳定因素、腐败现象,也会反映到监狱内,对少数顽固分子抗拒教育、内外勾结、甚至铤而走险的警惕性不能放松,对监狱工作中反腐败斗争的尖锐性不能低估。但还要看到犯人的多数是可以改造成为守法公民的,只是需要一个艰苦改造过程,在这个过程没有完成之前,不少犯人由于恶习很深,危险性很大,他们不是"死老虎",而是"活老虎",我们千万不能麻痹大意。这几年,发生的几起犯人杀害干警的恶性案件,都与干警的麻痹大意有关。有的干警敌情观念淡薄,思想麻痹松懈,与犯人你我不分,甚至吃请受贿,从改造人,变成了被改造。这种情况要引起我们各级领导的高度重视。要经常提醒和教育干警,经常保持清醒的政治头脑和高度的警惕性,绝不能有丝毫的松懈与麻痹。三是建立社会主义市场经济体制的新形势,带来了社会各个方面的巨大变化,给监狱的管理教育、生产经营、队伍建设都提出了新的课题;同时,现在犯人的成分结构也发生了很大的变化,我们的干警不能满足和局限于原有的一套工作办法,要经常分析研究新的情况和问题,及时采取相应的对策,改进各方面的工作,适应新的形势和任务需要。

七、把创建现代化文明监狱活动开展得更广泛、更有成效

肖扬同志在报告中系统地阐述了建设现代化文明监狱的总体思路、基本要求和主要措施,讲得很详细、很明确,希望大家认真贯彻落实。建设现代化文明监狱是当代监狱建设的崇高目标,是历史赋予我们的光荣使命,是今后衡量监狱工作好与差的主要标准。监狱的一切工作,都要朝着"法制健全、执法严格、管理文明、设施完善、装备先进、改造手段科学、物质保障有力"的方向奋进,今年要前进一大步,取得突出成绩。

建设现代化文明监狱的目标一经提出,受到国内外多数人的好评,得到广大监狱干警的热烈响应,对监狱工作起到了积极的推动作用。这证明，以建设现代化文明监狱为目标，推动监狱工作上一个新台阶的战略部署是正确的、有效的。现在，《监狱法》颁布实施，国务院《通知》已经下发，监狱的财政和投资保障制度确立，建设现代化文明监狱的外部条件与一年半以前相比更加成熟、更为有利。因此，这次会议之后，我们一定要把建设现代化文明监狱的目标叫的更响亮，把各方面的工作做得更扎实、更有效。

经部党组研究提出的，把建设现代化文明监狱考核评比由原来的两个层次改为四个层次的意见，得到了与会同志的一致赞同，年底我们将以此组织考核。这样做，虽然今年评为部级和省级现代化文明监狱的单位比较少，但是评出有现代化文明监区的监狱将比较多，评为创建现代化文明监狱先进单位的监狱将遍布各个省、市、区。所有的监狱都有创佳绩，受表彰的机会，因此无一例外的都应把创建现代化文明监狱的活动开展起来。我们要求每所监狱都要在贯彻这次会议精神的基础上，广泛发动群众，根据司法部《关于贯彻实施监狱法创建现代化文明监狱的标准和实施意见》，结合自己的实际，制订创建现代化文明监狱计划，并付诸实施，使创建现代化文明监狱的活动普及到每所监狱、每个监区。

部里制订的《标准和实施意见》，曾在去年7月南戴河司法厅局长会议上征求过意见，因为等《监狱法》和国务院《通知》而搁置了一段时间。这次会前部党组又讨论了一次，并再次征求了大家意见，已经成熟，会后将尽快下发。各地接到后要在监狱范围内广为宣传，使之人人皆知，成为共同的工作目标，推动创建现代化文明监狱活动的开展。

同志们，新的一年已经开始，让我们在以江泽民同志为核心的党中央领导下，精诚团结，振奋精神，深化改革，大胆创新，切实贯彻《监狱法》，认真落实国务院文件，积极推进现代化文明监狱建设，不断提高监狱执法水平，提高罪犯改造质量，为国家的改革、发展与稳定做出积极的贡献，以新的工作业绩向党中央和国务院汇报，以新的精神风貌向21世纪迈进！

充分发挥司法行政机关的职能作用，为改革开放经济发展和社会稳定服务

——肖扬同志在全国司法厅(局)长会议上的讲话

（1995年2月16日）

这次全国司法厅(局)长会议是在我国改革开放、经济建设取得新的进展，全国各族人民正在积极贯彻党中央和国务院提出的今年工作方针的形势下召开的一次重要的会议。这次会议的任务是总结1994年的司法行政工作，紧紧围绕今年全党和全国工作的大局，部署1995年工作，研究在新形势下充分发挥司法行政机关职能作用，保障和促进国民经济持续、快速、健康发展和社会全面进步。

下面，我讲五个问题。

一、1994年是司法行政工作深化改革和加快发展的一年

1994年，司法行政工作在党中央和国务院的领导下，紧紧围绕经济建设这个中心和改革、发展、稳定的大局，不断强化法律保障和法律服务职能，各项业务都取得了明显成效。

——创建现代化文明监狱和劳教所工作开始启动，监狱、劳教工作稳步发展。一年来，各地就贯彻落实1993年11月国务院第17次总理办公会议精神，确立监狱、劳教工作新的财政保障体制，做了大量工作。到目前为止，全国已有25个省、自治区、直辖市按照《纪要》要求，就干警经费，犯人和劳教人员生活费以及其他专项经费拟订了方案，其中绝大多数省(区、市)已经政府批准，经费开始到位。各地以创建现代化文明监狱、劳教所为目标，加强了监狱、劳教所建设，监所面貌有了一定改观，干警执法水平有所提高，监所秩序持续稳定。监狱和劳教工作适应严打斗争和专项治理工作的需要，克服警力不足、经费短缺等严重困难，努力改善关押条件，保证了严打斗争的顺利进行。截止去年底，全国各监狱新收押犯人33.4万人，在押犯人总数达128万多人，分别比1993年增长22.9%和3.35%；全年犯人脱逃率为0.13%。

——律师工作的改革和发展不断深化。在转变观念、改革体制、发展队伍、变革管理方式、加强律协建设等方面均有新的进展。探索律师事务所的改革新路，逐

步形成了“占编所”、合作所、合伙所并存的格局；律师资格考试，报考人数达11.7万人，创历史最高水平；首次允许359名港澳台居民参加大陆律师资格考试；探索建立公职律师制度，使律师更好地为政府决策服务。截止去年底，全国律师已达8.2万多人，律师事务所达6600多所，分别比1993年增长20%和29%。已批准41家外国（境外）律师事务所在华设立办事处。律师工作有了新的起点，律师业务开始涉足高新领域和新兴产业，为维护社会主义市场经济法律秩序发挥了作用。全年律师担任常年法律顾问19.4万家，比上一年增加5%，办理各类法律事务116.7万件，其中诉讼案件78.3万件，非诉讼代理38.3万件，分别比1993年增长13.5%和9.4%。律师参与刑事诉讼辩护达17.9万多件，对确保法律的正确实施，惩罚刑事犯罪，维护社会稳定起了积极作用。律师队伍的素质有了一定提高，有3000多名博士、硕士和留学归国人员加入了律师队伍。

——公证工作改革迈出了新的步伐。一些地方的公证机构开始由现行的行政机关向事业单位转变。各地公证机构积极为经济建设服务，拓展公证服务领域，取得了成效。去年，全国共有公证处3114个，比上一年增加1.37%，公证人员已达1.7万多人，比上一年增加1.2%。一年来，全国共办理各类公证750万多件，其中办理国内公证614万多件，涉外公证98万多件。

——人民调解和基层法律服务工作全面发展。广大人民调解组织和基层法律服务所努力拓宽业务领域，为维护城乡社会的稳定，促进经济建设作出了积极贡献。全国基层法律服务机构达3.7万多个，基层法律服务人员达11万多人，共担任基层法律顾问27万家，代理民事诉讼和非诉讼法律事务81万件；调解组织达96.4万多个，调解人员930万人，调解民间纠纷551万件，对化解矛盾、减少犯罪、预防犯罪，起到了第一道防线的作用。

——法制宣传教育工作跨上新台阶。在领导干部学法方面，去年12月9日和今年1月20日，中央领导同志两次集体听法制讲座，在全国乃至境外都引起了极大的反响。在此之前，司法部会同中央有关部门举办了两次部级领导干部市场经济法制讲座，收到了较好的效果。江苏、四川、山东、天津、安徽、广西、北京、内蒙等十个省、区、市的省级领导也分别听取了法律知识讲座。去年8月在吉林召开的百县农村普法经验交流会，有力地推动了农村法制教育和依法治理工作。在宣传内容上突出了市场经济法律法规的学习和宣传，加强了新颁布的《消费者权益保护法》和《劳动法》等市场经济重要法律的宣传。由司法部、国家工商总局组织的“《消费者权益保护法》知识竞赛”活动，有1100万干部群众参加，11家新闻单位进行了跟踪报道，有效地推动了该项法律的宣传普及。编辑出版了《邓小平论民主法制建设》和《学习邓小平论民主法制建设讲座》等多部全国普法教材。法制新闻和法制文艺宣传的内容和形式更加丰富多样。依法治理工作向纵深发展。行业依法治理、基层依法治理和各层次的行政区域依法治理已初步形成网络。

——法学教育工作改革取得新进展。为适应新时期社会发展的需要，认真贯彻《中国教育改革和发展10年纲要》和全国教育工作会议精神，在扩大教育培训的规模上有较大发展，在改革办学体制和培养模式上有所突破，在加强宏观管理上也有所进展。部属五所普通高校1994年招收本专科学生5400多人，首次突破5000人的招生规模，达到复办以来的最高水平。在办好普通高教的同时，还大力加强了成人教育和对政法干警的岗位培训。

——司法协助工作有了新的开拓。司法协助谈判签约工作数量有所增加，与保加利亚、俄罗斯草签或正式签署了司法协助协定。司法协助执行工作，截止去年底，相互请求司法协助共588件，其中我国请求国外协助的303件，有效地保障了我国法院涉外审判活动的正常进行。去年司法协助工作在打击跨境犯罪，进行境外取证等方面发挥了积极作用，显示出独特的优势。在办理中国农业银行衡水中心支行一百亿美元备用信用证诈骗案和首都钢铁公司船务公司原总经理邵军贪污受贿案中发挥了重要作用，受到了党中央和国务院领导的充分肯定。

——司法外事工作比较活跃。高级别互访有所增强，扩大了与重点国家特别是亚太地区及周边国家的司法交流；围绕司法行政工作改革和发展的需要，加强专业交流，并分别与联合国有关机构和芬兰司法部共同在北京举办了“刑事司法信息发展与政策应用研讨会”和“中芬司法研讨会”；围绕中美两国最惠国待遇问题，认真贯彻中央部署，与美方经过艰苦谈判签署了中美禁止监狱产品出口谅解备忘录的执行程序等文件；积极参与联合国预防犯罪领域活动，参与打击有组织跨国犯罪世界部长级会议、反“洗钱”会议等，并就该领域活动的方向、重点等问题提出了建议和主张，受到国际社会的广泛关注和重视。

——法制建设工作取得重要进展。《监狱法》经过八年多的努力，已于去年八届全国人大常委会第十一次会议通过；《律师法》也已于去年底上报国务院，《公证法》数易其稿，正在作进一步修改。《人民调解法》正在起草中。去年一年，以部令和部发文件形式颁发司法行政工作规范性文件39件，促进了司法行政工作的规范化、制度化建设。此外，还组织和参与了《仲裁法》的修改和实施的准备工作。

——队伍建设得到加强。去年全系统广大干警认真学习邓小平同志建设有中国特色社会主义的理论和法制建设思想，提高了政策理论水平和执法水平。在全系统开展了树立司法行政干警良好形象的大讨论，表彰先进，树立正气；同时，认真贯彻从严治警的方针，集中整治了监狱、劳教所存在的殴打、体罚、虐待犯人和劳教人员的违法违纪行为，干警队伍的精神面貌有了很大改观。在律师、公证员、基层法律服务人员中认真进行了职业道德和执业纪律的教育和整顿。从总体上看，司法行政队伍素质有了明显的提高。

——司法行政系统反腐败斗争和党风廉政建设继续保持了健康发展的势头。一年来，司法行政系统各级领导认真贯彻中纪委第三次、第四次全体会议精神，坚持了“两手抓，两手都要硬”的方针，反腐败工作取得了积极成果。处以上领导干部按照廉洁自律“两个五条”规定的要求，按期召开了领导干部专题民主生活会，进行对照，自查自纠。全系统共查处大案要案123起，受刑事追究的106人。纠风整纪工作有所加强，“三乱”和公费出国出境旅游等不正之风基本刹住，同时加大了执法监察的力度，注意健全各项制度，建立约束机制。这对司法行政工作的改革和发展、以及干警队伍建设起到了积极作用。

此外，司法行政财务装备、后勤保障、审计、司法理论研究和司法行政对台工作等都取得了新的成绩。

总之，过去的一年，是司法行政工作深化改革、加快发展的一年，是全国40多万司法行政干警不断开拓进取的一年。但是，在成绩面前，我们也应看到工作中存在的不足和差距，主要有：一是一些地方司法行政机关的领导思想不够解放，缺乏进一步改革的勇气，改革措施不到位，改革的力度不大。发展也不平衡，虽有重点突破，但缺乏整体推进，影响改革的总体效应；二是随着改革的深化，一些新的矛盾和深层次、高难度的问题不断出现，未能及时研究新思路，探索新举措，拿出新对策，一些配套的政策法规跟不上，管理、服务工作滞后；三是司法行政干警的政治素质与形势的发展、任务的要求还不相适应，队伍中的违法乱纪和腐败现象时有发生；四是部分地区受撤并区、县司法局影响，基层队伍不稳定。这些问题应当引起我们足够的重视。

当前，司法行政工作面临着难得的历史发展机遇。司法行政工作得到党中央、国务院的高度重视，在加快改革开放、建立社会主义市场经济体制的过程中，司法行政工作的地位和作用日益显著，维护社会稳定、建立社会主义市场经济法律秩序，对司法行政工作提出了新的更高的要求。展望未来，司法行政工作任重道远，前景广阔，大有可为。

1995年司法行政工作的基本思路是，以邓小平同志建设有中国特色社会主义的理论为指导，深入贯彻中央经济工作会议和全国政法工作会议精神，牢固树立大服务思想，进一步深化改革，促进发展，开拓业务，加强管理，提高素质，为维护社会稳定和社会主义市场经济法律秩序，为完成党中央提出的今年经济工作任务提供可靠的法律保障和优质的法律服务。

二、充分发挥司法行政机关在社会稳定中的职能作用

（一）要充分认清当前的形势和司法行政机关肩负的重任。今年是实行国民经济和社会发展“八五”计划的最后一年，也是为进入“九五”计划作好准备的一年。继续处理好改革、发展、稳定的关系，对维护党和国家的大局，实现国民经济持续、快速、健康发展，促进社会进步，有着十分重要的意义。在这种形势下，我们应看到维护社会稳定工作的重要性、复杂性、艰巨性和长期性。从国际上讲，某些敌对势力不愿看到社会主义中国的强大，仍在有组织、有计划地对我进行“西化”和“分化”，挥舞所谓“人权”大棒，恣意攻击我国人权政策和监狱政策。从国内讲，少数敌对分子与境外敌对势力遥相呼应，伺机制造动乱；民族分裂活动和部分地区的非法宗教活动猖獗；一些地区社会治安不好，群众缺乏安全感；改革开放过程中，还出现了一些社会问题，内部矛盾增多。对此，各级司法行政机关领导同志务必保持清醒的头脑，广大司法行政干警务必认清在维护社会稳定中肩负的重要职责。司法行政机关作为人民民主专政的重要机关、政法部门的重要组成部分，在维护社会稳定方面负有重要的责任。不仅监所稳定直接关系到国家政权稳定，而且法制宣传教育、法律服务、人民调解等各项业务工作也是运用法律武器维护社会稳定、建立社会主义市场经济法律秩序的重要工作。全体司法行政干警都要自觉服从和服务于全党全国工作的大局，充分发挥司法行政机关的职能作用，为维护社会稳定，维护国家的长治久安做出贡献。

（二）大力加强监狱、劳教工作，确保监所稳定，提高教育改造质量。监所的稳定关系到国家的政治稳定和社会安定。当前，随着打击严重刑事犯罪和严重经济犯罪斗争的深入，农村社会治安综合治理的广泛开展，在押罪犯和收容劳教人员激增，部分监狱、劳教场所人员爆满，新收罪犯和劳教人员的结构发生变化，改造难度增大。今年是创建现代化文明监狱、劳教所的第二年，也是创建工作全面启动、重点实施的一年。监狱、劳教工作要以创建现代化文明监狱、劳教所为目标，以改革和发展为动力，牢固树立场所安全稳定的思想，切实把监管工作放在首位，努力提高罪犯、劳教人员的改好率，确保监所的安全稳定。当前，要认真做好《中华人民共和国监狱法》的贯彻实施工作。要以此为契机，依法治监、从严治警、把监管改造罪犯工作提高到一个新的水平，努力减少和预防重新犯罪，为维护社会稳定作出积极贡献。

(三)做好刑事案件律师出庭辩护工作,保障法律正确实施,准确、及时打击各种犯罪活动。各级司法行政机关要切实抓好律师刑事案件出庭辩护工作,尽快扭转刑事辩护案件下降的现象。要引导、教育广大律师增强社会效益观念、全局观念和稳定压倒一切的观念,把社会效益放在第一位,努力为维护国家法律正确实施和维护当事人合法权益、维护社会稳定作出积极贡献。

要加强对律师刑事辩护工作的指导,总结交流律师刑事辩护工作的经验。在刑事辩护中,律师要对被告人进行法制宣传,增强其法制观念;要坚持以事实为根据,以法律为准绳,依法维护被告人的合法权益。

(四)认真做好人民调解工作,化解矛盾,减少纠纷,维护基层的社会稳定。人民调解是广大人民群众自我教育、自我管理、自我约束的好形式,是社会治安综合治理的第一道防线,在"保一方平安"、维护广大农村和基层稳定中发挥着不可替代的作用。在新形势下,要充分发挥人民调解工作在维护基层稳定中的重要作用,首先要健全调解组织,稳定人民调解队伍。同时,要认真研究新形势下出现的新情况、新问题,及时调解改革过程中出现的新的纠纷。当前,一些企业不景气,各种矛盾和纠纷增多;农村宗族势力抬头,民间纠纷很容易激发为刑事案件;流动人口聚集区里,也频发各种纠纷。人民调解工作要认真研究这些新情况、新问题,制订相应的预防和调解对策,采取有力措施,维护基层的稳定。

(五)围绕社会稳定开展公证服务。一是要做好城市民工身份公证工作,协助有关部门加强对民工和流动人员的管理。二是要通过公证活动,引导当事人依法进行民事活动,防止因民事纠纷引发治安和刑事案件。

(六)继续做好刑满释放、解除劳教人员的安置、帮教工作,预防和减少重新违法犯罪。各级司法行政机关要继续认真落实中央(1993)7号文件精神和中央综治委、公安部、司法部等六部委去年下发的《关于进一步加强对刑满释放、解除劳教人员的安置和帮教工作的意见》,认真研究在市场经济条件下的新问题、新情况,切实做好这项工作。要逐步建立和完善对刑满释放、解除劳教人员帮教、安置工作的机构、网络和制度,积极探索市场经济条件下刑满释放和解除劳教人员安置就业的新途径、新办法,使他们重返社会后有栖身之地和就业之路,从而预防和减少重新违法犯罪,维护社会稳定。

(七)积极开展国际司法人权合作与斗争,为维护国内稳定创造良好的国际环境。配合国家外交,开展国际司法人权合作与斗争,有利于维护我国的主权和尊严,有利于挫败西方敌对势力对我的攻击和诬蔑,也有利于维护国内的社会稳定。开展国际司法人权合作与斗争,首先要加强对这项工作的研究。部里目前正在抓紧筹建司法人权研究中心,各地亦应组织力量,加强研究工作。其次要利用国际讲坛和司法外事交流,广泛宣传我国司法人权保护的方针政策和取得的成就,驳斥西方敌对势力对我的攻击,消除一些不明真相的国际人士对我的误解。再次,我们要依法切实保障罪犯和劳教人员享有的权利。这是开展国际司法人权合作与斗争的基础。

(八)扩大国际司法协助,打击潜逃境外的犯罪分子和跨国犯罪活动。随着改革开放的深化,我国与国际间的联系日益增多,涉外案件也随之增多。同时,有组织的跨国犯罪活动也呈上升趋势,亟需加强国际司法协助。为适应这一形势的需要,一是要加快与我交往密切的国家签订国际司法协助协定,保证协助渠道畅通、有效,妥善处理民商事纠纷,打击和遏制潜逃境外的犯罪分子和跨国犯罪活动,维护国家利益。二是要严格按照国际惯例办事,防止司法协助工作政出多门,以维护国家法制的统一。

三、充分运用法律手段,保障和促进今年全国经济工作主要任务的顺利完成

江泽民总书记在中央经济工作会议上明确指出,1995年经济工作的主要任务是:"继续加强和改善宏观调控,抑制通货膨胀,保持国民经济好的发展势头;以深化国有企业改革为重点,推进各项配套改革,完善宏观管理体制;增加农业投入,确保农副产品供应,全面发展和繁荣农村经济;加大结构调整力度,强化管理和推动技术进步,提高经济的整体素质和效益"。司法行政机关作为法制工作的重要部门,要充分运用法律手段,保障和促进今年全国经济工作主要任务的顺利完成。为此,法律服务工作必须继续树立大服务思想,坚持"解放思想,深化改革,促进发展,强化管理,提高素质,开拓业务,优化服务"的原则,以发展市场中介组织为取向,发挥为政府实现宏观调控的参谋助手作用,为国有企业转换经营机制,走向市场的法律顾问作用,以及发展农业和科技进步的促进作用。具体要做好以下几项工作:

(一)进一步开拓法律服务领域

要开拓为政府实现宏观调控服务的领域,使法律服务工作进入决策层,帮助政府部门运用法律手段实现宏观调控。法律服务人员要通过担任政府法律顾问,依法协助政府审查制订宏观经济调控政策、产业政策和各类规范性文件;积极为政府的全局性决策和重大法律事务提供法律意见和建议;积极开展抵押贷款和国家重点投资项目贷款公证,保证国家信贷调控手段的有效运用;积极开展律师的税务代理业务和纳税公证业务,保证税收征管顺利进行。要协助政府制定有关物价监管政策,抑制通货膨胀。

要开拓为国有企业改革的服务领域。通过担任企业法律顾问和为企业办理公证，依法帮助企业继续贯彻《转换经营机制条例》，落实企业经营自主权，转换经营机制；帮助企业贯彻《国有资产监管条例》，进行清产核资、评估资产、界定产权、清理债权债务、核实企业资本金；要帮助企业贯彻《公司法》，按照《公司法》的规定建立现代企业制度，做好内部股份制改组，特别是上市公司规范以及股票发行上市工作；帮助大型企业做好组建企业集团试点工作；帮助长期亏损、扭亏无望、不能偿还债务的企业做好清算、整顿、破产工作；帮助产品技术落后，无法适应市场需求的企业做好转产、兼并或转让工作；帮助国有企业通过股份合作制、租赁、承包、拍卖等办法进行改组改造；帮助企业做好富余人员分流、安置和重新就业工作；帮助企业做好职工失业保险和养老保险工作，建立、健全企业的社会保障制度。

要开拓为发展农业和促进科技进步服务的领域。要依法帮助乡镇政府依照《土地管理法》、《村镇建设用地管理条例》，切实保护耕地和耕种面积，坚决制止撂荒和乱占耕地现象；帮助国有商业部门完善与农民的购销合同制度，减少农副产品流通环节，稳定市场价格；帮助广大农民运用法律手段坚决抵制乱摊派、乱收费，坑农害农现象，保护广大农民发展农业的积极性；帮助企业和公民依法维护自己的知识产权，帮助政府部门打击各种侵犯知识产权的行为，保障和促进科学技术的发展。此外，还要积极开拓为各类生产要素市场服务的新领域，如房地产公证、保险事故损失公证、国有资产产权交易公证，律师担任专利、商标、税务、著作权代理人、担任保险经纪人等。

（二）深化法律服务工作改革。法律服务工作改革要以发展市场中介组织为取向，这是市场经济的必然要求。江泽民总书记在全国经济工作会议上指出："实行市场经济不仅要有一个能够灵敏反映市场变化和经济规律的国家组织，而且要求有一自律的、制度健全的中介组织。"党的十四届三中全会通过的《关于建立社会主义市场经济体制若干问题的决定》明确律师、公证机构为市场经济中介组织。因此，法律服务工作要进一步深化自身的改革。

一是继续着重抓好律师工作改革。今年要围绕建立良好的内部运行机制，增强律师事务所的生机与活力，下大力气搞好律师机构的改革。在继续发展"两不四自"的律师事务所的同时，重点做好占编律师事务所的改革工作。通过改革，要使80%以上的占编律师事务所基本形成一套既符合律师工作自身属性，又符合我国国情的科学机制，从而增强律师机构的活力，最大限度地调动律师人员的工作积极性。

要按照去年7月全国司法厅（局）长座谈会提出的要求，在全国进行高标准律师事务所的试点工作，进一步促进律师工作向高质量、高标准发展。要根据国务院批转的《司法部关于深化律师工作改革的方案》的精神，开展建立公职律师的试点工作，通过试点，逐步摸索在国家机关内部建立为各级政府及行政部门提供法律服务的律师队伍的新路子，使律师工作进入决策领域，促进政府决策的科学化、法制化。

要积极探索建立法律援助制度的有效途径和办法，为经济困难的当事人提供无偿的法律帮助。今年要把这项工作正式提上议程，充分论证，抓紧制定可行方案，使我国的法律援助制度尽快建立起来。今年我们还应继续抓好外国律师事务所在华设立办事处的试点工作，进一步完善律师资格考试，做好港、澳、台居民参加律师资格考试的各项工作。

二是抓好公证工作改革。公证工作改革要按照全国第三次公证工作会议的部署，尽快建立与市场经济相适应的公证体制。要认真抓好公证处向事业单位转变的改革工作，在坚持公证机构的职能、公证文书的法律效力、公证人员身份三不变的前提下，在有条件的地区，尽快实现公证机关向事业单位的转变。各地要认真抓好试点工作，摸索经验。有条件的地区和城市，改革的步伐可以走得快一些，先行实施整体改革。在经费管理方面，有条件的地方可以实行自收自支，条件尚不够成熟的地区可以实行差额补贴的经费管理办法，困难的地区可以继续保留财政拨款的体制。与公证机构改革相适应，公证机构的设置、名称、业务管辖、经费管理体制等可以进行配套改革试点。

三是抓好基层法律服务工作改革。要进一步加强和完善司法所和乡镇（街道）法律服务所，并以其为依托，建立律师事务所和公证办事处，以壮大和发展基层法律服务事业。根据实际需要，在沿海、沿边和内地经济发达、开放地区的乡镇，可建立一个以上的法律服务所；在经济欠发达地区，相邻近的乡镇也可以建立联合法律服务所或中心法律服务所；在大型集贸市场、经济开发区以及经济发达的行政村，可以单独设立法律服务所，也可以设立乡镇法律服务所的分支机构。在加快基层法律服务机构发展的同时，要逐步建立健全竞争机制、激励机制和保障机制，克服现行机制中的僵化因素，充分调动工作人员的积极性，做到职责任务明确，权限自主充分，福利待遇公平。

（三）强化法律服务工作的管理。加强管理，充分发挥司法行政机关的监督制约职能，本身就是法律服务工作改革和发展的一项重要内容，同时，它又直接关系到法律服务工作的健康发展。管理出效益，管理出质量。各级司法行政机关领导要高度重视法律服务工作的管理，扎扎实实地抓好建章立制、队伍管理、人员培训等项管理工作，保证法律服务改革和发展顺利进行。

今年，要从以下六个方面具体强化对法律服务工作的管理：一是人员管理。进一步完善律师资格考试制度，严格把好律师资格的考试、录取关，严禁各地擅自特批律师资格；进一步完善律师执业管理制度，加强律师执业证书的管理工作；建立、健全律师培训制度，继续保留并改革完善律师专业职务评聘制度；进一步完善律师惩戒制度；加强对兼职，特邀律师的管理。条件成熟时，对公证人员、乡镇法律服务工作人员实行注册登记。二是机构管理。主要应当做好对律师机构的设置、律师事务所的名称登记、律师事务所设立分支机构、律师事务所向国（境）外派驻机构、律师事务所的财务以及律师事务所内部分配等方面的管理工作。要认真开展人民调解组织整顿，不断提高基层工作管理水平。三是执业管理。实行对律师执业的严格管理，制止律师不正当竞争，坚决执行律师税费制度，规范律师信息公告，实行律师责任赔偿等。四是业务管理。通过建立健全律师业务档案制度、文书格式制度以及统计制度等加强业务管理。五是行业管理。要切实加强律师协会的建设，落实“两个结合”的管理体制，为逐步实现司法行政机关宏观管理下的协会行业管理创造条件。六是加强立法和建章立制工作。今年要切实抓好律师立法、公证立法工作，争取《律师法》年内由国务院提请全国人大常务委员会审议通过，《公证法》要上报国务院审议。同时还要抓好《人民调解法》、《司法助理员条例》、《基层法律服务所管理条例》的起草、修改工作。要制定与上述法律、法规配套的规章，使法律服务工作管理逐步走上法制化、规范化的轨道。

要认真做好《仲裁法》的实施工作，加强仲裁工作的管理和指导，要抓紧制定《仲裁委员会登记管理办法》的起草工作。各地司法厅（局）要成立相应机构，协调做好仲裁机构的筹建工作，做好对仲裁委员会的登记、年审注册、业务培训、管理和监督等工作。

为了适应社会主义市场经济建设的需要，培养大量的高层次法律服务和其他专门法律人才，必须加快法学教育改革步伐。为此，今年适当时候将召开全国法学教育工作会议，专题研究法学教育工作改革问题。今年是法学教育深层次改革开始启动的关键的一年，要重点抓好以下几项工作：一是要以加快培养适应市场经济需要的法律人才为导向，扩大办学规模，加快改革办学体制和培养模式。二是要积极推进岗位培训和继续教育。三是要深化教学领域的改革，同时促进各种形式的办学。四是要深化中华律师函授中心的改革，加快培养法律服务人才。

司法外事工作也要紧紧围绕司法行政工作的重点，加强双边或多边业务交流，加强与联合国有关组织机构的联系与合作，促进社会主义市场经济和司法行政各项业务工作的发展。

四、普及基本法律常识，深化法制宣传教育，努力提高全民族的法律素质

去年底和今年初，江泽民总书记主持中央领导同志两次集体听法制讲座，这不仅表明党中央、国务院高度重视法制建设，坚定不移走依法治国的决心和信心，而且为在全民中普及基本法律常识，深入开展法制宣传教育工作注入了强大的推动力。特别是江泽民总书记在讲座开始前和结束时的两次讲话，深刻地阐明了法制宣传教育工作的重要作用，同时对法制宣传教育工作提出了更高、更新的要求，是今后相当长一个时期法制宣传工作的指导思想。

1995 年，法制宣传教育工作要把落实江泽民总书记关于法制宣传工作重要讲话作为首要任务来抓。要以提高全民族法律素质为目标，为维护社会稳定和经济法律秩序，为建立和发展社会主义市场经济创造良好的法制环境。为此，要切实抓好以下几项工作：一是认真做好“二五”普法总结验收和“三五”普法的部署工作。这项工作不仅仅是我们一个系统、一个部门的工作，而是关系到全党、全国工作大局的一项重要任务，务必精心组织，认真落实。二是在今年 3 月八届人大三次会议期间做好十省市法制文艺进京调演工作。三是结合中宣部提出的“五个一工程”做好法制宣传“六优”评比工作，即在全国范围内开展评选“百名优秀法制宣传员”、“百家依法治理先进单位”、“百个普法先进县”、“百部优秀法制电视、文艺作品”、“百篇优秀法制新闻作品”、“百篇优秀法制宣传调查报告”的活动。四是做好全国人大代表对“二五”普法的专题视察工作。五是要认真抓好各级领导干部的学法用法，全面推动依法行政、依法管理各项事业。六是继续抓好市场经济法律法规的宣传教育。要继续贯彻中宣部、司法部《关于加强市场经济法律知识宣传教育的通知》，加大宣传力度。七是紧紧围绕改革开放中的热点、难点问题开展法制宣传教育工作，用宪法和法律规范人们的行为，引导改革的发展，维护社会稳定和正常的经济秩序。八是积极发挥法制宣传教育在社会治安综合治理中的治本和预防作用，认真做好青少年的法制教育，落实对流动人口等薄弱领域的法制教育措施，总结经验，推广新方法。

为了完成上述任务，法制宣传教育在工作思路和工作方法上要有新的发展，当前要特别注意抓好四个渠道的建设：一是大、中、小学校和各级党校、干校的法制教育渠道；二是新闻宣传、大众传媒渠道；三是群众喜闻乐见的文化艺术渠道；四是法制专题讲座，中心组学习及短期的培训渠道。要搞好这四个渠道的建设，必须建设好四支队伍，一是法制宣传干部队伍，这是法制宣传工作的专门力量。二是法制讲师团、法制宣传员队伍，这是我们开展法制宣传活动的社会力量，是对干部、群众开展法制宣传的骨干。三是法制新闻工作者队伍，各地要通过法制新闻协会把这支队伍团结起来，出题目、交任务，加深感情，发挥作用。四是法制文艺工作者和群众文化工作者队伍，各级宣传部门应联络一批文艺创作人员和演出人员、一批作家、艺术家，这样才能使法制宣传工作更加丰富多采，有声有色。

五、大力加强队伍建设

充分发挥司法行政机关职能，推进司法行政工作改革和发展，关键是要把干警队伍建设好。1995年，司法行政队伍建设要切实抓好以下工作：

（一）继续在全系统组织干警学习邓小平同志建设有中国特色社会主义的理论。各地要继续落实《中共中央关于学习〈邓小平文选〉第3卷的决定》，并对第一、二卷的学习作出具体部署。要把第一、第二、第三卷作为一个整体来学习。在学习中，要围绕什么是社会主义，怎样建设社会主义这个基本问题，深刻理解邓小平同志建设有中国特色社会主义的理论的由来、形成和发展。通过学习，把握理论的科学体系，坚持党的基本路线不动摇。

（二）加强基层组织建设。当前要重点抓好区、县司法局的建设。要继续保持区、县司法局的稳定，加强基层基础工作。要运用典型引路等方法，开展争创先进区、县司法局的活动。要分期分批对区、县司法局长进行轮训，提高区、县司法局长的理论水平和业务素质。律师事务所要建立党支部。要制定加强党的基层组织建设的规划，重点抓好两头。一头是掌握和抓好先进基层党委和基层党支部，发挥示范作用，总结经验，予以推广。另一头是对基层党组织进行排队分析，分类指导。对后进基层党支部，用2至3年的时间进行整顿，扎扎实实地做好抓基层打基础的工作。

（三）加强党的民主集中制建设。民主集中制是我们党的基本组织制度，司法行政系统的各级党组织要严格执行党的民主集中制原则。首先，要与党中央保持高度一致。要模范地执行党的决议，遵守党的纪律，维护中央的权威。要做到政令畅通，令行禁止。同时，还要运用法律手段维护党的民主集中制原则，坚决同一切破坏党的民主集中制原则的行为作斗争，维护法制的统一和尊严，保证国家法律的正确实施。其次，各级党组织要制定议事规则和程序，使民主集中制制度化、具体化，保证落到实处。再次，要加强对各级党组织贯彻民主集中制原则的监督。要把贯彻执行民主集中制的情况，作为对领导班子和领导干部考核的重要内容。今年，要组织力量对各省、自治区、直辖市司法厅（局）、监狱管理局、劳教局和大型监狱领导班子贯彻民主集中制情况进行抽样检查。在此基础上，认真总结推广经验，进行分类指导。

（四）加强领导班子建设。领导班子建设是队伍建设的关键。首先，要按照革命化、年轻化、知识化、专业化方针和德才兼备的原则，解放思想，更新观念，开阔视野，拓宽渠道，不拘一格选拔人才，配备好领导班子，尤其要选好一把手。要充分发扬民主，进一步完善民主推荐干部制度，加强考察工作。加强各级司法行政领导班子建设，就是要把领导班子建设成政治坚定、勇于改革、务实创新、团结协作、廉政勤政、结构合理的坚强集体，成为团结和带动全体干警做好司法行政工作的战斗堡垒。其次，要提高现有领导的政治、业务素质。要制定干部教育培训规划，分期分批地安排好各级领导干部到各级党校、政法管理干部学院和其他大专院校学习。要继续办好全国地市司法局长培训班，监狱长、劳教所长研修班，以及其他领导干部培训班。通过学习，使他们比较系统地学习和掌握建设有中国特色社会主义的理论、社会主义市场经济理论和本职工作所需的专业知识。再次，要把监狱、劳教所和地（市）县（区）司法局领导班子建设作为司法行政领导班子建设的重点抓好，发挥其在基层工作中的重要作用。

当前，要着重抓好优秀年轻干部培养、选拔和使用工作。各级司法行政机关的领导尤其是主要领导同志对这项工作一定要有足够的认识和紧迫感，要从党和国家的长远利益和司法行政工作后继有人的战略高度来看待这一问题。全国司法行政系统共有处级以上领导干部1万多人，40岁以下的只占10.5%，这说明，我们在大胆使用年轻干部方面还没有取得大的突破。各级司法行政机关，要进一步解放思想，克服用人上的陈腐落后观念和感情用事的偏见，把培养、选拔、使用年轻干部的工作列入议事日程。江泽民同志在全国组织工作会议上要求，选拔年轻干部三五年要有新突破。这就要求我们必须采取有力措施，确保能够培养、选拔、使用一批能够跨世纪担当司法行政重任的年轻干部。今年要在考核的基础上，争取每个省级司法厅（局）和部属政法院校配备一名40左右的领导干部；地（市）司法局（处）和监狱、劳教所班子要配备一名35岁左右的领导干部。各省司法厅（局）要争取为县（市）司法局领导班子配备一名30岁左右的领导干部。为了保证年轻干部能源源不断补充到领导班子中来，各级司法行政党组（委）都要按照后备干部管理办法确立后备干部名单，制定相应的培养计划，有意识地给他们压担子。对有培养前途的年轻干部要敢于压担子，对缺乏全面领导经验的年轻干部可以让他们到基层挂职锻炼，增加全面领导工作经验，使他们尽快成长起来。

（五）加强思想政治工作，树立司法行政干警的良好形象，做合格的司法行政干部。干警队伍的整体形象是司法行政干警队伍整体素质的综合反映。去年全国司法厅（局）长座谈会提出了树立司法行政干警良好形象的要求，并要求全体司法行政干警做到“八坚持、八禁止”。半年多来，各地根据司法部的部署，对干警队伍进行了认真的教育整顿，广泛开展了树立干警良好形象的大讨论，促进了干警队伍建设。根据形势的需要和当前司法行政干警队伍建设的现状，今年要将这项工作继续抓下去，使广大司法行政干警成为合格的司法行政干部。一要自觉坚持党的基本路线不动摇。二要政治敏锐，立场坚定。无论出现什么情况，在大是大非的问题上都要同党中央保持一致，同一切破坏国家法制统一、损害中央权威和集中统一领导的行为作坚决的斗争。三要牢固树立大服务思想。自觉服从、服务于党和国家工作大局，为维护社会稳定和社会主义市场经济法律秩序，建立和发展社会主义市场经济作出积极贡献。四要具有较强的人民民主专政意识。监狱是国家机器，监狱人民警察是掌握"刀把子"的，在任何时候都要有敌情观念，认真履行好法律赋予的神圣职责，对一切反革命罪犯和严重刑事犯罪分子实行人民民主专政。五要有强烈的敬业精神。热爱自己的事业，全身心投入事业中去，要有为事业百折不挠、勇往直前的精神。六要依法办事，执法如山。不徇私情，坚持在法律面前人人平等；刚直不阿，威武不能屈，富贵不能淫。七要纪律严明，清正廉洁，严格遵守执业纪律和职业道德。不搞权钱交易，不以权谋私；尊重同行，不搞不正当竞争。八要艰苦奋斗，团结拼搏。以上八个方面，就是新时期司法行政干警应当具有的品格，应当树立的形象。广大司法行政干警都要按照这一目标，争当合格的司法行政干部。各地要围绕这一总的要求，大力加强思想政治工作。要深入开展建设有中国特色社会主义的理论教育，党的基本路线教育，爱国主义、集体主义教育，使广大干警树立正确的世界观、人生观，提高贯彻党的基本路线的自觉性，牢固坚持全心全意为人民服务宗旨。

为了进一步推动树立良好形象，争当合格司法行政干部的活动，要积极开展争先创优、立功创模活动。要以先进模范人物事迹感召人，以高尚的道德塑造人，以改革和发展的成就鼓舞人。今年要抓好评选全国"十佳律师"、"十佳公证员"、"十佳基层法律服务工作者"的活动，同时要做好第三届司法行政系统先进集体和先进个人表彰大会的筹备工作。通过这些活动把争先创优、立功创模活动引向深入。

（六）认真贯彻《国家赔偿法》，努力提高司法行政干警执法水平。《国家赔偿法》的颁布实施对于促进我国民主法制建设，保障公民的合法权益，具有重要的意义。《国家赔偿法》已正式实施，司法行政机关既可能成为行政赔偿的义务主体、又可能成为刑事赔偿的义务主体。各级司法行政机关一定要十分重视《国家赔偿法》的贯彻实施。要组织广大干警认真学习，以此教育广大干警严格依法办事。要研究司法行政机关的赔偿范围，制订实施办法。同时还要研究制定对造成国家赔偿的责任人的追究制度。总之，要把《国家赔偿法》的实施过程变成对干警执法教育的过程，变成逐步健全完善干警执法责任制的过程，促进干警执法水平的提高。

（七）继续加强党风廉政建设，深入开展反腐败斗争。要认真贯彻中纪委第五次全体会议精神，落实今年廉政建设和反腐败工作的各项任务，着重在深入上下功夫，努力取得新成效。一是要进一步提高各级领导对反腐败的重要性、紧迫性的认识。牢固坚持"两手抓、两手都要硬"的方针。二是要继续抓好领导干部的廉洁自律，落实中央"双五条"及其补充规定。三是要加大查处违法违纪案件的力度。重点查处贪污受贿、以权谋私，严重失职、渎职，执法执纪人员徇私舞弊、贪赃枉法、执法犯法的案件。四是要继续狠刹部门和行业不正之风。五是要严格执行政治纪律，维护民主集中制，健全监督制约机制，加大对权力监督和执法监察的力度，保证政令畅通。六是要指导和帮助纪检监察机关更好地履行职能。凡是纪检组长、纪委书记未配上的要尽快配上。

审计工作要认真贯彻《审计法》，强化对本系统经济活动的审计监督，健全行业内审机构和审计制度。各地要充实审计力量，热情支持他们依法独立进行审计，以维护国家经济法纪，促进廉政建设。

同志们：新春伊始，万象更新。我们要以新的姿态去迎接新的挑战和新的任务。在新的一年里，让我们在以江泽民同志为核心的党中央领导下，上下一心，团结奋进，真抓实干，努力完成今年司法行政工作各项任务，为维护社会稳定，为保障和促进国民经济持续、快速、健康发展作出新的贡献。

王巨禄同志在全国司法厅(局)长会议结束时的讲话

(1995年2月18日)

这次全国司法厅(局)长会议在党中央、国务院的亲切关怀下,经过与会同志的共同努力,圆满地完成了各项议程,开得很好。这次会议是司法行政机关认真贯彻党的十四届四中全会精神、中央经济工作会议精神和全国政法工作会议精神,共谋继续开创改革和发展新局面的又一次重要会议。会议传达了全国政法工作会议精神,学习了《国务院关于进一步加强监狱管理和劳动教养工作的通知》、江泽民总书记关于学法用法的重要讲话、任建新同志对监狱工作的重要指示、以及罗干国务委员关于监狱工作的重要讲话。大家倍感亲切,受到了很大的鼓舞和鞭策,一致认为,党中央、国务院十分重视和关心司法行政工作,为我们今后一个时期司法行政工作上台阶、上水平,指明了方向;肖扬同志代表部党组作的工作报告,贯穿了解放思想、实事求是的思想,对1994年全国司法行政工作做了比较客观的评价,对1995年的任务提得明确具体,符合全党全国工作的大局,反映了司法行政工作进一步改革和发展的客观要求。报告的内容同大家的意见形成了共识。会议自始自终充满着议大局、讲改革、求发展、鼓舞人心、振奋士气的热烈气氛。大家对会议上发的文件和今年的工作也提出了很多很好的意见。完全可以相信,随着这次会议精神的贯彻落实,司法行政工作改革与发展将会呈现出更加崭新的局面。下面,我就如何贯彻落实这次会议精神,代表部党组再讲几点意见:

一、把这次会议精神汇报好、传达好是贯彻落实这次会议的关键的一环。我们已经开了一个很好的会议,但要真正贯彻落实好这次会议精神,还需要做大量的工作。首先如何向党委政府汇报好会议精神十分重要。希望各地回去后要抓紧向省、区、市党委、政府汇报《国务院关于进一步加强监狱管理和劳动教养工作的通知》、中央领导同志的重要讲话、以及肖扬同志的报告。肖扬同志的报告将根据同志们在这次会议上提出的意见加以修改,然后以司法部文件下发。司法行政工作是党和国家的一项重要事业,我们作为职能部门,必须向党委、政府做好汇报,为党委、政府关心、领导司法行政工作当好参谋。各地要在认真研究、周密准备的基础上,尽快汇报这次会议所提出的今年进一步开创司法行政工作新局面的任务和工作措施,同时,把本地区本部门的工作思路和主要任务、措施有机地结合进去。比如,过去一年的基本情况,新的一年司法行政工作为改革开放、经济发展和社会稳定服务的主要任务和措施,落实《监狱法》、深化法律服务工作改革、深化法律宣传教育以及履行其他职责过程中需要领导解决的主要问题等等,都要汇报清楚。要做到有情况、有设想、有问题、有打算,情况讲够、问题讲透、意见拿准。做好汇报,既是主动接受领导、积极争取支持的组织原则所必须,也是取得领导理解、关心,帮助解决实际困难,做出正确决策,加强对我们工作领导的极好机遇,也是我们在新的一年继续开创司法行政工作新局面的根本保证。所以,切不可粗心大意,轻视做好汇报工作。

在精心做好汇报工作的同时,各地要用包括会议在内的各种形式,迅速地向本系统干警传达党中央、国务院领导同志的指示精神以及这次会议的文件。基层是我们开创工作新局面的基础。一定要确保政令畅通。会议的文件精神要为基层广大司法行政干警所知所行,因为它是指导我们工作和解决工作中遇到问题的锐利武器。改革的深化不能对旧的体制和旧体制的弊端提出挑战和否定,必然涉及到各方面利益关系的调整,新的观点的碰撞,难免影响一些单位和个人的眼前利益和局部利益,引起一些新的矛盾和问题。从各地反映的情况看,绝大多数干警对深化改革是拥护的,认识是明确的,对实际工作中遇到的问题是有办法的,工作态度是端正的,精神面貌是好的,但也有少数干警甚至个别领导对改革仍然存有模糊认识,对工作中一时存在的问题束手无策,精神不振。所以,一定要使会议精神传达的过程,成为全体司法行政干警思想解放再动员、精神状态再振奋、工作思路再明确的过程。只要我们真正以邓小平建设有中国特色社会主义的理论为指导,用党中央和国务院对司法行政工作的指示精神统一思想,上靠领导、下靠群众,我们事业的开拓和发展,就会有可靠的保障和坚实的基础。

二、议大事、懂全局、管本行,牢固树立大服务的思想,努力提高工作水平。党中央一再指示我们,部门或战线的工作路线、方针、政策一定要体现党的总路线、总方针、总政策。部门或战线的工作一定要服从全党的中心工作。“一个中心、两个基本点”是现阶段我们党的基本路线。"抓住机遇、深化改革、扩大开放、促进发展、保持稳定"这是全党工作的大局。当前我们的主要任务是根据党中央的要求，进一步统一思想，总揽全局，加强协调，扎扎实实地做好各项工作。司法行政的各项工作只有以党的基本路线为指导，从全党工作的大局出发，议大事、管本行，才能真正树立起大服务的思想，才能在全局中找到地位，发挥好作用。服从大局、听从指挥，和党中央保持高度一致，坚决维护中央的权威，是我们司法行政工作一贯坚持的优良传统，是一项不可动摇的基本原则。我们的工作千头万绪，司法行政的各项工作竞相发展，如果对党和政府工作大局不是了然在胸，就不能清醒地抓住机遇，争取主动，推进工作，我们的工作就会起点低、思路窄、办法少，难有大的作为，也不会得到党委和政府应有的重视以及社会的大力支持，甚至会偏离方向，陷入被动的境地。去年7月，肖扬同志代表部党组在全国司法厅(局)长座谈会上提出了大服务的思想，并对大服务的内涵作了明确阐述。大服务的思想带有鲜明的大局意识、全局观念。同时，实行大服务也有深厚的社会需求。江泽民总书记在第一次法制讲座开始之前的讲话中指出："实行依法治国，建设社会主义法制国家是把我们国家建设成为富强、民主、文明的社会主义现代化国家目标的应有之义，特别是我们正在建立社会主义市场经济体制，这是一个伟大创举，我们必须学会运用法律来规范和引导市场经济的运行，充分发挥市场机制对经济发展的积极作用，把市场运行纳入规范和法制的轨道，保证社会主义市场经济体制健康发展。"现在我们国家法制建设的步伐很快，社会生活的各个基本方面正在逐步做到有法可依。公民、法人、国家机关和各种社会组织对法律有着前所未有的渴望和需求。经济发展和社会进步的各方面与司法行政的各项工作密切相关，为司法行政各项工作不断开创新局面提供了良好的机遇和宽阔的舞台，同时也对我们干警队伍的全面建设提出了新的更高的要求。抓队伍的建设一要抓教育、培训，二要抓制度和管理，三要抓严明法纪，四要抓干警生活和工作的实际困难，不断改善干警的生活和工作环境。站在全局看自己，发展自己为全局，以新的思路、新的眼光，把监狱、劳教、律师、公证、基层法律服务、法学教育、法制宣传、司法协助等项工作搞上去，不仅是可能的，而且也是完全可以变成现实的。只要真正坚持大服务的思想，就可以保证我们的思想和工作与以江泽民同志为核心的党中央保持高度的一致，经受住任何风浪和困难的考验。

总而言之，贯彻落实好这次会议精神，就必须学会议大事、懂全局。我们所讲的议大事、懂全局、管本行，树立大服务的思想，就是指司法行政的各项工作一定要善于从党和政府全局工作的高度想问题，确定工作指导思想，做出工作部署，紧紧围绕改革、发展、稳定问题，抓住工作重点，制定有力措施，鼓实劲、办实事，提高工作水平。充分发挥司法行政机关的职能作用；就是指我们的全体司法行政干警要树立正确的世界观、人生观，廉政勤政、爱国敬业，尽职尽责，发扬光荣传统，不断出改革和发展的政绩。这就是我们贯彻党的基本路线，忠于党、忠于人民，高举爱国主义旗帜，坚持社会主义道路的最实实在在的表现和行动。

三、抓典型、树榜样，推动各项工作的全面开展。先进典型和模范人物，是时代精神的创造者和示范者，是揭示事物发展规律、推动各项工作前进的开拓者。"榜样的力量是无穷的"。运用先进典型带动全面工作开展历来是我们党一条很成功的工作方法。我们对工作规律的揭示、增强对工作的信心、制定和实现工作的奋斗目标，往往都有赖于对各种先进典型经验的研究和总结。他们作为各项工作实践的成功者，往往会对领导的正确决策提供科学的依据，从这个意义上说，敏锐地发现、大胆地支持、热情地鼓励先进典型和模范人物，有利于掌握工作的主动权和领导权，有利于开创工作的新局面。全国司法行政系统在工作实践中已经涌现了不少在全国有影响的先进单位和模范人物。有的秉公执法，不循私情；有的仗义直言，竭力为当事人提供法律服务；有的清正廉洁、艰苦奋斗；有的默默无闻、多少年如一日忘我工作；有的思想解放、勇于创新、大胆开拓，工作中做出了显著成绩；还有的同志在公务活动中光荣负伤甚至牺牲。至于各种先进集体，更是举不胜举。对先进模范人物和先进集体，要大张旗鼓地进行表彰，这对扶正压邪，鼓舞士气，调动大家积极性以及密切干警同群众的关系，都会起到积极的影响作用。今年要抓好评选全国"十佳律师"、"十佳公证员"、"十佳法律服务工作者"活动；法制宣传教育工作要结合中宣部提出的"五个一"工程做好"六优"评比工作，即"百名优秀法制宣传员"、"百家依法治理先进单位"、"百个普法先进县"、"百部优秀法制新闻作品"、"百篇优秀法制调查报告"的活动。监狱、劳教、法学教育、司法外事以及纪检、监察等各方面工作都要继续努力做到有自己的典型和样板。在此基础上，统一抓好第三届司法行政系统先进集体和先进个人的表彰活动。一个比学赶帮的新局面的出现，一定能使我们的队伍更加稳定，更加具有凝聚力，我们的工作就会大有希望。

四、求实务实落实，以改革的精神开创工作新局面。江泽民总书记曾强调指出："决策的制定和实施方案的部署，事情还只是进行了一半，还有更重要的一半就是要确保决策部署的贯彻落实。"这一论述，深刻阐明了抓好工作落实的极端重要性，它要求我们领导机关必须一手抓决策，一手抓实施。尤其是在当前新旧体制交替、困难机遇并存、各种矛盾纷呈的情况下，群众衡量一个部门的工作，主要不是看你讲了多少，更重要的是看你干了多少，解决了多少实际问题，有没有什么政绩。从这个意义上说，抓落实已成为能否取得群众对我们工作支持的大问题。从我们系统的实际看，成绩确实取得了不少，但在发展中也出现不少新情况，工作发展不平衡，有些方面、有些环节是很薄弱的。解决这些问题，照抄照搬上级的精神不行，必须把上级的精神和本地的实际情况结合起来，提出工作思路，找出解决问题的办法，创造性地真抓实干，方能奏效。实干兴邦，空谈误国。我们必须扎扎实实地抓落实。要做到领导在岗，人员到位，措施得力，制度健全，认真监督检查，不断反馈信息，经常研究新情况，解决新问题。要少说多干，力戒形式主义，作表面文章，摆花架子。要大力弘扬务实、求实、落实的作风，努力把工作中的薄弱环节，把前进发展中遇到的问题，当成我们开创新局面的突破口，要闯难关，解难题，抓典型，但不能以点当面，要以点带面，全面开创工作的新局面。各级司法行政机关领导一定要深入实际，调查情况，分析问题，切忌一般走走转转，听听看看，蜻蜓点水，走马观花。落实不落实，关键看基层和实际工作中遇到的难题能不能及时得到认真的解决。所以，肖扬同志在报告中强调加强基层组织建设，重点抓好区县司法局建设和工作。区县司法行政工作任务很重，诸如管理和指导律师工作；管理和指导公证工作；管理和指导乡镇法律服务工作；组织开展法制宣传教育和推进依法治理工作；管理和指导人民调解工作；参与对刑满释放和期满解教人员的帮教安置工作，等等。这些工作在促进基层政权建设，维护社会稳定，发展农村经济，帮助农民致富奔小康等方面，影响很广，作用很大。做好这些工作很重要，但困难也很多很大。全国广大基层司法行政干警多少年如一日，不辞辛苦，努力工作，取得了很大成绩。但也必须看到有的地区工作基础很薄弱，干警队伍不稳，机构甚至被撤并，这除了在机构改革中因为编制和认识上的原因外，可能也与我们平时工作没有展开，基层司法行政工作职能没有充分发挥出来有关。我们多次强调有作为才能有地位。不少地方的经验证明，只要围绕基层党政领导关心的热点难点问题开展工作，有政绩有贡献，就会赢得领导重视和支持，就会不断帮助我们解决工作中存在的一些困难和问题。我们必须相信基层党委和政府是不会忽视对司法行政工作领导的，要善于当好参谋，主动接受领导，积极努力工作。照抄照转当"收发室"、"传声筒"，停留在会议上讲完了事，是官僚主义作风的表现，为我党一贯所反对。解放思想，实事求是，真抓实干，创造性工作是我党一贯所倡导的，也是衡量领导水平高低的一个重要标志。今年内，将召开一次专门会议，重点研究区县司法行政工作，各地要认真做好准备。巩固和加强我们的基层基础工作，是关系到今年司法行政工作能否全面开创新局面的一个大问题，希望大家上下一起共同努力。

五、需要正确认识和处理的几个问题

（一）要正确处理好深化改革与加强管理的关系。近两年法律服务工作改革的路子是对的，国务院批准的律师工作改革方案也是非常正确的，在改革中我们的工作取得了可喜的进步。律师事务所由一种模式向多种模式转变，律师队伍素质明显提高，高素质的人才越来越多。当然也出现了一些问题，这些问题都是前进中发展中的问题，成绩要肯定，问题也要正视。如只重视经济效益，忽视社会效益，愿办经济案件，不愿办刑事案件，个别律师与法官相互串通违法乱纪，置当事人的合法权益而不顾，等等。正因为这样，这次会议肖扬同志的报告中强调了律师加强管理问题。我们要在改革中加强管理，在发展中加强管理，在提高中加强管理。加强管理不是动摇改革的方向，更不是停止改革。深化改革和加强管理是辩证的统一，我们都要学会用辩证法来认识问题，解决问题。

（二）要正确处理好行政管理与协会行业管理的关系。我们现在实行的是行政管理与协会行业管理相结合的模式，最终实现向协会行业管理的过渡，并不是马上实行协会行业管理。就是实行了行业管理也不能放松行政的指导。只不过是由微观指导变为宏观指导。现在我们提出加强管理，不是要走单纯行政管理的老路，一管就死，而是要发挥行政和协会两个积极性，共同抓好管理，决不能互相抵消力量。现在有的地方对这些问题处理不太协调，不是以事业为重，以改革大局为重，而是争部门和个人的利益。两结合的体制符合现实客观条件，完全的协会行业管理条件尚不具备，什么时候具备条件就什么时候过渡。改革的深化是一个过程，实现这个目标应该是分层次，有步骤的。还要注意，协会行业管理也不能是翻个牌子，把行政的办法照搬过去，协会行业管理的方式也要改革。

（三）要正确处理好队伍中主流和支流的关系。我们队伍的主流是好的，大多数是好的，出现的问题也应予以正视。现在队伍中出现行贿受贿、经济犯罪和其他腐败现象，确实很严重，我们一定要引起重视，支流弄不好也会冲击主流，甚至会影响整个队伍的形象。因此，一方面要抓正面教育，树典型，树正风，大张旗鼓地表彰、宣传英模先进人物，评十佳活动要大力开展，也可考虑在评出十佳的基础上树起一面旗帜，或是一个人，或是一个群体。另一方面要严肃查处问题，纠正行业不正之风。如果放纵坏人，放纵不正之风，就是侵害群众的利益，就会受到公众指责。

岁序更新，春回大地。在新的一年里，我们要在以江泽民同志为核心的党中央领导下，以更加振奋的精神、更加扎实的工作，去创造新的业绩，为继续全面开创新局面再增新的一页，为国家的改革、发展、稳定再做新的贡献。

张秀夫同志在全国劳教局长会议上的讲话

（1995年2月18日）

继全国监狱工作会之后召开的全国劳教局长会议，今天要结束了。在前几天的大会上，罗干同志就加强司法行政工作和监狱、劳教工作作了重要讲话，肖扬部长作了报告，其中，也包括了对劳教工作的要求。孟庆辰同志对1994年和1995年的劳教工作作了总结部署，我看是切合当前形势和劳教工作实际的。大家回去后，要结合本地情况认真贯彻落实。这里，我就当前的劳教工作，再讲几点意见：

一、充分认识劳动教养制度在当前维护社会稳定中的重要作用

劳动教养作为一项教育挽救轻微违法犯罪人员的行政处罚手段，创建近40年来，在我国维护社会治安、预防和减少犯罪的实践中发挥了重要作用。这一点，应该说是毫无疑义的。但是，前一段时间讨论劳教立法问题时，因为有些不同看法，引起了一些议论，甚至在部分劳教干警中造成了思想波动，如果不及时消除这种误解，将会影响干警思想的稳定和现代化文明劳教所的建设。为此，有必要进一步重申和强调这个问题。

第一，劳动教养是维护社会治安中不可缺少、不可替代的一项十分有效的行政处罚手段。劳动教养制度自创建以来，一直受到党中央、国务院以及立法机关的重视。党中央、国务院曾经多次就劳教工作专门下发文件，全国人大也先后批准颁布了《关于劳动教养问题的决定》等专门法律文件，加上其他律法规中涉及到劳教工作的，据统计，有8个法律法规。也就是说，尽管劳动教养制度在法律上还需要进一步完善，但是，在许多方面是有法可依的。近年来，在综合治理社会治安、开展专项治理、打击社会丑恶现象等活动中，党中央、国务院和立法机关仍然十分重视运用劳动教养这一手段，如1990年、1991年全国人大常委会相继颁布的打击吸毒、贩毒、卖淫、嫖娼等规定，特别是1993年的第17次总理办公会议纪要，以及最近国务院下达的《关于进一步加强监狱管理和劳动教养工作的通知》，再次给劳教工作以更大的关怀和支持，提出了新的更高的要求。去年6月，中政委在吴江召开的全国农村社会治安综合治理工作会议上，专门肯定了对那些不够刑事处罚，但屡抓屡放、恶习较深、群众痛恨的地痞、村霸，实行劳动教养的作法，这实际上进一步扩大了劳动教养的收容范围。上述这些，都说明劳动教养这一手段，在我国综合治理社会治安的实践中，不管在过去还是在现在，都是不可缺少的，对维护社会稳定大局、保障改革开放健康顺利进行，具有积极作用。

第二，劳动教养这种强制性行政处罚措施，在世界上也不是绝无仅有的。从有关研究资料看，很多国家，例如德国、瑞士、意大利、日本等国的保安处分，东欧一些国家的保安措施，就是与劳动教养相类似的强制措施。这些国家，把保安处分作为一种对传统刑罚的补充，着重于对有危害社会危险的人的隔离和防范。如刑满释放后仍明显有可能危害社会的人、惯犯、累犯；有的国家对流浪乞讨或者精神病患者、酗酒者、麻醉品惯用者、惯性营利卖淫者等也可适用保安处分；有的国家把对违法犯罪的未成年人的教育保护措施也列入保安处分。在限制人身自由的保安处分中，有短期的，有相对长期的，如德国规定保安处分相对不定期限制人身自由的最高期限为8年。但这些国家适用限制人身自由的保安处分在程序上比较复杂一些。也就是说，事实上，世界上其他国家对一些有社会危险性、屡教屡犯，传统刑罚难以处罚的人，也有相应的特殊措施和办法，而不是只有中国才有这种特殊措施，更不能把劳动教养说成是极“左”路线的产物。劳动教养制度不是取消的问题，而是如何进一步改进完善、更好地发挥其特殊作用的问题。

第三，有关领导同志也强调劳动教养这一手段不能取消。1991年，任建新同志在我部召开的纪念“教育、感化、挽救”劳教工作方针和“三像”指示十周年大会上，强调在当前形势下，劳教工作只能加强，不能削弱。最近，全国人大常委会副委员长王汉斌同志也同我谈了对完善劳动教养制度的看法，他认为中国劳动教养这一手段不能取消，要继续发挥好这一手段的作用，办法是完善劳教立法；目前劳动教养在适用程序上不够完善，需要通过立法进一步加强监督制约机制；他指示我们在起草劳教法时要很好地研究劳动教养的对象、这些人的特点以及如何把这些人管理教育好，要研究如何改进和完善现有做法，包括名称。

总之，对劳动教养制度的疑虑是没有必要的，关键的是要做好我们的工作，更好地发挥劳动教养制度的积极作用，为劳教制度的改革完善创造好的基础和条件。另一方面，我们也应该看到，劳动教养制度在发展当中，也有一个随着我国治安实践和法制建设的发展不断改进完善的过程。例如：原有的法律法规对劳动教养适用条件、程序等方面的规定比较原则，监督制约不够，操作起来容易有随意性，在管理待遇等方面与监狱的区别还不够明显等。对这些不完善的方面，究竟如何改革完善，过去和现在，都有不同的看法，这也是正常的，没有必要因此而对劳动教养制度发生动摇。会后，我们要组织力量，抓紧起草《劳教法》。劳教立法比监狱立法可能难度更大一些。但是，我们有信心在有关部门的支持、配合和帮助下，克服困难，加快劳教立法的步伐，使《劳教法》早日出台。

二、学习《监狱法》的基本精神，结合劳动教养的性质特点改革推进劳教工作

这次大家参加了全国监狱工作会议，学习讨论了《监狱法》。《监狱法》是适用于监狱工作的，劳教工作与刑罚性质不同，不能照搬。但是，《监狱法》中贯穿的一些基本精神，对劳教工作还是有参考和指导意义的。我认为，至少有这么几个方面：一是依法办事。劳动教养与刑罚尽管处罚性质不同，但都属于执法工作。执法就要依法办事，有法必依，执法必严，违法必纠。监狱工作要严格执行《监狱法》，劳教工作在尚未制定新的法律，之前，要严格按照已有法律、法规和规章办事，决不能随心所欲，执法违法。二是立足于教育。我国的《监狱法》与国外监狱法的一个很大区别，是不仅仅在于惩罚罪犯，而且十分注重教育改造罪犯，以改造人为宗旨。劳教与刑罚执行性质不同，更要认真贯彻“教育、感化、挽救”的劳教工作方针，始终把教育挽救人作为根本任务和宗旨。三是劳教人员的合法权益不能侵犯。《监狱法》总则里规定，罪犯的合法权益不受侵犯，其他许多章节里也体现了有关的内容，表现了我们社会主义国家执法机关，对被监管人员基本人权的保障、执法的文明和社会主义的人道主义。劳动教养属于行政性处罚，劳教人员的合法权益更应该得到保障，劳教人员依法享有的权益，比罪犯更多，劳教机关在管理上，更应该做到文明执法。四是从严治警。《监狱法》第十三、十四条专门对干警提出了要求，这些内容，劳教干警也应该做到。对于担负监狱和劳动教养这样繁重工作任务和重要职能、又长期和社会阴暗面打交道、手中拥有一定职权的干警队伍，只有从严管理、奖罚分明，不断提高政治业务素质，才能适应工作需要。从这些方面可以看出，《监狱法》不是与劳教工作没有关系，劳教工作应该通过《监狱法》的颁布实施得到促进和推动。这是这个问题的一个方面。

另一方面，劳教工作的改革和发展，又必须围绕和体现自身的性质和特点，不能完全照搬监狱的一套，办成“二劳改”。在我看过的劳教单位中，有些就是除了名称和监狱不同，其他方面，从对劳教人员的管理模式到劳教人员的生活区设施，和监狱看不出有什么区别，这是不符合劳动教养的性质和政策的。关于这个问题，1990年司法部曾专门召开过探索劳教工作特色经验交流会，围绕劳动教养的强制性、行政性和教育改造三个特征，提出了六条总体构想和十二项具体要求。多年来，各地劳教机关在这方面作了大量的工作，总结了不少好的作法和经验，并在实践中初步形成了一些自己的特色，如创办劳动教养学校；学习、劳动“六、三”制；对劳教人员区别不同罪错、不同恶习程度和表现而实行区别对待、宽严相济的管理形式、生活和政策处遇；在坚持干警直接管理的同时，对劳教人员实行一定程度的民主管理和自我管理；实行所内外“试工、试农、试学”、准假回家、允许劳教人员家属来所同居、食堂凭证就餐、发给适量工资等。但是，由于历史上劳改劳教曾经一起管理，那时在很多方面是参照劳改工作的一套办法的；后来分开了，但是有的同志对这个问题的重要性和必要性还认识不够，在实际工作中依然习惯于照搬监狱的一套办法，或者把这个问题简单地理解为就是对劳教人员在管理上宽一点，不能从较高的层次上去认识、研究这个问题。因此，劳教工作中，自己的特色还不够突出，行政处罚性质的体现还不够明显，需要改革和探索的内容是很多的。比如，根据劳动教养行政处罚的性质特点，在设施上是否要高墙电网；管理上是否都完全封闭、一个小区一个铁门锁起来，活动范围是否可以区别不同情况，有的宽泛一些；探亲探视如何更灵活一些，次数、人数可否适当增多一点；教育改造和生产劳动等方面如何更切合劳教人员的特点、增强针对性和实际效果等等，都有待于探索和创造一套能够更好地适应和体现劳动教养性质的方式和办法。这不仅仅是一般的管理方法和形式的问题，而是劳动教养法制建设和工作性质的要求。今后，在劳教工作中，从规划建设到管理方式、工作目标等，都应该贯彻一个指导思想，就是要符合与体现劳教工作的性质和特色，不断地改革和完善具有中国特色的劳动教养制度，推进劳动教养事业的发展。

三、提高干警队伍的整体素质，适应新的形势任务需要

各项工作的落实，归根结底，都涉及一个根本性的问题，就是干警队伍的素质问题。说一千，道一万，各项工作的发展，不管是提高教育改造工作质量，还是加速发展劳教经济，都要靠人去做，最终都取决于人的素质高低。要实现建设现代化文明劳教所的目标，从根本上讲，是两大要素——人的因素和物的因素，或者叫软件和硬件。这两者的关系，尽管是相辅相成、都不可缺少的，但其中，人又占主动地位。物质、经济条件的不足，可以靠人去争取、去创造。因此，干警队伍的建设，应该是我们各级领导始终高度重视的问题。

去年党中央召开的十四届四中全会，专门做出了《关于加强党的建设的决定》，对加强基层党组织的建设、贯彻民主集中制的组织原则和选拔培养年轻干部等重要问题做了规定。这也是我们加强劳教干警队伍建设的指导性文件，各地要进一步认真研究、贯彻落实。肖部长在全国监狱工作会议和司法厅(局)长会议的报告中，对加强干警队伍建设的问题讲的很具体、很明确，希望大家认真贯彻执行。我想补充三点意见：

一是要采取有力措施提高队伍整体素质。过去有一种错误的观念，似乎做劳改、劳教工作的人，不需要很高的素质，能把人看住就行了。这是很错误的。劳教工作的根本宗旨是教育挽救人、改造人。要在劳动教养的两三年时间内，使那些大法不犯、小法常犯，“气死公安”、“难死法院”的劳教人员在思想、行为上有所转变，是一项难度很大的工作。同时，劳教工作干警还要组织劳教人员生产劳动，不仅创造社会效益，还要在激烈的市场竞争中去创造较好的经济效益。这些，都对劳教工作干警的素质提出了很高的要求。没有干警队伍的现代化，建设现代化文明劳教所就是一句空话。从这方面看，我们的差距还是比较大的。据统计，目前全国劳教干警中，具有大专以上文化水平的仅占 24.8%，这个比例是很低的，是不能适应新的形势和任务需要的。当然，文化素质只是做好工作的条件之一，而且这种状况的形成也有一定的历史原因，如不少干警是被文化大革命耽误的一代人。但是，用发展的眼光看，从建设现代化文明劳教所的工作要求讲，必须尽快改变这种状况。据了解，深圳劳教所，这几年很重视提高干警队伍素质，他们严把进人关，不管是谁介绍来的，必须先考核试用一段时间，确实称职才能正式任用；同时，他们舍得智力投资，目前全所干警已全部达到大专以上文化，并正在鼓励具有大专文化的干警学习本科。队伍素质的提高，带来了该所建设的快速发展。深圳劳教所的经验不仅说明提高队伍素质的必要性，而且说明经过努力是可以做到的，各级劳教机关和劳教工作的领导同志，一定要重视整体干警素质的提高。部劳教局要尽快提出加强队伍建设的具体规划、制度和措施，力争用三、五年时间，使具有大专以上文化的干警比例达到百分之四、五十。在提高干警文化素质的同时，还要根据劳教工作的专业要求，搞好各类岗位的业务培训和知识更新；在教育培训途径和方法上，要不拘一格，广开门路，多渠道、多层次，发挥部、省(区、市)劳教局和劳教所、社会学校等多方面的作用和力量，开展多种形式的在职或脱产教育培训，鼓励干警学习钻研业务，有条件的省(区、市)要建设好干警培训基地，不断提高教育培训质量。

二是要从严治警，奖罚严明，严格执纪执法。当前特别要强调两点：一是文明执法，严禁打骂体罚虐待劳教人员的野蛮落后管理方式，也不准干警唆使或怂恿劳教人员打劳教人员，要杜绝干警打死劳教人员的恶性事故；二是抓反腐败，要通过正反面教育、制度纪律监督约束等，抵制拜金主义、吃请受贿、权钱交易等腐败现象对劳教干部的腐蚀，保证干警队伍的清正廉洁。

三是要积极培养、大胆使用年轻干部。今年的中央2号文件，再次对抓紧培养选拔优秀年轻干部问题作了部署，要求厅(局)级领导班子要有一定数量的40岁左右的干部，县级领导班子，要有一定数量的30多岁的干部。应该清醒地认识到，由于种种原因，劳教系统领导班子年龄偏大是一个普遍存在的问题，这与劳教机关的性质和所担负的任务是很不相称的，我们必须下决心改变这种状况。各地在调整配备劳教所领导班子时，要按照选拔培养干部的条件和程序，充实配备一批30多岁的优秀年轻干部。据统计，这次表彰的30个优秀劳教所长，平均年龄47岁，已经有了一些40岁左右的同志，以后还应该不断地培养充实更多的年轻干部，使我们的事业增强活力、后继有人。

四、加强对劳教工作的领导，加快建设现代化文明劳教所的进程

这次会上，下发了建设现代化文明劳教所的试行标准，标志着这项工作今年已由总体规划进入到加快建设阶段。这两年我到了一些劳教所，看到在各级劳教机关和广大干警的艰苦努力下，劳教工作的进步和发展是比较快的，这是应该充分肯定的。但同时也看到，有些劳教单位、尤其是有些地市劳教所，无论是场所设施、生产规模还是工作基础，与建设现代化文明劳教所的差距还比较大。为此我感到，对建设现代化文明劳教所这一工作的艰巨性，应有充分的认识。劳教单位中，尤其是地市劳教所，不少建设时间短，从经济实力到工作基础都比较薄弱，前两年，一度劳教人数减少，影响了投资建设，造成困难较多，要建设现代化文明劳教所必须下苦功夫。从部、各省(市、区)劳教局来讲，应该把劳教工作看作是一个整体，尽管在工作步骤和方式上，一个时期可以有所侧重，有先有后，但在工作目标、要求、支持和帮助上，不能有所忽略，不能工作状况太悬殊，必须抓总体水平的提高。不管是省办所还是市办所，都应一视同仁，一样严格要求。所以，各省、区劳教局在工作中，不仅要加强对省属劳教单位的领导管理，也要协同地市司法局加强对地市劳教所的领导管理，尤其是要花功夫抓好那些工作和条件差的单位，在各方面给予他们必要的支持和帮助，下决心帮助他们尽快改变面貌。地市司法局、劳教所在业务上也必须接受省劳教局的领导。地市劳教所领导干部的配备、变动、要征得省劳教局的同意，不能随意配备、调动。劳教单位建设现代化文明劳教所的任务尽管十分艰巨，但也有优势。如劳教机关特殊事业单位的性质和政策从上到下都比较明确；劳教单位绝大多数在城市附近，有利于工作和发展；劳教单位贷款余额少，超亏损挂帐也比较少，且不少是新建的，社会负担小，可以轻装前进；地市劳教所可以得到地方党委和政府较多的支持和帮助等等。只要发挥好这些潜力和优势，不仅建设现代化文明劳教所的目标是能够实现的，而且可以大大加快步伐。所以，劳教单位既要清醒地看到自己的差距，增强紧迫感，也要树立和坚定信心，努力向现代化文明劳教所的目标迈进。

这几年，劳教工作发展比较快的一个重要原因，是各地司法厅（局）重视劳教工作，理顺了劳教管理体制，加强了对劳教工作的领导管理。去年以来，在各地党和政府的支持下，尤其是在司法厅（局）的积极努力下，在加强劳教局领导力量和机关建设方面又前进了一步，黑龙江、上海、天津劳教局升格为二级局，并下设了职能比较健全的处级机构。还有广东、浙江、云南、安徽、贵州、甘肃等省，配备了副厅级的劳教局长，有的还把下设科室升格为处级，使劳教管理机关在组织、职能上，与其性质、任务相适应。劳教工作尽管在总人数上不如监狱系统多，但规模也是不小的，工作特点是类似的。现在，多数劳教局与劳教所两级均为处级单位，“上下一般粗”，这种体制不利于劳教局行使领导和管理职能，为此，积极做好工作，逐步加以改进，使省（区、市）劳教局具有相应职能和管理机构是必要的。还有劳教所的级别问题，多数已经明确，比较适当，但还有少数至今仍为科级单位。春节前我们去慰问的沧州劳教所，40多名干警、收容近500名劳教人员，原为科级单位，配备两名科级干部当所长、政委，很不利于工作。不久前他们改为处级单位，调去了一名市公安局副局长任所长、武警支队的支队长转业后去当政委，大大地加强了领导力量，这是很必要的。部党组在理顺劳教管理体制问题上，态度是很明确的，是积极支持的。去年上海成立劳教二级局时，市司法局和政法委先后征求部里意见，部党组非常赞成，马上作了批复。各地司法厅（局）的领导在这点上，态度也是非常积极的，很多省（区、市）司法厅（局）领导亲自反复找有关领导和部门做工作。在当前劳教工作任务十分繁重、劳教工作的基础还相对比较薄弱的情况下，各地司法厅（局）要继续加强对劳教工作的领导，关心理顺劳教局和劳教所的体制、加强领导力量的问题。各地劳教局要积极主动地向司法厅（局）请示汇报工作，自觉接受领导，争取更多的支持帮助。

同志们，在新的一年里，劳教工作的任务十分艰巨繁重。但是，我们有各级党和政府的高度重视支持，有各地司法行政机关的有力领导，有各级劳教机关和我们近十万劳教工作干警和职工的齐心协力，我们一定能够战胜各种困难、开拓前进，取得比去年更大的成绩！

肖扬同志在部机关和在京直属单位传达中纪委第五次全体会议和国务院第三次反腐败工作会议精神大会上的讲话

（1995年2月23日）

最近召开的中纪委第五次全体会议是一次十分重要的会议。江泽民总书记在会上作了重要讲话，从党和国家的前途与命运、社会主义事业成败的高度，深刻阐述了开展反腐败斗争的重大现实意义和深远的历史意义。会议期间，尉健行同志在会上的报告很详细，提出了许多新规定。2月15日，国务院召开第三次反腐败工作会议，李鹏总理在会上发表重要讲话，强调反腐败斗争是关系党和国家前途命运的大事，是在建设有中国特色社会主义的全过程中的一项长期任务，改革越深入，社会主义市场经济越发展，越要坚定不移地把反腐败斗争进行下去。江泽民、李鹏等中央领导同志多次对反腐败斗争作了重要指示，充分体现了党和国家开展反腐败斗争的信心和决心。我们要认真学习，深刻领会江泽民、李鹏同志的重要讲话和两次会议的精神，深入开展司法行政系统的反腐败斗争。

去年一年，司法行政系统各级领导认真贯彻中纪委三、四次全体会议精神，坚持了“两手抓、两手都要硬”的方针，反腐败各项工作不同程度的取得积极成果。处以上领导干部按照廉洁自律“两个五条”规定的要求,按期召开了领导干部专题民主生活会,进行对照检查、自查自纠。全系统共查处大案要案123起,受刑事追究的106人。纠风整纪工作有所加强,“三乱”和公费出国出境旅游等不正之风基本刹住,同时加大了执法监察力度,反腐败斗争取得明显成果。

落实中纪委第五次全体会议精神和国务院第三次反腐败工作会议精神,抓好司法行政系统反腐斗争,必须做好以下几项工作:首先必须进一步提高认识,使广大干部充分认识反腐败斗争的长期性、艰巨性、紧迫性,把反腐败斗争继续推向深入。全体司法行政干警必须认真学习江泽民、李鹏等中央领导同志关于反腐败斗争的重要论述,学习中纪委第五次全体会议的精神,进一步提高对反腐败斗争的认识,坚定反腐败斗争的信心和决心。反腐败斗争必须常抓不懈,不能企盼毕其功于一役。要坚决克服“不可不反、不可真反、不可大反”的错误认识,当然,我们也不赞成“全腐败论”和“无腐败论”的说法。我们党的主流是好的,司法行政系统的大多数干部也是好的,但是在我们党内和司法行政系统确实存在腐败现象。因此,我们要坚定不移、扎扎实实地开展反腐败斗争。各级司法行政机关要按照中央的部署,将反腐败斗争列入重要议事日程,加强领导,保障反腐败斗争深入、持久、健康地开展下去。

第二,必须突出重点,抓住特点,切实做好三项工作。

要使我们各项事业健康发展,保证党的肌体不受侵害和腐蚀,十分重要的一环就是要加强领导干部的廉洁自律,并要长期坚持下去。同时,要认真做好查处大案要案和纠正行业不正之风工作。突出重点,就是要抓好领导班子、领导干部和领导机关这个重点,领导干部、领导机关要在反腐倡廉工作中作出表率。抓住特点,即司法行政部门中监狱、劳教、律师、公证、基层法律服务等工作,都有明显的行业特点,腐败现象的表现也有一些行业特点,必须抓住这个特点,使反腐败斗争有针对性,提高反腐败斗争的成效。司法行政机关既是反腐败斗争的重点部门,又是反腐败斗争的重要力量,因此我们既要抓好本系统的反腐败斗争,又要通过监狱、劳教、律师、法制宣传等业务工作推动全国的反腐败斗争。

第三,必须坚持民主集中制,健全廉政勤政制度、加强监督机制。民主集中制是党的重要组织原则,也是保持党的肌体健康的重要方法,只有很好地坚持民主集中制,才能保证党的纪律的严格执行。腐败行为不仅仅表现在经济方面,还表现在思想方面、政治方面,不执行党的政治纪律和组织纪律,也是一种腐败行为。要从清除产生腐败现象的思想根源入手,加强人生观、价值观的教育。各级党组织要坚持执行民主集中制,确保党的路线方针政策的正确贯彻执行。要健全廉政勤政的约束、监督机制,以制度约束人。各级领导干部,必须廉洁自律,自我约束。纪检监督部门要充分发挥其职能作用,加强监督检查。要发挥群众监督的作用,经常听取他们的意见和建议,不断发现问题,改进工作。要加强举报工作,发动干部群众检举揭发腐败行为,形成群众监督的有力机制。但举报要以事实为依据,不得捏造事实,混淆是非,坚决反对诬告陷害。要按照中央的部署,逐步建立收入申报、公务活动中收受礼物登记等制度,用严格的制度来规范干警的言行。

第四,必须正确理解中纪委五次会议精神,划清政策界限。为保证反腐败斗争的正确性,既要坚持深入地开展这场斗争,又要明确界限,防止反腐败斗争只讲形式,不求实质的倾向。要区别集资购房与建立住房公积金,区别公务活动与非公务活动等界限。要加强对纪检、监察部门的领导。纪检、监察部门是开展反腐败斗争的一支重要力量,各级司法行政机关必须加强对纪检监察工作的领导,选好班子,配好人员,帮助他们解决工作中的困难,把纪检监察队伍建设成一支党性强、作风正、业务精的队伍,推动反腐败斗争深入、持久、健康地开展。

肖建章同志在河南省司法厅处以上干部会上的讲话

(1995年3月4日)

这次到河南,主要任务是受肖扬部长的委托,和部监狱管理局王明迪等同志陪同国务委员、中央政法委副书记、国务院秘书长罗干同志视察河南省第一监狱。任务完成之后,先后到了省第一监狱,开封市司法局、豫东监狱和商丘地区司法处、新乡市司法局,参观了监狱监室、生产车间,听取了司法行政、监狱工作的汇报,2日上午又听了徐厅长的情况汇报。

国红同志提出让我讲讲,只是根据一路上的印象,讲一讲对河南省司法行政工作的感受。从听到和看到的情况看，河南省司法行政工作的形势很好，以徐国红厅长为“班长”的河南省司法厅党组继承和发扬了前几任党组的好传统，勤勉治政，开拓进取，做了大量卓有成效的工作，取得了明显的成绩。成绩主要表现在：一是河南省1994年监狱和劳教工作成绩显著，特别是监狱、劳教的经济工作应该说是在全国起了好的带头作用，如豫东监狱（振华玻璃厂）管理严格、经营有方、效益明显，不仅在全国监狱系统，而且在全国同行业也是经济效益好，管理得好的企业。二是公证、律师改革取得突破性进展；法学教育、普法宣传、基层调解等方面都有明显的进步，有几项工作还处于全国领先地位。三是后勤工作、老干部工作等搞得也很好，职工福利、生活安排也有了较大改进。

这些成绩的取得，首先是省委、省政府的正确领导和大力支持，再有是全省广大司法行政干警勤勤恳恳、积极努力取得的，这说明河南省司法行政干警队伍是一支思想好、业务精、作风过硬、人民信赖的、能够较好完成党和人民赋予任务的好队伍。你们付出的辛勤劳动和做出的成绩，为推动我国的社会进步，为经济发展和改革开放提供了法律保障和优质的法律服务，为社会稳定做出了贡献。在此，我代表司法部党组向河南省全体司法行政干警并通过你们向你们的家属表示衷心的感谢和诚挚的慰问！

前不久，召开了全国司法厅（局）长会议和全国监狱长工作会议，肖扬部长分别在这两个会上做了重要报告，报告贯彻了解放思想、实事求是的思想路线，对94年的工作做了客观的评价，对如何贯彻落实《监狱法》以及1995年司法行政工作任务提出了明确的具体的要求，这些都符合全党全国工作的大局，报告反映了司法行政工作进一步改革开放的客观要求，为司法行政工作上台阶、上水平提出了明确的目标。当前是司法行政工作发展的关键时期。司法行政工作目前既面临着千载难逢的历史发展机遇，也面临着新形势下开创新局面、再上新台阶的艰苦任务。所以，我们一定要紧紧围绕贯彻党的十四届三中全会、四中全会精神，服从服务于全党全国工作的大局，围绕着1995年司法行政工作的思路和要求，结合河南的实际，抓规划、抓重点、抓启动、抓实效，力争使1995年的河南省司法行政工作取得更大的成绩，为社会进步、经济发展、社会稳定做出贡献。

下面，我就如何贯彻监狱长工作会议、司法厅（局）长会议精神和加强思想政治工作、干部队伍革命化建设讲几点不成熟的意见。

一、一定要抓好监狱长工作会议和司法厅局长会议的贯彻落实

一是抓好会议的传达宣传。要靠宣传形成社会舆论，营造落实的良好气氛；二是抓落实。要在“落实”上下功夫。现在人们不仅听你说些什么，更重要的看你做些什么，我们要把会议精神和人们的愿望融汇到实际工作中去。三是抓配套。司法行政工作是一个系统工程，条和块要加强协调，理顺关系，形成合力，做好工作。

二、必需要有一个良好的精神状态

良好的精神状态是做好各项工作的前提和内在动力。所谓良好的精神状态，就是对党的事业要赤胆忠诚，对人民的利益要高度负责，要有奋发向上、昂扬进取的精神。在当前司法行政工作挑战与机遇同在，困难与希望兼存的情况下，更需要广大干部有一个良好的精神状态。

要有良好的精神状态，就要从思想上彻底铲除有碍工作、有碍大局、有碍发展的各种私心杂念，时刻把党和人民的利益放在首位；要铲除贪图安逸、追逐名利的思想，大力弘扬艰苦奋斗、无私奉献的精神；要铲除消极腐败思想，增强廉政勤政意识，做到廉洁自律、勤政为民，时时处处想着用手中权力为人民谋利益，为人民办实事；还要铲除我们思想中妄自菲薄、自卑思想，树立敢为天下先，不折不挠、开拓进取的精神。我们应该认识到，建立社会主义市场经济是一条前人没有走过的路，司法行政的改革，也是一项开创性事业，没有现成的经验和路子，在这种情况下，如何摸索规律、探索发展的经验，就必须有不畏艰难、不怕失败、勇于开拓的精神，就必须有创新、创造和发展的意识，这就要求我们广大干警要结合实际进行创造性思维，要尊重事实、尊重实践、尊重群众、尊重规律，摆脱本本主义、教条主义、经验主义等思想，树立不唯书、不唯上的观念，创造出符合自己实际的新局面，不断推动各项事业的发展。我希望河南省的广大干警不断创造新成绩、新经验，为全国提供好经验，以推动我们各项工作的顺利开展。

三、要加大力度，强化措施，切实加强司法行政队伍各级班子的建设。加快培养和选拔德才兼备的领导干部，特别是要注意培养和选拔优秀的年轻干部

随着司法行政事业的不断发展，干部问题越来越重要，但是我们干部制度的改革力度还不大，所以在日常工作中遇到一些困难和问题时，往往感到思路窄、办法少，对一些不能胜任的干部、平庸无才的干部还没有找到一条自动下台的办法；对一些有开拓精神的年轻干部，还没有找到一个让他们施展才能、焕发生机的机制，他们的工作、才华往往得不到社会的公认。因此，在培养选拔使用年轻干部上，确实还存在一些问题。培养和选拔领导干部，特别是优秀的年轻干部，已经成为我们司法行政事业事关全局的大问题，无论是从现实或长远看，这项工作都是十分重要而且是非常紧迫具有战略意义的重要任务，必须树立高度的政治责任感和高度的革命使命感，增强紧迫性，增强自觉性，把这一事关全局的工作切实抓紧抓好，并且要抓出成效。党的十四届四中全会决定为我们在新时期做好选拔培养德才兼备的领导干部工作进一步提供了目标、指明了方向。这就是要求培养、选拔优秀的领导干部尤其是培养、选拔年轻的优秀领导干部，必须严格坚持德才兼备的条件。具体到我们司法行政系统的工作实际，在选拔干部上应该把握住以下四个方面：

一是要有坚定的政治信念。坚定的政治信念来自于对四项基本原则的坚持，来自于对社会主义事业和共产主义理想的追求，这是首要条件，就是说，我们党的领导干部在任何时候任何情况下都要保持清醒的头脑，坚持党的基本路线，经得住各种风风浪浪的考验，不仅在和平年代、日常工作中能够坚持党的基本路线，能够和党中央保持高度的一致，而且一旦党的路线方针受到干扰，遇到一些风风浪浪，更应坚持党的方针路线，只有这样才能任何时候都不迷失方向。还要有献身精神，要有政治上的远见卓识，要勇于同危害党和国家利益的行为作无情的斗争。

二是要有深厚的理论素养。素养的高低是衡量一个领导干部水平高低的标准，班子素养的高低是衡量这个班子能力的高低、领导艺术高低的一个重要标准之一，理论上的成熟是一个领导成熟的重要环节和主要方面。如果我们能掌握邓小平同志建设有中国特色社会主义的理论，并且能熟练地运用这个理论去研究解决我们司法行政现实工作中的一些重大问题，那么我们的领导水平，解决复杂问题的能力就会大大提高。所以，一定要学习特色理论，学习《邓小平文选》一、二、三卷，用小平同志的思想、立场、观点来统一我们的言行。

三是要有高超的领导能力。我们不仅要在政治上成熟，理论上精深，而且还要有工作能力。司法行政工作的新形势、新情况对领导决策、管理的能力提出了更高的要求，这就需要我们每一个领导干部都要有驾驭全局的组织才能和高超的领导艺术。驾驭全局的能力至少应是驾驭其分管方面的能力，不能滥竽充数，不能一说提拔使用年轻干部就不考虑德才，就不考虑组织领导能力。既要有精于谋划的决策能力，又要有举重若轻的指挥才能，还要有统顾四方的协调能力；熟悉当代司法，了解现阶段国情，磨练意志品德，陶冶道德情操，进而达到提高领导能力的目标。

四是要有广博的学识。司法行政各项事业空前发展，社会文明不断进步，各种信息的快速传递，法学门类的迅速增多，认识领域的五彩缤纷，在这种情况下，我们司法行政系统每个领导干部都要有广博的知识，精深的学问，即不仅要有专业知识，还应有心理学、哲学、文史、数理化等方面的知识，不仅要专，而且要博。在此基础上，要博中求精，通中取专；努力学习和掌握社会主义市场经济理论，掌握现代化理论知识及法学基础知识，以便适应工作需要。

在选拔年轻干部上，要进一步解放思想，树立新的用人观念，坚决打破论资排辈的陈腐观念，坚决克服求全责备的片面观念。金无足赤，人无完人，水至清无鱼，人至察无徒，任何一个领导干部，甚至一个领袖人物都不是完美无缺的，特别是刚刚走上领导岗位的同志，难免有这样那样的缺点，只要基本方面可以，符合德才兼备的条件就可以提拔使用。提用后有缺点可以帮助，缺少经验可以在实践中锻炼。对青年领导干部要压压担子，能压 99、100 斤，不要压 70、80 斤，这样有利于他们的成长。坚持从工作大局出发，按照德才兼备的原则，要因事用人，绝不能因人设事，更不能让那些平庸之辈进入领导班子，坚决不能让那些缺德者钻进领导班子，因为有才缺德的人一旦掌了权，他就会搞不正之风、搞腐败，为所欲为，将给我们的事业造成损失。要坚决反对和纠正用人上的不正之风，这个方面是最大的腐败，最要害部门的腐败，对党的事业危害最大。因此，在选拔干部工作中，我们必须坚决贯彻中央有关指示和中组部最近下发的选拔干部条件的有关规定，坚决按程序办事，切实做到知人善任，选贤任能。河南省司法系统，包括厅局、各个监狱、劳教所、地市司法局处，能不能在 1995 年内逐步在每个班子当中都要配备 40 岁左右、35 岁左右、30 岁左右年轻的优秀领导干部，如果能够做到这一点，河南省司法行政系统在培养选拔年轻干部方面就为全国做出了表率。在选拔德才兼备领导干部的同时，要切实加强在职领导干部整体素质的培养提高，要认真抓好干部理论素质的学习，加强党性修养的锻炼，强化实践锻炼，严格贯彻党的民主集中制。要通过抓班子建设，把一批优秀的年轻领导干部选拔上来，这将是对我们的事业的很大促进。

四、要加强党的思想政治工作

就我们司法行政系统而言，思想政治工作整体是好的，但也存在着不少问题，主要是思想政治工作的力度不够大，针对性、战斗性、实效性还不够强。当前，干警队伍思想比较活跃，现实生活中也存在着一些实际问题和困难，如生活待遇等，而有一些实际问题我们又不能马上给予解决，这就更需要加大思想政治工作的力度。所以，对广大干警要不断进行党性原则的教育，进行爱国主义教育，进行革命传统教育，进行全心全意为人民服务的教育。要采取一把钥匙开一把锁的方法，要开展评优创先活动，要表彰先进，注意抓积极因素，抓正面典型，弘扬正气，同时也要注意抓住一些腐败的典型，以案讲法，以案讲纪，使大家都受到教育。另一方面是要加强政治理论学习，认真学习邓小平同志建设有中国特色社会主义的理论，一定要认真学习《邓小平文选》(第一至三卷)，学习党的路线方针政策，把大家的思想统一到党的路线方针上来。

在加强思想政治工作的同时，还要十分注意在可能的情况下解决干警的困难。肖扬同志几次在党组会上提出，我们要加强干警的后勤、福利工作，使我们司法行政干警的待遇不低于其他政法部门，这就是说，在不违反党和国家有关政策，不违反法律规定的情况下，注意为同志们多办实事，多办好事。同时，领导干部要多深入实际，深入基层，与广大干警交朋友，不断地谈心通气，增加了解，增进友谊，为广大干警创造一个宽松和谐的工作、生活环境，使大家工作起来无忧无虑，没有畏惧感而有安全感，大家的积极性充分调动起来了，就会取得较好的效果。在这方面，河南省司法厅已采取了一些措施，有了一些成效，希望再接再励。

五、切实加强司法行政干警的人品修养

作为一个司法行政干警，就应该有一定的影响力，这种影响力除了社会分工的赋予、地位权力所带来的强制性、支配力量之外，重要的是干警的人品修养。尽管手里有权，但是你能不能有威，关键在于自己，关键在于性格的培养、身心的修养、人品的锻炼，所以，在新的历史条件下，加强广大干警的人品修养是十分重要的。在加强人品修养上主要应注意以下几个方面：

一是事业心要强。孙中山先生曾经说过，要立志做大事，不要立志做大官。共产主义事业是我们共产党人的终身事业，献身于事业是司法行政干警自身价值的真正体现和本质特征。司法行政干警最重要的一条是要有对党对人民无私奉献的精神。要立足于自己岗位，尽自己的能力，勤勤恳恳、兢兢业业为人民服务，为人民工作。我们要强化奉献意识，把是否甘愿为党和人民的事业做出贡献，是否实实在在地为人民办事，作为衡量司法行政干警人品修养的基本准则。只有把改革和现代化事业摆在第一位，才能在人民心目中树立起司法行政干警的良好形象。

二是道德要高尚。广大司法行政干警要优化道德意识和行为规范，要以德感人，以德树威，要坚持马克思主义的人生观、价值观，要立党为公，要一切为了社会的发展和稳定，一定要克服那种欺上压下、拨弄是非、阴一套阳一套的不道德品质和只顾自己与人争利、以权谋私的腐败行为。因此，我们广大干警要养成高尚的道德情操。

三是胸襟要开阔。作为一个司法行政干警一定要心胸坦荡、宽以待人，心中要容得下各种各样的人，要能够容得下人间的各种不平和委屈，因为我们的队伍来自五湖四海，每个人的经历不同、学历不同、工作能力不同、爱好嗜好不同，有的性格外向，有的性格内向，有的脾气比较急躁，有的脾气比较温和，在日常工作中很难避免磕磕撞撞，这就要求我们每个干警必须有宽阔的胸怀，容人容事、容忍对自己的误解，要以德报怨，甚至为了事业，为了大局，为了团结应该有委屈求全的精神，不要大事小事都计较，应该宽宏大度，有理也让人，这是一个干警人品、行为修养方面的重要特征，是党性观念、觉悟程度和道德修养的综合反映。

四是表里要如一。小平同志讲，要做老实人，说老实话，办老实事。我们任何时候都不能口头上说的好听，背后另搞一套，我们一定要做到对上对下要一致，对职务高和对职务低的、对有职务和没职务的都要一样，对有了职务的和已经没有领导职务的也要一样，言行要一样，人前人后要一样，一定要堂堂正正做人，实实在在办事，我们干警要努力做一个有凛然正气、忠实积极、实事求是、襟怀坦白的政法干部。

五是为人要廉政。我们每一个干警处事要公正，待人要平等，要廉洁自律，严格要求自己，处处以身作则，要诚实，对下、对群众不能盛气凌人，即使自己分管的工作是一些实际部门，也不要有优越感，不要有特殊感。要提倡用无产阶级正风压倒资产阶级邪气。

六是感情要诚挚。我们干警一定不要脱离群众，要视同志为兄弟，视群众为父母，因为我们大都来自农村、来于群众，所以时刻不能忘掉群众，不能忘掉我们是人民的公仆，我们为了一个共同的目标走到了一起，除了工作关系，还应有同志关系、兄弟关系，都应该互相爱护、互相支持、互相帮助、互相谅解、互相补台，对人对事要动真情办实事，对人要有同情感、同情心，要善于了解人、关心人、理解人，要与人为善，敬业乐群，要经常深入到群众之中，体查民情民意，真心实意地关心群众的疾苦，这样，我们司法行政干警才能增强群体的凝聚力，才能增强战斗力。因此，我们要时刻注意提高自我修养的自觉性。提高自我修养的自觉性关键在于改造世界观，要把修养建立在高度自觉的基础上，经常不断地自我反省、自我检查、自我约束、自我回顾，通过品德的锻炼真正做到使党和人民放心，成为人民信得过的干警队伍，到那时候，我们司法行政工作将会出现新局面。

张秀夫同志在浙江省发展监狱经济座谈会上的讲话要点

（1995年3月8日）

全国监狱工作会议着重研究的是实施《监狱法》，落实《国务院关于进一步加强监狱管理和劳动教养工作的通知》，创建现代化文明监狱的问题。关于监狱经济工作，在肖部长的报告、我的讲话中也谈到了，但没有具体讲。我感到，对监狱经济工作问题需要进一步研究，不然会有所放松。

对监狱经济工作切不可忽视，它是监狱工作的组成部分，是教育改造罪犯的重要手段和途径，也是建设现代化文明监狱重要的经费来源之一。我来之前，部监狱管理局专门研究，今年要抓好四件事：(1)与《监狱法》和国务院《通知》配套的具体措施多数要出台，便于各地抓落实。(2)国务院规定的财政保障体制、投资保障体制要普遍建立起来。(3)年终对建设现代化文明监狱情况进行一次检查评比，全国评出几所现代化文明监狱、一批现代化文明监区，各省都要评出创建现代化文明监狱先进单位，推动建设现代化文明监狱的发展。(4)监狱经济要有较快发展，效益有明显提高，亏损单位有较多的减少，初步落实朱镕基副总理提出的监狱企业不亏损的要求。监狱经济工作列入了部监狱局今年致力抓落实的四件实事之一，大家要有足够的重视，切不可忽视。

一、希望抓住时机，抓住质量好、有市场、效益高的产品大干快上，力争今年有大的发展。浙江有一批有影响、有效益的企业和产品，葫芦、装载机、劳动扳手、水泥、液压搬运车，都是比较好的产品，而且是国家投资支持的，资金有保障，条件很有利，要紧抓快上。这些项目抓起来，建设现代化文明监狱资金就会有较多的增加。监狱企业赚了钱，要舍得用于建设现代化文明监狱，加快现代化文明监狱建设。社会主义市场经济，是靠产品质量占领市场的。要提高产品质量，首先要提高干警队伍素质。干警要学科学，学管理，学技术知识。要好好和大专院校联系，采取合作办班、代为培训等多种形式，提高干警的技术水平、专业水平，这样才能使企业的产品质量有所提高。农业要讲规模效益，乔司监狱要发展比较高档的蔬菜、养殖业，形成规模，占领城市市场。

二、要讲联合，搞协作，以好带差，全面发展，尽快实现朱副总理提出的监狱企业不能亏损的要求。现代化企业竞争激烈，企业趋向联合，讲规模经济、规模效益。浙江监狱系统内部的葫芦、水泥、茶叶等都可以搞联合。还要学河南，工业监狱与农业监狱定点挂钩，扶持农场。扶持农场，要争取省政府的支持，还要靠监狱系统自身的力量。工业单位要把扶持农场作为自己的任务，作为不可推辞的义务，更是监狱局的重要职责，要提到议事日程上来。工业监狱的名牌产品要分流一点给其他监狱，靠好的产品把全省监狱企业带动起来。省二、四监和少管所要把产品配件分流给乔司，省一监要帮助十里丰、十里坪等农场，重点扶持，改变面貌。产品分流，合同要严明，质量达不到要求的，即使是兄弟单位也不行。要搞联合，不但要用行政措施，还要用经济措施。希望浙江监狱至迟明年达到没有生产亏损的监狱，普遍达到朱镕基副总理的要求。

三、现在的好产品不能停留在已有水平，要瞄准世界先进水平，更新换代，不断发展，更上一层楼。在科学技术高度发展的当今世界，没有永不衰老的产品，要在产品销路好、效益高的情况下预见到未来，研制新产品，采用新工艺，这样才能永远立于不败之地。四监装载机要站得住脚，必须学习国外的新技术，引进先进的生产线。好的产品千万别停留在现有水平上。

四、省监狱管理局要注意加强宏观调控，抓好发展经济手段的配套。要摆脱过多的事务，注意抓好关键事情、大政方针。要积极向有关部门要好的政策，落实部里的要求。现在最难的是资金问题，除了向上要，我们自己也可以有所作为。信用社在我们监狱系统可以搞，要攻攻关，国家投资、拨款的钱，可以先放里面，也可以吸纳社会存款。还可申请成立保险公司，搞监狱的财产保险、犯人人身保险。还有成立基金会，上海的少管所就批准成立了基金会。监狱局办的公司要搞好，要赚钱，为监狱工作服务。这些事，管狱局要好好研究，下功夫抓。

五、要勇于改革。这是问题的关键。我在监狱局长会议上讲话时例举了6件事，说明有待改革的内容之多。那六件事都是指监管改造方面的，至于经济工作方面，亟需改革的内容就更多了，我可以例举12件，甚至更多。我希望大家一定要继续解放思想，更新观念，深化改革。看准了的事就做，成功的经验就推广，没有把握的先试点。只要有利于监狱的稳定与安全，有利于犯人的改造，有利于建设现代化文明监狱，就可以大胆去做，该改革的就要勇于改革。浙江地处沿海发达地区，监狱经济工作基础比较好，希望你们加倍努力，在全国起带头作用。你们搞得好，对其他省也是个推动。

六、加快工人厂的分离和建设。要坚决把监狱生产与工人、工人厂分开。不分有许多问题不好解决。不分不利于监狱财政和投资保障体制的建立，不利于《监狱法》的实施，不利于监狱警察队伍建设，不利于调动工人的生产积极性，不利于建设现代化文明监狱，总之，弊端很多、很大。分开不仅具有经济意义，还有政治意义。四监新建的工人厂是全国首屈一指的，过去多次听过汇报，今天亲临现场看过之后感到不错，希望加倍努力，尽快建成，正式作为对外窗口。工人厂分离后要坚持两条：(1)分离后的工人厂仍作为监狱的企业，享受同样的优惠政策，在监狱党委统一领导下进行运营，为监狱生产服务；(2)一切经营管理必须参照社会企业办，要大胆改革，不能搞计划经济的那一套，真正把工人厂推向市场。从开工之日起，厂长一律实行聘用制，不搞铁饭碗，一年为期，干好了再聘，干不好的不再聘用。监狱长不能兼工人厂厂长，在监狱党委的统一领导下，另外配备。工人一律实行招聘制，订合同，不要新厂老办法。人事上要搞活，工资与效益挂钩。工人厂怎么管理，要好好总结，摸索经验，目的是要提高经济效益。

认真贯彻《审计法》　推动审计工作新发展

——韩灵同志在全国司法行政系统审计工作会议上的讲话

(1995年3月9日)

这次全国司法行政系统审计工作会议，在湖南省司法厅的大力支持下，前天正式开始了。两天来，陈守达同志(部审计局副局长)作了工作报告，国家审计署管理司司长易仁萍同志亲临会议指导，并作了重要讲话。各地、各单位在会上分别介绍了一些好的做法和经验。前期议程进行得比较顺利，希望大家善始善终把会议开好。这次会议是以邓小平同志建设有中国特色的社会主义理论为指导，认真贯彻党的十四大和十四届三中、四中全会、中央经济工作会议、全国审计工作会议和全国司法厅(局)长会议精神，突出以贯彻执行《审计法》为主题，讨论研究如何推动司法行政系统审计工作新进展。简单地说，就是回顾十年，总结三年，狠抓今年。开好这次会议，对今后一个时期司法行政系统的审计工作必将发挥重要的指导作用。希望同志们共同努力，把这次会议开成开拓进取、团结鼓劲的会议。我受肖扬部长的委托，代表司法部党组讲以下几个问题：

一、认清形势

正确认识形势、分析形势和把握形势，是确定方针、进行决策和部署任务的前提。也是开阔视野、了解大局、清醒头脑、明确方向的重要问题。希望大家在繁忙的业务工作中，要关心形势、认清形势。

关于国际形势：(略)

关于国内形势：(略)

关于司法行政工作形势：(略)

关于全国审计工作形势(略)

二、十年回顾

十年来，司法行政系统的审计工作，在审计署、司法部和各级领导机关的领导和支持下，在全体审计人员的辛勤努力下，紧紧围绕经济建设中心，依法履行审计监督职能，积极为经济建设、改革开放服务，为司法行政工作发展服务，做了大量工作，取得了显著成效。在维护国家财经法纪、提高经济效益和促进加强廉政建设等方面发挥了重要作用。

——审计机构基本形成网络。经过十年常抓不懈的努力，司法行政系统的审计机构从无到有，从少到多，逐步发展。目前，从部到各省、自治区、直辖市司法厅(局)、监狱管理局、大专院校基本上建立了审计机构，很多基层单位也成立了审计机构或配备了专职审计人员。截止1994年底，全系统共有审计机构431个，审计机构网络基本形成。

——队伍建设得到加强。现在战斗在司法行政系统审计战线上的同志们约有2000人。他们兢兢业业地工作，默默无闻的奉献，是一支忠于党、忠于人民、政治强、业务精、作风正、秉公办事、清正廉洁的队伍，是一支过得硬、完全可以信赖的队伍，是国家和人民的经济卫士，受到了各级领导的赞扬和广大群众的尊敬。据不完全统计,曾被评为署、部级、省级等先进模范单位的有45个,先进个人100人。在此,我代表肖扬部长和司法部党组对辛勤工作在审计战线的全体审计人员,致以亲切的问候和崇高的敬意。向大力支持审计同志们工作的亲属表示衷心的感谢。

——开展审计实务成效显著。各地、各单位结合实际情况,突出重点,大力开展了审计实务。据不完全统计,共约完成审计项目25000多个,查出违纪金额约计2.2亿元,损失浪费金额5300万元,促进提高经济效益1亿多元。在维护财经法纪,保证改革政策的落实,促进加强管理和提高经济效益等方面起了积极作用。

——围绕中心开展审计调查。近几年,每年都围绕司法行政中心工作,有计划、有目的、有组织地进行审计调查。共完成调查项目862个。不少地区通过调查,写出了较有份量的调查报告,受到领导同志的好评,有些建设性意见被有关部门采纳后,经济效益明显提高。

——不断拓宽审计新领域。随着改革开放和经济建设的发展,审计内容由过去单一的财务收支审计向评价内控制度经济效益审计延伸。在财务收支审计的基础上,大力开展了资产负债损益审计、内控制度评审、固定资产投资项目审计、承包经营审计、离任经济责任审计等实务,重点加强了对固定资产投资项目、资金使用情况、承包经营责任审计和厂长(经理)离任经济责任等审计。不仅拓宽了审计领域,而且强化了审计的深度和力度。

——维护财经法纪,促进廉政建设。在正常审计中,注意找出疑点和漏洞,挖掘线索,发现了许多重大经济案件。仅1994年,经审计移交给纪检、监察和司法机关立案查处的就有52起,为反对消极腐败,加强廉政建设做出了贡献。

——加强培训提高素质。为适应形势发展的需要,针对审计干部队伍素质不高的状况,加强了对审计人员的培训。近两年先后组办了七期培训班,一期研讨班,共培训700人。为提高基层审计骨干的业务素质和领导干部的知识水平作出了努力,收到了较好的效果。

——社会审计有了较快的发展。据不完全统计,截至目前为止,全系统已有审计师事务所14个,总的看来,发展较好。如湖南省湘司审计师事务所成立至今两年,面向社会开拓业务,收到较好的社会效益和经济效益。去年一年收入就达80余万元。

但是,应该看到,我们的工作还存在不少问题。有些该建的机构还未建立起来,审计人员素质参差不齐,不论从数量还是质量上都还不能适应形势发展的需要。工作发展很不平衡,有些单位审计工作尚未真正开展起来。有的不善于从宏观角度去分析、解决问题。

三、依法审计

我讲的依法审计,主要是指依照《审计法》进行审计工作。

(一)充分认识《审计法》的重大意义。《审计法》是一部具有中国特色、适应建立社会主义市场经济体制要求、加强国家审计监督、并与国际惯例接轨的国家法律,也可以说是我国审计工作的第一部法典。它的颁布使我国的审计工作走上了法制化的轨道。《审计法》共有七章51条,对审计机关的设立、职责、权限、审计程序、法律责任等重大问题,规定得很清楚。对内部审计的文字虽然不多,但它从法律上肯定了内部审计的地位。国家审计机关、内部审计机关和社会审计构成了审计体系,内部审计和社会审计是整个审计体系不可缺少的组成部分,三者的内在联系密不可分,总的目标完全一致。《审计法》也是内部审计应当遵循的法律准则。因此,当前我们要认真学习、宣传、贯彻、执行《审计法》,使各级领导和广大干警对内审工作重视、理解和支持。

(二)建立健全内部审计制度。《审计法》第二十九条规定"国务院各部门和地方各级人民政府各部门、国有的金融机构和企业事业组织,应当按照国家有关规定建立健全内部审计制度。"可见,建立健全内部审计制度已经用法律形式所确定,其重要性是显而易见的。前不久,肖扬同志在全国司法厅(局)长会议上的讲话也明确指出"审计工作要认真贯彻《审计法》,强化对本系统活动的审计监督,健全行业内审计机构和审计制度,充实审计力量,热情支持他们依法独立进行审计,以维护国家经济法纪,促进廉政建设。"内部审计制度是一项重要的控制制度,它的建立与健全有利于加强内部控制,审查财务收支,改善经营管理,提高经济效益,完善自我约束机制,适应新形势发展的要求。因此,必须引起各省、市、区司法厅(局)足够的重视,要作为今后审计工作重点,抓好落实,以促进司法行政内审工作的发展。

(三)依法审计,强化审计执法力度。要以《审计法》规范内审工作的程序、职责和行为,以国家现行经济法律、财经法规为基准,明辨是非,界定性质,作出恰当的审计结论。提高审计人员执法的自觉性,维护法律的严肃性。内部审计既要维护本单位合法权益,又要维护国家整体利益,当二者发生矛盾时,必须旗帜鲜明地维护国家利益和法律,不能大事化小,小事化了,议而不决,决而不行,使内部审计处于软弱无力的地位,那样内审的职能作用就会逐步削弱甚至消失。因此,内部审计必须大力强化执法力度,该罚没的必须依法罚没,该处理的必须依法处理,在法律面前人人平等。我们必须坚持依法审计,执法必严,违法必究。

四、队伍建设

(一)建立健全内部审计机构。建立健全内审制度首先必须建立健全内审机构,机构是我们开展工作的基础，没有机构就无法开展工作。现在有些单位该设内审机构还没有设。据反映，有的地区和单位又将已设的内审机构撤并了，专业人员调走了，使内审工作停顿了。这样下去势必大大削弱内审职能，弱化审计工作，这与中央强化审计监督的精神，与《审计法》的规定，与司法部和审计署的要求都是相悖的。因此，现在再一次强调，凡是应该建立而没有建立审计机构的基层单位（主要是监狱、劳教所）应尽快建立；凡是已撤并的，应予恢复；审计机构不要与纪检监察机构合署办公，也不能设在财务会计机构之内；调离的专业人员，应尽快充实。确保司法行政系统审计工作正常运行。

（二）进一步加强审计队伍建设。贯彻落实《审计法》，推动审计工作进一步发展，最重要最根本的是要努力建设一支政治思想过硬、业务素质较高的审计队伍。特别是抓紧选拔培养优秀年轻干部，充实审计队伍的力量。李鹏总理在接见全国审计工作会议代表的讲话中特别提到"市场经济越发达，审计工作就越重要。……还需要有更多的年轻人充实到审计队伍里来，全面地提高审计工作的质量"。郭振乾审计长在全国审计工作会议讲话中也强调"发展审计工作，人才是关键"。队伍建设是我们审计工作当前一项非常重要而又十分紧迫的重要任务，也是我们搞好审计工作的基础和保证。审计人员的素质如何是决定工作质量、效率、效果的关键，人员素质高，工作成果就会好，反之，人员素质低，就不可能有多大的作为。审计工作随着经济的发展任务越来越重，对审计人员的要求也越来越高。最近，肖扬同志代表司法部党组提出，司法行政干警应当具有八个方面的品格：一要自觉坚持党的基本路线不动摇。二要政治敏锐，立场坚定。三要牢固树立大服务思想。四要有较强的人民民主专政意识。五要有强烈的敬业精神。六要依法办事，执法如山。七要纪律严明，清正廉洁，严格遵守执业纪律和职业道德。八要艰苦奋斗，团结拼搏。我们做审计工作的同志要努力做到。前不久，我看到中央组织部对组织部门的干部提出树立良好作风的五条要求：(1)讲党性、守纪律、公道正派；(2)严要求、不谋私、廉洁奉公；(3)勤学习、求进取、改革创新；(4)顾大局、讲团结、实事求是；(5)服务好、多调查、勤奋工作。我看我们做审计工作的同志也可以借鉴。《审计法》第六条规定：审计机关和审计人员办理审计事项，应该客观公正，实事求是，廉洁奉公，保守秘密。我们要坚决遵守，不得违反。郭振乾同志在报告中要求广大审计人员发扬廉洁、公正、严格、奉献精神。讲到精神，我在这里想多说几句。毛泽东同志曾指出："人总是要有一点精神的"。并且提出了"物质可以变成精神，精神可以变成物质"的正确论断。他还曾经提倡过张思德、白求恩、雷锋等同志的革命精神。小平同志指出："搞不好物质文明建设不是有中国特色的社会主义，搞不好精神文明建设也不是有中国特色的社会主义，只有两个文明都搞好才是有中国特色的社会主义。"也就是说光有物质文明建设，没有精神文明建设，不是真正的社会主义。在小平文选中多处讲到精神文明建设和提倡、发扬革命精神。他曾严肃地告诫我们，风气如果坏下去，经济搞成功又有什么意义？会在另一方面变质，反过来影响整个经济变质，发展下去会形成贪污、盗窃、贿赂横行的世界。他还提出过要有五种精神，即：发扬革命和拼命精神，严守纪律和自我牺牲精神，大公无私和先人后己精神，压倒一切敌人、压倒一切困难的精神，坚持革命乐观主义、排除万难去争取胜利精神。江泽民同志曾向全党提出 64 个字的创业精神，即：解放思想、实事求是，积极探索、勇于创新，艰苦奋斗、知难而进，学习外国、自强不息，谦虚谨慎、不骄不躁，同心同德、顾全大局，勤俭节约、清正廉洁，励精图治，无私奉献。他还提出："以科学的理论武装人，以正确的舆论引导人，以高尚的精神塑造人，以优秀的作品鼓舞人。"最近，他在中纪委第五次全会上的重要讲话中指出，必须高度重视思想政治建设，提高干部党员队伍思想政治素质，并提出加强共产主义理想和信念教育；全心全意为人民服务宗旨教育；艰苦奋斗、勤俭节约的教育。总之，一个人要有精神，必须要用马列主义、毛泽东思想、邓小平同志建设有中国特色社会主义理论武装头脑，坚定社会主义、共产主义理想和信念，树立正确的世界观、人生观和价值观。否则，一个人如果没有"一点精神"，就会无所作为，一个民族如果没有"一点精神"，就会没有希望，一个国家的人民如果没有"一点精神"，就会没有前途。目前，由于资本主义腐朽思想文化的影响和我国历史上遗留下来的剥削阶级腐朽思想文化的影响，一些人滋长了拜金主义、享乐主义、极端个人主义和腐朽生活方式等消极现象。有的人一切向钱看，金钱至上，不择手段的捞钱。有的以权谋私，权钱交易、贪污受贿，花天酒地，纵欲无度。有些人经不起考验，打了败仗，走上了邪路，甚至堕落成社会的蛀虫和罪犯。这些人认为有了钱就有了一切，用钱铺路，拿钱开道，奉信认为"有钱可使鬼推磨"，说什么"精神有什么用，精神值多少钱"，"没有金钱是万万不行的"，等等，以此来毒害人、来诋毁精神文明的建设。有的人也确定为了钱，做出害党、害国、害民的坏事。我们有些同志可能是对现实生活中没有钱办不了事的现象不满、气愤，也在发些牢骚。我们要理直气壮的宣传和大力加强精神文明建设，以发扬革命精神和弘扬民族精神，"精神不是万能的，但是没有一点精神是万万不行的"。这是历史的结论。

（三）加大培训力度，提高干部素质。《审计法》对审计人员提出了更高的要求。审计工作要适应新形势的发展，实现高层次的监督，还必须在提高人员素质上下功夫。全国审计工作会议精神中也明确提到,要组织广大审计人员学习邓小平同志建设有中国特色的社会主义理论。对此,中央有决定、要求,各地各单位有部署、有安排。这一理论是在和平与发展成为时代主题的历史条件下,在我国改革开放和社会主义现代化建设的实践过程中,在总结我国社会主义胜利和挫折的历史经验并借鉴其他国家社会主义兴衰成败的历史经验的基础上,逐步形成发展起来的完整的科学体系。它是马克思列宁主义、毛泽东思想的继承、坚持和发展,是当代的中国马克思主义。它涉及经济、政治、科技、教育、文化、外交、军事、党建等方方面面,各个领域,有许多新思想、新观点、新概括。但是,在学习中我们要牢牢把握"解放思想、实事求是"这一理论的精髓;牢牢把握"什么是社会主义,怎样建设社会主义"这一理论的主题;牢牢把握"社会主义初级阶段"这一理论的基石;牢牢把握"一个中心、两个基本点"这一理论的核心;牢牢把握"马克思主义立场、观点、方法"这一理论的根本。同时,努力学习社会主义市场经济理论和基本知识,学习审计专业知识和法律知识。抓好干部培训工作,努力提高审计人员的政治业务素质,各单位要把培训审计干部作为一项重要工作来抓。每年审计任务不要安排过满,留出必要的时间组织干部学习,要注重结合改革内容进行培训。还要积极鼓励干部业余自学,要在干部中形成浓厚的学习空气。要鼓励和安排年轻干部到基层、到艰苦的地方、到改革和建设的第一线去工作,在实践中经受锻炼、积累经验。尤其要舍得把那些年纪比较轻、发展潜力大、但缺乏基层工作经验的干部放下去。

(四)表彰先进,弘扬正气。在我们司法行政系统审计队伍中,确有许多默默无闻,埋头苦干,任劳任怨,无私奉献,廉洁奉公,秉公执法的好同志,他们在工作中确实作出了突出的成绩。也有许多单位领导十分重视,亲自过问,使内审工作搞得很出色,也很有成效。我就知道湖南在这方面就有不少,他们的先进事迹很感人。对此,我们要通过多种形式,多种渠道,大力进行表彰,弘扬正气,激励先进。部里决定今年要召开第三届司法行政系统先进集体和先进个人表彰会,请各单位按条件选拔、推荐。同时,对以权谋私,向被审单位索要钱物、贪污受贿等违法违纪的审计人员,要认真查清,严肃处理,决不姑息迁就。

五、加强领导

审计工作既是一项十分重要的工作,又是难度比较大的一项工作。现在要做好各项工作都会遇到很多困难,审计工作可能是难上加难。因此,除审计部门的同志多请示、多汇报、努力工作外,希望司法行政系统的各级行政领导,对审计工作要切实加强领导,思想上要高度重视,工作上要大力支持,把审计工作列入重要议事日程,指导帮助审计机构更好的履行职能。要支持和关心审计干部,帮助解决实际困难,为他们创造和改善必要的工作条件和生活条件。

加强领导 狠抓落实
继续深入地开展反腐败斗争

——韩灵同志在全国司法行政系统
纪检监察工作座谈会上的讲话(有删节)

(1995年3月16日)

全国司法行政系统纪检、监察工作座谈会在河南省司法厅、省监狱管理局和省第四监狱的大力支持下,今天正式开始了。这次会议是贯彻落实中纪委第五次全体会议和国务院第三次反腐败工作会议精神,回顾司法行政系统1994年反腐败斗争的情况,总结交流各地一些好的作法和经验,研究部署1995年继续深入开展反腐败斗争工作。我代表部党组和中纪委驻司法部纪检组、监察部驻司法部监察局,讲几点意见。

一、1994年工作的回顾

1994年,是我国改革和发展继续取得胜利的一年,是司法行政系统深化改革、加快发展的一年,也是全系统反腐败斗争继续深入的一年。一年来,在中纪委、监察部、司法部党组的领导下,各地各单位党政主要领导同志和纪检监察机关,认真贯彻党的十四届四中全会、国务院第二次反腐败工作会议和中纪委第三次、四次全会精神,坚持"两手抓、两手都要硬"的方针,全面履行纪检监察两项职能,着重抓好反腐败斗争三项任务的落实。总的来看,反腐败斗争继续保持了健康发展的势头，中央部署的反腐败各项工作，不同程度地取得了阶段性成果，有的地方和单位在一些方面成果较为明显，这对司法行政工作改革和发展，加强司法行政干部队伍建设，起到了积极作用。

1. 加强教育，提高思想素质

加强干部队伍的教育，是提高队伍政治素质，推进党风廉政建设，进行反腐败斗争的思想基础。

中纪委第三次全会、国务院第二次反腐败工作会议以后，各级党组(委)、行政领导，纪检组(委)、监察室(处)主动抓好自身学习，用模范执行党中央反腐败斗争的方针政策的实际行动，影响带动全系统干警职工积极投入这场斗争。司法部党组首先抓好党组一班人的自身学习，认真传达学习江泽民、李鹏同志的讲话和尉健行同志的报告，作了贯彻落实的部署与动员。4月份，部纪检组监察局在杭州、泰安、兰州分片召开了纪检监察工作座谈会。各地司法厅(局)，先后在5月中旬召开了会议，学习传达会议精神，为落实三项任务奠定了思想基础。江西省司法厅，针对部分党员干部中存在的种种模糊认识，结合学习文件，在全系统开展了“议、摆，查”活动：议工作态度，摆能否尽职尽责，查是否存在消极情绪。辽宁省劳教局为使党员干部掌握中央关于反腐败斗争精神，组织百题测试，所属单位90%以上的党员干部参加了答题活动。去年，在全系统还开展了“树立司法行政干警良好形象”的大讨论，组织推荐评选“十佳律师”、“十佳基层法律工作者”、“优秀监狱长(政委)”、“优秀劳教所长(政委)”的活动。在刚结束的全国监狱工作会议上，表彰了50名优秀监狱长和30名劳教所长。北京司法局还组织开展了“首都律师形象”的大讨论，都收到了良好的效果。据不完全统计，1994年全国司法行政系统，通过观看电教片、上党课、参观和请人做报告等形式，受教育人数达50余万人次。

通过多种形式的教育活动，全系统广大党员、干部对党中央反腐败的战略部署有了新的理解和认识，增强了信心和决心，提高了参与意识。一部分曾有“与己无关”，持“等待、观望”态度的同志也转变了观念，自觉投入这场斗争。更可喜的是各地涌现了一大批廉政勤政、拒礼拒贿的党员、干部，他们清正廉洁、勤政为民、秉公执法、无私奉献的事迹，十分感人、教育人，在群众中树立了良好形象，为司法行政机关争光添彩。据不完全统计，1994年司法行政系统有3750人次拒礼拒贿人民币120余万元。

2. 廉洁自律，取得新的成效

贯彻中纪委三次全会、国务院第二次反腐败工作会议精神，落实1994年反腐败斗争的重要任务，全系统各级领导干部，按照中纪委要求，认真召开了专题民主生活会，按照两个五条规定，进行对照，自查自纠。部机关和各直属单位精心组织，严格要求，按期召开了专题民主生活会。部党组8名成员，部级干部16人，司局级干部71人，处级干部359人参加，分别占100%、88%、100%、97%。因出差或有病未参加生活会的同志，事后也进行了补课。

各司法厅(局)都认真按当地党委、纪委的要求，组织所属单位召开了专题民主生活会。应参加的厅局级干部262人，实际参加258人，占98%；处级干部6633人，实际参加6431人，占96%。

全系统对照检查出一些不符合规定的问题，主动认真地加以纠正。如乘坐小汽车方面，部里的领导按规定更换乘坐标准以内的国产车。河南司法厅封存了3辆小轿车。广东省司法厅在厅长曾兵同志带头下，更换并封存了4部超标准的小轿车。深圳市司法局长，在北京学习期间，中办、国办公布了领导干部乘坐小轿车的规定，学习结束回深圳的第二天，便主动更换了超标准的轿车。此外，还查处了一部分购买走私小轿车的问题。在自查自纠中，针对房子、兼职等群众关心的热点问题，也认真地进行了查纠。

纪检监察机关，协助党组(委)组织开好民主生活会，对领导干部廉洁自律的情况进行监督检查，做了大量具体工作。在党组(委)生活会前，协助搞好调查摸底，征求群众意见，会后，又向群众反馈，对群众关心的热点问题，协助党委(组)及有关部门进行整改、纠正，发挥了职能作用。

3. 查处大案要案，惩处一批腐败分子

在反腐败斗争中，各级纪检监察机关，始终把查处案件，特别是查处大案要案，做为反腐败斗争的重要工作任务，用办案的实际效果教育干部，取信于民，并把反腐败斗争不断引向深入。

查处的案件，有以下特点：一是贪污数额大。如：辽宁省铧子监狱采购员张启富，在两年时间里，采用重复报帐、提高进货单价等手段，贪污公款210余万元，仅从其家里搜出现金、存折、国库券、各种债券就有206万元。是司法行政系统至今发生的一起最大的贪污案。二是执法犯法。如广西自治区廖平农场副大队长黄剑，利用职务之便强奸犯属多人，受贿7600元，被判处有期徒刑20年。辽宁省朝阳市律师王金生，是一个披着律师外衣的地地道道的盗窃惯犯，连续盗窃作案长达10年之久，获赃款5.3万元、粮票8700斤、手枪子弹85发，被判处死刑。

此外，还有印刷非法刊物、出售掺假棉花以及贩毒吸毒、嫖娼、赌博等社会上存在的一些腐朽的东西，不同程度的在司法行政部门都有所反映。会上印发了一批案例，这只是各地查处的案件中选择的一小部分。从这些触目惊心的案件中，一方面可以看出我们反腐败斗争付出的艰辛，取得的成果；另一方面也说明我们司法行政系统确有少数腐败分子和蛀虫，更加说明深入开展反腐败斗争的必要性。

4. 纠正行业不正之风

狠刹群众反映强烈的不正之风，是反腐败三项工作内容之一，我们始终把纠正司法行政系统带有行业特点的不正之风作为一项重要工作，不断加强了这项工作的力度。

1994年主要是抓清退，抓落实，防回潮。在清理乱收费的问题上，广东、湖南等省，1993年收取各种名目的赞助费已基本清退。在用公款出国(境)旅游问题上，据陕西、福建等19个省统计，对查出用公款出国(境)旅游的56人次，按照规定已收回制装费、生活补助费89000余元。可以说这两股风在司法行政系统基本上刹住。同时，对个别单位新发生的问题，也及时进行了查处。

清理党政机关及工作人员无偿占用企事业钱物。按照中办发1994年10号文件要求，纪检组监察局协同部反腐败工作领导小组研究制定了贯彻意见，并通报全系统。各省厅均进行了认真清理，对清理出来的问题，有的已经处理，有的正在研究，予以处理。

刹行业不正之风问题。1994年，我们继续贯彻黑龙江专项治理会议精神，主要是狠刹殴打、体罚、虐待致残致死犯人、劳教人员的不正之风和律师、公证人员私自收案、收费、不正当竞争等问题，多次派调查组，深入各省、区、市督促检查，在全系统基本形成了层层抓专项治理的大气候。对律师、公证人员私自收案收费、向当事人索要钱物、收受礼品等不正之风，各级主管部门制定了有关制度和守则，加强管理和监督检查，收到了一定效果，多数单位这些问题有所遏制。

5. 执法监察，加大了力度

为了发挥纪检监察两项职能的整体效能，各级纪检监察机关在保证党的路线、方针、政策贯彻执行及政令畅通上，开展了执纪检查和执法监察工作。

一是重点突出。1994年重点监督检查了监狱、劳教单位执行《劳改劳教工作干警行为准则》及监管、改造等规章的执行情况；公证、律师、基层法律服务所在服务过程中的执业道德情况。二是领导重视。各级领导认真部署、精心指导，摆上了议程、落到了实处。肖扬同志明确指出："要使执法监察工作进一步规范化、制度化。"并且亲自过问执法监察工作的落实。广西自治区司法厅厅长何家当同志，亲自部署动员。河南省司法厅副厅长孙奉仁同志，多次带领工作组深入监狱、劳教单位检查执法情况，发现问题立即纠正。三是步调一致。1994年年初，司法部下发了《关于开展执法监督检查的通知》。根据通知精神，各省、区、市都做了计划安排。一年中，部先后派出6个调查组，对7个省、市、区进行了监督检查。各省、区、市均按计划，组织人力，进行了自查。新疆自治区司法厅决心大，措施得力。他们组成工作组，对全区17个监狱开展执法监察。四是成效明显。湖南省就犯人保外就医问题，对省第二监狱进行专项监察，发现问题，及时采取措施进行纠正。浙江省各监狱的纪检监察部门的同志经常轮流到监房值班，参与对罪犯家属的接见，把执法监察工作做到改造现场，发现问题及时解决。

各地在工作中，都有一些好的做法，总结了一些经验，希望大家在大会、小组会上认真交流一下，相互学习，共同提高。我讲几点体会：

1. 领导干部亲自抓，是取得反腐败斗争明显成效的关键。1994年全系统落实三项任务，行动快，效果好，根本原因是领导重视。从部党组到省厅、局、各狱所，都成立了主要领导同志负责的反腐败领导小组，做到了党政一把手亲自抓，逐级建立了责任制，组织落实，分工具体，任务明确，部署周密，有效地保持了反腐败斗争继续健康发展的势头和三项任务的落实。山东省青岛市司法局在廉政建设中落实党风责任制，要求各单位领导负责守好自己的门，管好自己的人，办好自己的事，把自己的队伍带好。这样，一级抓一级，一级带一级，抓出了成效，带动了全市司法行政系统的党风廉政建设。在全国司法行政系统，党政一齐抓，各级主要领导亲自抓的领导格局开始形成。在实践中我们深深体会到，领导重视与否，工作进度大不相同，收到效果差距很大。

2. 领导干部率先廉洁自律，是推动反腐败斗争深入发展的重要环节。古人说："政者正也"，"其身正，不令而行；其身不正，虽令不从。""上梁不正下梁歪，中梁不正倒下来"。这些至理明言，今天对我们开展反腐败斗争也是有积极作用的。领导亲自抓，是一条经验；抓领导，则更加重要。领导干部以身作则，率先垂范，是推动工作的有效办法。自开展反腐败以来，我们始终把领导干部廉洁自律放在重要位置，认真抓紧抓好。一是加强教育，提高领导干部廉洁自律的意识，增强廉洁自律的自觉性；二是了解和掌握领导干部的廉政情况；三是加强监督和检查，各级纪委的同志分别参加了一些单位的领导干部民主生活会，掌握自查自纠的情况；四是涉及领导干部的问题和反映，尽快了解，搞清情况，实事求是，及早解决。

3. 充分运用正反典型，是推动工作行之有效的方法。运用典型推动反腐败斗争不断深入，是司法行政系统一个主要特点。黑龙江司法厅纪检组监察室的同志，在厅党组的领导支持下，忘我工作，开拓进取，知难而进，无私奉献，取得了专项治理的丰硕成果。1993年部里采取召开现场会，发简报、通报、文件等多种形式，连续不断地大力宣扬推广了他们的经验。1994年12月，司法部作出了《为黑龙江省司法厅纪检组监察室记一等功的决定》，部纪检组为此发了《向黑龙江省司法厅纪检组监察室学习的通知》。这不仅是黑龙江省司法厅纪检组监察室的光荣，也是我们司法行政系统纪检监察机关的学习榜样。1994年各地向部纪检组、监察局推荐了一批优秀律师的材料，我们商定将这些材料编印成册，让律师向他们学习。

辽宁、上海、山东、浙江、广东、四川等14个省、区、市司法厅(局)党组、纪检组，通过评选，表彰了一批廉洁奉公、无私奉献、秉公执法、拒礼拒贿的先进集体和先进个人，从他们身上可以看到司法干警高尚的品格，光彩的形象，良好的作风，奉献的精神。同时也选择了一批重大典型案件进行通报，组织党员干部联系实际展开讨论，以案释法，以案示警。辽宁省司法厅抓住张启富特大贪污案件进行剖析，通报全省，加大了查办案件、惩治腐败的力度。表彰先进、弘扬正气，正面教育树榜样，清除蛀虫，惩治腐败分子，反面教材敲警钟。做到严格要求，严格执纪，狠刹歪风，惩治腐败。

4. 加强法制和规章制度建设，是反腐倡廉的一条治本的措施。开展反腐败斗争，从建章立制入手，用制度堵塞滋生腐败现象和不正之风的漏洞，实践证明，这是一项带有根本性的措施。各地在加强领导干部廉洁自律方面，相继出台了一些针对性强，便于操作的制度。北京市司法局为强化法律服务工作纪律，推出《制止法律服务窗口行业乱收费的五条新措施》、《加强律师队伍廉政建设的五条管理措施》，为规范首都法律服务者的行为，树立良好形象，起到了重要作用。宁夏自治区司法厅制定了《司法厅机关廉洁自律的规定》。江苏、河南等省制定了《劳改工作干警打骂、体罚、虐待犯人行政处分的暂行规定》。不久前颁布的《监狱法》，其中对监狱干警在狱政管理、教育改造、执行刑罚以及干警行为规范等方面都作了明确规定。制度建设的逐步完善，既为加强党风与廉政建设起到了促进作用，也对反腐败斗争起到了深化作用。

一年来，司法行政系统反腐败斗争虽然取得了一定成效，但离党中央、国务院、中纪委和广大干警、人民群众的要求还有不少差距。从全系统来看，发展还不平衡，有的单位工作不够落实，抓得不力；乱集资、乱收费在个别单位有回潮复生的现象；在监狱、劳教所打骂、体罚、虐待犯人、劳教人员的问题还程度不同的存在，有的还比较严重，致死致残犯人、劳教人员还没有得到有效的遏制；在律师队伍中，私自收费、收案、乱收费及律师之间的不正当竞争的问题还未得到有效的解决。有的地方和单位还在发展蔓延；执法监察工作的力度还不够，针对性也不够强；对已建立的各项规章制度执行的不够理想，检查督促落实也未跟上。社会上对我们在某些方面的不正之风反映还比较强烈，很不满意。对上述问题，我们必须头脑清醒，高度重视，不能低估。

二、1995年反腐败的主要任务

中纪委提出，1995年反腐败工作总的要求是：以邓小平同志建设有中国特色社会主义理论和党的基本路线为指导，全面贯彻党的十四大和十四届三中、四中全会以及中央经济工作会议精神，坚持党中央确定的反腐败指导思想、基本原则和三项工作的大格局，落实中央提出的新要求，以及中央纪委第二次全会以来部署的各项任务，着重在深入上下功夫，逐步建立健全党内监督约束机制，使斗争取得新的成效，为维护“抓住机遇、深化改革、扩大开放、促进发展、保持稳定”的全党全国工作大局服务。这也是今年反腐败斗争总的指导思想。我们要深刻认识，加深理解，认真贯彻，狠抓落实。1995年反腐败斗争的三项任务大格局仍然不变，但内容有所增加，领域有所拓宽，要求有所提高。具体说，党政领导干部增加了六个不准，即：在住房方面，不准违反规定参加集资建房，不准违反规定建私房；在使用小汽车方面，不准违反规定使用军警车号牌、外籍车号牌；未经批准不准用公款和单位的车辆学习驾驶技术；在参加高消费娱乐活动方面，不准参加用公款支付的营业性歌厅、舞厅、夜总会等娱乐活动；在参加宴请方面，在同国内的单位和个人交往中，不准接受可能对公正执行公务有影响的宴请。对国有企业领导干部作出了廉洁自律的4条规定，要求国有企业领导干部做到八个不准，即：不准把经营、管理活动中收取的折扣、中介费、礼金据为己有；不准违反规定领取兼职职务的工资、奖金；不准个人私自经商办企业；不准利用职权为家属及亲友经商办企业提供各种便利条件；不准违反规定多占住房；不准用公款购买、建造超标准住宅；不准在企业非政策性亏损、拖欠职工工资期间购买小汽车；不准购买进口豪华小汽车。事业单位领导干部的廉洁自律，参照党政机关或国有企业领导干部廉洁自律的规定执行。今年还要新出台三项制度，即：1. 党政机关县处级以上领导干部收入申报制度；2. 党和国家机关工作人员在国内公务活动中收受的礼品实行登记的制度。上述两项制度适用于国有企业和事业单位的领导干部。3. 国有企业业务招待费使用情况向职代会报告的制度。江泽民同志在中纪委五次全会上的重要讲话中，对反腐败斗争的三项任务，提出了“三新”的要求，即：在党员领导干部廉洁自律方面取得新的进展；在查处违法违纪案件方面有新的突破；在纠正不正之风方面取得新的成绩。要做好今年的工作，仍然需要周密组织，妥善安排，狠抓落实，在深入上下功夫。

(一)在领导干部廉洁自律方面

要认真组织开好两次领导干部专题民主生活会，进行自查自纠。

六、七月份，召开一次领导干部民主生活会，对照两个“五条规定”及相关的补充规定，逐条检查是否已经做到，自查出来的问题是否已经纠正和处理，有无新的违反规定的行为。企事业单位领导班子成员也要对照规定进行自查自纠。年底前后，再召开一次民主生活会，就遵守、执行民主集中制和政治纪律的情况进行检查。各地要按照当地党委、纪委要求，具体落实。今年的自查自纠，继续采用过去行之有效的做法，会前做好充分准备，广泛听取群众意见，会上认真自查自纠，开展批评与自我批评，会后向群众通报反馈，认真整改。

今年司法行政系统领导干部廉洁自律，要在全面落实党政领导干部30个不准，企业领导干部8个不准及三项制度的同时，重点突出狠抓一下"不准参加用公款支付的营业性歌厅、舞厅、夜总会等娱乐活动"和"在同国内的单位和个人的交往中，不准接受可能对公正执行公务有影响的宴请"。对这两个问题，根据中纪委的要求，我们正在制定具体实施意见，部党组审定后正式下发，望认真贯彻执行，力争取得明显的效果。

（二）在查办案件方面

1. 要抓紧案件的查处工作。中纪委提出，重点查办党政各级机关、行政执法机关、司法机关和经济管理部门中的违法违纪案件和县处级以上领导干部的案件、万元以上的经济案件。要对发案率较高、大案较多的领域，加大案件查处的力度。我们司法行政系统要对干警中索贿受贿、贪赃枉法、执法犯法、严重失职渎职等重大案件，加大查处力度，使办案工作有新的突破。

2. 要加强对办案工作的领导。各级领导要重视办案工作，对重要案件，要亲自听取汇报，帮助排除阻力；纪检监察机关的领导同志，要重视办案工作，对大案要案实行负责制，亲临办案第一线。

3. 要严格办案程序，加快办案进度，提高办案质量，做到有一件查一件，不拖不压。各级都要建立重大案件立案审批、汇报、备案制度。不准瞒案不报，压案不办。严格执行办案纪律，违者，要追究有关人员的责任。

（三）在纠正部门和行业不正之风方面

对中纪委二次全会以来，已经部署的清理乱收费、公款出国（境）旅游、无偿占用企事业钱物等工作，主要是巩固成果，严格把关，防止回潮。对顶风违反者，立即查清，严肃处理。

根据司法行政系统的实际情况，今年重点抓住两条：一是以贯彻实施《监狱法》建设现代化文明狱所，提高干警队伍素质为目标，以治理殴打、体罚、虐待犯人、劳教人员为重点，狠刹狱所干警在执行公务中，必须禁止的九种违法行为和不正之风。二是狠刹律师、公证队伍中以不正当竞争为重点的不正之风。部里已下发了《关于反对律师行业不正当竞争行为的若干规定》要督促有关部门认真贯彻执行。此外，地方各部门、各单位还可根据各自的特点，选择突出的问题，如违反财经纪律、财经法规、私设小金库等，作为专项治理的内容。

（四）维护民主集中制，严格执行政治纪律

党的十四届四中全会通过的《中共中央关于加强党的建设几个重大问题的决定》，强调提出了坚持和健全民主集中制的问题。中纪委四次全会就贯彻四中全会精神已做了部署，五次全会又提出了具体要求。我们要在监督检查党的路线、方针、政策和决议的执行情况，监督检查民主集中制的实行情况，严格执行政治纪律上下力气。民主集中制，大家知道，它包括四个方面——个人服从组织，少数服从多数，下级服从上级，全党服从中央。民主集中制是科学的合理的制度，是最能集中全党智慧、统一全党思想和行动的制度。在当前党的政治生活中。如果民主集中制执行的好，就会制止权力的滥用和队伍的涣散。从这个意义上讲，实行民主集中制，也是反腐败的一个重要措施。因此，在当前自觉坚持维护民主集中制，注意建立健全党内生活的各项制度，规范党员的行为，发挥党组织在反腐败斗争中的战斗堡垒作用，有十分重要的意义。尉健行同志在报告中提出，维护民主集中制，执行政治纪律，重点对象是县级以上党政领导机关和领导干部。监督检查的重点内容有五条：一是有令不行、有禁不止，为了地方、部门和小团体的利益，损害全局利益的行为；二是弄虚作假、虚报浮夸，骗取各种荣誉和利益的行为；三是选拔任用干部任人唯亲，拉关系、走后门、伸手要官，个人或少数人决定领导干部职务任免的行为；四是个人专断，压制民主，打击报复，侵害党员和群众民主权利的行为；五是严重官僚主义、失职渎职，造成重大经济损失和人身伤亡的行为。此外对反对四项基本原则，搞资产阶级自由化的行为，对抵制和反对改革开放的行为，也列为重要内容。我们各级纪检监察机关，要认真履行职能，严格监督检查，一经发现有上述行为的，必须严肃处理，以维护党纪国法的严肃性。

（五）加大执法监察工作力度，确保《监狱法》的贯彻实施

1995年，司法行政系统的执法监察工作，要保证政令畅通，着重围绕贯彻实施《监狱法》开展执法监察。《监狱法》的颁布是监狱工作的一件大事，使监管改造工作有了法律依据，它必将大大促进现代化文明监狱（所）建设的进程。纪检监察的任务主要是：1）履行监督检查职能，确保《监狱法》顺利实施。2）从加强干警队伍建设的高度，配合有关部门，建立健全培训机制、激励机制和监督机制。3）配合效能监察，解剖落后单位，发现问题，帮助其解决实际困难。执法监察工作，要确保依法办事，要纠正各种有法不依的现象，使监狱的现代化文明建设走上法制化的道路。

各省厅可以针对本省司法行政系统存在的带有普遍性的突出问题，确定目标，进行专项监察。

三、加强纪检监察队伍的自身建设

纪检监察机关是党委和政府在加强党风建设、廉政建设和反腐败方面的重要职能部门，我们所肩负的任务光荣而又繁重，党、政领导、广大干警对我们寄予厚望。我们要经受反腐败斗争的锻炼和考验，纪检监察机关一定要加强自身的建设。

1. 加强思想政治建设。加强思想政治建设，是提高自身凝聚力、战斗力的一项重要措施，也是保持工人阶级先锋队性质，反腐防变的根本性措施。中纪委五次全会上，江泽民同志反复强调，要高度重视党的思想政治建设，进一步提高党员队伍的素质。司法行政各级纪检监察机关，要按照十四届四中全会《决定》的要求和各地的具体部署，认真组织广大纪检监察干部，学习马列主义、毛泽东思想，特别是学习邓小平同志建设有中国特色社会主义理论（包括邓小平同志关于加强党风建设，反腐败的思想）和中国共产党章程，维护共产主义理想和信念教育，树立正确的世界观和人生观。还要学习社会主义市场经济基础知识和政策，科学技术知识，法律法规和纪检监察业务知识，提高政治理论和业务素质。

为了提高司法行政纪检监察干部的政治素质和业务素质，我们今年打算办 1—2 期纪检监察干部培训班，听听大家意见是否赞成，能否抽出人来再定。

2. 加强纪检监察组织建设。首先，要建立健全纪检监察机构。各地要按照党章规定，中纪委的要求和这次机构改革方案，尽快落实。凡是设立基层党委的单位，一般都应设立纪律检查委员会，以加强纪律检查工作。

其次，加强班子建设，特别是要尽快把一把手配上。肖扬同志在厅局长会上的报告中要求：“凡是纪检组长、纪委书记未配上的要尽快配上。”这个要求包括到基层单位。纪检组长、纪委书记尽可能配专职的。兼职的要做到有一定的或主要的精力抓纪检工作，不能只挂个名，不抓纪检工作，甚至连纪检会议都不参加。领导班子还要认真贯彻民主集中制原则。

第三，要抓紧培养、选拔优秀年轻干部，充实纪检监察力量，努力建设一支党性强、作风好、业务精的纪检监察干部队伍。肖扬同志代表部党组提出司法行政干警应当具有八个方面的品格：一要自觉坚持党的基本路线不动摇。二要政治敏锐，立场坚定。三要牢固树立大服务思想。四要具有较强的人民民主专政意识。五要有强烈的敬业精神。六要依法办事，执法如山。七要纪律严明，清正廉洁，严格遵守执业纪律和职业道德。八要艰苦奋斗，团结拼搏。中纪委对广大纪检监察干部提出的四要：要继续加强党性修养，发扬无私奉献、艰苦奋斗的优良作风；要解放思想，实事求是，坚持原则，敢于碰硬；要忠于职守，勤奋工作，锐意进取；要深入实际，依靠群众开展工作。我们要努力做到。另外，中组部对组织部门的干部提出树立良好作风的五条要求：(1)讲党性、守纪律、公道正派；(2)严要求、不谋私、廉洁奉公；(3)勤学习、求进取、改革创新；(4)顾大局、讲团结、实事求是；(5)服务好、多调查、勤奋工作。对我们纪检监察干部来说也可能借鉴。

第四，我们要进一步沟通系统内部各级纪检监察部门的联系，消除障碍，密切关系，畅通信息渠道，提高工作效率。

在系统内，上一级的纪检监察机关对下一级纪检监察机关有宏观指导作用；对于双重管理的领导干部有检查监察的职能；对纠正部门和行业不正之风，以及带有行业特征的重大责任事故和重大案件的查处，要进行指导和督查。尉健行同志曾明确指出：“纪检组长的视野要开阔，要抓大事，部长的视野有多宽，纪检组长的视野就应该有多宽。”“派驻的纪检组就要管系统。”这一点也适用于各级纪检组长和纪委书记。

3. 加强制度建设。协调好纪检监察机关内部力量，增强监督力度，搞好内部工作制度建设十分重要，这对于规范纪检监察工作，大有好处。目前，各省厅都在从事这项工作。

对重大案件、事故的上报问题，在 1989 年部里下发的《司法部关于加强案件报告制度的通知》，对上报的内容、时间、文式都提出了具体要求。我们曾经多次强调过，要加强上下联系，互通情况。多数单位做的是好的，但还有相当部分单位，了解情况不及时，上报迟缓，甚至不催不报，催而不报，这种现象不能允许，必须坚决纠正。

这里再次重申，凡是发生涉及处以上干部、经济在万元以上以及致死犯人、劳教人员的重要案件，一定要立即上报司法部纪检组，立案、查结处理后，都要及时上报。对于殴打、体罚、虐待致死犯人、劳教人员的案件及重大责任事故，要实行“三报”，发现情况先报、了解情况后再报、查结处理后上报处理结果。希望各地切实做到。

4. 建立激励机制。对于在办案或反腐败工作中做出成绩的干部应该通报表扬，给予奖励，鼓励他们再接再励。

这次黑龙江省司法厅纪检组监察室，在专项治理中工作成绩突出，部里给记了集体一等功。这在省厅机关的处室一级是第一个，表明司法部党组对反腐倡廉，纠正行业不正之风的重视和决心，是我们广大纪检监察干部的共同荣誉。风从东方来，我们要借这一次东风，在全系统纪检监察队伍中掀起一个向黑龙江学习的热潮，把纠正行业不正之风推向新的阶段。

部党组决定，今年要召开第三届司法行政系统先进集体和先进个人表彰会。中纪委、监察部今年也将召开全国纪检监察系统先进集体和先进个人表彰大会。

我们一方面要积极挑选推荐，一方面动员司法行政系统纪检监察战线的广大同志创造性地努力工作，用实际行动迎接"两会"的召开。

同志们：在新的一年里，我们要发扬求实精神和务实作风，同心协力，努力工作。加强领导，狠抓落实，继续深入地开展反腐败斗争。为司法行政工作改革和发展、加强干警队伍建设服务，为加强党风廉政建设，维护社会稳定、发展社会主义市场经济做出积极的贡献。

肖扬同志在中国法学会第三届四次常务理事扩大会上的讲话

（1995 年 3 月 25 日）

1994 年，中国法学会团结全国法学工作者、法律工作者，认真学习邓小平同志建设有中国特色社会主义理论，加强法学研究，各门学科都获得了一批新的研究成果，一些理论研究成果进入决策层，成为领导决策的重要依据。对外法学交往进一步扩大，促进了中外法学的交流。中国法学会的机构和队伍建设也得到了加强。但是正如一些同志所反映的那样，同其他学科研究相比，尤其是同经济学研究相比，法学理论研究还显得有些沉闷，不够活跃；对社会主义市场经济建设伟大实践中提出的一些重大理论问题，还缺乏有力度、有影响的研究成果；对重大课题的攻关，组织规划工作也显滞后。因此，对这些问题，必须下决心逐步加以解决。

当前，法学研究面临着难得的历史发展机遇。社会主义市场经济的建立和发展，呼唤法学研究解决实践中亟待解决的课题；社会主义民主法制建设为广大法学工作者提供了广阔的天地；党和政府关于理论研究工作的方针政策为法学研究提供了宽松的环境；深化改革、扩大开放，加强社会主义精神文明建设为法学研究进一步繁荣发展提供了良好的契机。广大法学工作者一定要以邓小平民主法制思想为指导，抓住机遇，紧扣时代脉搏，紧跟实践进程，为建设有中国特色的社会主义、加强社会主义民主、健全社会主义法制提供强有力的理论支持和舆论环境，以满腔的热情积极投身于改革开放和现代化建设的伟大实践，紧紧围绕全党全国工作大局，进一步繁荣法学研究，在不断解决社会主义民主与法制建设遇到的问题和矛盾过程中，发挥积极作用，做出与时代和形势发展要求相适应的新的更大贡献，这是我们每个法学工作者责无旁贷的神圣使命。

邓小平同志民主法制思想是建设有中国特色的社会主义理论的重要组成部分，它是在总结我国社会主义建设成功和挫折的历史经验，并借鉴其他社会主义国家衰败历史经验的基础上，是在我国改革开放的社会主义现代化建设过程中，逐步形成和发展起来的。它发展和丰富了马克思主义国家与法的学说，是我们党和国家的宝贵的精神财富。它的精髓就是发展民主，完善法制，走依法治国之路。改革开放以来，我国法学工作者就是在邓小平同志民主法制思想指导下，才开创了我国法学研究繁荣的新局面。今天在从事建设社会主义现代化的伟大实践中，在迈向 21 世纪的征程中，法学研究更需要以邓小平同志民主法制思想为指导。广大法学工作者，一定要牢牢掌握邓小平同志民主法制思想的精髓，深刻领会以下基本原理：在社会主义现代化建设的新时期，还需要进一步完善社会主义国家机器，切实加强人民民主专政的职能作用；没有民主就没有社会主义，就没有社会主义现代化；必须使民主制度化法制化；民主集中制是党和国家的根本制度；有法可依、有法必依、执法必严、违法必究；严厉打击严重经济犯罪和严重刑事犯罪活动；加强法制问题的根本是教育人；反对腐败还是要靠法制；坚持民主和法制是我们党坚定不移的方针，等等。要运用这些基本原理来指导我们的研究工作，来推动我国民主法制建设。

要加强法学理论的应用性研究。法学研究要自觉地服从和服务于党和国家工作大局，始终要处理好改革、发展与稳定的关系，不断拓宽法学研究领域。要深入研究社会主义市场经济与法制建设的内在联系，以及一系列重大理论新课题，为国家的立法决策和政府的行政决策提供法律理论依据。要深入研究社会主义市场经济条件下，运用法律手段对国民经济实行宏观调控的法律理论问题；研究如何运用法律手段处理好中央与地方的关系，既切实维护中央的权威，又充分调动地方的积极性；研究如何构筑和完善社会主义市场经济法律体系；如何加强法律监督工作，完善法律监督机制。要加强对社会主义市场经济主体法律理论问题的研究，深入研究如何运用法律手段搞好国大中型企业，有效地建立现代企业制度。要加强对维护市场经济秩序有关法律理论问题的研究，认真研究如何规范市场经济行为，有效地防止、遏制经济转轨过程中的失范和无序行为，反对不正当竞争和牟取暴利；继续研究如何运用法律手段加强对价格的监控管理，有效地抑制通货膨胀；如何运用法律手段切实保障农业的基础地位，维护农民合法权益，减轻农民负担。要加强对证券、期货、劳动力、技术、信息、房地产等生产要素市场法律理论问题的研究，积极提出建议和对策，尽快完善对各类生产要素市场的法制化管理。要加强对市场中介组织的法律理论问题的研究，进一步发展市场中介组织。要加强对社会保障体系有关法律理论问题的研究，逐步健全和完善我国的社会保障体系。

法学研究要自觉地为维护社会稳定服务。要深入研究维护社会稳定过程中迫切需要解决的法律理论问题。认真研究市场经济给社会治安带来的新情况、新问题以及法律政策。科学地确定新时期的治安目标，研究如何健全、完善市场经济条件下的刑事法律体系，如何更加及时有效地打击和惩罚各种犯罪活动，改造各类犯罪分子。加强犯罪学的研究，加强对犯罪的预防和控制。加强对流动人口和大量富余劳动力引起的有关法律问题的研究，加强对流动人口的管理和富余劳动力的安置、转移工作。进一步开展对社会治安综合治理理论的研究，总结、推广综合治理的成功经验，研究、解决综合治理工作中遇到的新情况、新问题，切实搞好社会治安综合治理。加强对各种突发事件处理的法律问题的研究，尽快制定、完善有关紧急状况处置的法律。要研究利用计算机等高科技进行犯罪的特点，采取有效的对策。加强对国际恐怖活动、洗钱、贩毒、走私等跨国犯罪的法律研究，加强与联合国有关机构的联系与合作，加强与有关国家的国际司法协助工作，有效打击、遏制跨国犯罪活动，维护国际社会的正常秩序。

法学研究还应为实现祖国的统一服务。要深入研究在“和平统一、一国两制”方针指导下实现祖国统一问题。今年春节期间，江泽民主席向海内外发表了《为促进祖国统一大业的完成而继续奋斗》的重要讲话，在海内外引起了广泛、强烈的反响。作为法学工作者一定要有强烈的民族责任感，为实现祖国的统一作出不懈的努力。要认真学习邓小平同志“一国两制”思想，学习江泽民同志关于实现祖国统一的八项主张，认真研究海峡两岸交流、交往过程中的法律问题，维护两岸人民的正当权益，促进两岸经贸关系发展。要积极、慎重地研究“一国两制”的法律问题，推动祖国统一进程。要深入研究香港和澳门现行法律，以便为香港和澳门回归祖国后保持繁荣稳定作好准备。实现祖国的统一，是包括港澳台同胞在内的中国各族人民的共同心愿。为了保证香港和澳门顺利回归祖国，维护香港和澳门的稳定繁荣，为了推进海峡两岸关系的发展、实现祖国的统一，中国法学会还应团结、联合港澳台地区的法学工作者，携手研究“一国两制”的法律问题，为促进祖国统一大业的实现贡献力量。

法学研究应当十分重视基础理论研究。作为基础理论的法理学，是以法学基本问题为研究对象的。当前，我国社会主义市场经济和民主法制建设的实践提出了一系列重大的理论问题，如法制模式问题、法治问题、法律文化问题、司法人权问题，等等。对这些重大的理论问题，要组织力量攻关。解决好这些基本的理论问题，对于推动法学研究的发展具有重要的意义。

为了更好地拓宽法学研究领域，进一步繁荣法学研究，广大法学工作者一定要坚持理论联系实际，一切从实际出发的原则。在新时期，邓小平同志强调：“我们的思想理论工作者必须下定决心，急起直追，一定要深入专业，深入实际，调查研究，知彼知己，力戒空谈。”江泽民同志指出：“理论联系实际，是我们党的一个好传统，一个好作风、好学风，一个特有的优势。坚持理论联系实际，是我们加强和改进理论学习必须解决的一个重大问题，也是我们做好工作的一条重要方针。”广大法学工作者一定要更加努力地深入实际，把调查研究作为自己的基本功，把改革开放、社会主义市场经济和民主法制建设作为自己最好的课堂和研究对象，这样才能够产生高质量的研究成果，才能够保证法学研究的繁荣发展。

中国法学会聚集了许多有很高法学素养的研究人员。法学会的工作大有可为。为了完成历史和时代赋予我们的崇高使命，我们广大法学工作者必须不断提高自己的理论修养，坚持用邓小平同志民主法制思想武装自己的头脑，指导自己的研究工作；必须团结一致，加强理论研究工作者之间以及与实际工作者的团结与合作；在学术上坚持百家争鸣，在政治上坚持同党中央保持一致，努力创造团结、民主、和谐、融洽的环境和氛围，保证法学研究工作的健康发展。

中国法学会和各省、区、市法学会是联系广大法学工作者、法律工作者的社会团体和学术团体。司法部和各省、区、市司法厅（局）作为代管单位，要切实帮助法学会解决工作中遇到的各种困难。在机构改革中，法学会的性质和级别不变，法学会工作人员的干部身份和职级待遇不变。对法学会办公用房、交通设施、干部住房等方面的困难，要积极向党委和政府汇报，帮助予以解决。

“问渠哪得清如许，为有源头活水来”。我相信，只要我们广大的法学工作者、法律工作者坚持以邓小平同志民主法制思想为指导，在以江泽民同志为核心的党中央领导下，坚持理论联系实际，就一定能够不断地开创法学研究的新局面，就一定能够为保障和促进改革开放和社会主义现代化事业顺利进行，实现依法治国作出更大的贡献！

刘飏同志在第五次全国司法外事工作座谈会上的讲话(有删节)

(1995年3月27日)

这次会议是在全国人大、全国政协八届三次会议,全国司法厅(局)长会议和全国监狱工作会议结束不久后召开的,是及时和重要的。这次会议的主题是"进一步发挥司法外事工作优势,更好地为我国外交全局服务,为改革开放、市场经济、法制建设服务,为司法行政事业的发展服务"。今天上午,王立宪同志做了一个很好的工作报告,报告中总结了工作,肯定了成绩,当然也找出了司法外事工作中的一些不足,存在的问题,同时也分析了形势,明确了今后一个时期司法外事工作的指导思想、基本任务、一些要求和措施,讲得很全面。辽宁省丛正龙副省长也到会祝贺并发表了讲话,对我们的工作给予了支持和帮助。现在,我受部党组委托,讲以下几点意见:

一、要充分认识新形势下司法外事工作的重要地位和作用

国际国内形势既为我们司法外事工作提出了新的任务和更高的要求,也为司法外事工作提供了难得的机遇和广阔的舞台,做为国家总体外交工作和司法行政工作重要组成部分的司法外事工作担负着执行我国独立自主和平外交路线,拓展与国外交流与合作关系,贯彻党的基本路线,促进司法行政事业进步和发展的双重任务,其作用和地位不可低估。我希望大家在这方面取得共识。搞好司法外事工作大而言之是为了国家,捍卫国家主权,维护国家利益,具体言之是为了司法行政事业自身的改革和发展。尽管我们在整个外交全局中仍是个局部,但我认为,我们虽不是全局,但牵动全局,也影响全局,如果我们工作做得不好,会影响总体外交工作,造成不良的国际影响,希望同志们能站在更高的角度上,从更广阔的视野上去认识、理解司法外事工作的重要地位和作用,增强责任心和使命感,把这项工作切实重视起来,加强起来,这也是我们这次会议要达到的目的之一。

二、抓住机遇,发挥优势,努力开创司法外事工作新局面

我们应该看到,在国际上法制建设是发达国家的重要治国之本,在当今国际交往日趋频繁之际,健全法制无疑是中国全面与国际社会接轨的重要标志。今年是我国法制建设比较活跃的一年,先后通过了7部法律,这是前所未有的,标志着我国正向社会主义法制国家全面迈进,这对于以法制建设为己任的司法行政机关来说是个千载难逢的大好机遇,我们要利用司法外事工作渠道多,覆盖面广的优势,如监狱管理、律师、公证和法学教育等专业参与国际组织活动,增进交流与合作。总之,司法行政的每项工作均涉及对外交流问题,因此,我们应该发挥优势、抓住机遇、乘势而上,使司法外事工作有一个大发展,为此提出几点要求:

(一)加强宣传、扩大影响。除全国总体对外方针以外,我们还应该根据司法外事工作的特点,宣传我国在社会主义民主与法制建设方面取得的进步以及运用法律手段保障公民权益所取得的成就,宣传我国律师制度和公证制度的改革、宣传监狱法和建设现代化文明监狱的设想、措施,宣传我国为改革开放、创造良好投资环境和为社会主义市场经济提供法律保障等情况,我想这是司法外事对外宣传应突出的重点。这样做的目的是让世界了解改革开放的中国正朝着高度民主与法制的目标迈进,从而树立我国良好的法制形象,进而提高司法行政机关的国际地位和影响。

(二)巩固基础,拓宽领域,对已经开展联系和合作的国家和地区应抓住不放。同时还要官民并举,上下一体,高层的政治活动和专业交流相结合,多层次、多渠道地拓展司法领域的合作空间。中国法学会、中华全国律师协会、中国劳改学会等组织在中央和各地均有组织机构,以民间的面貌出现,在交流方面更为便利。院校在开展学术交流方面也具有很大优势。过去我们在民间交往上做了许多工作,比较主动和活跃,但与形势发展要求相比还很不适应,西方一些国家的民间团体访华也是为其国家做工作,我们以民间团体形式出访也是代表我们的国家,要有主动意识,做好这方面工作,在对外交往中发挥更大的作用。一些省、市、自治区司法厅(局)的同志这次也到会,应该说有些地方的司法外事工作搞得比较活跃,他们将要在会上介绍一些经验。但是,我们应该看到这项工作在地方开展的特别不平衡,据我个人了解,多数地方的司法外事工作尚未开展起来,有的还处在被遗忘的角落。当然,我们也应该承认外事工在中央和地方确实有很大不同,作为地方来讲,高层次的活动不多、渠道有限,困难很多,但这并不意味着地方就不能做外事工作。要积极争取当地政府的支持，把对外工作的立足点放在解决本地区法制建设中的热点和难点问题上。通过对外交往，为政府决策提供有益的信息和建议。同时，也可以通过法学会和律协，律师事务所打开渠道，地方的同志应克服畏难情绪和无所作为的思想。我们要通过对外交往的窗口，开阔司法行政干部的视野，更新观念，增长知识，加速培养一批懂法律、懂市场经济、懂外语的高层次、复合型人才，这才能适应我们的形势，也是时代对我们的要求。要通过对外交往、广交朋友、争取外援。当然这种外援应是没有什么政治背景，或者不含什么条件，但通过广交朋友、增进友谊、争取一些友好团体和人士对我们支持和帮助是极有必要的。如亚洲预防犯罪基金会可以为我提供数额可观的援助，还有法律援助基金、法学教育基金等，我们应在这方面广开渠道，多做工作，通过争取外援来发展我们的事业，所以，请同志们利用这次会议机会认真思考、研究如何利用我们的优势，扩大影响，通过我们的工作为外交全局服务，为我们司法行政自身服务。希望大家能根据不同地区和不同部门的实际情况，制定出切实可行的计划和措施，使我们司法行政系统的外事工作呈现出开拓活跃，健康有序的发展新局面。

三、严格外事纪律、完善外事规章制度

（一）在对外活动中要坚决执行中央关于禁止利用公款组团出国（境）旅游和不经请示绕道停留和延长停留时间的规定。中央关于组织出国访问必须有明确目的，避免重复考察，出国团组必须小而精的规定。关于涉外活动中必须遵守外事纪律、维护祖国尊严的规定，还有清正廉洁，勤俭办外事的规定等。

（二）在对外活动中要严格按规章制度、审批程序办事，除根据中央文件精神下放的权限以外，其他涉外活动必须报部、报省、市、自治区归口管理部门审批，涉及部内各司局的外事活动，要经外事归口协调办理，重大和敏感问题应及时报告。

（三）部外事司作为司法部对外工作归口管理职能部门，一定要负起责任，要提高政策水平、提高办理效率、严格把关，对不按管理规定办事的单位和个人，外事司有权提出批评并加以纠正。同时要健全规章制度。多年来，我们根据中央要求和司法行政工作特点，相继制定了一系列有关外事活动的规章制度。这些规章制度随着形势的变化，有些需要修改、补充，有些需要加强。根据部党组意见，外事司制定了一些新的规章制度，此外还要修订一些原有的规章制度，在这次会议上要发给大家进行讨论。这些规章制度对规范外事活动、强化外事管理、提高工作质量和效率极为有用，希望同志们能认真讨论、修改，会后经部党组讨论审核后，成熟一个下发一个。希望各单位严格遵守并贯彻执行。

四、加强队伍建设，造就一支政治可靠、业务熟练的司法外事干部队伍。

鉴于外事工作的重要性和特殊性，对我们这支队伍提出了更高的要求。现在看来，这支队伍还比较弱小，越往基层越不够健全，有的可能还没有机构，有的只是有一个人，这是一个值得研究的问题。当然中国之大，什么事情一刀切也不好办，但我们毕竟面临着一个大好的机遇，面临着开展外事工作的黄金时代，外事工作比以往任何时候都活跃，任务都繁重。我想在队伍建设这方面，我们也应抓住机遇乘势而上，根据各地情况作相应处理。外事工作已经开展得比较好的单位和部门，已具备了条件，应积极向党委和政府汇报，争取设立专门机构，如有困难，也可考虑编制自筹。总之，应先搭起架子（处级或科级）。暂时还不具备条件的，是否可以考虑先设专人来从事这项工作。我想重点强调的是司法外事队伍要从高、从难、从严要求的问题，首先是政治上的要求，要求司法外事干部在复杂多变的国际环境中始终保持清醒的头脑，具有坚定正确的政治方向，坚持四项基本原则；具有强烈的爱国主义精神，民族自信心和自豪感；忠诚于党的事业，具有崇高的职业道德，严明的纪律观念，作风正派、为政清廉；特别要能抵制诱惑，经得住考验。政治上的要求是首位的，是第一要素。其次是业务上的要求，要求我们的司法外事干部要不断学习、更新知识，拓展知识面，既要掌握国家的大政方针和一些具体政策，也要了解国际、国内的大事、特别是国际政治和国际形势，以及交往国的风土人情、民俗，还要具备一定的法律知识、熟悉司法行政工作。同时，要有较高的外语水平，较强的独立工作能力和组织协调能力。此外，我认为作为外事干部，在仪表风度、言谈举止方面都应有要求，头脑要机敏、灵活，在这方面，周恩来总理为我们树立了学习的榜样，举世都为之倾倒，特别崇拜他，包括他的对手和敌人也不得不佩服他。当然我们的工作同总体的、专门的外交工作不能相比，只是个局部，但我认为道理是一样的，而且从发展趋势来看，司法外事工作将会有很多工作要做。从现在开始，我们就应有所准备，加以重视，认真培养人才，十年树木、百年树人，有计划的培养我们的外事干部，健全外事队伍。当然队伍建设是一个长期的任务，让我们为造就一支政治坚定、业务精良、务实正派、廉洁自律的外事干部队伍做出我们的努力。

肖扬同志在第三次部长办公会议上的讲话(有删节)

(1995 年 4 月 6 日)

关于全国律协换届问题,同志们谈得很好,我想再讲这么几点意见:

一、对于这次换届工作要有明确的指导思想。这次律协换届选举是我们深化律师工作改革的重要组成部分,是体制的改革,不是简单的人事调整问题,是从律师事业发展的客观要求出发的,目的是进一步深化律师改革,也是促进我国律师制度与国际惯例接轨。一方面要考虑建设有中国特色的律师制度,另一方面也要考虑与国际惯例接轨,这些惯例是国际通行的,不是哪一个国家的,二者都要注意。所以,律师的领导体制要搞两结合,即实行行政管理部门与律师协会管理相结合,逐步向行业协会管理过渡。这次换届要转变观念,精心准备和组织。要大胆改革,建立一个生机勃勃、人员精干、真抓实干、运转灵活、上下协调的新的律协。

二、律协的改革要有明确的目标。1993 年 6 月,司法部提出了律师工作改革方案,1993 年 12 月国务院批转了改革方案。律师改革最重要的就是实现四个突破和建立“四自”的律师体系,使律师事务所成为自律性的组织。律师协会必须适应这种“四个突破”和“四自”的改革要求。凡是不符合“四个突破”和“四自”要求的都应该进行改革。现在律协的状况如何呢?应该说,第一届和第二届两届律协都起了很好的作用,在历史上是有贡献、有功劳的,但也有不适应的地方,应在以下几个方面考虑加以改革:首先是要把律协建设成为完全自律性的团体。根据国务院批准的司法部律师工作改革方案,要实现四个转变,根本上是所有制观念的转变,律协不能以所有制形式、行政级别的观念来套,律协的领导不是行政官员,机构也没有级别规定。观念的转变是非常重要的问题。所以,律协领导没有行政级别的规定,不享受公务员待遇。当然原来是什么级别的干部也不必宣布无效,是什么级别就保留什么级,在律协就不定什么级别了。内部机构的设立也不以行政化套用,律协的机构设置要根据需要而定,律协不是束缚律师执行职责的“二婆婆”,而应该是帮助律师放开手脚干事业的机构。

其次,要使律协建设成为朝气蓬勃、充满活力的组织。现在 70%的律师都是年轻律师,很有朝气。所以不再考虑退下来的老同志或在职干部在律协中担任实际领导职务。年轻律师接触和了解国际上的东西多,懂得律师的运行机制,有朝气。当然,老的执业律师、中年执业律师也应在律协中占一定的比例。

再次,要把律师协会改革成为司法行政机关与律师之间联系的桥梁和纽带。律师协会要与司法行政机关关系协调,上下一致,而不能是争权分权、矛盾重重的,关系应当非常协调。同时,律师协会应该以国内的律师工作为主,而不能以对外交流为主,要把精力放在发展本国的律师事业上,而不是放在对外交流上,要以发展本国的律师事业为主。当然,必要的交流也是应该坚持搞的,但是不能把主要时间和精力放在对外交流上。

三、换届工作要科学论证,周密安排,加强领导。我想谈几点具体想法:一是全国律协理事会应该全部由优秀的专职执业律师组成,实现内行管内行。代表人选可以没有执业年限的限制,执业两年、三年都可以。律师协会内部可以分几个专门的委员会或设立几个部。二是我赞成改四年一届为三年一届。会长一年一选或常务理事轮流值班的建议可以考虑,在常务理事中产生。三是可以考虑在常务理事会领导下,秘书长主持日常工作。常务理事会可以是 11 个,差额选举,13 个、15 个差额都可以,要体现民主精神。四是律师协会的工作重点必须转到国内律师工作的改革与发展上来,律师协会要在为司法行政机关制定政策、搞好规划工作上献计献策。律师协会可以负责对律师的培训、职业道德教育、对外交流等工作。可以建立一个委员会,也可以考虑成立外国会员部,或者叫外国律师联谊会,名称可以再考虑,加强对在华的外国律师的管理,司法部不便出面。五是要发挥群众团体优势,办实事,从根本上解决律师协会经费困难的问题,今后不再给律协行政拨款。有人提议建立“律师责任保险公司”和“责任赔偿公司”,我看可以考虑。培训工作、信息工作可以由律协做。

关于换届工作,要注意请示报告,要把名律师、有为的律师选出来,担任律协领导,要有意识地让他们参加筹备组,政治部、办公厅也应派人参加。名誉会长可以不搞了,顾问可以搞,名誉理事也可以搞;开会的时间我看 6 月份太仓促了,可以考虑 7 月 10 日左右。各省律师协会会长如不是律师，就不能作理事，可以作名誉理事。一定要带好头，我们部的领导都不在律协任职，协会内不再设党组，律协秘书长也没有级别；代表人数可以考虑为350人；外国律师代表团问题，这次会议就不请了；要尽快选出代表，特邀律师和兼职律师可以作为特邀代表参加会议。

律协的换届工作必然会涉及利益的调整，我们不能感情用事，不能以个人的得失影响改革的进程。一些同志思想一时不通不要紧，相信经过耐心细致的工作，最终会达到思想的统一。希望大家齐心协力，共同搞好这次律协换届工作，为地方律协改革起表率作用。

肖扬同志在中国劳改学会第一届二次理事会上的讲话

（1995年4月13日）

这次劳改学会是在监狱工作进入新的历史时期召开的一次重要会议。我代表部党组向大会的召开表示祝贺，并通过你们向全国劳改学会的同志们以及致力于监狱理论研究的工作者致以亲切的问候。

1995年是我们司法行政系统深化改革的重要一年。在党中央、国务院和全国人大的亲切关怀下，在辞旧迎新之际，我们盼望已久的《中华人民共和国监狱法》颁布实施；今年初，国务院又签发了4号文件《关于进一步加强监狱管理和劳动教养工作的通知》，为我们做好监狱工作，早日实现建设现代化文明监狱的宏伟目标，奠定了很好的基础。前不久，在全国监狱工作会议上，罗干同志代表国务院、中央政法委作了重要讲话，使我们进一步明确了今后一个时期监狱工作要坚定不移地贯彻《监狱法》，落实好17次总理办公会议纪要和国务院4号文件，深化各项工作改革，加快创建现代化文明监狱的奋斗目标。各级司法行政部门、监狱管理部门的干警和理论工作者应扎实工作，携手合作，为实现这一宏伟目标作出坚持不懈的共同努力。

中国劳改学是一门具有中国特色新兴的社会科学。十几年来，中国劳改学把我国长期以来积累的改造罪犯的经验上升至理论加以论述和研究，逐步形成了自成体系、独树一帜的理论学科。中国劳改学会自创建以来，聚集了一大批优秀的理论工作者，研究成果丰硕累累，不仅为学科的创建与发展作出了突出贡献，也为中国监狱制度不断完善，发挥了重要的作用。

我们党历来十分重视理论研究工作，只有用正确的理论武装头脑，革命和建设才能大发展。党的十一届三中全会以来，正是由于在邓小平同志建设有中国特色社会主义理论指引下，我们才取得了改革的成功，政治、经济、文化建设才有了不断地发展。国家如此，一个事业、一个部门也是如此。当前，我国监狱工作遇到了前所未有的大好时机，正在以新的思路、新的面貌朝着新的目标整体推进。与此同时，也给我们带来了许许多多的新课题。在这关键的时刻，加强理论研究就显得尤为重要。《监狱法》是新中国第一部监狱法典，它的颁布，填补了我国刑事立法的空缺，完善了我国刑事法律体系。《监狱法》体现了中国社会主义特色，是对建国四十多年来监狱工作成就的概括和总结。但是，有了法律，有了国务院的4号文件，并不等于我们可以高枕无忧了，还需要制定一系列配套法律、法规，使之更具有可操作性；还需要通过我们的努力，将纸上的东西一项项落在实处。要坚持依法治监，从严治警的工作方针，努力实现创建现代化文明监狱的宏伟目标。我们提出监狱的现代化建设，不是凭空而想的，它是与国家的现代化建设同步发展的。在创建过程中，还会出现这样那样的问题，需要不断地调查研究，不断地概括总结，不断地将实践中行之有效的经验、作法上升为理论，反过来又指导实践，从而坚定信心，加快发展步伐。发展监狱经济是创建现代化文明监狱的重要保障，监狱经济如何适应市场经济规律？如何处理好改造罪犯的发展经济的关系？“双轨运行”的管理模式？干警队伍建设如何适应新时期发展需要，如何提高执法水平？等等。这些课题都还有待于进一步研究。我希望劳改学会的同志们，密切关注监狱工作的实践，积极开动脑筋，研究现实，探索未来，在理论研究上发挥你们的专长，到实践中去，帮助解决实际问题，同时也丰富和发展监狱理论研究及学科建设。

中国劳改学会作为非官方组织，在监狱领域的对外交流与交往，以及参与国际人权斗争中可以发挥重要的作用。当前，我国司法领域与国际多边、双边交流日益广泛。中国监狱制度以及改造罪犯的成就也逐步被世人所了解。但是一些西方国家的敌对势力出于某些政治目的，无端对我进行攻击，监狱工作被推向人权斗争的第一线。要扩大对外宣传，挫败西方敌对势力的攻击，不仅是司法行政系统、监狱系统的任务，而且是维护国家尊严和形象的大问题。劳改学会以群众团体的身份出面工作，更具说服力。因此，它的重要地位和作用是不可替代的，这方面的工作必须进一步加强。同时，也要注意收集整理国外监狱制度及其材料，注意研究国际行刑制度的发展方向，介绍国外的先进作法，使我国改造罪犯理论研究更丰富、更科学、更繁荣。

劳改学会自身要进行改革。随着《监狱法》的颁布实施，随着形势的发展，我国已不再使用劳动改造机关的提法，不再称劳改大队、中队、小队，不再将罪犯称“劳改犯”。监狱对罪犯的教育改造更科学，内涵更丰富，提法更准确。我们的监狱制度，既有中国特色，又逐步与国际惯例接轨。劳改学会如何适应已经变化了的新形势，请同志们认真研究，并以改革的精神使之科学化、规范化！

要加强对劳改学会工作的领导。司法部和各直属单位要支持劳改学会开展工作，在人、财、物方面给予必要的支持和帮助，为他们开展工作创造良好的工作环境和生活环境，使他们的理论研究迈上新的台阶！

肖扬同志在第二次部务会上的讲话

（1995 年 4 月 17 日）

今天我们召开部务会，再次部署和动员学习党的优秀干部孔繁森同志先进事迹。刚才，同志们联系中宣部、中组部关于开展向孔繁森同志学习活动的通知，联系司法部的实际谈了许多很好的意见，对我们进一步深入开展向孔繁森同志学习活动很有参考价值。

根据中央的部署，司法部在前天向全系统发出了开展向孔繁森同志学习活动的通知，要求各级司法行政机关和全体司法行政干警认真学习孔繁森同志的先进事迹，为开创司法行政的新局面，为国家的法制建设做出贡献。党员同志，特别是领导干部，必须认真学习，带头学习，落到实处。今天把各位司局领导召集来，再次部署，提出具体要求。孔繁森同志是领导干部的楷模，是全国人民学习的好榜样，他的事迹感人至深，大家学习后有许多感慨，对比我们的思想实际、工作实际，我们的差距很大。刚才同志们表示了学习孔繁森同志的决心和搞好工作的信心。现在，我代表部党组讲三点意见：

一、深刻认识向孔繁森同志学习的意义。孔繁森同志是继焦裕禄同志之后党的领导干部中的又一名优秀代表，焦裕禄同志在社会主义建设初期起了模范作用，孔繁森同志则是新的历史时期、新的条件下的优秀的、杰出的代表，是我们这个时代的象征。学习他的事迹，将在全国人民中产生巨大的精神力量和物质力量，对加速实现社会主义现代化建设有着极为重要的现实意义。

学习孔繁森同志，我们可以从以下三方面来理解它的意义：一是时代发展的需要。我们说孔繁森同志是时代的象征，那么什么是孔繁森精神呢？我认为可以概括为坚持党的基本路线，坚持四项基本原则，有坚定的共产主义理想和信念，有崇高的马克思主义世界观、人生观，以全心全意为人民服务为宗旨，忠诚党和人民的事业，鞠躬尽瘁，忘我工作，做努力学习、认真实践邓小平同志建设有中国特色社会主义理论的模范，毫不利己，专门利人，乐于奉献，艰苦奋斗，廉洁奉公。当前，我们的队伍里，有人说新的历史时期、新条件下已经不再需要这种精神，也确实有部分人不再有这种精神。到底共产主义理想和为人民服务的宗旨还要不要？我想回答是肯定的，不仅需要，而且还要重新焕发、发扬光大这种精神。孔繁森同志用活生生的事例说明我们党的领导干部多数好的，是能够勤勤恳恳为人民服务的。孔繁森同志是一个杰出的代表。

二是端正党风，加强廉政建设，清除腐败现象的需要。贪官污吏、求名求利者，对照孔繁森同志的事迹何止是相差千里，每一个有良知的人学习孔繁森同志的事迹之后都会感到惭愧，孔繁森同志的事迹对我们党树立新风，清除腐败有重要促进作用，当前群众深恶痛绝的问题是腐败，是贪污贿赂、腐败的存在，不根除腐败现象，我们党和国家将失信于民。一个国家贪官不除，难以立国。一个政府污吏不除，难以立本；一个执政党，腐败不除，难以立信。我们说，不根除腐败现象，党员特别是领导干部没有了全心全意为人民服务的宗旨和信念，就得不到群众信任和拥护。所有领导干部都应当学习孔繁森同志的这种一尘不染，两袖清风的精神，自觉抵制腐败的侵蚀，自觉维护党和政府的健康肌体。

三是培养新一代革命接班人的需要。随着队伍建设的不断加强，一大批年轻干部走上了领导岗位，为革命队伍增添了活力和生机，但是，我们也应看到，年轻干部由于缺乏革命战争的锻炼，没有经历过逆境中的磨难，在理想、信念方面，在忠诚、奉献各方面和老一辈同志相比还有很大差距，一部分人甚至还逐步忘记了战争时期高尚的精神，忘记了艰苦奋斗、大公无私的精神。作为新一代无产阶级革命事业的接班人，社会主义现代化建设事业的接班人应具备什么样的精神和品质?孔繁森同志用他自己的行动作出了有力的回答。他的先进事迹看得见，摸得着，是活生生的典型。新一代的接班人如果不用这种精神武装头脑，不用这种世界观熏陶自己，我们的党和国家将会成什么样子？当前，不仅老同志担心，群众也担心，担心我们党和国家的命运。如果让那些没有坚强党性和艰苦奋斗精神的人接班，那么这种担心是不无道理的。有坚定理想和信念的接班人，有一大批有坚强党性，有为人民服务宗旨的接班人，才能保证党永不变质。我们应当肯定，大多数党员是好的，但也有少数和极少数违法乱纪者，相对数不多，但绝对数也为数不少，影响和危害相当不小。党中央在这时提出学习孔繁森同志是适时的、必要的。有人认为改革要改到资本主义那里去，开放要开到不受任何约束的程度。我们说这是对改革开放的误解和歪曲，是极其错误的，这不是社会主义改革，我们搞改革开放，市场经济不是向资本主义靠拢和看齐，不是实行资本主义私有化，社会主义改革与资本主义风马牛不相及。这些观点不消除，党和国家的前途令人担心。这是关系到国家前途命运的大事。李鹏同志在八届人大三次会议的政府工作报告中提出学习优秀人物。现在中央又提出向孔繁森同志学习，其意义就在于此。通过学习孔繁森同志，提高党员、领导干部的素质。孔繁森同志这个先进典型很好，各级领导干部都要向孔繁森同志学习。

二、以孔繁森同志为楷模，做忠诚的共产主义战士。孔繁森同志是在新的历史时期成长起来的千千万万个领导干部中的杰出的、优秀的代表。我们学习他，要学什么?中组部、中宣部关于广泛开展向孔繁森同志学习活动的通知中已明确指出，人民日报社论也概括提出了四条，就是要着重学习他顾全大局，无私奉献的坚强党性；热爱人民、服务人民的公仆情怀；廉洁奉公、艰苦奋斗的高尚品德；开拓进取、求真务实的优良作风；还有艰苦奋斗、拼搏进取的精神。

这不是简单的归纳、总结，这是孔繁森同志用鲜血和生命凝聚成的高尚品质和崇高精神。我们说他的事迹之所以感人至深，是因为他是在毛泽东思想和邓小平同志建设有中国特色社会主义理论下培养出来的，是踏着雷锋、焦裕禄同志的英雄足迹成长起来的真正的共产党员。他把理想、信念体现于一身，为全体共产党员树立了光辉的榜样。古人尚且有“修身齐家治国平天下”的信念，一个共产党员更应当为党的事业奋斗终生，对人民无限忠诚，艰苦奋斗，越是在顺境，越是在条件好的情况下越是要艰苦奋斗，努力工作，不讲空话，多做实事。要联系我们的思想实际来学习，才能真正学好。

三、要联系实际学习孔繁森同志。向孔繁森同志学习，是党中央为加强党的建设，加强干部思想教育的一项重要措施，通过榜样的力量，造就和培养更多的孔繁森式的优秀干部。开展学习活动，我们部里已有通知，做出了周密的部署。但我们决不能满足于学报纸、听报告上，学习要联系思想实际、工作实际进行，要同贯彻落实党的十四届四中全会精神，深入学习邓小平同志建设有中国特色社会主义理论和党章结合起来，与促进改革开放，维护社会稳定结合起来。通过学习，使广大党员干部更加紧密地团结在以江泽民同志为核心的党中央周围；积极投身于社会主义建设事业。

怎样学好孔繁森的事迹?我认为，一是要以无产阶级的感情、人生观、世界观、价值观来学习孔繁森同志。没有这一基础，学习会走向反面。用那种“人不为己，天诛地灭”的利己主义人生观来看待孔繁森同志，就只会得出孔繁森同志是傻子的结论，放着好的条件不会享受。这样学是学不好的。什么是人生的最大价值?我认为全心全意为人民服务，为人民作出了贡献，受到人民的爱戴，人生才真正有价值。正因为孔繁森同志有着高尚的人生观、价值观和革命情操，才能做出他所做的一切。每一位党员同志都应以正确的人生观、价值观来看待孔繁森同志，才能真正学好。

二是把学和用结合起来。在部机关开展几对照活动：对照孔繁森同志顾全大局、无私奉献的精神，检查我们自己做得怎样，是否做到了孔繁森同志所想、所做的。如果我们求名求利，想小局，想个人，是否与孔繁森同志的精神和党员的要求相符；对照孔繁森同志热爱人民、服务人民的公仆情怀，检查自己做得如何，是否树立了为人民服务的人生观，是否只要别人为自己服务，而自己不为别人服务；对照孔繁森同志清正廉洁、克己奉公的高尚品德和艰苦奋斗、知难而进的拼搏精神，检查自己做得如何，是否做到了廉洁奉公、艰苦奋斗；对照孔繁森同志开拓进取、求真务实的优良作风，检查社会上存在的讲大话、讲假话，不讲真话的不良作风在自己身上是否存在。要通过开展几对照活动，以孔繁森同志为榜样，找出自己身上存在的差距，把孔繁森同志实践了的东西落实到自己的实践中去。

三是要把学习孔繁森同志的先进事迹与学习本系统先进人物的事迹结合起来。孔繁森同志是党的领导干部的优秀代表，本系统也有兢兢业业、无私奉献的好同志，监狱、劳教、律师、公证、教育等部门都有这样的好同志，他们的事迹可以总结一下，通过学习先进人物的先进事迹，树立正气，压歪风邪气，使司法行政干警振奋精神，投身到工作中去。

四是向孔繁森同志学习，形式可以多种多样。机关党委和政治部以及各司局的同志都要考虑怎样用多种方法组织学习，以收到好的学习效果。可以司局为单位组织看录相，进行学习、对照。向孔繁森同志学习，要先从司法部机关做起，从领导干部做起，要抓好司局长和各级领导干部的学习。要提倡个人学习与小组讨论相结合的形式，以自觉自愿学习为主，如果只把向孔繁森同志学习当做任务来完成而没有自觉性，是学不好的。要通过开展学习孔繁森同志的活动，推动部机关建设，提高广大干部的工作积极性，振奋精神。部机关一些不正之风不抓不行，不抓正气就上不来，积极工作的同志受嘲笑、讽刺、打击，相反，有些干不干都一样的人却受到表扬。还可以结合向孔繁森同志学习，对如何搞好部机关建设、组织建设、作风建设提出建议。该表扬的不敢表扬，该批评的不敢批评，不敢理直气壮地讲正确的东西，这样的机关工作搞不好。要结合学习孔繁森同志，把机关的思想作风建设搞上去，对歪风邪气要群起而攻之，要以学习孔繁森同志为契机，把机关整顿工作搞好。

张秀夫同志在全国监狱系统干训工作座谈会上的讲话

（1995 年 4 月 19 日）

全国监狱工作会议结束以后，我们要抓的事情很多，主要是实施《监狱法》，落实国务院的《通知》，建设现代化文明监狱和文明劳教所。为了实现这个目标，有很多工作要做，其中有两件事我考虑得最多。第一是要认真研究如何搞好监狱的生产。最近，就这个问题和王明迪等同志作了些调查研究。第二就是如何办好我们的警察学校，培养更多的、知识层次比较高的监狱、劳教工作警察。为此，我也做了些调查研究。最近看了浙江和江苏两所警校，和学生接触过，也听了教师和校领导的汇报。这个会议，也是我建议召开的，所以，有些话要和大家讲一讲，主要有以下几点：

一、司法行政系统，包括监狱管理部门的领导同志，要充分认识办好警察学校的重要意义

现在，各地都在认真地抓教育，而且培养的层次都比较高。我最近听说，江苏省委选拔了 40 名本科毕业的，能够用英语会话的正处级干部，到美国去学习经济管理，培训半年。其中有一位是我们江苏监狱管理局的副局长张苏军同志。江苏省下这么大的决心，选送到外国去，而且层次这么高，为什么？就是要培养高层次的优秀干部。浙江省省委也采取了措施，最近要在省级机关和各个地市选拔四、五十名本科毕业的干部到杭州大学读经济管理的硕士研究生。这仅仅是我知道的华东这两个地方，其他地方的情况我还不太清楚。各地、各级领导对培养干部，特别是培养较高层次的干部都是十分重视。相比之下，我感到，正如我们有些同志所说，我们监狱管理系统对办好学校、培养干部这件事重视不够，抓的晚了些。现在，我们应提高认识，急起直追，不然，不能适应建设现代化文明监狱的需要。

教育是立国之本，毫无疑问，教育也是一支队伍的建设之本，也是我们建设现代化文明监狱的重要保障条件。要建设现代化文明监狱，必须有具备现代化知识的干部队伍，没有这样一支干部队伍，要建设现代化文明监狱，岂不是一句空话？即使建起来了，你也管不了、管不好，只能图一时好看，不能持久。这方面，我们的例子是很多的。要下决心建设现代化文明监狱，就必须提高我们这支干警队伍的知识水平，就必须建成一支现代化的警察队伍。

对我们这支队伍的知识结构要有一个正确的估计。应该肯定，这几年干警队伍的知识水平有了很大的提高，和十多年前我在公安系统的时候相比，具有大专以上文化的干警增加了不少。那时有的主要是从大专院校分配来的一些学农、学工的科技人员，学法律的很少。这几年我们培养了一大批具有专科水平的干部，据统计，大专以上文化水平的干部达到了 26.15%，中专以上文化水平的干部就更多了。这是我们这几年努力的结果，也是与各位辛勤耕耘分不开的。但是，必须看到，我们这支队伍的文化素质和其他系统相比，还是比较低的、比较差的。第一，我们具有大专以上文化的干部和公安、检察、法院、安全、甚至和武警比起来，都是比较低的；第二，在增长的这部分中极少是学监狱和劳教所管理这个专业的，因为我们只有两个政法学院各有一个劳改系，每年仅培养 200 名本科生，而毕业的学生又极少分到我们监狱、劳教系统，大部分进到社会上去了。搞监狱的不学监狱管理，搞劳教的不学劳教所管理，这岂不是咄咄怪事？这个情况太不正常，说明我们还没有建立起运用自己的院校培养自己队伍的机制。

公安系统的干部,都是自己的专科学校、公安警察学校培养的,都是学公安的。再看看我们的大专生,真正学监狱管理的极少。我们学校的发展比较缓慢。如浙江第三警校,是与浙江的公安专科学校、警察学校、司法专科学校、法律学校、武警指挥学校等一起办的。武警学校和我们的警校当时是70亩地两家分。现在人家又增加了80几亩地,搞成了一个大院。我们原来的35亩地一点也没扩大,影响了办学规模。因此,要认识到,再这样继续下去,我们这支队伍怎么能现代化?队伍的素质是这么一种状况,要建设现代化文明监狱,从何谈起?长期以来,我们的干部主要来源是以工代干,以工转干。不仅知识水平低,素质差,而且超编的现象在一些地方也相当严重,越是在城市的、交通方便地区的监狱,超编问题越突出。再这样搞下去,我们这支队伍是建设不好的。所以,办好院校,通过院校培养干部、补充干部,是加强我们这支队伍建设的关键。只有走这条路,才能使干部队伍输送源远流长,才能实现队伍建设的正规化。各级领导同志要充分认识到这一点。当然,我们的警校也有办得好的,我这次看的江苏警校就不错,我很高兴。但是,多数警校困难重重,步履艰难,有的难以为继。对这种情况应该有一个充分的认识。要看到我们抓的晚了一些,落后了一些,现在应该猛醒。

二、要立足自己办学,自己培养干部

建设一支有较高知识水平的监狱和劳教警察队伍,不能靠别人,要立足自己。别的院校谁能给我们设这个专业、为我们一年培养成千上万的学生?即使西南和西北政法学院的劳改系,也办不到,他们的重点不在这,培养的数量是有限的,一年一家才100人,两家才200人。我们26万多人的队伍,靠这200人能解决问题吗?解决不了问题,恐怕连杯水车薪都算不上。关键要靠我们自己,立足于我们各个省市现有的警察学校。所以警校所担负的任务是十分繁重的。一是依据《国家公务员条例》的要求规划办学。国家公务员必须具有大专以上的文化程度。《警察法》的规定有点降低,要求管理人员必须具有大专以上文化,即使我们把管理人员仅限于中队以上干部,也相差很远。二是依据王明迪同志在全国监狱管理局局长会上提出的到本世纪末,大专以上文化程度的干警要达到干警总数45%的比例数规划办学。我看这个比例不算高,就以45%来计算,一年也要培养8000到10000人,这么大的数字,谁也代替不了,只能靠自己来培养。当然也不能全国一个45%的杠杠,边远地区可以适当低一些,经济发达地区还可以适当要求高一些。总之,今后凡是到监狱、劳教系统当警察的,必须是警校出来的,不是大专就是中专。公安现在就有一条规定,凡进入公安队伍当警察的,必须是警校培养出来的,起码是中专。武警为什么在各个省市都要建指挥学校?就是按部队的规定:凡是从战士中提拔干部必须经过考试,进院校学习两年。提拔领导干部还得再学习,达到大专以上,所以军队干部管理很规范。我们今后也要这样。

总的说来,进我们这个队伍必须是经过我们院校培养的,这一点在全国监狱工作会议上肖扬部长讲得很清楚,国务院(1994)4号文件也是这样规定的。今后不准再搞以工代干、以工转干。好的子女,好的工人,要送到学校去培养。最近中央组织部有一个关于选拔省部级年轻干部的文件,其中就规定:今后选拔的年轻干部原则上都要是本科生。我们今后也要对不同层次的干部的文化结构有不同的要求。第一,大队以上干部都必须是大专,没有达到的,表现比较好的先送去学习,再提拔。有了这个硬杠子,才能保证监狱工作会议上提出的要求的实现 。第二,要组织在职的大量青年干部再学习,提高他们的文化知识水平。原来只有中专文化、高中文化的,组织他们到我们学校里去读两年书。能否考虑这样的办法,两年的学制读一年半,半年回去实习。同时还要搞函授教育,不仅搞中专的,还要搞大专的、本科函授。这项工作也不能依赖社会上的其他院校,也要自己组织。第三,要运用学校进行监狱学和劳教学的科学研究,使之成为我们的科研中心。在这方面,近几年我们做了不少工作,但我感到做的还是很不够。昨天,我看了一本书,名叫《提牢备考》,是清朝光绪年间长安提牢赵舒翘编写的,可能是中国历史上第一部有关监狱管理的书,对如何管理监狱作了较详细的论述。象这样珍贵的监狱学史料,几十年无人问津,为我们所不知,不能不令人深感我们科研工作之不够。监狱管理应作为一门科学来研究,应成为学校的一项重要任务。

根据以上这些任务,今后学校的布局大体上是这样:第一,集中办好一所大学,就是保定两劳学院。部里经过几次研究,下决心办好。在原来的基础上,又批准他们征了89亩地,使学校的设施基本配套,现正在搞整体规划。下一步拟把西南、西北两个政法学院的监狱管理系转到保定来,这样就有了本科,加上原有的专科、培训班,将来还要搞本科函授。从而真正把两劳学院建设成为中国的监狱和劳教警察培训中心。第二,再办几所专科,到底办几所,不要马上框定,最好是谁有条件就先办,八仙过海,各显神通。办学的形式要从实际出发,不要一下子就申请开办专科学校,那样让教委批准比较难。只能采取迂回的办法,可以和有关的院校等先合办大专班。找谁都可以,只要是法律院校,给个名称就行。等到了一定的规模,达到一定的水平的时候再申请。15年前,我在浙江就是这么做的,当时公安专科学校还没有正式批准,我们就去杭州大学法律系合办大专班,名曰:杭州大学法律系公安专修科”,毕业以后,发给杭大的正式文凭。现在这个班的毕业生大多数已是县、区公安局局长。广东、江苏、北京的条件比较好，都可以这样办。我希望今年暑期有几个学校能开办这样的班。第三，至于警校，就按现有的规模去办，不办中专学校，一般干部从哪里来？已有的要下决心办好，没有的甘肃、宁夏、海南也应考虑依托有一定规模的警校联合办学。

三、应该有信心办好院校

从全国的情况看，我们有很多办好院校的有利条件：

第一，我们已经有了一定的基础。全国现有 28 所学校，多数有比较好的基础，在这个基础上继续前进是完全可以做得到的。而且这 28 所学校中，有的已经办的很不错了，我看到的比较满意的是江苏警校。据监狱管理局的同志讲，办得好的还有几所。我们要求在现有的基础上加快前进步伐，是完全可以做到的。

第二，我们是一个很大的系统，又有一支数量较大的队伍，还有一定的经济实力。这一点是政法系统多数单位比不了的，只要大家重视，适当地加大投入，是完全可以在不长时间赶上政法系统其他院校的。

第三，有很多办学经验可以学习和借鉴。我们系统的警校，还有公安的、安全的、武警的，都属于警察学校。办得好的不少，有的和我们只有一墙之隔，可以学习他们的经验，加快我们学校的建设。

第四，司法部有专门负责院校的机构——教育司。他们有较多的经验，和各个方面有较好的联系，在业务上可以给你们很好的指导。你们在各地也可以争取当地教委的支持和帮助，请他们给予特殊的重视和关照。两劳学院的大专班，就是在教育司的具体组织下搞成的，解决了很大的问题，成为我们系统青年踊跃报名的一个热点。如果再有其他几所学校可以报考，就更好了。

第五，我们学校实行的是军事化管理，具有一定的吸引力。我去年和最近看的两所学校，考进来的学生，穿的是警服，实行军事化管理，与学生座谈反映很不错，多数都很满意，培养出来的学生的素质也是优势的。

从以上这些可以看到，我们的确有许多办好学校的有利条件，但同时我们也存在一些不利的因素：一是过去投入较少，欠帐比较多，有的学校困难重重。二是国家对院校的宏观管理加强了，管理比较严。现在要升格，很不容易，审批权都集中到国家教委了。三是我们的教育经费渠道还未打通，首先是部监狱管理局就没有打通。这个问题，王迪明同志讲了两次，我们什么经费都有专项，就是教育经费没有列上，他说是个失误，我非常赞同。教育经费不在多少，而是应该列入专项，这样到省里要钱也有依据。

不利因素尽管不少，但与有利条件比较，我认为，有利条件是主要的，不利因素是可以克服的。所以，我们应该有信心，从现在开始进一步重视，进一步努力，把我们的学校搞好。

四、要勇于改革进取，加快学校建设的步伐

根据这次会议的精神，你们回去以后，要特别注意抓好以下几项工作：

1. 按照到本世纪末监狱和劳教警察中大专以上文化的干警要达到 45—50%的要求，制定好学校的规划。然后按照规划，明确任务，分年实施，逐步达到我们的目标。只有把教育计划和干警队伍建设的需要结合起来，学校才有生命力，才会受到广大干警的欢迎和各级领导的支持。

2. 要立足本系统，面向全社会，扩大学校规模，提高办学水平，争取上等级，有条件的地方应当采取适当的形式办大专。我们的学校应该重点为本系统培养干部，但这毕竟数量有限，也会限制学校的规模，束缚学校的发展。所以，要以自己的队伍为主，同时面向社会。比如专业设置，今后不能只搞狱政管理、法律两个专业，还要根据自己及社会的需要，设置经济管理、财会、教育及电子计算机等专业，这样学校才能扩大规模，上等级，上水平。

3. 要抓好师资队伍的建设。办好学校的关键是师资队伍。要办大专班，必须有一定数量的教授、副教授，只是讲师不行。可以采取多种办法、多种途径选拔和吸引这方面的人才。首先是在本系统选调一批有较好的理论基础、又有一定的实践经验、适合做教师工作的同志到学校，担任狱政管理等专业课的教师；其次要想方设法引进优秀教师；还要下决心送有培养前途的教师出去培训。总之，要把自己的教师队伍建设好。

4. 要下决心增加学校的投入。我们将积极做工作，争取将干警的教育经费列入财政预算，解决有犯人的教育经费而没有干部的教育经费的怪现象。但更重要的是，各省市的监狱管理局，要积极争取当地财政的支持，同时我们自己也要舍得在这方面投资。只要大家重视，适当地拿些钱，多数省市的监狱管理局还是可以做得到的。关于设立教育基金会的建议，我很赞同，可以先在内部建立警察学校的教育基金会，发动生产效益好的单位赞助、支持。总之，得有经费保障，没有钱，学校是办不好的。

五、要重视学校工作，加强领导

各省市司法行政部门，特别是监狱部门，要把办好警察学校这项工作列到重要议事日程上来，要非常关心。有些省的学校的校长、党委书记是监狱管理部门的主要领导同志兼任的，这个办法可行。既然兼了校长、书记，就要在其位，谋其政，在办学上多花点精力。警察学校的管理体制问题，我赞成由监狱管理局主管，教育部门业务指导。

这次会议的内容，你们回去后要向各省监狱管理局局长或党委作详细的汇报，加快办学步伐，做出更多、更大成绩。下半年，我们还要召开一次各省市警校校长和监狱管理局的主管领导参加的干训工作会议。这次参加会议的学校，那时都要汇报这次会后所做的工作及取得的成绩。总之，我们要抓住干训工作不放，直到抓出成效。

张秀夫同志在中央社会治安综合治理委员会召开的刑满释放解除劳教人员安置和帮教工作经验交流会上的讲话

（1995 年 4 月 26 日）

中央社会治安综合治理委员会主持召开的这次会议十分重要，这是继去年 2 月 14 日中央综治委等六部委联合发出《关于进一步加强对刑满释放、解除劳教人员安置和帮教工作的意见》之后，中央在刑满释放、解除劳教人员安置和帮教工作方面采取的又一重要措施，充分体现了中央领导同志对社会治安综合治理工作的高度重视。通过这次会议，必将引起更多的人对刑满释放、解除劳教人员安置、帮教工作的理解和重视，从而给予更多的支持和帮助，积极投身到这项工作中去，使社会治安综合治理工作取得更大的成效。下面，我根据冀平同志的建议和要求，代表司法部简单地讲几点意见。

一、充分认识做好刑满释放、解除劳教人员安置和帮教工作的重要性

对刑满释放、解除劳教人员不歧视、不嫌弃，做好他们的安置工作，给他们学习、工作的机会，促使他们走上正路，是我党的一贯主张。这对于预防和减少重新犯罪、维护社会稳定、保障改革开放和经济建设的顺利进行，有着十分重要的意义。

（一）对刑满释放、解除劳教人员的安置、帮教工作，是预防和减少犯罪的一个重要方面。我国在押罪犯和收容的劳教人员共有 150 多万人，每年约有 30 万刑满释放和解除劳教人员回归社会。这部分人经过改造，绝大多数有弃旧图新、重新做人的良好愿望，但是，他们的心理十分脆弱，思想不稳定，回归社会以后，如果得不到妥善的安置，没有生活出路，缺少必要的教育和监督，极有可能重蹈覆辙，再次走上违法犯罪的道路。社会上许多恶性案件，包括一些大案、要案，都是刑满释放、解除劳教人员干的，他们在实施犯罪中往往心狠手辣，无所顾忌，对社会的危害特别大。事实证明，凡是安置、帮教工作做得好的地区，刑满释放、解除劳教人员的重新犯罪率就比较低，绝大多数的刑释、解教人员都能够遵纪守法，安居乐业，成为对社会有用的人；否则相反，重新犯罪率高，“二进宫”、“三进宫”的多，社会治安情况不好，人民群众意见多。可见，对刑满释放、解除劳教回归社会的人员，采取“给出路”的政策，及时帮助他们解决实际困难，安排好生活，经常关心、帮助他们，可以在很大程度上预防和减少重新犯罪，从而降低社会犯罪率，有利于社会的稳定。

（二）对刑满释放、解除劳教人员的安置、帮教工作是社会治安综合治理工作的一项重要内容。犯罪，作为一种社会现象，有着十分复杂的社会基础，涉及诸多的社会因素。与犯罪作斗争，仅仅依靠公安、检察、法院、司法等专门机关的力量是不够的，必须同时依靠社会各界的力量，依靠广大人民群众积极参与社会治安综合治理。社会治安综合治理工作的一项重要内容，就是对刑满释放、解除劳教人员进行安置和帮助教育，使他们顺利地走上新生之路。中央综治委等六部委在联合下发的《意见》中，明确要求各级党委、政府要把对刑满释放、解除劳教人员的安置、帮教工作列入社会治安综合治理的工作目标，作为落实社会治安综合治理领导责任制的一项重要内容；将刑满释放、解除劳教人员的重新违法犯罪率能否逐步下降，作为考核党政领导干部抓社会治安综合治理工作能力和实绩的一个重要指标；要求动员全社会的力量参与对刑满释放、解除劳教人员的安置、帮教工作，齐抓共管，抓好落实。

（三）对监狱和劳教机关来讲，安置、帮教工作是巩固改造质量的一项重要措施。依照法律，我国监狱、劳教机关对罪犯、劳教人员分别执行刑罚和行政处罚。监狱、劳教工作的好坏，改造质量的高低，与罪犯、劳教人员刑满释放或解除劳教回归社会后会不会重新违法犯罪，有着十分密切的联系。教育改造工作做得好，改造质量高，刑满释放、解除劳教人员重新违法犯罪率就会比较低；反之，重新违法犯罪率就会比较高。提高改造质量，降低刑释、解教人员重新违法犯罪率，是监狱、劳教机关义不容辞的责任。一方面，监狱、劳教机关要积极改进工作，不断增强教育改造工作的实效性，努力提高改造质量，为罪犯、劳教人员刑满、解教顺利回归社会奠定良好的基础；另一方面，要主动与社会各界沟通联系，通报情况，积极争取社会各界对安置、帮教工作的关心和支持，协助有关部门做好安置、帮教工作，使更多的刑释、解教人员走上新生之路。

（四）对刑满释放、解除劳教人员进行安置和帮助教育，是全社会应当宣扬和倡导的一项工作。对刑满释放、解除劳教人员进行安置和帮教，无论对国家、社会来讲，还是对刑释、解教人员他们自己以及他们的家庭来讲，都是十分有益的。安置和帮教工作做好了，可以稳定刑释、解教人员的思想，使他们正经地生活，不再做违法犯罪的事，既有利于社会稳定，有利于经济建设的发展，又可使他们自己免受处罚，家庭团圆。安置、帮教工作做好了，可以体现社会主义社会的温暖，体现人与人之间的真情。在极端个人主义、享乐主义、拜金主义有所蔓延的今天，尤其应当大力宣扬和倡导相互关心、相互帮助的社会风尚。我们要对残疾人献上一片爱心，也应把刑满释放、解除劳教人员看作是心理上有残疾的人，向他们伸出援助之手。

二、对刑满释放、解除劳教人员进行安置和帮助教育，是我国的一项基本政策

我们党和国家历来重视对刑满释放、解除劳教人员的安置和帮教工作，在与违法犯罪分子作斗争的同时，始终坚持“给出路”的政策，帮助刑满释放、解除劳教人员安置就业，使他们有业可就，生活有保障。同时，根据整个国家社会和经济发展的客观要求，适时调整刑满释放、解除劳教人员的就业安置政策。

1954年中央人民政府政务院在通过《中华人民共和国劳动改造条例》的同时，专门颁布了《劳动改造罪犯刑满释放及安置就业暂行处理办法》。建国初期，国民经济刚刚从恢复时期转入第一个五年计划建设时期，社会经济不发达，就业门路有限，因此，当时对刑满释放人员主要是采取“多留少放”的政策。

60年代初期，我国政治、经济形势有了很大的好转，社会秩序比较稳定，社会安置就业状况有了较大改善，同时考虑到罪犯成份变化，即劳动人民家庭出身的普通刑事犯占大多数，家居农村的占绝大多数，因此，当时调整了刑满释放人员的留放政策，把“多留少放”改为“四留四不留”。

1979年以后，我国进入了新的历史时期，随着改革开放的深入发展，社会犯罪问题及在押罪犯的构成也随之发生重大变化。面对新的形势和新的情况，我们在总结以往经验教训的基础上对罪犯刑满安置就业的政策，作了新的调整。1981年8月召开的第八次全国劳改工作会议，根据五届人大常委会第19次会议的决定，规定今后犯人刑满释放，除强制留场就业的以外，均应放回捕前所在地或直系亲属所在地，当地公安机关凭释放证明给予落户，由原工作单位、当地劳动部门、街道或社、队负责安置就业。根据这一规定，1983年5月公安部、劳动人事部、农牧渔业部、教育部、商业部发出了《关于犯人刑满释放后落户和安置的联合通知》，详细规定了刑释人员落户和安置的具体办法。其内容主要包括：服刑期间保留职工身份的，刑满释放后由原单位予以安置；已被原单位开除或除名，但改造表现好的，监狱在其刑满释放前，向原单位提出重新安排工作的建议；捕前无职业或者不符合回原单位安置条件的刑满释放人员，回城镇后和一般待业人员同样对待，由劳动部门或街道，按照现行就业政策积极予以安置；原系在校青少年学生，刑满释放后，符合学龄规定，现实表现好并经考试合格，允许他们复学、升学。

1984年7月，国务院办公厅下发了《关于做好犯人刑满释放后落户和安置工作的通知》，在这个《通知》中，国务院指示，各部门、企事业单位、街道、社队，都要从社会治安综合治理的全局出发，提高政策法制观念，统一认识，密切配合，认真做好刑满释放人员的落户安置和社会帮教工作。

1984年11月，公安部、司法部联合发出《关于加强对刑满释放和解除劳教人员教育管理工作的通知》，对刑释、解教人员的管理和帮教工作，作了比较明确的规定。《通知》提出：要从组织上、制度上逐人落实帮教措施，可以建立帮教小组，也可以责成专人负责，实行包管、包教、包思想转化的承包责任制；要随时掌握刑释、解教人员的思想变化，进行有针对性的思想教育，并帮助解决应当而又可能解决的实际问题，提高帮教效果。

1991年3月全国人大常委会通过的《关于加强社会治安综合治理的决定》，1992年中共中央七号文件，以及去年2月中央综治委等六部委联合签发的《意见》等，都对刑满释放、解除劳教人员的安置、帮教工作，作了重要规定。1994年12月，全国人大常委会通过《中华人民共和国监狱法》，其中关于罪犯的释放和安置单有一节，明确规定：对刑满释放人员，当地人民政府要帮助其安置生活；刑满释放人员依法享有与其他公民平等的权利。这一规定，是对我国民主法制建设的一个重要发展，是我国对公民人权保护的重要体现。

经过长期的实践，我们在对刑满释放、解除劳教人员进行安置和帮助教育方面，积累了许多成功经验。例如：监狱、劳教所对即将刑满或期满的罪犯、劳教人员进行出监、出所教育；狱内教育与社会教育相结合；“请进来、走出去”;改造工作向后延伸等。近几年来,又发展为由监狱、劳教机关与当地政府签订帮教协议书的新形式。帮教协议规定双方的权利义务,即监狱、劳教机关必须认真执行方针、政策,提高改造质量,定期将罪犯、劳教人员的改造表现通报相关的地方政府;地方政府则须支持和配合监狱、劳教机关的改造工作,负责安排刑满释放、解除劳教人员的生活和工作。

对刑满释放、解除劳教人员的安置、帮教工作,由于得到各级政府的重视和广大人民群众的支持、参与,取得了十分显著的成绩。刑满释放、解除劳教人员的重新犯罪率始终被控制在比较低的比例,绝大多数刑满释放、解除劳教人员回归社会后,能够遵守国家法律,做一名守法公民,他们中的许多人成为社会主义建设的有用之材。

三、妥善安置刑满释放人员,使他们避免重蹈覆辙,是世界多数国家和地区努力实现的共同目标

西方一些国家很早就开始了对出狱人社会保护的研究,并已认识到,出狱保护的好坏,与出狱人重新犯罪有着密切联系。出狱人的社会保护,实际上是近代监狱改革运动的产物,是近代资产阶级革命提出的“人道、民主、博爱”思想在刑罚制度上的反映。出狱保护的主要内容在于帮助出狱人谋生就业,弃恶从善,纠正其不良习性,给以道德上物质上之支援。由于这一制度具有积极作用,因而被世界多数国家和地区广泛采纳,在具体方法上则各有特色。以后,出狱保护的对象逐渐扩大,已不限于从监狱出来的人,对曾受过某种司法处分或有不良行为的人等也适用,故又被某些国家和地区称之为更生保护。

从现有史料来看,世界上最早的出狱人保护组织,是由英国人于1772年创立的。美国最早的出狱人保护组织则是1776年成立的费城出狱人保护协会。随着出狱人保护事业的发展,出狱人保护在防卫社会、预防重新犯罪方面的作用引起了许多国家政府的注意和重视。1862年英国率先颁布了出狱人保护法,规定了对民间保护组织的监督和费用补助,并于1877年将保护组织的监督权移交至内政部。美国则相继在各州设立官方的保护机构,专门提供经费,以协助出狱人的生活与就业。日本则从1907年开始,由国库拨款补助释放者保护团体,并于1939年颁布了司法事业保护法,此法以后被更生紧急保护法所替代。

纵观国(境)外的出狱人的社会保护制度,有这样几个特点或供我们研究、借鉴的地方:

第一,出狱保护的制度比较健全,法制完备。为了便于操作,许多国家和地区的出狱保护制度规定得比较具体、详尽,权利义务规定得十分明确。一些国家有专门的法律。如日本的犯罪者预防更生法,原东德的重返社会法等。

第二,有比较健全的官方或民间的出狱人保护组织。有些国家的司法部门设立了指导和监督出狱人保护工作的专门机构,有些国家和地区则主要通过民间或半官方的保护团体开展工作,如意大利的社会帮助委员会、帮助被扶助人就业委员会,日本的地方更生保护委员会和保护观察所,法国的释放人员感化救济委员会,以及香港的善导会等。

第三,通过基金会广泛筹集资金,用于出狱人保护事业。国(境)外对出狱人保护的经费主要来源于两方面,一是国家或地区政府拨款,二是个人或团体的捐赠。经费的保管和使用,主要由基金会来完成。台湾的此项经费称为“救护基金会”,不但有专款,而且有自己的固定资产。

第四,为罪犯刑满顺利回归社会而建立准假制度。为了沟通即将刑满的罪犯与其家庭的联系并使他们尽快找到合适的工作,以便更好地适应社会生活,许多国家都允许即将被释放的罪犯,定期探家和拜访雇主或早出晚归地在监外从事一定的劳动。如英国犯人在刑期的最后9个月中,可以回家1至2次,释放前夕可以回家两天,并允许到监外去拜访未来的雇主。长刑犯在刑期最后6个月内可以到狱外从事一定的工作。美国和前不久我们去考察的阿根廷的监狱也有类似的规定,叫作“工作释放”,白天到狱外工作,晚上回到监狱住宿。荷兰在最后8个月内每月可休假3天。法国允许囚犯请假出去找工作、参加考试甚至管理家务。德国允许将要释放的罪犯在监外劳动,释放前3个月可以休假一周,或释放前9个月休假6天,等等。

这些经验和做法,值得我们很好地研究和有选择地借鉴。

四、对刑满释放、解除劳教人员的安置、帮教工作是一项十分紧迫的任务,亟需改善和加强

建国40多年来,各地和有关部门在对刑满释放、解除劳教人员进行安置和帮助教育方面,做了大量卓有成效的工作,为化解社会矛盾,预防和减少重新犯罪做出了贡献。在建立社会主义市场经济体制的形势下,原有的一些安置和帮教措施已不能适应形势发展的需要,安置和帮教工作面临许多新情况、新问题,迫切需要进一步改善和加强。

(一)大力加强宣传工作,为刑满释放、解除劳教人员的安置和帮教工作创造良好氛围。对刑满释放、解除劳教人员进行安置和帮助教育,主要是依靠基层组织和广大人民群众,这项工作的好与差,落实与否,取决于基层组织领导和广大人民群众对这项工作重要性的认识程度。因此,大力加强对安置、帮教工作的宣传,唤起广大人民群众对这一工作的理解和同情,树立社会责任感,使更多的人投身到帮助、教育刑释、解教人员的实际工作中去,这是十分紧迫而必要的。

（二）进一步完善安置、帮教制度。随着社会主义市场经济体制的建立和民主法制建设的发展，原有的某些安置、帮教措施已不完全适用，特别是在市场经济条件下如何做好刑释、解教人员的安置、帮教工作，需要进行深入的研究和探索。一方面，要号召和倡导社会各界参与对刑释、解教人员的安置和帮教，另一方面，要给予一定的优惠政策，比如，招收多少刑满释放和解除劳教人员的企业，可以享受多大比例的减免税优惠等。同时，要积极办好过渡性安置的经济实体。鉴于现在就业与过去有很大不同，刑满释放、解除劳教人员在短期内找不到工作的数量增加，因此，落实中共中央[1992]7号文件，对暂时无业可就的刑满释放、解除劳教人员，由司法行政部门和劳动部门共同开办以第三产业为主的经济实体，予以就业前的过渡性安置，是一项切实可行、非常有益的措施。我们要求各级司法行政机关积极、主动地配合劳动部门尽快落实这一措施，将这件事办好，并希望各级综治委给予大力的支持。总之，要不断总结经验，探索一些切实可行的新办法，完善我国的安置、帮教制度。

（三）建立安置、帮教专门机构，加强对安置、帮教工作的指导和监督。安置、帮教工作是一项涉及面广、实践性强的工作，必须有相应的协调机构和专门的实施部门，以协调方方面面的关系，指导各项安置、帮教措施的具体落实。这次会议决定由中央社会治安综合治理委员会牵头，组成刑满释放、解除劳教人员安置、帮教工作领导小组，并在司法行政机关内部设立安置、帮教工作办公室。这一措施是十分正确、必要的，我们坚决拥护。这件事一旦定下来，司法行政机关有决心、也有信心在安置、帮教工作领导小组的领导下，努力开展工作，较好地完成中央交给我们的任务。

（四）尽快建立用于安置刑满释放和解除劳教人员的“回归基金”，并成立相应的基金管理机构。中央综治委等六部委联合签发的《意见》中，已经提出要建立“回归基金”，以更广泛地调动社会各界的力量，增强帮教工作的力度和效果，这一措施无疑是十分必要的。当务之急，是要尽快落实，履行一定的审批手续，健全机构和内部管理制度，制定基金管理和使用办法，以便及早发挥基金的作用。我们准备在这次会议之后，在中央综治委的领导下，组织专门力量，主动开展工作，力争早日将“回归基金”建立起来。

（五）加快刑释、解教人员安置、帮教工作方面的立法步伐。对刑满释放、解除劳教人员进行安置和帮助教育，是一项复杂的系统工程，也是一项长期性的工作，仅仅依靠行政命令和一般号召是不够的，也是很难持久的。因此，必须使之规范化、法律化、尽早走上法制轨道。制定一部具有中国特色、与社会经济发展相适应的刑释、解教人员安置和教育保护法或者是包含刑释、解教人员、安置、帮教工作内容的法律是当务之急。这一法案应当尽快列入全国人大、国务院的立法规划，并开始着手立法的调研工作。

同志们，这次会议得到中央社会治安综合治理委员会的重视，专门组织各地和有关部门的领导同志座谈、研究对刑满释放、解除劳教人员的安置和帮教工作，对今后的安置、帮教工作作出部署，提出要求，我们感到很高兴，也很受鼓舞，我们相信，在中央社会治安综合治理委员会的统一领导下，对刑满释放、解除劳教人员的安置和帮教工作，将越来越会得到社会各界的高度重视，会有更多的人来关心和支持这项工作。我们一定在中央社会治安综合治理委员会的统一部署和领导下，积极配合各有关部门，尽我们的最大努力，做好刑释、解教人员安置、帮教工作，为预防和减少犯罪，维护国家稳定，保障改革开放和经济建设的顺利进行，做出新的贡献。

张秀夫同志在司法部监狱、劳教科研工作会议上的讲话（有删节）

（1995年5月22日）

这次司法部监狱、劳教系统科研工作会议是继1993年在四川省乐山召开的全国预防犯罪与劳改劳教工作座谈会之后，又一次专门研究监狱、劳教和预防犯罪科研与工作的会议。会议将总结交流两年来各省监狱、劳教和预防犯罪科研工作的情况和经验，落实司法部1993年10号文件精神，实行课题管理办法，加强监狱、劳教和预防犯罪科研工作。因此，这是一次很重要的会议，一定要开好。

现在，我讲几点意见：

一、两年来全国监狱、劳教系统科研工作的回顾与总结

两年来，各省、市、区司法厅和监狱局、劳教局在努力抓好各项实际工作的同时，注意抓了理论研究工作，不论在机构、人员、经费、课题以及成果推广与应用等方面，都给予了大力支持和帮助，使整个监狱、劳教系统的科研工作不断前进，并取得了一定的成绩。

在机构、人员方面，除司法部直属的预防犯罪与劳动改造研究所之外，北京、天津、河北、辽宁、上海、浙江、安徽、江西、山东、湖北、河南、广东、陕西等省市也都相继建立了研究所，专门从事监狱、劳教和预防犯罪理论的研究。一些没有建立研究所的省、区，在监狱局和劳教局内部设立了研究室，负责政策和理论研究。近年来，有的省一些大的监狱或劳教单位也建立了研究室或研究组。这是一个新的发展，对推动监狱、劳教系统科研工作深入开展，是有重要作用的。

在这些研究机构中，聚集着一批有丰富的监狱、劳教工作经验，和有较好的理论素养的研究人员。据不完全统计，现在全国研究所的专职人员有220余人。加上各省监狱、劳教局研究室的人员，总计约360余人。在这些人员中，有高级职称的29人，中级职称44人，有博士学位的研究生1人，硕士学位的研究生16人，大学本科生76人。除此以外，还有一批曾长期从事监狱、劳教工作，有着丰富监狱、劳教工作经验的老同志，为监狱、劳教和预防犯罪研究工作奉献着余热。在高等院校和中等专业学校中还有相当一批人在从事监狱、劳教方面的教学和研究工作。这些人兢兢业业，团结合作，取长补短，为监狱、劳教理论工作作着贡献。他们是监狱、劳教系统科研工作的主力军和突击队，是深入开展监狱、劳教系统科研工作的重要保障。

在科研成果方面，全国监狱、劳教系统的专、兼职科研人员，在各省监狱、劳教局的领导和支持下，坚持马克思主义原理，坚持理论与实践相结合，紧紧围绕监狱、劳教的中心工作，写出了一批有相当水平的专著、调查报告和论文。据17个省、市的不完全统计，近两年来共写出专著34部，发表调查报告和论文1191篇，译著7部。这些专著、调查报告和论文，有的在省部级科研成果评比中获奖，有的被领导部门决策所采纳，为我国监狱、劳教制度改革作出了贡献，也在我国预防和减少犯罪，维护社会稳定方面起了积极的作用。

在组织科研活动方面，全国监狱、劳教系统的研究机构开展了多种形式的科研活动。有的组织本地区监狱、劳教系统的干警撰写论文，进行优秀论文评选活动，调动了广大干警理论研究的积极性；有的组织跨省、市、区的横向学术交流活动，互相交流经验，取长补短，共同提高；有的针对共同存在的实际问题，搞专题研讨会，组织大家共同攻关等，这些活动都有效地推动了科研活动广泛、深入地开展。

各研究所或研究室，在抓理论研究的同时，还努力办好监狱、劳教系统的各种刊物。据不完全统计，现在全国省级以上监狱、劳教系统的理论刊物共26种，这些刊物为宣传监狱、劳教政策，总结交流实际工作经验，推广科研成果，起了积极的作用。

在充分肯定监狱、劳教科研工作取得成绩的同时，我们也应当看到，监狱、劳教系统科研工作与实际工作的需要有很大的差距。我们的科研队伍还不强，科研人员太少，有高水平的科研人员更少；各省的科研工作开展的也不平衡，有的省科研工作尚未提到领导的议事日程，科研成果极少；有些科研课题理论联系实际不够，难以引起从事实际工作的同志的重视。这些都是我们前进中的问题。但也确实应当引起我们高度的重视。比如说，我们监狱、劳教系统的科研工作与建设现代化文明监狱和现代化文明劳教所需要还有很大差距。司法部提出建设现代化文明监狱和现代化文明劳教所的目标快两年了，但现代化文明监狱和现代化文明劳教所在软件和硬件建设方面到底应遵循什么基本的指导思想，应有怎样的理论作指导，目前还很难说清楚。在有些地方，对现代化文明监狱还有争论，对什么是现代化文明监狱还有不同看法，甚至对这个名称的理解也不完全一致，这说明有许多问题亟待我们去研究，已有的研究成果有待我们很好地推广。

我们要充分肯定我们过去科研工作的成绩，同时必须看到，与我们实际工作的要求还有相当大的差距，许多应该研究的问题还没有深入地研究，所以我们要看到不足，加倍努力，逐步加以弥补。

二、提高对科研工作的认识，进一步加强监狱、劳教工作领域的科研工作

“没有革命的理论，就不会有革命的运动”。这是列宁的一句名言。革命是如此，我们的监狱和劳教事业也不例外。回顾新中国监狱工作和劳教工作的发展，可以清楚地看到具有中国特色的监狱制度和劳教制度，是在以毛泽东同志为首的老一辈无产阶级革命家，关于改造罪犯、改造人的光辉思想和正确理论指引下形成和发展起来的。脱离正确理论指导的实践就会成为盲目的实践，用片面的经验指导实践，必然会陷入狭隘经验主义的泥潭。我们有些同志在这方面认识不足，他们虽然口头上并不否认理论的重要，但在实际上往往是“说起来重要，做起来次要，忙起来不要”。这是一个值得引起我们重视的问题。须知，不重视理论研究工作，忽视理论对实践的指导作用，决不可能成为一名清醒的、合格的领导者。所以，我们希望各省、市、区司法厅(局)的领导同志要带头搞理论研究，加强理论研究工作的领导，在人力、物力、财力方面给予理论研究工作以必要的支持。这是做一个领导干部应有的素质。即使做为一个普通干部，不注意理论学习，不重视理论对自身工作的指导，也只能是一个盲目的实践者。在座的大多是从事理论研究的专、兼职人员，如果身为理论工作而不能真正认识理论工作的重要，也不会在科研领域取得出色的成绩，甚至在某种意义上讲要算失职。

理论的重要性不仅表现在上述理论与实践的辩证关系上，而且从当前形势对我们的要求和我们这支队伍的现状看，强调调查研究、强调理论研究工作的重要性也具有十分重要的现实意义。

从党的十一届三中全会以来，我们的国家经历了翻天覆的变化，这是有目共睹的事实。在新的历史时期、新的形势下出现了许多新情况和新问题，同时也对我们的工作提出了新的要求和新的课题，这些新课题亟待我们调查研究，加以解决。如在预防犯罪领域中，目前犯罪活动出现了许多新特点，大案、要案、暴力型、经济型、色情型案件大幅度增加；大规模的人口流动带来流动人口中的犯罪增多；近年来出现了跨国犯罪、黑社会犯罪；犯罪分子的作案手段也呈现多样化、现代化，利用信用卡犯罪、计算机犯罪的时有发生。又如，在监狱工作中，市场经济的价值观念和原则已渗透到监狱工作中来，罪犯的思想、行为出现了新的情况，改造意识淡化，改造难度加大，如何提高改造质量成为一个新的突出问题。再如，在市场经济条件下如何加强干警队伍建设，以适应改造工作的需要。还有，市场经济的发展对监狱生产提出了严峻的挑战，监狱生产如何转换经营机制，改革管理体制，推行双轨运行机制，建立起现代化的企业制度，走出低谷，扭亏为盈，已成为摆在我们面前的一项十分紧迫的任务。我这里谈到的很多实际课题，有些问题的研究确实很紧迫，比如刚才所谈到的监狱、劳教经济问题。党中央、国务院十分重视监狱、劳教经济困难，1993 年 10 月 30 日，朱镕基副总理专门主持召开了第 17 次总理办公会议，确定了一些重大的政策。今年国务院又正式发了 4 号文件，对解决监狱、劳教场所今后的经济困难起了很大作用。我们的科研工作的外延要扩大，不仅要研究管理、教育方面的问题，而且要研究监狱、劳教生产方面的问题。在一定时期内，研究所在研究作为改造犯人重要手段、重要组成部分的监狱生产方面，应该多花点力气。在劳动教养领域里，难度较大的是如何建立一种既符合中国国情，具有中国特色，又能与国际通行做法相衔接的劳动教养制度，这已是刻不容缓。现在我们国内的一些人反对劳教立法，理由是劳教是中国自己搞的一个办法。有的说它是左的路线的产物。我们认为劳教名称是我国特有的，但这种保安措施绝不是中国杜撰出来的。世界上不少国家都有这种制度，但我们能拿出来的材料很少，需要很好地搜集、整理、研究。

综上所述，新的时期、新的形势对我们提出新的课题，需要认真解决的问题实在太多了，大家应该有一种责任感和紧迫感。有些问题我们也研究过并提出了对策，但由于研究得不深不透，措施不力，不解决问题。怎么办？唯一的途径就是大兴调查研究，进一步加强理论研究工作。在新情况、新问题接踵而来的情况下，必须树立一个坚定的信念，即调查研究、理论研究工作只能加强不能削弱。只有在邓小平同志建设有中国特色社会主义理论和党的基本路线的指引下，认真地把实践中的问题归拢起来，进行深入的调查研究，从中找出规律性的东西上升为理论，才能使正确理论和措施反转过来，指导实践，为实践服务。

我们党历来是重视调查研究和理论工作的，毛泽东同志、邓小平同志都有许多至理名言。以江泽民同志为首的党中央同样十分重视调查研究和理论工作，不久前江泽民总书记亲自为政法系统提出八项调查研究课题。我们一定要遵照党中央的指示精神，大兴调查研究，加强理论工作，拿出高质量的研究成果，为领导决策提供依据。

从我们队伍的状况而言，加强理论研究工作也是十分必要的。在监狱和劳教工作第一线的各位领导，公务繁杂，日夜忙碌。在这种情况下，容易陷到事务堆里，不能自拔。我们强调重视调查研究和理论研究工作，就是提醒他们注意在繁忙的工作中需处理好两个关系。首先是调查研究和实行正确领导的关系。做为一个领导者必须对自己负责的工作领域做到情况明、决心大、措施力、效率高，要想达到这一要求，离开调查研究，离开理论指导是无法实现的。但实践中往往有一些领导同志不愿意学习理论，不重视调查研究，而是凭借一知半解或片面的、狭隘的经验去指导工作。应该说，这样的领导决不是一个好的、高明的领导。需要处理好的第二个关系是如何发挥专、兼职理论研究队伍助手作用的问题。做为一个部门或一个方面的领导，的确难于把主要的精力和时间放在理论研究上，但各省、市和有些单位都有一支专、兼职的理论研究队伍，应当充分发挥他们的作用，给他们创造一定的条件，并组织他们就实践中一些热点、难点问题，做深入的调查研究，进行理论上的探讨，提出一些真知灼见以供领导决策参考。懂得这一道理并且这样做了都会有收益的，都有益于实行正确领导。

监狱、劳教战线的干警队伍就整体素质而言，是好的，是一支党和人民可以信赖的队伍，是一支特别能战斗的队伍。但是，必须承认，由于种种原因，我们这支队伍文化素质和理论水平不够高，因此更有必要提高对理论重要性的认识，加强理论学习和理论研究工作，用理论研究成果武装全体干警，以此提高全体人员的业务素质和工作效率。多少年来，我们没有形成自己的培训网络，部属政法院校中只有西南、西北政法学院有劳改系，劳改系培养出来的学生每年分到劳改劳教单位的不到 10%，原因在于我们监狱、劳教系统不太重视他们，不积极去要，其次是有些学生不愿意到监狱去工作,即便去了也不安心,想方设法离开监狱。近年来监狱、劳教系统渐渐兴起了一股自学、参加函授学习的热潮,但几乎无人学劳改、劳教专业的。如此下去,我们这支队伍中高层次的人员从何而来呢?因此,我们要以长远的、战略的眼光去培训、教育我们这支队伍,要在3—5年内把两劳学院办成监狱警察、劳教警察的培训中心、科研中心、教育指导中心,这是我们努力的方向。

三、进一步加强科研工作,更好地为监狱、劳教实际工作服务,为维护社会稳定服务

为加强监狱、劳教和预防罪犯领域的理论研究,是时代的要求,也是形势的要求。我们监狱、劳教系统的各级领导干部和理论研究工作者,都要有这个认识,都应把科研工作纳入自己的重要议事日程,努力抓好。为此,我提出以下几点意见:

1.监狱、劳教系统的各级领导都要重视科研工作,加强对科研工作的领导。一项工作能否搞好,领导起着至关重要的作用,科研工作也是如此。我们要求各省、市、区司法厅、监狱局、劳教局的领导同志,一定要重视科研工作,把科研工作纳入自己的重要的议事日程。有的省现在还没有专门从事预防犯罪、监狱、劳教理论的研究机构,应当设法尽快建立起来,行政编制有困难的,可以要几个事业编制,这不是很困难,因为这是开展理论研究工作的前提条件。已经有这方面研究机构的地方,应当加强对他们的领导,要了解他们的工作情况,给他们布置科研任务,要检查他们的科研成果,及时帮助他们解决工作中的困难,提供必要的人力、物力、经费等方面的保障,给他们创造良好的科研条件。只有这样,才能充分发挥科研人员的积极性,多出和出好的科研成果。千万不能把科研机构看成是可有可无的,也不能平时不闻不问,等哪里有紧急任务,就抽到哪里去应急,把他们当成临时性的“机动部队”,那样,研究部门很难有计划地进行调查研究和理论研究,也很难出科研成果,形同虚设,失去了存在的意义。

同时,我希望各省、市、区司法厅(局),特别是监狱局、劳教局的领导同志,要重视和关心科研成果,认真阅读科研专著和论文,从中吸取营养,增长知识,提高水平。我自己最近读了几本有关刑法、监狱学的书籍和史料,收益匪浅,深有体会。

2.拓宽研究领域,在深度上狠下功夫,努力提高科研水平。提高科研工作水平,必须加强基础理论的研究。基础理论研究的特点在于探索未知,更强调探索和创新。基础理论往往是应用研究的先导和源泉,是一项超前性的研究。在我们这支队伍中已有相当一批本专业或相关专业的本科生和研究生,加上大、中专院校的教学和科研力量,有条件在基础研究上有所作为。他们的理论基础较扎实,思想比较活跃,知识面宽,有利于各学科知识的相互渗透,他们长期专门从事教学和科研,更容易获得科学前沿的最新信息。这是搞好基础研究的极为有利的条件。改造罪犯涉及到生理学、心理学、教育学。监狱生产又涉及到经济学、管理学等一些相关学科。因此,一定要拓宽研究领域,发挥专业人才的作用,为我们领域的研究服务。

提高科研工作水平,必须坚持理论联系实际的原则。理论来源于实践,又高于实践,理论不是实践简单的复述,而是实践经验和规律的总结与升华,因此,它能指导实践。我们的科研工作必须突破一般性的工作总结和经验性的描绘状态,要在深度上狠下功夫,要把一些成功的做法和经验,上升为理论。这样的成果,才能对实际工作起重要的指导作用。提高科研工作的水平,必须明确为建设现代化文明监狱和现代化文明劳教所,维护社会稳定服务的方向,面向实践加强应用理论研究。理论工作的全部价值就在于它为实践服务。发给大家的课题指南和我在第二部分列举三个领域提出的众多课题,都是实践中的一些热点和难点问题。我们要协调好各方面的力量组织攻关,使得这些问题得以很好的解决。此外,还应加强立法的研究,我国的监狱法虽已颁布,但还需要一系列的法律、法规与之配套。我国实践了近四十年的劳教工作至今尚未立法,认识也不尽一致,都亟待研究。研究立法也不应关起门来研究,应与各国在相关领域的立法做些比较研究,找出一些可资借鉴的东西,为我所用。我们要在有关执行刑罚的法律建设方面做出应有的贡献。

提高科研工作的水平,必须研究外国,研究历史。知识是历史经验的积累,是人类的共同财富,虽然在不同的历史阶段,在不同的国度,同一类事物的情况有很大的差异,但都会有一些规律性的东西可以借鉴,我们不能闭关锁国,也不能采取历史虚无主义的态度。如监狱,自古有之,中国有,外国也有,尽管古今中外的监狱在性质和任务上有很大的差异,但总有许多相通的东西、可以借鉴的东西。古代有的牢房的建造,我看就有不少很科学的东西。我们研究外国和历史上的各种监狱和狱政制度,可以使我们开阔眼界,扩大思路,拓宽研究的领域,吸取历史上和国外有益的经验以弥补自己的不足,吸取教训,少走弯路。

总之,我们要在基础研究、应用研究、比较研究三个方面狠下功夫,放开眼界,拓宽思路,多出一些高质量的精品,用以指导实践,使科研工作上一个新的台阶。

3.要不断加强理论队伍建设。高质量的科研成果,来自高水平的科研人员。我们这支科研队伍应当说是好的,是有水平的,但又是水平不很高的。我们要想把科研工作搞上去,多出高水平的科研成果,就必须不断加强理论队伍的建设,不断提高科研人员的业务水平。

提高科研队伍的素质,首先就是把好进人关。今后，调到科研部门工作的，应当具有大学本科毕业的专业基础知识，并且具有丰富实际工作经验，有较强研究能力。不符合这些条件的，不能到研究部门工作。我们绝对不能把理论研究部门，当成安置富余干部的场所。各研究部门都应有计划地、有选择地吸收一批受过专业训练的大学生、硕士研究生、博士研究生，以充实研究力量。有关领导部门应当尽量予以支持。

对现有的科研人员，要有计划地加强培训，尽快提高他们的研究能力。新调入的缺乏实践经验的青年人，要让他们到实际部门去锻炼，增长实践知识。理论基础差的人，应送他们到有关院校培训进修，以提高理论水平。理论研究部门应当多开点专题研讨会、经验交流会，加强横向联系，以相互取长补短，共同提高。还要为科研人员提供出国考察的机会，以便他们了解外国，进行比较。部研究所要把此事提上议事日程，我会支持你们的。

在提高科研人员业务素质的同时，还要不断提高他们的政治素质。当前提高政治素质主要是学习孔繁森同志，进一步树立为人民服务的精神，树立奉献精神、敬业精神。科研工作是艰苦的，也是清贫的，如果不把我们自己的工作看成是为国家、为人民作贡献的工作，而是整天考虑个人的收入、待遇，计较个人得失，那就不可能安心工作、搞好科研工作。我们要教育科研人员，认真学习孔繁森同志，把党的事业、党的工作放在高于一切的位置，不计较个人得失。只有牢固地树立了这种精神的人，才能安心科研、专心科研，才能出高质量的科研成果。

我们在研究理论队伍建设时，不要忽略兼职理论队伍的建设。在当前改革、开放的新形势下，理论研究的任务十分繁重，需要研究的课题很多，这就需要动员更多的人来参加这项工作。由于受编制指标的限制，我们的专职研究人员不可能搞得很多，这就需在从事其他工作、又有科研能力的人员中，选聘一批兼职研究人员。他们不占科研编制指标，又能承担科研任务，一举两得，是加强科研队伍的好办法。这种办法有的省已经开始试行，效果很好，其他省不妨试一试。

4.建立健全符合科研规律的管理机制，落实部级科研课题指南。符合科研规律的管理机制，是完成科研任务的重要保证。司法部曾以司发(1993)010号文件，颁布了《预防犯罪与劳改劳教科研课题管理办法》(以下简称《管理办法》)。这是建立和健全科研管理机制的一个规范性文件，也是科研管理体制上的一项改革，改变过去单纯用行政管理的方法管理科研，从而使得这种体制更加符合科研的规律。《管理办法》在总则部分就科研工作的方向与范围、科研工作的方针与原则、组织领导作了规定，在分则中，从科研课题申报、审批立项，项目的督促检查、科研成果的鉴定、验收、推广直到经费的管理、使用都作了详细的规定。认真贯彻这一文件，对加强科研工作有着十分重要的意义。

第一，有利于加强各级组织对科研工作的领导，《管理办法》明确规定了部、省两级科研领导小组的职责。第二，《管理办法》提出了定期发布课题指南的办法，这样可以统一规划我们的研究范围和研究方向，以便协调力量，组织集体攻关。第三，《管理办法》就科研工作的各个环节提出了一整套的管理机制，从而使科研工作的管理更加规范化。第四，《管理办法》规定平等申报、专家评审立项、授予部级课题荣誉、给予一定经费补助等办法，引进了竞争、激励机制，为平等竞争创造了条件，为提高科研成果的质量和水平提供了保证。

这个《管理办法》是经过部长办公会议讨论通过的，是一个法规性的文件，实际上是我们司法行政系统科研工作的法规，在科研工作上应该说是有章可循，希望大家认真学习和贯彻，做到有章必循。当然，下发这个文件的通知中也讲到，大家在执行中有什么问题可以向部课题领导小组反映。但首先是执行，在执行中才可能发现有无问题。这里还要提到一点即经费问题，经批准立项的部级科研课题部里都要资助一定的经费，但不可能全部满足课题之用，请各省司法厅、监狱局、劳教局和各申报单位对不足部分给予一定的补助，以保证课题的顺利完成。监狱和劳教单位，因为财政保障体制尚未落实，生产不够景气，现在经济困难不小。但是，我们毕竟有一定的经济实力，多拿一点钱办教育、搞科研是应该做的、能够做的，大家应该下这个决心。不但应该给予科研单位必要的经费保障，而且经部批准立项并验收的、出版费用较多的书籍，各省要尽量订阅，这样既可以弥补经费的不足，又与成果的推广有机地结合起来。

同志们，加强预防犯罪、监狱、劳教领域的理论研究，是形势的要求，也是实际工作的需要。我们监狱、劳教系统的各级领导、广大干部和科研人员，都要重视科研工作，为繁荣科研工作，推动监狱、劳教工作上新的台阶，多作贡献。

肖扬同志在全国律协会长座谈会上的讲话

（1995年6月5日）

全国律协换届工作，在同志们的共同努力下，正在顺利地进行，看来，全国律师代表大会可以如期召开。当然，我们的准备工作还要进一步抓紧进行，尽量稳妥、及时地解决存在的一些问题，确保全国律协理事会换届工作圆满成功。

借这个机会，我想再讲几点意见：

一、全国律协在律师制度的建立与发展和律师体制的改革与完善方面发挥了重要作用

全国律师协会自1986年7月正式成立以来，认真贯彻执行党的路线、方针、政策，努力开拓律师工作新局面，取得了有目共睹的成绩。概括起来，有以下几个方面：

（一）围绕我国经济建设这一中心工作，全国律协做了大量的工作，扩大了律师在社会政治、经济生活中的地位和作用。如党中央提出了沿海经济发展战略，律协会同司法部在烟台召开了“律师为沿海经济发展战略提供法律服务座谈会”；针对全国严重的“三角债”问题，律协召开了200多位律师参加的“为企业清理债务经验交流会”；针对全国房地产迅速发展的情况，在深圳举办了“房地产实务研讨班”，还召开了“股票、证券业务研讨会”、“企业公司化、房地产、期货交易中律师实务的研讨会”，等等。这些工作开拓了律师业务范围，把律师工作引入我国经济建设的各个领域、各个环节。这些工作受到了国务院有关领导、有关部门的称赞和好评。

（二）支持会员依法履行职务，维护会员的合法权益，为律师执业创造良好的环境。全国律协自成立时起，就把维护会员合法权益当作自己的重要职责。主要做了两方面的工作，一是促进通过有关保护律师依法执业的地方立法。1986年7月辽宁省人大通过的《辽宁省关于保障律师依法履行职务的若干规定》，对律师执业的权利、业务、以及公安、司法机关和有关部门如何保障律师依法行使职权，作了明确而具体的规定，全国律协积极推广了辽宁的做法。1990年在安徽省召开了“全国维护律师职务权益经验交流会”。彭真同志还亲笔为大会题词：“健全社会主义律师制度”。现在全国绝大部分地区都通过了维护律师权益、保障律师依法执业的地方法规，这为律师事业的发展创造了良好的外部环境。另一方面是对于侵犯律师权益的案件给予了高度的重视，积极呼吁、八方奔走，为律师的合法权益奔走呼号，使一些案件得到解决。有名的如“台安三律师案”、“内蒙古自治区赵佩珍律师被打案”等。

（三）在加强律师职业道德、执业纪律方面，做了许多工作，维护了律师的良好形象。我国律师事业处于改革与发展的阶段，加强职业道德教育对于保证队伍的健康发展、保证律师体制改革的顺利进行，是十分重要的。律协1988年在北京召开了“全国律师职业道德教育工作会议”，发挥了很好的作用，律协对律师的职业道德情况进行调查，开展评优选优活动，都很必要。

（四）全国律协积极组织律师进行业务经验交流，研讨与培训活动，这对更新律师的知识，提高业务素质，拓展新的业务领域，是十分必要的。

（五）积极开展对外交流，增进与各国律师界、法律界的了解与友谊。全国律协这方面的工作是有很大成绩的，全国律协利用自己群众团体的优势，参加了一些国际组织，不但提高了我国律师的声誉和影响，还在许多国际场合对制造“两个中国”“一中一台”以及干涉我国内政和侵犯主权的行为，进行有理、有利、有节的斗争，配合了我国的外交工作，维护我国的主权和尊严。

可以说，全国律协的许多工作是具有开拓性的，发挥了其他部门不可替代的作用。我代表中共司法部党组，对全国律协一、二届理事会同志们的辛勤工作表示衷心的感谢。

二、全国律协理事会换届工作是律师制度改革的重要步骤

这次全国律协理事会换届不是简单的人事调整工作，而是律师制度改革的深化和完善，是建设有中国特色社会主义律师制度的重大步骤，可以说这就是这次律协换届工作的指导思想。司法部及全国律协必须认真对待，务必搞好。概括地说，这次全国律协理事会换届工作的重要性主要有以下四点：

（一）健全、完善社会主义法制的内在要求。国家的进步，社会的发展，法制的完善，很重要的一点，就是要看律师的发展、律师地位的提高、作用的发挥。律师被忽视，律师工作在国家法制工作中不起作用，很难说这个国家是文明、进步的国家。因此，律师的发展不能简单地看成仅仅是司法行政机关一方面的工作，它体现着一个国家的文明，社会的进步。在我国历史上，律师事业走过了一段不平坦的道路，在“反右”运动中，许多律师被打成右派，在“文化大革命”中，律师制度被彻底取消，律师成为“站在敌对立场上讲话的反动分子”。我国历史上律师的地位很低，律师的作用没有得到应有的发挥。改革开放以来，我国恢复了律师制度，律师的地位逐步有了提高，发挥了一定作用。但是，与我国社会主义市场经济的发展相比，律师的发展仍然是滞后的。今天，提高律师的地位和充分发挥律师的作用，很重要的是要靠律协自身的努力，要靠律协作用的充分发挥。因为律师协会是律师之家，是律师的群众性、自律性的组织，它在律师的管理方面有着十分重要的作用，它和司法行政机关对律师的管理是同样重要的。

(二)时代发展的要求。随着我国改革开放的不断深入，社会主义市场经济体制的逐步建立，社会对法律服务工作的需求越来越大，律师工作因此有了广阔的发展空间。可以说，律师工作正面临着前所未有的发展好时机，如何把握这个机遇，关键还在律师界本身。我们说律师制度要与改革合拍，要与时代协调，至少包含着两层意思，一是律师本身的量的发展与质的提高；二是律师管理体制的改革，即就是建立行政机关管理与行业协会管理相结合，并逐步过渡到行业协会管理为主的管理体制。而要做到这一点，律协组织、律协工作必须进行改革。当然，改革是一项艰巨的事业，律协的改革同样也要有一个过程，这个过程可能还是很艰难的，但我们必须有足够的信心、耐心，深入细致地做好各方面的准备工作。

(三)我国的律师制度与国际惯例接轨的要求。我们说的与国际惯例接轨，这个惯例不是哪一国的，而是国际上通用的惯例。有人把我们这一提法和“西化”、“私有化”联系起来，我说这两顶帽子不适合我们，国际惯例是普遍适用的一些做法和主张，带规律性的普遍性的东西才能称得上是惯例，它与社会制度没有必然联系，不存在姓资姓社的问题。符合社会发展规律的东西，只要它是有利于社会进步和发展的，都可以用。

(四)广大律师的要求。律师要求有一个自己的家——律师之家，通过这个窗口开展联谊、培训、国际交往等活动，以提高律师素质，开拓律师视野。因此，律协必须是全心全意为律师办事的律师之家。律协要推动律师放开手脚去发展，为律师撑腰，为律师的发展多办实事，多办好事。

三、律协换届工作既要大胆改革，又要积极稳妥，不搞“一刀切”

全国律协理事会换届工作要做深做细，切不可粗心大意。各省律协的改革步伐由各省根据实际情况决定，我们不搞“一刀切”。部党组从来没有说过“一刀切”的话，没有说过律协不要国家编制，不要国家经费之类的话。(各地律协若能争取经费、编制，应是多多益善)。相反，我们一直强调分类指导，强调改革工作要实事求是，从实际出发，允许各省的步伐有先有后。我们要看到改革的艰巨性、复杂性，改革是各种利益的再调整，牵涉到许多人的利益，肯定会引起一些震动，一些人思想不通，甚至有些人起来反对，这是可以理解的。只要我们讲清改革的意义，讲清道理，最终会取得一致的，关键在于工作要做细。

四、律协换届工作中应注意区分的几个界线

一是要划清律协与行政机关的性质界线。律师协会是社会团体，是群众组织，是学术研究团体，不是行政机关。律协是在行政机关指导下开展工作的律师自律性的群众组织。性质划清了，才能加强与行政机关彼此之间的联系。在司法行政机关指导下，行政管理与行业管理相结合，逐步过渡到行业管理为主的律师管理体制是我们的目标，必须坚定不移地走下去。部分人思想不通，我们应有耐心，因为这是利益的调整问题，不是改革的方向问题。

二是区分执业律师与非执业律师的界线。这是关系到能否选好律协理事会的另一个重要问题，这一界限本来是清楚的，执业律师就是在律师事务所里从事律师业务的律师。特邀律师、兼职律师、有律师资格的其他人，只有在一个律师事务所里从事律师业务才算执业律师。说白了，执业律师就是以律师为职业的律师。律协理事会的理事应全部由执业律师担任，这一点不能动摇。另外，担任理事的执业时间也应有个限制，以2至3年为宜。全国律协理事会成员，全部由执业律师组成，这本身就是律师体制改革的一项重大举措，但它又会带来律协工作的一个新课题。执业律师本职律师业务繁忙，而理事则是他们的一项社会工作，这是一个矛盾，能否处理好这个矛盾，直接关系到律协能否完成自己的使命。为此，应当考虑：第一，所有理事应加强自己的使命感，应认识到，能否作好这项社会工作，关系到我国律师事业的发展大计；第二，从理事会和常务理事会工作安排上，要在保障律协顺利开展工作的前题下，尽量考虑方便执业律师的本职工作，为此，现在就要确定理事会和常务理事会的会期，并尽早确定每次会议的议题，还要建立常务理事的轮流驻会制度。对只有律师资格而没有从事律师工作的特邀律师、兼职律师，我们也要充分发挥他们的积极性，不能当理事会理事，但可以另外专设名誉理事，(各省律师协会会长不是执业律师，就不作理事，但可以邀请他们列席全国律师常务理事会或理事会会议)出席全国律师代表大会的可作为特邀代表。

三是区分理事与名誉理事的界线。理事只有执业律师才能当选。名誉理事有发言权、建议权等，但没有表决权，没有选举权和被选举权。名誉理事可以为律协班子当参谋，做顾问，发挥其领导、组织工作能力的专长。

五、律协的改革要有明确的目标

1993年6月，司法部提出了律师工作改革方案，1993年12月国务院批转了这个改革方案。律师改革最重要的就是实现“四个突破”和建立“四自”的律师体系，使律师事务所成为自律性的组织。律师协会必须适应这种“四个突破”和“四自”的改革要求。凡是不符合“四个突破”和“四自”要求的都应该进行改革。目前，应在以下几个方面考虑加以改革：

首先是要把律协建设成为自律性的团体。根据国务院批准的司法部律师工作改革方案，要实现四个转变，根本上是所有制观念的转变，律协不能以所有制形式、行政级别观念来套，律协的领导不是行政官员，机构也没有级别规定。观念的转变是非常重要的问题。所以，律协领导没有行政级别的规定，不享受公务员待遇。当然原来是什么级别的干部也不必宣布无效，是什么级别就保留什么级，在律协就不定什么级别了。协会内不再设党组，内部机构的设立也不以行政化套用，律协的机构设置要根据需要而定，律协不是束缚律师执行职责的“二婆婆”，而应该是帮助律师放开手脚干事业的机构。

其次，要使律协建设成为朝气蓬勃、充满活力的组织。现在70%的律师都是年轻律师，很有朝气。所以不再考虑退下来的老同志或在职干部在律协中担任实际领导职务。年轻律师接触和了解国际上的东西多，懂得律师的运行机制，有朝气。当然，也要充分发挥老的执业律师、中年执业律师的作用，他们也应在律协中占一定的比例，还有女律师、少数民族律师。

再次，要把律师协会改革成为司法行政机关与律师之间联系的桥梁和纽带。律师协会要与司法行政机关关系协调，上下一致，而不能是争权分权、矛盾重重，具体地讲，全国律协应在司法部的领导下开展工作。这种领导，大致可概括为方针政策的领导。司法部依法对律师行业行使管理权，并就此对党中央和国务院负责，其中，就包括对律协的方针政策的领导。就全国律协而言，要接受司法部的领导，就是高度发挥能动精神，对律师事业负责，与中央保持一致。律协在认真调查研究的基础上，将律师界的工作状况，律师界对律师改革立法等战略问题的意见，律师界对经济和社会发展一些重大问题的看法反映等，总结上报司法部，以利党中央和国务院决策。律协要充分发挥律协作为行业性社会团体的特点和优势，组织全国律师，推动律师体制改革，依照国务院及司法部确定的权限进行行业管理。

六、换届工作要科学论证，周密安排，加强领导

我想谈几点具体想法：

一是全国律协理事会应该全部由优秀的执业律师组成，代表人选可以没有执业年限的限制，执业两年、三年都可以。律师协会内部可以分几个专门的委员会或设立几个部。

二是我赞成改四年一届为三年一届。会长一年一选或轮流坐班。

常务理事会可以是11至13人，差额选举或等额选举都可以，但要体现民主精神。

三是强化日常办事机构。作为联系数万名会员的全国性社会团体，律协没有强有力的日常办事机构，是难以建立正常的工作秩序的。因此，可以考虑在常务理事会领导下，秘书长主持日常工作。秘书长可以是常务理事，也可以是理事会聘任的工作人员，他没有规格、级别。当然，原有的职级也不必取消。原来的工作部门的班子一切都可以按原来的规定办，但引进激励机制，工作人员逐步向聘任制过渡。

四是律师协会的工作重点必须转到国内律师工作的改革与发展上来。要把主要精力放在发展本国的律师事业上，当然，必要的交流也是应该坚持搞的。同时，要加强对在华的外国律师的管理。可以建立一个委员会，也可以考虑成立外国会员部，名称可以再考虑。

五是要发挥群众团体优势，办实事，从根本上解决律师协会经费困难的问题。会费还要收。有人提议建立“律师责任保险公司”和“责任赔偿公司”，我看可以考虑。除行政性管理仍由司法部负责之外，其余均可让律协办。

七、目前律协换届工作应着重抓好的几个方面

一是律协章程的修改问题。这次全国律师代表大会能否如期召开，关键看律协章程的修改。大家要继续努力，把章程及早修改好，广泛征求各方面意见。拿出初步修改意见后上报下发征求意见，要多听有益的意见。这次换届是律协改革的一个转折点，要慎重，要稳妥。章程要适用于今后一个时期，不能朝令夕改。

二是尽快起草好代表及理事会成员的选举办法。在起草办法过程中，有一个问题要特别注意，就是要强调代表及理事会成员的政治立场。要贯彻中央领导同志关于“律师要爱国，要有坚定的政治立场”的指示，代表及理事会成员人选要符合律师执业道德和执业纪律的有关规定。要及早提出候选人名单进行研究、考察。

三是要开展适度的宣传活动。对外宣传工作中要注意，不要给人以这是司法部的工作的印象。宣传律协换届是律师制度改革的重要组成部分。要宣传中央领导同志指示精神，要宣传律协的工作，宣传换届工作的重要性，宣传好会长的工作报告。会长的工作报告要体现部党组的意见。

四是要加强律协换届筹备组的力量。政治部、办公厅派人参加。全国律协理事会换届筹备领导小组组长是张耕同志，现任律协会长任继圣同志为副组长，其他同志是小组成员。这样关系比较顺一些。

希望大家齐心协力，共同搞好这次律协换届工作，为地方律协改革起一个表率作用。

抓住机遇　深化改革 积极开创监狱经济工作的新局面

——张秀夫同志在全国监狱经济工作会议上的讲话(有删节)

(1995年6月10日)

这次全国监狱经济工作会议，是在全国监狱工作会议开过不久，针对监狱经济工作面临的新形势和新情况，经部领导决定召开的。会议的主要议题是：学先进、找差距、鼓干劲、定措施，力争尽快扭转监狱经济亏损面扩大，亏损额增加的局面，把监狱经济搞上去。

下面，我讲四个问题。

一、对监狱经济存在的问题要有清醒的认识

应该肯定，近几年来，监狱经济有了较大的发展，取得了令人可喜的成绩。《监狱法》的公布实施，国务院4号文件的下发，确立了国家对监狱工作的财政保障体制和投资保障体制，为监狱经济的发展创造了良好的外部环境和条件；监狱生产消化了大量增支因素，仅1994年全国即增加支出17亿多元，除财政增加拨款7亿元外，自己消化了10亿元，这是很不容易的；各项改革不断深化，激励机制和竞争机制开始建立，“统一领导，双轨运行”的体制正在形成；许多同志的社会主义市场经济意识有所增强，注意面向市场，研究市场，这是一些监狱生产搞得比较好，经济效益比较高的一个重要原因；监狱生产的产业结构和产品结构发生了较大变化，传统的机械工业比重逐步下降，以水泥、平板玻璃和新型建材为主的建材工业和能源、原材料工业比重逐步增加；农业“两高一优”产品和场办工业比重逐年上升，农场经济形势趋向好转。

这些成绩的取得，是广大监狱干警职工在工作环境十分艰苦、经济条件非常困难的情况下艰苦奋斗的结果。

在充分肯定成绩的同时，我们必须清醒地认识到，当前监狱经济形势非常严峻，问题非常突出，主要表现在以下几个方面：

1. 生产停滞。不少企业开工不足，处于停产半停产的状态，以致整个监狱经济的发展大大低于整个国民经济的发展速度。2. 销售不畅。3. 亏损额增加、亏损面加大。4. 经济发展不平衡加剧。在同样的宏观经济环境下，一些省保持了生产增加的势头，经济实力有所增强，而一些省份困难加剧。5. 经济保障出现新的困难。6. 监狱生产与社会企业生产的差距加大。

这些问题已严重影响到监狱工作正常进行，带来了严重后果。第一，在这种经济状况下很难保持监狱的稳定。犯人吃不饱饭，逃跑、自伤自残事故必将增多，一些犯人抵触情绪增大，难以提高改造质量。第二，干警发不了工资，影响干部队伍稳定。我们的干警是好的，短时间的欠发工资可以不计较，但时间长了必然影响正常生活，不利于调动工作积极性。第三，没有一定的资金做保证，建设现代化文明监狱步履缓慢。第四，如果任由生产下滑的局面发展下去，必将造成生产萎缩，最终导致生产经营体系瘫痪，国有资产不但无法保值，而且将白白损失掉。总之，监狱经济工作中存在的问题，影响监狱正常秩序的维持和改造质量的提高，最终必然影响社会的稳定，后果是很严重的。事关大局，非同小可。必须引起各级领导和广大干警的高度重视。

二、对造成监狱经济亏损增多的原因要实事求是的分析

监狱经济之所以出现严峻的形势，原因是多方面的。既有客观的，也有主观的；既有国家大环境的影响，又有我们内部经营管理方面的问题；既有一个时期的偶然性因素，又有监狱经济自身深层次的因素。从客观上讲，国家宏观经济政策的调整，对监狱经济影响较大；监狱企业较普遍的投入少，技改慢，设备陈旧，产品落后，在市场上缺乏竞争力；监狱的财政保障体制过去长期没有理顺，使得监狱历史欠帐较多，负担较重；国家出台的一些政策措施，使各项支出大幅度增加，在国家对监狱的财政保障经费尚未全部到位，以生产收入为主筹措监狱经费的体制尚未彻底改变的情况下，不堪负担。这些问题是客观存在的，也是我们应该致力解决的。但是，值得我们深思的是，在同样的大环境下，同属监狱企业，有的甚至生产同样的产品，为什么有的单位连年亏损，濒临破产，而有的单位却顺利地走向市场，适应市场，赢得较好的效益？为什么地处较发达的沿海和内陆的辽宁、河北等省由盈利变为亏损，而广西、内蒙等人们公认的“老少边”地区却保持着较好的发展势头，连年都有一定的经济效益?原因主要不在客观，而在主观。只要我们虚心地学先进，找差距，就不难发现问题。主要有以下几个方面：

一是从我们领导上来说，对监狱经济如何适应市场这一新课题研究不够，部、省两级监狱管理局还没有从根本上形成切实有效的宏观管理和指导的方法、手段和措施。这两年我们把主要精力放在跑政策、要投资上，忽视了对内部的宏观管理和指导，加上企业内部多方面的原因，导致管理严重滑坡。

二是对搞好监狱经济的重要意义认识不足，缺乏应有的责任心和使命感。特别是明确了干警“吃皇粮”、犯人“吃囚粮”的政策以后，有些同志尤其是某些领导同志认为经费有了保障，同时又面临搞监狱生产的种种困难，就滋长了“等靠要”的思想，甚至有些同志认为监狱生产可有可无了，放松了对生产的领导和管理。

三是监狱经济的体制还不适应市场经济发展的需要。传统的计划经济观念、经营管理方式、组织结构、运行机制，对监狱生产仍起着惯性作用，对社会主义市场经济适应能力差，转轨建制慢，改革层次浅，操作不到位。尤其是在解决监企完全合一的管理体制上，没有大的突破，至今仍有不少的单位用管理监狱的办法去管理生产，严重束缚和制约着监狱生产对市场经济的适应能力。

四是领导班子不得力。有的班子，尤其是一把手软弱涣散，责任心不强，领导不力。有的单位选拔干部首先考虑的不是年轻化、专业化、德才兼备，而是搞平衡、照顾，导致有些领导班子年龄老化，知识结构不合理，观念陈旧，改革意识不强，开拓劲头不足。有些领导不懂经济，不善于管理，又不努力学习和实践，常讲外行话、办蠢事。对那些上下一致认为应该下决心尽快调整的班子，往往因为某个层次认识不一致，就一拖几年，结果把队伍拖散了，把经济工作拖垮了。这种教训太多、太深了。

五是经济技术管理人才缺乏。长期以来，监狱系统在组织生产方面的致命弱点之一就是对人才重视不够，培训工作不规范、不配套，队伍的技术、业务素质一直比较低。对已有的人才缺乏热情，更谈不上发现人才、培训人才、造就人才了。这几年由于经济困难，工作、生活条件较差，监狱企业不仅难以吸引人才，甚至原有的一些管理人才、科技人才都留不住，人才流失现象比较严重，直接影响了监狱生产的发展。

六是监狱经济结构不合理。在产业结构方面，第一产业商品率低、深加工的比重低、场办工业比例低、“两高一优”产品比重低的情况仍较突出；第二产业从总体上看还处于传统领域，停留在原有水平，缺乏重大的技术性突破和上台阶的产品；第三产业基础薄弱，比例小，层次低，而且多数处于零散、无序、盲目的状态。在产品结构方面，中低档的大路产品多，高新名特产品少；物质消耗高的产品多，技术含量高的产品少；工艺小而全的产品多，形成专业化规模生产的产品少。在企业组织结构方面，绝大多数监狱生产经营实体的形式仍是单一的工厂型企业，对于联合、兼并、合资合作、集团、股份制、公司制等适应市场经济的新形式缺乏认真的研究和大胆的实践，仅有的少数松散的内部联合，也是互相扯皮，阻力较大，发展迟缓。不合理的经济结构，不可能产生好的经济效益。

七是企业管理不善，损失浪费严重。

上述事实足以说明，造成监狱经济不景气的局面，主要在内因。内因是根据，外因是条件。我们决不能片面强调客观原因，怨天怨地，就是不怨自己。那样是永远不可能改变落后面貌的，我们希望每一个亏损的省、每一个亏损的企业，通过此次会议的传达贯彻，认真从自身，特别是从领导上找找原因，制订出切实可行的改进办法，尽量在较短时间扭转被动局面。

三、对搞好监狱经济的重要性和艰巨性要有进一步的认识

过去，我们常常把造成监狱经济困难的原因，简单地归之于财政保障体制不顺，以为财政保障体制一经建立，监狱的经济形势就会很快好转。现在看来，事情决不这么简单。去年干警吃“皇粮”、犯人吃“囚粮”的财政保障体制初步建立，部分经费已经到位，但是监狱严重经济困难的情况不但没有缓解，反而更趋严重。这一事实，证明试图单纯依靠财政保障解决监狱经济困难的思想是不切实际的，是绝对要不得的。因为：(一)财政保障经费即使全部到位，数量也是低标准的、有限的，而生产的潜力是无穷的、无限的。用生产赢得的经济效益弥补财政保障经费之不足是可能的，如果想用财政保障部分填补亏损则是不可能的，亏损的无底洞只能靠自己填补。(二)财政保障的只是干警经费和犯人改造经费的一部分，还有40多万工人这一大块国家是不保的。按照专款专用的原则，也不允许把财政拨款用于解决工人开支，工人只能由企业生产收入加以保障。但作为监狱来讲，又不能置广大工人于不顾，结果一些亏损企业往往由于顾及工人的基本生活而影响干警的经费保障，影响到犯人的经费保障，甚至影响到整个监狱工作。(三)监狱经济负担重，负债率高，要解决这些问题，只有加快发展监狱生产，国家财政是不可能给我们还这笔帐的。这些年来，监狱的生产建设主要是靠贷款的投入，虽然国家给予贴息，但贷款是要还的，必须按期还本，如果不发展生产，不提高效益，不仅难以保证还款，而且势必包袱越背越重，到那时想翻身就更加困难。(四)现在多数地方财政不宽裕，发不出工资的单位不少，要国家给我们安排大笔经费创建现代化文明监狱的想法是不现实的，要想早日建成现代化文明监狱，就要加倍努力搞好监狱经济工作。(五)监狱企业办社会的负担确实很重，欠帐很多。这笔帐是要还的，而且我们要争取早还，为此必须采取多种措施。除了加快社会保险制度的改革，发展第三产业外，主要还靠发展经济，通过自我积累，自我发展逐步加以解决。(六)即使财政保障全部到位，也不会改变监狱经济在整个监狱工作中的地位和作用，不会改变监狱经济为改造罪犯提供劳动改造手段的性质和作用。忽视监狱经济工作，就意味着削弱改造罪犯的手段，就会危及监狱稳定和正常的监管改造秩序。

通过以上分析，我们应该认识到，造成监狱经济困难的主要原因有二：一是财政保障体制不顺，二是自身发展经济的工作搞得不好。决不能简单地归之于财政保障体制不顺。相应的主要解决办法有二：一是力争国家给予必要的财政保障，二是我们自己把经济工作搞好，决不能认为财政保障体制建立之后，经济工作可以放松了。现在，财政保障体制已经建立，经费逐步陆续到位，应该说第一个问题开始得到了初步解决，目前面临的主要问题是我们如何把监狱经济工作搞好。从这一意义上说，当前发展监狱经济比过去显得更重要、更迫切。

同时，我们要认识到，在社会主义市场经济体制条件下，搞好监狱经济工作的难度更大，任务更艰巨了。监狱经济是在计划经济条件下形成和发展的，现在外部环境转变为市场经济，无论是在管理方式、产品品种、质量方面，还是在观念意识、运行机制等方面，都还很不适应，这就给我们的工作带来很大难度。可以说我们现在正处在一个转折关头，面临着许多困难和问题，必须进一步解放思想，更新观念，不埋怨、不空谈，扎扎实实，勇于改革，锐意进取，才能变被动为主动，在不长时间内使监狱经济发展到一个新的水平。

我们要求今年实现全行业扭亏为盈。以省、自治区计算，要求浙江、山东、广东、山西、甘肃五省1995年要扭亏为盈；河北、云南、吉林、湖北、辽宁五省要大幅度减亏，具体减亏幅度，由部监狱管理局与各省监狱管理局共同商定，建立经济目标责任制和严格的考核制度。具体到每个监狱企业，要求去年盈利的要增加盈利，持平的要有盈利，亏损的要扭亏为盈或减少亏损。要抓重点，抓两头，一头是经济效益好的重点企业，一头是亏损大户。对后者要一个一个地整顿，首先从整顿领导班子开始。

四、采取积极措施，解决好当前监狱经济工作中的突出问题

(一)要搞好监狱经济，关键在领导班子。

要加强领导班子建设，大胆启用人才。必须看到这是问题的关键。我们监狱系统的领导班子，从总体上看确实是很不错的，但是必须看到社会在进步，形势在发展，用人观念要更新，必须按照党的德才兼备的干部政策，来调整、配备和建设好监狱的领导班子。有的同志确实很好，过去为监狱的发展作出过很大的贡献，是优秀干部，但是却不能适应现在的形势，思想老是停留在过去的陈旧的观念上，不愿采取一些新的行之有效的管理办法和措施，致使经济工作毫无转机。怎么办，只有一个办法，让他让位。“不换思想就换人”，要坚定不移。没有这个决心，照顾迁就，一年两年拖下去，监狱发展受影响，干警、犯人都受影响。还有的同志，三年五年做不出成绩，甚至每况愈下，也要坚决调整。我们决不能为了姑息迁就一个人，伤害一大批的干警和工人，影响对犯人的改造，也影响我们的事业，使我们的现代化文明监狱建设延迟。我们要大胆地启用德才兼备，有专业知识，既熟悉监管改造，又熟悉经济工作，思想好，有能力的同志挑重担。在这个问题上，我们一定要解放思想，从有利于扭转经济落后局面和加快建设现代化文明监狱步伐的需要出发，大胆地启用人才。监狱既要搞监管改造，又要搞生产经营，监狱长既要熟悉监管改造工作，又要熟悉生产经营和管理。搞社会主义市场经济，谁都不熟悉，新情况、新问题不断出现。所以，要求各级领导班子成员都要肯于钻研，善于学习，尽快掌握搞好监狱经济的本领和主动权。

我总体有一个感觉，监狱系统领导班子年轻化、知识化的步子太慢，年轻干部太少，特别是挑大梁的年轻干部太少，要改变监狱经济的落后状况，首先必须加快干部队伍“四化”进程，进一步加强领导班子的建设。

省局和监狱一把手都要花很大的精力抓经济，经济上不去，首先是一把手的责任。要把经济任务完成得好坏，作为考核班子，特别是一把手的重要指标之一。要对亏损单位逐个进行研究，提出限期扭亏为盈的具体目标和措施，限期实现不了扭亏目标的，要就地免职。

(二)牢固树立依靠科技进步、发展监狱经济的思想。

监狱经济长期上不去，一个重要原因是我们忽视了科技在监狱生产中的决定性作用，生产在低水平上徘徊，靠拼设备、拼劳力、拼资金增加生产，技术进步慢，老企业得不到改造，产品技术含量低，附加值低，致使我们和社会企业的差距越来越大，监狱经济发展缺乏后劲。这个问题应引起我们高度重视。最近召开的全国科学技术大会和中共中央、国务院《关于加速科学技术进步的决定》提出了“科教兴国”的战略，我们要认真地学习，坚决贯彻落实，把依靠科技进步作为发展监狱经济的根本途径，制定具体的技术进步目标、措施和办法。要加快老企业的技术改造步伐，对于技术含量高、附加值高、采用新技术上水平的项目，在投资上要重点倾斜；对于低水平循环，缺乏技术进步的项目，一律不再投入。省监狱管理局要加强对科技工作的领导，并指导每个监狱企业都制定出自己的技术进步、产品开发目标和规划，切实付诸实施。要推进科技进步，说到底还是一个人才的问题。现有的高级技术、对口专业的人才太少。要下决心引进和培养。第一要关心和重视人才，工作上信任，生活上照顾，发挥人才的作用；第二要大力吸引人才，从地方上招聘人才，可以正式调入，也可以兼职或聘用；第三要下决心培养自己的人才，充分利用我们的警校自己培养，也可以选送优秀干警上学进修，或者与大专院校联合办班，请教授来讲课。

（三）要重视企业经营管理，向管理要效益。

今年国有大中型企业改革中非常重要的一个问题，就是加强企业管理。管理不好和管理好的差距非常大。我们监狱系统的生产管理多数受过去各种因素的影响搞得比较差，可挖掘的潜力是很大的。只要我们苦练内功、大抓管理，投资不增加，设备不增加，效益就会大大地增加，这个道理一定要搞清楚。同样的设备，管理不一样，一正一反差别很大。我们在监管改造方面，推行规范化管理，抓得不错，卓有成效，说明抓管理是大有作为的。没有严格、科学管理，监狱生产永远上不了档次，上不了水平，是不会有竞争力的，因而是没有前途的。当前要着重抓好质量、资金、成本、营销等方面的管理工作，带动提高企业的整体素质。监狱生产必须以质量为中心，把主要精力放在加强企业管理的各项基础工作上。要建立严格的规章制度，确定管理目标，完善各项定额，严肃劳动纪律；要建立财务约束和监督制度，严格控制消费基金增长过快的势头，严格财经纪律，堵塞漏洞。要充分重视并强化营销工作，吸收社会企业的好经验。制定灵活的营销政策，调动营销人员积极性；加强营销队伍，要让有经验、懂技术的人员参与销售，及时反馈市场和用户信息，以销售工作带动和促进生产的发展。

（四）按照"统一领导，双轨运作"的思路，逐步改进企业的管理体制。

在社会主义市场经济条件下，要发展监狱经济，必须放开搞活。决不能用管理监狱的办法管理企业。部里于1993年提出的"统一领导，双轨运作"的管理体制改革思路，经过两年多的探索、试点，不少地方和单位取得了一定的经验。大家都认为，监狱管理要依法从严，经济工作要走向市场、放开搞活。今后可以此为指导思想，继续探索、试点，不断总结经验，逐步取得共识。从当前实际出发，可以先从"四个分开"运作起来：一是资产分开，就是监狱资产与企业资产要明确合理界定；二是财务要分开，就是监狱财务与企业财务要单独建帐，独立核算，专款专用；三是生产经营的重大问题由党委决定，具体运营决策由企业自主，企业有相对的独立性；四是人员分开，就是对人员实行分类管理，采取老人老办法，新人新办法，形成激励机制。这"四个分开"是改进监狱企业管理体制的基本要求，应该尽快做到。否则，用监狱管理的办法管理企业，企业是不可能搞活，不可能走向市场的。

（五）下决心调整产业产品结构，相应调整投资政策。

要抓紧研究制定"九五"规划，重点搞好产业产品结构调整。调整的重点主要是一些老企业的老产品，尤其是机械行业，要在加强科技开发的同时，加大技术改造的投入，推动产品上等级、上水平、上质量，提高附加值；要以投资为导向，促使一批企业向大企业、大集团靠拢，甘当配角；一批企业以优势产品为龙头，以经济利益为纽带，组织内部企业集团；一批企业发展为专业化程度高、加工技术水平高、规模效益高的"小巨人"企业；一批企业转化为工人厂，向高科技、外向型发展。

要相应调整监狱系统的产业政策和投资政策。我在这里着重强调一点，就全国来说，现有的监狱数量，与刑罚执行的需要是大体适应的。今后的努力方向是逐步合理调整布局，有计划地、分期分批地把现有监狱建成现代化文明监狱，关押能力不足的，在现有监狱基础上进行改扩建。一般地不宜再建新监狱。与此相适应，监狱生产应以对现有企业进行技术改造为主，加强管理，提高效益。上新项目，尤其是投资比较多的大项目要十分慎重，我们的资金有限，只能量力而行。同时，应当看到，现有企业的潜力是很大的，应走以内涵扩大再生产为主的路子。据此，要相应调整投资政策。总的原则是：压缩非生产性建设，保生产性建设；压缩一般性项目建设，保重点项目建设。一是要重点扶持支柱产业、骨干企业、拳头产品；二是对于市场前景好的企业实行连续性投入，滚动发展，提高规模效益；三是增强农业和场办工业投入，发挥农业、产业优势；四是以投资为导向，促进监狱企业的生产要素通过联合、转移和股份制等形式，形式系统内部的产品优势和资产优势；五是对高科技产品、商品化程度高和出口创汇大户的技术改造要实行重点倾斜的政策；六是要确定对企业实行分类指导、分类管理的原则，在投资上重点支持发展型企业，适当安排巩固型企业，严格控制亏损严重、扭亏无望的收缩型企业；七是严格控制非生产性投资，各省、市、自治区监狱管理局要切实加强对各监狱资金使用的管理，严禁亏损企业买高级轿车，建办公楼、招待所。

另外，借此机会，我再强调三件事：

第一点，要进一步落实好国务院[1995]4号文件。据了解，到目前为止，全国29个省、区、市均已基本确定了财政保障的经费标准，经费正在逐步落实到位，其中：吉林、江苏、山东、湖北、云南、甘肃六省已由省政府发了办公室会议纪要或通知。各省、区、市党委、政府对落实4号文件都非常重视，抓得很紧，从落实情况看，干警经费标准多数超过了7000元。但是，有的没有正式发出通知，有的经费不到位。希望大家回去以后，向省政府、市政府、自治区政府领导同志报告，现在不少监狱经济日趋严重，有的监狱干警发不出工资，犯人吃不饱饭，逃跑事故增多，狱内案件增多，再拖下去容易发生大问题，务请尽快全面落实国务院4号文件。

第二点，要依法从严治监，确保监狱的秩序稳定。最大限度地减少案件、减少逃跑。今年以来，总的情况是好的，但有的地区，特别是一些亏损的单位，由于种种原因犯人生活水平有所下降，逃跑有所上升，案件有所增加，这要引起各级领导的足够重视。同时要从严治警，严格队伍的管理教育，坚决把反腐败斗争进行到底。6月6日罗干同志见到我时当面指示：最近监狱连续出事不少，要加强管理，改进工作。我们要坚决落实好罗干同志的指示精神，对干警加强教育，加强管理，认真贯彻《监狱法》、《警察法》，坚持依法从严治监、从严治警；把监管改造工作抓紧抓好。

第三点，要确保犯人吃饱饭。对犯人的生活情况要进行一次认真地检查。我们正与财政部商定实物量标准，争取尽快下发。但各地不要等，要先做好有关部门的工作。第一，按照第17次总理办公会议“纪要”提出的标准，尽快落实，让犯人吃饱饭。第二，犯人生活费能否落实，关键在省里。国务院的文件已经明确了，各省司法厅和监狱管理局要切实负起责任，尽快向政府有关领导汇报。如果省里已经给了经费，就要用在犯人生活上，任何人不得挪用、不得克扣。克扣犯人囚粮就等于犯罪。让犯人吃饱饭，这是人道主义的起码要求，各地要作为一个重要问题抓好。

同志们，虽然监狱经济处于转折关头，面临挑战和困难，但是也要看到，搞好监狱经济，我们具有较多有利条件和优势。第一是政策优势，中央和地方各级政府及有关部门对监狱工作越来越重视，并给予了优惠政策和较大的支持，国家对监狱的财政政策、投资政策、贴息政策、税收政策，是社会其他国有企业所没有的，而面临的种种困难是这些企业所共有的；第二是资源优势，监狱生产拥有丰富的物质资源和劳动力资源，劳动力主要是犯人，各项费用支出要比社会职工低得多；第三是资产优势，全国监狱是有一定基础和实力的，只要运用得法，就能发挥巨大的作用，很快提高投入产出效益；第四是管理优势，监狱系统对干警实行半军事化管理，对罪犯实行强制性管理，这是社会其他国有企业做不到的；第五是队伍优势，监狱干警队伍具有艰苦奋斗的优良传统和无私奉献精神，是一支特别能战斗的队伍。我们靠这支队伍创建了为世界所瞩目的中国监狱，我们也一定能靠这支队伍实现建设现代化文明监狱的崇高目标。因此，所有单位，尤其是亏损单位，没有理由萎靡不振，丧失信心。要自信自强，坚定把监狱经济搞上去的勇气和决心。只要我们振奋精神，增强信心，抓住机遇，充分利用好诸多的有利条件和优势，善于扬长避短，紧紧依靠广大干警、职工，制定切实有效的措施，扎扎实实地工作，就一定会使监狱经济发展到一个新的水平。

切实加强县区司法局建设
确保基层稳定　促进经济发展

——肖扬同志在全国司法厅(局)长座谈会上的讲话

(1995年6月18日)

全国司法厅(局)长座谈会专题研究县级司法局建设，尚属首次。党中央、全国人大常委会、国务院十分重视这次会议。会前，有关负责同志分别听取了司法部关于加强县级司法局建设的汇报，并作了重要指示，为我们开好这次会议指明了方向，奠定了良好基础。

这次会议是一次十分重要的会议。会议的任务是：以邓小平同志建设有中国特色社会主义的理论为指导，根据党的十四届四中全会关于加强基层政权组织建设的精神，总结交流县区司法局建设的经验，研究部署在新形势下加强县区司法局建设的任务与措施。两天来，12位县区司法局长介绍了很好的经验，14位厅(局)长和计划单列市司法局长围绕县区司法局建设问题，畅所欲言，各抒己见，提出了一些很好的意见和建议。许多同志的发言，有见解、有深度，讲出了水平，充分体现了地方司法行政干警良好的精神风貌。与会同志反映很受教育和鼓舞。下面，我结合会议讨论的情况，讲四个问题，供大家讨论。

一、15年的司法行政工作实践证明，中央关于建立和完善我国司法行政体制的决策是非常正确的

建国以来，我国司法行政部门走过了一条不平坦的道路，经历了创建——撤销——重建的过程，它从一个侧面反映了我国社会主义法制建设的曲折进程。司法行政部门被撤销长达20年之久的教训是非常深刻的。党的十一届三中全会后，党中央总结了历史经验教训尤其是十年文革动乱的沉痛教训，认识到加强法制必须有完善的司法体制，作出了加强社会主义民主、健全社会主义法制的重大决策，使司法行政部门得以恢复和发展。15年的实践充分说明，中央关于建立和完善我国司法行政体制的决策是顺乎历史、顺乎人心的。15年来，作为全国司法行政部门重要组成部分的县区司法局，积极实践，勇于改革，艰苦奋斗，开拓进取，有力地推动了工作的开展，适应国家改革开放、经济建设和民主法制建设的需要，顺应基层党政部门、企事业单位和人民群众对法律服务和法律保障工作的需求，在维护城乡社会稳定、促进城乡经济发展和社会进步中发挥了重要作用。

第一，发挥法律服务的作用，保障基层经济的发展。县区司法局积极运用法律手段调节城乡经济运行，维护市场经济秩序。15年来，全国县区律师和乡镇法律工作者为400多万家企业、事业单位和个人担任法律顾问；代理民事、经济诉讼200多万件，为当事人挽回了大量经济损失；办理非诉讼法律事务500多万件。县区公证工作在继续做好民事公证的同时，重点开展了农村土地承包、宅基地使用权、农副产品购销合同、企业承包、抵押贷款、劳务合同等公证。15年来，县区公证处共办理了民事公证1689万多件，经济公证2368万多件，涉及标的额25261亿元。人民调解组织调处了一大批民间纠纷。法制宣传工作，大力开展了《农业法》、《农业科技成果推广法》和《减轻农民负担条例》等经济法律法规的普及宣传教育，有效地促进了县区经济体制改革的顺利进行。县区司法局还发挥熟悉民情、懂得法律、贴近群众的优势，积极为群众提供法律服务，排忧解难。从1986年到今年上半年，全国3万多个乡镇、街道法律服务所已为乡镇群众提供法律服务488.92多万件，依法保护了广大公民和企业法人的合法权益，维护了县区经济秩序的稳定。

第二，发挥打击、预防犯罪的作用，保持基层社会治安秩序的基本稳定。县区司法局充分发挥律师、法制宣传、人民调解、帮教安置等项工作的职能作用，配合公、检、法机关积极开展严打斗争、专项斗争和社会治安综合治理工作，以预防犯罪、震慑犯罪、打击犯罪为重点，为城乡的改革和建设创造安定的社会环境。15年来，基层的律师共担任刑事案件辩护90多万件，为审判机关正确适用法律，稳准狠地惩罚犯罪作出了贡献。法制宣传教育工作根据"严打"斗争和专项治理的总体部署，大张旗鼓地宣传刑法，宣传全国人大常委会关于严厉惩治危害社会治安严重刑事犯罪和严重经济犯罪的决定，形成了强大的法制舆论攻势和震慑犯罪、教育群众的氛围，促进了"严打"斗争和社会治安专项治理的深入进行。人民调解工作坚持以防止民间纠纷激化为重点，成功地调解了大量的民间纠纷。15年来共调解各类民间纠纷1.12亿件，相当于同期人民法院一审民事案件的近6倍，防止民间纠纷激化100余万件；防止非正常死亡133万余人，司法助理员代表乡镇人民政府处理民间纠纷410多万件，真正起到了第一道防线的作用。同时，县区司法局还协同有关部门帮教、安置了一大批刑满释放和期满解教人员，重新犯罪率一直控制在6—8%之间，使我国成为世界上重新犯罪率最低的国家之一。

第三，发挥法律参谋的作用，促进县区、乡镇政府依法行政和决策科学化。广大基层律师、乡镇法律工作者受聘担任各级政府及其领导人的法律顾问，为政府转变职能，加强宏观管理提供法律依据和法律咨询，协助草拟、审查、修改政府颁发的规范性文件，协助处理重大的行政纠纷和法律事务等。据统计，全国3.58多万个县区、乡镇政府聘请律师和乡镇法律工作者担任法律顾问，占我国县区、乡镇政府的51.14%。通过积极有效的法律服务，促进了政府决策的民主化、科学化和法制化，对提高政府依法行政的水平，改善政府管理机制，发挥了有益的作用。

第四，发挥法制宣传教育和促进依法治理的作用，推进县区民主法制建设和精神文明建设。县区司法局从国家民主法制建设的根本着眼，立足于培养和提高人的法律素质，坚持不懈、深入持久地开展普及法律常识的工作，提高公民的法律意识，增强积极学法、严格守法、依法办事的自觉性。经过15年的努力，建立、健全了普法工作机构，加强了普法工作队伍建设，实施了"一五"、"二五"普法规划，使大约90%的乡镇居民和农村普法对象接受了不同程度的法制教育。在普法工作的推动下，依法治理工作呈现出蓬勃发展的好势头，到去年底，全国已有1200多个县区开展了依法治县（区）活动，依法治理的工作已走上了正轨，为深化基层经济体制改革，推进民主法制建设开辟了有效途径，促进了城乡精神文明建设活动的深入开展。

15年来，县区司法局在竭力为改革开放和现代化建设服务的同时，不断发展完善自己，形成了比较完整的工作机构网络和工作体系，建立了一支具有较强战斗力的基层工作队伍，各项工作初步纳入了法制轨道，物质装备条件得到一定改善。目前,全国共建立2640个县区司法局,占全国县区政权组织的93%。县区司法局管理着近3000个律师事务所,占全国律师事务所的45%;2793个公证处,占全国公证处总数的80%;35000个基层法律服务所、13819个司法所和100多万个人民调解组织。到1994年底,全国县级司法局共有机关干部36000多人,司法助理中53705人,基层法律工作者110770人;人民调解员近千万人。

过去的15年,是我国县区司法行政工作从无到有、不断发展壮大的15年。县区司法行政事业的兴起和繁荣,是改革开放、发展社会主义市场经济的客观要求,是实现依法治国目标的必然结果。县区司法行政工作15年来所取得的成绩,是党中央、全国人大、国务院和地方各级党委、人大、政府亲切关怀的结果,是各兄弟部门和社会各界支持的结果,在此,我代表司法部党组对地方各级党委、人大、政府以及一切关心、支持司法行政工作的部门、单位和同志表示衷心的感谢,并希望他们对我们的工作继续给予关心和支持。同时,这些年来的工作发展也是司法行政系统的干警特别是广大基层干警埋头苦干、无私奉献的结果。在他们当中,涌现出了一大批令人钦佩的先进集体、先进个人和英雄模范人物。据统计,基层共有13人被授予司法行政系统"一、二级英模",482人被司法部授予"模范人民调解员"荣誉称号,24个单位荣立司法部集体一等功。涌现出如山东省章丘县司法局、河北省雄县司法局、北京市海淀区司法局等一大批在基层司法行政工作中作出突出成绩的先进集体。涌现出一批象薛广生、王文清等为人民调解事业英勇献身的英雄人物,他们是广大县区司法行政干警的杰出代表,是时代的英雄和楷模。在此,我代表司法部党组,向他们表示崇高的敬意,向战斗在基层第一线的全体司法行政工作人员和他们的亲属致以亲切的问候!

在看到15年来县区司法局工作取得的重大成绩的同时,应当清醒地看到,全国县区司法局的工作,同社会主义经济建设、民主与法制建设的发展要求相比还有很大差距,县区司法局建设还存在不少困难和问题。主要表现在:一是由于法律虚无主义的影响,司法行政机构被撤销长达20年,重建时间不长,起步晚,一些县区司法局没有发挥应有的职能作用,即使工作搞得比较好的地方,对司法行政工作的重要性和它的地位、作用也宣传得不够,致使一些领导和社会各界对司法行政工作的任务、职责不甚了解,县区司法局的重要性没有受到应有的重视,个别地方的县级司法局甚至在机构改革中被撤并了。二是司法行政工作的法律、法规需要进一步完善,改革的有关社会措施还不配套,司法行政职能不到位,某些关系尚未理顺,制约了司法行政工作的正常开展。三是社会法律服务秩序比较混乱,干扰了正常的法律服务工作。四是一些地方的普法教育流于形式,效果不够显著;调解组织不健全,有的处于瘫痪半瘫痪状态,甚至名存实亡。五是由于历史的原因,基层司法局基础差,工作条件和生活条件还比较艰苦,在困难的情况下,有的缺乏改革的信心和勇气,产生了妄自菲薄和畏难、埋怨情绪,思想不稳定,队伍不稳定,甚至个别领导的思想也不稳定。对这些问题和困难,我们应当高度重视,在深化改革过程中逐步加以解决。

二、加强县级司法局建设,是全面加强司法行政工作的重要基础,是实现国家文明社会进步的重要标志之一

加强民主与法制建设,建立完善的立法体制和司法体制,是实现国家文明和社会进步的重要标志,也是实现我国社会主义现代化建设的重要保证。而在我国这样一个幅员辽阔、人口众多的国度里,实现这个宏伟目标必须重视抓基层,打基础,切实加强县级政权建设。因此,在新的历史条件下,在国家强调法治的今天,加强县区司法局的建设有着特殊重要的意义。

第一,县区司法局作为县区级国家政权的组成部分,与公、检、法机关共同行使人民民主专政职能,相互配合和制约,构成县区级地方的完整的司法体制,担负着打击敌人、惩罚犯罪、保护人民、服务四化的繁重任务。县区司法局与县区公、检、法机关一样,都是行使人民民主专政职能的司法机关,毛泽东、邓小平等老一辈无产阶级革命家历来很重视司法行政工作,把司法行政机关比作人民民主专政的工具。江泽民总书记在去年初接见全国司法厅(局)长会议代表时把司法行政部门比作"刀把子"。李鹏总理也曾明确指出:"司法行政部门是政法战线的一个重要组成部分,是人民民主专政的工具。司法行政工作既包括管理监狱、劳教工作,也包括对法制宣传、法学教育、律师、公证、人民调解等工作的管理。这些工作都很重要,对于维护社会秩序和安定团结的政治局面有着极为重要的作用"。彭真同志曾经精辟地指出:"公安、检察、法院、司法四机关都是执法机关。"他还多次讲过,司法部是政法战线的宣传部、组织部、教育部、后勤部。后来他又深刻地指出:"公安、检察、法院、司法行政机关互相配合、互相制约。"这些重要讲话非常深刻地阐明了包括县区司法局在内的整个司法行政部门在政法机关中的地位和作用。总括起来说,县区司法局是县区政权机关领导和管理司法行政工作的职能部门,是国家机器不可缺少的组成部分,它在执法过程中与公安、检察、法院分工负责,互相配合,互相制约,构成完整的司法体制,缺一不可,共同完成国家赋予的任务。现在关键的是要进一步完善有关法律制度,将县区一级司法行政机关所担负的人民民主专政的职能具体化和制度化,使其充分发挥对人民实行民主和对敌人实行专政的职能作用。

第二,从加强法制建设实现依法治国、依法治县治区的目标来看,县区司法局处于重要的基础地位。县区司法局在县区级地方的法制建设中具有不可推卸的责任。江泽民同志指出:"建设社会主义法制、实行依法治国,是为了把我们国家建设成为富强民主文明的社会主义现代化国家。"在县区一级来说,就是要实现依法治县治区。我国共有2000多个县区,无论从地域上还是人口分布上看,县区一级在我国法制建设中都具有十分重要的作用,县区司法局在执法和提高人民群众法律意识等方面担负着十分重要职责,这些职责都是法制建设基础性的工作。例如,参与县区的建章立制工作,促进依法行政、依法治理;开展法制宣传教育活动,增强广大人民群众守法、依法保护自身合法权益的意识;发挥法律服务工作的作用,保障国家法律在基层的贯彻实施;进行法律知识培训,为城乡培养专门法律人才;开展人民调解工作,息讼解纷,为社会消除不安定因素,保障社会治安秩序的稳定。不言而喻,县区司法局是我国法制建设的基础部门。部门的基础工作不牢固,共和国的法制大厦就缺少根基。因此,在加强我国法制建设中,必然要加强县级司法局的建设。现在有一种观点,认为经济条件好的地区可以保留司法局,经济欠发达的地区应该撤并司法局。其实,经济的落后,一个重要的原因就是由于人们的法律意识差,对社会生活、政治生活、经济生活和人们的行为缺乏有效的法律引导、规范、调整和保障。应该说,经济越落后的县区,越要加强司法行政工作。

第三,在社会治安综合治理方面,县区司法局是打击犯罪、预防犯罪、推进社会治安综合治理的重要力量。我国各项改革目前已进入攻坚阶段,要使改革和发展顺利进行,社会稳定是前提,而社会稳定的重点又在农村和基层。农村和基层稳定了,全局就稳定了。我国正处在新旧体制的转换时期,利益格局的调整和变化,使农村和基层势必产生大量的新的法律问题。要把大量的社会矛盾解决在基层,县区司法局所管理的基层和农村的法律服务机构、人民调解组织,肩负着十分繁重的任务。有一种观点,认为要解决治安和犯罪问题,似乎只有靠打击。这是一种误解,或者说是一种片面认识。须知,犯罪现象是一个复杂的社会问题,导致犯罪的原因是多方面的。严厉打击刑事犯罪活动,是搞好社会治安综合治理的重要环节,这一手不能软,一定要不断强化。但是,复杂的社会犯罪问题,不能指望使用单一的手段加以解决,要维护国家的长治久安,必须像重视打击犯罪那样,重视预防犯罪,因此,预防犯罪同惩罚犯罪同等重要。要从分析犯罪原因入手,打防结合,标本兼治,运用打击、防范、改造、管理、教育、建设等多种手段,实行综合治理。只有这样,才能从根本上解决履打履犯、越打越严重的问题,使社会治安走上良性循环的轨道。在社会治安综合治理方面,县区司法局担负着重要职责:通过法制宣传教育,提高人们的法律意识,防止人们越轨行为的发生;发挥法律对人们行为的引导、制约、警戒和威慑功能,起到减少和预防犯罪的作用;通过人民调解工作,化解纠纷,缓解矛盾,消除社会的不稳定因素,防止民间纠纷案件向刑事案件转化,起到预防犯罪的第一道防线作用;通过基层法律服务和依法治理工作,把大量的经济纠纷解决在萌芽状态,防止经济纠纷案件向刑事案件转化,起到维护经济秩序的作用;通过对刑满释放人员和期满解教人员的帮教安置工作,防止他们重新犯罪,起到维护社会稳定的作用。所有这些都是维护社会稳定的基础性、预防性和治本性工作,起着润物无声、潜移默化的作用。具有丰富地方工作经验的党政领导都懂得这些工作不是"软"的、"虚"的,而是"硬"的"实"的。

第四,从发展社会主义市场经济看,县区司法局担负着依法引路、导航的重任。县、区一级地方在国家经济生活中处于举足轻重的地位。在社会主义市场经济不断发展的过程中,随着社会主义市场经济体制的健全完善,县区司法局所管理的律师、公证、人民调解、法制宣传工作,对于市场经济法律关系的实现,起着重要的引路导航作用。通过法制宣传,把大量新颁布的市场经济法律、法规介绍、传播给千万个企事业单位、机关、团体和其他经济实体,使之懂得在经济活动中的权利和义务;通过律师、公证工作发挥着中介组织的服务,促进和保障经济活动和经济关系纳入法制的轨道。随着市场经济的发展,必须建立良好的城乡经济秩序,必须提供优质的法律服务,特别要提供超前服务和跟踪服务,并把这些服务引向各个领域,包括村办企业、私营企业、承包户、专业户,引进外资、集市贸易、农村金融、劳务输出、科技兴农等新型服务领域,从而发挥法制在经济中的引路、导航的作用,这些都是其他部门的工作所不可替代的。

历史的经验和社会实践说明,县区司法局的工作是县区政府不可缺少的工作,是县区经济发展的重要保障,是维护基层社会稳定,实现国家长治久安、推动民主法制建设和社会主义精神文明建设的重要手段,是加强基层政权建设的重要内容,是实现依法治国目标的重要环节。在保护和推进城乡社会主义现代化建设事业中,县区司法局任重道远。我们必须坚定信心,脚踏实地,全面推进县区司法局工作的改革与发展。

三、发挥优势,强化职能,明确任务,努力开创基层司法行政工作新局面

今后一个时期,县区司法局建设的指导思想是:以邓小平同志建设有中国特色社会主义的理论和党的基本路线为指针,牢固树立大服务思想,紧紧围绕"改革、发展、稳定”的大局，发挥优势，强化职能，明确任务，振奋精神，努力开创县区司法行政工作新局面，为深化改革、维护社会稳定，促进经济发展而奋斗。根据这一指导思想，要积极探索县区司法局建设的新路子。

要完成县区司法局担负的繁重任务，必须开阔思想，认清自身的优势，强化工作职能。正如同志们所说的那样，虽然县区司法局没有特权，但有着鲜明的特点，可以发挥独特的优势和特殊的作用。县区司法局的独特优势，概括起来有八个方面：

一是“大服务”的舞台和天地十分广阔。从服务的范围看，县区司法局的工作包罗万象，从生产到流通、从分配到消费离不开法律服务；从服务的对象看，从公民个人到企业法人，从国有企业到合资企业、合作企业、独资企业都需要法律服务；从服务的空间看，从国内到国外，从中资到外资都涉及到县区一级的法律服务。正如北京市海淀区的同志说的那样，大有可为，大有干头奔头。可以说，县区司法局的法律服务领域是无限的，而且可以随着经济和社会的发展不断地拓展。

二是管理法律服务的职能明确。县区司法局是县区政府主管法律服务工作的职能部门，拥有审批、监督法律服务机构的职能，这项职能是其他部门所不能替代的。

三是可为领导和群众排难解忧。县区司法局的工作既贴近群众、经济和社会生活，又贴近党政部门和党政领导，为领导决策担任法律参谋。既能得到群众的好评，深受欢迎，又能为领导同志排难解忧，县区司法局的工作都是办好事的。

四是市场经济不可缺少的中介组织。县区司法局主管的律师、公证和基层法律服务工作，是市场经济不可缺少的中介环节，直接为县区的经济发展保驾护航。

五是业务发展的回旋余地大。县区司法局管理的律师、公证和乡镇、街道法律工作者可以不受行政编制的限制，可以逐步走“两不四自”的发展道路。

六是拥有一批高质量的法律人才。在县区司法局管理的律师、公证员队伍中，拥有一批法律素质高、经验丰富、业务熟练的专门人才，为县区级地方对外经济交往、正确处理好涉外经济纠纷，奠定了基础。同时，我们主管法学教育工作，可以为县区司法局源源不断地培养和输送大批高层次法律人才。

七是可根据需要创设机构、实体。县区司法局可以设立法律服务机构，并可通过过渡安置机构创办经济实体，对刑满释放、期满解教人员进行过渡性安置帮教工作，享受着其他党政部门所没有的特殊政策。

八是可以做到社会效益和经济效益的统一。县区司法局管理的法律服务工作在提高社会效益的同时，有较好的经济效益。搞好了，就能改善县区司法局的工作条件和生活条件，增加一点合理的补贴，保证基层干警的生活水平不低于其他政法部门。

在认清自身职能优势的基础上，要进一步强化县区司法局的职能。一是强化法律保障职能。法律保障职能主要指保障法律的正确实施，维护社会稳定。二是强化法律服务职能。法律服务职能主要是指为市场经济的各个环节、社会生活的各个方面提供法律服务。三是强化法律教育职能。这种职能不能仅仅理解为正规的法律教育，还包括强化普法教育、法制宣传教育和法律培训教育的职能。为此，县区司法局要努力抓好以下十项任务：

（一）要适应新形势的需要，搞好法制宣传教育。在搞好普法教育中，进一步拓宽教育职能，会同其他部门认真进行“二五”普法总结，研究“三五”普法意见。县区可以建立法制教育中心，对公民上好法制课，进行法制教育，增强公民的自我意识、法律意识和荣辱意识，提高公民的法律素质，从而预防犯罪和维护农村社会治安秩序。

（二）加强县区法律服务管理工作。随着法律服务工作改革的深入发展，县区司法局管理法律服务工作的职能增多了，任务加重了。例如对申请建立律师、公证机构的有关材料进行审查，并提出意见；批准建立乡镇法律服务机构；对参加律师资格和公证员资格考试的人员进行资格审查，并组织报考；对律师年检注册材料进行审查并负责上报；加强法律服务人员的职业道德和执业纪律教育，对违纪人员提出惩处的建议；组织法律服务人员的业务培训等等。县区司法局为了切实履行和加强管理职能，可以设立法律服务管理机构。要加强对社会法律服务工作的管理。国务院批准的司法部“三定”方案中规定，司法行政部门是综合管理社会法律服务机构的职能部门。中央、国务院领导同志在近几年的讲话中多次明确了这一点。县区司法行政机关要理直气壮地管理好社会法律服务机构，制定社会法律服务机构的登记、从业、管理等规定的具体实施办法，使管理工作有法可依、有章可循。对非法成立的法律服务机构或违法从事法律服务活动的，要采取果断措施，坚决予以撤销。

（三）深化人民调解工作改革。要进一步加强和指导调解工作，督促检查有关调解工作法律法规的贯彻执行，宣传人民调解制度，指导调解委员会的组织建设和业务建设，深入开展调解理论研究。要适应新形势的需要，把人民调解工作与加强基层民主政治建设结合起来，与法制宣传教育结合起来，与经济工作结合起来，拓宽调解工作的领域，深化调解工作的力度，进一步发挥调解工作的效能。

（四）积极承担依法治理工作。指导、协调依法治理工作是县区司法局的重要职责。要将法制宣传教育与依法治理的实践紧密结合起来。要制定依法治理规划，在县区党委、人大、政府的领导下，积极开展依法治县（区）、依法治乡、依法治村、依法治校、依法治厂等活动，多层次地推进依法治理活动，为实现依法治国的战略目标进行不懈地努力。

（五）积极参与对流动人口的管理工作。县区司法局可以在流动人口聚居的地区设立法制宣传站、人民调解组织和法律服务机构，通过法制教育，增强他们的法制观念，以预防和减少违法犯罪；通过及时调解、处理纠纷，为他们提供法律服务。同时，还要配合有关部门依法加强对流动人口的管理。

（六）实现县区司法行政工作职能向乡镇（街道）延伸。随着我国经济建设、政权建设和民主法制建设的深入发展，乡镇（街道）司法行政工作的任务更加繁重。目前乡镇设立司法助理员的体制，显然不能适应形势发展的要求。建立乡镇（街道）司法所，使县区司法行政工作向乡镇（街道）延伸，有利于保障乡镇（街道）基层组织履行法律赋予的管理司法行政工作的职能。实践表明，已经建立的乡镇（街道）司法所经过逐步发展壮大，与公安派出所、人民法庭一道，成为为乡镇经济发展保驾护航的重要保障，赢得了当地党政领导和社会的称赞。今后一段时间，各地要将司法所的建设作为强化和完善县区司法局建设的重要内容来抓。要明确赋予乡镇司法所应有的职责：一是管理乡镇法律服务机构；二是负责乡镇法制宣传；三是指导村镇人民调解；四是组织落实对刑释解教人员的安置帮教工作。对已经建立的司法所，要实现规范化、标准化管理，建立健全各项制度。现在还没有建立司法所的乡镇，要努力创造条件在1997年以前建立起来。

（七）积极开拓法学教育工作。为适应培养基层法律人才的需求，省、区、市及地市司法局要将法学教育职能向下延伸，争取多种形式，培养更多的法律人才，对要求学习掌握法律知识的公民进行系统培训，对执法人员和法律服务工作者进行专业培训。

（八）努力做好对刑满释放、期满解教人员的帮教和过渡性安置工作。这项工作是社会治安综合治理、预防和减少犯罪、维护基层稳定的一项重要措施，也是各级党委、政府落实社会治安综合治理的一项工作目标，是中央赋予司法行政机关的一项新的职能。最近中央社会治安综合治理委员会已作出决定，成立以司法部为主的中央各有关部门参加的帮教安置领导小组，具体办事机构设在司法部。地方也要实行这一体制。为此，各级司法行政机关要立即着手研究，提出思路，拿出实施方案。要在县区司法局内设立帮教安置办事机构，确定专人负责，争取专项经费。可以联系一些经济实体安置刑释解教人员，也可以委托有条件的经济实体安置刑释解教人员。要按照中央综治委等六部委联合下发的《意见》，建立回归基金，广泛调动社会各界的力量，增强帮教安置工作的力度和效果。

（九）担负起行政执法检查职能。行政执法检查工作是依法治理工作的一项重要内容，应当逐步将此项工作列入司法行政机关的工作范围。有些地区已经开展了这项工作，收到了良好效果。鉴于当前行政执法检查工作力度不够、职能分散的情况，各地应当借鉴已经取得的经验，逐步开展这项工作。要加强这项工作的调查研究，适时向党委、政府提出建议，当好政府依法治理的得力参谋和助手，争取建立由司法行政机关统一管理、各部门配合的县区行政执法检查体制，以促进县区政府部门和乡镇政府认真遵守和执行法律法规，使政府工作纳入法制化轨道。

（十）当好县区政府和乡镇政府的法律参谋和助手。县区司法局的领导和工作人员应当成为懂经济、懂法律的内行，主动担任基层政府的法律顾问，为他们依法行政提供法律服务；主动参与基层政府制定有关工业、农业体制改革、培育和发展社会主义市场经济等规范性文件的起草、修改工作，主动向政府提供维护社会稳定、实行社会治安综合治理的决策法律文书；为县区政府解决热点、难点和本县区重大问题提供法律服务等。

四、振奋精神，努力工作，为维护社会稳定，促进经济发展而奋斗

当前我国正处在伟大的历史转折时期，新的形势对司法行政工作提出了更新更高的要求，司法行政工作面临着难得的历史发展机遇。党和国家一贯重视司法行政工作，特别是这些年来给予了更多的重视与关怀。党的十四届三中全会作出的《关于建立社会主义市场经济体制的决定》中有许多方面涉及到了司法行政工作，对在发展市场经济中加强律师、公证、法制宣传、法学教育等项工作提出了明确的要求。十四届四中全会作出的《关于加强党的建设几个重大问题的决定》又有20余处提到了法制建设和与司法行政工作直接相关的问题。近几年来，党和国家领导人对加强司法行政工作多次做了重要指示。司法行政工作与经济建设、法制建设具有紧密的内在联系。只要经济建设、法制建设持续同步发展，司法行政工作就要不断加强，不断发展，这是不以人们的主观意志为转移的客观规律。回顾我们十几年的发展历程，展望国家经济建设和法制建设的未来，县区司法局的工作职能显然会越来越强化。广大司法行政干警务必认清新时期县区司法行政工作的重要地位和作用，认清所肩负的重要职责，振奋精神，奋发自强，抓住机遇，扎实工作，努力把县区司法行政工作提高到一个新的水平。

为了把握历史机遇，完成历史赋予司法行政工作的重任，必须使干警队伍有一个良好的精神状态。毛泽东同志有句名言："人是要有一点精神的"。历史的经验表明：没有一个良好的精神状态，没有一支意志坚强的队伍，就会一事无成。广大基层司法行政工作干警要像安徽省濉溪县、河南省登封市、山西省绛县、浙江省庆元县等十二个司法局的干警们那样树立高度的使命感、责任感、光荣感和存在感，努力开辟县区司法行政工作的新天地。

一是要有锐意改革的精神。只有坚持改革，才有活力，才有动力，才有生命力。改革是推动县区司法局建设的关键，要以改革来统揽县区司法局各项工作。在这个问题上，要克服无所作为的思想，消除一些同志存在的越是改革、越会削弱县区司法局职能的疑虑。要真正树立改革的意识，以改革促发展，在改革中寻找发展机遇，在改革中强化职能，在改革中不断克服前进中遇到的困难和问题。

二是要有艰苦奋斗的精神。艰苦奋斗是我们的优良传统。在当前县区司法局面临困难较多、条件较差的情况下，更要发挥这种精神。我们不能在困难面前畏缩不前，更不能被困难所吓倒。只有艰苦奋斗，才有出路，才能开创工作新局面。事在人为，办法总是比困难多。只要无私无畏地工作，没有干不成的事，也没有干不好的事。

三是要有刻苦攻坚的精神。随着司法行政各项事业改革的不断深化，一些深层次的问题将会暴露出来，解决起来难度更大。因此，我们一定要有攻克难关的气魄和坚韧不拔的毅力，不怕"磨破嘴、跑断腿"，凡是认准的事情一定要一抓到底，不达目的誓不罢休。

四是要有甘于奉献的精神。县区司法行政工作是平凡的工作，也是默默无闻的工作。正是由于我们的奉献精神，才有基层社会的稳定和经济的发展，才有基层民主法制建设的进步，也才有司法行政机关的地位和影响。

五是要有厉行法治的精神。要干一行爱一行。干任何工作，都必须有敬业精神。县区司法行政干警所从事的工作是我国社会主义民主与法制建设的基础工作，其敬业精神集中体现在厉行法治上。基层司法行政干警要依法办事，执法如山。要言不离法，行不离法，一切活动都要以法律为准绳。要坚持在法律面前人人平等，做到刚直不阿，威武不能屈，富贵不能淫。县区司法局要教育法律服务工作者廉洁自爱、依法办事，自觉地维护法律工作者的良好形象。要热爱司法行政工作，全身心地投入工作，百折不挠，勇往直前。

六是要有自立自强的精神。每一位司法行政干警都要面对现实，既要承认困难，正视困难，更要看到发展的美好前景，增强战胜困难的信心。如果我们的干警对自己的工作丧失信心，或者在困难面前裹足不前，怎么能够去战胜困难、勇往直前呢？我们曾经说过：要想有地位，必须有作为，要想有作为，就得靠实干。这就是说，要想使司法行政工作得到加强，首先必须要自立自强。

振奋精神，保持基层司法行政干警高昂的斗志，关键在领导，在于司法部和省、区、市司法厅（局）领导要有一个好的精神状态。作为全国和各省、区、市司法行政工作的指挥官，要有做好司法行政工作、献身于国家法制建设事业的决心和信念；要有为县区司法行政工作服务的满腔热情；要有开拓进取的精神和百折不挠的毅力；要有高超的领导艺术和协调工作能力。事实证明，哪一个省区市司法厅（局）领导的精神面貌好，哪一个地方的县区司法局建设就搞得好，工作就会有声有色。作为担负司法行政工作领导责任的同志，要经常想到自己肩负的重任和所担负任务的艰巨性，振作精神，关心基层，深入基层，指导好基层司法行政工作。这是党性要求，是广大基层司法行政干警对我们的期望。这两天，同志们在发言中谈了一些情况和问题，反映部机关的工作做得不够。我们要进一步改进作风，为那些工作难度较大的地方努一把力，多做帮助解决问题的工作。

省、市、区司法厅（局）领导要高度重视县区司法局建设，要把县区司法行政工作摆上重要议事日程，将主要精力放在抓基层打基础上来。要认真研究县区司法局建设遇到的新情况、新问题，总结县区司法局建设的经验。树立一批新形势下做出突出成绩的县区司法局先进典型，通过典型推动、引导县区司法局建设。同时，要积极为县区司法局建设争取政策，尤其是争取法律法规的保障。在这方面，司法部要在今年底至明年初争取出台《律师法》，做好《公证法》的上报工作；在今后一、二年内要认真做好《人民调解法》、《司法助理员条例》、《基层法律服务所管理条例》三个与基层司法行政工作密切相关的法律、法规起草工作，同时着手起草《全民法制教育法》和《法律服务工作管理办法》，还要争取制定安置帮教刑释解教人员的有关政策。各地司法厅（局）要结合本地的情况，搞好调查研究，主动争取地方立法机关和政府的支持，制定地方性法规和规章，为本地县区司法局建设创造一个良好的法制环境。

各地司法厅（局）要将保持县区司法局稳定作为当前的一项重要任务来抓。司法行政机关是根据党中央、全国人大、国务院的决定建立的，县区司法行政工作在《宪法》和《中华人民共和国地方各级人民政府组织法》中有着明确的规定，是有法律根据的。《宪法》第89条第8款规定："国务院领导和管理民政、公安、司法行政和监察工作"，第107条规定："县级以上地方各级人民政府依照法律规定的权限，管理本行政区域内的……司法行政等工作"。因此，要继续贯彻落实中央和中央领导同志关于加强基层政法工作和基层政权组织建设的重要指示，保持县区司法局的稳定。在这方面，有的省区市司法厅(局)主动做工作,取得了明显成效,得到了当地党委、政府的支持,在县级机构改革中,不仅保持了县区司法局的稳定,而且还使县区司法局的工作得到加强。希望各地像他们那样,从本地实际情况出发,主动向本地党委、人大、政府汇报,争取支持,帮助解决县区司法局机构的稳定。

关于稳定县区司法局的问题,部里的态度是:充分发挥县级司法局的职能,不是撤并,而是加强。但是,如果个别县区司法局被撤并了,也要保证司法行政业务活动正常运转,律师、公证、基层法律服务、人民调解、法制宣传等业务必须有人负责;司法行政干部不能解散;县区司法局的财产不能流失;司法行政编制不能挪用。

当前,县区司法局在改革发展中遇到了许多新情况、新问题,存在着一些困难和有碍发展的制约因素。上级司法行政部门要切实摸清情况,做好工作,积极争取有关部门的关心和支持,竭尽全力为县区开展司法行政工作创造有利的条件和环境。要继续帮助县区司法局解决办公用房和装备问题。要关心基层司法行政干警的疾苦,帮助他们解决各种困难,解除他们工作中的后顾之忧。

同志们,县区司法局的工作同整个司法行政工作一样,前景光明,任重道远。我们一定要在邓小平同志建设有中国特色社会主义的理论指导下,紧密团结在以江泽民同志为核心的党中央周围,统一思想,振奋精神,齐心协力,扎实工作,努力开创县区司法行政工作新局面,为维护社会稳定,保障改革开放和社会主义现代化建设顺利进行作出更大的贡献!

张秀夫同志在全国司法厅(局)长座谈会上的总结讲话

(1995年6月19日)

全国司法厅(局)长座谈会历时四天,今天就要结束了。这次会议自始至终充满着紧张热烈、催人奋进的气氛,同志们反映,这次会议是在关键时期召开的一次研究关键问题的会议,特点鲜明,开得成功!一是议题选得好。与会同志一致认为,这次会议专题研究社会主义市场经济条件下如何进一步加强县区司法局建设的问题,非常适时。县区司法行政工作是整个司法行政工作的根基所在、重心所在、希望所在。把县区司法局建设摆上重要的议事日程,符合全国县区改革、发展、稳定的客观要求,合乎广大基层司法行政干警的心愿,对司法行政工作整体推进、全面发展具有重大而积极的影响。二是时机把握得好。目前,正值全国县区推进机构改革、加强基层政权组织建设的重要时刻,大家聚集一堂,群策群力,研究确定加强县区司法局建设的任务和措施,这对强化基层、夯实基础、保持基层司法行政机构稳定,具有重要的作用。三是典型发言好。会议选择的12个典型,既有全面经验,又有专项经验,不仅业务工作开展得好,县区司法行政工作不容忽视的一些困难和问题在他们那里也得到了很好地解决,发人深省,令人振奋,很有借鉴意义。四是工作报告好。肖扬同志代表部党组所作的报告,贯穿了党的十四届四中全会关于加强基层政权组织建设的精神,立足于县区司法行政工作面临的挑战和机遇,鲜明地回答了前进发展中遇到的一些困难和问题,提出了开创县区司法局工作新局面的任务、目标、思路、办法。讲话的内容同大家的意见形成了共识,为县区司法局再创新业绩打下了坚实的思想基础,提供了重要的理论准备。根据会议讨论情况和部党组各位同志的意见,我再讲以下几点意见:

一、关于这次会议的主要收获

通过这次会议,大家提高了认识,增强了信心,在县区司法行政工作改革和发展的重大问题上取得了共识,概括起来讲,有以下七个方面:

(一)提高了对县区司法局工作地位和作用的认识。与会同志一致认为,在改革开放的新形势下,正确地认识自己,是提高自己、加强自己、一以贯之、坚持不懈地把工作做好的前提和基础。县区司法局不仅是连接城乡的纽带,而且是司法行政机关的前沿指挥部,是多项司法行政工作的"支撑点",既有宏观领导又有微观指导的职能,既有总体决策又有具体落实的责任,既有指挥人员冲锋陷阵又有协调各方配合支持的任务。县区司法局的工作上不去,整个司法行政系统的工作就上不去。只有切实抓好处于基础地位的县区司法行政工作,才能稳全局、活全盘、兴事业。随着社会主义市场经济体制的建立和法制的健全,县区司法局将担负更为繁重的工作任务,是打击犯罪、预防犯罪、推进社会治安综合治理的重要力量,在服务经济建设、保障改革开放、维护社会稳定中具有不可替代的作用。加强县区司法局的工作，法律有规定，中央有文件，中央领导同志有指示，历史有教训，客观有需要。县区司法行政机构，只能加强，不能削弱，即使撤了、并了的，也必将在不长时间内得到恢复。

（二）增强了做好县区司法行政工作的信心与责任感。与会同志认为，伴随着市场经济生活和人民日益增长的法律需求，县区司法局工作的舞台越来越宽阔，工作内容越来越丰富，发展的条件越来越成熟。会议印发的党和国家领导人关于司法行政工作的重要指示，不仅充分肯定了县区司法行政工作的重要作用，也给我们今后的工作提出了新的更高的要求。同时，也要看到，县区司法局工作在前进发展中还存在一些困难和问题，象大家讨论中提到的：法制不健全、职能不到位、条件比较差、一些关系没有理顺等。这些困难和问题带来了开展县区司法局工作的艰巨性。困难当然要正视而不容回避，但是一切困难和问题，都不应成为悲观失望、无所作为的理由，反而应该成为齐心协力、艰苦奋斗的根据。一些县区司法局之所以能率先发展，走出新路，不是他们没有困难，而是他们的信念比较坚定、思想比较解放、胸襟比较开阔、责任感比较强。安徽省濉溪县司法局、浙江省庆元县司法局、河南省登封市司法局就是其中的突出代表。他们发挥司法行政工作的整体功能，搞大服务，打出了声威，受到了重视，获得了地位，县市领导一再表示，机构改革中，司法局不仅不能撤、并，还要加强，为他们增加编制，改善基础设施，盖办公楼和家属宿舍。他们的先进事迹令人信服地说明，只要我们迎难而上，自强不息，县区司法局的工作一定能够搞好。

（三）对县区司法局的职能、任务，有了新的更深层次的认识。强化和完善县区司法局的职能是这次会议研究的一个重要问题。县区司法局的主要职能，是通过指导和管理人民调解、律师、公证和基层法律服务，开展法制宣传教育等工作，为县区经济发展和社会稳定提供法律服务和法律保障。县区司法局建立15年来，较好地履行了这些职能，同时在实践中拓宽了工作职能，开辟了新的工作领域，由过去的四、五项，发展到现在的十多项。如积极开展依法治理工作。象山东省章丘市司法局那样，实施"三个延伸"，向下延伸抓家庭，向外延伸抓配套，向上延伸抓重点，大大促进了依法行政。比如，承担对刑满释放、期满解教人员的帮教和过渡性安置职能。这是中央赋予司法行政部门的一项新职能。黑龙江省大庆市龙凤区司法局，通过抓"六到位"，实现全程帮教安置，创造了成功的经验。再比如，开展大规模群众纠纷、民族纠纷、跨地区纠纷的调解工作。河北省雄县司法局、浙江省庆元县司法局、贵州省天柱县司法局坚持经常性纠纷排查和专项治理活动，形成大调解的格局，不仅解决了有碍当地稳定的老大难问题，而且开创了新的业务领域，丰富了人民调解工作的内容。这些事实使我们认识到，县区司法局的工作随着社会的进步而进步，随着经济的发展而发展，领域广阔，发展迅速，今后在内涵外延上都还会有新拓展，县区司法局工作的职能和任务将越来越繁重，前景广阔。

（四）加强县区司法局工作关键是要有一个好的领导班子，尤其是第一把手。县区司法行政工作能否做好，新局面能否开创出来，关键在领导班子，在第一把手，这已被各地的工作实践所证明。先进县区司法局与后进县区司法局相比，一个很大的差距是在领导班子问题上。在大体相同的条件下，由于领导班子的状况不同，出现两种明显不同的工作局面的事例，比比皆是。云南省盘龙区司法局近几年来很重视抓班子建设，他们把政治学习与克服等靠要思想结合起来，增强职能意识；把学习英雄模范与开展"热爱司法、干好司法、振兴司法"的活动结合起来，树立荣誉意识；把推行改革措施与提高服务质量结合起来，引入竞争意识，从而使领导班子风气正、团结好、威信高，工作成绩显著。我们认为，他们的经验值得学习。一个好的县区司法局领导班子，至少要具备以下几个条件：班子成员，特别是一把手要有强烈的事业心、责任感和开拓进取精神；有较强的组织领导能力，坚持民主集中制，团结协作；有良好的政治理论素养和业务水平；年龄结构合理，保持相对的稳定性；廉洁自律，甘于奉献，注重办实事；依法办事。目前，一些县区司法局领导班子不同程度地存在一些问题，有的年龄偏大；有的消极畏难、缺乏工作热情和进取心；有的闹不团结、工作不协调。这种状况要切实改变，该批评教育的要批评教育，该调整的要尽快调整。根据协管干部的规定，上级司法行政部门要积极协助县区党委考察管理下级司法行政部门的领导干部，及时了解情况，提出建议。同时，要有计划有步骤地加强班子成员的培训教育工作，以不断提高他们的素质。

（五）干警良好的精神状态是开创县区司法局工作新局面的重要条件。在这次会议上，12位县区司法局局长作了典型发言，代表们听了很受震动，强烈地感受到，保持干警良好的精神状态是做好各项工作的前提和内在动力。良好的精神状态对做好任何一项工作都是非常重要的。县区司法局一般来讲，条件差、任务重，开展起来难度大，如果没有良好的精神状态，必然产生等靠要、自卑、畏难、保守等情绪，工作起来思路窄、办法少、起点低。所以，在全系统树立良好的精神状态特别重要。所谓良好的精神状态，就是要有锐意改革精神、艰苦奋斗和廉洁自律精神、刻苦攻坚精神、甘于奉献精神，厉行法治精神、自立自强精神，这六种精神是我们夺取司法行政工作改革和发展胜利的重要法宝。即使将来县区司法局工作基础牢固了，我们仍然要发扬这"六种精神"。树立良好的精神状态就要摆脱各种不健康心态的影响，要铲除有碍改革、不利发展的各种私心杂念；破除不思进取、得过且过的懒汉懦夫思想；克服妄自菲薄、消极悲观的错误认识；打破怨天怨地，就是不怨自己的客观主义的束缚，百折不挠，开拓进取。树立良好的精神状态要贯穿于各项工作的始终。如县区司法局的建设离不开党和政府领导特别是县区党政领导的重视和支持。而要想得到这种重视和支持，就要苦干实干，出色地工作。要通过发挥自身职能作用，把"改革、发展、稳定"大局中的"难点"、"热点"，作为自己的工作重点，使党政领导感到司法行政机关叫得应、干得好、离不开、少不了。党委、政府重视支持我们了，我们要更加自强、自立、自信，就能够发展再发展、提高再提高。

（六）重视宣传自身，努力扩大影响。县区司法行政工作具有不可替代的作用。但是，由于县区司法局恢复重建时间不长，社会各界、地方党政领导对县区司法行政工作不甚了解。为此，我们要重视做好自身工作的宣传。从这次会议介绍的情况看，这个问题在不少地方已引起重视，积累了好的做法和经验。成都市司法局通过"三个加强"，达到"三个到位"，即通过加强自身教育，做到基层司法行政工作人员自己的认识到位；通过加强自我宣传，引导社会各界人士的认识到位；通过加强请示汇报，争取当地党政领导的认识到位。我们认为他们的经验是好的，值得各地重视和学习。认识是行动的先导，只有把我们对县区司法局工作重要性的认识转化为社会各界的共识，最大限度地赢得党政领导和人民群众的理解，才能保证基层司法行政工作的顺利发展。这次会议之后，我们要继续努力争取各新闻单位的支持，加大对县区司法局工作宣传的力度。我们自己办的各种报刊，包括《法制日报》、《当代司法》、《中国律师报》更要发挥各自优势，加强对县区司法局工作的宣传，可以办专栏，也可以不定期地在重要版面登载宣传县区司法局工作的文章。这次会议的典型经验包括一些好的书面发言材料，部里将编辑成书，公开发行。

（七）加强和改善上级司法行政部门的领导，是壮大县区司法行政事业的保证。县区司法行政工作业务门类较多，政策性较强，目前遇到的难题不少，亟需上级司法行政部门的及时指导和有力支持。多年来，各级司法行政领导机关坚持以正确的决策统揽基层工作；及时提出基层工作应遵循的原则和总体思路；坚持以先进的典型，带动基层工作，包括推出象山东章丘依法治村、民主管理这样在全国有影响的经验；坚持抓实际问题的解决，为基层排忧解难，做到"心往基层想，人往基层走，劲往基层使，钱往基层花"。这些经验今后还要进一步发扬光大，使其在巩固发展县区司法局工作中发挥更大的作用。目前，上级司法行政部门要特别致力于帮助县区司法局积极主动、耐心细致地做好稳定机构、稳定队伍的工作。

二、关于会议精神的传达贯彻问题

这次会议开得很好，同志们回去后要汇报好、传达好、落实好。

（一）周密准备，做好汇报工作。大家回去以后，把中央领导同志关于加强司法行政工作的重要指示、肖扬部长的报告、各地加强县区司法局工作的做法，及时向地方党委、人大、政府汇报。汇报会议精神要与总结本地区15年来司法行政工作成绩和经验结合起来，与进一步改革和开拓县区司法局工作的具体措施结合起来，与学习其他县区司法局先进工作经验结合起来，做到有情况、有设想、有问题、有打算，情况讲够、问题讲透、意见拿准，便于各级领导同志决断。我们作为职能部门，做好向领导的汇报，既是主动接受领导，积极争取支持的组织原则所必须，也是取得领导理解、关心和帮助解决实际困难的极好机遇。个别撤并县区司法局的地方在汇报工作时，要讲清设立县区司法局是执行刑罚的必须，是维护社会稳定、保障经济发展的必须，同时讲清县区司法局工作已经发挥的重要作用和今后的发展前景。据了解，全国已有18个省（区、市）决定全部保留县区司法局，这一情况已经出了会议快报，大家汇报时可作参考。我们相信，只要把这次会议的情况、肖扬同志报告的精神和各地加强县区司法行政工作的经验向党委和政府汇报清楚，是会得到党委、政府的关注和支持的，县区司法局是能够保持稳定的。

（二）开好本地县区司法行政工作会议，传达好这次会议的精神。各省（区、市）传达这次会议精神的会议的召开宜早不宜迟。会前要做好充分的准备。准备工作主要有两项：一要取得党委政府的支持，二要总结先进典型。要象这次会议一样，用本地区先进县区司法局典型引路，使大家学有方向，赶有目标。要通过组织干警学习、领会这次会议文件的精神，使基层司法行政干警思想更加解放，精神状态更加振奋，工作思路更加明确，以新的精神面貌去开创县区司法局工作的新局面。

（三）以扎实的工作作风，狠抓会议精神的贯彻落实。各省（区、市）司法厅（局）要尽力争取当地党委、人大、政府的支持，出台有关加强县区司法局工作的政策。同时，主要领导同志要深入县区加强督促检查。下半年，部里要派调查组到一些地区检查落实情况。

三、关于下半年要抓好的几项工作

这次会议集中研究了加强县区司法局建设的问题，理所当然应成为今年下半年乃至今后一个时期的工作重点。其他方面的工作，今年年初的全国司法厅（局）长会议和全国监狱工作会议已有全面的部署，据了解，各地传达贯彻得比较好。在各地召开的司法行政工作会议和监狱、劳教工作会议上，绝大多数地方的党委、政府负责人到会讲话，许多地方召开党委会、省长（自治区主席、市长）办公会，专门研究司法行政工作。司法行政工作中的一些长期未解决的问题得到了解决。可以说，最近一个时期是司法行政工作最受各级党委和政府重视、支持的时期，为我们做好工作提供了良好的机遇。现在全年的时间过半，希望各地按照全国司法厅（局）长会议、全国监狱工作会议的部署，加倍努力，使司法行政各方面的工作保持良好的发展势头，务必达到预期的目标。

这里，我就监狱、劳教工作再强调几点：

第一，继续确保监所的安全与稳定。今年上半年，罪犯脱逃的问题仍然比较突出，狱内发案也有所增加，影响了监所的安全与稳定，给社会造成了一些不良影响。今年9月份，第四次世界妇女大会将在北京召开，届时将有几万名世界各国的妇女云集北京，无论从会议规模还是国际影响来看，这都是一次十分重要的国际性会议。做好监所的安全稳定工作，意义十分重大。各监狱、劳教所必须严格执行《监狱法》及有关规定，落实各项规章制度，明确岗位责任制，责任到人，堵塞一切漏洞，下大力气把狱（所）内发案、脱逃和非正常死亡压下来，确保监所的稳定。希望各地司法厅（局）的主要领导，亲自过问这件事，加强督促检查。

第二，继续抓好国务院〔1995〕4号文件的贯彻落实。《国务院关于进一步加强监狱管理和劳动教养工作的通知》下发之后，各地都十分重视，现在全国已有28个省（区、市）就4号文件的贯彻落实进行了讨论，提出了具体的落实方案。但是，有的省干警经费或者罪犯、劳教人员生活费标准偏低；有的省虽有方案，但经费不到位。希望存在问题的省份回去以后，继续做当地党政领导及有关部门的工作，多宣传，勤汇报，争取他们的理解和支持，使4号文件早日得到落实。

全国监狱面临的经济形势非常严峻。十天前，我们在广西刚刚召开了全国监狱经济工作会议，中心内容是学先进、找差距、鼓干劲、定措施，力争尽快扭转监狱经济亏损面扩大、亏损额增加的局面。希望各省区、市、司法厅局的领导同志重视这个问题，仔细听听汇报，采取果断措施，如果是经营思想的问题，就及时改变经营策略；如果是人的问题，就坚决调整领导班子；如果是产业或产品结构的问题，就尽快调整结构；监狱生产要依靠科技进步，要重视企业经营管理，向管理要效益。总之，要尽快把监狱经济搞上去。

最近发现，由于物价上涨，企业效益降低，有的监狱的犯人、有的劳教所的劳教人员吃不饱饭。这个问题要引起高度重视，尽快加以解决，否则势必严重影响监狱的稳定和改造质量。办法是请各省（区、市）务必按国务院第17次总理办公会议定的犯人伙食费，今年达到的标准尽快到位，监狱和劳教所只准补充、不准克扣，保障犯人、劳教人员的生活水平不下降，吃饭、吃熟、吃得卫生，最大限度调动犯人、劳教人员的改造积极性。

第三，继续坚持从严治警。自贯彻《监狱法》以来，加大了专项治理的力度，取得了明显成效和突破性进展。但不能掉以轻心，更不能有丝毫自满、松懈、麻痹，要发展好势头，巩固新成果。同时，针对新时期干警队伍建设中出现的新情况、新问题，采取更加有效的措施，严格要求，严格管理，严格教育，严肃纪律，努力造就一支过得硬的干警队伍。

让我们以邓小平同志建设有中国特色社会主义的理论为指导，紧密团结在以江泽民同志为核心的党中央周围，团结奋斗，锐意进取，努力把县区司法局的工作提高到一个新的水平，为国家的改革、发展、稳定做出更大的贡献！

肖扬同志在全国流动人口管理工作会议上的讲话

（1995年7月9日）

经中共中央、国务院批准召开的全国流动人口管理工作会议是一次重要的会议。罗干同志的重要讲话充分阐述了加强流动人口管理工作的重要性及主要措施、工作重点。吴邦国副总理将作重要讲话，任建新同志还要作会议总结。我们表示拥护，并坚决贯彻执行。

人口流动特别是农村剩余劳动力跨地区的流动，是改革开放和建立社会主义市场经济体制的必然产物。加强流动人口的管理工作，确保流动人口的有序流动，确保人口流入流出地的社会治安稳定，是关系到改革开放和建立社会主义市场经济体制成败的大事。流动人口管理工作涉及到方方面面，需要各地区、各部门的通力合作。在加强流动人口管理工作中，各级司法行政机关要切实履行自身的职责，为做好这一工作作出自己的贡献。下面我就司法行政部门参与流动人口管理工作讲几条意见。

一、加大法制宣传教育力度，增强流动人口的法制观念。抓好法制宣传教育，提高流动人口的法律意识，增强流动人口的守法观念，是预防和解决流动人口违法犯罪问题的根本性措施之一。几年来，各地司法行政机关主动配合流动人口的管理工作，针对流动人口分布面广、流动性大、整体年龄小、文化层次低、社会阅历浅和法制观念淡薄的特点，利用多种宣传形式和舆论阵地，开展了法制宣传教育，促使流动人口增强遵纪守法意识和运用法律维护自身合法权益的观念，有效地预防了违法犯罪。去年以来，上海市虹口区司法局集中开展了对外来人员法制宣传教育活动，通过举办“法制宣传周”、与有关部门联合执法检查等多项活动，对加强外来人口的管理，增强外来人口的法制观念，促进基层社会秩序的安定发挥了重要作用，取得了良好效果。各地司法行政机关特别是流动人口集中地区的司法行政机关要积极借鉴上海市的经验，充分发挥法制宣传教育的作用，针对流动人口普遍存在的问题，采取多种形式，有重点、有选择地宣传有关法律、法规和各级政府关于加强流动人口管理的政策规定，促使流动人口知法、守法、用法，依法维护自身的合法权益，依法从事经济活动，维护正常社会秩序和生产经营秩序。在流动人口聚集量大的地方，当地司法行政机关可与有关部门配合，建立临时法制宣传网络，或成立外来人员法制宣传教育中心，把法制宣传教育、文化教育、技术教育融为一体，全面提高外来人员的整体素质；要与乡镇、街道政府和企业密切配合，对外来人员加强经常性的法制教育，并将考核成绩作为其谋取或从事某项职业的录用标准之一；要加强宣传教育的针对性，根据目前一些地方外来人员刑事犯罪增多、劳资纠纷增多等状况，做好治安管理处罚条例、刑法和劳动法等法律法规的宣传，使其知晓法律，提高遵纪守法的自觉性。

二、充分发挥人民调解工作的第一道防线作用，预防和减少刑事案件的发生。几年来，一些地方的司法行政机关注意在流动人口聚集区和有较多流动人口的厂矿企业建立人民调解组织，配备调解员，与党政工团组织和保卫、技术等部门一道，对流动人口的劳动、婚姻、生活等各方面进行教育和帮助，疏导纠纷，排解矛盾，产生了很好的社会效果。事实表明，人民调解是广大人民群众自我教育、自我管理、自我提高的很好的组织形式，在社会治安综合治理中发挥着重要作用。在加强流动人口管理工作中，各级司法行政机关要注重人民调解工作在“保一方平安”中缓解和化解矛盾的作用。要继续注意在流动人口聚集区、厂矿企业、商店等单位建立调解组织，配备人民调解员或聘请外来施工单位负责人担任调解主任或调解员。要全面坚持和正确执行“调防结合、以防为主”的方针，提高调解和预控能力，积极收集纠纷信息，及时进行调解，努力把纠纷消灭在萌芽状态和初发时期，防止民间纠纷转化为刑事案件。各地司法行政机关要与有关部门加强协商，拿出可行性方案，落实调解人员的工作报酬问题，促使其发挥工作积极性，切实履行职责，搞好调解工作。

三、加强法律服务工作，依法维护正常的经济秩序和当事人的合法权益。在日趋增多的流动人口中，多数人是从事生产经营活动的，但因他们文化水平低、法律素质差，常常会引发经济纠纷。近几年来，上海浦东新区建房纠纷时有发生。去年头3个月，该区凌桥乡发生此类纠纷11起。为了预防此类纠纷再次发生，凌桥乡法律服务所集中几个月的时间，为他们办理了建房协议见证。此后至今，这个乡再没有发生因建房质量、付款等引起的纠纷，有效地预防和减少了劳务纠纷，促进了浦东新区的建设。各地要进一步加快法律服务工作的改革步伐，壮大法律服务队伍，尽快适应客观形势发展的需要。律师、公证和乡镇(街道)法律服务机构要对流动人口进行跟踪法律服务，在流动人口集聚地建立法律服务网络，运用法律咨询、代理、公证等手段，积极为流动人员的生产、生活提供优质高效的法律服务，帮助他们依法处理纠纷，依法进行经营活动，维护社会主义法制秩序和市场经济秩序。

四、此外，各级司法行政机关要为流动人口的有序流动提供有效的法律保障。要同其他政法部门一起，严厉惩罚人口流动中的犯罪活动。各地的监狱要做好对流窜犯罪的收押、教育和改造工作，提高教育、改造质量，把他们改造成为遵纪守法的公民和有一定技能的劳动者，减少重新犯罪；与公安机关密切合作，共同做好追捕逃犯工作；各地司法行政机关特别是人口流出地的县区司法局要按中央综治委的要求，认真落实刑满释放和期满解教人员的交接、安置、帮教工作，防止他们重新流窜犯罪。

五、加强对流动人口管理工作的领导。各地司法行政机关要密切结合本地实际，认真学习这次全国流动人口管理工作会议有关文件精神，提高认识，统一思想，明确职责，切实加强对流动人口管理工作的领导。流动人口管理的大量工作在基层，各地司法行政机关要按照今年6月全国司法厅(局)长会议所提出的要求，进一步加强县区司法局的建设，稳定机构，稳定队伍，加强法制宣传队伍、法律服务组织和人民调解组织的建设。各级司法行政机关特别是县区司法局要职能到位，加强对流动人口管理工作的领导，把这项工作列入重要议事日程，与有关部门一起，常抓不懈，切实把工作做深、做细。各地还应做好调查研究，切实摸清流动人口的人员构成、生活环境、职业分类等基本情况，在此基础上，制定切合实际的管理措施与办法，做好司法行政机关担负的各项工作。

深化律师工作改革　加快建立新的管理体制 为建设有中国特色的社会主义律师制度而奋斗

——肖扬同志在第三次全国律师代表大会上的讲话

（1995 年 7 月 14 日）

第三次全国律师代表大会，经过大家的共同努力，圆满地完成了各项议程，选举产生了新一届全国律协理事会。这次大会开得很好，很成功。我代表司法部党组，对第三次全国律师代表大会的召开和新一届全国律协领导机构的产生表示热烈的祝贺！

刚才，党中央、国务院领导同志接见了全体代表，任建新同志作了重要讲话，希望各级司法行政机关和律师协会认真贯彻执行。下面，我讲几点意见，供大家参考。

一、我国律师协会在实践中发挥了自身优势，作出了重要贡献

党的十一届三中全会以来，适应加强社会主义民主与法制建设的需要，我国的律师制度得到了恢复并在改革中不断完善，律师队伍也不断壮大。这在客观上要求建立密切联系广大律师的组织。经党中央同意，1986 年 7 月，第一次全国律师代表大会胜利召开，中华全国律师协会宣告成立。从此，广大律师有了全国性的行业组织。1991 年 5 月又召开了第二次全国律师代表大会，产生了第二届律师协会。律师协会的建立与发展，是发扬民主、健全法制的产物，是我国律师事业改革与发展的产物。第一、二届全国律协服从、服务于党和国家工作大局，积极发挥自身优势，为推进改革开放、经济建设和民主法制建设，为律师事业的发展做了大量工作，受到了党和国家的高度重视，受到了广大律师的支持与拥护。

党的十四大提出建立社会主义市场经济体制以来，全国律协和各地律协及时组织律师担任政府、企业法律顾问，积极研究经济发展中的法律问题，运用法律手段帮助企业解决横向经济联合、企业“三角债”等问题，积极探索房地产、期货、证券、公司、知识产权保护等很多业务新领域的法律问题，积极为经济建设服务；组织和支持律师参加庭审辩护，为保护当事人的合法权益，维护法律的正确实施发挥了重要作用；支持律师依法执业，维护律师的合法权益，为律师工作创造良好的环境和条件；积极开展业务培训和业务指导，对律师上岗前的培训、岗位培训、法律知识的再教育等及时提出了要求，发挥了行业管理组织的重要作用，对律师业务领域的拓展、业务水平的提高起到了指导和帮助的作用；扩大了同国际法律界、律师界的交往与合作。全国律协已经加入了一些国际组织，并且担任了一些组织的领导职务，接待了很多国外法律团组，组织我国律师出国学习、考察，积极宣传我国民主与法制建设、经济建设和律师工作的大好形势，增进了国际法律界、律师界对我国的了解与合作。

总之，律师协会在我国律师事业的发展、律师工作的改革和完善等方面，做了很多工作，作出了重要贡献。在此，我代表司法部党组向在全国律协和各地律协辛勤工作的全体同志们表示崇高的敬意。

时代在前进，形势在发展，我国律师事业面临着新的、更为繁重的任务。这就亟需我们研究新情况、解决新问题，根据新的历史条件，把律协工作推向前进。第一、二届律师协会适应当时形势的客观需要，在振兴律师事业的历史过程中，发挥了积极的、不可忽视的作用。随着改革的深入和律师事业的发展，必须进一步解放思想，转变观念，努力实践，大胆探索，建立既符合市场经济需要，符合律师工作自身发展规律，又便于同国际惯例相衔接的新的管理体制。我相信，新产生的第三届中华全国律师协会理事会一定能够顺应时代发展的潮流，不辜负广大律师的热切期望，锐意改革，开拓创新，进一步开创律协工作的新局面。

二、律师管理体制改革是深化律师工作改革的重大步骤

这次全国律协换届是律师界的一件大事。它不仅在律师界、在司法行政系统引起了强烈反响，而且引起了社会上的极大关注。司法部和全国律协之所以对这件事极为重视，把它摆上重要议事日程，最根本的原因，在于全国律协换届是深化律师工作改革的重大步骤，是建立新的律师管理体制的重要举措，适应了我国改革开放，经济建设、民主法制建设深入发展的客观要求，有着深远的意义。

(一)律师管理体制改革是整个律师工作改革的有机组成部分。我国建立社会主义市场经济体制，为律师事业的发展开辟了广阔的前景，使律师工作进入了崭新的发展阶段。从发展经济建设和加强民主法制建设的大局出发，司法部把律师工作改革作为整个司法行政工作改革的重中之重。在深入调查研究，总结国内外实践经验的基础上，1993年6月，全国司法厅(局)长座谈会提出了改革律师工作的总体思路，随后又制定了深化律师工作改革的方案。这个方案于1993年12月得到国务院批准，成为我国律师工作改革和发展的指导性文件。在各级党委和政府的关心支持下，律师队伍蓬勃发展。1993年底至1995年6月，全国律师事务所由4176个增加到7200个，增幅是72.7%，律师人数由不足5万人增加到8.2万人，增幅是64%。由于不再使用生产资料所有制模式和行政管理模式界定律师机构的性质，律师机构的形式发生引人注目的变化。在全国范围内涌现出一大批不占国家编制，不需国家经费，自愿组合、自收自支、自我发展、自我约束的律师事务所，从而形成了占编所、合作所、合伙所、以个人姓名命名的所并存的格局，实现了律师工作改革的重要一步。

随着律师队伍的迅猛发展，律师机构的大量增多，加强管理成为十分重要的事情。我们要努力建设一支素质过硬、形象良好、受社会欢迎的律师队伍，确保整个律师工作改革的成功。与此相适应，律师管理体制的改革便愈益迫切，不可避免地要提到十分重要的议事日程上来。律师管理体制的改革改什么?就是要按照律师工作改革方案的要求，尽快建立司法行政机关的行政管理与律师协会行业管理相结合，并逐步过渡为司法行政机关领导下的律师协会行业管理的体制。就是要改革现有律师协会的行政管理模式和行政官员占主要成份的组织模式，使律协真正成为律师行业的自律性组织。只有这样，才能使律师协会的体制符合律师工作的自身发展规律，符合律师工作改革的客观要求，才能充分调动律师的积极性，促进律师事业的发展，也才能使律师工作富有生机与活力，融入时代发展的潮流，呈现出改革开放的形象。因此，这次全国律协的换届工作，是深化律师工作改革的又一重大步骤。这次换届搞好了，我国律师工作改革必将迈出新的、更加扎实的关键步伐。

(二)律师管理体制改革适应了我国社会主义民主法制建设和依法治国的内在要求。加强社会主义民主，健全社会主义法制，是实现社会主义现代化的重要保障。党和国家始终注意发展民主，健全法制。江泽民总书记去年12月9日在主持中央领导同志听法制讲座时又强调指出："实行依法治国，建设社会主义法制国家是把我们国家建设成为富强、民主、文明的社会主义现代化国家目标的应有之义。"因此，发展民主、健全法制，走依法治国之路，反映了党和国家的根本要求，符合我国社会主义现代化建设的规律，也符合人类社会发展的客观规律。律师制度是人类社会发展到一定程度的时代产物。律师制度发展完善的程度从一个侧面反映了一个国家的文明程度、法制程度。当今世界，多数国家的法制体系中都有健全的律师制度，如何完善这种制度，带有普遍意义和世界意义。我国的律师制度是社会主义法制不可缺少的组成部分。律师制度建设与国家的民主法制建设有着内在的必然的联系。如果律师制度不健全、不完善，就会影响国家的法制形象。而要健全律师制度，就必须建立新的律师管理体制，加强律师协会的建设，通过改革，使律协的工作更加体现律师的职业特点和工作规律，更有利于实现广大律师的期望和要求。全国律协换届后，所有理事都来自执业律师，他们具有主人翁的地位，可以更充分地行使自主权，自己管理自己，增强他们的责任感。由此可见，这次律协换届搞好了，有利于发扬民主，有利于律师制度的健全完善，有利于民主法制建设。

(三)律师管理体制改革符合社会主义市场经济的规律和要求。党的十四届三中全会通过的《关于建立社会主义市场经济体制若干问题的决定》，对律师和律师组织的性质作了科学的界定：律师和会计师、审计师，以及其他为市场经济提供服务的机构一样，都属于市场经济的中介组织。《决定》明确指出：要发展市场中介组织，发挥其服务、沟通、公证、监督作用。中介组织要依法通过资格认定，依据市场规则，建立自律性运行机制，承担相应的法律和经济责任，并接受政府有关部门的管理和监督。律师事务所作为中介组织有两个基本特点：一是它的自主性，二是它的自律性。这两个特点决定了律师和律师事务所的行业管理体制不应当是行政管理模式，而必须是自律性的组织机构；管理人员不能是行政官员，而必须是执业律师。正因为如此，这次换届后的全国律协，141名理事全部由执业律师组成，会长、副会长、常务理事全部由理事中产生，他们都是律师队伍中的优秀分子。不仅有良好的政治素质，而且能适应市场经济发展的大环境，具有很高的业务素质，对充分发挥协会职能，实现党的十四届三中全会《决定》的要求，无疑会起到重要的作用。

(四)进行律师管理体制改革有利于我国律师制度与国际惯例接轨。我国律师制度的改革和完善，需要加强同国外律师界的交流与合作，需要吸收世界各国的有益经验。这种交往交流既是我国对外开放的有机组成部分，又有利于我国对外开放向全方位发展。我国律师制度要与国际惯例接轨。这个惯例不是哪一个国家的,而是国际上通用的惯例。有规律性、普遍性的东西才能称得上是惯例,它与社会制度没有必然联系,不存在姓社姓资的问题。实践证明,重视律师协会建设,实行行业管理,是世界大多数国家律师发展的一条重要经验。在这些国家里,律师协会全部由执业律师组成,是律师进行自我管理的自律性社会团体。通过律师协会,律师在国家的政治、经济、社会生活中发挥重要作用,律师行业的生机与活力体现得比较充分。“他山之石,可以攻玉”。我们在律师工作改革中要大胆学习和借鉴外国律师管理的经验。这次换届后的全国律协,强调行业的自律性,实行会长负责制和秘书长聘任制,由秘书长主持律协机关办事机构的日常工作,在内部运行机制上也借鉴国外一些成功的做法,这是一种有益的尝试。

(五)进行律师管理体制改革是加强律协自身建设的需要,体现了广大律师的意志和愿望。改革开放的新形势,律师事业的大发展,给律协工作提出了新的更高的要求。提高律师的地位,充分发挥律师的作用,主要靠律师协会自身的努力。律协有律师之家之称,正因为这样,全国广大律师对这次律协换届工作给予了极大的关注,寄予了很大的希望,他们迫切要求通过这个窗口,开展联谊、培训、国际交往等活动,提高自身素质,开阔自己的眼界。经过换届,全国律协理事会成员来自执业律师,富于朝气和活力,与广大律师有着天然的密切联系,有条件也有义务及时了解他们的意见,反映他们的心声,更有利于加强律协自身的建设,更有利于维护律师的合法权益,帮助广大律师甩开膀子大干事业。

(六)这次全国律协换届是建立新的律师管理体制的一种尝试,特点鲜明,具有重要的示范作用。按照律师工作改革的要求,这次全国律协换届不是单纯的人事调整,而是管理体制的深刻变革,具有鲜明的特点和风格。一是形象新。这次大会,45岁以下的代表达225人,占68%。由优秀的执业律师组成新一届领导机构,朝气蓬勃,内行管内行,律协的领导不是行政官员,律协也不再有行政级别。二是强化了专门委员会的工作,自律性体现得更加充分了。三是运行机制有了很大的变化,实行执行会长轮流值班制。四是届期由四年改为三年,这将更有利于发挥执业律师的作用。所有这些重大变革,具有开创性和重要的示范作用。当然,也应该看到,我们国家地域辽阔,经济发展极不平衡。我们的律师工作改革就是在这样的国情、这样的历史条件下进行的。因此建立新的律师管理体制是一个过程,不可能一步到位,我们绝不搞一刀切。自1993年6月,我们把律师工作改革作为司法行政各项工作改革的重中之重以来,一直强调要认真贯彻邓小平同志倡导的解放思想、实事求是的思想路线,从实际出发,分别情况、区别对待、分类指导。律师管理体制的改革也是这样,允许各地根据实际情况,要采取积极慎重的态度。当前,一定要防止两种倾向,一种是不顾客观条件,照抄照搬,盲目蛮干,看起来轰轰烈烈地改革了,实际上律协的作用无法发挥;另一种是消极观望,得过且过,不思进取,面貌依旧。正确的态度应从实际出发,本着改革的精神,为逐步建立新的律师管理体制而努力探索。

中国的律师工作改革,说到底是要逐步建立起适应社会主义市场经济需要,符合我国国情,有利于同国际惯例接轨,充满生机活力的有中国特色的社会主义律师制度。改革的首要条件是解放思想,转变观念。改革每前进一步,都伴随着思想的解放。切实加强律师协会建设,建立新的律师管理体制,是我国律师工作改革的深化和完善。我们必须从长远和根本、全局和总体的高度来看待这件事,必须强化改革意识、增强责任感。在改革过程中,难免会发生一些这样那样的问题。对此,我们不能感情用事,胸襟要宽阔,要通过科学论证、理性思考、周密规划加以解决,决不能因为面临这样那样的困难和由此引发的各种非议,就动摇改革的决心,否定发展的路子。衡量我们各项改革举措的利害得失,我想,最主要看是否有利于改革开放、经济建设的大局,是否有利于民主法制建设,是否有利于律师事业振兴,是否符合广大律师的意愿和要求。凡是看准了的,就要大胆探索、大胆实施,要通过不懈的努力,逐步建立起一套适应中国国情、合乎世界潮流、更加成熟定型的律师管理体制。

三、加强律师协会的自身建设,充分发挥律师协会的职能作用

这次律师代表大会依照法定程序选举产生了新一届全国律师协会领导班子。这标志着建立有中国特色的社会主义律师管理体制迈出了实际的、重要的一步。从这个班子的结构看,既有经验丰富的老律师,又有生气勃勃的中青年律师,同时还有一定比例的女律师和少数民族律师,这个班子充分体现了改革的精神,符合改革的要求。可以说,这是一个朝气蓬勃的、有战斗力的班子。然而,这个领导班子的产生,只是建立新的律师管理体制的第一步,更重要的是要发挥这个班子的作用。作为全国性律师行业组织的新一届全国律协,要始终把工作重点放在国内,放在深化我国律师工作改革、发展壮大律师队伍、提高律师素质,为党和国家中心工作服务上来。要真正成为团结和带动广大律师,推动律师事业发展的坚强集体,成为联系党和政府与广大律师的桥梁和纽带。

(一)要充分认识新一届律师协会所肩负的历史重任,振奋精神,团结一致,努力工作。新一届律师协会是在我国改革开放不断深入,社会主义市场经济不断发展,民主与法制建设不断完善,律师工作改革不断深化的新形势下诞生的,既面临着做好工作的良好机遇,同时也面临着严峻的挑战。因而要充分认清形势，增强历史责任感和紧迫感，努力做好各项工作，要辩证地看待工作中的优势和不利因素。虽然有些同志缺乏律师协会管理方面的经验，但是，应当看到这届理事会的优势是主要的，全体理事都是由优秀的执业律师组成，来自实践第一线，有较强的业务能力，与广大律师联系紧密，这些都是得天独厚的优势。我相信，只要充分发挥这些优势，律协的工作就一定能够搞好，就不会辜负党和政府的重托，不会辜负广大律师的期望。

（二）充分发挥律协的职能作用，开创律协工作的新局面。这一届律师代表大会赋予新的全国律协更加繁重的工作任务。要完成这些任务，切实履行《章程》中规定的各项职能，是不容易的，是大有可为的，大有干头的。新一届律协要根据这次代表大会和律协章程的要求，充分发挥自身的优势，不断强化工作职能。

第一，要强化服务职能。“改革、发展、稳定”是全党、全国工作的大局，也是律师工作和律协工作的大局，律协的各项工作要服从、服务于这个大局，牢固树立和落实“大服务”的思想。必须认识到，树立和落实“大服务”的思想，既是市场经济、民主与法制建设、维护社会稳定对律协工作的要求，也是发展、壮大律师事业的需要。因此，律协的领导班子一定要从更高的层次、更宽广的视角去理解，去接受，去树立，去实现“大服务”的思想。要团结、带领广大律师积极参与、主动介入改革开放和市场经济的各个领域。为改革开放，经济建设，社会主义民主与法制建设，为维护社会稳定，为维护当事人的合法权益，提供优质的法律服务。通过“大服务”，不断创造律协工作的新业绩。要强化为广大律师服务的意识。律师协会的领导班子要成为律师的公仆，律师协会要真正成为律师之家，急律师之所急，想律师之所想，全心全意为律师排忧解难，使广大律师潜下心来，集中精力搞好本职工作。

第二，要强化自律性职能。随着律师工作改革的不断深化，加强对律师队伍的自律性管理提到了整个律师工作的重要位置。管理靠什么？一靠教育，二靠行规，三靠惩戒。新一届律协要充分发挥作用，把加强自律性管理作为一个大事来抓，加大管理的力度，要加强律师职业道德、执业纪律教育，维护律师队伍良好的社会形象。律师的形象直接关系到律师事业的兴衰存亡，关系到律师工作改革的成败。从总的情况看，我们律师队伍在政治上是可靠的，具有敬业精神和良好的职业道德、执业纪律，得到了社会各界的充分肯定和高度评价。但不可否认，律师队伍中，也存在着一些不容忽视的情况，极少数律师唯利是图，不顾职业道德和执业纪律，在执业活动中损害当事人的利益，损害法律的尊严，损害律师的社会形象，造成了很坏的影响。我们在坚定不移地维护律师合法权益的同时，也绝不袒护极少数律师违法乱纪的行为，对任何损害律师事业发展大局，损害民主与法制建设大局的行为决不姑息迁就。新一届律协在加强律师职业道德、执业纪律教育，维护律师的良好形象方面负有重要职责。一方面，要大张旗鼓地表彰、宣传优秀律师和律师事务所，使之起到典型示范的作用；另一方面要加强对律师职业道德和执业纪律的教育和监督，建立健全律师惩戒委员会，充分发挥惩戒委员会的作用，严肃查处违法乱纪的律师，以保证我国律师事业的良性发展，树立律师队伍良好的社会形象。为了切实加强对律师队伍的管理，新一届律协要加快行业规范的制定工作，特别是配合司法行政机关修改好《律师法》并争取早日出台。同时要随着《律师法》的出台，抓紧制定相配套的各项规章，使律师工作逐步走上规范化、制度化的轨道。

第三，要强化维护律师权益的职能。改革开放以来，随着我国社会主义民主与法制建设的发展，律师的社会地位逐步得到提高。但是，由于种种原因，侵犯律师合法权益的现象仍然存在，恶性案件时有发生。今年以来，就连续发生了几起恶性案件。例如，河北省律师任上飞被作为“人质”非法拘禁；山西省律师马海旺被当事人家属残害，致成重伤，右眼视觉丧失，上睑严重下垂，造成容貌毁损。这些案件在全国引起了强烈反响。司法部、全国律协和有关省的司法厅、律师协会对此十分重视。经过努力，有的已得到解决，有的正在解决之中。这些案件反映出，当前维护律师合法权益，保障律师执业不受非法干扰的任务仍然相当艰巨。律师工作非常辛苦，肩负着维护法律的正确实施和维护当事人合法权益的重任。律师的社会地位直接体现了国家民主与法制的形象，因此，律师依法执业的行为理应得到法律的保护，得到全社会的尊重和支持。法律决不允许少数人以种种借口侵犯律师的合法权益，特别是对律师进行人身伤害。对于侵犯律师合法权益的各种违法犯罪行为，必须坚决绳之以法。律师协会作为律师之家，维护律师的合法权益是其义不容辞的职责。新一届律协应当从保证律师事业健康发展的高度，从推进民主与法制建设的高度，进一步强化维护律师合法权益的工作，把这项工作放在重要位置上来抓。要加强对律师工作的宣传，增进全社会对律师工作的理解和支持；要敢于为律师伸张正义，为律师撑腰，维护律师的合法权益，维护法律的尊严。

第四，要强化培训职能。这几年，律师队伍的素质有一定的提高，但从整体上看，还不尽如人意，特别是熟悉并有能力办理诸如反倾销诉讼、海外投资、国际金融与期货贸易、国际间知识产权保护、领土与海疆纠纷，以及与关贸总协定有关的法律事务的人才很少。这种状况是历史造成的。在强调完善法制，依法治国的新形势下，我们应站在战略的高度，培养各类高层次的有国际声誉的律师。新的一届律协要配合司法行政机关，把培养高层次的律师人才作为一项跨世纪的工程来实施，争取在本世纪末培养出一批能够胜任改革开放需要，胜任社会主义市场经济发展需要的高层次律师人才，在国际舞台上，充分展现我国律师的雄姿。同时，要健全律协的各专门委员会，有规划、有针对性地指导律师业务的开展，不断拓展律师的业务领域。

第五，要强化沟通职能。律师协会具有广泛的群众基础，特别是新一届律协理事会成员都来自律师，贴近律师，了解律师的工作情况和规律，能够及时反映广大律师的意愿和要求，同时也便于把党和政府的大政方针，把司法行政机关有关律师工作的各项政策，化为律师的自觉行动。因此，新一届律协要强化沟通职能，使自己成为党和政府联系广大律师的桥梁，成为律师之间加强团结、密切合作的桥梁。同时，全国律师协会还要成为沟通中国律师与外国律师之间交流与合作的桥梁。要进一步开展对外交流与合作，为我国律师走出国门，面向世界，创造有利的条件。

此外，新一届律协对律协《章程》中赋予的各项具体职责和任务，比如：业务交流，经验总结，对外交往等等，都要逐项研究，制定切实可行的工作规划，并认真加以落实。

（三）努力把全国律协建设成为朝气蓬勃、运转灵活、团结高效的自律性组织。新一届律协要完成所面临的各项任务，充分发挥职能作用，关键要把自身建设搞好。要加强思想建设，用邓小平同志建设有中国特色的社会主义理论武装头脑，努力把握解放思想，实事求是这一理论精髓，创造性地开展工作。要联系律协工作实际，不断更新观念，尽快适应建立新的律师管理体制的要求。

要加强制度建设，建立健全良好的工作机制。邓小平同志曾多次强调过健全制度的重要性，他在总结党和国家的历史经验时指出："制度好可以使坏人无法任意横行，制度不好可以使好人无法做好事，甚至会走向反面。"制度问题"更带有根本性、全局性、稳定性和长期性"。新一届律协要根据自身的工作特点，抓紧建立、完善内部管理和运作的各项规章制度，包括议事规则、工作程序、人员管理、机构管理等等。并且严格执行这些制度，使律协自身尽快实行规范化、制度化。

要加强律协内部的组织建设，建立一个精干高效的工作班子。新一届律协理事会既要领导律协的工作，又要执行律师职务。在这种情况下，加强组织建设，建设一个运转灵敏、高效精干的工作班子显得格外重要。首先要加强党的建设，充分发挥党组织的战斗堡垒作用，这是实施正确领导、促进事业发展的根本保证。新一届律协在加强自身党的建设的同时，要切实加强律师队伍中党的建设，建立健全党组织，严格党的纪律，充分发挥党员的先锋模范作用。同时，要认真总结多年来律协工作的经验，完善律协内部机构，充实力量，要按照改革的精神，把律协的常设办事机构建设好。秘书长是律协常务理事会决策的执行和实施者，负责律协的日常工作，具有重要的作用。因此，秘书长要有高度的责任感、强烈的事业心和勇于奉献、开拓进取的精神，保证律协日常工作的顺利开展。

要加强作风建设，形成务实求实，团结一致的工作作风。要克服本位思想，形成新的工作作风，要时刻关心广大律师的疾苦，为他们创造良好的执业条件。要组织律师开展丰富多采的活动，为律师多办实事、办好事。需要强调的是，新的律协领导班子要搞好团结。领导班子成员要合作共事，互相补台，互相支持，绝不能搞内耗。要加强同律师的联系，包括同外国（境外）律师事务所驻华办事处律师的联系，配合司法行政机关加强对这些办事处的监督和管理。

四、司法行政机关要大力支持律师协会的工作

我国律师管理体制改革的目标，是要建立司法行政机关的行政管理与律师协会的行业管理相结合的管理模式，然后逐步过渡到在司法行政机关领导下的律师协会行业管理。实现这项改革任务，需要发挥两种职能和两个优势：既要发挥司法行政机关的行政管理职能和优势，又要发挥律师协会的行业管理职能和优势。在律师管理体制的改革过程中，司法行政机关和律师协会两个部门的关系是相互依赖、相互促进、辩证统一的关系，只有大力加强政府的宏观管理职能，充分发挥司法行政机关行政管理的作用，才能保证律师协会行业管理职能的正常发挥；只有进一步强化律师协会的行业管理职能，才能使政府的宏观管理更加符合实际。政府宏观管理的职能强化了，相对微观、具体一些的管理事务交给律师协会去办，一方面可以使政府更好地集中精力去抓宏观、抓大事、抓关键性的问题；另一方面，能够更好地发挥律协的行业管理职能，充分调动律协的管理积极性。同样一个任务，同样一个改革目标，集中两个方面的力量去办，效果肯定会更好。司法行政机关和律师协会两种职能的有机结合，两种优势的充分发挥，对于建立有中国特色的新的律师管理体制具有重要意义，单纯强调上述两种职能和两种优势的任何一方，忽视另一方的想法和做法都是片面的、不符合实际的，甚至是有害的。在这里，我们既要看到律师协会是联系广大律师和司法行政机关的桥梁和纽带，是借以实现律师管理目标的中坚力量，又要看到律师事业的改革和发展始终离不开司法行政机关的领导和管理，这是我国律师事业健康发展的根本保证。

随着改革实践的深入发展，正确处理律师协会和司法行政机关的相互关系需要特别注意克服并防止以下两个方面的倾向，一方面，司法行政机关忽视或者不重视律师协会的作用，没有把律师协会看成是事业的合作者，是自己的得力助手。完成律师管理体制的改革任务，单靠司法行政机关一家的力量是不行的。实际上律师协会和司法行政机关是我国律师管理链条上的两个环节，只是两个机构行使的职能不一样，它们都是律师的管理机构，其目的是完全一致的，在司法行政机关和律师协会之间没有根本的利害冲突，两者的关系一定要处理好。另一方面倾向是，律师协会忽视或者不重视司法行政机关的作用，自觉或者不自觉地削弱甚至摆脱司法行政机关对律协工作的指导和监督。司法行政机关是律师协会的指导和监督机关，这在党和国家的有关文件中是有明确规定的。律师协会的工作是整个律师工作的有机组成部分，司法行政机关是全国律师工作的主管机关，律师协会的工作自然应该而且必须服从司法行政机关的指导和监督。作为律协，一定要摆正这个关系，在指导思想上应该十分明确。实际上，有些事情通过司法行政部门来办，通过组织的关系来解决，效果会更好，这也是律协同志的共同体会。

进一步加强和改善司法行政机关对律协工作的指导和监督，大力支持律师协会的建设和工作，首要的任务是要根据改革的要求，切实转变政府职能，从微观管理转变为宏观管理。要狠下一番功夫，进一步强化司法行政机关的宏观管理职能，把行业管理的职能逐步下放给律协。各级司法行政机关应当认识到，职能的转变是大势所趋，不是你愿不愿行使这个职权，也不是你愿不愿放掉那个职权，而是要根据改革的要求，该行使的职权就保留，该放掉的职权就要放掉，该是律师协会的事，就要交给律协去办。从律师管理体制改革的实践看，司法行政机关对律师工作主要是实施宏观管理，例如制定律师行业发展规划，起草和制定有关律师工作的法律草案、法规草案和有关的规章制度；审批决定律师资格的授予和撤销；审批决定律师机构的设立和注销；对律师协会活动的合法性实行监督等。至于律师管理其他方面的职能如业务指导、纪律惩戒、教育培训等，逐步可以由律师协会来承担。需要说明的是，对于司法行政机关行使哪些方面的行政管理职能，律师协会行使哪些方面的行业管理职能，将要在即将出台的律师法和有关的规章中作出明确的规定。各地司法行政机关和律师协会都要按照法律和行政法规的规定严格遵照执行。为了使律师协会特别是新的一届律协履行好行业管理职能，各地司法行政机关要大力支持律师协会的工作，对律师协会工作中的困难，要积极地想办法，为解决这些困难创造条件。对律协职能范围内的工作如维护律师合法权益，收取会费等，司法行政机关要做律协的强有力的后盾，坚决支持他们开展工作。

对于律师协会来说，应当自觉接受司法行政机关的指导和监督，理解和支持司法行政机关的工作，把律协的工作自觉纳入司法行政机关指导和监督的范围，重大情况要向司法行政机关通报，听取主管部门的意见。对于司法行政机关的有关决定一定要认真贯彻执行。律师协会要与司法行政机关加强联系，紧密配合，积极协作，共同促进我国律师事业的改革和发展。同时，律师协会要明确，律协工作的发展最终还是要靠自己，主要依靠自己的力量来克服困难，开展工作。

同志们，我们所处的时代是一个改革的时代，我国律师事业的改革与发展已经进入了关键性阶段，摆在我们面前的任务艰巨而光荣。让我们紧密地团结在以江泽民同志为核心的党中央周围，坚持邓小平同志建设有中国特色的社会主义理论和党的基本路线，振奋精神，扎实工作，为建设有中国特色的社会主义律师制度而努力奋斗！

肖扬同志在法制日报创刊十五周年座谈会上的讲话

（1995 年 7 月 27 日）

同志们，值此《法制日报》创刊 15 周年之际，我代表司法部党组向报社全体同志表示亲切的慰问和衷心的祝贺，同时，借此机会，对一直关心、支持、帮助《法制日报》工作的政法机关、国家各有关部门及首都各兄弟新闻单位表示诚挚的谢意。

《法制日报》自 1980 年 8 月 1 日创刊以来，在上级党委的领导下，在兄弟新闻单位的支持下，在报社全体同志的共同努力下，各方面的工作取得了突出的成绩。15 年来，《法制日报》社以宣传党和国家民主法制建设的大政方针为宗旨，紧紧围绕经济建设这个中心，在报道立法、普法、执法方面的成就，推动市场经济法制建设的进程，促进社会治安综合治理的开展，交流司法工作经验，传播法律知识，表彰政法战线的先进集体和模范人物，反映人民群众的呼声和要求，弘扬正气，鞭挞丑恶等方面，付出了艰苦的劳动，作出了积极的贡献。

15 年来，经过不懈的努力，法制日报的发行量一直稳步增长，由创刊时的 10 多万份，发展到今天的近 120 多万份，发行范围遍及全国，在国外也拥有一批热心的读者，成为一份在国内外有一定影响的报纸。报社还在全国各省、自治区、直辖市、部分计划单列市建立了 35 个记者站和遍及全国的通讯员网络；今年，报社又在基辅设立了第一个驻国外的记者站。

目前，《法制日报》已由当初只有十几名工作人员的周一刊小报，发展成有 600 多名职工的综合报业实体。在出版《法制日报》的同时，受中央社会治安综合治理委员会、司法部的委托，法制日报还陆续创办了《长安》杂志、《中国律师报》，《市场法制导刊》杂志、《法制与新闻》杂志、《法制文萃报》。司法部委托法制日报社创办的“中华全国律师函授中心”在全国设立了 365 个辅导站或函授点，先后开办了 3 年制普通班和 3 年半大专班，近十年来，通过函授，为社会培养了 40 万法律人才，其中 1 万多人取得了律师资格。

在肯定成绩的同时，我们也应清醒地看到，《法制日报》的宣传报道工作还存在一些问题和不足。当然，办报不可能一点毛病都不出，但问题必须正视，不正视就无法改进我们的工作，就难以更快更好地前进。

综观《法制日报》的报道，我感到围绕大局、把握大局、服务大局的能力还有待进一步提高。具体表现在：报道的权威性、指导性还不够强。给人的感觉是：报道缺乏严密组织，深度不够，声势不壮，领域还不够宽，整体报道给人有点“散、乱、浅、窄、平”的印象。要改变这种状况，作为报社的领导班子和中层干部乃至每一名记者、编辑，都必须心系大局，立足大局，认清大局，研究大局，在宣传报道的导向、基调、内容上体现大局、服务大局。要做到这一点，报社的每一名记者、编辑，尤其是报社的领导及中层干部，政治要敏锐，头脑要清醒，眼界要开阔，信息要灵通。报社党委、编委会要经常想大事，议大事，了解全局，认真领会中央的精神及政法领导机关每一时期的工作重心，及时、准确、有效地做好宣传报道工作。

15 年来，《法制日报》由小到大，已成为一张深受读者欢迎，有一定社会威望的全国性大报。但我看仍有巨大的潜力可挖，还可以发挥更大的影响力。这就必须解决一个思想问题，即：全社上下，要有将《法制日报》办成全国一流大报的意识和信心，这应当成为全体法制报人的共同追求和奋斗目标。要做到这一点，报社全体同志必须心往一处想，劲往一处使，一切为了办报，一切为了出好报，一切为了使《法制日报》成为全国一流的报纸。

首先，思想要统一，特别是报社领导班子的思想要统一，要团结一致，相互配合，励精图治，来一个第二次创业，再创辉煌。报社的主要领导应当将主要精力集中在办报上，三心二意不行，半心半意也不行，必须全心全意。领导思想统一了，班子的精力放在了办报上，才有凝聚力，记者编辑才会为报纸尽心尽力。

其次，一流的报纸需要有一流的管理运作机制。改革没有止境，报纸的改革同样没有止境。要按照办报的规律，吸取国外报纸和兄弟报纸的办报经验，逐步建立一整套适应新闻采编工作的高效高质的管理体制。决策系统要指挥有方，机构设置要精简高效，新闻采编应集中统一，生产环节要快速畅通，后勤部门应保障有力，报纸工作要规范有序，奖惩机制应健全有效，报社环境要清洁整齐，信息系统应反应灵敏……。总之，报纸管理体制的改革必须服从服务于创办一流报纸这个大局。

第三，要下大力气培养一批名编辑、名记者。新闻传媒间的竞争，说到底是人才的竞争。没有一批名编辑、名记者，创办一流报纸就无从谈起。只有拥有一批名编辑、名记者才会在激烈的报业竞争中立于不败之地。名编辑、名记者创造一流报纸，一流报纸造就名编辑名记者，两者是相辅相成的。目前，《法制日报》之所以还有不少不如人意的地方，缺乏名编辑、名记者不能不说是重要原因之一。因此，《法制日报》欲更上一层楼，成为一流报纸，必须将培养造就一批名编辑、名记者的工作提到报纸工作重要的议事日程。报社应建立完善鼓励多出人才、快出人才的机制，创造一种发现人才、尊重人才、重用人才的环境、条件和氛围。企业界有名牌战略的说法，报纸也应有一个培养名记者名编辑的战略目标。同时，作为编辑、记者，要有一种为法制新闻事业献身的精神，要敬业、爱报，要高标准、严要求，遵守新闻报道的客观规律，遵守职业道德和执业纪律，以自己的每一篇报道，每一个行动，为《法制日报》的美好未来增色。

希望《法制日报》借创刊 15 周年的契机，发扬成绩，总结经验，吸取教训，在此基础上，不断改革创新，开拓进取。在中央政法委员会的领导下，司法部作为法制日报的管理单位，今后将继续发挥宏观管理的职能，为法制日报的发展提供更多的帮助。总之，让我们共同努力，为将《法制日报》办成一张中国一流大报而奋斗。

肖建章同志在司法部直属单位后勤工作会议上的讲话

（1995年8月24日）

经部党组批准，司法部直属单位后勤工作会议今天开幕了。这是专题研究部直属单位后勤工作的一次重要会议。这次会议的主要任务是，以邓小平同志建设有中国特色社会主义理论为指导，落实大服务思想，总结两年来部直属单位后勤工作，研究部署下一阶段后勤工作的改革任务，表彰近几年来部直属单位后勤战线上涌现出的先进集体、先进个人，改选院校后勤管理研究会。在此，我代表部党组，向荣获后勤工作先进集体、先进个人称号的单位和个人表示热烈的祝贺，向在后勤岗位上辛勤工作的同志们表示亲切的慰问。

近两年来，部直属单位后勤工作在各级领导的重视下，在各方面的理解支持下，广大后勤干部职工勤奋工作，锐意改革，为教学、科研、新闻、出版等项事业提供了良好的工作和生活环境，为广大职工、学生提供了良好的服务，保障了本单位各项工作的顺利开展。这些成绩主要表现在：各级领导和广大干部职工对后勤工作的重要性有了进一步的认识，关心和重视后勤工作的良好的内外部环境正在逐步形成；各项改革措施得到进一步深化，收到了明显的社会效益和经济效益；开源节流，努力创收，弥补经费不足，推动了事业的发展，并且创造了一定的物质基础；后勤队伍的素质也有了很大的提高。具体来讲，财务管理更趋科学化，资金使用效益明显提高，经费保障状况有了好转；基建工作起到了“先行”的作用，投资效益有了较大的提高；总务工作强化了内部管理，落实了各项责任制，使后勤保障能力得到进一步加强。

在肯定成绩的同时，我们也必须清醒地看到，在后勤工作中仍然存在着一些问题，这些问题制约和影响着后勤工作的改革与发展。主要表现是，有的同志，特别是有的领导同志，对后勤工作的重要地位和作用认识不全面，对后勤工作改革的重要意义理解不够深刻，对后勤改革抓的不力，后勤改革的力度不够大，对工作中出现的问题和困难，解决起来感觉到办法少、思路窄，影响了后勤工作的发挥；资金短缺、设备落后、管理工作跟不上改革的步伐，使后勤工作的作用不能完全发挥出来；后勤队伍的整体素质有待继续提高；后勤工作人员待遇偏低等有关问题也亟待解决；否则就不能适应新形势发展的要求。在这种形势下，如何提高各级领导对后勤工作地位、作用和重要性的认识，如何深化后勤工作改革，如何加强后勤队伍建设等问题，还需进一步研究解决。

为此，我们要通过这次会议，进一步提高对后勤工作重要性的认识，加大后勤工作改革的力度，切实解决后勤工作中面临的问题和困难，使后勤工作更好地适应社会主义市场经济发展的需要，适应各项改革的需要，更好地发挥服务、保障作用。

一、进一步深化对后勤工作重要意义的认识

在发展社会主义市场经济的新时期，司法行政工作改革与发展的任务十分繁重。无论是建设现代化文明监狱、劳教所、深化律师等法律服务工作的改革，还是加强法学教育和法制宣传工作，都需要花费更大的力气，需要创造多方面的条件予以支持。其中后勤工作是必不可少的、是十分重要的一环。后勤工作，既是为机关单位提供物质保障的基础性工作，又是政治性、政策性很强的工作，因此在保证机关工作正常的运转方面有着重要的地位和作用。有句成语，叫“兵马未动，粮草先行”，揭示了后勤保障工作的基础和先导作用。历史上，由于后勤保障跟不上导致战争失败的例子是很多的。我们党历来重视后勤工作，在战争时期，毛泽东同志把后勤工作看作是动员群众，取得战争胜利的保障。他在《关心群众生活，注意工作方法》一文中指出：“解决群众的穿衣问题，吃饭问题，住房，柴米油盐问题，疾病卫生问题，婚姻问题。一切群众的实际生活问题，都是我们应当注意的问题。”中国革命能够取得胜利，重要原因之一就是依赖于我们有力的后勤保障。试想，如果没有大生产运动，我们何以能“丰衣足食”，何以能积蓄力量，打败日本帝国主义？如果我们没有广大人民群众支援前线，何以能打败国民党的反动统治？所以后勤保障工作不仅在战争年代十分重要，在建设时期，同样十分重要。邓小平同志1978年对科技战线的同志讲：“一个单位有三个人要选好，一个是党委书记，一个是领导科研或教学的人，还有一个是管后勤的”，“有了这样的三把手，事情就比较好办了。”在谈到教育、科研的后勤管理时指出：“科研、教育的后勤部门，工作量大，改革性强，十分重要。”为了提高对后勤工作地位的认识，他又明确指出：“我愿意当大家的后勤部

长，愿意同各级党委的领导同志在一起，做好这方面的工作。”他还强调指出：后勤工作“也是党委的工作内容。”毛泽东、邓小平同志作为伟大的无产阶级革命家，十分重视后勤保障工作，从理论上解决影响后勤工作的根本问题即领导对后勤工作重要地位和作用认识问题，为我们做好后勤工作指明了方向，树立了榜样。邓小平同志还讲过：“后勤部门，工作量大，政策性强，十分重要”。这是因为，党的基本路线，党中央、国务院在一个时期的方针，政策和重大举措，都要通过各级党委和政府贯彻执行，机关后勤工作是直接为党政机关开展各项工作服务的，这本身就有很强的政治性和政策性。而且后勤工作还要直接参与控制集团消费，抑制消费基金过度膨胀，厉行节约以及密切党群关系等等，可以说，无论是物质文明建设，还是精神文明建设，都要通过后勤工作去落实和体现，后勤工作质量的好坏直接影响到单位的整体工作。因此，还要从政治政策角度看待后勤工作。党政领导要坚决摒弃“后勤工作谁都能干，用不着党政领导研究”的旧观念，提高认识，将后勤工作纳入党政领导成员的视线，经常研究解决后勤工作中存在的问题，保障后勤工作的顺利发展。同时，要教育广大干部职工对后勤工作的重要地位和作用要有充分的认识，满腔热情地支持后勤工作，理解后勤工作，使后勤工作在大家的支持下，越办越好。

二、转变观念，加大直属单位后勤工作改革的力度

当前，后勤工作面临着建立社会主义市场经济体制和各项工作改革的新形势。随着社会主义市场经济体制的逐步建立，我国的改革开放和现代化建设事业进入了一个新的发展阶段，建立社会主义市场经济体制是具有划时代意义的变革，将对经济基础和上层建筑的各个方面都会产生深刻的影响。部属单位的后勤工作作为国民经济的组成部分，不管有何种特点，都必须适应社会主义市场经济的发展。做到这一点，就必须解放思想、更新观念、加大后勤工作改革的力度。

要实现后勤工作的改革，首先要实现四个转变：一是从计划经济观念向市场经济观念转变。摆脱计划经济体制下的惯性思维，跳出原来的单纯按依靠拨款消费型的条条框框，加强对市场经济知识的了解，牢固树立市场观念，不断增强参与市场竞争的主动性；二是由自我封闭向全方位开放转变，从封闭保守的小农经济意识中走出来，克服“小而全”、“万事不求人”的观念，开阔思想，开阔视野，打开“围墙”，全方位开放，实现大后勤；三是由低层次单一的、对内服务、自我服务，向树立社会大服务的思想意识转变，将服务活动推向社会；四是由无偿的福利供给型向讲求一定的经济效益型转变。

首先，明确院校社所后勤工作改革的指导思想和方向。

院校社所后勤工作改革，要以邓小平同志建设有中国特色社会主义理论为指导，坚持党的基本路线，按照社会主义市场经济体制的要求进行改革，建立起具有中国特色的后勤服务体制、体系。根据院校社所后勤工作具有教育、科研、宣传和商品经济双重属性的特点，既要遵循自有规律，也要按经济规律办事，充分发挥后勤工作所具有的服务、管理、经营、育人等多方面的功能。

后勤工作改革的方向，是逐步实现后勤服务社会化。它是社会主义市场经济的客观要求，是社会生产力发展的必然，是教育、科研、新闻、出版等事业发展的必然。它的本质不是由谁来办的问题，不能简单地理解为由内部人员来办还是交给社会人士来办，而应从经济学的角度出发，运用什么机制来办的问题。所谓后勤服务社会化，就是后勤工作可以用社会化生产方式去组织生产和服务，改变“院校社所办社会”的状况，是通过改革传统的管理体制和运行机制，建立服务主体企业化、服务成果商品化、服务对象社会化、服务方式多样化的新体制、新机制，使服务者和被服务者都进入市场，充分运用价值规律，实现服务产品生产和经营活动社会化。

其次，近期必须抓好管理体制和运行机制的改革。后勤服务社会化，既是后勤改革的方向，也是其长远目标。在近期，要走优化、强化后勤服务体系的路子，进行后勤内部管理体制和运行机制的改革，把后勤服务单位办成自主经营、独立核算的服务经济实体，实行事业单位企业化管理。

一是改革后勤管理体制。改革直属单位后勤管理体制，从根本上说，就是要使过去那种依附于、服务于计划经济的后勤体制，转变为依附于、服务于社会主义市场经济的后勤体制。把单一的后勤的行政管理逐步转变为企业管理。在当前，要按照“事企相对分开，两权适当分离”的原则，建立起一种新型的、充满活力的管理体制，其模式就是“小机关、多实体、大服务”。

直属单位后勤部门要实现“小机关”，就是通过精简机构、减少层次、转变职能，将后勤部门的有关职能处室合并为一个小机关。实行行政领导负责制，它代表本单位行使后勤行政管理权，其主要职能是对服务实体行使规划、协调、指导、监控、检查、评估职能，实行宏观管理，以及对实体主要负责人（法人代表）的聘任、考核、奖惩。小机关要建立二级财务。

所谓“多实体”，就是指撤销大部分原后勤科室后，根据专业性质，分别组建若干个相对独立的经济实体和承包（经费任务承包）实体，如饮食服务公司、房产基建修缮公司、汽车运输公司、通讯服务公司、生活服务公司等。要搞三产，必须实现体制转变，这些服务公司要以服务为中心，开展多形式、多层次的服务，对内实行有偿服务，对外实行经营服务，逐步实现自主经营、自负盈亏、自我约束、自我发展，减轻学校的负担，为实行后勤工作社会化创造条件。各单位，包括部机关，都要做好这个计划。

直属单位后勤工作要实现“大服务”。后勤工作的改革必须贯彻“大服务”的思想。肖扬部长在部里几次重要会议上都强调全体司法行政干警必须树立大服务思想，只有牢固树立这一思想，我们的工作才能出现新的起色。后勤工作既是一项保障性工作，又是一项服务性工作，后勤战线广大职工树立大服务思想十分重要。我们的改革也必须贯穿大服务的思想，具体来说，就是要在服务领域、服务对象上，在适应机关单位多层次需要的基础上，逐步扩大社会服务。要把后勤服务工作做到广大干部职工最需要的地方和最需要的时候，只有这样，才能使后勤工作在改革中不断发展壮大，使改革赢得广大干部的支持和关心，走上健康的道路。各单位要认真研究后勤工作对内对外相结合的问题，扭转后勤工作赔钱状况。

二是改革运行机制。改革后勤运行机制，就是改变单一的行政管理机制，把竞争机制、激励机制等引进到后勤服务工作中去，从根本上将后勤从计划经济统筹下的供给制轨道上转移到受市场经济制约、按价值规律办事的轨道上运行。逐步变无偿服务为有偿服务；变各种暗补贴为明补；变只计算直接成本的半成本服务为计算直接成本和间接成本的全成本服务；变后勤工作的行政行为为企业的经济行为。

直属单位在体制改革中组建起来的服务实体，大致可分三种类型运行管理。一是管理服务型。对于不具备经营条件的部门或项目，可以实行定额目标管理，在定编、定岗、定责、定工作量的基础上，实行任务、经费承包责任制。经费节余留用，超支不补，单位拨给一定数量的奖金。二是有偿服务型。初步具备经营条件的部门或项目，要充分利用现有设施、技术、人员优势，严格成本核算，积极开展多渠道服务活动，扩大创收项目，逐步减少学校补贴，实现内部的半企业化管理。三是经营服务型。具备经营条件的单位可率先实行事业单位企业化管理，给予人、财、物的自主权，在保证为校内让利服务的前提下，面向市场经营服务，按规定上缴利润。企业化管理是社会化服务的前提，要成熟一个，发展一个，不断推进后勤服务社会化的进程。

改革运行机制，还要加大劳动、人事和分配制度改革的力度。根据固定编制和流动编制相结合的原则，实行多种形式的全员逐级聘任制和合同制。在聘任工作中，要打破干部、工人界限，竞争、择优上岗，在什么岗位工作，享受什么待遇。这是个大问题，一定要更新观念，改变那种干部、职工、临时工不平等待遇的陈旧观念。院校设立的人才交流中心，要接纳后勤部门的富余人员，让他们接受继续教育和技术培训，保持后勤干部素质的稳步提高，同时也可以增长另择职业的才干。

在工资和分配上，主要按业绩、贡献和岗位享受相应待遇。实行承包制和企业化管理的单位，工资分配制度要与效益挂钩，应在四定（人定岗，岗定责，责定分，分定酬）的基础上，真正体现多劳多得，按劳分配原则，实行多种形式的分配制度，如浮动工资、日工资、计件工资、计时工资、岗位工资等，各单位根据自己的情况，哪种办法好就用哪种，并向技术岗位和脏、累、苦、险、强的岗位倾斜。现在这些脏、累、苦等活多由临时工干，但待遇又低，这个问题应及时解决。临时工和正式工的岗位津贴、奖酬金应同工同酬。

后勤工作改革要坚持实事求是的思想路线。一要向外单位学习，二要积极探索尝试。要敢于试，敢于迈出第一步，敢于吃第一口，只要我们认真调查研究，实事求是地提出改革方案，就能有所突破，即使不成功，也可以取得一些经验。胆子要大。

三、更新观念，增强预算外收入的创收能力

经费紧张是院校社所存在的普遍性困难，制约和影响着院校社所的发展，也影响了后勤工作改革的进程。近几年来，国家在财政状况不是太好的情况下，增加了对教育、科研等部门的投入，但仍不能从根本上解决院校社所经费不足的困难。解决这一困难的最好办法，就是改革。不改革，小困难会变成大困难，进行改革，大困难可以变为小困难。形势迫使我们必须在预算外创收上狠下功夫，多渠道筹集资金，才能弥补经费的不足，才能保障直属单位发展的需要。现在竞争很激烈，创收搞得好，人才才能留得住，创收问题是制约我们后勤工作改革的一个大问题，这里单独提出来谈。

1. 增强预算外收入必须更新观念

首先，各级领导必须对抓好预算外收入的重要性、艰巨性和长期性有一个清醒的认识。随着改革的不断深入和院校社所规模、质量上的发展，经费不足的严重问题将会长期存在，事业的发展和国家的投入不可能完全吻合，往往是发展得快，国家投入跟不上，不尽早抓好预算外收入，就会使各项事业不仅不能得到发展，而且会停滞、甚至滑坡。因此，院校社所的领导同志，要对预算外创收有一个正确的认识，要有紧迫感。

其次，在抓预算外收入时，必须转变观念。近几年来，院校社所的预算外创收工作有了一定的成绩，但与实际需要还有很大差距，没有大的发展，关键是没有很好地转变观念。长期以来，我们形成了学校只能通过办学来搞预算外收入，报社只能靠广告、发行等搞预算外收入，养成了“靠山吃山”的习惯思维。这个观念不是错误的，但不全面、思路太窄。搞好预算外创收，必须转变观念，要变“靠山吃山”为“靠山致富”，要变“院内创收”为“院内院外都创收”，要变单一的创收办法为多途径、多渠道的创收办法,变盲目决策为科学决策,逐步形成一套完整的、有长远发展意义的创收思路。

2. 搞好预算外创收的思路

预算外创收的根本目的,首先是弥补院校社所的经费不足,保障事业的发展,其次要通过预算外创收,逐步改善和提高广大干部职工收入。搞预算外创收,不是哪几部门的局部利益,而是一个单位的整体利益,当然具体进行创收工作的单位,从分配上要高一些,其他部门也不要眼红,如果大家都盯着他们的口袋,那么创收工作是不可能搞好的。搞好创收工作,必须对搞创收工作人员有优惠的政策,真正体现按劳分配原则。

基于此,我认为搞好预算外收入的思路是:一要发挥知识、人才优势。院校社所最大的优势是人才的优势和知识的优势,要认真总结前一时期院校办学的经验和问题,深入了解社会各界对法律知识的需求,面向社会,从规模、效益上研究出办学的新形式、新动作。据我了解,现在社会上对法律外语翻译有较大的需求,院校可以搞个法律外语翻译公司。这个事情我们法律院校完全有这个条件干。根据我们自身的优势,社会需要什么我们就搞什么,要多搞些调查研究,同样也要充分挖掘我们院校内外的人才优势;使后勤工作路子更广些。院校和研究所可以进行有组织的有偿服务活动。二要发挥物的优势。院校的食、住、学设施应当是比较齐备的,要在加强管理的基础上,充分利用每年两个假期的空闲,发挥食、住、学的优势,可以搞一些文化旅游等活动,来增加收入。国外一些大学在假期,就利用公寓搞一些盈利活动。后勤部门的水、电、暖等部门,也可以组织相应的创收工作。学校物的优势有很多,要学好利用,学会打时间差,从发展第三产业中寻找出路。三要内引外联,创办实体。根据现在掌握的情况来看,许多单位已经创办的实体,除个别效益较好外,大部分只能维持,有的甚至被骗、倒闭。创办实体必须认真地分析和吸取教训,对前一段存在的问题要搞清是政策原因还是人的原因,是决策的原因还是实施的原因,是我们自身的原因还是外部的原因。在分析原因的基础上,要有一个新的起步,不能"一朝被蛇咬,十年怕井绳"。创办实体,要搞内引外联,形式可以多样,合资、股份、合作经营都可以。资金不足是我们劣势,但我们有优势,有优惠的政策,可以通过土地、房屋、设备等进行联合,使院校社所有稳定的、固定的预算外收入,增强我们的经济实力。

3. 创收工作要制定制度,加强管理

这几年部直属单位创收能力提高幅度不大,很大的原因是制度和管理跟不上。因此加强创收工作的制度建设,加强管理是当务之急。首先要建立一套制度,包括组织制度、运作程序、责任制度、分配制度,财务管理制度、奖惩制度等,有了这一套制度,工作才能有序地进行,才能使创收工作走上正轨。其次要加强管理。加强管理不是管死,而是要加强方向性的宏观管理,依照制定的制度从项目的立项、经营到核算,进行严格的管理。要特别注意决策的科学性,决策之前一定要进行广泛调查研究和论证,不能只看到这个"热"那个"热",而缺乏对"冷"的预见,要保持决策者的头脑不"热",使决策科学、合理,走一条正确的创收道路。各单位回去后要认认真真地研究这个问题。把研究的情况及时向上通报。

四、加强对后勤工作的领导和后勤队伍建设

部属单位后勤工作是国家赋予司法行政部门的重要职能之一,其工作成效直接关系到国家法制建设的发展和繁荣。部属单位后勤工作正处在一个改革的过程中。因此,部直属单位的领导同志必须高度重视后勤工作,切实加强对后勤工作的领导。

院校社所党委要按照小平同志关于后勤工作是"党委工作内容"的要求,进一步提高后勤改革必要性和意义的认识,要满腔热情地关心、支持后勤改革,把后勤改革放在综合改革的重要位置,纳入议事日程。要根据这次会议的部署,结合自己的情况,制定具体的实施细则,立即付诸实施。该快就快,要有紧迫感。司法部将在适当时候组织检查验收。要加强后勤部门的班子建设,配齐、配强后勤部门的领导班子。要转变观念,坚决克服"统、管、包"的思想,要想大事、议大事、管大事。要认真研究和探索后勤改革的方向和措施,确定改革的目标和任务,为改革把关定向。要帮助后勤解决改革中出现的困难和问题,确保改革健康发展。要给后勤以宽松的政策,用"放水养鱼"的办法,让后勤有更多的自主权。在经营方式、经营内容、内部分配等方面,放权到经济实体。

必须大力加强后勤队伍建设。要搞好后勤改革和后勤服务,必须建设一支思想过硬、作风廉洁、热心服务的后勤队伍。邓小平同志在谈到科研和教育后勤工作的领导干部和后勤工作人员的条件时指出:要"热爱本职工作"、"甘当无名英雄"、"热心为大家服务"、"勤勤恳恳,扎扎实实地工作"、"廉洁奉公,当好红管家"、"任劳任怨"。根据小平同志的思想,在加强后勤队伍建设的问题上,我着重强调提倡六种精神:一是锐意改革的精神。后勤干部、职工要树立锐意改革、开拓进取、勇担风险、积极创收的自信、自立、自强精神,在探索适合社会主义市场经济的后勤管理体系中再立新功;二是刻苦攻坚的精神。后勤干部、职工要树立不畏艰险,不怕困难,不达目的决不罢休的思想,这样,后勤改革才能深化下去;三是树立热心服务的精神。要树立热爱本职,倾心后勤,热心服务的敬业精神,这样,才能钻进去,干好后勤。四是树立甘于奉献的精神。做后勤工作的同志,要克服"争功诿过,图名求利"的思想,树立默默奉献，甘当孺子牛的精神，这样，才会不计个人得失，千方百计做好后勤工作；五是树立艰苦奋斗精神。后勤工作管钱、管物，一定要做到物尽其用，双增双节，少花钱多办事，当好红管家，在有限经费条件下，保证单位工作正常运转；六是树立廉洁自律的精神。后勤管理干部有财权、物权、人权，是“实权派”，不能有优越感、特殊感，一定要在工作中不搞“近水楼台先得月”，不搞假公济私，不搞行业不正之风，不违反财经纪律，不贪污、受贿，做到为政清廉、克己奉公、严守法规、秉公办事。

要切实帮助后勤职工解决工作和生活中的实际困难。各级领导要切实关心、爱护、理解后勤队伍，要认识到，这支队伍的稳定，关系到机关的稳定，关系到院校的安定团结，影响着机关能否坚持正常工作，能否保证正常的教学、科研和工作秩序。要关心他们的政治进步，积极发展他们中的优秀分子加入党团组织。要经常深入到他们中间，倾听他们的意见，了解他们的疾苦，对他们反映的问题，要尽快尽力解决。对这一部分同志的录用干部、提升、晋级、定职称等问题，要一碗水端平，不要卡得过死，凡符合条件、单位又有编制或指标的，要尽快予以解决。转干指标主要解决后勤职工，比例要占百分之七、八十。要加强对后勤干部的培训和教育。经过几年的努力，后勤干部的整体素质有了明显的提高，但仍不能完全适应工作需要。要为他们创造学习、进修的机会，不要因为工作忙、任务重就耽误了他们提高的机会，要用发展的眼光来对待后勤干部的培训教育工作。要十分重视后勤队伍业务素质的提高。要深入开展业务培训、技术练兵、技术“比武”，培养选拔“技术尖子”，以此带动整个后勤队伍业务素质的整体提高。部计财司可以研究一下，在适当时候搞一些技术比武。这个办法我看是可以行得通的，也是行之有效的。要大胆地提拔经过实践锻炼的优秀青年后勤干部到领导岗位上工作。在分配上，要向脏、苦、险、累等岗位倾斜。主管领导要解决思想问题，要让广大职工尝到后勤工作改革的甜头，充分发挥他们的积极性、主动性和创造性，保障后勤工作改革的目标的实现。另外，我们还要注意宣传自己，要大张旗鼓地宣传先进人物，先进集体，激发后勤干部职工的积极性，使我们后勤队伍充满活力。通过宣传也可以扩大影响，得到其他部门的理解和支持，所以我们在搞好后勤工作的同时，一定要重视宣传工作。

这次部直属单位后勤工作会议是一次很重要的会议。希望会议结束后，各地要从实际出发，采取多种形式，尽快将会议精神与有关部门的领导和基层同志见面。通过传达、落实这次会议精神，形成了一个解放思想、深化改革的生动局面，形成一个勇于改革、勤于实干的气氛，把我们的后勤事业推向一个新的台阶。

韩灵同志在司法行政系统查办案件交流会上的讲话（有删节）

（1995年8月29日）

8月初，中纪委、监察部分别在河北、北京召开了全国查办案件情况交流会和理论研讨会。尉健行同志和侯宗宾同志在会上作了重要讲话，要求各级纪检监察机关要加大查办案件的力度，加快进度，在年内突破一批大要案，推动反腐败斗争的深入发展。会上，中纪委要求派驻各部委纪检组对本系统查办案件的情况进行一次督促检查。为了贯彻落实会议精神，司法部分别在烟台、昆明、兰州、重庆等地召开四个小会，专题汇报今年上半年查办的案件情况，研究部署下半年查办案件的任务。根据大家汇报的情况，结合司法行政系统的实际，我讲几点意见。

一、今年上半年查办案件的情况

当前，全国查办案件的形势是好的。党中央、国务院、中央纪委对查办案件工作十分重视，多次作出重要指示和部署。特别是王宝森的问题被揭露以后，审查力度之大，进度之快，是大家没有想到的。在查清的基础上，中央及时、果断地作出“开除王宝森党籍、撤销其党内外一切职务”，“对陈希同同志进行审查”的决定，得到了全党和全国人民的衷心拥护，大大增强了全党和全国人民反腐败的决心和信心，提高了党中央的威信。党中央对王宝森案件的处理，不仅对腐败分子起到威慑作用，同时对领导干部特别是高级干部起到警钟作用，对党员群众起到鼓舞作用，对反腐败斗争起到推动作用，对我们查处大案要案也是一个有力的推动。目前司法行政系统和其他系统一样，上上下下坚决查处大要案、严惩腐败分子已经形成不可阻挡的势头。

从司法行政系统来看，查办案件工作的情况总的来说是好的，进展是快的，成效是明显的。今年上半年，共查处大要案件74起、76人。经济案件47起、48人(其中万元以上的40起、41人);失职渎职案件23起、23人;其他案件4起、4人。案件中涉及处级以上干部20起、20人,移送检察机关处理的47起、47人(已完成司法程序的20起、20人),党政机关已结论处理的14起、14人。这些案件主要有以下特点:

1. 大案要案呈上升势头。2. 经济犯罪案件数量在案件总数中仍然占主要地位。3. 处级以上领导干部违纪案件有所上升。4. 执法犯法的问题仍较为突出。5. 重点部门、热点部位案发比例较大。6. 顶风作案不断发生。

今年上半年,司法行政系统查办案件之所以取得较好成绩,主要原因是:

1. 领导重视,加强了对办案工作的领导,这是关键和保证。各级党组(委)都把查办案件作为反腐败的重要工作,以反腐败带动查办案件,以查办案件促进反腐败的深入开展。各省厅主要领导亲自过问案件的办理,亲自听取汇报,找当事人谈话,排除阻力、给予人力、经费、交通工具等方面的大力支持,使案件查处顺利,效果明显。

2. 广大群众的支持。广大群众对腐败现象深恶痛绝,积极举报,提供案源,协助调查。很多案件,特别是大要案基本上是群众举报、反映核实搞出来的。今年举报呈上升趋势,与去年同期相比,重要案源有所增加,其中举报领导干部贪污受贿,以权谋私问题的占较大比例。一定要坚定不移地相信群众,发动群众,鼓励举报,发现线索,扩大案源。

3. 纪检监察干部认真查办。大家能够忠于职守、秉公办案、坚持原则,一身正气,以对党的事业,对人民的利益高度负责的精神,积极投身到反腐败斗争之中。同时积极主动地与审计、公安、检察、法院以及行政执法部门联系、配合,形成合力。大家工作辛苦,难度大,付出了心血,也冒犯了一些人,得罪了一些人。有些同志受到威胁、中伤、造谣、恐吓、殴打、诬告等等,但我们的同志不怕、不让、不退、不软。事实证明,我们的纪检监察队伍是过硬的,是党和人民可以信赖的,也是能够适应反腐败斗争需要的。

上半年,各级纪检监察部门在办案工作中作了大量艰苦的工作,查处了一批有影响的案件,取得了一定成效,积累了一些较好的经验。但是,从全系统看,办案工作还是存在一些问题,需加以改进:

一是有些部门和单位的领导对查办案件重视不够,对查办案件的重要性认识不足,口头讲得多,没有能够及时研究案件,听取汇报。对办案人员在工作中遇到的困难、阻力帮助解决不够,特别是对于一些重大案件给予有力的支持不够。有的甚至设置一些障碍,影响挫伤办案人员的积极性。

二是办案的力度不够,致使一些重大案件久拖不查,久查不结。

三是在案件的查处中抓不住重点和要害。这不仅反映我们的思想方法和工作方法问题,而且也反映了我们查办案件的业务水平。我在听取一些案件汇报中,总有一个感觉,就是抓不住重点、主要问题和要害问题,人力物力时间费了不少,但重点问题没有搞清楚,影响办案的进度,延长结案的时间,同时也减弱了惩治腐败分子的力度。

四是工作发展不平衡。不平衡是可以理解的,确有些是正常现象,但从各省上报的案子来看,有些是不正常的现象。有的省有大要案,有的省没有大要案,有的省查处大要案件10多起,有的省连一起也没有。没有的原因是什么呢,当然我们应该从实际出发,除了工作做的好,教育的好,预防的好或真正没有大要案外,如果由于我们工作不深入而没有发现;或是发现有重大线索,没有组织力量去查处;或是信息不通,下面的案件情况收不上来;或是查处了,出于某种原因有顾虑,怕影响工作成绩不上报,等等,就值得我们深思和改进了。要坚持实事求是,严格防止有案不查不报的现象。

五是与有关部门的配合协调不够。有些案件该及时向有关部门通报的,未能及时通报,该及时移交检察机关的未及时移交,有的移交也不再联系,致使有些案子长期得不到处理。

六是处理不严,有失之于宽的现象。有的大事化小,小事化了,感情用事,说情包围,部门保护主义等等,该处分的不处分,该重处分的而轻处分。

二、对下半年查办案件工作的几点要求

1. 进一步提高对查处大要案的认识。对案件是否认真查处,是真反腐败还是假反腐败的问题,是取信于民还是失信于民的问题,是能否进一步把反腐斗争引向深入的问题。上半年,我们司法行政系统查处大要案工作有明显的突破,这充分说明:只要坚持不懈地按党中央、国务院和中纪委确定的指导思想和工作部署认真去抓,是可以逐步把一些重大的违法犯罪问题揭露出来的,并得到严肃处理。已查处的案件,再次给我们敲响了警钟,说明司法行政系统并非"一无钱、二无权、无腐败可反"。从揭露出来的情况看,腐败问题确实存在,有的相当严重,触目惊心。当前和今后查办案件任务仍然非常艰巨,务必高度重视。

2. 继续加强对办案工作的领导。各级党组(委)要把办案工作作为一件大事,加强领导,抓紧抓好。主要领导要掌握大要案的主要情况,帮助解决困难,排除阻力,保证办案工作顺利开展;对于一些重大案件的查处,领导要实行责任制,要精心组织部署,使案件得到快速突破,以影响和带动其他案件的查处;对发生重大案件而查处不得力的单位,上级纪检监察机关要积极介入，认真督办。对设置障碍和阻力的要提出批评，情节严重的要予以处理。

3．加大对重点案件和顶风案件查处的力度。要重点抓好党政领导机关、司法机关、行政执法机关、经济管理部门和县处以上领导干部违法违纪的案件的查处。紧密结合司法行政系统的实际，对索贿受贿、贪赃枉法、执法犯法、严重失职渎职的问题，对违反中纪委两个规定的问题，对顶风上的案件，要加大查处力度。

4．搞好协调配合，增强办案合力。一些重大案件，往往涉及诸多方面、诸多人员和问题，不仅纪检监察内部要统一力量，而且要注意加强同司法机关、行政执法机关、组织人事、信访审计等部门的协调配合。

5．加快办案进度，提高办案质量和结案率。要对群众举报的案件线索和已经立案的案件进行一次排查，确定办案重点，明确办案分工。对一些遗留的案件，要分析原因，采取措施限期结案。对一些新立案的案件，也要在时间上提出要求；要加强对办案工作的检查督促，对瞒案不报，压案不办的，要追究有关人员责任，对于办案能力低、责任心不强的人员要进行调整，充实加强一线办案力量。

6．坚持办案程序和汇报制度，凡属重大案件的三种类型的案件，一立案就要上报，查清移送司法机关的要报，结论处理后也要报。这项工作要有专人负责，畅通办案信息，做到准确、及时。每年6月底之前将上半年查办的案件核对一次，12月底之前将下半年查办的案件上报部纪检组监察局。对于发生的重大案件和干警殴打犯人、劳教人员致死恶性案件，要将简要案情及时上报，待处理后再详报，每年要将立、结案情况、数字上报部纪检组监察局。

同志们，今年下半年反腐败任务还很艰巨，我们要认清形势，振奋精神，明确任务，狠抓落实，务必在年内突破一批大要案，在廉洁自律和纠正不正之风方面取得好的成果。各级纪检监察机关要牢牢把握党中央确立的反腐败的指导思想和基本方针、原则，紧紧围绕经济建设和司法行政工作，为改革、发展、稳定的大局作出积极的贡献。

张秀夫同志在全国劳教农场经济工作座谈会上的讲话（有删节）

（1995年10月28日）

这次会议是继1993年苏州劳教农场经济工作会议之后，又一次研究农场经济工作的专门会议。这是一次现场会，也是关系到今后劳教农场经济发展的一次重要会议。会议的主要任务是：根据党的十四届五中全会精神，学习青东农场等单位解放思想、深化改革、发展农场经济的经验；分析当前劳教农场经济的现状和问题；研究、探讨"九五"期间农场经济发展的战略目标和主要措施等。

为了开好这次会议，部劳教局进行了认真的准备。最近我到浙江，就如何贯彻党的十四届五中全会精神，加快监狱和劳教所经济发展步伐的问题，作了为时一周的专题调查研究，看了九处监狱、三处劳教所，学到了不少好的经验，也发现了一些值得注意的问题。下面，我讲三点意见，请大家研究讨论。

一、认真学习青东农场等单位的经验

两天来，大家听取了青东农场等11个单位的经验介绍，参观了青东农场及其他单位，感触不少，很受启发。这些经验，对加快劳教农场经济发展是十分可贵的。概括起来，有以下五点：

第一是更新观念。这个问题尽管强调了几年，但真要做到，绝非易事。劳教农场不少是五、六十年代始建的老单位，尽管有过艰苦创业的辉煌历史，但在长期计划经济体制下，绝大多数已形成自成体系、包罗万象的小社会，封闭性比工业单位更强，更新观念的问题也就更为突出。青东农场的经验谈到，劳教农场一些落后的传统思想观念，虽经改革开放十多年的冲刷，仍然比较深厚，严重束缚了干警、职工的积极性。因此，他们体会到，没有思想观念的大解放，就不会有改革开放的大动作，不消除小农经济思想的禁锢，就没有经济建设的大步伐。只有思维上的先进性、超前性，才能有领导经济工作的开拓性和创造性。这条经验非常重要。这些单位的经验证明，即使是困难比较多、条件比较差的农业单位，只要解放思想、更新观念，充分发挥主观能动性，是可以通过自己的努力摆脱困境，较快改变面貌的，上海青东农场和浙江十里坪劳教所就是很好的例证。

第二是配好班子。介绍经验的单位，不少是近几年迅速发展起来的。有的自然条件并不优越，有的条件不错，但一度停滞落后。为什么天还是那个天，地还是那块地，人还是那些人，却能够在二三年时间里迅速发展、面貌一新呢？关键是有一个思想解放、改革锐气足、能适应市场经济新形势的领导班子。班子的好差，关系到一个单位事业的成败。在市场经济体制下，农场经济要发展，要求各级班子要跑步前进，思想观念、精神状态、知识能力、身体状况都必须跟得上形势发展的要求。领导班子说到底，是用人的观念问题。青东农场提出了树立三个新的用人观念：一为政绩观，即在评价用人时，首先要看其政绩如何，管教、经济等工作是否搞上去了；二为能人观，即要提拔那些有胆识、有魄力，勇于改革创新，善于解决错综复杂问题、能够推动单位发展的能人；三为特长观，即在使用干部时，要充分发挥其特长，用其所长，避其所短，只要在某一方面有专长，成绩突出，就给予合理使用；还有他们提出的领导班子要注意开拓型、管理型、实干型人员及年龄上梯次搭配，实行能上能下机制等经验，都是很有见地、值得学习的。

第三是转换体制。劳教农场不同于社会农场，要完成管教、生产双重任务。在计划经济体制下，两者矛盾还不十分突出。但在市场经济体制下，如果依然用行政管理的方式去搞生产，就只能在竞争中打败仗。为了解决这个新矛盾，我们在改革思路和方向上，提出了管教工作严格执法，生产经营放开搞活，试行“一所两制”。即在劳教所的统一领导下，管教和生产双轨运行。青东农场等单位都较好地实行了这种管理体制的改革，对有管教任务的大队、机关等行政事业性单位，实行吃“皇粮”，要求大队在保证完成管教工作任务的前提下发展生产；而对纯生产经营单位，则与市场经济接轨，组建了工贸、农贸、商贸三大公司，经济上实行自负盈亏，彻底“断奶”，使经济工作能够按照自身规律良性循环，也保证了管教工作正常进行。从一定意义上讲，青东农场的经验也是今后实行“一所两制”的好形式。

第四是搞活机制。经济活动的特点是头绪多，变化快，竞争强，利益驱动突出。没有灵活有效的运行机制，就不可能有好的产业、产品和效益。介绍经验的单位，在这方面都有许多成功的探索和经验。如在经济管理上，实行责、权、利相结合，效益承包，风险抵押，划小核算单位等；在任人、用工和分配制度上，实行聘任制，优化组合，干部身份进档案，工人合同制，工资奖金与效益挂钩、重奖有功人员等等。这些作法的核心，就是适应了市场经济的要求，体现了激励竞争和风险责任共担的特点，打破了干好干坏一个样的“大锅饭”。浙江十里坪劳教所的羊毛衫厂，以工人生产为主，预计今年创工业产值6000多万元，实现利税800多万元。他们的经验之一，就是实行严格的岗位目标责任制和奖罚考核，叫做“奖就奖得开心，罚就罚得痛心”，机制有活力，企业也就有了效益。

第五是打开农门。劳教农场要实现经济的大发展，就必须改变传统、封闭的经营模式，打开农门闯市场，变封闭型为开放型。从一定意义上讲，只有市场才能救经济效益低下、前进步履缓慢的农场。介绍经验的单位正是适应这种形势，面向市场，及时调整产业产品结构，取得飞跃式发展的。其中有的，是建立支柱型工业，实现经济快速增长，带动农场经济的振兴；也有的是农林牧副渔综合开发，科学种养，提高经济效益的；还有的是走出农场，发展三产，形成新经济增长点的。如上海农场远在苏北，但是它设在上海的黄海实业总公司，由三年前靠行政拨款的小小驻沪办事处，发展成为资产净值2000多万元、预计今年创利润700多万元的综合性经济实体。其次是在经营方式上，实行集体、个体、联营、合资、股份、租赁等多种形式。很多农场，把土地承包给农民，劳教人员改为从事室内工业或加工业生产，既提高了经济效益，也有利于管教工作。这种灵活、多样的经营方式，扩展了劳教农场经济发展的领域，赋予老农场以新的生命力。

各地劳教局和劳教农场，要结合本地的实际情况，认真研究、借鉴这些成功的经验，使之变为自己的宝贵财富，加快农场经济的发展。

二、客观、全面地分析当前劳教农场的经济形势

1993年“苏州会议”后，全国各地劳教农场的广大干警、职工在司法厅（局）及有关部门的领导与大力支持下，认真贯彻会议精神，进一步解放思想，深化改革，调整产业产品结构，加强企业管理，使劳教农场经济工作取得了新进展、新成果：

——农场总产值快速增长，经济效益有所提高。

——主要农副产品产量连续三年保持增长势头。

——农场产业结构有所调整，第二、三产业有新发展。

——农场基建投资增加，经济实力有所增强。

三年来，劳教农场经济有了很大发展，但农场经济面临的困难和问题还相当严重。突出的有四个方面问题：一是劳教人员猛增，经济压力加大。二是效益不高，经济十分困难。一些劳教农场的种植业，单产不高，总产不稳，又没有象样的场办工业和第三产业。三是技术落后，管理落后。四是各项重要经济指标与农垦企业差距较大。

劳教农场面临的以上困难，是多年积累的深层次问题的集中反映。从客观上说，有基础条件差、投入欠帐多、社会负担重的历史原因，也有事业费标准过低、又不能全部到位等现实原因。但是，最根本的还在于主观原因。一是有些农场的领导班子思想观念滞后，改革力度不够。“等、靠、要”的思想严重，缺乏开拓进取，勇往直前的精神。二是部局和省（区、市）劳教领导机关对农场经济发展的调查研究还不够深透，宏观指导还不够有力。

上述问题和原因，阻碍和制约了劳教农场经济的发展，必须引起高度重视，采取切实有效的措施，努力加以解决。

三、"九五"期间劳教农场经济发展的指导思想及今后一个时期的主要措施

党的十四届五中全会通过的《中共中央关于制定国民经济和社会发展"九五"计划和2010年远景目标的建议》，是社会主义现代化事业跨世纪的宏伟纲领，极其鼓舞人心。尤其是《建议》中特别强调了要重视农业发展，把加强农业放在国民经济的首位做为指导方针，为加快农场经济发展提供了良好的外部环境和机遇。在这一新形势下，回顾改革开放10多年来农场的经济建设，虽然付出了艰苦努力，有了一定发展，但与社会企业相比，步子还比较慢，成绩还不理想，如果不奋起直追，还将扩大这种差距。因此，我们要认真贯彻十四届五中全会精神，增强紧迫感，每个省（区、市）劳教局、每个劳教农场，都要认真制定自己今后5年、15年的经济及各项工作发展规划和措施。规划既要实事求是、经过努力能够达到，也要充分体现开拓进取精神，有一股急起直追的劲头，动员劳教农场的全体干警、职工齐心协力，抓住机遇，加快经济发展速度。在这里我要着重强调指出，在过去的17年，劳教农场经济发展比较缓慢，在未来的15年，我们一定要锐意进取，保持较快的发展速度，力争与国营农场、农垦企业逐步缩小差距，甚至赶上和超过他们。

对"九五"期间如何发展劳教农场经济，我们提出了一个初步设想，供大家讨论。

以邓小平同志建设有中国特色的社会主义理论和党的基本路线为指导，以创建现代化文明劳教所为目标，以深化改革为动力，坚持劳教工作方针，坚持"五坚持、五有利"的改革原则，教育改造依法办事，生产经营放开搞活，大力发展场办工业和第三产业，建立高产、优质、高效的现代化商品农业，使劳教农场经济再上一个新台阶，努力提高劳教工作的整体水平，适应形势的发展和要求，为维护社会的稳定作出更多、更大的贡献。

为了全面发展农场经济，当前及今后一个时期，要认真抓好以下几项工作：

（一）以提高经济效益为中心，不断优化经济结构。要按照产业化的要求组织发展农场经济，以市场为导向，以效益为中心，对农场的产业、产品实行多层次、多形式、多元化的优化重组，从而达到经营市场化、管理企业化、服务社会化、组织集团化，综合开发、合理利用农场资源，促进产业协调发展。

要进一步大力发展工业生产，选择有较大辐射作用和带动能力的主导产业或者说支柱工业项目，带动其他产业的发展。大量的实践证明，劳教农场要尽快摆脱落后面貌，要建设现代化文明劳教所，一条重要经验和途径是要大力发展工业，想方设法形成工业骨干项目。一说起办工业，一些同志往往强调困难重重，无项目、无资金、无人才等等。这些困难尽管存在，有的甚至很突出，但也要看到，我们在规模、三通一平、廉价劳动力等方面，是有优势的。只要我们树立信心，解放思想，千方百计通过各种形式、渠道解决这些问题，农场是能够办好工业的。青东等农场在这方面已经为我们树立了榜样。这次我一路调查，也遇到不少这方面的好典型，有监狱农场，也有劳教农场。乔司监狱农场是在全国监狱系统小有名气的先进单位，但是，前几年，在农业生产方面花的精力多，在办工业方面为种种困难所阻挠，成果较少，以致监狱经济徘徊不前。今年以来，他们摸到了一条发挥自己的优势，"引凤入巢"，与社会企业合作办厂的办法，已经办成了五个项目，效益大增，今年销售产值将超1个亿。在最近制订"九五"计划时，他们信心百倍地要在2000年把监狱农场建成"二大"，即：关押犯人1万人以上的大型监狱，销售额达到5个亿的大型企业集团。杭州市第一劳教所也是一个好典型。该所自70年代建立之时起，一直只有放炮开山砸石子一个生产项目，劳动强度大，经济效益低，工伤事故多，过去想改变这一状况，终未成功。现在，他们采取为社会企业代加工的办法发展工业生产，赢得了较好的效益，决定在明年把开山砸石子的项目包给农民干，解决了多年困扰劳教所发展的一大难题。先进单位的经验说明，只要我们解放思想，更新观念，走向社会，多方筹措，好的生产项目到处都有，资金和人才方面的困难也是可以克服的，以办工业为主的发展方向决不能有丝毫的犹豫和动摇。我们不但要办工业，而且要办现代化企业、大型企业，逐步形成农场的骨干项目、支柱产业，并向企业集团的方向发展。这次，我在十里坪劳教所时，极力鼓励他们向羊毛衫企业集团的方向发展，并一再表示愿为他们提供必要的支持和帮助。有条件的地方，都应根据市场经济规律和农场实际情况，组建以优势产品或主导产品为龙头的集团公司，或参与社会同类企业集团，选择有发展前途的企业作为合作伙伴，形成合力，外联市场，内联基地，风险共担，利益均沾，构筑与市场经济相适应的产供销、农工商、种养加一体化的农场生产经营新格局。

劳教农场发展工业，主要有三条途径：依靠国家投资是一个办法，但不宜作为重点；二是依靠现有企业，扶持那些产品有优势、技术含量高、有市场的企业扩大生产规模；三是发挥劳教农场的土地、地缘、劳动力等优势与社会企业搞联合，搞合作，借助它们的项目、资金、人才、市场发展壮大自己。目前社会上有些中小企业不景气，要抓住机遇，解决场办工业的人才、设备、项目等问题。三个办法中，第三个是重点。总之要广开思路，不拘一格发展场办工业。

在积极发展工业项目的同时，也要积极发展名特优农副产品的生产、加工、销售一条龙经营模式；一业为主，多种经营，形成“东方不亮西方亮”的效益稳定局面。

不论老企业还是新项目，都要逐步提高产品的技术含量，形成合理的技术结构。要适应新技术革命的要求，在发展劳动密集型产业的同时，适量发展资金密集型和技术密集型产业。这是能否打入激烈竞争的市场，并且在市场上立于不败之地的关键。

要把第三产业作为发展重点之一。这也是国家“九五”期间调整经济结构的一项主要内容。第三产业具有投入少、产出高、效益好的特点，是促进农场经济增长的一条重要途径。目前劳教农场的第三产业刚刚起步，潜力还相当大。各地在进行农场经济综合开发时，要把开发第三产业作为一项重要内容，加快发展速度，实行多层次、跳跃式发展，力争在“九五”期间建立起以交通运输、商贸、物资、旅游、饮食、修理、仓储及房地产等为主体的第三产业体系。

(二)农业要向“两高一优”方向发展，建立规模农业、特色农业、效益农业。根据国家最近对经济情况的分析，“八五”期间，主要农产品供求趋紧，粮食、棉花、油料、糖料已需进口解决。江泽民总书记、李鹏总理多次提出，为了改变农业发展滞后的状况，必须下决心调整国民经济，把发展农业放在国民经济的首位。最近朱镕基副总理在云南农村考察时说，现在搞粮食、搞经济作物、搞牧业、林业、副业和服务行业都有市场，都有前途。这些话是很有指导意义的。我们在强调劳教农场要大办工业的时候，决不能忽视农业生产。农业是国民经济的基础，也是所有劳教农场经济的基础，抓好这个基础，才能积蓄力量，继续发展。劳教农场任何时候都不能忽视农业。

农业生产要向“高产、优质、高效”的经济型农业方向发展，要做到以下几点：

第一，发挥规模经济效益，发展规模农业。只有较大的规模，才容易实现低成本，高效益，具有竞争力。农场要发挥土地成片、劳动力集中管理的优势，进行大规模的机械化作业，提高劳动生产率和农产品商品率，加速农业现代化、商品化进程。这样才能逐步把大批劳动力转向工业生产、室内劳动。

第二，调整种养布局，发展特色农业。要根据市场需求安排生产，什么效益好，种什么，什么效益好，养什么。有条件的农场，可以积极发展花卉及观赏植物、天然保健植物、药用植物等经营项目。养殖业要大力发展节粮型草食动物和饲料报酬率高的动物。目前，一些农场在传统养殖业的基础上，大力发展特种养殖，如珍珠、甲鱼、螃蟹、兰狐、种鸽等，收入就很可观。

第三，提高农副产品的增加值，发展效益农业。减少初级产品和原材料进入市场，多生产档次高、技术含量高、产品价格高的“名特优新”农副产品，提高农副产品的品质、等级，形成高效益、多元化的农业经营新路子；应用新技术搞好农副产品的分级、储存、保鲜、包装和运输，保证农副产品外形整洁美观，一年四季均衡上市，获取最大效益。在城市郊区的农场，要尽量争取进入城市的“菜篮子”计划，争取优惠政策和财政补贴，保持稳定的市场和较好的经济效益。

第四，加强农田基本建设，改善农业生产条件。要大力改良土壤，改造中低产田，兴修和完善水利设施，提高抗御自然灾害能力，做到旱能灌、涝能排、旱涝保收，建立高产稳产耕作区；继续发展农业机械化，加快农机设备更新，搞好农机配套，扩大作业项目，保证精耕细作，抢农时，抗灾害，夺高产。

第五，有条件的地方，可以建设“两高一优”农业示范区。采取优惠政策，集中投入，造就局部的优惠环境，使“两高一优”农业有个特殊的生长点，探索经验，起到以点带面的作用。

(三)加强项目管理，确保投资效益。发展农场支柱企业首要的一点，是要选好项目。项目选择是一门科学，选得好，可以创造高效益，一业兴百业；决策失误，又会成为沉重的包袱，使农场经济雪上加霜。为此，要以市场为中心，充分利用本地资源，精心选择具有适度规模、效益好的生产项目作为发展重点，统筹规划，合理布局，提高技术起点。对项目一定要充分论证，避免盲目建设和重复建设。这里，不仅仅是“营运产品”——即进行商品生产经营的问题，还体现了商品生产的更高一个层次，“营运资本”——即如何保证资金增值的问题。项目选得不好，必然会导致资本营运失误，给国家带来难以挽回的损失。我们在选择项目、确定发展目标时，一定要既积极，又稳妥，谨慎行事。

要采取切实措施，加强项目管理。管好、用好有限的建设资金。要充分论证、科学论证，并建立项目责任制，所有建设项目从评估立项到偿还债务，自始至终都要由项目负责人承担责任，把项目的经济效益、建设速度等与项目负责人的切身利益紧密地挂钩。今后，部劳教局要对安排的生产项目加强跟踪调查，对于所上项目效益不好造成严重损失的地方，要减少贷款或停止贷款。

要重视对原有生产项目的技术改造，加大投入力度，集中财力物力扩大生产规模，搞好产品的更新换代，保持其市场竞争能力和在农场经济发展中的重要作用。

农场发展生产项目，只要项目确实可靠，有还贷能力，就要放开手脚多渠道多方位筹措资金，比如贷款、集资、合作、联营、股份制、引进外资等等。这里我要告诉同志们，我们将争取国家给我们增加贴息贷款、技改贷款和扶持农场专项费用。对此，姜春云副总理和罗干国务委员都有明确的批示，国务院办公厅将专门开会协调。这是对我们的关心和支持，我们表示非常感谢！但是，即使增加，数量也是很有限的。大家应该主要靠自筹，靠合资、合作、联营、代加工等形式解决资金不足的困难，再不能"等、靠、要"了。

(四)下大力气，苦练内功，努力提高经营管理水平。《中共中央关于制定国民经济和社会发展"九五"计划和2010年远景目标的建议》的一个重要精神，就是要转变经济增长方式，提高运行效益。要从量的发展转向质的追求，从高投入、高消耗、低质量、低产出的粗放型增长方式，转向集约型、效益型，这不仅是今后国民经济发展的必然趋势，也是对现代农场经济发展的必然要求。目前，劳教农场忽视企业管理的现象普遍存在，据分析，亏损企业中有40%以上是管理混乱所造成的。因此，必须克服"重发展、轻管理；重外延、轻内涵"的倾向。有些人认为加大投资、进行技术改造就可以取代企业管理，片面强调外延的强力扩张，而轻视内部管理的精雕细刻，缺少必要的规章制度或有章不循，生产经营处于无序状态，跑、冒、滴、漏，损失浪费严重。造成不少企业短期轰动效应后的江河日下，使企业经营运行步履维艰。对这些问题和现象，要高度重视，并认真分析产生的原因，采取得力的措施，切实加以解决。

要重视企业的基础管理，加强工艺控制、原始记录、标准计量、包装检验、成本核算及生产组织等方面的管理。要坚持资源开发和节约并举，生产、建设、流通、消费各个领域，都必须节水、节电、节地、节能、节材、节粮，千方百计减少资源的占用与消耗，制定节约和综合利用资源的目标与措施，大幅度提高能源、原材料的利用效率。要树立全面质量管理观念，向管理要优质，向管理要安全，向管理要效益。

管理对现代企业来讲，还包括思路创新、技术突破、市场营销与竞争以及攻关意识同实践成功的结合等丰富内容。成功的经营管理者，既要扎扎实实地搞好企业的基础管理，也要学习吸收市场经济中加快企业发展和资本增值的新的信息和方式，提高参与市场竞争的水平和能力。忽视营销是劳教企业一大通病，要切实加以克服，选精兵强将搞营销，重视广告宣传的作用，逐步造就一支强大的营销队伍。

要继续深化农场经济的改革，建立有利于加快农场经济发展的经营管理体系。要不断完善管教、生产"双承包责任制"，劳动、人事、分配制度改革及"一所两制"等行之有效的改革措施，充分调动干警、职工以及劳教人员的积极性和创造性。

积极创造条件向建立现代企业制度的方向发展。党的十四届五中全会把加快现代企业制度的建设作为"九五"奋斗目标之一，把形成比较完善的社会主义市场经济体制作为2010年的奋斗目标。在这种形势下，劳教生产单位包括劳教农场要不要、能不能建立现代企业制度就成为许多同志关心和亟待加以明确的重大问题。我们认为，劳教生产单位毫无疑问地也要建立现代企业制度。建立现代企业制度是国有企业改革的方向，劳教生产单位同国有企业相比有许多相同之处：一是都是国家投资、国家经营的企业；二是都要走向市场，不可能游离于社会主义市场经济之外；三是都曾经受计划经济的影响和束缚，建立现代企业制度是深化企业内部改革的关键一环；四是都要执行国家的法规、政策。因此，我们要在五中全会精神的指引下，在江泽民同志关于建立现代企业制度两次讲话精神的指引下，选择有条件的单位进行试点，探索劳教农场建立现代企业制度的途径。当然，在工作中也不能完全照搬社会企业的做法，要结合特殊事业单位的特点，按照国务院(95)4号文件的要求，积极探索建立适合劳教生产单位特点的现代企业制度。

(五)依靠科技进步，推动农场生产的发展。今年五月，中共中央和国务院召开了全国科学技术大会，提出实施"科教兴国"战略，对依靠科技进步，推动工业和农业发展提出了具体措施。劳教农场要结合实际，创造条件，抓紧落实。要认真学习贯彻《中共中央、国务院关于加速科学技术进步的决定》，牢固树立"科学技术是第一生产力"的思想，制定依靠科技振兴农场经济的措施，运用先进的管理方法和管理技术，促进农场经济的发展。

现在，许多劳教企业产品技术含量不高，质量低下，在市场上缺乏竞争力。造成这个问题的重要原因是缺乏专业人才，解决这个问题的唯一办法是吸引和培养大批专业人才。市场竞争、技术竞争，说到底是人才竞争。人才就是效益。对这个问题要有足够的认识，有危机感、紧迫感，下决心建立一支专业结构、年龄结构合理的科技队伍。

竞争人才，也要解放思想，有得力的措施，有富有吸引力、能够充分调动人的积极性和创造性的好政策，真正做到千方百计，广求人才，重用人才。解决人才奇缺的问题要有多种办法。第一是引进。我们自己的专业人才少，培养需要一定的时间，远水解不了近渴。因此，引进是第一条措施。第二是发挥现有专业人才的作用。劳教系统有5万多干警，是一支不小的队伍，不乏有用之才，要大胆启用，使他们学以致用，各显其能，对做出突出成绩和贡献的要委以重任、给予重奖。第三是自己培养。通过委培、代培、鼓励自学等形式提高和充实科技队伍，不断选派专业技术人才到高等院校进行知识更新，防止知识老化。这方面，我去过的湖北何湾劳教所和浙江杭州一所都有很好的经验。何湾劳教所与中南政法学院合作办大专班，3年后80%以上的干警达到大专以上文化程度。现在全所干警边工作，边读书，勤工好学，工作做得很不错。杭州一所只有135名干警，收容911名劳教人员，工作紧张，又是实行两班倒的露天作业，大家很辛苦。即使如此，他们还是决定花20多万元，与浙江行政学院等合办大、中专班，组织40多名干警边工作，边读书，以求在3年后有60%以上的干警具有大、中专以上文化程度。他们的经验值得各地学习。

要促进科技成果向生产力转化。抓紧制定依靠科技进步提高产品质量和经济效益的有效方案，使科技真正转化为生产力，转化为经济效益。要通过技术引进和技术创新改造企业，增强企业的产品开发能力。要依靠农业科技，推动农业的转轨变型，有选择地引进一批国内外的优良品种、先进技术和管理经验，大力提高农业技术成果的转化率和规模效益。

(六)统一规划，分类指导。为了切实加强宏观管理的针对性和有效性，各级劳教领导机关一定要在调查研究的基础上，加强分类指导。根据目前经济的发展状况，全国80个劳教农场大致可分骨干型、发展型、困难型三大类：

一是有一定经济实力和良好发展前景的骨干型农场。主要是指那些产值超千万、利税超百万的农场，目前约占15%。他们是劳教农场的排头兵和中坚力量。对他们的要求是要向效益型、现代化企业发展，力争在“九五”期间，发展成为产值超亿元、利税超千万的大型骨干企业，建成现代化文明劳教所，在劳教农场经济发展中起示范作用。

二是发展潜力很大，但经济效益有待提高的发展型农场。这类约占55%左右。这些农场在市场经济中有一定的优势，经营有利，但效益不高。对他们的要求是，加快调整产业产品结构的步伐，努力改善经营管理，力争在“九五”期间发展成为产值超千万、利税超百万的中型企业；其中少数经过努力也可以跳跃型发展，进入大型企业的行列。

三是连年亏损的困难型农场。这类约占30%左右。这些农场基础差，底子薄，起步晚，或生产规模小，或地处偏僻、交通闭塞，土地贫瘠，种养业没有发展起来，又没有工副业和第三产业。这些农场要振奋精神，加大改革力度，加快发展步伐，力争在“九五”期间脱贫致富，扭亏为盈。

各省(区、市)劳教局要从本地劳教农场的实际出发，区别不同类型，选择发展重点，有针对性地采取不同的支持和指导措施，鼓励他们充分发挥主观能动性和自身潜力优势，向经济发展的更高层次努力。

(七)加强领导班子建设，尤其要配好“一把手”。农场能不能振兴，关键在于领导班子。各级劳教领导机关和主管部门要为劳教农场配好领导班子，选准“一把手”和主管领导。打破旧的用人观念，按照德才兼备、注重实绩的原则，选择那些勇于开拓，乐于奉献，有强烈事业心的干部担负领导重任。要在工作实践中培养锻炼干部，也要用实践检验干部，对思想因循守旧，墨守陈规，不能打开工作局面，长期不能带领群众改变落后面貌的，要及时调整，决不能因为一个班子或个别领导干部的不力，影响一个单位的发展，让广大干警、职工跟着受苦受穷，使劳教事业蒙受损失。要不拘一格选用人才，大胆启用年轻干部，在经济工作方面，还要重视选用和引进那些善于经营管理、有专业知识、能给单位带来效益的“能人”。上海农场黄海实业总公司的经理亲自到人才市场设点，公开招聘专业人才。现在，黄海公司专业人才济济，事业兴旺发达，已经成为上海粮油交易所、乃至全国粮油期货界的骨干企业之一。如果没有这样开拓型、专业型的领导，没有一批行家里手，他们是不可能在大上海站稳脚跟、快速发展的。

(八)改进和加强对劳教农场经济工作的领导。当前，劳教农场发展经济的困难很大，面临的形势是严峻的，各地司法厅(局)和劳教局要切实加强领导。

一是各地劳教局都要配齐懂经济、会管理主管经济工作的副局长，要配备经济师、工程师(农艺师)、会计师；要搞好机关的业务建设，建立、健全处(科)室机构，配齐干部，完善制度，全面开展各项业务；大中型劳教农场要设立“三总”，争取配备总经济师、总农艺师(总工程师)、总会计师。要重视知识更新，加强对专业管理干部的业务培训工作。

二是要进一步落实国务院第十七次总理办公会议纪要和国务院国发(1995)4号文件精神，努力把各项政策、资金真正落实到位。要加强与农、林、水、计划、财政、经贸、银行等专业部门的联系，及时了解有关信息和产业政策，利用国家支持农业的有利时机，争取纳入有关方面的发展规划或项目，多渠道地争取资金和优惠政策。

三是加强对地市劳教农场经济工作的领导，要把地市劳教农场的经济工作纳入全省劳教农场经济的总体规划，严格要求，经常督促检查。

四是各级领导和机关干部要深入基层，调查研究，多搞一些针对性强的有效服务，特别是对那些经济困难、亏损较大的单位，要帮助他们出主意、想办法，摆脱困难。要抓好典型，大力宣传表彰劳教农场的先进集体和先进个人，充分调动各方面的积极因素，促进农场的经济发展。

刘飏同志在中华全国法制新闻协会第二届理事会第二次会议上的讲话

（1995 年 10 月 31 日）

这次理事大会，选我当中华全国法制新闻协会会长，我深感荣幸，谢谢大家对我的信任和支持。要说明并强调的是，中华全国法制新闻协会是全国性的协会，它归口司法部，完全是出于工作的需要。司法部是法制宣传的主管机关，由司法部牵头成立这样的组织，便于开展法制宣传工作。协会的组成具有广泛的代表性，有中宣部、全国人大办公厅的同志，有公、检、法、司、安全、工商、税务等部门负责法制宣传工作的同志，还有从中央到地方新闻单位和专业法制报刊的法制记者。这样一支队伍，可以说是人才济济，实力雄厚。搞好全国法制新闻宣传的共同任务把大家紧紧联系在一起，我希望广大的团体会员和个人会员，都能把全国法制新闻协会当作自己的组织，自己的家，精诚合作，团结奋进，共同把全国法制新闻协会的工作搞好。

下面我谈三点想法，与大家讨论。

一、认清形势，明确任务，进一步增强做好法制新闻宣传工作的责任感和使命感。法制新闻宣传工作是党的宣传思想工作的重要组成部分，是向全体公民普及法律常识的经常和有效的形式，是我国法制建设重要的基础性工作。在以往的岁月里，各法制新闻单位、广大的法制新闻工作者为我国民主与法制建设做了大量的卓有成效的工作。当前，法制新闻宣传工作正面临良好的发展机遇。中央早在“一五”普法期间，就确立了依法治国的目标。江泽民总书记去年底和今年初，在中央举办的两次法制讲座上都发表了重要讲话，提出要依法治国，建立法制国家。这既是向全党、全国人民提出的任务和要求，也是向全世界所作的庄严宣告。最近，党的十四届五中全会通过的《中共中央关于制定国民经济和社会发展“九五”计划和 2010 年远景目标的建议》，确立了到 2010 年在我国形成比较完善的社会主义市场经济体制的宏伟目标。实现这一目标，对我国社会主义民主法制建设提出新的更高的要求。根据八届全国人大常委会的立法规划，本届人大要加快立法步伐，争取用 5 年的时间，制定 152 件法律、法规，形成社会主义市场经济法律体系的基本框架，使我国各项事业逐步走上依法管理的轨道。从 1986 年开始实施的全民普法工作已历经十年，取得了丰硕的成果。目前，中宣部、司法部正在组织“二五”普法验收，同时制定“三五”普法规划。党的十四届五中全会在《建议》中强调提出，加强立法、司法、执法、普法工作，加强社会治安综合治理，维护社会长期稳定，保障人民群众安居乐业。这再一次明确了普法工作在我国民主与法制建设中所处的重要地位。应该说，广大的法制新闻工作者是生逢其时，开展法制宣传的责任历史地落到了我们的肩上，需要我们去承担更加繁重、光荣、艰巨的法制宣传任务。当前，法制新闻宣传的重要任务是认真贯彻落实党的十四届五中全会的精神和全国宣传思想工作会议精神，大力宣传党和国家有关民主与法制建设的重要方针、政策和措施；宣传立法、司法、执法、普法方面的成就；宣传社会主义市场经济法制建设的进程，宣传社会治安综合治理方面的情况，褒扬政法战线的先进集体和先进人物，弘扬正气，鞭挞丑恶，反映人民群众的呼声和要求。总之，广大的法制新闻工作者要以高度的政治责任感，铁肩担道义，妙手著文章，为我国的法制建设鸣锣开道，呐喊助威，更好地完成历史赋予的光荣使命。

二、发挥优势，形成合力，不断提高法制新闻工作的整体水平。大家可能看过最近播出的’95 国际大专辩论会电视节目，其中一个辩题就是社会秩序的维系主要是靠法制还是靠道德。胜方旁征博引，突出阐述了一个观点：即法制行则国治，法制废则国乱。人类社会从野蛮到文明，从无序到有序，标志着法制逐渐建立完备的过程。法制介入政治、经济、社会、文化，一直到家庭生活等各个方面，可以说是无所不包，无处不在的。法制出新闻，从古代的公案戏到现代的侦探片经久不衰。最近美国法庭审理的辛普森案件，被称为世纪审判，引起全世界的关注。这些都说明从事法制新闻宣传有着广阔的天地，有着取之不尽，用之不竭的生活源泉。这是我们的优势之一。优势之二是我们有中华全国法制新闻协会这样一个组织，拥有中央及地方 70 家团体会员，中央及驻京新闻界近千名新闻工作者为个人会员。拥有自己的宣传阵地和舆论工具，仅司法行政系统就有 107 家法制报刊，有 1200 多名法制新闻工作者。这是一支相当大的队伍和力量，是一支精兵强将。但是，从法制新闻宣传角度讲，确实有许多不尽人意的地方。如在宣传报道方面，指导性还不够强，缺乏严密的组织策划，报道的深度也不够，声势不壮，领域不宽，有一种散、乱、浅、窄、平的现象。要提高法制新闻宣传的整体水平，必须发挥法制新闻协会的行业组织优势和整体功能。

首先，要搞好组织策划，围绕全党工作的大局，集中各新闻单位和广大法制新闻工作者的智慧，定期提出法制宣传报道的中心和要点。出思路、出题目、交任务，有计划地组织几次大规模的战役性的宣传活动。中央这次组织的纪念世界反法西斯战争胜利50周年和抗日战争胜利50周年的宣传活动，搞了三大战役，在宣传攻势上搞得特别好，确实是铺天盖地，震憾人心。我们法制新闻宣传虽然不能这么比，但可以在自己的范围内，搞一些大规模的宣传活动，一年搞几次。我看第一战役就以"三五"普法为主题。今年是"二五"普法最后一年，也是为"三五"普法做准备的一年。中央要批转中宣部、司法部"三五"普法规划，全国人大还要作出决议。明年初，我们将召开第四次全国法制宣传工作会议。这些大的举动，都需要新闻舆论的关注和支持。目前，中央电视台、司法部法制宣传司、法制日报三家联合举办了"神州普法行"采访活动。出征前在人民大会堂召开了新闻发布会，拉开了第一战役的帷幕。我们以此为开篇做一篇大文章，组织策划全国性的大型活动。希望协会秘书处考虑策划一下，把法制新闻宣传的各项活动搞得更加活跃，更有成效。

其次，要拓宽视野，扩大宣传报道的领域。法制新闻题材可以说是俯拾皆是，很值得我们去挖掘、去发现、去反映。今年5月，我部与中宣部、新闻出版署、全国政协等几家到河北南堡盐场开展帮教送温暖活动，在那里参观、座谈、赠送音像制品和法律书籍，大家参观后特别激动，对监狱有了新的认识。过去的印象是高墙电网，阴森恐怖，而参观后感到不一样了，认为现在的监狱是真正改造人的特殊学校，是罪犯的再生之地。目前，我们正在建设现代化文明监狱和劳教所，我们应该加强正面宣传报道，回击西方国家对我国的人权攻击。法制日报搞了一个"西部万里行"，在给记者送行的时候，我很高兴地说，我们的西部不应该成为法制新闻工作者遗忘的角落，而应该成为我们新闻界关注的热点。最近，公安部拍了一部名叫"西部警察"的电视剧就非常好。希望大家把视野放得更宽一点。

第三，抓重大题材，抓重点、热点问题。对重要题材，必要时可以集中优势兵力，写一些有份量、有影响的稿件。也可以组织一批连续跟踪报道，开辟若干栏目，应该创出自己的名牌栏目。象中央电视台的"焦点访谈"、"东方时空"栏目那样，大家公认的名牌栏目。要定期开展法制新闻评选和点评活动，对法制新闻报道中有重大贡献的单位和个人予以奖励。通过我们的活动，推动法制新闻事业的发展，使法制新闻报道不仅有数量，而且要有质量，努力上档次，出精品。

第四，开展对外交流。无论是出访还是接待来访，我感到国外对我国的法制建设特别关注，认为在12亿公民中开展普法是件非常了不起的事情。可以中华全国法制新闻协会的名义，开展对外交流，向国外介绍我国的法律制度和法制建设情况。通过协会的渠道，促进与国外的交流合作。

第五，加强法制新闻队伍的建设。在这方面协会要创造条件，组织培训，沟通信息，交流经验，组织集体采访，真正培养出一支政治强、业务精、作风硬的法制新闻队伍。既出成果，又出人才。

三、胸怀全局，守土有责，认真贯彻党的新闻舆论工作的指导思想和基本原则。贯彻党的新闻舆论工作的指导思想和基本原则，就是要坚持以邓小平同志建设有中国特色的社会主义理论和民主与法制思想为指导，坚持党的基本路线，坚持解放思想、实事求是，落实全国宣传思想工作会议精神，特别是要贯彻江泽民总书记"以科学的理论武装人、以正确的舆论引导人、以高尚的精神塑造人、以优秀的作品鼓舞人"的指示精神。这里我想重点谈谈怎样正确处理正面宣传和舆论监督的关系。坚持正面宣传为主，是党在新时期新闻宣传工作的基本原则和方针。法制新闻宣传理所当然要弘扬主旋律，把握正确的舆论导向。从法制报刊目前的情况看，总的情况是好的，但也存在一些缺点和不足。最近，司法部宣传司提交了一份4～6月份的审读报告。报告中提出不少问题，如质量不高，采写稿件少，地方法制报刊没有地方特色，有的稿件转来转去，有的文章格调不高，追求香艳险奇，有的法制报刊甚至出现不懂法或违法现象。虽然都是个别问题，但应引起我们的重视，认真加以改进。按照守土有责的原则，我们要求各新闻单位把好关，力争不出问题或少出问题。大家反映舆论监督难度大，批评报道不好搞，有的报刊因登批评稿件当了被告。我认为，正面宣传为主，并不排斥批评报道，不能简单地理解唯有歌颂、赞扬，才是正面宣传。实践证明，正确的批评报道往往能起到歌功颂德起不到的作用。不少批评报道文章振聋发聩，发人深思。举个小例子：我曾看过一篇报道，标题："记者夜访工厂值班室，发现十室九空，有门无卫"。揭露某些工厂企业毫不设防，值班警卫形同虚设，一语中的。我很赞赏这种报道。当前，我国法制建设还不够完善，还存在有法不依、执法不严、违法不究的问题。社会上还有一些消极、腐败、丑恶的现象，需要揭露、鞭挞。法制新闻工作者应该仗义执言，伸张正义。当然这里有个度的问题，要把握好分寸，正确运用批评这一武器。丁关根同志关于舆论监督的问题有一段话讲得很好，我引用过来，与大家共勉，"题目要选好，事实要准确，引导要得体，方式要多样，结论要明确，点名批评要慎重"。

中华全国法制新闻协会第二届理事会第二次全体会议就要结束了，这次大家选我当法制新闻协会的会长，在此我再次感谢大家的信任和支持。在第二届理事会任期内，我有信心当好大家的联络员、召集人，团结广大法制新闻工作者，把法制新闻协会办成充满生机和活力、团结奋进的集体。

肖扬同志在全国司法行政系统警察队伍建设会议上的讲话

（1995年11月2日）

我们这次会议是在全党和全国人民认真学习贯彻党的十四届五中全会精神，我国社会主义现代化建设向着新的发展目标迈进的新形势下召开的。这是司法部专题研究加强司法行政系统警察队伍建设的重要会议。我相信，开好这次会议，对今后一个时期警察队伍的建设，促进监狱、劳教工作的全面发展，有着重要的意义。

这次会议的主要任务是：贯彻党的十四届五中全会精神，依照《监狱法》和《人民警察法》的要求，总结交流司法行政系统警察队伍建设的经验，研究新形势下如何加强警察队伍建设的问题，坚持从严治警，提高执法水平，为建设现代化文明监狱和劳教所，为维护社会稳定，实现国民经济和社会发展"九五"计划和2010年远景目标而努力。下面，我代表司法部讲四个问题。

一、正确认识和分析司法行政系统警察队伍的现状，下决心抓好队伍建设

我国监狱、劳教工作经过45年的发展，为维护国家的政治安定、社会稳定，创造了辉煌的业绩，目前已进入了一个十分重要的历史发展阶段。1990年司法部召开全国劳改、劳教工作干警队伍建设会议以来，广大干警进一步解放思想、抓住机遇、开拓创新，深化各项工作的改革；各级监狱、劳教机关始终坚持党对监狱、劳教工作的绝对领导，狠抓各级领导班子建设，坚持从严治警、依法管警，坚决开展反腐败斗争和纠正行业不正之风，坚持不懈地对警察进行教育、培训，从而使广大警察的政治素质、业务素质和执法水平不断提高，队伍战斗力得到进一步提高，为推进监狱、劳教工作的全面发展，作出了重要贡献。这些成绩具体表现在：

一是保证了"严打"斗争的顺利进行，维护监狱、劳教场所的安全与稳定，从而为维护国家的政治安定、社会稳定，促进社会主义现代化建设的顺利进行创造了良好的社会环境。近几年，监狱、劳教场所积极配合"严打"斗争和各种专项斗争，克服种种困难，每年新收罪犯、劳教人员30多万人，年平均关押罪犯、劳教人员150万人左右，有力地参与了社会治安综合治理。同时大力加强监管工作，罪犯的脱逃率、狱内发案率始终保持在0.128%和0.055%左右，均为历史最好水平。

二是采取了一系列有针对性的教育改造措施，提高改造质量，减少了重新犯罪，罪犯改好率保持在90%以上，罪犯刑满后的重新犯罪率始终低于8%，大大低于西方国家的重新犯罪率。

三是不断推进监狱、劳教工作的改革，加强与完善监狱、劳动教养工作的法制建设，注重对罪犯改造理论和劳教人员教育理论的研究，推动了监狱学科的建设。《监狱法》就是建国四十多年来监狱工作成就的结晶，是监狱工作历史经验的科学概括和总结，饱含了实际工作者和理论研究者的科研成果。

四是警察队伍力量不断壮大，警察的业务素质和实际工作能力有了明显的提高，严格执法、依法治监、依法治所的意识有所增强，进一步强化了国家专政职能。

五是适应监狱、劳教工作发展和国际人权斗争的需要，根据创建现代化文明监狱、现代化文明劳教所的总体目标，积极开展现代化文明监狱、现代化文明劳教所的建设，使这项工作稳步、扎实地向前迈进。

六是积极开展国际司法交流，并为回击西方敌对势力对我国的污蔑和攻击，开展了针锋相对、有理、有利、有节的斗争，取得了良好效果，有力地配合了国家的外交工作，维护了国家的主权和社会主义的法制形象。

我们能够取得这样好的成绩，正是由于我们有一支过得硬的警察队伍。目前，全国有监狱、劳教人民警察30多万人，45岁以下的中青年警察占警察总数的75%，在职警察已普遍受过专门的培训，警察队伍中大专、中专毕业生的比例已达到55.67%；监狱级的领导班子成员中，大专、中专以上文化程度的已达74.79%，其中大专以上文化程度的达到53%。监狱、劳教警察队伍是集执法、管理、教育改造、组织生产等多种任务于一身，任务特殊、复杂，责任重大，是一支特殊的警察队伍。他们长年与罪犯、劳教人员相接触，危险性大，一些警察光荣牺牲在岗位上，据不完全统计，近十几年来，英勇牺牲的监狱、劳教警察有 188 人，因公负伤的有 1100 余人。多数监狱、劳教单位地处偏僻，点多、线长、面广，人员分散，交通不便，信息不灵，干警的工作、生活环境十分艰苦。在进入社会主义市场经济新形势下，监管改造、劳动教养和发展监狱、劳教经济的压力都很大。就是在这样的情况下，广大监狱、劳教干警表现出了高度的责任心、强烈的敬业精神和崇高的使命感。不少监狱、劳教单位长期欠发工资，最长的达 1、20 个月，广大干警在工作、生活条件都十分困难的情况下，仍坚守在工作岗位上，恪尽职守；许多老干警在远离城镇、十分偏僻的监狱、劳教场所干了一辈子，有的甚至没见过火车、没进过城，他们默默奉献的精神令人可敬可歌；更多的年轻一代干警继承了老同志的高尚情操和优良传统，在商品经济大潮的冲击下，表现出了崇高的奉献精神，他们忠于职守，热爱本职工作，兢兢业业、默默无闻地战斗在监狱、劳教工作的第一线，把自己的青春献给了监狱、劳教事业，他们为维护社会稳定、保障社会主义现代化建设顺利进行，做出了重要贡献。1990 年以来，全国有 42 个监狱、劳教单位荣立一等功，有 3315 个单位荣立二等功、三等功，荣获地市级以上精神文明单位称号的 232 个，有 65 名同志被评为全国劳模、先进工作者或荣获"五一"劳动奖章，10 人荣获司法部一级、二级英模称号，9259 人荣获一、二、三等功。实践充分证明，监狱、劳教人民警察队伍不愧为党和人民的忠诚卫士，诲人不倦的特殊园丁，不愧为一支政治合格、作风过硬、业务熟练，能吃大苦、耐大劳，党和人民完全可以信赖的队伍。我代表司法部向战斗在监狱、劳教工作战线上的 30 多万干警及他们的家属表示亲切的慰问，并致以崇高的敬意！

同志们，在充分肯定我们这支警察队伍作出重要贡献的同时，还必须清楚地看到，在建立社会主义市场经济的新形势下，队伍建设存在着一些不容忽视的问题，需要引起我们各级领导和广大干警的密切注意。讲这些问题，主要是由于参加我们这次会议的都是管理警察的领导干部。这支队伍管理好了，可以再创佳绩，否则，就会砸监狱、劳教警察队伍的牌子。因此，我们要认真深入地分析这些问题的表现形式、原因，以便采取有力措施予以解决。这些问题突出表现为：

*"一手硬、一手软"的状况在一些单位仍然存在。*监狱、劳教单位不仅承担着改造罪犯、教育劳教人员的职能，作为经济实体，它还从事生产经营、参与市场竞争；随着我国由传统的计划经济体制向社会主义市场经济体制过渡，监狱、劳教生产不可避免地参与市场竞争；国家对监狱、劳教所所需经费的保障仍会有很大缺口；监狱、劳教单位的特有职能决定了他们不可能根据生产的需要选择犯人和劳教人员，犯人、劳教人员的人数、素质高低及刑期、劳教期的长短都是不确定的因素；犯人、劳教人员作为监狱、劳教所生产的主要劳动力，其文化水平和技能素质大多低下；许多监狱、劳教单位地处偏远，交通不便，运输困难，生产成本高，吸引人才难，以及面对政策性、社会性支出迅速增加的众多困难，给监狱、劳教单位带来了沉重的经济负担。在这样的情况下，一些单位的领导和警察把主要精力放在了抓经济上，放松了对罪犯、劳教人员的管理和教育，造成了抓经济的一手硬，抓管理、教育改造和警察队伍建设的一手软的现象。

*一些警察的拜金思想抬头，以权谋私，贪污受贿。*近几年，社会上种种消极腐败的现象在监狱、劳教警察队伍中有着不同程度的反映，有的问题还相当严重。

*少数警察法制观念淡化，职业道德水准有所下降，违法违纪的事情时有发生。*有的警察纪律作风涣散，违法违纪；有的与罪犯、劳教人员拉拉扯扯、界限不清；有的随意打骂、体罚、虐待罪犯和劳教人员。在监管工作方面，由于少数警察的工作失职、玩忽职守，造成罪犯脱逃，对社会构成危害。

*利益差异和攀比心理使少数警察心理失衡，造成一些单位的警察队伍不稳。*改革开放以来，监狱、劳教系统警察的收入有了明显的提高，生活得到改善。尤其是 1993 年 11 月总理办公会议以来，监狱、劳教警察的经费开始得到进一步的保障。然而，面对社会上一部分高消费的生活方式和行业、单位、岗位之间拉大的收入差距，少数警察觉得监狱、劳教工作责任重、风险大、收入低，工作时间长、生活条件艰苦，因而心理上不平衡。尤其是长期在农业单位工作的警察，献了青春献终身，献了终身献子孙，一些老干警退休后，户籍、住房等许多问题难以得到及时解决，从而影响了在职警察的工作积极性。由于条件艰苦、经济困难，许多监狱、劳教单位难以留住人才，更谈不上吸引人才。一些单位，队伍不稳定的状况在加剧。

尽管上述问题发生在少数单位和少数警察身上，所占比例很小，但问题是严重的，影响着监狱、劳教警察队伍的整体形象。究其少数警察违法犯罪的原因：一是少数警察没有树立正确的人生观、世界观，全心全意为人民服务的观念淡化了，忘记了监狱、劳教警察的优良传统和艰苦奋斗的精神；二是少数警察法制观念淡薄，严格执法、依法治监、依法治所的执法意识尚不牢固；三是一些警察的职业道德意识较差，纪律作风涣散，缺乏良好的敬业精神，不适应《人民警察法》、《监狱法》的要求；四是从客观上讲，在市场经济负面效应的影响下，拜金主义严重地侵蚀了我们一部分警察的思想，权钱交易渗透到了执法领域；五是一些监狱、劳教单位治警不严，管理松懈，政治思想工作不能适应队伍变化的需要，等等。

从以上对监狱、劳教警察队伍现状的分析可知，我们这支队伍主流是好的，队伍的整体素质基本上能够适应新时期的要求，为维护社会的稳定做出了重要贡献，对此应予以充分的肯定，要树立信心。与此同时，更要敢于正视我们这支警察队伍存在的问题，尤其是一些带有行业特点的突出问题，以此引起并时常提醒我们各级领导和全体人民警察始终保持清醒的头脑，予以高度的重视，在新的形势下，始终以《人民警察法》、《监狱法》为我们工作的准绳，采取针对性措施，下大力气抓好队伍建设。

二、认真总结队伍建设的有效做法，提高队伍建设水平

司法行政系统的警察队伍是巩固人民民主专政、加强社会主义法制的一支重要力量，它的性质和任务决定着队伍建设的方向、目标和要求。1990年以来，各地始终坚持监狱、劳教警察队伍的属性，始终牢记党和人民的嘱托，在加强队伍建设中，摸索并形成了一套有效的工作方法和经验，有力地推动了队伍建设。

（一）用正确的理论武装队伍，确保政治上合格。在改革开放、发展社会主义市场经济和国际形势风云变幻的情况下，我国监狱、劳教警察队伍之所以能够坚持正确的政治方向，保持队伍的稳定和健康发展，关键一条就是坚持用邓小平同志建设有中国特色社会主义的理论武装头脑，用正确的思想和强有力的精神支柱凝聚队伍，提高全体人民警察贯彻党的基本路线、坚持党的根本宗旨的自觉性、坚定性。几年来，各地采取各种形式，先后举办政治理论培训班3992期，参加培训的达31万多人次。监狱、劳教系统采取多种形式对全体人民警察进行建设有中国特色社会主义理论的教育、社会主义市场经济理论教育、党史、党建基本理论教育、法制教育、廉政勤政教育、警察队伍纪律和职业道德教育，使广大干警进一步提高了认识，统一了思想，坚定了信念。

在抓干警理论教育的同时，各地认真抓了监狱、劳教系统的党的建设。党的基层组织得到进一步发展，基层党支部的战斗堡垒作用得到充分发挥。5年来，监狱、劳教系统有5万多人加入了党组织，党员人数已占警察总数的44.88%；监狱系统12000多个大队、中队中，已经建立党支部或党小组的占86.85%。在各级党组织的领导下，广大监狱、劳教警察始终在思想上、组织上、行动上与党中央保持高度一致，全力保证党的路线、方针、政策的贯彻实施，确保中央政令畅通，经受住了各种考验。

（二）抓好领导班子建设，确保整体素质的提高。班子建设是队伍建设的重中之重，能否带出一支过得硬的警察队伍，创造一流的工作业绩，关键是看有没有一个坚强团结的领导班子，这已成为全系统的共识。按照党的十四届四中全会精神，各地对监狱管理局、劳教局尤其是监狱和劳教所的领导班子进行了调整和充实。监狱、劳教系统领导班子的素质和结构得到改善，凝聚力、战斗力有所提高，思想作风建设得到加强，依法治监、依法治所和驾驭经济工作的能力得到提高。班子建设的特点和变化主要表现在：一是平均年龄下降，老化现象有了较大改变。监狱、劳教所领导班子成员的平均年龄从1990年的49岁下降到现在的47.26岁；二是文化程度有了较大提高，一些监狱领导班子中有不少是本科生和研究生；三是专业知识结构趋于合理，具有各类专业技术职务的2289人，占班子成员总数的55.66%，法律、经济管理等原来比较欠缺的专业人才也有较大增加；四是班子的改革创新意识有所增强，注重革命化建设和为政清廉，多数领导干部有较丰富的基层工作经验和开拓精神，政绩突出，群众拥护。可以说多数监狱、劳教所领导班子基本上适应了整体工作发展的需要。

（三）坚持从严治警，狠抓队伍正规化、规范化建设。依据1992年7月全国人大常委会的有关规定，从1992年7月1日起，统一实行警衔制，进一步加强了监狱、劳教警察队伍的正规化建设。各地始终把严格教育、严格训练作为提高队伍建设的战略措施来抓，采取多种形式，开展多层次、多渠道的办学培训，加快了教育培训的速度。据统计，警察队伍中大专、中专文化程度的比例，已由1990年的44.5%上升到现在的55.75%，其中大专以上的占26.75%。5年来，共举办各类业务培训班6744期，有75万多人次参加了培训。同时，各地还大力开展警察规范化训练，加强政策纪律、警容风纪、警体素质的各种训练。《监狱法》、《人民警察法》颁布后，各地采取多种形式对干警进行了培训，法制意识普遍得到增强。为了弘扬正气、激励干警积极向上，各地开展了"青春无悔"、"红烛精神"、"党员攻关"、"科技标兵"、"青年文明标兵"等多种形式的宣传教育和立功创模活动，树立了一批先进典型，有力地引导和激励了广大干警建功立业的积极性，促进了监狱、劳教工作的全面发展。根据中央反腐败斗争的统一部署，各地旗帜鲜明地对全体干警进行了思想、纪律、作风整顿，针对执法中存在的问题，狠抓制度建设，健全监督机制，重点加强了对执法活动的监督检查。并表彰了一大批秉公执法、廉洁奉公的先进典型，维护了警察队伍的良好形象。

（四）积极推进干部人事制度改革，进一步增强干警队伍的活力。随着国家各项制度改革的深入，各地在人事制度改革方面进行了积极的探索。按照民主、公开、平等的原则，选拔、推荐各级领导干部；坚持按照实绩为主的原则，建立对干部的定期考核和民主评议制度；按照"宏观管理，微观放开"的原则，将科级、大队级干部的任免权、专业技术职务的聘任权、内部部分机构的设置权等，下放给基层单位；积极推行干部聘任制，在监狱级的领导中实行考任制和任期目标责任制；在科、大队以下干部中推行双向选择，竞争上岗；采用系统内纵向、横向交流和单位内轮岗交流等形式培养、锻炼干部；在坚持政治和生活待遇等方面，坚持向中队一线倾斜。通过一系列改革措施，调动了广大干警的积极性，有力地促进了监狱、劳教工作的健康发展。

（五）贯彻思想政治工作与解决实际问题相结合的原则，进一步增强了队伍的凝聚力。几年来，各地注意将关心干警生活、注重解决实际问题作为思想政治工作的一项重要内容来抓，积极为干警排忧解难，多办实事，尽力解决干警的住房、饮水、子女上学、就业等问题。其中新建和改建干警职工住房200多万平方米，缓解了干警住房的紧张状况。

总之，经过几年的努力，求真务实、艰苦奋斗、无私奉献精神进一步得到继承和发扬，跨世纪的年轻一代已经成为监狱、劳教工作发展的中坚力量，监狱、劳教警察队伍建设在继承中发展，在改革中前进，不断取得更大的成绩。几年来在队伍建设实践中形成的这些经验和做法，不仅被以往的事实证明是行之有效的，而且对今后加强队伍建设也仍有很强的指导作用，必须继续予以坚持，赋予新的内涵，使这些经验在新的历史条件下得到继承和发展，并在此基础上创造更多的新鲜经验，切实提高警察队伍建设的水平。

三、严格执行"两法"，从严治警，努力造就一支能够跨世纪担当重任的警察队伍

党的十四届五中全会通过的《中共中央关于制订国民经济和社会发展"九五"计划和2010年远景目标的建议》，为我国今后15年实现现代化建设第二步战略目标和迈向第三步战略目标规划了宏伟蓝图。本世纪最后5年和下世纪前10年，是我国社会主义现代化建设事业承前启后、继往开来的重要时期。在这跨世纪的宏伟事业中，司法行政系统的人民警察肩负着维护社会稳定、保障改革开放和社会主义现代化建设顺利进行的历史重任。要完成这一光荣而艰巨的任务，关键是要有一支过得硬的监狱、劳教警察队伍。为此，我们必须严格遵循《人民警察法》和《监狱法》的规定要求，大力加强监狱、劳教警察队伍建设，努力建设一支适应社会主义市场经济和法制建设需要，政治坚定，业务精通，作风优良，纪律严明，清正廉洁，具有良好形象、特别能战斗的警察队伍。

首先，要切实加强警察队伍的思想教育，牢固树立正确的世界观、人生观。要按照中央的统一部署，结合各地实际，有计划、有步骤地组织全体干警学习邓小平建设有中国特色社会主义的理论，努力提高坚持党的基本路线的坚定性、自觉性。坚定改革开放，社会主义现代化建设的信念；牢牢把握"抓住机遇、深化改革、扩大开放、促进发展、保持稳定"的大局，正确处理好改革、发展、稳定三者的关系，明确从稳定大局出发，做好监狱、劳教工作的特殊重要性，始终不渝地坚持"两手抓、两手都要硬"的指导思想。

要针对当前警察队伍中存在的问题，理直气壮地进行正面教育。大力开展爱国主义、集体主义和社会主义思想教育，用先进的思想教育人，用科学的理论武装人。教育干警特别是教育青年干警，要有为祖国建功立业的远大理想，树立正确的人生观、价值观，自觉地抵制那些只讲实惠，不讲理想，只要索取，不做奉献，只图享受，不思奋斗的错误倾向。要坚决抵制拜金主义、享乐主义、极端个人主义思想的侵蚀，永保旺盛的革命斗志。要继承和发扬艰苦奋斗、严守纪律、开拓创新的传统和作风，担当起历史的重任。

其次，要增强政治敏锐性，牢牢地把握坚定正确的政治方向和政治立场。监狱、劳教部门是国家专政机关的重要组成部分，监狱、劳教警察是一支负有特殊使命的执法队伍。监狱、劳动教养管理机关的全体人民警察，尤其是各级领导干部，一定要讲政治。这是因为监狱、劳教工作带有很强的政治性，监狱、劳教工作与国际人权斗争联系得又十分紧密。要做好监狱、劳教工作，回击西方敌对势力对我们的攻击和诬蔑，不讲政治，缺乏政治头脑，是绝然不行的。

讲政治，是马克思主义的一条重要原则，是我们党的一大优势和光荣传统。可以肯定地说，一个不善于从政治上提出问题和认识问题的领导干部，不会是合格的领导干部；一个政治上不坚定的共产党员，也不会是名副其实的共产党员。当前讲政治，一是要有坚定正确的政治方向、政治立场、政治观点，要在政治上与以江泽民同志为核心的党中央保持一致，维护中央的权威，保证中央政令畅通；二是要有严明的纪律观念，特别是要加强政治纪律，最基本的一条就是要遵守党章，按照党章的要求去做；三是要增强政治敏锐性，提高政治鉴别力，善于从政治上考虑和处理问题。监狱、劳动教养管理机关的全体人民警察，都要在政治上严格要求自己，不断提高政治素质，依法治监、依法治所，从严治警，更好地肩负起党和人民赋予的历史重任。

第三，要始终坚持从严治警的方针，努力提高干警队伍的战斗力。从严治警是依法治监、依法治所、严格执法的前提。对于担负监狱和劳动教养这样繁重工作任务和重要职能，又长期与社会阴暗面打交道、手中拥有一定职权的警察队伍来说，只有坚持从严治警，严格要求、严格管理、严格训练、严明纪律，才有可能经受住各种考验，较好地执行国家法律，完成教育改造罪犯、劳教人员的繁重任务。

要严格控编，把好进人"入口关"，疏通"出口关"。

招收录用警察,必须符合人民警察的录用条件和国家公务员条例的要求,保证政治上合格,具有一定的业务专长,坚决杜绝"走后门"、"拉关系"。对于不合格的警察,要采取有力措施,坚决予以清退。要严明纪律,对于警察队伍必须要有铁的纪律进行约束,规范其行为,做到令行禁止。要严格训练,要求45岁以下的警察和新招收录用的警察必须接受包括纪律作风、警容风纪、警体技能、身体素质、现代化办公设备的操作等在内的训练。建设现代化文明监狱、现代化文明劳教所,必须要有现代化的人,具有现代化的知识,掌握现代化的本领。要严格考核,兑现奖惩。要建立健全监狱、劳教警察的各项岗位责任制,加强检查和考核,并按照考核结果及时兑现奖罚。要继续大力开展立功创模活动,表彰先进,鞭挞落后,最大限度地激发广大干警的积极性和创造力。

第四,要进一步增强法制观念,严格执法,大力提高执法水平。《人民警察法》第四条明确规定:"人民警察必须以宪法和法律为活动准则,忠于职守,清正廉洁,纪律严明,服从命令,严格执法。"根据这一规定,人民警察的一切活动都要严格依照法律,要言不离法,行不离法,一切按法律办事。每一名监狱、劳教警察都要在思想上牢固树立有法必依、执法必严、违法必究的观念,严格依照《人民警察法》、《监狱法》等法律,严肃执法,秉公执法,文明执法,不断地提高执法水平。为了保障人民警察秉公执法、清正廉洁,《人民警察法》和《监狱法》都规定了具体的纪律条款,提出了明确的要求。每一名监狱、劳教警察都应当认真地进行对照检查,及时发现问题,坚决予以纠正。《人民警察法》、《监狱法》在对人民警察提出要求的同时,也确立了干警的法律地位,赋予警察相当多的权力。我们一定要用手中的权力为巩固国家政权、维护社会稳定服务,绝不能以权谋私,甚至徇私枉法。广大干警要依法管理、教育、改造罪犯、劳教人员,保障罪犯和劳教人员的合法权益。要特别强调,必须严格禁止打骂、体罚罪犯、劳教人员的事件。各级监狱、劳教机关,事事、时时、处处都要严格依照法律规范干警的行为,不得有丝毫的随意性。

为了更好地贯彻执行《人民警察法》和《监狱法》,各地可以邀请法院、检察院、公安机关以及社会各界人士、新闻工作者,检查、评议监狱、劳教警察执行"两法"的情况,也可以在监狱、劳教场所内设立举报电话,为罪犯、劳教人员举报警察队伍中的违法乱纪行为提供方便。明年上半年,司法部将组织工作组,对各地监狱、劳教机关执行"两法"的情况进行大检查,以保证监狱、劳教工作沿着正确的轨道健康发展。

*第五,要加强各级领导班子建设,培养和选拔一批跨世纪的优秀人才。*班子建设是队伍建设的关键。没有一个坚强的班子,就很难做到从严治警,就带不出一支思想作风过硬的队伍。据了解,全国监狱、劳教所领导班子中,真正形成坚强有力的领导核心、改革创新有魄力、改造生产取得突出成绩的,不足半数,这与我们所肩负的历史重任极不相称,必须下决心在较短时间内改变这种状况。考察班子应当重点把握:一是要形成团结战斗的坚强领导核心;二是对单位建设与发展的思路要清晰,措施要得力,尤其是在建设现代化文明监狱、现代化文明劳教所方面,政绩要突出;三是受到绝大多数群众的信赖,有号召力;四是年龄、知识、专业结构合理,符合干部"四化"要求。

要抓紧培养和选拔一大批德才兼备、富有改革创新精神的年轻干部,充实到各级监狱、劳教机关领导班子。各省(区、市)监狱管理局、劳教局领导班子,应参照当地领导班子的建设要求,至少配备一名40岁左右的年轻干部;各监狱、劳教所领导班子至少配备一名35岁左右的年轻干部;大队、中队干部要求年轻化,以保证基层充满生机和活力,保证工作高速有效地运转。要重视和加强后备干部的培养和选拔,使各级领导班子有充分的后备人选。后备干部的挑选,要充分发扬民主,体现群众意愿。对后备干部实行动态管理,采取挂职锻炼、换岗锻炼、选送地方锻炼、脱产培训等多种形式进行培养。对于有发展潜力的优秀年轻干部要有意识地选派他们到环境复杂、条件艰苦的地方去经受锻炼,增长才干。对不适应者要及时调整,优存劣汰。坚持培养与使用相结合,对重点培养对象,可实行助理制度。

*第六,要继续抓好干警的培训工作,提高警察队伍的整体素质。*部分干警执法水平不高与自身素质比较低有很大关系。因此,要继续抓好监狱、劳教警察的教育培训工作。要有计划、分期分批地对监狱、劳教系统的所有人民警察进行培训,有条件的可以到院校进修。在培训内容上,要重点突出《人民警察法》、《监狱法》等相关法律的学习,增强法制观念,强化执法意识,要教育、引导干警做到正确理解"两法",准确执行"两法",不断提高政治业务素质。

要明确干警教育培训经费渠道的保障,努力创造条件,逐步加大对干警教育培训的投入。干警教育经费每年至少按干警工资总额的3%提取,单立户头、专款专用。同时,要积极争取将干警的教育培训经费列入财政预算。要广开渠道,拓宽思路,既要争取政府加大投入,又要发挥行业优势,扩大财源。要继续发展监狱、劳教经济,不能因为干警经费纳入财政预算而放弃监狱、劳教生产,要下决心把监狱、劳教经济搞上去。随着监狱、劳教经济状况的好转,要不断改善监狱、劳教警察的工作、生活条件,加大教育、培训方面的投入,进一步扩大再生产,为建设现代化文明监狱、现代化文明劳教所提供物质保障。

第七，要建立、健全执法工作的内部监督制约机制。各级监狱、劳教机关要坚决贯彻执行中央政法委员会的“三条禁令”，坚持依法从严治监（所），从严治警。要教育广大干警按照《人民警察法》和《监狱法》的要求，自觉保持清正廉洁的作风，提高拒腐防变的能力。各级领导班子尤其是处以上领导干部要带头廉洁自律，自觉接受党和群众以及人民检察院等专门机关的监督。要尽快建立、健全各种反腐败的内部监督机制，充分发挥法律监督、党纪政纪监督和群众监督的作用。监狱、劳教机关的党组织和纪检、监察部门要把保证《人民警察法》、《监狱法》的贯彻执行作为一项长期的、经常性的重要工作抓紧抓实，建立对《人民警察法》和《监狱法》执法情况的检查、监督等专项制度。要依照有关法律、法规，加快实施监狱、劳教机关执法中的国家赔偿制度和责任追究制度。以监狱、劳教机关的人民警察因执法发生错误而造成的损失，要依法给予赔偿。要加大违法违纪案件查处的力度。对违法乱纪行为，尤其是贪污受贿、以权谋私，要严肃查处，依法追究责任，决不姑息迁就，监狱、劳教机关执法工作中的减刑、减期、假释，监（所）外执行等重点环节，要建立有效的廉政建设规章制度并且公布于众，接受各界的监督。

第八，要大力加强监狱、劳教所的基层基础建设，稳定基层，提高战斗力。监狱、劳教所工作要上水平、上台阶，从严治警，严格执法，没有稳定扎实的基础，是难以实现的。因此，必须采取切实有力的措施，加强基层基础工作。要牢固树立精兵强将充实第一线的指导思想，精减机关科室和行政人员。大队、中队警察的比例不能低于警察总数的60%，中队警察的配备不能低于押犯比例的8%。要把中队作为警察的训练基地，优秀人才的“蓄水池”。新招收录用警察必须要在基层工作两年以上；提拔科级、大队级干部，必须具有在中队工作3年以上的经历；在中队警察配足配齐的情况下，建立中队警察脱产轮训制度；中队正职可配科级。每个中队都要建立健全岗位责任制和严格各项规章制度，依据考核结果与政治荣誉、晋升提职、经济效益挂钩，充分调动广大干警的积极性。在分配住房、奖金、子女入学等方面要优先解决中队警察的困难。

要切实加强监狱、劳教系统基层党组织建设，全面推行党委、支部、党员三级目标管理，广泛开展基层党支部工作达标升级活动，在监狱、劳教工作的各个方面，充分发挥基层党支部的战斗堡垒作用。

第九，要努力改善警察的工作、生活条件，保障监狱、劳教警察依法行使职权。一方面要对监狱、劳教警察提出严格要求，从严治警，保证严格执法，另一方面，要关心基层警察的生活，注意改进工作方法，深入基层，倾听群众的呼声，随着当地经济和社会的发展，不断改善警察待遇和生活环境，为他们安心工作创造有利条件。各级领导对此要高度重视，要当作稳定队伍、吸引人才的大事来抓。要把改善干警、职工的工作条件和生活环境纳入建设现代化文明监狱、现代化文明劳教所的总体规划，使之同步发展。为基层警察创造良好的工作、生活条件，是各级领导义不容辞的责任。同时，要尽最大努力改善驻狱武警部队的工作、生活条件，为人民检察院在监狱、劳教场所的派驻机构提供方便，并注意处理好与兄弟部门的关系。

四、进一步改进和加强对监狱、劳教工作的领导

实干兴邦，空谈误国。加强司法行政系统的警察队伍建设，决不能停留在口头上，必须扎扎实实地抓落实。监狱、劳教工作要坚决置于党的领导之下，服从命令，听从指挥，自觉地服从服务于党的工作大局，自觉地接受当地党委、政府和司法厅（局）的领导。根据《监狱法》第十条规定，“国务院司法行政部门主管全国的监狱工作。”近几年来，各地司法厅（局）从维护社会稳定、保障现代化建设顺利进行的高度出发，把监狱、劳教工作摆到重要议事日程，加强了对监狱、劳教工作的领导，取得了很大成效。随着改革的不断深化和社会主义市场经济体制的逐步建立，对监狱、劳教工作提出了更高的要求，迫切要求司法厅（局）进一步加强对监狱、劳教工作的领导。监狱、劳教工作是司法行政工作的重要组成部分，是司法行政机关发挥法律保障的职能作用，努力维护国家政治稳定和社会稳定的重要工作手段，认真做好监狱、劳教工作，不仅是至关重要的，也是义不容辞的。各地司法厅（局）必须不断加强对监狱、劳教工作的领导，不能放松、更不能放弃对监狱、劳教工作的领导。要坚决贯彻“两手抓、两手都要硬”的方针，把抓班子、带队伍当作一件大事摆上各地司法厅（局）党组的重要议事日程，定期研究，统筹规划，采取对策。要对监狱管理局、劳教局执行党的路线、方针、政策和国家法律的情况进行检查、监督；及时审查、批准监狱、劳教工作的重大决策和重要工作部署，并经常检查其执行情况；疏通、协调各方面的关系，进一步支持帮助劳教局建立二级局，争取监狱、劳教工作得到有关部门更多的支持和帮助，解决监狱管理局、劳教局自身解决不了的问题；管理监狱管理局、劳教局和监狱、劳教所的主要领导干部；加强对警察队伍思想建设和政治工作的领导和监督。

监狱管理局、劳教局要正确处理好领导与被领导的关系，自觉服从、切实尊重司法厅（局）的领导。要认真执行司法厅（局）党组的决定和厅（局）领导的指示，遇有重大问题要及时请示汇报。监狱、劳教工作有着自身的特点和内在规律，司法厅（局）在加强对监狱、劳教工作领导和管理的同时，应当注意发挥监狱管理局、劳教局的职能作用，做到宏观上要管得好，在微观、具体工作上要放开。要继续坚持在司法厅（局）领导下由监

狱管理局、劳教局一级党委对监管改造、生产经营、警察队伍进行具体管理的体制，使其职、权、责相统一，管事与管人相结合，充分发挥其工作积极性，扎实有效地抓好队伍建设。

要切实加强政工队伍建设。要按照这次会议将要讨论的《监狱、劳教人民警察政治工作条例》的要求，建立健全上下贯通、高效精干的政治工作机构，这是加强队伍建设、做好政治工作的保证。为了更好地发挥政治工作机构的职能作用，全国监狱、劳教系统要进一步建立健全政治工作机构。要重视政治工作机构人员的配备，政治工作机构的领导干部可以高配。监狱管理局、劳教局政工人员的比例，仍按机关干部总数的10—15%配备；监狱、劳教所政工人员的比例按干部总数的3%配备。各地在选配政工人员时，要把那些政治素质好、作风正派、有一定理论水平和文化素养、群众威信高的同志充实进来，并保持政工队伍的相对稳定。对不适合现职的政工干部，要进行调整交流，保持政工干部的质量。

同志们，我国的改革开放和社会主义现代化建设事业开始进入一个新的发展阶段，党中央为我们规划了今后发展的宏伟蓝图。让我们紧紧团结在以江泽民同志为核心的党中央周围，不断改革创新，开拓进取，始终坚持从严治警，严格执法，不断提高队伍战斗力，以崭新的风貌迈向21世纪，为实现跨世纪的宏伟蓝图而努力奋斗。

张秀夫同志在全国司法行政系统警察队伍建设会上的讲话（有删节）

（1995年11月4日）

全国司法行政系统警察队伍建设会议就要结束了。这次会议，以党的十四届五中全会精神和邓小平同志建设有中国特色社会主义的理论为指针，回顾了近5年全国司法行政系统警察队伍建设的情况，肯定了成绩，总结和交流了经验，找出了存在的问题，研究部署了当前和今后一个时期进一步加强队伍建设的措施。10个典型发言，从不同的侧面介绍了他们加强队伍建设的经验，听了很受启发。肖部长的报告客观地总结了近几年来队伍建设的经验，实事求是地分析了队伍的现状和面临的新情况、新问题，提出了在深化改革，扩大开放，建立社会主义市场经济形势下，加强队伍建设的目标和措施，是我们今后加强队伍建设十分重要的指导性文件。这次会议虽然时间不长，但主题突出，收获很大。同志们普遍反映，会议气氛热烈，明确了目标，增强了信心，是一次统一思想、振奋精神的会议，是一次务实鼓劲、催人奋进的会议。完全可以相信，随着这次会议精神的贯彻落实，全国司法行政系统警察队伍建设将会更进一步加强。下面，我根据大家讨论的情况，再讲几点意见：

一、司法行政系统警察队伍要把思想政治建设摆在队伍各项建设的首位

监狱、劳教机关是国家机器的重要组成部分，是人民民主专政的重要工具。监狱、劳教机关的人民警察是人民警察的一个警种，是一支执法、带枪和实行军事化管理的队伍，担负着打击敌人，保护人民，惩治犯罪，服务"四化"的神圣职责。警察队伍的性质、地位和任务，要求我们必须永远忠于党忠于人民，永远保证政治上合格。因此，司法行政系统警察队伍建设，必须把思想政治建设摆在各项建设的首位。思想政治建设的内容很多，肖部长作了很好的论述。这里我想再讲三点：

第一，坚持坚定正确的政治方向，坚决维护以江泽民同志为核心的党中央。要教育各级领导及全体干警坚持党的基本路线，坚持四项基本原则，坚持走建设有中国特色的社会主义道路，坚定社会主义、共产主义信念，更加自觉地同以江泽民同志为首的党中央保持高度一致。现在的中央领导集体，是高水平的领导集体，是经过严峻考验的领导集体，是全党和全国人民信赖的领导集体。这几年，中央领导同志以身作则，严于律己，深入实际，深入群众，清正廉洁，勤政为民，在全党全国人民面前树立了光辉的形象，享有崇高的威望。这是我们事业兴旺发达的表现，也是我们能够不断把建设有中国特色社会主义事业推向前进的根本保证。大家都知道，本世纪末的5年和下世纪初的10年，是我国国民经济和社会发展的重要时期，我们将全面实现现代化的第二步战略目标，并为实现第三步战略目标奠定基础。机遇与挑战并存，前景美好，任重道远。全党全国人民正在团结奋斗，励精图治，满怀豪情地迎接21世纪。在新的形势任务面前，我们更加需要坚持坚定正确的政治方向，更加需要紧密地团结在以江泽民同志为核心的党中央周围，更加需要比任何时候都更坚决地维护中央的权威，更加需要自觉地维护中央领导集体的形象。这是全党全国的大局，是全国人民的根本利益所在，也是我们能否实现宏伟目标的基本保障。司法行政系统警察队伍是党和人民的忠诚卫队，我们一定要充分认识这个关系党和国家前途命运的问题，有责任、有义务用我们的一言一行维护中央权威。对中央决定了的事情，要不折不扣地抓好落实，结合实际创造性地开展工作；要顾全大局，把对本系统本单位负责同对全国人民和全党负责统一起来，正确处理局部与全局的关系，当局部利益与全局利益、单位利益与国家利益发生矛盾时，要无条件地服从国家利益；要坚持党的组织原则，积极维护党的团结统一，不搞派别和小团体活动，坚决同一切怀疑、动摇和削弱党的领导的言行作斗争；要坚决服从中央的领导和统一指挥，严格按中央的指示精神办事，决不允许搞上有政策、下有对策，更不允许有令不行、有禁不止；要用《党章》和党的纪律规范自己的言行，自觉做到不该说的话坚决不说，不该做的事坚决不做。要带头不信谣、不传谣，形成良好的警风。

第二，高度重视世界观、人生观问题。1995 年上半年出现正反两个人物，在中国大地上引起了强烈的截然不同的反响。一位是全党的楷模孔繁森，一位是腐化堕落的败类王宝森。此二人都曾处在党的重要领导岗位上，一位能够“冰山愈冷情愈热，耿耿忠心照雪山”，事事以党和人民的利益为重，恪尽职守，勤政为民，政绩卓著，万世流芳。一个却在任职期间，滥用职权，大肆侵吞、挥霍、挪用公款，腐化堕落，成为一个十恶不赦的败类，千古唾骂。造成他们之间天壤之别的根本原因不是别的，就在于他们有着不同的世界观和人生观。世界观、人生观是决定人们思想行动的总开关。作为领导干部，我们都必须从陈希同、王宝森等人的错误和走向堕落的根源中认真汲取教训，把世界观的改造提到应有的高度。在建立社会主义市场经济的新形势下，每一个监狱、劳教人民警察特别是领导干部，任何时候都必须毫不犹豫地以公为要，勇于牺牲个人利益，而不能把个人利益或小团体利益凌驾于党和人民的利益之上；任何时候都要时刻牢记我们手中的权力是党和人民给的，只有为党、为人民多做贡献的义务，决没有搞特权、追求非分享受的权力；任何时候都必须把工作中的成绩、功劳首先归于党、归于干警职工，而决不能过分夸大个人的作用，作为向党、向组织讨价还价的政治资本；任何时候都必须把无私奉献作为自己的行为准则，而决不能只讲索取不讲奉献，更不能有贪心和野心。古人有“文官不贪财，武将不惜命”之说。警察既是公务员、又是带枪的执法者，既不能贪财，也不能惜命，要两袖清风，无私奉献，必要时可以献出自己的一腔热血，甚至宝贵生命。所以只有引导广大干警树立正确的世界观、人生观，才能自觉地反对拜金主义、享乐主义和极端个人主义，自觉抵御和防止腐朽思想的侵蚀，才能在推进监狱、劳教事业发展和社会大变革中立得住、站得稳。

第三，善于从政治的高度观察问题，保持清醒头脑，在错综复杂的斗争形势中坚持坚定的政治立场。“九五”至 2010 年是我国经济和社会发展承前启后、继往开来的重要时期。在这一时期，我国的现代化建设事业既有不可多得的历史机遇和许多有利条件，同时面临着国际强权政治的压力和不少不利因素。从可能面临的挑战和不利因素的方面看，国际间的竞争包括政治、外交较量将日趋激烈，美国等西方国家从根本上不愿中国强大，会继续从多方面对我推行“西化”、“分化”的战略，监狱、劳教工作仍将处于国际人权斗争的风口浪尖；境内外敌对势力和敌对分子的破坏活动将会更加频繁，一段时间内敌我之间的较量可能会更错综复杂甚至更为激烈；国内民族分裂主义活动仍将加剧，非法宗教活动和反动会道门以及带有帮会性质的秘密组织活动也会发展蔓延；改革和发展过程中会继续暴露出更多的社会矛盾，群体性闹事事件极易被敌对势力利用，危害社会稳定；刑事犯罪虽得到控制，但恶性案件等危害公共安全和群众安全感的大案不可能减少，金融、财税等经济领域内的犯罪将会十分突出；与此相联系，狱内改造与反改造的斗争也将更加尖锐复杂。当前在押罪犯和收容劳教人员不断增多，已超过 1983 年“严打”以来的最高峰，监管改造的任务相当繁重；押犯构成日趋复杂，暴力犯、重大刑事犯、长刑犯有较大增加，不安全因素增多，随时都可能突发恶性事故，近年来罪犯、劳教人员杀害干警的事件时有发生；在押的“两乱”犯和其他反革命罪犯虽然人数不多，但能量不小，改造难度很大，他们中的不少人不会自动放弃其反动的世界观，不会甘心于老老实实地认罪服法，一有风吹草动，就会制造事端，乘机捣乱。这一切都说明，阶级斗争虽然已经不是我国的主要矛盾，但阶级斗争仍在一定范围内存在，有时甚至是非常激烈的。在当前的形势下，我们这支队伍比任何时候所肩负的责任都大，一定要保持清醒的头脑，要有正确的政治方向，坚定的政治立场，鲜明的政治观点，严格的政治纪律，高度的政治鉴别力，出色的政治敏锐性。要善于从政治的角度、战略的高度观察和分析问题，增强敌情观念，强化专政意识，时刻保持高度警惕，随时同破坏国家政治和社会稳定的各种敌对势力进行坚决的斗争，经得起任何政治风浪的冲击而不左右摇摆，在大是大非面前立场坚定、旗帜鲜明，为维护国家政治稳定和社会安定作出积极贡献。

二、必须十分重视抓好干警队伍文化、专业水平的提高

监狱、劳教人民警察队伍是一支政治合格、作风过硬，党和人民完全可以信赖的特别能战斗的队伍。我们这支队伍的不足之处是文化素质、专业素质亟待提高。据统计，全国现有的30多万监狱、劳教人民警察中，具有大专以上文化程度的只占26%，其中法律专业的仅占5%，监狱管理和劳教专业的仅占1.7%。负责刑罚执行的警察，学法律的很少；从事监狱、劳教事业的警察学监狱学和劳教学的极少，这种状况极不正常。这和公安、检察、法院、安全、武警比起来，都是比较低的，同其他发达国家监狱警察相比，差距就更大，与我们的职能极不相称。教育是立国之本，同样也是一支队伍的建设之本，是我们建设现代化文明监狱、劳教所的重要保障条件。我们要创建现代化文明监狱、劳教所，必须有一支具有现代化知识的干警队伍。没有这样一支队伍，要建设现代化文明监狱、劳教所就是一句空话，即使建起来了，也管不了，管不好，只能图一时好看，不能持久。所以，要下决心建设现代化文明监狱、劳教所，就必须提高我们这支队伍的文化、专业知识水平，就必须下决心大抓干警的学历教育和专业培训。"九五"期间，干警的学历教育要全面实施"568"工程，即在全国监狱、劳教人民警察中，具有大专以上学历的达到50%以上（其中具有法律和监管专业大专以上学历的占10%），科大队级干部大专以上学历的达到60%以上，省（区、市）监狱管理局、劳教局，监狱（所）两级领导班子中大专以上学历的达到80%以上，并培养一大批具有大专以上双学历、双学位或更高学历层次的复合型中高级管理人才和各种专业技术人才。实现这些目标，需要做大量实实在在的工作。

1. 进一步加强对警察教育培训工作的领导。各级领导同志一定要用战略眼光看待这项工作，着眼长远，立足现实，加强领导，科学组织。要实行教育培训工作目标管理责任制，加强年度考核，并将其作为各级领导干部实绩考核和单位评比先进的重要条件之一。要有必要的硬性规定作保障。如，明确要求今后每个中队的干部都要有大专以上毕业生；新提拔担任科大队以上职务的干部都必须是大专以上毕业生，没有达到的，表现比较好的先送出去学习，再提拔。各地要将这一要求，作为"九五"期间的奋斗目标认真落实。今年内，各监狱管理局、劳教局要在对干警队伍的素质状况进行全面调查摸底的基础上，根据《监狱法》、《人民警察法》和现代化文明监狱、劳教所创建规划与目标要求，制定出与本省（区、市）监狱、劳教工作"九五"规划相配套的干警培训规划。并本着适应需要、超前发展、统筹规划、内外结合、分类指导、分级实施的原则，提出分级教育培训的目标、任务和措施，逐年组织实施。

2. 切实加强警察教育培训基地建设，形成警察教育体系。建设一支有较高专业知识水平的监狱、劳教警察队伍，不能依靠别人，只能立足自己。因此，要切实加强中央司法警官教育学院、省（区、市）警官学校及监狱常设培训班三级培训网络的建设，并充分发挥其作用。一是下决心办好一所警官大学。中央司法警官教育学院是部属院校中唯一的成人高等警官院校。十几年来，为监狱、劳教事业的发展做出了很大的贡献。但是现有的办学规模和办学层次已不能适应干警队伍建设的需求。部里经过几次研究，决定在院系调整的基础上，集中有限的教育资源，在师资队伍、基本建设、教学设施等方面加大投入，争取到"九五"期末，将中央司法警官教育学院建设成为成人教育与普通教育并举，专业结构合理，办学规模达到3000人的全国监狱、劳教系统高层次人才培训中心，监狱法学理论科研中心，警校教学指导中心，使之成为监狱和劳教系统培养高级专门人才的摇篮。二是努力办好各省（区、市）警官学校。必须加大改革力度，通过各种形式加速培养大专以上人才。凡校舍条件较好，教学设备齐全，师资力量较强的警官学校，都应挖掘潜力，广开办学门路，积极创造条件与中央司法警官教育学院、当地法律专科院校或其他大专院校联合办学，为干警的学习、进修深造创造条件，以保证达到每年培训1万名左右大专以上学历干警目标的实现。司法部监狱管理局会同司法部法学教育司，将依据国家教委的有关评估标准，制定反映行业特点的评估指标体系，对现有27所警官学校进行行业评估指导。在此基础上有重点地扶持、建设一批重点警官学校，并择优选定3—5所条件成熟的警校升格为监狱警官专科学校或高等警官职业学校。总之，要尽快在本系统形成具有较高层次的专业人才培训基地。对少数教学设施差、师资力量弱、教学质量低、没有生源的学校，要限期整改，预期内仍达不到评估标准的，一律改为干校。三是加强基层单位的常设培训班建设，确定专人负责，落实好场所、经费。要不断加强和完善三级培训网，制定好切合实际的培训规划，充实师资力量，加大经费投入，提高培训质量。

3. 大力提倡多渠道、多层次办学。各监狱、劳教所要有所作为，积极开展多层次的学历教育。要充分发挥自学考试的优势，尽快培养更多的具有大专文化的干警。司法部为了加快培养监狱、劳教管理的大专人才，经过几次与国家自学考试指导委员会商量，他们表示对开办高等自学监狱、劳教管理专业予以支持，现已基本同意。具体操作方法将进一步商量，争取明年开始启动招生。这种自学考试，是属司法部行业性委托国家教委自考办的，面向监狱、劳教系统，入门不需考试，学制可3年、也可4年。学习结束后由国家统一组织考试，承认大专学历。不脱产即可参加学习，收费标准较低。很适合监狱、劳教系统培养本专业的大专人才。基层监狱、劳教所也要根据本单位的生产性质或生产项目，选定所学专业，争取有更多的同志参加经济管理、财会、贸易、投资、工程技术、计算机等专业的学习。在这方面，山东、江苏等省的经验值得在全国监狱、劳教系统推广。离职学习数量有限，要大力提倡在职学习。鼓励在职干警参加业大、电大、函大、成人高考等多种形式的业余学习，凡获得有效毕业证书的，其培训费单位应予报销，有条件的还应给予经济奖励。要有计划地选送一批有培训前途的青年干警到相关的高等院校进修或代培。凡列入培训计划的干警，其培训期间的培训费由所在单位负责，工资、福利待遇一律不变。总之，要多形式、多途径、多层次地在5年内将干警的文化、专业知识水平提高一步。

4. 逐步形成一套比较规范的适应监狱、劳教工作特点的专业教材。这项工作应由司法部监狱管理局牵头，统一组织力量认真编写，实行全国监狱、劳教工作干警专业培训，统一教材，统一要求。同时认真抓好师资队伍建设。在本系统选调一批有较好的理论基础、又有一定的实践经验，适合做教师工作的同志到学校或培训中心，担任监狱、劳教管理等专业课的教师。还要下决心选送有培养前途的教师出去进修深造、学术研讨、教学观摩、基层调研、挂职实践，使他们不断提高专业理论素养和教学业务水平，培养一批监狱学、劳教学方面的教授、副教授。各地要十分注意关心教师队伍的学习、工作和生活，不断提高他们的政治、生活待遇。专职干训教师在职称评聘、奖励、晋级和有关福利方面，享受相应的专业技术人员的同等待遇。

5. 确实保证干训经费。部和各省(区、市)监狱管理局、劳教局要根据国务院(1995)4号文件精神，积极争取地方财政、计划部门的支持，将干警的教育经费列入财政预算，单立户头，消除不少地方有罪犯的教育经费而没有干警的教育经费的怪现象。更重要的是，各省(区、市)监狱管理局、劳教局在积极争取当地财政支持的同时，要立足自身，发挥好系统的优势，加大干警教育经费的投入。干训经费每年按工资总额的3%提取，列入当年预算，单独立项，专款专用。属于监狱、劳教企业开发新产品、研究新技术进行干训的经费可直接在生产成本中列支。警校办学和干训经费的不足部分，可从单位改造业务经费、企业税后留利或财政包干结余中列支。部和省(区、市)监狱管理局都要设立干训专项基金，用于扶持经济困难的省份或单位开展干训工作，以及干训工作的表彰奖励活动等。

总之，各级领导必须充分认识加强教育培训的重要意义，树立教育为本、队伍为本的思想，切实把教育培训工作列入各级党委的重要议事日程，把培训工作作为一项硬任务，认真研究，落到实处，真正把我们的干警培训工作搞上去。

三、依法治监治所，确保监所的安全与稳定

今年以来，各地认真贯彻《监狱法》和全国监狱工作会议精神，为保持监所秩序稳定做了大量工作，监管改造工作形势总的来说是好的。不少场所警力严重不足，设施条件困难的情况下，保证了场所秩序的持续稳定和各项工作的进展。总的说来，监所是稳定的，管理水平在不断提高。但是，监管改造工作也出现了一些新的情况和问题。

近年来，组织罪犯、劳教人员外役劳动带来的监管安全问题也不容忽视。由于罪犯、劳教人员增加，监狱、劳教经济困难，缺乏生产门路等原因，组织罪犯、劳教人员外役劳动逐年增多，而且距离监所越来越远，时间越来越长，外役劳动点越来越多。有的甚至十几名犯人，一、两名干警就为一个点，缺乏起码的监管条件和警力。有的劳务点，罪犯、劳教人员与民工混杂一起劳动，潜伏着诸多不安全因素。有的监狱甚至完全不顾监管安全，一味追求劳务创收。暴露出监管工作中存在的严重问题和许多漏洞。

发生上述问题的原因，除了押犯构成复杂，监管改造难度加大，监狱、劳教经济面临困难较多等客观原因外，从主观上分析，主要有四条：一是少数干警专政意识和工作责任心不强，思想麻痹、松懈，工作失职、渎职。二是少数干警法制观念淡薄，有章不循，循章不严。三是个别干警权钱交易，贪赃枉法。四是一些监狱、劳教所领导班子包括有的省(区、市)监狱局、劳教局指导思想有失偏颇。问题虽然发生在基层一线干警身上，但寻根咎底，与我们一些领导班子不能把握好全局工作有很大关系。尤其是在当前监狱、劳教经济比较困难的情况下，一些单位"饥不择食"、不能把握好"两手抓"、"两手硬"，甚至对部里召开的会议和部领导的讲话精神"各取所需"、"为我所用"。以致对基层出现的问题未能及时发现，或者发现了也未能果断采取措施，及时制止纠正。这个问题要引起我们的高度重视，切实加以解决。一要组织广大干警继续深入学习、贯彻《监狱法》，特别要强调学用结合，联系本地区、本单位监管、执法中存在的问题和典型案件教育干警，在求实效上下功夫，切实增强干警的法制观念，提高执法水平。二要狠抓各项规章制度的落实。前不久，部里专门下发了关于加强保外就医管理的文件。请各地要严格按照文件规定的要求执行，切实加强对罪犯保外就医和组织罪犯、劳教人员外役劳动的检查和整顿。组织外役劳动，必须在确保监管安全，防逃有方的前提下进行。任何人都不得以任何理由让罪犯、劳教人员外出经商、跑项目。一旦发现，严肃处理，决不迁就、袒护。要切实加强对罪犯的减刑、假释、保外就医和离监探亲等执法环节的监督、检查，坚决纠正有章不循、循章不严的倾向。三要大力加强狱内侦查工作，准确把握狱内敌情动向，及时打击狱内犯罪活动，防患于未然，把各类案件消灭在萌芽之中。四要认真查处那些违法乱纪造成严重后果的案件。一旦发现此类案件，要一抓到底，坚决及时地予以查处，决不姑息迁就。

四、需要进一步落实的有关政策和措施，切实妥善解决的几个问题

1．要一如既往，不懈努力，力争财政、投资保障体制的到位。《监狱法》和国务院的两个文件，确立了国家对监狱、劳教工作的财政和投资保障制度，为监狱、劳教工作的全面发展提供了良好的外部条件和难得的历史机遇，我们必须把这项工作作为一件大事抓好、落实好。到目前为止，全国30个省（区、市）都已确定了干警经费和犯人生活费的标准，经费正在逐步到位。但是，存在两个问题：一是部分省（区、市）经费标准偏低，有的并未真正列入省（区、市）财政预算，经费不能及时到位；二是犯人实物量标准下达后，各地反映落实起来还有相当大的难度。对落实国务院4号文件这件事，国务院领导同志非常重视，罗干同志在司法部文件上批示："各地要认真落实总理办公会议和国务院4号文件的精神，同时监狱本身要努力把经济搞上去。鉴于有些监狱确实经济严重困难，请司法部商财政部在力所能及的情况下，请财政部给予一定的支持"。希望大家回去以后，根据罗干同志的指示，抓紧向省委和省政府汇报，认真做好省财政、计委等有关部门的工作，加大落实的力度。要有机不可失，时不再来的紧迫感，一鼓作气，一如既往地抓落实，不能有丝毫的松劲。

2．要切实解决好干警纳入公务员序列后专业技术人员的职称评定和待遇问题，稳定科技人员队伍。鉴于干警纳入公务员序列和评授警衔后，监狱、劳教系统今后不再评聘政工专业职务，不再与警衔挂钩；已按政工专业职务评授警衔的，今后将调整为行政警衔。专业技术人员已按公务员工资制度套改了工资，有些人员的工资低了些，为解决这一矛盾，可以采取内部政策，工资差额由监狱、劳教所按照社会同等技术职称标准，予以补差。同时，不仅要从生活上关心科技人员，更要从政治上关心他们，在工作上为他们创造施展才能的用武之地，稳定科技人员队伍，充分调动他们的积极性和创造性。

3．要切实加强编制管理，充实基层一线警力。首先，要严把进人关。增加人员要本着宁缺勿滥的原则，实行考试与考核相结合，认真审核、审批，集体研究，杜绝个人说了算。特别是地处省会和大、中城市，条件较好的监狱、劳教所，更要采取切实有效的措施，严格把关，堵住后门。要象上海青浦监狱、江苏南京监狱那样，有硬杠子、有严格的审批程序。今后部里掌握的原则是：凡超编的省（区、市）一律不增加编制，一律不再给增干指标；按照《国家公务员条例》的规定，今后不再有以工转干指标。对把关不严，将不合格人员调入监狱、劳教系统的，要追究领导和有关人员的责任。其次，对不适合在监狱、劳教所工作的人员，要按照有关政策规定和各地的成功作法，坚决予以清调，切实改变过去那种"需要的进不来，不需要的挡不住，不合格的调不走"的现象。第三，要精简机关，充实基层。目前，各省（区、市）监狱、劳教所普遍存在一线警力不足的问题，实行新的工时制以后就更显突出。这个问题可以说我们逢会必讲，就是一直没有很好解决，我看关键是领导的决心问题。这次会议专门下发了《关于加强监狱、劳教所大、中队建设的意见》，其中规定中队干警配备比例不得少于罪犯或劳教人员总数的8%，无论如何这次不能再开"空头支票"了。各地要下决心精简机关人员，充实大、中队，新调进的干警和新分配来的大中专毕业生，必须首先安排到大、中队，并在政治和生活待遇上向一线干警倾斜。措施要硬，贯彻要实，尽快按10%的比例要求配齐配强一线干警。

4．要妥善安置好离退休老干部。全国监狱系统现有离退休干部60797名，今后5年，还将有18442名老同志离开工作岗位。这些老同志为监狱、劳教事业做出了很大贡献，有的在山沟里奋斗了一生。要按照国家有关政策，尽力为他们办实事。有条件的单位应当有计划地将老同志安排到就近城市居住，尚不具备这种条件的单位，最起码也要使他们迁居监狱、劳教所的中心生活区。在生活待遇上不能亏了老同志，尤其是经济困难、拖欠干警工资的单位，首先要保证老同志的工资发放和医疗费用的报销，再穷也不能穷了老同志，不能忘记他们对事业所作的贡献。同时，要从政治上关心他们，安排他们参加组织生活和政治学习。对身体较好、经验丰富的老同志，要注意发挥他们在开展理论研究、进行传统教育、加强改造工作等方面的作用，使他们老有所养、老有所乐、老有所为。

5．要注意加强工会和青年工作。近几年来，监狱、劳教系统普遍建立了各级工会组织，工会工作发展很快，在监狱、劳教工作中日益发挥着重要的作用。各级党组织要注意发挥工会的作用，重视和支持工会工作。各级工会组织要履行自身职能，拓宽工作领域，为推进各项改革，促进经济发展，确保监所的安全与稳定发挥积极的作用。同时，要重视和加强青年工作。目前，全国监狱、劳教系统干警中，35岁以下的青年干警占55%左右。他们朝气蓬勃，思想活跃，为干警队伍增添了生机和活力。但也必须看到，与老一辈干警相比，有些青年干警事业心、责任感和艰苦奋斗精神还有较大差距。特别是受市场经济负面效应的冲击和影响，一些青年干警在人生观、价值观问题上存在着不少模糊认识和错误思想，造成不少深刻的教训。今后要把对青年干警整体的教育和培养作为队伍建设的一项重要内容来抓，并注意发挥共青团的作用，采取适合青年特点的、行之有效的方式和途径，切实加强对青年干警正面教育和引导，注意从基层一线青年干警中发展党员，鼓励他们学政治、学科学、学文化，全面提高自身素质。

6. 要认真做好创建现代化文明监狱、劳教所活动的检查验收工作。关于创建现代化文明监狱、劳教所的重大意义，以及总体思路、基本要求和主要措施，以前已经讲了很多了。在这里，要突出强调的是，到年底或明年初，要验收命名首批现代化文明监狱、劳教所。这既是对前一阶段创建工作成果的检验，也是全面推进今后创建工作的重要措施。因此，首批验收的部级、省级现代化文明监狱和现代化文明监区，要在原有基础上，进一步充实完善自己，做出新成绩，取得新经验，为全国监狱、劳教系统作出榜样。同时，各地要借此机会，大力表彰奖励，激励先进，鞭策后进，把建设现代化文明监狱、劳教所的目标叫得更响亮，把各方面的工作做得更扎实、更有效，使创建现代化文明监狱、劳教所的活动真正普及到每所监狱、劳教所。

五、认真贯彻会议精神，把各项工作目标落到实处

我们开了一个很好的会议，下步工作的关键是抓好各项措施的落实，下功夫，花力气把队伍建设抓紧抓好，抓出成效。

1. 学习好、传达好、贯彻好会议精神。各省(区、市)司法厅(局)一定要高度重视这次会议的贯彻，参加会议的代表回去后抓紧向厅党组、局党委汇报会议精神，结合本地的实际情况，研究制定贯彻意见。肖部长的报告，要向监狱、劳教人民警察进行传达。并认真组织学习讨论，联系实际制订落实措施。

2. 改进作风，狠抓落实。深入实际，深入基层，搞好调查研究，抓好工作落实，这既是一个工作作风问题，也是在新情况、新问题大量出现的新形势下搞好队伍建设所必需的。各级领导同志要从繁杂的事务中摆脱出来，深入到基层中去，调查研究，特别是对队伍建设中带有普遍性、倾向性的问题，要认真分析原因，提出对策，作出部署。当前监狱、劳教工作任务繁重艰巨，新情况、新问题层出不穷，需要领导研究解决，基层的同志盼望领导多下去。最近，我在浙江作了为期一周的调查研究，看了12所监狱、劳教所，颇有此感受。尤其是监狱、劳教所的领导工作一定要到位，防止机关化倾向。要进一步精简会议，精简文件，克服官僚主义、文牍主义，集中精力抓好各项工作落实。

3. 要十分注意把广大干警的思想引导到关心国家大事，关心事业发展，艰苦奋斗，无私奉献上来；把落脚点放在调动方方面面工作积极性上来；把工作重心放在努力建设一支政治坚定，纪律严明，业务精通，作风过硬，特别能吃苦，特别能战斗的队伍上来。贯彻会议精神一定要突出这个主题，一抓到底。对干警职工的实际困难我们要千方百计去解决，但如果不讲精神，只比待遇，讲实惠、就会涣散斗志。为干警职工办实事，我们的原则是少说多做，让干警职工感觉到实实在在的改善。总之，要通过这次会议的贯彻，使全国司法行政系统警察队伍建设上一个新的水平。各地对会议的贯彻情况要于明年第一季度书面报告司法部。

同志们，党的十四届五中全会为我们描绘了宏伟蓝图，随着经济的发展，改革的深化，开放的扩大，将为我们进一步加强司法行政系统警察队伍建设提供更有利的条件和环境，我们相信，只有抓住机遇，高度重视，从严要求，努力开拓，就一定能够开创队伍建设的新局面，从而推动整个监狱、劳教工作再跨上一个新的台阶。

大力选拔培养跨世纪的优秀年轻干部

——肖扬同志在全国司法行政系统选拔培养优秀年轻干部座谈会上的讲话

(1995年11月6日)

在全国司法行政系统警察队伍建设会议结束后，召集各省、区、市司法厅(局)分管干部工作的厅长、政治部主任，专门研究培养和选拔司法行政系统跨世纪优秀年轻干部的问题，在当前全党和全国人民认真贯彻落实党的十四届四中、五中全会精神的形势下，无疑有着特殊的重要意义。这次会议的任务是深入贯彻党的十四届四中、五中全会和全国组织工作会议精神，进一步解放思想，更新观念，加大培养和选拔优秀年轻干部的力度，使司法行政工作更好地为改革开放、经济发展和社会稳定服务提供可靠的组织保障。下面，我讲四点意见：

一、加大培养选拔优秀年轻干部工作的力度，把党中央的战略部署落到实处

培养选拔优秀年轻干部，是党的十四届四中全会作出的重大决策。司法部党组结合司法行政系统的实际，制定下发了《关于培养选拔德才兼备领导干部的意见》，推动了全系统培养选拔优秀年轻干部工作的开展。近两年来，特别是四中全会以来，各级司法行政机关对选拔优秀年轻干部这件大事，认识上逐步深化，工作上取得了新进展。

——选拔了一大批德才兼备、年富力强的领导干部，领导班子的年龄结构、知识结构有了较大改观，相当一批司法行政部门基本上有了一个充满生机与活力的领导层。据统计，四中全会以来，共调整充实厅局级领导班子 34 个，其中，部机关司局 11 个，直属单位 10 个，地方司法厅局 13 个；共任免厅局级干部 91 人，其中新提拔的 48 人，年龄 40 至 45 岁的 41 人，40 岁以下的 8 人，大专以上文化程度的占 100%，经过选拔调整，目前，部机关司局级干部平均年龄 49.5 岁，比 1993 年底下降了 4.6 岁，45 岁以下的司局长 15 人，占总数的 34.1%，比 1993 年底提高了 20%，大专以上文化程度的比例从 1993 年初的 75.6%上升到 93.2%。各地司法厅（局）领导干部的平均年龄为 52.4 岁，比 1993 年底下降 2.4 岁，45 岁以下的领导干部 15 人，占总数的 10.9%，比 1993 年底提高 2.9%，大专以上文化程度的比例从 1993 年初的 73.9%上升到 88.5%。实践表明，大批年轻有为的同志走上领导岗位后，绝大多数能够坚决贯彻执行党的基本路线，锐意进取，开拓创新，政绩突出，受到群众好评。

——培养锻炼的力度加大，进一步提高了年轻干部的理论素养，丰富了实践经验，提高了领导能力。司法部机关制定了干部教育培训三年规划，先后安排了部机关及直属单位 6 名司局级干部、88 名处级干部参加中央党校、国家机关分校和国家行政学院、政法管理干部学院或其他大专院校学习；调训司法局（处）长、监狱劳教局长 410 人，重点培训了一批优秀年轻领导干部。各地司法厅（局）也对各级各类年轻干部进行了认真地培训。两年来，部机关还有计划地组织年轻干部到基层挂职锻炼和进行岗位交流，先后安排 19 名司处级干部到基层挂职，调整交流司处级干部 8 人次；各地司法厅（局）也积极主动地做好工作，选派年轻机关干部到基层挂职锻炼，使他们在基层工作中，在不同地岗位上得到全面锻炼和提高，增强了驾驭全局的能力。

——干部制度改革工作取得一定进展，选人用人机制开始向制度化、规范化目标迈进。两年来，特别是四中全会以后，部党组织和各级司法行政部门党组织，在选拔年轻干部方面，采取改革措施，努力创造条件使优秀人才脱颖而出。民主推荐、民主评议、民意测验等形式和方法在许多单位开始实行，改变了在以往干部工作中的某种程度上存在的神秘化方式；同时，逐步建立健全严格的干部考核制度，坚持党组（党委）集体讨论制度，凡不符合规定和程序的不予审批，强化了约束、监督、激励机制，防止了选拔任用干部工作中的不正之风。

——后备干部队伍建设引起高度重视，工作得到进一步加强。根据中央的要求，全系统陆续开展了对部级、司局级和处级干部的民主推荐工作，进展顺利。部机关司处两级班子、直属单位的领导班子以及各省、区、市司法厅（局）的领导班子，已基本上按 1∶1 的比例落实了后备干部名单，加强了后备干部的制度化管理，并注意保持后备干部队伍的活力。一支规模可观、层次较高的后备干部队伍已初步形成。

近两年来，我们在培养选拔优秀年轻干部工作上迈出了新步子，取得了新进展，成效是显著的，但是，我们也要清醒地看到，培养选拔优秀年轻干部工作同我们所肩负的历史任务以及形势发展的要求相比，还有较大差距。从目前的情况来看，有三个问题应当引起高度重视：一是不少领导干部的政治理论素养、专业知识和领导水平特别是驾驭全局的能力还不能适应形势发展的需要，有相当一些班子的专业知识结构不尽合理，缺少懂法律、懂经济、懂管理、懂科技、懂外语的领导干部，导致班子整体水平不高，建树不大；二是不少班子的年轻干部仍然偏少，年龄老化，没有形成合理的梯次配备，在培养选拔优秀年轻干部方面，步子不大，进展缓慢，缺乏战略眼光；三是现行的干部选拔制度不健全，选拔任用干部的透明度不大，公平、平等、竞争、择优的用人机制还没有完全形成。针对这些问题和不足我们决不能满足于一般的号召，要下大决心制定切实可行的措施和办法，在"落实"二字上下功夫，抓紧把那些政治立场坚定、思想素质好、政绩突出、群众信任的优秀年轻干部，大胆提拔到各级领导岗位上来，把司法行政工作提高到一个新水平。

二、培养选拔优秀年轻干部是历史赋予我们的重大而紧迫的战略任务

邓小平同志曾强调指出："中国的事情能不能办好，社会主义和改革开放能不能坚持，经济能不能快一点发展起来，国家能不能长治久安，从一定意义上说，关键在人。"党中央把抓紧培养选拔优秀年轻干部，努力造就大批能够跨世纪担当重任的领导人才，称之为加强党的建设这个新的伟大工程的关键工程，正是由于我们党培养和选拔了一大批久经考验、德才兼备的领导干部，才最终取得了民主革命的彻底胜利，并在社会主义革命和建设的道路上谱写了辉煌的篇章。同样，在新的历史时期，把培养选拔优秀年轻干部这个关键工程解决好了，无论国际风云如何变幻，也无论国内遇到什么困难，我们都会永远立于不败之地。因此，我们要把培养选拔德才兼备的年轻干部提到战略的高度、时代的高度和跨世纪的高度来加深认识，增强紧迫感和责任感。

司法行政机关作为国家专政机器的组成部分，其发展前景、兴衰成败与党和国家的前途和命运息息相关。推进司法行政工作的改革与发展，关键在于各级领导干部。做好培养选拔优秀年轻干部工作，是未来的召唤，事业的希望，大局的需要。对这件大事，司法行政系统多数同志，头脑是清醒的，认识是明确的，行动是自觉的。凡是工作成效显著的地方和单位，无一不是如此。实践已经证明了这一点。要加大培养选拔年轻干部工作的力度，争取新的突破，首先必须解放思想、更新观念。江泽民同志在全国组织工作会议上曾指出，选拔年轻干部，必须进一步解放思想，在克服用人上的陈腐落后观念方面取得新突破，带动选拔优秀年轻干部的实践取得新突破。这两个“新突破”中，关键是思想观念上要有新突破。

解放思想，更新观念，我们讲了多年。应当说，党的四中全会以来，大多数同志对培养选拔年轻干部这件大事思想认识上有所提高。但是，培养选拔年轻干部是一项长期的战略任务，需要一代又一代人坚持不懈地做下去，新情况、新问题会不断出现，解放思想、更新观念是永无止境的。我们应当清醒地看到，阻碍关键工程的传统习惯势力还很大，陈腐落后观念还很浓厚。我们在思想观念上要实现“五破五立”。

一是破除论资排辈，树立“早压担子早成才”的观念，放手提拔任用年轻有为的干部。邓小平同志曾经指出：“论资排辈是一种习惯势力，是一种落后的习惯势力”，这也是阻碍优秀年轻干部脱颖而出的主要思想障碍。一些同志往往以年轻干部缺乏经验而不敢大胆提拔使用。年轻干部是有缺乏经验的一面，但经验不足只是相对而言，经验不足可以通过实践锻炼逐步提高。早压担子早成才，不压担子难成才。以资历深浅定贤愚，分高低，其结果必然导致人才埋没。

二是破除求全责备，树立“用人看主流、看本质、看发展”的观念，全面、正确地看待年轻干部。用人必须看主流、看本质、看发展，不能因为有一点枝节问题而把人看死，要为年轻干部的成长创造有利条件。如果用求全责备的眼光选拔培养年轻干部，必然会埋没大批优秀人才。

三是破除攀比意识，树立“鼓励冒尖，竞争择优”的观念，为优秀年轻干部施展才干、脱颖而出创造条件。攀比意识来自落后的小农思想，直接影响和制约着优秀年轻干部的提拔。有些人看到和自己差不多的人提起来了，无见贤思齐之心，却有嫉贤妒能之意，有的甚至无视党纪政纪，造摇诬陷，压制人才，以至“事修而谤兴，德高而毁来”。不论在哪个单位，一旦出现这种不正常现象都要坚决予以制止。是人才，就应该鼓励冒尖，坚决选拔出来，让他们担负起领导责任。

四是破除失衡心态，树立“选人用人失误是过错，埋没、耽误人才也是过错”的观念，尊重和爱惜人才，及时起用优秀年轻干部。现在，有些同志看到年轻人被提拔起来，心里不是滋味，觉得自己辛辛苦苦几十年，还不如一个“乳臭未干”的后生，心理不平衡，不满意，发牢骚，讲怪话。认为年轻人来日方长，机会多得很，年龄大的快到“站”了，应该照顾一下。在这种平衡照顾思想支配下，有些出类拔萃的年轻干部就难免被压住提不起来，等到年龄大的同志照顾得差不多了，优秀年轻干部也错过了黄金时期。这种现象在一些部门还相当严重，应当引起大家的注意。我们要甘作“人梯”，积极选贤荐能，热情扶持那些在资历和能力上尚不及自己的年轻干部。这也是对党和人民的一种贡献。当然，年轻干部应该谦虚谨慎，认真学习老同志的长处，取长补短，团结共事。

五是破除求稳怕乱，树立“事业兴衰在人”的观念，不拘一格选拔人才。有些领导同志在用人上特别是在使用年轻干部上，往往把稳不稳作为一条主要标准，而对错过人才的使用期，造成人才浪费而影响大局贻误事业则重视不够。选拔年轻干部，应当采取慎重的态度，既要审慎用人，又要敢于用人，对选上来后政绩平平、相形见绌的年轻干部还可通过一定程序予以调整。否则，求稳怕乱，畏畏缩缩，只会引导干部循规蹈矩，谨小慎微，不利于年轻干部的健康成长。

三、进一步加大培养选拔优秀年轻干部的力度

当前和今后一个时期，司法行政系统培养选拔优秀年轻干部工作总的指导思想是：坚持以邓小平同志建设有中国特色社会主义理论和四中全会《决定》精神为指针，立足当前，放眼未来，全面正确地贯彻干部队伍“四化”方针和德才兼备原则，努力建立一个坚决贯彻执行党的基本路线，善于研究新情况，解决新问题，适应社会主义市场经济体制的需要，热爱司法行政事业，能够开拓司法行政工作新局面，干练而又充满活力的领导层，保证司法行政事业兴旺发达，后继有人。

根据四中全会和全国组织工作会议对培养选拔年轻干部提出的目标和要求，结合司法行政系统的实际，在今明两年内，司法部机关和部直属单位的领导班子都要争取配上 1 至 2 名 40 岁左右的干部；同时，积极向地方党委提出建议，争取各省、区、市司法厅(局)、监狱局和劳教局的班子，也都配上 1 名 40 岁左右的领导干部。地(市)县司法局和监狱、劳教单位的领导班子，都至少配上 1 名 30 岁左右的领导干部。争取用 3 年左右的时间，使司法行政机关的各级领导班子中年轻干部所占比例有较大幅度提高，形成合理的梯次配备，以保证新老干部的正常交替，为司法行政事业的顺利进行提供坚强的组织保证。当前要着重抓好以下几项工作：

（一）全面、准确地理解党的干部“四化”方针和德才兼备原则，努力培养造就合格的司法行政事业领导骨干

四中全会的《决定》对高级干部提出了五条标准，指出“这些干部不仅要努力成为有知识、懂业务、胜任本职工作的内行，而且首先要努力成为忠诚于马克思主义，坚持走有中国特色社会主义道路，会治党治国的政治家。”四中全会的《决定》具有很强的现实性和针对性，使我们进一步明确了培养选拔优秀年轻干部的具体标准和努力方向。

培养选拔年轻干部，一定要坚持党的干部“四化”方针和德才兼备的原则，把德即政治标准放在第一位。邓小平同志反复强调，干部队伍“四化”，革命化是前提，是第一位的。这些年来，一些干部犯错误，追根溯源，主要是革命化方面不合格。当然，我们强调德是第一位的，并不意味着“一化”代“三化”，把革命化同其他“三化”割裂开来，对立起来，既不能重才轻德，也不能重德轻才，要全面准确地把握干部“四化”方针，把“四化”统一于贯彻执行党的基本路线的实践，从德才兼备的优秀干部中选拔符合要求的人选。如何才能把人看准选好呢？邓小平同志强调指出：“要选人民公认坚持改革开放路线并有政绩的人。”这里提出了三条重要原则，一是“坚持改革开放路线”，二是“人民公认”，三是“有政绩”；在这三条中，“坚持改革开放路线”是前提，“人民公认”是基础，“有政绩”是依据。它完全符合党的思想路线、政治路线和组织路线，符合辩证唯物主义和历史唯物主义观点，对于选拔干部、使用干部，引导、激励和教育干部全面贯彻党的基本路线，坚持全心全意为人民服务的宗旨，密切联系群众，改进工作作风和方法，开拓进取，争创业绩，促进改革开放和社会主义现代化建设事业，都具有重要意义。今后，各级司法行政部门，在选拔年轻干部工作中，都要准确把握这三条原则的科学内涵和辩证关系，注意在司法行政工作改革与发展的实践中选准用好一大批思想好、政治强、业务精、作风实的跨世纪的优秀年轻干部。

（二）加强年轻干部的培养教育工作，努力提高年轻干部的政治思想水平和领导水平

目前，司法行政系统有一大批40岁左右的县处级以上年轻干部，这些同志大部分是近几年内陆续走上领导岗位的。从总体上看，这些年轻干部的政治素质和理论素质是好的和比较好的，有较高的文化知识水平和业务能力；思想活跃、思维敏捷，接受新事物快，有较强的改革开放意识和事业心，精力充沛，热情高、干劲大。但是也应该看到，由于种种原因，在这些年轻干部身上还存在着一些问题和不足，主要表现在：部分年轻干部缺乏扎实的政治理论功底和严格的党性锻炼，运用马克思主义的立场、观点、方法分析问题和解决问题的能力不强；有些同志在思想作风的修养方面不够扎实，陶醉于年龄优势和“必然接班”上，不愿做脚踏实地的努力，缺乏艰苦奋斗的精神；还有些同志不能正确对待名利、权位，宗旨意识淡薄，缺乏足够的健康的心理素质。这些不健康的意识的存在很容易将年轻干部引入歧途。

对年轻干部身上存在的弱点和问题，应当引起各级领导的足够重视，采取必要的措施加以教育和引导，促使他们扬长避短，健康成长。要教育年轻干部加强学习。

重视学习，善于学习，是我们党的优良传统，也是领导干部成长的一条普遍规律。要做好领导工作，完成肩负的历史任务，必须加倍地学习。不学习，就不能进步，就不能提高，更难适应形势发展的要求，就难当大任。希望各级司法行政部门继续有重点、有计划地开办年轻干部培训班，组织年轻干部学习政治理论，加强思想修养，树立正确的世界观和人生观，不断提高政治理论素养和领导水平。

要继续坚持引导、鼓励和支持年轻干部到基层去，到群众中去，到艰苦的岗位上去，在司法行政改革和发展的实践中经受锻炼和考验。司法部已经做出安排，部机关每年都要安排一定数量的年轻司局级干部和处级干部到基层挂职锻炼，让他们在改革与发展的广阔天地里锻炼成长。各省区市司法厅局也要进一步做出计划，形成制度，落实到人，坚决不懈地做下去。要舍得把一些真正优秀的年轻干部选派到条件艰苦的基层单位去工作。也可以从条件好、经济发达地区的司法行政机关选派年轻干部到落后地区搞对口交流。同时，还要注意从基层司法行政机关挑选一批年轻干部到上级机关任职，提高基层年轻干部的宏观决策能力和统揽全局的能力。通过上、下交流和岗位轮换，使年轻干部尽快成长起来。

（三）进一步建立健全富有生机与活力的选人用人机制

培养选拔优秀年轻干部是一项艰巨复杂的系统工程，要做好这项工作，必须要有科学、规范的制度做保障，逐步形成一种富有生机与活力的选人用人机制。今年2月，中央正式颁发了《党政领导干部选拔任用工作暂行条例》，为我们选拔任用党政领导干部工作规范化、制度化提供了依据，也为切实防止和克服选人用人上的不正之风提供了制度保证。对此我们要认真贯彻执行。

第一，进一步改进干部选拔方法，严格选拔任用程

序，保证培养选拔年轻干部工作的顺利进行。在改进选拔方法方面，主要是做好民主推荐、组织考察、酝酿、讨论决定等各个环节的工作，把发扬民主、走群众路线贯穿到工作的各个环节中去。选人要注意社会公论，坚持人民公认。要坚定地贯彻群众路线的工作方法，鼓励和吸引广大干警积极参与，不断提高领导干部选拔任用工作的民主程度。在选拔任用程序方面，要按照规定的程序，规范选人用人工作，保证选拔任用干部工作沿着正确的轨道有序地进行，防止和克服用人上的不正之风。

第二，健全干部任用制度，逐步形成干部能上能下、能进能出的良性循环机制。在干部任用制度中，既要把好进口，又要疏通出口，这是干部制度改革的一项重要内容。解决这个问题，会牵涉到有些干部的切身利益，各单位的党组织要从党的事业出发，果断地下决心调整，同时又要认真做好被调整干部的思想政治工作，妥善解决他们的后顾之忧，鼓励他们在适合自己德才条件的岗位上继续发挥作用。今年内，省级司法厅（局）领导班子中，将有10多位同志到达离退休年龄，需要补充新的人选。最近，部里派出了4个考察组，分赴14个省区对厅（局）班子进行深入考察。我们正根据考察结果，向地方党委提出调整充实班子的建设，以保证各级领导班子实现新老干部的正常交替。

第三，完善后备干部制度，进一步加强后备干部队伍建设。各级领导班子都要把后备干部队伍建设提到重要日程，建立完善的推荐、选拔和管理制度，使后备干部队伍建设制度化、规范化。部机关司处两级班子、直属单位的领导班子以及各省级司法厅（局）的领导班子尚未按1∶1的比例落实后备干部人选的，要抓紧落实；对各单位下属的领导班子也要明确后备干部的名单。要进一步深化培训工作，有意识地选派后备干部出去学习，根据缺什么补什么的原则，逐人落实培训计划，定期进行检查、督促，保证培训质量。要坚持后备干部考核制度，建立考核档案。对后备干部要实行动态管理，对经过考核教育不适合的要及时调整补充新的人选，始终保持后备干部队伍的活力。要建立后备干部谈话制度。各级党组织的负责同志特别是一把手，要抽出一定时间，定期不定期地与后备干部谈话，鼓励他们发扬成绩，克服缺点，高标准、严要求，做到政治上关心，工作上支持，生活上照顾，使后备干部时刻感受到组织上的关怀，不断激励他们的上进心和责任感。

四、加强政工部门的自身建设，努力把培养选拔优秀年轻干部工作提高到一个新水平

党的四中全会《决定》对培养选拔年轻干部提出了很高的要求，为这个关键工程绘制了蓝图。实施关键工程，要靠全党共同努力，党的政工部门更是责无旁贷。五中全会强调要继续按照十四届四中全会关于党的建设的部署，全面加强党的思想建设、组织建设和作风建设，努力提高党的执政水平和领导水平，不断增强党的凝聚力和战斗力。今天，在座的都是政工部门的领导干部，借此机会，我想就政工部门如何适应形势，加强自身建设，进一步做好培养选拔年轻干部工作，提三点要求和希望：

第一，认真学习，掌握政策，努力做好新形势下的干部工作。政工部门是司法行政部门各级党组织的助手和参谋。随着社会主义市场经济体制的建立和司法行政工作改革与发展的逐步深入，新情况、新问题层出不穷，对党的政工部门提出了新的更高的要求。政工干部尤其是政工部门的领导干部更要努力学习，勤于思考，进一步加强思想理论指导和政治工作的政策研究，对工作中出现的一些带有倾向性普遍性的问题，要抓紧调查研究，尽快拿出解决问题的办法，努力把干部工作提高到一个新水平。我们这个系统，是一个“多兵种合成部队”，培养对象多，范围广，任务繁重。要立足当前，着眼未来，从战略的高度，制定近、中、远期培养计划。要根据不同的业务部门需要和人才的成长规律，分类指导，分层推进，采取有效的措施，着力抓好一代人、一层人、一把手的培养选拔工作。培养选拔优秀年轻干部，要注意掌握党的干部工作方针、原则、干部的标准、干部路线和干部政策。要善于识别干部，善于使用干部，善于爱护干部。对干部，特别是年轻干部，要指导他们，提高他们，检查他们的工作，帮助他们总结经验，发扬成绩，纠正错误。对于犯错误的年轻干部，一般地应采取说服的方法，帮助他们改正错误，同时要照顾他们的实际困难，关心他们的生活。靠我们的政策水平，靠我们的人格魅力，把大批优秀年轻干部吸引到我们身边，不断壮大党的干部队伍。希望政工部门每年都要直接掌握一批群众公认有发展潜力的年轻有为的“苗子”进行重点培养，实现阶段性突破。

第二，加强修养，提高素质，努力做一名合格的政工干部。党的政工部门是干部之家，同志们都是管干部的干部，这个角色和位子是非常重要、非常光荣的。干部的眼睛在看着我们，群众的眼睛也在看着我们。我们自身的素质、作风和形象如何，不但关系到自身工作的效率和质量，而且更关系到人民群众对党的看法，对党风廉政建设的信心，甚至影响到党的形象。司法行政机关是人民民主专政机关，其政工部门搞得如何，不仅关系到一个单位的工作，而且关系到整个队伍建设，关系到司法行政事业的兴衰，关系到国家民主与法制建设的大局。没有一支过硬的政工部门干部队伍，就很难设想会有一支坚强的干警队伍。政工部门这种地位作用、性质和特点告诉我们，党中央提出的对领导干部素质的要求，政工部门的领导干部不仅都应该努力做到，而且还有着特殊的要求。这个特殊要求就是指政工领导干部为履行自己的职责完成本职工作任务应具备的主观条件。江泽民同志指出：组织部门要树立积极进取，勇于创新、公道正派、清正廉洁的新形象。我们一定要认真落实，努力从政治素质、思想素质、心理素质和业务素质等方面提高自己，做一名政治强、思想好、作风正、业务精、工作实的政工干部。这里要特别强调指出的是，在我们的政工部门中，个别同志由于受消极腐败现象和社会上不正之风的影响，在思想作风方面存在着不少问题。选人用人不正派、不公道的现象存在，原则性和纪律观念淡薄的现象存在，自由主义、跑风漏气的现象存在。对一些伸手要官、跑官说情的人，抵制不够有力，甚至拿原则做人情，“受之于公堂，谢恩于私门”。这些都是组织工作中的不正之风，是缺乏职业道德的表现，也是一种消极腐败现象。这种人和事，虽然很少，但影响很坏。对此，绝不能听之任之。要尽早打招呼，敲警钟，亮黄牌。对不适合做政工工作的要尽早调离。总之，要通过加强自身思想建设、作风建设，不断地锻炼自己，提高自己，完善自己，在各方面起表率作用。

第三，创造条件，克服困难，努力调动大家工作的积极性。政治工作部门在新的形势下担负着十分繁重的任务，由于组建时间短，目前有些地方还存在着机构不健全，关系没有理顺，工作不够规范，人员不足，队伍不够稳定等实际困难和问题。在有一些地方，也还存在对政治工作重视不够，政工干部还没有得到应有的理解、关心和支持，同志们在工作中还存在很多困难。部党组对这些问题是清楚的，也曾多方面努力争取解决一些突出的困难和问题，也利用一切机会向各省市区党委提出建议，争取他们的支持。希望大家也要发挥主观能动性，积极出主意、想办法，创造条件，克服困难。当然，由于种种原因，从根本上解决存在的困难和问题需要一个过程，既不能等待观望，也不能操之过急。一时难以解决的，要向干警讲清楚，求得理解，并做好思想政治工作。要教育广大党员、干部在困难的时候，看到光明，看到前途，要鼓起勇气，靠我们的有所作为争取上级党委的支持。

同志们，党的十四届五中全会向世人展示了今后15年中华民族发展的光辉前景，为全党和全国各族人民胜利跨入21世纪指明了方向。让我们紧密团结在以江泽民同志为核心的党中央周围，按照党中央的战略部署，加大培养选拔优秀年轻干部的力度，把各项工作落到实处，努力开创司法行政事业人才辈出、群星灿烂的新局面。我相信，经过司法行政系统各级党组织和政工部门的扎实工作，培养选拔年轻干部一定会迈出新步子，取得新进展，使司法行政事业沿着建设有中国特色社会主义道路阔步前进！

肖扬同志在中华全国律师函授中心成立十周年暨表彰大会上的讲话

（1995年11月8日）

今天，司法部在这里召开庆祝中华全国律师函授中心成立10周年暨表彰大会，这是我国法学教育界的一件盛事。

中华全国律师函授中心自1985年成立以来，先后招收学员40余万人。在国家教委支持下，1988年中心纳入全国高等教育自学考试的轨道，到现在已有1万多人取得国家承认学历的法律大专毕业证书，超过了1993年全国普通高等院校（系）法律专业普通本、专科毕业生人数。10年来，还有6000多人考取了律师资格，有10余万人成为我国各行各业的法制宣传骨干和基层法律工作者。这是非常令人高兴的。

中华全国律师函授中心在没要国家投入的情况下，为国家培养了这么多的法律人才，说明了司法部创办中华全国律师函授中心，依托全国高等教育自学考试，多渠道、多形式培养法律人才的尝试是成功的，符合党和政府关于积极发展成人教育的精神。

党的十四大和十四届三中全会提出了建立社会主义市场经济体制的目标。党的十四届五中全会通过的《中共中央关于制定国民经济和社会发展“九五”规划和2010年远景目标的建议》，提出了要在未来15年建立比较完善的社会主义市场经济体制，勾画了我国现代化建设的跨世纪的宏伟蓝图。市场经济的发展离不开法制的促进和保障。江泽民同志最近指出：“经济的发展，社会的进步，都离不开法制的健全。经济和社会的发展，呼唤着法制的完善；反过来，法制的完善又会进一步促进经济繁荣和社会进步。”十年树木，百年树人，加强社会主义民主，健全社会主义法制，离不开法学教育的改革和发展，要实现十四届五中全会制定的跨世纪的宏伟纲领，全面落实科教兴国和依法治国的战略，离不开队伍素质的提高和法律人才的培养。加快法学教育的改革和发展，培养大批社会急需的法律人才，提高全民族的法律意识，是新时期党和国家赋予司法行政机关的重要任务，是我们义不容辞的责任。

为了落实江泽民等中央领导同志关于搞好社会主义市场经济建设，中国需要30万律师的指示精神，司法部党组提出了“九五”期间法律服务队伍的发展规划，要求到2000年在数量上实现15万律师、3万公证员和20万基层法律服务人员的发展目标。这些法律人才从哪里来？目前，全日制政法院校(系)每年培养的法律专业毕业生只有一万多人，远远不能满足需要，中华全国律师函授中心由于采取国家考试、社会助学和个人自学相结合的办学模式，具有不要国家投资，不占国家计划，学习方式灵活，工学矛盾小，质量有保障等特点，符合中国的国情，因而比较好地解决了加快培养法律人才和教育经费严重不足的矛盾。律函中心依托司法行政机关的组织机构、物质条件和管理人员，借助自学考试这一具有良好声誉的教育渠道，走出一条适合我国国情的法学教育的成功之路。10年来的实践证明，中华全国律师函授中心的工作是卓有成效的，成绩是突出的。希望各地的同志，特别是各司法厅(局)的领导同志，继续对这项工作给予足够的重视。一是要不断采用现代化的综合辅导手段，提高教学质量，使其适应社会主义市场经济发展对人才质量的需要。二是要充分发挥远距离教育的优势，努力提高办学规模和质量，到本世纪末争取在册学员达到6—8万人。同时要创造条件尽快开考“监狱管理专业”，以适应政法队伍建设的急需，满足国家对法律人才数量的需求。三是要重视律函中心的办学信誉，坚持为人民服务、对人民负责、社会效益第一、既教书又育人的办学方向，把这项有意义的事业，认认真真地办好，而且要越办越好，为国家做出更大的贡献。

最后，我代表司法部党组，向热情支持律函中心工作的各位领导、各界朋友表示衷心的感谢；向担负繁重的教学和科研任务的教师们，向积极支持配合律函中心工作的各级自学考试办公室的同志们表示衷心的感谢；向忠诚于党的教育事业，辛勤耕耘、默默奉献，常年工作在教育第一线的辅导总站、辅导站的同志们表示崇高的敬意和亲切的慰问；向这次获得司法部表彰的40个先进集体、115名先进个人，表示热烈的祝贺。希望同志们再接再厉，在法学教育这一光荣的岗位上，为人民再立新功。

团结奋进，把法制日报办得更好

——张秀夫同志在法制日报社处以上干部会议上的讲话

(1995年11月10日)

司法部对法制日报社领导班子建设是关心的、重视的。最近，根据工作需要，经肖扬同志两次请示中政委领导同志，决定调整了法制日报社的社级领导班子。首先，我向大家宣布中共司法部党组关于调整法制日报社领导班子的决定：任命刘飏同志为法制日报社党委书记、代社长，陈应革同志为法制日报社党委副书记、总编辑；免去王福如同志法制日报社党委书记、党委委员、社长、编委会主任的职务，吴慎宗同志法制日报社党委副书记、党委委员、总编辑、编委会副主任的职务，杨耀秦同志法制日报社党委委员、副总编辑的职务。调整后的领导班子由以下人员组成：刘飏、陈应革、赵怀理、马宝善、李建贵、安智光、雷晓路、李明信、李福民。

这次调整法制日报社社级领导班子是一次正常的人事变动。上任报社党委在邓小平同志建设有中国特色社会主义理论和党的基本路线指引下，认真贯彻中央政法委员会和司法部的有关决策和意见，做了大量的工作，为搞好法制日报社的建设，加强政法工作以及社会主义民主法制建设的宣传做出了显著的成绩。王福如、吴慎宗、杨耀秦同志在担任报社领导职务期间，兢兢业业，开拓进取，为发展法制日报社的事业付出了辛勤的劳动，做出了很大贡献，我代表司法部党组表示感谢！现在他们因为年龄的原因，从现职岗位上退下来，希望他们继续关心支持法制日报社的工作。新组建的法制日报社的领导班子，年龄结构、文化结构和专业结构都比较合理，有能力团结带领报社的编采和职工队伍，进一步开创工作的新局面。

自1980年根据中央领导同志的指示精神，司法部创办《法制日报》以来，《法制日报》已经历了15个春秋。15年来，在中央领导同志的重视关怀和中央政法委员会的领导下，在中央宣传部、政法各部门的支持和司法部的管理下，《法制日报》努力实现"民主法制的信息总汇，综合治理的舆论向导，市场经济的法律顾问，普法教育的生动教材"的办报目标，坚持改革，努力开拓，取得了丰硕的成果。把一个开始无专门经费、无固定办公场所、无采编力量的"三无"报纸，终于发展成为发行量仅次于人民日报、在国内外有重大影响的民主法制方面的全国性综合大报。目前，法制日报发行量达120万份，拥有一支600多人的新闻采编队伍和经营管理队伍。15年来，《法制日报》紧紧围绕经济建设这个中心，以宣传党和国家民主法制建设的大政方针为宗旨，在报道立法、司法、执法、普法方面的成就，推动社会主义市场经济法制建设的进程，促进社会治安综合治理的开展，交流司法工作经验，传播法律知识，表彰政法战线的先进集体和模范人物，反映人民群众的呼声和要求，弘扬正气，鞭挞丑恶等方面，付出了辛勤的劳动，作出了突出的贡献。事实证明，创办《法制日报》，顺应国家推行法制的大势，合乎时代的要求和人民群众的愿望，努力办好这张报纸，是历史赋予我们的光荣职责。

当前各个地区、各个部门都在认真学习党的十四届五中全会。这次中央全会是具有跨世纪意义的重要会议。会议审议通过的《中共中央关于制定国民经济和社会发展"九五"计划和2010年远景目标的建议》，明确了今后5年乃至15年我国改革开放和社会主义现代化建设事业的奋斗目标，是指引全党和全国各族人民沿着建设有中国特色社会主义道路阔步前进，实现国家富强、民族振兴和社会长治久安的跨世纪宏伟纲领。认真贯彻落实五中全会精神，进一步加强社会主义民主和法制建设，大力推动社会治安综合治理工作的深入发展，维护国家政治稳定和社会安定，保障《建议》的顺利实施，是我们面临的一项紧迫而又十分重要的任务。《法制日报》是党和国家加强民主和法制建设的重要舆论阵地，是政法工作的喉舌，要认真贯彻五中全会精神，切实加强自身建设，进一步改进和提高宣传报道工作质量，更好地为全党全国工作的大局服务，更好地为推进民主法制建设和政法工作服务。为此，我提三点希望。

一、为改革开放和现代化建设创造良好的法制舆论氛围。江泽民同志最近指出："经济的发展，社会的进步，都离不开法制的健全。经济和社会的发展，呼唤着法制的完善；反过来，法制的完善又会进一步促进经济繁荣和社会进步。建设符合本国国情的完备的法制，是一个国家繁荣昌盛的重要保证。"在发展社会主义市场经济要求不断加强法制建设的新形势下，担负法制建设和舆论宣传工作的《法制日报》负有非常重要的责任。要按照江泽民同志提出的要求，以正确的舆论引导人，努力造成有利于进一步改革开放、建立完善社会主义市场经济体制的舆论；有利于加强社会主义精神文明建设和民主法制建设的舆论；有利于人们增强法制观念、分清是非、坚持真善美、抵制假丑恶的舆论；有利于传播政法工作的成功经验、推动政法队伍建设、加强社会治安综合治理的舆论。要大力宣传在以江泽民同志为核心的党中央领导下，加强社会主义法制建设的成就，宣传党和国家有关政法工作的方针、政策，宣传政法战线的先进人物的献身精神和高尚情操。要加强舆论监督，对各种违法乱纪的行为和消极丑恶现象进行有力的批评。要加大法制宣传教育的力度，为改革、发展、稳定创造良好的法制舆论环境，促进改革开放和现代化建设的顺利进行。

二、把法制宣传报道的质量提高到一个新水平。随着经济和社会的发展，目前我国报刊业迅猛发展，信息传播渠道呈现多样化。这既为扩大向社会传递信息提供了可能，同时也带来了日趋激烈的报刊业的竞争。在这种形势下，《法制日报》要巩固已有的成果，并继续开创新的局面，就必须居安思危，正视自身的问题和不足，并积极寻求改进的办法。要敢于迎接挑战，在竞争中求发展。只有这样，报纸才能办出特色，办出水平，才能吸引读者，扩大影响，发挥应有的作用。新闻报道应该既要真实，又要及时，必须重视时效性。在开放的条件下，新闻机构之间的竞争十分激烈，如果新闻成了旧闻，就不能掌握主动权，甚至给工作造成被动。因此，要积极采取措施，进一步加强新闻记者队伍建设，搞好新闻记者队伍建设，搞好记者站建设及通讯员网络建设，增强采编人员对新闻报道的敏锐性，改善信息传递手段。要不断改进宣传艺术，提高宣传效果，努力掌握宣传报道工作的本领。每条新闻、每篇言论、每个版面，都要精选、精编、精心写作，力求在正确的方向下发挥创造性，在鲜明的主旋律中提倡多样性。要克服报道缺乏组织、信息量不足、报道内容缺乏深度，以及语言单调、沉闷、一般化等问题，进一步增强《法制日报》的权威性、可读性。

三、团结一致，为把《法制日报》办成全国一流的报纸而努力。经过15年的努力，《法制日报》已经成为一张深受读者欢迎，有一定社会影响的全国性大报，但要成为名副其实的全国一流的报纸，还需要付出更大的努力。报社的全体同志要有把《法制日报》办成全国一流大报的信心和勇气。要以此来凝聚人心、鼓舞士气，形成上下同心、再创新业的局面。要形成这一局面，必须把队伍搞好，而搞好队伍建设，关键是要有一个好的领导班子。希望新一任报社领导班子要努力加强自身建设。要经常想大事、议大事，了解全局，认真领会中央的精神及政法领导机关每一时期的工作重点，及时准确有效地组织好宣传报道工作。要思想统一、团结一致。思想统一、团结一致是做好工作的重要保证。不管什么情况下，报社党委成员都要切实维护党委的集体领导，维护党委的团结。能否团结人，体现了领导干部的素质。凡是以事业为重的人，都是心胸开阔，团结他人的。凡是搞内耗、搞小圈子的人都是心胸狭窄的，名义上为了工作，实则个人的东西在作怪。团结是党的最高利益，团结是单位的最大利益。只要报社领导核心思想统一了，团结一致了，就一定能够增强整个报社队伍的凝聚力。要加强集体领导，坚持党的民主集中制。鉴于刘飚同志在部里还有几摊工作，不可能常在报社坐班，陈应革同志要多负一些责任，班子其他成员分兵把口，实行集体领导下的分工负责制。报社党委要以邓小平同志建设有中国特色社会主义理论为指导，坚决贯彻党的路线、方针、政策。要健全以民主集中制为主要内容的各项制度，不断增强党委的凝聚力、战斗力、不断提高领导水平。要把主要精力集中在办报上，围绕提高办报质量的问题，多动脑筋，狠下功夫广泛开展调查研究，借鉴同行的有益做法，进一步改进办报工作。

在加强报社班子建设的同时，要认真抓好报社的队伍建设。要教育编采人员坚持正确的思想政治方向，严格遵守党的政治纪律和宣传纪律。要下大力气抓好新闻职业道德教育，对报道失实和以稿谋私的问题，要下决心认真解决。要结合工作实践，加强采编人员的在职培训，采取多种形式，提高队伍的政治业务素质。要组织编采人员学习建设有中国特色社会主义理论、社会主义市场经济的理论和法学理论，注意研究在市场经济条件下出现的各种新的问题，提高业务水平。要发现人才、培养人才，为人才脱颖而出创造良好的外部环境，使报社在不长的时间内出现一批一流的记者、一流的编辑，为把法制日报办成一流的报纸，奠定组织基础。

四、要继续依靠中政委的领导和各级政法委员会的支持。《法制日报》从开始创办那天起，就得到了中央政法委员会的有力领导和各级政法委员会的大力支持。这一点我有亲身体会。当时，我在浙江当省政法委书记，为成立《法制日报》浙江记者站的事，不但你们的社长找我，你们的记者魏湛同志也两次找我，我都见了。《法制日报》今后要继续发展，离不开中政委的领导和各级政法委员会的支持。希望报社的同志一如既往，积极争取他们的领导和支持。我相信，中政委和各级政法委员会将和过去一样，领导、支持和帮助你们。

同志们，当前，《法制日报》担负着繁重的任务。全体报社的同志都要振作精神，团结进取，创造性地当好政法工作的喉舌，努力用自己出色的工作，为全面落实国民经济和社会发展“九五”计划和 2010 年远景目标作出更大的贡献。

提高认识　加强领导　开创律师刑事辩护工作新局面

——肖扬同志在全国律师刑事辩护工作会议上的讲话

（1995 年 11 月 19 日）

这次会议是我国律师制度恢复 16 年来第一次召开的以刑事辩护工作为主题的重要会议。召开这次会议的目的，就是要认真总结 16 年来刑事辩护工作的经验，分析当前刑事辩护工作存在的问题，研究如何进一步加强刑事辩护工作的措施，努力开创刑事辩护工作的新局面，使律师刑事辩护工作更好地为经济建设、民主法制建设和维护社会稳定服务。我相信，经过大家的努力，这次会议一定会开得圆满成功，一定会成为我国刑事辩护工作一个新的起点。现在我讲几点意见。

一、律师制度恢复以来，刑事辩护工作在我国的民主与法制建设等方面发挥了重要作用，作出了积极贡献

刑事辩护是我国刑事诉讼制度的重要组成部分，在司法活动中占有重要的地位。1979 年我国律师制度恢复以来，刑事辩护工作得到了迅速恢复和发展。16 年来，这项工作在促进我国民主与法制建设，促使司法审判机关准确适用法律，对当事人和人民群众进行法制宣传教育，配合国际人权斗争，带动和促进律师队伍的发展等方面发挥了积极作用，为维护社会稳定、保障经济建设的顺利进行作出了重要贡献。

——刑事辩护工作促进了我国社会稳定和民主与法制建设。1979 年五届全国人大二次会议通过的《刑法》、《刑事诉讼法》，将维护被告人的辩护权作为一项重要的司法原则，在法律上予以确认，这是认真总结建国以后的经验教训，完善我国民主与法制建设的一个重大举措。十几年来，各级司法行政机关和广大律师认真履行刑事辩护职责，积极参与历次严打斗争和社会治安综合治理，促进了司法机关稳准快地依法惩处严重刑事犯罪和经济犯罪分子，促进了社会治安秩序的好转。同时，广大律师积极参与在全国有重大影响案件的辩护工作。如担任河北衡水100亿美元备用信用证诈骗案的辩护律师，与有关部门密切配合，认真履行辩护职责，使案件的审理工作得以顺利进行；担任新疆克拉玛依"12·8"特大火灾案的辩护律师，除认真做好辩护工作外，还协助有关部门，耐心做受害群众的工作，引导人们依法处理问题，发挥了独特作用，为维护社会稳定作出了积极贡献。

——刑事辩护工作促使司法审判机关准确适用法律，推动了司法水平的提高，维护了公民的合法权益。十几年来，广大律师在刑事辩护中，坚持"以事实为依据、以法律为准绳"，有效地维护了被告人的合法权益，从一个方面推动了我国司法水平的提高。据不完全统计，从1980年到1995年上半年，全国律师承担刑事辩护案件248万多件，占全国法院同期审结的刑事案件50%左右，占律师同期办理诉讼案件的40%左右。其中许多原判有罪的被告人，经律师辩护，改判无罪；一些原判死刑或死缓的被告人，经律师辩护改判无罪或减轻刑罚。实践表明，通过律师的刑事辩护，推动和促使司法审判机关准确适用法律，保证了刑法对罪犯打击的准确性，有效地维护了公民的合法权益。

——刑事辩护工作宣传和普及了法律知识。广大律师在刑事辩护工作中，坚持以案释法，有针对性地对被告人及其亲属进行普法宣传和教育。同时，辩护律师还通过具体的案件，向人民群众宣传维护法律尊严的重要意义，宣传法律面前人人平等和依法办事的原则，宣传律师担任刑事辩护人的职责和任务，提高了广大群众的法制观念。

——刑事辩护工作有效地开展配合了我国的国际人权斗争，在国际上树立了国家良好的法制形象。十几年来，广大律师为数百万刑事被告人进行了辩护，依法维护了他们的合法权益，使许多人依法获得减刑或无罪的判决，这一事实有力地回击了西方一些国家借口人权对我国司法制度的攻击。如在吴弘达一案的审理中，辩护律师根据自己在诉讼中的地位和作用，一方面揭露海外敌对势力的反华图谋，做吴弘达的思想教育工作；另一方面坚持"以事实为依据，以法律为准绳"，认真调查取证，依法进行辩论，使吴弘达本人和旁听审判的美国大使馆官员都感到满意。

——刑事辩护工作带动和促进了我国律师队伍的发展。律师制度恢复初期，刑事辩护是律师的主要业务工作，社会各界对律师的了解和认识，也是通过刑事辩护这项工作实现的。从一定意义上说，刑事辩护工作是我国律师队伍成长壮大的"开路先锋"。律师制度恢复之时，正值我国拨乱反正的重要历史时期，党中央认真总结了"十年文革"的沉痛历史教训，全面落实政策，平反大量的冤、假、错案，一批刚刚归队的老律师以强烈的使命感和高度的责任心，全身心地投入工作，他们兢兢业业、一丝不苟的办案作风给刚刚起步的律师事业带了好头，在社会上产生了良好的影响。特别是在一些重大案件中，他们以出色的工作，赢得了党和人民对重获新生的律师事业的信赖和尊重。如在最高人民法院特别法庭审理"林彪"、"江青"两个反革命集团案件中，辩护律师认真履行职责，使"两案"的审理工作顺利进行，受到了党中央的好评，扩大了律师的社会影响。同时，广大律师通过参与刑事辩护工作，不断总结积累办案经验，提高了业务素质，形成了良好的工作作风和办案制度，为我国律师工作的发展打下了坚实的基础。

十几年的实践表明，我国的律师刑事辩护工作是卓有成效的，是有重大发展的。但是，我们也要清醒地看到，当前，刑事辩护工作还存在着一些与客观形势不相适应的问题。一是就全国总的情况看，律师办理刑事辩护案件占法院一审刑事案的比例呈下降趋势。据统计，自1990年至1994年，全国每年律师办理刑事辩护案件占法院一审审结刑事案件的比例分别是55%、54%、52%、47.5%和43%。二是一些律师办理刑事辩护案件的积极性不高，办案质量有所下降。由于受经济利益的驱动，部分律师争办标的较大的经济案件，不愿承办刑事辩护案件。少数律师甚至认为办理刑事案件是无为、无能的表现。有的即使接案，也不认真调查取证，甚至不阅卷，不会见被告，不认真准备辩护意见，有的甚至不出庭。更严重的是收受刑事被告人亲属的钱、物，互相勾结，制造假证、伪证，诱导被告人翻供。三是律师的刑事辩护制度还不够完善。如律师介入诉讼的时间仓促，往往要在短短的几天内，完成会见被告人、阅卷、调查取证、撰写辩护词等项工作，影响了辩护质量和效果。四是律师的刑事辩护权得不到充分的保障。律师的正确辩护意见得不到采纳，律师的辩护权得不到尊重，甚至随意侵犯律师的人身权利和辩护权利。殴打、拘禁和残害律师的严重事件时有发生。所有这些，都严重阻碍了律师在刑事案件中辩护作用的发挥，影响了刑事辩护工作的深入开展，不利于我国的民主与法制建设，需要通过加快立法，加强法制宣传教育，提高律师和司法干警的素质等措施加以解决。

二、努力提高对刑事辩护工作重要性、必要性的认识，切实做好新形势下的刑事辩护工作

前不久，党的十四届五中全会通过了《中共中央关于制定国民经济和社会发展"九五"规划和2010年远景规划目标的建议》，明确提出了我国本世纪末和下世纪初的宏伟目标。这是使中华民族屹立于世界民族之林的一部宏伟的纲领性文件。司法行政工作要服从、服务于这一目标。从当前社会治安形势来看，刑事犯罪活动仍呈上升势态，犯罪手段、犯罪类型以及危害程度也

发生了变化，预防和打击犯罪的任务越来越艰巨。在这种形势下，需要进一步重视和加强律师的刑事辩护工作，以保障社会主义市场经济体制的建立和发展，不断健全社会主义民主与法制。因此，各级司法行政机关和广大律师，必须从战略的高度来认识加强刑事辩护工作的重要性和紧迫性，增强做好刑事辩护工作的自觉性，不断开创刑事辩护工作的新局面。

(一)进一步加强刑事辩护工作是建立社会主义市场经济体制和促进经济发展的需要。

建立社会主义市场经济体制、促进经济发展是我们一项长期的重要任务。刑事辩护工作与经济建设有着密切的联系。经济的发展离不开稳定的社会环境和良好的经济秩序。社会主义市场经济作为一种法制经济和有序经济，更需要一个稳定的社会环境。因此，依法惩处犯罪，消除不安定因素，维护社会的长期稳定，是一项十分艰巨的战略性任务。在这方面，刑事辩护工作可以发挥其独有的作用。一方面，律师通过刑事辩护，维护法律的尊严和统一实施，依法维护被告人合法权益，使无罪者免于法律追究，这样有利于调动被告人及其家属的积极性，使之安心地工作，消除不安定因素。对于确实有罪的人，通过律师辩护，可以使之认罪服法，接受改造，消除对立情绪，防止重新犯罪。律师通过刑事辩护，以案释法，还可以有效地震慑濒于犯罪边缘的人，起到预防、遏制犯罪的作用。由此可见，认真做好刑事辩护工作，对于创造良好的社会环境具有重要意义。因此，一定要从保障市场经济正常运转，促进经济发展的大局出发，进一步做好刑事辩护工作。

(二)进一步加强刑事辩护工作是完善社会主义民主、健全社会主义法制的需要。

刑事辩护制度，是我国司法制度中的重要组成部分，直接关系着民主与法制的健全和完善。一个不重视刑事辩护工作的社会，不能说是一个讲求民主与法制的社会。我国的刑事辩护制度，直接体现了"法律面前人人平等"的民主与法制原则，体现了"有法可依、有法必依、执法必严、违法必纠"的社会主义法制建设方针。在刑事辩护中，律师一方面尽职尽责地为被告人提供法律帮助，维护其合法权益；另一个方面保障国家法律的正确实施，维护社会主义法律的尊严。这对于保障我国司法审判的公正性、严肃性，促进社会主义法制的完备具有重要的意义。同时，刑事辩护工作又是对被告人和公民进行法制宣传教育，增强法制观念的有效手段。因此，各级司法行政机关和广大律师，一定要从完善社会主义民主、健全社会主义法制高度，认真做好刑事辩护工作。

(三)进一步加强刑事辩护工作，是开展国际司法人权斗争的需要。

我们国家十分重视保护刑事被告人的权利，把刑事辩护作为维护公民合法权益的一项重要制度，在我国宪法、刑法、刑事诉讼法以及其他法律、法规中予以明确规定。辩护权作为人权的组成部分，是人类历史进步的标志之一，辩护工作的状况在一定程度上体现了人权意识和民主与法制建设的气氛，从一个侧面反映了一个国家的人权状况、文明程度和法制现状。在我国的司法实践中，刑事辩护在保护被告人合法权益不受侵犯和正确适用法律方面发挥了重要的作用。这就有力地驳斥了国际敌对势力对我国人权状况的攻击，维护了我国的民主法制形象。因此，广大律师要从适应国际人权斗争，维护我国民主法制形象的高度，充分认识刑事辩护工作的重要性，把刑事辩护工作提高到一个新的水平。

(四)进一步加强刑事辩护工作，是提高律师素质，扩大律师影响，促进律师事业发展的需要。

刑事辩护工作是律师的一项重要业务，也是广大人民群众了解律师工作的重要窗口。刑事辩护工作是一种综合性、专业性和实践性很强的工作，它不仅要求律师必须具有良好的政治素质和深厚的法律专业知识，而且必须具有丰富的实践经验。成功地办好一起刑事辩护案件，实际上是对律师综合能力和综合素质的全方位检验。随着刑事案件的多样化和复杂化，要做一名优秀的辩护律师就必须不断地加强学习，努力完善自己，不断提高自己。应当看到，办理刑事案件的过程，就是一个学习的过程，锻炼的过程，提高的过程。同时，还应当看到，刑事辩护工作是社会了解律师、认识律师的重要窗口。通过这个窗口，律师以自己广博的法律知识、刚正不阿的品格、能言善辩的风采，赢得了社会的尊重和信赖。这对于提高律师的社会地位，扩大律师的社会影响，促进律师事业的发展具有重要意义。因此，要从发展我国律师事业的大局出发，努力做好刑事辩护工作。

总之，随着社会主义市场经济体制的建立和完善、民主与法制的健全和发展，刑事辩护工作的地位和作用会愈来愈显得重要。它只能加强而不能削弱。只有这样，才能为社会主义市场经济的发展创造一个稳定的社会环境和良好的社会秩序。

三、努力造就一支政治上可靠、业务精湛、职业道德高尚的刑事辩护律师队伍

加强律师刑事辩护工作，充分发挥刑事辩护工作在刑事审判中的作用，更好地为改革、发展、稳定服务，关键在于造就一支宏大的、合格的刑事辩护律师队伍。广大律师一定要在新的形势下认识自己、提高自己，努力成为合格的刑事辩护律师。

(一)要坚持以事实为根据，以法律为准绳，认真履行刑事辩护职责。

以事实为根据，以法律为准绳，是我国社会主义法制的重要原则，也是律师从事刑事辩护工作所应遵循的准则。律师只有坚持这个重要原则，才能保证办案的质量，树立良好的社会信誉，得到人民群众的尊重和信赖。

坚持以事实为根据，以法律为准绳，就是要求律师在办理刑事辩护案件中，坚持辩证唯物主义的认识论，以实事求是的态度，忠于事实真相，尊重客观现实，使其全部业务活动建立在充分可靠的客观证据基础上。律师在收集证据过程中，必须深入调查研究，全面客观地收集一切对案件有证明意义的证据材料，有理有据地提出辩护意见，客观公正地维护被告人的合法权益；就是要求律师在办理刑事辩护案件中，严格依据实体法和程序法的规定办事，忠于法律，全面理解和运用法律，维护法律尊严。不允许离开法律规定，去迎合被告人的不合法要求，甚至对法律断章取义，肆意曲解。

要做到以事实为根据，以法律为准绳，律师必须正确处理好三个方面的关系：一是处理好维护社会主义法制与维护被告人合法权益的关系。我国律师是为社会提供法律服务的法律工作者。这就决定了律师在从事刑事辩护工作中，必须始终站在国家和人民的立场上，从维护社会主义法律的正确实施出发，维护被告人的合法权益。被告人的合法权益是受法律保护的，律师只有致力于维护社会主义法律的尊严，保障法律的正确实施，才能实现维护被告人合法权益的任务。因此，维护社会主义法制与维护被告人的合法权益应该有机地结合起来。在任何情况下，辩护律师既不可以以维护法制为名去危害被告人的合法权益，也不可用危害社会主义法制的手段去维护被告人的非法利益。二是处理好打击犯罪和保护人民的关系。打击犯罪和保护人民是刑事诉讼的两项重要任务。律师从事刑事辩护工作，客观上体现了打击犯罪和保护人民的双重属性。通过律师辩护来保障法律的正确实施，既正确及时地惩罚犯罪，又保障无罪的人不受追究。因此，决不能把律师维护被告人合法权益与打击犯罪割裂开来、对立起来。律师应当通过开展刑事辩护工作，宣传社会主义法制，起到预防犯罪、促进社会治安综合治理，维护社会稳定的作用。三是处理好依法履行职务与维护被告人合法权益的关系。律师的辩护职能是依据被告人的委托或人民法院的指定而产生的。因此，律师应当在符合法律规定的前提下，竭力为被告人提出无罪、罪轻的辩护意见，维护被告人的合法权益。但是，我们的律师和被告人之间决不能成为金钱雇佣关系，不能成为被告人的代言人和传声筒。在刑事诉讼中，律师应当保持独立的法律地位，其行为准则只能以事实为根据，以法律为准绳，而不应受被告人的意志所左右；律师维护的是被告人的合法权益，而不是非法要求；他是为被告人的合法权益进行辩护，而不是为其犯罪行为进行辩解。因此，律师在辩护工作中，既要敢于坚持真理，据法力争，支持被告人的合法要求，维护其合法权益，又决不能因为接受委托，而为了被告人的非法要求和利益，不惜违背事实和法律，甚至捏造事实、弄虚作假、歪曲法律、强词夺理。

（二）要与公检法机关密切配合，积极协作，有效地发挥律师刑事辩护的职能作用。

在我国刑事诉讼活动中，律师与公安人员、检察员、审判员之间存在着互相配合、互相制约的关系。一方面，律师与公检法机关都负有维护社会主义法律正确实施的神圣责任，其目的都是为了通过诉讼活动，使案件审理做到以事实为根据，以法律为准绳，保证准确及时地查明犯罪事实，正确适用法律。这就决定了律师应该并且能够与公、检、法机关相互配合，以便各尽其责，共同完成诉讼任务。另一方面，由于律师与公检法机关在刑事诉讼中担负的职能不同，可以在各自的法定职责范围内互相监督，以防止或纠正在处理案件中可能出现和已经出现的错误。因此，充分发挥律师的制约作用，同公检法三机关在审理案件中的相互制约作用一样，对于保证法律的正确实施具有同等重要的作用。

律师在案件审理中要切实做到敢辩与善辩的统一。在处理与公诉人关系上，既要反对掩盖矛盾、抹煞辩护职能的作法，又要反对只讲观点的对立，而不讲刑事诉讼中任务和目的统一的作法；既要反对走过场，将矛盾交给法院处理，又要反对用刺激的语言伤害公诉人的人格和形象的作法。作为辩护律师，对于指控不实、不当之处，既要敢于进行辩护，坚持原则、刚正不阿，理直气壮地维护被告人的合法权益；又要坚持摆事实、讲道理，做到以理服人，不纠缠对解决被告人刑事责任问题没有意义的细枝末节。在处理与审判人员的关系上，既要注意对起诉案件事实的认定、法律的适用、量刑尺度等方面与审判人员互相协作、共同把关，通过向法庭提供可靠的材料和正确的意见，促使法庭正确认定案情和适用法律；又要教育、说服被告人服从司法机关的正确裁判。同时，对于法庭违反诉讼程序，剥夺被告人及辩护人的诉讼权利作法，律师要敢于提出纠正意见，要依法帮助被告人提出对一审判决不服的上诉和对终审判决不服的申诉。

要努力把好案件的事实关、情节关、定性关和证据关，有效地进行配合与制约。律师在接受委托或指定担任辩护人后，要认真做好辩护前的准备，充分阅卷，获取有力证据，协助法院正确运用证据，以便作出有理有力的判决。在庭审中，要注意案情的变化，证据的真伪和结论鉴定，以及对被告人诉讼权利的保护。对在上述各方面出现的问题，要采取适当方式提出纠正的建议。

要注意总结经验，不断改进工作方式。比如，对那些认为事实与起诉不符，定性不当，法定从轻、减轻的情节没有认定，或者认定事实、适用法律上存在严重分歧的案件，辩护律师可以在庭审前与公诉人、审判人员交换意见。但庭前交换意见不能取代辩护。不能认为庭前交换了意见，法庭辩论中就可以走过场，相反，在庭审中要积极履行职责，依法进行辩护。法庭辩论是律师与检、法机关相互配合、相互制约的集中体现，律师要严肃认真的抓好这个关键环节，努力增强辩护的效果。

（三）要恪守律师职业道德和执业纪律，保障刑事辩护工作的健康发展。

律师的职业道德和执业纪律，是律师开展业务活动必须遵守的道德规范和行为准则，直接关系到我国律师队伍的形象和声誉，关系到律师事业的兴衰存亡。刑事辩护工作涉及领域较广、工作环节复杂，每一个环节中都存在着职业道德和执业纪律的问题。司法部十分重视刑事辩护工作中的职业道德和执业纪律问题，在《律师职业道德和执业纪律规范》以及其他有关部颁规章中，明确规定了律师在办理刑事辩护案件中处理与当事人、司法机关以及与律师同行的关系方面应当遵循的职业道德和执业纪律。即将出台的《律师法》，也要把这些职业道德和执业纪律规范以法律的形式固定下来。随着我国社会主义民主法制建设的进一步完善和律师事业的发展，对律师职业道德和执业纪律要求越来越高，广大律师在办理刑事案件中，应当自觉恪守职业道德和执业纪律，严格自律，树立良好的社会形象。要提倡全心全意为人民服务，禁止对当事人委托的事务无故拒绝、敷衍了事，损害当事人的利益；提倡经济效益和社会效益并重，禁止只讲经济效益而忽视社会效益，拒绝办理法律援助案件和人民法院指定辩护的案件；提倡依法履行职务，禁止采取歪曲事实、曲解法律、伪造证据等手段影响和妨碍司法机关的正常工作；提倡尊重司法机关，禁止损害司法机关声誉和形象的行为；提倡律师之间互相尊重，公平竞争，禁止一切不正当竞争的行为；提倡廉洁自律，严禁在正常业务收费之外索要报酬，禁止行贿和诱导当事人行贿。

（四）要坚持不断提高政治素质、业务水平和执业修养。

律师刑事辩护工作是一项政策性、专业性很强的工作，要高质量地开展业务活动，充分履行刑事辩护职责，维护法律的正确实施，就必须具有较高的政治素质、文化知识、业务技能和全面修养。一个出色的刑事辩护律师必须做到政治可靠、业务精湛、修养很高。

要不断提高辩护律师的政治素质。我国律师是社会主义的法律工作者，必须有坚定正确的政治方向和政治立场。这就要求广大律师加强政治理论学习，及时掌握党和国家的路线、方针、政策，始终在政治上同党中央保持一致，成为政治上可靠，党和人民信得过的队伍。我们反对片面强调业务、忽视政治理论、对政治漠不关心的倾向。实际上，我国律师的一切活动，都必须站在国家法律的立场上，坚持和执行社会主义法制。一个没有政治头脑、不懂政治的人，不可能很好的理解和运用我国社会主义法律，这样的人不可能成为合格的律师。

要适应经济和社会发展的需要，全面提高刑事辩护的业务水平和技能。这是摆在广大律师面前一项十分重要而紧迫的任务。随着我国市场经济体制的建立和发展，随着民主和法制建设的进一步完善，为律师拓展刑事辩护业务、开创工作新领域带来了极好的机遇。也对律师的业务素质提出了更高的要求。律师除了要及时掌握新的法律、法规外，还要学习了解与新的犯罪行为相关领域的科学知识。比如由于电脑技术的突飞猛进，利用电子计算机从事犯罪活动的案件不断增多，律师为此类犯罪分子进行辩护，首先要掌握有关电脑方面的知识。因此，在新的历史时期，广大律师要不断加强业务学习，改进知识结构，提高业务水平，否则就会落伍、就会被时代所淘汰。根据刑事辩护工作的特点，律师还要不断提高辩护业务的技能，包括文字表达、语言表述、临场应变的能力，掌握辩护技巧和科学的思维方式、工作方法。

要注重律师的执业修养。律师是一项神圣的职业，在公众心目中是正义的使者。这就决定了律师应该具有良好的执业修养。在刑事辩护中，律师良好的执业修养应当体现在，一是语言要文明规范，要以理服人，力戒言语粗鲁，讲究法言法语。语言表达力求简明、规范、精确、易懂。二是举止要端庄。无论调查取证、会见被告、出庭辩护，都要保持良好的风度，举止礼貌。三是仪表要整洁大方，体现出律师职业的严肃性。只有这样，才能充分显示社会主义律师良好的形象和精神风貌。

四、进一步加强对律师刑事辩护工作的指导和管理，不断开创刑事辩护工作的新局面

加强律师刑事辩护工作是一项很大的系统工程，涉及到许多方面的关系。司法行政机关作为律师工作主管机关，要与各级律师协会一道，把刑事辩护工作作为一项十分重要的工作认真抓好。要从适应和促进社会主义经济建设和民主与法制建设的高度来看待这项工作，本着“大服务”的思想，采取有效措施，切实加强对这项工作的指导和管理，使这项工作有一个较大的发展。要突出抓好以下几个方面的工作：

（一）抓好业务指导。各地司法行政机关和律师协会要根据本地区律师刑事辩护工作开展的状况，认真总结经验，找出存在的问题，制定改进工作的规划和措施，推动本地区刑事辩护工作的发展。那些刑事辩护案件数量和质量下降的地区，要尽快扭转局面，短期内务必见效。要明确规定每个律师每年办理刑事辩护案件的数量，并与年检注册相挂钩。要把对刑事辩护工作重视与否，作为衡量领导干部政绩的重要标准之一。司法行政机关和律师协会的领导同志对刑事辩护工作要经常过问，对那些在国际、国内有重大影响的案件的辩护工作，要成立业务指导小组，指导、协调工作的开展。

（二）抓好立法和规章制度建设。立法和规章制度建设，是律师开展刑事辩护工作的重要保障。十多年来，律师刑事辩护工作不断发展、不断深入，立法和规章制度的建设还都滞后于实践，在一定程度上影响了刑事辩护工作的开展。现在，《律师法》已经提交全国人大常委会审议。在这部法律中，对律师从事刑事辩护工作的权利和义务、业务范围等都作了明确规定；正在修改中的《刑事诉讼法》也将进一步完善我国的刑事辩护制度。社会各界对强化律师在刑事辩护工作中的职能作用也非常重视和关注。我们相信，随着《律师法》和有关法律的出台，我国律师刑事辩护制度将会得到进一步健全和发展。各级司法行政机关要抓住当前的有利机遇，加快律师刑事辩护工作的立法和规章制度的建设。与《律师法》相配套，司法部将商有关部门，制定律师从事刑事辩护工作的有关规章。各地司法行政机关也要根据《律师法》和有关法律的规定，积极争取，在地方性立法中，对律师刑事辩护工作作出相应的规定，从而使这项工作有法可依、有章可循。要认真总结多年来在办理刑事辩护案件中形成的一些行之有效的制度，如重大疑难案件集体讨论制度、质量检查制度、业务考核制度、奖惩制度、定期征求司法机关对律师辩护意见的制度和法律援助制度，等等，用规范性文件将这些制度固定下来并予以推广。

（三）抓好管理和监督。严格管理、强化监督在当前形势下对于刑事辩护工作的发展有着至关重要的作用。各级司法行政机关和律师协会要教育广大律师增强全局观念，牢固树立为人民服务的思想，正确处理经济效益和社会效益的关系。要加强对律师职业道德和执业纪律的教育，对在刑事辩护工作中违反职业道德、执业纪律的律师和律师事务所，一定要严格依照有关规定，严肃查处，决不护短，以树立律师队伍良好的社会形象。同时，要充分发挥社会的监督作用，可以聘请公、检、法机关和社会知名人士担任社会监督员，对律师办理刑事辩护案件的质量和遵守职业道德、执业纪律情况进行监督。

（四）抓好培训和专业化分工。各级司法行政机关和律师协会要有计划、有目标地开展有关律师刑事辩护业务的培训工作。对刚刚从事律师工作的同志，要做好岗前培训。对在职律师也要通过举办培训班等形式，进行定期培训。培训中，要注意发挥老律师传帮带的作用，也可以邀请司法机关或经济部门的同志讲授有关知识，以提高培训的效果。要把培训工作制度化、规范化，把培训与律师年度注册相结合，明确规定，对不按规定接受培训的律师不予注册。由于我国律师制度恢复时间不长，起步较晚，律师的刑事辩护水平总体上还不够高，这是历史造成的。从加强社会主义民主与法制建设，适应市场经济发展需要出发，我们应当培养一批高层次的刑事辩护律师队伍。当前，各级司法行政机关和律师协会要在稳定现有刑事辩护律师队伍的基础上，通过加强培训工作，引导和推动律师向高层次、专业化方向发展。有条件的地方，应当鼓励发展刑事辩护专业律师事务所。规模较大的律师事务所要保留和发展刑事辩护专业部（室），以逐步建立一支在国际、国内具有影响的刑事辩护律师队伍。

（五）抓好宣传和表彰。十多年来，虽然律师的社会地位不断提高，影响越来越大，但是，许多人对律师工作、特别是对律师刑事辩护工作还存在种种误解，在一定程度上影响了律师开展刑事辩护业务的积极性。这就需要各级司法行政机关和律师协会加强对律师刑事辩护工作的宣传，让社会上更多的人了解律师刑事辩护工作在促进经济发展和民主法制建设、维护社会稳定中的作用，使全社会关心和支持律师开展刑事辩护工作。要大力表彰和宣传优秀刑事辩护律师的事迹，树立先进典型，扩大从事刑事辩护工作律师的影响，为律师刑事辩护工作的开展创造良好的社会环境。同时，要加强律师刑事辩护制度的理论研究，为完善这项制度提出科学的理论依据。

（六）抓好服务和保障。司法行政机关和律师协会在加强对律师刑事辩护工作的监督与管理的同时，要注重为律师开展刑事辩护工作提供坚强有力的服务和保障。要切实维护辩护律师的合法权益。对于刁难、阻碍律师依法履行刑事辩护职能，侵害律师合法权益的行为，司法行政机关和律师协会要敢于为律师撑腰、说话，及时地向有关部门反映，积极协助有关部门进行查处，保障律师依法执行职务。要充分发挥司法行政机关和律师协会的协调作用，为律师开展刑事辩护业务多办实事。特别是要积极与有关部门协商，解决律师刑事辩护业务收费标准偏低等问题，为律师刑事辩护工作的开展创造良好条件。目前，司法部正在积极商与有关部门修订现行律师业务收费办法，将制定出符合实际、切实可行的新的收费办法。同时我们提倡，对于办理刑事辩护案件较多的律师，在分配上实行鼓励和倾斜政策，对那些在办理刑事辩护案件中作出突出贡献的律师要给以奖励。

同志们，形势在发展，时代在前进。我国的律师刑事辩护工作是一项正在发展、不断完善、充满希望的工作，在新的历史时期，律师刑事辩护工作具有很大的发展潜力和广阔的发展前景。我们要按照党的十四届五中全会的要求，认清形势，把握机遇，深化改革，加强管理，充分有效地发挥律师刑事辩护工作的职能作用，不断开创工作的新局面，为实现我国的"九五"规划和2010年远景目标，为促进社会主义市场经济和民主法制建设的发展，维护社会稳定作出更大的贡献。

张耕同志在全国律师刑事辩护工作会议上的总结讲话

（1995年11月21日）

这次全国律师刑事辩护工作会议开了3天，今天就要结束了。下面我对会议的情况做一个小结。因为各省主管律师工作的厅(局)长、律管处长、律协会长都来参加会议，借此机会我想就当前律师工作改革和发展中的几个问题讲一些意见，和大家一起研究。

一、关于对这次会议的估价和贯彻落实问题

这次会议在大家的共同努力下，在各方面的支持下，开得很顺利，应当说达到了预期的目的，取得了圆满成功。从讨论和反映的情况看，这次会议主要有以下几个特点：第一，会议的主题鲜明，就是集中研究律师的刑事辩护工作。围绕这个主题，肖扬部长做了重要报告，同志们进行了认真讨论。第二，内容丰富。会议围绕律师的刑事辩护工作，既有部长的报告，又有各省主管部门和一些律师事务所的典型经验，还配发了一些好的刑事辩护案例，从不同的方面对律师的刑辩工作进行了充分的讨论。第三，多方重视。这次会议的召开是各方面努力的结果。司法部党组高度重视，肖扬部长亲临会议并作了重要讲话，会前，还作了许多重要指示。云南省委、省政府、人大、政协和政法各部门都给予了大力支持。云南省司法厅为这次会议的召开作了大量工作，付出了辛勤的劳动。各省对这次会议也很重视，都按照会议要求提供了很好的材料，特别是一些典型的经验材料。第四，会议组织工作比较周密。为了开好这次会，云南省司法厅进行了全厅动员，把筹备工作当作一项重要工作来抓，由领导亲自负责，抽调了一批干部进行筹备，会议期间组织工作井然有序。为此，我代表与会同志向云南省委、省政府和各有关方面，向云南省司法厅表示衷心的感谢。

在讨论中，同志们一致认为这次会议开得及时，开得必要，开得好。会议有许多收获，概括起来有这么几点：一是统一了思想。大家看到了在当前形势下有必要专门开这样一个全国性会议来研究律师刑事辩护工作，把这项工作提高到一个新的水平，更好发挥它在国家经济建设、民主法制建设和社会生活中应该发挥的作用。二是提高了认识。通过这次会议大家对律师刑事辩护工作有新的认识，思想上有新的突破。肖扬部长的报告，对加强这项工作的重要性、必要性进行了多方面的阐述，特别是从党和国家全局工作的高度来认识这项工作，这对于提高我们的思想认识具有重要的指导性。三是交流了经验。这些经验各有特点，都值得我们借鉴和学习。比如云南省的经验有两个突出的特点，一个是把刑辩工作作为司法行政机关的一项重要职责，摆上了重要日程。这几年，云南的律师刑事辩护案件数量一直在上升，达到了61.8%，远远超过全国的平均比例。另一个是把律师刑事辩护工作作为社会治安综合治理的一个重要内容，充分发挥这项工作在促进民族团结，维护边疆稳定方面的作用，特别是对贩毒、吸毒犯罪案件的辩护相当重视，辩护率达到100%。再比如江西省的经验，一个突出的特点是把刑辩工作列入了司法行政机关的目标管理，提出了严格的要求，而且加强理论研究，刑事辩护率今年可达到65%—70%。其他地方也有许多好的经验，比如贵州省总结的"六个坚持"的作法；河北省总结的"七个抓"的作法，辽宁省在重视刑辩工作质量方面从律师自身抓起，强调从业清廉；天津市充分发挥刑事辩护专业委员会的作用；北京市加强监督检查，提高刑事辩护工作质量的经验等等。还有一些律师事务所也提供了很好的经验，比如湖南韶阳第一律师事务所陈秋同志概括的"五种精神"；福建省第二律师事务所赵国安同志提出的"五不怕"精神；哈尔滨红东律师事务所姚红东同志总结的在刑辩工作中勤奋思索，敢于开拓，廉洁自律的经验；河南省南阳律师事务所侯金海同志总结的重视社会效益的经验；云南省震序律师事务所马军同志总结的在刑辩工作中增强主动性、自觉性、责任心的经验。四是增强了信心。同志们在讨论中反映，通过这次会议，看到了各级领导同志和各方面对这项工作的关心，也看到了各地在开展这项工作中一些好的作法，增强了做好这项工作的信心。在讨论中很多地方都提出了贯彻会议精神，加强本地区刑辩工作的措施，这些都值得肯定。

肖扬部长在这次会议上作了一个很好的报告，同志们在讨论中对这个报告给予了充分肯定。认为这个报告总结了16年来律师刑事辩护工作的经验，从理论和实践的结合上阐述了刑辩工作的重要性和必要性，对进一步加强这项工作提出了具体的要求，是加强刑辩工作的指导性文件，需要认真地学习和落实。根据我自己的学习体会，可以从以下几个方面领会报告的主要精神：首先报告从很高的角度论述了刑辩工作的重要性，增强了我们做好这项工作的自觉性和责任心。报告第一部分从16年来工作实践的角度来阐述刑辩工作的地位和作用。第二部分从理论上阐述刑辩工作的地位和作用。这两个部分合起来，把问题讲得很深刻、很透彻，使我们很受教育，很受启发。第二，肖扬部长的报告立足于律师队伍自身，要求练习内功。报告总结了刑辩工作的实际情况，指出了存在问题，提出了司法行政系统和律师自身进一步加强这项工作的措施。我认为是十分正确的。因为刑辩工作搞得好不好，归根结底在于刑事辩护队伍的质量。外部条件再好，也要通过内部条件起作用，要通过刑辩律师去起作用，所以要加强律师刑事辩护工作首先应该从我们自身考虑。还应当看到，外部环境的改善是一个过程，有的问题现在可以解决或正在解决，有的将来才可以解决。我们在研究刑辩工作时，不能不注意到外部环境，但是更重要的是要着重解决好我们自身工作中存在的问题。第三，报告注重于务实，对刑辩工作队伍和主管部门提出的要求，都是很具体、很实际的。比如业务指导问题，队伍培训问题，建章立制问题，服务保障问题等等，都是一项项具体而实在的工作。希望与会的同志、司法行政机关的领导同志、律师协会、律管处和律师所的负责同志，认认真真地把肖扬部长提出的要求落到实处。如果这些要求都落实了，律师刑事辩护工作就会有一个大的发展。第四，要用辩证思维的方法理解报告提出的一些问题，要处理好以下几个关系：一是处理好刑辩业务和其他业务的关系。肖部长在报告中把刑辩工作提到了一个很重要位置，这并不是说在律师业务中，只抓好刑辩工作就行了，而其他工作就可以放松，绝不能这样来理解。应当看到，刑辩业务是律师全部业务的基础，刑辩工作做得好坏是对律师素质的全面检验，因此，要通过抓刑辩工作带动各项律师业务的发展。二是处理好律师行使刑辩职责和办理具体刑事案件的关系。肖部长在报告中强调，做好刑辩工作是律师的一项义务和不可推卸的职责，要求律师不能拒绝办理刑事案件。但这并不是说每个律师都非要办一定数量的刑事案件不可，有些律师是专门办理非诉讼或其他业务的，办理刑事案件没有经验，对这些律师来说，不强求他们一定要办理刑事案件。但他们应当认识到办理刑事案件是律师的职责，将来可以通过设立基金的办法，让这部分律师履行办理刑事案件的职责。三是要处理好办理刑辩案件与律师专业分工的关系。肖扬部长强调要做好律师刑辩工作，并不排斥律师的专业化分工，并不是要所有的律师都搞刑辩业务，相反律师专业化分工是一种发展趋势。近年来，司法部一直强调要提高律师专业化分工的程度，这就是说，有的律师可以专门从事刑辩业务，有的律师可以专门从事金融、证券等方面的业务。肖扬部长在报告中也提出，有条件的地方可以组建专门从事刑事辩护的律师所。因此，做好律师的刑辩工作与律师专业化分工两者并不矛盾。总之，我们在学习贯彻肖扬部长的报告中要用辩证思维的方法处理好方方面面的关系，把报告的精神全面贯彻到具体工作中去。

对贯彻这次会议精神提几点要求：第一，希望与会同志回去以后，认真汇报好这次会议精神。要向各省司法厅党组汇报，还要向省政法委汇报。省厅对会议精神的贯彻要认真研究，做出布置，同时要千方百计争取得到各地政法委领导的支持，因为这次会议精神的贯彻涉及到政法部门其他兄弟单位。第二，要学习传达好这次会议精神。要把这次会议精神传达到司法行政系统每一个干警，传达到每个律师事务所和每位律师，要组织大家认真学习、领会会议精神，把思想统一到肖扬部长报告的精神上来。第三，要认真总结本地区的刑辩工作经验，制订加强这项工作的相应措施。措施要具体，特别是对本地区的经验要加以推广，既要做到墙内开花墙外香，更要做到墙内开花墙内香，以便使这次会议上交流的经验在各地刑辩工作中开花结果，发挥作用。第四，要进一步总结刑辩工作中的好经验，好典型，并大力地予以宣传和表彰。第五，要把贯彻落实这次会议精神列为明年各省司法行政工作的内容，作为一项重要工作来抓，通过各地的努力使明年全国刑辩工作在现有基础上有新的突破，开创一个新的局面。第六，各地贯彻落实这次会议的情况，要及时向部里报告。贯彻情况最迟在年底前，要向部里反馈。

二、关于律师工作改革和发展的几个问题

（一）关于律师工作改革和发展的基本情况。从1993年6月开始到现在，我国的律师工作在前几年改革的基础上，改革的力度不断加大，取得了明显的发展。特别是党的十四届五中全会召开后，我们对这项工作有了更加深刻的理解。党的十四届五中全会通过的《中共中央关于制定国民经济和社会发展“九五”计划和2010年远景目标的建议》，对我国社会主义民主法制建设给予了高度重视。《建议》多处提到要加强法制建设，强调在市场经济条件下要积极发展法律服务业，这使我们深受鼓舞，进一步增强加快律师工作改革的信心，对这项事业发展的前途看得更清楚了。律师业是国家法制建设的重要组成部分，是社会进步和文明的重要标志。在1993年6月召开的全国司法厅（局）长座谈会上，司法部党组和肖扬部长提出了我国律师工作改革的总体思路，按照这个思路制定了深化律师工作改革的方案，得到国务院的批准，成为推动这项工作改革的重要依据。按照这个方案，在这两年多的时间里，各级司法行政机关、律师协会和广大律师，做了大量工作，付出了辛勤的劳动。应当说改革的进程是健康的、顺利的，成果也是显著的。两年多来，律师工作的改革迈出了三大步：第一步是突破了单一的律师事务所组织模式，初步形成了多种形式律师事务所并存的格局，为律师工作的发展注入了生机和活力。第二步是改革了原来的律师管理体制，突破了行政管理的模式，推进司法行政机关管理和律师协会管理相结合并逐步向行业管理过渡的新体制的建立。这一步已有了良好的开端，迈出了决定性的步伐。其标志就是全国律协的换届和一些省市律协的换届。换届后的全国律师协会的理事、常务理事、会长、副会长全部由执业律师组成，改变了过去行政管理的模式。第三步就是加快建立有关律师工作的法律、法规、规章体系，这一步正在推进，也取得了重大进展，其标志是《律师法》(草案)已提交全国人大常委会进行了第一次审议。同时，与《律师法》相配套的有关规章已在陆续出台。随着《律师法》和各项规章的颁布，律师工作的法律、法规、规章体系将逐步形成，使律师工作走上法律化、规范化的轨道。

由于这三步的迈出，我国的律师工作发生了重大变化，也取得了明显成效。概括起来主要有以下几个方面：一是律师事务所和律师的性质更加符合社会主义市场市场经济体制的需要，律师事务所成为市场经济的中介组织，律师不再是行政官员，而是为社会提供法律服务的专业人才。这是一个根本性的变化，这一变化，带动了整个律师业的改革和发展，使我国的律师事业更加与我国改革开放和建立社会主义市场经济体制的客观实际相适应。二是初步形成了多种形式的律师所并存的格局，增强了律师事业的竞争力。据统计，到今年9月底，全国共有律师所7200多家，其中合伙所1200多家，占16.7%，合作所500多家，占6.9%，占编所5500多家，占76.4%，占编所中实行自收自支的达到了48%。律师事务所的总数比1993年以前增长了78%。三是新的律师管理体制已经开始建立，并进一步发展和完善。四是律师队伍有了较大发展，律师的素质有了明显提高。截止今年9月底，全国律师总数达到了89317人，比1993年以前翻一番。从1993年到1994年，律师队伍每年以较快的速度增加，1993年比1992年增长了39.6%，1994年比1993年又增长了21.4%。在律师队伍中出现了一批博士生、硕士生、留学生和具有双学位的高学历人才，本科以上学历的占25.4%。五是律师事务所和律师的对外交流和合作得到进一步加强，主要表现在：一批律师被派往国外学习和深造，外国律师界的一些朋友也到我国来访问讲学，相互间还建立了一些业务上的合作和协作关系。特别值得提到的是从1992年至今，司法部批准了57家外国境外律师事务所在我国设立办事处，准许设立办事处的城市从原来的5个增加到15个。在我国设立办事处的国外和香港地区的律师事务所主要集中在北京、上海、广州。设立办事处的国家主要是美国和香港地区，还有英国、法国、日本、德国、新加坡、澳大利亚等国家。同时，从1994年开始，我国首次允许港、澳、台地区居民参加全国律师资格考试。对此各方面反映强烈。当年报名考试的359人，经过考试取得资格的18人。六是律师的业务领域得到进一步拓展，律师逐步进入证券、金融、房地产、知识产权保护等新兴行业，特别是在证券业务方面有较大进展，经过培训和考核由司法部和证监委共同授予从事证券业务资格的律师已达1149人，具有办理证券业务资格的律师事务所279家，近几年来，一些省、市的司法行政机关积极推进律师业务进入政府决策领域，有的组建了政府法律顾问组或法律顾问团，为政府决策提供法律服务。以上几个方面的情况表明，从1993年6月到现在，部党组把律师工作改革作为司法行政工作改革的重中之重的决策是正确的。肖扬部长在1993年6月全国司法厅(局)长座谈会上所作的报告中提出的律师工作改革思路是正确的。应当指出，律师工作改革所取得的成绩是上下共同努力的结果。各级司法行政机关、律师协会的领导同志，律师管理部门的同志和广大司法行政干警都付出了很多的心血，作出积极贡献。

(二)关于巩固和发展多种形式律师事务所并存格局的问题。通过两年多的改革，形成了占编所、合作所、合伙所三种组织形式并存的格局，这种格局需要进一步巩固和发展。这三种形式的律师事务所在发展社会主义市场经济的过程中将长期并存，平等竞争，互相促进，共同发展。为什么会这样呢，我认为，首先，这是由我国国情决定的。我国幅原辽阔，各地经济、文化发展不平衡，不可能采用一种模式来发展律师事业，而多种形式并存的格局适应了各地经济、文化发展的客观差异的需要。比如，有的同志就提出，由于我国还有相当一部分边远地区、经济欠发达地区的律师事务所在短期内难以做到自收自支，而这些地区又需要法律服务，需要律师事务所和律师队伍。因此，这些地区的占编所应当在相当长的时间内保留。二是这种共存的格局也是我国经济体制改革的客观需要。目前我国的经济体制是以公有制为主体的多种经济形式并存的社会主义市场经济体制。在这种经济体制下，不同形式所有制的企业都是市场经济的主体，其法律地位是平等的。但是他们具体的法律服务的需求却不尽一致，他们的经济利益也不尽一致，因此，不同形式律师事务所并存会更好地为他们提供法律帮助。三是从实践来看，多种组织形式的律师事务所各有优势。比如占编所成立时间长，规模比较大，基础比较好。合伙所则是一种新的组织形式，它引入了比较灵活的机制，具有生机和活力。合作所也有其发展优势。一些合作所吸收了占编所和合伙所的运行机制，搞得也不错。所以，从改革开始到现在，部里多次强调，我们允许不同形式的律师事务所进行实验，不搞一种模式，不搞一刀切。根本不存在人为的支持哪种形式的所，取消哪种形式的所的问题。我们认为，检验律师事务所组织形式的好坏，关键要看实践，实践是检验真理的唯一标准。我们鼓励三种形式的律师事务所在市场经济的大潮中平等竞争，发挥其长。现在的问题是要研究和解决对这三种形式的律师事务所如何加强管理。司法部正在制定对不同类型律师事务所的管理办法。各地司法行政机关、律师协会和律师事务所也要研究不同形式的律师事务所在运转上、管理上有什么区别，对它们的具体政策上应该有什么区别等等。总之，从我国的实际情况出发，三种形式的律师事务所长期并存、互相促进、互相竞争、共同发展的局面是客观的需要，而不是任何人的主观臆断。因此，《律师法》(草案)对这三种形式都作了肯定，赋予其应有的法律地位。

(三)关于进一步改革律师管理体制的问题。律师管理体制改革是律师改革的一个很重要的组成部分。在这个问题上，部里的指导思想是，实行司法行政机关的管理和律师协会的管理结合，逐步向司法行政机关宏观管理下的律师协会的行业管理过渡，可简称为从“两结合向行业管理过渡”。至今这一指导思想没有变化。因为我们既不能沿用计划经济条件下搞单一的行政管理模式，也不可能在当前实行纯粹的行业管理模式。在建立这种新的管理体制的过程中，要正确处理司法行政机关与律师协会的关系，一方面要明确司法行政机关是律师事业的政府主管机关，司法行政机关对律师协会负有指导、监督的职责。律师业发展中的一些重大的、带有全局性的问题，比如律师事业发展的规划、有关法律法规的制定、律师资格的授予和取消、律师事务所的设立和撤销、重大业务的指导等等，都要由司法行政机关来管理。另一方面要明确律师协会是由执业律师组成的自律性的律师的行业管理组织，它的职责在《律师法》(草案)中列了11条，律师协会要真正把这些事情办好也是很不容易的。

在明确上述两个方面之后，要解决好互相配合协作，共同推动律师事业发展的问题，不要互相扯皮，不要你争这个我争那个，而应该本着共同推动我国律师事业发展这个总目标来做工作，司法行政机关和律师协会不是井水不犯河水的关系，而是在许多工作上都是互相交叉的。因此，一定要强调密切协作、互相配合、互相促进，发挥两个积极性，拧成一股劲，形成一个合力，否则就会发生内耗，影响整个律师事业的发展。

(四)关于进一步发展律师队伍和提高素质的问题。通过两年多的改革，我们的律师队伍有了很大发展，素质有了一定提高，但是目前的状况还远远不能适应国家改革开放、经济建设和民主与法制建设的需要。突出表现在数量不足，素质亟待提高。目前，我国有律师89000多名，仅占全国人口总数的万分之零点七，大大低于世界发达国家的比例。同时，我们律师队伍中高层次的人才太少。肖扬部长在报告中也讲到这个问题。所谓高层次的人才，就是要达到“四懂”，即：懂法律、懂经济、懂外语、懂科技。懂外语并不是懂一点儿就可以了，而是要能够用外语同外商谈判，办理涉外法律事务。这样的人才现在太少了。因此，发展队伍，提高素质仍是我们面临的一项十分繁重的任务。最近部里正在制定司法行政工作“九五”规划和2010年远景目标。按照提出的目标，到本世纪末，我国的律师要发展到15万人，到2010年，要达到25万—30万人，也就是说基本实现江泽民总书记提出的中国要有30万律师的要求。到那时候，律师可占全国人口总数的万分之二，接近和超过一些发达国家现有律师与人口的比例。为了适应市场经济的需要，司法部提出要加快建立一批高标准的律师事务所，加快建立一支高素质的律师队伍。所谓高标准律师事务所，就是规模要大，素质要高，服务质量要好，管理要科学，设备要精良。从全国看，目前这样的律师事务所还很少。因此，建立高标准的律师事务所是一项艰巨的任务。

我们还要建立一支高层次的律师队伍。部里正在制定方案，把培养高层次律师人才作为一项跨世纪工程来实施，力争在本世纪末，使律师队伍中的“四懂”人才达到1万人左右，到2010年在律师队伍中具有硕士、博士学位的人才达到1/3的比例。要造就数以万计的业务水平高、社会知名度高，能承担国内外重大的法律服务项目的律师人才。实施这项工程是明年律师工作改革和发展的重头戏。希望各省根据本省的实际情况，认真做好建立高标准律师事务所和培养高层次律师队伍这两篇大文章，使律师队伍的素质有一个较大的提高，基本适应建立社会主义市场经济体制的需要。

(五)关于加强律师工作的法制建设，促进律师工作法制化、规范化的问题。在这方面，我们的总体目标是，到本世纪末，初步建立起以《律师法》为核心，各项规章相配套的律师工作的法律、法规、规章体系，基本实施律师工作的规范化。近年来，部里一直致力于《律师法》的尽快出台，在这方面倾注了大量心血。为了与律师法相配套，部里还抓紧制订一系列的规章。从这次会议介绍的材料来看，各地在这方面抓得很紧。有些省已出台了《律师暂行管理办法》等地方性法规。特别是在律师刑事辩护工作方面，许多地方都制定了相应的规章。当前，我们要集中力量争取《律师法》尽快出台。

《律师法》(草案)是在总结律师制度恢复16年来

的改革经验,征求各方面意见,借鉴外国有益作法的基础上形成的。早在1989年,部里就着手起草律师法,随着我国经济体制改革的不断深入和民主法制建设的发展,原来起草的稿子部分内容显得不适应了。所以,1993年部里重新成立了律师法起草小组,继续进行起草、修改。到1994年底,形成了《律师法(送审稿)》,报送国务院审议。国务院法制局作了大量的调查、论证,反复研究、修改,于今年9月份形成了《律师法(草案)》,提交国务院常务会议审议。国务院常务会议顺利通过了这个方案,正式提交全国人大常委会审议。去年10月,全国人大常委会对《律师法(草案)》进行了第一次审议。从1993年算起,这个稿子共修改了26稿,凝聚了许多人的辛勤的劳动和智慧。如何看待这个稿子,我想在这里谈谈自己的两点看法:

第一,应该说,这是一个比较好的法律草案,因为它总结了改革的经验,吸取了各方面的意见,结合了我国国情,同时也借鉴了外国的一些有益做法。当然他们也应当看到,任何一部法律的制定都是历史的产物,不可能不带上一定历史阶段的特点。律师法也是这样,它只能对几年来律师工作改革的成果进行总结和肯定,对实践证明是成熟的经验进行肯定。实践还没有证明成熟的东西当然是不可能写进去的。因为法律具有严肃性和稳定性,不能朝令夕改。所以,我们既要看到目前的《律师法(草案)》是一部比较好的法律草案,也要看到它是一定历史阶段的产物,在未来的实践中还要不断完善。

第二,应当看到这个法律草案有很多新的突破,以法律形式对律师工作改革的成果加以条文化、具体化。主要体现在:一是重新界定了律师的属性。《律师法(草案)》没有沿用“律师是国家的法律工作者”这一提法,而是根据律师的自身属性和职业特点,规定律师是为社会提供法律服务的法律工作者。这是一个带有根本性的突破。二是肯定了律师事务所多种组织形式并存的格局,赋予不同形式律师事务所以应有的法律地位。三是确认了律师资格统一考试制度的法律地位,赋予司法行政机关对律师资格的授予权。四是确定了律师的权利和义务,对律师执业活动中应有的权利和其他合法权益作了明确规定。比如,“草案”规定,律师可以依法同被采取强制措施的人会见和通信。这就是说律师在刑事诉讼中可以提前介入,提前到侦查阶段。又如,“草案”还规定如果证人拒绝作证,律师可以申请法院通知其到庭作证。所有这些都是很重要的突破。五是肯定了“两个结合”并逐步向行业管理过渡的律师管理体制。六是肯定了法律援助制度。七是肯定了律师惩戒委员会的法律地位,加强了律师的法律责任。八是肯定了军队律师的法律地位,这在我国是一个创造,也是改革的成果。由此可见,《律师法(草案)》确实有突破,有新意。它的颁布将成为律师界的一件盛事,成为保障、推动律师事业改革和发展的强大的法律武器。因此,要消除一些同志对《律师法(草案)》的一些不正确的看法。比如,有的同志说,律师法草案没有新内容,有的甚至说律师法的颁布将是中国律师业的倒退。我认为这些说法是不符合实际的,是毫无根据的,也是十分有害的。我们要运用辩证唯物主义的思想方法来看待《律师法(草案)》。在新的《律师法》出台后,要深入学习、宣传、贯彻好这部法律,要通过召开座谈会、新闻发布会等形式,开展一系列的宣传活动,在全国范围内造成一种声势,使《律师法》家喻户晓,人人皆知。充分发挥《律师法》作为推进律师事业发展、保障律师合法权益、加强律师自律的法律武器的作用,把我国律师业的改革与发展推向一个新阶段。

(六)关于加快建立和完善律师事务所的科学运行机制问题。建立和完善律师事务所内部科学的运行机制,是一个务必引起高度重视的问题。目前,律师事务所的内部运行机制问题较多,社会反映强烈。比如,有些律师事务所没有形成强有力的管理核心,比较松散;有的是一个人说了算,搞家长作风、一言堂,想怎么干就怎么干,完全不考虑其他律师的权益;有的搞吃光分净,采取各种形式加大分配比例,不留积累;有的党组织非常松弛,甚至根本没有建立党组织,党员不过组织生活,起不到应有的作用等等。对这些问题,各级律师管理部门、律师协会的领导和律师事务所的主任都要认真研究,切实加以解决。去年,我在南戴河会议上曾就建立律师事务所内部学科的运行机制问题讲过一些意见,今天再强调几点:一是要建立民主管理的机制。不管什么形式的律师事务所都要建立这种机制,这是我国社会主义的国家性质决定的,是中国特色。律师事务所虽然组织形式不同,但在坚持民主原则这个问题上应该是一样的,当然不同形式的律师事务所体现民主管理的具体方式可以有所差异。二是要建立合理的分配机制。也就是说一定要从促进律师事业发展的高度处理好积累与分配的关系,不能单纯地把律师事务所看成摇钱树,看成个人发财致富的手段。我们鼓励人们从事律师工作,千方百计地把高层次的人才吸收到律师队伍中来,目的是为了发展我国的律师事业,决不是仅仅为了造就一批百万富翁、千万富翁、亿万富翁。当然律师分配多一些我是赞成的,因为他们风险大,特别是合伙所的律师,没有公务员和职工的身份,没有医疗和住房保障,全靠自己解决,他们收入高一些是应该的,合伙人对所里的财产享有所有权,也是对的,但总不能今天捞一把钱明天就散伙。实践证明,越不重视公共积累、不重视长远发展的律师事务所,就越没有凝聚力,它的内部结构必然是松散的,内部动荡、分化的因素也必然很多,说不定什么时候会垮台,如果这样,我们的律师事业怎么发展呢?因此，一定要以发展律师事业为重，设立好事业发展基金、风险基金、福利基金，正确处理积累和分配的关系。三是要建立竞争和激励机制。我们改革的目的之一就是要把竞争和激励机制引入律师事务所，以充分调动律师的积极性。据我了解，现在有的律师事务所仍然沿袭过去平均主义的做法，有些合伙人之间也搞平均主义。应当看到，律师事务所的外在形式改变了，但内部机制没有变，最后还会回到老路上去。长此下去，我们的事业是发展不了的。四是要建立监督与制约机制。律师事务所作为市场经济的中介组织有两个显著特征，即自主性和自律性。自主性越大，就越要监督和制约，越要强调自律，既要加强律师事务所主任对本所律师的监督，又要加强律师对律师事务所主任的监督。同时，每个律师事务所和律师都要自觉地接受政府主管机关的监督，接受行业协会和社会的监督。建立监督制约机制是为了促进律师事业的发展，不是要卡律师事务所，阻止其发展。五是要建立充分发挥党组织和党员模范作用的机制。这个问题部里很重视，已经正式下发了加强律师事务所党组织建设的通知，各地要高度重视这个问题，要看到党的基层组织应该在律师事务所中发挥堡垒作用，应该通过党组织和广大党员的模范作用，保障党的路线、方针、政策的贯彻，保障律师事务所的健康发展，使其依法、科学、有效地开展各项工作。部里已决定由全国律协的党总支把部属律师事务所党的组织管起来，并且设一名专职党务工作者。总之，要通过建立这些科学的运行机制，使律师事务所的内部管理更加规范化、科学化，不断增强其活力、凝聚力和竞争力。

（七）关于加强对律师事务所和律师的管理问题。去年以来，在全国律师队伍迅速发展的情况下，肖扬部长多次提出要重视对律师的管理，所以今年部里把加强律师管理作为一项重要的工作来抓，在全国范围内开展了律师职业道德和执业纪律评查活动。现在这项活动已基本结束。总的看，各地对这项工作很重视，开展得比较有力，取得了良好的效果。应当看到，管理问题的确是一个非常重要的问题。这关系到律师事业能不能健康地发展，律师工作改革能不能继续深入的发展。我们经常听到一些来自各方面的反映，既有律师管理环节中的问题，也有律师队伍中出现的问题。有的律师职业道德、执业纪律很差，不竭诚为当事人服务；有的乱收费；有的唆使当事人行贿、作伪证；有的违法乱纪，已经走上犯罪道路。这些问题应当引起高度重视。作为律师主管部门的同志，应当认真地想一想，我们管不好这支队伍，就是严重失职。加强管理是为了使律师和律师事务所的行为符合国家法律、法规、规章的要求，符合律师职业道德和执业纪律的要求，是为了使律师更好地执业，不是要给律师身上缠上绳子、带上紧箍咒。管理本身是保护律师、支持律师、监督律师，决不是管卡压。不能把管理与服务、保护、支持对立起来。当前，从总的情况看，律师管理工作的力度还很不够，不是管得太厉害了，而是该管的事情还没有很好地管起来。因此，我认为强化对律师事务所和律师的管理仍然是我们面临的一个重大问题，要通过强化管理，解决律师队伍中存在的违反法律、违反规章和规定的问题，树立律师队伍的良好形象。

（八）关于树立律师良好形象的问题。肖扬部长在今年山东烟台召开的全国司法厅(局)长座谈会上明确提出了“爱我司法，树好形象”的口号。我认为这个口号是一个鼓舞士气，振奋精神，增强凝聚力、战斗力，开拓新局面的口号。司法行政机关也好，律师也好，靠什么在社会上站得住？要靠为社会提供优质的法律服务和坚强有力的法律保障，要靠信誉，靠服务质量，靠良好的形象。我们的律师，一定要按这个要求在全社会树立起律师应有的形象和风貌。这里我强调几点：第一，每个律师要有良好的政治素质。肖扬部长在这次刑辩会上所作的报告中指出：“要不断地提高律师的政治素质。我国的律师是社会主义的法律工作者，必须有坚定的政治方向和政治立场。这就要求广大律师加强政治理论学习，及时掌握党和国家的路线、方针和政策，始终在政治上同党中央保持一致，成为政治上可靠，党和人民信得过的队伍。我们反对片面强调业务，忽视政治理论，对政治漠不关心的倾向。在我国，律师的一切活动都必须站在国家法律的立场上，坚持和执行社会主义法制。一个没有政治头脑的、不懂政治的人不可能很好地理解和运用我国社会主义法律，这样的人不可能成为合格的律师。”我认为这段话讲得很深刻，大家在学习执行报告时要认真领会。我们的每一位律师要做到忠实于我国的社会主义法律，履行维护当事人合法权利的职责，就不能没有良好的政治素质，特别是在办理一些涉及国家利益、国家安全的重大案件时，更能体现出一个律师的政治素养。比如前不久武汉市中级人民法院审理的吴弘达刺探、窃取国家机密案，就不是一个一般的刑事案件，它关系到国家的利益，涉及国家的外交政策，办理这样的案件，担任辩护人的律师如果没有很高的政治素质能够维护国家的法制吗？能够站在国家法律的立场上吗？第二，要保持良好的形象。我认为，根据律师职业的要求、特点，律师应该具有五种精神：一是改革的精神；二是忠于法制的精神，就是要依法办事，言不离法，行不离法，严格执法；三是开拓的精神，要有开拓性、创造性；四是奉献精神，律师工作非常辛苦，工作量大。要成为一个好律师，就必须具有奉献精神。毛主席讲过，人总是要有一点精神的。有了精神支柱，就会有力量。五是敬业精神。每个律师都要把自己的工作看成是光荣的事业，每一个律师事务所的主任都应该树立一种信念，就是要把自己的律师事务所的牌子长久地打下去，要越打越亮，越打越响。要增强事业发展，事业永存的信念。第三，要加强自身的全面修养。这一点，因为肖扬部长在报告中讲得很具体，我就不展开讲了。我希望每一个律师要真正地、全面地加强自身修养，从思想作风、工作作风、生活作风等方面保持良好的风貌。

（九）关于建立法律援助制度问题。对这件事部党组很重视，在今年年初的厅局长会议上，肖扬部长在他的工作报告中明确提出要尽快建立我国的法律援助制度。几个月来，这项工作在全国得到了很多部门的赞同，在我们系统也引起了强烈反响。现在有些省市，比如北京、上海、广东、武汉，已经开始进行了这项工作的试点，有的进展比较快，已经建立了法律援助中心，开展了法律援助工作。上海浦东的法律援助中心依靠40多个律师事务所、300多名律师办理了一批法律援助的案件。北京市也开始了这项工作，已经办理了303个法律援助的案件。武汉市和其他一些地方也搞得很不错。为什么这项工作引起了各方关注呢？我认为，首先是大家都认识到法律援助制度是一种很重要的司法救济制度，是世界各国通行的一种制度，这项制度的建立和完善是一个国家进步、文明和法制健全的重要标志。特别是在我们国家，法律援助制度体现了我国的社会性质。对这个制度，国务院领导同志非常重视。李鹏总理在国务院常务会审议《律师法（草案）》时提出的第一个问题就是法律援助制度如何建立的问题。李铁映同志也强调指出，法律援助是一个好制度，体现了我们国家的性质，体现了我们民族的传统，要把它搞好。部里在全国范围内推进这项工作的同时抓紧筹建国家法律援助中心，组建方案已经报送中央机构编制委员会审批。肖扬部长前天回北京前，还专门讲了这项工作的重要性，提出明年要将这项工作作为一项重要工作来抓，要在适当时候，召开一次法律援助制度研讨会，从理论上进行探讨，同时总结推广各地的经验。希望各地司法行政机关对这项工作给予关注，能够从本地区的实际情况出发来建立和推进这项制度。

（十）关于进一步贯彻解放思想，实事求是的思想路线问题。解放思想，实事求是是小平同志建设有中国特色社会主义理论的精髓。有中国特色社会主义的理论是建立在解放思想、实事求是的基点上的。我们在推进律师工作改革和发展的过程中，始终要贯彻、实践这个思想。肖扬部长一再强调我们的改革一定要从我国的实际情况出发，一定要符合国情，要解放思想，大胆地借鉴和学习国外的有益做法。所以解放思想、实事求是是一个有机的统一体。我们从开始推进律师工作改革到现在，在指导思想上，始终强调要解放思想，实事求是，从来没有要求在全国范围内搞一刀切，搞统一的模式。当我们回顾这两年多的改革和发展实践的时候，可以看到，律师工作各项改革的推进，都是按照这个指导思想进行的。在今后的改革和发展中，我们仍然要坚持这个思想。无论是发展多种形式并存的律师事务所，建立新的律师管理体制，还是发展律师队伍，加强对律师队伍的管理，包括建立法律援助制度，都要从各地的实际情况出发。在改革的方向上要明确，态度要积极，措施要稳妥，能搞的就创造条件去搞，搞不了的可以继续创造条件。只要你实事求是就不要担心别人说三道四。我再重复一遍，在律师工作的改革发展中，我们提倡开拓进取的精神，鼓励大胆试验，敢于拼搏的勇气，努力把各项改革不断地引向深入，但我们决不搞一哄而起，决不搞一个模式，允许改革有先有后，允许有一些不同的看法和做法。总之，只要大家解放思想，实事求是，按照小平的思想去办，我们的改革将会在现有的基础上进一步推进，将会取得更多的成果。

肖扬同志在法制日报社处以上干部座谈会上的讲话

（1995年12月15日）

同志们，今天的座谈会开得很好。大家畅所欲言，各抒己见，对如何办好《法制日报》提出了很好的意见和建议，这充分显示了大家对办好《法制日报》的坚强信心和决心。

《法制日报》创刊15年来，在中央政法委员会的领导下，由于政法各部门和兄弟新闻单位的大力支持和报社全体同志的共同努力，各方面的工作取得了突出的成绩。在《法制日报》创刊15周年座谈会上，我对此已作了充分的肯定，今天不再多说了，下面，我再强调几点：

一、增强政治意识、大局意识、责任意识是办好《法制日报》的关键。首先，要增强政治意识。最近，中央领导同志多次强调要讲政治，特别是领导干部要讲政治。这不仅是对全国党政干部的希望，也是对新闻工作者的希望。我们应当认真领会和贯彻。

马克思主义认为，政治是经济的集中表现，只有善于从政治上观察问题、分析问题、处理问题，才能保证和促进改革开放和社会主义现代化建设健康、顺利地发展。具体到新闻舆论工作，也是如此。大家知道，我们的新闻舆论工作是党和人民的喉舌，每天向社会提供大量的信息、报道和言论，同人民群众的思想、工作和生活联系密切，在社会主义物质文明和精神文明建设中负有重任。因此，新闻舆论工作具有极强的政治性，若不从政治上加以把握，在关键时刻就无法坚持正确的舆论导向，就会经受不住考验。

讲政治，增强政治意识，一是报道要有正确的政治方向、政治立场、政治观点。这里，最重要的是要在政治上同以江泽民同志为核心的党中央保持高度一致，维护中央的权威，保证中央政令畅通。我们的每一篇报道，每一句言论，都要自觉地体现这种思想，真正按照江泽民同志要求的那样，"坚持以邓小平同志建设有中国特色社会主义理论为根本指针，以科学的理论武装人，以正确的舆论引导人，以高尚的精神塑造人，以优秀的作品鼓舞人。"

二是报道要有严明的纪律观念，特别是要讲政治纪律和宣传纪律。党的政治纪律是党团结统一的基础，是党的战斗力的基础。我们讲加强政治纪律，最基本的一条就是要遵守党章，按照党章的要求去做。党章规定，个人服从组织，全党服从中央。这一点不能有丝毫的含糊。同时，我们还要讲宣传报道纪律，最近，全国人大常委会办公厅、中宣部、司法部、新闻出版署正在联合制定《关于进一步搞好法制新闻宣传的意见》，这一意见，是对《中宣部关于进一步做好新闻舆论工作的若干意见》的具体化，对我们搞好法制新闻工作具有指导性，颁布以后，我们要认真加以学习和贯彻。

这里要强调一点，《法制日报》是政法战线的综合性报纸，相对其他报纸而言，涉及的批评报道比较多，也较受读者的欢迎。今后，《法制日报》仍应正确开展舆论监督，对社会中存在的各类消极腐败现象进行有力地批评。但在开展批评报道时，要注意掌握好"度"，要遵守批评报道的有关纪律，如点名批评要慎重、特别是对领导干部的批评更要慎重；涉及重大问题的批评报道，应事先征求有关领导部门的意见，并及时报道对问题的处理意见；不渲染作案细节和披露有关部门的侦破手段；不对正在审理的案件作有倾向性的报道，特别对有争议的案件更不见报等。总之，不能感情用事，抢新闻，以免造成被动。江泽民同志在全国宣传部长会议上曾指出："对经济和社会生活中的热点问题，在宣传报道上要按中央的精神把握好分寸，既有利于改进工作，促进问题的解决，又有利于增进团结，维护稳定。特别是涉及群众利益、民族团结、宗教政策以及对外关系等方面重要的问题的报道，更要谨慎从事。"对江泽民同志的这一指示，我们要时刻牢记。

三是要增强政治敏锐性，提高政治鉴别力，善于从政治上考虑和处理版面、报道。在座的都是新闻行家，知道版面有版面的语言，一篇消息或言论、一幅照片，放在不同的版面或同一版面的不同位置，所起的作用有时会迥然不同；同样一篇消息，所用的材料和笔法不同，有时会对事实作出相反的判断，甚至一篇文章所刊登的时间不同，也会产生不同的效果。这些复杂的现象，要求编采人员提高自身素质，提高政治鉴别力，心中时刻装着"政治"，从维护中央权威，保持社会稳定的高度出发，处理每一个版面，每一篇文章。小平同志说：我国是社会主义国家，不搞西方三权分立那一套，这是原则问题。分析出现问题的原因，就是因为领导同志管理松弛，一些编采人员缺乏必要的政治意识，缺乏政治鉴别力和政治敏锐性。这一教训应牢牢记取。

其次，要增强大局意识。增强大局意识，一是要认清和把握大局。党的十四届五中全会审议通过了《中共中央关于制定国民经济和社会发展"九五"计划和2010年远景目标的建议》。《建议》特别强调，要牢牢把握"抓住机遇、深化改革、扩大开放、促进发展、保持稳定"的大局，正确处理改革、发展、稳定三者的关系，指出这是必须长期坚持的基本方针。《建议》提出要进一步加强民主法制建设，突出强调要加强立法、司法、执法、普法工作，加强社会治安综合治理，维护社会长期稳定，保障人民群众安居乐业。最近，中央领导同志也多次强调，维护稳定是政法工作的重中之重。《法制日报》的编辑记者，既要把握全党的"二十字工作大局"，同时又要把握政法工作的重点，把"二十字工作大局"和政法工作的重点融会贯穿于我们的报道中。二是要服务大局。报社的领导班子和中层干部乃至每一名记者、编辑，都必须心系大局、立足大局、研究大局，在宣传报道的导向、基调、内容上体现大局，服务大局。今后一个时期，宣传报道邓小平同志建设有中国特色社会主义理论和社会主义民主法制思想，宣传以江泽民同志为核心的党中央制定的路线、方针、政策，仍应作为报道的第一位任务，这是服务大局的重要内容。此外，报社要围绕党的十四届五中全会提出的法制建设的各项任务进行，使全体公民进一步增强宪法意识，树立权利义务观念；使人民群众熟悉与自身利益密切相关的法律；大力宣传严格依法办事和与违法犯罪现象作斗争的典型；揭露和批评有法不依、执法不严等事例等等。这些是我们服务大局的应有之义。

再次，要增强责任意识。增强责任意识，就是要增强办报的使命感和责任感，坚持"守土有责"，做到报道对党和人民的事业负责，对社会大众负责，同时对报道对象负责。《法制日报》在宣传报道立法、司法、执法、普法等工作方面，一直发挥着特殊的作用，这一作用，是其他媒体不能替代的。因此，《法制日报》的社会影响力日盛。这自然是一种光荣，但同时更是一种责任。“铁肩担道义”，每一个编辑、记者都应清醒地意识到自己肩负的重任，为办好这张报纸尽心尽责。应该说，绝大多数编采人员是做到了这一点的，是有责任心的。但也有少数编采人员将办报当作“第二职业”，不刻苦钻研新闻业务，不精写、精编稿件，而是四处替人打官司，捞外快。表现在报纸版面上，就是有时文章错误百出，甚至出现一些常识性的错误。这种不负责任的现象若持续下去，提高报纸质量将成为一句空话。因此，必须下决心加以整顿。

二、领导班子团结务实、精力集中、管理高效高质是办好《法制日报》的保证。最近，司法部党组根据工作需要，调整了《法制日报》的领导班子，相信新领导班子能够带领报社的全体人员，进一步开创工作的新局面。

首先，领导班子要牢牢树立“一切为了办报”、“一切为了办好报”的思想，齐心协力、全神贯注地办报。前几年，《法制日报》有一个口号：“一切为了办报”。现在还应加一句“一切为了办好报”。由于种种原因，近年来，这句口号不怎么提了，一些人为办报服务的观念淡薄了。综观《法制日报》的现状，大张旗鼓地重提“一切为了办报”、“一切为了办好报”，显得十分必要。

“一切为了办报”，核心问题就是领导班子的主要精力要集中在办报上，三心二意不行，半心半意也不行，必须全心全意。《法制日报》是新闻实体，实行的是企业化管理，但它的优势是新闻报道，也就是“做文章”，文章做好了，发行量就会增多，报社收入也会不断增加，如果我们舍弃这一优势，将主要精力化在经营或其他方面，那是“扬短避长”，这方面我们是有深刻教训的。

当然，报社开展多种经营是十分必要的，但要明确一点，搞多种经营的目的，仍然是为出报服务，是为了改善办报的条件，改善职工的生活水平，是为了提高报纸竞争的能力。因此，多种经营只能是《法制日报》的“副业”，而不能成为它的“主业”。

毫无疑问，领导班子的思想统一了，精力全部放在努力提高版面、稿件质量上了，报纸的质量才有可能提高，报社才会有凝聚力，记者编辑才会为报纸尽心尽力。

其次，要坚持民主集中制，重大事情，要经集体讨论决定。今后，报社领导班子要加强党内民主生活制度和监督机制，要坚持民主集中制，有关报社发展、经营等方面的事情，要经报社党委集体讨论，并征求职工代表的意见，不能个人说了算。应多让一线的编采人员参与报社的管理，报社如何经营，状况如何，应增加透明度，让群众明了，只有这样，才能充分调动编采人员、后勤人员的积极性。

据了解，现在的一版头条是由总编、副总编集体讨论决定的，我看这很好，今后要坚持这一制度。不仅是一版头条，对一些批评报道、重要的言论以及各个版面一时把握不了的文章包括漫画、照片等，都可以由总编、副总编或编委会集体讨论来决定是否上版，这对报道把握正确的舆论导向，避免报道失误是很有帮助的。

再次，要建立一流的内部管理机制。管理实际上就是一种建设，就是一种改革。如果报社的内部管理跟不上甚至混乱不堪，报纸质量、经营效益的提高就无从谈起，就很容易出现这样那样的问题。因此，报社党委的当务之急，是要建立一套高质高效的内部管理体制。

在《法制日报》创刊15周年座谈会上，我提出了几个目标：决策系统要指挥有方；机构设置要精简高效；新闻采编应集中统一；生产环节要快速畅通；后勤部门应保障有力；报纸工作要规范有序；奖惩机制应健全有效……那次座谈会后，听到一些议论，说这些目标好是好，就是很难做到。的确，要达到这些目标会有难度，会有一个过程，但“欲求其上，必求上上”，只要我们遵循新闻规律，借鉴同行的办报经验，上下一心，这些目标一定能够达到。

为了办好《法制日报》，一定要建立行之有效的责任制。领导班子要切实负起责任来，各部门负责人、编辑、记者都应各负其责，对每一篇报道，文章、照片都应严格把关，做到万无一失。

三、加强队伍建设，努力培养一批名编辑、名记者是办好《法制日报》的基础和希望。最近，江泽民同志在国防大学同学员座谈时指出：“现在大政方针已定，奋斗目标明确，努力造就一大批能够担当历史重任的优秀干部成为决定我们事业成败的关键。”对《法制日报》而言，就是要造就一批坚持正确方向、深入反映生活、受到群众喜爱的名编辑、名记者。因为名编辑、名记者创造一流报纸，只有拥有一批名编辑、名记者，《法制日报》才会在激烈的报业竞争中立于不败之地。

首先，要拓宽报道面，多出精品，以精品带人。《法制日报》的报道方针一直是“立足政法口，面向全社会”，这很好。今后，《法制日报》要紧紧围绕政法工作的重点，宣传报道好立法、司法、执法、普法以及社会治安综合治理等方面的工作，自觉地为政法各家以及全国人大、国务院法制局、有关行政执法等部门服务。同时，我们也应该认识到，“法制”不仅仅局限于“政法”，它的内涵还应包括立法、司法、执法和普法，它同社会生活的各个方面都有关联，编辑、记者们应深入到社会各个领域，去挖掘适合《法制日报》特点的新闻，写出一批在全国有影响的精品。多写精品、多出精品是提高报纸质量和水准的最直接的因素，也是培养名编辑、名记者的必由之路。

其次，培养名编辑、名记者要有战略目标。《法制日报》培养名编辑、名记者可以考虑有三个层次：

第一个层次，是要培养在全国新闻界有影响有地位的名编辑、名记者。他们应是出类拔萃，才华超群，在社会上有广泛影响，在新闻界有号召力的编辑记者。人数不必多也不可能多，但只要培养出几名这一层次的人才，《法制日报》的地位就会大大提高。

第二层次，是要培养一批在全国法制新闻领域有影响的编辑、记者。《法制日报》是法制新闻领域的“大哥大”，有条件也有能力培养一批法制新闻领域的“带头人”。

第三层次，是要培养出一批报社内部各方面的专家。如划版面的高手、写言论、写通讯的行家等等。应该强调的是，各地记者站的记者应是编采队伍中的“尖子”，他们的政治业务是否过硬，直接影响到报纸质量的提高，因此，他们首先应成为这三个层次中的一类。

再次，要强化竞争意识。竞争出人才，竞争出效益。报社应建立完善鼓励多出人才，快出人才的竞争机制，创造一种发现人才、尊重人才、重用人才的环境和氛围。今后，报社要严把进人关，一些部门的编采人员，各地记者站的记者，可以考虑进行招聘，以广纳人才。要实行优胜劣汰制度，那些政治、业务素质差的人员可以考虑将他们调离采编岗位。对拿回全国大奖，对报纸发展作出突出贡献的编辑、记者要实行重奖。同时，要多进行岗位培训工作，将优秀的人才进行再培训。作为编辑、记者，则要高标准、严要求，遵守职业道德，自觉地树立“一切为办报”、“一切为了办好报”的意识，争当名编辑、名记者。

同志们，“要想有地位，就得有作为，要想有作为，就得靠苦干”。党的十四届五中全会审议通过了《中共中央关于制定国民经济和社会发展“九五”计划和2010年远景目标的建议》，为我们展示了今后15年中华民族发展的光辉前景。司法部为贯彻落实这一《建议》，正在制订司法行政工作的“九五”计划和2010年远景目标。《法制日报》也应尽快制订出自己的“九五”计划和2010年远景目标。我们能否确立这么一个目标：就是到2000年前，把《法制日报》办成全国的一流大报。我深信，这个目标一定能达到。

肖扬同志在《中华人民共和国监狱法》理论与实践研讨会上的讲话

（1995年12月25日）

正值全党、全国人民深入学习党的十四届五中全会审议通过的《中共中央关于制定国民经济和社会发展“九五”计划和2010年远景目标的建议》之际，迎来了《中华人民共和国监狱法》颁布一周年。司法部、中国监狱学会隆重召开座谈会，回顾、总结《监狱法》颁布实施一年来监狱工作的发展变化，进行监狱理论学术研究，这对于推动社会主义法制建设具有重要的意义。全国人大常委会雷洁琼副委员长，兄弟部门的领导同志和专家、学者在百忙中参加这次会议，是对我们的大力支持，我代表司法部表示最诚挚的欢迎和由衷的感谢！

《中华人民共和国监狱法》（以下简称《监狱法》），作为中华人民共和国第一部监狱法典，是一部涵容刑罚主体、具有刑事执行法性质的重要刑事法律，它的颁布，填补了我国刑事立法的空缺，与《中华人民共和国刑法》、《刑事诉讼法》共同构成了我国完整的刑事法律体系，进一步完善了从侦查、起诉、审判到执行的刑事司法制度。《监狱法》的颁布和实施，不仅是监狱系统乃至整个司法行政系统的大事，也是国家法制建设的大事，是我国社会主义民主法制建设的一大成就。

《监狱法》颁布实施一年来，全国司法行政系统尤其是各级监狱管理部门认真组织学习、贯彻、落实，严格依法治监、从严治警，推动监狱工作在法制化、正规化的轨道上快速、健康地发展，加快现代化文明监狱的建设步伐，使我国监狱工作的整体水平有了明显提高。

监狱人民警察的法制观念普遍增强，执法水平大大提高。绝大多数监狱警察都能做到严格执法、秉公执法、文明执法。今年1—9月，全国监狱警察违法乱纪的案件比去年同期下降了70%以上。严格依法治监，已经成为广大监狱人民警察的自觉行动。

监狱加强了对罪犯的管理、教育和改造，稳定了改造秩序，确保了监管安全。今年1—9月，在押犯陡增、监所爆满的情况下，罪犯脱逃数比去年同期下降了4.36%，狱内发案数比去年同期下降了26.59%，其中重特大案件下降了38.84%。改造秩序持续稳定，罪犯中受到奖励的比例上升。1—9月，全国获得减刑的罪犯20万5千余名，比去年同期上升了9.5%；获得假释的罪犯2万4千余名，比去年同期上升了4.12%。

当前，监狱工作既面临着良好的发展机遇，又面临着严峻的形势。截止今年9月末，全国在押罪犯首次突破130万人，押犯群体构成发生了很大变化，反革命犯减少，财产型犯罪、暴力型犯罪、毒品犯罪以及重大刑事犯罪和跨省区甚至跨国犯罪增多，给监管改造工作增加了一定难度。在市场经济条件下，国家要实现经济体制从传统的计划经济体制向社会主义市场经济体制转变，经济增长方式从粗放型向集约型转变，这对监狱经济来讲，是一项非常艰苦的任务。为此，在今后几年，要在全系统内继续学习、贯彻、执行《监狱法》，以创建现代化文明监狱为目标，推动监狱整体工作向前发展，为实现党中央提出的国民经济和社会发展“九五”计划和2010年远景目标做出我们的贡献。

(一)始终坚持依法治监，严格执法。依法治监、严格执法，是我们贯彻《监狱法》的头等大事，也是衡量监狱工作水平高低的一个重要标准。在任何时候、任何情况下，监狱都应当坚持依法治监、严格执法。监狱的一切活动必须纳入法制轨道，各项工作必须以法律为准绳。监狱人民警察要在思想上牢固树立有法必依、执法必严、违法必究的观念，要言不离法，行不离法，一切按法律办事，切实做到严格执法、秉公执法、文明执法，不断提高执法水平。监狱是国家的刑罚执行机关，国家法律赋予监狱执行刑罚的权力。我们一定要用手中的权力为巩固国家政权、维护社会稳定服务，绝不能以权谋私，甚至徇私枉法。监狱事事、时时、处处都要严格依照法律规范干警的行为，不得有丝毫的随意性。为了更好地贯彻执行《监狱法》，明年上半年司法部将组织工作组，对全国监狱系统执行《监狱法》的情况进行大检查，以保证监狱工作沿着正确的轨道健康发展。

(二)坚持从严治警，努力提高队伍战斗力。从严治警是依法治监、严格执法的前提。对于担负管理和教育罪犯这样艰巨而危险的工作，又长期与社会阴暗面打交道、手中拥有一定职权的警察队伍来说，只有坚持从严治警，严格要求、严格管理、严格训练、严明纪律，才有可能经受住各种考验，较好地执行国家法律，完成教育改造罪犯的繁重任务。监狱是国家专政机关的重要组成部分，监狱人民警察是一支负有特殊使命的执法队伍，担负着打击敌人、保护人民、惩治犯罪、服务“四化”的神圣职责。警察队伍的性质、地位和任务，要求我们必须永远忠于党、忠于人民，永远保证政治上合格。当前，更加需要坚持坚定正确的政治方向，更加需要紧密地团结在以江泽民同志为核心的党中央周围，更加需要比任何时候都更坚决地维护中央的权威。这是全党全国的大局，是全国人民的根本利益所在，也是我们能否实现宏伟目标的根本保障。监狱人民警察是党和人民的忠诚卫士，要坚定不移地贯彻执行党的基本路线、基本方针和基本政策，保证中央政令畅通，严格执行法律，自觉抵制拜金主义、享乐主义、极端个人主义思想的侵蚀，永保旺盛的革命斗志，随时同破坏国家政治和社会稳定的各种敌对势力进行坚决的斗争，努力担当起跨世纪的历史重任。

(三)尽快完善以《监狱法》为主体的监狱法律体系。要加快《监狱法》配套法规的起草工作。目前，《监狱法实施细则》、《未成年犯管理教育办法》已经拿出初稿，下一步要认真组织修改，使之更加完善，尽早报国务院审议通过。各地也要从本地区实际出发，制定与《监狱法》相适应的配套措施，建章立制，使监狱的各项工作真正纳入法制化、规范化的轨道。

(四)进一步宣传《监狱法》，推动监狱理论研究的深入发展。监狱工作涉及社会的方方面面，需要各级党委、政府及有关部门的重视和支持，社会各界的理解和帮助。因此，我们一定要继续宣传《监狱法》，经常向当地党委、政府和人大汇报监狱工作，争取他们的重视和领导。要有领导、有步骤地推进监狱的对外开放，使社会各界能够更加深刻地认识中国监狱，了解我国社会主义监狱的建设风貌和在教育改造罪犯方面所取得的显著成绩，从而给予监狱工作更多的理解和支持。要进一步加强监狱理论研究工作，推进监狱学科建设，早日建立和完善具有中国特色的监狱理论体系。

(五)贯彻《监狱法》，努力实现建设现代化文明监狱的宏伟目标。贯彻《监狱法》与建设现代化文明监狱，是今后相当长时期内我国监狱工作的基本任务。两者是相互联系、互为要求、相辅相成的。建设现代化文明监狱，既是贯彻《监狱法》、实行依法治监的内在要求，也是必须具备的外部条件。因此，要大力抓好现代化文明监狱的建设工作，逐步把我国监狱建设成为坚持社会主义方向，体现人类社会文明、进步成果的现代化文明监狱。我们初步规划，到2010年，全国半数以上的监狱要建成现代化文明监狱。

同志们，展望共和国未来15年的宏伟蓝图，更加坚定了我们搞好监狱建设、做好监狱工作的信心。让我们紧密团结在以江泽民同志为核心的党中央周围，不断改革创新，开拓进取，以崭新的风貌迈向21世纪，为实现跨世纪的宏伟蓝图而努力奋斗。

张秀夫同志在《中华人民共和国监狱法》理论与实践研讨会上的讲话(有删节)

(1995年12月27日)

由中国监狱学会具体组织筹办的《监狱法》理论与实践研讨会,是《监狱法》颁布实施以来召开的第一个以研究《监狱法》为主题的大型研讨会。这次会议开得很好、很及时,对全国监狱系统进一步深入学习、宣传、贯彻《监狱法》是个极大的促进。

中国监狱学会及前身中国劳改学会,自1985年成立以来,始终坚持以党的基本路线和邓小平同志建设有中国特色社会主义的理论为指导,遵循马列主义、毛泽东思想关于国家与革命学说,关于改造人类、改造社会和改造罪犯成为新人的学说,紧紧围绕监狱实践中的重大理论问题开展了大量卓有成效的理论研讨活动,提出了许多富有建设性的建议和意见,为监狱工作的改革与发展作出了重大贡献。学会注意在基层干警队伍开展理论研究活动,促进了基层干警刻苦钻研业务、努力探索改造罪犯的新路子。与此同时,学会加强了监狱学科的建设,组织专门班子编辑、撰写和翻译了大量有价值的理论专著、专业书籍、教材和工具书,逐步构架起具有中国特色的监狱学学科体系。学会还发挥了非官方学术团体的优势,扩大与外界的学术交流与合作,宣传我国监狱在改造罪犯成为新人中取得的巨大成绩,增进了国际社会对中国监狱制度的了解。对中国监狱学会这些年来所做的大量有意义的工作和所取得的突出成绩,应当给予充分肯定。在此,我代表司法部对长期以来从事监狱实际工作和理论研究工作的同志、专家、学者和中国监狱学会的全体会员致以亲切的问候!

下面,我向大家简要通报一下1995年全国监狱工作的情况。

一、关于监管工作情况

今年以来,各级监狱管理机关围绕贯彻、执行《监狱法》和全国监狱工作会议精神,认真开展了各项工作,在押犯陡增、部分监狱爆满的情况下,加强了严格执法和严格管理,继续确保了监狱的安全与稳定。1月至11月,全国监狱系统干警体罚、虐待罪犯案件与去年同期相比,有了明显下降。监狱系统涌现出了象山东省滕州监狱12年无罪犯脱逃、无狱内重大恶性案件,河南省第一监狱10年无罪犯脱逃、无狱内重大恶性案件等一批监管安全先进单位。

与此同时,监管工作也出现了一些新的情况和问题,特别是在罪犯保外就医和组织罪犯进行外役劳动中存在的问题尤为突出。现有的法律、法规对罪犯保外就医的条件、审批程序等均作了较具体的规定,应当说是严密和完备的。现在的突出问题,一是有的监狱对罪犯保外就医期满不及时收监,造成罪犯失控,在社会上作案,危及社会治安。二是有法不依、执法违法,越权审批罪犯保外就医。有的监狱置法律规定于不顾,擅自批准罪犯保外就医。司法部监狱局正在研究制定有关罪犯保外就医审批的若干决定,很快将下发各监狱,以严格规范罪犯保外就医的审批制度。

近年来,组织罪犯外役劳动带来的监管安全问题也不容忽视。由于罪犯增加,监狱经济困难,缺乏生产门路等原因,组织罪犯外役劳动逐年增多,而且距离监狱越来越远,时间越来越长,外役劳动点越来越多。有的甚至十几名犯人,一、两名干警就为一个点,缺乏起码的监管条件和警力。有的劳务点,罪犯与民工混杂一起劳动,潜伏着许多不安全因素。有的监狱甚至完全不顾监管安全,一味追求劳动创收。鉴此,司法部监狱局专门派调查组进行了调查研究,最近将发出通知对外役劳动进行严格限制。

二、监狱经济情况

去年年底颁布实施的《监狱法》和今年2月国务院下发的4号文件,确立了国家对监狱工作的财政保障体制和投资保障体制,为监狱经济的发展创造了良好的外部条件。今年以来,监狱系统坚决贯彻朱镕基副总理关于监狱生产不能亏损的重要指示,通过进行内部改革,调整产业结构,强化经营管理,加强技术改造和人员培训,努力提高产品质量和效益,增强了对市场的适应能力,监狱生产的产业结构和产品结构发生了较大变化,传统的机械工业比重逐步下降,以水泥、平板玻璃和新型建材为主的建材工业和能源、原材料工业比重逐步增加。今年1月至9月,全国监狱系统省直工业企业销售收入比去年同期增长了11.97%。全国监狱系统农业经济形势看好。今年尽管部分省份遭受几十年来未遇的大灾,但农场经济形势在1994年好转的基础上继续好转,全年粮食产量达90万吨,农场社会总产值比1994年增加9亿元;今年可望摆脱经营性亏损，并略有盈利。

这些成绩的取得，是广大监狱干警职工在工作环境十分艰苦、经济条件非常困难、不少干警职工不能按时拿到工资的情况下艰苦奋斗的结果，来之十分不易。同时，我们必须清醒地认识到，当前监狱经济形势非常严峻，问题非常突出，主要表现在：

1. 企业亏损面居高不下。2. 负债率高，经济发展不平衡。3. 监狱生产与社会企业生产的差距加大，落后于国民经济的发展速度。4. 监狱保障出现新的困难，部分省又出现了欠发工资的严重局面。一些省份不但农业单位欠发工资，工业单位也欠发工资；相当一些单位的犯人生活水平下降，有的单位问题比较突出，存在着犯人吃不饱的情况。到目前为止，全国30个省（区、市）都已确定了干警经费和犯人生活费的标准，经费正在逐步到位。但是，存在两个问题：一是部分省（区、市）经费标准偏低，有的并未真正列入省（区、市）财政预算，经费不能及时到位；二是犯人实物量标准下达后，各地反映落实起来还有相当大的难度。

三、希望把监狱学的研究搞得更好、更有成效

中国的监狱管理有悠久的历史，卓著的业绩，丰富的经验，为世人瞩目。但是，我们有一个明显的不足，就是注重实践，忽视理论问题的研究。我自己也是如此。过去忙于工作，多是作应急性的调查研究和决策，理论探讨较少。最近，我看了几本有关监狱学方面的书，一本是清末刑部提牢厅主事赵舒翘著的《提牢备考》（已译注成书，即将出版），一本是国民党时期孙雄著的《监狱学》（讲的是民国监狱制度），还有中国政法大学教授许章润著的《监狱学》和西南政法大学张绍彦所著的《监狱学》。看了以后，我有两点突出的感想：一是我国监狱历史悠久，内涵丰富。近代法学家义左氏曾下过这样的断语："欲知一国之文明，当视狱制之良否。"我国监狱有四千年的历史，古代监狱史分为夏商周、秦汉至南北朝和唐宋至清末三个时代。监狱的雏形最早始于夏商二代，史称"桀囚商汤于夏台，纣囚西伯于羑里"，又有上古舜帝时"皋陶造狱"之说。中国的文字是象形文字，从"狱"字的构造来看，左右为"二犬"，取守备、监视之意，可见我国监狱史发源很早。监狱正式见于文字的是周朝的典籍《周礼·秋官·大司寇》。西周时的监狱管理已很成型，当时组织罪犯劳动，已体现了一定的教育和感化色彩。自汉以后，儒家"德主刑辅、礼刑并用"的思想，成为治国的指导思想，对监狱影响很大，如自汉至清的男女分押，确定囚粮标准，规定不得随意打骂犯人，严格管理戒具的使用，老、幼、孕妇和病残囚犯享受优遇以及中央政府定期派官员视察监狱，查访冤狱等。清末进行变法修律，实行监狱改良，很重要的一点就是给犯人以人道待遇。《提牢备考》中甚至连囚室夏季通风、清除蚊虫瘟气和给犯人准备足够的饮用水都规定得详细备至。民国的监狱法对刑满释放后的生活保障问题也有规定，"刑满释放，如无旅费，给予资助，以免流落。"由于社会性质所决定，历史上的这些制度规定与实际状况有很大差距，有些甚至根本无法实现，特别是国民党的监狱，黑暗暴虐，是人们共知的人间地狱。但这些制度规章是我们优秀的文化遗产，值得我们借鉴并继承发扬。二是我们的研究很不够。我们至今还没有一本完整的、能系统反映中国监狱风貌的自己的监狱学专著。从目前监狱工作的实际来看，的确要加强监狱理论的研究。首先，要抓基础理论的研究。没有理论指导的实践，是盲目的实践。长期以来，我们从事的多是一般性的调查研究，对监狱学基础理论研究不够，许多根本性问题不清楚，因此工作中时有左右摇摆的现象。我们的监狱工作出现某种程度上的盲目性，与理论素养差有一定的关系。比如，打骂、体罚、虐待犯人问题，早就被历史定性为残酷、野蛮的做法，而至今我们还有少数干警仍然犯着同样的毛病，实在是不应该。如果干警们加强理论学习，提高基本素养，就会严格自律的。还有如何处理监狱生产双轨运行的问题，这里面就有很深的学问需要进行深入的理论探讨，从理论上把这个问题搞透彻了，对监狱经济发展就会有很大的指导作用。再如，关于监狱建筑，孙雄的《监狱学》对监狱建筑从政治的、经济的、地理的、文化的角度来研究规划，自成风格。他强调，监狱的建筑要考虑地理的因素："孔子曰：智者乐山，仁者乐水"，即要在有山有水的地方建造监狱，以利于犯人的改造。关于感化院的建立，他提出，感化院关的是不行刑的少年犯，因此，感化院是"为强制教育不论罪之少年犯而设，与行刑绝无关系，故不可与监狱相接。"这些对我们今天的监狱建设有一定的借鉴意义。其次，是监狱理论研究要有中国特色，既要以史为鉴，继往开来，又要了解掌握外国先进的做法，兼收并蓄。中国近代监狱制度就是较多地借鉴西方大陆法系国家的监狱制度，并结合中国的传统而建立的。在当前建立社会主义市场经济体制的新形势下，监狱工作要适应新形势的需要，再上新台阶，更需要借鉴当今国外一些好的经验。第三，要做好监狱学的研究工作，不仅监狱系统从事实际工作的同志要加强基础理论学习，还要多吸收一些监狱学专家、学者和学校同志参加研究。过去专家学者参与研究较少，今后不仅要借重他们参加监狱理论的研究，还要大力培养自己的监狱学教授和专家，增强研究力量；第四，领导要给同志们创造进修深造、学术交流、外出考察的机会。

四、各级监狱管理部门要重视并支持监狱学会的工作

全国监狱学会聚集了许多从事监狱理论研究工作的专家、学者和一批长期从事监狱工作的老同志，以及一些实际部门的同志。这是一支不可忽视的理论研究队伍，也是我们监狱系统理论研究工作中不可多得的宝贵财富。监狱实际部门一定要充分重视和发挥这支队伍的作用，调动他们的积极性，可以经常向学会通报当地监狱工作情况，共同就监狱理论与实践中的重大问题进行研究，交换意见，研究对策；一些重大的课题可以委托学会进行研究；尽可能在人力、物力和财力方面给予帮助和支持；要尊重学会的领导，学会领导的变更应按照一定的程序予以进行，保证学会工作的正常开展。

1996年是执行“九五”计划的第一年，监狱工作面临新的机遇和挑战。祝中国监狱学会在新的一年里大展宏图，再造辉煌，将监狱理论研究工作推上一个新水平。

第五部分　司法行政工作文件选载

总　类

司法部关于贯彻全国政法工作会议精神全力维护社会稳定的意见

（1995年1月3日）

各省、自治区、直辖市司法厅（局）：

1994年12月21日至24日，全国政法工作会议在北京召开。会议期间，江泽民、李鹏、乔石、李瑞环、朱镕基、刘华清、胡锦涛等中央领导同志亲切接见了会议代表。江泽民总书记、李鹏总理在会上作了重要讲话。任建新同志作了题为“一手抓维护稳定，一手抓队伍建设”的报告，罗干同志作了会议总结报告。这次会议自始至终以贯彻党的十四大、十四届三中、四中全会和中央经济工作会议精神为主线，研究在加快改革开放和现代化建设的新形势下，如何紧紧围绕全党全国工作大局，大力加强政法工作。会议确定1995年政法工作要一手抓维护稳定、一手抓队伍建设，并把维护稳定作为1995年政法工作的重中之重，要求充分发挥政法各部门的职能作用，进一步动员社会力量，严惩严重刑事犯罪和严重经济犯罪，落实社会治安综合治理措施，加强和巩固人民民主专政的国家政权，保障深化改革、扩大开放和社会主义现代化建设的顺利进行。现就各级司法行政机关如何贯彻落实全国政法工作会议精神提出如下意见：

一、充分认清当前的形势和司法行政机关肩负的重任

当前，我国总的形势是：经济发展、政治稳定、民族团结、社会进步。但是，广大司法行政干警必须保持清醒的头脑，要看到国内外敌对斗争的长期性、复杂性，今年乃至今后一个时期，维护稳定的任务仍然十分繁重：国际敌对势力不愿看到社会主义中国的强大，仍在有组织有计划地对我进行“西化”和“分化”；国内敌对分子与境外敌对势力遥相呼应，伺机制造动乱；民族分裂活动和部分地区的非法宗教活动仍然十分猖獗；改革开放进程中出现了一些突出的社会问题，一些地方社会治安不好，治安形势仍很严峻。对于这些不安定因素，各级司法行政机关一定要敏锐察觉，及时反应。

在新的形势下，司法行政机关一定要认清自身肩负的重要职责。司法行政机关作为人民民主专政的重要工具，作为政法机关的重要组成部分，在维护社会稳定方面负有重要的责任。不仅监所稳定直接关系到国家政治稳定和社会稳定，而且法制宣传教育、法律服务等各项业务工作也是维护社会稳定和社会主义市场经济法律秩序工作的重要组成部分。全体司法行政干警都要牢固树立大服务思想，自觉服从和服务于全党全国工作大局，充分发挥司法行政机关职能作用，为维护社会稳定和社会主义市场经济法律秩序作出应有的贡献。

二、大力加强监狱、劳教工作，确保监所稳定，提高教育改造质量

监所的稳定关系到国家的政治稳定和社会的稳定。对罪犯的监管改造和对劳动教养人员的教育改造工作要适应新形势、新情况，努力提高教育改造质量。当前，随着打击严重刑事犯罪和严重经济犯罪斗争的深入，农村社会治安综合治理的广泛开展，监狱、劳教工作出现了一些新的情况和问题：在押罪犯和收容劳教人员激增，部分监狱、劳教场所人员爆满，新收罪犯和劳教人员的结构发生变化，改造难度增大；一些监狱和劳教单位经济滑坡，国家规定的有关经济政策难以落实，干警工资不能按时发放，犯人和劳教人员生活困难；部分监狱、劳教单位干警素质不高，执法不严，甚至出现徇私枉法、收受贿赂、私放罪犯等严重问题。

今年是部党组提出创建现代化文明监狱、劳教所的第二年，也是创建工作全面启动、重点实施的一年。新的形势给我们提出新的任务，提供了新的机遇和挑战，各监狱、劳教单位要以全国政法工作会议精神为指针，以创建现代化文明监狱、劳教所为目标，以改革和发展为动力，积极争取当地党委、政府的关心、帮助和支持，牢固树立场所安全稳定的思想，努力提高罪犯、劳教人员的改好率，确保监所的安全稳定，主要做好以下几项工作：

第一，认真做好刚刚颁布的《中华人民共和国监狱法》的贯彻实施工作。《监狱法》是40多年监狱工作的科学总结，反映了新的历史时期监狱工作的新经验、新措施。要认真组织各监狱干警学习《监狱法》，执行《监狱法》，严格依法办事，推进罪犯改造工作法制化、科学化。

第二，继续落实1993年国务院第17次总理办公会议精神，建立监狱、劳教工作的财政保障体制。当前监狱、劳教的经济困难不能完全缓解，一个重要原因就是国务院第17次总理办公会议精神没有落实或落实不到位。今年落实第17次总理办公会议的重点应是：要使各级党委、政府和有关部门充分认识到监狱、劳教工作在维护社会稳定、促进经济发展中的重要性，结合实施《监狱法》，逐步建立监狱、劳教工作的财政保障体制。《纪要》精神没有落实的，要请当地党委、政府和有关部门帮助落实，切实解决干警的经费和犯人的生活费，避免引起不利监所和社会稳定的因素。

第三，确保依法、严格、文明、科学监管罪犯、教育改造劳教人员。提高执法水平关键在于提高干警的素质。广大干警要通过对《监狱法》的学习，严肃执法，严禁打骂、体罚和虐待犯人、劳教人员，杜绝重大恶性事故，维护正常的教育改造秩序，确保监所稳定。

第四，认真贯彻实施《国家赔偿法》，努力提高执法水平和能力。根据法律规定，监狱管理机关和劳动教养机关，既可能涉及刑事赔偿，也可能涉及行政赔偿。因此，各级司法行政机关要在全体干警中开展一次以严格执法，依法办事为主题的教育活动，结合有关法律知识的学习，狠刹执法工作中的违法乱纪行为，减少涉及国家赔偿的违法行为。一旦出现有关赔偿事宜，要严格依照《国家赔偿法》办事，并追究有关人员的责任，决不姑息护短。

三、深化法制宣传教育工作，为维护社会稳定创造良好的法制环境

最近，中央领导同志亲自听取法律知识讲座，并对法制宣传工作作了重要指示，既对法制宣传教育工作给予充分的肯定，同时又提出了新的要求和任务，显示了党和国家重视法制建设、强调依法治国的信心和决心，也鼓舞各级司法行政机关继续抓好法制宣传教育工作。根据全国政法会议精神，大力加强法制宣传教育工作，为改革开放和现代化建设创造一个良好的法制环境。今年是“二五”普法的最后一年，也是认真总结在发展社会主义市场经济条件下深化法制宣传教育工作，为实施“三五”普法奠定良好基础的一年。法制宣传教育工作要在新形势下充分发挥其作用。

必须由单一的法制宣传教育方式向多样化的法制宣传教育方式转变，实现大众传播媒介和专门的法制宣传教育的有机结合；由统一划齐的法制教育内容向因人、因需制宜划定法制宣传教育内容转变，以提高法制宣传教育工作的针对性和宣传教育效果；变等待式法制宣传教育为跟踪式法制宣传教育，突出加强重点群体（如流动人口，刑释、解教人员和轻微违法人员）的法制宣传教育；法制宣传教育工作必须渗透社会的方方面面，要通过法制宣传教育，改变一些企业单位负责人因不懂法而不能适应社会主义市场经济发展的情况，帮助企业运用法律手段搞好经营、组织生产、协调劳资、确立社会保障制度。

法制宣传教育必须抓重点，一是必须抓好领导干部学法用法。中央领导同志在百忙中学习法律，为各级领导同志学法用法起了表率作用，各级领导同志都要学会运用法律手段管理政务。省、地、县三级司法行政部门，要积极向党委、政府建议，作出安排，请他们挤出时间学习法律知识，提高依法行政的能力。二是必须抓好青少年的法制宣传教育工作，使他们学法、懂法、守法，为实现全社会良好法律秩序奠定基础。三是抓好流动人口的法制宣传教育。要针对流动人口中普遍出现的问题，采取多种形式有重点、有选择地宣传有关法律、法规和各级政府关于加强流动人口管理的政策规定，引导流动人口遵纪守法、走依法致富的道路，使流动人口知法、守法、用法。四是法制报刊要坚持正确的舆论导向，同时要加大“严打”和专项斗争以及社会治安综合治理的宣传力度，形成打击犯罪活动的强大舆论攻势，以震慑犯罪分子，警示处于犯罪边缘的人，教育群众。

四、拓宽法律服务领域，维护社会稳定和社会主义市场经济法律秩序

法律服务工作是我国法制建设的重要组成部分，也是维护社会稳定的重要环节。市场经济越发达，越离不开法律服务和法律保障。法律服务工作要认真贯彻全国政法工作会议和中央经济工作会议精神，为维护社会稳定和社会主义市场经济法律秩序，为完成中央提出的今年经济工作任务，提供有效的法律服务和法律保障。

第一，必须进一步拓宽法律服务领域，发挥律师、公证等中介组织的监督和服务作用。主要包括：为培育市场主体提供法律服务；为维护市场经济秩序提供法律服务；为政府实现对国民经济的宏观调控提供法律服务；为生产、流通、分配和消费各个环节提供法律服务和法律保障。

第二，围绕今年全国经济工作重点积极开展法律服务。要帮助政府运用法律手段，实现对经济的宏观调控，抑制通货膨胀；要运用法律手段，帮助农民减轻负担，增加农业投入，保障农业在我国国民经济中所占的重要地位；要运用法律手段，帮助国有企业扭亏增盈，深化企业改革，逐步建立现代企业制度；要积极参与对外开放，吸引国外资金和技术，避免引进外资的盲目性，保护国家利益不受损害等等。

第三，认真做好刑事辩护工作，保证及时准确打击各种犯罪活动。律师没有正当理由不得拒绝担任刑事案件的辩护人。在刑事辩护工作中要依法进行辩护，坚持以事实为根据，以法律为准绳的原则。要严格遵守执业纪律和职业道德，严禁采用非法的或弄虚作假的方式执行辩护职务。要通过刑事辩护活动，保障刑事法律的正确实施。

五、减少纠纷，化解矛盾，维护基层的社会稳定

中国稳定的重点在于农村和基层的稳定。人民调解是广大人民群众自我教育、自我管理、自我约束、自我提高的很好的自治组织形式，是社会治安的第一道防线，在“保一方平安”、维护广大农村和基层稳定中发挥着不可替代的作用。近年来，人民调解工作全面坚持和执行“调防结合、以防为主”的方针，在提高调解和预控能力，积极收集纠纷信息，及时进行调解，把纠纷消灭在萌芽状态和初发时期，防止民间纠纷转化为刑事案件方面，做了大量工作，有力地保障了基层的稳定。当前，人民调解工作面临着许多问题：队伍不稳，调解人员流失严重。人民调解工作属兼职的社会工作，工作艰辛复杂，有时带有人身危险。但应有的待遇难以落实，影响了人民调解员积极性的发挥。个别地方先后撤销或合并了县级司法行政机关，严重地影响了人民调解队伍的稳定和工作的开展。有些企业曲解改革，撤销了人民调解组织，使企业民调工作滑坡，企业内部纠纷增多。

在新形势下，充分发挥人民调解工作在维护基层稳定中的重要作用，必须首先稳定人民调解队伍。各级司法行政机关要请求当地党委、政府帮助解决人民调解员的待遇问题，切实解决他们生活、工作中存在的实际困难，加强业务培训，大力表彰优秀人民调解员，为他们开展工作创造良好的条件，保持人民调解队伍的稳定，发挥其在维护基层稳定中的作用。

人民调解工作要认真研究新形势下出现的新情况、新问题，及时调解改革过程中出现的新的纠纷。当前，一些企业不景气，劳资纠纷增多；农村中宗族势力抬头，很容易由一般纠纷演变为刑事案件；流动人口聚集区里，也频发各种纠纷并且极易激化。人民调解工作要认真研究这些新情况、新问题，制定相应的预防和调处对策，采取有力的措施，保证基层的稳定。

六、发挥国际司法协助特有的作用，严厉打击潜逃境外的犯罪分子和跨国犯罪活动

目前，我国已同18个国家签订了司法协助协定或引渡条约，加入了海牙国际送达公约。国际司法协助工作在我国虽然开展时间不长，但已经开始发挥不可替代的重要作用。在办理“9341”案件中，需要美国、加拿大司法机关协助取证、扣押诈骗的信用证，而我国与上述国家尚未签订司法协助协定，给案件审理工作带来了困难。根据中国人民银行的请求，我国以司法部长名义通过外交途径，请求美国、加拿大司法部予以协助，受到美、加的高度重视，顺利协助完成了取证和扣押任务，使“9341”案件调查取证顺利结束，为防止国家利益遭受巨大损失作出了重要贡献。去年，北京市中级人民法院审理了原首钢船务公司部门经理邵军贪污、受贿案件，涉及新加坡证人。因我国与新加坡尚未签订司法协助协定，虽经法院、公安机关向新方提出协助请求，但新方没有接受，审理工作出现困难。经北京市中级人民法院向我部国际司法协助局请求，以司协局局长的名义，请求新加坡国家调查局予以协助，受到新方的重视，最终圆满完成了取证任务，使邵军受到了应有的法律制裁。

随着改革开放的深化，我国与国际间的联系日益增多，涉外案件也随之增多，同时，有组织的跨国犯罪活动也有所增加，亟需加强国际司法协助。为适应这一形势的需要，一是要加快与一些大国和与我交往密切的国家签订国际司法协助协定，保证协助渠道畅通、有效，妥善处理民商事纠纷，打击潜逃境外的犯罪分子和跨国犯罪活动，维护国家利益；二是要防止司法协助工作政出多门，维护国家法律的统一，按照国际惯例办事。

七、把队伍建设问题作为极其重要的一手认真抓好

全面贯彻落实全国政法工作会议精神，充分发挥司法行政工作的职能作用，服务全党全国工作大局，任务十分繁重。维护社会稳定和社会主义市场经济法律秩序，必须大力加强司法行政队伍建设。当前，队伍建设主要要抓好三项工作：

一要全面落实中央领导同志关于加强政法队伍建设的重要指示，用邓小平同志建设有中国特色社会主义的理论武装全体司法行政干警，大力加强党的建设和领导班子建设，牢固树立“两手抓、两手都要硬”的思想，坚持1994年司法部提出的“八坚持、八禁止”规定，严格执法，恪尽职守，执法如山，清正廉洁、忠实履行法律赋予的神圣职责。

二要按照全国政法工作会议、全国组织工作会议精神，抓紧年轻干部的培训、锻炼，适时把德才兼备的年轻干部选拔到领导岗位上来。要让年轻的同志下基层锻炼，在实践中不断学习，在实践中增长才干，承担好跨世纪的历史重任。

三要关心广大干警疾苦，维护自身队伍的稳定。司法行政干警，特别是监狱、劳教工作干警，长年在偏僻、艰苦的地区工作，以大局为重，任劳任怨，即使在长时间发不出工资，离退休干警的医疗费也不能报销的情况下，仍在默默奉献，忘我工作。各级领导同志在做好思想政治工作的同时，要把干警的疾苦放在心里，采取切实措施，缓解经济困难，关心群众的生活，努力解除他们的后顾之忧，为他们创造一个较好的生活条件，保证司法行政队伍的稳定。

以上意见，请各地结合本地区的实际情况，认真研究并加以贯彻执行。贯彻情况请及时报部。

司法部关于印发《一九九五年全国司法行政工作要点》的通知

（1995年2月25日）

各省、自治区、直辖市司法厅(局)：

《一九九五年全国司法行政工作要点》已经全国司法厅(局)长会议讨论通过，现予印发，请各地认真贯彻落实。

1995年全国司法行政工作要点

1995年，全国司法行政工作的主要任务是：以邓小平同志建设有中国特色社会主义的理论为指导，深入贯彻党的十四大、十四届三中全会、四中全会、中央经济工作会议和全国政法工作会议精神，围绕“抓住机遇、深化改革、扩大开放、促进发展、保持稳定”的全党全国工作大局，牢固树立大服务思想，进一步深化改革，促进发展，开拓业务，加强管理，提高素质，为维护社会稳定和社会主义市场经济法律秩序，为完成党中央提出的今年经济工作任务提供可靠的法律保障和优质的法律服务，保障和促进改革开放和现代化建设的顺利进行。各级司法行政机关要统一思想，总揽全局，加强协调，扎实工作，努力完成司法行政工作的各项任务。

一、充分发挥司法行政机关的职能作用，维护社会稳定。要充分认清当前的治安形势和司法行政机关在维护社会稳定中肩负的重任，树立长期作战的思想，强化维护稳定的各项措施。加强监狱、劳教工作。针对当前犯人、劳教人员的增长情况，及时采取措施，对监所进行改扩建，保证收押收容任务的顺利完成。狠抓依法治理监所，确保监所始终有良好的秩序。加强对犯人、劳教人员的教育改造工作，改善生活卫生条件，提高犯人、劳教人员的改好率。进一步加强狱所的生产经营管理，调整产业产品结构，扩大销售，提高经济效益。深化法制宣传教育，加大“严打”和专项斗争的宣传，形成打击犯罪活动的强大舆论攻势，震慑犯罪，教育群众。重点抓好青少年和流动人口的法制教育，预防和减少违法犯罪。切实抓好律师刑事案件的出庭辩护工作。研究新形势下民间纠纷出现的新情况，采取相应对策，及时调处纠纷，化解矛盾。健全调解组织，稳定调解员队伍，增强调防预控能力。做好城市民工身份公证工作，协助有关部门加强对民工和流动人员的管理。通过公证活动，引导当事人依法进行民事活动，防止因民事纠纷引发治安和刑事案件。与有关部门一起逐步建立完善对刑满释放、期满解教人员帮教、安置工作的机构、网络和制度，积极探索市场经济条件下刑满释放和解除劳教人员安置就业的新途径、新办法。加快与我国交往密切的国家签订国际司法协助协定，打击和遏制潜逃境外的犯罪分子和跨国犯罪活动，维护国家利益。

二、积极开展国际司法人权合作与斗争，维护国家的主权和法制尊严。抓紧筹建司法人权研究机构，及时开展研究工作。积极参加第九届联合国预防犯罪大会，利用国际讲坛和司法外事交流，广泛宣传我国司法人权保护的方针政策和取得的成就，驳斥西方敌对势力对我的攻击，消除一些不明真相的人对我的误解，维护国家的主权和法制尊严。

三、充分运用法律手段，保障和促进今年全国经济工作任务的顺利完成。紧紧围绕今年经济工作的重点，开拓为政府担任法律顾问的工作领域，依法帮助政府加强对经济工作的宏观调控。通过担任企业法律顾问和为企业办理公证，依法帮助企业落实经营自主权，转换经营机制。依法帮助乡镇政府保护耕地和耕种面积，坚决制止撂荒和乱占耕地现象；帮助国有商业部门完善与农民的购销合同制度，减少农副产品流通环节，稳定市场价格；帮助广大农民运用法律手段坚决抵制乱摊派、乱收费和坑农害农现象，保护广大农民发展农业的积极性。

四、认真落实江泽民总书记近期关于法制宣传教育工作的两次重要讲话精神，深入推进法制宣传教育工作。召开"二五"普法总结表彰大会，认真做好"二五"普法总结验收和"三五"普法的部署工作。做好十省市法制文艺进京调演工作和全国人大代表对"二五"普法的专题视察工作。抓好各级领导干部的学法用法，全面推动依法行政、依法管理各项事业的发展。结合中宣部提出的"五个一工程"，做好法制宣传的有关评比工作。继续抓好市场经济法律法规的宣传教育。

五、继续深化司法行政工作改革。认真宣传贯彻《监狱法》，贯彻落实《1993年第17次国务院总理办公会议纪要》和《国务院关于进一步加强监狱管理和劳教工作的通知》精神，全面开展创建现代化文明监狱、劳教所的工作。创建工作要高标准、严要求，保证监狱、劳教所的整体水平实现法制化、规范化、科学化和现代化；健全新的监狱、劳教工作的财政、投资保障体制。在继续发展"两不四自"律师事务所的同时，重点做好占编律师事务所的改革工作，进行创建高标准的律师事务所和建立公职律师的试点工作，探索建立法律援助制度的途径和办法，继续抓好外国、境外律师事务所在华设立办事处的试点工作，做好港澳台居民参加律师资格考试的有关工作。开展公证处向事业单位过渡的改革工作。发展基层法律服务队伍，建立健全竞争机制、激励机制和保障机制。强化对法律服务工作的管理，抓好立法建制、队伍管理、人员培训等项工作，保证法律服务工作改革和发展的顺利进行。

六、加强对仲裁工作的管理和指导。抓紧起草《仲裁委员会登记管理办法》，使仲裁登记工作尽快走上制度化、规范化的轨道。组建仲裁工作管理机构，做好对仲裁委员会的登记、年审注册、监督检查、业务培训、管理和监督等工作。

七、做好《国家赔偿法》的实施工作。认真学习、贯彻《国家赔偿法》，加强执法指导和监督，搞好复议应诉，提高全系统干警执法水平。抓好《律师法》、《公证法》、《人民调解法》以及《监狱法实施细则》的起草工作。

八、深化法学教育工作改革。召开全国法学教育工作会议，贯彻全国教育工作会议精神和《中国教育改革和发展纲要》，全面总结党的十一届三中全会以来法学教育工作经验，部署今后一个时期法学教育工作任务，抓住机遇，深化改革，加快培养法律人才步伐。

九、加强基层组织建设。保持区、县司法局和基层司法行政干警队伍的稳定，强化基层司法行政机关职能，加强区、县司法局长培训，提高理论水平和业务素质。总结交流区、县司法局工作，推动基层司法行政工作发展。

十、认真贯彻落实党的十四届四中全会和全国组织工作会议精神，大力加强队伍建设。加强司法行政系统党的建设、领导班子建设和队伍建设，保证各级司法行政机关和广大干警在政治上同以江泽民同志为核心的党中央保持高度一致，经得起任何风浪的考验。建立健全民主集中制原则的各项制度，限期整改软弱涣散的党组织。加强各级领导班子建设，协同地方党委、政府搞好县以上司法行政机关领导班子的考核、充实和调整工作。制定实施干部教育培训规划，采取有力措施，大力培养、选拔、使用大批能够跨世纪的年轻干部，并确立后备干部名单，制定相应的培养计划。加强思想政治工作，深入开展建设有中国特色社会主义的理论和党的基本路线的教育，爱国主义、集体主义和为人民服务宗旨的教育，开展争先创优活动，树立干警良好形象，做合格的司法行政干警。

十一、继续抓好廉政建设和反腐败斗争。认真贯彻中纪委第五次全体会议精神，落实今年廉政建设和反腐败工作的各项任务。领导干部要廉洁自律，严格遵守中央提出的"双五条"和相关的补充规定；加大查处违法违纪案件的力度，狠刹部门和行业不正之风；加强执法监督，强化审计工作，健全监督制约机制。

十二、抓好工作作风和基础建设。切实转变工作作风，深入实际，深入基层，加强业务指导，关心干警疾苦，狠抓工作落实。健全工作制度，理顺有关业务工作之间的关系，规范工作秩序，提高工作效率。加快计算机网络和通讯专用网建设，搞好机关信息工作。继续抓好全系统基础设施建设，保障司法行政工作改革和发展的顺利进行。

司法部关于认真做好司法行政工作维护社会稳定的通知

（1995年3月27日）

各省、自治区、直辖市司法厅（局），新疆生产建设兵团司法局、监狱局，部属各政法院校：

当前我国政治经济形势总的是好的。建立社会主义市场经济体制的重大改革取得了突破性的进展，经济持续、快速、健康发展，社会稳定。刚刚闭幕的八届全国人大三次会议和八届全国政协三次会议，充分肯定了过去一年改革和建设的成就，提出了今年改革和发展的工作任务和目标。实现这一目标必须有一个稳定的社会环境。我们在看到成绩的同时，必须清醒地看到各种影响社会稳定的因素依然存在。国外反华势力和境内敌对势力加紧勾结，妄图进行颠覆破坏活动。在改革进一步深化过程中，各种社会矛盾日益增多。一些地方社会治安状况不好，腐败现象有的还相当严重。各级司法行政机关务必保持清醒头脑，切实加强领导，充分发挥各项职能作用，全力维护社会稳定。为此，现就有关事项通知如下：

一、广大司法行政干警特别是领导干部要进一步提高认识，以应有的政治敏感性和政治责任心高度重视社会稳定工作。要加强对全体司法行政干警的政策形势教育，充分认识到保持稳定是一项关系到国家全局的政治问题，千万不能麻痹大意、掉以轻心。要以对党、对国家、对民族负责的态度，认真履行职责，做好稳定工作。司法行政机关作为人民民主专政的重要机关，在维护社会稳定方面负有重要责任。监狱、劳教工作直接担负着教育改造罪犯和劳教人员的职责，监狱、劳教执法工作与国家法制建设和国际人权斗争具有越来越紧密的联系。法学教育、法制宣传、法律服务和人民调解等项工作在培养合格的法律人才，提高全民的法律意识，维护社会主义市场经济秩序，化解各种民间纠纷等方面都担负着重要职责。全体司法行政干警要紧密地团结在以江泽民同志为核心的党中央周围，在思想上、行动上与党中央保持高度一致，自觉服从和服务于全党全国工作的大局，为维护社会稳定，维护国家的长治久安作出贡献。

二、采取切实有效措施，进一步加强监管改造工作，保持监所的安全与稳定。要加大《监狱法》、《警察法》的宣传力度，认真抓好《监狱法》、《警察法》的贯彻实施。各监狱、劳教所要结合本单位实际，对照《监狱法》、《警察法》的要求，进行有针对性的整改。严格依法治监，提高干警的执法水平，是贯彻《监狱法》、《警察法》的核心，也是建成现代化文明监狱的重要标准之一。要依法严格、科学、文明实施管理，坚决杜绝打骂、体罚犯人和劳教人员的行为，切实保障和维护犯人、劳教人员的合法权益。要千方百计采取措施，克服物价上涨等因素带来的困难，搞好犯人、劳教人员的伙食供应。对反革命犯和西藏骚乱犯要进一步加强思想教育改造，切实搞好内部控制，防止其与国内外敌对势力勾结。对即将释放的反革命犯等重点案犯，要整理其财务、医疗等档案资料，为可能出现的人权斗争准备证据。对刑满释放人员，要认真做好释放前教育，并与有关部门和单位密切配合，做好对他们的安置、帮教工作，预防和减少重新违法犯罪。

三、切实加强领导，重点做好各政法院校的稳定工作。今年大型政治活动和纪念日较多，如举办第四次世界妇女大会、纪念抗日战争胜利50周年等。各政法院校要配合这些大型活动的开展，做好相关的工作，切实维护院校的稳定。要总结运用近几年维护院校稳定的经验，采取新的有效措施加强对广大师生，尤其是青年教员和学生的思想政治工作，有针对性地开展爱国主义、集体主义和法制、纪律教育以及国情教育，引导他们正确全面地认识形势，增强他们维护社会稳定的自觉性。要加强院校的党团组织建设，使之成为联系师生、维护院校稳定的中坚力量。要花大气力加强和改进院校后勤工作，认真解决经济困难学生的生活和学习问题。各院校要建立健全值班制度，加强请示报告制度。在敏感时期，院校主要负责同志要参与日常值班，及时妥善地处置各种突发事件。

四、要通过人民调解工作化解各种纠纷和矛盾，提高广大人民群众自我教育、自我管理的水平。当前在深化改革过程中出现的各种社会矛盾和热点问题，是直接影响社会稳定的不安定因素。要健全人民调解组织，稳定和发展人民调解队伍。人民调解工作者要认真研究改革和发展过程中出现的新情况和新问题，制订相应的预防和调解对策，通过扎实的工作，努力维护好企业和基层的稳定。

五、强化法制宣传教育工作，为维护社会稳定创造良好的法制舆论环境。在社会治安状况不好和安定问题突出的地区和时期，要有针对性地强化《刑法》、《治安管理处罚条例》等刑事法律、法规的宣传教育。要运用各种新闻媒介，采取多种形式，形成预防和打击违法犯罪活动，维护社会稳定的强大舆论攻势。要加强对法制报刊的管理和指导，把握好舆论导向。要坚决制止一切容易诱发或激化社会矛盾、不利维护社会稳定的宣传报道。对一些突发事件的报道，要严格按照去年《中共中央办公厅、国务院办公厅关于国内突发事件对外报道工作的通知》（厅字[1994]28号）精神执行。对因新闻报道不当造成严重后果而影响社会稳定的，要严肃查处有关人员。对重大刑事案例的报道，不得对犯罪的作案手段和公安司法机关的侦察手段作渲染性描述，防止这类报道的负面效应。

六、进一步加强值班工作。各地要健全值班制度，充实值班人员，尤其是要加强重大活动和敏感时期的值班工作，确保联络及时，信息渠道畅通。

各地、各单位接此通知后，要紧密联系本地、本单位实际，迅速提出有效的贯彻措施，并狠抓落实。各地、各单位维护社会稳定工作的主要情况和问题，请及时报部。

司法部关于贯彻落实
中发〔1995〕6号文件的十条措施

（1995年4月22日）

各省、自治区、直辖市司法厅（局）、新疆生产建设兵团司法局、监狱局：

3月11日，中共中央发出了《中共中央、国务院关于做好1995年农业和农村工作的意见》（中发[1995]6号，下称〈意见〉）。《意见》对我国当前的农业作了实事求是的分析，重申当前经济工作的首要任务是加强农业，并就今年的农业和农村工作提出了明确的任务，作出了具体部署。加强农业和农村工作，是我国改革与建设的根本问题。各级司法行政机关要从国民经济和社会发展的全局高度，充分认识加强农业和农村工作的极端重要性和紧迫性，充分发挥职能作用，保障中央提出的确保农副产品有效供给，确保农民收入稳定增加，确保农村社会稳定的农业和农村工作任务的顺利实现。

一、要围绕加强农业的基础地位，全面开展司法行政工作，确保农村经济的发展。各级司法行政机关要通过各种行之有效的形式，加大《农业法》的宣传力度，促使社会各界充分认识农业在我国国民经济中的基础性地位，促进农业投入的有效增加。要运用法律手段，建立、健全农业生产经营机制，保护农业资源和农业生态环境，要充分运用法律手段，为深化粮食、棉花、化肥购销体制改革服务，积极建立健全农业社会化服务体系。基层法律服务律师、公证机构要把农业和农村工作作为服务的重点，积极介入，主动服务，全面开展为农业和农村工作服务的各项业务。

二、要运用法律手段，稳定和完善农村土地承包关系。以家庭联产承包为主的责任制和统分结合的双层经营体制，是改革开放以后我国农业获得巨大发展的根本原因，也是党在农村的一项长期基本政策。现在，许多地区原有的土地承包期限已到，各地正在按照中央统一要求，进行土地承包延期工作。法律服务机构要积极介入土地承包的延期工作，积极配合有关部门建立、健全土地承包经营权流转机制。在坚持土地集体所有和不改变土地农业用途的前提下，帮助农民对承包标的依法转包、转让、互换、入股。在第二、三产业比较发达，农业社会化服务体系比较健全的地方，根据农民的意愿，帮助他们依法发展农业适度规模经营。要帮助农民做好承包合同的续订、公证、纠纷调解和仲裁工作。

三、要为乡镇企业的大力发展提供全方位的法律服务。各类法律服务机构要主动地为乡镇企业的发展壮大搞好法律服务，通过担任乡镇企业法律顾问或为乡镇企业办理公证，依法帮助乡镇企业界定产权、清理债权债务，完善乡镇企业的经营体制和运行机制，促进乡镇企业依法经营。要通过诉讼或非诉讼代理，维护乡镇企业的合法权益。要进一步总结经验，为乡镇企业实现贸工农一体化、产供销一条龙提供法律服务，促进乡镇企业的发展壮大。

四、要注重发挥市场中介组织的作用，促进农业科技的发展和推广应用。农业科技的发展和推广应用是农业上新台阶的关键。各类法律服务机构要充分发挥市场中介组织的优势，把为农业提供智力开发与促进农业科技的推广应用结合起来，在各级农业技术推广机构与广大农户之间架起桥梁。要主动协助各级农业技术推广机构，制定和完善农业技术推广合同，以维护合同双方的合法权益，促进农业技术的推广应用。要通过法律服务，加强对农业科研单位的知识产权保护，加强对新品种和新技术的引进和推广工作，以保护和促进农业科技的推广应用和发展。

五、要积极协助有关部门，切实保护耕地和粮田。耕地和粮田是不可再生的农业资源，耕地减少已成为我国农业以至于整个国民经济发展的一大隐忧。各级司法行政机关要有针对性地加大对《土地管理法》和《基本农田保护条例》等法律法规的宣传力度。协助基层政府严格依法加强对非农用地的审批和管理，为保护耕地和加强农业基础设施建设搞好法律服务。基层法律服务机构要帮助村级自治组织做好农村宅基地的审批管理。在水利设施建设和农业综合开发中，要不失时机地把法律服务工作作好，依法保护耕地和粮田。

六、要为维护正常的农村市场秩序提供法律服务和保障。农村经济的健康发展离不开健全的农村市场秩序，健全的农村市场秩序离不开及时有效的法律服务。各类法律服务机构要主动与有关部门配合，认真搞好国家粮棉定购合同的订立、公证工作，用合同形式将粮棉定购任务落实到生产单位和农户，严格执行国家粮棉定价，通过法律手段确保国家粮棉定购任务的完成。同时，要积极介入农村金融领域，保证农业信贷政策的落实，依法帮助农村金融机构搞好清债工作。基层法律服务机构要重点为农民的产前、产中、产后各流通环节搞好法律服务，切实维护农民的合法权益，保护农民生产的积极性。对制造和销售假冒伪劣粮种、化肥、农药、农膜等农用生产资料的单位和个人，律师和基层法律服务机构应及时主动地帮助受害农民提出控告或提供代理诉讼等法律服务，并与司法机关及工商行政管理部门密切配合，打击各种坑农害农的违法犯罪行为。

七、要运用法律手段，切实减轻农民负担。农民负担问题事关农村经济的发展和社会稳定的大局。基层法律服务机构要配合基层人民政府，帮助广大农民运用法律手段坚决抵制乱摊派、乱收费，保护广大农民生产的积极性。要帮助基层人民政府运用法律手段，防止借延长土地承包期和进行必要的土地调整，随意提高承包费，变相增加农民负担。

八、积极参与农村社会治安综合治理。基层司法行政机构在农村社会治安综合治理中担负着重要职责，是维护基层社会稳定的一支重要力量。县、区司法局要加强对乡镇司法办或法律服务所的指导，认真总结交流经验，协助乡镇政府建立健全村民自治组织，建立健全村规民约，推动农村依法建制、以制治村、民主管理活动的深入开展。要结合当地实际，有针对性地开展各种形式的法制宣传，提高广大农民的法律意识。农村调解组织要认真研究新形势下农村民间纠纷的特点，千方百计地作好民间纠纷的排查、调解、防激化工作，及时化解纠纷，维护农村基层的社会稳定。

九、加强司法行政的基层组织建设。各地要按照今年2月全国司法厅(局)长会议的要求，重点抓好县、区司法局的建设。要充实加强县、区级司法局的领导班子，在机构改革中，要争取地方党委、政府的支持，确保县、区级司法局的稳定。近几年新增加的编制，要重点用于充实县级司法局和司法助理员队伍。县级司法局要花大力气加强本地的律师事务所、公证处建设，不断提高队伍素质。要加强司法所建设；逐步推行司法所与法律服务所相对分离的工作，强化司法所的司法行政职能，强化法律服务所的服务职能。要加强基层人民调解组织建设，健全调解网络、扩大人民调解队伍。

十、要加强对为农业和农村工作服务的领导。各级司法行政机关，要认真学习中发[1995]6号文件，结合本地实际，提出贯彻落实的具体措施。各级司法行政机关领导要把为农业和农村工作提供法律服务摆在重要议事日程切实加强管理和指导。监狱和劳教农业单位，要按照中发[1995]6号文件所提要求，认真安排组织农业生产，加快产业结构调整步伐，努力增加投入，切实解决农场社会负担过重问题，注重科技兴农，发展优质高效农业，力争使监狱和劳教农业登上一个新的台阶。

司法部关于认真贯彻《中共中央关于印发〈邓小平同志建设有中国特色社会主义理论学习纲要〉的通知》的通知

（1995年6月9日）

各省、自治区、直辖市司法厅（局），新疆生产建设兵团司法局、监狱管理局、部各直属单位：

最近，中共中央发出了《关于印发〈邓小平同志建设有中国特色社会主义理论学习纲要〉》的通知，要求组织全党干部认真深入研读邓小平同志的原著，把《纲要》的学习纳入建设有中国特色社会主义理论的学习计划。

中央宣传部组织编写的《邓小平同志建设有中国特色社会主义理论学习纲要》，比较全面、准确地反映了《邓小平文选》的思想，有助于更好地理解建设有中国特色社会主义理论的科学体系，是学习《邓小平文选》和建设有中国特色社会主义理论的重要辅助材料。全国各级司法行政机关要按照《通知》的要求，组织各级领导干部和广大干警认真学习和领会《纲要》，把学习建设有中国特色社会主义理论的活动深入开展下去。

各级司法行政机关领导干部学习中心组，近期要把《纲要》的学习作为重要内容，认真学习，切实起模范带头作用。各级领导机关要及时做出具体安排，切实组织好广大干警的学习。要以《纲要》为基本线索，深入学习《邓小平文选》一、二、三卷，深刻理解建设有中国特色社会主义理论的由来、形成和发展，完整准确地领会和掌握这一理论的科学体系、基本内容、基本观点和精神实质，提高观察问题、分析问题和解决问题的能力。

各级司法行政机关要坚持理论学习制度，制定学习规划，分阶段、分层次对全体干警进行集中学习或轮训。学习《纲要》要采取举办讲座、举办学习骨干学习班、专题研讨等多种形式，使干警能够掌握建设有中国特色社会主义的理论。学习《纲要》要联系实际，把理论学习和思想教育、工作实践相结合起来，有效地指导司法行政工作的改革与发展。

各级司法行政机关要切实加强对《纲要》学习活动的领导，注意总结交流经验，推广学习典型。通过学习，使各级领导干部和广大干警在建设有中国特色社会主义理论的指引下，更加自觉地坚持党的基本路线不动摇，更好地服从和服务于全党全国工作的大局，为把建设有中国特色的社会主义的宏伟事业不断推向前进做出新的贡献。

司法部关于印发《司法部关于加强县区司法行政工作的意见》的通知

（1995年8月30日）

各省、自治区、直辖市司法厅（局），新疆生产建设兵团司法局：

现将《司法部关于加强县区司法行政工作的意见》印发给你们，请认真贯彻执行。执行中的有关情况，请及时报部。

司法部关于加强县区司法行政工作的意见

县区司法行政工作是我国县区法制建设的重要组成部分，在国家经济建设、改革开放和民主法制建设中具有十分重要的地位和作用。为了加强县区司法行政工作，促进城乡经济和社会的进一步发展，特提出如下意见：

一、县区司法行政工作在国家经济建设和社会发展中有着不可替代的作用

（一）15年的司法行政工作实践证明，中央关于建立和完善我国司法行政体制的决策是非常正确的。党的十一届三中全会后，党中央总结了历史经验教训，尤其是“十年动乱”的沉痛教训，认识到加强法制必须有完善的司法体制，作出了加强社会主义民主、健全社会主义法制的重大决策，使司法行政部门得以恢复和发展。15年来，作为全国司法行政部门重要组成部分的县区司法局，积极实践，勇于改革，艰苦奋斗，开拓进取，适应国家改革开放、经济建设和民主法制建设的需要，顺应基层党政部门、企事业单位和人民群众对法律服务和法律保障工作的需求，发挥法律服务的作用，保障基层经济的发展；发挥打击、预防犯罪的作用，保持基层社会治安秩序的基本稳定；发挥法律参谋的作用，促进县区、乡镇政府依法行政和决策科学化；发挥法制宣传教育和促进依法治理的作用，推进县区民主法制建设和精神文明建设，为维护城乡社会稳定、促进城乡经济发展和社会进步作出了重大贡献。县区司法行政事业的兴起和繁荣，是改革开放、发展社会主义市场经济的客观要求，是实现依法治国目标的必然结果。

（二）加强县级司法局建设，是全面加强司法行政工作的重要基础，是实现国家文明社会进步的重要标志之一。在国家强调法治的新时期，加强县区司法局的建设有着特殊重要的意义。第一，县区司法局作为县区级国家政权的组成部分，与公、检、法机关共同行使人民民主专政职能，相互配合和制约，构成县区级地方完整的司法体制，担负着打击敌人、惩罚犯罪、保护人民、服务四化的繁重任务。第二，从加强法制建设，实现依法治国、依法治县、治区的目标来看，县区司法局处于重要的基础地位。县区司法局在执法和提高人民群众法律意识等方面担负着十分重要的职责，从事着法制建设的基础性工作，是我国法制建设的基础部门。第三，在社会治安综合治理方面，县区司法局是打击犯罪、预防犯罪，推进社会治安综合治理的重要力量。通过法制宣传教育、人民调解、法律服务、依法治理工作和对刑释解教人员的帮教安置工作，县区司法局起着维护社会稳定，促进社会治安良性循环的作用。第四，从发展社会主义市场经济看，县区司法局担负着依法引路、导航的重任。在社会主义市场经济不断发展的过程中，随着社会主义市场经济法制的健全完善，县区司法局所管理的律师、公证、人民调解、法制宣传工作，对于市场经济法律关系的实现，起着重要的引路导航作用。

（三）15年来，县区司法行政工作虽然取得重大成绩，但与社会主义经济建设、民主与法制建设的发展要求相比还有很大差距，县区司法局建设还存在不少困难和问题。主要表现在：一是由于法律虚无主义的影响，司法行政机构被撤销长达20年，重建时间不长，起步晚，一些县区司法局没有发挥应有的职能作用，由于宣传得不够，县区司法局的重要性没有受到应有的重视。二是司法行政工作的法律、法规需要进一步完善，改革的有关社会措施还不配套，司法行政职能不到位，某些关系尚未理顺，制约了司法行政工作的正常开展。三是社会法律服务秩序比较混乱，干扰了正常的法律服务工作。四是一些地方的普法教育流于形式，效果不够显著；调解组织不健全，有的名存实亡，处于瘫痪半瘫痪状态。五是由于历史的原因，基层司法局基础差，工作条件和生活条件还比较艰苦，有的因此缺乏改革的信心和勇气，产生了自卑、畏难和埋怨情绪，思想不稳定，队伍不稳定。对这些问题和困难，我们应当高度重视，在深化改革过程中逐步加以解决。

（四）当前我国正处在伟大的历史转折时期，新的形势对司法行政工作提出了更新更高的要求，司法行政工作面临着难得的历史发展机遇。党的十四届三中全会作出的《关于建立社会主义市场经济体制若干问题的决定》中有许多方面涉及司法行政工作，对在发展社会主义市场经济中加强律师、公证、法制宣传、法学教育等项工作提出了明确的要求。近些年来，国家出台的一系列法律、法规和规章，为基层司法行政工作开拓新领域、改革创新提供了法律保障。党和国家领导人对加强司法行政工作的重要指示，是基层司法局开展工作的动力。司法行政工作与经济建设、法制建设具有紧密的内在联系。经济建设是我们党和国家的中心任务。建立完备的社会主义民主与法制是现代化建设目标的重要内容，是一项长期的战略任务。只要经济建设、民主法制建设持续同步发展，司法行政工作就要不断加强，不断发展，这是不以人们的主观意志为转移的客观规律。广大司法行政干警务必认清新时期县区司法行政工作的重要地位和作用，认清所肩负的重要职责，进一步解放思想，奋发自强，抓住机遇，扎实工作，努力把县区司法行政工作提高到一个新的水平。

二、发挥优势，强化职能，明确任务，努力开创基层司法行政工作新局面

（五）今后一个时期，县区司法局建设的指导思想是：以邓小平同志建设有中国特色社会主义的理论和党的基本路线为指针，牢固树立大服务思想，紧紧围绕“改革、发展、稳定”的大局，发挥优势，强化职能，明确任务，振奋精神，努力开创县区司法行政工作新局面，为深化改革，维护社会稳定，促进经济发展而奋斗。根据这一指导思想，要积极探索县区司法局建设的新路子。

（六）县区司法局有着特殊的优势，发挥着特殊作用。一是“大服务”的天地十分广阔。无论从服务的范围看，还是从服务的对象、空间看，县区司法局的法律服务领域是无限的，而且随着经济和社会的发展会不断拓展。二是管理法律服务的职能明确。县区司法局是县区政府主管法律服务工作的职能部门，拥有审批、监督法律服务机构的职能，这项职能是其他部门所不能替代的。三是可为领导和群众排难解忧。县区司法局的工作贴近群众、经济和社会生活，贴近党政部门和党政领导，为领导决策担任法律参谋。既深受群众欢迎，又能为领导同志排忧解难。四是市场经济不可缺少的中介组织。县区司法局主管的律师、公证和乡镇（街道）法律服务工作，是市场经济不可缺少的中介环节，直接为县区的经济发展保驾护航。五是业务发展潜力大。县区司法局管理的律师、公证和乡镇、街道法律工作者可以不受行政编制的限制，加快业务队伍的发展。六是拥有一批高质量的法律人才。在县区司法局管理的律师、公证员队伍中，拥有一批法律素质高、经验丰富、业务熟练的专门人才。七是可根据需要创设机构、实体。县区司法局可以设立法律服务机构，并可通过过渡安置帮教机构创办经济实体，对刑满释放、期满解教人员进行过渡性安置帮教工作，享受着其他党政部门所没有的特殊政策。八是可以做到社会效益和经济效益的统一。县区司法局管理的法律服务工作在提高社会效益的同时，可以有较好的经济效益，用来改善县区司法局的工作条件和生活条件。

（七）在认清自身职能优势的基础上，进一步强化县区司法局的职能。一是强化法律保障职能。法律保障职能主要指保障法律的正确实施，维护社会稳定。二是强化法律服务职能。法律服务职能主要是指为市场经济的各个环节、社会生活的各个方面提供法律服务。三是强化法律教育职能。这种职能既包括正规的法律教育，还包括普法教育、法制宣传教育和法律培训教育等。

（八）适应新形势的需要，搞好法制宣传教育。在普法教育中，要坚持理论联系实际、学用结合的原则，切实贯彻落实党的“十四大”提出的“要把民主法制实践和民主法制教育结合起来，不断增强广大群众的民主意识和法制观念”的目标和要求，进一步拓宽教育职能，县区可以建立法制教育中心，对公民进行法制教育，增强公民的自我保护意识、法律意识和荣辱意识，提高公民的法律素质，从而达到预防犯罪和维护农村社会治安秩序的目的。

要突出抓好重点对象的法制宣传教育。要指导各部门、各单位制定切实可行的法制学习教育规划，并纳入部门执法责任制；要抓好科以上领导干部和国家公务员的法律知识学习，切实提高领导干部的法律素质；要抓好青少年的法律知识宣传教育，使他们从小养成知法、守法、护法的良好习惯；要抓好农户“当家人”和农村党员的法制宣传教育，使他们成为农村守法、用法的骨干和带头人。

要抓好各行业、各系统的专业法学习，增强法制宣传教育的针对性、有效性，促进经济和法制建设的发展。

要继续健全法制宣传教育机构。在司法局内，要有专门机构或专职人员负责法制宣传教育和依法治理工作。要按照司法部、财政部1986年关于开展普法经费问题的通知精神，争取地方财政普法专项经费到位，保障普法工作顺利展开。

（九）加强县区法律服务管理工作。随着法律服务工作改革的深入发展，县区司法局管理法律服务工作的职能增多、任务加重。县区司法局要切实履行和加强管理职能，可设立专门的法律服务管理机构，加强对社会法律服务工作的管理。要制定社会法律服务咨询机构的登记、从业、管理等规定的具体实施办法，对未经司法行政机关批准成立的法律服务咨询机构或违法从事法律服务活动的，要采取果断措施，坚决予以撤销。

（十）深化人民调解工作改革。要进一步加强和指导人民调解工作，督促检查有关调解工作法律法规的贯彻执行，宣传人民调解制度，指导调解委员会的组织建设和业务建设，深入开展调解理论研究。要适应新形势的需要，把人民调解工作与加强基层民主政治建设结合起来，与法制宣传教育结合起来，与经济工作结合起来，拓宽调解工作的领域，深化调解工作的力度，进一步发挥调解工作的效能。

要研究市场经济条件下人民调解工作出现的新情况、新问题，探索在城乡"结合部"和"接边地区"建立联合调解组织。要逐步在乡镇企业、私营企业、"三资"企业、大中型集贸市场建立调解组织，预防纠纷发生，防止纠纷激化、维护社会稳定。

要关心支持人民调解员开展工作，为他们解决实际问题。要开展评选"模范人民调解员"活动，鼓励他们做好调解工作。

（十一）积极承担依法治理工作。指导、协调依法治理工作是县区司法局的重要职责。要将法制宣传教育与依法治理的实践紧密结合起来。要制定依法治理规划，在县区党委、人大、政府的领导、监督下，积极开展依法治县（区）、依法治乡、依法治村、依法治校、依法治厂等活动，多层次地推进依法治理活动，为实现依法治国的战略目标进行不懈地努力。

（十二）积极参与对流动人口的管理工作。县区司法局可以在流动人口聚居的地区设立法制宣传站、人民调解组织和法律服务机构，通过法制教育，增强流动人口的法制观念，以预防和减少违法犯罪；通过及时调解、处理纠纷，为他们提供法律服务。同时，还要配合有关部门依法加强对流动人口的管理。

（十三）实现县区司法行政工作职能向乡镇（街道）延伸。随着我国经济建设、政权建设和民主法制建设的深入发展，乡镇（街道）司法行政工作的任务更加繁重。建立乡镇（街道）司法所，使县区司法行政工作向乡镇（街道）延伸，有利于保障乡镇（街道）基层组织履行法律赋予的管理司法行政工作的职能。因此，今后一段时间，各地要将司法所的建设作为强化和完善县区司法局建设的重要内容来抓。要明确赋予乡镇司法所应有的职责：一是管理乡镇法律服务机构；二是负责乡镇法制宣传；三是指导村镇人民调解工作；四是组织落实对刑释解教人员的安置帮教工作。对已经建立的司法所，要实现规范化、标准化管理，建立健全各项制度。现在还没有建立司法所的乡镇，要努力创造条件在1997年以前建立起来。

（十四）积极开拓法学教育工作。为适应培养基层法律人才的需求，省、区、市及地市司法局要将法学教育职能向下延伸，争取多种形式，培养更多的法律人才，对要求学习掌握法律知识的公民进行系统培训，对执法人员和法律服务工作者进行专业培训。

（十五）努力做好对刑满释放、期满解教人员的帮教和过渡性安置工作。这项工作是社会治安综合治理、预防和减少犯罪、维护基层稳定的一项重要措施，也是各级党委、政府落实社会治安综合治理的一项工作目标，是中央赋予司法行政机关的一项新的职能。最近中央社会治安综合治理委员会已作出决定，成立以司法部为主的中央各有关部门参加的帮教安置领导小组，具体办事机构设在司法部。地方也要实行这一体制。为此，各级司法行政机关要立即着手研究，提出思路，拿出实施方案。要在县区司法局内设立帮教安置办事机构，确定专人负责，争取专项经费。可以联系一些经济实体安置刑释解教人员，也可以委托有条件的经济实体安置刑释解教人员。要按照中央综治委等六部委联合下发的《意见》，建立回归基金，广泛调动社会各界的力量，增强帮教安置工作的力度和效果。

（十六）担负起行政执法检查职能。行政执法检查工作是依法治理工作的一项重要内容，应当逐步将此项工作列入司法行政机关的工作范围。在当前行政执法检查工作力度不够、职能分散的情况下，各地应当借鉴已经取得的经验，逐步开展这项工作。要加强这项工作的调查研究，适时向党委、政府提出建议，当好政府依法治理的得力参谋和助手，争取建立由司法行政机关统一管理、各部门配合的县区行政执法检查体制，以促进县区政府部门和乡镇政府认真遵守和执行法律法规，使政府工作纳入法制化轨道。

（十七）当好县区政府和乡镇政府的法律参谋和助手。县区司法局的领导和工作人员应当成为懂经济、懂法律的内行，主动担任基层政府的法律顾问，为他们依法行政提供法律服务；要主动参与基层政府制定有关工业、农业体制改革、培育和发展社会主义市场经济等规范性文件的起草、修改工作，主动向政府提供维护社会稳定、实行社会治安综合治理的决策法律文书；为县区政府解决热点、难点和本县区重大问题提供法律服务等。

三、振奋精神，扎实工作，努力把县区司法行政工作提高到一个新水平

（十八）要完成历史赋予司法行政工作的重任，必须使干警队伍有一个良好的精神状态。广大司法行政工作干警要树立高度的使命感、责任感、光荣感和存在感，努力开辟县区司法行政工作的新天地。

要有锐意改革的精神。改革是推动县区司法局建设的关键，要以改革来统揽县区司法局各项工作。要克服无所作为的思想，真正树立改革的意识，以改革促发展，在改革中寻找发展机遇，在改革中强化职能，在改革中不断克服前进中遇到的困难和问题。

要有艰苦奋斗的精神。艰苦奋斗是我们的优良传统。我们不能在困难面前畏缩不前，更不能被困难所吓倒。只有艰苦奋斗，才有出路，才能开创工作新局面。

要有刻苦攻坚的精神。我们一定要有攻克难关的气魄和坚韧不拔的毅力，百折不挠，勇往直前。凡是认准的事情一定要一抓到底，不达目的誓不罢休。

要有甘于奉献的精神。县区司法行政工作是平凡的工作，也是默默无闻的工作。正是由于我们的奉献精神，才有基层社会的稳定和经济的发展，才有基层民主法制建设的进步，也才有司法行政机关的地位和影响。要热爱司法行政工作，全身心地投入工作。

要有厉行法治的精神。基层司法行政干警要依法办事，执法如山。要言不离法，行不离法，一切活动都要以法律为准绳。要坚持在法律面前人人平等，做到刚直不阿，威武不能屈，富贵不能淫。县区司法局要教育法律服务工作者廉洁自爱、依法办事，自觉地维护法律工作者的良好形象。

要有自立自强的精神。每一位司法行政干警都要面对现实，既要承认困难，正视困难，更要看到发展的美好前景，增强战胜困难的信心。要想有地位，必须有作为，要想有作为，就得靠实干。要想使司法行政工作得到加强，首先必须自立自强。

要树立良好的精神状态就要摆脱各种不健康心态的影响，要铲除有碍改革、不利发展的各种私心杂念；破除不思进取、得过且过的懒汉懦夫思想；克服妄自菲薄、消极悲观的错误认识；打破怨天怨地，就是不怨自己的客观主义的束缚，不屈不挠，开拓进取。

（十九）振奋精神，保持基层司法行政干警高昂的斗志，关键在于各级司法行政机关的领导。作为担负司法行政工作领导责任的同志，要有做好司法行政工作、献身于国家法制建设事业的决心和信念；要有为县区司法行政工作服务的满腔热情；要有开拓进取的精神和百折不挠的毅力；要有高超的领导艺术和协调工作能力。要经常想到自己肩负的重任和所担负任务的艰巨性，振作精神，关心基层，深入基层，指导好基层司法行政工作。要进一步改进作风，为那些工作难度较大的地方努一把力，多做帮助解决问题的工作。

（二十）省、市、区司法厅（局）领导要高度重视县区司法局建设，要把县区司法行政工作摆上重要议事日程，将主要精力放在抓基层打基础上来。要认真研究县区司法局建设遇到的新情况、新问题，总结县区司法局建设的经验。树立一批新形势下做出突出成绩的县区司法局先进典型，通过典型推动、引导县区司法局建设。同时，要积极为县区司法局建设争取政策，尤其是争取法律法规的保障。今后一、二年内，司法部要认真做好《人民调解法》、《司法助理员条例》、《基层法律服务所管理条例》三个与基层司法行政工作密切相关的法律、法规起草工作，同时着手起草《全民法制教育法》和《法律服务工作管理办法》，还要争取制定安置帮教刑释解教人员的有关政策。各地司法厅（局）要结合本地的情况，搞好调查研究，主动争取地方立法机关和政府的支持，制定地方性法规和规章，为本地县区司法局建设创造一个良好的法制环境。

要切实摸清情况，做好工作，积极争取有关部门的关心和支持，竭尽全力为县区开展司法行政工作创造有利的条件和环境。要继续帮助县区司法局解决办公用房和装备问题。要关心基层司法行政干警的疾苦，帮助他们解决各种困难，解除他们工作中的后顾之忧。

（二十一）将保持县区司法局稳定作为当前的一项重要任务来抓。司法行政机关是根据党中央、全国人大、国务院的决定建立的，县区司法行政工作在《宪法》和《中华人民共和国地方各级人民代表大会和地方各级人民政府组织法》中有着明确的规定，是有法律根据的。要继续贯彻落实中央和中央领导同志关于加强基层政法工作和基层政权组织建设的重要指示精神，保持县区司法局的稳定。要从本地实际出发，主动向当地党委、人大、政府汇报，争取支持，帮助解决县区司法局机构的稳定。充分发挥县级司法局的职能，不是撤并，而是加强。必须保证司法行政业务活动正常运转，律师、公证、基层法律服务、人民调解、法制宣传等业务必须有人负责；司法行政干部不能解散；县区司法局的财产不能流失；司法行政编制不能挪用。

（二十二）重视宣传司法行政工作，努力扩大影响。县区司法局恢复重建时间不长，社会各界、地方党政领导对县区司法行政工作不甚了解。为此，司法行政机关要重视做好自身工作的宣传。要继续努力争取各新闻单位的支持，加大对县区司法局工作宣传的力度，使全社会了解、关心、支持司法行政工作。

四、努力造就一支政治坚定、作风过硬、业务精通、开拓创新的基层司法行政干警队伍

（二十三）大力加强基层司法行政干警政治理论学习和思想政治工作。要组织广大干警深入学习邓小平同志建设有中国特色社会主义的理论，学习邓小平文选。尤其要深入学习邓小平同志的民主法制思想，认真领会“厉行法制，走依法治国之路”的精髓，增强从事社会主义民主法制建设基础工作的坚定信念和必胜信心。各级领导和政治部门对围绕司法行政工作改革中出现的一些新情况、新问题，要予以高度重视，切实加强广大干警的思想政治工作。要向广大基层干警实事求是地讲明当前存在的困难、问题以及发展机遇、发展前景，讲明改革开放的意义、方针和政策，教育干警正确理解和对待改革开放，自觉抵制各种消极因素的影响。

（二十四）进一步加强县区司法局领导班子建设。要按照《党政领导干部提拔任用工作暂行条例》和中组部、司法部（89）047 号文件的规定，认真履行协管职责，加大协管力度，强化协管措施，在选好“一把手”、配强配齐县区司法局领导班子上下功夫，使县区司法局的领导班子建设取得突破性进展。地市司法行政机关应主动与县区党委组织部门建立经常性的联系制度，互通情况，增进了解，为搞好协管工作打好基础。

要建立定期考核制度，实行定期考核和日常考察相结合，加强对协管干部的管理。要保证对领导班子成员在每届任期内至少全面考核1至3次，每年对领导班子考核1次，并及时向当地党委、政府介绍情况，提出考核意见和建议。

要建立干部交流制度。按照中央关于干部实行异地交流和岗位转换的政策，通过向外交流和内部流动，缓解干部压职压级的矛盾，逐步解决一批基层干警的职级待遇问题。

要大力选拔年轻干部，增强县区司法局领导班子的生机与活力。当前，尤其要注意选拔懂法律、懂管理、懂经济的年轻干部进入县区司法局领导班子，在实践中增长才干，使他们在开拓县区司法行政工作新局面中发挥更大的作用。

（二十五）大力开展立功创模活动，加大表彰先进力度，继续开展树立新时期司法行政干警良好形象和争当合格司法行政干警的活动。要广泛深入开展学习孔繁森，学习本系统英模活动，鼓舞士气，振奋精神，使基层广大干警保持和发扬艰苦奋斗的优良传统和作风，甘于奉献，乐于奉献。自觉地支持改革、投身改革。

（二十六）加强廉政建设，进一步反腐倡廉。要继续贯彻中纪委"双五条"及补充规定和中央办公厅、国务院办公厅有关禁止在公务活动中收受礼品以及申报财产的规定，进一步反腐倡廉。要继续查处腐败案件，重点做好查处大案要案的工作。要继续纠正行业不正之风。

（二十七）深化干警的业务培训。要在坚持严把进人关的基础上，把教育培训的重心从注重数量转移到注重质量上来。要强化专业培训，真正达到提高业务素质、提高执法水平、提高法律服务质量的目的。对县区司法局的业务骨干和有培养前途的司法助理员，要选送到专业院校进行培训，也可以组织报考律师、公证员资格的基层司法行政干警进行考前培训。

（二十八）认真落实人事部、财政部、司法部关于司法助理员实行岗位津贴的通知，尽一切可能解决基层司法行政干警工作、生活上的困难，解除他们的后顾之忧，使他们能够全身心地投入到司法行政工作改革和发展中去，创造更大的业绩。

司法部关于认真贯彻落实党的十四届五中全会精神的通知

（1995年10月11日）

各省、自治区、直辖市司法厅（局），新疆生产建设兵团司法局、监狱局、部各直属单位：

党的十四届五中全会是在我国改革开放和社会主义现代化建设发展的重要时刻召开的一次历史性会议。全会通过的《中共中央关于制定国民经济和社会发展"九五"计划和2010年远景目标的建议》，充分体现了邓小平同志建设有中国特色社会主义理论和党的基本路线，科学地总结了改革开放17年来的实践经验，精辟地概括和提出了一整套指导国民经济和社会发展的重大方针，是指引全党和全国各族人民沿着建设有中国特色社会主义的道路奋勇前进，实现国家富强、民族振兴和社会长治久安，胜利跨入21世纪的宏伟纲领。司法行政工作具有为国民经济和社会发展提供法律服务、法律保障和法律教育的重要职能，同时，自身的改革和发展也与国民经济和社会发展紧密相连。为了把党的十四届五中全会精神学习好、贯彻好、落实好，特通知如下：

一、各级司法行政机关要组织广大干警认真学习会议有关文件，深刻领会会议精神实质，用全会精神统一思想

要组织广大干警深入学习《中共中央关于制定国民经济和社会发展"九五"计划和2010年远景目标的建议》，学习江泽民总书记的重要讲话和李鹏总理就《建议》草案所作的说明。党的十四届五中全会精神，内容十分丰富，要及时做好传达工作，认认真真地学习，做到全面了解全会的内容，深刻领会全会的精神实质。通过学习，使广大干警了解"九五"时期和2010年国民经济和社会发展的主要奋斗目标，以及实现这些奋斗目标需要实行的两个具有全局意义的根本性转变；要使广大干警深刻了解在经济和社会发展中需要认真贯彻的九条重要方针；要使广大干警深刻认识到，在我们这样一个地域辽阔、人口众多、情况复杂、发展任务艰巨的大国，设计出这样一个适应社会主义市场经济要求的巨大的社会系统工程，表明经过几十年来特别是近十几年来的实践，我们党对经济规律和社会发展规律的认识更加深入，对经济和社会发展的领导更加成熟。通过学习，要使广大干警胸怀国民经济和社会发展的大目标，增强服从服务于全党全国工作大局的自觉性。《建议》多处提到法制建设、法制宣传教育和法律服务等工作,对司法行政工作提出新的、更高的要求。广大司法行政干警既要从中受到鼓舞,又要充分认清自己肩负的历史重任,切实树立“大服务”的思想,改革开拓,拼搏进取,努力增强工作的主动性和创造性,为实现国家“九五”计划和2010年远景目标服务。

二、充分发挥职能作用,为国民经济和社会发展提供优质高效的法律服务、法律保障和法律教育

国民经济和社会发展的许多环节,都需要有效的法律服务、法律保障和法律教育。各级司法行政机关要根据党的十四届五中全会的精神,结合本地实际,积极探索为国民经济和社会发展提供法律服务、法律保障、法律教育的新路子,充分发挥各项职能作用,创造性地开展工作。要继续大力发展监狱、劳教经济,切实转变经济增长方式,优化产业结构、合理调整布局、引进各类人才,建立现代企业制度,显著提高监狱、劳教经济的质量和效益,为国民经济的新发展做出自己的贡献。要大力加强监狱、劳教所的管理,确保监所稳定,提高教育改造质量。维护国家政治稳定和社会稳定,不仅监狱、劳教工作有着直接的关系,而且法制宣传教育、人民调解、法律服务等各项业务工作都有直接的关系,必须充分发挥这些工作职能的作用,为实现“九五”计划和2010年远景目标提供可靠的法律保障,维护社会的稳定。要进一步发挥律师、公证、基层法律服务机构等中介组织的沟通、服务、公证、监督作用,为“九五”计划和2010年远景目标的实现提供优质的法律服务。要积极探索与社会主义市场经济体制相适应的法学教育机制和办学模式,培养高层次的跨世纪法律人才。要根据《建议》关于加强立法、司法、执法、普法工作的要求,继续深入开展法制宣传教育工作,提高全民族的法律素质。要继续搞好司法人权的交流与合作,积极参与国际司法人权斗争,配合我国外交工作,为实现祖国统一、为创造良好的国际环境做出贡献。要充分发挥法律协会团体的作用,加强法学研究工作,办完善国家的民主与法制发挥参谋作用。要深入进行司法行政体制改革,探索建立完善的司法行政制度,更好地适应国家的经济建设和民主与法制建设。

三、进一步增强反腐倡廉的自觉性,把司法行政系统反腐败斗争抓紧抓好

党的十四届五中全会强调坚持不懈地加强党风廉政建设,深入持久地开展反腐败斗争。全会审议并通过了中央纪委《关于陈希同同志问题的审查报告》。这表明我们党有决心、有能力把反腐败斗争进行到底。各级司法行政机关要以陈希同的问题为反面教材,切实提高反腐倡廉的自觉性,从抓巩固、抓教育、抓制度、抓督查入手,进一步推进反腐倡廉工作。司法行政干警要严格要求自己,做到一身正气、两袖清风,做一个堂堂正正、有“四自”、“三严”精神、讲政治的人,着眼于新世纪,努力把司法行政干警队伍建设提高到一个新的水平。

四、要提高维护以江泽民同志为核心的党中央权威的自觉性

党的十四届五中全会提出了有步骤地实现我国现代化的纲领、政策,充分代表了各族人民的根本利益,是我们党贯彻全心全意为人民服务根本宗旨的又一生动体现。以江泽民同志为核心的党中央是有很高水平的领导集体,是成熟的领导集体,完全有能力率领全党和全国人民走向新的世纪。广大司法行政干警要紧密地团结在以江泽民同志为核心的党中央周围,在思想上、政治上与党中央保持高度的一致,一切听从党中央的指挥,竭力完成党中央、国务院赋予司法行政部门的职责,为改革开放和现代化建设作出更大的贡献。

五、把国民经济和社会发展的大政方针同司法行政远景规划的科学制定和实施结合起来

《中共中央关于制定国民经济和社会发展“九五”计划和2010年远景目标的建议》提出了这一时期的主要奋斗目标,反映了国民经济和社会发展规律,对于社会主义现代化建设具有长远的指导意义,也为我们科学制定和实施司法行政发展的中长期规划,提供了一系列根本原则和重大方针。各级司法行政机关要在五中全会精神指引下,紧扣党中央关于“九五”计划和2010年远景目标的建议精神,在调查研究的基础上,对已有的规划进行充实、调整和完善,同时,抓紧提出与“九五”计划和15年长远目标相适应的司法行政发展的目标、任务、方针和措施,以便把司法行政工作提高到一个新的水平。

落实此通知的情况请于10月底前报部。

队伍建设类

司法部关于授予刘慎勋等50名同志优秀监狱长(政委)称号授予陈忠民等30名同志优秀劳教所长(政委)称号的决定

(1995年1月28日)

各省、自治区、直辖市司法厅(局):

在党中央、国务院和地方各级党委、政府的领导下,全国监狱和劳教所坚定不移地贯彻执行党的"一个中心、两个基本点"的基本路线,认真贯彻党的监管工作方针和劳教工作方针,努力适应新形势的需要,坚持改革创新和两个文明建设,开创了监狱和劳教工作的新局面。广大监狱和劳教所的领导干部带领干警职工团结战斗,顽强拼搏,开拓进取,在监狱和劳教所的管理、队伍建设、教育改造、发展生产等方面取得了显著成绩,涌现出一批业绩突出、群众公认的优秀领导干部。

为了表彰先进,鼓舞斗志,进一步推动监狱、劳教所的工作健康发展,保证现代化文明监狱和劳教所建设总体目标的实现,司法部决定,授予刘慎勋等50名同志优秀监狱长(政委)称号,授予陈忠民等30名同志优秀劳教所长(政委)称号。

司法部号召全体干警,特别是监狱、劳教所领导干部要向他们学习。学习他们立场坚定,热爱本职,全心全意献身监狱、劳教事业的高度政治觉悟;学习他们艰苦奋斗,任劳任怨,兢兢业业,无私奉献的敬业精神;学习他们坚持改革,锐意进取,勇于探索的创新精神;学习他们秉公执法,坚持原则,清正廉洁,率先垂范的高贵品质;学习他们的谦虚谨慎,严以律己,联系群众,深入实际的优良作风。更加认真地学习邓小平同志建设有中国特色社会主义的理论,全面贯彻党的十四大和十四届三中、四中全会和全国政法工作会议精神,进一步加强现代化文明监狱和劳教所的建设,把司法行政工作提高到一个新的水平,为深化改革,扩大开放,保持稳定,做出更大的贡献。

优秀监狱长(政委)、优秀劳教所长(政委)名单(见本年鉴第十三部分)

最高人民法院 最高人民检察院 公安部 国家安全部 司法部关于印发《人民警察选升警衔的暂行办法》的通知

(1995年1月28日)

各省、自治区、直辖市公安、国家安全、司法厅、局,高级人民法院、人民检察院:

《人民警察选升警衔的暂行办法》已经国务院批准,现印发给你们,请认真遵照执行。

人民警察选升警衔的暂行办法

根据《中华人民共和国人民警察警衔条例》的规定，制定本暂行办法。

一、选升警衔的基本原则

(一)进一步强化警衔的指挥、管理功能，发挥警衔的激励作用，保持职务等级与警监警衔的合理的比例结构。

(二)符合人民警察所任衔级时间、任职时间和参加工作时间条件的，根据德才表现和工作实绩，择优选升。

(三)区别对待担任不同岗位领导职务的人民警察。

(四)警督选升警监，应先培训后晋升。

二、选升警衔的条件

一级警督以上人民警察，德才表现优秀，现衔级期间年度考核称职，在职务等级编制警衔幅度内，符合下列条件的，可以选升一级警衔：

(一)正厅级职务人员

1．省以上公安机关的厅(局)长，任二级警监满2年、任正副厅级职务时间满4年、参加工作时间满25年，或者任二级警监满6年的，可以选升至一级警监。

2．其他正厅级领导职务人员，任二级警监满3年、任现职级时间满2年、参加工作时间满30年，或者任二级警监满6年的，可以选升至一级警监。

3．正厅级非领导职务人员，任二级警监满4年、任现职级时间满3年、参加工作时间满35年，或者任二级警监满6年的，可以选升至一级警监。

(二)副厅级职务人员

1．省以上公安机关的副厅(局)长、省会市(副省级建制的城市)公安局副厅级的局长，任三级警监满3年、任现职级时间满2年、参加工作时间满25年，或者任三级警监满6年的，可以选升至二级警监。

2．其他副厅级领导职务人员，任三级警监满4年、任现职级时间满3年、参加工作时间满30年，或者任三级警监满6年的，可以选升至二级警监。

3．副厅级非领导职务人员，任三级警监满5年、任现职级时间满3年、参加工作时间满35年，或者任三级警监满6年的，可以选升至二级警监。

(三)正处级职务人员

1．省会市、人口较多治安任务重的地级市公安局局长，任一级警督满2年、任正副处级职务时间满3年、参加工作时间满22年，或者任一级警督满6年的，可以选升至三级警监。

2．地(市)公安处(局)长、省会市(副省级建制的城市)公安局正处级的副局长和省(自治区、直辖市)公安厅(局)以上机关的处长，任一级警督时间满3年、任现职级时间满2年、参加工作时间满25年，或者任一级警督满6年的，可以选升至三级警监。

3．其他正处级领导职务人员，任一级警督满4年、任现职级时间满3年、参加工作时间满30年，或者任一级警督满7年的，可以选升至三级警监。

4．正处级非领导职务人员，任一级警督满5年、任现职级时间满3年、参加工作时间满35年，或者任一级警督满7年的，可以选升至三级警监。

(四)专业技术职务人员

1．教授级专业技术职务人员：做出特别突出贡献，同时任专业技术二级警监满4年、任现职级时间满3年、参加工作时间满30年，或者任二级警监满6年的，可以选升至专业技术一级警监。

任专业技术三级警监满4年、任现职级时间满3年、参加工作时间满30年，或者任三级警监满6年的，可以选升至专业技术二级警监。

2．副教授级专业技术职务人员：做出突出贡献，同时任专业技术三级警监满4年、任现职级时间满3年、参加工作时间满32年，或者任三级警监满7年的，可以选升至专业技术二级警监。

任专业技术一级警督满4年、任现职级时间满3年、参加工作时间满32年，或者任一级警督满7年的，可以选升至专业技术三级警监。

三、选升警衔工作的程序和方法

(一)公安部、国家安全部、司法部、最高人民法院、最高人民检察院每年应根据调整警监警衔比例结构的实际需要，共同研究提出选升警衔的意见，于每年7月底前下达当年选升警衔的具体方案。

(二)凡拟由一级警督选升至三级警监的人员，应经省级以上人民警察院校的晋级培训，并考试合格，方可选升。培训时间一般不得少于2个月。

(三)选升警衔审批程序和权限，依照《人民警察警衔工作管理办法》的有关规定办理。

(四)选升警衔的审批工作，每年10月办理1次，任衔级时间、任职时间、参加工作时间截止到当年的9月1日。各地应将拟选升警衔人员的有关材料，于9月底前报主管部门审批。

（五）国家安全部门、监狱和劳动教养管理部门的人民警察，人民法院、人民检察院的司法警察选升警衔工作适用本《暂行办法》。

中共司法部党组关于加强自身建设的若干规定

（1995年2月20日）

中国共产党第十四届中央委员会第四次全体会议，在分析国内外形势和党的状况的基础上，通过了《中共中央关于加强党的建设的几个重大问题的决定》。这是我党建设史上的一件大事。司法部党组是在党中央直接领导下，讨论和决定整个司法行政部门重大问题的领导机构。为了切实贯彻这一重要决定，进一步提高自身战斗力，在推进司法行政各项事业的改革和发展中，更加充分地发挥核心领导作用，经研究，在过去关于党组自身建设、廉政建设和党组会议制度等规定的基础上，根据四中全会精神，进一步就加强自身建设的若干重要问题作出如下规定：

一、党组的职责

（一）决定贯彻落实党的路线、方针、政策的措施，加强全系统干警队伍的思想建设、组织建设和作风建设，保证司法行政工作的正确政治方向；

（二）制定有关司法行政工作的发展规划，审定有关的法律法规草案；

（三）对司法行政工作改革与发展的重大问题作出决策，研究处理司法行政工作在国内外产生重大影响的事件；

（四）决定直接管理干部的任免和奖惩事项，协助地方党委和政府管理好省级司法厅（局）领导干部；

（五）指导司法行政系统党的建设、思想政治工作和队伍建设工作；

（六）指导机关及直属单位党组织的工作；

（七）完成党中央、国务院交办的有关事项；

（八）处理其他司法行政工作的重大事项。

二、对党组成员的要求

（一）认真学习、深刻领会邓小平同志建设有中国特色社会主义的理论，努力用马克思主义的立场、观点、方法分析和解决实际问题。

（二）坚决执行党的基本路线和各项方针、政策，在政治上始终同党中央保持一致，立志改革开放，不断开拓进取，在新时期司法行政改革与发展中做出实绩。

（三）有强烈的革命事业心和政治责任感，不断积累实践经验，提高组织领导能力、政策理论水平和专业知识。

（四）正确行使人民赋予的权力，清正廉洁，勤政为民，以身作则，艰苦朴素，密切联系群众，坚持党的群众路线，自觉接受党和群众的批评及监督，反对官僚主义，反对任何滥用职权、以权谋私的不正之风。

（五）增强法制观念，严格依法办事，模范地遵守党的纪律和国家的法律。

（六）坚持和维护党的民主集中制，发扬民主作风，树立全局观念，善于团结同志，包括团结同自己有不同意见的同志一道工作。

（七）在选拔任用干部工作中，必须坚持党性原则，模范执行民主集中制，坚持干部“四化”方针和德才兼备原则，坚持任人唯贤，反对任人唯亲。

三、党组实行民主集中制的原则

（一）发展党内民主，鼓励党组成员和党员解放思想，实事求是，勇于探索，敢讲真话。

（二）建立健全领导、专家、群众相结合的决策机制，逐步完善民主科学决策制度。坚持群众路线，充分尊重群众的创造精神。注意倾听各方面的意见，包括反对意见。

（三）切实保障各级党组织和党员的民主权利，疏通和拓宽党内民主渠道，使党员对党内事务有更多的了解和参与。

（四）坚持和完善集体领导和个人分工负责相结合的制度。凡属方针政策性的大事，全局性的问题，必须经过党组充分酝酿、协商、讨论，并按照少数服从多数的原则表决之后集体决定。对集体的决定，任何个人无权改变，个人或少数人有不同意见允许保留，但必须无条件服从，并在行动上积极执行。

提倡领导干部敢于负责的精神，反对遇事推诿，互相扯皮和无人负责。党组成员既要根据集体的决定和分工，切实履行自己的职责，又要关心全局工作，积极参与集体领导。

在党组内部，书记与成员是平等的。书记在集体领导中负有主要责任，应当成为执行民主集中制的表率。党组成员要互相信任、互相支持、互相谅解、互相补充，互相帮助克服缺点和错误，不断增强党组的凝聚力和战斗力。

（五）坚决维护中央的权威，保证中央的政令畅通。在党的基本路线和总方针、总政策、总目标以及关系全局的重大问题上，始终与中央保持一致。牢固树立全局观念，坚决贯彻执行中央的决议、决定，结合司法行政工作实际，创造性地开展工作，重大问题及时向中央请示报告。

（六）加强和健全党内监督，严肃党的纪律。在是否正确地贯彻执行党的路线方针政策，是否正确地运用人民赋予的权力，是否严格地遵守民主集中制的各项制度等方面，自觉接受党组织和群众的监督。坚持在纪律面前人人平等，对违纪人员要严肃查处。

（七）选拔任用干部必须充分发扬民主，走群众路线，不准个人或少数人说了算。党组决定干部任免，必须有2/3以上成员到会，经过充分酝酿讨论，按照少数服从多数的原则作出决定；党组讨论干部任免，要充分听取组织人事部门、纪检机关、监察部门和机关党组织的意见；如被讨论人选不合适需另提人选时，应经组织人事部门全面考察后再提交会议审议。无论是选任还是委托、聘任领导干部，都要走群众路线，充分发扬民主，实行民主推荐、民意测验或民主评议，注意社会公论。

要加强对贯彻执行党的干部队伍“四化”方针、德才兼备原则和各项干部政策的检查、监督和指导，加强对干部人事制度改革的领导，加强对干部人事工作的宏观管理，确保公正用人，任人唯贤；要充分发挥组织人事部门在党组领导下履行干部管理工作职能的重要作用。

（八）坚持和健全民主生活会制度，大力提倡批评与自我批评，开展谈心活动，从团结的愿望出发，分清是非，团结同志，克服缺点，改进工作。

（九）要充分发挥纪律检查机关在党内的监督作用。要把党内监督同群众监督、舆论监督、民主党派和无党派人士的监督结合起来，形成强有力的监督体系。

四、党组会议

（一）党组按照规定的职责决定重大事项，必须通过党组会议。党组会议要管大事、议大事，不讨论业务工作中的具体问题和其他事务性问题。

（二）党组会议由党组成员参加，由党组书记召集并主持。党组书记因故不能到会时，由党组书记委托副书记主持。经党组书记或副书记同意，办公厅、政治部负责人及有关人员可以列席会议。

党组会议须有半数以上的党组成员参加方能举行。研究决定干部任免事项，须有2/3以上党组成员参加。党组成员不能出席会议的，如有必要，应征求其对决定事项的意见。

（三）党组会议一般每周召开一次。必要时可以临时决定召开。党组会议举行的时间应提前通知党组成员，党组成员因故不能参加会议时，应向党组书记或副书记请假。

（四）党组会议的议题由党组成员及办公厅、政治部提出建议，由党组书记或委托党组副书记确定。确定的议题、有关文件材料应提前通知并送达党组成员，会议中一般不临时增加议题。

（五）党组会议形成意见、作出决定时，实行少数服从多数的原则，少数人的意见可以保留，也可以向中央报告。党组审议事项提出的意见、决定形不成多数的，应暂缓作出决定，待进一步调查研究、交换意见后再作决定。

（六）党组成员必须坚决执行党组的决议。如在工作中发现新的情况，认为需要改变党组决定的，要及时提交党组讨论；在党组没有重新作出决定前，不得有与党组决定相违反的言行。

（七）党组会议的内容，除党组决定可在党内或党外传达或公开外，与会人员（包括列席人员）均应严守秘密，不得向外界泄露。如有泄露，应当认真查清，追究有关人员责任。

（八）党组会议议定事项应作会议纪要。办公厅、政治部按其职责分工，负责督促、检查会议决定事项的执行情况。

五、改进工作作风，讲究工作方法

党组和党组成员要理论联系实际，经常深入基层、深入实际调查研究，掌握司法行政工作的第一手材料，使各项决策建立在符合国情、符合实际的基础之上。要密切联系群众，倾听群众呼声，经常同广大干警职工谈心交流，帮助他们解决工作和生活中存在的实际问题。要想大事，议大事，干大事；讲实话，办实事，求实效；多学习，少应酬，不搞形式主义。

司法部关于学习宣传贯彻执行《中华人民共和国人民警察法》的通知

（1995年3月17日）

各省、自治区、直辖市司法厅（局），新疆生产建设兵司法局、监狱管理局：

《中华人民共和国人民警察法》已由第八届全国人民代表大会第十二次会议通过，国家主席江泽民签署命令公布施行。这是我国民主与法制建设的一件大事，是司法行政系统全体人民警察政治生活中的一件大事。从现在起各地要集中一段时间，认真组织学习、宣传、贯彻执行《中华人民共和国人民警察法》。

一、要广泛、深入地组织开展学习《中华人民共和国人民警察法》的活动。《中华人民共和国人民警察法》是新时期人民警察维护国家安全和社会治安秩序的重要法律武器，也是规范我国人民警察工作的基本法律。它的颁布和实施，对于进一步发展社会主义民主和健全社会主义法制，加强人民警察队伍建设，保护公民的合法权益，保障人民警察依法行使职权，有效地预防和惩治违法犯罪活动，保障改革开放和社会主义现代化建设的顺利进行，具有重要的意义。各级司法行政机关要高度重视，把学习、宣传、贯彻执行《中华人民共和国人民警察法》作为加强队伍建设的大事认真抓紧、抓好。要认真制定学习计划，作出妥善安排。不论是高级警官还是普通警员都要学习。学习《中华人民共和国人民警察法》要与学习《中华人民共和国监狱法》结合进行。通过学习，深刻领会这两部法律的精神、内容和重要意义，牢固树立法制观念，增强法律意识，提高执法水平。

二、进一步加强对人民警察必须依法行使职权的教育。学习过程中，要教育人民警察必须以宪法和法律为准则，时时处处以《中华人民共和国人民警察法》和《中华人民共和国监狱法》的规定来要求和规范自己的行为，自觉遵守人民警察职责权限的规定，依法行使职权，忠于职守，清正廉洁，纪律严明，服从命令，严格执法。同时，要在全体人民警察中进行全心全意为人民服务的宗旨教育，在人民警察队伍中更响亮地提出对法律负责的口号，强调对法律负责和对党、对人民负责的一致性。牢固树立群众观念，自觉接受人民群众的监督，维护人民的利益。

三、大力加强宣传工作。《中华人民共和国人民警察法》和《中华人民共和国监狱法》的颁布实施，也是人民群众社会生活中的一件大事。各地要采取多种形式，通过各种渠道，广泛开展宣传活动，加大宣传力度，注重宣传效果。宣传工作要面向社会、面向群众。要向人民群众宣传司法行政机关监狱、劳教人民警察忠于职守、清正廉洁、全心全意为人民服务的事迹，使人民群众更多地了解和理解监狱、劳教工作人民警察，更好地支持我们的工作。

四、严格纪律，加强管理，依法从严治警。《中华人民共和国人民警察法》是人民警察队伍革命化、正规化、现代化建设的重要法律。要根据《中华人民共和国人民警察法》的规定，结合司法行政机关监狱、劳教工作人民警察队伍的实际情况，制定贯彻执行《中华人民共和国人民警察法》和加强队伍建设的具体措施，依法、从严治警，把队伍的革命化、正规化、现代化建设提高到一个新的水平。

各地在学习宣传贯彻中有何问题，请及时报部。

司法部关于印发司法行政系统贯彻中纪委两个“补充规定”的具体规定的通知

（1995年4月10日）

各省、自治区、直辖市司法厅（局），新疆生产建设兵团司法局、监狱管理局：

根据中共中央纪律检查委员会第五次全会作出的党政领导干部“不准参加用公款支付的营业性歌厅、舞厅、夜总会等的娱乐活动”和“不准接受可能对公正执行公务有影响的宴请”的两个补充规定，结合司法行政系统的实际情况，司法部制定了“关于贯彻执行‘不准参加用公款支付的营业性歌厅、舞厅、夜总会等的娱乐活动’的具体规定”和“关于贯彻执行‘不准接受可能对公正执行公务有影响的宴请’的具体规定”。现将这两个文件印发给你们，望切实遵照执行。

司法部关于贯彻执行“不准参加用公款支付的营业性歌厅、舞厅、夜总会等的娱乐活动”的具体规定

为贯彻落实中纪委五次全会作出的党政领导干部“不准参加用公款支付的营业性歌厅、舞厅、夜总会等的娱乐活动”的补充规定，保持司法行政机关的清正廉洁，结合司法行政系统的实际情况，特制定以下具体规定：

一、司法行政系统各级党政机关，在召开各种工作会议时，均不准组织与会人员参加用公款支付的营业性歌厅、舞厅、夜总会等的娱乐活动。

二、司法行政系统各级党政机关，因工作需要，在下属单位召开各种会议，不准要求或授意下属单位用公款支付与会人员参加营业性歌厅、舞厅、夜总会等娱乐活动的费用。

三、司法行政系统各级党政机关，在开办各种研讨班、培训班、轮训班时，不准组织用公款支付参训人员参加营业性歌厅、舞厅、夜总会等娱乐活动的费用。

四、司法行政系统各级党政领导干部，因公出差或在其他公务活动中，不准要求或接受接待单位用公款支付参加营业性歌厅、舞厅、夜总会等娱乐活动的费用。

五、司法行政系统各级党政领导干部，不准利用职权或各种关系免费参加营业性歌厅、舞厅、夜总会等的娱乐活动。

六、上级领导机关和其他单位、部门召开会议或组织其他活动时，司法行政系统各级党政机关，不准邀请有关领导和其他人员参加用公款支付的营业性歌厅、舞厅、夜总会等的娱乐活动。

七、为开展和活跃健康有益的娱乐活动，可以组织机关干部、职工和参加会议人员，在本单位、本系统所属单位或兄弟单位自设的娱乐场所（包括内外两用）进行自娱自乐活动。

八、对违反上述规定的，视其情节，予以处理：

1. 对组织、批准者，给予通报批评，情节严重的给予党纪政纪处分。

2. 对违反规定参加者，第一次批评教育；第二次责成本人在适当的会议上作出检讨；第三次给予党纪政纪处分，并通报批评。情节严重者，不论参加次数多少，均要给予党纪政纪处分。触犯刑律的，要移送其他司法机关依法追究刑事责任。

3. 凡违反规定参加者，用公款为其支付的费用，由本人负担。

司法部关于贯彻执行"不准接受可能对公正执行公务有影响的宴请"的具体规定

为贯彻落实中纪委五次全会作出的党政领导干部"在同国内的单位和个人的交往中,不准接受可能对公正执行公务有影响的宴请"的补充规定,保持司法行政机关的清正廉洁,结合司法行政系统的实际情况,特制定以下具体规定:

一、监狱及其管理部门,在监管改造工作中,不准接受犯人及其亲属的宴请。在审批和办理犯人减刑、假释、保外就医、离监探亲等工作中,不准接受犯人及其亲属、取保人、委托人的宴请。

二、劳动教养场所及其管理部门,在劳动教养工作中,不准接受劳动教养人员及其亲属的宴请;在审批和办理劳动教养人员减期、提前解教、所外执行、所外就医等工作中,不准接受劳动教养人员及其亲属、委托人的宴请。

三、计划财务管理部门,在审批和办理基建立项、投资、贷款、分配经费、批拨装备、物资等工作中,不准接受申请单位的宴请。

四、律师管理部门,在审批和办理律师机构、资格,办理年检、注册,证、照发放等管理工作中,不准接受申请单位和当事人的宴请。

五、公证管理部门,在审批公证机构、公证员资格和委托公证人(香港)及办理证、照等管理工作中,不准接受申请单位和当事人的宴请。

六、外事部门,在审批和办理出国(境)手续等工作中,不准接收申请出国(境)人员及其单位的宴请。

七、政工、人事、劳资部门,在审批机构、编制、警衔,考察、提拔、调动干部,招干、招工,调资、职称评定,入党、入团,评选先进等工作中,不准接受申请单位和当事人的宴请。

八、纪检、监察、审计等部门,在调查、审计、处理有关单位和人员问题的工作中,不准接受被调查、审计、处理单位及当事人的宴请。

九、如违反上述规定者,视其情况,分别予以处理:第一次违反者,批评教育;第二次违反者,责成本人在适当的会议上作出检讨;第三次违反者,给予党纪政纪处分,并通报批评。如情节严重,不论违反次数多少,均要给予党纪政纪处分。

司法部　人事部关于召开第三届全国司法行政系统先进集体先进个人表彰大会的通知

(1995 年 5 月 25 日)

各省、自治区、直辖市司法厅(局),人事(人事劳动)厅(局):

1990 年第二届全国司法行政系统先进集体、先进个人表彰大会以来,全国司法行政系统广大干警、职工认真学习邓小平同志建设有中国特色社会主义的理论,坚定不移地贯彻执行党的"一个中心、两个基本点"的基本路线,继续发扬艰苦创业,无私奉献的精神,解放思想,深化改革,锐意进取,在监狱管理、劳动教养、法律服务、法制宣传、法学教育、队伍建设等各个方面取得了显著成绩,为维护国家政治稳定和社会安定,为改革开放和经济建设作出了重要贡献,涌现出一大批政治坚定、作风过硬、忠于职守、成绩卓著的先进集体和先进个人。为了表彰先进,树立典型,激励广大干警、职工积极进取,奋发向上,推动各项司法行政工作向前发展,司法部、人事部决定,1995 年下半年召开第三届全国司法行政系统先进集体、先进个人表彰大会,有关事项通知如下：

一、表彰名额和评选范围

本届大会表彰先进集体80个，先进个人150名。先进个人分为英雄模范和劳动模范，英雄模范称号授予干警，劳动模范称号授予工人。表彰的150名先进个人中，授予110名干警英雄模范称号；授予40名工人劳动模范称号。各地名额分配见附表。

全国司法行政系统先进集体的评选范围为各级司法行政机关的先进集体。全国司法行政系统英雄模范的评选范围为在司法行政工作中成绩卓著、堪称楷模的干警。全国司法行政系统劳动模范的评选范围为在改革开放、经济建设、工农业生产和各项工作中做出突出贡献的工人。

二、评选条件

司法行政系统先进集体和英雄模范、劳动模范必须具备《中华人民共和国司法部关于司法行政系统工作人员奖惩暂行办法》(试行)所规定的立功受奖条件，在各项司法行政工作和本职工作中做出突出贡献，堪称楷模。司(局)级干部不参加评选。

三、评选办法

评选、推荐工作采取自下而上的方法，由基层推荐，逐级审核上报。被推荐的先进集体、英雄模范和劳动模范，一定要有群众基础，群众公认。

先进集体、英雄模范和劳动模范由县(市)以上司法行政机关和政府人事部门初评，报上级司法行政机关、人事部门审核，由各省、自治区、直辖市司法厅(局)和人事厅(局)统一组织评选，报司法部、人事部审批。

四、奖励形式

先进集体授予"全国司法行政系统先进集体"荣誉称号，颁发锦旗、证书；先进个人授予"全国司法行政系统英雄模范"荣誉称号和"全国司法行政系统劳动模范"荣誉称号，颁发奖章、证书，并按规定享受有关待遇。

五、要求

1. 各级司法行政机关要高度重视评选、推荐工作，把它作为今年工作中的一件大事抓紧抓好。

2. 认真做好组织、评选工作，坚持高标准严要求，坚持公平、公正，公开，走群众路线，广泛听取各方面的意见，扎扎实实做好评选的组织工作和思想政治工作。

3. 各级司法行政机关和政府人事部门要加强联系，密切协作，严格按照规定时间和要求上报事迹材料和审批表。

4. 评选、推荐的先进个人中，妇女、少数民族应占一定比例。

5. 在评选、表彰期间，各级司法行政机关要组织专人如实撰写好先进集体和先进个人的事迹材料，充分利用大众传播媒介向社会各界和人民群众广泛宣传先进集体和先进个人的事迹，形成声势。

6. 各省、自治区、直辖市司法厅(局)于1995年9月30日前将评选出的先进集体、先进个人的审批表及事迹材料(一式10份)报司法部政治部。事迹材料要求真实、生动、具体、重点突出，字数在3000字左右。

为开好这次大会，司法部成立大会筹备委员会，下设办公室，办公地点设在政治部。联系电话：4677144—337。

附：一、名额分配表(略)

二、全国司法行政系统先进集体审批表(略)

三、全国司法行政系统英雄模范审批表(略)

四、全国司法行政系统劳动模范审批表(略)

司法部关于成立部机关精神文明建设协调领导小组的通知

(1995年7月7日)

部机关各司局、部各直属单位：

为了进一步加强部机关建设，经5月11日部长办公会议研究决定，成立司法部机关精神文明建设协调领导小组(部内协调机构，不属于司法部常设机构)，负责协调、组织部机关精神文明建设的各项工作。现将有关事项通知如下：

一、部机关精神文明建设协调领导小组组成人员

组　长：肖建章(副部长)

副组长：汪洪毅(机关党委副书记)

王兆新(机关服务局负责人)

刘　坚(办公厅副主任)

成　员：陈　连(政治部副主任)

张书屏(计财司副司长)

二、部机关精神文明建设协调领导小组职责分工

(一)宣传教育、思想政治等项工作，由政治部、机关党委负责；

（二）社会治安综合治理、机关安全保卫等项工作由办公厅负责；

（三）绿化造林、计划生育、爱国卫生、义务献血、交通安全等项工作，由机关服务局负责；

（四）有关部机关精神文明建设所需经费及后勤保障等项工作，由计财司负责。

司法部关于司法行政系统人民警察统一佩带臂章、警号的通知

（1995年7月24日）

各省、自治区、直辖市司法厅（局）：

为了贯彻执行《中华人民共和国人民警察法》，加强司法行政系统人民警察的正规化管理，便于执行警务和人民群众的识别与监督，决定司法行政系统人民警察从1995年9月1日起陆续佩带臂章、警号。现将有关事项通知如下：

一、臂章、警号式样。臂章为盾形、蓝色，四周镶黄边，上方书以黄色“中华人民共和国”字样，中间为司法行政系统人民警察专用警种符号一把钥匙一把剑，警种符号两侧书以白色“警察”字样，下方配以蓝色飘带，内书司法二字的汉语拼音大写“SIFA”，臂章下方绘有长城图案和橄榄枝。警号为长方形、蓝色，由金黄色的7位数字组成。前两位数为司法部（01）和国家标准局规定的各省、自治区、直辖市代码，3、4位数为单位代码，后三位数为司法行政系统人民警察个人编号。

二、臂章、警号的佩带。司法行政系统人民警察着装时必须佩带臂章、警号，臂章佩带在上衣左袖上，警号佩带在左胸前。

三、臂章、警号的制作。臂章、警号为司法行政系统人民警察的专用标志，由司法部统一制作，任何单位和个人不得制作、仿造、变造和买卖，违者要追究责任。

四、臂章、警号的发放。臂章、警号配发给在编在职的、已授衔的司法行政系统人民警察。臂章由各地司法厅（局）管理部门统一编造计划，报司法部备案后发放。警号由各地司法厅（局）警察管理部门审查、登记注册，报司法部备案后发放。臂章、警号除发放机关外，其他单位和个人不得扣留。

五、臂章、警号的补发。司法行政系统人民警察要妥善保管、使用臂章、警号，不得转借他人，如有损坏、丢失，应及时报告发放机关，经发放机关审查批准并登记备案后，予以补发。

六、臂章、警号的收回。司法行政系统人民警察调离警察工作岗位或辞职、被辞退的，在办理手续时，由管理部门收回其臂章、警号，并报发放机关备案。

七、严格臂章、警号的管理。各级警察管理部门要高度重视，加强领导，严格管理，必须按规定配发臂章、警号，严禁扩大范围。司法行政系统人民警察必须按规定佩带臂章和警号，并接受警察管理部门的检查和纠正。

司法部关于表彰第一届全国十佳律师、十佳公证员、十佳基层法律工作者的决定

（1995年11月29日）

各省、自治区、直辖市司法厅（局），新疆生产建设兵团司法局：

为了更好地宣传在律师、公证、基层法律服务工作中涌现出的先进模范人物，表彰他们从业清廉，秉公执法，为深化改革、扩大开放、发展经济、维护稳定提供优质法律服务所做的突出贡献，司法部于1995年组织开展了评选第一届全国十佳律师、十佳公证员、十佳基层法律工作者活动。经过各省、自治区、直辖市推荐候

选人、社会各界群众投票评选以及评委会评选，司法部决定授予马军、傅增敏、陈富林等同志第一届全国十佳律师、十佳公证员、十佳基层法律工作者光荣称号。

一、全国十佳律师：

云南省震序律师事务所律师　马　军
福建省英合律师事务所律师　张斌生
湖南省湖湘律师事务所律师　秦希燕
信利律师事务所律师　高宗泽
西藏自治区恒丰律师事务所律师　央　金
中国人民解放军沈阳军区法律顾问处律师　董新发
黑龙江省岳成律师事务所律师　岳　成
陕西省西安市第二律师事务所律师　王松敏
北京市君合律师事务所律师　肖　微
吉林省华圣律师事务所律师　王海云

二、全国十佳公证员：

山东省青岛市公证处公证员　傅增敏
吉林省公主岭市公证处公证员　周玉兰
黑龙江省公证处公证员　司景兰
北京市公证处公证员　左燕芹
河南省南阳市公证处公证员　季德胜
四川省成都市公证处公证员　吴兴富
湖南省常德市公证处公证员　朱文君
青海省西宁市城东区公证处公证员　王红英
陕西省澄城县公证处公证员　刘全忠
海南省公证处公证员　吴清武

三、全国十佳基层法律工作者：

上海市松江县华阳镇法律服务所　陈富林
辽宁省丹东市振安区楼房乡法律服务所　王文巨
河北省魏县牙里镇法律服务所　韩子平
天津市津南区双闸乡法律服务所　范　云
北京市西城区双隆法律服务所　赵　华
湖北省枣阳市北城街道办事处法律服务所　高士学
陕西省黄陵县桥山镇法律服务所　任志贤
甘肃省古浪县黑松驿乡法律服务所　侯殿录
湖南省南县南洲镇法律服务所　何协舫
福建省漳浦县绥安镇法律服务所　林　雀

司法部希望第一届全国十佳律师、十佳公证员、十佳基层法律工作者要珍惜荣誉，再接再厉，在法律服务工作中加倍努力，再建新功。

司法部号召全国广大律师、公证员、基层法律工作者向这30名同志学习，学习他们高度的政治觉悟，模范执行党的路线、方针、政策，自觉同党中央保持一致；学习他们秉公执法、廉洁自律、敬业勤业的优良作风，树立良好职业道德；学习他们勇于改革、锐意进取的开拓精神，牢固树立大服务思想，努力开拓法律服务业务领域；学习他们兢兢业业、严谨求实的工作态度，掌握丰富的法律知识，提高业务水平。在邓小平同志建设有中国特色社会主义理论指引下，坚决贯彻执行党的“一个中心，两个基本点”的基本路线，努力做好法律服务工作，为社会主义法制建设和经济建设作出贡献。

司法部关于表彰第一届全国十佳律师、十佳公证员、十佳基层法律工作者提名奖获得者的决定

（1995年11月29日）

各省、自治区、直辖市司法厅（局），新疆生产建设兵团司法局：

为了更好地宣传在律师、公证、基层法律服务工作中涌现出的先进模范人物，表彰他们从业清廉，秉公执法，为深化改革、扩大开放、发展经济、维护稳定提供优质法律服务所做的突出贡献，司法部于1995年组织开展了评选第一届全国十佳律师、十佳公证员、十佳基层法律工作者活动。经各省、自治区、直辖市推荐、群众投票评选，并经司法部审定，以下同志获第一届全国十佳律师、十佳公证员、十佳基层法律工作者提名奖：

一、全国十佳律师提名奖：

王家籀、王亚和、王　银、李益民、李永进、刘兴全、宋建中、张国平、陈慧因、陈广兴、陈维垣、金锡盛、庞沙龙、姜学濂、高前和、高冠英、秦国光、顾先平、蒋龙翔、彭书珍、廖泽方、潘友辉

二、全国十佳公证员提名奖：

丁沈跃、王利英、王金锁、王新华、王文裕、王光勇、文树荣、方　耀、安建刚、牟新民、张留群、张永彬、金凤久、

林义琛、洪保亚、郭国祥、洛桑土多、梁业东、彭启尧、廖珍、廖刚强

三、全国十佳基层法律工作者提名奖：

王怀奇、任伟雪、刘山健、李开运、许元堂、杜六贵、张　萍、张全武、陈明坤、沈成应、杨　颖、欧　坚、庞家驹、金永富、郭向阳、胡兴智、姚振前、栾志勤、党洪涛、龚小弟、蒋　勋

司法部号召全国广大律师、公证员、基层法律工作者向这些同志学习，在邓小平同志建设有中国特色社会主义理论指引下，坚决贯彻党的基本路线，模范地执行国家法律，刻苦钻研业务，掌握丰富的法律专业知识，廉洁自律、敬业勤业，牢固树立大服务思想，树立良好的职业道德，积极地为社会稳定和经济建设提供优质法律服务。希望获提名奖的同志珍惜荣誉，再接再厉，为社会主义法制建设和经济建设作出新的贡献。

监 狱 类

司法部关于印发《全国监狱系统干训工作会议纪要》的通知

（1995 年 6 月 1 日）

各省、自治区、直辖市司法厅（局）、监狱管理局、新疆生产建设兵团监狱管理局：

现将《全国监狱系统干训工作会议纪要》印发给你们，请遵照执行。

全国监狱系统干训工作会议纪要

（1995 年 4 月 19 日）

司法部监狱系统干训工作会议于 1995 年 4 月 18 日至 19 日在北京召开。司法部常务副部长张秀夫到会并作了重要讲话，部监狱管理局、法学教育司、政治部的领导同志和北京、黑龙江、陕西、四川、浙江、江苏、广东、湖北、山东、江西、安徽 11 个省、市的警校校长，以及中央劳改劳教管理干部学院、西南政法大学刑事司法系等有关部门负责同志共 31 人参加了会议。会议的中心议题是：在社会主义市场经济条件下，监狱系统的干训工作如何贯彻《中华人民共和国监狱法》（以下简称《监狱法》）和全国监狱工作会议精神，为创建现代化文明监狱和劳教所，加速培养高层次人才；探讨研究将中央劳改劳教管理干部学院建成中央司法警官学院和推动各省警官学校办学上层次的问题；研究如何进一步发挥现有干警三级培训网络作用，实现“九五”干训规划提出的，使具有大专以上文化程度的干警人数达到干警队伍总数 45%以上的目标。

围绕上述议题，与会代表畅所欲言，展开了热烈的讨论。各警校介绍了自己办学的成功经验和取得的成绩，并对警校建设存在的问题提出了许多改进的建议。通过座谈，大家解放思想，提高认识，明确方向，交流经验，沟通信息，对办好各级警校，搞好干训工作，实现“九五”培训目标充满了信心。与会代表一致认为：会议召开的非常及时，非常必要，也非常重要，这次会议的召开预示着监狱、劳教系统干训工作将会有一个新的发展。现就会议有关问题纪要如下：

一、各级领导要充分认识到干部培训工作的重要意义

国务院[1995]4 号文件指出：“从事监狱管理和劳教工作的干警集执法、教育改造、组织生产等多种任务于一身，责任重大。在新形势下，尤其要重视和搞好这支队伍的建设”。“监狱、劳动教养所干警必须经过专业培训，新增干警未经培训不得上岗。为了保证队伍素质，今后新增干警的主要来源应是高等、中专院校和警官院校的毕业生”。“各省、自治区、直辖市要加强领导，认真办好当地的监狱、劳动教养警官学校”。《国家公务员条例》、《监狱法》和《中华人民共和国人民警察法》（以下简称《人民警察法》）也对干部队伍提出了明确的素质要求。因此，做好干部培训工作，提高队伍整体素质，是贯彻上述法规与文件的需要，是适应国际交流和国际人权斗争的需要，是提高改造质量、发展监狱、劳教经济、提高干警队伍的法律意识、执法水平的有效途径，是创建现代化文明监狱和劳教所的基础工程。

目前，我国 26 万监狱干警中具有大专以上文化程度的只占 26%，其中法律专业的仅占 5%，监狱管理和劳教专业的仅占 1.7%，这种状况，不能适应形势发展的需要和创建现代化文明监狱的要求。因此，各级领导必须特别重视抓好监狱系统干警培训工作，切实加强院校建设。教育是立国之本，毫无疑问，教育也是监狱系统队伍建设的根本，是我们建设现代化文明监狱的重要保障条件。要建设现代化文明监狱，必须有一支具有现代化科学知识的干警队伍，否则，建设现代化文明监狱就是一句空话，即使建起来了，也管不了，管不好，不能持久。因此，各级领导必须充分认识到加强干部培训、提高队伍素质的重要意义，树立教育为本、队伍为本的思想，切实把教育工作列入各级党委的重要议事日程，把培训工作作为一项硬任务，认真研究，落到实处，真正把我们的干部培训工作搞上去。

二、干部培训工作的总体目标和要求

干部培训工作的总体目标是：在"九五"期间，全体干警中具有大专以上文化程度的由目前的26%提高到45—50%，平均每年递增4到5个百分点，即每年需要培训和吸收8000—10000名大专以上毕业生。为了保证干警队伍的素质，今后录用干部要坚持大专以上学历为主，不得搞低层次的以工代干、以工转干，优秀工人必须从警官院校或其他高等学校毕业后才能录干。司法部将在监狱干警任职条件上，就学历问题作出明确规定。今后每个中队至少配备1—2名监狱管理和法律专业大专以上毕业生；科、大队级以上管教干部，必须是具有一定实践经验、监狱管理或法律专业大专以上毕业生；监狱长和负责教育改造工作的副监狱长，必须是监狱管理或法律专业本科毕业生，或是具有丰富实践经验的其他专业的本科毕业生。各地监狱管理局要将这一要求，作为"九五"期间的奋斗目标认真贯彻落实。今年内，各监狱管理局要按照上述目标和要求，对干警队伍的素质状况进行一次全面调查，然后根据《监狱法》、《人民警察法》和现代化文明监狱创建规划与目标要求，制定出与本省（区、市）监狱工作"九五"规划相配套的干警培训规划。并本着适应需要、超前发展、统筹规划、上下内外结合、分类指导、分级实施的原则，提出分级培训的目标、任务和措施，逐年组织实施。

在立足自我培训的基础上，要充分利用《监狱法》、《人民警察法》的颁布实施，财政保障体制的确立和监狱人民警察的政治优势、待遇优势，尽可能吸引大批有志于监狱工作的优秀人才来充实我们的干警队伍，以改善队伍的专业结构和文化结构，不断提高干警队伍的整体素质。

三、围绕总体目标和要求，大力加强警官院校建设和在职干警培训工作

由于监狱工作的特殊性，建设一支具有较高专业水平的监狱警察队伍，不能依靠别人，只能立足自己。因此，必须大力加强警官院校的自身建设。司法部对学校布局的指导思想是：集中力量办好一所大学，即中央司法警官学院；积极创造条件办成几所警官专科学校或高等警官职业学校，推动各地警官学校上规模、上层次、上水平。

（一）下决心办好一所警官大学。中央劳改劳教管理干部学院是部属院校中唯一的成人高等警官院校，十几年来，为全国的监狱和劳教系统培训了大批业务骨干，输送了几千名监狱、劳教管理专业的高层次专业人才，为监狱、劳教事业的发展做出了很大的贡献，但其现有的办学规模和办学层次已不能适应干警队伍建设的需求。为此，司法部党组决定在院系调整的基础上，集中有限的教育资源，在师资队伍、基本建设、教学设施等方面加大投入，加快建设步伐，将中央劳改劳教管理干部学院建成4000人规模的中央司法警官学院，实行普高、成高双轨运行，联体办学。努力将学院建设成为具备一流的教学设施、一流的师资队伍、一流的教学质量和一流的科研成果的全国监狱、劳教系统高级警官、业务骨干、高层次人才培训中心，监狱、劳教理论科研中心和各省警校业务教学的指导中心，成为监狱和劳教系统培养高级专门人才的摇篮。

（二）努力办好各省警官学校。首先，必须加大改革力度，通过各种形式加速培养大专以上人才。鉴于目前全国监狱系统大专院校奇缺，培养能力有限，根据干部队伍建设的需要，凡校舍条件较好，教学设备齐全，师资力量较强的警官学校，都应挖掘潜力，广开办学门路，积极创造条件与中央劳改劳教管理干部学院、当地法律专科学校或其他大专院校联合办学，为干警的学习、进修深造创造条件，以保证达到每年培训1万名左右大专以上学历干警目标的实现。其次，要充分发挥自学考试的优势和条件，利用现有三级培训网络，尽早开展高等教育监狱管理专业自学考试工作，加快在职干警的培训速度。第三，司法部监狱管理局会同法学教育司，将依据国家教委的有关评估标准，制定反映行业特点的评估指标体系，对现有27所警官学校进行行业评估指导。在此基础上有重点的扶持、建设一批重点警官学校。条件成熟的建成专科学校或高等警官职业学校，从而在本系统形成具有较高层次的专业人才培训基地；凡适合并有能力办中专的，各学校所在的监狱管理局要在人力、物力和财力上予以支持，保证学校越办越好；凡教学设施差、师资力量弱、教学质量低、没有生源的学校，要限期整改，预期内仍达不到评估标准的一律改为干校。各警官学校要勇于改革进取，加快建设步伐，立足本系统，面向全社会，力争上水平，大力求发展。

（三）要继续重视各基层单位的常设培训班，完善三级培训网。要制定培训规划，充实师资力量，加大经费投入，提高教学水平。要大力提倡在职干警、职工参加业大、函大、成人高考等多种形式的业余学习，并提供必要的条件，要有计划的选送一批有培养前途的青年干警、职工到相关的高等院校进修或代培。总之，要多形式、多途径、多层次地在较短时间内将干警的文化、专业知识水平提高一步。

四、关于警官院校的领导体制、办学经费等几个具体问题

（一）关于院校领导体制和领导班子建设问题。警官院校的主管部门为部、省（区、市）两级监狱管理局，部法学教育司和省司法厅教育处在教学业务上进行指导；中央劳改劳教管理干部学院实行党委领导下的院长负责制；各省警官学校根据国家教委规定，实行校长负责制。

警官院校的领导班子建设是警校建设的关键，各监狱管理局领导要予以高度重视，采取得力措施予以加强，学校领导职数必须严格按照教委的规定配备。选配班子时一定要坚持条件，真正按照“四化”标准和德才兼备的原则，把素质高、能力强、业务精、具有本科以上学历和中级以上职称的年富力强的有事业心责任心的同志选配到领导岗位上来，不得搞照顾性安置。为便于工作，党委书记和校长以“一肩挑”为宜，真正形成强有力的领导核心。

（二）关于校名和专业名称更改问题。中央劳改劳教管理干部学院的校名，部法学教育司已报国家教委申请更名为“中央司法警官管理学院”。各省（区、市）警校应更名为“××省（区、市）警官学校”为宜，也可更名为“××省（区、市）司法警官学校”。关于专业名称应按照国家教委颁发的《普通中等专业学校专业目录》进行调整。鉴于《监狱法》的颁布实施，从长远考虑，应有一套适合《监狱法》要求的中专教材，部监狱管理局将着手组织力量编写。在新教材没有出来之前，各校的监狱管理专业仍继续使用劳改专业教材编辑部组织编写的统编教材，但在专业术语方面各校要按《监狱法》的规定，作相应的调整。

（三）关于办学经费保障问题。投入不足，经费缺乏，设施落后是制约警校发展的主要因素，各监狱管理局必须给予高度重视，要象抓创建现代化文明监狱那样来创建现代化警官学校，下决心依据高等专科学校的硬件条件和设施标准，加大投资力度，争取在“九五”期间达到专科学校的标准。

中央劳改劳教管理干部学院的基本建设经费要尽快在国家计委立户，未立户前，司法部要实行倾斜政策，加大投入，重点加快其基本建设步伐。各省警校的教育事业经费，一是根据国务院（95）4号文件精神，积极争取地方财政、计委支持，将其列入地方文教事业费财政预算中，保证学校正常的经费渠道；二是各监狱管理局要加大对学校的投入，每年在安排经费时，应至少按干警工资总额的3%提取教育经费。同时，从今年起落实装备费时，要把院校当做一所重点监狱予以安排；三是监狱管理局要尽力加大投入；四是各校要积极创收，发展第三产业，增加收入；五是积极宣传，扩大知名度，争取社会支持，创办院校董事会、基金会、校友会等，动员社会予以赞助。总之，要广开渠道，拓宽思路，既要争取政府加大投入，又要发挥各自优势，扩大财源。

会议认为：全国监狱系统的干训工作虽然取得了很大成绩，但与建设现代化文明监狱的要求还相差很远。要充分认识当前形势的严峻性，一方面我们干警队伍的素质亟待提高，另一方面办学力量又严重不足，办学层次不高，各省警校都面临着生存、巩固、发展、提高的问题。

为了保证警校的生存和发展，必须加强领导，各省监狱管理局要有一名局长分管教育工作，部监狱管理局政治部设专人负责干训工作，各省主管局长要定期听取警校工作汇报，根据存在的问题及时分析原因，予以解决。今年下半年，部监狱管理局要召开一次全国各省监狱管理局主管局长和警校校长会议，参加这次座谈会的省份要汇报落实本纪要的情况，并制定出学校发展规划。

劳教系统的干部培训工作，可参照本纪要精神执行。

司法部关于同意中国劳改学会更名为中国监狱学会的批复

（1995年6月6日）

中国劳改学会：

你会会人字（1995）005号文收悉。经6月2日部党组会议研究决定，同意你会更名为中国监狱学会。

司法部关于印发《关于罪犯劳动工时的规定》的通知

（1995 年 6 月 14 日）

各省、自治区、直辖市司法厅（局），新疆生产建设兵团司法局、监狱管理局：

根据《监狱法》有关规定的精神，在广泛听取各方意见的基础上，我部参照国家有关规定制定了《关于罪犯劳动工时的规定》。鉴于罪犯不是职工，不属于《劳动法》的调整范围。罪犯的劳动工时和休息日应当由我国监狱管理部门在保障罪犯身体健康的前提下，参照国家有关规定和改造罪犯的需要确定。对此，各级领导要统一认识，在做好宣传教育工作的同时，调整好干警和有关工人的工作班次，做到既保证干警、工人执行国家规定的新工时制，又保证“罪犯劳动工时的规定”顺利实施。

现将《关于罪犯劳动工时的规定》印发给你们，望遵照执行。

关于罪犯劳动工时的规定

第一条 为加强对在监狱服刑的罪犯（以下简称罪犯）的劳动改造，做好罪犯的劳动保护工作，合理组织劳动生产，提高改造质量，根据《监狱法》的有关精神，制定本规定。

第二条 罪犯必须服从监狱的决定，积极履行法定的劳动改造义务。罪犯的劳动工时和休息日，由监狱管理部门在保障罪犯身体健康的前提下，参照国家有关规定和改造罪犯的需要确定。

第三条 罪犯每周劳动（包括集中学习时间）六天，每天劳动八小时，平均每周劳动时间不超过四十八小时。

未成年犯每天劳动四小时，平均每周劳动时间不超过二十四小时。

生产任务不饱满的监狱，可以报经省、自治区、直辖市监狱管理局批准，实行每周劳动五天，集中学习一天的制度。

第四条 监狱保证参加劳动的罪犯每周休息一天。

第五条 监狱在下列节日期间依法安排罪犯休假：

（一）元旦；

（二）春节；

（三）国际劳动节；

（四）国庆节。

第六条 监狱生产单位需要延长劳动时间，须提前拟定加班计划，经监狱狱政、劳动管理部门审核，报监狱长批准，方可实施。

第七条 在下列特殊情况下，延长劳动时间可以不受上述规定时间的限制：

（一）发生自然灾害、事故或者因其他原因，威胁生命健康和财产安全，需要紧急处理的；

（二）生产设备、公共设施发生故障，影响生产和公众利益，必须及时抢修的；

（三）农忙季节需要抢收抢种的。

第八条 按照本通知第六、七两条规定组织罪犯加班的监狱生产单位，事后应当安排罪犯补休，确实不能安排补休的，根据延长劳动时间的长短，支付一定数量的加班费。夜间加班至 23 时以后的，应安排夜餐。

在法定节假日安排罪犯劳动，根据延长劳动时间的长短，支付高于平常加班的加班费。夜间加班至 23 时以后的，应安排夜餐。

罪犯加班费用，从生产成本中列支。

第九条 罪犯不实行国家规定的带薪年休假制度。

第十条 各省、自治区、直辖市司法厅（局）按照本规定，制定本地区具体实施办法。

司法部、国家国有资产管理局关于加强监狱系统国有资产管理的通知

（1995年7月10日）

各省、自治区、直辖市司法厅（局）、国有资产管理局：

根据朱镕基副总理1994年11月6日在《全国国有资产管理暨全国清产核资工作会议上的讲话》和国务院《国有企业财产监督管理条例》以及国务院国发［1995］4号文件关于“司法部和省、自治区、直辖市两级监狱管理局负责领导和管理本系统的各类生产单位，要管理好所属单位的国有资产”的精神，结合监狱生产特殊性，为加强监狱系统国有资产监督管理，防止国有资产流失，确保国有资产保值、增值，现通知如下：

一、随着国家经济体制改革的深入发展，国家高度重视对国有资产的监督、管理。加强国有资产的监督和管理作为企业改革的一项重要内容，是维护国家利益的重要手段。对监狱系统来说，加强本系统国有资产的监督、管理，也是监狱管理工作正常运行的必要保证，各级监狱管理部门应切实做好这项工作，把监狱系统的国有资产管理纳入国家国有资产管理的范围，逐步实现规范化、科学化管理。

二、监狱管理系统的国有资产管理机构要根据国家有关国有资产管理法律、法规以及有关方针政策、制定监狱系统国有资产管理的制度及具体实施办法，做好本系统的清产核资、产权界定、产权登记、资产评估、资产运行统计等工作，划分经营性资产和非经营性资产，分别管理。应根据有关规定和监狱的特殊性，核定监狱资产的转移，负责规定权限范围内由于监狱的设置、撤销、迁移而引起的资产变动、资产转让以及资产报损、报废等事项的审核、审批工作，制定经营性资产的考核指标并监督管理。监狱系统的国有资产管理机构还应对本系统办的自营经济实体经营者的任命、对生产单位的奖惩、对生产经营方向、对收益分配等事项提出建议。同时还要做好其他方面的国有资产管理工作。

三、监狱系统的各级领导要切实加强对本系统国有资产监督、管理工作的领导，把加强本系统国有资产管理列入监狱管理工作的重要议事日程。要把防止国有资产流失，确保国有资产保值、增值作为考核各级领导的一项重要内容。各级监狱管理部门要成立专门的国有资产管理机构，按照国家的有关规定和国有资产管理的要求，配备精明强干的专业人员，具体负责落实本系统国有资产监督管理工作。

四、各省、自治区、直辖市国有资产管理局要密切配合监狱管理局做好国有资产管理工作，在业务上给予指导并做好监督检查工作。

特此通知。

司法部、国家粮食储备局关于保证罪犯和劳教人员粮食供应问题的通知

（1995年7月21日）

各省、自治区、直辖市司法厅（局）、粮食厅（局）：

随着国家对粮食流通体制改革的逐步深入，粮食供应方面出现了许多新情况、新问题。根据国务院国发［1995］4号文件要求“对罪犯和劳动教养人员所需口粮，由粮食部门保证粮源和供应主渠道。”的精神，为了做好监狱罪犯和劳教人员的粮食供应，维护社会的安定，保障监管改造秩序的稳定，现就有关问题通知如下：

一、实行就近定点供应。对在监狱服刑罪犯和劳教所在教劳教人员所需口粮，由各监狱、劳教所所在地粮食部门，实行就近定点供应，以保证监狱、劳教所能就近买到粮食。

二、粮食部门要保证粮源。根据监狱、劳教所用粮需要，积极组织粮源，保证供应囚粮和劳教人员口粮，避免发生脱销断供现象。

三、加强管理。根据“米袋子”省长负责制精神，监狱罪犯和劳教所劳教人员口粮供应的具体管理办法，应在当地政府领导下，由粮食部门和司法部门共同协商制定。

司法部、卫生部关于做好监狱卫生工作有关问题的通知

（1995 年 8 月 1 日）

各省、自治区、直辖市司法厅（局）、卫生厅（局）：

监狱是国家的刑罚执行机关。监狱卫生工作是监狱工作的重要组成部分，也是当地卫生工作的组成部分。建国以来，监狱卫生工作在党和国家的高度重视和关怀下，在各级卫生行政部门的支持下，经过监狱卫生系统广大医务人员的共同努力，保证了改造罪犯工作的顺利进行，为维护国家的法律尊严和社会稳定作出了贡献。为了更好地落实《监狱法》，进一步加强对此项工作的领导，各级司法行政部门应和卫生行政部门共同依法管理监狱卫生工作。现就有关问题通知如下：

一、建立健全监狱卫生管理机构，完善监狱医疗卫生服务体系

（一）各省（区、市）监狱管理局设立卫生管理机构，在当地卫生行政部门的指导下，负责管理监狱的医疗卫生工作。各省（区、市）监狱管理局的卫生管理机构应按照当地卫生行政部门的要求，对监狱的医疗卫生工作进行指导、检查、督促，并根据监狱改造罪犯的特殊要求，制定相应的监狱卫生工作管理规定。

（二）监狱医疗机构设置、医疗保健、卫生防病工作列入所在地区卫生行政部门的统一规划。监狱根据规划要求，结合实际，组织实施。

（三）监狱所在地区卫生行政部门要关心监狱的卫生工作，考虑监狱卫生工作的特殊性，帮助解决实际困难。监狱卫生部门应主动向所在地卫生行政部门通报工作情况，以便及时得到指导和支持。

（四）监狱医院是刑罚执行部门的重要组成部分，其科室设置、人员配备、功能任务都要适应监管改造罪犯的需要。各地卫生行政部门按《医疗机构管理条例》的规定，对监狱医疗机构进行登记、评审、校验等监督管理时，要结合监狱实际情况，考虑监狱工作的特殊性。

二、加强监狱传染病、地方病的防治工作

（一）监狱是高危人群集中的场所，作好防病工作至关重要。监狱要从组织机构、人员、经费上保证防疫工作正常进行。并根据罪犯的发病特点及其规律，制定切实可行的防病计划和措施。地方各级各类防治机构要支持、协助监狱的防病工作，为监狱提供必要的帮助。监狱发生传染病流行或灾情造成疫情时，应当及时向当地卫生行政部门报告，当地卫生防疫部门应当积极指导和协助监狱及时扑灭疫情。

（二）监狱地方病的防治工作要纳入所在地的计划，根据各地的具体情况组织实施。

（三）卫生行政部门与国际组织、国家间及各部门的合作项目，对涉及监狱系统的，应当给予积极支持。

三、提高监狱医疗卫生队伍素质

（一）监狱卫生人力资源列入所在地卫生行政部门计划。

（二）当地卫生行政部门要根据监狱卫生工作的需要，协助组织培训专业人员。

（三）监狱系统应积极开展各项学科学术交流及科研活动，当地卫生行政部门可为监狱医疗卫生机构提供必要的国内、国际学术交流机会。

各省（区、市）卫生厅（局）、司法厅（局）、监狱管理局应根据本通知的要求，共同协商制定具体实施办法。

司法部关于印发《关于创建现代化文明监狱的标准和实施意见》的通知

（1995年9月14日）

各省、自治区、直辖市司法厅（局），新疆生产建设兵团司法局、监狱管理局：

现将《关于创建现代化文明监狱的标准和实施意见》印发给你们，请遵照执行。

关于创建现代化文明监狱的标准和实施意见

为了全面认真贯彻实施《中华人民共和国监狱法》，适应我国社会主义现代化建设的发展进程，展示我国监狱的现代、文明形象，今后一个时期，全国的监狱和监狱管理部门都要把创建现代化文明监狱作为我国监狱建设和发展的总体奋斗目标，要按一定标准，有计划、有步骤、量力而行、坚定不移地把全国的监狱建设成为现代化文明监狱。创建现代化文明监狱，要在邓小平同志建设有中国特色社会主义的理论指导下，根据《监狱法》的规定，坚持“惩罚与改造相结合，以改造人为宗旨”的方针，坚持依法治监、从严治警的工作原则，运用现代、文明、科学的方法和手段改造罪犯，不断提高监狱管理水平和改造质量，努力为维护我国社会的稳定，保障和促进经济的发展作出应有的贡献。

一、现代化文明监狱的标准

1.现代化文明监狱是以比较先进、完善的监狱设施和健全、有效的改造制度为基础，依法对罪犯实施科学、文明管理和教育改造，具有较高改造质量的场所。

2.现代化文明监狱应具备必要的、适应监管改造工作需要的监狱设施和技术装备。

2—1监狱建筑及辅助设施布局规范合理，功能齐全，质量可靠，达到司法部颁布的《监管改造环境规范》规定的标准。

2—2形成有效的通讯指挥网络，保证正常的通讯联系；出现突发事件，能立即报告监狱领导，并能迅速报告省（区、市）监狱管理局。

2—3配置适应业务需要的警车、囚车、通讯指挥车、摩托车、救护车、罪犯生活用车等交通工具，确保车辆处于良好状态。

2—4安装警戒报警装置，配备必要的防暴器材和警、戒具，确保安全防范、处置突发事件的需要。

2—5监狱的重要通道、部分禁闭室、部分接见室等需要监控的重点、要害部位，必须安装监控设施，有效地实施监控。

2—6建立健全有效的狱内侦查系统。

2—7建立罪犯信息微机管理系统，并逐步联网。

3.建立行之有效的监管制度，对罪犯实行依法管理、严格管理、文明管理、科学管理。

3—1严格执行对罪犯的收监制度。要求法律文书完备，记载准确。凡不符合法定收监条件的，应依法拒绝收监；凡符合法定收监条件的，应依法收监，不得拒收。

3—2严格执行对罪犯的减刑、假释、监外执行、释放或加刑等刑罚制度，坚持公开、公平、公正的原则，程序严密，监督机制健全。

3—3健全并严格执行接见、通信、门卫、查监、巡逻、禁闭、警械、戒具使用以及其他各项管理制度，审批程序严格，记载详尽、准确，坚持经常化和规范化。

3—4建立科学的罪犯档案管理制度，实行动态管理，做到资料详细，记载准确，查询方便。

3—5实行对罪犯的分类关押、分别管理制度，分押纯度在80%以上。

3—6严格执行《罪犯改造行为规范》，确保干警直接掌握对罪犯的考核奖惩。

3—7 依法保护罪犯的合法权益，尊重罪犯人格，不打骂、体罚、侮辱罪犯，保障罪犯的人身安全和合法财产。

3—8 监狱管理质量综合指标达到：

①狱内年发案率低于1‰，狱内又犯罪率低于1.5‰；

②罪犯年违纪率在3%以下；

③罪犯年脱逃率，重刑犯监狱控制在0.5‰以下，一般监狱控制在1‰以下；

④罪犯年非正常死亡率，重刑犯监狱在1‰以下，一般监狱在0.6‰以下。

4. 建立较完善的生活卫生管理制度，配备相应的生活卫生设施，保证罪犯的基本生活条件和卫生医疗条件。

4—1 按照实物量标准，保证罪犯吃饱，有足够维持健康和体力的饮食；按标准按时发放被服。

4—2 罪犯人均建筑设施使用面积在5平方米以上，每间监舍居住不超过20人；监舍应当坚固、通风、透光、清洁，有必要的防暑防寒设备；伙房清洁卫生，管理制度齐全；设浴室等生活卫生设施。

4—3 保障罪犯的饮食、饮水卫生和生活卫生。对罪犯定期理发、洗澡、检查身体。

4—4 按照实际需要设置医疗机构，监狱医院达到一级以上医院的标准（20张以上床位）。不发生传染病的流行，传染病发病率不超过1%；对有病的罪犯及时给予治疗。

5. 对罪犯采用科学的教育改造手段，提高教育改造工作的针对性和有效性；创造有益于罪犯身心健康、积极向上的改造环境和氛围。

5—1 健全教育改造机构，落实教育改造管理制度，保证教育改造经费。有固定的教学场所，必要的教育改造设备、电化教育设施和图书、阅览、活动室及运动场等文化、体育活动设施。

5—2 建立一支具备高中以上文化程度的教师队伍。政治教师（全部由警察担任）应按在押罪犯数的1%配备，其中专职政治教师应在3名以上。文化、技术教师应占在押罪犯总数的3%以上。少年管教所教员应全部由警察担任。

5—3 对罪犯实行正规、系统的政治思想、文化、职业技术教育，实行考试、升级和发证制度。每年三课教育的总课时，成年犯不少于500课时，未成年犯不少于1000课时。

5—4 对罪犯实施分类教育、个别教育，进行心理矫治。

5—5 开展多种形式的文化、文娱、体育活动，促进罪犯积极改造。

5—6 借助社会力量对罪犯改造工作实行综合治理，建立社会帮教制度，开展多层次、多渠道、多形式的帮教活动，形成网络，覆盖面在50%以上。

5—7 监狱教育、劳动改造质量综合指标应达到：

①罪犯服法遵纪率达到90%以上；

②顽固、危险犯的年转化率达到50%以上；

③刑期届满时获得文化、职业技术证书的罪犯，分别达到应入学人数的70%以上；

④刑期3年以上的罪犯，刑满时掌握一门实用技术；其中1/3以上的罪犯掌握两门以上实用技术。

⑤刑满释放人员3年内重新犯罪率，重刑犯监狱低于3%，一般监狱低于6%。

6. 具备必要的、适应监管改造工作需要的生产设施，科学运用劳动改造手段，建立文明、规范、合理的劳动管理制度，调动罪犯劳动改造和学习生产技能的积极性。

6—1 坚持对罪犯实施岗前培训，罪犯独立上岗前能掌握基本的安全知识和符合该岗位要求的生产技能。

6—2 罪犯劳动现场管理良好，符合文明生产、安全生产的要求，罪犯的工伤死亡事故发生率不超过行业规定的标准。

6—3 罪犯劳动现场的环境良好，对噪声、粉尘与有害气体的控制和照明、通风、降温、保暖等条件符合国家有关规定。对罪犯按规定实行劳动保护和劳动保险。

6—4 成年犯劳动一般每日为8小时，季节性生产可适当调整，但加班后应执行补休制度；执行节日、休息日制度。逐步实行罪犯工资制度。

6—5 根据女犯和未成年犯的生理、心理特点，为其安排适宜的劳动。未成年犯半天学习文化、技术知识，半天参加习艺劳动。

6—6 监狱生产有比较稳定的项目和相应的技术保证手段，具有一定的经济规模和效益。生产用固定资产要实现保值增值。

6—7 建立了一整套科学规范、具有行业生产特点的管理制度和快捷有效的经营决策与生产指挥机制，管理基础扎实，经济责任制落实，开展了全面质量管理和班组建设工作；严格执行工艺操作和现场管理规程，不发生重大生产和重大设备事故，不良品率和综合能耗要达到有关行业的先进水平；综合经济效益指标要达到系统内先进水平。

7. 不断加强警察队伍建设，有一支忠于职守、廉洁奉公、执法严明、政治坚强、业务精通的警察队伍；建立完备、规范的政治工作和改造工作机构。

7—1 监狱领导班子符合革命化、知识化、专业化、年轻化和廉政建设的要求，知识、年龄结构合理，大专以上文化程度的占90%以上，平均年龄在50岁以下。领导班子团结协作，形成有力的领导核心。

7—2 监狱设置政治工作、狱政管理、教育改造、生活卫生等职能部门；根据实际需要，设立生产经营管理机构。其中管教工作职能机构人员编制不能低于机关科室人员总数的20%。

7—3 监狱各级领导具有与工作岗位相适应的法律和相关专业知识，熟悉监狱管理和教育改造工作，掌握生产管理业务和技术。监狱正职领导必须具有大专以上文化程度，受过监狱专业正规培训；大、中队正职领导必须具有中专以上文化程度，受过专业学校监狱管理业务培训。

7—4 监狱警察队伍中，中专以上文化程度的达到60%以上；新招收、调入的警察都必须经过3个月以上的岗位培训并获得合格证书。

7—5 监狱有专人负责干警的教育培训工作，有健全的培训制度，培训经费按不低于警察工资总额的3%予以保证。

7—6 监狱按编制规定配备干警，不超编。监狱大、中队警察配备，不得少于监狱警察总数的60%，中队的警察人数达到所管押犯数的8%。

7—7 注重学习和调查研究，不断总结经验，结合实际，运用先进、科学的管理措施和教育改造方法，取得明显效果。

7—8 严格依法管理，秉公执法，清正廉洁，监狱警察年违纪率不超过5‰。

8.监狱警察的住房、生活设施和医疗条件要逐步有所改善。

二、创建现代化文明监狱的原则和实施步骤

9.现代化文明监狱的建设应立足中国实际，与国家的政治、经济、社会发展相协调，借鉴世界各国监狱管理的有益经验。

10.硬件建设与软件建设并重的原则。硬件建设是指监狱设施现代化的建设。监狱设施的现代化是创建现代化文明监狱的重要内容和条件，是提高监狱管理水平的重要保障。应把监狱设施现代化作为监狱建设的一项基础工作来抓，力求与国家经济发展水平相适应，逐步完善、提高。软件建设是指监狱干警素质、执法水平、管理措施、教育手段、改造方法等方面的建设。软件建设是监狱现代化的另一项重要内容，也是发挥硬件建设综合效应的重要保证，更是监狱管理文明程度的重要体现。应把软件建设作为现代化文明监狱的基本内容来抓。

11.注重实效的原则。创建现代化文明监狱要扎扎实实、艰苦努力，切不可弄虚作假，搞花架子。要通过创建现代化文明监狱，使监狱真正达到法制健全、执法严谨、管理文明、设施完善、装备先进、改造手段科学、物质保障有力，各项工作都实现规范化、法制化和现代化。

12.量力而行、从实际出发的原则。创建现代化文明监狱不搞"一刀切"，不搞同一模式。根据创建现代化文明监狱的基本要求，结合各监狱的实际情况，可以从不同层面入手，发挥自己的优势。条件较好的地方，可以同时抓紧硬件和软件两个方面的建设；硬件受条件限制，一时难以改善的，可先在软件上下功夫，再逐渐加大硬件建设的投入。

13.分层建设、分类指导的原则。创建现代化文明监狱要划分层次，循序渐进，根据监狱现有实际情况，现代化文明监狱分为部级和省级两等。基本具备条件的单位可以直接争取创建部级现代化文明监狱，其他单位可先创建省级现代化文明监狱，在此基础上再逐步提高，争取创建部级现代化文明监狱。为了调动所有监狱参与创建活动的积极性，设置现代化文明监区和创建现代化文明监狱先进单位两个等级。大型监狱内的关押点达到现代化文明监狱标准的，可命名为现代化文明监区。一些尚未达到标准的监狱，在创建活动中有突出表现的，可命名为创建现代化文明监狱先进单位。

14.创建现代化文明监狱是一项开拓性工作，在理论上需要深入研究，在实践中需要进一步探索。各省(区、市)司法厅(局)和监狱管理局要在充分调查研究、充分论证的基础上，进行试点，以积累经验，指导全局。

15.创建现代化文明监狱要统一规划，分步实施。既要坚持长期目标，又要制定阶段性目标。各地应根据每所监狱现有的设施条件、经济能力、工作基础，制定本地区的创建现代化文明监狱的统一规划。提出投入计划，分步实施，分期达标。

16.各地要十分重视创建现代化文明监狱工作。在经费上以地方投入为主，以监狱的自我积累、自我完善为主。

17.创建现代化文明监狱要从我国社会、经济发展实际出发，随着社会经济的发展、监狱自身经济实力的增加，逐步加大资金投入，不断提高和完善监狱的设施和装备。现阶段尤其应重视监狱的软件建设，以求在已有设施条件下提高监狱的现代化文明水平。

三、创建现代化文明监狱的审核验收

18.创建、评审现代化文明监狱，在司法部和各省(区、市)司法厅(局)的领导下进行，部、省(区、市)两级分别成立现代化文明监狱考核评审委员会，负责对现代化文明监狱考核评审中的重大问题作出解释，负责现代化文明监狱的考核评审和命名，并负责对已命名为现代化文明监狱的单位进行复查。

现代化文明监狱考核评审委员会的日常工作，由部、省(区、市)两级监狱管理局负责。

19. 各省、自治区、直辖市监狱管理局和新疆生产建设兵团监狱管理局所属监狱以及地、市司法局所属监狱，均可申报部级或省级现代化文明监狱。

20. 考核评审现代化文明监狱必须坚持条件和标准。先由监狱对照司法部颁布的标准自检、自查、自行衡量后，提出申报部级或省级现代化文明监狱的申请。对申报省(区、市)级现代化文明监狱和现代化文明监区及授予创建现代化文明监狱先进单位的，由省(区、市)司法厅(局)考核评审委员会负责考核、批准，司法厅(局)命名，报司法部备案；对申报部级现代化文明监狱的，由省(区、市)司法厅(局)报司法部现代化文明监狱考核评审委员会考核、批准，司法部命名。

21. 现代化文明监狱的申报、评审和命名工作，原则上每年进行1次，考核周期为3年。

22. 考核周期内发生凶杀、纵火、爆炸、暴乱等造成严重后果的恶性案件或监狱生产出现经营性亏损、发生重大生产安全事故或警察队伍中发生重大违法犯罪案件的单位，不得申报现代化文明监狱。

23. 对命名为现代化文明监狱的单位，颁发证书、奖牌，并给予相应的物质奖励。对命名为部级现代化文明监狱的单位，记集体一等功1次，对有功人员记个人一等功或二等功1次，并颁发奖金；被命名为省(区、市)级现代化文明监狱的单位，记集体二等功1次，对有功人员记个人二等功或三等功1次，并颁发奖金。对现代化文明监狱每三年复查1次，经复查不合格的单位，要及时进行相应处理，直至取消其资格。

24. 司法行政部门和监狱的广大干警要高度重视创建现代化文明监狱建设工作，扎扎实实，勤勤恳恳，为不断完善具有中国特色的社会主义监狱制度而共同努力奋斗。

司法部　国家教委　劳动部
关于进一步加强对罪犯的文化职业教育和技能培训的通知

(1995年11月8日)

各省、自治区、直辖市司法厅(局)、教育委员会、劳动(劳动人事)厅(局)：

根据《中华人民共和国监狱法》(以下简称《监狱法》)和《国务院关于进一步加强监狱管理和劳动教养工作的通知》(国发〔1995〕4号)精神，为继续办好监狱系统的特殊学校，进一步加强对罪犯的文化、职业教育和技能培训，向社会输送遵纪守法、有文化、有知识、有一技之长的劳动者，现就有关事项通知如下：

一、对罪犯的文化、职业教育和技能培训，是一项对特殊对象的特殊教育，是一项系统的社会工程。根据《监狱法》关于“罪犯的文化和职业技术教育，应当列入所在地区教育规划”的规定，各地及有关部门和监狱系统的各级领导必须高度重视对罪犯的教育工作。监狱所在地的教育和劳动行政部门应当把罪犯的文化、职业教育和技能培训，作为一个组成部分列入本地区的教育和培训规划，在有关计划安排、参加有关会议、阅读文件、沟通信息、交流经验、教研活动、培训师资及教育设施建设投资等方面，为监狱教育与培训工作提供便利，解决困难。监狱的学校应当建设教学场所、设立教学机构、建立教师队伍，为教育与培训工作提供必要的条件。

二、根据《监狱法》的有关规定，对罪犯的文化教育，应以扫盲、小学和初中教育为主。对成年犯教育的教材，应选用经国家教委审定、司法部监狱管理局组织编写的文化教育课本；对未成年犯教育的教材可以采用普通中、小学课本。有条件的监狱可开展高中教育。申请举办高中学历教育的校(班)，须经地(市)以上教育行政部门批准，报省(或计划单列市)教育行政部门备案。高中教育可选用人民教育出版社或上海教育出版社的成人高中教材。对于具有高中文化程度的罪犯，鼓励其自学，并为他们参加社会举办的刊授、函授、业大、电大及高等教育自学考试提供条件，由地方教育行政部门在监狱设置考场，经考试合格，按规定发给相应的学业(包括学历证书等)证书。有关教育行政部门应积极配合，协助监狱部门做好这一工作。

三、对罪犯的职业教育和技能培训，要根据监狱的生产需要安排，同时考虑罪犯刑满释放后的不同去向和社会需要，开设各种周期短、投资少、实用性强、见效快的综合职业技能培训班。有条件的监狱可与地方学校联合举办职业学校或技工学校、职业培训中心。教材主要选用普通技工学校、职业学校的有关教材，亦可自行编写部分补充教材。

四、关于罪犯的文化考试、技能鉴定及发证问题，根据《监狱法》第63条、第64条规定，罪犯凡完成小学或初中文化教育课程或单项课程的，由监狱按当地教育行政部门的有关规定组织考试，成绩合格的，按规定发给相应的学历证书或单科结业证书。对参加职业技能培训和有一定技术专长的罪犯，其职业技能的考核鉴定，应在当地劳动行政部门的指导下，按照有关规定进行。凡经考核鉴定合格的，由当地劳动行政部门或主管产业部门颁发《技术等级证书》和《技师合格证书》；符合评定技术职称条件的，可以评定技术职称。教育、劳动行政部门颁发或由其授权监狱颁发的证书，社会应当承认。证书上不表明获证者的罪犯身份。证书按规定只收取工本费。

五、对未成年犯的教育，根据《中华人民共和国教育法》关于“国家、社会、家庭、学校及其他教育机构应当为有违法犯罪行为的未成年人接受教育创造条件”和《监狱法》关于“监狱应当配合国家、社会、学校等教育机构，为未成年犯接受义务教育提供必要的条件”的规定，教育、劳动行政部门和社会、家庭、学校等都应当配合监狱为未成年犯接受义务教育提供必要的条件，切实帮助监狱部门解决未成年犯的文化、职业教育和技能培训中存在的困难和问题。

六、目前，监狱部门的师资力量仍很薄弱，人员数量不足，且缺乏稳定性，与新形势下教育改造罪犯工作的要求不相适应。各地教育、劳动行政部门应积极协助监狱部门切实加强师资队伍的培养和建设。一方面，在现有基础上对专职教师进行定期培训或组织进修，不断提高教师队伍的业务素质和专业水平；另一方面，有关部门要定期分配一部分高、中等院校毕业生，充实监狱部门的教学岗位，并列入计划，形成制度；也可以有计划地委托培养一批师资力量，定向分配。监狱部门要重视并加强对教师队伍的建设和稳定工作。

七、为进一步取得教育和劳动行政部门对罪犯进行文化、职业教育和技能培训工作的支持和指导，各地监狱部门应进一步加强与所在地教育和劳动行政部门的联系，将有关教学计划和文化、技术教育及技能培训的开展情况，定期上报当地教育和劳动行政部门，并使这一工作形成制度。当地教育和劳动行政部门要对监狱的教育与培训工作进行经常性的检查、监督和指导，并协助解决具体困难。

以上通知，请各部门认真贯彻执行，并结合本地区实际情况，拟定实施意见。

司法部关于预防犯罪与劳动改造研究所更名的通知

（1995年11月22日）

预防犯罪研究所：

根据1995年10月5日中编办字[1995]156号文件精神，经中央机构编制委员会办公室同意，司法部预防犯罪与劳动改造研究所更名为司法部预防犯罪研究所。

司法部关于进一步加强预防犯罪和监狱、劳动教养科研工作的通知

（1995年12月15日）

各省、自治区、直辖市司法厅（局）、新疆生产建设兵团司法局：

科研工作在监狱、劳教工作中具有非常重要的作用。在市场经济的新形势下，实现建设现代化文明监狱、劳教所的目标，科研工作具有更加特殊的重要意义。在各级领导的支持和广大科研工作者的共同努力下，过去监狱、劳教系统的科研工作取得了一定的成绩。但是，与监狱、劳教工作的发展相比，仍然有很大差距，为此，就进一步加强监狱、劳教科研工作，通知如下：

一、加强对科研工作的领导

各省、自治区、直辖市司法厅(局)、监狱局、劳教局的领导,要重视科研工作,把科研工作纳入自己重要的议事日程,并具体部署,定期检查和指导。监狱、劳教系统的各级领导还应积极倡导并亲自主持、参加监狱、劳教和预防犯罪的科学研究。在决策过程中,应注意吸收科研人员参加,应用科研成果逐步形成领导、专家、群众三结合的决策机制,以保证决策的科学性和可行性。

二、加强科研机构建设

专门研究机构是开展科研工作的前提。但是,有些省、区、市现在还没有专门从事预防犯罪和监狱、劳教科研工作的机构,应当设法尽快建立起来。行政编制有困难的,可以搞事业编制解决。已经有专门研究机构的,应当加强对他们的领导,为其提供必要的人力、物力、经费等方面的保障,并了解、关心他们的工作情况,帮助他们解决工作中的实际困难,给他们创造良好的研究环境。

三、不断加强科研队伍建设

把科研工作搞上去,多出高水平的科研成果,就必须不断加强科研队伍的建设,不断提高科研人员的素质。首先要教育科研人员树立敬业精神,不断提高政治和业务素质。其次是把好进人关。今后,调到科研部门从事研究工作的,应当是大学本科以上具有一定实际工作经验,有较强的研究能力的人员。不能把科研部门当成安置富余干部的场所。再次是有计划地加强培训,尽快提高现有科研人员的研究能力。对于缺乏实践经验的年轻科研人员,要让他们到实际部门锻炼,增长实践知识。对于基础理论功底欠缺的人员,应选送他们到有关院校培训进修,提高理论水平。

四、拓宽科研领域,提高科研水平

监狱、劳教科学研究包括基础理论研究、应用理论研究、比较研究三个方面。通过基础理论研究,可以逐步探索和建立有中国特色的社会主义预防犯罪理论和监狱科学、劳教科学理论体系;通过应用研究,可以研究和探讨实践中不断出现的各种问题,为解决工作中出现的具体问题服务;通过比较研究,了解我国的历史和国外的状况,可以使我们开扩眼界,扩大思路,吸取历史上和国外的经验和教训,少走弯路。我们应在这三个方面加强投入,不断拓宽研究领域,提高科研水平。

五、建立健全符合科研规律的管理机制,落实部级科研课题指南

符合科研规律的管理机制,是完成科研任务的重要保证。司法部于 1993 年以司发(1993)010 号文件,颁布了《预防犯罪与劳改劳教科研课题管理办法》。这一办法是司法行政系统科研工作的规章之一。部级课题实行两级管理,部课题领导小组负责课题的立项、检查和验收。监狱法公布之后,为了同监狱法的提法相一致,司法部预防犯罪与劳改劳教部级课题领导小组,已更名司法部预防犯罪课题领导小组。各省(区、市)也应参照司法部的做法,成立省预防犯罪课题领导小组,负责部级科研课题的初评和推荐,以及检查、督促本地区所承担项目的落实。各省(区、市)的部级课题领导小组,由司法厅(局)分管研究工作的厅(局)长牵头,监狱局、劳教局和研究所等部门的领导共同组成,下设办公室负责办理具体事务。

六、加强本系统科研单位的横向联系

为了推动监狱、劳教系统的科研工作的开展,提高科研质量,监狱系统、劳教系统应定期或不定期召开科研工作会议,总结交流科研工作经验,研究、改进科研工作方法。此外,还可以开一些地区性交流会、专题研讨会等,以多种形式加强全国监狱、劳教系统科研机构的横向联系,相互学习,取长补短,共同提高。

劳动教养类

司法部关于批准福建省女劳教所等4个劳动教养学校为司法部优秀劳动教养学校的决定

（1995年6月1日）

各省、自治区、直辖市司法厅(局)：

福建省女劳教所、河南省郑州市齐礼阎劳教所、黑龙江省哈尔滨市长林子劳教所、黑龙江省齐齐哈尔市双合劳教所，自开展办学工作以来，认真贯彻执行“教育、感化、挽救”的劳教工作方针，坚持“改造思想、造就人才、面向社会、服务四化”的办学指导思想，坚持全面办学、整体办学、长期办学的方向，积极开展争创一流劳动教养学校活动，在办学工作中取得了显著的成绩，实现了教育工作的制度化、系统化、正规化和管理工作的规范化，促进了场所秩序的持续稳定，杜绝了重大恶性事故和非正常死亡以及3人以上的集体逃跑；劳教人员逃跑率均控制在0.5%以下；难改造人员的转化率达到85%以上；劳教人员所内改好率达到90%以上；干警中没有出现严重违法违纪事件；“三课”教育及辅助教育成绩突出；生产效益较好，改造质量明显提高。1992、1993连续两年，分别被所在省评为省优秀劳动教养学校。1993年底，经所在省劳动教养学校升级考评委员会申请，司法部考核组于1994年上半年根据《关于劳动教养学校上等级的评选规定》和《劳动教养学校上等级评选实施办法》的规定进行考核验收，报请司法部劳动教养学校升级考评委员会审核，决定批准福建省女劳教所、河南省郑州市齐礼阎劳教所、黑龙江省哈尔滨市长林子劳教所、黑龙江省齐齐哈尔市双合劳教所为“司法部优秀劳动教养学校”，并通报全国予以表彰。各有关司法厅应对办学有功部门和个人给予适当奖励。

司法部号召全国劳教单位向福建省女劳教所等4个劳动教养学校学习。要学习他们坚决贯彻执行党的基本路线和劳教工作方针政策，解放思想，实事求是，深化改革，真抓实干，做到教育改造、劳动生产两手抓、两手都要硬，社会效益和经济效益同步发展的经验；学习他们加强领导班子和干警队伍建设的经验，建设一支有强烈的事业心、责任感、政治业务素质较高的干警队伍；学习他们在坚持全面办学、整体办学、长期办学的思想指导下，不断深化办学工作，完善教学管理，充实师资队伍，提高教育质量的经验，使办学工作逐步走向规范化；学习他们在管理工作中，狠抓依法、严格、文明、科学管理的经验，实现管理工作规范化、制度化，创造良好的改造环境。通过开展学先进，争创一流的活动，把全国劳教系统的办学工作推向一个新阶段。希望荣获司法部优秀劳动教养学校的单位，再接再厉，奋发进取，在创建现代化文明劳教所工作中，取得更大的成绩。

律师类

司法部关于1994年全国律师资格考试录取和律师资格授予工作的通知

(1995年1月28日)

各省、自治区、直辖市司法厅(局):

1994年全国律师资格考试工作,在各省、自治区、直辖市司法厅(局)的组织下已经结束。全国报考人数为117500多人,实际参考93600多人,创历次考试以来最高纪录,考生成绩也普遍好于往年。根据我部去年5月《关于组织1994年全国律师资格考试的通知》[司发通1994第036号]确定的考试录取原则,经研究决定,现就1994年全国律师资格考试录取工作和律师资格授予工作的有关事项通知如下:

一、关于考试的录取标准和录取方法

(一)1994年考试的录取标准依据下列原则予以确定:第一,要处理好数量与质量的关系,要在保证质量的前提下,使律师队伍的发展与我国经济、社会发展需求相适应;第二,考试录取采用全国划定统一录取分数线的方式进行,以确保录取质量;第三,继续对少数民族地区、贫困地区实行加分的办法,以适当扶持少数民族和贫困地区发展律师事业。

(二)1994年全国律师资格考试的录取分数线确定为240分。凡考生各科成绩总和分数在240分(含240分)以上的,为考试成绩合格,可申请授予律师资格。港澳台地区考生也按此标准录取。

(三)今年考试录取加分只适用于下列总成绩不足240分的参考人员:(1)民族自治地区(只限州、盟和县、旗)的考生(但使用民族文字试卷的考生除外);(2)国务院划定的贫困县的考生。实行加分的幅度,每科不得超过3分,四科加分总和不得超过12分。加分后的总分成绩达到统一录取分数线的可予录取。

(四)各省、自治区、直辖市司法厅(局)应认真做好考试录取工作。要严格贯彻执行本通知规定的录取原则与标准,切实加强对有关工作人员的教育与监督,严格录取工作纪律,严禁随意放宽录取标准与范围,坚决杜绝录取工作中的各种不正之风,对违反规定的人员要严肃处理。各地的录取工作一律采用我部律师司根据各省、自治区、直辖市考生成绩登录册制作的"全国律师资格考试成绩统分和录取决策系统软件"进行操作,以保证和提高录取工作的质量和效率。凡符合适用录取加分条件的地区,应在本省(区、市)司法厅(局)的组织和监督下,由考生所在地的司法局逐级审核报省、自治区、直辖市司法厅(局)决定,严禁各级审核机关擅自变更和扩大加分适用范围、对象和加分幅度。各地确定考试成绩合格人员的名单后,由各省、自治区、直辖市司法厅(局)向参考人员下达考试成绩通知单,并通知考试合格人员按要求到原报名地司法局办理申请资格授予手续,由司法行政部门依照本通知的要求,对其逐级进行律师资格授予前的审查和报批工作。各地应妥善保管所有参考人员的考卷,至今年6月底不得销毁,以备抽查。各地认为有必要也可延期销毁。我部拟调取各省、自治区、直辖市的部分试卷进行抽查,以了解去年的考试评卷情况,为改进、完善今年的有关工作提供依据。

二、关于对1994年考试合格人员授予律师资格的审查和颁证工作

(一)为进一步严格、规范并逐步完善我国律师资格考试授予制度,自今年起对以往资格授予的作法加以改进。主要措施是:第一,对考试合格人员授予律师资格,须经司法部批准;第二,对1994年考试合格的人员,由地方各级司法行政部门逐级进行严格审查,对不符合授予律师资格条件或有严重考试舞弊行为的,一律不得报批资格;第三,对经审查合格被批准授予律师资格的人员,由司法部统一颁发新样式的《律师资格证书》。各地司法厅(局)承办证书的具体填发工作。

(二)对1994年考试合格人员进行审查和报批资格的程序和要求:

1.审查的基本程序:

(1)考试合格人员收到考试成绩通知单后,应在全省统一规定的时间内,到原报名地的县级司法局申请领取和填报《中华人民共和国律师资格授予审查登记表》一式两份(详见附件一),逾期不领取和填表的视为自动放弃资格授予申请权；

(2)原报名地的县、地、省级司法行政部门对申请人逐级进行审查，并分别出具审查意见；

(3)由省、自治区、直辖市司法厅(局)将审查合格的报批人员名册(详见附件二)上报司法部审批；

(4)经司法部审核批准后，下达授予律师资格通告，并颁发《律师资格证书》。

2.审查的内容和方法：对申请授予资格的人员应重点审查是否符合1994年考试通知中规定的报考资格的条件，必要时可要求申请人提供学历证明原件，也可要求其提供所在单位或公安机关出具的品行鉴定、无犯罪记录证明和医院出具的健康状况证明。经审查发现申请人有下列情形之一的，不得报批律师资格：

(1)曾被判处有期徒刑以上刑罚的(但过失犯罪自刑满之日起已满5年者除外)；

(2)曾被取消律师资格的；

(3)被开除公职未满5年的；

(4)因患精神疾病或其他严重疾病完全丧失或部分丧失行为能力的。

3.对考试舞弊行为的处理：审查中如发现或经举报查审申请人有下列考试舞弊行为之一的，由省、自治区、直辖市司法厅(局)宣布其考试成绩无效，取消其申请资格：

(1)采取提供虚假、伪造的证明文件或其他欺诈手段骗取报考资格的；

(2)由他人冒名顶替参加考试的；

(3)有严重作弊及其他违反考场纪律行为的；

(4)串通有关工作人员篡改试卷答案或分数的。

司法部将加强对考试违纪查处工作的监督。凡我部接到举报转交各地调查处理的，有关部门必须逐件落实，上报结果。

4.申请人对经过审查不予报批资格有异议的，允许其自接到审查不合格通知之日起1个月内向作出该审查结论的上一级司法行政部门申请复查，有关部门应在1个月内作出复查结论，并通知申请人。司法部的复查结论为最终决定。

三、各省、自治区、直辖市司法厅(局)接此通知后，应依照本通知规定的原则、方法及要求，尽快制定有关1994年考试录取和资格授予审查报批工作具体实施方案，采取严密、稳妥的措施，认真、圆满地完成全国律师资格考试录取和资格授予审查工作，并请各司法厅(局)务必于4月底以前，将审查合格人员名册和考试录取工作总结报部。

各地在上述工作中遇有问题，请及时报部。

附件：1.中华人民共和国律师资格授予审查登记表(略)

2.中华人民共和国律师资格审批授予呈报登记表(略)

律师事务所在外国设立分支机构管理办法

(1995年2月22日司法部令第35号发布)

第一条　为加强对律师事务所申请在外国设立分支机构的管理，促进我国律师发展国际法律服务业务和推动中外律师的交流与合作，制定本办法。

第二条　律师事务所在外国设立分支机构，须经省、自治区、直辖市司法厅(局)审核，报司法部批准。

第三条　申请在外国设立分支机构的律师事务所，应当具备以下条件：

(一)设立时间满2年；

(二)有执业律师10人以上，其中能熟练运用外国语工作的不少于3人；

(三)在提出申请之日前2年内未受过惩戒处分；

(四)具有相应的经济实力和办公通讯设备和其他开展涉外法律服务业务的工作条件。

第四条　律师事务所委派驻外分支机构的律师，应当具备以下条件：

(一)具有良好的政治素质和职业道德，在执业期间未受过惩戒处分；

(二)在国内连续执业2年以上；

(三)具有承办涉外法律事务的业务能力，了解拟驻在国的法律；

(四)能熟练运用拟驻在国语言工作。

第五条　律师事务所在外国设立的分支机构，其名称为该律师事务所的名称加分支机构的名称。

第六条　律师事务所申请在外国设立分支机构，应当向所在地的省、自治区、直辖市司法厅(局)提交下列材料：

(一)申请书，内容包括设立驻外分支机构的理由和条件，拟驻在国、驻在地点和驻在期限，机构设立形式、名称，业务范围、管理和运作方式及经费保障等。

（二）律师事务所基本情况。

（三）律师事务所出具的委任拟派驻律师的授权书。

（四）律师事务所出具的有关拟派驻律师的执业能力、执业经历、遵守律师职业道德和执业纪律情况的鉴定意见。

（五）拟派驻律师的简历、学历证明、律师资格证书和律师执业证件的复印件。

（六）拟驻在国有关允许外国律师事务所设立分支机构的法律或文件。

（七）审核批准机关要求提供的其他材料。

第七条 省、自治区、直辖市司法厅（局）收到律师事务所申请材料后，应当予以审核，对符合规定条件的，应将申请材料及出具的审核意见一并报送司法部。司法部对省、自治区、直辖市司法厅（局）报送的材料，应当作出批准或不批准的决定。

第八条 律师事务所获准在外国申请设立分支机构的，在依照驻在国规定获准执业后的30日内，应将该国有关部门的批准文件（副本）和驻外分支机构的名称、派驻人员、执业场所、通讯办法等情况，书面报所在地的省、自治区、直辖市司法厅（局），并由其报司法部备案。

第九条 律师事务所变更驻外分支机构设立形式、名称、负责人和其他派驻律师的，应当报原批准机关批准，并应在驻在国办结变更手续后的30日内，将有关变更材料报所在地的省、自治区、直辖市司法厅（局），并由其报司法部备案。

第十条 律师事务所决定停办其驻外分支机构的，应在驻在国办结注销手续后的30日内，将有关材料报所在地的司法厅（局），并由其报司法部备案。

第十一条 律师事务所驻外分支机构及派驻律师，应当遵守驻在国法律、遵守驻在国对外国律师管理的有关规定，遵守律师职业道德和执业纪律。

律师事务所驻外分支机构及派驻律师在境外不得从事违反中国法律、损害中国国家安全和社会公共利益的活动。

第十二条 律师事务所应当加强对其驻外分支机构的管理，加强对派驻律师的职业道德教育和执业纪律检查，对不称职、违反本办法或受驻在国有关部门惩戒的驻外分支机构人员应及时撤换。

司法部和省、自治区、直辖市司法厅（局）发现律师事务所驻外分支机构及其派驻负责人或律师有严重违反本办法第十条行为的，可责成该所对其驻外分支机构予以整顿或撤换其派驻人员。

第十三条 律师事务所申请在香港、澳门地区设立分支机构，参照本办法办理。

第十四条 本办法由司法部负责解释。

第十五条 本办法自发布之日起施行。

律师事务所名称管理办法

（1995年2月22日司法部令第36号发布）

第一条 为了加强和规范对律师事务所名称的管理，保护律师事务所的名称专用权，制定本办法。

第二条 律师事务所的名称是经批准设立的律师事务所在执业活动中使用的供公众识别的机构名字和称号。

第三条 申请设立律师事务所，其名称由批准机关核定。经核定的律师事务所名称在全国范围内享有专用权。

律师事务所名称的核定机关是批准律师事务所设立的司法行政机关。

第四条 律师事务所的名称应当由字号＋律师事务所组成。

第五条 除本办法第六条规定的情况外，律师事务所只准使用一个名称。

新设立的律师事务所选用的名称不得与已核定的律师事务所名称相同或近似。

第六条 律师事务所的名称应当使用汉字。

民族自治地方的律师事务所的名称使用本民族自治地方通用的民族文字，但应注明汉字名称。

律师事务所根据业务工作需要可以使用外文名称，其使用的外文名称应当与中文名称的意思相同或发音相同。

第七条 律师事务所的名称中不得含有下列内容和文字：

（一）有损于国家、社会公共利益的；

（二）外国国家（地区）名称、国际组织名称；

（三）政党名称、党政军机关名称、群众组织名称、社会团体名称及部队番号；

(四)汉语拼音字母(外文名称中使用的除外);

(五)数字;

(六)"中国"、"中华"、"全国"、"国际"、"——中心"等字样;

(七)可能对公众造成误解的名称;

(八)表明特定律师业务范围,如带有"涉外"、"经济"、"金融"、"房地产"等字样或其谐音。

第八条　律师事务所名称中的字号由该律师事务所设立申请时自由选择,但字号应当由两个以上的汉字组成,不得使用县(市辖区)以上行政区名称作字号。

合伙形式的律师事务所可以使用合伙人的姓名或姓氏的连缀作字号。

第九条　律师事务所在异地设立的分所,其名称为:律师事务所名称+地名+分所。

第十条　申请设立律师事务所时,向批准机关提交的申请材料中,应包括申请核定律师事务所名称的文件。

申请核定律师事务所名称的文件中应提出五个以上备选名称,并应标明选用的先后顺序。

第十一条　批准机关收到申请核定律师事务所名称的文件后,应向司法部提出律师事务所名称检索申请,检索费用由设立申请人支付。

第十二条　司法部收到检索申请后,在10日内对申请核定的律师事务所名称进行检索,对其是否与已有的律师事务所名称相同或近似作出裁定,并通知申请检索的批准机关。

第十三条　批准机关根据司法部通知的检索结果,核定顺序在先的一个名称作为律师事务所名称。如提交核定的名称均与已有的律师事务所名称相同或近似,批准机关应通知申请人提出新的律师事务所名称,以供检索、核定。

第十四条　律师事务所的批准机关应在批准律师事务所成立同时,向省级司法行政机关报告核定使用的律师事务所名称,并报司法部备案。

第十五条　律师事务所的印章、银行帐户、牌匾、信笺所使用的名称应当与核定的律师事务所名称相同。

因业务工作需要而刻制使用外文印章的,应当遵守国家有关规定。

第十六条　律师事务所变更名称应先行申请,并经原批准机关检索、核定。

律师事务所名称经核定后,在一年内不得申请变更。

第十七条　律师事务所名称不得转让。

第十八条　两个以上的律师事务所的设立申请人向同一批准机关申请核定的律师事务所名称相同时,批准机关依照申请在先原则核定。

两个以上的律师事务所设立申请人向不同的批准机关申请核定的律师事务所名称相同时,司法部依照申请检索在先原则裁定其归属。

第十九条　律师事务所解散、撤销后一年内,其他的律师事务所设立申请人或变更申请人不得申请其名称。

第二十条　违反本规定的下列行为,由批准机关区别情节,以书面警告、限期改正或责令停业的处罚:

(一)使用未经核定的名称从事业务活动的;

(二)擅自改变事务所名称的;

(三)出借律师事务所名称的;

(四)违反本规定第十五条规定的。

第二十一条　擅自使用他人已经核定的律师事务所名称或者有其他侵犯他人律师事务所名称专用权行为的,被侵权人可以向侵权人所在地批准机关要求处理。批准机关应当责令侵权人停止侵权行为,赔偿被侵权人因该侵权行为所遭受的名誉损失。

第二十二条　本办法施行前已批准的律师事务所,应在本办法发布后六个月内根据本办法申请核定律师事务所名称,并进行登记。因不符合本办法第五条、第七条第3、5、6、8款规定而变更律师事务所名称的,在使用其新名称时,可在一年以内在其新名称后注以原名称。

对本办法施行前使用相同名称的律师事务所,由司法部根据使用在先原则裁定其归属,原批准机关根据司法部裁定进行核定。

第二十三条　律师事务所名称的检索、裁定,由司法部律师司负责。

第二十四条　本办法由司法部负责解释。

第二十五条　本办法自1995年5月1日起施行。

关于反对律师行业不正当竞争行为的若干规定

（1995 年 2 月 22 日司法部令第 37 号发布）

第一条 为了鼓励和保护律师、律师事务所之间的公平竞争，维护律师行为的正常执业秩序，制定本规定。

第二条 律师及律师事务所的执业行为必须遵循公平、平等、诚实、信用的原则，遵守律师职业道德和执业纪律，遵守律师行业公认的执业准则。

第三条 鼓励和保护一切组织和个人对律师执业不正当竞争行为进行监督。

第四条 律师或律师事务所的下列行为，属不正当竞争行为：

（一）通过招聘启事、律师事务所简介、领导人题写名称或其他方式，对律师或律师事务所进行不符合实际的宣传；

（二）在律师名片上印有律师经历、专业技术职务或其他头衔的；

（三）借助行政机关或行业管理部门的权力，或通过与某机关、部门联合设立某种形式的机构而对某地区、某部门、某行业或某一种类的法律事务进行垄断的；

（四）故意诋毁其他律师或律师事务所声誉，争揽业务的；

（五）无正当理由，以在规定收费标准以下收费为条件吸引客户的；

（六）采用给予客户或介绍人提取“案件介绍费”或其他好处的方式承揽业务的；

（七）故意在当事人与其代理律师之间制造纠纷的；

（八）利用律师兼有的其他身份影响所承办业务正常处理和审理的。

第五条 律师有本规定第四条第一、二项所列行为之一的，应给予警告；情节严重的，应停止执业 3 至 6 个月，并责令其消除影响；

律师有本规定第四条第三、四、五、六、七、八项所列行为之一的，给予警告；情节严重的，应停止执业 3 至 12 个月。

第六条 律师事务所有本规定第四条第一、二项所列行为之一的，应给予警告；情节严重、责令其公开澄清事实，消除影响；

律师事务所有第四条第三、四、五、六、七、八项所列行为之一的，应给予警告；情节严重的，可以停业整顿。

第七条 对于实施两种或两种以上的不正当竞争行为的律师或律师事务所，应当从重处罚，直至报请司法行政机关取消其律师资格或撤销该律师事务所。

第八条 律师惩戒委员会按照《律师惩戒规则》及本规定，负责对违反本规定的律师或律师事务所进行检查、监督和惩戒。

第九条 地、市（州）的律师惩戒委员会负责对本辖区的律师及律师事务所的不正当竞争行为进行惩戒。

依照本规定应给予停止执业 6 个月以上或停业整顿以上惩戒的，应报省（自治区、直辖市）律师惩戒委员会批准决定。

第十条 律师惩戒委员会受理投诉后，有权要求投诉人提供被投诉人的名称、地址，提供被投诉事项的书面材料和必要的证据；有权询问被投诉人，以及其他当事人、证人，并要求他们提供有关材料。

第十一条 律师和律师事务所应当互相监督，对于有不正当竞争行为的，应当向司法机关、律师协会和律师惩戒委员会反映。司法行政机关和律师协会接到投诉的，应及时转有管辖权的律师惩戒委员会处理。

第十二条 对律师或律师事务所进行的惩戒处分，应在全国或省级律师报刊上予以公告，所需费用由被惩戒的律师或律师事务所负担。

第十三条 外国律师事务所驻华办事机构及其人员有不正当竞争行为的，参照本规定处罚。

第十四条 本规定由司法部负责解释。

第十五条 本规定自发布之日起施行。

司法部关于1994年全国律师资格考试港澳台地区考生录取和资格授予工作的通知

（1995年3月22日）

中国律师资格考试中心、中国法律服务（香港）有限公司：

根据《司法部关于1994年全国律师资格考试录取和律师资格授予工作的通知》[司发通（1995）005号]要求，为做好去年首次参加全国律师资格考试的香港、澳门和台湾地区考生的录取和律师资格授予工作，现就有关事项通知如下：

一、首次参加全国律师资格考试的港澳台地区考生的录取执行司法部制定的全国统一录取标准。凡符合《1994年全国律师资格考试香港澳门台湾地区报名简章》规定报考条件、考试总分成绩达到240分以上（含240分），并经个人品行审查合格的考生，即可报经司法部律师资格审查委员会批准，授予中华人民共和国律师资格。根据试卷成绩和初步审查，何玲等18名港澳台地区的考生（其中香港考生15人，台湾考生3人，名单附后）的成绩达到统一录取分数线，可以申请取得中华人民共和国律师资格。

二、有关港澳台地区考生的考试录取和授予律师资格的审查、报批工作，由我部律师司负责组织和操作，其有关具体事务性工作由中国律师资格考试中心（简称中心）和中国法律服务（香港）有限公司（简称公司）根据下列分工与要求予以协助办理：

（一）关于考生成绩的通知：《1994年全国律师资格考试成绩通知单（香港澳门台湾地区考生专用）》由中心负责填制、签发，由公司负责于4月10日前发至每位参考的港澳台地区考生。

（二）关于考试成绩的复查：《考试成绩通知单》下发后，如考生对成绩有异议，可向公司提出书面申请，由公司报经中心予以复查。复查只限对通知的成绩与试卷评分登录的成绩核对是否有误，不对试卷进行复评。

（三）关于资格授予的申请与审查：对考试成绩达到统一录取分数线的何玲等18名港澳台地区考生，由公司通知其在指定时间内到指定地点申请领取和填写《中华人民共和国律师资格授予审查登记表》（一式两份），逾期不领取和填表的视为该考生自动放弃律师资格授予申请权。公司应于4月25日前将所有审查登记表报至中心，由中心根据司法部有关考试录取通知中规定的内容与办法，对申请授予资格的港澳台地区考生进行审查，如发现申请人有通知规定不得授予律师资格之情形的，不得为其报批律师资格。

（四）经审查合格的港澳台地区考生，由中心报请司法部律师资格审查委员会批准，授予其中华人民共和国律师资格。

三、经司法部律师资格审查委员会批准被授予律师资格的港澳台人员，由其负责对外公告，并统一签发《中华人民共和国律师资格证书》。司法部向首批考取中国大陆律师资格的港澳台人员颁发律师资格证书的方式，另行通知。有关港澳台地区居民考取中国大陆律师资格后的执业问题，我部拟会同国务院有关部门尽快作出规定。

四、请你们接此通知后，根据本通知要求，尽快制定有关港澳台地区考生录取和资格授予审查、报批工作的实施方案，采取严密、稳妥的措施，认真、圆满完成首次参加1994年全国律师资格考试的港澳台地区考生的录取和资格授予审查报批工作。在办理此项工作中如遇有问题，或遇到港澳台地区考生询问有关考试录取或取得资格后的执业问题，不可擅自处理或擅自解释，请及时向部请示。

附件：一、香港澳门台湾地区考试成绩合格者名单（略）

二、中华人民共和国律师资格授予审查登记表（略）

司法部关于印发1995年律师执业证注册专用章式样的通知

（1995年4月13日）

各省、自治区、直辖市司法厅（局）：

现将1995年律师执业证注册专用章式样印发给你们，请各地按此式样自行刻制本省（自治区、直辖市）律师执业证注册印章壹枚。为防止伪造，应在式样标准的基础上，增加一处暗记。请务必于5月15日前将制成的印章式样及暗记说明报部律师司备案。注册工作已交律师协会的，仍用此章。

附：律师执业证注册专用章式样（略）

司法部关于进一步完善律师惩戒制度加强律师惩戒工作的通知

（1995年5月20日）

各省、自治区、直辖市司法厅（局），律师协会：

律师工作改革以来，我国的律师事业进入了一个新的发展时期。律师队伍迅速壮大，整体素质不断提高。广大律师依法履行自己的职责，在维护国家机关、企事业单位及公民的合法权益，参与社会治安综合治理，维护社会稳定，推动改革开放，促进经济发展等方面，发挥了积极的作用，为社会主义经济建设和民主法制建设做出了应有的贡献。广大律师通过自己辛勤的努力赢得了社会的认同和肯定，树立起了良好的社会形象。但是必须清醒地看到，在律师职业道德和执业纪律方面还存在不少问题。如：少数律师违反规定，私自收受当事人钱物；个别律师与经办案件的执法人员进行不正常接触，徇私舞弊；一些律师事务所、律师进行不正当竞争，扰乱执业秩序；极个别律师甚至触犯刑律，走上犯罪道路，等等。

几年来，各级司法行政机关和律师协会针对律师队伍中存在的问题，在积极深化律师工作改革的同时，采取各种措施狠抓律师队伍的思想教育，大力开展律师职业道德和执业纪律的监督检查工作，对少数违纪律师进行了惩戒和处理。但是，许多地方的律师惩戒工作存在着机构不健全，工作班子人员不足、力量薄弱，律师惩戒的制度不完善等问题。这种状况必将影响律师队伍建设和律师的社会形象，影响我国律师工作改革的深入和律师事业的健康发展。因此，进一步加强律师职业道德和执业纪律教育，完善律师惩戒制度，加强律师惩戒工作是摆在我们面前的一项十分紧迫的任务。现就进一步完善律师惩戒制度和加强律师惩戒工作有关问题通知如下：

一、提高认识，加强领导。律师惩戒工作是律师管理工作的一项重要内容，对违纪律师进行惩戒是加强律师队伍建设的重要手段，通过必要的惩戒工作，不仅可以清除律师队伍中的腐败分子，严明律师纪律，同时也可以教育广大律师严格遵守职业道德和执业纪律，保证律师队伍的整体素质。各级司法行政机关和律师协会，要充分认识做好律师惩戒工作对于我国律师工作改革与律师事业发展的重要性，坚持“两手抓，两手都要硬”的思想，切实有效地做好这项工作。

二、健全律师惩戒组织机构。律师惩戒委员会是律师惩戒工作的组织机构，根据《律师惩戒规则》的规定，各地司法行政机关或律师协会应设立律师惩戒委员会。尚未设立律师惩戒委员会的，要抓紧设立，务必尽快开展工作；已经设立律师惩戒委员会的，要根据当地的实际情况，进一步调整、充实力量，把惩戒工作认真开展起来。

根据《律师惩戒规则》的规定，律师惩戒委员会应由执业律师、律师协会和司法行政机关的工作人员组成。各级律师惩戒委员会，应当严格执行该规定，吸收执业律师参加律师惩戒委员会。

三、完善律师惩戒工作制度。律师惩戒委员会在惩戒律师和律师事务所时，必须严格执行《律师惩戒规则》的有关规定。要建立律师惩戒委员会工作会议制度，及时研究解决律师惩戒工作中遇到的问题，认真开展惩戒工作。

四、建立律师惩戒委员会的办事机构。对律师的惩戒是一项十分严肃的工作，只有在充分调查、弄清违纪事实的基础上，才能保证惩戒工作的准确性和严肃性，因此，各级律师惩戒委员会应当有具体办事的工作人员，负责受理对律师的投诉，对投诉事项进行调查、核实，执行律师惩戒委员会作出的惩戒决定，以及其他事宜。

五、建立健全投诉制度。各级司法行政机关和律师协会应当建立投诉制度，可根据当地的实际情况设立投诉举报电话、投诉信箱等。要及时将投诉或反映律师违纪的有关材料和线索，交负责调查和处理的部门认真查处。

六、建立"社会监督员"制度。要在律师执业活动较多的部门和行业，聘请"社会监督员"，并要建立"社会监督员"例会制度，建立畅通的信息反馈制度，加强与"社会监督员"的日常联系。

七、建立律师惩戒工作信息和典型案例的通报制度。司法部律师惩戒委员会将根据情况，通报全国范围内的律师惩戒典型案例，以达到通报情况、总结经验、推动工作的目的。各级律师惩戒委员会应当及时将律师违纪情况和惩戒情况报司法部律师惩戒委员会。

八、建立健全律师职业道德、执业纪律的培训教育制度。经常性地开展律师职业道德和执业纪律教育，是提高律师职业道德水准和遵守执业纪律自觉性的有效措施。从今年起，在律师资格考试中，将增加有关律师职业道德和执业纪律的内容。目前，许多地方已经在律师业务培训中，加入了律师职业道德和执业纪律培训的内容，并把这项培训作为律师年检注册的考核内容。要加强律师事务所的党组织建设，加强律师的政治思想工作。

以上通知应传达到全体律师，并认真贯彻执行。

司法部关于组织1995年全国律师资格考试的通知

（1995年6月7日）

各省、自治区、直辖市司法厅（局）：

根据我部关于深化律师工作改革的方案和加快我国律师队伍发展的需要，经研究决定，今年10月将举行1995年度全国律师资格考试。为做好今年全国律师资格考试的组织工作，现将考试的有关事项通知如下：

一、考试时间

1995年全国律师资格考试定于10月7日至8日在全国统一进行，考试分为四个单元，每单元考试时间为3小时，具体安排是：

第一单元：10月7日上午8：30—11：30

第二单元：10月7日下午2：00—5：00

第三单元：10月8日上午8：30—11：30

第四单元：10月8日下午2：00—5：00

二、考试内容与考试分制

1995年全国律师资格考试内容包括五个方面：一是法学综合知识与律师制度；二是律师执业道德和职业纪律；三是刑法与民法等部门法知识；四是经济法知识；五是程序法知识。今年考试分为五份试卷，按四个单元进行考试，五份试卷满分总计400分。参考人员必须参加全部五份试卷的考试，缺考者，总成绩视为无效。

三、考试的报名条件

凡报名参加今年全国律师资格考试的人员必须具备以下条件：

1．拥护《中华人民共和国宪法》，享有我国公民的选举权和被选举权；

2．已取得法学大专以上学历，或者非法律专业本科以上学历并经过法律专业培训的；

高等院校本科1995年应届毕业生可以报名参加本年度考试，但报名时应出示学历证书。

3．品行端正，身体健康。

下列人员不得报名参加律师资格考试：曾被判处刑罚的（但过失犯罪自刑满之日起已满五年的除外）；患有精神疾病的；被开除公职的；曾被取消律师资格的。

各地负责报名工作的机关不得变更或降低报名条

件。

四、报名的办法

今年考试的报名工作定于6月25日至7月20日在全国统一进行。报考人员届时应持本人身份证、工作证、学历证书原件和本人近期一寸免冠照片两张，到本人户籍所在地或工作单位所在地司法厅(局)指定的报名地点办理报名手续。考生报名时应按要求填写《考生报名登记表》，并接受司法行政机关对有关学历、经历证明材料的查验。各地负责报名工作的司法行政机关如发现报考人员在报名时弄虚作假，谎报、伪造学历与经历证明的，由承办报名工作的司法行政机关取消其报名资格。

报名地点的设立由各省、自治区、直辖市司法厅(局)依照相对集中的原则自行决定，地域面积小，交通便利的省应将报名地点设在地市司法局，交通不方便的可以设在县司法局。

五、考区与考场的设置

考区一般设在地、市，为加强考场的监督与管理，各省、自治区应减少考区的设置，交通便利的地方，可以将相邻近的地、市合为一个考区。各地司法厅(局)务必于7月30日前将本地区报考人数、考区与考场分布及考场人数等情况报部律师司。

六、考试费用

鉴于国家财政没有专项考试费用，根据“以考养考”和节俭开支的原则，律师资格考试报名费由各省、自治区、直辖市司法厅(局)自定，但最高不得超过50元。为保证今年律师资格考试命题及试卷印刷的必需开支，各司法厅(局)应按每人10元的标准，于8月10日前将上述款项统一汇至中国律师资格考试中心(开户行：北京市工商银行北新桥分理处城信社联社营业部。帐号：340—07108—89)。

七、关于考前辅导工作

各地司法厅(局)应加强对律师辅导班的管理工作，律考辅导一般应由政法院校(系)报经省级司法厅(局)审批同意后承办(包括各省、区、市的政法管理干部院校和司法学校)，对申请办班的院校应注意审核有无专业教师，教学计划及收费标准是否符合当地政府主管部门的规定。

八、录取和评卷

1995年全国律师资格考试仍采取全国划定统一录取分数线的方式进行。评卷工作将采用适当集中评卷的方式，具体组织办法以及录取分数线和录取办法将另行通知。

九、港澳台地区居民参加今年全国律师资格考试的有关事宜，我部将另行通知

请各省、自治区、直辖市司法厅(局)接此通知后，尽快研究布置今年的考试组织工作，要认真执行通知中的有关规定，制订有效的措施，做好律师资格考试中的报名、考场设置、监考等各项任务。

各地在组织考试工作中遇到问题，请及时报部律师司。

司法部关于成立中华人民共和国司法部律师资格审查委员会的决定

(1995年6月22日)

各省、自治区、直辖市司法厅(局)：

为规范律师资格的审批工作，经司法部党组研究决定，成立中华人民共和国司法部律师资格审查委员会，由该委员会统一负责全国的律师资格审批工作。副部长张耕同志任该委员会主任，委员分别由部律师司司长、主管副司长、政治部一位副主任、中华全国律师协会会长、秘书长和三名执业律师担任。律师资格审查委员会在司法部领导之下开展工作。

司法部关于加强律师队伍党的组织建设的意见

（1995 年 8 月 8 日）

各省、自治区、直辖市司法厅（局）：

为贯彻落实党的十四届四中全会精神，加强律师队伍中党的组织建设，充分发挥律师队伍中党组织的作用和律师党员的先锋模范作用，促进律师事业的改革和发展，根据党章有关规定，特提出如下意见：

一、充分认识在律师队伍中加强党的组织建设的重要性

我国的律师队伍是一支专业化队伍。它面向社会，担负着向社会各界提供法律服务的任务，其工作内容具有严肃的法律性和广泛的社会性，在改革开放和经济建设及整个社会生活中占有重要位置。律师队伍中的党组织，是保证党的路线方针政策和各项任务在律师行业得以贯彻落实的保证。加强律师队伍中党的组织建设，是律师制度深化改革的需要，是律师队伍健康成长的需要，是律师事业全面发展的需要。十多年来，各级司法行政机关党委（组）为了在律师队伍中加强党的组织建设做了许多工作，取得了一定的成绩。律师队伍中的大多数党组织和党员发挥了较好的作用。同时必须看到，我们在抓律师队伍党的组织建设方面，思想重视程度上还不够，工作方法上有许多不适应的地方，律师队伍党建工作滞后于律师改革进程，是司法行政系统党建工作中一个比较薄弱的方面。还必须看到，近几年来，随着改革的深化，律师事务所内部运行机制日益多样化，使律师队伍党建工作面临着许多新情况，新问题，许多问题亟待解决。因此，加强律师队伍党组织建设工作，是一项重要的、迫切的任务。各级党委（组）必须充分认识律师队伍党组织建设工作的重要性，充分认识律师队伍建设面临的新情况和存在的新问题，统一思想，协同工作，切实把这一工作放到重要位置上。

二、尽快在律师队伍中建立健全党组织

建立健全党组织，是开展党的工作的基础条件。各司法行政机关党组织要根据本地律师事务所和律师党员的分布情况，按照党章的要求，尽快把各个律师事务所的党组织建立起来。凡是在律师事务所从业的党员专职律师，原则上都要把组织关系转到律师事务所的党组织中来。凡是有 3 名以上党员的律师事务所，原则上都要建立党支部。党员人数不到 3 名的律师事务所，可由几个律师事务所联合建立党支部，或由上级党组织指定，将这些律师事务所的党员编入当地司法行政机关的党组织，使律师队伍中的每一名党员都参加党的一个支部的生活，接受党内外群众的监督。

各省（区、市）司法厅（局）的机关党组织，可根据实际情况和工作需要，建立律师工作党总支，以统一组织和开展本省（区、市）司法厅（局）所属律师事务所的党建工作。今后司法行政机关审批律师事务所时，要把党员情况作为一个因素加以考虑，尽可能使新建律师事务所在正式成立时，就有条件建立该所的党组织。努力做到哪里有律师事务所，哪里就有律师党员，哪里就有党组织。

律师事务所党组织的隶属关系，要根据党章和具体情况进行划定。司法厅（局）直属的律师事务所的党组织隶属于本厅（局）机关党组织；其他单位主办的律师事务所，其党组织隶属于主办单位的党组织，接受司法行政机关党组织的指导。

三、切实加强律师队伍中党组织的班子建设

各级司法行政机关党委（组）要帮助律师队伍中的党支部、党总支建立坚强有力的领导班子，尤其要注意选一个好的书记。律师事务所的党支部、联合党支部的书记，一般要由党员律师事务所主任或副主任担任，主任或副主任不是党员的，要选择政治素质好，党性观念强，有党务工作经验，有群众威信的律师党员担任。各地司法厅、局建立的律师工作党总支的书记，要由律师管理机构或律师协会的负责人担任，同时要配备一名有工作经验的专职党务干部，负责日常工作。支部（总支）委员会的产生和换届，要按照党章规定的办法和程序进行。

各级党委采取短期培训、经验交流等形式，着力提高党组织领导成员，特别是书记、副书记的素质，帮助他们提高思想理论水平，增强工作责任心，掌握做好党务工作的本领，成为称职的党务工作者。要注意掌握和分析律师队伍党组织班子的情况，对问题较多，工作不力，没有发挥应有作用的软弱涣散的党组织班子，要及时帮助整顿，加以解决。对因工作调动等原因，出现党组织班子职位空缺时，要及时补选配齐，一时不能配齐的，要明确指定临时负责人，保证党组织班子的正常运转。

司法行政机关特别是律师管理部门和律师事务所的行政负责人，要关心律师队伍党组织的建设工作，对律师队伍的党务工作者，要给予必要的支持，保证他们有足够的时间从事党务工作，并且在工资福利等方面不受影响。各省(区、市)司法厅(局)可根据当地实际，在这方面制订一些必要的规定，以保护这些同志的工作积极性。

四、要积极发挥律师队伍中党组织的作用

律师队伍中的党组织，要认真履行党章赋予的基本任务，在上级党组织的领导下，从本单位的实际情况出发，认真开展党的工作。

1. 积极发挥政治核心作用，保证党的路线方针政策在本单位的贯彻执行。要大力宣传党的路线方针政策，抓好政治教育。重点是要抓好邓小平同志建设有中国特色社会主义理论、党的基本路线和有关律师工作的方针政策的宣传教育，提高本单位全体人员的政策理论水平和贯彻执行党的路线方针政策的自觉性，保证全所人员在思想上、政治上、行动上与党中央保持一致。积极发挥监督职能，对律师事务所出现的不符合党的路线方针政策的行为，要积极负责的提出纠正的意见。

2. 切实支持行政领导的工作，保证本单位各项任务的顺利完成。律师队伍中的党组织，不论其律师事务所是何种体制，都要注意配合本所行政负责人的工作，支持他们按照有关法律法规行使其管理和组织指挥权，帮助他们解决在内部管理、开拓业务和安排工作任务等方面的难点问题，同心同德地抓好本单位的工作，保证本单位各项任务的完成。

3. 贯彻"党要管党"的原则，抓好对本单位党员的教育管理，努力发挥党员的先锋模范作用。一是要抓好党员的思想理论教育。目前重点是贯彻落实中央提出的关于在全体党员中开展一次建设有中国特色社会主义理论和党章的学习活动，教育全体党员牢固树立共产主义思想，全心全意为人民服务，切实履行党员义务，正确行使党员权利。二是坚持组织制度，严格党内生活。要根据本所工作特点和党员情况，制订必要的党内生活制度及组织实施办法，并认真地落实和坚持。党内生活的内容要注意联系本所党员的思想和工作实际，注重效果，保证质量，促使所属党员增强党性观念。三是要强化党内管理，严肃党的纪律。党组织要切实掌握所属党员的思想、工作情况。对长期在外活动的律师党员，要规定其按时向党组织作书面汇报。对党员思想、工作上存在的缺点，要采取批评与自我批评的方法及时帮助教育；对严重违反党规党纪的党员要开展积极的思想斗争，实施必要的组织处理，保证党的纪律的严肃性。

4. 做好群众的思想政治工作，调动全体人员的工作积极性。要发挥党的思想政治工作的优势，根据新形势下群众思想上容易出现的问题，有的放矢地开展深入细致的思想政治工作；要了解群众的情况，关心群众的疾苦，积极为群众排忧解难；要倾听群众的呼声，维护群众的利益，保护和调动群众的工作积极性。使群众能够正确认识形势，正确对待困难，正确对待利益得失，振奋精神，积极工作，在改革开放和经济建设中建功立业。

5. 抓好发展新党员工作，保证律师党员队伍后继有人。目前的律师队伍中的党员比例小，尤其是年轻党员少。这对于搞好当前和今后的律师工作是不利的。律师队伍中的党组织要充分认识在律师中发展党员的重要意义，着眼长远，立足发展，以高度负责的精神把党员发展工作抓紧抓好。各律师党支部都要制订党员发展计划，加强对非党员律师的教育培养工作，按照党章要求的条件和程序，积极地把律师中的先进分子吸收到党的队伍中来，不断向党的肌体输送新鲜血液，为律师事业的健康发展提供可靠的组织保证。

律师队伍中的党组织要认真执行民主集中制的原则，坚持党的选举制度、集体领导制度、民主生活会制度、请示报告制度和向支部大会报告工作等制度，自觉接受党内外群众监督。保证党员积极性的发挥和民主权利的行使，做到党员服从组织，下级服从上级，执行上级决议，维护中央权威，保持正常的党内生活秩序，使党组织成为思想统一、组织严密、行动一致的有凝聚力有战斗力的有机整体。

五、要切实加强律师队伍党的建设工作的领导

各级司法行政机关的党委(组)，对律师队伍中党的组织建设负有主要责任，要认真掌握律师队伍中党组织建设情况，定期进行分析研究，切实加强对律师队伍中党组织建设工作的领导。在建立健全律师队伍中党的组织机构、调整配备律师队伍中党组织领导班子等基本建设上，要采取得力措施，力求实效。在开展党的工作方面，要注意把开展党的工作的一般要求与律师工作的具体特点结合起来，使工作内容具有较强的针对性。在具体的活动方式和时间要求上，要注意结合律师工作的特点进行安排部署。在工作方针上，既要注意各个时期的具体情况，突出重点，明确提出和完成阶段性任务，又要着眼发展，制订长远的工作规划，并建立必要的制度，使律师队伍的党组织建设工作经常化、制度化、持久化，努力把律师队伍中党建工作提高到一个新的水平。

司法行政机关的党委(组)和政治工作部门，要加强对律师队伍党组织建设工作的指导。要大兴调查研究之风，积极探索律师队伍党建工作的新路子，及时总结推广党建工作的成功经验，推动律师队伍中党建工作的深入开展。对于在全省(区、市)范围内党建工作比较突出的律师事务所及其基本经验，各省(区、市)司法厅(局)政治部(处)要及时总结并上报司法部政治部。

司法部关于继续认真贯彻《国务院办公厅转发〈司法部关于加强法律服务机构统一管理的请示〉的通知》的通知

(1995 年 8 月 21 日)

各省、自治区、直辖市司法厅(局)、新疆生产建设兵团司法局：

司法行政部门是管理全社会法律服务机构的职能部门。1985 年 12 月 10 日，《国务院办公厅转发司法部关于加强法律服务机构统一管理的请示的通知》(以下简称《通知》)明确了这一点；1994 年 4 月 10 日，国务院批准的司法部"三定"方案也作了明确的规定；几年来，党中央、国务院领导同志在有关讲话中多次予以强调。各级司法行政机关为切实履行政府赋予的法律服务机构管理职能做了大量的工作。但是目前在一些地方社会法律服务秩序仍然比较混乱，有的未经司法行政机关批准，擅自成立法律服务咨询机构，严重地影响了法律服务工作的正常秩序，损害了国家的法制形象。各级司法行政机关要按照《通知》的精神，切实行使管理社会法律服务机构的职责，积极争取当地党委、政府和其他有关部门的支持，迅速制定社会法律服务机构的登记，从业、管理等加强社会法律服务秩序管理的具体实施办法，做到有法可依、有章可循，把整个管理工作提高到新水平。现将《国务院办公厅转发〈司法部关于加强法律服务机构统一管理的请示〉的通知》重新印发，望继续认真贯彻执行，有关落实情况请及时报部。

司法部关于启用新式样《律师资格证书》的通知

(1995 年 9 月 20 日)

各省、自治区、直辖市司法厅(局)，新疆生产建设兵团司法局：

经部办公会议研究决定，从 1995 年开始启用新式样《律师资格证书》。新式样《律师资格证书》由司法部制作并统一颁发，各地司法厅(局)负责填写、发放和管理工作。现将有关事宜通知如下：

一、颁发新式样《律师资格证书》的对象

这次颁发新式样《律师资格证书》的对象为 1994 年参加全国律师资格考试成绩合格并经司法部律师资格审查委员会审核批准授予律师资格的人员和经司法部律师资格审查委员会考核批准授予律师资格的人员。

1994 年以前取得律师资格的人员，此次暂不换发新式样《律师资格证书》。

二、颁发新式样《律师资格证书》的程序和要求

1. 鉴于发证工作任务重、政策性强，各司法厅(局)要切实加强对发证工作的领导，制订具体工作计划和监督措施，以保证发证工作顺利完成。

2. 各司法厅(局)按部批准考试通过人数和考核批准人数领取新式样《律师资格证书》，并由专人负责保管。凡因作废需要补发新式样《律师资格证书》的，凭作废证书申请补发。

3. 各司法厅(局)对领取《律师资格证书》的人员要统一建立律师资格档案，档案材料主要包括：《律师资格审批呈报表》、考试成绩通知单或考核授予资格批准件、学历学位证书复印件、身份证复印件和其他有关证明材料。

三、新式样《律师资格证书》的填写要求

1. 新式样《律师资格证书》由各省（区、市）司法厅（局）统一填写，要求字迹清晰、准确，不得涂改。

2. 新式样《律师资格证书》"证号"由12位数字组成，包括：区号、取得资格时间、出生年月和顺序号等四部分组成。"区号"由两位数字组成，仍延用以往使用的号码；"取得资格时间"由两位数字组成，以部律师资格审查委员会审核批准的时间为准。"出生年月"由4位数字组成，如1965年6月出生，应写成"6506"；"顺序号"由4位数字组成，各地均可由0001开始。（例如：北京李××，1995年由司法部律师资格审查委员会批准授予律师资格，1965年6月出生，此人证号可写成"019565060001"。）

3. 新式样《律师资格证书》"发证日期"以司法部律师资格审查委员会审核批准日期为准。

四、新式样《律师资格证书》的收费标准

新式样《律师资格证书》每本30元人民币，请各地尽快将证书款汇至律师司（开户银行：北京工商行北新桥分理处联社营业部，帐号：07108—89）。

各地在发证工作中遇有问题，望及时向部请示。发证工作结束后，请各地将领取新式样《律师资格证书》的人员名单及证号报部备案。

司法部　中国证监会关于对从事证券法律业务的律师、律师事务所进行年度核查的通知

（1995年10月30日）

各省、自治区、直辖市司法厅（局）：

为了进一步发挥律师在证券法律服务领域中的积极作用，加强对证券律师的管理，司法部与中国证券监督管理委员会决定对从事证券法律业务的律师、律师事务所进行1995年年度核查。现将有关事项通知如下：

一、进行年度核查的目的

1993年以来，经司法部、中国证券监督管理委员会确认，1100多名律师和270多家律师事务所取得了从事证券法律业务的资格。两年来，在广大律师和社会各界的支持下，律师证券法律业务取得了很大成绩，为促进我国证券市场的规范化发展发挥了积极的作用。但是，随着律师工作改革的深入发展，律师工作机构发生了变化。据调查，具有从事证券法律业务资格的200多家律师事务所中，有些律师事务所已经分立或撤销；有些律师事务所已不具备3名以上具有从事证券法律业务资格的律师，从而失去律师事务所从事证券法律业务的资格。与此同时，一些新成立的律师事务所具备了从事证券法律业务条件，需要办理确认资格的手续。为了解决这些问题，司法部和中国证监会决定对从事证券法律业务的律师及律师事务所进行年度核查，以便及时掌握从事证券法律业务的律师的流动情况和律师事务所的变更情况。

二、核查工作安排

凡取得从事证券法律业务资格的律师和律师事务所均为核查对象。具有从事证券法律业务资格的律师和律师事务所，需按年度核查表所列内容逐一填写。各省、自治区、直辖市司法厅（局）接此通知后，应立即将司法部、中国证监会印制的《律师执行证券法律业务资格核查表》、《律师事务所执行证券法律业务年度核查表》和本通知下发给有关律师事务所和律师，并务必于1995年12月30日前将表格一式两份，附律师及律师事务所从事证券法律业务资格证书复印件报司法部律师司。司法部、中国证监会将于1996年初发布核查公告，对不符合条件的律师事务所将予以撤销。凡未经核查的律师、律师事务所，1996年度不得从事证券法律业务。

从1996年开始，具有从事证券法律业务资格的律师从原律师事务所调至其他律师事务所，必须由所在地司法厅（局）以书面形式报司法部律师司和中国证券监督管理委员会法律部备案。未经备案的律师，以新所律师名义签署的法律文件无效。

特此通知。

司法部 中国证监会
关于进行从事证券法律业务律师资格考试有关工作的通知

(1995年11月28日)

各省、自治区、直辖市司法厅(局):

为了进一步发挥律师在国家经济建设中的作用,发展壮大从事证券法律业务的律师队伍,提高律师办理证券法律业务的素质和质量,司法部与中国证监会决定举办从事证券法律业务律师资格考前培训,并在培训的基础上,考核确认一批从事证券法律业务的律师。现将有关事项通知如下:

一、培训方式。此次培训工作将在司法部、中国证监会指定的七个省、直辖市进行。由司法部律师司会同这七省市的司法厅(局)负责培训的组织工作。培训以播放中国证监会、司法部组织制作的“证券律师培训讲座”录相教材为主。辅之以讨论和阅读有关法规等。

二、培训对象条件。专职律师;有3年以上从事经济、民事法律业务经验,熟悉证券法律业务;或有两年以上从事证券法律业务、研究、教学工作经验;有良好的职业道德,在以往3年内没有受过纪律处分。

三、培训地点。

1. 东北片(黑龙江省、吉林省、辽宁省)在辽宁省沈阳市培训,由辽宁省司法厅负责组织。

2. 华北片(天津市、北京市、河北省、山西省、内蒙古自治区)在天津市培训,由天津市司法局负责组织。

3. 西北片(陕西省、青海省、甘肃省、宁夏回族自治区、新疆维吾尔自治区)在陕西省西安市培训,由陕西省司法厅负责组织。

4. 西南片(四川省、云南省、贵州省、广西壮族自治区、西藏自治区)在四川省成都市培训,由四川省司法厅负责组织。

5. 华南片(广东省、海南省、福建省)在广东省广州市培训,由广东省司法厅负责组织。

6. 华东片(山东省、上海市、浙江省、安徽省、江苏省)在山东省济南市培训,由山东省司法厅负责组织。

7. 中南片(湖南省、湖北省、江西省、河南省)在湖北省武汉市培训,由湖北省司法厅负责组织。

四、培训时间及组织工作。

1. 培训时间:1996年1月8日至1月26日。

2. 各省、自治区、直辖市司法厅(局)接到此通知后,务必于1995年12月15日以前,将本省参加培训的律师名单报本地区负责组织培训的省、市司法厅(局)。

3. 负责培训组织工作的省、市司法厅(局)务必于1995年12月29日前,将本片参加培训的律师人数及其名单册(每省限报30人)、培训场地情况报司法部律师司和中国证监会法律部,并于12月25日至29日派人到中国证监会法律部领取教材。

4. 培训费用由参加培训的学员负担(其中包括上交司法部和中国证监会的教材、试卷制作成本费每人200元)。各培训单位要严格掌握收费标准,并于12月29日前,将收费标准报司法部律师司和中国证监会法律部备案。对于不合理收取费用的行为,司法部、中国证监会将予以处罚。

培训期间,司法部、中国证监会将联合派人检查各地培训工作进展情况。

五、考试和资格授予。凡参加“律师从事证券法律业务资格考试”的人员,需持有负责组织培训的省、市司法厅(局)出具的“培训证明”。考试拟定于1996年1月29日至31日在各培训地点统一进行,试卷由中国证监会与司法部统一命题。考试的组织工作由司法部律师司和各培训地点所在省(市)司法厅(局)负责。中国证监会和司法部依据学员的考试成绩,择优确定500名学员授予从事证券法律业务的资格证书。

望各地按照通知要求,积极、稳妥地做好组织工作,遇有情况,请及时与司法部律师司和证监会法律部联系。

公 证 类

司法部关于禁止为歌星演职人员到境外夜总会等场所演出办理公证的通知

（1995年2月17日）

各省、自治区、直辖市司法厅（局）：

今年1月1、20日，我驻新加坡使馆来电，反映国内女歌星大量涌入新加坡，在夜总会卖唱，丧失国格、人格的事时有发生，在当地引起公众和舆论的关注，建议国内有关部门采取措施予以严控。为此，特通知如下：

一、今后公证处办理有关演唱证、演唱经历等公证事项必须严格按照公证事务管辖权的规定，境外使用的，必须由具有涉外公证权的公证处承办。

二、根据文化部《关于坚决制止向境外派遣歌星及其他演职人员、艺术团组到夜总会等场所演出的紧急通知》（文外函（1995）6号）的规定精神，不得为以任何名义和形式向境外派遣歌星及其他演职人员、艺术团组到夜总会、餐饮及色情场所演出办理有关公证。

三、为出境演出申办有关公证时，当事人除必须提供由文化主管部门颁发的歌手及其他演员演出资格证件外，还必须提供文化主管部门批准出境演出的证明。

四、此类公证因涉及当事人的具体行为能力，一般应由本人到公证处提出申请，不得委托他人代理申请；艺术团组的工作人员为团组演出申办有关公证时应持有文化主管单位的授权委托书。

五、公证书应注明使用目的和使用地范围，有效期不得超过一年。

请及时通知所属各公证处，并严格遵照执行。

中国委托公证人（香港）管理办法

（1995年2月22日司法部令第34号发布）

第一章 总 则

第一条 为进一步建立健全委托公证人（香港）（以下简称委托公证人）制度，加强对委托公证人的管理，提高委托公证的质量，维护当事人合法权益，促进内地与香港经济、社会的稳定发展，制定本办法。

第二条 委托公证人由司法部考试合格后委托。委托公证人的委托期为3年，特殊情况可适当变更委托期限；委托期满，本人提出申请，经司法部考核合格，可连续委托。

第三条 委托公证人的业务范围是证明发生在香港地区的法律行为、有法律意义的事件和文书；证明的使用范围在内地。

第四条 委托公证人出具的到内地使用的公证文书，须经中国法律服务（香港）有限公司（以下简称公司）加章转递，确认使用。公司应定期（7月15日前报上半年，元月15日前报上年度）将加章转递情况报司法部。

第五条 委托公证人必须按照司法部规定的委托业务范围和文书格式出具公证文书。

第六条 委托公证人未经注册的，不得行使委托公证人职权，对其签署的公证文书公司不予转递。

第七条 委托公证人接受当事人委托后，应亲自办理委托公证事项。特殊情况下，需要内地公证机构或其他机构协助办理的，应征得当事人的同意。委托费用由委托公证人支付，或由委托公证人与当事人协商支付。

第二章　委托条件及程序

第八条　具备下列条件的香港执业律师，可向司法部申请为委托公证人：

一、拥护中华人民共和国政府，支持内地的改革开放和经济建设；

二、拥护《中华人民共和国香港特别行政区基本法》，对香港的稳定和繁荣发展有贡献的；

三、在香港从事律师业务10年以上；

四、职业道德良好，未有因不名誉或违反职业道德受惩处之记载；

五、遵守内地法律、法规和办证规则；

六、能用中文书写公证文书，能用普通话进行业务活动。

申请委托人的年龄一般不超过65周岁。

第九条　具备本办法第八条规定条件的香港律师申请担任委托公证人，由本人向司法部提出书面申请；向公司申领并据实填写申请委托公证人登记表。交由公司将申请书、登记表、学历、经历等证件的影印件和有关部门的意见一并报送司法部。

第十条　司法部接到有关申请后，参考有关部门和中国委托公证人协会（简称协会）的意见，对申请人资格进行审查。对符合申请条件的，应告知其参加司法部举办的法律知识和公证业务以及有关业务技能的短期培训并参加司法部组织的考试。

考试合格者，由司法部颁发委托书并予以首次注册。

第三章　注册条件及程序

第十一条　委托公证人在委托期内，应每年向司法部申请年度注册。

第十二条　委托公证人符合下列条件的准予年度注册：

一、在上一年度无违纪和判工行为；

二、职业道德良好，无违背司法部委托公证人要求及协会章程的行为；

三、能按要求办理委托事宜。

第十三条　委托公证人注册程序：

一、委托公证人向协会提出注册申请；

二、填写协会发给的注册申请表格，连同本人上年度办证情况及司法部规定需报的材料递交协会；

三、协会理事会对公证人的注册申请签注意见后，由协会将上述所有材料转交公司，公司就公证人所办公证加章转递情况签注意见，连同有关部门意见一并报司法部；

四、司法部根据委托公证人的注册申请及有关材料，并参考有关部门意见，作出同意注册或不同意注册的书面决定。同意注册的，司法部通知公司和协会，由协会代办注册手续。

第十四条　委托公证人在受到第十五条第二项处分期间应暂缓注册。

第四章　法律责任

第十五条　委托公证人有违反法律、规章、本管理办法和职业纪律的行为分别给予以下处分，并由被投诉人承担调查费用及经济损失：

一、警告；

二、中止委托；

三、取消委托。

第十六条　委托公证人有下列行为之一的，予以警告处分：

一、发往内地使用的公证文书未及时到公司办理加章转递的；

二、不按司法部要求出具公证书，经提示未及时改正的。

第十七条　委托公证人有下列行为之一的，根据不同情节，予以中止委托公证3至12个月的处分：

一、发往内地使用的公证书，不经加章转递的；

二、被投诉而不积极配合调查或经查实造成不良后果的；

三、有判工行为，但经提示及时改正的；

四、对协会理事会决议无正当理由不予执行的。

第十八条　委托公证人有下列行为之一的，取消委托：

一、发往内地使用的公证文书不经加章转递，受警告或中止委托处分后仍不改正的；

二、不按司法部的要求出具公证书，经书面提示仍不改正的；

三、被投诉经查实，并造成严重后果的；

四、有判工行为经提示不及时改正的；

五、曾受中止委托处分，再犯又受中止处分的；

六、公证人在申请登记表及其他申请文书中作虚假陈述的；

七、其他丧失第八条规定条件者。

第十九条　委托公证人接受委托一年内不办理委托业务或不申请年度注册的，经协会书面提示仍不改变，视为自动中止委托。自动中止委托期限为6个月，到期经协会再次书面提示不申请恢复委托，视为自动放弃委托。申请恢复委托者，应说明理由并加倍补交注册费和协会的提示通知费。

第二十条 司法部设立中国委托公证人纪律监督委员会（以下简称委员会），受理当事人对委托公证人的投诉，直接或委托有关单位进行调查。委员会应将调查结果及时向司法部报告并提出处理意见。遇有特殊情况，可以延期。

第五章 中国委托公证人协会

第二十一条 协会由司法部委托的公证人依法组成，是司法部对委托公证人进行管理的咨询性机构，依照司法部的委托承办与委托公证人有关的具体事项。

第二十二条 协会的职责是：

一、对会员进行职业道德教育和纪律教育；

二、组织会员与内地公证组织间的业务交流；

三、维护会员的合法权利；

四、受中国委托公证人纪律监督委员会委托调查会员在办理委托公证中的违纪行为；

五、受司法部委托办理委托公证人注册具体事宜。

第六章 附 则

第二十三条 本办法由司法部负责解释。

第二十四条 本办法自公布之日起生效。

提存公证规则

（1995年6月2日司法部令第38号发布）

第一条 为维护经济流转秩序，预防和减少债务纠纷，保证提存公证质量，根据《中华人民共和国民法通则》、《中华人民共和国公证暂行条例》及有关规定，制订本规则。

第二条 提存公证是公证处依照法定条件和程序，对债务人或担保人为债权人的利益而交付的债之标的物或担保物（含担保物的替代物）进行寄托、保管，并在条件成就时交付债权人的活动。为履行清偿义务或担保义务而向公证处申请提存的人为提存人。提存之债的债权人为提存受领人。

第三条 以清偿为目的的提存公证具有债的消灭和债之标的物风险责任转移的法律效力。

以担保为目的的提存公证具有保证债务履行和替代其他担保形式的法律效力。

不符合法定条件的提存或提存人取回提存标的的，不具有提存公证的法律效力。

第四条 提存公证由债务履行地的公证处管辖。

以担保为目的的提存公证或在债务履行地申办提存公证有困难的，可由担保人住所地或债务人住所地的公证处管辖。

第五条 债务清偿期限届至，有下列情况之一使债务人无法按时给付的，公证处可以根据债务人申请依法办理提存：

（一）债权人无正当理由拒绝或延迟受领债之标的的；

（二）债权人不在债务履行地又不能到履行地受领的；

（三）债权人不清、地址不详，或失踪、死亡（消灭）其继承人不清，或无行为能力其法定代理人不清的。

第六条 有下列情况之一的，公证处可以根据当事人申请办理提存公证：

（一）债的双方在合同（协议）中约定以提存方式给付的；

（二）为了保护债权人利益，保证人、抵押人或质权人请求将担保物（金）或其替代物提存的；

当事人申办前款所列提存公证，必须列明提存物给付条件，公证处应按提存人所附条件给付提存标的物。

第七条 下列标的物可以提存：

（一）货币；

（二）有价证券、票据、提单、权利证书；

（三）贵重物品；

（四）担保物（金）或其替代物；

（五）其他适宜提存的标的物。

第八条 公证处应当在指定银行设立提存帐户，并置备保管有价证券、贵重物品的专用设备或租用银行的保险箱。

第九条 提存申请人应当填写公证申请表，并提交下列材料：

（一）申请人的身份证明；法人应提交法人资格证明和法定代表人身份证明，法定代理人应提交与被代理人关系的证明，委托代理人应提交授权委托书；

(二)合同(协议)、担保书、赠与书、司法文书、行政决定等据以履行义务的依据；

(三)存在本规则第五条或第六条规定情况的有关证明材料；

(四)提存受领人姓名(名称)、地址、邮编、联系电话等；

(五)提存标的物种类、质量、数量、价值的明细表；

(六)公证员认为应当提交的其他材料。

第十条　符合下列条件的申请,公证处应当受理:

(一)申请人对提存受领人负有清偿或担保义务；

(二)具有本规则第五条或第六条规定的情况；

(三)申请事项属于本公证处管辖；

(四)本规则第九条规定的材料基本齐全。

公证处应在收到申请之日起3日内作出受理或不予受理的决定。不予受理的,公证处应当告知申请人对不予受理不服的复议程序。

第十一条　公证人员应按《公证程序规则(试行)》第二十四条规定制作谈话笔录,记录下列内容:

(一)提存理由和相关事实(如无法给付债的标的物的事由和经过)；

(二)有关提存受领人的详细情况；

(三)提存标的物的详细情况；

(四)提存人所作的特别说明等。

第十二条　公证员应当按《公证程序规则(试行)》第二十三条规定,审查下列内容:

(一)本规则第九条所列材料是否齐全,内容是否属实；

(二)提存人的行为能力和清偿依据；

(三)申请提存之债的真实性、合法性；

(四)请求提存的原因和事实是否属实；

(五)提存标的物与债的标的是否相符,是否适宜提存；

(六)提存标的物是否需要采取特殊的处理或保管措施。

第十三条　符合下列条件的,公证处应当予以提存:

(一)提存人具有行为能力,意思表示真实；

(二)提存之债真实、合法；

(三)符合本规则第五条或第六条以及第七条规定条件；

(四)提存标的与债的标的相符。

提存标的与债的标的不符或在提存时难以判明两者是否相符的,公证处应告知提存人,如提存受领人因此原因拒绝受领提存物则不能产生提存的效力。提存人仍要求提存的,公证处可以办理提存公证,并记载上述条件。

不符合前两款规定的,公证处应当拒绝办理提存公证,并告知申请人对拒绝公证不服的复议程序。

第十四条　公证处应当验收提存标的物并登记存档。对不能提交公证处的提存物,公证处应当派公证员到现场实地验收。验收时,提存申请人(或其代理人)应当在场,公证员应制作验收笔录。

验收笔录应当记录验收的时间、地点、方式、参加人员,物品的数量、种类、规格、价值以及存放地点、保管环境等内容。验收笔录应交提存人核对。公证员、提存人及其他参与人员应当在验收笔录上签名。

对难以验收的提存标的物,公证处可予以证据保全,并在公证笔录和公证书中注明。

经验收的提存标的物,公证处应当采用封存、委托代管等必要的保管措施。

对易腐易烂易燃易爆等物品,公证处应当在保全证据后,由债务人拍卖或变卖,提存其价款。

第十五条　对提存的贵重物品、有价证券、不动产或其他物品的价值难以确定的,公证处可以聘请专业机构或人员进行估价。

第十六条　提存货币的,以现金、支票交付公证处的日期或提存款划入公证处提存帐户的日期为提存日期。

提存的物品需要验收的,以公证处验收合格的日期为提存日期。

提存的有价证券、提单、权利证书或无需验收的物品,以实际交付公证处的日期为提存日期。

第十七条　公证处应当从提存之日起3日内出具提存公证书。提存之债从提存之日即告清偿。

第十八条　提存人应将提存事实及时通知提存受领人。

以清偿为目的的提存或提存人通知有困难的,公证处应自提存之日起7日内,以书面形式通知提存受领人,告知其领取提存物的时间、期限、地点、方法。

提存受领人不清或下落不明、地址不详无法送达通知的,公证处应自提存之日起60日内,以公告方式通知。公告应刊登在国家或债权人在国内住所地的法制报刊上,公告应在一个月内在同一报刊刊登3次。

第十九条　公证处有保管提存标的物的权利和义务。公证处应当采取适当的方法妥善保管提存标的,以防毁损、变质或灭失。

对不宜保存的、提存受领人到期不领取或超过保管期限的提存物品,公证处可以拍卖,保存其价款。

第二十条　下列物品的保管期限为6个月:

(一)不适于长期保管或长期保管将损害其价值的;

(二)六个月的保管费用超过物品价值5%的。

第二十一条　从提存之日起,超过二十年无人领取的提存标的物,视为无主财产;公证处应在扣除提存费用后将其余额上缴国库。

第二十二条 提存物在提存期间所产生的孳息归提存受领人所有。提存人取回提存物的,孳息归提存人所有。

提存的存款单、有价证券、奖券需要领息、承兑、领奖的,公证处应当代为承兑或领取,所获得的本金和孳息在不改变用途的前提下,按不损害提存受领人利益的原则处理。无法按原用途使用的,应以货币形式存入提存帐户。

定期存款到期的,原则上按原来期限将本金和利息一并转存。股息红利除用于支付有关的费用外,剩余部分应当存入提存专用帐户。

提存的不动产或其他物品的收益,除用于维护费用外剩余部分应当存入提存帐户。

第二十三条 公证处应当按照当事人约定或法定的条件给付提存标的。本规则第六条第一项规定的以对待给付为条件的提存,在提存受领人未为对待给付之前,公证处不得给付提存标的物。

提存受领人领取提存标的物时,应提供身份证明、提存通知书或公告,以及有关债权的证明,并承担因提存所支出的费用。提存受领人负有对待给付义务的,应提供履行对待给付义务的证明。委托他人代领的,还应提供有效的授权委托书。由其继承人领取的,应当提交继承公证书或其他有效的法律文书。

第二十四条 因债权的转让、抵销等原因需要由第三人领取提存标的物的,该第三人应当提供已取得提存之债债权的有效法律文书。

第二十五条 除当事人另有约定外,提存费用由提存受领人承担。

提存费用包括:提存公证费、公告费、邮电费、保管费、评估鉴定费、代管费、拍卖变卖费、保险费,以及为保管、处理、运输提存标的物所支出的其他费用。

提存受领人未支付提存费用前,公证处有权留置价值相当的提存标的物。

第二十六条 提存人可以凭人民法院生效的判决、裁定。或提存之债已经清偿的公证证明取回提存物。

提存受领人以书面形式向公证处表示抛弃提存受领权的,提存人得取回提存物。

提存人取回提存物的,视为未提存。因此产生的费用由提存人承担。提存人未支付提存费用前,公证处有权留置价值相当的提存标的。

第二十七条 公证处不得挪用提存标的。公证处或公证人员挪用提存标的的,除应负相应的赔偿责任外,对直接责任人员要追究行政或刑事责任。

提存期间,提存物毁损灭失的风险责任由提存受领人负担;但因公证处过错造成毁损、灭失的,公证处负有赔偿责任。

公民、法人以不正当手段骗取提存标的的,负有赔偿责任;构成犯罪的,依法追究刑事责任。

公证处未按法定或当事人约定条件给付提存标的给当事人造成损失的,公证处负有连带赔偿责任。

第二十八条 符合法定或当事人约定的给付条件,公证处拒绝给付的,由其主管的司法行政机关责令限期给付;给当事人造成损失的,公证处负有赔偿责任。

根据人民法院、仲裁机构的裁决或司法行政机关决定给付的,由此产生的法律后果由作出决定的机构承担。

第二十九条 司法机关或行政机关因执行公务而申办提存公证的,参照本规则办理。

监护人、遗产管理人为保护被监护人、继承人利益,请求将所监护或管理的财产提存的,参照本规则办理。

遗嘱人或赠与人为保护遗嘱受益人或未成年的受赠人利益,请求将遗嘱所处分的财产或赠与财产提存的,参照本规则办理。

第三十条 外国人、无国籍人在中国境内申办提存公证,适用本规则。

第三十一条 本规则自发布之日起施行。由司法部负责解释。

中华人民共和国公证员注册管理办法

(1995年6月2日司法部令第39号发布)

第一条 为加强对公证员的监督和管理,保证公证员依法执行职务,维护当事人的合法权益,制定本办法。

第二条 依法持有《中华人民共和国公证员工作执照》(以下简称《公证员工作执照》)的公证员,可以执行公证员职务。

经公证员统一考试合格并在公证处执行职务的人员，依照本办法的规定，发给《公证员工作执照》。

第三条 《公证员工作执照》由中华人民共和国司法部统一印制，由司法部及省、自治区、直辖市司法厅(局)颁发和管理。

第四条 《公证员工作执照》实行年度注册。注册工作由发照机关具体负责，关于每年第一季度内办理。未经注册的《公证员工作执照》无效。

第五条 持照人应于年底前向公证处提交《公证员年度注册申请表》，由公证处对其年度工作从德、勤、能、绩几个方面进行评议，作出鉴定。本级司法行政机关对持照人年度政治思想、职业道德、组织纪律和完成业务工作等表现进行全面考核，提出同意或不同意注册的意见，报注册机关审核注册。注册机关对审核不合格的，可依本办法第九条规定，作出延缓注册的决定。

第六条 公证员申请注册，需向注册机关交纳注册费。注册费标准由司法部商物价管理部门另行规定。

第七条 离退休的公证员、从事公证管理工作十年以上的离退休人员，经公证处返聘为公证员的，发给《公证员工作执照》。

第八条 注册机关在注册时应予明确公证员办理公证事务的范围。办理涉外公证业务的《公证员工作执照》除加盖统一的注册章外，还需加盖涉外公证业务专用章，未加盖涉外公证业务章的公证员，不得办理涉外公证业务。

省、自治区、直辖市司法厅(局)应建立注册人员花名册档案，其中办理涉外公证业务注册人员花名册由省、自治区、直辖市司法厅(局)报司法部备案。

第九条 公证员有下列情形之一的，可延缓注册：

(一)工作失职，造成错证的；

(二)违反职业道德，有损公证员声誉的；

(三)利用工作之便牟取私利等不清廉行为的；

(四)受到行政记大过以上处分的。

延缓注册的时间最长不得超过一年。延缓注册期间停止办证。

第十条 有前条第(一)、(二)、(三)项情形之一的，严重者可随时予以停止办证的处罚。停止办证期分为3个月、6个月、1年。停止办证期间，延缓注册。

第十一条 3年内已有一次延缓注册或停止办证的，再有延缓注册或停止办证的情形即撤销公证员资格。

第十二条 延缓注册或停止办证，由负责注册的机关决定。对延缓注册、停止办证决定不服的，可向上一级公证管理机关申请复议。司法部作出的决定由司法部复议。

第十三条 延缓注册、停止办证期满，需本人提出申请，并按注册程序上报，经注册机关审核确实改正错误的，准予注册或恢复办证。

第十四条 公证员有下列情形之一的，由注册机关收回《公证员工作执照》：

(一)被撤销公证员资格的；

(二)调离公证处或不从事公证业务工作的。

第十五条 对延缓注册、停止办证人员的情况和收回《公证员工作执照》的人员的情况，负责注册的机关应当在作出决定10日内，向司法部备案。

第十六条 公证管理机关有权查验公证员的工作执照，持照人不得拒绝。查验公证员工作执照的人员，应当出示自己的工作证件。查验人员徇私舞弊，侵害持照人合法权益的，应当承担法律责任。

第十七条 本办法由司法部负责解释。

第十八条 本办法自发布之日起施行。

司法部关于国家公证处更名为长安公证处及有关事项的通知

(1995年7月3日)

国家公证处：

根据公证体制改革的需要，现就国家公证处更名为长安公证处及更名后的业务管辖范围等事项通知如下：

一、根据中央机构编制委员会办公室《关于中国律师报社等单位机构编制和司法部直属劳改煤矿指挥部更名的批复》(中编办[1995]36号)，经司法部党组研究决定，将原中华人民共和国国家公证处更名为长安公证处。

二、更名后的长安公证处在组织上和业务上仍受司法部的管理、监督和指导。

三、更名后的长安公证处作为国家公证机构的性质不变；出具的公证文书的法律效力不变；原确定的地域管辖和业务管辖的范围不变。原以国家公证处名义出具的公证书仍然有效。

四、应做好更名的准备工作，与外交部领事司及有关部门通报更名等有关事项，并通过新闻媒体向社会宣传。

五、从 1995 年 8 月 1 日起，启用长安公证处印章，同时，原国家公证处印章作废。

司法部关于在涉外收养中严格审查和办理公证的通知

（1995 年 7 月 10 日）

各省、自治区、直辖市司法厅（局）：

近来，中国收养中心（筹备组）和一些地方的公证处在审查和办理涉外收养公证过程中，发现有的送养人不具备送养人资格，有的送养人未经批准私自调换被收养人或将他人监护的儿童以自己的名义送养。甚至出现将有生父母的儿童以变相收买的形式伪称弃婴收留后送养的问题，严重违反了有关法律的规定，对我国涉外收养工作和我国的国际形象造成了很坏的影响。为了保证涉外收养工作在法制的轨道上正常运行，切实保障父母儿童的合法权益，根据《中华人民共和国收养法》和《外国人在中华人民共和国收养子女实施办法》（以下简称《实施办法》）的有关规定，现对涉外收养中遵守真实合法原则，严格审查和办理公证的有关问题通知如下：

一、公证处应严格审查收养关系主体的真实身份

为了确保被收养人以合法身份收养，办理涉外收养的公证处对被收养人和送养人提交的下列证明文件必须进行严格审查。

（一）被收养人的生父母（包括已经离婚的）作送养人，应提交的证明文件：

1. 被收养人的出生公证书、县级以上医院的身体健康检查（包括肝功能和澳抗检查）、近期二寸免冠照片 6 张；

2. 生父母双方同意送养的声明书公证书，以及生父母抚养困难的公证书；

3. 生父母双方不再生育子女的保证（需经其所在单位或住所地计划生育部门同意）；

4. 生父母的身份证复印件或户口本复印件；

5. 被收养人的生父或生母因丧偶或一方下落不明，由单方送养的，应当提交配偶死亡公证书、死亡或下落不明一方的父母不行使优先抚养权声明书公证书。

（二）被收养人是孤儿，其监护人作送养人，应当提交的证明文件：

孤儿的出生公证书和其生父母的死亡公证书、以及其他有抚养义务的人同意送养的声明书公证书；县级以上医院的被收养人身体健康检查、近期二寸免冠照片 6 张、送养人的身份证或户口本复印件，以及合法监护的证明。

（三）被收养人是弃婴的，送养人应提交的证明文件：

1. 被收养人的来源情况公证书（内容包括被收养人的出生日期；被遗弃的时间、地点；发现人的姓名、工作单位或住所地；被送到公安部门或直接送到社会福利机构的时间、过程，或由群众抚养的时间、过程）、县级以上医院的身体健康检查（包括肝功能和澳抗的检查）、近期二寸免冠照片 6 张。

2. 送养人的法人资格公证书、被收养人合法监护人公证书，以及同意送养声明书。

二、上述公证事项由送养人和被收养人住所地公证处受理（不限于办理涉外收养公证的公证处）。公证处办理上述公证事项时应注意：

1. 必须认真调查核实拟送养的儿童来源，查明是否是送养人的亲生子女、是否是真弃婴或孤儿，如果儿童的真实来源与送养人申办公证时提供的来源情况不一致的，应拒绝办理公证。

2. 对送养人的主体资格的真实性与合法性进行审查，社会福利机构作送养人的，必须具有法人资格，并且只能送养自己合法监护的儿童，不得将他人（含公民个人或其他社会福利机构）抚养的弃婴或孤儿转送养。

3. 被收养人的出生公证书和来源公证书必须粘贴本人近期照片，交中国收养中心（筹备组）一式三份，同时报省（区、市）司法厅（局）公证管理处备案。

三、公证处办理涉外收养公证时应注意：

1. 收养关系各方当事人必须亲自到公证处申请办理公证，收养人夫妻中一方因故不能到公证处办理的，另一方必须持有经公证、认证的对方的授权委托书。

2. 办理涉外收养的公证处与送养人、被收养人住

所地公证处应加强联系充分配合，共同做好涉外收养工作。公证处必须认真核实收养人和被收养人与中国收养中心(筹备组)所发文件中的照片是否是同一人。公证处如发现送养人与收养人未经中国收养中心(筹备组)同意，自行协商更换被收养人，或发现当事人与《收养许可通知书(C)》不符合的，应拒绝办理收养公证。

3. 收养人必须持有《收养许可通知书(A)》和《收养登记证》；送养人必须持有《送养许可通知书》；他们所提交的证明文件必须符合《实施办法》第十二条的规定。

4. 在办理收养手续过程中，当事人应依照规定向不同的单位或部门交纳费用，公证处在办理涉外收养公证时发现有强行截留或代其他部门收取费用的，应拒绝办理公证，并报告省(区、市)司法厅(局)公证管理处和通知中国收养中心(筹备组)。对买卖和变相买卖儿童的应报告当地公安机关。

四、公证处出具涉外收养公证书的具体要求，仍应按照《关于办理涉外收养公证程序及有关事项的通知》〔(95)司公函014号〕第四、五项的规定办理。

公证处在办理涉外收养公证时，应随时与省(区、市)司法厅(局)公证管理处和中国收养中心(筹备组)保持联系。

本通知自发文之日起执行。

司法部　卫生部关于出国护士执业证书办理公证的规定

(1995年7月25日)

各省、自治区、直辖市司法厅(局)，卫生厅(局)：

随着我国改革开放的不断深入，护士进行国际间劳务合作与交流活动日益扩大，护士赴国外工作的人数逐年递增。为了维护国家对护士管理及护士执业证书核发与管理的严肃性，保证出国护士的素质，适应国际交流的需要，现对各地区、各部门、各单位派遣或个人申请出国的护士持有的《中华人民共和国护士执业证书》(以下简称《护士执业证书》)的公证问题作如下规定：

一、各地区、各部门、各单位派遣(包括地区和有关部门负责劳务输出的公司)或个人申请出国的护士，均须在当事人住所地公证处申请办理《护士执业证书》公证。

二、当事人向公证处申办《护士执业证书》公证时，应向公证处提交本人证书及所在工作单位出具的证明，公证处经调查核实后予以办理，以证明其证书复印件与原件相符，原件上中华人民共和国卫生部印鉴，省、自治区、直辖市卫生厅(局)印鉴及注册机关印鉴属实的方式出具公证书。

三、解放军各总部及其所属企事业单位派遣出国的护士，其《护士执业证书》的公证方式与第二条相同。

四、对非卫生行政部门颁发的《护士执业证书》，公证机关一律不予办理公证。对乱制、伪造、滥发《护士执业证书》的单位或个人，由卫生行政部门予以处罚。

各地公证处和卫生行政部门在办理《护士执业证书》公证时，应加强联系，密切配合，对执行中出现的问题应及时逐级请示。

司法部关于全国公证员资格考试合格分数线及授予公证员资格有关事宜的通知

(1995年8月25日)

各省、自治区、直辖市司法厅(局)：

司法行政系统第二次全国公证员资格考试已经结

束，评卷工作也已完成。这次考试扩大了参考人员范围，对于吸引优秀人才充实公证队伍，提高公证队伍的专业素质，具有重要的促进作用。现将考试合格分数线的划定原则和公证员资格的授予等有关事宜通知如下：

一、关于合格分数线的划定原则

根据这次全国公证员资格考试考场纪律及考试成绩的实际情况，经研究决定，只在全国确定最低合格分数线，即总分数为240分，其中卷四为50分以上。各地可在我部确定的最低分数线的基础上，根据当地队伍需要量，考场纪律等情况，确定本省（区、市）的合格分数线，但不得低于司法部规定的最低合格分数线。各地在确定合格分数线后，将确定的合格人员名单速报部公证司，以便确定合格证书的数量。名单内容包括：考号、姓名、性别、学历、单位等情况。

二、关于考试合格证书和授予公证员资格

凡是具备司法部规定的报考条件，符合本通知规定的最低合格分数线，同时又符合本省（区、市）确定的合格分数线者，均发给由司法部统一制作的《公证员资格考试合格证书》。考试合格并在公证处工作的，经所在公证处和同级司法行政机关考核合格，由省、自治区、直辖市司法厅（局）授予公证员资格。

三、关于公证处以外考试合格人员的管理和使用问题

对于公证处以外考试合格，不调入公证处工作的人员，不授予公证员资格，不能办理公证。律师中的合格人员，不得兼做公证员，只有在调入公证处并具有公证员资格后，才能办证，但他们可以作为公证联络员，与公证处建立协作关系，相互介绍业务。关于乡镇法律服务所考试合格人员的管理和使用问题，另行规定。

各地公证管理处应将公证处以外合格人员的考试成绩及个人基本情况的有关资料在公管处备案，建立公证人才信息库，在公证处需要进人时，这些符合调入条件的合格人员，可以优先调入公证处工作。

四、其他

1．公证处以外考试合格人员的成绩3年内有效。

2．对考试成绩是否通知考生本人，由各省、自治区、直辖市司法厅（局）自定。考试成绩已下发各省（区、市），司法部不再办理查核分数事项。

司法部关于严格执行公证管辖规定的通知

（1995年9月6日）

各省、自治区、直辖市司法厅（局）：

近来，根据有关部门反映，内地有些公证处直接派员到香港或外地受理香港和外地当事人申请的公证事务；有些香港的中国委托公证人到国外和其他地区受理当地当事人申请的公证事务。这些做法均违背了《中华人民共和国公证暂行条例》和《中国委托公证人（香港）管理办法》关于公证业务管辖原则的规定。

针对上述存在的问题，现重申《中华人民共和国公证暂行条例》和《中国委托公证人（香港）管理办法》中公证业务管辖原则的有关规定：公证事务由申请人住所地、法律行为发生地或事实发生地的公证处管辖；涉及财产转移的公证事务由申请人住所地或者主要财产所在地的公证处管辖；香港的中国委托公证人的业务范围是证明发生在香港地区的法律行为、有法律意义的事件或文书，证明的使用范围在内地。

对于上述规定，各地公证处和香港的中国委托公证人要严格遵守，未经批准，不得擅自到国外、香港地区和外地受理公证事务。同时，在办证过程中，要认真查实当事人的真实合法身份，遵守办证程序，防止错假证的发生。

各地和各有关部门的规定如与上述规定不一致，均应按上述规定执行。

司法部关于发布中国委托公证人(香港)名单、印章等事宜的通知

(1995年11月1日)

各省、自治区、直辖市司法厅(局):

现将我部自1981年以来陆续委托并仍在履行委托公证人职务的中国委托公证人(香港)名单(共207人)和其签名、印章式样,以及中国法律服务(香港)有限公司加章转递专用章式样一并发布。请即转各司法局(处)、公证处及政府有关部门,作为受理涉港公证文书的核验依据。

各地在办证过程中,要严格遵守我部有关涉港公证文书的各项规定。遇到新情况、新问题,要及时请示。

基层工作类

司法部关于进一步加强人民调解工作促进农村改革与发展　维护农村稳定的通知

（1995年1月20日）

各省、自治区、直辖市司法厅（局）：

党和国家历来非常重视农村基层组织建设。去年10月，中央召开了全国农村基层组织建设工作会议，接着又下发了《关于加强农村基层组织建设的通知》（中发[1994]10号文件），提出了新时期加强农村基层组织的目标、重点和政策措施。《通知》明确要求建立健全农村人民调解组织，发挥农村人民调解组织在社会治安综合治理中的作用。农村人民调解工作是农村社会治安综合治理的第一道防线，广大调解人员是维护农村社会稳定的重要力量。当前和今后一个时期农村人民调解工作，要认真贯彻落实全国农村基层组织建设工作会议和去年6月份召开的全国农村社会治安综合治理工作会议精神，围绕党在农村的中心工作，牢固树立"大服务"的思想，坚持"调防结合，以防为主"的工作方针，积极推进改革，充分发挥职能作用，在维护农村社会稳定、促进农村经济建设中发挥更大作用。为此，特作如下通知：

一、进一步建立、健全农村人民调解组织。各地应结合以加强村党支部为核心的基层组织建设，按照《人民调解委员会组织条例》的要求，把村级人民调解委员会建设好。进一步完善三级人民调解组织网络。适应农村稳定和经济发展的需要，采取多种形式在工农结合部、城乡结合部建立联合调解组织；在乡镇企业、较大的村办企业、农村中的"三资"企业、集贸市场、外来人口聚居区建立调解组织。到1997年底，农村人民调解组织网络化建设覆盖面要达到80%以上。

要大力开展调解组织的整顿工作。重点整顿瘫痪、半瘫痪的调解组织，力争在3年内，有领导、有计划地把处于软弱涣散和瘫痪状态的人民调解组织整顿好、建设好。对这些调解组织，要摸清情况，抓准症结问题，根据不同情况采取相应措施，逐个加以整顿。要通过整顿增强调解组织的战斗力，使一、二类调解组织达到95%以上。同时，要使农村中50%的调委会达到规范化标准。规范化人民调解委员会的基本标准是：组织健全，制度完善，纠纷发生率逐年下降，无因民间纠纷激化引起的刑事案件，具备必要的办公场所和办公条件。各地要根据当地实际，制定实施规划，狠抓落实。

二、按照"大服务"的思想，强化人民调解工作职能。人民调解组织是自我管理、自我教育、自我服务的基层群众性自治组织，其职能不能简单地理解为仅仅调解民间纠纷，防止矛盾激化。除此之外，调解组织还应按照"大服务"的思想，拓宽视野，通过开展法制宣传，参与依法治村、参与群防群治，为农村的改革、发展和稳定提供法律服务。

（一）及时预防和调解民间纠纷，化解人民内部矛盾。人民调解组织要认真研究新形势下民间纠纷的特点、规律、激化条件、预防和调处措施，着重预防、调解生产经营性纠纷；直接影响农村治安秩序的纠纷；影响党群、干群关系的纠纷和城乡结合部、工农结合部发生的纠纷，千方百计地防止纠纷激化。继续开展民间纠纷排查和专项治理工作，并形成制度。

（二）努力探索人民调解工作同加强基层民主政治建设相结合的作法和经验。要积极协助村委会开展依法建制、以制治村、民主管理活动，帮助建立健全村民议事、村务公开等制度，制定以村规民约为主体的各种行为规范，促使广大干部群众自觉遵守、相互监督执行。

（三）针对农村群众的思想状况，开展多种形式的法制宣传教育，增强群众的法制观念。当前，要着重宣传有关社会治安综合治理的法律、法规和政策，教育广大农村群众积极参加整治农村社会治安的活动，促进综合治理工作的深入开展。

（四）开展多种形式的社会主义精神文明建设活动。农村广大调解组织要配合有关部门，开展创建"文明村镇"、"五好家庭"等活动，推动移风易俗，净化农村社会风气，弘扬社会主义道德风尚。

（五）协助有关部门，做好农村中刑满释放、解除劳教人员的帮教和过渡性安置工作。

三、努力造就一支适应新形势要求的人民调解员队伍。各地要继续推广"十户调解员"、"义务调解员"的作法和经验，最大限度地吸收广大农民群众参加人民调解工作。要积极聘请当地党委、政府、人大、政协以及农村中的工、青、妇等群众组织的领导干部为特邀调解员，使其参与、了解、支持人民调解工作。在人民调解组织整顿和换届选举中，要注意吸收懂法律、懂政策、群众拥护的离退休干部、教师、在乡知识青年以及复员、退伍军人参加调解工作。对不能胜任或不适宜从事人民调解工作的进行调整。

不断加强和改进农村调解人员的思想教育和业务培训工作。各地应结合农村基层组织建设中对农村党员进行的有关学习活动，对调解人员开展全心全意为人民服务的教育和爱岗敬业教育，大力表彰优秀调解人员。要进一步发挥调解人员中党员的先锋模范作用，做好调解队伍中积极分子的培养和发展党员的工作。各地应采取多种形式对调解人员分期分批进行培训，不断提高他们的业务素质。

四、进一步加强对农村人民调解工作的指导，积极争取党政领导和有关部门的重视和支持。各地司法行政机关要深入学习、领会中共中央《关于加强农村基层组织建设的通知》(中发[1994]10号文件)和全国农村社会治安综合治理工作会议精神，充分认识新形势下搞好农村基层组织建设的重大意义和人民调解工作所担负的重要职责，将人民调解工作列入议事日程，定期研究部署。建立人民调解工作目标管理责任制；加强调查研究，帮助解决人民调解工作面临的实际困难；加强人民调解工作的宣传，不断总结推广经验；采取多种形式到乡、驻村、入户了解情况，具体检查指导工作。

紧紧依靠各级党委和政府的领导，千方百计争取他们的理解、重视和支持。各地司法行政机关要报请当地党委、政府按照全国农村社会治安综合治理工作会议的要求，"对尚未配齐司法助理员的要尽快配齐，所需人员、经费主要由地方调剂解决"，妥善解决人民调解委员会的工作经费和调解人员补贴，以保障农村人民调解工作的正常开展。

司法部关于进一步加强基层法律服务工作　促进农村稳定发展和全面进步的通知

(1995年5月11日)

各省、自治区、直辖市司法厅(局)：

为贯彻党的十四届四中全会精神，去年10月，中共中央召开了全国农村基层组织建设工作会议，接着又下发了《关于加强农村基层组织建设的通知》(中发[1994]10号文件)，提出了在我国改革开放和现代化建设的新时期加强农村基层组织建设的目标、重点和政策措施。今后几年，我国农业要登上新台阶，农村改革要有新进展，农村社会面貌要有新变化，全国大多数农村要达到小康标准，任务十分艰巨，必须动员基层农村各方面的力量，作出艰苦的努力。十多年来，基层法律服务机构扎根基层，贴近群众，伴随着农村社会经济的发展而产生和发展，积极为农村基层组织和各项农村工作提供了有效的法律服务和法律保障，深受农村广大人民群众和基层干部的信赖，已经成为农村基层组织的组成部分。在全党全国重视加强农业和农村工作的新形势下，基层法律服务工作面临着繁重的任务和新的发展机遇。当前和今后一个时期的基层法律服务工作，要认真贯彻全国农村基层组织建设工作会议精神，牢固树立大服务思想，紧紧围绕加强农村基层组织建设，努力开拓，强化服务，促进农村的稳定、发展和全面进步。为此，特作如下通知：

一、积极为农村经济发展和广大农民群众奔小康提供法律服务。基层法律服务工作要围绕全面发展农村经济，保证农产品有效供给，增加农民收入这个党在农村的中心任务，坚持以公有制为主体，多种经济成份共同发展的指导思想，树立大农业、大市场、大流通的观念，不断解放思想，在全面开展各项业务的同时，努力开拓新的业务领域。一是为农村粮食、棉花稳定增产及发展多种经营提供法律服务；二是为继续完善家庭联产承包为主的责任制、统分结合的双层经营体制、壮大集体经济实力服务，促进农村改革的深入；三是积极介入生产和流通的各个环节，为农民提供产前、产中、产后法律服务；四是在法律服务中，帮助村社集体和农户制定致富规划、提供经济信息等，引导和帮助农民走共同富裕的道路；五是为乡镇企业逐步走向贸工农一体化、产供销一条龙提供法律服务；六是为农村发展

二、三产业和建设小城镇服务；七是积极介入与发展市场经济密切相关的新兴领域，为农村金融、房地产、劳务、生产资料市场提供法律服务。

二、积极参与农村社会治安综合治理工作，为维护农村社会稳定提供法律服务和法律保障。一是针对本地农村存在的难点、热点问题，充分运用法律服务手段，维护农民合法权益，促进各项农村政策的落实，预防和减少矛盾的发生。二是协助司法助理员和村委会把瘫痪半瘫痪的人民调解组织整顿好，增强战斗力。三是针对当前农村社会治安中存在的问题，发挥自身优势，开展法制宣传教育和各种形式的社会主义精神文明建设活动，教育群众，预防犯罪。四是协助乡镇政府和村委会解决一些较大的、棘手的纠纷，努力消除那些容易引起干群关系紧张的不安定因素。

三、积极为健全村民自治组织，促进农村各项工作的制度化、规范化提供法律服务。基层法律服务机构要在担任乡镇政府、村委会的法律顾问的工作中，根据《村民委员会组织法(试行)》，协助健全村民委员会和村民小组，完善村民自治制度，更好地发挥基层群众自治组织自我管理、自我教育、自我服务的作用。当前，要广泛参与开展依法建制、以制治村、民主管理活动，帮助基层组织建立健全村民选举制度、村民议事制度、村务公开制度。特别是要积极参与建立、健全村规民约的工作，根据国家法律、法规和政策，制定全体村民必须遵守的章程，规范大家的行为，并逐步完善实施办法。

四、认真贯彻党的四中全会和中央10号文件精神，切实加强基层法律服务队伍党的建设，提高队伍素质。凡具备条件的司法所、基层法律服务所，都要建立党支部或党小组，安排好党员的组织生活，充分发挥党组织的领导核心作用和战斗堡垒作用。要按照新时期党的建设的各项规定，加强对党员的管理和思想政治教育，树立全心全意为人民服务的宗旨，发挥共产党员的先锋模范作用。要认真组织所属党员和基层法律工作者学习邓小平同志建设有中国特色社会主义的理论和四中全会决定，不断提高服从、服务于大局的自觉性，增强改革积极性和开拓进取精神。要进一步加强对基层法律服务队伍的监督和制约，注意发挥社会监督、群众监督的作用，保证其依法执业，从业清廉。

五、进一步深化改革，加强管理，为充分发挥基层法律服务工作的职能作用打下坚实基础。各地要坚持解放思想、实事求是的原则，大力改革基层法律服务机构的内部机制，增强活力；进一步推进基层法律服务所与司法所(司法助理员)分离，强化法律服务职能；加快步伐，大力发展基层法律服务机构，形成网络，消灭服务死角。

各级司法行政机关要切实将“抓基层、打基础”作为工作的关键环节，把基层法律服务工作列入重要议事日程，定期研究、部署、督促、检查。要积极向各级党政领导宣传基层法律服务工作，千方百计争取他们在政治上的关心、工作上的重视和财力物力上的支持，促进基层法律服务工作稳步、健康地发展，为促进社会的稳定、发展和全面进步做出新的贡献。

司法部关于基层法律服务机构不应进行事业法人资格登记的批复

（1995年10月23日）

四川省司法厅：

你厅1995年9月1日《关于基层法律服务机构是否应经编制部门事业法人资格登记的请示》收悉。经研究批复如下：

根据1985年12月10日国务院办公厅转发的《司法部关于加强法律服务机构统一管理的请示》，司法行政机关是乡镇法律服务机构的统一管理机关，负责批准基层法律服务机构设立、终止和撤销，并对其实行组织管理和业务指导。因此，乡镇法律服务机构不应再进行事业法人资格登记。

此复

司法部关于加强基层法律服务人员和人民调解员教育培训工作的通知

（1995年12月12日）

各省、自治区、直辖市司法厅（局），部属各院校：

为贯彻今年全国司法厅（局）长座谈会精神，进一步推动基层司法行政工作的发展，按照司法行政系统"九五"教育培训工作的要求，现将加强基层法律服务人员和人民调解员教育培训工作的有关问题通知如下：

一、加强基层法律服务人员和人民调解员教育培训工作，不断提高队伍的政治、业务素质，是进一步发挥司法行政机关职能作用的基础和前提，是开拓司法行政工作新局面，加强综合治理，维护社会稳定，保障社会主义市场经济健康发展的客观需要，是一项重要的基础性工作。各级司法行政机关要有计划、有组织、有目的地开展成人高等法学教育和培训，有条件的地区要积极探索建立基层法律工作者以大专层次专业文化水平为起点的人事录（聘）用制度，把举办成人高等法学教育与录（聘）用工作相结合。要建立人民调解员培训登记制度，逐步实行持证上岗。

二、到2000年，基层法律服务人员、人民调解员队伍教育培训工作的目标是：在岗的基层法律服务人员中应有60%达到法律大专以上的专业知识水平；人民调解员每年至少接受一次业务培训。同时，鼓励人民调解员参加各类法学高等教育。

三、多形式、多层次、多渠道地开展成人高等法学教育。对于35岁以下未取得大专学历的基层法律服务人员和人民调解员，所在司法局应有计划地组织报考部属政法高等院校函授、夜大学，中华全国律师函授中心法律专业、律师专业高等教育自学考试，中央政法管理干部学院和各省政法管理干部学院大专班等成人高等教育专业。对于35岁（边远、少数民族地区30岁）以上未取得大专学历的，应参加司法部统一组织的基层法律服务人员、人民调解员成人高等教育专业证书教育（有关事项另行通知）。

四、基层司法行政机关应将教育培训工作作为加强基层基础建设的关键环节，给予高度重视。通过脱产、函授、以会代训等方式，提高基层法律服务人员、人民调解员的政治素质和业务技能。司法部将依据学用一致、按需施教、讲求实效的原则，制定下发分级培训教学计划，系统地指导专业培训工作。

五、培训工作要坚持分工负责、归口管理的原则。各级司法行政机关教育部门和基层工作部门要按照"九五"培训规划的要求，做好基层法律服务人员和人民调解员教育培训工作。学历教育应主要依托部属院校举办的函授、夜大学和中华全国律师函授中心自学考试进行。非学历教育要充分发挥现有地方三级培训基地特别是地（市）和县级政法干校（培训中心）的作用，有关培训任务应尽可能交由各级成人政法院校和培训机构承担。各院校未经司法行政机关同意，不得自行组织办班办学。

法学教育类

司法部关于组织司法行政干部和法律服务人员参加律师专业自学考试有关问题的几点意见

(1995年4月18日)

各省、自治区、直辖市司法厅(局)、中华全国律师函授中心:

为了适应建立社会主义市场经济体制和社会发展的需要,实现到本世纪末司法行政队伍的建设目标,最近全国高等教育自学考试指导委员会和司法部联合发出《关于开考律师专业和组织司法人员参加学习的通知》(考委[1995]5号,下称《通知》)。现就落实《通知》的有关问题,通知如下:

一、各地司法厅(局)要根据《通知》要求和司法行政干部队伍建设"六八八培训工程"的目标,做好宣传动员工作。"九五"期间,在国家高等教育总规模已限定的情况下,充分发挥高等教育自学考试不受计划限制,工学矛盾小,不用国家投资,质量有保障的优势和作用,进一步提高司法行政队伍的政治、业务素质,既是成人法学教育的工作重点,也是加强队伍建设的需要。各地要按照归口管理原则,由司法厅(局)教育职能部门牵头,和有关业务部门统筹安排和组织现有律师事务所、公证处和乡镇法律服务机构中尚未达到大专学历要求的人员和其他司法干部,以及社会上有志于从事法律服务工作的人员参加高等教育大学专科律师专业的自学考试。今后将在专科段的基础上,再委托"全国自考委"适时开考律师专业本科段。

各级司法行政部门和法律服务机构在招聘人员时,应根据"专业对口、学用一致"的原则优先录用律师专业毕业生。

二、中华全国律师函授中心要按照司法部提出的学历教育和职业(岗位)培训相结合、学历文凭和资格证书相衔接的基本要求,建立起律师专业单科证书、专业证书和学历证书相衔接的证书制度,律师专业的专业证书由司法部教育司验印并指定高等政法院校颁发。

中华全国律师函授中心还要按照律师专业自学考试与律师职业需要和资格考试接轨的教学原则,统一组织学员在参加律师专业自学考试的同时,学习律师职业道德与执业纪律、律师资格考试试题分析等课程。

三、高等教育律师专业自学考试是一种开放式的教育,尚在试点阶段。各类高等政法院校(系)未经司法部和国家教委批准备案,不得自行设置律师专业。

四、律师专业属于司法部行业委托开考。为了保证质量,提高效益,严格管理,根据《通知》要求,中华全国律师函授中心统一负责助学辅导和教学工作,统一负责报名工作和专业教材发行工作,实行"单轨制"。各地司法厅(局),要认真履行行业主管部门的职能,严格按照《通知》规定,加强宏观管理和指导。未经司法部批准,其他机构和个人不得擅自举办助学班。

五、为了保证质量,各司法厅(局)和律函辅导总站要主动与当地"自考委"协商,做好本地区主考学校的推选工作。

根据部属高等政法院校的布局与分工、条件等,推荐中国政法大学、中央政法管理干部学院,西南、华东、西北、中南政法学院原则上作为学校所在地区的主考院校。其他地区的司法厅(局),可在所在大区的部属院校及本地区符合条件的高等政法院校(系)中,推荐一所主考学校。

主考院校要配备优秀教师,精心组织,保证考试质量。司法部和各司法厅(局)教育行政部门要对主考院校的教学工作进行业务指导。

六、为了做好律师专业自学考试的助学、辅导工作,中华全国律师函授中心要进一步深化内部管理体制的改革,充分调动各级辅导站的积极性,加强设备投入,尽快实现计算机管理联网,充分运用综合性的现代化技术手段,开展助学、辅导工作,不断提高助学质量和社会效益,加快培养社会急需的法律人才。

司法部关于评选表彰律函工作先进集体和先进个人的通知

（1995 年 6 月 12 日）

各省、自治区、直辖市司法厅（局），中华全国律师函授中心：

党的十一届三中全会后，为适应社会主义民主与法制建设的需要，司法部按照党中央、国务院关于要加快培训司法干部和法律人才的指示，创办了中华全国律师函授中心（简称律函中心）。今年是律函中心成立十周年。十年来，在各司法厅（局）的共同努力下，律函中心及其 30 个辅导总站，340 个辅导站的 2000 余名工作人员艰苦创业、勤俭办学，为国家培养了大批合格的法律人才，走出了一条多、快、好、省培养法律人才的成功之路，为我国的民主与法制建设做出了积极贡献，涌现出一批政治坚定、作风过硬、忠于职守、为人师表、成绩显著的先进集体和先进个人。为了总结经验，鼓励先进，进一步促进律函教育的发展和完善，加快法律服务队伍的建设，司法部决定在律函中心成立十周年之际，对其先进集体和先进个人进行表彰。现将有关事项通知如下：

一、评选对象

1. 先进集体评选对象是：律函中心所属辅导总站、辅导站（含分站）。

2. 律函中心先进个人评选对象是：辅导总站、辅导站（含分站）的工作人员，各学科教研组的教师和辅导总站、辅导站的辅导教师。

二、评选名额

先进集体共 40 个，其中：先进辅导总站 6 个、先进辅导站（含分站）34 个。先进个人 120 名。各地分配名额见附件一。

三、评选条件

1. 先进辅导总站评选条件

办学指导思想明确，领导重视，组织落实，内部管理制度健全；主动做好招生宣传工作，历年学员人数保持一定规模和相对稳定；认真组织教学辅导，及格率高；能够认真总结经验，不断开拓进取，工作成绩显著，在全国各辅导总站中起到榜样作用；1992、1993、1994 连续三年以上获全国先进辅导总站一等奖。

2. 先进辅导站评选条件

办学指导思想明确，领导重视，有专人负责，严格按律函教学计划因地制宜组织辅导，热心为学员服务，受到学员好评；累计四次被辅导总站评为先进，或连续三年评为先进或 1993、1994 连续两年评为先进。

3. 先进工作者评选条件

坚持四项基本原则、忠诚党的教育事业，认真贯彻执行司法部关于律函工作的文件要求；坚持为人民服务的宗旨，热爱律函事业，工作一贯认真负责，为人师表，热心为学员服务，受到学员一致好评，工作成绩突出；从事律函工作 3 年以上。

4. 先进教师评选条件

学科教研组先进教师：自 1988 年至今始终担任学科教研组主讲教师的工作。能及时、保质、保量地完成各项教学任务，能认真研究高等教育自学考试的教学规律，不断提高教学质量，使本学科的考试及格率逐年提高。

辅导总站、辅导站先进教师：担任本站的面授教学工作 3 年以上，能按照律函中心的教学计划认真、保质、保量完成面授教学工作。能结合学员的特点不断改进教学方法，受到学员的欢迎，使所授课程的考试及格率不断提高。

四、评比办法

1. 司法部组成评选领导小组，负责此次评选工作。领导小组下设评选办公室（设在律函中心）负责评选的日常工作。

2. 先进辅导总站和学科教研组的先进教师由律函中心按评选名额等额向评选办公室推荐；先进辅导站和先进工作者、各站先进教师由司法厅（局）按分配名额等额报评选办公室。律函中心可对辅导总站、辅导站工作人员提出评选建议。

五、奖励形式

本次表彰以精神奖励为主，物质奖励为辅。先进集体和先进个人将获部颁发的奖状、证书。向先进集体颁发奖金 1000 元，向先进个人颁发奖金 300 元。

六、要求

1. 各司法厅（局）和律函中心要切实加强领导、精心组织。评选工作要贯彻“坚持标准、宁缺勿滥”的原则。把这次活动作为鼓励先进、鞭策后进、总结律函工作经验、查找工作差距和不足的一次思想教育活动，评出风格、评出干劲，使律函工作再上新台阶。

2. 各单位务必于1995年8月10日前将评选出的先进集体、先进个人审批表及事迹材料(一式5份)报评选办公室。事迹材料要求真实、生动、具体、重点突出,字数在1500字左右。

评选办公室地点:北京市东直门外新中街11号中华全国律师函授中心

司法部关于成立司法部中央劳改劳教管理干部学院董事会的通知

(1995年7月5日)

各省、自治区、直辖市司法厅(局):

为适应建立现代化文明监狱和文明劳教所的需要,加速培养监狱、劳教工作干警,进一步提高干警队伍的政治、业务素质,根据《中国教育改革和发展纲要》的精神,司法部决定成立司法部中央劳改劳教管理干部学院董事会。现将董事会领导、组成人员(单位)及办事机构名单通知如下:

一、领导成员

名誉董事长:张秀夫、刘　飏

董　事　长:王明迪

副董事长:张金桑、王运生、霍宪丹、宋建明、孟庆丰

秘　书　长:周贤臣

副秘书长:屠志轩

二、常务董事单位(21个):

江苏省监狱管理局、河南省监狱管理局、浙江省监狱管理局、山东省监狱管理局、上海市监狱管理局、广东省监狱管理局、四川省监狱管理局、广西区监狱管理局、山东省劳教局、江苏龙潭水泥厂、河南振华玻璃厂、河南建华玻璃厂、山东七五煤矿、山东三河口煤矿、上海平板玻璃厂、四川旺苍劳改总队、辽宁大连市监狱、安徽巢湖监狱、云南小龙潭煤矿、河北第一劳改总队、河南郑州齐礼阎劳教所。

三、董事单位(35个):

辽宁省监狱管理局、吉林省监狱管理局、黑龙江省监狱管理局、北京市监狱管理局、天津市监狱管理局、河北省监狱管理局、山西省监狱管理局、内蒙古区监狱管理局、陕西省监狱管理局、甘肃省监狱管理局、青海省监狱管理局、宁夏区监狱管理局、新疆区监狱管理局、新疆生产建设兵团监狱管理局、安徽省监狱管理局、江西省监狱管理局、福建省监狱管理局、湖北省监狱管理局、湖南省监狱管理局、海南省监狱管理局、云南省监狱管理局、贵州省监狱管理局、西藏区监狱管理局、广东省劳教局、湖南省劳教局、河北省劳教局、黑龙江省劳教局、广州市劳教局、山东第一劳教所、广西第一劳教所、浙江十里坪劳教所、河北保定市劳教所、辽宁马三家劳教院、湖南坪塘劳教所、内蒙古乌海劳教所。

四、办事机构

1. 办公室主任:魏广福

2. 教育指导委员会主任:霍宪丹(兼),副主任:李玉黔、张兆鑫、常兆玉;委员单位:辽宁瓦房店监狱、山东省第三监狱、上海市平板玻璃厂、海南省海口监狱、北京市第一监狱、四川省旺苍监狱、广东省广州监狱、河北省第一劳改总队、广东省深圳市劳教所、河北保定市劳教所、浙江十里坪劳教所。

3. 教育发展基金开发委员会主任:李增锁,副主任:王本成;委员单位:山东省监狱管理局、江苏省监狱管理局、河南省监狱管理局、云南省监狱管理局、上海市监狱管理局、新疆生产建设兵团监狱管理局、广东省劳教局、河北省劳教局、黑龙江省劳教局。

4. 校办产业指导委员会主任:王世忠,副主任:米兰欣;委员单位:广西区监狱管理局、浙江省监狱管理局、湖南省劳教局、河南省振华玻璃厂、江苏省龙潭水泥厂、安徽省巢湖监狱、山东省第一劳教所。

附件:司法部中央劳改劳教管理干部学院董事会章程

附件：

司　法　部
中央劳改劳教管理干部学院董事会章程

（1995年7月12日）

第一章　总　　则

第一条　根据《中国教育改革和发展纲要》的精神，为探索高等教育以中央、省两级政府办学为主、社会各界参与办学，成人教育主要依靠行业、企业、事业单位办学和社会各方面联合办学的新路子，走出一条以国家办学为主，实现国家、学校、行业相结合，共同办教育的办学道路，深化高等教育管理体制和高等学校办学机制的改革，特成立司法部中央劳改劳教管理干部学院董事会。

第二条　司法部中央劳改劳教管理干部学院董事会是咨询、审议、指导机构。学院和董事单位相互之间坚持优势互补、互惠互利、共同发展的原则。

第三条　司法部中央劳改劳教管理干部学院董事会坚持学院的现行领导体制，以贯彻执行《中国教育改革和发展纲要》及其《实施意见》为其工作准则。

第二章　董事会职责及董事单位的权利、义务

第四条　司法部中央劳改劳教管理干部学院董事会，由司法部、监狱管理局、劳教局法学教育司、计财司和各省监狱管理局、劳教局领导同志、学院及各监狱、劳教所等董事单位组成。

第五条　参加司法部中央劳改劳教管理干部学院董事会的单位均为董事单位，单位推荐其法人代表或其他代表为董事。

第六条　董事会职责

（一）贯彻执行党的教育方针、政策和《教育法》等法规，促进教育与监狱、劳教工作和科研相结合，促进国家办学与行业办学相结合，探索依靠行业办学的新路子，为发展新时期监狱、劳教事业服务；

（二）审议学院的改革和发展规划，对学科建设、专业调整、培养目标、课程设置提出咨询和指导意见；

（三）筹集学院教育发展资金和专项基金；

（四）审议由董事会筹集的教育发展资金的使用计划。

第七条　董事单位的权利

（一）学院对董事单位在招生计划和录干指标上给予优惠；

（二）委托学院培养培训监狱、劳教所所需各类、各层次人才；

（三）委托学院或与学院联合开展科研、科技开发等活动；

（四）学院优先向董事单位转让科研成果，优先提供管理咨询和指导；

（五）学院的仪器设备、实验场所优先为董事单位服务；

（六）与学院合办校办、产业，共享优惠政策。

第八条　董事单位的义务

（一）关心、支持、支援学院教育事业的发展；

（二）积极为学院筹集教育发展资金，董事单位每年不少于1万元，常务董事单位每年不少于5万元；

（三）积极配合学院对本单位的学员进行教育和管理；

（四）为学院提供调研和实习基地，并选派有经验的人员指导教学活动；

（五）协助学院对毕业生进行质量调查，并及时反馈人才需求信息，以及改进教学工作意见。

第三章　董事会机构

第九条　董事会设名誉董事长、董事长、副董事长、秘书长、董事。正、副董事长、正、副秘书长及部分董事单位组成常务董事会。董事会每届任期三年。

第十条　董事会下设教育指导委员会、教育发展资金开发委员会、校办产业指导委员会，分别设立主任1人、副主任若干人。

第十一条　董事会办公室是董事会的办事机构，由学院办公室承担，负责董事会的日常工作，设主任1人，副主任若干人。

第四章　董事会会议制度

第十二条　董事会每三年召开一次例会，其内容

是：

(一)听取和审议董事会工作及所集资金使用情况的报告；

(二)听取和审议学院发展与建设规划；

(三)讨论决定董事会的重大问题；

(四)修改董事会章程；

(五)协商推选常务董事。

第十三条 常务董事会每年召开一次，推选调换名誉董事长、董事长、副董事长、正、副秘书长；确定董事会年度工作计划；协调筹集教育发展资金及其他有关事宜。

第十四条 董事长联席会议，由董事长或副董事长提议不定期召开，审议学院改革与发展中的重要问题，参与学院重大改革方案的研究与咨询。

第十五条 董事会各委员会，原则上与常务董事会同时召开，审议学院相应计划执行情况，提出指导意见。

第五章 董事会议案的执行

第十六条 董事会通过的议案，董事单位要在本单位内认真研究落实，并将执行结果报告给董事会办公室，董事会办公室要及时向董事单位通报情况。

附 则

第十七条 本章程经董事会全体会议讨论通过后生效。

第十八条 本章程如与国家有关法律、政策和规定不相一致时，应按国家有关法律和政策执行。

第十九条 本章程解释权归常务董事会。

司法部关于开展部属普通高等政法院校函授夜大学教育评估的通知

(1995年7月12日)

中国政法大学、西南政法大学、华东政法学院、西北政法学院、中南政法学院：

为贯彻落实《中国教育改革和发展纲要》的有关规定，提高普通高等学校函授、夜大学的教育质量，国家教育委员会下发了《关于做好普通高等学校函授、夜大学教育评估工作的通知》(教成[1995]7号)。根据该《通知》要求，现就部属普通高等政法院校函授、夜大学教育评估的有关工作通知如下：

一、评估的目的

党的十一届三中全会以来，部属普通高等政法院校的函授教育主动适应改革开放和新时期民主与法制建设的需要，努力开拓服务领域，切实加强自身建设，不断探索教育规律，已形成以学校为中心、以各地各级司法行政机关为依托的三级教育体系；截至1993年，部属普通高等院校均取得函授、夜大学教育专科和本科的办学资格，不少地区的函授、夜大学在当地办出了特色，受到用人部门和学员的广泛欢迎。部属院校法学函授、夜大学教育为弥补政法队伍专业人才年龄断层以及提高政法队伍整体的政治素质和专业水平，做出了贡献，也为社会各部门培养了一批应用型法律人才。与此同时，由于政法部门和社会对法律人才的需求仍较迫切，随着函授、夜大学的办学规模的连年增长，在教育投入、教学组织与管理和教学质量等方面都暴露出一些问题，亟待解决。这次评估工作的目的，就是要促进学校继续坚持正确的办学指导思想，充分发挥函授、夜大学的优势，认真全面地总结十几年积累起来的办学经验和教育规律，进一步改善办学条件，切实加强管理，改进教学工作，保证教育质量，提高办学效益，推动部属普通高校的函授及夜大学教育健康发展。

二、评估的依据、内容和重点

根据国家教委规定，这次评估工作的主要依据是：国家教委印发的《普通高等学校函授教育评估基本内容和准则》、《普通高等学校夜大学评估基本内容和准则》、《普通高等学校函授教育评估指标体系(试行)》、《普通高等学校夜大学评估指标体系(试行)》(教成厅[1994]8号)等。同时还应参照国家教委《关于各类成人高等学校评估工作的意见》(教成[1993]18号)、《函授教学过程实施要点(试行)》(教成[1993]6号)、《普通高等学校函授教育辅导站暂行规程》(教成[1993]12号)以及司法部有关函授、夜大学招生、学籍管理、教学方案、学位授予等规定(详见部教育司编《成人法学教育法规资料选编》)。评估的内容是：学校举办函授、夜大学的投入、机构建设和管理，教育管理过程，教育质量等；评估的重点是：函授教学过程和函授站的情况，部教育司将在每年一次统一考试的基础上，再组织各层次、各专业部分课程的抽考，抽查和检测其教学质量。

三、评估的组织与方法

根据要求，司法部决定成立"部属院校函授、夜大学评估领导小组"和"部属院校函授、夜大学评估工作组"（名单附后），在国家教委评估组织的指导和参与下，负责研究、部署部属院校函授、夜大学评估工作的重大问题和进程，组织进行现场评估，组织统（抽）考，对学校做出评估结论，完成评估总报告，接受国家教委评估组织的检查等。

各学校要成立由主管校领导参加的自评工作领导小组，负责本校函授、夜大学教育的全面评估工作。要按照国家教委、司法部有关要求及其有关评估准则和指标体系，进行自查自评，写出自评报告，提出接受司法部评估组织检查评估的申请。

在评估的方法上，实行学校自评与上级评估组织考评相结合，以自评为主；学校书面评估材料与上级评估组织现场评估（通过座谈、核检、问卷等方式）相结合，以学校自评报告为主；重视借鉴、学习其他院校评估工作的好做法、好经验；现场评估可邀请当地教委参加和指导。

四、评估工作的步骤与时间安排

评估工作分为准备、实施、总结三个阶段。

（一）准备阶段（1995 年 10 月上旬前完成）

本阶段的任务是：掌握国家教委、司法部有关评估文件精神，建立评估组织，拟定工作计划，搜集有关材料，制订补充完善措施，开展阶段性交流和总结。

部法学教育司拟于 10 月中旬召集部属院校、成教院校（部、处）负责同志会议，检查、总结准备阶段情况，研究安排下一阶段的任务。

（二）实施阶段（1996 年 10 月底前完成）

本阶段的任务是：各院校开展自查自评，完成自评报告，落实补充完善措施，向部法学教育司提出检查评估的申请（1996 年 6 月底完成）；部法学教育司组织领导小组和工作组成员进行现场评估，组织统考，对所评院校做出评估结论，建立评估档案，完成评估总报告初稿（1996 年 10 月底完成）。

（三）总结阶段（1996 年 12 月底前完成）

本阶段的任务是：在汇总评估情况的基础上，部法学教育司召开领导小组和工作组会议，总结评估工作，通过评估总报告。向国家教委评估组织提交评估工作总结、评估总报告和检查评估申请。

上述工作结束后，国家教委将组织进行抽查评估；总结全国普通高等学校函授、夜大学教育评估工作；对评估结果优秀、社会信誉好的学校进行宣传、表彰，对评估结果为不合格的学校，将责令其限期整顿或取消其办学资格。

五、组织领导

开展全国普通高等学校函授、夜大学教育评估工作，尚属首次，评估结果将对部属院校函授、夜大学教育的办学规模、专业结构调整和教学改革产生影响。各院校要高度重视，加强领导，精心组织，坚持标准，与有关司法厅（局）配合，进一步完善办学条件和管理措施，为函授、夜大学教育在今后若干年内健康发展奠定坚实的基础。

附件 1. 国家教委《关于做好普通高等学校函授、夜大学教育评估工作的通知》（教成[1995]7 号）（略）

2. 部属普通高等院校函授、夜大学教育评估领导小组、评估工作组人员名单（略）

司法部关于中央劳改劳教管理干部学院更名的通知

（1995 年 7 月 18 日）

各省、自治区、直辖市司法厅（局），监狱管理局、劳教管理局，中央劳改劳教管理干部学院：

为了适应新时期我国监狱、劳教事业的发展需要，认真贯彻实施《中华人民共和国人民警察法》、《中华人民共和国监狱法》和《国务院关于进一步加强监狱管理和劳动教养工作的通知》，根据《国家教育委员会关于成人高等学校调整、更名审批权限的意见》（教计[1993]60 号文）的有关规定，从监狱、劳教工作具有特殊教育性质的实际出发，经国家教委同意，司法部决定自 1995 年 9 月 1 日起，将中央劳改劳教管理干部学院更名为中央司法警官教育学院（学院性质不变）。

中央司法警官教育学院要根据创建现代化文明监狱、劳教所的奋斗目标，适应国际司法交流和国际人权斗争与合作的需要，更新教育思想，改革培养模式，调整专业结构和课程体系，进一步加快学院的发展，为国家培养大批高质量的司法警官，充分发挥其龙头作用。

司法部关于同意在华东政法学院建造邹韬奋塑像的批复

（1995年9月6日）

华东政法学院：

你院《关于在我院韬奋楼内建造邹韬奋塑像的请示》（华政院基〔1995〕79号）收悉。经司法部党组研究决定并经中共中央宣传部批示，为缅怀邹韬奋同志光辉业绩，激励广大师生奋发进取，同意在你院建造邹韬奋塑像，并在邹韬奋同志诞辰100周年纪念日举行揭幕仪式。

附件：邹韬奋同志生平

邹韬奋同志生平

邹韬奋（1895—1944）中国现代新闻记者、政论家和出版家。江西余江人。1921年毕业于圣约翰大学。1926年在上海主编《生活》周刊，1932年创办生活书店，1933年参加中国民权保障大同盟，1935年参加中国共产党领导的救亡运动，主编《大众生活》周刊等，并任上海和全国各界救国联合会的领导工作。1936年被国民党政府逮捕，抗日战争爆发后获释。先后主编《抗战》、《全民抗战》等刊物，反对蒋介石的反动政策。皖南事变后，流亡香港，复刊《大众生活》。香港沦陷后，转赴广东东江游击区等地。1944年7月24日病逝。中共中央追认为中共党员。主要著作有《韬奋文集》。

司法部、国家外国专家局关于同意由西南政法大学承办“中国国际高级法律人才培训中心（重庆）”的批复

（1995年9月7日）

西南政法大学：

你校《关于成立中国国际高级法律人才培训中心的请示》（西政校发[1995]24号）收悉。经研究，同意由你校承办“中国国际高级法律人才培训中心（重庆）”，具体批复如下：

一、为了适应建立社会主义市场经济体制和扩大对外开放的需要，加快培养高层次的复合型、外向型法律人才的步伐，司法部和国家外国专家局共同创建“中国国际高级法律人才培训中心（重庆）”。培训中心设在重庆，具体事项由西南政法大学承办。

二、培训对象

（一）学位培训：具有大学本科或同等学历的现职中国法律人员以及有志于攻读中国法学学位的外籍人员及港澳台同胞。具体要求按国家教委有关规定执行。

（二）短期培训：现职中国法律人员以及有志于学习中国法律的外籍人员及港澳台同胞。

三、培训方式

培训采用基础理论知识讲授和基本技能的强化训练相结合、课堂授课与实地见习相结合的方式。

四、师资来源

“中心”聘请国内外在学术上有造诣的专家、学者、法官、检察官、律师等为中心的兼职教授，定期为中心授课。

五、机构设置

“中心”设立董事会。董事会由司法部、国家外国专家局和西南政法大学的有关领导以及国外合作伙伴的代表组成，为中心的最高管理机构。

“中心”实行董事会领导下的主任负责制，设主任1名，副主任2名，具体负责中心的各项工作。

“中心”可根据实际需要，设立专业培训部。

六、国际合作机构

“中心”根据实际需要，经董事会批准，可设立国外、境外合作机构及见习基地。

司法部关于印发《司法部法律职业教育改革与发展研讨会纪要》的通知

（1995年9月12日）

各省、自治区、直辖市司法厅（局），各司法（法律）学校，司法警官学校，各政法管理干部学院（政法干校）：

现将《司法部法律职业教育改革与发展研讨会纪要》印发给你们，请结合本地实际情况认真贯彻执行。

司法部法律职业教育改革与发展研讨会纪要

1995年5月21日至23日，司法部在上海召开了“司法部法律职业教育改革与发展研讨会”。会议对当前中等法学教育面临的形势和任务，中等法学教育改革与发展的措施，调整中等法学教育的办学层次，尽快开展高等法律职业教育试点工作以及法律高等职业教育的培养目标等问题进行了研究。

十个省、自治区、直辖市司法厅（局）教育处长和十四所司法学校、司法警官学校的校长参加了会议。司法部教育司和国家教委职教司有关负责同志出席了本次研讨会，并讲了话。

会议认为，社会主义市场经济体制的逐步建立和完善，改革开放的深入发展，对法制建设和法学教育提出了新的任务和要求。新形势下法学职业教育工作的任务是：遵循党的十四大精神，以建设有中国特色社会主义理论为指导，全面贯彻《中国教育改革和发展纲要》、《国务院关于〈中国教育改革和发展纲要〉的实施意见》和全国教育工作会议精神，适应政法队伍建设和民主法制建设需要，加快法学职业教育改革和发展的步伐，尽快调整办学层次和培养目标，培养大批能够适应社会主义市场经济体制需要的法律人才，更好地为现代化建设服务。

会议回顾了新时期中等法学教育的发展历程。党的十一届三中全会以后，为适应社会主义民主与法制建设的需要，贯彻中发（1981）21号文件精神，根据公安、司法、计委、编委、粮食、财政、教育和人事八部委《关于落实建立警察学校、司法学校的联合通知》，全国相继成立了一大批司法学校和司法警官学校。目前，全国共有司法学校29所，司法警官学校27所，设有法律、经济法律事务、狱政管理、劳改企业管理等专业。仅司法学校在校学生就达1.5万人，年招生0.7万人，现有教职工2700余人，其中专职教师1200余人，获得高级职称的有180余人，占教师总数的14%，中级职称的有450人，占教师总数的37.5%。

近十五年来，在地方政府和司法行政部门直接领导下，在计划、编制、人事、财政和教育等部门的大力支持下，司法学校有了很大的发展，绝大多数学校通过了地方教委组织的合格评估，部分学校被评为省级重点学校。累计培养法律中专毕业生约4.3万人，绝大多数毕业生分配在检察、法院和司法行政等政法部门工作，对提高政法队伍素质，缓解政法队伍专业人才的急需，起到了积极的作用。十几年来，中等法学教育取得的成绩是巨大的，会议对此给予了充分的肯定。同时，会议对中等法学教育在新形势下面临的问题和矛盾给予了充分的重视：

第一，中等法学教育的办学层次不适应社会发展和民主法制建设对法律人才提出的最低规格要求。随着社会主义市场经济的建立和发展，民主与法制的进一步健全，社会对法律人才的层次要求越来越高。法律院校毕业生所要承担的工作主要是审判、检察、律师事务等，这本身就要求毕业生具有较丰富的社会经验和较高的学历层次。因此，世界各国法律人才的结构一般都具有高起点（本科）和高重心的特点。从我国经济发展和社会进步的趋势看，目前法律中专毕业生已不能适应社会的需求。

第二，目前绝大多数司法学校招收高中毕业生，学制两年，属于高中后的法律专业教育，但毕业后仍享受中专待遇，其学历层次和待遇不合理的问题长期得不到解决，在新形势下更加突出。

第三，司法学校的培养目标是为检、法、司等部门培养急需的法律人才，但1993年中组部、人事部、高法、高检等四家联合发文提出，“八五”期间法院、检察院增编补充干部队伍的文化条件是具有国家承认的大专以上学历，边远或条件艰苦地区可适当放宽到高中或中专文化程度”。去年底通过的《法官法》、《检察官法》和正在送审的《律师法》、《公证法》，也以法律的形式规定其最低入门条件是高等院校法律专科毕业生，所以司法学校培养的学生不符合政法部门的用人规格，由此带来一系列问题，直接关系到学校的生存与发展。

第四，中等法律专业学校由于办学层次不合理导致的毕业生分配困难等问题，严重制约其发展，加之长期投入不足，办学基本条件与一些五十年代建校的老中专相比有一定差距，有些学校在建筑面积、仪器设备、图书资料等方面，达不到国家规定的标准和要求。

针对上述问题和矛盾，会议对法学职业教育存在的问题和今后的发展方向、培养目标进行了认真的讨论，一致认为，根据法学学科的特点和实际部门的需要，有必要重新确定司法学校和司法警官学校的培养目标，合理调整办学层次。大多数代表的意见是：中等法学教育今后要逐步走上高等法律职业教育的发展轨道，通过联合共建、改建等多种途径，加强并改善基本办学条件，逐步将目前的司法学校和司法警官学校调整为法律高等职业学校，承担起立法、司法、行政执法、法律服务、法律监督等部门所需辅助型法律人才；面向社会集法律专业知识、职业技能与财政、金融、工商、税务等学科，交叉渗透的综合型交叉型法律人才的培养任务。

会议认为，由于历史的原因，法律职业学校建校较晚，并不同程度的存在着上述问题，较之高等院校的设置条件还有一定的距离，因此，各地要积极创造条件，采取有效措施，增加教育投入，有条件的地方要贯彻“全教会”精神，通过院校合并、联合办学等方式，优化资源配置，逐步实现对现有中专学校层次的调整。

会议根据目前急需法律高层次人才的实际情况，认为应与国家教委各有关部门协商，给法学教育以特殊的政策，对目前已基本达到省部级重点条件的司法学校和司法警官学校，应纳入高等教育的轨道，近期内首先开展高等法律职业教育的试点工作。

会议对当前工作提出以下意见：

1. 根据会议精神，结合全国法学教育工作的改革，近期要把司法学校、司法警官学校层次调整作为重点内容同国家教委和有关部门协商。

2. 在司法学校、司法警官学校层次调整的发展目标确定之后，要积极与国家教委有关部门协调，争取早日开展高等法律职业教育试点工作。

3. 对会议提出的对现有中专法律学校进行行业评估的问题，教育司年内将着手制定行业评估指标体系，适时地开展评估工作，从而促进各学校的发展，为试办高等法律职业教育创造必要的条件。

4. 各地要努力做好省内有关部门的工作，争取增加投入，创造基本办学条件，首先应争取达标，并在省内上重点，为学校的层次调整打好基础。

5. 关于院校间的合并与联合，总的要求是，在保存现有教育资源和培训基地的基础上，根据实际需要，解放思想，广开思路，因地制宜，因校制宜，不搞一刀切，以有利于办学层次的调整，有利于优化资源为原则配置。

6. 对各地中专学校毕业生分配困难的问题，除司法部积极与有关部门协商外，各地司法厅（局）和学校，也应与当地法院、检察院和组织人事部门协商，争取地方相关部门能够允许毕业生参加公务员和检、法招干的资格考试。同时，做好毕业生的思想政治工作。

会议期间与会者就司法学校和司法警校的改革与发展提出了许多新思路，新观点，对调整司法学校、司法警官学校的办学层次，深化内部管理体制，促进联合办学，建立规模适度、布局合理、结构优化、具有行业特色的法学职业教育体系将产生深远的影响。

法制宣传类

司法部关于加强基层依法治理工作的通知

（1995年1月3日）

各省、自治区、直辖市司法厅（局）、新疆生产建设兵团司法局：

党的十四届四中全会作出的《中共中央关于加强党的建设几个重大问题的决定》中明确强调，建立社会主义市场经济体制，需要以完备的法制来规范和保障。并把“加强以党支部为核心的村级组织配套建设，并同基层民主法制建设和社会治安综合治理结合起来，建立健全民主监督制度和村规民约，调动农民群众当家作主的积极性”作为村党支部建设要着重抓好的四项工作之一。在十四届四中全会前后召开的全国农村社会治安综合治理工作会议和全国农村基层组织建设工作会议上也都对农村依法治理工作提出了明确要求。为了认真贯彻落实十四届四中全会精神，充分发挥司法行政部门在为党的中心工作服务中的职能作用，现就关于进一步加强基层依法治理工作通知如下：

一、认真履行职责，切实加强对基层依法治理工作的组织指导。在国务院批准的司法部“三定”方案中，已将“指导各地区、各行业的依法治理工作”作为司法部的主要职责之一。因此，加强对基层依法治理工作的指导是司法行政机关的重要任务，各地依法治理工作的好坏也是考核当地司法行政机关工作好坏的重要标准之一。各级司法行政机关要自觉增强工作的使命感和主动性，为党委、人大、政府当好参谋、助手，积极争取当地党政领导的支持，与有关部门密切配合，研究和改进指导依法治理工作的方式方法，逐步建立健全各项规章制度和办事制度，切实加强对依法治理工作的指导。

二、结合贯彻四中全会精神，大力推进依法治村工作。各级司法行政机关要认真学习、深刻领会中央关于加强依法治村、民主管理工作的指示精神，充分认识新形势下进一步加强农村依法治理工作对于把党的路线、方针、政策和国家的法律法规贯彻落实到农民群众中去，密切党和政府同农民群众的联系，保证农村经济发展所具有的重要意义，把指导依法治村工作作为司法行政部门的重要职责，作为基层法律服务的一项重要内容，作为活跃基层司法行政工作的重要方面切实抓紧抓好。

三、积极引导，努力帮助企业在建立现代企业制度中开展依法治理工作。各级司法行政部门要紧密围绕建立现代企业制度，加大有关市场经济法律法规的宣传工作，积极为企业法人当好参谋，为企业发展提供法律服务，主动引导企业依法组织生产经营，依法协调劳资关系，维护企业和职工的合法权益，促进企业在法律的规范、调节和保障下健康发展。

四、要认真总结各地开展依法治理工作的先进经验，研究解决市场经济条件下基层依法治理工作面临的新情况、新问题，分析制定适合不同地区特点的、深化依法治理工作的思路和方案，大力培育各种类型的依法治理工作先进典型，不断加大依法治理工作的力度，要结合今年将要举办的全国百家依法治理先进单位评选等活动，力争使基层的依法治理在1995年有一个较大的发展，为“三五”普法期间全面推进依法治理工作打下坚实的基础。

请各地将开展依法治理工作的情况及时报部。

新闻出版署 司法部关于进一步加强法制类报纸管理的通知

（1995年2月20日）

各省、自治区、直辖市新闻出版局，司法厅（局），各法制报社：

法制类报纸担负着向人民群众宣传法律知识和法规法纪的任务，是加强民主与法制建设的重要舆论工具，对促进国家安定团结和社会稳定起着重大的作用。从全国法制类报纸看，大部分都能根据“二为”方针和“正面宣传为主”的原则，按照本报的办报宗旨，努力办好报纸，在宣传社会主义法制工作中，发挥了应有的作用。但也有部分法制类报纸，特别是月末版、周末版等，在内容格调以及遵守法规和规范出版发行诸方面，存在一些问题，突出的是报道刑事案例过多、版面占用过大，渲染凶杀、暴力，甚至夹杂色情内容。有些案例不经选择，片面追求可读性，追求轰动效应，在读者中特别是青少年读者中，产生了不良影响。为了使法制类报纸进一步沿着健康的方向发展，现提出以下几点意见。

一、报纸主管部门（司法厅、局）要认真履行自己的职责，要有一名领导分管报纸工作，加强对报纸的审读和管理，报纸出现问题，要追究主管部门和领导的责任。

二、法制类报纸在宣传报道中，要弘扬主旋律，坚持正确的舆论导向和“正面宣传为主”的方针。要坚持报道宗旨，努力为主管部门的本职工作和本地区的法制宣传及普法教育服务。要为读者提供各种学法、守法、执法的信息和知识，指导群众更好地学法、用法和守法。

三、要增强社会责任感，大力宣传社会主义精神文明，刊登案例要采取正面分析的方法进行正面教育，不得渲染凶杀、暴力，不得进行格调低下的性描写，不得刊登裸体照片。标题制作和图片设计要坚持健康高雅的格调。

四、报纸的一版（包括月末版、周末版），必须刊发新闻。新闻的数量，应按照新闻出版署《报纸质量管理标准》（草稿）及《实施细则（草稿）》的规定执行。

五、在报头下方必须标出出版日期，年、月、日，缺一不可。不得只标期数而不标年、月、日。

六、报纸必须按规定的开版编印，4开报纸不得印成对开；不得将两期合为一期出版。

七、报纸不得进行异地印刷，更不得将软片出售和转让。如特殊情况需异地印刷，必须经报社所在地和承印地双方省级新闻出版行政管理部门批准。

以上规定，应严格执行。对违反者，新闻出版行政管理机关可根据有关规定进行处罚，直至撤销登记。

法制工作类

司法部关于建立司法行政机关行政复议应诉案件统计制度的通知

（1995年1月22日）

各省、自治区、直辖市司法厅（局）：

为全面、准确地掌握全国司法行政机关复议、应诉工作情况，研究司法行政复议、应诉工作中的新问题，以使司法行政复议、应诉工作更好地为建立社会主义市场经济体制服务，根据国务院有关部门的要求，建立司法行政机关行政复议、应诉案件统计制度。现将有关事项通知如下：

一、自1995年起，按本通知要求，每半年向司法部报送一次本部门、本地区行政复议、应诉案件统计情况。

二、报送工作依《司法行政机关行政复议案件统计表》和《司法行政机关行政应诉案件统计表》进行。

三、报送时间为每满半年后的15日内。

四、报送工作由本厅（局）法制（规）处、研究室负责，具体报送部法制司。在报送工作中，如发现问题，请及时向部法制司反映。

五、1994年下半年的复议、应诉统计报表于1995年2月25日前报部。

附：《司法行政机关行政复议案件统计表》及《司法行政机关行政应诉案件统计表》（略）

司法部关于开展一九九五年执法检查的通知

（1995年3月20日）

各省、自治区、直辖市司法厅（局）：

司法行政机关执法监督检查是提高依法行政水平、加强廉政建设的一项重要制度。强化法律的实施，维护法律的尊严，是司法行政机关的一项重要任务。司法行政机关在建立社会主义市场经济体制的过程中担负着法律保障和法律服务的重要职责，其执法水平的高低、廉政建设的好坏，直接关系到法律、法规的正确实施，关系到国家的稳定和改革开放的顺利发展，因此，各级司法行政机关要把司法行政机关执法监督检查工作放在与司法行政立法工作同等重要的位置。

根据《司法行政机关执法监督检查工作规定（试行）》，遵照国务委员、中央政法委副书记罗干同志在全国监狱工作会议上提出的“惩罚与改造相结合，以改造人为宗旨”的监狱工作方针和肖扬部长关于建设现代化文明监狱的指示，1995年的执法检查工作以贯彻实施《监狱法》为重点，对于司法行政机关其他各项业务工作的执法检查依照《司法行政机关执法监督检查工作规定（试行）》进行。现将1995年执法检查工作的有关要求通知如下：

一、全国司法行政机关执法监督检查工作由司法部组织进行，部法制司、监察局具体负责督促协调；各省、自治区、直辖市司法厅（局）负责组织实施，厅（局）法制（规）处（研究室）、监察室具体承办。

二、《监狱法》的贯彻执行情况着重检查以下几项：

（一）刑罚的执行：收监，对罪犯提出的申诉、控告、检举的处理，监外执行，减刑、假释，释放和安置。

（二）狱政管理：分押分管，警戒，戒具和武器的使用，通信、会见，生活卫生，奖惩，对罪犯服刑期间犯罪的处理。

（三）对罪犯的教育改造。

(四)对未成年犯的教育改造。

(五)《监狱法》规定的人民警察的禁止性行为规范：

1. 索要、收受、侵占罪犯及其亲属的财物；
2. 私放罪犯或者玩忽职守造成罪犯逃脱；
3. 刑讯逼供或者体罚、虐待罪犯；
4. 侮辱罪犯的人格；
5. 殴打或者纵容他人殴打罪犯；
6. 为谋取暴利，利用罪犯提供劳务；
7. 违反规定，私自为罪犯传递信件或者物品；
8. 非法将监管罪犯的职权交予他人行使；
9. 其他违法行为。

三、各省、自治区、直辖市司法厅(局)可根据本地区的实际情况，结合《司法行政机关执法监督检查工作规定(试行)》第四条规定的四种方式，决定具体的执法检查方式。

四、各地应按通知要求认真进行检查，并于1995年12月30日前将本年度执法检查情况报部法制司、监察局。

五、司法部将派出执法检查小组，对部分省区市司法行政机关的执法情况以及执法监督检查情况进行抽查。

司法行政机关行政赔偿、刑事赔偿办法

(1995年9月8日司法部令第40号发布)

第一章 总 则

第一条 为保障公民、法人和其他组织的合法权益，促进司法行政机关依法行使职权，根据《中华人民共和国国家赔偿法》，制定本办法。

第二条 司法行政机关及其工作人员违法行使职权侵犯公民、法人和其他组织的合法权益造成损害的，应依照国家有关规定给予受害人行政赔偿或者刑事赔偿。

第三条 司法行政机关行政赔偿、刑事赔偿工作坚持以事实为依据，以法律为准绳，有错必纠的原则。

第四条 司法行政机关办理行政赔偿、刑事赔偿案件，实行有关业务部门承办，法制工作部门审核，机关负责人决定的制度。

第二章 赔偿范围

第五条 司法行政机关的监狱部门及其工作人员在行使职权时，有下列侵犯人身权情形之一的，应当予以刑事赔偿：

(一)刑讯逼供或者体罚、虐待服刑人员，造成身体伤害或死亡的；

(二)殴打或者唆使、纵容他人殴打服刑人员，造成严重后果的；

(三)侮辱服刑人员造成严重后果的；

(四)对服刑期满的服刑人员无正当理由不予释放的；

(五)违法使用武器、警械、戒具造成公民身体伤害、死亡的；

(六)其他违法行为造成服刑人员身体伤害或者死亡的。

第六条 司法行政机关的劳动教养管理所及其工作人员在行使职权时，有下列侵犯人身权情形之一的，应当予以行政赔偿：

(一)刑讯逼供或者体罚、虐待被劳动教养人员，造成身体伤害或死亡的；

(二)殴打或者唆使、纵容他人殴打被劳动教养人员，造成严重后果的；

(三)侮辱被劳动教养人员造成严重后果的；

(四)对劳动教养期满的被劳动教养人员，无正当理由不予解教的；

(五)违法使用武器、警械、戒具造成公民身体伤害、死亡的；

(六)其他违法行为造成被劳动教养人员身体伤害或者死亡的。

第七条 司法行政机关及其工作人员在行使职权时有下列侵犯财产权情形之一的，应当予以赔偿：

(一)违法或错误决定吊销律师执业证的；

(二)违法或错误决定责令律师停止执业，以及对律师事务所停业整顿的；

(三)违法或错误决定吊销公证员执业证的；

(四)违法或错误决定责令公证处停业或者撤销公证处的；

(五)在各项管理工作中，其他违法行为给公民、法人和其他组织造成财产损害的。

第八条　属于下列情形之一的，司法行政机关不予赔偿：

（一）与行使司法行政机关管理职权无关的机关工作人员的个人行为；

（二）服刑人员、被劳动教养人员自伤自残的行为；

（三）因公民、法人和其他组织自己的行为致使损害发生的；

（四）法律规定的其他情形。

第三章　赔偿程序

第九条　司法行政机关的法制工作部门为赔偿案件受理机构，负责对赔偿请求进行初步审查并决定是否立案。

司法行政机关的监狱、劳动教养管理所的赔偿案件由监狱、劳动教养管理所受理、承办和审核。

第十条　请求赔偿应由请求人填写《行政（刑事）赔偿申请登记表》。特殊情况不能以书面方式提出的，可以口头方式提出，由受理机关承办人员代为填写并作出笔录，当事人签名。

第十一条　受理赔偿申请应当查明下述情况：

（一）是否属于本办法第五条、第六条、第七条规定的赔偿范围；

（二）有无本办法第八条规定的不承担赔偿责任的情形；

（三）请求人是否符合国家赔偿法第六条规定的条件；

（四）是否应由本机关予以赔偿；

（五）赔偿请求是否已过时效；

（六）请求赔偿的有关材料是否齐全。

第十二条　对已立案的赔偿案件，由案件受理机构分送有关业务部门，业务部门应指定与该案无直接利害关系的人员办理。

特殊情况外，也可由案件受理机构直接办理。

第十三条　承办部门应在一个月内对赔偿请求提出予以赔偿或不予赔偿的意见，连同有关材料报送法制工作部门审核。

承办部门确认应由本机关负赔偿责任的案件，应当提出赔偿数额、赔偿方式。

第十四条　法制工作部门对承办部门的意见应在十日内进行审核，并报本机关负责人批准。

第十五条　司法行政机关对符合法定赔偿条件，决定予以赔偿的，制作《行政（刑事）赔偿决定书》。

对不符合法定赔偿条件，决定不予赔偿的，制作《不予赔偿决定书》。

《行政（刑事）赔偿决定书》和《不予赔偿决定书》由机关负责人签署，加盖机关印章，并送达赔偿请求人。

第十六条　对本机关不负有赔偿义务的申请，应通知赔偿请求人向有赔偿义务的机关提出。

赔偿义务人是其他司法行政机关的，也可以根据申请人的请求，收案后移送有赔偿义务的司法行政机关。

第四章　复　议

第十七条　司法行政机关对赔偿请求人的申请不予确认的，赔偿请求人有权向上一级司法行政机关提出申诉。

上一级司法行政机关对于下级司法行政机关不予确认的赔偿请求，可以自行确认，也可以责成下级司法行政机关予以确认。

第十八条　赔偿请求人对赔偿义务机关的决定持有异议的，可以向上一级司法行政机关提出复议，复议申请可以直接向上一级司法行政机关提出，也可以通过原承办案件的司法行政机关转交。

第十九条　对监狱、劳动教养管理所作出的决定不服的复议申请，分别由监狱、劳动教养管理所所属的省一级或地区一级司法行政机关负责。

第二十条　负责复议的司法行政机关收到复议申请后，应及时调取案卷和有关材料进行审查。对事实不清的，可以要求原承办案件的司法行政机关补充调查，也可以自行调查。

第二十一条　对复议申请进行审查后，按照下列情形，分别作出复议决定：

（一）原决定事实清楚，适用法律正确的，予以维持；

（二）原决定认定事实不清楚、适用法律错误，或赔偿方式、赔偿数额不当的，撤销原决定，重新作出决定。

第二十二条　复议决定作出后，应制作《行政（刑事）复议决定书》，复议决定书由机关负责人签署，加盖机关印章。

第二十三条　复议决定书可以直接送达，也可以委托赔偿请求人所在地的司法行政机关送达。

第五章　执　行

第二十四条　负有赔偿义务的司法行政机关负责赔偿决定的执行。

第二十五条　赔偿应分别根据下列不同情况执行：

赔偿请求人对赔偿决定无异议的，按赔偿决定书执行；

赔偿请求人对赔偿决定提出复议的，按复议决定书执行；

赔偿请求人向人民法院赔偿委员会申请，并由人民法院赔偿委员会作出赔偿决定的，按人民法院赔偿委员会作出的赔偿决定书执行；

赔偿请求人向人民法院提起行政诉讼，人民法院作出赔偿判决的，按照判决书执行。

第二十六条 负有赔偿义务的司法行政机关应在自收到赔偿申请的二个月以内执行赔偿。

赔偿请求人向上一级司法行政机关申请复议或向人民法院赔偿委员会申请赔偿的，在收到复议决定书或人民法院赔偿委员会作出的赔偿决定书后即应执行。

第二十七条 负有赔偿义务的司法行政机关对造成受害人名誉权、荣誉权损害的，应当在侵权行为影响的范围内，为受害人消除影响，恢复名誉，赔礼道歉。

第六章 赔偿费用

第二十八条 负有赔偿义务的司法行政机关能够通过返还财产或者恢复原状方式赔偿的，应以返还财产或者恢复原状的方式赔偿。

不能通过返还财产或者恢复原状方式赔偿的，主要以支付赔偿金方式赔偿。

第二十九条 支付赔偿金的计算标准，依照国家赔偿法的规定执行。

第三十条 行政赔偿和刑事赔偿费用由负有赔偿义务的司法行政机关先从本单位预算经费和留归本单位使用的资金中支付，支付后再向同级财政机关申请核拨。

第三十一条 经过行政复议的案件，最初造成侵权行为的司法行政机关和作出复议加重侵权的上级司法行政机关同时是赔偿义务机关的，由最初造成侵权行为的司法行政机关向受害人支付全部赔偿金后，再与上级司法行政机关结算各自应承担费用。

第三十二条 司法行政机关在行政赔偿中其工作人员有故意或重大过失，在刑事赔偿中工作人员有国家赔偿法第二十四条规定情形之一的，工作人员应承担全部或部分赔偿费用。追偿办法另行规定。

第三十三条 赔偿义务机关赔偿后，应写出结案报告报送上级司法行政机关。

第七章 附 则

第三十四条 本办法自发布之日起施行。

仲裁登记类

司法部关于仲裁委员会登记工作有关问题的通知

（1995 年 10 月 11 日）

各省、自治区、直辖市司法厅（局）：

根据《仲裁法》和《仲裁委员会登记暂行办法》的规定和仲裁委员会设立登记、注销登记及公告工作的实际情况，现将仲裁委员会登记、公告工作中的有关问题通知如下：

一、要严格按照《仲裁法》和《仲裁委员会登记暂行办法》的规定办理登记。

二、仲裁委员会登记证书由司法部统一印制。登记机关在具体登记时，不再收取证书工本费和登记费。

三、按《仲裁委员会登记暂行办法》，登记机关应对仲裁委员会设立登记、注销登记予以公告。公告所需费用，由申请登记的仲裁委员会按国家（报纸）的规定支付。

其　他

司法部关于编写《中国司法行政年鉴》的通知

（1995 年 4 月 28 日）

各省、自治区、直辖市司法厅（局），新疆生产建设兵团司法局、监狱局，部各直属单位：

为了全面系统地反映司法行政工作的发展脉络和基本情况，搞好司法行政系统的资料建设，为司法行政和有关部门提供翔实、准确综合信息，司法部决定编写《中国司法行政年鉴》（以下简称《年鉴》）。近日，张秀夫常务副部长主持召开了《年鉴》编辑委员会成立会议，《年鉴》编写工作正式展开，现就各地、各单位编写《年鉴》的有关事宜通知如下：

一、编写任务。为了完整地反映建国以来的司法行政工作情况，对建国后到 1994 年底的司法行政工作，将分两册编写，即建国后到 1979 年编一册（简称“历史册”），1979 年至 1994 年一册（简称 1995 年册），以后每年编一册。今年，要重点做好“1995 年册”编写准备工作。请各地、各单位按照《中国司法行政年鉴 1995 年册编辑内容》的要求，做好相关稿件的编写和修订工作。

二、时间要求。为了确保今年内出版《年鉴》（1995 年册），请各地、各单位组织人员抓紧编写，并于 6 月中旬前将信件送《年鉴》编辑部。

三、建立联系人制度。《年鉴》编写工作是今后全系统一项经常性的任务，为了便于联系，做好日常性的工作，请各省、区、市司法厅（局）确定一名同志，作为《年鉴》编辑部的联系人。联系人应该比较熟悉本地区司法行政工作情况，具有较好的文字、政策水平和较好的协调、办事能力，请各地将联系人名单于 5 月下旬前报部《年鉴》编辑部。

司法部　国家保密局关于印发《司法行政工作中国家秘密及其密级具体范围的规定》的通知

（1995 年 8 月 30 日）

各省、自治区、直辖市司法厅（局）、保密局，司法部直属各单位、部机关各司局：

根据《中华人民共和国保守国家秘密法》第十条规定和司法行政工作实际，司法部和国家保密局对 1990 年 1 月 6 日印发的《司法行政工作中国家秘密及其密级具体范围的规定》进行了修订，现予印发，请认真组织学习并贯彻执行。

司法行政工作中国家秘密及其密级具体范围的规定

第一条　根据《中华人民共和国保守国家秘密法》及其实施办法，制定本规定。

第二条　司法行政工作中国家秘密及其密级的具体范围如下：

(一)绝密级事项

1. 全国监狱、劳动教养工作的总体规划、计划；

2. 监狱、劳教所全国总体看押兵力部署方案，警戒、执勤方案；

3. 大批量跨地区调动罪犯的部署和行动方案。

(二)机密级事项

1. 全国和各省、自治区、直辖市统计的监狱、少管所和劳教所内重新犯罪人员的处决人数及非正常死亡人数；

2. 预防和处置监狱、劳教所内越狱、暴狱重大事件的预案；

3. 监狱、少管所内正在侦察的重、特大案件的侦察计划、侦察手段和打击对策；

4. 全国监狱、劳教所的总体布局；

5. 国际人权斗争中针对改造罪犯、劳教人员和预防犯罪的问题我方拟采取的对策；

6. 省、自治区、直辖市范围内调犯计划、行动方案；

7. 监狱、劳教所武器、弹药集中存放地点、数量、守护、运送情况；

8. 有重大影响的服刑人员的关押、改造情况。

(三)秘密级事项

1. 监狱的干警编制、看押兵力、警戒、报警、通信、供电设施、武器装备情况；

2. 全国在押罪犯年度、季度的综合统计数字；

3. 省、自治区、直辖市以下单位统计的监狱、少管所和劳教所内重新犯罪人员的处决人数及非正常死亡人数；

4. 监狱内的耳目建设情况；

5. 全国在押犯和劳教人员的专项、抽样调查与分类统计数字；

5. 司法界要员出访、来访的重要事项的内部请示、报告及方案。

第三条　司法行政业务工作中涉及其他部门的国家秘密事项，其密级应按所涉及部门的保密范围执行。

第四条　司法行政工作中下列事项不属于国家秘密，而作为工作秘密内部掌握，未经规定机关批准不得擅自扩散：

一、对搞现行反革命活动、搞非法宗教活动、搞非法刊物和非法组织活动的劳教人员的劳教方案；

二、罪犯和劳教人员在监狱、少管所和劳教所内的犯罪情况；

三、监狱、少管所和劳教所内的发案数、罪犯和劳教人员的改造动向及脱逃情况的综合分析；

四、全国监狱系统财务决算和计划及工业、农业年度报表；

五、律师受理的未公开的对国家安全、民族团结、对外关系有一定影响的刑事案件、经济案件的案情及对外表态口径；

六、追捕逃犯和追找劳教人员的行动方案；

七、打击监狱、少管所和劳教所内犯罪活动的破案计划、行动方案和情况报告；

八、干警致残、致伤罪犯、劳教人员和干警违法乱纪的数据；

九、全国监狱系统财务、工业季度统计报表和年度投资计划；

十、部属政法院校尚未实施的有关教学质量评估的统考或抽考的试题以及单独招生的考题；

十一、在一定时间和范围内的不宜公开的有关机构设置、内部分工、干部选拔、配备、任免事项的材料及干部档案材料；

十二、尚未公布的司法行政干警违纪案件的调查、审理情况；

十三、全国在押罪犯和劳教人员思想动态、生活卫生方面的统计数字；

十四、罪犯和劳教人员中发生较大规模疫病的情况；

十五、审计机关内部机构的工作计划、总结、请示、报告及有关记录；

十六、未经公开的司法行政工作中非国家秘密的统计资料；

十七、司法行政系统企、事业单位的人事、劳资统计报表和财务决算；

十八、内部工作文件、参考资料。

第五条 本规定由司法部保密委员会负责解释。

第六条 本规定自1995年10月15日起生效。司法部、国家保密局1990年1月6日联合制发的《司法行政工作中国家秘密及其密级具体范围的规定》(即[89]司发办字第237号文)及司法部1991年5月6日下发的[(91)司办通字061号]对该规定的说明同时废止。

司法部关于对口支援西藏司法行政机关的通知

(1995年11月4日)

各省、自治区、直辖市司法厅(局):

根据中央关于支持支援西藏的指示,为了加快西藏司法行政机关的建设,充分发挥司法行政机关的职能作用,我部在努力做好援藏工作的同时,决定组织一部分省、自治区、直辖市司法行政机关对西藏司法行政机关进行对口支援。现将有关事项通知如下:

一、要高度重视援藏工作。西藏的繁荣、发展和稳定,关系到国家的统一和稳定。西藏司法行政机关1992年开始重建,时间较短,基础薄弱,工作任务十分艰巨。加快司法行政机关的建设,充分发挥司法行政机关的作用,是一项十分紧迫的任务。各级领导要充分认识援藏工作的意义,发扬团结互助的精神,把这项工作抓紧抓好。

二、各地司法行政机关对口援藏的分工是:山西、河北援助西藏阿里地区。山东、上海援助西藏日喀则地区。湖南、湖北援助西藏山南地区。四川、天津援助西藏昌都地区。广东、福建援助西藏林芝地区。浙江、辽宁援助西藏那曲地区。北京、江苏援助西藏拉萨市。

三、支援西藏要采取多种方式。可以进行财力物力方面的支援,也可以帮助西藏培训干部、进行技术指导等。具体援助的方式,望各地司法厅(局)同西藏司法厅协商确定。

四、请各地司法厅(局)抓紧落实援藏工作,力争明年上半年初见成效。部里将于明年6月对各地援藏工作落实情况进行一次检查。

第六部分　司法部部分会议简介

全国监狱工作会议

1995年2月14日至26日，全国监狱工作会议在北京京西宾馆召开。这次会议是继1981年全国第八次劳改工作会议后召开的又一次非常重要的会议。会议的主要任务是：以邓小平同志建设有中国特色社会主义的理论为指导，深入贯彻党的十四大和十四届三中、四中全会以及中央政法工作会议、经济工作会议精神，认真学习、贯彻《监狱法》和国务院的两个重要文件，明确今后一个时期我国监狱工作的总体奋斗目标，进一步部署创建现代化文明监狱工作。会议得到了党中央、国务院的高度重视，李鹏、李瑞环、任建新、罗干同志审阅了肖扬部长在全国监狱工作会议上的报告，罗干同志到会并作了重要讲话。会议表彰了全国50名优秀监狱长。参加这次会议的有：各省、自治区、直辖市，新疆生产建设兵团司法厅（局）长、监狱管理局长、劳教局（处）长。中央政法委、中组部、全国人大法工委、国务院法制局、最高人民法院、最高人民检察院、公安部、国家经贸委、国家体改委、财政部等有关部门的领导同志应邀参加了会议。新华社、人民日报社、《求是》杂志社、中央电视台、中央广播电台等新闻单位派记者到会采访并作了报道。

会议回顾和总结了自“八劳”会议以来监狱工作所取得的成就，提出了新时期监狱工作的奋斗目标和任务。今后一个时期，监狱工作要围绕深入贯彻《监狱法》和国务院两个文件、努力实现现代化文明监狱目标的中心开展工作。

会议指出，《监狱法》的颁布实施，是我国社会主义法制建设史上的一件大事，是监狱工作发展史上的一个里程碑，是建国四十多年来监狱工作成就的结晶，是监狱工作历史经验的科学概括和总结，凝聚着广大监狱人民警察长期以来改造罪犯的丰富经验和解放思想、勇于探索、敢于创新的聪明才智。《监狱法》的实施，标志着我国监狱工作进入了一个新的历史发展时期。

会议提出，认真贯彻《监狱法》，严格依法治监，努力实现建设现代化文明监狱的宏伟目标。创建现代化文明监狱要立足于中国的实际情况，吸收和借鉴外国监狱制度的有益做法，统一标准，总体规划，统筹安排，分步实施，真正达到法制健全、执法严谨、管理文明、设施完善、装备先进、改造手段科学、物质保障有力，监狱的整体水平实现法制化、规范化、科学化、现代化。建设现代化文明监狱应当遵循硬件建设与软件建设并举，注重软件建设、分层次创建、分类建设分类指导、统一规划分步实施和讲求实效的原则。为了尽早实现这一目标，要着重作好：认真学习贯彻《监狱法》，抓紧与《监狱法》相配套的法规、制度建设；严格依法治监，抓好现代化文明监狱的软件建设；认真抓好监狱生产，提高经济效益，落实财政、投资保障体制；从严治警，建设一支过得硬的监狱人民警察队伍。

2月16日上午，国务委员、国务院秘书长、中央政法委副书记罗干同志到会作重要讲话，对监狱机关为巩固人民政权、维护社会稳定作出的重要贡献给予了充分的肯定。监狱人民警察在改造罪犯的特殊战线上，兢兢业业地工作，默默无闻地奉献，用自己的辛勤劳动，为巩固人民民主专政政权，保持国家的长治久安做出了特殊的贡献，是一支党和人民完全可以信赖的队伍，理应受到党和政府的高度赞扬、受到广大人民群众的尊敬。罗干同志在谈到必须充分认识新形势下监狱工作的特殊性时指出：监狱作为国家机器的重要组成部分，是我国人民民主专政的重要工具，是国家的刑罚执行机关。监狱直接担负着惩罚和改造罪犯的艰巨任务，是巩固人民政权、维护社会稳定，保障社会主义现代化建设顺利进行的一个重要部门。各级党委、政府和有关部门应当进一步统一思想，提高认识，从健全社会主义民主与法制、巩固国家政权、维护社会稳定、保障国家改革开放和现代化建设顺利进行的高度，充分认识作好监狱工作的特殊重要性，关心和支持监狱工作，帮助解决工作中的实际问题，保障监狱机关依法改造罪犯工作的顺利进行。

罗干同志还强调指出，各级监狱机关必须依法治监、从严治警，不断提高监狱人民警察的素质，进一步提高改造质量,努力实现现代化文明监狱的宏伟目标。

（司法部监狱局　史迎新）

全国司法厅(局)长会议

1995 年 2 月 17 日至 18 日,司法部在北京召开全国司法厅(局)长会议。这次会议的任务是总结 1994 年的司法行政工作,部署 1995 年工作,研究在新形势下充分发挥司法行政机关职能作用,保障和促进国民经济持续、快速、健康发展和社会稳定。司法部部长肖扬在会上作了报告。参加会议的有:各省、自治区、直辖市司法厅(局)长和办公室(研究室)主任,各计划单列市司法局局长,新疆生产建设兵团司法局局长,各部属政法院校长,以及部机关及在京直属单位、归口管理单位的负责人。中政委、中纪委、中组部、中央编委、全国人大、全国政协、最高人民法院、最高人民检察院、国务院法制局、公安部、国家安全部、经贸委、财政部、总政司法局等部门负责人应邀出席了会议。

会议指出,1994 年,司法行政工作在党中央和国务院的领导下,紧紧围绕经济建设这个中心,以改革促发展,不断强化法律保障和法律服务职能,在维护社会稳定,服务经济建设,深化自身改革、加强干警队伍建设等方面都取得了明显成效。

1995 年司法行政工作要牢固树立大服务思想,进一步深化改革,促进发展,开拓业务,加强管理,提高素质,为维护社会稳定和社会主义市场经济法律秩序服务,为完成 1995 年国家的经济工作任务提供可靠的法律保障和优质的法律服务。

在维护社会稳定中:一是要充分认清当前的形势和司法行政机关肩负的重任;二是大力加强监狱、劳教工作,确保监所稳定,提高教育改造质量;三是做好刑事案件律师出庭辩护工作,保障法制正确实施,准确、及时打击各种犯罪活动;四是认真做好人民调解工作,化解矛盾,减少纠纷,维护基层的社会稳定;五是围绕社会稳定开展公证服务;六是继续做好刑满释放、解除劳教人员的安置、帮教工作,预防和减少重新违法犯罪;七是积极开展国际司法人权合作与斗争,为维护国内稳定创造良好的国际环境;八是扩大国际司法协助,打击潜逃境外的犯罪分子和跨国犯罪活动。

在为经济建设搞好法律服务中,必须继续树立大服务思想,进一步开拓法律服务领域,发挥为政府实现宏观调控的参谋助手作用,为国有企业转换经营机制,走向市场的法律顾问作用,以及发展农业和科技进步的促进作用。为此,要继续深化法律服务工作改革。1995 年要围绕建立良好的内部运行机制,增强律师事务所的生机与活力,下大力气搞好律师机构的改革。开展建立公职律师的试点工作。探索建立法律援助制度的有效途径和办法。继续抓好外国律师事务所在华设立办事处的试点工作,进一步完善律师资格考试。在坚持公证机构的职能、公证文书的法律效力、公证人员身份三不变的前提下,在有条件的地区,尽快实现公证机关向事业单位的转变。加快基层法律服务机构发展,要逐步建立健全竞争机制、激励机制和保障机制,充分调动法律服务工作者的工作积极性。

在继续深化法制宣传教育工作中,要把落实江泽民总书记关于法制宣传工作重要讲话作为首要任务来抓。要以提高全民族法律素质为目标,为维护社会稳定和经济法律秩序,为建立和发展社会主义市场经济创造良好的法制环境。

（司法部办公厅　赵大程）

全国劳教局长会议

1995 年 2 月 16 日至 18 日,司法部在北京召开了全国劳教局长会议。会议的主要任务是:根据党的十四届四中全会及司法厅(局)长会议精神,总结 1994 年的工作,分析、探讨劳教工作面临的新情况、新问题,研究、部署 1995 年劳教工作的主要任务及各项工作措施等。张秀夫副部长、孟庆辰局长在会上作了重要讲话。

会议认为,1994 年的劳教工作取得了显著成绩,主要表现在:建设现代化文明劳教所准备工作进展较快;积极做好劳教收容工作,有力地配合了社会上的各项"严打"斗争;管理教育工作取得了新进展;劳教经济持续快速发展,实现销售产值和利税同步增长;队伍建设工作得到加强,干警政治业务素质有所提高。会议在肯定成绩的同时,也指出了工作中存在的不足。

根据劳教工作面临的情况和问题,会议确定 1995 年劳教工作的指导思想是:以党的十四届三中、四中全会及全国司法厅(局)长会议精神为指针,以创建现代化文明劳教所为目标,以深化改革为动力,抓住机遇,加快发展,克服困难,艰苦奋斗,努力使劳教工作再上一个新台阶。

会议指出,1995 年要重点做好以下几项工作:(一)提高认识,坚定信心,抓好建设现代化文明劳教所的启动工作。一是各级劳教机关要发动广大干警,统一思想,提高认识,克服畏难情绪和等、靠、要等无所作为的思想,进一步树立信心,增强紧迫感和责任感;二是结合本地实际情况,尽快制定创建规划,并确定每个所的达标期限;三是建立专项基金制度。(二)进一步强化管理教育工作,确保场所安全,努力提高教育改造质量。(三)大力发展劳教生产,努力提高经济效益。要逐步形成快速灵敏的市场反映机制;积极创造条件,努力建设、发展一批有一定规模和较好经济效益的骨干企业及拳头产品；切实加强投资项目管理；加强企业基础管理，狠抓扭亏增盈；大力发展第三产业，使之成为劳教经济的重要支柱；不断总结和完善管教生产双承包等行之有效的改革措施。（四）配合有关部门，加快劳教立法步伐。（五）进一步理顺劳教管理体制。（六）大力加强队伍建设。一是要继续组织干警学习邓小平同志建设有中国特色社会主义的理论；二是从严治警，提高干警的执法执纪水平；三是认真贯彻执行《国家赔偿法》；四是要从思想、工作、生活等各个方面关心干警。

会议还根据劳教系统的实际情况，对制定“九五”计划提出了初步设想。

（司法部劳教局　于有志）

全国司法行政系统纪检监察工作座谈会

为贯彻落实中纪委五次全体会议和国务院第三次反腐败工作会议精神，回顾司法行政系统1994年反腐败斗争的情况，总结交流各地一些好的作法和经验，研究部署1995年继续深入开展反腐败斗争工作，部纪检组、监察局于1995年3月16日至3月19日在河南省洛阳市组织召开了全国司法行政纪检监察工作座谈会。

参加会议的有，驻司法部纪检组长韩灵同志，副组长、监察局长张厚模同志，监察局副局长赵崇虎同志，各省司法厅纪检组长、监察室主任，部属院校纪委书记，中纪委第五监察室及党风廉政室的代表，河南省司法厅长徐国红也参加了会议，共计90余人。

此次会议总结回顾了1994年司法行政纪检监察工作情况。1994年在中纪委、监察部、司法部党组的领导下，各地各单位党政主要领导同志和纪检监察机关，认真贯彻党的十四届四中全会和中纪委三次、四次全会精神，坚持“两手抓、两手都要硬”的方针，全面履行纪检监察两项职能，着重抓好反腐败斗争三项任务的落实。1. 加强教育，提高思想素质。加强干部队伍的教育，是提高队伍政治素质，推进党风廉政建设，进行反腐败斗争的思想基础。司法部党组首先抓好党组一班人的自身学习，认真传达学习了江泽民、李鹏同志在国务院第二次反腐败工作会议上的讲话和尉健行同志在中纪委三次全会上的报告，作了贯彻落实的部署与报告。部纪检组监察局在杭州、泰安、兰州分片召开了纪检监察工作座谈会，各地司法厅（局），先后在5月中旬召开了会议，学习传达会议精神，为贯彻落实三项任务奠定了思想基础。全系统开展了多种形式的教育活动，广大党员、干部对党中央反腐败的战略部署有了新的理解和认识，增强了信心和决心，提高了参与意识。一部分曾有“与己无关”，持“等待、观望”态度的同志也转变了观念，自觉投入这场斗争。各地涌现了一大批廉政勤政、拒礼拒贿的党员、干部。据不完全统计，1994年司法行政系统有3750人次拒礼拒贿人民币120余万元。2. 廉洁自律取得初步成效。全系统各级领导干部，按照中纪委要求，认真召开了专题民主生活会，按照两个五条规定，进行对照自查自纠。对检查出的一些不附合规定的问题及房子、兼职等群众关心的热点问题及时纠正和认真地进行了清理。3. 查处大案要案，惩处一批腐败分子。1994年各级纪检监察机关，始终把查处案件，特别是大案要案，作为反腐败斗争的重要工作任务，认真查处了一批案件用办案的实际效果教育干部，取信于民，并把反腐败斗争不断引向深入。4. 纠风，防止回潮有成效。1994年主要是抓清退，抓落实，防回潮。在清理乱收费、清理党政机关及工作人员无偿占用企业钱物、刹行业不正之风等工作中，按照中央文件要求，各级主管部门制定了有关制度和守则，加强管理、监督检查和处理力度，收到了一定效果，使这些问题得到了有效的遏制。5. 执法监察加大了力度。1994年年初，司法部下发了《关于开展执法监督检查的通知》。重点监督检查了监狱、劳教单位执行《劳改劳教工作干警行为准则》及监管改造等规章的执行情况；公证、律师、基层法律服务所在服务过程中的执业道德情况。

会议上肖扬同志作了题为《保障反腐败斗争健康发展的重要指针》的书面讲话，韩灵同志也作了报告并部署了1995年的主要工作：1. 在领导干部廉洁自律方面，要认真组织开好两次领导干部专题民主生活会，进行自查自纠；2. 在查办案件方面，要对司法行政系统干警中索贿受贿、贪赃枉法、执法犯法、严重失职渎职等重大案件，加大查处力度，使办案工作有新的突破。3. 在纠正部门和行业不正之风方面主要是巩固成果，严格把关，防止回潮。对顶风违反者，立即查清，严肃处理；4. 维护民主集中制，严格执行政治纪律；5. 加大执法监察工作力度，确保《监狱法》的贯彻实施。1995年，司法行政系统的纪检监察工作，要保证政令畅通，着重围绕贯彻落实《监狱法》开展执法监察。

（司法部纪检组　监察局）

海峡两岸经贸法律实务研讨会

经司法部批准，司法部台办委托江苏省司法厅于1995年4月10日至15日在南京召开了海峡两岸经贸法律实务研讨会，这次民间性、实务性的两岸经贸法律研讨会，是由江苏省律师协会、公证员协会、南京大学、苏州大学联合主办的。来自台湾和江苏、山东、福建、广东、浙江等沿海地区的法学界、经贸界人士近70人参加了研讨会。司法部法制司(台办)、计财司以及全国律师协会、全国公证员协会、《当代司法》、中国政法大学等单位派人与会,会议由省司法厅副厅长王耀梁主持,司法部常务副部长张秀夫出席了开幕式并讲了话,江苏省副省长王荣炳以及江苏省司法厅厅长、省律师协会会长陆云泉也在开幕式上讲了话。

张秀夫常务副部长在讲话中首先表示,海峡两岸法学界、法律界的朋友们在江苏省南京市聚会一堂,举行两岸经贸法律实务研讨会,共同探讨进一步促进海峡两岸经贸发展和经贸合作中有关法律问题,这是一件令人十分高兴的事情。我代表司法部,对研讨会的召开表示衷心的祝贺,向前来参加研讨会的朋友们表示热情欢迎和真诚的问候!

张副部长在讲话中指出,近年来,为了促进两岸同胞的相互往来和交流,大力发展两岸经济交流与合作,以利于两岸经济共同繁荣,造福整个中华民族,两岸法学界、法律界作出了许多努力:

两岸法学界积极探讨两岸交往交流中的法律问题,在北京、台北及其他城市多次举行过研讨会,对两岸商贸往来、两岸投资、知识产权的保护以及两岸同胞在婚姻、家庭、财产继承等方面的法律问题进行探讨和商谈。

在公证方面,1993年签订了"两岸公证文书使用查证协议",使两岸公证文书的使用和查证建立了正常渠道。

两岸律师界的联系越来越多,两岸许多律师事务所建立了固定的合作关系,去年又允许台湾同胞报考律师资格。

张副部长指出,在南京举办"海峡两岸经贸法律实务研讨会"这无疑是对两岸企业界以及法律界、法学界在有关法律问题的交流方面的促进和发展。通过这次研讨会,台湾朋友在这里可以了解到江苏和台湾经贸和其他交流交往中的法律问题 。可以就加强江苏和台湾的交流合作进行探讨,为繁荣苏台经济作出新的贡献。

张副部长指出,中华各族儿女共同创造的五千年灿烂文化,始终是维系全体中国人的精神纽带,两岸同胞,是骨肉同胞、手足兄弟。尽管两岸经历了几十年的分离,社会制度、政治经济情况有所不同,但是,早日完成祖国统一,是两岸同胞的共同心愿。今年春节前夕,江泽民总书记在新春茶话会上发表重要讲话,为推进祖国和平统一,提出了八项主张,两岸法学界、法律界的交流与交往,必将有利于促进两岸关系发展和祖国统一。为此,我们希望加强两岸法学界、包括两岸律师界、公证界的交流交往,加强两岸交流交往中的法律问题的研讨,为促进两岸关系发展、祖国统一和中华民族振兴,多作贡献。

张副部长最后指出,台湾朋友还将参观南京台资企业和高新技术开发区,还要在南京、苏州、无锡参观和游览,考察、了解这些地方的风土人情和经济建设情况。大陆实行改革开放和社会社会主义市场经济以来,经济发展,社会稳定,民主与法制建设不断加强。台胞在大陆经贸投资的法律环境越来越好。

张副部长最后强调指出,这次两岸经贸法律研讨会是民间性、实务性的会议,两岸人士在对有的问题的认识可能观点不完全一致,但只要与会各位本着两岸一家,共谋良策,推动两岸经贸法律问题的研讨不断发展的精神,就一定能把这次研讨会开好。

这次海峡两岸经贸法律研讨会开的严肃认真,生动活泼,在研讨会上,两岸法学界人士提供了20篇论文,会上畅所欲言,研讨气氛热烈,为祖国和平统一,发展两岸关系充分发表意见。主要特点:首先是坚持一个中国原则的前提下,在会上,与会朋友介绍了有关情况,探讨了许多问题,交流了许多观点,如海峡两岸律师、公证人员提供法律服务的内容、形式等有关法律问题。二是相互结识了新的朋友,加深了老朋友的友谊。三是在会期间,两岸有关律师事务所相互签订了相互委托书。这次研讨会产生了好的影响,《法制日报》、《人民日报》海外版、《新华日报》等报刊和电台、电视台作了报道。会议开得很成功,取得了令人满意的成果。

研讨会结束时,司法部台办主任、法制司司长蓝全普作了总结讲话,他指出海峡两岸交流交往衍生的法律很多,需要海峡两岸法学界、法律界的共同努力,加深探讨和交流。

研讨会结束后,组织台湾朋友参观、游览了南京高技术开发区,南京中山陵和无锡、苏州等地的风土人情、经济建设情况,台湾朋友看后感慨不已。

(司法部法制司 唐兴华)

法律职业教育改革与发展研讨会

1995年5月21日至23日,司法部在上海召开了法律职业教育改革与发展研讨会。会议对当前中等法学教育面临的形势和任务,中等法学教育改革与发展的措施,调整中等法学教育的办学层次,尽快开展高等法律职业教育试点工作以及法律高等职业教育的培养目标等问题进行了研究。10个省、自治区、直辖市司法厅(局)教育处长和14所司法学校、司法警官学校的校长参加了会议。

会议认为,新形势下法学职业教育工作的任务是:遵循党的十四大精神,以建设有中国特色社会主义理论为指导,全面贯彻《中国教育改革和发展纲要》、《国务院关于〈中国教育改革和发展纲要〉的实施意见》和全国教育工作会议精神，适应政法队伍建设和民主法制建设需要，加快法学职业教育改革和发展的步伐，尽快调整办学层次和培养目标，培养大批能够适应社会主义市场经济体制需要的法律人才。

会议回顾了新时期中等法学教育的发展历程。同时，对中等法学教育在新形势下面临的问题和矛盾给予了充分的重视：一是中等法学教育的办学层次不适应社会发展和民主法制建设对法律人才提出的最低规格要求。二是，中等法律专业学校由于办学层次不合理导致的毕业生分配困难等问题，严重制约其发展；有些学校在建筑面积、仪器设备、图书资料等方面，达不到国家规定的标准和要求。

会议对法学职业教育存在的上述问题和矛盾以及今后的发展方向、培养目标进行了认真讨论，一致认为，根据法学学科的特点和实际部门的需要，有必要重新确定司法学校和司法警官学校的培养目标，合理调整办学层次。大多数代表的意见是：中等法学教育今后要逐步纳入到普通高等法学教育和高等法律职业教育的发展轨道，通过联合共建、改建等多种途径，加强并改善基本办学条件，逐步将目前的司法学校和司法警官学校调整为法律高等职业学校，承担起培养立法、司法、行政执法、法律服务、法律监督等部门所需辅助型法律人才，以及培养面向社会，集法律专业知识、职业技能与财政、金融、工商、税务等学科交叉渗透的综合性法律人才的任务。

会议对当前工作提出以下意见：1. 结合全国法学教育工作的改革，近期要把司法学校、司法警官学校层次调整作为重点内容同国家教委和有关部门协商。2. 在司法学校、司法警官学校层次调整的发展目标确定之后，要积极与国家教委有关部门协调，争取早日开展高等法律职业教育试点工作。3. 对会议提出的对现有中专法律学校进行行业评估的问题，教育司年内将着手制定行业评估指标体系，适时地开展评估工作，从而促进各学校的发展，为试办高等法律职业教育创造必要的条件。4. 各地要努力做好省内有关部门的工作，争取增加投入，创造基本办学条件，首先应争取达标，并在省内上重点，为学校的层次调整打好基础。5. 关于院校间的合并与联合，总的要求是，在保存现有教育资源和培训基地的基础上，根据实际需要，以有利于办学层次的调整，有利于优化资源为原则配置。6. 对各地中专学校毕业生分配困难的问题，除司法部积极与有关部门协商外，各地司法厅（局）和学校，也应与当地法院、检察院和组织人事部门协商，争取地方相关部门能够允许毕业生参加公务员和检、法招干的资格考试。同时，做好毕业生的思想政治工作。

（司法部教育司　杨　阳）

全国监狱经济工作会议

6月8日至12日，司法部在广西召开了全国监狱经济工作会议。这次会议是在《监狱法》颁布和国务院4号文件下发后，监狱工作的外部环境得到了改善，而监狱经济有下降趋势的情况下召开的。会议主要议题是：学先进、找差距、鼓干劲、定措施，力争尽快扭转监狱经济亏损面扩大，亏损额增加的局面，把监狱经济搞上去。参加会议的人员是，各省（区、市）监狱管理局局长或主管副局长以及有关处室的领导。司法部常务副部长张秀夫同志、司法部监狱局杜中兴、邵雷、王成生副局长参加了会议。

会议在广西召开带有现场会性质。广西监狱经济基础在全国属中等偏下水平，但近几年他们坚持管教和生产两手抓，两手硬，克服“等靠要”思想，横下一条心，坚持滚动式自我发展，深化经营机制的改革，充分发挥地域优势和资源优势，调整产业结构，推动监狱经济稳步发展。使其从一个监狱经济落后的省份跨入了全国监狱经济先进行列。会议代表还实地参观考察了广西柳城监狱和柳州监狱。会上，江苏、湖北、广东也分别介绍了他们的经验。辽宁和陕西也在大会上作了发言，分析本省经济形势并作出冷静的思考及其发展思路。从而形成了本次会议的一个特点，那就是“学先进、找差距、鼓干劲、定措施”。

会议认为，监狱经济有了较大发展，但也存在许多问题。主要是生产停滞、销售不畅、全系统经济发展不平衡，监狱生产与社会企业生产差距加大等。这些问题已严重影响到监狱工作的正常进行，必须引起各级领导和广大干警的高度重视。会议认真分析了导致监狱经济不景气原因。主要是，部省两级监狱局对监狱经济如何适应市场研究不够，缺乏扎实有效的宏观管理和指导的方法、措施。一部分同志对搞好监狱经济认识不足，滋长了“等靠要”思想。监狱经济管理体制、管理水平、经营方式、产业结构、产品结构、运行机制不适应市场经济。领导班子不得力和技术管理人才缺乏。

会议强调，要把监狱经济搞上去，是改造罪犯的需要，只有增强经济实力，才能保障监狱依法执行刑罚，提高改造质量，实现现代化文明监狱的宏伟目标。因此，发展经济不是权宜之计，而是监狱工作的战略任务。会议要求各地要切实抓好：一是要加强领导班子建设，大胆启用人才。决不能在领导岗位上搞人事平衡，照顾迁就。要切实使那些德才兼备、年轻有为的同志被选拔到领导岗位上来。省局和监狱一把手要花精力抓经济，经济上不去，首先是一把手的责任。今后要把经济任务完成情况，作为考核班子的重要指标之一。二是真正重视科技的作用。要制定具体的技术进步目标、措施和办法。加快老企业技术改革步伐,对技术含量高,附加值高,采用新技术上水平的项目,在投资上要重点倾斜。要采取有力措施吸引技术人才,重视技术人才。三是重视企业经济管理,向管理要效益。当前要着重抓好质量、资金、成本、营销等方面的管理,带动企业整体素质的提高。四是逐步实行"统一领导,双轨运行"管理体制。可以先从资产分开、财务分开、决策机制分开和人员分开做起,注意及时总结经验。五是调整产业产品结构,相应调整投资政策。调整重点主要是一些老企业的老产品,尤其是机械行业。

会议要求全国监狱系统要鼓足干劲,增强信心,搞好监狱经济。要看到目前搞好监狱经济,存在着许多有利条件,主要是政策优势、资源优势、资产优势、管理优势、队伍优势。要振奋精神,抓住机遇,充分利用好诸多的有利条件和优势,扎扎实实地工作,使监狱经济发展到一个新的水平。

(司法部监狱局 史迎新)

全国司法厅(局)长座谈会

1995年6月16日至19日,司法部在山东省烟台市召开全国司法厅(局)长座谈会。各省、自治区、直辖市司法厅(局)长,新疆生产建设兵团司法局长,各计划单列市司法局长,司法部各司局、有关直属单位的负责人,以及县区司法局的代表参加了会议。会议的主要任务是:以邓小平同志建设有中国特色社会主义的理论为指导,根据党的十四届四中全会关于加强基层政权组织建设的精神,总结交流县区司法局建设的经验,研究部署新形势下加强县区司法局建设的任务与措施。司法部部长肖扬作了题为《切实加强县区司法局建设,确保基层稳定,促进经济发展》的报告。12个县区司法局作了典型发言。会议讨论通过了有关加强基层司法行政机关建设的意见。会议指出,司法行政部门重建15年来,作为全国司法行政部门重要组成部分的县区司法局,充分发挥了法律服务的作用,打击、预防犯罪的作用,法律参谋的作用,法制宣传教育和促进依法治理的作用,为维护城乡社会稳定,促进城乡经济发展和社会进步作出了重要贡献。加强县区司法局建设,是全面加强司法行政工作的重要基础;在新的历史条件下,加强县区司法局的建设有着特殊重要的意义。

会议认为,伴随着社会主义市场经济的发展、民主法制建设的加强、人民群众日益增长的法律需求,县区司法行政工作的内容越来越丰富,发展的条件越来越成熟。会议提出,县区司法局的主要职能,是通过指导和管理人民调解、律师、公证和基层法律服务,开展法制宣传教育等工作,为县区经济发展和社会稳定提供法律服务和法律保障。要积极探索县区司法局建设的新路子,进一步拓宽、加强县区司法局的职能,要通过多种渠道,采取有效措施,加强法制宣传教育;县区司法局要履行法律服务工作的政府主管部门的职责,加强县区法律服务管理工作;要深化人民调解工作改革,进一步加强指导,督促检查有关调解工作法律法规的贯彻执行,宣传人民调解制度,指导调委会的组织建设和业务建设,要在县区党委、人大、政府的领导下,积极开展依法治县(区)、依法治乡等各项依法治理活动,为实现依法治国的战略目标进行不懈地努力;要充分发挥各项职能作用,参加社会治安综合治理,加强对流动人口管理的工作;要积极努力,实现县区司法行政工作向乡镇(街道)延伸,认真做好对刑满释放、期满解教人员的帮教和过渡性安置工作,担负起行政执法监督职能,当好县区政府和乡镇政府的法律参谋和助手。

(司法部办公厅 赵大程)

法律专业硕士研究生教育试办工作会议

1995年8月1日至2日,国务院学位委员会办公室与司法部法学教育司在京共同组织召开法律专业硕士学位试点工作会议,贯彻落实国务院学位委员会《关于设置法律专业硕士学位的报告》及学位办公室有关试点工作通知的精神,就试点工作中有关招生、考试、培养、教学以及近期工作目标等方面进行了深入研讨。参加会议的有司法部律师司、公证司、最高人民法院教育厅、最高人民检察院教育局、中国高级法官培训中心等中央政法主管部门的司(厅、局)长,对外贸易经济合作部人事教育司负责人,法律专业硕士学位试点工作专家指导小组成员,中国人民大学等8所试点院校研究生部(处)的负责人。

会议代表对设置和试办法律专业硕士学位给予了充分肯定,认为是我国法学各专业硕士研究生应用型人才培养改革的重大突破。该学位的适时设置和实施,必将促进我国法学教育事业的发展和民主法制建设。

一致认为:当前,全社会的法律人才量少质弱,复合型、外向型的高层次人才十分缺乏。法律专业硕士作为具有特定法律职业背景的专业学位教育,主要培养立法、司法、行政执法、法律服务与法律监督以及经济管理、社会管理等方面需要的高层次法律专业人才和管理人才。

法律专业硕士的招生对象主要为具有大学本科学历、有四年以上实践经验、年龄在45岁以下的在职人员,同时适当招收应届非法律本科毕业生。确定了以应届非法律本科毕业、法律专业本科毕业和非法律专业本科毕业在职人员等三类考生的招生考试科目。其中由各试点院校组织单独考试的科目，须八所试点院校统一考试大纲，各试点院校自行命题和组织考试，其时间与全国统一入学考试时间相同。

法律专业硕士教育采用学分制，总学分不低于45分。课程安排分四类，既必修课、选修课、实务课程及业务工作研究、专业实习和社会实践，并撰写学位论文。与会代表商定，由八所试点院校共同编写法律专业硕士学位教育必修课统一教学大纲，待条件成熟时再编写统一的教材。

会议商定，法律专业硕士教育从1996年开始招生。在试点招生中，争取将招生计划单列，同时单独入学考试名额不受不超过招生计划15%的限制。

试点工作由国务院学位委员会办公室和司法部法学教育司主持与领导。专家指导小组负责进行教学指导和协调工作，各试点院校具体贯彻落实。中央政法等有关业务主管部门予以配合和支持。

为加强招生工作指导，切实保证试办质量，国务院学位委员会办公室、司法部法学教育司及全国法律专业硕士学位专家指导小组组织专家，编写了《法律专业硕士研究生招生考试大纲(试用)》。

(司法部法学教育司　霍宪丹　姜晶)

司法部直属单位后勤工作会议

1995年8月24日至26日，我部在南戴河司法部干警培训中心召开了"部直属单位后勤工作会议暨部属政法院校后勤管理研究会"。部属七所院校、三所研究所、法制日报社、法律出版社主管后勤、计财工作的领导，财务处、基建处、总务处、校产处(办)的负责同志及先进单位、先进个人的代表共85人参加了会议。会议由部计财司张书屏副司长主持，肖建章副部长讲了话。张书屏同志代表计财司对两年来部直属单位计财、后勤工作进行了总结，并提出了今后的任务。会上对16个先进单位和32名先进个人进行了表彰，同时进行了典型发言，交流了经验。

会议围绕肖建章副部长的讲话和张书屏副司长作的工作总结报告，重点研究了四个方面的问题。

一、进一步提高对后勤工作重要意义的认识

在发展社会主义市场经济的新时期，司法行政工作改革与发展的任务十分繁重。无论是建设现代化文明监狱、劳教所，深化律师等法律服务工作的改革，还是加强法学教育和法制宣传工作，都需要花费很大的力气，需要创造多方面的条件予以支持。其中后勤工作是必不可少的、是十分重要的一环。后勤工作，既是为机关单位提供物质保障的基础性工作，又是政治性、政策性很强的工作，因此在保证机关、学校、研究所、报社、出版社的工作正常运转有着重要的地位和作用。无论是物质文明建设，还是精神文明建设，都要通过后勤工作去落实和体现，后勤工作质量的好坏直接影响到单位的整体工作。因此，党政领导要坚决摒弃"后勤工作谁都能干，用不着党政领导研究"的旧观念，提高认识，将后勤工作纳入党政领导的视线，经常研究解决后勤工作中存在的问题，保障后勤工作的顺利发展。同时，要教育广大干部职工对后勤工作的重要地位和作用要有充分的认识，满腔热情地支持后勤工作，理解后勤工作，使后勤工作在大家的支持下，越办越好。

二、转变观念，加大后勤工作改革的力度

当前，后勤工作面临着建立社会主义市场经济体制和各项工作改革的新形势。部属单位的后勤工作，也是国民经济的组成部分，不管有何种特点，都必须适应社会主义市场经济的发展。做到这一点，就必须解放思想、更新观念、加大后勤工作改革的力度。首先要实现四个转变：一是从计划经济观念向市场经济观念转变。摆脱计划经济体制下的惯性思维，跳出原来的单纯按依靠拨款消费型的条条框框，加强对市场经济知识的了解，牢固树立市场观念，不断增强参与市场竞争的主动性；二是由自我封闭式向全方位开放转变，从封闭保守的经济意识中走出来，克服"小而全"、"万事不求人"的观念，实现大后勤；三是由单一的、对内服务、自我服务，向社会大服务的思想转变，将服务活动推向社会；四是由无偿的福利供给型向经济效益型转变。

后勤工作改革的方向，是逐步实现后勤服务社会化，近期主要工作：一是改革后勤管理体制。改革部直属单位后勤管理体制，从根本上说，就是要使过去那种依附于、服务于计划经济的后勤体制，转变为依附于、服务于社会主义市场经济的后勤体制。把单一的后勤行政管理逐步转变为企业管理，其模式就是"小机关、多实体、大服务"。部属单位后勤服务实体，大致可以归纳为三种形式，即：管理服务型；有偿服务型；经营服务型。二是改革运行机制。把竞争机制、激励机制引进后勤服务工作中去，将后勤从计划经济下的供给制轨道上转移到受市场经济制约、按价值规律办事的轨道上运行，逐步变无偿服务为有偿服务。

三、更新观念，增强预算外创收能力

近几年，国家在财政紧张的情况下，增加了对教育、科研等部门的投入，但仍不能从根本上解决院校、社、所经费不足的困难。解决这一困难的最好办法，就是改革。形势迫使我们必须在预算外创收上狠下功夫，多渠道筹集资金，才能弥补经费的不足，才能保障直属单位发展的需要。

1. 增强预算外收入必须更新观念。各级领导必须对抓好预算外收入的重要性、艰巨性和长期性有一个清醒的认识。要转变抓预算外收入的观念。变"靠山吃山”为“靠山致富”，变“院内创收”为“院内院外都创收”，要变单一的创收办法为多途径、多渠道的创收办法，变盲目决策为科学决策，形成一套完整的、有长远发展计划的创收思路。

2. 搞好预算外创收的思路。搞好预算外创收的思路是：一要发挥知识、人才优势。二要发挥物的优势。三要内引外联，创办实体。

3. 创收工作要制定制度，加强管理。首先要建立一套制度，包括组织制度、运作程序、责任制度、分配制度，财务管理制度、奖惩制度等，有了这一套制度，工作才能有序地进行，才能使创收工作走上正轨。其次要加强管理。加强管理不是管死，而是要加强方向性的宏观管理，依照财政部的有关规定，从项目的立项、经营到核算，进行严格的管理。

四、加强对后勤工作的领导和后勤队伍建设

院校社所党委要按照小平同志关于后勤工作是“党委工作内容”的要求，进一步提高对后勤改革必要性、重要性的认识，要满腔热情地关心、支持后勤改革，把后勤改革放在综合改革的重要位置，纳入议事日程。要加强后勤部门的班子建设，配齐、配强后勤部门的领导班子。要搞好后勤改革和后勤服务，必须建设一支思想过硬、作风廉洁、热心服务的后勤队伍。邓小平同志在谈到科研和教育后勤工作的领导干部和后勤工作人员的条件时指出：要“热爱本职工作”、“甘当无名英雄”、“热心为大家服务”、“勤勤恳恳，扎扎实实地工作”、“廉洁奉公，当好红管家”、“任劳任怨”。根据小平同志的思想，在加强后勤队伍建设的问题上，提倡六种精神：一是锐意改革的精神。二是刻苦攻坚的精神。三是树立热心服务的精神。四是树立甘于奉献的精神。五是树立艰苦奋斗精神。六是树立廉洁自律的精神。

要切实帮助后勤职工解决工作和生活中的实际困难。要关心他们的政治进步，积极发展他们中的优秀分子加入党团组织。对后勤部门职工的录用干部、提升、晋级、定职称等问题，要一碗水端平，不要卡得过死。要加强对后勤干部的培训和教育。要大胆地提拔经过实践锻炼的优秀青年后勤干部到领导岗位上工作。要大张旗鼓地宣传先进人物，先进集体，激发后勤干部职工的积极性，使后勤队伍充满活力。

会议最后一天，部属政法院校后勤管理研究会进行换届选举，有5名同志在会上宣读了论文。

（司法部计财司　张登之）

七个试点城市仲裁委员会设立登记工作座谈会

《中华人民共和国仲裁法》已于1995年9月1日起正式实施。为了使国务院确定的七个试点城市仲裁委员会设立登记工作依法进行，司法部法制司于1995年8月24日召开了七个试点城市仲裁委员会设立登记工作座谈会，研究、部署试点城市的仲裁委员会设立登记工作。法制司周强司长就贯彻实施《仲裁法》和《仲裁委员会登记暂行办法》，依法做好仲裁委员会设立登记工作，进行了论述和部署，会议指出：

一、充分认识《仲裁法》的重要意义，提高贯彻实施《仲裁法》的自觉性。要做好仲裁委员会设立登记工作，首先要学好《仲裁法》，充分认识《仲裁法》颁布实施的重要意义。《仲裁法》确立的新的仲裁制度，有利于维护社会主义市场经济秩序；《仲裁法》的颁布实施，改革了过去的行政仲裁，多头仲裁的现象；有利于与国际上通行的仲裁制度接轨。

二、正确认识仲裁委员会设立登记的性质和职责。仲裁委员会设立登记的性质是仲裁委员会依法设立的必要条件，也是司法行政机关代表政府对其进行监督的重要形式。

三、切实做好仲裁委员会设立登记工作，要加强学习，提高认识，统一思想。要把认识统一到法律规定上来。加强领导，明确登记机构和职责，即做好组织保障。七个试点城市仲裁委员会设立登记工作搞好了，对全国的设立登记工作会起到示范作用。要积极参加组建工作。严格依法登记。加强调研和情况反馈。有的工作要大胆探索，积累经验；有的问题需要研究。加强业务指导和培训。这是做好仲裁委员会登记工作的业务保障。总而言之，仲裁委员会设立登记工作，要依据《仲裁法》和《仲裁委员会设立登记暂行办法》进行，要保证《仲裁法》的贯彻实施，为建立社会主义市场经济体制，改革开放和对外贸易的发展，作出应有的贡献。

座谈会上，北京市、上海市、天津市司法局，广东省、陕西省、内蒙古自治区司法厅，广州市、西安市、呼和浩特市和深圳市司法局的与会代表分别介绍了各自的工作情况，并进行了认真热烈地讨论。

肖义舜副司长就如何贯彻落实座谈会精神等问题作了总结，会议要求：一、要认真贯彻落实座谈会的精神。要将座谈会的精神向厅（局）领导作汇报，要在厅里统一部署下开展工作。要组织有关人员结合学习《仲裁法》和《仲裁委员会登记暂行办法》及这次会议精神，切实做好登记的工作。二、登记中应注意的几个问题。第一，要严格按照《仲裁法》的规定和《仲裁委员会登记暂行办法》的要求进行登记。第二，要协调、理顺好登记工作涉及到的各方面的关系。三、对于在登记工作中遇到的新问题，要向部法制司反映，以便及时研究，不断完善。

（司法部法制司　杜　冰）

全国仲裁委员会登记工作会议

1995年9月20日至22日，司法部在广东省珠海市召开全国仲裁委员会登记工作会议。这次会议是司法行政机关为履行好《中华人民共和国仲裁法》赋予的登记职能，召开的一次专门会议。各省、自治区、直辖市司法厅(局)负责仲裁委员会设立登记工作的处长参加了会议。

这次会议的中心任务是：认真学习《中华人民共和国仲裁法》和国务院办公厅印发的《仲裁委员会登记暂行办法》，明确司法行政部门负责登记的基本职责，通报前段工作情况，布置仲裁委员会的设立登记工作，努力为《中华人民共和国仲裁法》的顺利实施服务。

司法部法制司副司长肖义舜受部领导委托作了题为《认真贯彻〈仲裁法〉切实做好仲裁委员会设立登记工作》的工作报告。报告着重阐述了《仲裁法》的颁布施行的重要意义。首先《仲裁法》颁布施行是我国建立社会主义市场经济的客观要求，必将为我国社会主义市场经济的蓬勃发展提供良好的法律保障。其次，《仲裁法》的颁布施行，为我国建立统一的仲裁制度提供了基本的法律保障。第三，《仲裁法》的颁布施行将会在方便当事人，有效维护当事人合法权益；有利于减少政府部门在行政管理中的具体行政行为，从整体上保证经济健康协调地发展；缓解人民法院的诉讼压力，保证人民法院有足够的力量处理经济大案和疑难案件等诸方面产生积极效益。第四，《仲裁法》的颁布施行，有利于与国际通行的仲裁制度接轨，保障和促进对外经济的发展。

会议客观评估了《仲裁法》实施准备工作。《仲裁法》颁布后，为了切实履行《仲裁法》赋予司法行政部门对仲裁委员会的设立登记职责，司法部于1994年9月发出了《关于抓紧做好〈仲裁法〉实施准备工作的通知》。1994年11月国务院办公厅发出关于做好重新组建仲裁机构的通知后，北京、天津、上海、呼和浩特、广州、深圳和西安等七个试点市的司法行政机关，积极参加了仲裁委员会的组建筹备工作。司法部于1995年8月24日在北京召开了七个试点城市仲裁委员会设立登记工作座谈会，研究、部署了试点城市仲裁委员会设立登记工作。从目前了解的情况看，七个试点城市的设立登记工作除个别地方外，基本按条件登记和正在办理登记。

明确把握司法行政部门在登记工作中的基本职责是司法行政机关履行《仲裁法》和《仲裁委员会登记暂行办法》的关键。对此，会议强调根据《仲裁法》和《仲裁委员会登记暂行办法》应把握五个方面。第一，对仲裁委员会进行设立登记。第二，备案登记。第三，注销登记。第四，负责设立登记、注销登记公告。第五，监督管理职能。要按照薛驹主任有关修改《仲裁法》草案的说明，履行好相应的监督职能。

切实做好仲裁委员会的设立登记工作是这次会议的重中之重，会议要求负有登记职责的司法行政机关应当认真履行《仲裁法》赋予司法行政部门的新职能，切实做好仲裁委员会设立登记工作。首先，要进一步加强对《仲裁法》和《仲裁委员会设立登记暂行办法》的学习，广泛地有计划地组织学习和宣传。第二，牢固树立大服务思想，正确把握履行登记职能的原则。第三，继续做好参与仲裁委员会组建的工作，注意协调好与有关部门的关系。第四，切实履行好对仲裁委员会在设立登记方面的职责。一是要注意严格按照《仲裁法》规定的设立仲裁委员会的条件进行核实。二是要注意按照《仲裁委员会登记暂行办法》规定的基本登记程序办事。三是要注意办理登记的时间。总的要求是，在登记工作中，我们要认真负责，热情服务，使登记工作依法顺利进行。第五，加强学习，研究问题，在实践中不断改进工作。

广东省司法厅副厅长王旭东、珠海市司法局副局长蓝石到会讲了话。北京市司法局法制处、上海市司法局研究室分别介绍了他们参与仲裁委员会组建，办理仲裁委员会设立登记工作的情况。

(司法部法制司　杜　冰)

海峡两岸经贸投资法律理论与实务研讨会

为了加强两岸法律界的联系与交往，探讨两岸交流交往中衍生的法律问题，更好开展涉台法律服务，经司法部批准，由部台办和福建省司法厅主办，于1995年9月20日至25日在厦门市召开了"海峡两岸经贸投资法律理论与实务研讨会"。这次民间性、实务性的法律研讨会，是以福建省法学会、福建省律师协会、福建省公证员协会、厦门大学、福建省闽台交流协会、福建省台湾法研究所、厦门市律师协会名义联合举办的。来自台湾和福建、山东、上海、浙江、广东等沿海地区的法律界人士76人(其中台湾律师18人)参加了研讨会。司法部法制司(台办)、及全国公证员协会等单位派人与会。司法部副部长张耕在会上作了讲话、司法部法制司原司长蓝全普、厦门市副市长张宗绪以及福建省司法厅厅长洪进宝、福建省司法厅副厅长张阳春也在会上讲了话。

张耕副部长在讲话中指出，海峡两岸法律界包括律师界、公证界的新老朋友济济一堂，在厦门市举行

“海峡两岸经贸投资法律理论与实务研讨会”，共同探讨进一步促进两岸经贸投资、知识产权保护和法律服务等方面的法律问题，这是一件有意义的事情。对这次会议的召开，我表示祝贺！

张耕副部长在讲话中指出，实现祖国和平统一，是两岸同胞的共同愿望。几年来，两岸法律界的朋友们作了大量的工作，为共同架设通往祖国统一的桥梁付出了辛勤劳动。从1992年以来，两岸法律界开始走向双向交流，先后在北京、台北及其他城市举行了多次研讨会，积极研究探讨两岸经贸往来、投资、知识产权保护以及两岸同胞在婚姻、家庭、财产继承等方面的法律问题。1993年4月，海峡两岸共同商谈达成的《两岸公证书使用查证协议》正式签署，使两岸公证文书的使用和查证工作建立了正常的渠道。今年6月，大陆公证员参访团一行15人赴台，就两岸公证人员的交流与联系，两岸公证业务合作范围等进行了探讨和交流。所有这些活动都进一步加深了两岸法律界的了解和友谊。

张耕副部长指出，两岸同胞都是炎黄子孙，世界上只有一个中国，任何分裂祖国的言行都是违背两岸同胞的心愿和根本利益的，不论两岸关系出现什么样的障碍，祖国统一大业一定会实现。我们一直主张不以政治分歧去影响、干扰两岸经济合作，我们将继续长期鼓励台商投资的政策，贯彻《中华人民共和国台湾同胞投资保护法》，不论在什么情况下，我们都将切实维护台商的一切正当权益。这次研讨会，就是两岸法律界通过对两岸经贸投资、知识产权保护以及法律服务等有关法律问题的研讨，进一步加强对台胞在祖国大陆经贸、投资的保护和提供法律服务，以维护台胞的一切正当权益，进一步增进相互了解，促进合作，推动两岸关系朝着有利于祖国统一的方向发展。

张耕副部长还指出，厦门是祖国大陆改革开放以来国务院确定的经济特区和高新技术产业开发区，厦门海沧投资区和杏林投资区被确定为台商投资区。厦门与台湾一水之隔，是海峡两岸经济文化交流的一个重要窗口，今天在这里召开“海峡两岸投资法律理论与实务研讨会”，必将有助于两岸经贸界和法律界了解厦门和台湾经贸合作中的法律问题，促进两岸经贸投资方面的交流与合作，为繁荣闽台经济作出新的贡献；有助于加强两岸法律界的交流和交往，为推动两岸关系发展，实现祖国统一和中华民族的振兴，作出新贡献。

这次“海峡两岸经贸投资法律理论与实务研讨会”是一次务实和富有成果的会议。在研讨会上，两岸法律界人士提供了26篇论文，在会上有15篇论文作者发言。研讨气氛热烈，严肃活泼，在坚持一个中国原则的前提下，为祖国和平统一，发展两岸关系充分发表意见。会后，两岸律师进行了对口交流，组织了参观访问，台湾律师对祖国大陆的历史文化和社会发展、祖国大陆改革开放以来，城市和农村发生的巨大变化、以及家乡乡亲们的热情接待深受感动。

从这次研讨会提出的意见和建议来看，两岸交流交往衍生的法律问题很多，需要两岸法律界人士共同努力，探讨和寻求解决的办法，这类研讨会有必要向更深入、更具体、更专业方面发展，通过研讨实务问题，使其更加务实。如：两岸律师相互委托、台湾律师在祖国大陆执业问题、涉台继承遗产的问题等等，都需要两岸法学界、法律界包括公证、律师界进行更多的交往交流和开展深入的研讨，寻求共同都能接受的意见和办法。

（司法部法制司　唐兴华）

司法协助研讨会暨中国国际私法研究会年会

为加强对司法协助的理论研究工作，积极发挥司法协助在对外开放和国际交往中的职能作用，1995年10月12日至15日，以司法部司法协助局为主与中国政法大学、中国国际私法研究会两个单位共同在京召开了《司法协助研讨会暨中国国际私法研究会年会》，司法部副部长刘飏到会并讲了话。

刘飏同志指出：随着各国间的政治、经济、文化以及各种民间交往的发展，涉及两国和数国民商事纠纷迅速增加，跨国性犯罪也日趋严重，国际司法协助作为国际司法合作的主要内容，在维护国际交往中的法律秩序方面正在发挥越来越大的作用。发展中的中国在对外开放和经济迅速发展的过程中迫切需要发展与外国的司法协助关系，以便及时有效地解决各种涉外民商事纠纷，控制和打击日益严重的跨国性犯罪，保护和发展改革开放的成果，保护中外当事人的合法权益，维护对外交往中的法律秩序。

刘飏同志回顾了十年来我国司法协助工作的发展的历程，谈到了我国国际司法协助工作所取得的成绩，举例说明了在无条约关系情况通过外交途径与外国的司法协助尝试及获得的成功，而这些情况表明国际司法协助在我国社会主义现代化建设中的重要作用正在不断提高。

刘飏同志特别指出：国际司法协助是一门具有综合性和边缘性的新兴学科，涉及诉讼法、国际私法、国际公法、刑法、民法等学科。十年来，虽经我国政府部门和学术团体的积极宣传和努力，越来越多的理论研究人员和司法实际工作者开始关注和积极研究国际司法协助，但我国在这方面的理论研究水平还比较低。理论研究的落后，在一定程度上制约了我国国际司法协助的发展，如不改变现状，将不能适应改革开放的发展。因此，尽快总结我国的国际司法协助的理论与实践，研究建立中国的国际司法协助理论体系，是摆在我国法学界和司法机关面前的一项重大而紧迫的任务。

在为期5天的会议中，130多名与会人员就民商事及刑事司法协助中的文书送达、调查取证、承认执行外国判决及裁决和外国法内容的查明等问题展开热烈讨论，会议还专门对1997年香港回归后的区际司法协助问题进行了研讨，为国家有关政策、法规的制定提供理论参考。

会议期间，许多专家、学者以及包括法院、检察院、公安部门、外交部、国务院港澳办、对外经济贸易合作部等部门在内的司法机关和政府工作部门的负责人和专职人员介绍了国际、国内最新动态，踊跃发表观点、意见，向会议提交了一批论文，会议取得了圆满成功。司法部司法协助局从会议提交的论文中筛选出37篇优秀论文编辑成《司法协助研究》一书，在该书中，介绍了国际国内有关国际司法协助的最新理论研究及实践，为法律实际工作者和法学研究人员提供了宝贵的资料，也促使更多的人了解中国的司法协助工作，成为目前我国为数不多的几部国际司法协助理论研究著作之一。

这次会议是我部第一次专门就国际司法协助理论研究召开的研讨会，对改进和完善司法部司法协助局的工作乃至推动我国的司法协助工作都有深远的意义。

（司法部司法协助局）

全国劳教农场经济工作座谈会

1995年10月26日至30日，司法部在上海市召开了全国劳教农场经济工作座谈会。张秀夫副部长在会上作了重要讲话。会议的主要任务是：根据党的十四届五中全会精神，学习上海市青东农场等单位解放思想、深化改革、发展农场经济的经验；分析劳教农场经济的现状和问题；研究、探讨"九五"期间农场经济发展的战略目标和主要措施等。

会议指出，青东农场等单位的经验概括起来有以下几条：一是更新观念，只有思维上的先进性、超前性，才能有领导经济工作的开拓性和创造性；二是配好班子，班子的好差，直接关系到一个单位事业的成败；三是转换体制，管教工作严格执法，生产经营放开搞活，四是搞活机制，体现激励竞争和风险责任共担的特点，打破干好干坏一个样的"大锅饭"；五是打开农门，面向市场，及时调整产业产品结构，不断形成新的经济增长点。

会议认为，1993年"苏州会议"以来，劳教农场经济有了很大的发展，但农场经济面临的困难和问题还相当严重。突出的有四个方面的问题：一是劳教人员猛增，大批劳教人员没有固定生产门路，经济压力进一步加大；二是多数劳教农场效益不高，部分农场经营亏损，经济十分困难；三是技术落后，管理更落后；四是各项重要经济指标与农垦企业差距较大。

会议确定"九五"期间发展劳教农场经济的指导思想是：以邓小平同志建设有中国特色的社会主义理论和党的基本路线为指导，以创建现代化文明劳教所为目标，以深化改革为动力，坚持劳教工作方针，坚持"五坚持、五有利"的改革原则，教育改造依法办事，生产经营放开搞活，大力发展场办工业和第三产业，建立高产、优质、高效的现代化商品农业，使劳教农场经济再上一个新台阶，努力提高劳教工作的整体水平，适应形势的发展和要求，为维护社会的稳定做出更多、更大的贡献。

为了全面发展劳教农场经济，会议强调，"九五"期间，要认真抓好以下几项工作：（一）以提高经济效益为中心，不断优化经济结构。要按照产业化的要求组织发展农场经济，以市场为导向，以效益为中心，对农场的产业、产品实行多层次、多形式、多元化的优化重组，从而达到经营市场化、管理企业化、服务社会化、组织集团化，综合开发、合理利用农场资源，促进产业协调发展。（二）农业要向"两高一优"方向发展，建立规模农业、特色农业、效益农业。（三）要采取切实措施，加强项目管理，确保投资效益。（四）下大力气，苦练内功，努力提高经营管理水平。要重视企业的基础管理，继续深化改革，建立有利于加快农场经济发展的经营管理体制，努力实现从量的发展转向质的追求，从高投入、高消耗、低质量、低产出的粗放型增长方式，转向集约型、效益型。（五）要牢固树立"科学技术是第一生产力"的思想，依靠科技进步，推动农场生产的发展。（六）为了切实加强宏观管理的针对性和有效性，各级劳教领导机关要在调查研究的基础上，对劳教农场进行统一规划，对骨干型、发展型、困难型农场进行分类指导。（七）加强领导班子建设，尤其要配好"一把手"。（八）要改进和加强对劳教农场经济工作的领导。

（司法部劳教局　于有志）

全国司法行政系统警察队伍建设会议

1995年11月1日至4日，司法部在京召开了全国司法行政系统警察队伍建设会议。参加这次会议的有全国各省（市、区）司法厅（局）长、监狱局长、劳教局长和部属有关单位领导，共162人。这次会议依照《监狱法》和《人民警察法》的要求，回顾了近几年来全国司法行政系统警察队伍建设的情况，肯定成绩，找出了存在的问题，研究部署了当前和今后一个时期进一步加强队伍建设的经验。

司法部部长肖扬在会上作了题为《从严治警，严格执法，为实现"九五"计划和2010年远景目标创造良好的社会环境》的讲话。会议总结了近几年来监狱、劳教工作干警队伍建设的经验，分析了队伍的现状和面临的新情况、新问题，提出了在深化改革，扩大开放，建立社会主义市场经济的条件下，加强队伍建设的目标和措施。肖扬在报告中指出，必须严格遵循《人民警察法》和《监狱法》的规定要求，大力加强监狱劳教警察队伍建设，努力建立一支适应社会主义市场经济和法制建设需要，政治坚定、业务精通、作风优良、纪律严明、清正廉洁，具有良好形象，特别能战斗的警察队伍。为了实现这一目标，肖扬部长提出了9个方面的要求：第一，要切实加强警察队伍的思想教育、牢固树立正确的世界观、人生观。第二，要增强政治敏锐性，牢牢地把握坚定正确的政治方向和政治立场。第三，要始终坚持从严治警的方针，努力提高干警队伍的战斗力。第四，要进一步增强法制观念，严格执法，大力提高执法水平。第五，要加强各级领导班子建设，培养和选拔一批跨世纪的优秀人才。第六，要继续抓好干警培训工作，提高警察队伍整体素质。第七，要建立健全执法工作的内部监督制约机制。第八，要大力加强监狱、劳教所的基层基础建设，稳定基层，提高战斗力。第九，要努力改善警察的工作、生活条件，保障监狱、劳教警察依法行使职权。

会议结束，司法部副部长张秀夫作了总结讲话。

（司法部政治部　李刚）

全国司法行政系统培养选拔优秀年轻干部工作座谈会

1995年11月5日至7日，司法部在京召开了全国司法行政系统培养选拔优秀年轻干部工作座谈会。参加会议的有各省（市、区）司法厅（局）分管政工工作的厅（局）长、政治部主任，部直属各单位的领导，共80人。会议的主要任务是，深入贯彻党的十四届四中、五中全会和全国组织工作会议精神，进一步解放思想，更新观念，加大培养选拔优秀年轻干部工作的力度，为使司法行政工作更好地服从服务于党和国家的大局提供可靠的组织保障。会上，有9个单位分别介绍了培养选拔优秀年轻干部的经验。

司法部部长肖扬到会并作了重要讲话。他联系司法行政工作的实际，从跨世纪的高度，阐述了培养选拔优秀年轻干部的重大意义，回顾总结了近几年来，特别是十四届四中全会以来培养选拔年轻干部工作取得的成绩，分析了现状和存在的问题，提出了当前和今后一个时期司法行政系统培养选拔优秀年轻干部工作的指导思想、目标要求、工作重点和措施步骤。

针对存在的一些问题和不足，肖扬部长强调，要进一步加大培养选拔年轻干部工作的力度，制定切实可行的措施和办法，抓紧把那些政治立场坚定，思想素质好，政绩突出，群众信任的优秀年轻干部，大胆提拔到各级领导岗位上来，争取用三年左右的时间，使各级领导班子中年轻干部所占的比例有较大幅度的提高，形成合理的梯次配备，以保证新老干部的正常交替。肖扬指出，要做到这些，首先必须解放思想，更新观念。在思想观念上，要实现"五破五立"：一是破除论资排辈，树立"早压担子早成才"的观念，放手提拔任用年轻有为的干部；二是破除求全责备，树立"用人看主流、看本质、看发展"的观念，全面、正确地看待年轻干部；三是破除攀比意识，树立"鼓励冒尖，竞争择优"的观念，为优秀年轻干部施展才华，脱颖而出创造条件；四是破除失衡心态，树立"选人用人失误是过错，埋没、耽误人才也是过错"的观念，尊重和爱惜人才，及时起用优秀年轻干部；五是破除求稳怕乱，树立"事业兴衰在人"的观念，不拘一格选拔人才。在解决思想认识的基础上，肖扬提出了当前和今后一个时期要着重抓好的几项工作：一是要全面、准确地理解党的干部"四化"方针和德才兼备原则，努力培养造就合格的司法行政事业领导骨干。二是要加强年轻干部的培养教育工作，努力提高其政治思想水平和领导水平。三是进一步建立健全富有生机与活力的选人用人机制，改进干部选拔方法，严格选拔任用程序，健全干部任用制度，逐步形成干部能上能下，能进能出的良性循环机制。要完善后备干部制度，进一步加强后备干部队伍建设。最后，肖扬还就政工部门如何适应新形势，加强自身建设，进一步做好培养选拔年轻干部工作提出了要求和希望。

（司法部政治部　李刚）

全国律师刑事辩护工作会议

为了推动律师刑事辩护工作的开展，充分发挥律师在维护社会稳定方面的重要作用，司法部于1995年11月19日至21日在云南省昆明市召开全国律师刑事辩护工作会议。参加会议的有各省、自治区、直辖市司法厅（局）主管律师工作的负责同志、律师管理处处长、律师协会会长和律师代表，共120余人。最高人民法院、最高人民检察院、国务院办公厅、公安部等中央有关部门的同志应邀出席了会议。

会议认真总结了十六年来律师刑事辩护工作的经验，提出了在新形式下如何进一步做好律师刑事辩护工作的措施。会上司法部部长肖扬作了“提高认识加强领导开创律师刑事辩护工作新局面”的重要讲话。指出：律师刑事辩护工作在我国民主与法制建设方面发挥了重要作用，同时指出存在的问题，要求各级司法行政机关和广大律师提高对刑事辩护工作重要性、必要性的认识。努力造就一支政治上可靠、业务上精湛、职业道德高尚的刑事辩护律师队伍，加强对刑事辩护工作的指导和管理，不断开创刑事辩护工作的新局面。

会议由司法部副部长张耕主持并致开幕辞和作总结发言。

（司法部律师司　穆益斌）

全国法制新闻宣传工作座谈会

1995 年 12 月 4 日至 8 日中宣部、全国人大常委会办公厅、司法部、新闻出版署在北京联合召开了全国法制新闻宣传工作座谈会，这在建国以来是首次。会议的宗旨是：总结交流近年来法制新闻宣传工作的经验，分析和研究当前法制新闻宣传工作的形势和任务及存在的问题，探讨在新形势下如何提高认识，增强力度，把握导向，提高质量，进一步加强和改进法制新闻宣传工作。

司法部肖扬部长出席了开幕式，刘飏副部长到会并作了重要讲话。中宣部常务副部长徐惟诚、全国人大常委会办公厅秘书长曹志、新闻出版署副署长梁衡出席会议并作讲话。

会后，四家联合下发了《关于进一步搞好法制新闻宣传的意见》。《意见》提出：法制新闻宣传是党的新闻宣传工作的重要组成部分，法制新闻宣传工作要围绕党的十四届五中全会提出的法制建设的各项任务进行。《意见》还强调指出，新闻单位应根据自己的宣传宗旨和分工范围开展法制新闻报道，办好法制专栏（节目）。在编辑、出版、刊播、发行等方面自觉遵守国家有关法律法规。《意见》要求各级党委、人大、政府有关部门和新闻单位要加强协调、统筹安排，各负其责，形成合力，共同把法制新闻工作做好。要加强党对新闻工作的领导。新闻单位在工作中要增强政治意识、大局意识、责任意识，重大问题要请示报告。

（司法部宣传司　孙剑英）

全国第一届“三十佳”法律服务工作者表彰大会

1995 年 12 月 26 日，由司法部组织的全国第一届十佳律师、十佳公证员、十佳基层法律工作者表彰大会在人民大会堂隆重举行。国务委员兼国务院秘书长、中央政法委员会副书记罗干，司法部部长肖扬，解放军总政治部副主任周子玉等领导同志向“三十佳”称号获得者颁发了奖牌和证书。

首届全国“三十佳”评选活动从 1995 年初开始，在首都几家新闻单位的支持和社会各界群众的积极参与下，经过各省、自治区、直辖市司法厅（局）推荐候选人、群众评选、评委评选、司法部批准四个阶段，最终产生了建国以来第一次获此殊荣的“三十佳”。

罗干在会上作了讲话。他说，司法行政机关复建以来，在党中央和国务院的领导下，法律服务工作得到了较快发展。特别是通过近几年的改革，法律服务领域不断拓展，法律服务队伍不断壮大，服务质量不断提高，基本上形成了一个以律师、公证和基层法律服务机构为主体，以社会法律咨询机构为补充的法律服务体系，法律服务工作取得了令人鼓舞的成绩。广大律师、公证员、基层法律工作者，为保护国家利益和公民、法人的合法权益，推进社会主义民主法制建设做了大量工作。他希望广大律师、公证员和基层法律工作者严格遵守国家法律，在社会上树立起良好的形象。

司法部部长肖扬在讲话中说，实现国民经济和社会发展“九五”计划和 2010 年远景目标，迫切要求改革和加强法律服务工作。各级司法行政机关和法律服务工作者，要根据未来 5 到 15 年国民经济和社会发展的具体思路、工作布局，努力开拓服务领域，提高服务质量，为改革开放、发展经济、维护稳定提供高效的法律服务。

（司法部政治部　李刚）

第七部分　司法外事和司法协助协议书、协定书和条约

中华人民共和国和加拿大关于刑事司法协助的条约

（1995年2月28日第八届全国人民代表大会常务委员会第十二次会议批准）

中华人民共和国和加拿大（以下简称“双方”），在相互尊重主权和平等互利的基础上，为加强两国在刑事司法协助领域的密切合作，决定缔结本条约。

为此目的，双方议定下列各条：

第一章　总　则

第一条　刑事司法协助

一、双方应根据本条约的规定，相互提供刑事司法协助。

二、司法协助系指被请求方为在请求方进行的刑事调查取证或诉讼所提供的任何协助，无论该协助是由法院或其他机关寻求或提供。

三、第一款所述“刑事”，在中华人民共和国方面系指全国人民代表大会及其常务委员会制定和颁布的法律所规定的与犯罪有关的调查取证或诉讼；在加拿大方面系指联邦议会法律所规定的与犯罪有关的调查取证或诉讼。

第二条　司法协助的范围

协助应包括：

（一）刑事诉讼文书的送达；

（二）调查取证和获取有关人员的陈述；

（三）搜查和扣押；

（四）获取和提供鉴定人鉴定；

（五）移交物证；

（六）提供犯罪记录和法庭记录；

（七）提供书证；

（八）准许或协助包括在押人员在内的有关人员赴请求方作证或协助调查取证；

（九）涉及赃款赃物和归还被害人财物的措施。

第三条　协助的途径

一、除本条约另有规定外，双方的法院和其他机关应通过各自的中央机关相互请求和提供司法协助。

二、前款所述“中央机关”，在中华人民共和国方面系指其司法部，在加拿大方面系指其司法部长或司法部长指定的官员。

第四条　司法协助适用的法律

一、被请求方应按照其本国法律提供协助。

二、在被请求方法律未予禁止的范围内，应按请求方要求的方式执行请求。

第五条　语　言

协助请求书应用请求方的文字书写，请求书及其附件应附有被请求方官方文字的译文。

第六条　司法协助的费用

一、被请求方应支付提供司法协助的费用，但下列费用应由请求方负担：

（一）根据一项协助请求赴请求方的有关人员的旅费、膳食费和住宿费以及应向其支付的任何补助费。这些费用应按请求方的标准和规定支付；

（二）在请求方或被请求方的鉴定人的费用和酬金。

二、请求方应在请求中或所附文件中详细说明应付费用和酬金，若应当事人或鉴定人要求，请求方应预付这些费用和酬金。

三、如果执行请求明显需要一项巨大开支,双方应协商确定能够提供被请求的协助的费用和条件。

第七条 司法协助的拒绝

一、如有下列情况,被请求方可以拒绝协助:

(一)被请求方认为执行请求将损害其主权、安全、公共秩序或其他基本公共利益,或者认为案件在被请求方审理可能更为合适;

(二)按照被请求方的法律,请求书中提及的嫌疑犯、被告人或罪犯的行为在被请求方不构成犯罪;

(三)被请求方有充分的依据相信提供协助将便利对请求书所涉及的当事人基于种族、宗教、国籍或政治见解原因进行诉讼或处罚。

二、由于第一款所述原因或因为国内法律予以禁止而不能执行请求时,被请求方应迅速将请求和所附文件退回请求方,并应说明此项决定的理由。

三、在拒绝一项协助请求或暂缓提供此项协助前,被请求方应考虑是否可以根据它认为是必要的附加条件同意提供协助。如果请求方接受附加条件的协助,则应遵守这些条件。

第八条 认 证

附第十六条规定的情况外,根据本条约转递的任何文件及其译文,无须任何形式的认证。

第二章 协助的请求

第九条 请求的内容

一、所有协助的请求均应包括以下内容:

(一)请求所涉及的进行调查取证或诉讼的主管机关的名称;

(二)对于调查取证或诉讼的说明,包括有关事实和法律的概述;

(三)提出请求的目的,以及所寻求协助的性质;

(四)是否有保密的需要,以及需要保密的理由;

(五)执行请求的时间限制。

二、协助的请求还应包括以下情况:

(一)如有可能,作为调查取证或诉讼对象的人员的身份、国籍和所在地;

(二)如有必要,对请求方希望予以遵守的特定程序或要求的详细说明及其理由;

(三)如果请求调查取证或者搜查和扣押,表明有根据相信在被请求方管辖范围内可能发现证据的陈述;

(四)如果请求向个人调查取证,是否需要其宣誓或不经宣誓而提供正式证词的陈述,以及对所寻求的证据或证言的说明;

(五)如遇转借证据的情况,保管证据的人员,证据将移送的地点,进行检验和归还证据的时间;

(六)如遇在押人员作证的情况,在移交期间实施拘押的人员的情况,移交在押人的地点和交还该人的时间。

三、如果被请求方认为请求中提供的材料不足以使该项请求得以执行,可以要求提供补充材料。

四、请求应以书面方式提出。在紧急情况下或在被请求方允许的其他情况下,请求也可以口头方式提出,但在此后应迅速以书面方式确认。

第十条 延 期

如果执行请求将妨碍被请求方正在进行的调查取证或诉讼,被请求方可以暂缓提供协助,但应迅速将此通知请求方。

第十一条 通知执行结果

一、被请求方应通过本条约第三条规定的途径,将执行请求的结果以书面方式通知请求方。适当时,通知应附有送达证明或已获得的证据。

二、送达证明应包括日期、地点和送达方法的说明,并应由送达文件的机关和收件人签署。如果收件人拒绝签署,送达证明中应对此加以说明。

第十二条 在被请求方进行的协助

一、被请求方应当根据请求,将其执行协助请求的时间和地点通知请求方。

二、在被请求方法律不予禁止的范围内,被请求方应准许请求方与调查取证或诉讼有关的司法人员或其他人员在被请求方的主管机关根据一项请求进行调查取证或提供其他协助时到场,并按照被请求方同意的方式提问和进行逐字记录。

第十三条 在押人员作证

一、一方应根据另一方的请求将已在其境内被拘禁的人移交到请求方到场作证,但须经该人同意且有双方中央机关已就移交条件事先达成的书面协议。

二、根据被请求方的要求,请求方应对移交到其境内的上述人员继续予以拘禁,并在作证完毕或双方商定的期限内将其交还被请求方。

三、请求方接到被请求方有关无须对上述人员继续予以拘禁的通知时,应恢复该人的自由,并按照第十四条和第十五条有关提供协助或证据的人员的规定,给予其应有的待遇。

第十四条 在请求方境内作证或协助调查

一、请求方可以邀请被请求方境内的人员到请求方境内作证或协助调查。

二、被请求方应向被邀请人转交上述请求,并通知请求方该人是否同意接受此项请求。

第十五条 证人和鉴定人的保护

一、请求方对于到其境内作证的证人或进行鉴定的鉴定人,不得因其入境前的任何犯罪而追究其刑事责任、逮捕、拘留,或以任何其他方式剥夺或限制其人身自由，也不应强迫该人在与请求无关的任何诉讼中作证。

二、如果证人或鉴定人在接到请求方关于其不必继续停留的通知之日起15天后仍未离境，或者离境后又自愿返回，则丧失第一款给予的保护。但是，证人或鉴定人因本人无法控制的原因而未离开请求方领土的时间不应包括在内。

三、双方均不应对未按照请求或传唤到请求方境内的人进行威胁或予以惩罚。

四、主管机关请求被请求方的证人前来作证时，应保证向证人充分说明其对法庭所负的责任和义务，以保证该证人避免因藐视法庭或类似的行为而被起诉。

五、本条不应妨碍第十三条第二款规定的交还已经被移交的在押人员的义务。

第十六条　文件和物品的转递

一、当协助的请求涉及转递文件和记录时，被请求方可以转递经证明无误的真实副本，除非请求方明示要求原件。

二、转递给请求方的记录或文件的原件和物品，应根据被请求方的要求尽快予以返还。

三、在被请求方法律不予禁止的范围内，转递文件、物品和记录应符合请求方要求的方式或附有其要求的证明，以使他们可根据请求方的法律得以接受。

第十七条　赃款赃物

一、一方可以根据请求，尽力确定因发生在另一方境内的犯罪而产生的赃款赃物是否在其境内，并将调查结果通知该另一方。为此，请求方应向被请求方提供据以确认赃款赃物在被请求方境内的情况和资料。

二、被请求方一旦发现前款所述赃款赃物，则应采取其法律所允许的措施对赃款赃物予以冻结、扣押或没收。

三、在法律允许的范围内，被请求方可以根据请求方的请求将上述赃款赃物移交给请求方。但此项移交不得侵害与这些财物有关的第三者的权利。

四、如果上述赃款赃物对被请求方境内其他未决刑事案件的审理是必不可少的，被请求方得暂缓移交。

五、双方应在各自法律允许的范围内，在向被害人进行补偿的有关诉讼中相互协助。

第十八条　外交和领事官员送达文书和调查取证

一方可以通过其派驻在另一方的外交或领事官员向在该另一方境内的本国国民送达文书和调查取证，但不得违反驻在国法律，并不得采取任何强制措施。

第十九条　刑事诉讼结果的通报

一方应根据请求向另一方通报其对该另一方国民作出的刑事判决和裁定，并提供判决书和裁定书的副本。

第二十条　犯罪记录的提供

一方应根据请求，向另一方提供正在该另一方境内被追究刑事责任的人在前一方的犯罪记录和法院对其进行审判的有关情况。

第二十一条　保密和使用的限制

一、被请求方在与请求方协商后，可以要求对其所提供的情报、证据或者这些情报、证据的来源予以保密，或者仅在它所确定的条件和情况下予以公开或使用。

二、被请求方应根据请求，对一项请求及其内容、辅助文件和按照请求所采取的行动予以保密，但为执行该请求所必需时则不受此限制。

三、请求方在未事先得到被请求方同意时，不应超出请求书中所说明的目的公开或使用所提供的情报或证据。

第三章　最后条款

第二十二条　争议的解决

本条约执行中产生的任何争议均应通过外交途径解决。

第二十三条　其他协助

一、本条约不应损害双方根据其他条约、协定或在其他方面承担的义务，也不妨碍双方根据其他条约、协定或在其他方面相互提供或继续提供协助。

二、本条约适用于条约生效后提出的任何请求，即使该请求所涉及的行为或不行为发生在条约生效之前。

第二十四条　生　　效

本条约应自双方通过外交途径相互通知已经完成各自的法律手续之日起第二个月的第一天开始生效。

第二十五条　终　　止

本条约自任何一方通过外交途径书面提出终止之日起6个月后失效。否则，本条约应持续有效。

下列签署人经各自政府正式授权在本条约上签字，以昭信守。

本条约于1994年7月29日在北京签订，一式两份；每份均用中文、英文和法文写成，三种文本同等作准。

中华人民共和国代表　　　　加拿大代表
钱其琛（签字）　　　　安德烈·乌莱特（签字）

中华人民共和国和土耳其共和国关于民事、商事和刑事司法协助的协定

（1995年6月30日第八届全国人民代表大会常务委员会第十四次会议批准）

中华人民共和国和土耳其共和国（以下简称“缔约双方”），在相互尊重主权和平等互利的基础上，愿意促进两国在司法领域的合作，决定缔结关于民事、商事和刑事司法协助的协定。

为此目的，缔约双方议定下列各条：

第一章 总 则

第一条 司法保护

缔约一方国民在缔约另一方境内，享有缔约另一方给予其国民的同等的司法保护，有权在与缔约另一方国民同等的条件下，在缔约另一方主管民事和商事案件的司法机关提起诉讼或提出请求。

第二条 司法协助的途径

缔约双方指定各自的司法部作为按照本协定相互提供司法协助的中央机关。但依本协定第十一条采取的措施除外。

第三条 文 字

一、缔约双方中央机关书信联系使用各自本国文字，并附英文译文。

二、司法协助请求书及其附件应用提出请求的缔约一方的官方文字书写，并附有经证明的被请求的缔约一方的官方文字或英文的译文。上述文件均应一式两份。

第四条 司法协助的费用

缔约双方在本协定规定的范围内相互免费提供司法协助，但为鉴定人支付的费用除外。为鉴定人支付的费用应依被请求的缔约一方的规则和法规确定。

第五条 司法协助的拒绝

如果缔约一方认为提供司法协助有损其国家主权、安全或公共秩序，可以拒绝缔约另一方提出的司法协助请求，但应将拒绝的理由通知缔约另一方。

第六条 司法协助适用的法律

缔约双方提供司法协助适用各自的本国法律。缔约一方也可根据请求适用缔约另一方的程序规则，但不得违背其本国的基本法律原则。

第七条 交换法律和法规情报

缔约双方应根据请求，相互通报各自国家现行或曾经施行的法律和法规及其在司法实践中的适用情况。

第八条 认证的免除

缔约一方司法机关制作或证明的文书，只要经过签署和正式盖章，即可在缔约另一方司法机关使用，无须认证。

第九条 文书的证明效力

缔约一方官方机关签署的证书在缔约另一方境内具有同等的证明效力。

第十条 困难的解决

因实施或解释本协定所产生的任何困难均通过外交途径解决。

第十一条 外交或领事机构送达文书和调查取证

缔约一方可以通过派驻缔约另一方的外交或领事机构，在缔约另一方境内向其本国国民送达文书和调查取证，但不得违反缔约另一方法律，亦不得采取任何强制措施。

第二章 民事和商事司法协助

第 一 节

第十二条 司法协助的范围

缔约双方应根据本协定，相互提供下列司法协助：

（一）向在缔约另一方境内的有关人员转递和送达司法文书；

（二）通过请求书的方式调查取证；

（三）承认与执行法院和仲裁机构的裁决；

（四）本协定规定的其他协助。

第十三条 请求司法协助

一、司法协助的申请应以请求书的形式提出。请求书应包括：

（一）请求机关和被请求机关名称；

（二）诉讼的性质和案情简短摘要，以及需向被调

查人提出的问题；

(三)当事人或其代理人的姓名、性别、年龄、国籍、职业、住所或居所、在诉讼中的身份，或法人的所在地；

(四)需履行的司法行为；

(五)被调查人的姓名和地址；

(六)需予检查的文件或其他财产；

(七)执行请求所需的其他文件。

二、上述请求书及其附件应由请求机关签署和盖章。

第十四条　免付诉讼费用担保

缔约一方国民在缔约另一方司法机关出庭时，不得仅因为其是外国国民或在该缔约一方境内没有住所或居所而要求其提供诉讼费用担保或保证金。上述规定同样适用于向司法机关提出申请时所需的任何付费。

第十五条　诉讼费用的预付

缔约一方国民在缔约另一方境内，应在与缔约另一方国民同等的条件下和范围内预付诉讼费用。

第十六条　法　　人

第一条、第十四和第十五条的规定同样适用于根据缔约一方法律和法规成立的法人。

第十七条　司法救助和诉讼费用的免除

缔约一方国民在缔约另一方境内，可以申请免除诉讼费用，或请求享受可适用于缔约另一方国民的司法救助。申请免除诉讼费用或请求司法救助，应由申请人住所或居所所在地的主管机关出具证明；如果申请人在缔约双方境内均无住所或居所，应由其本国的外交或领事机构出具证明。

第二节　送达文书和调查取证

第十八条　范　　围

缔约双方应根据请求相互送达文书和调查取证：

(一)送达文书系指送达司法文书和司法外文书；

(二)调查取证包括询问当事人、证人和鉴定人，获取与民事和商事诉讼有关的证据，进行鉴定和司法检查。

第十九条　请求的执行

一、如果被请求机关认为自己无权执行请求，应将该项请求转交有权执行该项请求的主管机关，并通知提出请求的缔约一方。

二、如果被请求的缔约一方的主管机关不能按照请求书中所示的地址执行请求，应采取适当措施以确定地址并执行请求，必要时可要求提出请求的缔约一方提供补充情况。

三、如果被请求的缔约一方因为不能确定地址或其他原因而不能执行请求，应将妨碍执行的理由通知提出请求的缔约一方，并应向其退还全部有关文书。

第二十条　通知执行结果

一、被请求的缔约一方的主管机关应通过第二条规定的途径，将执行请求的结果以书面形式通知提出请求的缔约一方。此类通知应附有送达回证或所需的证据材料。

二、送达回证应含有受送达人的签名和收件日期、送达机关和送达人的盖章和签名以及送达方式和地点。如果收件人拒收文书，还应注明拒收的理由。

第三节　裁决的承认与执行

第二十一条　适用范围

一、缔约一方应根据本协定规定的条件在其境内承认与执行缔约另一方的下列裁决：

(一)法院在民事案件中作出的裁决；

(二)法院在刑事案件中就损害赔偿作出的裁决；

(三)仲裁机构的裁决。

二、本协定中所指的“裁决”亦包括法院制作的调解书。

第二十二条　承认与执行的请求书

一、承认与执行裁决的请求书应由缔约一方法院通过第二条所规定的途径送交缔约另一方法院。

二、请求书应附有：

(一)与原本相符的裁决副本。如果裁决本身没有表明该裁决已经生效和可以执行，还应附有主管机关为此出具的证明书；

(二)说明未能出庭的败诉一方已经合法传唤，以及在其没有诉讼行为能力时已得到适当代理的证明书；

(三)请求承认与执行仲裁裁决，还应附有提交仲裁管辖的仲裁协议的副本。

第二十三条　拒绝承认与执行

在下列情况下，被请求法院对于第二十一条所列的裁决不予承认与执行：

(一)根据提出请求的缔约一方的法律，裁决尚未生效或者不能执行；

(二)根据被请求的缔约一方的法律，提出请求的缔约一方的司法机关对该案无管辖权；

(三)根据作出裁决的缔约一方的法律，未能参加诉讼的败诉一方未经适当传唤或被剥夺了答辩的权利或在其没有诉讼行为能力时被剥夺了得到适当代理的权利；

(四)被请求的缔约一方的法院或仲裁机构对于相同当事人之间就同一标的的案件已经作出了最终裁决，或正在进行审理，或已经承认了第三国对该案件作出的最终裁决。

第二十四条　承认与执行的程序

一、裁决的承认与执行应由被请求的缔约一方的法院依其本国法律所规定的程序决定。

二、被请求法院仅限于审查本协定所规定的条件是否具备。

第二十五条　承认与执行的效力

缔约一方司法机关作出的裁决一经缔约另一方法院承认或执行，即与该缔约另一方法院作出的裁决具有同等效力。

第二十六条　仲裁机构裁决的承认与执行

除符合本章第三节的其他规定外，符合下列条件的仲裁裁决应予承认与执行：

(一)按照被请求的缔约一方的法律，该项仲裁裁决属于对契约性或非契约性商事争议作出的仲裁裁决；

(二)仲裁裁决是基于当事人关于将某一特定案件或今后由某一特定法律关系所产生的案件提交仲裁机构管辖的书面仲裁协议作出的，且该项仲裁裁决是上述仲裁机构在仲裁协议中所规定的权限范围内作出的。

(三)根据被请求的缔约一方的法律，提交仲裁机构管辖的协议是有效的。

第二十七条　有价物品的出境和资金的转移

本协定有关执行裁决的规定不得违反缔约双方有关资金转移和有价物品出境方面的法律和法规。

第三章　刑事案件中的相互协助

第二十八条　范　　围

一、缔约双方有义务依照本章的规定，在对提出协助请求时属于提出请求的缔约一方的司法机关有权处罚的犯罪进行诉讼时相互提供最广泛的互助措施。

二、刑事案件中的相互协助包括执行有关预审程序，获取被控告人、证人和鉴定人的陈述，搜查，扣押，移交文件和赃款赃物，送达文书和裁决书，以及其他协助。

第二十九条　拒绝刑事司法协助

除本协定第五条规定的理由外，在下列情况下亦可拒绝协助：

(一)被请求的缔约一方认为，该项请求所涉及的犯罪是一项政治犯罪或与之有关的犯罪，或是一项纯粹的军事犯罪。

(二)根据被请求的缔约一方的法律，该项请求中所提及的行为不构成犯罪。

第三十条　司法协助请求书

一、司法协助请求书应包括：

(一)提出请求的机关；

(二)请求的目的及理由；

(三)可能时，有关人员的身份与国籍；

(四)如果请求送达司法文书，受送达人的姓名和地址，或一切有助于确定其身份和地址的其他情况，包括有关需予送达的文书性质的情况。

二、此外，调查委托书应包括被指控的犯罪及其事实的概要。

第三十一条　请求的执行和请求结果的通知

本协定第十九条和第二十条的规定亦适用于刑事案件。

第三十二条　调查委托书

一、被请求的缔约一方应按照其本国法规定的方式，执行任何有关属于第二十一条第二款范围内的刑事案件、且由提出请求的缔约一方司法机关提交的调查委托书。

二、被请求的缔约一方可以递交被要求提供的记录或文件的经证明的副本或影印件；但在提出请求的缔约一方明示要求递交原件的情况下，被请求的缔约一方应尽可能满足此项要求。

三、递交给提出请求的缔约一方的情报只能被用于司法机关的请求中所限的目的。

第三十三条　归还证据

一、如果在未决刑事诉讼中需要被要求提供的物品、记录或文件，则被请求的缔约一方可延迟移交。

二、提出请求的缔约一方应将执行调查委托书时移交的任何物品，以及记录或文件的原件，尽快归还给被请求的缔约一方，但被请求的缔约一方放弃归还要求时除外。

第三十四条　证人和鉴定人的出庭

一、如果提出请求的缔约一方认为证人或鉴定人到其司法机关亲自出庭是重要的，则应在其要求送达传票的请求中予以提及，被请求的缔约一方应邀请证人或鉴定人出庭。

二、要求送达传票的请求应在要求有关人员到司法机关出庭之日的至少两个月之前递交给被请求的缔约一方。

三、被请求的缔约一方应将证人或鉴定人的答复通知提出请求的缔约一方。在本条第一款所规定的情况下，请求书或传票中应指明可支付的大约津贴数以及可偿付的旅费与食宿费用。

第三十五条　证人和鉴定人的费用

提出请求的缔约一方需付给证人或鉴定人的津贴(包括食宿费)以及旅费，自其居所地起算，且其数额至少应等于审讯举行地国家现行付费标准和规章所规定的数额。

第三十六条　证人和鉴定人的保护

一、提出请求的缔约一方对于传唤到其司法机关出庭的证人或鉴定人，不论其国籍如何，不得因其入境前所犯的罪行或者因其证词或鉴定结论而调查其刑事责任、予以逮捕或以任何形式剥夺其自由。

二、如果证人或鉴定人在提出请求的缔约一方的司法机关通知其不必继续停留之日起15天后仍不离开该缔约一方境内，则丧失第一款给予的保护。但此期限不包括证人或鉴定人由于自己不能控制的原因而未能离开提出请求的缔约一方境内的期间。

三、不得对被传唤出庭作证或鉴定的人采取任何强制措施。

第三十七条　在押人员作证

如果缔约一方司法机关认为有必要将在缔约另一方境内受到拘禁的人作为证人加以询问，本协定第二条所规定的缔约双方的中央机关可就将在押人员移交到提出请求的缔约一方境内一事达成协议，条件是该人应继续受到拘禁，且在询问完毕后尽快得以返回。

第三十八条　赃款赃物的移交

一、缔约一方应根据缔约另一方的请求，将在其境内发现的罪犯在缔约另一方境内犯罪时所获得的赃款赃物移交给缔约另一方。但此项移交不得损害被请求的缔约一方或与上述钱物有关的第三方的合法权利。

二、如果上述赃款赃物对于被请求的缔约一方境内其他未决刑事诉讼是必不可少的，被请求的缔约一方可延迟移交。

第三十九条　诉讼的转移

一、缔约一方有义务根据请求，按照其本国法律，对于在提出请求的缔约一方境内犯罪的本国国民提起刑事诉讼。

二、移交诉讼的请求应附有关于事实调查结果的现有文件。

三、被请求的缔约一方应将刑事诉讼的结果通知提出请求的缔约一方，并在已作出判决的情况下附送一份最终判决的副本。

第四十条　司法记录和刑事判决的通报

一、被请求的缔约一方应在能在类似案件中向其本国司法机关提供的同等范围内，向提出请求的缔约一方的司法机关提供所要求的刑事诉讼中需要的司法记录摘要或有关情况。

二、除本条第一款所规定的情况外，应按照被请求的缔约一方的法律或实践满足此项请求。

三、缔约双方应至少每年一次向缔约另一方通报有关缔约另一方国民的刑事定罪情况。

第四章　最后条款

第四十一条　批准和生效

本协定须经批准。批准书在安卡拉互换。本协定在互换批准书的30天后生效。

第四十二条　终止

本协定自缔约任何一方通过外交途径书面提出终止通知之日后6个月期满后失效。否则，本协定永远有效。

本协定于1992年9月28日在北京签订，一式两份，每份均用中文、土耳其文和英文写成，三种文本同等作准。遇有分歧时，以英文文本为准。

缔约双方全权代表在本协定上签字，以昭信守。

中华人民共和国代表	土耳其共和国代表
杨　福　昌	厄兹代姆·圣贝尔克

中华人民共和国和希腊共和国关于民事和刑事司法协助的协定

（1995年8月29日第八届全国人民代表大会常务委员会第十五次会议批准）

中华人民共和国和希腊共和国（以下简称“缔约双方”），为了加强两国之间的友好关系，促进两国在司法领域的合作，决定在相互尊重主权和平等互利的基础上缔结关于民事和刑事司法协助的协定，为此目的，双方指派全权代表如下：

中华人民共和国方面为外交部副部长姜恩柱

希腊共和国方面为外交部部长帕普利亚斯

双方全权代表相互校验全权证书，认为妥善后，议定下列各条：

第一章　总　　则

第一条　定　义

一、在本协定中：

(一)"民事"一词包括由民法、商法、家庭法和劳动法调整的事项。

(二)"主管机关"一词包括法院、检察院和其他主管民事和刑事案件的机关。

二、本协定有关缔约双方国民的条款,除本协定第十二条的规定外,亦适用于根据缔约任何一方法律成立,且设在该缔约一方境内的法人。

第二条 司法保护

一、缔约一方国民在缔约另一方境内,在人身和财产权利方面享有与缔约另一方国民同等的司法保护。

二、缔约一方国民有权在与缔约另一方国民同等的条件下,在缔约另一方主管机关提起诉讼或提出请求。

第三条 联系方式

一、除本协定另有规定者外,请求和提供司法协助应通过缔约双方的中央机关进行。

二、缔约双方的中央机关为各自的司法部。

第四条 文 字

司法协助请求书及其所附文件应用提出请求的缔约一方的文字制作,并附有被请求的缔约一方的文字或法文或英文的译文。

第五条 司法协助的拒绝

如果缔约一方认为执行缔约另一方提出的司法协助请求可能损害其国家的主权、安全或公共秩序,可以拒绝执行该项请求,但应尽快将拒绝的理由通知缔约另一方。

第六条 司法协助的费用

除本协定另有规定者外,缔约双方在本协定范围内相互免费提供司法协助。

第七条 认证的免除

为实施本协定的目的,由缔约一方主管机关制作或证明的任何文书,只要经过签署或盖章,即可在缔约另一方司法机关使用,无须认证。

第八条 文书的证明效力

缔约一方主管机关制作的官方文书,在缔约另一方境内,与该缔约另一方主管机关制作的同类官方文书具有同等的证明效力。

第九条 交换法律情报

缔约双方应根据请求,相互通报各自国家现行或曾经施行的法律和法规及其在实践中的适用情况。

第二章 民事司法协助

第一节 一般规定

第十条 民事司法协助的范围

缔约双方应根据本协定,相互提供下列司法协助:

(一)送达和转递司法文书和司法外文书,包括有关个人身份证明的文件;

(二)代为调查取证;

(三)承认和执行法院裁决和仲裁裁决。

第十一条 免予提供担保

缔约一方法院对于缔约另一方国民,不得仅因为其是外国国民或在该缔约一方境内没有住所或居所而要求其提供诉讼费用担保。

第十二条 诉讼费用的免除和司法救助提供

一、缔约一方国民在缔约另一方境内,可以在与缔约另一方国民同等的条件下和范围内,申请免除诉讼费用和享受免费司法救助。

二、本条第一款规定的优惠应适用于某一特定诉讼案件的全过程,包括裁决的承认与执行。

第十三条 免除诉讼费用和提供司法救助的申请

一、申请免除诉讼费用和提供免费司法救助,应由申请人住所或居所所在的缔约一方的主管机关出具有关其经济和家庭状况的证明书。

二、如果申请人在缔约双方境内均无住所或居所,该项证明应由其本国派驻在申请人有住所或居所的国家的外交或领事代表机构出具。

三、缔约一方法院可根据本协定第三条规定的途径,要求出具上述证明书的机关提供有关补充情况。

第二节 送达文书和调查取证

第十四条 送达文书

缔约双方应根据1965年11月15日订于海牙的《关于向国外送达民事或商事司法文书和司法外文书公约》,相互代为送达民事司法文书和司法外文书。

第十五条 转递个人身份证明书

缔约双方应根据请求,通过本协定第三条规定的途径,相互转递关于缔约另一方国民出生、死亡和婚姻状况的文书。

第十六条 调查取证的范围

缔约双方法院应根据请求相互代为询问当事人、证人、鉴定人,进行鉴定以及被请求的缔约一方法律允许的其他活动。

第十七条 调查取证的请求书

一、调查取证的请求书应包括下列内容:

(一)请求机关的名称;

(二)调查取证请求所涉及案件的案情;

(三)当事人的姓名和地址,如有代理人,代理人的姓名和地址;

(四)调查取证的内容及执行该请求所需的材料。

二、请求书及其附件应由请求机关签署或盖章。

第十八条 调查取证请求书的执行

一、被请求的缔约一方执行请求时,应适用其本国法；如果提出请求的缔约一方要求按照特殊方式执行请求，被请求的缔约一方在采用这种方式时以不违反其本国法为限。

二、如果提出请求的缔约一方提供的材料不够充分，以致无法执行请求，则被请求的缔约一方可以要求提出请求的缔约一方提供补充材料。

三、如果被请求的缔约一方因提出请求的缔约一方提供的材料不全而无法执行请求，应将妨碍执行的理由通知提出请求的缔约一方，并向其退还全部有关文书。

四、被请求的缔约一方应根据请求将其执行调查取证请求的时间和地点通知提出请求的缔约一方，以便有关当事人或其代理人到场，并遵守被请求的缔约一方的法律。

五、缔约一方可以通过本国派驻缔约另一方的外交或领事代表机构，直接向缔约另一方境内的本国国民调查取证，并遵守缔约另一方的法律，执行本规定时不得采取任何强制措施。

第十九条　通知执行结果

被请求的缔约一方的主管机关应通过本协定第三条规定的途径，将执行请求的结果以书面形式通知提出请求的缔约一方，并附执行所获得的证据材料。

第三节　裁决的承认与执行

第二十条　须承认与执行的裁决

在本协定生效后，缔约双方应根据本协定规定的条件在其境内予以承认与执行缔约另一方作出的：

（一）民事裁决；

（二）刑事判决中有关损害赔偿的部分；

（三）仲裁裁决、法院制作的调解书和仲裁调解书。

第二十一条　请求的提出

承认与执行裁决的请求书应由申请人向作出该裁决的缔约一方法院提出，该法院应通过本协定第三条所规定的途径将该请求转交给缔约另一方法院，申请人可直接向承认或/和执行该裁决的主管法院提出。

第二十二条　请求书所附的文件

一、承认与执行裁决的请求书应附下列文件：

（一）裁决书或经证明无误的裁决副本；

（二）证明裁决已经生效和可以执行的文件，除非裁决中对此已予以说明；

（三）证明在缺席判决的情况下，败诉一方当事人已经以适当方式得到合法传唤，无诉讼行为能力的当事人已得到合法代理的文件，除非裁决中对此已予以说明；

（四）证明诉讼程序开始的日期的文件。

二、上述文件应附被请求的缔约一方的官方文字或法文或英方的译文。

第二十三条　拒绝承认与执行

在下列情形下，被请求的缔约一方法院可以拒绝承认与执行裁决：

（一）如果根据被请求的缔约一方法律，该方法院对该案享有专属管辖权；

（二）如果根据提出请求的缔约一方法律，该裁决尚未生效或不能执行；

（三）如果根据提出请求的缔约一方法律，未曾出庭的败诉一方当事人未经合法传唤或被剥夺了答辩的权利，或在其没有诉讼行为能力时没有得到合法的代理；

（四）如果被请求的缔约一方的法院对于相同当事人之间就同一标的和同一事实的案件已经作出了终审裁决，或已经承认了第三国对该案作出的终审裁决；

（五）如果被请求的缔约一方的法院对于相同当事人之间就同一标的和同一事实的案件正在进行审理，且这一审理是先于提出请求的缔约一方法院开始的。

第二十四条　承认与执行的程序

一、裁决的承认与执行应适用被请求的缔约一方法律所规定的程序。

二、被请求的缔约一方法院可以审查该裁决是否符合本协定的规定，但不得对该裁决进行实质性审查。

三、如果裁决涉及多项内容且该裁决无法得到全部承认或/和执行，被请求的缔约一方法院可仅承认或/和执行部分裁决。

第二十五条　承认与执行的效力

缔约一方法院作出的裁决，一经缔约另一方法院承认或执行，即与该另一方法院作出的裁决具有同等的效力。

第二十六条　仲裁裁决的承认与执行

缔约一方应根据1958年6月10日在纽约签订的《关于承认与执行外国仲裁裁决的公约》，承认与执行在缔约另一方境内作出的有关商事争议的仲裁裁决。

第二十七条　有价物品的出境和资金的转移

实施本协定有关承认与执行裁决的规定，不得违反缔约双方有关有价物品的出境和资金的转移方面的法律和法规。

第三章　刑事司法协助

第二十八条　刑事司法协助的范围

根据本协定的规定，缔约双方应相互提供以下各项刑事司法协助：

（一）送达文书；

（二）进行鉴定和司法勘验；

（三）向有关人员录取证词；

（四）搜查、扣押和移交文件、证物与赃款赃物；

（五）安排证人、鉴定人和在押人员出庭作证；

（六）刑事诉讼的转移；

（七）通报刑事判决。

第二十九条 刑事司法协助的拒绝

一、被请求的缔约一方可根据下列理由之一，拒绝提供司法协助：

（一）如果被请求的缔约一方认为请求所涉及的犯罪具有政治性质或为军事犯罪；

（二）请求所涉及的嫌疑犯或罪犯是被请求的缔约一方国民，且不在提出请求的缔约一方境内；

（三）根据被请求的缔约一方法律，请求所涉及的行为并不构成犯罪；

（四）被请求的缔约一方已对该请求所涉及的嫌疑犯或罪犯，就同一罪行作出了终审裁决。

二、如执行请求可能妨碍正在被请求的缔约一方境内审理的刑事诉讼，被请求的缔约一方可拒绝、推迟或在一定条件下执行请求。

三、被请求的缔约一方应及时将上述拒绝、推迟或在一定条件下执行请求的理由通知提出请求的缔约一方。

第三十条 司法协助请求书

一、司法协助的请求应以请求书的形式提出。请求书应包括以下内容：

（一）请求机关的名称；

（二）犯罪的性质与事实，以及所适用的请求一方的法律条文；

（三）请求中所涉及的人员的姓名、国籍、住所或居所及其他一切有关其身份的情况；

（四）请求的内容及需履行的司法行为；

（五）需予搜查、扣押和移交的文件与物品；

（六）请求方要求适用的特别程序及其理由；

（七）执行请求的时间限制；

（八）执行请求所需的其他材料。

二、上述请求书及其附件应由请求机关签署和/或盖章。

第三十一条 送达文书

一、提出请求的缔约一方要求送达的任何有关刑事诉讼的文件，被请求的缔约一方应根据其本国法予以送达。

二、被请求的缔约一方应以送达回证的方式证明已完成送达。送达回证应包含受送达人的签名和收件日期、送达机关的名称及其盖章和送达人的签名以及送达方式和地点。如果收件人拒收，还应说明拒收的理由。

第三十二条 调查取证请求的执行

提出请求的缔约一方可要求按特殊方式执行请求，被请求的缔约一方在采取这种特殊方式时以不违反其本国法律为限。

第三十三条 证据的提供

一、被请求的缔约一方应通过本协定第三条规定的途径移交调查取证所取得的证据材料。

二、被请求的缔约一方可以移交提出请求的缔约一方要求提供的文件的经证明无误的副本或影印件；但在提出请求的缔约一方明示要求移交原件的情况下，被请求的缔约一方应尽可能满足此项要求。

三、被请求的缔约一方应移交提出请求的缔约一方要求提供的作为证据的物品，但物品的移交不得侵犯被请求的缔约一方以及与这些物品有关的第三者的权利。

四、如果上述文件或物品对被请求的缔约一方境内其他未决刑事诉讼案件是不可缺少的，则被请求的缔约一方可暂缓提供。

五、根据本协定移交的任何文件或物品免征有关税费。

第三十四条 归还证据

提出请求的缔约一方应尽快归还被请求的缔约一方向其移交的任何物品或文件的原件。但被请求的缔约一方放弃归还要求时除外。

第三十五条 证据的使用限制

移交给提出请求的缔约一方的文件或物品等只能被用于该司法协助请求中所限定的目的。

第三十六条 证人和鉴定人的出庭

一、如果提出请求的缔约一方认为证人或鉴定人有必要就有关刑事案件来到其主管机关，则应在其要求送达出庭通知的请求中予以提及，被请求的缔约一方应向有关的证人或鉴定人转达上述请求。

二、送达出庭通知的请求应在要求证人或鉴定人就有关刑事案件来到提出请求的缔约一方的主管机关之日的至少两个月之前递交给被请求的缔约一方。

三、被请求的缔约一方应将证人或鉴定人的答复及时通知提出请求的缔约一方。

四、提出请求的缔约一方应在请求书或出庭通知中说明可支付的大约补偿数以及可偿付的旅费与食宿费。应证人或鉴定人的要求，提出请求的缔约一方应向其全部或部分预付上述费用。

第三十七条 证人和鉴定人费用的标准

提出请求的缔约一方需付给证人或鉴定人的补偿、食宿费及旅费，应自证人和鉴定人离开其居所地起算，且其数额至少应等于提出请求的缔约一方的现行规章所规定的数额。

第三十八条 证人和鉴定人的保护

一、提出请求的缔约一方不得对拒绝按照本协定第三十六条的规定前往其境内作证或鉴定的人予以处罚，或以采取强制措施相威胁，或采取任何强制措施。

二、提出请求的缔约一方对于传唤到某司法机关的证人或鉴定人，不论其国籍如何，不得因其入境前所犯的罪行或者因其证词或鉴定结论而追究其刑事责任、予以逮捕或以任何形式剥夺其自由。

三、如果证人或鉴定人在提出请求的缔约一方主管机关通知其不必继续停留之日起十五天后仍不离开该缔约一方境内，则丧失第一款给予的保护。但此期限不包括证人或鉴定人由于自己不能控制的原因而未能离开提出请求的缔约一方境内的期间。

第三十九条　在押人员作证

一、如果缔约一方主管机关认为有必要将在缔约另一方境内的在押人员作为证人加以询问，本协定第三条所规定的缔约双方的中央机关可就将在押人员移交到提出请求的缔约一方境内一事达成协议，条件是该人应继续受到拘禁，且在询问完毕后尽快得以返回。

二、如果缔约一方主管机关认为有必要将在第三国的在押人员作为证人加以询问，被请求的缔约一方必须允许上述人员在其境内过境。

三、有下列情况之一的，可拒绝本条第一款所述的移送：

（一）在押人员本人不同意；

（二）移送可能延长该人的羁押时间；

（三）存在不允许移送该人的必要理由。

四、本条第一款所述的协议应包括有关移送费用的规定。

五、本协定第三十八条的规定同样适用于本条第一款和第二款所规定的情况。

第四十条　赃款赃物的移交

一、缔约一方应根据缔约另一方的请求，将罪犯在缔约另一方境内犯罪时所获得的赃款赃物移交给该缔约另一方。但此项移交不得损害被请求的缔约一方或与上述钱物有关的第三方的合法权利。

二、如果上述赃款赃物对于被请求的缔约一方其他未决刑事诉讼是必不可少的，被请求的缔约一方可延迟移交。

第四十一条　刑事诉讼的转移

一、缔约一方有义务根据请求，按照其本国法，对于在提出请求的缔约一方境内犯罪的本国国民提起刑事诉讼。

二、移交刑事诉讼的请求书应附上有关调查结果、现有的所有证明材料文件，以及根据请求方现行法律适用该罪行的刑法条款。

三、被请求的缔约一方应将本条第一款所述的刑事诉讼的结果通知提出请求的缔约一方，并在已作出判决的情况下附送一份终审判决的副本。

第四十二条　刑事判决的通报

缔约一方应向缔约另一方通报有关对缔约另一方国民所作生效刑事判决的结果，并应提供判决书的副本。

第四章　最后条款

第四十三条　分歧的解决

因解释或实施本协定所产生的分歧均通过外交途径解决。

第四十四条　批准、生效和终止

一、本协定须经批准。批准书在北京互换。本协定在互换批准书后第三十天起生效。

二、本协定无限期有效。缔约双方均可通过外交途径书面提出终止本协定。在此种情况下，本协定自收到通知之日起6个月期满后失效。

本协定于1994年10月17日在雅典签订，一式两份，每份均用中文和希腊文写成，两种文本同一作准。

双方全权代表在本协定上签字，以昭信守。

中华人民共和国代表	希腊共和国代表
姜恩柱	卡罗洛斯·帕普利亚斯

中华人民共和国和保加利亚共和国关于刑事司法协助的条约

（1995年10月30日第八届全国人民代表大会常务委员会第十六次会议批准）

中华人民共和国和保加利亚共和国（以下简称“双方”），在相互尊重主权和平等互利的基础上，为加强两国在司法领域的密切合作，决定缔结关于刑事司法协助条约，并议定下列各条：

第一章 总 则

第一条 司法协助的范围

一、双方根据本条约的规定，相互提供刑事司法协助。有关“刑事”的定义，由双方根据各自的国内法确定。

二、提供的协助包括以下各项：

(一)送达刑事诉讼文书；

(二)查找和辨认有关人员；

(三)进行专家鉴定和现场司法勘验；

(四)向有关人员录取证词；

(五)搜查、扣押和移交书证、物证与赃款赃物；

(六)安排证人和鉴定人出庭作证；

(七)安排在押人员出庭作证；

(八)通报刑事诉讼结果；

(九)提供有关司法记录和交换法律资料。

第二条 司法协助的联系途径

请求和提供司法协助应直接通过双方中央机关，即各自的司法部进行联系。

第三条 司法协助的拒绝

一、被请求方可根据下列理由之一拒绝提供司法协助：

(一)提供协助将有损于本国的主权、安全或公共秩序，或与本国法律的基本原则相违背；

(二)被请求方认为请求所涉及的犯罪具有政治性质或为军事犯罪；

(三)按照被请求方法律，请求所涉及的行为并不构成犯罪；

(四)请求所涉及的嫌疑犯或罪犯是被请求方的国民，而且不在请求方境内；

(五)被请求方对请求所涉及的嫌疑犯或罪犯，就同一罪行正在进行刑事诉讼，或已作出了终审裁决。

二、如执行请求可能妨碍正在被请求方境内进行的刑事诉讼，被请求方可拒绝、推迟或有条件地执行请求。

三、被请求方应及时将拒绝、推迟或有条件地执行请求的决定及其理由通知请求方。

第四条 司法协助适用的法律

一、被请求方执行请求时适用其本国法律。

二、请求方可要求以某种具体方式执行请求，被请求方应在与其国内法相符的情况下采用该方式。

第五条 司法协助的费用

双方应相互免费提供司法协助。但为实施本条约第十条、第十七条所产生的额外费用以及第十五条所指的费用则由请求方承担。

第六条 文 字

一、双方进行联系时使用本国的官方文字并附英文译文。

二、司法协助请求书及其附件应使用请求方的官方文字书写，并附有被请求方的官方文字或英文的正式译本。

三、一方主管机关向另一方提供司法协助时，使用本国官方文字以及经证明无误的英文译本。

第二章 司法协助的形式

第七条 司法协助请求书

一、司法协助的请求应以请求书的形式提出。请求书应包括以下内容：

(一)请求机关的名称；

(二)案件的性质和事实以及所适用的法律条文；

(三)请求中所涉及人员的姓名、国籍、住所或居所，以及其他一切有助于证明其身份的情况；

(四)请求的目的以及需履行的司法行为；

(五)请求予以搜查、扣押和移交的文件与物品的清单；

(六)要求被请求方适用特别程序的细节和理由，如果提出这样的要求；

(七)执行请求的时限；

(八)执行请求所需的其他材料。

二、请求书及其附件应由请求机关签署和盖章。

第八条 送达文书

一、请求方要求送达的任何文件，被请求方应予以尽快送达。

二、被请求方应以送达回证的方式证明已完成送达，送达回证应包含收件人的签名、收件日期、送达机关的盖章和送达人的签名以及送达方式和地点。如果收件人拒收，还应说明拒收的理由。

第九条 查找和辨认有关人员

被请求方应根据请求尽力查找请求书中所指人员的下落和辨认有关人员的身份。

第十条 调查取证时的人员到场

被请求方应根据请求将执行调查取证请求的时间和地点通知请求方，以便有关人员到场。到场的人员应遵守被请求方法律。

第十一条 证据的提供

一、被请求方应通过第二条规定的途径移交调查取证所取得的证据材料。

二、被请求方可以移交请求方要求提供的记录或文件的经证明无误的副本或影印件；但在请求方明示要求移交原件的情况下，被请求方应尽可能满足此项要求。

三、被请求方应移交请求方要求提供的作为证据的物品，但物品的移交不得侵犯被请求方或第三方对这些物品的合法权利。

四、如果上述文件、记录或物品对被请求方境内其他未决刑事诉讼案件的审理是不可缺少的，被请求方可暂缓提供。但被请求方应及时向请求方通报暂缓提供的原因。

五、根据本条约移交的任何物品免征所有税费。

第十二条　归还证据

请求方应将被请求方移交的记录和文件的原件以及其他物品，尽快归还给被请求方，除非被请求方放弃归还要求。

第十三条　证据的使用限制

移交给请求方的文件、记录或物品只能被用于司法协助请求中所限的目的。

第十四条　证人和鉴定人的出庭

一、如果请求方认为证人或鉴定人到其司法机关亲自履行有关的诉讼行为是必要的，则应在其要求送达传票的请求中予以提及，被请求方应向有关的证人或鉴定人转达上述请求。

二、送达传票的请求应在要求有关人员到请求方司法机关履行有关诉讼行为之日的至少两个月前递交给被请求方。

三、被请求方应将证人或鉴定人的答复通知请求方。

四、请求方应在请求书或传票中说明可支付的大概津贴数以及可偿付的旅费与食宿费用。应证人或鉴定人的要求，请求方应向其部分或全部预付上述费用。

第十五条　证人和鉴定人费用的标准

请求方需付给证人或鉴定人的津贴（包括食宿费）以及旅费，自其离开其居所地之日起计算，且其数额至少应不少于请求方的现行付费标准和规定所规定的数额。

第十六条　证人和鉴定人的保护

一、请求方不得对拒绝按照第十四条规定前往作证或鉴定的人予以处罚，或采取任何强制措施，或以采取强制措施相威胁。

二、请求方对于传唤到其司法机关的证人或鉴定人，不论其国籍如何，不得因其入境前所犯的罪行或者因其证词或鉴定结论而追究其刑事责任或以任何形式剥夺其人身自由。

三、如果证人或鉴定人在请求方的司法机关通知其不必继续停留在该方境内之日起15日内仍不离开，则丧失本条第二款给予的保护。但此期限不包括证人或鉴定人由于自己不能控制的原因而未能离开请求方境内的期间。

第十七条　在押人员的出境作证

一、如果一方司法机关认为有必要向在另一方境内的在押人员取证，只要该人本人同意前往作证，被请求方可根据请求把该人移交给请求方。为此目的，本条约第二条规定的双方中央机关可就移交该人的要求和条件事先达成协议。

二、请求方应继续在其领土内关押被移交的人，并在作证后将其交还给被请求方。

三、本条约第十六条规定的对证人的保护应在适当范围内适用于移交到请求方境内作证的在押人员。

第十八条　赃款赃物的移交

一、一方应将罪犯在请求方境内犯罪时非法获得的，但在被请求方境内发现的赃款赃物移交给另一方。但此项移交不得损害被请求方或第三方对上述财物的合法权利。

二、如果上述赃款赃物对于被请求方境内其他未结刑事诉讼是必不可少的，被请求方可延迟移交，但应及时通知请求方。

第三章　其他规定

第十九条　刑事诉讼结果的通报

一方应向另一方通报有关对另一方国民所作的生效刑事判决和裁定的结果，并应提供判决书和裁定书的副本，同时还应根据请求，就有关该判决和裁定的实质问题作出必要的说明。

第二十条　司法记录的提供

被请求方应根据请求免费提供关于正在请求方境内被追究刑事责任的人员的司法记录的摘要和有关情况。

第二十一条　交换法律和法规情报

双方应根据请求，相互通报各自国家现行或曾经施行的法律和法规及其在司法实践中的适用情况。

第二十二条　文件的效力

为实施本条约，一方主管机关颁发的正式文件，只要经过签署和盖章，即可在另一方境内使用，无须认证。

第二十三条　争议的解决

因解释和适用本条约所产生的任何争议均通过外交途径解决。

第四章　最后条款

第二十四条　批准和生效

本条约须经批准。批准书在北京互换。本条约自互换批准书之日起第三十天开始生效。

第二十五条　终　　止

本条约自一方通过外交途径向另一方发出书面终止通知之日起6个月期满后失效。否则，本条约一直有效。

本条约于1995年4月7日在索非亚签订，一式两份，每份均用中文、保加利亚文和英文写成，三种文本同一作准。遇有分歧时，以英文文本为准。双方全权代表在本协定上签字，以昭信守。

中华人民共和国代表 保加利亚共和国代表
钱 其 琛 姆·切尔文尼亚科夫

中华人民共和国和塞浦路斯共和国关于民事、商事和刑事司法协助的条约

（1995年10月30日第八届全国人民代表大会常务委员会第十六次会议批准）

中华人民共和国和塞浦路斯共和国（以下简称“缔约双方”），为进一步加强两国在司法领域的合作，在相互尊重主权和平等互利的基础上，决定缔结关于民事、商事和刑事司法协助的条约。

为此目的，缔约双方委派全权代表如下：

（1）中华人民共和国司法部长肖扬

（2）塞浦路斯共和国司法及公共秩序部长阿莱科斯·伊凡杰罗

缔约双方全权代表相互校验全权证书，认为妥善后，议定下列各条：

第一章 总 则

第一条 司法保护

一、缔约一方公民在缔约另一方境内，在人身和财产的司法保护方面享有与缔约另一方公民同等的权利。

二、缔约一方公民有权在与缔约另一方公民相同的条件下在缔约另一方司法机关进行诉讼或提出请求。

三、本条第一款和第二款的规定亦适用于依照缔约一方法律在其境内成立或组成的法人。

第二条 司法协助的范围

本条约规定的司法协助包括：

（一）在民事、商事和刑事方面送达文书和调查取证；

（二）法院裁决和仲裁裁决的承认与执行；

（三）本条约规定的其他司法和法律协助。

第三条 诉讼费用的减免和法律救助

经请求，缔约一方公民在缔约另一方境内应在与缔约另一方公民相同的条件下和相同的范围内，享受诉讼费用的减免和获得法律救助。

第四条 出具财产状况证明书

诉讼费用的减免取决于申请人财产状况的证明。该证明应由申请人住所或居所所在地缔约一方的主管机关出具。如果申请人在缔约双方境内均无住所或居所，亦可由其本国的外交或领事代表机构出具证明。

第五条 诉讼费用减免和法律救助的申请

根据第三条申请减免或法律救助的缔约一方公民可向其住所或居所所在地的主管机关提出申请，该主管机关应将申请连同根据第四条出具的证明一起转交缔约另一方的主管机关。

第六条 联系途径

一、除本条约另有规定外，缔约双方应通过各自的中央机关就请求和提供司法协助事宜进行联系。

二、缔约双方的中央机关为各自的司法部。

第七条 文 字

一、司法协助的请求书及所附文件应使用提出请求的缔约一方的文字，并附有被请求的缔约一方的文字或英文的译文。

二、请求书所附的译文应经提出请求的缔约一方中央机关证明无误。

第八条 司法协助的费用

除第十一条第一款和第十五条规定外，缔约双方不得对提供司法协助所产生的费用要求对方予以补偿。

第九条 向本国公民送达文书

一、缔约一方可以通过其派驻缔约另一方的外交或领事代表向在该缔约另一方境内的本国公民送达文书。

二、此种送达不得采取任何强制措施。

第十条 司法协助请求书

请求提供司法协助应以请求书的形式提出。司法协助请求书应包括下列内容：

(一)请求机关的名称;

(二)如已知道,被请求机关的名称;

(三)司法协助请求所涉及案件的案情;

(四)当事人的姓名、住址、国籍、职业及出生时间和地点;如系法人,该法人的名称和住址;

(五)当事人如有法定代理人,法定代理人的姓名;

(六)请求的性质及执行请求所需的其他材料;

(七)就刑事事项而言,犯罪行为的法律特征和细节,以及据以认定行为构成犯罪的有关法律规定。

第十一条　司法协助请求的执行

一、在执行司法协助请求时,被请求机关应适用其本国的法律;但在不违反上述法律的情况下,也可根据请求机关的请求采用请求书所要求的特殊方式。被请求机关可要求对因使用特殊方式而产生的费用予以补偿。

二、如果被请求机关无权执行此项请求,应将该项请求立即送交主管机关,并将此通知请求机关。

三、如果司法协助请求书所提供的地址不确切,或者当事人不在所提供的地址居住,被请求机关应努力确定正确的地址。如有必要,被请求机关可要求请求机关提供补充材料。

四、如果司法协助请求无法执行,被请求机关应将文件退回请求机关,并说明妨碍执行的理由。

第十二条　司法协助的拒绝

如果被请求的缔约一方认为执行某项司法协助请求可能损害其主权、安全、公共秩序或基本利益,或违反其法律,则可以拒绝提供该项司法协助,但应将拒绝的理由通知提出请求的缔约一方。

第十三条　请求证人或鉴定人出庭

一、提出请求的缔约一方如果认为在被请求的缔约一方境内的证人或鉴定人亲自到其司法机关是特别需要的,应在送达传票的请求书中予以说明。被请求的缔约一方应请证人或鉴定人出庭。

二、被请求的缔约一方应将有关证人或鉴定人的答复通知提出请求的缔约一方。

第十四条　证人和鉴定人的保护

一、即使在请求送达的出庭传票中包括一项关于刑罚的通知,证人或鉴定人不得因其未答复该项传票而受惩罚或被拘禁,除非其随后自愿进入提出请求的缔约一方境内并再次经适当传唤。如果证人或鉴定人拒绝出庭,被请求的缔约一方应通知提出请求的缔约一方。

二、对于根据第十三条的请求在提出请求的缔约一方司法机关出庭的证人或鉴定人,不论其国籍如何,该缔约一方不得因其在离开被请求的缔约一方领土前的犯罪行为或被判定有罪而在该方境内对其起诉、拘留,或者采取任何其他限制人身自由的措施,也不得因其证词或鉴定而对其起诉、拘留或惩罚。

三、如经传唤机关告知已无需其出庭之日起连续30日,证人或鉴定人有机会离开却仍在提出请求的缔约一方境内停留,或离开后又自愿返回提出请求的缔约一方领土,则不适用前款规定的保护。上述期间不应包括证人或鉴定人因非其所能控制的原因未能离开提出请求的缔约一方领土的时间。

第十五条　证人或鉴定人费用的补偿

一、根据第十三条提出请求的缔约一方,应向证人或鉴定人支付补贴(包括生活费)和偿还旅费。上述费用应自其居住地起算,且费率的计算至少等同于提出请求的缔约一方的标准和规则的规定。

二、提出请求的缔约一方应根据证人或鉴定人的请求,向其全部或部分预付上述旅费和生活费。

第二章　民事和商事司法协助

第十六条　送达文书

一、被请求机关应按照其国内法规定的方式,或在不违反其国内法的情况下按照请求书所要求的方式送达文书。

二、送达的文书应使用提出请求的缔约一方的文字并附被请求的缔约一方文字或英文的译文。

第十七条　送达的证明

一、送达文书应根据被请求的缔约一方的送达规则予以证明。

二、送达证明应注明送达的时间、地点和受送达人。

第十八条　调查取证

缔约双方应根据请求代为询问当事人、证人和鉴定人,进行鉴定以及采取任何与调查取证有关的其他措施。

第十九条　调查取证请求书

一、除符合第十条的规定外,有关调查取证的请求书还应说明:

(一)向被调查人所提的问题,或者关于调查的事由的陈述;

(二)被调查的文件或其他财产;

(三)关于证据是否应经宣誓,以及使用任何特殊形式作证的要求;

(四)适用第二十二条所需的材料。

二、下列请求可予拒绝:

(一)调查所获证据并非欲用于请求书中所提及的已经开始或者预期将开始的司法程序;

(二)审判前对文件的调查。

第二十条　通知执行请求的时间和地点

被请求机关应根据请求将执行请求的时间和地点

通知请求机关，以便有关当事人或其任何代理人可在执行请求时在场。应请求机关请求，通知也可直接送达有关当事人或其代理人。

第二十一条　强制措施的适用

在执行请求时，被请求机关应在其本国法对执行本国主管机关的决定所规定的情形下和相同的范围内，采取适当的强制措施。

第二十二条　作证的拒绝

在执行请求时，当事人如果在下列情况下有拒绝作证的特权或义务，可以拒绝作证：

（一）根据被请求的缔约一方法律；或者

（二）根据提出请求的缔约一方法律，并且此种特权或义务已在请求书中说明，或者应被请求机关的要求，已由请求机关通过其他方式向被请求机关确认。

第二十三条　通知执行结果

被请求机关应根据请求，通过第六条规定的途径，将执行请求的地点和时间及时通知请求机关，并随附所获得的证据。

第三章　法院裁决和仲裁裁决的承认与执行

第二十四条　范　围

一、缔约一方应根据第二十五条规定的条件在其境内承认与执行在缔约另一方境内作出的下列裁决：

（一）法院对民事案件作出的裁决；

（二）法院在刑事案件中作出的有关损害赔偿或诉讼费的裁决。

二、本条约所指的“裁决”亦包括中国法院作出的调解书和塞浦路斯法院所作出的协议判决。

第二十五条　承认与执行的条件

一、第二十四条所指的裁决在下列条件下应被承认与执行：

（一）根据作出裁决的缔约一方法律，该裁决是最终的和可执行的；

（二）据以作出裁决的案件不属于被请求的缔约一方法院的专属管辖；

（三）在缺席裁决的情况下，根据在其境内作出裁决的缔约一方的法律，未参加诉讼并被缺席裁决的一方当事人已被适当地通知应诉；

（四）被请求的缔约一方法院事先未就相同当事人之间的同一诉讼标的作出最终裁决；

（五）在作出该裁决的诉讼程序开始前，相同当事人未就同一诉讼标的在被请求的缔约一方法院提起诉讼；

（六）被请求的缔约一方认为裁决的承认或执行不损害其主权或安全；

（七）裁决的承认或执行不违反被请求的缔约一方的公共秩序或基本利益；

（八）根据被请求的缔约一方的法律，裁决不论基于何种理由，都不是不可执行的；

（九）裁决或其结果均不与被请求的缔约一方任何法律的基本原则相抵触；

（十）根据第二十六条的规定，裁决不是由无管辖权的法院作出的。

二、被请求的缔约一方的主管法院就裁决的承认或执行作出决定时，不应有任何不适当的迟延。

第二十六条　管　辖　权

一、就本条约而言，作出裁决的缔约一方法院在下列情况下应被认为对案件具有管辖权：

（一）在提起诉讼时，被告在该方境内有住所或居所；或者

（二）被告因其商业活动被提起诉讼时，在该方境内设有代表机构；或者

（三）被告已书面明示接受该方法院的管辖；或者

（四）被告就争议的实质进行了答辩，且未对法院的管辖权提出异议；或者

（五）在合同争议中，合同在该方境内签订，或者已经或应该在该方境内履行，或者诉讼标的物在该方境内；或者

（六）在合同外侵权案件中，侵权行为或其结果发生在该方境内；或者

（七）在身份关系案件中，诉讼当事人在该方境内有住所或居所；或者

（八）在抚养义务案件中，债权人在该方境内有住所或居所；或者

（九）在继承案件中，被继承人死亡时其住所或者主要遗产在该方境内；或者

（十）诉讼标的物是位于该方境内的不动产。

二、第一款的规定不应影响缔约双方法律中有关专属管辖权的规定。

第二十七条　承认与执行的申请

一、请求承认或执行裁决的申请，可以由一方当事人直接向被请求的缔约一方法院提交，也可以向作出一审裁决的缔约一方法院提交并由其按第六条规定的途径转交。

二、请求承认或执行的申请应附下列文件：

（一）裁决或其经证明无误的副本。除非裁决本身表明其是最终的，还应包括表明该裁决是最终的和可执行的文件；

（二）在缺席裁决的情况下，根据在其境内作出裁决的缔约一方的法律，未参加诉讼并被缺席裁决的一方已被适当地通知应诉，以及在其无行为能力的情况下已得到适当代理的证明文件。

三、前两款所指申请和文件也应附经证明无误的被请求的缔约一方的文字或英文的译文。

第二十八条　承认与执行裁决的程序

一、关于承认与执行裁决的程序，缔约双方适用各自本国的法律。

二、法院在对请求承认或执行裁决的申请作出决定时，应仅限于就是否符合第二十五条规定的条件进行审查。

第二十九条　承认与执行的效力

缔约一方法院作出的裁决经缔约另一方法院承认或同意执行，即与缔约另一方法院作出的裁决具有同等效力。

第三十条　仲裁裁决的承认与执行

一、缔约双方应根据1958年6月10日在纽约缔结的关于承认与执行外国仲裁裁决的公约，相互承认与执行仲裁裁决。

二、根据上述第一款所指公约第四条第二款提出的承认与执行的请求，就其所附文件的翻译而言，除经证明无误的仲裁裁决的译文外，只须提供原协议中的仲裁条款或仲裁协议的经证明无误的译文。

第四章　刑事司法协助

第三十一条　范　　围

缔约双方应根据请求，在刑事方面相互代为送达文书，向证人、被害人和鉴定人调查取证，讯问被告人，进行鉴定、勘验以及完成其他与调查取证有关的司法行为，安排证人或鉴定人出庭，通报刑事判决。

第三十二条　刑事司法协助的拒绝

除可根据第十二条拒绝提供刑事司法协助外，有下列情况之一的，被请求的缔约一方亦可拒绝提供刑事司法协助：

（一）被请求的缔约一方认为请求所涉及的犯罪具有政治性质；

（二）根据被请求的缔约一方法律，请求所涉及的行为不构成犯罪。

第三十三条　送达文书

第十六条和第十七条的规定亦适用于在刑事方面的送达文书。

第三十四条　调查取证

第十九条第一款、第二十条、第二十二条和第二十三条的规定亦适用于刑事方面的调查取证。

第三十五条　赃款赃物的移交

一、缔约一方应根据缔约另一方的请求，将在缔约一方境内发现的、罪犯在缔约另一方境内犯罪时所获得的赃款赃物移交给缔约另一方。但此项移交不得侵害被请求的缔约一方或者与上述财物有关的任何第三者的合法权益。

二、如果上述赃款赃物对于被请求的缔约一方境内的其他刑事诉讼程序是必不可少的，该方可暂缓移交。

第三十六条　刑事判决的通报

一、缔约双方应相互提供对缔约另一方公民所作出的已生效刑事判决及刑期的副本。

二、如有可能，缔约双方应根据请求相互提供本条第一款所指人员的指纹资料。

第五章　其他规定

第三十七条　交换情报

一、缔约双方应根据请求相互提供在各自境内有效的法律和司法实践的情报。

二、提供情报的请求应说明提出请求的机关，以及请求提供的情报所涉及的案件的性质。

第三十八条　认证的免除

在适用本条约时，缔约一方法院或其他主管机关制作并经其盖章的文件和译文，只要经该方中央机关证明无误，则无须任何其他形式的认证。

第三十九条　与其他国际条约的关系

本条约的规定不影响缔约双方根据本条约生效前参加的任何其他国际条约所享受的权利和承担的义务。

第四十条　争议的解决

因解释或实施本条约所产生的任何争议均应通过外交途径解决。

第六章　最后条款

第四十一条　批准和生效

本条约须经批准。批准书在北京互换。本条约自互换批准书之日起第三十日开始生效。

第四十二条　条约的终止

本条约自缔约任何一方通过外交途径向缔约另一方书面提出终止通知之日起6个月后失效。

本条约于1995年4月25日在尼科西亚签订，一式两份，每份均用中文、希腊文和英文写成，三种文本同等作准。如有分歧，以英文本为准。

缔约双方全权代表在本条约上签字，以昭信守。

中华人民共和国代表	塞浦路斯共和国代表
肖　扬	阿莱科斯·伊凡杰罗
（司法部长）	（司法及公共秩序部长）

第八部分　司法外事报告选载

中国司法代表团访问新加坡情况的报告

（1995 年 1 月 27 日）

应新加坡律政部常任秘书长吴金龙的邀请，以司法部张耕副部长为团长的中国司法代表团一行五人，于 1994 年 12 月 5 日至 8 日对新加坡共和国进行了为期四天的访问。

这次访问的主要任务是了解新加坡的司法制度，特别是律师制度、法律援助制度、监狱制度等方面的基本情况，介绍中国改革开放以来司法行政工作特别是律师工作取得的成就，促进中新两国司法界之间的业务交流与合作。访问期间，代表团先后同新加坡律政部、检察总署、内政部的官员和律师公会、律师楼的同行们进行了广泛而深入地交谈。会见了新加坡国会副议长叶尧清、最高法院大法官杨邦孝、律政部长兼外交部长贾古玛、律政部兼内政部政务次长何炳基、总检察长陈锡强等，参观了新加坡赖伟源王开平律师楼、杨梁及白律师楼和新加坡丹那美拉监狱等。所到之处，代表团都受到了热情的接待。在新加坡律政部的周到安排和我国驻新大使馆的大力帮助下，代表团圆满完成了访问任务，达到了预期的目的。

现将访新情况报告如下：

新加坡位于马来亚半岛南端，由新加坡岛及附近五十多个小岛组成，东西长 42 公里，南北宽 26 公里，总面积 633 平方公里，总人口 290 多万，华人占 77.7%，马来人占 14.1%，印度人占 7.1%，其它民族 1.1%。信奉佛教、伊斯兰教、印度教和基督教。英语、华语、马来语、泰来尔语为官方语言，英语为行政用语。新加坡自 1965 年 8 月 9 日成立共和国以来，注重利用有利的地理条件发展本国经济并取得了巨大成就。转口贸易、金融和旅游服务业成为新加坡重要的经济支柱，仅旅游服务业一项，每年收入可达 39 亿美元，经济增长率始终保持在 5% 至 8% 之间，进出口贸易总额 1356 亿美元，官方外汇储备 404 亿美元，年国民经济生产总值（GNP）保持在 468 亿美元左右，人均国民生产总值为 14719.6 美元，全年通货膨胀率为 2.3%，失业率为 2.7%。新加坡重视社会文明建设，强调法制的完善与健全，以保障经济的发展与繁荣，社会的团结与稳定。

一、新加坡的律师制度

据 1994 年上半年统计新加坡现有律师 2630 名（已取得律师资格的 3300 人），其中社会执业律师 2430 名（即律师楼的律师），政府律师 200 名。律师占人口总数的 8.7‰。社会执业律师中，40 岁以下的中青年律师为 1925 名，占 79.2%。女律师为 972 名，占 40%。到本世纪末，律师队伍发展控制在 3500 人以内。

新加坡律师的开业形式主要有两种：第一种是个人开业，在新加坡称之为“独资律师”，这种律师人数较少；第二种是合伙开业，这是当前律师开业的主要形式。被个人律师楼或合伙律师楼聘用的律师，新加坡称之为“受薪律师”。

新加坡对律师资格的取得要求很严。1993 年新加坡政府修改了律师法，对律师资格取得作了更加严格的规定：要申请新加坡律师资格，必须是新加坡国立大学法学院毕业生，或者获得由内政部长承认的英国剑桥、伦敦等十五所大学的法学学士二级以上学位的学生。除了对学历的要求外，申请人还必须经过六个月的“法律延续教育”和五个月的律师业务实习，经考试、考核合格后，才能取得律师资格。

“延续课程”是大学法律系课程的延续，凡是要求从事律师工作的毕业生，不论是本科生还是研究生，都必须接受“延续课程”的教育。“延续课程”教育由总检察长、高等法院大法官、律师公会和国立大学法学院负责人组成“法律课程委员会”负责。“延续课程”的内容主要是讲授律师实务，包括诉讼程序、司法文书、职业道德、财务管理等方面的基本知识。“延续课程”有成套的教材和讲义。授课人员由有经验的律师、法官、检察官、政府公务员等担任。“延续课程”结束后要进行考试,成绩合格者才有资格进行律师业务的实习,实习结束后也要进行考试和考核,合格者,才可取得律师的资格。

新加坡的律师管理工作主要由律政部、律师公会等部门负责。律师申请开业,先由取得律师资格的人到律师公会领取开业申请书,经律师公会审核同意,并经批准后方可开业;对律师的违纪处罚,律师公会只有警告、罚款 5000 新元以下和停业整顿、吊销执照等处罚的权力,撤销律师资格、撤销律师机构均由国家的律师管理部门批准。律师的营业执照每年更换一次,更换执照的申请要提交律师公会批准。

新加坡对私人执业律师的管理主要侧重于对律师个人经济情况的检查。新加坡的律师是自由职业者,国家对律师的收费标准(除法律对房地产买卖的业务收费有规定标准外)不作明确规定,而是由当事人与律师协商确定。收费标准的高低取决于该律师的知名度,律师收费一般按照时间收费,具体由当事人与律师协商每小时收费的数量。一般情况下,年轻律师每小时收费 200 新元,资深的律师每小时可以收取 400 至 500 新元。

律师楼内部的分配方式是,一般按照合伙人的约定分为两种:一是按出资比例分配利润;二是领取月薪。利润的分配只在实际合伙人中进行。实际合伙人为资历较深的老律师。那些刚从事律师工作资历较浅的合伙人,按月领取薪金。在合伙人中有威望的律师为首席合伙人,首席合伙人主持律师楼的工作。

在新加坡,律师个人只向国家交纳个人所得税,除此之外,国家不向律师楼征收任何费用。对于律师个人经济收入的检查,一方面由税务机关按个人收入累进税率收取税款,最高个人累进税率为 33%;另一方面由律师公会对律师楼和律师个人的帐簿进行检查。新加坡律师公会设有专业会计人员,专门负责审查律师楼和律师个人的收入帐簿。这是新加坡律师公会管理律师的最主要的手段。同时,律师公会还对律师的办案情况进行检查。如果律师收取的费用与提供的服务不符,办案质量太低或有其他违纪问题,当事人可以向律师公会投诉。律师公会对当事人的投诉有权进行调查,并根据调查的结果提出处理意见。为保护当事人的合法利益,律师在更换执照时,需向律师公会交纳 2000 新元左右的赔偿保险金。新加坡每年都有数名律师因为违纪而受到处罚。被吊销律师执照的律师在 7 年内不得再提出开业申请。

二、新加坡的律师公会

新加坡的律师公会是管理社会执业律师的行会团体。律师公会的领导机构是理事会。理事会设理事长 1 人,副理事长 1 人,会员若干人。副理事长下有委员 21 人,另外还有具体办事机构——秘书事务所。理事会的成员,除三名由律政部确定外,其余由律师代表大会选举产生。理事任期两年,每年换选理事 7 至 8 人。在选举中,按照律师的执业年限分组进行选举:执业 7 年以下的律师为一组;7 至 12 年的律师为另一组;12 年以上的律师又为一组。这样就保证了理事会会员中有不同层次的律师代表,保证了理事会的广泛性和全面性。律师公会的主要任务是:(1)负责制定律师业务的条例、规章;(2)代表律师向法律界的同行提出意见;(3)向律师提供法律方面的信息;(4)负责对律师权益的保护;(5)负责对违纪律师的惩戒等。律师公会的活动经费完全依靠律师交纳的会费。会费交纳的标准根据律师从业时间的长短确定。工作 1 至 7 年的律师每年需交纳会费 450 新元;7 至 12 年的交纳 650 新元;12 年以上的交纳 750 新元。每年会费收入 300 多万新元,基本可以满足需要。

对于律师的投诉,律师公会收到材料后,便将其转到调查委员会。调查委员会是律师公会下设的一个机构,平时只常设一名主席。共有 80 名成员,其中 40 名是执业律师。调查委员会接到律师公会转来材料后,从 80 名成员中选出 4 人,组成调查小组,负责调查投诉事件。按照规定,必须在 6 个月内将问题调查清楚,并提出处理意见。如调查小组认为问题特别严重,可移送给律师公会的纪检委员会处理。纪检委员会的 5 位主席由资历较深的律师组成。在查处案件时,从 5 位主席中选出一人,组成包括一名政府律师、一名社会执业律师、一名其它行业代表在内的纪检小组,具体负责案件的查处,并根据调查的结果提出处理意见。

对于违法情节严重的律师,律师公会则建议以大法官为首组成审判小组依法进行审理。

三、新加坡的政府律师

新加坡的律师分为两大类:社会执业律师和政府律师。所谓政府律师即有律师资格,在政府各部门担任法律顾问的人员,他们属于政府公务员序列。据统计,新加坡目前共有政府律师 200 多名,被派驻政府各有关部门。例如,国防部有 10 名、检察总署、律政部各 6 名、公司注册部门 10 名、商标专利注册部门 10 名、地契注册局 10 名、法律起草部门 7 名等等。政府律师的主要职责是:(1)担任政府部门的法律顾问,参与政府决策;(2)论证、解答政府部门提出的各种法律问题,提供法律咨询;(3)代理政府部门,出面办理各种法律事务;(4)接受政府委派,拟定各种法律文本、规章;(5)代理政府进行行政诉讼。在刑事诉讼中,代表政府出庭支持公诉。政府律师只拿政府公务员薪金,不能另收取费用,也不能到社会上办案。每个政府律师所拿薪金的多少根据其在公务员序列中的级别而定。

政府律师同社会执业律师相比,有其优势,如:政府律师工作 3、4 年后,根据表现政府可以给其奖学金,选送他们去英国进修学习。另外,政府律师晋升职务的机会比较多。他们中大多人都会得到提升。这样其薪水就不亚于社会执业律师,而且比较稳定和有保证。

四、新加坡的法律援助

新加坡的法律援助主要由律政部和律师公会负责实施,其分工是:律政部的法律援助局主要负责民事方面和死刑案件的法律援助;律师公会主要负责一般刑事案件的法律援助。

新加坡律政部的法律援助局成立于 1958 年,是政府的内设机构。目前法律援助局共有 30 多人,其中 6 名律师。该局的宗旨是为无力支付代理或诉讼费用的当事人提供经费帮助。该局法律援助的范围主要包括各项民事案件:如离婚、领养儿童、索取赡养费、不合法的解雇、租约纠纷、钱财赔偿、车祸、工业意外赔偿以及遗产案件等。在死刑案件方面,凡被最高法院判为死刑的罪犯,无论其经济情况如何,都可以得到法律援助,即为其免费提供刑事辩护。向法律援助局申请法律援助的公民,必须符合两个条件:(1)申请人要有充足的理由表明自己能够进行诉讼活动;(2)申请人必须能够提出有力的证据证明自己确无经济能力聘请律师。

律师公会的刑事法律援助,主要是指 1985 年 9 月设立的刑事法律援助计划。刑事法律援助只适用于触犯以下法令的案件:(1)武器与爆炸物法令;(2)腐蚀性爆炸性物体与攻击武器法令;(3)危险性烟火爆竹法令;(4)国民服役法令;(5)影片法令;(6)滥用毒品法令;(7)刑事法典;(8)防止贪污法令;(9)不良刊物法令;(10)破坏公物法令等。

公民申请刑事法律援助必须符合两个条件:(1)通过家庭经济状况调查,申请人的年收入不足 3000 元新币;(2)申请人提出的诉讼必须符合立案要求。经审查,如申请人具有接受法律援助的资格,律师公会便委托一名律师无偿为其担任刑事辩护人和诉讼代理人。

五、新加坡的监狱企业管理

新加坡的监狱由内政部管理。监狱的内部管理和监狱的企业管理分别由内政部内设的监狱管理局和附设的复原技训企业管理局负责。监狱管理局主要负责安全拘留和改造罪犯。复原技训企业管理局主要负责监狱企业生产,协助政府为刑满释放人员介绍安置工作等。

新加坡现有监狱 10 所,戒毒所 8 个,在押人犯 17000 人,其中罪犯 8000 人,吸毒者 9000 人。狱、所中共有高级管理人员 366 人,初级管理人员 1148 人,文职人员 177 人。

在 60 年代初,新加坡的监狱企业由监狱管理局直接管理,由于这些管理人员缺乏企业管理知识,因而企业经济效益很差。到了 70 年代,内政部成立了复原技训企业管理局,调进了一批懂管理、懂技术、懂生产的专门人才,专施管理监狱企业的职能。这些企业是由监狱管理局出租给复原技训企业管理局的,由其向监狱管理局交纳象征性的租金(每年仅 10 元新币)和犯人在企业劳动的报酬(每人每天 5 元新币)。复原技训企业管理局再将这些企业转租给私人企业主,双方签订租赁合同,由私人企业主具体负责这些企业的生产和经营。

复原技训企业管理局的局长系国家公务员,其薪水由政府发给,其他人员一律聘用或雇用,其薪水由管理局支付,对复原技训企业管理局不称职的局长监狱管理局有权予以撤换。复原技训企业管理局的收入,除维持其内部各项开支外,既不上交国库,也不纳税,而是用于企业投资和培训犯人。目前,新加坡的监狱企业主要包括:面包烘制、成衣制造、洗衣服务、印刷服务和金属品制造等等。

这次中国司法代表团出访新加坡,虽然只有短短的四天,但日程安排得很满,访问了不少单位,参观了不少地方,留下了深刻的印象。借鉴新方的有益经验,提出以下几点建议:

第一、进一步深化我国律师制度改革,发展和壮大我国律师队伍。新加坡人口不足 300 万,却有律师 2630 多名,占人数总数近 8.7‰,而且律师的整体素质和个人素质都比较高。这支队伍分布和服务于社会经济及其他各个领域,对促进该国的经济腾飞,维护社会稳定,起到了不可替代的重要作用。我国是一个拥有 12 亿人口的大国,到目前为止,仅有律师 7 万多人,占人口总数的 0.6‰,离江泽民总书记提出的需要 30 万律师的目标还相差很远。在这支队伍中,懂法律、懂经济、懂外语的高层次人才仅 3000 多名,占 4.2%。为了适应改革开放和建立社会主义市场经济体制的需要,自 1993 年 6 月以来,司法部将律师工作的改革作为司法行政工作改革的重中之重,推出了一系列改革举措,取得了显著成效。同 1992 年底相比,律师机构增长了 42%,律师人数增长了 55%,律师的素质也有了明显提高。但这同我国的客观要求相比还有很大差距。因此,坚持“大服务”的思想,进一步深化律师制度改革,发展和壮大律师队伍,仍然是我国司法行政工作改革的“重中之重”,需要大胆学习和借鉴外国的有益经验,大力促进我国律师事业的不断发展提高。

第二、加快建立我国的公职律师制度,为政府依法行政提供可靠保障。新加坡的政府律师制度给我们留下了深刻印象。政府律师既是国家的公务员,从事政府机关工作,又是政府的法律顾问,负责为政府提供全方位的法律服务。他们以律师的身分参予政府各项政策法令的制定、计划和重大措施的论证、出台等方面的工作,这样就把国家的法律、法规正确地溶进了政府的各项实际工作中去,确保政府依法行政。可以说,新加坡的政府律师已经成为政府部门进行宏观决策的一支不可缺少的法律保障力量。我国是一个大国,政府部门很多,要保持国家政策法令的畅通并切实得到实施,很有必要借鉴新加坡的做法,建立起我国的公职律师制度。这些公职律师由司法行政机关统一管理,派驻到政府各有关部门担任法律顾问。通过他们的工作,使法律进入政府的决策领域,以促进政府决策的科学化、法制化,确保政府依法管理,依法行政。

第三、加速完善我国的法律援助制度,依法维护每个公民的合法权益。新加坡作为亚洲的"四小龙"之一,尽管经济发达,国力雄厚,人民富裕,但他们仍很重视法律援助工作,从法律上给予贫穷者以扶助,使每个公民的合法权益都能够得到保护,从而维护了社会的稳定。我国幅员辽阔,人口众多,地区差异很大,城乡差别明显。目前,仍有8000多万人没有解决温饱问题,对他们来说,法律援助无异于食粟和布帛。因此,应当借鉴新加坡的经验,在我国已有规定(如,法院审理案件时,可依法对确有经济困难者免收诉讼费,律师可免费为某些受害者代理诉讼等等)的基础上,使之进一步规范化、系统化,尽快把我国的法律援助制度建立起来。其一、要制定有关法律援助的法律、法规和规章制度;其二由各级司法行政机关尽快建立相应的法律援助工作机构;其三要解决法律援助资金的筹措渠道和来源;其四要增强公民的法律援助意识。只有这样,才能使每个公民的合法权益得到切实的保障,从而增进人民团结,促进经济发展,维护社会稳定。

第四、进一步加强我国的法制宣传和法制教育工作,提高公民的法律意识。在新加坡我们深刻感受到,新加坡公民的法制观念和法律意识普遍比较强,大家都能够自觉地遵守国家法律和维护社会公共秩序。这一点,常常为新加坡的朋友们引以为豪。我国是社会主义国家,国家的法律体现了广大人民群众的意志,开展普法教育,把法律交给人民,变成群众的自觉行动,是我国司法行政机关的一项重要职能。自党的十一届三中全会以来,我国在全体公民中开展了第一个和第二个五年普法活动,对提高全民族的法律意识,起到了积极的推动作用。但是,就整体而言,我国公民的法制观念和法律意识同社会主义市场经济的客观要求相比,还有很大差距,法制宣传和法制教育工作还面临着十分繁重的任务。因此,要进一步强化法制宣传和法制教育,在提高公民法律意识,增强法制观念这个基础工程上花大气力,下大功夫,使我国法制宣传和法制教育工作的质量和水平再上一个新台阶,以加速我国法制建设的步伐,为建立和完善社会主义市场经济法制提供全方位高质量的法律服务和法律保障。

中国代表团出席"第九届联合国预防犯罪和罪犯待遇大会"的报告

(1995年6月29日)

第九届联合国预防犯罪和罪犯待遇大会于1995年4月29日至5月8日在埃及首都开罗举行,130多个会员国的司法部长、总检察长或内政部长等高级官员、有关国际机构和非政府组织的代表以及部分专家参加了会议。以司法部部长肖扬为团长、由司法部、最高人民法院、最高人民检察院和公安部、外交部五个部门组成的中国代表团出席了会议。现将有关情况报告如下:

一、会议的背景和概况

联合国副秘书长兼联合国维也纳办事处总干事贾科梅里以联合国秘书长加利的名义宣布大会开幕,随后。贾科梅里宣读了加利给大会的致辞。加利在致辞中指出,每个国家都有尽一切努力保护其子孙后代免受犯罪肆虐的责任,联合国大会可以在这一领域为各国政府提供一个独一无二的论坛。埃及总统穆巴拉克也在开幕式上致辞,强调政府应当在确立预防犯罪优先领域,执行预防性战略及执法措施以确保公众安全方面负主要责任,并且谴责了恐怖主义,希望国际社会采取统一行动,共同对付这种现象。

会议选举东道主埃及司法部长兼埃及代表团团长法鲁克·塞夫·埃尔纳斯尔先生为大会主席,阿根廷代表阿提里奥·阿尔瓦里兹先生为总报告员,乌克兰、中国等25个国家的代表为副主席,日本代表为第二委员会主席。

大会的主题是:"减少犯罪,增加正义,人人安全。"实质性议题共有4项:

1. 加强法治的国际合作和实际技术援助;

促进联合国预防犯罪和刑事司法立案;

2. 采取行动打击国内与跨国经济犯罪及有组织犯罪和刑法在保护环境方面的作用:国家经验与国际

合作；

3. 刑事司法和警察系统：警察和其他执法机构、检察院、法院和矫正机构的管理及改革；律师的作用；

4. 预防犯罪战略，特别是有关城市犯罪、少年犯罪及暴力犯罪的预防战略，包括受害者问题：评估及新的看法。

此外，根据联大的有关决议，在本届会议上还举办了6个讲习班，题目分别为：

1. 引渡和国际合作：交流各国经验，将有关的原则纳入国家立法；

2. 大众传播媒介和预防犯罪；

3. 城市政策和预防犯罪；

4. 预防暴力犯罪；

5. 国家一级和国际一级环境保护：刑事司法的潜能和局限；

6. 刑事司法系统管理的国际合作和援助：刑事司法工作的电脑化，刑事司法信息的开发、分析和政策应用。

会议还就打击政府官员腐败行为的经验和实际措施进行了为期一天的讨论。

会议的议题以及讲习班的题目反映了全球犯罪呈现出的新趋势。一是随着国际间交往的增多，跨国有组织犯罪迅速增加，对国际社会的稳定、发展和安全构成了严重威胁，是国际社会迈向新世纪之际面临的最重大的挑战之一。1994年11月，联合国曾在意大利那不勒斯举行了有组织跨国犯罪世界部长级会议，专门讨论了打击和预防这类犯罪；二是随着世界政治格局的重大变化，特别是一些发展中国家经济及政治结构的变革，经济犯罪日益严重，一些国际犯罪集团通过"洗钱"和贿赂等方式逐渐渗透到国家的经济领域和政府部门；三是在迅速城市化过程中城市发展失衡和大量人口盲目流向城市，使城市问题增加，城市犯罪，尤其是青少年犯罪和暴力犯罪愈发突出，导致公众的安全感下降；四是随着工业化的发展，环境不断遭到破坏，环境犯罪随着工业化程度的提高而日趋严重。

二、会议的成果

联合国预防犯罪和罪犯待遇大会是联合国预防犯罪和刑事司法方案的一个重要组成部分，是国际社会就预防犯罪和刑事司法问题交流经验与看法和协调各国行动的重要机制，本届大会取得了成功，尤其是在会上举办的6个讲习班受到了各国代表的称赞。除了各国通过大会和讲习班充分交流经验与看法之外，会议还协调了各国的立场，对国际社会所关切的一些犯罪和刑事司法问题采取了行动，在协商一致的基础上，通过了10个实质性决议。分别为：

1. 打击有组织跨国犯罪的国际文书，例如公约；

2. 切实执行《囚犯待遇最低限度标准规则》；

3. 加强法治的国际合作和实际援助：发展联合国示范文书；

4. 消除对妇女的暴力行为；

5. 为预防犯罪和公众安全目的而实行枪支管制；

6. 在公共行政负责和可持续性发展情况下的刑事司法管理；

7. 恐怖主义与有组织犯罪的联系；

8. 联合国刑事司法方案中作为犯罪受害者和犯罪者的儿童：从制订标准到实施和行动；

9. 第九届联合国预防犯罪和罪犯待遇大会的建议；

10. 向埃及表示感谢及建立地中海国家预防犯罪和刑事司法培训和研究区域中心。

本届会议上通过的这些决议以及讲习班上的示范反映了当前国际社会预防犯罪和刑事司法发展的趋向。首先，国际社会强调预防犯罪是保障社会持续发展的一项重要措施，应当将其纳入国家统一的社会发展规划，通过城市政策、医疗政策、家庭政策、教育政策、青年政策和就业政策等消除犯罪产生的原因，避免个人产生或消除个人已经产生的犯罪动机，从根本上预防犯罪。其次，国际社会非常重视"情境预防"对减少犯罪的作用，通过增加犯罪的难度，增加犯罪的危险和减少犯罪所得等措施，防止犯罪的产生。其三，国际社会近年来一直在推行社区预防战略，强调通过社区组织、社区防护和社区发展等措施来减少不同社区内的犯罪，最终减少犯罪总量，前述决议从不同侧面和层次反映了国际社会预防犯罪的经验和成果，体现着国际社会预防犯罪的发展趋向。

但是，在这次会议上也出现了一些分歧，如对恐怖主义、打击有组织跨国犯罪的国际文书以及消除对妇女的暴力和切实执行《囚犯待遇最低限度标准规则》等有关问题，各国的看法不尽一致。最后通过的决议是各方相互妥协的产物。

三、中国代表团的活动与作用

依照会前确定的活动方案，中国代表团团长肖扬就第一议题发了言。来自公安部、最高人民检察院和最高人民法院的代表分别就第二、第三和第四议题发了言。另外，中国代表在刑事司法管理现代化和城市政策与预防犯罪两个讲习班上发了言，还就反腐败问题在大会举行的反腐败专门会议上发了言。这些发言事先都经过了认真的准备，发言后反映较好，收到了宣传我国经验与主张的预期目的。

对于大会通过的十项决议，中国代表团参与了非正式磋商和案文修改的全过程，对每一项决议案都在认真阅读和研究的基础上提出了自己的修改意见，其中绝大部分意见都被接受，在最终通过的议案中得到了反映。对于《加强法治的国际合作和实际援助：发展联合国示范文书》议案,在我们的修改意见被接受之后,我们觉得这一议案的通过对于我们打击外逃的犯罪分子有利,便加入了这一议案的共同提案国。

此外,在会议期间,肖扬部长还会见了一些国家的代表团团长和有关国际组织代表,进行了交流,其中包括联合国副秘书长兼联合国维也纳办事处总干事贾科梅里,阿尔及利亚、巴基斯坦、古巴、巴西、波兰、保加利亚、日本、埃及、秘鲁、斯洛伐克、澳大利亚、韩国、摩洛哥等13个国家的司法部长,马耳他、埃及等国的内务部长,以及国际刑法学会主席和亚洲预防犯罪基金会主席等。与埃及举行了《中埃民、刑事司法协助协议》交换批准书仪式。这些活动对于促进我国与其他国家的司法交流与合作将起到重要作用。

四、几点体会和建议

(一)执行会议的有关决议。这届大会通过了十项具有实质性内容的决议,其中许多内容与我国有关,需要在预防犯罪和刑事司法实践中加以执行,这是联合国会员国应当承担的义务。从决议的内容上看,这些决议反映了国际社会在预防犯罪和刑事司法领域取得的最新成果与经验,对于加强和完善我国预防犯罪和刑事司法体制,并逐渐使之与国际接轨具有非常重要的借鉴和参考价值。况且,我国积极参加了这些决议的起草和修改,在所有决议草案通过之前都充分发表了意见,所提意见基本上都被接受了。因此,这些决议都是我国可以接受的,应由有关单位具体研究这些决议的案文,就如何执行提出具体意见。

(二)加强对国际社会预防犯罪问题,包括联合国有关机制的研究。由于犯罪被国际社会视为重大的威胁之一,因此,各个国家及联合国等有关国际组织都加强了对预防犯罪的研究,并取得了丰富的成果。近年来,我国的犯罪问题,尤其是经济犯罪和有组织犯罪等问题也愈加突出,亟需借鉴国际社会的成功经验,吸取其教训,将我国的预防犯罪工作提高到一个新水平。司法部作为我国参与该领域活动的主管部门,应加强这方面的研究,协调国内各政法部门的行动。

(三)积极参与联合国在这一领域的有关活动。我国是联合国预防犯罪和刑事司法委员会的委员,自改革开放之后一直参与联合国在这一领域的有关活动,今后应当继续参与。通过参与,可以获得预防犯罪领域的一些最新信息,借鉴国外的经验,加强与有关国际组织和其他国家合作,争取一些技术援助项目,为改善和加强我国预防犯罪和刑事司法体制服务。今后的参与应当更加深入,并逐渐提出我们自己的议案。结合联合国该领域的活动及我在预防犯罪方面的基本政策立场,国内可以组织专门的研讨,以求加强对这方面的研究。参与这一领域活动的队伍应当稳定、专门化,保持连续性,不宜频繁换人,同时要进一步加强这方面的力量。

(四)加强对外宣传,树立我国的正面形象。从这次与会的情况看,多数外国人,尤其是一些中小国家的人士,对中国了解不多,加强对外宣传非常必要。因此,应当加强对外宣传,宣传我国的文化和成就,使更多的人了解中国。其他许多国家都很注意充分利用大会的机会宣传自己的文化和司法制度,值得我们借鉴。

(五)需要注意的几个问题。一是恐怖主义问题,在会上分歧很大,西方国家和中东等发展中国家的认识很不一致。如果恐怖主义这一政治概念被引入预防犯罪和刑事司法领域,势必会引起一些混乱和政治麻烦。二是非政府组织问题。从这次会议的情况看,越来越多的非政府组织介入了预防犯罪和刑事司法领域。非政府组织中的专业机构和学术机构的参与为促进联合国预防犯罪和刑事司法方案起到了一定的作用,但是一些政治色彩颇浓的非政府组织如人权组织、大赦国际组织等的介入将会在这一领域起到消极作用。在这次会议通过的决议中,我们都有意识地排除或淡化了非政府组织介入的问题。三是人权问题。除了人权领域本身之外,预防犯罪和刑事司法领域是涉及人权问题最多的一个领域,人权涉及国家主权、政治、经济和文化等问题,应当予以高度重视。

中国代表团出席联合国预防犯罪和刑事司法委员会第四届会议的情况报告(有删节)

(1995年7月6日)

联合国预防犯罪和刑事司法委员会第四届会议于5月30日至6月9日在维也纳举行。委员会四十个成员国与会，联合国其它成员国、联合国有关机构以及政府间组织、非政府组织也派代表参加了会议。由司法部副部长刘飏率领，司法部、外交部、公安部派员参加的中国代表团出席了此次会议。现将会议的有关情况报告如下：

一、会议概况和特点

此次会议是在联合国第九届预防犯罪和罪犯待遇大会结束不到一个月内举行的，采取后续行动落实“九大”及去年在那不勒斯召开的联合国有组织跨国犯罪问题世界部长级会议提出的各项建议，是本届会议的重点。会议审议的实质性议题有五个，即：

①审议第九届联合国预防犯罪和罪犯待遇大会的建议；

②审查优先主题(即：国内和跨国犯罪、有组织犯罪、包括洗钱在内的经济犯罪以及刑法在环境保护方面的作用；城市地区的预防犯罪、少年犯罪及暴力犯罪；刑事司法系统及有关系统的管理和行政方面的效率、公正性和改善等等)；

③技术合作及加强联合国预防犯罪和刑事司法方案；

④联合国在预防犯罪和刑事司法领域的标准和规范；

⑤与联合国其他机构和其他实体的合作和活动协调。

通过讨论和协商，大会通过了十二项决议案，其中有十项提交给今年的经社理事会，一项提交给今年的联大审议。其中主要有：

执行第九届联合国预防犯罪和罪犯待遇大会的各项决议和建议；

城市犯罪预防准则；

采取刑事司法行动打击有组织跨越国境偷运非法移徙者的活动；

执行《那不勒斯政治宣言和打击有组织跨国犯罪全球行动计划》；

联合国预防犯罪和刑事司法标准和规范；

打击贪污腐败的行动；

技术合作及加强联合国预防犯罪和刑事司法方案；

关于制定刑事司法最低限度规则的提议；

根据预防犯罪和刑事司法委员会对联合国预防犯罪和刑事司法立案的战略管理计划提供有关资料；

预防犯罪和刑事司法方面的技术合作和区域间咨询服务。

会议的主要特点是：

1. 会议气氛务实。围绕落实“九大”以及去年那不勒斯部长级会议提出的各项建议，与会各国均强调要加强国际合作，打击有组织跨国犯罪，加强联合国预防犯罪和刑事司法方案，充分发挥联合国预防犯罪处在国际预防犯罪领域的中心协调作用。与会代表对预防犯罪和刑事司法领域内的具体问题进行了较深入的讨论。

2. 委员会的工作日趋成熟，逐渐走上正轨。“九大”和那不勒斯部长级会议的结果不仅对本届会议的进程产生了深刻影响，而且也为委员会今后的工作拓宽了视野。那不勒斯会议上关于建立一个司法人员国际培训中心的设想也初步落实。本届委员会就此通过了一项决议，具体决定在意大利罗马建立该中心，并对中心的人员、经费及其活动等也作了安排。本届会议对委员会过去四年来审议的议题进行了归类，突出了优先事项，明确了工作方向。这是委员会经过四年的实践和探索，日趋成熟和走上正规的表现。不少代表还强调了秘书处应加强预防犯罪战略管理的计划性。

3. 方案预算有限，经费拮据，围绕预算和经费开支争吵激烈。经费问题一直是困扰委员会开展工作的一个突出问题。在本届会议上，围绕方案预算、预防犯罪处升格为司以及各决议案涉及的经费问题争论激烈。美、日等国对委员会及秘书处未能按有关决议安排和使用好有限的资金、缺乏计划性表示强烈不满，并提出了相应的决议草案，敦促委员会从下届会议起就拟议的活动采取行动前须先审查通过所提供的有关说明。

4. 在联合国预防犯罪领域，意、芬、加、德、法、奥、荷等欧洲集团国家比较积极，欧盟观点基本一致。美国对委员会的工作现状表示不满，也不支持委员会目前有大的作为，常常在方案预算问题上作文章。日本在“九大”和本届会议上表现活跃，提出“枪支管制”提案，试图对联合国预防犯罪领域施加影响(后纳入“执行联合国预防犯罪和罪犯待遇大会的各项决议和建议”议案，未作为独立提案审议)。在发展中国家中，埃及、阿根廷、古巴、哥伦比亚等国较活跃，积极争取和维护本国或本地区的利益，但因力量分散，难以形成一致意见，有时甚至内部争执，相互抵销。

5. 美国在本届会议上再次提出“打击偷渡”的提案，并与打击有组织跨国犯罪议题挂钩，使之成为下届会议优先事项的内容之一。该提案呼吁会员国在这方面开展双边和多边合作，包括促进技术援助，以便帮助各国制定和执行必要的政策等。

6. 加拿大提出的有关“对妇女暴力”的提案中，提出请秘书长将“九大”通过的“消除对妇女暴力行为”的第8号决议呈交今年在北京召开的第四届世界妇女大会。

二、我代表团参加本届会议的活动情况

我代表团团长、司法部副部长刘飏，就落实联合国第九届预防犯罪和罪犯待遇大会建议和技术合作问题，在大会上作了发言，介绍了中国在预防犯罪和刑事司法领域的成果，阐明了促进国际技术合作的立场。刘飏提出：遏止不断加剧的跨国犯罪势头，减轻犯罪对社会稳定和经济发展的影响，必须加强国际间的交流与合作，对跨国犯罪采取一致的国际行动，为此各国应该进一步交流犯罪信息和资料，掌握犯罪活动的总体动向，及时制定遏止跨国犯罪的对策，还应该交流各国在刑事立法和刑事司法及预防犯罪方面的经验和教训，从而改善和加强各国在这一领域的工作，避免有组织跨国犯罪利用各国立法和司法制度上的差异、漏洞逃避惩罚。

我代表团在参加本届会议中，积极参与各项议题和有关决议案的审议，积极参与各种形式的磋商，及时提出我主张，维护我利益。

三、几点建议

1. 鉴于联合国预防犯罪和刑事司法领域的工作趋于务实且涉及面不断扩大，建议我有关部门、特别是政法部门加强对这个领域活动的参与和深入研究，充分利用多边和双边渠道为我服务，如培训司法实际工作者和研究人员，充分利用有关预防犯罪和刑事司法信息网的资料，加强与有关国家、特别是周边国家在司法领域的交流和合作，研究有关国家的政策动向，等等，使我在联合国预防犯罪和刑事司法领域发挥更大的作用。对拟在意大利建立的国际执法和刑事司法人员培训中心，我似可持积极态度，建议届时对该中心适当捐款，以便我今后输送司法人员到该中心培训。

2. 从此次会议看，西方国家今后有可能把人权问题扩大到联合国预防犯罪和刑事司法领域，并有可能将来企图把这一领域的援助和技术合作与人权问题挂钩，我应密切注意这一动向，并重视对这一问题的研究。

3. 明年的预防犯罪和刑事司法委员会第五届会议，将研究第十届联合国预防犯罪和罪犯待遇大会的计划和筹备工作，包括会期和会址，我亦应早作研究。

4. 本届会议决定下届会议将把反腐败作为一个重要议题，建议结合今年十月在北京召开的第七届国际反贪污大会的成果预作准备，拟定我对此问题的对策。

5. 加强对联合国预防犯罪和刑事司法领域工作的研究，争取我国在该领域发挥更大作用。注意吸收国际一级预防犯罪经验，为我法制建设参考，同时宣传我法制建设成果，为增进法制建设和有关领域的国际合作作出更大贡献。

中国司法代表团访问
塞浦路斯共和国的情况报告（有删节）

（1995 年 8 月 16 日）

经国务院批准，应塞浦路斯共和国司法及公共秩序部长的邀请，以肖扬部长为团长的中国司法代表团一行七人，于 1995 年 4 月 24 日至 27 日对塞国进行了访问。这次访问的目的是签署《中塞民、商和刑事司法协助条约》，了解塞国的司法制度，加强两国业已存在的司法交流和传统友谊，访问期间，塞国政府和司法及公共秩序部对我代表团十分重视，给予较高礼遇和热情接待，同时，我驻塞国使馆对我代表团的访问给予多方面的支持和帮助。由于各方的共同努力和密切配合，访问达到了预期目的，取得了圆满成功，现将主要情况报告如下：

一、访问取得的主要收获

访问期间，我代表团广泛接触了塞国社会各界特别是法律界人士，比较详细地了解了访问国的政治、经济和司法制度。就共同关心的法律制度和司法改革问题与塞国司法及公共秩序部长伊凡杰罗举行了正式会谈，并正式签署了《中塞民、商和刑事司法协助条约》。分别会见了塞最高法院院长约杰尔斯·皮克斯和总检察长阿莱科斯·马克德斯，相互介绍了各自国家的审判和起诉、检察制度。代表团还会见了塞国议会法律委员会主席埃夫斯达西尔斯·埃夫斯达西尔先生，拜会了塞国代理总统瓦索斯·理萨利德斯阁下。相互介绍了各自国家的法律制度和经济发展情况。参观考察了坐落在首都尼科西亚的塞浦路斯监狱。应主人邀请，代表团还参观了塞浦路斯共和国的“绿色分界线”和塞浦路斯国家博物馆等。

塞国政府、司法部和新闻界对中国司法代表团的此次访问极为重视。政界和法律界人士普遍关注中国的改革开放和经济发展形势，称赞中国政治稳定、经济繁荣和法制建设不断完善，希望在各方面，尤其在经济、文化、司法等领域同我国进行合作与交流。电视、广播和报刊对访问活动及时进行全程跟踪报道，引起较大反响，体现了对中国人民的友谊。我司法代表团也注意利用各种机会，广泛宣传我国的基本政治制度和法律制度，介绍十一届三中全会以来我国社会主义现代化建设和民主法制建设方面的成就。肖扬部长在会见、会谈和记者招待会等各种场合，全面介绍了我国政治经济形势、法制建设成就和司法行政部门在国家法制建设和经济建设中的重要地位和作用，在政界和法律界引起很大反响，受到高度赞扬。

总之，通过上述活动，代表团不仅了解了塞国的司法制度、签署了《中塞民、商和刑事司法协助条约》，而且还宣传自己，达到增进友谊，加深了解，增强合作的目的。整个访问过程气氛热烈友好，安排周到。

二、塞浦路斯共和国的司法制度情况

塞浦路斯共和国沿袭英国的法律体系，属英美法系，同时也吸收大陆法系的一些做法。议会是国家的立法机构，议会法律委员会承接各个部门的法律议案，负责法律议案提交议会审议之前的审查。法院独立行使审判权，国家立法必须经过最高法院认可，法院提出异议法律就不能成立。法官由司法委员会任命，任命时听取法院意见。检察院代表政府参与诉讼，主要职责是对刑事案件进行起诉，总检察长是总统的法律顾问，检察官是各级政府的法律顾问。

司法及公共秩序部是塞国政府的司法职能部门，其主要职责是司法行政及公共安全工作。负责司法行政、机构改革、协调法律关系、管理监狱；负责国际法律人权问题研究和双边条约的签订；还负责妇女权益和青年工作。司法及公共秩序部机关编制 40 余人，设司法办公室、国际法律合作处、监狱管理处、人权与土占领土塞族人问题处、救济及烈属抚恤委员会、租赁补助基金委员会、妇女权利和青年管理等。

自 1993 年起，塞浦路斯警察隶属司法及公共秩序部领导，塞警察的主要职责是维护国家的法律和秩序、保卫和平，预防和调查犯罪，追捕罪犯，保护人民及公共设施，维护并改善交通秩序，减少事故。设警察管理、消防、国家档案、查找失踪人等处室。为了更好履行职责，警察通过更新设备和人员培训来加强力量。1988 年在警察总部建立了资料查询中心，1990 年成立了警察学院。查询中心装备有最先进设备，并能迅速提供问题解答、出入境情况以及外国人登记管理情况。所以塞国发生的刑事案件的数量较低，1991 年发生严重刑事案件 3626 起，1992 年发案 3811 起，1993 年发案 4302 起。

塞浦路斯只有一座监狱(在首都尼科西亚)。在押罪犯一般在 151 人至 225 人之间，其中 41%是外国籍的犯人。国家的监狱管理政策是：安全关押犯人，对犯人给以人道主义待遇，通过一系列教育和改造计划鼓励和提高犯人重新生活的能力。根据欧洲理事会统计，塞浦路斯的犯人占全人口的比例为十万分之一，监禁率属欧洲最低之列。罪犯的 70%关押在高度戒备的监区，22%关押在开放式的监区。8%的罪犯可以 12 小时在社会上找工作。监狱对罪犯也实行劳动矫正，生产的产品绝大部分是为政府提供办公用品和公用设施用品，由政府定购，少量产品进入社会市场销售。根据罪犯劳动的表现，每劳动一个月可减刑 6 至 10 天，并可得到一定的工资报酬。判终身监禁的罪犯要经过总统批准才可减刑。监狱对罪犯也实行文化教育，每年 9 月份给每个罪犯发一张学习文化计划单，让罪犯自己提出学习的内容，然后有针对性地到社会上请老师给他们授课，确实需要到外面去学习的，监狱给他们提供机会。罪犯的学习经过考试合格发给社会承认的文凭。罪犯的重新犯罪率 21 岁以下的是 9%，其他刑事犯重新犯罪率是 35%左右。

三、若干建议

(一)重视与塞浦路斯共和国的关系。塞浦路斯共和国地处地中海，是欧盟的成员国，欧洲的军事战略要地。建议我国加强与塞浦路斯共和国在政治、经济等方面的交流与合作。

(二)认真执行《中塞民、商和刑事司法协助条约》，积极开展司法领域的交往与合作。塞历届政府重视与我国的关系，对我态度友好。所以我们应认真执行《中塞民、商和刑事司法协助条约》，尽快交换条约批准书，使其早日生效。为了进一步开拓两国在司法领域的联系与合作，密切两国司法部门的关系，我们还建议今后进一步加强两国法律资料的交流；加强两国法学交流，互派访问学者和留学生；加强两国监狱管理部门的交流与合作；加强律师交流，互派律师到对方律师事务所学习。

(三)加强对中、小国家的正面宣传，树立我国的形象，广泛宣传我国人权状况和成就，使世界更多的人了解中国。尽可能地与第三世界国家和中小国家结成统一战线，争取人权斗争的主动性。

中国司法代表团访问日本国的情况报告(有删节)

(1995年11月3日)

经国务院批准,应日本国法务省的邀请,以司法部部长肖扬为团长的中国司法代表团一行7人于10月11日至17日访问了日本。这次中国司法代表团访问日本,是在中国共产党召开十四届五中全会、制定国民经济和社会发展"九五"计划和2010年远景目标以及纪念世界反法西斯战争和中国人民抗日战争胜利五十周年这样一个背景下进行的,因此这次访日不只是对1993年日本法务大臣访华的回访,更重要的是一次具有政治意义的访问。这次访问受到日方的高度重视和热情接待。

访日期间,中国司法代表团同日本法务省新上任的法务大臣宫泽弘及事务次官进行了工作会谈,了解了日本法务省的机构、职能及其作用;与日本最高检察厅检事总长、最高裁判所所长进行了座谈,了解了日本的检察制度、审判制度等;会见了日本自民党元老、前副总理后藤田和法务省特别顾问、法律界权威三月章教授;参观了府中监狱、大阪监狱和一个公证人事务所,听取了关于监狱管理和公证工作的介绍;参观了设在日本的联合国亚洲及远东预防犯罪和罪犯待遇研究所,并与该所负责人进行了会谈。访日期间,还参观了日本电气公司(NEC)、日本通讯广播公司(NHK)和东芝科学馆,了解了日本当今高新技术的发展状况。中国司法代表团访日取得了积极的成果。

中国司法代表团这次访日,时间虽短,但收获颇丰,主要是:

一是广泛宣传了中国实行改革开放以来经济建设和法制建设的重要成就,介绍了本世纪和下世纪初经济与社会的发展目标。肖扬同志在与日本各方面人士进行会谈中,不失时机地介绍了中国改革与发展的情况。在与日本自民党元老、前副总理后藤田会谈时,肖扬部长着重介绍中共十四届五中全会关于制定"九五"计划和2010年远景目标的情况,后藤田先生对中国制定宏伟的发展目标表示了由衷的敬佩和赞赏,并对中国改革开放所取得的成就给予了充分的肯定,认为经过中国人民的努力,中国一定会成为一个富强和文明的国家。他说,随着1997年香港的回归和1999年澳门的回归,可以想象,在本世纪末和下世纪,中国将会是何等的繁荣。后藤田先生也对中国的经济建设提出了一些好的建议。在与日本法律界资深人士三月章先生会谈时,他由衷地感谢肖扬同志的介绍,并结合他今年8月参加在北京举行的亚洲及太平洋地区法律家协会时的感受,认为中国是一个充满活力和巨大潜力的国家,并坦诚地告诉肖扬同志,通过到北京参加亚太法协会议和听取肖扬部长的介绍,改变了他对中国的一些不全面的认识。日本各界在与代表团接触过程中,表现出对中国改革开放和现代化建设的极大关心,也表示愿意为中国的改革与发展多作些有益的工作。肖扬同志在访日期间,鲜明地表达了中国纪念世界反法西斯战争和中国人民抗日战争胜利五十周年的重要意义,阐明了中国在处理中日关系中一些重要问题的原则立场,指出这些原则问题是中日关系的政治基础。日方有关人士对这些问题特别是对中国进行核试验给予充分理解。

二是了解日本的司法制度和法务省的机构、职能及其作用。在与日方座谈中,我们了解到,日本是严格执行三权分立的国家,日本法务省在日本国家行政机构中处于十分重要的地位。日本法务大臣一般由资深政治家担任,法务省下设检察厅、大臣官房、民事局、刑事局、矫正局、保护局、讼务局、人权保护局、入国管理局以及多个司法审议会和法务综合研究所、矫正研修所等。日本的法务大臣领导总检察长,但检察机构相对独立,设有高等检察厅、地方检察厅和区检察厅。日本法务省设有公安调查厅和公安审查委员会。刑事局还管理着全国的公共安全工作。日本的审判机构分为最高裁判所、高等裁判所、地方、家庭裁判所和简易裁判所。审判机构的经费由中央财政直接划拨,不与地方发生关系。根据我们的了解,日本的法制比较完备,有一个行业就有一部法律来管理,而且法律具有稳定性和超前性。日本国民的守法意识很强,街头上看不到车辆和行人闯红灯现象。日本国内的法律执行非常严格,如发现法官与他人私下进行涉及公务的交往,就会取消其担任法官的资格,而且在公民中威信扫地。日本法务省矫正局主管全国的监狱工作,在各大区设立矫正机构,刑务所(即监狱)由大区矫正长官领导。日本的刑务所现代化程度很高,管理严格,全国几乎没有犯人脱逃的现象。日本的律师由律师公会管理,法官、检察官、律师、矫正官由法务省组织的全国司法考试统一择优录取，由法务省授予资格。日本的公证人都是由资深的法官、检察官、律师、矫正官在退休后担任，办理的公证文书同法院的判决书（裁定书）具有同等效力。

三是了解到科技与法制在日本国家发展过程中的重要作用。这次中国司法代表团访日，日方除了安排法律界的交流外，还特意安排了参观访问一些高新科技企业，这也印证了日本有关人士介绍日本发展时的所言，日本的发展，一方面是靠科技推动各项产业的发展，一方面是靠法制来维护社会秩序和建设成果。在参观过程中，我们切实感到了日本的现代化程度，科学技术已渗透到各个领域和人们的生活中。日本的监狱现代化程度也很高，罪犯的管理基本上实现了全程监控等现代化管理手段。我们了解到，日本的法制建设与经济建设是同步进行的，日本的经济发展以法律作为重要的保障手段。日本的多数法律，都是在其经济迅速发展的六、七十年代进行修订和完善的。日本的法律制定，既吸取英美法律制度的有益之处，也保留了日本传统的法律制度，使其法律制度适应本国国情，某些法律制度在世界上也是很独特的。这种在国家发展过程重视科技与法制，在法制发展中重视内外吸收和借鉴的方法，很值得我们进一步深入研究和借鉴。

四是增进了两国司法界的互相了解和友谊，为今后的交流与合作奠定了基础。这次中国司法代表团访日，接触日方人士层次较多、人员广泛，既举行了官方的会谈，又参与了由日本民间团体组织的活动。期间，既探讨了中日之间传统文化的渊源和异同，宣传了中华民族悠久和文明的历史，又不失时机地宣传了中国对维护世界和平与发展、中国政府处理中日关系的政策。由于新疆司法厅厅长是中国司法代表团的团员，受到日方有关人士的关注，因此在访问过程中还向日本人士介绍了中国的民族政策，使他们感到只有在中国才能实现真正意义的民族平等。日方也坦诚地介绍了日本国内的政治局势和经济发展中的问题。在日中法律家协会举行的宴会上，代表团与日本人士进行了广泛的交流，气氛十分热烈。日方人员亲切地称中国为老师，认为没有中华文化的传播，就没有日本今天的繁荣。在与联合国亚洲及远东预防犯罪和罪犯待遇研究所负责人座谈时，他们充分肯定了参加今年 7 月专门为中国举办的司法人员研讨班的中国司法官员的勤奋与刻苦，表示非常欢迎继续派遣专业人员来此进行研修。日本法务省特别顾问、法律界权威三月章先生和日本法律界知名人士，准备在今年 11 月份在大阪举办中国法律介绍会。一位日本人士说，绝大多数日本人是关心中国的，少数人敌视中国是形不成气候的。我们所接触的日本各界人士，都表示了对中国改革发展的极大关心，也愿意加强中日之间官方或民间的交往。可以说，这次中国司法代表团访日，为今后两国司法界的交流与合作创造了良好的开端，也奠定了基础。

第九部分　司法部归口管理的协会、学会工作概况

中国法学会

1995年，中国法学会和所属各学科、专业、专门研究会及各地方法学会，在邓小平建设有中国特色社会主义理论指导下，认真贯彻党的十四届四中、五中全会精神，增强全局意识、重点意识、精品意识，以务实精神和求实作风，为加强我国社会主义民主与法制建设，繁荣法学研究，主要做了以下工作：

一、召开三届四次常务理事扩大会议

3月25日至27日，在京召开中国法学会三届四次常务理事扩大会议。中共中央书记处书记、中央政法委员会书记任建新，全国人大常委会副委员长李锡铭出席会议。任建新作了重要讲话，司法部部长肖扬也讲了话。中国法学会会长邹瑜作了题为《在新形势下推进民主法制建设，促进经济发展和社会全面进步》的工作报告，提出了1995年的工作任务。法理学、民法学经济法学、刑法学研究会和北京、上海、浙江等省市法学会的负责人分别就建立法制国家的有关问题和进一步开拓法学会的工作在会上发了言。会议期间召开的三届五次常务理事会议，审议通过了《中国法学会1995年工作要点》和《关于评选杰出青年法学家的办法》。

二、用基本理论和基本路线武装头脑，服从和服务于全党全国工作大局

（一）认真学习和贯彻党的十四届五中全会精神和《中共中央关于制定国民经济和社会发展“九五”计划和2010年远景目标的建议》。一致认为，党中央为我们国家勾划出了今后十五年经济发展和社会进步的跨世纪宏伟蓝图，为了贯彻“坚持改革开放和法制建设的统一”的方针，有必要对今后我国十五年法制建设的目标进行探讨和研究。为此，向有关领导部门提出了制定这一目标的建议。

（二）积极推动邓小平民主法制思想的学习和研讨。北京、天津、黑龙江、上海、浙江、江西、广东、四川、宁夏和西安、哈尔滨等地方法学会先后举行邓小平民主法制思想研讨会、座谈会、报告会。中国法学会提出，围绕邓小平民主法制思想的核心、精髓和基本内容，邓小平民主法制思想对毛泽东民主法制思想的继承和发展，依法治国、建设社会主义法制国家等问题，开展征集论文工作，积极筹备开好全国性的邓小平民主法制思想研讨会。

三、围绕改革、发展和稳定中迫切需要解决的问题，深入开展法学研究

（一）中国法学会围绕“依法治国，建设社会主义法制国家”这个总题目，从立法、司法、执法、普法等方面进行了广泛的探讨。并组织有关单位共同研讨了“当前严重犯罪的心理和对策”，到年底已分头写出分题报告，正进行总报告的撰写工作。

（二）中国法学会所属各学科、专业、专门研究会，也紧密结合本专业的实际，确定研究重点。法理学研究会着重研讨走向21世纪的法理学。刑法学研究会重点研讨打击经济犯罪的若干重大理论和实际问题。诉讼法学研究会着重研究《刑事诉讼法》的修改和民事审判方式的改革。民法学经济法学研究会着重研讨物权法的体系、国有企业的财产权等问题。民族法学研究会着重研讨市场经济条件下的民族法制建设。香港法律研究会重点研讨内地与港澳地区的法律冲突和司法互助问题。江泽民主席发表《为促进祖国统一大业的完成而继续奋斗》的重要讲话后，海峡两岸法律问题研究会及时进行了座谈讨论。《民主与法制》社召开了新时期道德建设研讨会。黑龙江、福建、江西、湖南、广东、武汉等地方法学会围绕完善社会主义市场经济体系、维护社会稳定、反腐倡廉、打击跨境犯罪和海峡两岸经贸投资等问题进行了研讨。四川省法学会参与组织专家为省委、省政府领导干部讲了两次法制课。此外，还先后召开了东北、华北等13省区市法学会第11次经济法讨论会，中南、西南9省区法学协作研讨会，西北5省区

法学研讨会，华东6省1市暨湖南省法学会工作经验交流会，以及14大城市法学会第9次协作会暨城市法制建设理论讨论会，苏鲁豫皖湘赣友邻地市法学会第14次学术研讨会。通过这些多学科、多层次、多渠道的学术活动，出了一批研究成果。

（三）中国法学会继续抓了“八五”期间26个重点课题的验收、评审工作。经有关专家鉴定，多数专题有一定的创新和突破。有的著作已出版发行。

（四）受全国人大常委会法律委、内司委和法工委以及有关部门的委托，中国法学会组织专家、学者，先后就《老年人权益保障法（草案）》、《选举法（草案）》、《地方人大组织法（修改草案）》、《出版法（草案）》《行政处罚法（草案）》、《律师法（草案）》、《刑事诉讼法（修改草案）》等，进行论证，提出修改意见。河北、内蒙古、吉林、上海、浙江、湖北、宁夏及武汉等地方法学会也积极参与中央和地方有关法律的起草、咨询和修改工作。

四、组织评选全国杰出青年法学家的活动

根据《中国法学会关于1995年评选“杰出青年法学家”的办法》，经各省、自治区、直辖市法学会和本会各学科、专业、专门研究会初评，从全国百余人中评选出48名候选人，再经中国法学会终评委员会终评，评选出王利明、公丕祥、赵秉志、曹建明、范健、胡建淼、黄进、夏勇、沈木珠（女）、顾培东等10名同志获杰出青年法学家奖，万鄂湘、徐国栋、陈兴良、卓泽渊、蔡定剑、杨遂全、崔建远、吴志攀、左卫民、贺卫方、刘作翔、周汉民、吴大华、宋英辉、张明楷、孙培人、金彭年、孙晓雳、李发仓等20名同志获杰出青年法学家提名奖。

五、举办第十四届亚太法协大会，活跃对外法学交流

（一）成功召开第十四届亚太法协大会。8月16日至20日，由中国法学会主办的第十四届亚太法协大会（同时举行第六届亚太首席大法官会议）在北京召开。这是继1990年世界法律大会以后在我国举办的规模最大的世界法律界盛会，有30多个国家和地区的1000多名法律界、企业界、政界人士出席，提交论文140余篇。江泽民主席出席开幕式并作重要讲话，乔石委员长会见亚太法协领导成员和首席大法官，王汉斌副委员长和任建新院长分别在会上致词。会议围绕“法律在走向21世纪亚太经济发展中的重要作用”这一主题，分成16个专题，集中对投资法、金融法、证券法、公司法、专利法、仲裁法和国际贸易法等与经济密切相关的法律问题，展开了讨论，在求同存异的基础上取得了不少共识。通过会议，不仅宣传了我国法制建设的新成就，而且了解了亚太各国各地区法制建设的新进展。

（二）继续加强同周边国家的交流与合作。先后接待了日本、朝鲜、菲律宾3国法律代表团的来访，派团访问了俄罗斯、法国、菲律宾等国家，出席了国际法律家组织（亚洲）召开的社会发展亚洲法律大会，国际刑法学协会理事会议，国际法律哲学与社会哲学协会第十七届大会，国际宪法学协会第四届世界大会，亚洲预防犯罪基金会第四届世界大会。上海、宁夏、沈阳等地方法学会也组团出访了美国、日本和香港地区。

六、提高刊物质量，加大法制宣传力度

中国法学会主管、主办的《中国法学》和《民主与法制》，坚持正确导向，密切联系实际，使编辑质量有了进一步提高。1995年，《中国法学》（双月刊）获国家新闻出版署组织的首届全国社科期刊优秀奖，《民主与法制》杂志（半月刊）获提名奖。《民主与法制画报》（周刊）也得到宣传部门和报刊管理部门的肯定和鼓励。《中国法律年鉴》编印了1987—1993年刊的内容索引单行本，并以分册形式编辑出版了《中华人民共和国地方性法规汇编（1992—1994）》（上、下卷），收录地方性法规1500多件，约900多万字，填补了地方性法规编纂方面的空白。内部刊物《要报》，继续在“要”字上下功夫，反映重大情况和重要建议，得到领导决策部门的进一步重视。

（中国法学会办公室秘书处）

中华全国律师协会

根据中华全国律师协会1991年第二次全国律师代表大会通过的章程规定，中华全国律师协会理事会每届任期四年，因此，1995年为换届年。

第二届常务理事会为了做好上半年工作和换届工作，于1995年3月16日至3月20日在山东烟台召开了中华全国律师协会第二届四次理事会。本次会议听取了常务理事会的工作报告、会费结算报告，讨论研究了换届的准备工作。

经过认真的筹备，1995年7月12日至7月15日第三次全国律师代表大会在北京召开。来自全国三十个省、自治区、直辖市的330名代表和30多位律师界的特邀代表参加了大会。会议审议通过了新的《中华全国律师协会章程》，通过无记名投票方式从执业律师代表中选举产生了141名理事，13位常务理事；选举任继圣为会长；高宗泽、付洋、张斌生、朱洪超为副会长；于咏梅、马军、刘红宇、张兰珍、武晓骥、金锡盛、赵小鲁、薛云华为常务理事。全国律协第三届常务理事会第一次会议决定聘任杨金国为中华全国律师协会秘书长。

这次全国律协换届，正值我国律师工作改革进一步深化之际。换届后的全国律协，强调行业的自律性，实行执行会长制度和秘书长聘任制，由秘书长主持律协办事机构的日常工作。第三届全国律协理事会成员均来自执业律师，富于朝气和活力，与广大律师有着天然的密切联系，有条件也有义务及时了解律师的意愿，反映律师的心声，更有利于加强律师协会自身的建设，有利于维护律师的合法权益，帮助广大律师搞好事业。

党和国家领导人非常关心这次大会。中共中央书记处书记、中央政法委员会书记任建新，国务委员、国务院秘书长罗干以及最高人民检察院检察长张思卿等领导同志亲切会见了与会全体代表。任建新同志在大会上作了《进一步加强律师队伍建设，更好地为改革发展稳定服务》的重要讲话，并代表党中央和国务院对这次大会的召开和新一届律师协会的产生表示热烈的祝贺，并通过大会代表向全国律师致以亲切的问候。他说，党的十一届三中全会以来，党中央、国务院非常关心律师事业的发展。在各级党委、政府的领导下，各级司法行政机关和律师协会积极努力，律师工作在进行多方面的改革中不断发展，律师在国家政治、经济和社会生活中发挥着越来越重要的作用，取得了显著成绩。我国的律师事业面临着良好的机遇和严峻的挑战，随着改革开放的深入和社会主义市场经济的发展，律师工作前景无限广阔。任建新同志衷心希望各级司法行政机关、律师协会和广大律师要认清肩负的重任，在邓小平同志建设有中国特色的社会主义理论的指导下，团结一致，奋力开拓，为改革、发展、稳定，为保障我国社会主义现代化建设事业的顺利进行而努力奋斗。

党和国家领导人及政法界老同志为第三次全国律师代表大会题词。中华人民共和国副主席荣毅仁的题词是："发扬社会主义民主　健全社会主义法制"，中共中央书记处书记、中央政法委书记任建新的题词是："充分发挥律师职能　维护法律正确实施"，原全国人大常委副委员长彭冲的题词是："依法行使律师职责"，原最高人民检察院检察长黄火青的题词是："严肃依法办事　正确发挥法律效力　稳定国家秩序"，原最高人民检察院检察长刘复之的题词是："发展律师事业　健全民主法律"

司法部部长肖扬在大会闭幕式上作了题为《深化律师工作改革，加快建立新的管理体制，为建设有中国特色的社会主义律师制度而奋斗》的重要讲话。肖扬部长强调，我国律师管理体制改革的目标，是要从建立司法行政机关的行政管理与律师协会的行业管理相结合的管理模式，逐步过渡到在司法行政机关指导下的律师协会行业管理。实现这项改革任务，需要发挥两种职能和两个优势，既要发挥司法行政机关的行政管理职能和优势，又要发挥律师协会的行业管理职能和优势。肖扬部长指出，这次全国律协换届是建立新的律师管理体制的一种尝试，具有重要的示范作用。切实加强律师协会建设，建立新的律师管理体制，是我国律师工作改革的深化和完善。我们必须从长远和根本、全局和总体的高度来看待这件事，必须强化改革意识，增强责任感。肖扬部长要求，作为全国律师行业自律性组织的新一届全国律协，要始终把工作重点放在国内，放在深化我国律师工作改革、发展壮大律师队伍、提高律师素质，为党和国家中心工作服务上来。要真正成为团结和带动广大律师，推动律师事业发展的坚强集体，成为党和政府联系律师的桥梁和纽带。

新当选的全国律协常务理事会表示，牢记党和政府的重托，决不辜负广大律师的期望，充分认识新一届律师协会的历史重任，振奋精神，团结一致，努力工作，充分发挥律协的职能作用，开创律协工作的新局面。

1995 年 7 月 13 日，第三次代表大会通过的章程规定：中华全国律师协会是由中华人民共和国律师组成的全国性的律师行业自律性组织，依法对律师实施行业管理。

中华全国律师协会的宗旨是：团结和教育会员忠实于律师事业，恪守律师职业道德和执业纪律，捍卫宪法和法律尊严；维护会员的合法权益，提高会员的业务素养；加强行业自律，促进律师事业的健康发展，促进社会的文明和进步。

中华全国律师协会的职责是：(一)组织会员学习国家的法律、政策和有关专业知识，对会员进行职业道德和执业纪律的教育；(二)制定律师行业规范和准则并组织实施；(三)组织会员开展律师工作研讨活动，总结、交流律师业务经验；(四)负责对律师进行培训和业务指导；(五)开拓律师业务领域；(六)支持会员依法执业，维护会员的合法权益；(七)负责对会员的奖励和惩戒工作；(八)指导地方律师协会做好律师、律师机构的登记、公告等工作；(九)开展与外国、境外律师界的交流活动；(十)举办律师刊物，编辑出版业务资料，为会员提供信息；(十一)向司法行政机关和国家有关部门提出关于法制建设、律师制度的改革与发展的建议；(十二)维护会员间的团结，解决会员间的纠纷；(十三)举办会员的福利事业；(十四)指导、支持团体会员的工作；(十五)办理法律规定和中华人民共和国司法部委托办理的其它事项。

全国律师代表大会每三年举行一次，必要时，由本会常务理事会决定延期或提前举行。

第三次全国律师代表大会，确定了我国司法行政管理与律师协会的行业管理相结合的管理体制，这是我国市场经济发展的需要，也适应了我国的实际情况。

第三届常务理事会成立后，首先确定了常务理事会的议事规则，执行会长制度以及1995年的工作计划，形成了在常务理事会领导下的秘书长负责制的领导体制。调整了一些机构和部门，机关内部机构有：办公室、业务调研部、培训部、国际部、会员部及直属单位——《中国律师》杂志社。第三次全国律师代表大会后，三届常务理事会加强了全国律协的各项工作。各位常务理事全部由我国执业的优秀律师组成，他们对担任全国律协重要职务和做好今后工作充满了信心，半年来，新的领导班子紧紧按照改革思路，一步一步抓落实，把各项工作一项项做好。

首先，理顺了内部关系，对机关内部机制进行了调整，健全了机构，充实调整了人员，形成了全国律协机关团结、积极、热情有效的工作氛围。

第二，根据立法工作的需要，全国律协组织律师对《中华人民共和国律师法(草案)》、《中华人民共和国刑事诉讼法(草案)》进行了广泛的讨论并提出建议，反映了我国律师工作的需要和实际情况。

第三，积极开展维护律师合法权益的工作，如：河北省鸡泽律师事务所任上飞律师1995年3月30日受律师事务所委托去执行公务，被非法扣为人质，经中华全国律师协会与司法部及有关方面的努力，多方做工作，为任上飞律师申诉，终于使他重获自由。

第四，调整了中国律师杂志社领导班子，推出了新的办刊措施、调整栏目、优化选题、提高稿件质量和印刷质量、振兴主业、开拓副业等等，力争使刊物的质量和发行量跃上一个新台阶。

第五，积极开展对外交流活动。组织中华全国律师协会和律师代表参加了"第14届亚太法协年会"、"国际律师联盟第39届年会"、"亚洲——太平洋律师协会第六次年会"、"第四届中韩法律讨论会"，组织出访了加拿大、日本；接待了来访的法国、加拿大等国的律师同行。这些活动扩大了中华全国律师协会的影响，宣传了中国的律师制度和改革情况，增进了律师协会间与律师间的交流与友谊。

(中华全国律师协会　袁江)

中国公证员协会

1995年中国公证员协会在司法部的指导监督下，在第二届协会理事会及其常务理事会的领导下，经过全体会员的共同努力，完成了以下工作：

一、进一步完善了协会的规章制度，健全了组织机构

根据1994年10月第二次公证员代表大会的授权，协会常务理事会完成了协会章程的修改工作，并制定了有关配套规章；起草《中国公证员协会会费管理办法》。5月22日经协会第二次常务理事会审议通过，正式下发实施。同时，协会第二次常务理事会还重新确立了协会工作机构和常务理事会的分工，决定设立办公室、会员部、调研部和外联部等四个工作机构。

二、贯彻江泽民总书记讲话，积极促进海峡两岸交流与合作

年初，江泽民总书记关于台湾问题的重要讲话发表后，协会立即召开座谈会，组织公证界人士学习座谈，表示坚决拥护。在讲话精神指导下，协会积极拓展服务领域，认真执行《两岸公证文书使用查证协议》，发展两岸公证界的交往与合作，维护两岸人民的合法权益，取得了显著成效。

(一)实现了两岸公证人员的互访。1月，应中国公证员协会与海协会邀请，台湾海基会副秘书长许惠佑率台湾公证人大陆参访团访问了北京、上海、厦门、广州，参观了公证处，与大陆公证界人士进行了座谈和业务交流。6月，协会组织公证代表团访问台湾，参观了台湾法院和公证机构，了解台湾公证机构和公证业务的发展状况，探讨了两岸公证界的交流合作事宜。由于两岸公证人员都是公务员，此次互访突破了台湾当局对两岸公务人员交往的限制，具有重要意义。

(二)认真贯彻执行《两岸公证文书使用查证协议》扩大了寄送公证书副本的范围。进一步完善了公证文书的寄送、查证程序。

三、拓展了协会的业务领域

为保证台湾老兵遗产的顺利继承和调回，协会通过台湾法律界、公证界人士做工作，使此类遗产继承的时效又再次延长了一年，同时，各省公证员协会还开展了涉台遗产继承的代理业务。协会还尝试了开展涉台房地产法律服务的领域和方式。为方便当事人办理公证文书在各地领馆的认证，各省公证人员协会开展了代送认证业务。协会还积极开展公证业务交流活动，7月在北戴河组织优秀公证员座谈会，交流了办证的经验和体会。

四、积极开展国际公证领域的交流与合作

5月20日至6月8日，应国际拉丁公证联盟邀请，协会派团参加了在德国柏林召开的联盟第21届代表大会，与各国公证人代表团进行了友好交流，并磋商了有关加入联盟的事宜。会后代表团又访问了卢森堡。6月底，协会与司法部公证司共同组团访问了西班牙，详细考察了西班牙的公证制度。目前，协会已经着手加入国际拉丁公证联盟的准备工作。

（司法部公证司　江晓亮）

中华全国人民调解员协会

1995年，中华全国人民调解员协会在司法部领导下，在全国广大会员和各级司法行政主管机关的支持和帮助下，克服各种困难，积极开展工作，取得了一定成绩，为以后的工作打下了良好的基础。

一、加强协会的组织建设

1995年，中华全国人民调解员协会把工作重点放在组织建设上，着重指导各省级人民调解员协会的建立。协会负责同志多次与各省司法厅研究成立协会的事宜，宣传成立协会的重要性和必要性，亲自参加部分省级调解员协会的成立大会，或发贺电表示祝贺。在协会的积极推动下，省级人民调解员协会的建设有了比较大的发展，云南、青海、河南、吉林、上海等省、市先后成立了人民调解员协会。截止1995年底，全国共有北京、天津、广东、广西、四川、新疆、山东、河北、河南、青海、云南、上海、吉林、宁夏等省、自治区、直辖市成立了省级人民调解员协会，还有一些省正在积极筹备之中。一些省、市还成立了市、地、县级人民调解员协会，四川省的重庆市、山东省的济南、临沂、烟台、威海、青岛、滨州、临沭等市、县均成立了人民调解员协会。会员队伍有了一定发展，目前中华全国人民调解员协会共有团体及个人会员200多个。山东省团体会员已发展到135个，个人会员发展到257名。

二、加强了协会制度建设

1994年12月28日，中华全国人民调解员协会在北京召开了第二次常务理事会，会议认真研究了加强协会制度建设问题，起草了《关于进一步加强人民调解员协会建设的通知》和《关于收缴会费的通知》，征求各地的意见，拟于1996年下发。

三、进一步拓展各项业务

1995年，中华全国人民调解员协会积极发挥行业管理职能，配合司法行政机关人民调解管理部门，加强对人民调解工作的调查研究和理论指导，先后到工厂、农村、街道进行调查研究，与司法行政机关共同研究人民调解工作改革问题。山东等地积极开展理论研究工作，召开研讨会，编辑有关材料，对民间纠纷的新特点、新情况进行研究。各地积极研究人民调解工作与化解社会矛盾、与基层民主政治建设、与建立现代企业制度、与法制宣传教育、与社区服务相结合的方法、途径，对人民调解工作今后的改革、发展的基本思路与趋向进行论证。中华全国人民调解员协会还加大宣传力度，编辑了《群英荟萃》一书，宣传战斗在第一道防线上的人民调解员的感人事迹，此书拟于1996年出版发行。协会积极筹备创办中华全国人民调解员协会自己的刊物——《会员通讯》，以此作为指导工作、联络会员、通报信息、开展工作的园地，并为此争取了部分资金。各地协会也积极创办业务刊物，山东省人民调解员协会与山东省法学会人民调解学研究会、山东省基层法律工作者协会共同创办了《山东人民调解基层法律服务动态》，介绍协会工作情况、反映信息、开展理论研究，已出版了三期；新疆维吾尔自治区人民调解员协会与自治区基层处联合创办《基层司法通讯》，以指导各地协会和人民调解组织的工作，均收到了良好的效果。

四、开展了对外交流活动

中华全国人民调解员协会积极开展对外的交流活动，与司法部一起接待了来自美国、加拿大、日本、老挝等国的司法代表团和专家、学者，介绍和宣传了中国的人民调解制度。同时，积极准备组团出访，考察国外调解制度，并为此做了必要的准备工作。

（司法部基层工作司　王学泽）

中国监狱学会

1995年中国监狱学会工作概况如下：

一、围绕学习、宣传、贯彻《监狱法》，结合社会主义市场经济条件下监狱工作面临的新情况，开展了广泛深入的理论研讨活动

先后开展全国性、地区性的理论研讨会13次，参加会议的有819人次，提交论文、调查报告820篇，其中获奖论文有259篇。在《监狱法》颁布实施一周年之际，学会与司法部监狱管理局联合召开了《监狱法》理论与实践研讨会，研讨了《监狱法》在我国社会主义法律体系中的地位及在完善我国社会主义法制建设中的作用，结合实施中遇到的重点、难点和热点问题，对以《监狱法》为核心的配套法规进行了研究和探索，在推动我国监狱法制体系形成方面起到了积极作用。

二、编写和出版了一批学术专著和论文集

先后出版发行了《刑满释放人员回归社会问题专论》、《外国监狱史》、《监管改造研究文集》和《劳改中队基础建设文选》、《中国监狱经济问题新探》、《监狱经济管理学》。此外，依照《监狱法》，对《改造教育学》再次进行了全面修改，更名为《教育改造学》，已交付社会科学院文献出版社出版。

三、提高了会刊的质量和水平

作为中国监狱学会的喉舌和阵地《劳改学研究》，由于坚持了办刊宗旨和正确的舆论导向，并以理论研究为中心，服务于监狱工作实际，刊物愈办愈好，质量逐步提高。现在从组稿、编审、版面设计到印刷、校对、发行，各环节紧密衔接，成龙配套，并初步形成了通讯发行网络。会刊订阅已覆盖全国28个省、区、市的354座监、所，总发行量近6000册。

四、对外学术交流有了新的进展

一是进一步与香港善导会密切了联系。学会领导分别与新任香港善导会执行主席贾施雅太平绅士、副主席王见秋大法官和赞助人杨铁梁首席大法官进行了会谈，并派团到香港进行了考察，共同商讨了1996年两会交流计划，从而进一步增强了两会之间的友谊，巩固和发展了双边交流关系。二是与韩国矫正学会建立了联系。1995年11月，学会派出三人考察小组参加了韩国矫正学会的年会，并与韩国矫正学会达成了学术交流的意向性协议。三是积极与日本、澳门的有关组织联系，并取得了可喜的进展。

五、学会自身建设进一步加强

（一）中国劳改学会正式更名为中国监狱学会。《监狱法》颁布以后，为使学会名称与之衔接，经过充分酝酿，反复磋商，最后报请司法部同意，于1995年8月9日经民政部批准，正式更名为中国监狱学会。学会所属的办事机构和11个专业委员会，也经批准相应更名。学会更名是学会发展史上的一件大事，对进一步推动理论研究，理顺关系，开展对外交流都有十分重要的意义。

（二）调整了部分理事及专业委员会成员。为了配好配齐各省、区、市监狱管理局理事名额，根据人事变动情况，经与有关单位反复协商，共增补理事11名，有五个专业委员会调整、增补委员、顾问28名。

（三）进一步建立健全了规章制度。针对理论研究中存在的问题和薄弱环节，重点抓了理论研究课题的规划、实施和管理。重新修订了中国监狱学会各分支专业委员会通则，制定了《学会理论研究课题管理暂行办法》和《评选奖励优秀研究成果暂行办法》，并成立学会学术成果评定委员会，为学会的理论研究活动逐步纳入制度化、规范化轨道打下了基础。

（四）发展会员，壮大理论队伍。为了不断壮大理论研究队伍，使理论研究工作后继有人，在培养、发展跨世纪的中青年学者、研究人员方面也做了一些工作，召开联谊会、座谈会等，扩大了影响。全年共发展会员192名，多数具有大专以上学历，且年纪较轻，其中教师、研究人员占20%。

（五）加强理论学习，不断提高政治、业务素质。教育学会工作人员树立勤勤恳恳的敬业精神，增强廉洁自律的自觉性，进一步树立全心全意为人民服务和勤俭办会的思想，严格组织纪律、提高工作效率，为学会的发展和理论体系的完善打下思想基础。

（中国监狱学会）

中华全国法制新闻协会

1995年，中华全国法制新闻协会在司法部的领导下，在全体会员的共同努力和政法各部门、中央各大新闻单位的支持下，坚持以邓小平同志建设有中国特色的社会主义理论为指导，积极组织开展各项宣传工作，为维护社会稳定和促进社会全面进步，创造良好的法制舆论环境发挥了积极的作用。

一、举办第八届（1994年度）全国法制好新闻评选活动

1995年4至6月份，协会在北京举办了第八届全国法制好新闻评选活动。经过初评、复评和定评三级评选，共评出优秀法制新闻作品207篇（件），其中一等奖14篇（件）、二等奖44篇（件）、三等奖149篇（件），评出法制好栏目6个。这次评选活动主要特点：一是参评单位面广，是历届评选活动参评最多的一次。中央和地方党报、电台、电视台，以及地方法制报刊共197家新闻单位推荐约800篇（件）作品参加了复评和定评；二是题材多样。参评作品囊括了民主政治建设和法制建设重大题材，对人大制度建设、立法、司法、执法、普法、维护社会稳定等题材都有充分的反映；三是充分发挥了省级法制新闻协会的作用。在初评中，山东、江苏两省的法制新闻协会负责组织本省法制好新闻的初评工作，取得了比较明显的成效。如山东法制新闻协会推荐的参评作品55篇（件），获奖作品13篇（件），占本省推荐作品的23%；江苏省法制新闻协会推荐参评作品60篇（件），获奖作品13篇（件），占本省推荐参评作品的21%。

二、组织召开了第二届理事会第二次全体会议

1995年10月31日，协会在北京召开了第二届理事会第二次全体会议。120名理事参加了这次会议。会议通过了《中华全国法制新闻协会法制新闻优秀作品评选办法》、《中华全国法制新闻协会会费收缴及使用办法》，补选了会长、副会长、常务理事和理事。司法部副部长刘飏任会长。

会上，协会副会长、司法部法制宣传司司长刘一杰作了工作报告，在总结前两年工作的基础上，提出了1996年工作，并对协会成立十周年将要组织的一系列活动作了具体安排。一是组织中央新闻单位和地方法制报刊，在全国范围内联合开展一次“三五”普法宣传月活动，集中时间，集中报道，大造声势，为“三五”普法工作的全面展开营造了一个良好的舆论氛围；二是继续举办第九届全国法制好新闻评选活动和全国优秀法制新闻工作者的评选活动，表彰一批模范法制新闻工作者；三是继续开展法制新闻舆论研讨和学术交流活动；四是开展国际交流，加强对外法制宣传工作。

刘飏会长就加强法制新闻宣传工作提出了三点意见：第一，要认清形势，明确任务，增强做好法制新闻宣传工作的责任感和使命感；第二，要发挥协会优势，形成合力，不断提高法制新闻工作的整体水平；第三，要胸怀全局，守土有责，认真贯彻党的新闻舆论工作的基本原则 。

三、开展了“’95执法环境百日行”活动

为了充分发挥中央各新闻单位在新闻宣传中的协同作用，全国法制新闻协会与检察日报、法制日报、人民公安报、中国纪检监察报、中国税务报、中国工商报、中国质量报等八家新闻单位联合开展了“’95执法环境百日行”活动。这次活动以“高扬法制权威，净化执法环境”为主题，从1995年4月15日开始，共收到读者提供的采访线索1200件（次），接待上访群众近300人（次），电话400人（次）。根据掌握的信息进行了重点线索的采访报道，共发稿107篇。反映的主要问题：一是执法机关、执法人员徇私舞弊，贪赃枉法，不公正断案，导致老百姓蒙受冤屈；二是执法人员执法犯法，败坏执法队伍形象；三是受经济利益驱动，部门和地方保护主义阻挠办案，严重影响了法律正确实施；四是一些党政部门的个别领导干部以言代法，以权压法，强行干扰执法机关办案；五是打击报复举报人；六是领导干部（农村乡镇基层干部占的比例较大）贪污受贿，生活腐败等。

这次活动采取众多新闻单位联合行动、团体作战的活动方式，其宣传声势大、影响面广，对促进执法环境的好转起到了推动作用。

（中华全国法制新闻协会　孙跃年）

第十部分　法学教育、科研及法制报刊、出版机构工作概况

中国政法大学

1995年，中国政法大学在司法部、北京市的领导下，继续落实全国教育工作会议精神，提高办学质量和效益，深化改革，保持稳定，学校各方面工作得到进一步发展。

一、继续深化内部管理体制改革

完成了党政干部和教研室主任的聘任工作，在部分后勤部门试行工人合同制，成立"人才服务中心"，建立健全了岗位责任制，初步拟定考核办法及奖惩措施。通过实施聘任制、合同制，职工队伍的年龄、知识和专业结构趋于合理，为提高管理水平创造了条件。

二、深化教学改革，提高教学质量

（一）修订教学计划，完善学分制，开展教学评估。为企业管理专业和成教学院高中起点本科班制定教学计划，其它本科专业及函授各专业的教学计划也作了进一步修订。制定了新的博士研究生培养方案，规范博士研究生的培养工作。完成8门课程的试题命题及输入题库工作，初步实现考教分离。学校开始开展本科、函授和研究生教学的自评工作，以提高教学质量。

（二）加强师资队伍建设。学校采取措施加强师资培训，优先选派教师出国进修，鼓励无硕士学位的中青年教师修读研究生课程，开办外语提高班、计算机知识普及班。1995年，在全校407名专职教师中，高级专业技术职称有193人，教师队伍结构日趋合理。1995年，学校有1人获国际犯罪学界最高奖"国际杰出学者奖"，6名青年教师成为北京市"跨世纪百人工程"人选，3名青年教师分获霍英东青年教师奖二、三等奖及青年教师基金。

（三）加强学科建设。学校刑法学和民法学被确定为部级重点学科点，刑事诉讼法学等6个学科被确定为校级重点学科点，这些学科将得到司法部及学校的优惠政策，重点扶植。

（四）加强教材建设。重新审定了教材出版计划，完成20余本教材的编写工作，其中，4本教材被司法部评为优秀教材。校出版社全年出书236种，其中教材154种。

（五）积极筹措资金，改善办学条件。1995年学校争取到司法部80万元专款用于改善计算机和语音教学设备。由香港律师黄乾亨先生捐资300万元资助修建的"启运体育馆"于5月动工。5月，中国法律服务（香港）有限公司捐资500万元在校设立"法学教育基金"用于奖教奖学，改善条件。

三、科研工作进一步加强，海外交流有较大发展

（一）1995年，共申报国家社科基金项目4项，司法部项目8项，国家教委优秀年轻教师基金项目1项。成立期货法律研究所、刑事法律研究中心、澳大利亚政治法律研究中心、疑难案件研究中心等4个非在编研究机构，为学校吸引校外资金，弥补科研经费不足开辟了新路子。

（二）积极扩大对外交流。共接待600余人次来访，派出6个代表团、76人次出国（境）访问，签订校际交流协议7个，单项办学协议5个，主办了"女教师与法学教育研讨会"、"1995澳门过渡期法律问题研讨会"等国际学术会议，与美国海外机构合作举办了中国法律培训班，争取到司法部和国家外专局批准的"中国国际高级法律人才培训中心（北京）"的承办工作，增强了与海外的交流，扩大了学校在海内外法学界的影响。

四、加强学生管理，完善配套措施

（一）办学规模扩大。到1995年9月，学校在籍学生有近万余人，其中，本科生3270人，专科生377人，双学位生240人，各类成人学生5100余人，硕士生344人，博士生38人，海外留学生40余人。

（二）成立"中国政法大学毕业生就业指导中心"，在校内首次举办供需见面会，初步建立了毕业生就业市场。

(三)成立"学生勤工助学中心",1995年发放勤工助学资金近7万元,特困补助15万元,初步解决了特困生的生活困难问题。

五、落实德育首位,加强思想政治教育,维护学校稳定

(一)1995年,我校根据《中共中央关于进一步加强和改进德育工作的意见》,结合实际,利用两校、两课等形式,加强对学生进行主旋律教育。1995年12月,学校具有政法特色的德育工作经验得到北京市高校德育工作检查团的肯定,并通过了检查。

(二)加强文明校园建设。1995年,我校在巩固1994年文明校园建设达标成果的同时,重点抓了老校的文明校园建设,改善了老校的育人环境,于10月通过了北京市专家组的检查。

(三)加强综合治理,维护学校稳定。1995年,校党委继续重视稳定工作,在日常工作中注意加强管理,发现问题及时解决,防止出现漏洞,引发事端。制定了关于禁酒、收缴管制刀具的决定,防止治安事件的发生,维护正常的教学秩序和生活秩序。

六、加强后勤、创收工作,积极为师生办实事

(一)坚持服务育人宗旨,搞好后勤保障。1995年,新、老校食堂同时进入先进食堂行列。总务二处继续采用招标用煤办法,节省资金29万元,该经验被北京市高教局在高校中推广。新校开通了有线电视,为职工活动中心增置了设备,丰富了职工的业余文化生活。在资金相当困难情况下,学校购置了100余套住房,用于改善教工住房条件。

(二)加强财务管理,注意开源节流。成立小型工程审核验收小组,节约经费16.7万元。同时,为了弥补经费不足,提高职工待遇,学校继续加强创收工作,1995年全年共创收1100余万元。

七、加强和改进党建工作

(一)加强学校领导班子建设。1995年两名年富力强的同志走上了校级领导岗位,校级领导平均年龄已降至50岁。同时,一批政治素质好、业务能力强的中青年干部进入处级领导班子,目前,40岁以下的处级干部已占全校处级干部的39%。学校领导班子注意加强政治理论学习和思想建设,认真执行民主集中制,转变工作作风,深入调查研究,决策进一步民主化、科学化。

(二)加强党的组织建设。制定了《中国政法大学党委加强党的建设三年(1995—1997)规划》,作为学校党建指导性文件。重视发挥党总支作用,按期进行换届选举。坚持按计划比例发展党员,全年发展新党员305名。"七一"时表彰了8个名进集体和40名先进个人,推广先进经验。

(三)加强对工会的领导。经过积极筹备,认真组织,于7月召开了第三届教代会和第九届工代会,代表们对学校的重大问题进行了讨论,选举产生了新一届的职工代表大会。

八、继续深入抓好反腐倡廉工作

(一)贯彻落实中纪委五中全会的精神,继续坚持"两手抓,两手都要硬"的方针。组织党员干部学习《党员领导干部行为规范读本》并进行了考核,组织科以上干部召开廉洁自律民主生活会,增强了党员干部遵纪守法意识。对在廉洁奉公方面突出的6个先进集体和11名先进个人进行了表彰,弘扬了正气,推进了党风和廉政建设的发展。

(二)制定和完善各项监督制度,强化监督机制。通过制定规章制度,将部门工作及其工作人员的行为纳入纪检、监察部门的监督之下,为廉政建设打下了基础。同时,继续聘请党风监督员和廉政监察员,加强群众监督。

(中国政法大学)

西南政法大学

1995年4月12日,原西南政法学院经国家教委批准更名为西南政法大学,标志着学校42年来的建设和发展进入了一个新的历史时期。

1995年,学校设有法律、经济法、刑事司法、侦查学、法学二系、经济、外语、国际经济贸易、新闻学九个系十四个专业(方向),即法学、经济法、侦查、刑事司法、国际贸易、文秘、工商行政管理、金融学、商贸、英语、会计学、货币银行学、法制新闻、行政管理学。开设有国际经济法、司法鉴定学、职务犯罪侦查、律师学专门化班,有硕士学位授权点13个,即经济法、诉讼法、民法、刑法、行政法、法学基础理论、法制史、法律思想史、马克思主义哲学原理、政治学、科技法学、国际经济法、法律专业硕士;有博士学位授权点1个,即诉讼法学。共28个专业研究方向。此外,学校还设有成人教育学院、研究生部、基础部、马列主义理论教研部、《现代法学》编辑部、法学研究所、律师事务所等教学、科研及社会服务机构。1995年,有各类在校全日制本、专科生、研究生、第二学士学位生5322人,有各类成人教育在校生5102人。在册教职工1200人，其中具有高级职称的专业技术人员约250名。1995年，招收博士研究生3名(诉讼法专业)；录取二学位、本、专科生1403名；录取硕士研究生103名，录取成人学历教育学生1759人，向社会分配二学位、本、专科毕业生1532人，毕业研究生67人(计划内)。

学校各项工作进展顺利。加强了师资队伍建设，制定了《西南政法大学关于加强教师队伍建设，加速青年教师成长的意见》，对教师队伍的培养、引进和管理等采取了新的措施，为稳定教师队伍，加强师资队伍建设起到了积极的作用。

加强了教学改革。学校对各专业的课程结构进行了调整，增大了应用型、技能型课程比例；对国际经济法、法医学、外国法制史、监狱法基础理论等专业课程进行了教学评估；实行专科升本科及免试推荐研究生制度；开展辅修二学位工作；取消了补考、缓考制度，实行重考制；成人教育新增加了全脱产高中起点本科班、应用法学全脱产本科班，应用法学专升本半脱产助学班及林业公安警衔晋升培训班；经四川省考办批准，学校作为全国计算机等级考试考点，成为四川省首批开考的全省四所院校之一，并承担重庆地区各考点的联络任务。

加强了科研工作。1995年，争取到省部级以上科研项目11项，其中国家级科研基金项目2项，青年基金项目1项，司法部科研项目6项，福特基金2项，获得科研经费人民币8万元，美元9.5万元。获得市级以上科研成果奖励18项，其中全国高校首届社科优秀科研成果二等奖2项；重庆市社科优秀科研成果一等奖一项，二等奖一项，三等奖九项。成功地举办了中国行为法学会第五届年会暨西南学术中心成立大会。《现代法学》除继续被欧洲出版有限公司编辑出版的《欧洲世界年鉴》列为"世界著名期刊"外，又被美国伊德图书出版公司编辑出版的《1995—1996年尤里克斯国际期刊辞典》列为"国际著名期刊"，并在四川省、重庆市优秀期刊评比中，均获一等奖。

积极开展对外交流与合作。1995年，学校与意大利比萨圣安拉大学签订了校际交流协议及具体交流项目协议；在香港成功举办了第七期"中国涉外经贸法律实务文凭课程班"，共培训学员80多人；聘请外国专家8人来校讲学、任教；选拔赴美进修人员3人，赴日人员4人，赴港人员6人；经司法部和国家外国专家局共同批准，由西南政法大学承办"中国国际高级法律人才培训中心(重庆)"。

加强了行政、后勤工作，学校被国家档案局、中央档案馆授予"全国档案工作先进单位"；有两个部门被司法部评为司法部后勤先进单位。

加强了思想政治工作和统战工作。开展向孔繁森、梁强同志学习的系列活动；组织纪念世界反法西斯战争暨中国人民抗日战争胜利50周年系列宣传纪念活动；分别被四川省委宣传部、省教委、团省委授予"1995年高校爱国主义教育活动先进单位"和"1995年四川省大学生社会实践活动先进单位"；统战工作被四川省委统战部授予"1995年度全省高等学校统战工作先进单位"；被中共重庆市委、市府、市人大常委会评为"重庆市1991—1995年'二五'普法工作先进集体"。

积极开展体育活动。在学校举行的第32届田径运动会上，有10个院、系、部学生代表队及工会代表队共500多名运动员参加了比赛，这是建校以来规模最大、参赛人数最多的一次体育盛会；在1995年重庆市春季运动会上，学校获女子高校团体总分第1名，男子高校团体总分第3名；参加1995年重庆市大学生"三好杯"篮球赛，获女子第2名，男子第5名；参加1995年重庆市高校学生游泳比赛，女子获得两块金牌。

(西南政法大学)

华东政法学院

为积极落实司法部关于法学教育必须适应市场经济需要，深化改革，提高教育质量，培养好跨世纪法律专门人才等一系列重要指示。在新的院党政班子的领导下，以推广"凝聚力"工程和"九五"规划的起草工作为动力，在确保学院稳定的基础上，继续深化教学改革和内部管理体制改革，有步骤、有重点地落实和完善各项改革举措，在深化教育改革等诸方面均开创了工作新局面。

1995年4月，院领导班子作了调整：史焕章任院长、党委书记、曹建明任常务副院长、党委副书记，祝林森任副院长、党委副书记，杜志淳任党委副书记兼纪委书记，童西荣、何勤华任副院长。

1995年学院毕业生人数为建院以来人数最多的一年，共计832人(本科生555人，专科生227人)，其中28人被评为上海市优秀毕业生，42人被评为院优秀毕业生，占毕业生总人数的8.4%。硕士学位毕业生研究生29人，成人教育毕业生1032人。

招生工作形势喜人，各地考生报名踊跃，生源数量充足。学院在上海的招生计划与自主录取分数的考生之比为3.4∶1,其他在全国12个省市招生录取的新生,其最低分数均明显高于当地投档分数线。1995年招收新生数共计648人,其中50人通过成人教育渠道定向招收进入法学专业师资班,其余598人为全日制本科生。招收硕士学位研究生41人,成人教育学员1631人。

1995年教学改革的特点是在努力寻找新突破的同时,进入了一个以稳妥落实和完善为主的时期,主要表现在:

(一)本科新专业建设和研究生新学科增设进展较快,办学结构和专业更趋合理。建立贸易经济、英语和国际法三个本科新专业,是教学改革的重要步骤,也是由培养单一的法学类专业人才转向培养懂法律、懂经济、懂外语的多专业复合型人才的重要标志。学院被国务院学位委员会批准为全国招收法律专业在职硕士生的八所院校之一;新设国际私法和诉讼法硕士点,硕士点由原有的七个增至九个。

(二)完善学分制管理改革的配套工作。从九四年级新生入学开始以来,已试行了跳级考、免修考、全面选课、教师挂牌上课制度,完成了由原强制排课向学生自己选课的过渡。

(三)加强教学基础建设,主要包括课程规范化、教师教学规范化、教学管理规模化和教与考分离等。具体推出并落实了三方面的改革措施:抓基础,重点体现在抓教学大纲的编写和试题库的编制两个方面;抓规范,即抓教学环节的规范要求,奖励与惩处并举,依据规章治理教学;抓建设,主要抓教材建设和课程建设,改革教学内容和方法。

(四)进一步完善自主招生改革和招生"收费并轨"改革,初步形成学生成才保障体系。

(五)成人教育工作继续保持良好势头,考生有增无减。"专升本"、专科的考生人数比往年均有较大幅度的增加。

(六)中国国际律师培训中心成功地举办了首期培训班。巩固和扩大了与国(境)外的校际交流和合作关系,在原有七所国外院校的基础上,今年又与两所国外大学和两所香港院校建立了合作关系,开拓了国际交流合作的新渠道。

学院的科研工作,在为法制建设、市场经济建设和精神文明建设服务方面,又有进一步发展。共出版学术著作、编著20余部,发表论文和调查报告200余篇;承接国家项目一项、司法部项目五项,上海市教委青年基金项目一项、曙光计划项目一项。紧跟市场经济的立法动向,并直接为司法实践和法学理论建设服务是学院科研的一大特色。1995年参加的重大课题和法规的起草工作就有10余项之多。其中《改革体制和健全法制》获上海市邓小平同志建设有中国特色社会主义理论研究与宣传优秀成果二等奖。对在法制建设和改革开放中出现的新问题,学院组织编写的《改革与法制——法学新课题研究》论文集于年内出版。

在内部管理体制改革中,抓住师资队伍建设这一主体,从教师定编入手,形成有效的激励机制。如建立教授、副教授必须承担本科生教学任务的制度;实行教师最低工作量制度;实施优秀骨干教师享受学术科研假的制度;规定教师国内外进修培训制度;在编制上对重点学科和新设专业实行倾斜政策;实行固定编制和流动编制相结合的用人制度;对教学部门实行工资总额动态包干制度。以上七项制度的建立,初步形成了教学用人的机制,增强了教学、科研质量的提高和培养人才的后劲。

全国青联、中国青少年发展基金会及包括《人民日报》社在内的首都10家新闻单位联合主办的第六届"中国十大杰出青年"评选活动,历时半年,于1995年9月18日揭晓,曹建明同志荣膺1995年"中国十大杰出青年"称号。

(华东政法学院 韩信昌)

西北政法学院

1995年,在司法部、陕西省委、省政府的领导和大力支持下,全院教职工共同努力,深化改革,扎实工作,在办学规模和层次、专业结构、质量效益等方面取得了显著进展,教学科研改革得到进一步深化。

1995年学院总的工作指导思想是:以邓小平同志建设有中国特色社会主义理论为指导,进一步贯彻1994年全国教育工作会议精神和国家教委1995年工作重点,以提高教育质量为核心,以改革和评估为动力,加强队伍建设和精神文明建设,加强管理,推动学院各项工作的开展。

一、深化改革,狠抓管理,进一步加强教学工作,提高科研水平

(一)抓好"三个落实"。一是认真检查落实1994年底院研究生教育工作会议上确定的各项工作。抓住机遇，开拓进取，大力推进学院研究生教育的发展，1995年在校硕士研究生增加到117人，比上年增长15人，毕业硕士研究生31人，比上年增长10人。建成部级重点学科1个(刑法学)，新增了行政法、诉讼法2个硕士学位授权点。二是落实国际经济法、国际贸易、法律英语三个新专业的教学计划、教材、教师等，成立了法律外语系并招收了第一届学生。经司法部批准，原劳动改造法学专业更名为刑事司法专业，更名后对教学计划和教材做了必要的调整。三是落实了本科生淘汰制、优秀专科生升本科制、优秀毕业论文答辩制、课程主辅修制、大学英语四级考试与学位挂钩制等五项教学改革制度的具体实施办法。

(二)进一步深化教学改革。认真开展八个本科专业教学计划的论证、修订工作。大胆推进招生收费和毕业生就业制度改革，积极为公费生和自费生并轨创造条件。与相邻的陕西师范大学、陕西财经学院、西安外国语学院就开展合作办学，并形成了初步意见。

(三)进一步加强教学管理。坚持领导、专家和教授相结合，听、评、帮、奖进行教学检查的制度；抓好教学管理人员的业务培训，在分管院长指导下由教务处、高教研究室组织实施，收效较好。1995年度在校本、专科生3237人，比上年增长33人，毕业本专科生971人，比上年增长30人，学生规模有了发展，教学质量也显著提高。

(四)切实加强成人教育工作。1995年学院成人在册学员增加到2793人，比上年增长24.6%，毕业学员457人，比上年增长5.1%。成教事业的发展使原来的机构、人员、管理等出现不适应，为此1995年4月成立了成人教育学院，加强了这方面工作，同时撤销原成教处。

(五)改进和加强科研工作。认真调研，制定了九五科研规划；抓好3个研究所和8个研究中心的工作，成立了金融法研究中心；大力开展校园学术活动；完成了院学术委员会调整工作；进一步办好《法律科学》、《政法教育研究》和《成人法学教育》三个刊物，其中《法律科学》于1995年3月被中共陕西省委宣传部和省新闻出版局评为陕西省一级刊物。1995年学院公开出版、发表科研成果302项，其中8项获省级部奖励。

(六)积极开展法学教育外事交流与合作。1995年5月，与俄罗斯莫斯科国立法律学院签订了《校际交流协议》与《回访备忘录》，标志着学院在与境外院校正式建立校际关系方面实现了零的突破。此外，继续与日本爱知大学、美国哥伦比亚大学等院校保持着友好往来。

二、大力推进院内人事管理体制改革

(一)在调研基础上加大人事制度改革力度，认真做好“四定一聘”的准备工作，出台了学院复校以来第一个正式人员编制规划。

(二)加强教职工队伍特别是骨干队伍建设。1995年学院教职工人数892人，其中专任教师337人，包括教授36人(比上年增加7人)和副教授107人(比上年增加14人)。1995年度破格晋升教授4人，副教授1人，其他正高职称4人，副高职称10人。本年度对新分和选留的教师和干部进行了首次岗前培训，受到学院和广大教职工好评。

(三)强化管理，为深化院内管理体制改革搞好内部环境。治理整顿极少数长期有岗不上岗和擅自离岗人员，反响较好。出台了多项规章制度，提高了人事工作服务水平。

(四)努力深化后勤改革，提高后勤服务质量。制定了《公费医疗制度改革办法》，于1996年1月1日正式实行。投入大量经费维修改造后勤基础设施，增强后勤保障能力。预算外资金对教学科研的投入大大增加并达到历史最高水平。1995年8月，财务处、基建处、卫生科荣获司法部“直属单位后勤工作先进集体”称号。

(西北政法学院)

中南政法学院

1995年，中南政法学院在司法部的领导下，适应社会主义市场经济发展的需要，坚持以教学为中心，不断深化教育改革，努力提高教育质量，使学院法学教育事业得到较大发展。

一、办学规模继续扩大，社会效益良好。1995年，共招收各类学生2926人，其中，研究生42人，普通本科生1156人，普通专科生55人，成人学员1673人。截止1995年底，学生规模发展到在校生达10015人，其中，普通本专科生4422人，研究生123人，全日制成教生1127人，校外成人函授生4343人；为社会输送法律人才1162人，其中硕士毕业生18人，本科毕业生588人，成人本专科毕业生586人。普通本专科生毕业分配一次到位率达62%，跟踪调查显示，毕业后绝大部分表现出良好的适应能力和业务素质，普遍受到用人单位的好评和欢迎。

二、深化教育改革，提高教育质量。为了培养复合型人才和充分调动学生的学习主动性，建立并且开始实施了为高年级学生开设的“主辅修制”；在大量调查研究的基础上，制订了《中南政法学院学分制方案总则》、《中南政法学院（学分制）学生选修课程与免修课程暂行办法》等一整套学分制实施方案，并在国际经济法系试行，拟于1996年在学院全面施行；适应社会主义市场经济发展的需要，着手修订《本专科学时制全程教学计划书》工作，完成了30门课程教学大纲的编写或修订工作；对部分专业课程体系进行了调整，确立了与法学有关的专业主干课和基础课的设置，增加了选修课，拓宽了知识面，增强了学生的适应性；加强题库建设，建立了20门课程包括专业主干课和核心课的试题库；教材编写成绩显著，教材质量有较大提高，教材体系初具规模。国家教委、司法部为落实李岚清副总理关于编写现代法学教材的指示，决定在“九五”期间组织编写一套50本的现代法学教材，中南政法学院有5名中青年教师承担了5本教材的主编任务，表明学院的相关学科在法学界得到了肯定。

三、专业、学科建设得到加强。成立了公安与行政法系，研究生处改为研究生部，成人教育处改为成人教育学院，并设立了法学二系；民法专业被评为部级重点学科，刑法、法理、行政法、诉讼法专业被评为院级重点学科，增设了经济法、行政法、国际经济法三个硕士学位授予点；增设了治安管理和行政管理（行政法）两个本科专业，使之由原来的7个增至9个，形成了以法学为主，法、商、文多学科的综合专业体系。

四、科研水平和学术地位稳步提高。增设了比较法研究所，科研学术机构由4个增至5个；建立和完善了《中南政法学院科研项目管理暂行办法》、《中南政法学院科研奖励暂行条例》、《学术著作出版周转基金使用暂行办法》、《跨世纪人才青年学术文库管理办法》等一整套科研管理制度；承担8项部、省级重点科研课题，出版专著、教材近30部（本），发表学术论文316篇（含学生发表的法学论文91篇）；学术刊物质量稳步上升，《法商研究——中南政法学院学报》刊载的文章的转载率已超过35%，在全国近200种法学理论刊物中被列入前31种法学核心刊物，排名第13，并被安徽省教委定为国家一级刊物。

五、教师队伍建设得到加强，队伍更趋稳定。继续执行重点向教师倾斜的政策，努力改善教师的经济条件、生活条件、从事教学科研的条件，以稳定教师和吸引人才，新增教师23人；培养、造就一批教学、科研骨干和学术带头人。把研究生教育和教师培养结合起来，出资培养留校任教的硕士研究生7人，送出攻读博士学位3人，派出留学和访问学者3人；制订出了培养跨世纪学术带头人的政策和具体方案。由于政策优惠，措施得力，使教师数量得到充实，整体素质也得到提高。

六、加强了资金的投人，办学条件得到较大改善。教学仪器设备投入经费120万元，图书资料投入经费85万元，利用校友捐款设立了“教学、科研奖励基金”，并从基金中拿出3万元奖励在教学、科研工作中作出贡献的教师；新建教室400平方米，新建学生宿舍3194平方米，新开辟学生阅览室240平方米，建立了一套具有先进水平的磁卡售饭系统；建立了发展基金、教学基金、科研基金、勤工助学基金、医疗保障基金等五大基金共200多万元。通过上述措施，使学院的办学实力得到明显增强。

七、加强了教学管理的力度。先后修订和制定了《教师教学工作规范》、《学生学籍管理办法》、《教师考核暂行办法》等管理制度，对学风、教风、考风和校园环境进行了整顿，对违纪教师和学生进行了严肃处理，促进了学风、考风、教风和校园秩序的好转。

八、对外交流工作得到加强，扩大了学院的影响。组团访问了美国的福德姆大学、圣约翰大学，组团访问了德国的萨尔大学，并与上述三所大学建立了校际交流关系；争取到美国福特基金会的资助，成功举办了湖北法官培训班，培养法官61名；经湖北省教委专家组评估，获得招收留学生资格。

九、继续深化后勤改革，保证了教学、科研及师生员工生活的需要。在进一步深化和完善原运输、膳食、公医改革的基础上，重点进行了水电、宿舍、绿化环卫、培训方面的改革，并成立了水电、宿舍、绿化环卫、培训四个服务中心；完成并启用7号学生宿舍，完成两栋教工宿舍主体工程施工任务，改建两栋宿舍工程，面积为1374平方米的商业网点动工兴建，完成总投资130多万元的总机改造工程。

十、根据司法部、国家教委关于进行教学评估的精神，全院动员，齐心协力。根据评估指标体系的要求，积极盘清家底，肯定成绩，找出不足，加强硬件、软件建设，以评促建，以评促改，以期做好教学评估的准备工作，迎接司法部、国家教委的教学评估。

（中南政法学院）

中央政法管理干部学院

1995年，中央政法管理干部学院认真贯彻执行党的十四届五中全会精神，在司法部领导下，经过全院共同努力，在教学、科研、管理等方面取得了较大成绩。

一、学院办学规模进一步扩大。大力办好各种类型的教学班，拓宽了办学渠道，超额完成了学院"八五"招生800人的计划，在校生达到1042人的规模。毕（结）业学员488人，为社会输送了一批合格的法律人才。学院各职能部门、教学单位群策群力，加强了教学各个阶段、环节的管理。广大教师，包括校外兼职教师，认真负责、辛勤耕耘，教书育人，作出了很大贡献，使学院的教学水平和教育质量有所提高。学院申办的涉外经济法专业方向已获教育部批准，拟于1996年9月开始招生。学院今年充实加强了学员管理机构和年级主任的工作，制定了一系列教学、学员管理的规章制度，并多次召开会议，研究教学和学员管理中的重大问题，努力做好教学和学员管理的日常工作。学管处和各系（部）不断研究改进学员管理办法，采取多种形式，调动学员学习积极性，提高学习和遵守纪律的自觉性。法律系加强考勤，扭转学员到课率低的状况，系里研究制定了奖惩办法，使到课率大大提高。学员中涌现了很多好人好事，年内评出优秀学员、优秀学员干部20名；优秀党员14名；优秀团员32名。

二、内部改革进一步深化。一年来，学院继续完善和推进以人事、分配制度改革为重点的内部管理体制改革。学院和人事部门组织修订了《四定方案》、《第二届教职工聘任制实施办法（试行）》等一系列文件，顺利完成了全院第二期干部聘任制、工人合同制聘任工作。1995年学院教职工年终考核，以德、能、勤、绩为基础，增加了处级干部、教师、科以下干部、工人不同岗位考核内容。共评出处，科级先进单位6个（处级4个，科级2个）、先进工作者29名。考核确定优秀等次35名；称职188名；基本称职2名。基本上起到了奖励先进，激励后进的作用。

三、办学、三产创收进一步增加。一年来，学院努力管好院办产业和律师事务所。办学、三产共创收200多万元，为改善办学条件和教职工生活待遇提供了物质保障。院产办按照《企业法》、《公司法》的要求，清理整顿了公司。每月为教职工发放生活补贴，改善了教职工生活待遇。北京光大律师事务所，一年来共承办各类案件229件，取得了较好的社会和经济效益。财务工作保证了学院财务管理工作正常运转。

四、精神文明建设进一步发展。一年来，学院党委坚持社会主义办学方向，坚持党的基本路线和"特色理论"的学习，努力优化育人环境。特别是通过招聘，充实教职工队伍。鼓励教职工在职深造，参加校内外学历教育10人，选送3名教师出国学习。学院党工团从丰富学员教职工业余文化生活出发，以组织参观、郊游、文艺汇演等形式进行爱国主义、集体主义、共产主义教育、树立了良好的校风和学风。

（中央政法管理干部学院）

中央司法警官教育学院

1995年学院在司法部和地方党委正确领导下，坚持以邓小平同志建设有中国特色社会主义理论为指导，认真贯彻党的十四届四、五中全会精神，深入贯彻《中国教育改革和发展纲要》、《人民警察法》和《监狱法》，深化改革，稳定办学规模，狠抓整体适应能力，在提高教学质量和管理水平上下功夫，较好地完成了各项任务。

一、完善招生改革办法，稳定了生源。学院在总结前两年招生改革经验的基础上，不断完善招生改革办法，使招生工作顺利进行，生源充足，质量不断提高。全年学历教育共招收743名，其中大专生724名，本科生19名；短期培训共举办六期全国监狱、劳教系统领导干部研修班和警衔晋升培训班，培训学员974名；院外教育在两个省开办了《专业证书》班，招生学员244名；在校生稳定保持在2000人左右。

二、调整专业设置，结构趋向合理。为了适应社会主义市场经济和创建现代化文明监狱、劳教所的需要，经司法部批准，新增设了监所信息管理和文秘两个专业方向；将劳改管理专业调整为监狱管理和监狱法学两个专业；将人事管理专业改为警察管理专业，学院共

5个专业，3个专业方向，从而使专业结构更加合理，更适应于监狱、劳教实践的需要。

三、办学条件得到改善，办学实力进一步增强。一是新购置16部微机，建立了会计实验室，保障了教学需要；二是扩大了教师队伍，提高了教师素质，新调入教师12名、接收大学生19名，评定教授2名、副教授4名、讲师7名、助教15名，教职工总数达到373人；三是后勤保障能力进一步增强，保证了教学、生活的需要；双电源已经接通，新征土地已经圈墙，使学院占地达到187亩，为进一步扩大学院规模创造了条件。

四、处部环境得到改善，促进了学院的发展。一是经国家教委同意，司法部批准，学院由中央劳改劳教管理干部学院更改为中央司法警官教育学院，为进一步发展奠定了基础；二是在司法部的关怀下，成立了学院董事会，在支持办学方面发挥了重要作用；三是学院越来越多地得到本系统的支持和赞助，使学院与监狱劳教单位的联系越来越紧密，外部环境越来越好。

五、科研保障能力增强，科研成果显著。一是召开了第九届学术研讨会，收到论文336篇，评出系级优秀论文97篇，院级优秀论文50篇；正式出版教材7部，50多万字；发表论文66篇，30多万字；发表译文2篇；研制音像教材1套，软件3种；二是新购进图书2184种，5571册，使图书馆藏书达到14.6万册。三是经国家新闻出版署批准，学报更名为《中国监狱学刊》，并出版三期，发行1.2万册。

六、办学效益明显，为监狱劳教系统培养输送了一大批优秀人才。毕业大专生546名，领导干部研修班和警衔晋升培训班结业974名；另外还有其它短期培训45名。

七、坚持邓小平同志建设有中国特色社会主义理论的学习。首先党委一班人坚持带头学，其次组织中层干部参加培训班，并在此基础上组织学习心得体会交流，开展有奖征文活动。从而加深了对邓小平同志建设有中国特色社会主义理论的理解，统一了全体师生员工的思想。

八、结合实际，深入开展第二课堂教育，开展生动活泼的思想政治工作。政治部、工会、团委等互相配合，密切合作，紧紧围绕学院中心工作和思想实际弘扬主旋律，开展形式多样的思想教育，为全院形成良好的校风和学风创造了条件。

九、加强党的组织建设和干部队伍建设，发挥党员干部骨干作用。一是搞好党支部建设，坚持党章学习，发挥战斗堡垒作用，在全院试行了党支部等级化管理，完成了教工15个党支部的换届工作；二是按照"坚持标准，保证质量，改善结构，慎重发展"的方针，做好新党员发展工作，全年共发展预备党员40名，预备党员转正16名，确定入党积极分子178名；三是对全院处级以上干部进行述职和群众评议工作，为下一轮聘任打下了基础。

十、加强监督检查工作，确保各项工作健康发展，发挥保驾护航作用。在党委领导下，纪委、监察工作坚持开展廉洁自律教育，防患于未然，积极审慎的处理群众举报；审计工作坚持制度，进行定期审计，针对问题及时纠正；保卫工作坚持综合治理，及时处理各种案件，加强防范，使校园安全工作有所改善。

总之，在院党委的领导下，经过全体教职工的努力，特别是教师的辛勤耕耘，全年共完成3个层次、5个专业3个专业方向、51个教学班、37种教学计划、251门课程、2万多课时的教学任务，圆满地完成了上级交给的其他各项任务。全年涌现出一大批先进人物和事迹，教工中有一名同志被评为河北省优秀教师，总务处膳食科第一食堂被授予司法部后勤系统先进集体，两名同志被评为先进工作者。学员中评出11个优秀团支部，51名优秀团干部，119名优秀团员，34名青年志愿者活动积极分子；院团委树立一名学习先进典型，23名学习标兵，其中一名同志被院团委授予"见义勇为优秀团员"、保定市授予"见义勇为青年"称号。

（中央司法警官教育学院）

中国高级律师高级公证员培训中心

1995年，中国高级律师高级公证员培训中心继续贯彻"以教学为中心，以经济开发为重点，通过经济开发，自力更生建设培训中心"的方针，完成了司法部确定的律师、公证员培训任务。共举办了各种培训班六个，即第十三、十四期晋职班、第九期涉外英语强化班、部公证司新法培训班和中国政法大学研究生院合办的研究生民（商）法班第二、三学期，培训503人（晋职班203人，律师113人，公证员90人；研究生学员47人，律师44人，公证员3人，公证司新法培训班130人等），以上学员考试考核合格，领取了结业证。

一年来，培训中心在司法部的领导下和有关司局的大力支持、帮助下，在边办学边建设（施工）的特殊情况下，对教学管理、学员管理和后勤管理采取一系列改进措施，有效地保证并促进了教学和各项工作顺利开展。

一、突出工作重点，提高教学质量

(一)认真组织教学计划的实施，把各项工作落到实处。保证教学计划的实施是提高教学质量的关键。培训中心认真总结经验，有针对性的抓关键环节：一是为了适应新形势，在教学内容和课程设置进行了必要的充实、调整。为加强教学工作的针对性，调整了一些课程的比例，突出了重点。增设了《知识产权法》、《著作权法》、《反不正当竞争法》、《国家赔偿法》、《消费者权益保护法》等课程，既使学员们学到了新的法律，又拓宽了知识面。二是认真选聘任课教师，改善授课方法。根据前十二期教师授课的实际效果，继续从政法大学、人民大学、人大法工委、建设部等高校、政府机关和事业单位中遴选聘用100多名次学识渊博、造诣深、实践经验丰富、威信高、授课效果较好的教授、专家、研究员及有关业务部门的领导任教，较好地完成了全年六个班50多门课的授课任务。

(二)切实保证授课任务的落实。根据培训中心因全部外请教师，按计划时间授课保证系数小的特点，特别注意加强与授课教师的联系，保证了教学工作的正常运转。

(三)把好考试质量关。坚持出题、监考、判卷从难从严要求。使学员考出了自己真实的水平。

二、从现有办学条件出发，改善和加强管理

(一)加强教学管理工作。为加强对学员的管理，抽调中心办公室主任主管学员部的工作。使教学管理工作做到了人员、组织、制度三落实。即学员落实班组，支部建在班上、制度落实在书面上，从而建立了正常的教学秩序和学习秩序，有力地保证了教学工作的顺利开展。

(二)组织建立学员自我管理网络，发挥自我管理的作用。根据教学管理人员少、工作量大的实际情况，注意发挥学员的优势，采取各省、市、自治区司法厅(局)推荐、中心考查、民主选举三结合方法，产生班组干部。依靠这部分骨干，开展教学管理，有效地促进了教学和各项管理工作的开展。

(三)建立党的组织，健全党的生活制度，两期(第十三、十四期)晋职班共有党员181名，占学员总数的89%，"中心"临时党总支及时根据学员教学组建制，建立了两个临时党支部，推荐了党的干部。召开党的支部书记和党小组长会，定期布置学习，协助"中心"加强党员的思想教育。

三、"一切为了学员"，搞好教学保障、服务工作

(一)积极开拓进取，改善培训条件。去年底，为建立永久性教学基地，积极创造条件，克服困难，利用寒假期间，顺利地将校址从总参三部干休所招待所迁至海淀区圆明园西路马连洼(原马连洼小学)，自筹资金150多万元进行改(扩)建，建成了有60间180个床位带卫生间的中档客房，新建了可容纳200人和50人的大小两个教室。同时，为学员提供了更为方便的通讯、用餐、饮水、洗澡等必要的生活设备、设施。使学员的学习和生活条件均得到了明显改善。

(二)对学员负责，为学员排忧分忧。培训中心建立了昼夜干部值班制度和领导节假日带班制度，及时妥善地解决学员中的一些突发问题。对少数民族学员，给予特殊照顾。实行少数民族学员与汉族学员分灶用餐，同时保证重病号学员的用车，开设了病号饭。培训中心重视搞好学员接送站工作，为学员往返提供方便。

(三)创造条件，丰富学员业余文化生活。充分利用现有条件，在学员中开展篮(排)球、羽毛球、像(围)棋、跳舞、太极拳、太极剑以及春(秋)游长城等文体活动。充实、调剂了学员的业余文化生活，培养了学员集体主义精神。

培训中心建立以来，办各类培训班共50多期，共培训学员6100多名。其中：晋职班十四期3600多名，英语强化班九期500多名；其它短训班20多期2000多名，为提高公证、律师人员的政治素质和业务素质，做出了贡献。

(中国高级律师高级公证员培训中心)

中华全国律师函授中心

中华全国律师函授中心(简称律函中心)是司法部主办并经国家教育委员会批准的全国性法律专业、律师专业高等教育自学考试助学机构。律函中心为适应社会主义现代化经济建设和法制建设的需要，贯彻党和国家关于多渠道、多层次、多形式大力发展高等成人、职业法学教育的方针，于1984年底经司法部党组批准创办的。

律函中心的办学宗旨是：为改革开放、社会主义现代化建设和经济建设培养法律专门人才；为失去上大学机会而又苦于上学无门的有志之士开辟一条自学成才之路。

创办初期开设了普通部，毕业、结业两届学员，共

12万余人，在1988年全国律师资格统考中，律函中心毕业学员中有11000人参加，3000多人取得了律师资格。

为了适应国家对更高层次法律人才的需要，1988年5月司法部商请全国高等教育自学考试指导委员会批准开考法律专业，并联合发出《关于开办法律专业和组织司法干部、律师工作人员学习的通知》。中心成立大专部，同时停办普通部。法律专业大专部学制3年半，开设14门课程，全国自学考试指导委员会统一组织命题，各省、自治区、直辖市组织考试。学员取得14科单科合格证，发给国家承认学历的大专毕业证书。

根据司法部(1988)司发教字第144号文件的规定，在全国30个省、自治区、直辖市(不包括台湾省)设立30个辅导总站，在367个地、市设立辅导站，各辅导站根据学员分布情况，分别编成教学班、组，形成三级教学管理网络。有50余名专家、教授组成教学委员会指导教学工作，有60多名专家、教授、高级教师组成各学科教研组编写辅导材料并授课。通过面授，音像教学和书面教学等助学手段组织教学辅导工作。

法律专业、律师专业现注册学员6万余人。其中法律专业2800多人，律师专业3200多人。11年来先后有41万余人参加学习，其中7000多人考取了律师资格，许多人成为我国各行业的法律宣传骨干和基层法律工作者，25000余人取得了国家承认学历的法律大专毕业证书。

1995年5月，司法部根据我国进一步改革开放、建立社会主义市场经济体制的形势需要，经全国高等教育自学考试指导委员会批准，在全国开考律师专业，并联合发出《关于开考律师专业和组织司法人员参加学习的通知》。律师专业学制2年半，开设15门课程，学员取得15科单科合格证，发给国家承认学历的大专毕业证书。律师专业在总体上与全日制普通高等专科学校同类专业的水平相一致。同时，根据高等教育自学考试的特点和律师工作的职业需要注重考核学员的基本理论、基本知识及分析问题、解决问题的能力，在课程设置、教学内容和继续教育上同律师的职业需要、行业特点和资格考试接轨。

1995年11月8日，中华全国律师函授中心在北京人民大会堂隆重召开成立十周年庆祝暨表彰大会，全国政协、最高人民法院、司法部、国家教委、全国考委、中国法学会、全国律协等有关部门的领导以及法学界和教育界的部分专家、学者和辅导总站、辅导站的代表参加了会议。中共中央政治局委员、全国人大常委会副委员长田纪云同志到会祝贺，并与代表合影留念。大会对十年来在律函工作做出优异成绩的40个先进辅导总站、辅导站和115名律函先进工作者进行了表彰。

(中华全国律师函授中心)

司法部司法研究所

司法部司法研究所是由司法部直接领导的综合性研究机构。它成立于1989年4月，到1995年7月已有16名工作人员。研究所设有调研部、编辑部和办公室三个处室。其成员具有法学、政治学、社会学、国际政治经济、近现代史和英语、俄语等知识背景，已形成由大学本科、硕士、博士构成的学历结构和由助理研究员、副研究员、研究员构成的职称结构。研究所成员还有过律师、检察、司法、教育等职业领域的工作经历。整支科研队伍具有较高的政治素养，一定的政治实践经验和较强的科研适应能力。几年来在司法部领导下，司法研究所正在发展壮大。

司法研究所充分发挥为司法行政机关和司法部领导提供理论支持的参谋咨询作用，关注司法行政和法制建设的改革进程，研究其新动向新形势，及时提供研究报告，参与决策咨询，为实现司法行政工作决策的科学化，法制化，理论化服务。现已参与和正在参与《律师法》、《公证法》及中国法律援助制度的起草实施工作。

司法研究所还履行司法行政和法制理论研究的职能，主要从事我国司法与司法行政制度、体制，职能行为、运行机制原理、原则及法制建设有关问题的研究。其研究方向基本上包括了中外司法制度的主要方面。其中以邓小平同志建设有中国特色的法制理论为指导，研究我国司法行政的历史的现状，探求律师、公证、基层法律服务的改革规律的方向是近年来研究的重点。

司法研究所努力服务于司法行政的中心任务，服务于社会主义法制建设的宏伟目标，在新确定的研究领域里取得了一定成绩。至1995年已参与完成了国家社科基金课题《社会主义公民意识》、《社会主义法治意识》、《中国政法教育的历史发展》的研究任务，从1994年起又承担了社科基金批准的《“一国两制”的法律问题研究》项目，以及司法部部级项目《建设有中国特色的社会主义律师制度研究》、《建立中国法律援助制度研究》和《社会科学"八五"国家重点项目〈中国地方法制建设〉》等课题。

出版的专著有:《司法行政大事记》(1979—1989)、《人权问题研究》、《世界法律词典》、《人权问题研究概要》、《律师制度与律师事务》、《纪检司法辞典》、《中国检察工作教程》、《世界法律词典》、《新公司法原理导读》、《民事商事经济法事务咨询大全》、《社会主义市场经济与法制》、《法律服务实用规章汇编》等以及500余篇论文。

为了反映司法行政系统理论研究水平及成果,司法研究所1993年创办的《司法研究》(内部发行)双月刊已成为全国司法行政系统理论工作者的重要阵地,并已逐步形成了自己的办刊特色,在司法行政领域中发挥着越来越多的理论指导作用。

(司法部司法研究所)

司法部预防犯罪研究所

司法部预防犯罪研究所是1984年经国务院批准成立的法学研究机构,它隶属于司法部直接领导。主要从事预防犯罪、罪犯矫治、国外刑事司法等领域的研究。全所编制为50人。

研究所下设七个处、室,即预防犯罪研究室、罪犯改造研究室、劳动教养研究室、国外犯罪与刑事司法研究室、《犯罪与改造研究》编辑室、科研处、办公室。分别承担各项科研项目的研究、科研行政管理和行政、后勤保障工作。

研究所实行所长负责制。第一任所长是李均仁研究员,现任所长武延平教授。所长对全所科研和行政工作实行全方位领导。研究所设有学术委员会,学术委员会是所长领导下对所内重大学术问题的决策和咨询机构。它由所内、外有关专家、教授11人组成。其任务主要是审定科研课题,鉴定科研成果,接受所长有关学术性问题的咨询。研究所重大行政事项,由所长召开所务会议讨论并作出决定。所务会议由各行政部门负责人参加,作出的决定也由各行政负责人组织实施。

研究所设有资料室。资料室有专业图书资料五千余册,专业性期刊一千余种。为科研人员提供必要的专业资料。

研究所现有工作人员42人。其中科研人员30人,在科研人员中,有高级专业技术职称的10人,有中级专业技术职称的8人。科研人员中有65%是法学硕士研究生。

1995年预防犯罪研究所主要工作如下:

一、实行科研工作制度系统化。科研工作是研究所的主要工作。1995年提出各项工作要以科研为中心,深化科研制度的改革,努力把科研工作推上一个新台阶。首先在科研工作中把对人的管理转变为对课题的管理,进一步使科研工作制度得以完善。在此基础上又落实了科研人员工作量制度、课题申报制度、课题审定制度、科研经费划拨与使用制度、科研成果验收与评比制度等。其次,为充分挖掘科研人员的工作潜力,调动他们的积极性,1995年研究所又实行了科研人员不坐班制度。这一制度的执行,解放了科研人员的手脚,为科研人员多出成果,出好成果提供了条件。

二、科研工作成绩显著。科研制度的改革大大调动了科研工作者的积极性。1995年研究所在科研人员减少的情况下,不但超额完成了任务,而且质量有了提高,有些课题受到有关领导的好评。按所计划要求1995年全年完成论著53万字,实际完成并发表了116万字,是年计划的2.2倍。外文翻译计划13.5万字,实际发表了15万字,是年计划的1.1倍。与1994年相比,1995年完成论著工作量是1994年的1.5倍,完成翻译数量是1994年的1.8倍。同时,较好地完成了江泽民总书记布置的《犯罪心理与对策》课题中"重新犯罪的心理与对策"部分;《监狱学概论》一书对宣传贯彻监狱法,满足基层学习监狱法的需要起到了积极的作用,并开创了研究所出书盈利的先河,此书受到各界的好评,印刷一万册仍不能满足社会需要。

三、深入实地调查,加强学术交流。1995年研究所在经费比较紧张的情况下,挤出一部分资金组织科研人员29人次,到15个省、市57个基层单位搞调查研究。派科研人员参加劳教立法和《监狱法实施细则》的起草工作,广泛收集科研第一手资料,推动了科研工作的深入开展。

1995年研究所利用多种形式,进行多方面的学术交流活动,1995年全年参加国内学术性会议三次,参加人员十多人。此外,还积极开展对外交流活动,派人参加了联合国预防犯罪大会,并宣读了论文。参加了在台湾大学召开的海峡两岸刑事诉讼法研讨会,在大会上发了言。以研究所为主第一次组成学术代表团访问德国马普研究所,作了三个学术报告,并同马普所的研究人员进行了学术交流。接待了日本亚远所访华代表团,并同他们进行了座谈。这些活动既开扩了视野,也推动了学术向纵深方向发展。

1995 年 5 月研究所受司法部的委托在西安召开监狱、劳教系统的科研工作会议，有力地推动了监狱、劳教系统科研工作的开展。

四、刊物编辑与发行工作实行一体化。《犯罪与改造研究》是研究所主办的一个学术性刊物，1995 年研究所从改革入手，理顺管理体制，实行编辑与发行工作一体化，统一由编辑室负责，并实行经费承包。全年 12 期 120 万字刊物按时出版。

五、增建科研机构，配齐各处室负责人。为加强科研管理，广泛收集国外犯罪与改造信息，研究所在编制不变的基础上，经司法部政治部批准，增建了科研处和国外犯罪与刑事司法研究室两个处级机构。任命了处级干部，同时配齐了各处室负责人，明确职务，明确任务，使各项工作落到实处。同时按照人事部要求，完成了三定工作。

六、做好职称评定工作。按计划 1995 年在科研工作人员中评定一次职称。评定初级职称 2 人，中级职称 5 人，向司法部推荐高级职称 4 人。并为晋升职称、职务人员及时调整了工资。

七、为科研工作保驾护航。行政与后勤工作是科研工作的重要保障。只有做好后勤工作，才能使科研工作者安心从事研究。1995 年行政工作从改革入手，大抓建章立制，使各项工作规范化、制度化。全年共建各种制度 16 项，并汇编成册发给各处室执行。1995 年在司法部的大力支持下，研究所添置了通讯设备和车辆，改善了办公和研究条件。为更好地为科研工作服务，科研处的同志，大量搜集报刊信息，剪接编辑了 14 期《文摘资料》提供给研究人员做参考。车队的同志行车 6.7 万公里无事故，保证了全所用车的需要。

经过全体工作人员的共同努力，1995 年研究所取得了可喜的成绩，先后有 7 名同志获得了部级奖励，5 位同志被研究所评为先进个人，一个单位获得了先进集体光荣称号。

（司法部预防犯罪研究所）

司法鉴定科学技术研究所

司法鉴定科学技术研究所是由司法部和上海市领导的、主要从事司法鉴定的科研机构。1995 年司法鉴定科学技术研究所的工作概况如下：

一、科研工作。完成各类科研项目 18 项；新开展科研项目 11 项，其中由所科研基金资助的项目 8 项，由工矿企事业单位资助的项目 3 项。颁布了 1996 年度科研课题研究指南。

在科研成果管理方面，建立了“所级科技进步奖评审制度”，对 1993—1994 年度完成的课题评出了 2 项二等奖，8 项三等奖。对荣获所级科技进步奖二等奖的项目申报了司法部 1995 年度科技进步奖，经评审，1 项获二等奖，另项获三等奖。

开通了与有关科技领导机构的联系。积极配合市科委完成每年度的关于对科研机构进行调查的工作；认真做好上海市和中国法医学会布置的工作；积极参加“国家自然科学基金会”华东基金管理会的工作；开通了申请“国家自然科学奖”、“国家科学技术进步奖”、“国家发明奖”以及市科协主办的“市青年科技论文奖”的渠道。

二、检验、鉴定工作。1995 年度共计完成 1620 例，比去年提高了 23.76%。为了确保质量，组织了由所领导、专家和职能部门参加的检查小组，以重点检查和自查相结合的形式，对全所的检验、鉴定质量进行了一次评估。检查结果表明：鉴定过程中所采用的技术方法和步骤基本正确，结论与实验技术数据、检查结果、调查材料及旁证材料等基本一致。科研新项目经专家验收后在开展检案工作中发挥了重要的作用。

积极开拓案源。与湖南省岳阳市检察院联合成立了法医鉴定门诊；与上海市劳动争议委员会正式签订了合作协议；与市 172 个律师事务所作了广泛的联系。现正在与市工商行政管理所等机构（单位）积极建立合作关系。

编辑出版了《司法鉴定疑难案例汇编（第二集）》和《司法鉴定常规技术操作规程》。《司法鉴定疑难案例汇编第二集（1992—1994）》精选了所受理的全国各地送检的部分重大案件中的疑案 52 篇，计 13 万字，大 32 开本。正着手编写《司法鉴定常规技术操作规程》，16 开本，计划 550 千字。该书是我国第一本详细阐述关于司法鉴定工作常规和技术的工具书。

三、教学工作。分别接受了文检和病理专业各 1 名进修生；毒物化学专业与本市第二军医大学联合培养了 1 名硕士研究生；法医临床学专业开办了一期“法医男性学讲习班”，学员遍及全国 15 个省市和自治区，办学效果反映良好。

四、外事工作。接待了乌克兰司法鉴定管理局一行三人的来访；与美国司法部信息交流服务中心建立了联系，定期免费交换学术资料；经国家教委和司法部的批准，选派了1名科技人员赴英国 Reading University 进修。

五、其他行政工作。

召开了"司法鉴定若干问题研讨会"、"司法鉴定工作服务于市场经济和民主法制建设暨复所十二周年纪念大会"等一系列会议；编写了《司法部司法鉴定科学技术研究所所志》。全文约10万字，11个方面，这是复所以来记录最为全面的一部所志；制定"九五规划"。全文约一万字，分三个部分予以阐述：①积极参与我国司法鉴定体制改革；②增强自身科技综合能力；③为实现一流研究机构的目标创造条件。

六、图书管理工作。所图书馆现有一个中文和原版图书库、一个期刊库和一个阅览室，拥有各类图书2万7千余册。其中，国外原版图书3000多册；国外原版期刊37种；国内期刊70余种。1995年已完成部分原版书籍的编卡工作，进一步为读者提供检索服务。

七、《法医学杂志》的编辑和发行工作。《法医学杂志(季刊)》向国内外公开出版发行了11卷42期。1995年起实行经费包干制，不仅减少了财政补贴，而且略有盈余。

（司法部司法鉴定科学技术研究所　沈渭忠）

《法　制　日　报》

1995年《法制日报》社紧紧围绕党的基本路线，努力发挥自身特有优势，在宣传党的大政方针，宣传国家宪法和法律，普及法律知识，宣传社会治安综合治理，宣传政法战线的英雄模范人物，倡导社会主义精神文明，为维护改革、发展、稳定大局，为完善社会主义市场经济体制，为经济建设及社会主义民主法制建设做出了贡献，成为我国法制宣传战线上的一支重要力量，被广大读者视为学法用法的良师益友。

1995年，在新闻纸价格大幅度上涨、报刊市场竞争更加激烈的情况下，法制日报提高办报质量，保持了较高的发行量，年初114万份，年末117万份，居中央级大报第二位。法制文革报创刊4年，1995年底发行量突破60万大关，达62万份；长安杂志创办两年半发行量已达27万份；法制与新闻杂志发行量达3.6万份，比1994年净增6000份；市场法制导刊已发行1万份，比1994年同期有所增加；律师函授中心创办10年，先后为我国培养法律大专毕业生、获取律师资格人才16000人，1995年又开办了律师专业，在校生人数达6万余名，比1994年上升17.6%。

法制日报1995年的新闻报道，从整体上充分体现了中政委、中宣部、司法部关于法制宣传工作的主要精神，把握了正确的舆论导向，突出宣传了邓小平同志建设有中国特色社会主义理论，宣传党的基本路线，宣传十四届五中全会精神。配合我国外交斗争作了大量工作，如在人权斗争、反击台独势力企图重返联合国等方面刊载很多稿件。对在我国成功举办的"世妇会"、纪念反法西斯战争和中国抗日战争胜利50周年、世界反贪大会、国际刑警大会、庆祝西藏自治区成立30周年，新疆维吾尔自治区成立40周年等国内外重大时事集中力量组织了系统报道，受到社会各界的好评。

法制日报继续坚持立足法制、面向社会的办报宗旨，围绕中政委的中心工作，紧密配合政法各部门的具体工作，开展声势较大的报道：如严厉打击经济犯罪贪污受贿、走私贩毒、车匪路霸、拐卖人口、卖淫嫖娼、扫黄打非；配合中治委座谈会组织的"加强流动人口管理"和全国铁路护路联防组织六省区记者站开展的"在万里铁路线上"等社会治安综合治理的战役性专题报道，宣传力度都很大。对一些突出的案件，则派记者实地采访，写出较有份量的稿件，用较大的篇幅进行系列报道，如山西特大拐卖妇女案。对政法机关加强自身改革步伐，改革审判方式，解决执行难问题，为企业创造良好的法制环境等进行充分报道。宣扬了党的领导干部的楷模孔繁森为代表的一大批"执法群英"。对新疆哈萨克族青年民警赛尔江的模范事迹、崔大庆、甘雷的英雄事迹、山东济南交警支队的先进经验以及国庆节期间对政法部门的成就作了深入的系列报道，中央电视台《东方时空》对政法部门成就稿全部摘要播出。由报社组织的政法干警风采万里行(北京至西藏)大型系列采访活动，在沿线基层干警中引起了强烈的反响。

法制日报在1995年继续把经济法制作为宣传的重点，进一步加强报道。从社会和法制的热点问题入手，抓住市场经济条件下一些经济现象、干群关系问题，深入调查采访，精心策划写作，形成系列报道。如《"的士"话题》、《省市领导和老百姓》等。针对经济体制改革及政法工作面临的新情况、新问题，对转换国有企业经营机制、建立完善市场经济体制、控制物价、改革社会保障制度等方面的问题和情况进行探索性报道。对人代会、人大常委会的立法活动除了作全方位的报道外，还新辟了《立法追踪》栏目，较快地把立法中的争议动态反映给读者。为配合人大立法，开辟了国外法坛专版，有选择地介绍外国市场经济立法，如介绍新加坡市场经济立法的稿就有28篇。对持续一年的执法检查，坚持派记者随团到各省采访报道。如对文物法、农业法、劳动法的执法检查，中纪委反腐败检查吃喝风，卫生部门查处医药市场的问题等。

在宣传报道中，法制日报既重视思想性、指导性，又注重可读性、趣味性，贴近实际，贴近生活，从文章内容到版面设计，尽量做到使群众喜闻乐见。如文化周刊、社会特刊、周末版等副刊上的很多栏目均受到群众的赞誉。

1995年初和7月份，法制日报两次调整版面，拓宽了报道面。虽然7月1日后每逢星期六、日改出四版，但新闻信息量并未因此下降。自采自编的头条新闻比1994年有大幅度上升，报道涉及广泛领域，报纸质量明显提高。"青少年与法"专版被中宣部、团中央等5部委评为全国"保护明天"好新闻优秀组织奖，"中国青少年法律保护系列述评"获一等奖。据不完全统计，全年获全国新闻各类专业奖项的共有20多人次。报社行政、经营部门，被司法部、新闻部出版署中国报协、财政部和国家档案局评为先进个人、先进集体的共10个。

1995年，法制日报社组织了纪念报纸创刊15周年系列活动，提高了社会知名度。

（法制日报社　施　文）

《中国律师报》

《中国律师报》是由司法部主管、主办的，以宣传律师、公证、基层法律服务工作为主，同时面向全社会的专业性报纸。创刊于1994年1月，为对开四版，周二刊，逢周三、周六出版，面向国内外公开发行。

《中国律师报》在司法部的直接领导下，严格遵循党的方针政策和宣传任务，系统深入地宣传律师工作改革以及公证、基层法律服务工作的消息、动态、经验。它是法律服务的指南、宣传法制的阵地、律师办案的向导、法律顾问的园地。

《中国律师报》一版是要闻版，除社论、评论外，还辟有"天下谈"、"难忘一案"、"风景线"、"东西南北"等栏目，以反映在法律服务战线上的新人、新事、新风貌，以及律师、公证和基层法律服务的新经验、新举措、新动态、新办法。二版是经济、刑事、民事等业务专版，设有"市场热点"、"经案CT"、"方圆术"、"代理词选粹"、"案例评析"、"辩护写真"、"办案札记"、"名案代理"、"导航台"、"各抒己见"、"行政法庭"、"政府参谋"、"拍案惊奇"、"奇案趣闻"等栏目，围绕改革开放和经济建设的主题，立足律师业务，兼顾相关业务的方方面面，及时反馈各部委、各行业相关信息。三版是公证、基层法律服务、律师建设、军队律师、法苑瞭望等业务版。设有"司法解释"、"立法快讯"、"新思维"、"基层采风"、"维权录"、"调解有术"、"服务札记"、"公证改革大家谈"、"公证员手记"、"军队律函"等栏目，及时报道最新立法信息、最新司法解释，介绍法律服务界和学术界、政府界有助于国家法制建设和法律服务建设的新观点、新思维、新理论，宣传介绍基层、公证的改革与建设的经验、问题探讨与建议，宣传先进人物的风采与事迹，宣传开拓业务新领域的精神与业绩等。四版是文艺副刊和文摘、读者之声等业务版。设有"名家热线"、"艺术长廊"、"书法漫画"、"旋转舞台"、"生活指南"、"国际要闻"、"热点透视"、"研究与探讨"、"读者之声"等栏目，反映律师及与法制相关的影视等方面的内容、释论，介绍法律服务与文化艺术人物、事件间的关系，报道、阐述政法战线及社会以至世界范围的热点问题。

《中国律师报》现设总编室、专版部、办公室和出版发行部、广告信息部。

（中国律师报办公室）

《司　法　研　究》

《司法研究》是于1993年7月经国家新闻出版部门批准正式创刊，由司法部司法研究所主办的综合性理论双月刊（内部发行）。司法部部长肖扬为该刊题写刊名，主编为司法部副部长张耕、副主编为严军兴、方向、赵大程。

《司法研究》每期于单月15日出版，版面为16开；有48个印刷面。每期发行5000份。其注册信息是北京市内部报刊准印证书D(Z)2471—961604号。

《司法研究》以司法行政理论和实践为主要研究对象，同时涉及整个法制领域。自创刊以来本着理论联系实际，为全国司法及司法行政实践服务的办刊宗旨，围绕经济建设和改革开放的主题和司法行政工作的中心任务，大力探讨在建设和发展社会主义市场经济过程中，司法及司法行政工作出现的新课题，为司法行政决策服务。该刊既研究工作中的普遍性问题，又探讨一些热点难点问题；既有一定深度的调研报告和理论研讨综述，又提倡开展争鸣与探索；既立足于中国的司法实践，又兼收国外的有益经验。开设有"厅局长论坛"、"律师改革"、"公证改革"、"热点难点问题研讨"、"法学专论"、"探索与争鸣"、"工作研究"、"调研动态"、"军队司法行政"、"法律援助制度"等栏目。

作为司法行政系统部级刊物，《司法研究》的创办，适应了社会主义市场经济发展对法律服务的需要，为司法行政理论探讨开辟了学术阵地。在司法行政工作改革和发展中充分发挥了理论决策的参谋作用、理论宣传的教育作用和具体业务的指导作用。《司法研究》创办以来，经历了创办、发展，提高的过程，作为知识性，宣传性，指导性为一身的刊物，通过自己的编辑工作已逐步形成了综合性、理论性、应用性的办刊特色，它依靠司法行政系统各部门的支持已成为外界了解司法行政工作的窗口，理论研究的园地和培养理论人才的学校。

《司法研究》以推动全国司法行政系统理论研究为己任，于 1993 年 10 月在上海参加了全国司法行政理论讨论会后，取得理论研究的阶段性成果，从 1995 年起我们还建立和完善了遍布全国的特邀编辑制度，现在已形成了具有行业特色的较大的读者作者群体。

（司法研究杂志社　王立中）

《当　代　司　法》

《当代司法》是司法部主办的机关刊物。其前身为《司法行政》、《法制建设》。《法制建设》是宣传社会主义民主与法制建设的综合性刊物，1982 年 12 月司法部党组报经中央政法委员会和中宣部审定并经文化部批准，于 1983 年 10 月创刊，1984 年 1 月正式向国内外公开发行，双月刊。叶剑英同志为刊物题写了刊名。1990 年 6 月经新闻出版署批准，《法制建设》更名为《司法行政》，改为月刊。《司法行政》是司法部指导全国司法行政工作的机关刊物，于 1990 年 10 月试刊，1991 年正式出刊，向国内公开发行，1993 年向国内外公开发行。彭真同志为刊物题写了刊名。为适应发展社会主义市场经济的需要，司法部于 1993 年 8 月报经新闻出版署批准，从 1994 年起将《司法行政》更名为《当代司法》。

《当代司法》的办刊宗旨是：立足于司法行政，面向法制建设。《当代司法》作为司法部的喉舌，首先即要立足于全国的司法行政工作，办求及时反映司法部对全国司法行政系统的领导意图和工作部署，推广和交流各地司法行政工作的经验，探讨和研究司法行政工作的新情况、新问题。同时，《当代司法》还要置身于法制建设的大舞台，高层建瓴，向以下几个方面延伸：一是从执法、普法与立法紧密相联的关系出发，向立法领域延伸；二是从公、检、法、司相互配合、相互制约的关系特别是从社会治安综合治理的角度出发，向公、检、法领域延伸；三是从律师、公证、乡镇法律服务所等中介机构与市场经济相濡以沫的关系出发，向市场经济领域延伸；四是从法学教育与法学研究唇齿相依的关系出发，向法学研究领域的前沿延伸。在此基础上，力争将杂志办活办好，使之成为融权威性、法制性、新闻性、知识性于一体并能为广大读者所喜爱的中央级刊物。

为了更好地体现办刊宗旨，《当代司法》辟有当代司法大视野、厅局热线、律师沙龙、公证人谈、基层之声、当代法学家、金钥匙、市场经济与法、规矩·准绳、雷池·天网、焦点透析、他山石、八面来风等栏目。刊物由《当代司法》杂志社出版，向国内外公开发行。

《当代司法》杂志社系司法部直属副司级事业单位，由部办公厅管理。杂志社实行社长（总编）负责制，下设编辑部、办公室、发行广告部 3 处室。1993 年 11 月经中华人民共和国人事部批准，杂志社的编制定为 15 人。

（许卫凌）

《中国律师》

《中国律师》是中华全国律师协会主办的综合性指导性专业刊物。经司法部报新闻出版署批准，于1988年7月创刊，国内外公开发行，双月刊。为了加强《中国律师》的编辑工作，提高刊物质量，更好地发挥《中国律师》的作用，经司法部党组研究决定，于1991年11月设立了由司法部有关部门负责人和中华全国律师协会负责人等组成的《中国律师》编辑委员会，中华全国律师协会常务副会长甘绩华为主任委员，司法部律师司司长李必达、中华全国律师协会副会长兼秘书长王化然为副主任委员，司法部宣传司司长马德太、《中国律师》杂志社总编辑方向、司法部办公厅主任孙在雍、《司法行政》杂志社总编辑张意修、中国环球律师事务所主任高隼来和司法部外事司司长徐景峰为委员。在编辑委员会的领导下，实行总编辑负责制。为了适应我国律师工作改革的要求和大力发展律师队伍的新形势，《中国律师》告别自创刊以来双月刊的创业历史，1993年改办为月刊。

《中国律师》的宗旨是：贯彻党的以经济建设为中心，坚持四项基本原则、坚持改革开放的基本路线，宣传党和国家关于律师工作的方针政策，交流律师工作经验和律师理论研究成果，帮助律师提高政治素质和业务素质，为促进我国社会主义律师事业，促进我国社会主义民主与法制建设和社会主义现代化建设事业服务。《中国律师》的编辑工作，坚持注重社会效益，刻意求新、突出律师特色，把党和国家关于律师工作的方针政策和司法部关于律师工作的要求落实在编辑工作中。

《中国律师》的主要栏目有：律师管理、刑事诉讼、民事诉讼、行政诉讼、非诉讼、法律咨询、律师论坛、律师心声、律师风采、律师之路、律师文书、律师之最，信息动态、国外律师。

根据国家人事部人中编发〔1989〕27号文件和司法部党组(89)司发党字第88号文件规定，《中国律师》杂志社为事业编制，定编20人，设经理部、采访编辑部、法律部等3个职能部。截至1994年底，《中国律师》杂志社拥有高级编辑职称2人、中级编辑职称6人及其他专业技术人员4人。

（中国律师杂志社　方　向）

《人民调解》

1995年的《人民调解》期刊工作，在司法部部基层工作司的领导下，在各地司法行政机关的大力支持下，坚持面向基层、服务基层的办刊宗旨，紧紧围绕基层司法行政工作改革、发展主旋律，克服困难，积极开拓，较好地完成了各项工作任务，使期刊的社会效益和经济效益有了明显提高。

一、期刊征订工作成效显著。全国共征订期刊27万余册，比1994年增加6.7万多册，增长33%。从全国的征订情况看，有三个明显特点：一是首次出现了订刊总数超过已建调委会总数的省，即海南省；并且有北京、天津、上海、福建、云南等五个省、市订刊总数超过了已建调委会总数的50%；二是订刊大户增多，征订1万册以上的省由1994年的7个增长到11个，其中山东、江苏两省已订到2万多册；三是一部分省的征订数量大幅度增长，福建、湖南分别比1994年增长86.4%、82%。征订工作成绩的取得，是各级司法行政机关进一步重视人民调解工作的结果，是各级基层工作管理部门共同努力、辛勤工作的结果，同时也是办刊质量不断提高的结果。

二、期刊的指导性明显加强。1994年《人民调解》期刊在内容和形式上曾一度出现了一些编排质量问题与媚俗倾向，不少读者来信表示不满。期刊编辑部对此十分重视，为了改变这种状况，及时采取了一系列措施：

（一）统一思想认识。通过多次召开会议，重温办刊宗旨，学习部领导关于把《人民调解》办成“窗口、桥梁、园地、学校”的指示精神，使编辑人员进一步明确了《人民调解》是指导管理基层司法行政工作的专业性刊物，只有宣传报道广大人民调解员、司法助理员、基层法律工作者关心和需要的内容，采取他们喜闻乐见的形式，才能保持期刊的特色，拥有自己的读者，发挥应有的作用。

（二）对期刊封面、内文版式的设计和栏目的设置及文章内容作了较大的调整和改进。在期刊封面设计上用全国模范调解员、优秀司法所长和司法助理员、全国十佳基层法律工作者的照片取代了过去的美人照；在内文版式设计上取消了大标题、大插图、大字号的做法，珍惜有限的版面，加大了信息量，每期由3.6万字增加到5万字；在栏目设置上增加了一些经验交流、指导管理、法律知识等方面的新栏目，取消了那种纯娱乐和消遣性的栏目；在文章内容上努力做到“三个结合、三个为主”和“四个突出”，即：指导性与可读性结合，以指导性为主；报道领导机关的活动与宣传基层的工作实践结合，以宣传基层为主；文章长短结合，以千字文为主；突出宣传报道司法部有关基层工作的会议和领导同志讲话精神，突出宣传新出台的有关基层工作的法律、法规、规章和政策，突出宣传报道基层工作改革和发展的新举措、新经验、新成果，突出宣传报道基层工作战线上的先进单位和英模人物。

（三）加强期刊工作与基层工作司的沟通与联络。组织编辑人员参加司的有关会议，建立同各业务处的沟通与联络制度，使他们能及时、准确地了解掌握基层司法行政工作发展情况、存在问题和对策，了解掌握每一阶段基层工作的重点和部署，从而做到心中有数，有针对性地组织稿件和报道。

（四）建立健全编务会制度。坚持每个月初召开一次全体编辑人员参加的编务会，组织学习上级有关指示精神，通报基层工作情况，讨论确定下一期刊物宣传报道的重点内容，研究上一期编辑工作中存在的问题及改进措施。

由于采取了上述措施，使期刊的指导性、实用性和可读性都有了明显加强，文风及版式也有了较大改进，受到了广大读者的好评。

三、期刊发行工作有较大改进。前几年一些订户不能及时、如数收到期刊的问题比较突出，订户意见较多。为了改进发行工作，1995年有针对性地采取了如下措施：(1)建立严格的期刊征订登记和发行差错补救制度。组织全体员工，加班加点，对征订登记册一个省一个省地逐户清查核对，凡是地址不详的立即与订户联系弄清楚，凡是漏登漏发的及时补发并附上一封道歉信，凡是重登重发的给订户发一封感谢信请他们协助退回多发的期刊。(2)建立发行信息查实处理制度。对反映发行问题的来信、电话，指定专人负责逐一登记，认真核实，及时处理，做到来信必回信，回信人及收信人都有签字。对已经如数按时发出而订户又反映没有收到的，编辑部与订户互相配合，共同查询。(3)加强发行监督工作。每期刊物一开始发行，编辑部即指定专人派驻发行站，进行督促检查，发现问题及时解决。(4)调整完善发行方法与程序。采取先远后近、先征订大户后零散订户，印一批发一批的方法，尽量使绝大多数读者能按期收阅期刊。采取上述措施后，使发行工作质量明显改善，来信来电话反映发行问题的也逐渐减少，从而为不断扩大期刊发行量、提高期刊的社会效益打下良好的基础。

（司法部基层工作司　许锡福）

法　律　出　版　社

法律出版社是我国成立最早的专门出版国家法律法规、法学教材、法学研究著作、普法读物和法学译著的国家级专业出版机构。法律出版社成立，特别是1980年复建以来，一直坚持为法制建设服务，为经济建设服务，为培养法律人才服务，为繁荣法学服务，通过出版大量的法律类图书，为我国的法制建设和普法工作做出了贡献。

法律出版社1995年度共出版图书253种，总印数382万册。《法律与生活》杂志发行227.6万册，与1994年度相比，产值增长34%，取得了较好的社会效益和经济效益。

法律出版社立足法制建设的大局，面向社会，坚持以创造社会效益为主，紧紧围绕改革开放和稳定的大局，及时编辑出版国家最新颁布的法律法规。1995年度出版单行法律文本19种；《中国民法实用全书》、《1995公民常用法律手册》、《当代外国公司法》、《最新中国涉外经济法律实用全书》、《中国商事法律要览（英文本）》、《中华人民共和国担保法全书》、《中国合同范本》、《民商法论丛》、《中共中央举办法律知识讲座纪实》等一批图书。获得读者好评，在国内产生了一定影响，对我国法制宣传教育工作也起到了推动作用。

1995年10月，法律出版社经过多年的设计研究，开发出版了《中华人民共和国法律法规（活页）》，成为我国第一部动态型的法律法规权威标准文本。《活页》采用国际通用法律法规汇编出版方法，具有编纂功能、秘书功能。它的出版，填补了我国出版业的空白，为更多的国家和海外投资者了解我国的立法状况和法律环境提供了便利。为了全面推动我国法学研究工作，充分展示我国法学研究成果，造就和培养一代法学研究人才，法律出版社从1995年开始，推出《当代中国法学文库》系列丛书，出版我国当代法学名家的高层次，高水平的法学专著。1995年出版的《贿赂犯罪研究》荣获第九届中国图书奖,《信访工作实用手册》一书被选送参加第三届国际行政科学大会图书展览,《中华人民共和国法律法规(活页)》荣获北京市优质产品奖,同时通过新闻出版署优质产品认定。《中华人民共和国常用法律大全》等7种图书被新闻出版署列为国家常备图书。

法律出版社坚决贯彻中央的出版工作方针,严守出版纪律,深化内部体制改革,不断完善目标管理责任制和职工人员聘任制,健全编、印、发等环节的管理制度,积极与国际出版界进行交流。在经营管理上实行企业化管理,努力转换经营机制,初步具备了自主经营,自负盈亏,自我发展,自我约束的能力。在努力做好图书出版工作的同时,在自身建设上不断加大力度,取得了成绩,被新闻出版署评为良好出版社,1995年度被中央国家机关精神文明建设领导协调小组评为中央国家机关文明单位,法律出版社后勤部门还荣获"司法部直属单位后勤工作先进集体"称号。

(法律出版社)

司法部法学教材编辑部

司法部法学教材编辑部是司法部所属的法学教材编审机构。成立于1986年7月,初期由司法部与原教育部共同组建和领导,1984年以后由司法部直接领导。对内是司法部教育司的科研教材处,对外称法学教材编辑部。

法学教材编辑部成立后,开始了建国后第一次大规模、有计划地编写全国高等法学教材、成人法学教材和司法学校法学教材。先后约请了全国二百多名来自院校、科研机构和实际部门的法学专家、学者担任正副主编和编审工作。

从1980年到1985年,十五年间共编写出版不同层次、不同专业各类法学教材、教学参考书、教学大纲292种,9600多万字,发行2400多万册,填补了我国法学教材的空白,为培养我国现代化建设所需要的法律人才作出了重大贡献。

从1984年开始,又对原有的教材进行有计划的修订。为适应社会主义市场经济体制对法律人才培养的需要,以邓小平建设有中国特色的社会主义理论和党的十四大精神为指导,"八五"期间由部属普通高等院校为主,组织编写了二十四种基础课和主干课教材,满足了各院校和社会各界使用无条件的需要,受到各方面的好评。在国家教委组织的一、二、三届优秀教材评奖中,获国家级奖的16种,获部级奖的37种。

1994年初李岚清副总理作出要组织编写现代化法学教材的重要指示,为实现这一跨世纪的系统工程,编辑部多次请专家进行论证,在充分听取各方面意见的基础上,制定了"九五"法学教材的编写规划。

1995年法学教材编辑部在对原有法学教材进行全面修订、更新的同时,把重点转移到落实李岚清副总理关于编写现代化法学教材的指示上来。经过法学界专家论证,现代化法学教材共分四个系列五十种,列入司法部"九五"法学教材规划的重点项目,现已全部启动。

基础课系列十二种:法理学、宪法学、刑法学、民法学、行政法学、国际法、国际私法、中国法制史、外国法制史、刑事诉讼法、民事诉讼法、行政诉讼法。

民商法系列十五种:民法总论、物权法、合同法、债法总论、侵权行为、亲属法、继承法、人格权法、知识产权法、公司法、票据法、证券交易法、保险法、破产法、海商法。

经济法系列十四种:经济法总论、财税法、金融法、劳动法、资源法、环境法、竞争法、社会保障法、能源法、经济特别区法、企业法、消费者保护法、国有资产法、房地产法。

国际经济法系列九种:国际经济法导论、国际贸易法、国际金融法、国际税法、国际投资法、国际环境法、国际技术转让法、国际民事诉讼和商事仲裁法。

现代法学教材与以往法学教材相比,具有高、新、特、精四个特点。高,即教材总体水平比以往教材更高、质量更好;新,即体系、内容新,吸收国内外学术界新成果,利用新资料,反映当代法学研究新水平;特,即反映学科特点、具有中国特色、有鲜明的时代特征;精,即少而精,主次分明、重点突出、结构严谨、逻辑性强。

现代化法学教材的作者队伍以中青年为主。他们绝大多数都是近十几年成长起来的新秀,是我国高等法学教育和科研部门的教学、科研骨干和学科带头人,有比较扎实的理论功底,有较强的科研能力和较高的外语水平。

1995年法学教材编辑部根据国家教委的统一部署,组织了第三届法学优秀教材的评审工作。司法部所属普通高校在院校评审基础上,经过司法部组织专家进行评审。评奖结果获一等奖的8种;二等奖的15种;优秀教材鼓励奖的14种。

(法学教材编辑部 沈忠俊)

第十一部分　司法行政工作大事记

一　月

1月3日　司法部印发《关于贯彻全国政法工作会议精神全力维护社会稳定的意见》。

1月3日　司法部发出《关于加强基层依法治理工作的通知》

1月5日　司法部组织高级干部法制讲座第二讲第二次试讲。部领导和部有关司局，全国人大法工委、最高人民法院、最高人民检察院、国家体改委、经贸委、中宣部的有关同志参加。

1月8日　应中国公证员协会邀请，台湾海基会公证人大陆参访团一行12人开始北京、上海、厦门、广州等地访问。1月9日，张秀夫同志接见了参访团成员。中国公证员协会、北京市公证员协会与参访团就公证业务问题进行了座谈。

1月9日　司法部机关召开处以上干部大会。肖扬、张秀夫、王巨禄、肖建章、张耕、韩灵同志参加。肖扬同志首先代表部党组回顾了一年多来的工作。随后，六位部领导同志分别作了述职报告。9日至11日，各司局对部领导同志进行了评议，肖建章、张耕、韩灵同志听取了各司局评议意见的汇报。

1月11日　中央党校国家机关分校司法部第16期干部进修班举行结业仪式。此期进修班共有17名学员结业。党组成员、政治部副主任孙在雍同志受肖建章同志委托到会讲话，并颁发结业证书。

1月6日至13日　应司法部邀请，芬兰司法部长加蒂玛基访问我国。10日上午，肖扬、王巨禄同志与加蒂玛基部长在长城饭店举行正式会谈。12日上午，中芬司法部长在北京签署中芬司法合作与交流谅解备忘录。肖扬、王巨禄同志及外事司负责同志参加；下午，肖扬、王巨禄同志陪同全国政协主席李瑞环会见芬兰司法部长加蒂玛基。

1月13日　司法部办公厅、监狱局、律师司负责人同来访的美国负责人权事务的助理国务卿沙托克一行举行了会谈。

1月17日至19日　中国律师文艺慰问演出团在京连续举办三场"律师之友音乐会"。17日晚，肖扬、张耕同志出席首场音乐会。

1月18日　司法部直属机关党委组织召开部机关学习《监狱法》报告会。肖建章、韩灵同志到会并讲话，对全体干部学习《监狱法》提出要求。

1月20日　中共中央根据司法部党组建议，在中南海再次举办法律知识讲座。江泽民、李鹏、刘华清等中央领导同志出席了讲座。中国社会科学院法学研究所研究员王家福作了题为"社会主义市场经济法律制度建设问题"的讲座。在讲座中，中央领导同志不时记下要点，并提出一些问题和大家探讨，气氛十分热烈。讲座结束后，江泽民同志作了重要讲话。田纪云、李铁映、吴邦国、邹家华、姜春云、温家宝、王汉斌、任建新、迟浩田、宋健、李贵鲜、陈俊生、彭珮云、张思卿等领导同志和有关部门负责人出席了讲座。

1月20日　司法部发出《关于进一步加强人民调解工作促进农村改革与发展维护农村稳定的通知》。

1月22日　司法部发出《关于建立司法行政机关行政复议应诉案件统计制度的通知》。

1月23日　司法部机关召开司法部直属机关"杰出青年""优秀青年"表彰会。从部直属机关评选出的10名杰出青年和12名优秀青年在会上受到表彰。张秀夫、肖建章、张耕、孙在雍同志出席会议。

1月23日至26日　应司法部邀请，由伊朗司法部长苏什塔里率领的伊朗司法代表团访问我国。

1月24日　张耕、韩灵同志出席中华全国法制新闻协会新春座谈会。

1月25日　全国人大常委会副委员长王汉斌会见伊朗司法部长苏什塔里，肖扬同志陪同。

1月25日　司法部机关举行离退休老干部春节团拜会。肖扬同志在会上向老同志们拜年，感谢他们对司法行政工作的关心和支持。肖建章同志通报了1994年司法部行政工作情况和1995年工作思路。张耕、韩灵同志出席了团拜会。

1月28日　司法部发出《关于1994年全国律师资格考试录取和律师资格授予工作的通知》。

二　月

2月9日　国务委员罗干视察司法部办公楼工地，肖扬、肖建章同志陪同。

2月9日　党中央同意提名王巨禄同志为八届全国政协副秘书长人选，不再担任司法部副部长和党组成员职务。2月25日，全国政协八届10次常委会议增补王巨禄同志为全国政协委员。

2月14日至16日　司法部在北京召开全国监狱工作会议。会议的主要任务是：以邓小平同志建设有中国特色社会主义的理论为指导，深入贯彻党的十四大和十四届三中、四中全会以及中央经济工作会议、中央政法工作会议精神，认真学习、贯彻《监狱法》和国务院的两个重要文件，明确今后一个时期我国监狱工作的总体奋斗目标，进一步部署创建现代化文明监狱工作。李鹏、李瑞环、朱镕基、任建新、罗干同志审阅了肖扬同志的报告，任建新同志对会议作了重要指示。国务委员、国务院秘书长、中央政法委员会副书记罗干同志，最高人民检察院检察长张思卿，中央政法委员会秘书长束怀德，公安部、国家安全部等部门的负责同志出席了会议的闭幕式，罗干同志代表国务院和中政委作了重要讲话，并与其他出席会议的领导同志一起，为50名优秀监狱长(政委)、优秀劳教所长(政委)颁奖。肖扬、张秀夫、王巨禄、肖建章、张耕、刘飏、韩灵、杨永林、孙在雍同志出席了会议，肖扬同志作了题为《学习贯彻〈监狱法〉，努力实现现代化文明监狱的战略目标》的报告，张秀夫同志作了总结讲话。

2月17日至18日　司法部在北京召开全国司法厅(局)长会议。会议的任务是：总结1994年的司法行政工作，紧紧围绕全党和全国工作的大局，部署1995年工作，研究在新形势下充分发挥司法行政机关职能作用，保障和促进国民经济持续、快速、健康发展和社会稳定。肖扬同志在会上作了题为《充分发挥司法行政机关的职能作用为改革开放经济发展和社会稳定服务》的工作报告。

2月20日　中共司法部党组印发《中共司法部党组关于加强自身建设的若干规定》。

2月20日　新闻出版署、司法部发出《关于进一步加强法制类报纸管理的通知》。

2月22日　司法部发布第34号部令《中国委托公证人(香港)管理办法》；发布第35号部令《律师事务所在外国设立分支机构暂行管理办法》；发布第36号部令《律师事务所名称管理办法》；发布第37号部令《关于反对律师行业不正当竞争行为的若干规定》。

2月23日　司法部机关召开全体干部和部直属单位处以上干部大会，传达中纪委第五次全会精神。肖扬、张秀夫、肖建章、韩灵同志到会。韩灵同志传达了江泽民同志在中纪委第五次全会上的重要讲话和尉健行同志的报告。肖扬、韩灵同志对司法行政机关贯彻中纪委第五次全会精神作了部署。

三　月

3月2日　司法部、国家工商行政管理局、中国消费者协会和中央电视台联合举办"3·15"《消费者权益保护法》知识竞赛决赛。

3月2日　国务委员、国务院秘书长、中央政法委员会副书记罗干同志在肖建章等同志的陪同下，视察河南省第一监狱。

3月9日　中宣部、司法部、文化部联合举办的全国部分省、自治区、直辖市法制文艺节目汇报演出在京举行。在八届全国人大三次会议和全国政协八届三次会议期间，进京文艺团体为两会代表作了专场演出。

3月12日至25日　国务院法制局就《律师法(送审稿)》的修改问题到深圳、海南、上海等地，进行调研。

3月13日 司法部、国家工商行政管理局、中国消费者协会和中央电视台联合举办“全国《消费者权益保护法》知识竞赛决赛专题晚会”。全国人大常委会副主任王汉斌、程思远，司法部部长肖扬、副部长刘飏，国家工商行政管理局局长王众孚、副局长曹天玷，广播电影电视部副部长杨伟光及浙江、青海、黑龙江、湖北、山东等省的领导同志出席了晚会。

3月14日 司法部直属机关纪委召开直属机关党的纪检工作会议，肖建章同志到会并讲话。

3月16日 外国及香港地区律师事务所驻华办事处颁证仪式在京举行，肖扬同志出席仪式并讲话。

3月17日 司法部发出《关于学习宣传贯彻执行〈中华人民共和国人民警察法〉的通知》。

3月20日 司法部发出《关于开展1995年执法检查的通知》。

3月22日 司法部发出《关于1994年全国律师资格考试港澳台地区考生录取和资格授予工作的通知》。

3月27日 第九次全国司法行政外事工作座谈会召开。会议主要内容：部署贯彻中央外事工作方针政策及全国司法厅(局)长会议精神，强化外事管理，更好地为深化司法行政工作改革服务。刘飏同志到会并讲话。部分省、区、市司法厅(局)，部属政法院校，部归口管理单位和直属单位参加了会议。

3月27日 司法部发出《关于认真做好司法行政工作维护社会稳定的通知》。

3月30日至4月2日 部直属单位内审工作座谈会在京召开。韩灵同志出席会议并讲话。

四　月

4月3日 第6期全国地市政法书记培训班和第6期司法局长培训班举行开学典礼。肖建章同志主持典礼，中央政法委员会副秘书长王胜俊同志到会并讲话。

4月10日 司法部台湾事务办公室在江苏省召开“95′海峡两岸经贸法律实务研讨会”，张秀夫出席会议并讲话。

4月10日 司法部发出《司法行政系统贯彻中纪委“两个补充规定”的具体规定的通知》。

4月13日 司法部发出《关于在全国开展律师职业道德、执业纪律评查活动的通知》。

4月13日至16日 中国劳改学会召开第一届第二次全体理事会。肖扬、肖建章同志分别出席会议开幕式和闭幕式并讲话。

4月17日 司法部发出《向孔繁森同志学习的通知》。

4月21日 肖扬部长率中国司法代表团出访塞浦路斯，出席在埃及召开的联合国第九次预防犯罪和罪犯待遇大会，张秀夫同志、塞浦路斯大使、埃及大使及办公厅、外事司负责同志到机场送行。

4月22日 司法部印发《关于贯彻落实中发〔1995〕6号文件的十条措施》。

4月28日 司法部发出《关于编写〈中国司法行政年鉴〉的通知》。

4月30日 张秀夫、肖建章、韩灵和孙在雍同志及部机关部分司局长同出席全国劳动模范和先进工作者表彰大会的司法行政系统10位劳动模范和先进工作者进行座谈。

五　月

5月4日 肖扬同志出席联合国第九次预防罪犯和罪犯待遇大会后返京，肖建章同志、部办公厅、计财司等负责人和塞浦路斯驻华使馆一秘伊利阿斯德到机场迎接。

5月8日 司法部在哈尔滨召开庆功会，为黑龙江省司法厅纪检组监察室荣记集体一等功。

5月11日 司法部发出《关于进一步加强基层法律服务工作促进农村稳定发展和全面进步的通知》。

5月15日 张秀夫同志到中央劳改劳教管理干部学院参加该院董事会成立大会。

5月16日至17日 司法部部属政法院校资助困

难学生经验交流会在华东政法学院召开。

5月17日至19日　司法部劳教局在湖北省武汉召开全国劳教系统生产统计工作座谈会。

5月17日至21日　司法部劳教局在山东第一劳教所召开全国劳教场所护卫组织训练工作座谈会。

5月18日　中央政治局委员、国务院副总理李岚清同志视察中国政法大学。在视察中，李副总理听取了该校领导的工作汇报，看望了学校师生，询问了学习工作情况，察看了学校教学设施，并与该校领导和教师代表进行了座谈。李副总理对教育工作改革、教师队伍建设、保持学校稳定等工作作了重要指示。国家教委副主任韦钰、司法部常务副部长张秀夫、副部长刘飏和中共北京市教育工委书记陈大白等同志陪同李岚清副总理视察。

5月18日　中国政法大学出版社成立十周年纪念活动举行，刘飏同志参加。

5月19日　中南政法学院举行建院46周年暨复校10周年庆祝活动，刘华清、李岚清、任建新等领导同志题词祝贺。

5月20日　司法部发出《关于进一步完善律师惩戒制度加强律师惩戒工作的通知》。

5月22日　司法部预防犯罪研究所在西安召开监狱、劳教系统科研工作会议。张秀夫同志参加会议并讲话。

5月22日　中国公证员协会常务理事会第二次会议在京举行。会议完成了《中国公证员协会章程》的修订；通过了《会费收取管理办法》；研究确定了机构设置和常务理事分工；布署了下半年的工作。

5月22日　安徽省巢湖监狱举行庆功大会，司法部为巢湖监狱荣记集体一等功。

5月22日至26日　应司法部邀请，葡萄牙司法代表团访问我国。22日晚，肖扬同志在人民大会堂主持宴会欢迎葡萄牙代表团。23日上午，肖扬同志在钓鱼台国宾馆与葡萄牙司法部长拉博里尼奥·卢西奥会谈，刘飏同志参加。24日上午，国家副主席荣毅仁会见了葡萄牙司法部长拉博里尼奥·卢西奥。肖扬、刘飏同志陪同。

5月29日　刘飏副部长率中国司法代表团出席在奥地利召开的第四届联合国预防犯罪和刑事司法委员会会议。

六　月

6月1日　司法部发出《关于批准福建省女劳教所等4个劳动教养学校为司法部优秀劳动教养学校的决定》。

6月2日　司法部发布第38号部令《提存公证规则》；发布第39号部令《中华人民共和国公证员注册管理办法》。

6月6日　司法部举行中国委托公证人(香港)委托书颁发仪式，向新委托的64位公证人和连续委托的46位公证人颁发委托书。国务院副总理钱其琛、国务委员、国务院秘书长罗干、中央政法委员会秘书长束怀德、司法部长肖扬出席颁发仪式。钱其琛代表国务院向委托公证人表示祝贺。

6月6日　司法部发出《关于贯彻落实全国科学技术大会精神的通知》。

6月6日　司法部批复同意中国劳改学会更名为中国监狱学会。

6月6日　司法部与中华全国法制新闻协会举办第八届(94年度)全国法制好新闻评选评定活动，共选出优秀法制新闻作品207篇(件)。其中，一等奖14篇(件)，二等奖44篇(件)，三等奖149篇(件)。评出法制好专栏奖6个。

6月7日　中国法律服务(香港)有限公司向中国政法大学捐赠协议签字暨首次捐款仪式在中国政法大学举行。

6月7日　司法部发出《关于组织1995年全国律师资格考试的通知》。

6月8日至9日　司法部与国务院法制局共同对《律师法(草案)》进行修改。

6月8日至12日　司法部监狱局在广西桂林市召开了全国监狱经济工作会议。会议的主要议题是：学先进，找差距，鼓干劲，定措施，力争尽快扭转监狱经济亏损局面，把监狱经济工作搞上去。张秀夫副部长作了题为《抓住机遇，深化改革，积极开创监狱经济工作新局面》的讲话。

6月9日　司法部发出关于认真贯彻《邓小平建设有中国特色社会主义理论学习纲要》的通知。

6月12日至19日　以中国公证员协会会长徐健为团长，北京、上海、广东、福建、江苏等省市公证员协会有关人员组成的赴台参观团一行15人，赴台参观、交流和访问。参观团分别与台湾海基会、台湾公证人学会及台北、板桥、士林、台中、高雄等地的公证处进行了座谈，就两岸公证业务的交流与合作、《海峡两岸公证书使用查证协议》的履行，以及公证人员的交往等问题进行了探讨。

6月16日至19日　司法部在山东省烟台市召开全国司法厅(局)长座谈会。这次会议的任务是：以邓小平同志建设有中国特色社会主义的理论为指导，根据党的十四届四中全会关于加强基层政权组织建设精神，总结交流县区司法局建设的经验，研究部署在新形势下加强县区司法局建设的任务与措施。肖扬、张秀夫、肖建章同志及部党组成员、中纪委驻部纪检组长韩灵、政治部副主任孙在雍同志到会。16日上午，座谈会开幕。张秀夫同志主持会议并致开幕词。山东省委副书记李文全、省政法委常务副书记高新亭、烟台市委副书记栾秉良参加了开幕式，李文全、栾秉良同志在会上讲了话。18日上午，肖扬部长在座谈会上作了题为《切实加强县区司法局建设，确保基层稳定，促进经济发展》的报告。会议期间，与会同志认真学习了党的十一届三中全会以来中央领导同志关于加强司法行政工作的指示及有关法律、文件，就加强基层司法行政工作和县区司法局建设问题进行了深入的探讨和交流。北京市海淀区司法局、山东省章丘市司法局等12个区县(市)司法局在会上作了经验交流典型发言，上海、山东等14个省市的司法厅(局)长围绕县区司法局建设问题作了发言。19日下午，座谈会闭幕。张秀夫同志作了总结讲话。

6月22日　司法部决定成立部律师资格审查委员会。

6月27日　司法部召开部机关干部暨在京直属单位负责人大会，传达全国司法厅(局)长座谈会精神。会议由韩灵同志主持。会上，安徽省濉溪县司法局长王经济、山西省绛县司法局长张继忠、河南省登封市司法局王华冉分别介绍了他们开展基层司法行政工作的经验。肖建章同志传达了全国司法厅(局)长座谈会精神，并就部机关和在京直属单位贯彻落实全国司法厅(局)长座谈会精神，弘扬先进县区司法局的工作精神，改进作风，进一步提高部机关工作水平提出要求。

6月27日　司法部教育司组织召开现代法学教材编写工作会议，落实中央领导同志和部领导关于编写现代化法学教材的指示。

6月30日至7月1日　应司法部邀请，以波兰司法部长兼总检察长耶日·雅斯凯尔尼亚为团长的波兰司法代表团访问我国。

七　月

7月3日　国务委员罗干同志在中南海会见波兰司法部长耶日·雅斯凯尔尼亚，肖扬、张耕同志陪同会见。

7月4日至6日　李鹏、朱镕基、刘华清、罗干等中央领导同志分别就山西省发生一起凶残报复律师案件作出重要指示。

7月5日　司法部发出《关于成立司法部中央劳改劳教管理干部学院董事会的通知》。

7月7日至8日　司法部基层司在北京召开基层工作立法研讨会。北京、上海、河北、广东等14个省、市司法厅(局)基层处长参加了会议。会议讨论了《人民调解法》、《基层法律服务所管理条例》和《司法助理员条例》等三个法律、法规草案。

7月10日　司法部发出《关于在涉外收养中严格审查和办理公证的通知》。

7月12日　司法部发出《关于开展部属普通高等政法院校函授夜大学教育评估的通知》。

7月12日至15日　第三次全国律师代表大会在北京召开。第二届全国律协会长任继圣在会上作了工作报告；会议选举产生了全部由执业律师组成的全国律协第三届理事会；通过了《中华全国律师协会章程(修改草案)》。荣毅仁、任建新、彭冲、黄火青、刘复之等领导同志为大会题了词。7月14日下午，任建新、罗干、张思卿等领导同志和司法部肖扬、张耕等部领导接见与会全体代表。任建新同志在会上就进一步加强律师队伍建设、更好地为改革发展稳定服务作了重要讲话。肖扬部长就进一步深化律师管理体制作了重要讲话。任继圣当选为新一届律师协会会长。

7月12日至14日　司法部计财司在吉林省长春市召开部分省市司法行政系统被装工作会议。

7月14日　司法部授予浙江省庆元县司法局集体一等功表彰大会在庆元县召开。

7月18日　司法部发出《关于中央劳改劳教管理干部学院更名的通知》。

7月24日　司法部发出《关于司法行政系统人民警察统一佩带臂章、警号的通知》。

7月25日　司法部、卫生部印发《关于出国护士执业证书办理公证的规定》。

7月27日　纪念法制日报创刊十五周年座谈会在京召开。乔石、荣毅仁、任建新、雷洁琼、吴阶平等中央领导同志题词，祝贺法制日报创刊十五周年。

八　月

8月1日　经司法部批准，司法部所属的原中华人民共和国国家公证处正式更名为长安公证处。

8月8日　司法部印发《关于加强律师队伍党组织建设的意见》。

8月8日至10日　司法部在南戴河召开成人法学教育工作改革座谈会，研究成人法学教育和政法管理干部学院的改革和发展问题。

8月14日　司法部为河南省登封县司法局荣立集体一等功表彰大会在登封市召开。

8月15日　为纪念抗日战争胜利50周年，司法部机关举行"杨靖宇将军事迹报告会"，肖扬、张耕、刘飏、韩灵同志参加了报告会。司法部对口扶贫县吉林省靖宇县的领导同志在会上介绍了抗日民族英雄杨靖宇将军的事迹和靖宇县发展经济，努力脱贫的情况。

8月21日　司法部发出《关于继续认真贯彻〈国务院办公厅转发司法部关于加强法律服务机构统一管理的请示的通知〉的通知》。

8月23日至25日　司法部第三次工业普查工作会议在甘肃兰州市召开。

8月24日至26日　司法部计财司召开部直属单位后勤工作会议。会议总结了近年来部直属单位的后勤工作；表彰了先进集体和个人；进行了部直属政法院校后勤管理研究会换届。肖建章同志到会并讲话。

8月24日　法制日报"中国西部万里行"采访组启程，中政委、司法部领导为记者送行。

8月24日　司法部法制司在北京召开七城市仲裁委员会登记工作座谈会。北京、天津、上海市和呼和浩特、西安、深圳、广州等七个试点城市的有关单位参加座谈会。

8月30日　司法部印发《关于加强县区司法行政工作的意见》。

8月30日　司法部、国家保密局印发《司法行政工作中国家秘密及其密级具体范围的规定》。

九　月

9月1日　中央劳改劳教管理干部学院正式更名为中央司法警官教育学院。

9月6日　司法部发出《关于全国公证员资格考试合格分数线及授予公证员资格有关事宜的通知》。

9月6日　司法部批复同意在华东政法学院建造邹韬奋塑像。

9月7日　司法部、国家外国专家局批复同意由西南政法大学承办"中国国际高级法律人才培训中心（重庆）"。

9月8日　司法部发布第40号部令《司法行政机关行政赔偿、刑事赔偿办法》。

9月14日　司法部印发《关于创建现代化文明监狱的标准和实施意见》。

9月19日至22日　司法部办公厅、宣传司联合举办的首届司法行政系统通讯报道员培训班开学。刘飏同志到会并讲话。

9月19日至23日　司法部教育司在北京召开

“九五”规划部级重点现代化法学系列教材主编会议。

9月20日 司法部发出《关于启用新式样〈律师资格证书〉的通知》。

9月20日至22日 全国仲裁委员会登记工作会议在珠海市召开。

9月21日至24日 全国劳教管理工作座谈会在杭州召开。

9月22日 国务院总理李鹏主持召开国务院第36次常务会议,会议讨论并原则通过了《律师法(草案)》。肖扬同志在会上就《律师法(草案)》作了说明。

9月26日至28日 《中国司法行政年鉴》编辑部统稿工作会议在京召开。

十 月

10月4日 司法部召开部机关全体党员和在京直属单位党员领导干部大会,传达学习党的十四届五中全会精神,肖扬、张秀夫、张耕、韩灵、孙在雍同志出席会议。肖扬同志在会上传达了江泽民总书记的重要讲话、李鹏总理就《中共中央关于制定国民经济和社会发展“九五”计划和2010年远景目标的建议》草案所作的说明以及中办关于陈希同问题的发电精神。张秀夫同志代表部党组对司法部机关及司法行政系统传达贯彻五中全会精神作了部署。

10月6日 司法部教育司和国家教委成人教育司组织召开中央司法警官教育学院监狱专业“3+2”大纲修改会议。

10月7日 第七次全国律师资格考试在全国范围内举行。肖扬、张耕同志视察北京地区考场。

10月7日至11日 应司法部邀请,由匈牙利司法部长沃什道格·帕尔率领的匈牙利司法代表团访问我国。7日下午,肖扬、刘飏同志在钓鱼台与匈牙利司法代表团举行会谈;晚上,肖扬同志在人民大会堂宴请匈牙利代表团。9日下午,全国人大常委会副委员长雷洁琼接见匈牙利司法代表团,刘飏同志陪同。肖扬部长与匈牙利司法部长分别作为本国全权代表签署了《中华人民共和国和匈牙利共和国关于民事和商事司法协助的条约》。晚上,匈牙利司法代表团举行答谢宴会,刘飏同志出席。9月11日,匈牙利司法代表团结束访问回国。

10月11日 司法部发出《关于认真贯彻落实党的十四届五中全会精神的通知》。

10月11日 司法部发出《关于仲裁委员会登记工作有关问题的通知》。

10月11日至17日 肖扬同志率领中国司法代表团访问日本。

10月12日至15日 司法协助研讨会暨中国国际私法学会1995年年会在北京召开。

10月12日至15日 司法部在西北政法学院召开部属高校教学工作水平评估工作会议。

10月13日 司法部在西北政法学院召开部属政法院校外事工作年会。

10月13日至19日 司法部劳教局在昆明召开全国劳教系统矫正教育研讨会。

10月19日 全国普法办公室、司法部、中央电视台和法制日报社在人民大会堂联合举行“神州普法万里行”大型法制宣传报道活动新闻发布会。此次活动将展示“二五”普法的成果,为1996年开始的“三五”普法奠定基础。全国人大常委会副委员长王汉斌出席了会议。肖扬同志在会上讲话。张耕同志及办公厅、宣传司有关同志出席会议。

10月20日 司法部《刑事诉讼法》修改小组在京召开刑事诉讼法修改工作专家座谈会,30多位法学专家、学者和全国人大常委会法工委等有关部门的同志参加了会议,肖扬同志到会并讲话。座谈会由张耕同志主持。法制司、律师司、司法研究所有关同志参加了座谈会。

10月23日 在八届全国人大常委会第16次会议上,肖扬部长受国务院委托作关于《中华人民共和国律师法(草案)》的说明。

10月26日至30日 司法部在上海召开全国劳教经济工作会议。会议的主要任务是:交流劳教农场深化改革、发展农场经济的经验,分析当前劳教农场经济的问题,研究部署劳教农场“九五”期间的发展目标和加强经济工作的措施。

10 月 27 日　司法部在深圳举行中国委托公证人(香港)委托书颁发仪式及向港台地区考生颁发律师资格证书仪式。58 名香港律师获得司法部授权，取得委托公证人资格；18 名通过全国律师资格考试的港台居民首次获得内地律师资格。肖扬同志分别在颁发委托书仪式和颁证仪式上讲话。张耕同志主持仪式。

10 月 30 日　司法部、中国证监会发出《关于从事证券法律业务的律师、律师事务所进行年度核查的通知》。

10 月 30 日至 11 月 2 日　第四次全国信访工作会议在北京召开。会上，司法部信访处和刘景奎同志被中央办公厅、国务院办公厅分别授予"全国信访工作先进集体"、"全国信访工作系统优秀工作者"光荣称号。

十　一　月

11 月 1 日　司法部发出《关于发布中国委托公证人(香港)名单、印章等事宜的通知》。

11 月 1 日至 4 日　司法部在京召开司法行政系统警察队伍建设会议。会议的主要任务是：贯彻党的十四届五中全会精神，依照《中华人民共和国警察法》、《中华人民共和国监狱法》的要求，总结交流司法行政系统警察队伍建设的经验，坚持从严治警，提高执法水平，为维护社会稳定，实现国民经济和社会发展九五计划和 2010 年远景目标努力奋斗。

11 月 2 日　中共中央批准张福森同志任司法部党组副书记、司法部副部长。

11 月 5 日至 7 日　司法部在北京召开"司法行政系统培养选拔优秀年轻干部座谈会"。会议的主要任务是：深入贯彻党的十四届四中、五中全会和全国组织工作会议精神，进一步解放思想，更新观念，加大培养选拔优秀年轻干部的力度，使司法行政工作更好地为改革开放、经济发展和社会稳定提供可靠的组织保证。肖扬、张秀夫、张耕同志出席会议。肖扬同志在会上作了题为《大力选拔培养跨世纪的优秀年轻干部》的讲话。各省、自治区、直辖市司法厅(局)主管干部工作的厅(局)长和政治部主任以及部直属单位党委副书记参加了会议。

11 月 8 日　司法部在人民大会堂召开全国律师函授中心成立十周年暨表彰大会。

11 月 15 日　司法部在上海华东政法学院举行邹韬奋塑像揭幕仪式。国务院副总理邹家华，中央政治局委员、上海市委书记黄菊，副书记陈至立，司法部肖扬、刘飏出席揭幕仪式。邹家华同志和肖扬、陈至立分别讲了话。

11 月 19 日至 21 日　司法部在云南省昆明市召开我国律师制度恢复 16 年来的首次全国律师刑事辩护工作会议。会议的主要议题是：研究当前形势下刑事辩护工作如何为经济发展、民主法制建设和社会稳定以及律师工作的全面发展作出贡献。会议探讨了新时期律师刑事辩护工作的特点、存在的问题及解决问题的方法和途径。肖扬同志在会上作了《提高认识，加强领导，开创律师刑事辩护工作新局面》的报告。张耕同志主持会议并在会议结束时作总结讲话。各省、自治区、直辖市司法厅(局)主管律师工作的厅局长、律师管理处处长、律师协会会长、律师代表及最高人民法院、最高人民检察院、公安部和国务院办公厅的有关同志出席了会议。

11 月 19 日至 26 日　应司法部邀请，由摩洛哥王国司法大臣阿马卢率领的摩洛哥司法代表团访问我国。11 月 21 日上午，肖扬、刘飏同志与摩洛哥司法代表团举行工作会谈；肖扬同志与阿马卢大臣草签了中摩两国关于民事、商事司法协助协定。下午，国务委员罗干在中南海会见摩洛哥司法代表团，肖扬、刘飏同志陪同；11 月 26 日，摩洛哥司法代表团结束访问回国。

11 月 22 日　司法部发出《关于预防犯罪与劳动改造研究所更名的通知》。

11 月 23 日　肖扬、刘飏同志到国务院向李岚清副总理汇报法学教育工作。司法部办公厅、政治部、教育司和计财司有关同志参加。

11 月 29 日　司法部发出《关于表彰第一届全国十佳律师、十佳公证员、十佳基层法律工作者的决定》。

十　二　月

12 月 4 日　肖建章副部长率领中国司法代表团赴爱沙尼亚、保加利亚两国访问。

12 月 4 日至 8 日　全国人大常委会办公厅、中宣部、司法部、新闻出版署在北京联合召开全国法制新闻宣传工作座谈会。会议主要研究法制新闻宣传工作如何提高认识，加大力度，把握导向，加强管理，提高质量。部分省、区、市的省（区、市）委宣传部、人大办公厅的负责同志，主管报刊工作的司法厅（局）长，十三家报刊杂志社总编辑，省区市新闻出版局的负责同志参加了会议。

12月5日　司法部在浙江省龙游县召开表彰会，授予浙江省十里坪劳教所集体一等功。

12月15日　司法部发出《关于进一步加强预防犯罪和监狱、劳动教养科研工作的通知》。

12月21日　司法部发出《关于加强基层法律服务人员和人民调解员教育培训工作的通知》。

12月25日至27日　为纪念《监狱法》颁布一周年，司法部、中国监狱学会联合举办《监狱法》理论与实践研讨会。25日上午，在人民大会堂举行开幕式，张秀夫同志主持会议，肖扬同志在会上讲了话。全国人大常委会副委员长雷洁琼和顾昂然、胡康生、俞雷、金鉴、王文元等领导同志及中国法学会、公安部、武警总部的有关领导和专家参加了开幕式。27日下午，张秀夫同志参加闭幕式并讲话。

12月26日　司法部在人民大会堂隆重举行第一届全国十佳律师、十佳公证员、十佳基层法律工作者颁奖大会。国务委员兼国务院秘书长、中央政法委副书记罗干，解放军总政治部副主任周子玉等领导同志出席大会，并为马军、傅增敏、陈富林等30位获奖人员颁奖。罗干、肖扬同志分别在会上讲话。表彰会由张秀夫同志主持，张耕同志宣读表彰决定，肖建章、刘飏、韩灵、杨永林、孙在雍同志出席表彰会。

（司法部办公厅　刘宪国）

第十二部分　司法行政机关负责人名单

1995 年司法部领导人名单

部　长：

肖　扬(1993 年 3 月—　)

副部长：

张福森(1995 年 12 月—　)

张秀夫(1991 年 4 月—　)

肖建章(1992 年 12 月—　)

王巨禄(1993 年 6 月—1995 年 2 月)

张　耕(1993 年 6 月—　)

刘　飏(女，1994 年 12 月—　)

中纪委驻部纪检组组长

韩　灵(1992 年 11 月—　)

1995 年司法部党组成员名单

党组成员、书记：

肖扬(1993 年 3 月—　)

党组成员、副书记：

张福森(1995 年 11 月—　)

张秀夫(1993 年 6 月—　)

党组成员：

肖建章(1992 年 11 月—　)

王巨禄(1993 年 6 月—1995 年 2 月)

张　耕(1993 年 6 月—　)

刘　飏(女，1994 年 11 月—　)

韩　灵(1993 年 1 月—　)

杨永林(1983 年 9 月—　)

孙在雍(1993 年 6 月—　)

1995 年司法部机关各司局负责人名单

办　公　厅

主　任：

贾京平(1993 年 9 月—　)

副主任：

蓝德普(1991 年 4 月—1995 年 5 月)

周　强(1993 年 9 月—1995 年 6 月)

刘　坚(1995 年 2 月—　)

监狱管理局

副局长：

杜忠兴(1993 年 3 月—　)

邵　雷(1995 年 3 月—　)

张金桑(1994 年 7 月—　)

王戌生(1994 年 7 月—　)

劳动教养工作管理局

局　长：
孟庆辰(1989年1月—)
副局长：
王运生(1992年11月—)
张　丽(女,1994年7月—)

法学教育司

司　长：
邢同舟(1993年9月—)
副司长：
刘沁生(女,1991年11月—)
霍宪丹(1995年2月—)

法制宣传司

司　长：
孙鸿翔(1993年10月—)
副司长：
刘一杰(1991年12月—)
尹燕鹿(1992年4月—)

律师司

司　长：
沈白路(1993年9月—)
副司长：
段正坤(1993年9月—)
杜　春(1993年9月—1995年2月)
杜国兴(1994年1月—)

公证司

司　长：
徐　健(1993年9月—)
副司长：
管振茹(女,1988年12月—1995年2月)
岳　军(女,1995年2月—)

基层工作司

司　长：
陈　琪(1993年9月—)
副司长：
杜　春(1995年2月—)
李　明(1995年2月—)

外事司

司　长：
王立宪(1995年2月—)
副司长：
武民英(1991年12月—)
王立宪(1992年11月—1995年2月)

司法协助局

局　长：
丁增祺(1993年9月—)

法制司

司　长：
蓝全普(1988年12月—1995年6月)
周　强(1995年6月—1995年12月)
副司长：
肖义舜(1994年7月—)

计财司

副司长：
张书屏(1991年12月—)
宋建明(1993年9月—)
王　珏(1994年3月—)

政治部

主　任：
肖建章(兼,1993年6月—)
副主任：
汪洪毅(兼,1992年3月—)
孙在雍(1993年9月—)
翁鑫水(1993年9月—)
陈　连(1993年9月—)
胡泽君(女,1995年11月—)

人事局(警务部)

副局长：
张毅力(1995年11月—)

组宣局

局　长：
陈　连(兼,1992年3月—)
副局长：
卫廷声(1995年6月—)

直属机关党委

书　记：
肖建章(兼,1993年9月—)
副书记：
汪洪毅(1991年4月—)
任玉贵(1993年3月—)

直属机关纪委

书　记：

汪洪毅(1992年4月—　)

副书记：

徐栋斌(1992年4月—　)

直属机关工会

主　席：

李　刚(1992年6月—　)

纪　检　组

组　长：

韩　灵(1992年11月—　　)

副组长：

张厚模(1993年8月—　　)

监　察　局

局　长：

张厚模(兼，1993年8月—　　)

副局长：

赵崇虎(1988年6月—　　)

审　计　局

副局长：

陈守达(1994年4月—1995年5月)

薛启谊(1995年5月—　　)

离退休干部局

副局长：

姚文祥(1992年6月—　　)

白春国(女，1993年9月—　　)

1995年司法部
各直属单位负责人名单

中国政法大学

党委书记：

杨永林(1988年6月—　　)

常务副书记：

解战原(1994年3月—　　)

党委副书记：

何长顺(1987年6月—1995年8月)

马抗美(1994年3月—　　)

纪委书记：

倪才忠(1993年3月—1995年8月)

马抗美(兼，1995年8月—　　)

校　长：

杨永林(兼，1994年3月—　　)

常务副校长：

王启富(1994年3月—　　)

副校长：

郭恒友(1991年5月—1995年8月)

马抗美(兼，1994年3月—　　)

赵相林(1994年3月—　　)

怀效锋(1995年8月—　　)

陆　炬(1995年8月—　　)

研究生院长：

陶　髦(兼，1994年3月—1995年8月)

怀效锋(兼，1995年8月—　　)

西南政法学院

党委书记：

胡泽君(1995年2月—1995年10月)

种明钊(1995年10月—　　)

党委副书记：

刘晓星(兼，1995年2月—　　)

李化德(1995年2月—　　)

纪委书记：

朱　锐(1992年5月—　　)

院　长：

种明钊(1991年6月—　　)

副院长：

田平安(1988年5月—　　)

倪仁富(1991年6月—　　)

刘晓星(1995年2月—　　)

徐静村(1995年2月—　　)

(西南政法学院于1995年6月更名为西南政法大学，职务相应更名为校长、副校长)

华东政法学院

党委书记：

陆庆壬(1989 年 1 月—1995 年 3 月)

史焕章(兼,1995 年 3 月—　　)

党委副书记：

祝林森(1991 年 1 月—　　)

杜志淳(1991 年 11 月—　　)

曹建明(1995 年 3 月—　　)

纪委书记：

杜志淳(兼,1995 年 1 月—　　)

院　长：

史焕章(1985 年 8 月—　　)

常务副院长：

曹建明(兼,1995 年 3 月—　　)

副院长：

张国全(1988 年 9 月—1995 年 3 月)

祝林森(兼,1992 年 9 月—　　)

童西荣(1992 年 9 月—　　)

何勤华(1995 年 3 月—　　)

西北政法学院

党委书记：

张　力(1991 年 2 月—　　)

党委副书记：

曹正超(1988 年 9 月—　　)

院　长：

王天木(1991 年 2 月—　　)

副院长：

赵　炎(1985 年 7 月—　　)

陈明华(1991 年 2 月—　　)

副院级调研员：

赵志高(1995 年 1 月—　　)

中南政法学院

党委书记：

厚大源(1986 年 11 月—　　)

党委副书记：

危国华(1988 年 4 月—　　)

郑承泉(兼,1993 年 6 月—　　)

章新生(1993 年 6 月—　　)

纪委书记：

周治华(1993 年 6 月—　　)

院　长：

郑承泉(1993 年 6 月—　　)

副院长：

危国华(兼,1991 年 1 月—　　)

覃有土(1991 年 1 月—　　)

吴汉东(1993 年 6 月—　　)

李远孝(1993 年 6 月—　　)

中央政法管理干部学院

党委书记：

袁司理(1991 年 9 月—　　)

院　长：

袁司理(兼,1991 年 9 月—　　)

副院长：

魏传军(1994 年 2 月—　　)

郑　禄(1994 年 2 月—　　)

中央劳改劳教管理干部学院

党委书记：

马金舫(1986 年 11 月—　　)

党委副书记：

刘运令(1991 年 12 月—　　)

孟庆丰(兼,1992 年 10 月—　　)

院　长：

孟庆丰(1992 年 10 月—　　)

常务副院长：

曹振兴(1994 年 6 月—1995 年 12 月)

副院长：

周贤成(1991 年 12 月—　　)

王　泰(1993 年 12 月—　　)

夏宗素(1995 年 5 月—　　)

(中央劳改劳教管理干部学院于 1995 年 9 月更名为中央司法警官教育学院)

司法鉴定科学技术研究所

党委副书记：

叶绍辉(1989 年 2 月—　　)

副所长：

徐学仁(1989 年 2 月—1995 年 12 月)

凌敬昆(1989 年 2 月—　　)

吴　军(1991 年 2 月—　　)

预防犯罪与劳动改造研究所

所　长：

武延平(1994 年 7 月—　　)

副所长：

金福海(1993 年 3 月—　　)

(预防犯罪与劳动改造研究所于 1995 年 10 月更名为预防犯罪研究所)

司法研究所

所　长：

张　耕(兼,1992 年 12 月—　　)

副所长:

严军兴(1994 年 7 月—　　)

宫晓冰(1995 年 1 月—　　)

法制日报社

党委书记:

王福如(1992 年 8 月—1995 年 11 月)

刘　飏(兼,1995 年 11 月—　　)

党委副书记:

吴慎宗(兼,1990 年 3 月—1995 年 11 月)

陈应革(兼,1992 年 8 月—　　)

赵怀理(1992 年 8 月—　　)

社　长:

王福如(兼,1992 年 6 月—1995 年 11 月)

刘　飏(兼,1995 年 11 月—　　)

副社长:

马宝善(1986 年 6 月—　　)

杜玉章(1994 年 1 月—1995 年 8 月)

李建贵(1995 年 8 月—　　)

总编辑:

吴慎宗(1988 年 6 月—1995 年 11 月)

陈应革(1995 年 11 月—　　)

常务副总编辑:

陈应革(1992 年 6 月—1995 年 11 月)

副总编辑:

杨耀秦(1988 年 6 月—1995 年 11 月)

安智光(1992 年 6 月—　　)

雷晓路(1994 年 1 月—　　)

李明信(1994 年 1 月—　　)

中国律师报社

副总编辑:

马宝善(兼,1994 年 1 月—　　)

中华全国律师函授中心

主　任:

李福民(1994 年 3 月—　　)

副主任:

隋树平(1995 年 1 月—1995 年 12 月)

法律出版社

党委书记:

马德太(1989 年 8 月—　　)

党委副书记:

林剑鸣(兼,1990 年 9 月—　　)

黄　闽(兼,1995 年 1 月—　　)

王建中(1995 年 1 月—　　)

纪委书记:

王建中(兼,1995 年 7 月—　　)

社　长:

马德太(兼,1989 年 8 月—　　)

副社长:

黄　闽(1994 年 1 月—　　)

陈　群(1995 年 1 月—　　)

总编辑:

林剑鸣(1991 年 6 月—　　)

副总编辑:

吕　山(1994 年 1 月—　　)

中国高级律师高级公证员培训中心

主　任:

朱乐群(1994 年 7 月—　　)

副主任:

李建贵(1995 年 1 月—1995 年 8 月)

中国天平实业总公司

总经理:

齐泰瑛(1992 年 7 月—　　)

副总经理:

董庆昌(1992 年 7 月—　　)

中国天平经济文化发展公司

总经理:

李博伦(1992 年 12 月—　　)

董事长:

李博伦(兼,1994 年 4 月—　　)

副董事长:

崔森茂(1994 年 4 月—　　)

岐永升(1994 年 4 月—　　)

夏鼎钧(1994 年 4 月—　　)

中国华新实业总公司

总经理:

王　立(1989 年 5 月—　　)

中国国际经济与法律咨询公司

总经理:

王夫合(1992 年 5 月—　　)

副总经理:

赵大谋(1988 年 12 月—　　)

中国法律服务(香港)有限公司

董事长:

柳谷书(1989 年 7 月—)

副董事长:

肖永真(1994 年 4 月—)

总经理:

庄仲希(1994 年 4 月—)

长城房地产业总公司

总经理:

李 才(1993 年 7 月—)

司法部直属煤矿指挥部

主 任:

王增铎(1990 年 10 月—1995 年 1 月)

齐泰瑛(兼,1995 年 1 月—1995 年 8 月)

副主任:

刘彦学(1993 年 3 月—)

(司法部直属煤矿指挥部于 1995 年 3 月更名为司法部直属煤矿管理局,职务相应更名为局长、副局长)

长安公证处

主 任:

王福家(1995 年 1 月—)

康达律师事务所

主 任:

傅 洋(1988 年 8 月—)

中国收养中心

筹备组负责人:

刘南征(1995 年 1 月—)

1995 年各省、自治区、直辖市司法厅(局)负责人名单

北京市司法局

局 长:

孙常立(1990 年 4 月—1995 年 4 月)

张旭明(1995 年 4 月—)

副局长:

张 晨(1986 年 6 月—)

张旭明(1990 年 9 月—1995 年 4 月)

王建华(1991 年 5 月—)

贾午光(1993 年 12 月—)

天津市司法局

局 长:

刘广炬(1993 年 7 月—)

副局长:

刘金行(1988 年 12 月—1995 年 10 月)

于香名(1992 年 2 月—)

刘殿吉(1995 年 1 月—)

罗 昭(1995 年 4 月—)

矫 捷(1995 年 4 月—)

张保安(1995 年 10 月—)

河北省司法厅

厅 长:

马继明(1990 年 8 月—1995 年 1 月)

张春富(1995 年 1 月—)

副厅长:

崔志华(1986 年 11 月—)

刘瑞川(1991 年 3 月—1995 年 5 月)

郭延祥(1992 年 7 月—)

孙 晔(女,1993 年 7 月—)

苏同启(1994 年 2 月—)

山西省司法厅

厅 长:

万寿恒(1994 年 12 月—)

副厅长:

刘全义(1984 年 2 月—)

高中午(1984 年 2 月—1995 年 7 月)

郭 运(1988 年 5 月—)

范守同(1988 年 6 月—)

孙秉晨(1994 年 11 月—)

常高才(1995 年 7 月—)

内蒙古司法厅

厅 长:

赛吉尔夫(1993 年 5 月—)

副厅长:

李文化(1988年6月—　)
王悦发(1988年11月—　)
高贵山(1991年3月—　)
赵仁钦(1994年1月—　)
黄阿拉腾别立格(1995年11月—　)

辽宁省司法厅

厅　长:
李成义(1991年7月—　)
副厅长:
王克余(1992年6月—1995年7月)
曹　成(1988年12月—　)
孙荣久(1992年6月—　)

吉林省司法厅

厅　长:
刘　飏(1992年5月—1995年1月)
李景学(1995年1月—　)
副厅长:
姚振兴(1994年3月—　)
刘力群(1989年1月—　)
王恒勤(1992年6月—　)
刘振宇(1995年1月—　)

黑龙江省司法厅

厅　长:
苑宝山(1992年12月—　)
副厅长:
田子元(1985年6月—　)
宋　杰(1986年4月—　)
杨春华(1992年9月—　)
王滨起(1992年12月—　)

上海市司法局

局　长:
薛明仁(1991年2月—　)
副局长:
陈鹤鸣(1991年8月—　)
缪晓宝(1991年8月—　)
朱济民(1994年8月—　)
杨全心(1995年1月—　)

江苏省司法厅

厅　长:
陆云泉(1990年6月—　)
副厅长:
陈尚明(1994年2月—　)
徐庆祥(1985年4月—1995年4月)
袁永亮(1990年6月—1995年1月)
王耀梁(1993年1月—　)
张洪伟(1995年5月—　)
孙如林(1995年8月—　)

浙江省司法厅

厅　长:
于国强(1988年5月—　)
副厅长:
李洪生(1991年1月—　)
申仁泰(1992年7月—　)
胡虎林(1992年7月—　)

安徽省司法厅

厅　长:
戚邦汉(1992年2月—　)
副厅长:
肖德益(1990年12月—　)
肖彰祥(1992年11月—　)
杜　非(1993年6月—　)
张成好(1993年6月—　)

福建省司法厅

厅　长:
洪进宝(1994年3月—　)
副厅长:
吴天鳞(1993年6月—1995年12月)
张阳春(1994年1月—　)
曾松铎(1995年11月—　)

江西省司法厅

厅　长:
高登霄(1993年3月—　)
副厅长:
巫贤德(1988年9月—　)
吴根水(1992年11月—　)
喻曹清(1993年2月—　)
王朝章(1993年4月—　)

山东省司法厅

厅　长:
梁德超(1993年5月—　)
副厅长:
刘正新(1998年3月—　)
任高远(1988年12月—　)
黄敬周(1992年10月—　)

郑传林(1993年9月—)
姚成林(1993年9月—)
李秋宏(1994年10月—)

河南省司法厅

厅　长:
徐国红(1994年8月—)
副厅长:
孙奉仁(1985年5月—)
尚春暄(1991年7月—1995年11月)
许林章(1993年9月—)

湖北省司法厅

厅　长:
鲁德喜(1995年3月—)
副厅长:
李元清(1987年1月—)
潘世忠(1992年12月—)

湖南省司法厅

厅　长:
吴振汉(1993年3月—)
副厅长:
王映湘(1991年4月—)
龙虎魁(1992年2月—)
陈　刚(1994年5月—)
周文定(1995年11月—)

广东省司法厅

厅　长:
曾　兵(1992年12月—)
副厅长:
胡克顺(1991年11月—)
罗　欧(1993年3月—)
林秀光(1994年1月—)
王旭东(1994年2月—)

广西司法厅

厅　长:
何家当(1988年5月—)
副厅长:
何　新(1986年6月—)
刘维章(1988年9月—)
杨济裕(1993年3月—)
吴韩丽(女,1993年7月—)

海南省司法厅

厅　长:
习正宁(1991年9月—)
副厅长:
刘松鹤(1988年5月—)
何子景(1991年5月—)
卢凯森(1994年6月—)

四川省司法厅

厅　长:
曾宪章(1992年3月—)
副厅长:
李　犁(1987年10月—)
陈登凯(1992年4月—1995年5月)
李新民(1992年12月—)

贵州省司法厅

厅　长:
方光林(1993年5月—)
副厅长:
焦玉润(1985年10月—)
李丽双(女,1987年3月—)
章合兴(1988年7月—)
刘其必(1992年12月—)

云南省司法厅

厅　长:
姜兴长(1993年5月—1995年10月)
杨铭玺(1995年10月—)
副厅长:
张希平(1993年1月—)
吴培伦(1993年3月—)
杨铭玺(1993年12月—1995年10月)

西藏司法厅

厅　长:
加　曲(1992年2月—1995年7月)
扎西顿珠(1995年7月—)
副厅长:
扎西顿珠(1992年4月—1995年7月)
高卫东(1992年12月—)
次　旦(1992年12月—)
牟禄君(1992年12月—)
春生曲扎(1994年6月—)

陕西省司法厅

厅　长:
慕锡明(1993年6月—)
副厅长:

苏丁贤(1985 年 5 月—　　)
刘溯池(1986 年 12 月—　　)
方　强(1991 年 3 月—　　)
贺文明(1994 年 6 月—　　)

甘肃省司法厅

厅　长：

张　忠(1993 年 3 月—　　)

副厅长：

陈永安(1985 年 4 月—　　)
王立民(1990 年 10 月—　　)
王良田(1990 年 4 月—　　)
李　明(1993 年 9 月—　　)

宁夏司法厅

厅　长：

马绍彬(1993 年 8 月—　　)

副厅长：

张守为(1983 年 6 月—　　)
刘　潜(1985 年 9 月—　　)
程志鸿(1992 年 12 月—　　)

青海省司法厅

厅　长：

孔国柱(1991 年 10 月—　　)

副厅长：

马景禄(1990 年 4 月—　　)
谢　伟(1993 年 2 月—　　)
郭立文(1994 年 11 月—　　)
云保华(1995 年 1 月—1995 年 11 月)
董麦仓(1995 年 5 月—　　)

新疆司法厅

厅　长：

买买提·玉素浦(1993 年 4 月—　　)

党委书记：

邢国政(1986 年 6 月—　　)

副厅长：

邢国政(1986 年 6 月—　　)
彭纪生(1986 年 6 月—1995 年 1 月)
佟福林(1986 年 6 月—　　)
张　良(1993 年 10 月—　　)

新疆兵团司法局

局　长：

龙顺树(1993 年 12 月—　　)

副局长：

李一达(1991 年 9 月—　　)
孙燕信(1995 年 6 月—　　)

第十三部分　司法部表彰的先进集体和个人名录

司法部授予刘慎勋等50名同志优秀监狱长(政委)称号名单

(1995年1月28日)

刘慎勋　河北省第一劳改总队总队长
周凯东　北京市监狱监狱长
王文速　天津市第三劳改支队政委
郭立明　河北省第六监狱监狱长
李有发　山西省第三监狱政委
崔存厚　内蒙古自治区乌盟劳改支队支队长
王廷武　辽宁省大连市劳改支队政委
臧慕韩　辽宁省瓦房店劳改支队副支队长
梁　兴　吉林省四平监狱监狱长
王乐廷　吉林省辽源市劳改支队支队长
李洪金　黑龙江省华山劳改支队支队长
杜宪民　黑龙江省大庆市劳改支队支队长
周介昆　上海市第三劳改总队总队长
王兴土　江苏省盐城监狱政委
王泉仁　江苏省第二少管所所长
宋向黎　浙江省少年管教所所长
顾天明　浙江省第二监狱监狱长
郑立青　安徽省第五劳改支队支队长
郭之祥　安徽省第四劳改支队支队长
陈永春　福建省龙岩监狱监狱长
郭俊鸿　江西省第二劳改支队支队长
马　林　山东省第八监狱监狱长
辛宝山　山东省烟台监狱监狱长
贾沛林　河南省第十八劳改支队支队长
冉继宏　河南省第十七劳改支队支队长
熊自农　湖北省沙洋马良农场场长
郑本畅　湖北省沙洋机床厂政委
王远荣　湖南省第一监狱监狱长
张国贵　湖南省第二劳改支队支队长
于保忠　广东省新洲监狱监狱长
刘炳衡　广东省广州监狱监狱长
李秀萍　海南省女犯监狱监狱长
党子坚　广西壮族自治区第一劳改支队支队长
韦咏森　广西壮族自治区第六劳改支队支队长
杨清镐　四川省永川劳改总队总队长
李文华　四川省旺苍劳改总队总队长
黎先齐　四川省第二监狱监狱长
陈登荣　贵州省太平劳改支队支队长
黄必荣　贵州省毕节监狱监狱长
岳宗谦　云南省第二十一劳改支队政委
姜建辉　云南省第三十劳改支队支队长
祥尼日嘎　西藏自治区桑伊监狱政委
冯国玉　陕西省第三劳改支队支队长
魏学义　陕西省女子监狱政委
支正杰　甘肃省铜城监狱监狱长
王泽忠　青海省南滩监狱监狱长
马秀廷　宁夏回族自治区第五劳改支队支队长
马木提·力提甫　新疆维吾尔自治区塔里木监狱监狱长
王吉明　新疆维吾尔自治区福海监狱监狱长
刘志强　新疆生产建设兵团农八师第一支队政委

司法部授予陈忠民等30名同志优秀劳教所长(政委)称号名单

(1995年1月28日)

陈忠民 黑龙江省哈尔滨市长林子劳教所所长
张文坦 北京市团河劳教所所长
周长利 天津市青泊洼劳教所所长
吴育良 河北省石家庄市劳教所所长
孙克勤 山西省永济董村劳教所所长
魏 源 内蒙古自治区乌海市劳教所所长
祖占祥 辽宁省马三家劳动教养院院长
吕连君 吉林省长春市苇子沟劳教所所长
秦桂香 上海市女劳教所所长
朱升云 江苏省南京大连山劳教所所长
杨林福 江苏省太湖劳教所政委
吕昭华 浙江省十里坪劳教所所长
李爱英 福建省女劳教所副所长
孙乐伍 江西省南昌市劳教所所长
杨洪森 山东省第一劳教所所长
邝显明 广东省三水市劳教所所长
赵有全 广东省第三劳教所所长
陈裕文 广东省深圳市劳教所所长
蔡小龙 广西壮族自治区第一劳教所所长
马月莲 海南省女劳教所副政委
姚伦太 湖南省坪塘劳教所政委
朱纯熙 湖北省黄石市劳教所所长
宋希臣 河南省郑州市齐礼阎劳教所所长
段子清 云南省第三劳教所政委
王远新 贵州省中八劳教所政委
黄玉贵 四川省自贡市劳教所所长
谭义林 陕西省汉中劳教所所长
张艳惠 甘肃省第二劳教所所长
田春季 青海省劳教所副所长
谢 晖 新疆维吾尔自治区乌苏劳教所政委

全国司法行政系统集体一等功单位

安徽省第五劳改支队(1995年1月17日)
浙江省庆元县司法局(1995年6月22日)
浙江省十里坪劳教所(1995年6月22日)
河南省登封市司法局(1995年8月4日)

安徽省第五劳改支队(安徽省巢湖监狱)主要事迹

安徽省第五劳改支队是全国司法行政战线上的一个先进集体。建队以来,他们坚定不移地贯彻执行党的基本路线和党的监管工作方针,团结拼搏、锐意改革、积极进取,各项工作全面发展,取得了显著的成绩。

在监管改造工作中,他们加大监管力度,确立了“以严格执法为基点,以抓监管制度为重点,以解决突出矛盾为突破点”的指导思想,坚持依法治监,对犯人实行“严格、科学、依法、文明”管理,将监管工作纳入法制化、制度化、规范化的轨道。他们对罪犯实行正规的政治、文化、技术教育,“三课”教育成绩显著。三年来,有856名犯人脱盲,1509名犯人获得小学毕业证书,544名犯人获得初中毕业证书,有854名犯人获得上岗操作证,624名犯人获得初级工证书,31名犯人获得中级工证书,40名犯人获得专业技术职称。

在生产经营中，他们以改革为动力，积极推进机构制度、人事制度和用工制度改革，增强了企业内部活力，调动了全体干警、职工的积极性。他们抓住机遇，坚持"三优"经营方针，1993年生产经营创历史最好成绩，实现销售收入1.87亿元，利税4366万元，比1992年增长了160%，被评为全国监管系统以工业经济效益综合指数为主的十优企业和以产品销售收入指标为主的盈利二十强企业。1994年生产经营又有了很大的发展，实现销售收入1.8753亿元，创利税4367万元。

在干警队伍建设中，该支队党委一班人注重加强自身建设，以"团结、实干、廉洁"的六字要求严格自律，做好表率，充分发挥了党委的领导核心作用。他们注重基层党支部建设，对党支部实行目标管理，将支部的各项工作量化，定期考核，较好地发挥了党支部的战斗堡垒作用和党员的先锋模范作用。他们从严治警，坚持不懈地对干警进行警容风纪、执法执纪教育，组织干警学习有关方针政策和法律法规，使广大干警法制观念不断增强，从而保证了干警执法的严肃性，树立了监狱人民警察的良好形象。1983年以来，该支队没有发生一起干警违法违纪现象。他们坚持以人为本，做好思想政治工作，在干警、职工中开展党的基本路线教育、形势教育、社会主义思想教育、党史党建理论教育和建设有中国特色社会主义的理论学习，提高了干警队伍的整体素质，涌现出一大批先进集体和先进个人。近三年来，先后有19个单位和40名个人荣立集体和个人二、三等功。他们关心群众生活，为干警职工排忧解难办实事。目前，该支队干警职工住房总面积达37969平方米，人均12.4平方米。修建了俱乐部、职工活动中心、老干部之家、卫星转播站、浴池、幼儿园、液化气站、餐厅等，庭园绿化面积达3.4万平方米，为广大干警职工创造了良好的工作和生活环境，调动了干警职工的工作积极性。

1995年，司法部为该支队记集体一等功一次。

（政治部组织处）

河南省登封市司法局主要事迹

河南省登封市司法局是全国司法行政战线上的一个先进集体。近年来，他们在当地党委、政府的领导下，在上级业务主管部门的指导下，坚定不移的贯彻执行党的基本路线，紧紧围绕党的中心工作，坚持"大服务"的指导思想，抓住机遇，深化改革，开拓进取，大胆创新，充分发挥司法行政机关的职能作用，为维护社会稳定、促进经济发展、推进民主法制建设作出了积极的贡献。

他们强化司法行政各项职能，积极维护社会稳定。建立纠纷调控网络，落实双轨防纠纷激化责任制，坚持纠纷排查制度，对各种不安定因素实行综合防范。在实践中摸索出一条"法制宣传开道、解决纠纷为主、健全管理制度、跟踪法律服务"的新路子，为基层稳定作出了积极的贡献。他们坚持"大服务"思想，为经济建设提供优质高效的法律服务。建立了以律师、公证员、基层法律工作者为骨干，以公证联络员和企业司法科为信息网络的法律服务队伍。主动介入市场经济领域，使法律服务工作积极向社会经济生活各个方面渗透。三年来，律师、乡镇法律服务所共担任法律顾问425家，办理诉讼和非诉讼案件1500件，避免和挽回经济损失9000多万元。他们积极开展依法治理，推进全市民主与法制建设。在市委、市人大、市政府的领导下，他们在群众中开展多种形式的普法教育，在政府行政执法部门推行执法责任制，在工矿企业开展依法治厂活动；在农村推广村规民约，加速基层民主建设进程，使全市297个村，村村都有村规民约，形成了群众自我约束、自我管理体系。他们还充分发挥司法所职能，协助基层政府依法行政，在全市14个乡镇全部建立了法制室。三年来，协助政府解决各类纠纷881起，给政府提出法律意见书1113份，挽回经济损失600多万元。他们注重领导班子建设和队伍建设，树立了强烈的事业心和责任感，爱岗位，比贡献，讲团结，以饱满的热情投身于基层司法行政工作，树立了司法行政干警的良好形象。1989年以来，连续四年被评为郑州市司法行政系统先进单位，两次出席司法部召开的基层工作经验交流会，有一名干警立二等功、8名干警立三等功，40人次获省、市司法行政系统先进个人称号。

1995年，司法部为登封市司法局记集体一等功一次。

（政治部组织处）

浙江省十里坪劳教所主要事迹

浙江省十里坪劳教所担负着浙江省女劳教人员和金华、衢州、台州、丽水等地市及驻浙部队、铁路系统的男劳教人员的教育改造任务，是全国司法行政战线上的一个先进集体。自建所以来，他们认真贯彻执行党的基本路线和党的劳教工作方针，团结拼搏，开拓进取，积极探索劳教工作新路子，取得了突出成绩。他们改革管教方式，实行分管分教和“民管会”工作制度，针对劳教人员的表现、恶习深浅程度、现实危害性，实行“三等六级”动态分级管理，按照民主参与、相互监督、自我约束的原则，鼓励和支持劳教人员对管理教育、生产劳动、生活卫生等工作提出改进意见，坚持劳教人员民主推荐“民管会”成员的班组长，切实保障劳教人员享有法律规定的各项权利，他们还对劳教人员实行所外试工、试农、试学，所内试工、放假、探亲、夫妻同居制度和食堂就餐制、五级工资制度，激发了劳教人员完善自我、向往新生、接受教育改造的积极性。1991 年以来，有 1967 名劳教人员获取了扫盲、小学、初中、高中毕业证书，2919 名劳教人员获取了技术合格证书。95%以上的劳教人员回归社会以后，遵纪守法，重作新人，有的还被评为先进或成为企业的技术骨干，由“害群之马”变成国家建设的有用之才。他们抓住机遇，深化改革，生产持续、快速、稳定发展，建成了具有年生产羊毛衫 100 万件生产能力的羊毛衫厂。1991 年以来，工农业总产值和利税额分别以每年 42.5%和 69.8%的速度递增。1994 年，实现工农业总产值 4336 万元，其中工业产值 4045 万元，经营性利润 308.8 万元，上交税金 222 万元，工业全员劳动生产率达到人均 44295 元。现在该所拥有固定资产原值 1445.2 万元，是 1991 年的 2.5 倍。劳教经济的发展，为劳教事业提供了有力的物质保障。他们坚持以人为本，注重班子建设和队伍建设，建设了一个坚强有力的领导班子和一支政治、业务素质过硬的干警队伍，涌现出一大批先进集体和先进个人。1991 年以来，在大队、中队中，有 1 个单位荣立二等功，9 个单位荣立三等功，15 人次荣立三等功，该所多次被评为“全省劳教系统先进集体”，并被评为“全国司法行政系统政治工作先进单位”。

1995 年，司法部为十里坪劳教所记集体一等功一次。

（政治部组织处）

浙江省庆元县司法局主要事迹

浙江省庆元县司法局是全国司法行政战线上的一个先进集体。自 1981 年建局以来，他们坚定不移地贯彻执行党的基本路线，从全县经济发展的实际出发，紧紧围绕党的中心工作，坚持“大服务”指导思想，全面开展各项司法行政业务，充分发挥司法行政机关的职能作用，为发展庆元山区经济、维护社会稳定和民主法制建设作出了贡献。

他们从本县的实际出发，主动为县委、县政府分忧解难，积极调处山林纠纷，出色地解决了这个严重影响庆元县经济发展和社会稳定，长期困扰着当地党委、政府的老大难问题。1990 年以来，全局干部不畏艰险，翻山越岭，共调处山林纠纷 275 起，其中省际纠纷 52 起、县际纠纷 13 起、县内纠纷 210 起，涉及山林面积达 192256 亩，制止因山林纠纷引起的群众性械斗 18 起，使山林纠纷引起的械斗从 1990 年的 17 起，伤 89 人，下降到 1994 年的 3 起，伤 5 人。到目前为止，基本实现了县内山林纠纷无积案，有效地保护了林业资源，维护了社会稳定，受到当地党委、政府的肯定，连续四年被授予浙江省处理山林纠纷先进集体称号，被当地群众称为“大山的卫士”。他们贯彻“调防结合、以防为主”的调解工作方针，狠抓人民调解工作，积极开展标准化调解委员会、基层司法所达标活动，规范调解行为，建立“人民调解信息网络”，出现问题及时通报、解决。五年来，共调处民间纠纷 17072 起，成功率达 94.45%，防止因民间纠纷引起的自杀 124 次、134 人，防止民转刑案件发生 243 件，充分发挥了第一道防线作用，促进了社会的稳定。他们积极开展法制宣传教育。在"一五"普法期间，被中宣部、司法部评为全国普法先进集体。"二五"普法中他们注重学法与用法相结合，把工作重点放在专业法学习和依法治理上，积极协助庆元县委制定了《庆元县依法治县总体规划》，全面开展依法治县试点工作，在县委的领导下，成立了"依法治县办公室"，先后在全县48个单位开展了依法治理试点，为县委县政府的决策提供了依据，为推动全县依法治村起到了积极作用。他们从山区经济的实际出发，积极为经济建设提供优质法律服务。经过几年的努力，律师办案数量从1981年的全年8件，上升到现在的400多件，人均年办案量达37件。他们积极开拓造林、房地产、租赁、承包、贷款抵押等公证新领域，1994年办理公证1649件，是1990年的5倍。他们从严治局，建设了一个团结一致、艰苦创业、坚强有力的领导班子和一支政治坚定、业务精通的干部队伍，1990年至1993年连续三年被评为浙江省司法行政系统先进集体，先后荣立集体三等功，集体二等功，一大批干部受到各级党委、政府和有关部门的表彰。

1995年，司法部为庆元县司法局记集体一等功一次。

（政治部组织处）

第一届全国十佳律师　十佳公证员
十佳基层法律工作者名单及事迹简介

（1995年11月29日）

第一届全国十佳律师

马　军　云南省震序律师事务所律师
张斌生　福建省英合律师事务所律师
秦希燕　湖南省湖湘律师事务所律师
高宗泽　信利律师事务所律师
央金（女）　西藏自治区恒丰律师事务所律师
董新发　中国人民解放军沈阳军区法律顾问处律师
岳　成　黑龙江省岳成律师事务所律师
王松敏　陕西省西安市第二律师事务所律师
肖　微　北京市君合律师事务所律师
王海云　吉林省华圣律师事务所律师

第一届全国十佳公证员

傅增敏　山东省青岛市公证处公证员
周玉兰（女）　吉林省公主岭市公证处公证员
司景兰（女）　黑龙江省公证处公证员
左燕芹（女）　北京市公证处公证员
季德胜　河南省南阳市公证处公证员
吴兴富　四川省成都市公证处公证员
朱文君（女）　湖南省常德市公证处公证员
王红英（女）　青海省西宁市城东区公证处公证员
刘金忠　陕西省澄城县公证处公证员
吴清武　海南省公证处公证员

第一届全国十佳基层法律工作者

陈富林　上海市松江县华阳镇法律服务所
王文巨　辽宁省丹东市振安区楼房乡法律服务所
韩子平　河北省魏县牙里镇法律服务所
范　云　天津市津南区双闸乡法律服务所
赵　华　北京市西城区双隆法律事务所
高士学　湖北省枣阳市北城街道办事处法律服务所
任志贤　陕西省黄陵县桥山镇法律服务所
侯殿录　甘肃省古浪县黑松驿乡法律服务所
何协舫　湖南省南县南洲镇法律服务所
林雀（女）　福建省漳浦县绥安镇法律服务所

第一届全国十佳律师提名奖：

王家籍、王亚和、王　银、李益民、李永进、刘兴全、宋建中、张国平、陈慧因、陈广兴、陈维垣、金锡盛、庞沙龙、姜学濂、高前和、高冠英、秦国光、顾先平、蒋龙翔、彭书珍、廖泽方、潘友辉

第一届全国十佳公证员提名奖：

丁沈跃、王利英、王金锁、王新华、王文裕、王光勇、文树荣、方　耀、安建刚、牟新民、张留群、张永彬、金凤久、林义琛、洪保亚、郭国祥、洛桑土多、梁业东、彭启尧、廖　珍、廖刚强

第一届全国十佳基层法律工作者提名奖：

王怀奇、任伟雪、刘山健、李开运、许元堂、杜六贵、张　萍、张全武、陈明坤、沈成应、杨　颖、欧　坚、庞家驹、金永富、郭向阳、胡兴智、姚振前、栾志勤、党洪涛、龚小弟、蒋　勋

第一届全国十佳律师先进事迹简介

马　军，男，43岁，云南震序律师事务所律师。从事律师工作12年以来，执着地追求事业目标，刻苦钻研本职业务知识，曾多次承办云南省有重大影响的案件。他承办的30余件无罪案件，在云南引起了很大的震动。他办理经济案件、涉外案件600余件，为企事业单位和个人挽回经济损失超过亿元。他坚持社会效益和经济效益并重的原则，讲究道德，廉洁自律，敬业勤业，遵纪守法。12年来，为体育界、教育界、希望工程等捐款数百万元。他思想解放，敢于改革，具有强烈的正义感，靠自己的拼搏和业绩，赢得了社会各界的信赖和赞誉。他所创办的律师事务所以优质高效的服务，讲信誉，重质量，名列云南榜首。

张斌生，男，60岁，福建省英合律师事务所律师。1980年从事律师工作以来，承办了多种类型的案件，除本地区有较大影响的案件外，更多的是从事非诉讼领域的法律服务，从引进外资、台资的项目到境内公司在海外的投资项目，从金融贷款的法律意见到房地产开发经营的法律事务，从草拟、审查、修改法律文件到参与大型项目的谈判，从各大型专业公司的法律顾问到厦门市人民政府的法律顾问，他的服务遍及各个领域，并直接影响到各相关部门的重大决策，为委托人赢得了满意的结果。多年来，他孜孜不倦地探索、学习。近几年来，先后发表几十篇论文。其中《台胞在大陆的投资及其法律环境的需求》、《台胞在厦门投资的趋势及其有关法律问题和律师实务》、《台商投资大陆常涉及法律问题浅析》等论文，受到法律界人士的好评。

他被评为省优秀专家和市拔尖人才及市局、省厅和司法部的先进工作者。1994年被选为全国人大代表。

秦希燕，男，32岁，湖南省湖湘律师事务所律师。他从事律师工作以来，承办各类案件680多件，担任110家单位的常年法律顾问，其中厅局级单位21家。他承办的刑事案件中，一审判死刑，二审改判死缓和无期的有4件，一审有罪，二审无罪释放的有6件。10年来，为当事人挽回经济损失达3.4亿元，其中全国闻名的“168工程案”一次就挽回经济损失1.1亿元。他勤奋好学，精通业务，先后在中央、省级刊物发表各类法学论文43篇，出版法学专著6部，曾参与国家级立法科研项目一项，多次参加法学学术会议。他一身正气，无私无畏，勤政廉洁。1994年底，他将按规定本应自己领取的13万元劳动报酬，无偿上交省司法厅。1994年他被授予“省直十大杰出青年”。几年来《人民日报》、《法制日报》多次报道了他的先进事迹。1994年8月科罗拉多州司法代表团参观他所在的律师事务所时，首席大法官对他的才华倍加赞赏，称他为“中国一流的大律师”。

高宗泽，男，60岁，信利律师事务所律师，曾任中国法律事务中心主任。他精通英语和德语，在海商法、国际贸易与金融法、公司与证券法、房地产法等方面造诣很深，圆满解决了多起大案和疑难案件，深得各方当事人和司法机关的好评，尤其是在处理1993中国农业银行衡水支行100亿美元信用证诈骗案等若干涉外大案中，他作为律师小组的主要业务领导成员，以其丰富的律师实践经验为案件的解决提供了方向性的顾问意见，为一举扭转被动局面发挥了重要作用，依法为国家避免了巨大的损失。他曾经受聘和目前受聘为中国人民银行总行、中国五矿进出口总公司、中国石油化工总公司、华能国际电力开发公司等数十家政府机构和国有大型企业、公司的法律顾问，承办大型国际银团贷款合同、电厂进口设备合同、涉外房产销售、中国轮胎有限公司股票在美国上市、天津渤海化工股份有限公司和哈尔滨动力设备股份有限公司H股在香港上市、高速公路建设等重大项目。

央金，女，32岁，藏族，西藏自治区恒丰律师事务所律师。她从事律师工作至今已有9年，承办各类案件300件，其中刑事辩护案件80多件，代理经济纠纷案件160多件，代理民事纠纷案件60多件，代理非诉讼法律事务20多件，先后为60多家企业事业单位担任

常年法律顾问，为国家、集体、个人挽回经济损失3000多万元。她与人共同创办了全区第一家经济律师事务所，并任该所副主任，1993年创办了全区第一家合作制律师事务所，在工作中遵守律师职业道德，认真执行律师收费规定，几年来拒收礼金、财物等共计人民币6万余元。她积极参与自治区对外重大经济合作项目的资信调查，起草合同，调处履行过程中的纠纷。9年来共写出论文十多篇，多次参加全国、全区各类学术研讨会，1992年作为全区唯一法律界代表参加第十四届世界法律大会。

董新发，男，43岁，沈阳军区法律顾问处律师。从事军队律师工作几年来，刻苦学习，勇于实践，先后承办和参与军地互涉重大刑事案件18起，民事案件61起，经济案件183起，赢得了部队官兵的信任和好评，先后两次荣立三等功，多次被评为法律服务先进个人，中央电视台、解放军报等相继宣传过他的事迹。他服务基层，先后承办了50多起基层官兵或其家庭发生的重大涉法案件，起到帮助一人，稳定一方的作用。他积极参与地方部队综合治理，热忱宣传社会主义法制，发表法制宣传文章61篇，主持编写了《军官涉法实用手册》等书。他善于运用法律释疑解惑，帮助官兵解决由涉法问题引起的实际问题和思想问题，以娴熟的法律特长为各级首长和机关提出法律意见。他忠于职守、甘心奉献、敬业勤业、廉洁自律，几年来，共拒收礼金1.2万元。

岳成，男，47岁，黑龙江省岳成律师事务所律师。1980年从事律师工作以来，承办各类案件1000多件，担任法律顾问50余家，参与办理了在全省乃至全国有较大影响的“大兴安岭火灾案”、“乔四流氓集团案”等80多起重大、疑难案件。1993年4月成立岳成律师事务所以来，仅八个月就办理各类案件70多件，为40多家企事业单位担任了法律顾问，业务收费超过100万元，为企业避免和挽回经济损失1亿多元。他模范地恪守职业道德和执业纪律，仅1993年4月至1994年10月，就免费办案30余件；并在《黑龙江日报》、《生活报》、《黑龙江经济报》和《东方晨报》上开辟了“岳成律师信箱”专栏，义务为人民群众解答法律咨询。他作风正派，从业清廉，多次谢绝当事人馈赠。十几年来，他以良好的服务信誉，高水平的服务质量，赢得了当事人的信任，受到了社会各界的好评。1994年，以群众、律师和政法部门投票最高分、专家和评委满票的评选结果荣登黑龙江省“十大优秀律师”榜首。

王松敏，男，42岁，陕西省西安市第二律师事务所律师，西安市及陕西省人大代表，省人大法制委员会委员。1994年被陕西省授予“优秀共产党员”称号。他自1981年从事律师工作以来，先后为38家企业担任法律顾问，承办各种案件700余件，为企业挽回经济损失8000余万元。在刑事案件辩护中使9名被告被无罪释放，200余人被依法从轻、减轻处罚。他廉洁自律，拒收当事人现金近4万元，拒收物品达300余次，树立了人民律师的良好形象。1990年，他被授予全国司法行政系统先进工作者称号，并荣立一等功一次。

肖微，男，35岁，北京市君合律师事务所律师。从事律师工作十年来，主持和参与了数百件律师业务，服务内容涉及到国内外投资、贸易、证券、金融、房地产等。他参与的超过亿元人民币的项目就有百件之多。从数亿美元投资的北京高速公路项目，到几十亿人民币投资的海南省机场和电厂项目；从全国性的专业银行和地方性的信托投资公司在美国、香港等国际金融市场两亿美元的债券发行，到武汉钢铁工业集团公司等大中型企业的股份制改造和股票境内外上市；从世界银行对中国六大城市的房改贷款，到香港长江实业公司在中国境内的多项“康居工程”等，都取得了良好的社会效益和经济效益。他积极吸收国外律师事务所的管理经验，几年来，君合律师事务所在业务上取得长足发展，率先在国外(美国纽约)设立分支机构，与国外律师竞争，并先后在上海、海南和美国纽约等地设立分所。

王海云，男，59岁，吉林省华圣律师事务所律师。在律师执业中，为社会主义民主与法制建设和经济发展做出了突出贡献。他“两个效益”并重，每年有300天奔波在外办案，没有星期天，没有节假日，他对结队上访的群众做疏导工作，向有关部门反映群众的合理要求，仗义直言，使群众的问题得到妥善解决。在他办理的千余起案件中，有14起是全省及全国颇有影响的重大案件，为企业挽回经济损失3000多万元，使几十家法律顾问单位得到了法律保护。

他多次荣立一、二、三等功，被授予市劳动模范，政法战线标兵，省优秀律师，全国司法行政从业清廉先进分子等荣誉称号。省级报刊、电台、电视台多次报导了他的事迹。

第一届全国十佳公证员先进事迹简介

傅增敏，男，51岁，山东省青岛市公证处公证员。他大胆地把竞争激励机制引进公证处内部，在全省率先试行了自收自支的经费管理办法和效益浮动工资制，1988年公证收费不足3万元，改革后，1991年收费46万元，1992年、1993年收费均达400万元。

他积极开拓公证领域，办理了土地使用权有偿出让、转让合同公证，股票发行现场监督公证，土地使用权拍卖公证，工商银行转账支票应用密码取代印鉴协议公证等。1992年他抓住房地产市场开放机遇，半年时间为83幅地块3000余亩土地使用权有偿出让，转让合同办理了公证，涉及金额22亿元。仅1991年至1994年办理抵押贷款合同公证1000余件，涉及金额25亿元。

在他的领导下，青岛市公证处先后被评为市级文明标兵单位，山东省司法行政系统党风廉政建设先进集体；1992年被授予全国公证质量评比先进单位，1993年被评为全国司法行政系统政治工作先进集体并荣立集体二等功。

傅增敏同志多次被市委授予优秀共产党员称号，全国公证质量评比先进个人，并荣立三、二、一等功各一次。

周玉兰，女，42岁，吉林省公主岭市公证处公证员。1981年从事公证工作以来，孜孜不倦地学习法律、法规和业务知识，写下了30万字的读书笔记，她撰写的《论遗赠扶养协议公证应注意的几个问题》论文，被省法学会和公证员协会评为二等奖；公证员业务考试获全省第一名。

她工作兢兢业业，勤勤恳恳。业务量创全区七市、县公证员第一名。她刚直不阿，廉洁从"证"，面对权、势、金钱和亲情、友情，始终坚持办证原则，不徇私情，尽职尽责。几年来她办理各类公证13480件，合格率100%。她的事迹在吉林省《党的生活》杂志、《吉林日报》、《公主岭纪检》、《吉林法制报》、《四平日报》相继刊载。

她连续11年被评为公主岭市委、政府先进工作者；4次被评为四平市司法局先进工作者；2次被评为四平市政法战线标兵、排头兵，一次被评为四平市劳动模范，4次被吉林省司法厅记一等功，2次授予吉林省优秀公证员，2次被评为全国司法行政系统先进工作者，公证质量评比先进个人，一次被评为全国司法行政系统劳动模范。两次参加全国司法行政系统英模报告团。

她领导的公证处被公主岭市树为政法系统标兵集体。三次被评为四平市司法行政系统先进集体，记集体三等功一次，三次被吉林省司法厅评为先进集体。

司景兰，女，54岁，黑龙江省公证处公证员。她成功地承办了"哈尔滨天鹅饭店失火"、"松花江818沉船"、"美国人误伤导猎员"等重大事故的善后处理约900多项疑难公证，受到了社会和中外各界人士的好评。

她忠于职守，积极为经济建设提供优质法律服务，独立承办各类公证事项1800多件，拒办各类不法合同逾千件，避免经济损失达数亿元。她的事迹《黑龙江日报》以《闪光的天平》，黑龙江省法制报以《她撑起一片蓝天》，黑龙江省《经济日报》以《高悬公证之剑》为题进行了报道。

她刻苦学习法律和公证业务知识，司法部三次邀请她参加全国公证理论研讨会和全国《公证法》论证会，先后为黑龙江省公证员培训班、大专院校、机关和企事业单位讲课数十次，听课者逾万人。由她主编的《公证业务讲义》被黑龙江者定为全省培训公证员的主要教材之一。

1983年被哈尔滨市府记功一次，1985年记大功一次。1987年、1992年授予黑龙江省优秀共产党员；1993年荣立二等功一次；1994年被评为黑龙江省行业女状元。

左燕芹，女，38岁，北京市公证处公证员。1983年毕业分配到北京市公证处以来，勇于开拓新的公证领域，制定具体公证程序和新的公证证明格式，以适应改革的需要。1994年3月对北京市百货大楼等四家股份制企业的1.75亿元社会公众股票在北京市公开上市发行活动的全过程进行公证，维护了发行方和投资方的合法权益，为北京市的安定团结做出了贡献，受到了北京市政府和司法部的表彰。

她工作作风细致、严谨，所办理的公证事项和审批的公证书从未出现差错。她具有扎实的法学理论基础知识，善于运用所掌握的知识办理各类公证事项使当事人得到比较满意的法律指导。几年来，她结合公证实践，积极进行公证理论研究，撰写了多篇公证论文，多次获市、局优秀论文奖。她先后被评为北京市司法行政系统先进工作者、北京市“三八”红旗手、北京市“十佳”公证员。

季德胜，男，47岁，河南省南阳市公证处公证员。他抓住机遇，大胆改革公证体制，制定各项规章制度23种233条，充分调动了积极性，公证业务以年递增40%以上的速度迅速发展，1994年在全省首家由行政机关改为事业单位，实行自收自支。为拓宽公证领域，他积极向市府决策部门提建议，并参与起草了《南阳集体企业承包经营暂行办法》等三份规范性文件。

他连续12年分别被省、地、市评为优秀共产党员、全省司法行政系统先进工作者、廉政建设先进个人、优秀公证员；1989年荣立二等功，1990年被授予全国司法行政系统劳动模范称号。他的事迹先后在《人民日报》、《工人日报》、《法制日报》、《河南日报》登载。在他领导下，公证处连续12年被省、地、市评为先进集体，1986年以来一直保持“文明单位”的称号，是河南省公证系统先进集体，办证质量先进单位，并荣立集体三等功。

吴兴富，男，56岁，四川省成都市公证处公证员。他积极为市场经济提供优质法律服务，在生产资料流通、房地产交易、高新技术开发、企业产权转让、金融信贷及证券市场等方面拓展了公证业务，办证量由1991年8965件，上升到1994年的17450件。1993年率先试行经费自收自支。制定了各项规章制度和办证实施细则，使公证处走上了规范化、科学化、制度化管理的轨道。

吴兴富同志始终保持廉洁自律和全心全意为人民服务的精神，他谢绝吃请，拒绝馈赠。一位当事人在给吴兴富同志的感谢信上这样写“在这里，仿佛又看到了五十年代的工作作风和党的干部。”

他注重理论研究，先后在《四川公证》、《四川日报》等刊物上发表理论文章10余篇，多次为四川大学法律系、省政法管理干部学院的本科、专科班及各类法律专业培训班讲授公证业务课。

他先后当选为中共成都市第七届党代会代表，成都市第十二届人代会代表，并被成都市政府授予劳动模范称号。在他领导下，1993年公证处被司法部授予“全国公证质量评比先进集体”称号。

朱文君，女，45岁，湖南省常德市公证处公证员。10年来办证5943件，收费21万余元，揭露制止诈骗24起，拒办不合法公证180起，为国家、集体避免经济损失1800万元。

她敢于创新，1985年带头在德山乡办点，总结司法助理员协办公证的经验，1986年扩大60名联络员。先后配合经济体制改革办理租赁、承包合同公证458件；配合农村改革办理柑桔、鱼塘、乡村企业承包合同2274件。近年来又把开拓公证领域的重点放在金融、证券、房地产交易、技术服务、建筑、劳务、吸引外资等市场。

她先后受到记功、记大功、晋升工资等奖励，1992年荣立三等功；被评为全国公证质量先进个人；1993年被评为市劳动模范、省“巾帼建功标兵”、省“三八红旗手”。她领导的公证处连续8年被评为省、市先进单位，1991年被司法部评为廉洁奉公先进集体；1992年被评为全国公证质量先进集体、省司法厅集体二等功，被湖南省授予双文明建设模范单位。

王红英，女，38岁，青海省西宁市城东区公证处公证员。她所在的公证处只有4人租用一间办公室。面对西宁市人口不足80万，有6个公证处，竞争力强的条件，她没有畏缩，以强烈的责任感，顽强的拼搏精神和模范的行动，热情的态度，赢得了全处的信任和当事人的信赖。她更新观念，勇于改革，提出公证处转为事业单位和实行规范化管理的设想，成为全省转制和规范化管理的试点单位。全处办证数量、质量、经济效益名列全市前茅，办证数量以年递增20—30%的速度上升，经济收入增长150%，她个人办证一千多件。

她连续三年被评为市、省司法行政系统先进工作者、全国公证质量评比先进个人、城东区优秀共产党员。她领导的公证处连续四年评为省、市司法行政系统先进集体。

刘全忠，男，55岁，陕西省澄城县公证处公证员。十多年来，他身背挎包骑车到农村走村串户，边调查、边宣传、边公证，闯出了一条适合本县县情、民情的公证工作的路子。他先后给县六套班子的领导、各部、局、委办和乡镇领导及全县256个村的基层干部讲过八场次《经济合同法》课，给村组干部讲解公证知识60多场次。

他先后十多次被部、省、地、县评为先进工作者；1987年荣立二等功；1989年被评为全县拔尖人才；1990年被评为全国司法系统先进工作者；1992年被授予陕西省劳动模范称号。他领导的公证处连续11年被评为地区司示行政系统先进集体；1991年荣立集体二等功；1992年被评为全国公证质量先进集体。

吴清武，男，38岁，海南省公证处公证员。他善于抓机遇，勇于开拓改革。1989年省公证处改制后，首先引入竞争激励机制，加强管理制度，极大地调动了积极性，全处人员走向社会，宣传公证，拓宽公证，先后与海南一些大企业建立法律服务关系，1989年开办了抵押贷款合同及强制执行许可公证；1991年开辟为股东大会、董事会公证、企业兼并合同公证；1993年介入证券市场，开辟了股票赠与、继承公证，股权证抵押贷款公证，为技术成果、通讯工具、艺术品拍卖现场公证等等，5年来，先后参加了海南凤凰机场、大广坝水电站、东线高速公路、马村港码头等省级重点工程项目的招标活动，办理各类公证事项3万多件，办证种类由20种拓展到60多种，公证收费600多万元，固定资产由只有一部机械打字机发展到拥有价值400万元的家底。他连续5年被评为省厅先进工作者。他领导的公证处1993年被评为全国先进公证处，并荣立集体三等功一次。

第一届全国十佳基层法律工作者事迹简介

陈富林，男，44岁，上海市松江县华阳镇法律服务所司法助理员。他热爱基层法律服务工作，1991年至1993年，带领全所人员为乡村企业追回呆帐、滞帐达220万元，避免经济损失163万余元。3年来，他接待法律咨询457人次，代写法律文书1963件，诉讼代理108件，非诉讼法律事务524件，协办公证203起，草拟、审查经济合同324件，参与经济项目谈判和决策论证197次。法律服务所连续6年评为县先进集体，连续5年被上海市司法局评为先进集体，1991年被司法部评为“全国优秀法律服务所”。他先后获得上海市劳动模范、上海市政法系统先进个人等称号。

王文巨，男，37岁，辽宁省丹东市振安区楼房乡法律服务所主任。他从事基层法律服务工作几年来，勤勤恳恳，任劳任怨，努力钻研业务，忘我工作，在身患疾病的情况下，仍为本乡经济发展提供法律服务。几年来，共代理经济、民事案件160余件，协办公证1500余份，担任常年法律顾问18家，代写法律文书500余份，参与政府重大经济决策18次，提出可行性建议11项，为当事人避免和挽回经济损失170余万元，防止矛盾激化64件，避免非正常死亡22人，荣立二等功一次。王文巨在基层法律服务工作岗位上，坚持原则，秉公执法，廉洁自律，多次婉言拒收当事人钱物计5万元左右，1991年被评为辽宁省司法行政系统“十大廉洁标兵”之一。

韩子平，男，31岁，河北省魏县牙里镇法律服务所所长。他创建该所时，在既无办公场所又无办案经费的情况下，靠自筹资金铺开工作，建成如今拥有人员20名、办公楼房9间、交通工具和通讯设施较为齐全的牙里镇法律服务所，一跃成为“全国优秀法律服务所”。他法律知识娴熟，处处以身作则，具有高度责任感和敬业精神，先后12次被省、市、县评为先进工作者和先进个人。8年来，他担任常年法律顾问164家次，解答法律咨询4630多人次，草拟各种经济合同1184份，诉讼、非诉讼代理2200余件，为当事人直接挽回经济损失685万元，避免经济损失1275万元。

范云，男，59岁，天津市津南区双闸乡法律服务所主任。1986年以来担任5家法律顾问，承办代理案件130余起，挽回经济损失300多万元，被誉为“优秀护航员”。他积极参与社会治安综合治理工作，狠抓人民调解工作，使全乡成为“无因民间纠纷引起的非正常死亡、越级上访、群众性械斗和民转刑”的“四无”乡。他的工作热情和敬业精神赢得各级党委、政府的高度赞誉和广大人民群众的信赖，多次被评为市级调解工作、社会治安综合治理工作先进个人；先后荣获市级优秀法律工作者、“政法工作标兵”、“政法系统廉洁执法、勤政爱民优秀干警”等称号；1994年被国务院授予“全国先进维权工作者”荣誉称号。

赵华，男，54岁，北京市西城区双隆法律事务所主任。1987年以来，他带领全所办理民事、经济等各类案件1928件，为80余个企事业单位担任法律顾问，为当事人挽回经济损失5600余万元，避免经济损失1.2亿元。在热心为社会主义市场经济服务的同时，坚持为老年人、烈军属、残疾人和经济困难的群众提供免费的法律服务，向社会开通了免费法律咨询热线电话。几年来，他以身作则，勤政廉洁，婉拒当事人送来的各种钱物近两万元。在他领导下，该所连续3年被评为北京市一级法律事务所。

高士学，男，47岁，湖北省枣阳市北城街道法律服务所主任。12年来，他兢兢业业地工作在基层司法行政第一线。在法律服务工作中，他不畏艰难困苦，勇于开拓，锐意进取，既当指挥员，又是战斗员。他担任市农行等5家法律顾问，办结民商事代理112件，标的额1790余万元。他严于律己，为政廉洁。3年来，10余次拒礼，年终目标考核奖给他的3400元也交所里作为本所年终考核的奖励基金。在他的组织和带领下，全所人员拼搏进取，在取得良好社会效益的同时，经济效益也逐年递增，仅1994年业务收费就达30万元。他多次被评为先进工作者、优秀党员、改革标兵，该所被司法部授予"全国优秀法律服务所"。

任志贤，男，60岁，陕西省黄陵县桥山镇法律服务所主任。他是一位拄着双拐的残疾人，但身残志坚，在基层法律服务工作岗位上做出了成绩。作为黄陵县城的桥山镇，随着经济发展，各种纠纷大量出现。他对各类纠纷逐一调查、走访，解决了一批长期遗留下来的老大难问题，其中不论是群众之间的，还是牵涉到县、镇领导的，他都能据理说服，依法调处，成为群众的贴心人。几年来，他克服常人难以想象的艰难，共接待群众2000余人次，调处各类纠纷1100余起，解答了大量的法律疑难问题。他受到地县镇12次表彰，并荣立个人一等功1次，被授予陕西省劳动模范光荣称号。

侯殿录，男，58岁，甘肃省古浪县黑松驿乡法律服务所司法助理员。9年多来，他不辞辛苦，任劳任怨，有效地防止了17件民间纠纷可能引起的自杀事件，防止24件"民转刑"案件的发生，避免矛盾激化40件49人。仅1994年，调解疑难民间纠纷68件，担任法律顾问2家，解答法律询问76人次，协办公证38件，办理见证69件，诉讼和非诉讼代理12件，为当事人挽回和避免经济损失92.2万元，为基层经济建设起到了保驾护航作用。他先后获得省委、省政府及中央综治委见义勇为奖，荣立一等功1次，1994年被授予劳动模范称号。

何协舫，男，58岁，湖南省南县南洲镇法律服务所主任。他自1987年从事基层法律服务工作以来，共担任常年法律顾问77家，为当事人挽回和避免经济损失2100万元。在全省基层法律服务所中，他率先面向社会公开招聘法律工作者；率先在所内实行全员劳动合同制和效益浮动工资制；率先开辟"风险办案"制和为法律工作者办理人身保险制度，调动了全员的积极性，增强了凝聚力。他本人廉洁自律，先后拒收当事人礼物、礼金128人次，金额近两万元。1988年被省司法厅记个人二等功；1991年被司法部评为"廉洁奉公先进工作者"；他领导的所1992年被司法部评为"全国优秀法律服务所"。

林雀，女，45岁，福建省漳浦县绥安镇法律服务所主任。1991年，林雀率先把法律服务所推向社会，大胆改革用人制度，面向社会招贤选能；改革分配制度，实行效益浮动工资制，给法律服务所注入生机与活力。4年来，担任常年法律顾问40家，代理诉讼101件，避免和挽回经济损失380万元。她担任县外贸公司法律顾问，挽回和避免经济损失50多万元；她引导村办企业走上依法经营之路，使濒临倒闭的小厂发展成为拥有370万元资产的企业；她具有良好的职业道德，5年来，拒礼100多人次，价值近万元。她领导下的所成为省优秀法律服务所，她多次获得先进工作者，优秀共产党员的称号，1994年被评为全省政法战线英雄模范。

第十四部分　司法行政统计资料

律师工作

一、律师工作基本情况

	单位	1994 年	1995 年	1995 年比 1994 年增减%
一、律师事务所	个	6419	7464	16.28
其中：不占国家编制和经费的	个	1194	1624	36.16
二、律师工作人员	人	83619	90602	8.35
其中：专职律师	人	40730	45094	6.17
兼职律师	人	20171	17994	—10.79
特邀律师	人	9637	11696	21.37
律师助理	人	7216	6683	—7.39
专职辅助人员	人	5865	8414	43.46
三、取得律师资格	人	79473	89767	12.95
四、律师业务				
担任常年法律顾问	处	203320	234496	15.33
民事诉讼代理	件	264854	316250	19.41
经济诉讼代理	件	276720	324909	17.41
刑事诉讼辩护及代理	件	208806	204382	—2.12
行政诉讼代理	件	16283	18043	10.81
非诉讼法律事务	件	403544	452021	12.01
涉外法律事务	件	26718	20444	—23.48
法律咨询	万人次	290.72	196.00	—32.58
代书	万件	52.81	54.38	2.97
业务收费	万元	82582.69	166355.32	101.44

二、各地区律师事务所情况

单位：人

	1994 年	1995 年	其中					1995 年比 1994 年增减％
			不占编	自收自支	金额管理差额补助	统收统支	其它	
全　　国	6419	7464	1563	3404	1156	875	313	16.28
北　　京	206	227	145	82	0	0	0	10.19
天　　津	120	127	0	127	0	0	0	5.83
河　　北	343	400	21	249	21	47	62	16.62
山　　西	190	210	52	60	79	17	2	10.53
内　　蒙	161	169	24	75	55	13	2	4.97
辽　　宁	259	305	104	166	35		16	17.77
吉　　林	140	157	11	69	68	14		12.14
黑 龙 江	291	335	57	176	83	19		15.12
上　　海	143	362	147	215	0	0	0	153.15
江　　苏	324	414	44	320	21	1	48	27.78
浙　　江	236	275	58	128	40		49	16.53
安　　徽	235	270	51	191	23	4	1	14.89
福　　建	195	212	57	102	29	19	5	8.72
江　　西	182	208	21	78	61	35	13	14.29
山　　东	342	426	145	191	66	21	3	24.56
河　　南	410	441	34	269	64	57	17	7.56
湖　　北	253	271	58	132	37	32	1	7.11
湖　　南	288	309	61	182	27	27	12	7.29
广　　东	485	564	170	145	28	220		16.29
广　　西	178	157	27	44	62	17	7	—11.80
海　　南	68	71	20	15	2	19	15	4.41
四　　川	430	485	99	210	104	58	14	12.79
贵　　州	135	148	14	30	52	28	24	9.63
云　　南	225	245	52	71	57	65	3	8.89
西　　藏		10	1					
陕　　西	168	194	42	80	50	12		15.48
甘　　肃	127	152	31	24	58	36	3	19.69
青　　海	62	60	3	3	4	47	3	—3.23
宁　　夏	46	52	2	26	4	9	11	13.04
新　　疆	165	169	12	59	38	58	2	2.42
新疆兵团	22	23			23			4.55
部 直 属	12	16						33.33

三、各地区律师人员情况

单位：人

	1994年合计	1995年合计	其中				1995年比1994年增减%
			专职律师	兼职律师	特邀律师	律师助理	
全　　国	83619	90602	45094	17994	11696	6683	8.35
北　　京	2671	2625	1229	763	374	124	－1.72
天　　津	2189	2197	1023	513	487	54	0.37
河　　北	3756	4158	2898	516	302	103	10.70
山　　西	2296	2435	1520	354	129	135	6.05
内　　蒙	1893	2077	870	743	187	114	9.72
辽　　宁	3783	5256	1720	403	305	389	38.94
吉　　林	2506	2230	923	574	443	128	－11.01
黑 龙 江	2015	2878	1316	308	252	418	42.83
上　　海	4440	4295	1992	1174	1129		－3.27
江　　苏	3367	3954	2529	530	446	231	17.43
浙　　江	3114	3185	1386	770	533	144	2.28
安　　徽	3911	3707	1943	893	396	204	－5.22
福　　建	2479	2670	1136	750	439	77	7.70
江　　西	3440	3702	2366	799	316	175	7.62
山　　东	4361	5095	2523	1094	584	1168	16.83
河　　南	4625	5781	3582	611	638	494	24.99
湖　　北	2617	3820	2172	315	315	565	45.97
湖　　南	5062	4598	1731	1534	539	539	－9.17
广　　东	5568	6616	3051	1901	729	335	18.82
广　　西	2055	1680	750	397	250	106	－18.25
海　　南	503	493	391	21	38	20	－1.99
四　　川	7779	7006	3136	1190	1513	512	－9.94
贵　　州	1623	1475	631	302	180	147	－9.12
云　　南	2452	1886	950	360	305	79	－23.08
西　　藏		49	17	16	2		
陕　　西	2774	2230	1169	465	350	120	－19.61
甘　　肃	895	1394	743	187	174	118	55.75
青　　海	516	677	216	109	70	22	31.20
宁　　夏	581	529	257	154	33	12	－8.95
新　　疆	1960	1326	583	195	190	180	－32.35
新疆兵团	151	152	111	8			0.66
部　　属		436	230	55	48		

四、各地区律师担任常年法律顾问情况(一)

单位:人

	1994年合计	1995年合计	其中(一)						1995年比1994年增减%
			国家机关政府负责人	企业		外商投资企业		境外投资项目	
				小计	其中:大中型	小计	其中:港澳台投资		
全国	203320	234496	17270	117189	40040	10673	5967	2873	15.33
北京	3774	4320	111	2007	729	366	138	52	14.47
天津	3375	4551	126	1652	680	256	91	44	34.84
河北	9344	1010	538	4250	1152	663	32	6	-89.19
山西	3803	3762	238	2194	592	38	18	1	-1.08
内蒙	3034	2823	161	1703	506	18	11	9	-6.95
辽宁	8762	8825	592	5329	2281	324	146	69	0.72
吉林	3151	3574	167	1628	918	84	32	24	13.42
黑龙江	4112	4600	270	2296	1052	56	21	15	11.87
上海	18874	21356	286	12634	4276	1714	1050	223	13.15
江苏	19446	22054	778	11797	4180	1904	897	267	13.41
浙江	16448	21290	1056	8299	2668	84	539	80	29.44
安徽	9794	12390	641	4270	972	172	116	83	26.51
福建	8175	9229	3854	1351	1139	750	148	1295	12.89
江西	6786	6748	539	3948	631	233	158	9	-0.56
山东	4208	17281	839	9423	3094	817	460	81	310.67
河南	9207	7787	491	4469	1043	130	70	25	-15.42
湖北	9055	10735	629	6212	2437	300	169	55	19.11
湖南	7361	7713	457	5046	1152	190	152	55	4.78
广东	15173	16414	676	7190	2338	1673	1045	150	8.18
广西	4449	12812	532	2942	1351	198	108	16	187.99
海南	987	627	61	456	72	42	34	12	-36.47
四川	14688	15422	851	8451	3006	327	216	124	5.00
贵州	2702	2083	157	743	388	24	20	12	-22.72
云南	3519	4469	408	2179	470	51	23	20	27.00
西藏									
陕西	3355	3695	2311	1728	563	178	163	116	10.13
甘肃	1922	4410	224	2425	1174	51	37	7	129.45
青海	858	839	41	417	176	10	2		-2.21
宁夏	691	627	46	354	56	4	5	2	9.26
新疆	4981	2560	186	1493	785	19	15	21	-48.60
新疆兵团	457	497	4	313	159	2	1		8.75

五、各地区律师担任常年法律顾问情况(二)

单位:人

	1995年合计	其中(二)			
		乡镇企业	社会团体及组织	事业单位	公民个人
全　国	234498	34673	8369	15985	30322
北　京	4320	790	456	448	55
天　津	4551	937	87	252	862
河　北	1010	2557	195	469	338
山　西	3762	579	139	226	88
内　蒙	2823	350	149	253	45
辽　宁	8825	876	200	696	241
吉　林	3574	284	116	324	119
黑龙江	4600	322	123	325	141
上　海	21356	2190	766	1288	439
江　苏	22054	3269	933	1284	702
浙　江	21290	5380	437	1193	337
安　徽	12390	1917	588	1003	115
福　建	9229	347	542	207	23923
江　西	6743	906	237	402	193
山　东	17281	2948	421	915	375
河　南	7787	1048	347	511	140
湖　北	10735	1066	452	817	290
湖　南	7713	876	215	651	220
广　东	16414	2723	665	1276	431
广　西	12812	382	189	531	220
海　南	627	20	14	13	9
四　川	15422	2147	500	1445	346
贵　州	2083	218	112	151	91
云　南	4469	716	73	341	184
西　藏					
陕　西	3695	654	244	400	144
甘　肃	4410	632	87	209	78
青　海	839	114	39	8	84
宁　夏	627	31	11	58	14
新　疆	2560	356	26	260	77
新疆兵团	497	38	6	29	21

六、各地区律师担任常年法律顾问工作情况(三)

单位:件

	1994年合计	1995年合计	其中(一)			1995年比1994年增减%
			草拟法规规章	草拟审查修改合同	参与谈判	
全国	982644	1095773	103091	206574	97403	11.51
北京	27395	136342	1544	4609	2942	397.69
天津	25012	28206	3293	4211	2144	12.77
河北	28016	21737		8861	922	−22.41
山西	11897	14148	2013	4210	1185	18.92
内蒙	9492	10067	1283	2269	549	6.06
辽宁	48443	38453	2163	7451	3331	−20.62
吉林	14659	14832	1010	3270	751	1.18
黑龙江	22422	15954	1661	3495	1173	−28.85
上海	37377	51000	4642	9080	5400	36.45
江苏	108854	113975	22721	24176	11019	4.70
浙江	71531	66335	6850	10361	7674	−7.26
安徽	40342	54611	2217	14203	7964	35.37
福建	20829	4199	6552	3257	12551	−79.84
江西	31589	34846	3766	5593	2150	10.31
山东	107661	128573	9260	24220	4231	19.42
河南	68228	13709	1608	3367	657	−79.91
湖北	61692	62417	4634	13518	8637	1.18
湖南	58931	49247	5209	10987	4182	−16.43
广东	39655	40471	4238	7394	2553	2.06
广西	18691	21996	2117	4632	1563	17.68
海南	3002	3138	207	715	517	4.53
四川	90231	90051	6030	18615	6774	−0.20
贵州	10035	6504	807	1589	752	−35.19
云南	19414	18014	1254	4265	1668	−7.21
西藏						
陕西	17246	16892	3815	3321	2947	−2.05
甘肃	10013	11114	897	2529	1094	11.00
青海	5870	4572	511	1583	428	−22.11
宁夏	9815	5140	644	1097	333	−47.63
新疆	18676	17773	2026	3360	1149	−4.84
新疆兵团	2113	1457	119	336	163	−31.05

七、各地区律师担任常年法律顾问工作情况(四)

	1995年合计	其中(二)		涉及财产标的额	索回赔欠款
		提供法律咨询意见或建议	代理解决纠纷争议		
单位	件	件	件	万元	万元
全国	1095773	355622	273872	5291381.1	2800599.7
北京	136342	12838	3150	1058103	1100424
天津	28206	11983	3886	662985.8	20286.3
河北	21737	11061	893	39536.7	18264.8
山西	14148	4592	2198	63147.1	15012.8
内蒙	10067	3204	2426	12296.3	5984.4
辽宁	38453	15244	9417	222772.3	76968.8
吉林	14832	6077	2480	432843	239215
黑龙江	15954	6164	3168	59349.5	28185.9
上海	51000	17200	13500	37500	81200
江苏	113975	43927	21278	515052.9	284024.5
浙江	66335	30288	15799	114979	98037
安徽	54611	18271	9603	98523	31834
福建	4199	4515	101161	102061	15154
江西	34846	13212	4732	96673	37404
山东	128573	51929	22588	314548.4	138037
河南	13709	5484	2433	16602	5230
湖北	62417	24080	8896	118867	80727
湖南	49247	14283	8233	178174	50470
广东	40471	18267	5616	259941	55189
广西	21995	8236	2682	215259.6	38973.2
海南	3138	1106	580	252282.6	252282.6
四川	90051	3697	14109	244053	62646
贵州	6504	2375	977	13855.9	5518
云南	18014	7516	2871	78073.08	16936
西藏					
陕西	16892	2821	3988	29008	4676
甘肃	11114	4226	2313	26911.06	12216.95
青海	4572	2417	733	9981	7339
宁夏	5140	2202	1055	6541.2	2269.89
新疆	17773	8030	2744	4923	1907
新疆兵团	1457	377	363	6537.66	1319.21

八、各地区律师办理非诉讼法律事务情况(一)

单位:件

	1994年合计	1995年合计	其中(一) 审查起草修改合同章程	出具法律意见书	提供咨询建议书	见证(涉外)	1995年比1994年增减%
全国	403544	452021	96362	66862	73371	14480	12.01
北京	7790	9247	1414	1318	1394	750	18.70
天津	7693	16228	1888	1868	1113	278	110.95
河北	17673	19765	3815	1273	1735	64	11.84
山西	5502	9420	3968	1262	2958	764	71.21
内蒙	4818	5687	1510	850	1099	17	18.04
辽宁	16043	15962	3098	1951	2514	318	－0.50
吉林	5598	6714	1907	643	2066	18	19.94
黑龙江	9011	11479	2009	864	1306	64	27.39
上海	11171	15100	1700	1600	1050	1650	35.17
江苏	29439	52002	9372	4569	4397	1132	76.64
浙江	19774	16355	2419	1926	1954	633	－17.29
安徽	15721	18850	3043	3261	3615	732	19.90
福建	14828	2456	2456	1209	1313	1296	－83.44
江西	11830	16664	2905	2816	3994	106	40.86
山东	38716	47931	13176	6243	9520	1625	23.80
河南	16065	10767	3238	1529	2158	43	－32.98
湖北	32502	35542	6138	3627	5636	1378	9.35
湖南	37365	30335	6000	7978	5497	121	－18.81
广东	35324	33579	6867	8041	3193	2334	－4.94
广西	4542	6285	1083	678	1405	35	38.38
海南	1218	1509	439	295	214	39	23.89
四川	32246	39017	9265	9447	10502	516	21.00
贵州	2689	2483	616	333	465	159	－7.66
云南	5322	6034	1185	487	756	177	13.38
西藏							
陕西	5325	10283	3794	1288	1273	63	93.11
甘肃	1730	3112	662	440	755	91	79.88
青海	1216	1292	400	220	142	17	6.25
宁夏	4822	1792	391	254	361	20	－62.84
新疆	5741	5357	1514	513	899	39	－6.69
新疆兵团	944	774	90	79	87	1	－18.01

九、各地区律师办理非诉讼法律事务情况（二）

单位	1995年合计	其中(二) 参加谈判	参与调解仲裁	专项民事、商事代理	涉外及港澳台	涉及财产标的额
	件	件	件	件	件	万元
全国	452021	37562	68258	15894	8235	2047440.875
北京	9247	670	1011	359	177	67338.2
天津	16228	873	1231	309	216	120661.3
河北	19765	1095	5071	306	21	30076.7
山西	9420	428	713	92	40	12852.8
内蒙	5687	224	1057	153	17	6281.8
辽宁	15962	1277	3973	227	101	70669.1
吉林	6714	261	940	136	63	31327.2
黑龙江	11479	478	1628	227	62	23144.1
上海	15100	1300	2400	845	780	4457.48
江苏	52002	2757	4374	1236	1020	299066.7
浙江	16355	1995	3167	1145	106	47985
安徽	18850	2366	3519	543	72	32516
福建	2456	1338	1543	596	250	87687
江西	16664	1189	1636	407	108	16414
山东	47931	2328	6685	1019	1013	145357.7
河南	10767	678	1759	192	82	15183.8
湖北	35542	2417	6970	708	172	165072
湖南	30335	2879	3303	809	397	66587
广东	33579	1484	3367	2538	2935	386937
广西	6285	518	961	345	173	40065.75
海南	1509	250	188	46	59	168526.3
四川	39017	6541	6712	2417	232	87668
贵州	2483	232	488	127	23	5489
云南	6034	778	1382	337	13	68477.73
西藏						
陕西	10283	1889	1498	386	92	15938
甘肃	3112	326	663	45	1	5241.505
青海	1292	339	164	10		3531
宁夏	1792	138	356	132		2348.69
新疆	5357	485	1133	198	10	13237
新疆兵团	744	29	366	4		3703.02

十、各地区律师代理刑事案件工作情况

单位:件

	1994年合计	1995年合计	其中				1995年比1994年增减%
			被告人委托辩护	法庭指定辩护	自诉案件代理	公诉案件代理	
全国	208806	204382	156433	14991	16932	12526	−2.12
北京	3494	3496	2512	380	68	36	0.06
天津	3955	3699	3218	110	252	119	−6.47
河北	6162	7014	4292	1626	722	372	13.83
山西	3976	5546	4207	291	678	277	39.49
内蒙	3279	2969	2190	177	310	221	−9.45
辽宁	8343	9054	7964	386	397	307	8.52
吉林	4087	6794	3743	331	404	350	66.23
黑龙江	3435	6545	4957	702	591	285	90.54
上海	6334	7604	5762	730	417	695	20.05
江苏	13609	13254	10700	984	945	597	−2.61
浙江	16146	14682	12117	993	971	601	−9.07
安徽	9138	10420	8193	921	954	352	14.03
福建	10121	9779	8724	585	297	193	−3.38
江西	7034	7916	5890	403	479	222	12.54
山东	9128	9862	7380	753	897	882	8.04
河南	8865	12970	9205	662	1644	1459	46.31
湖北	10016	8836	6436	630	954	789	−11.78
湖南	10732	10414	7103	426	1726	1157	−2.96
广东	9318	8755	7161	690	373	579	−6.04
广西	5582	5893	4487	405	209	241	5.57
海南	497	541	475	47	6	18	8.85
四川	15153	13505	9993	847	1393	1272	−10.88
贵州	5217	4148	8402	202	277	249	−20.49
云南	11902	12828	10112	819	1089	287	7.78
西藏							
陕西	5430	4563	2696	411	805	551	−15.97
甘肃	3733	3601	2951	145	280	224	−3.54
青海	2316	1937	1666	100	72	99	−16.36
宁夏	2387	1732	1168	50	340	174	−27.44
新疆	7079	5850	4297	762	625	766	−17.36
新疆兵团	611	440	289	15	88	48	−27.99

十一、各地区律师代理民事诉讼工作情况(一)

单位	1994年合计	1995年合计	其中		1995年比1994年增减%
			婚姻家庭	继承	
	件	件	件	件	
全国	264854	316250	120108	29297	19.14
北京	4039	5331	1819	408	31.99
天津	5952	6732	2819	569	13.10
河北	7532	12050	4410	971	59.98
山西	5745	8120	2933	865	41.34
内蒙	6235	6265	2429	620	0.48
辽宁	11892	14567	5019	1169	22.49
吉林	5425	7063	2304	562	30.19
黑龙江	4786	11952	4462	1567	149.73
上海	12115	14800	8557	1074	22.16
江苏	16180	22034	9236	1368	36.18
浙江	17684	17552	7298	915	-0.75
安徽	10103	14301	6912	905	41.55
福建	14326	16645	5724	1319	16.19
江西	7998	10369	3436	1029	29.64
山东	12429	18132	6067	1963	45.88
河南	15428	22218	8955	3007	44.01
湖北	10553	13192	4566	1640	25.01
湖南	12981	16271	5929	1979	17.20
广东	14898	17460	4655	1111	17.20
广西	6510	8129	2310	721	24.87
海南	838	909	228	26	8.47
四川	22998	26217	10530	3120	14.00
贵州	4823	7655	2065	751	58.72
云南	7885	11006	4069	1015	39.58
西藏					
陕西	9262	8378	3904	1302	-9.54
甘肃	3206	4983	2246	381	55.43
青海	1336	1760	676	280	31.74
宁夏	2338	2546	794	95	8.90
新疆	7789	6380	2149	930	-18.09
新疆兵团	640	735	210	21	14.84

十二、各地区律师代理民事诉讼工作情况(二)

单位	1995年合计	其中 房屋宅基地土地	其中 著作商标专利	涉外及港澳台	涉及财产标的额
	件	件	件	万元	万元
全国	316250	90055	5772	5904	774361.24
北京	5331	1042	108	125	6541
天津	6732	1669	63	42	7994.8
河北	12050	5146	28	8	7564
山西	8120	2437	179	129	15451.8
内蒙	6265	1119	48	78	3293.82
辽宁	14567	3009	235	74	24619.2
吉林	7063	1584	61	139	13585.95
黑龙江	11952	2877	295	102	14237.32
上海	14800	3558	242	260	49550
江苏	22034	4347	503	478	64333.28
浙江	17552	2684	305	1491	68949
安徽	14301	6109	176	199	17554
福建	16645	4483	140	349	35262
江西	10369	2780	53	42	3734
山东	18132	4163	202	227	47159.4
河南	22218	7571	289	261	31512.53
湖北	13192	3273	242	134	68699
湖南	16271	3808	196	102	38769.77
广东	17460	9069	255	916	92123
广西	8129	3736	44	34	35111.22
海南	909	583	4	17	63357.5
四川	26217	9015	1174	175	28886
贵州	7655	2181	172	19	7980.2
云南	11006	3195	96	281	25974.98
西藏					
陕西	8378	2495	447	230	4864
甘肃	4983	1055	122	12	2533.8
青海	1760	705	60	38	9378
宁夏	2546	271	7		1506.96
新疆	6380	1693	282	63	9828
新疆兵团	735	90			1477.74

十三、各地区律师代理经济诉讼工作情况(一)

单　位	1994年 合　计	1995年 合　计	其中：经济合同纠纷	其中：海事海商	1995年 比1994年 增减%
	件	件	件	件	
全　国	276720	324909	226770	2661	17.41
北　京	4027	5016	2935	115	24.56
天　津	4795	5495	3944	148	14.60
河　北	11326	15399	12482		35.96
山　西	5433	5483	3494	61	0.92
内　蒙	4670	4417	2961	8	-5.42
辽　宁	10736	12787	8895	143	19.10
吉　林	5551	6068	6013	8	9.31
黑龙江	4363	10325	6590	158	136.65
上　海	16732	24646	21300	210	47.30
江　苏	19660	25822	18068	301	31.34
浙　江	19276	17715	15531	152	-8.10
安　徽	11056	11595	6692	24	4.88
福　建	9082	10470	6837	87	15.28
江　西	8137	8464	4925	7	4.02
山　东	24524	29252	21072	170	19.28
河　南	14032	22152	15337	86	57.87
湖　北	16071	18689	10152	332	16.29
湖　南	13187	14179	8588	181	7.52
广　东	14566	24588	16897	301	68.80
广　西	5048	10240	4716	19	102.85
海　南	812	739	639	15	-8.99
四　川	20406	23466	17414	106	15.00
贵　州	2751	4126	2559	11	49.98
云　南	6442	7783	5016	5	20.82
西　藏					
陕　西	5884	5424	3802	22	-7.82
甘　肃	3121	5135	3614	11	64.53
青　海	1285	1010	778		-21.40
宁　夏	2120	1905	1151	19	-10.14
新　疆	8842	8623	5770	47	-2.48
新疆兵团	914	1163	678		27.24

十四、各地区律师代理经济诉讼工作情况(二)

单位	1995年合计	侵权损害赔偿	涉外及港澳台	涉及财产标的额	索回赔欠款
	件	件	件	万元	万元
全国	324909	45070	6305	7233270.95	2008681.11
北京	5016	452	53	510494.3	280604.3
天津	5495	541	77	91212.3	17027.7
河北	15399	1053	12	37924.8	11063.4
山西	5483	1553	30	5684.2	4318.4
内蒙	4417	960	2	16336.86	6028.63
辽宁	12787	1238	98	296073.9	100875.7
吉林	6068	928	25	128934.7	87861.8
黑龙江	10325	1830	46	73116.94	42102.8
上海	24646	1200	334	309000	43754
江苏	25822	1873	399	646246.7	219740.2
浙江	17715	1415	82	313436	222239
安徽	11594	2304	72	72743	32796
福建	10470	1101	365	118250	74368
江西	8464	1735	96	69208	18475
山东	29252	3903	541	383137.6	161455.8
河南	22152	4734	198	126706.82	66114.13
湖北	18689	2372	276	163677	145320
湖南	14179	2436	2207	211573.3	65643.6
广东	24588	2438	663	757188	159167
广西	10240	1029	31	54681.68	32077.84
海南	739	85	33	69736.88	11785.2
四川	23466	5377	645	207326	82607
贵州	4126	851	23	25611.5	10207
云南	7783	1842	75	93084.03	36382.76
西藏					
陕西	5424	1462	138	20256	11852
甘肃	5135	1230	15	45512.65	28982.27
青海	1010	184	2	8582	8790
宁夏	1905	485	2	12941.59	10461.57
新疆	8623	1870	20	2263269	72466
新疆兵团	1163	250		1888.42	3069.14

十五、各地区律师代理行政诉讼工作情况

单位:件

	1994年合计	1995年合计	1995年比1994年增减(%)	代理被告	代理原告
全　　国	16283	18043	10.84	7054	11077
北　　京	133	159	19.55	45	114
天　　津	73	111	52.05	10	101
河　　北	547	771	40.95	587	184
山　　西	254	469	84.65	257	212
内　　蒙	275	254	−7.64	100	154
辽　　宁	393	630	60.31	200	430
吉　　林	230	353	53.48	94	246
黑 龙 江	255	756	196.47	181	575
上　　海	726	510	−29.75	229	274
江　　苏	631	905	43.42	381	683
浙　　江	963	780	−19.00	254	526
安　　徽	575	787	36.87	376	415
福　　建	777	923	18.79	369	554
江　　西	462	566	22.51	164	402
山　　东	729	1241	70.23	503	738
河　　南	1601	2367	47.85	889	1478
湖　　北	707	756	6.93	324	432
湖　　南	1381	1441	4.34	478	963
广　　东	710	740	4.23	280	461
广　　西	782	1018	30.18	272	746
海　　南	101	130	28.71	48	82
四　　川	1047	1099	4.97	404	695
贵　　州	814	758	−6.88	350	408
云　　南	465	752	61.72	277	469
西　　藏					
陕　　西	530	806	52.08	392	414
甘　　肃	402	344	−14.43	124	220
青　　海	56	92	64.29	50	42
宁　　夏	82	93	13.41	18	75
新　　疆	491	375	−23.63	138	237
新疆兵团	16	19	18.75	9	10

公证工作

一、公证工作基本情况

	单位	1994 年	1995 年	1995 年比 1994 年增减%
一、公证处	个	3144	3148	1.09
二、公证人员	人	16925	16966	0.24
其中:公证员	人	10627	10664	0.35
公证员助理	人	2170	2220	2.30
其他人员	人	4128	4073	－1.33
三、办理公证	万件	757.46	777.42	2.64
国内公证	万件	655.95	642.35	－2.07
其中:经济公证	万件	328.96	337.15	2.49
民事公证	万件	326.99	305.20	－6.66
涉外公证	万件	101.51	135.07	33.06
四、业务收费	万元	41810.10	49187.89	17.65
其中:国内公证	万元	33637.47	39232.54	16.63
涉外公证	万元	8172.58	9955.36	21.81
五、公证社会效益				
甲、拒绝公证	件	43000	37195	－13.50
其中:民事公证	件	21794	20467	－6.09
经济公证	件	21206	16728	－21.12
制止不法经济活动	件	8847	7471	－15.55
乙、提出司法建议	件	12011	10791	－10.16
其中:被采纳数	件	9861	8364	－15.18

二、各地区公证处情况

单位：个

	1994 年	1995 年	1995 年比 1994 年增减%
全　国	3114	3148	1.09
北　京	20	24	20.00
天　津	20	20	0
河　北	183	185	1.09
山　西	127	129	1.57
内　蒙	112	113	0.89
辽　宁	110	111	0.91
吉　林	78	88	12.82
黑龙江	164	158	−3.66
上　海	22	22	0
江　苏	110	115	4.55
浙　江	98	96	−2.04
安　徽	103	104	0.97
福　建	88	87	−1.14
江　西	110	112	1.82
山　东	158	163	3.16
河　南	178	178	0
湖　北	116	116	0
湖　南	134	136	1.49
广　东	142	142	0
广　西	102	103	0.98
海　南	25	25	0
四　川	242	242	0
贵　州	96	97	1.04
云　南	148	149	0.68
西　藏	8	8	0
陕　西	113	117	3.54
甘　肃	100	100	0
青　海	52	52	0
宁　夏	28	28	0
新　疆	102	103	0.98
新疆兵团	24	24	0
长安公证处	1	1	0

三、各地区公证人员情况

单位:人

	1994年合计	其中		1995年合计	其中		1995年比1994年增减%
		公证员	公证员助理		公证员	公证员助理	
全国	16925	10627	2170	16966	10664	2220	0.24
北京	254	166	32	244	164	27	-3.94
天津	278	214	50	286	215	58	2.88
河北	898	645	107	852	601	92	-5.12
山西	792	442	137	776	432	157	-2.02
内蒙	641	303	128	697	285	151	8.74
辽宁	818	547	66	823	535	67	0.61
吉林	520	368	63	552	372	54	6.15
黑龙江	637	355	105	591	329	94	-7.22
上海	405	212	15	370	218	19	-8.64
江苏	691	567	35	682	526	43	-1.30
浙江	529	363	78	567	409	75	7.18
安徽	530	409	27	533	369	54	0.57
福建	506	277	75	533	354	51	5.34
江西	568	337	111	569	357	69	0.18
山东	1119	849	81	1060	809	80	5.27
河南	1016	586	116	984	612	138	-3.15
湖北	730	396	120	746	401	144	2.19
湖南	613	430	79	613	416	73	0
广东	1111	591	128	1196	626	153	7.65
广西	368	272	40	412	274	51	11.96
海南	145	77	22	161	102	13	11.03
四川	1044	692	103	1037	705	102	-0.67
贵州	378	227	56	375	224	55	-0.79
云南	443	220	76	446	210	87	0.68
西藏	35	16	12	41	30	8	17.14
陕西	641	348	152	584	338	143	-8.89
甘肃	464	292	37	462	306	47	-0.43
青海	193	127	31	190	138	19	-1.55
宁夏	129	80	20	134	84	15	3.88
新疆	344	172	58	354	166	65	2.91
新疆兵团	69	36	9	69	41	13	0
长安公证处	16	11	1	27	15	3	68.75

四、各地区办理公证业务情况

单位：件

	1994 年	1995 年	1995 年比 1994 年年增减％
全　国	7574598	7774173	2.63
北　京	147196	171554	16.55
天　津	112639	117811	4.59
河　北	163961	251027	53.10
山　西	333897	338174	1.28
内　蒙	122922	95815	－22.05
辽　宁	449531	513973	14.34
吉　林	181112	213362	17.81
黑龙江	351394	330988	－5.81
上　海	192595	245054	27.24
江　苏	321870	356559	10.78
浙　江	323356	300619	－7.03
安　徽	415242	560827	35.06
福　建	209300	242416	15.82
江　西	228993	243666	6.41
山　东	633873	714313	12.69
河　南	447536	476956	6.57
湖　北	508053	256800	－49.45
湖　南	352883	305029	－13.56
广　东	759752	707180	－6.92
广　西	139716	127698	－8.60
海　南	15212	16651	9.46
四　川	363745	354045	－2.67
贵　州	129193	97634	－24.43
云　南	205744	322079	56.54
西　藏	1553	1439	－7.34
陕　西	161754	142998	－11.60
甘　肃	80546	74497	－7.51
青　海	29033	25188	－13.24
宁　夏	28490	21933	－23.02
新　疆	73079	99204	35.75
新疆兵团	26540	32035	20.70
长安公证处	8888	16649	87.32

基层工作

一、人民调解工作基本情况

	单位	1994年	1995年	1995年比1994年增减%
一、专职司法助理员	人	53705	54450	1.39
二、人民调解委员会	万个	100.94	100.98	0.04
三、调解人员	万人	999.76	1025.87	2.61
四、调解民间纠纷	万件	612.37	602.85	－1.55
五、防止可能发生的非正常死亡	万人	5.99	5.66	－5.51
六、乡镇(街道)法律服务所	万个	3.49	3.50	0.29
七、乡镇(街道)法律服务人员	万人	11.08	11.13	0.45

二、各地区专职司法助理员配备情况

单位:人

	1994年	1995年	1995年比1994年增减%
全　国	53705	54450	1.39
北　京	704	647	－8.10
天　津	398	411	3.27
河　北	3681	3832	4.12
山　西	1874	1858	－0.85
内　蒙	1888	1949	3.23
辽　宁	1757	1739	－1.02
吉　林	1237	1210	－2.18
黑龙江	1948	1874	－3.80
上　海	375	382	1.87
江　苏	2255	2229	－1.15
浙　江	2001	2135	6.70
安　徽	2348	2311	－1.58
福　建	1205	1133	－5.98
江　西	2252	2392	6.22
山　东	2557	2613	2.19
河　南	2841	2788	－1.87
湖　北	1872	1788	－4.49
湖　南	4045	3952	－2.30
广　东	2304	2305	0.04
广　西	2411	2377	－1.46
海　南	422	422	0
四　川	4043	4214	4.23
贵　州	945	1349	42.75
云　南	1748	1888	8.01
西　藏	528	528	0
陕　西	2633	2587	－1.75
甘　肃	1491	1511	1.34
青　海	141	141	0
宁　夏	378	370	2.12
新　疆	1423	1515	6.47

三、各地区调解组织和调解人员情况

	调解委员会(个)			调解人员(人)		
	1994 年	1995 年	1995 年比 1994 年 增减%	1994 年	1995 年	1995 年比 1994 年 增减%
全　国	1009407	1009814	0.04	9997616	10258684	2.61
北　京	13983	14027	0.31	182180	209395	14.94
天　津	8147	7759	－4.76	160136	155827	－2.69
河　北	57319	58213	1.56	945772	934500	－1.19
山　西	39093	39305	0.54	256390	237961	－7.19
内　蒙	22409	22383	－0.16	142445	151189	－25.87
辽　宁	42554	43195	1.51	606598	620732	2.33
吉　林	20636	19825	－3.93	227421	223273	－1.82
黑龙江	50621	45212	－10.69	389667	450905	15.72
上　海	10785	10943	1.46	98282	139197	41.63
江　苏	58496	57607	－1.52	952328	1003238	5.35
浙　江	54532	54780	0.45	221744	219015	－1.23
安　徽	36371	36988	1.70	316893	337278	6.43
福　建	17307	17405	0.57	227006	232934	2.61
江　西	26337	26400	0.24	284843	303370	6.50
山　东	102925	104322	1.36	618090	638154	3.25
河　南	56285	54008	－4.05	471843	504154	6.45
湖　北	50701	50868	0.33	591921	558677	－5.62
湖　南	59715	60358	1.08	844505	846129	0.19
广　东	32272	31811	－1.43	277649	285288	2.75
广　西	18925	18044	－4.66	219005	231503	5.71
海　南	3142	3143	0.03	26919	26979	0.22
四　川	89558	91288	1.93	940876	929907	－1.17
贵　州	29112	30282	4.02	194113	194481	0.19
云　南	16454	16440	0.09	255010	245223	－3.84
西　藏	2366	5311	124.47	7115	13977	96.44
陕　西	37996	37865	－0.34	206937	200574	－3.07
甘　肃	23476	23476	0	167671	181938	8.51
青　海	5689	5731	0.74	23538	22128	－5.99
宁　夏	3734	3780	1.23	40333	40402	0.17
新　疆	18467	19045	3.13	100386	120355	19.89

四、各地区调解民间纠纷情况

	调解民间纠纷(件)			防止可能的非正常死亡(人)		
	1994年	1995年	1995年比1994年增减%	1994年	1995年	1995年比1994年增减%
全　国	6123729	6028481	－1.56	59912	56570	－5.58
北　京	104130	112281	7.83	189	221	16.93
天　津	38496	35018	－9.03	253	291	15.02
河　北	262196	243685	－7.06	2528	2036	－19.46
山　西	128941	132509	2.77	1110	1185	6.76
内　蒙	72174	77965	8.02	191	232	21.47
辽　宁	227176	218231	－3.94	1737	1600	－7.89
吉　林	126503	145262	14.83	908	967	6.05
黑龙江	130041	143756	10.55	735	427	－41.90
上　海	55825	62053	11.56	160	148	－7.50
江　苏	303335	315655	4.06	3883	3496	－9.67
浙　江	274280	235746	－14.05	1836	1697	－7.57
安　徽	362604	350946	－3.22	5070	4908	－3.20
福　建	130704	125049	－18.42	1633	1475	－9.68
江　西	179129	158548	－11.49	2286	2327	1.79
山　东	307348	319654	4.00	2267	2229	－1.68
河　南	437727	441816	0.93	4269	6101	42.91
湖　北	353849	325341	－8.06	4556	3842	－15.67
湖　南	384235	353996	－7.87	6555	6466	－1.36
广　东	160345	170165	6.12	1025	794	－22.54
广　西	175305	185166	5.63	2082	1308	－37.18
海　南	12182	17611	44.57	196	392	100.00
四　川	859580	846075	－1.57	8098	6425	－20.66
贵　州	247005	265781	7.60	1084	1316	21.40
云　南	253976	226752	－10.72	2391	1948	－18.53
西　藏	10360	11494	10.95			
陕　西	293406	274285	－6.52	2998	2742	－9.14
甘　肃	104240	104679	0.42	724	911	25.83
青　海	21319	19700	－7.59	46	73	58.70
宁　夏	15826	17435	10.17	177	125	－29.38
新　疆	91492	91827	0.37	925	906	－2.05

五、乡镇(街道)法律服务所基本情况

	单位	1994 年	1995 年	1995 年比 1994 年增减%
一、乡镇(街道)法律服务所	个	34925	35038	0.32
二、乡镇(街道)法律服务人员	人	110770	111295	0.47
其中:司法助理员	人	38730	39310	1.50
调配干部	人	14826	14250	－3.89
聘用专职人员	人	41585	40839	－1.79
聘用兼职人员	人	15729	16896	7.42
三、担任法律顾问	家	364414	412542	13.21
四、调解纠纷	万件	116.93	114.42	－2.15
五、协办公证	万件	230.98	226.16	－2.09
六、民事诉讼代理	万件	32.26	38.55	19.50
七、民事非诉讼代理	万件	92.63	99.89	7.84
八、法律咨询	万件	514.32	525.60	2.19
九、代书	万件	135.51	104.47	－22.91
十、法制宣传				
宣讲法律	万场次	56.37	54.69	－2.98
受教育人次	亿人次	3.49	3.56	2.01
十一、业务收费	万元	26136.81	31610.01	20.94

六、各地区乡镇(街道)法律服务所和人员情况

	乡镇(街道)法律服务所(个)			乡镇(街道)法律服务人员(人)		
	1994 年	1995 年	1995 年比 1994 年增减%	1994 年	1995 年	1995 年比 1994 年增减%
全　　国	34952	35038	0.25	110770	111295	0.47
北　　京	351	369	5.23	2259	2207	－2.30
天　　津	231	224	3.03	895	921	2.91
河　　北	3129	2951	－5.69	9471	9210	－2.76
山　　西	1038	1067	2.79	3241	3540	9.23
内　　蒙	818	945	2.79	2368	2493	5.78
辽　　宁	1594	1567	－1.69	4387	4382	－0.11
吉　　林	918	855	－6.86	2400	2016	－16.00
黑　龙　江	1292	1189	－9.97	3777	4005	6.04
上　　海	257	278	－8.17	939	1021	8.73
江　　苏	2098	2117	0.91	7003	6735	－3.83
浙　　江	962	974	1.25	3491	3448	－1.23
安　　徽	1380	1440	4.35	4358	4641	6.49
福　　建	1030	1055	2.43	2899	3031	4.55
江　　西	1205	1299	7.80	3664	3668	0.11
山　　东	2402	2446	1.83	6972	7568	8.55
河　　南	2278	2348	3.07	7410	7978	7.67
湖　　北	1513	1550	2.45	5489	5471	－0.33
湖　　南	2489	1936	－22.22	8147	5177	－36.46
广　　东	1874	1899	1.33	6274	5974	－4.78
广　　西	1264	1303	3.09	4125	3998	－3.08
海　　南	256	256	0	828	831	0.36
四　　川	1955	2179	11.46	7613	8872	16.58
贵　　州	517	568	9.86	1412	1593	12.82
云　　南	1133	1180	4.15	3026	3444	13.81
西　　藏	—	—	—	—	—	—
陕　　西	1484	1488	0.27	4212	4453	5.72
甘　　肃	585	669	14.36	1645	1922	16.84
青　　海	47	48	2.13	144	158	9.72
宁　　夏	123	115	－6.50	304	280	－7.89
新　　疆	679	723	6.48	2117	2258	6.66

法学教育工作

一、部属政法院校学生情况

单位：人

	1994年	1995年	1995年比1994年增减%
一、招生数	5747	5509	-4.14
本专科小计	5359	5145	-3.99
中国政法大学	1215	1072	-11.77
西南政法大学	1390	1332	-4.17
华东政法学院	650	621	-4.46
西北政法学院	884	909	2.83
中南政法学院	1220	1211	-0.74
研究生小计	377	348	-7.69
博士生小计	11	16	45.45
二、在校生数	18469	19050	3.15
本专科小计	17529	17970	2.56
中国政法大学	3711	3887	4.74
西南政法大学	4076	3995	-1.99
华东政法学院	2632	2429	-7.71
西北政法学院	3308	3237	-2.15
中南政法学院	3802	4422	16.31
研究生小计	910	1042	14.51
博士生小计	30	38	26.67
三、毕业生数	3857	4962	28.65
本专科小计	3632	4718	29.90
中国政法大学	739	896	21.25
西南政法大学	1100	1453	32.09
华东政法学院	522	810	55.17
西北政法学院	717	971	35.43
中南政法学院	554	588	6.14
研究生小计	218	235	7.80
博士生小计	7	9	28.57

二、部属政法院校专任教师情况

	合计			教授		副教授		讲师		助教	
	1994年	1995年	1995年比1994年增减%	1994年	1995年	1994年	1995年	1994年	1995年	1994年	1995年
合　计	1934	1986	2.69	179	205	492	509	956	970	307	302
中国政法大学	476	489	2.73	61	67	136	130	220	243	59	49
西南政法大学	444	438	－1.35	41	43	121	115	231	224	51	56
华东政法学院	311	302	－2.89	24	34	76	76	177	160	34	32
西北政法学院	280	426	52.14	31	32	105	113	177	217	103	64
中南政法学院	287	331	15.33	22	29	54	75	151	126	60	101

三、成人法学教育、培训基本情况(一)

单位:人

	单　位	1994年毕(结)业	1995年毕(结)业	1995年比1994年增减%
一、部属政法院校及培训中心				
大专以上学历	人	4043	5021	24.19
大专专业证书	人	1418	730	－48.52
短期培训	人	7599	3019	－60.27
律函中心	人	1100	2000	81.82
二、地方各级成人政法院校				
大专以上学历	人	3099	5784	86.64
中专学历	人	411	915	122.63
大专专业证书	人	2544	8411	230.62
短期培训	人	214899	168463	－21.61

四、成人法学教育、培训基本情况(二)

单位:人

	单 位	1994年招生	1995年招生	1995年比1994年增减%	1994年在校生	1995年在校生	1995年比1994年增减%
一、部属政法院校及培训中心							
大专以上学历	人	11555	9561	-17.26	23397	26240	12.15
大专专业证书	人	11555	1480	-87.19	23397	1377	-94.11
短期培训	人	8324	4357	-47.66	725	1526	110.48
律函中心	人	26800	44904	67.55	50500	64366	27.46
二、地方各级成人政法院校							
大专以上学历	人	8282	7357	-11.17	15230	19336	26.96
中专学历	人	484	3642	652.48	2233	6322	183.12
大专专业证书	人	4350	9221	111.98	5207	16184	210.81
短期培训	人	216454	33870	-84.35	1315	387	-70.57

兰州正义律师事务所简介

兰州正义律师事务所是1993年11月经兰州市编委、省司法厅批准成立的国资律师事务所。现有专职律师6人。

该所律师重德敬业，信誉为本，恪守职责，团结奋进，服务至诚。建所以来，先后担任国家机关、企事业单位法律顾问32家，办理各类法律事务320多件，为当事人避免和挽回经济损失2100多万元。赢得了社会和客户的好评。1995年被兰州市委、市政府评为全市证法系统先进单位。

该所律师把服务经济、维护法制视为天职。全体律师同仁将至力于创一流的律师事务所，为客户提供一流的法律服务。

律师事务所主任：郭加清

办公地址：兰州市城关区武都路190号

电　　话：(0931)8480117,8476214

邮　　编：730000

天水市公证处简介

天水市公证处于1987年9月经天水市人民政府批准成立。现有公证工作人员8名。该处主要承办本辖区国内、涉外及涉港、澳、台等公证业务。

近三年来，该公证处不断深化改革，切实加强内部管理，狠抓作风，制度建设，创造出了一条加快发展公证事业的新路子。公证业务连续三年以80%的速度递增，三年共办理各类公证5600多件。公证书发往20多个国家和地区使用。为维护社会稳定、促进经济发展做出了积极贡献。受到了市上领导和群众的赞扬。连续三年被评为天水市司法行政系统先进集体。

公证处主任：马贵生

办公地址：天水市民主东路86号

电　　话：(0938)212303

邮　　编：741000

浙江省温州市鹿城区公证处简介

浙江省温州市鹿城区公证处坚持“大服务”思想，以社会对公证工作的需求为契机，根据市委、市政府提出的塑造现代化大都市新形象的奋斗目标，在旧城改造、开发区建设、房地产业等方面积极开展公证业务，把公证业务，把公证职能引入城市建设的各个领域。为全省提供了宝贵的经验。

81年，我国刚恢复房产管理登记制度，公证就积极介入，86年鹿城区公证处在房产登记方面的工作达到高潮，规定了房产登记中涉及房产权转移的必须办理公证手续。房产证发放工作面广量大，潜在的纠纷因素不少，由于有公证处的全力配合，认真审查，房管局对近万件有争议的房产证缓发，而经公证的2.5万件房产证，纠纷率极低。

88年，全长1760米的人民路改造工程一开始，鹿城区公证处就与其联系，要求提供公证服务，得到了工程指挥部领导的大力支持和配合。公证处为拆迁工作提供了多项公证服务，在三年多的时间里，共办理公证三千多件，具体事项有：房屋腾空与新房顺序号协议、招投标、房屋开发合同、有关房产权转移等公证。在旧城改建工程中，公证的服务、沟通、证明、监督职能作用得到较好的发挥。如拆迁房的腾空与新房的认购协议是整个拆迁工作中的一个重要环节，过去发生过多起被拆迁方不同意拆，甚至上告省里、北京有关部门。鹿城区公证处参与后，在人民路改建工程中采取了谁早将房屋腾空，谁优先认购新房的办法。此办法行之有效，许多拆迁户将房屋腾空后，马上与房屋开发公司签订了腾空协议，并进行了公证，由公证处发给优先认购新房顺序号。新房认购时，公证处进行现场监督，各拆迁户凭优先顺序号认购新房。

公证职能作用在为旧城改造工作中的发挥，使人民路的改建工程动迁工作进展顺利，公证社会效益得到体现，增强了人民群众的法制意识。在拆迁过程中，许多被拆迁户纷纷要求办理公证手续，没办理公安厅手续，心里不踏实；加快了拆迁速度。在合同中写清了双方违约责任，增强了双方的责任感，都能自觉履行合同，大大推进了工程建设的进展速度。没有出现一户不搬迁，被强制拆除的现象。预防了纠纷，减少了诉讼。在几百人参加的新房抽签大会上，由于有公证员在场，严格按照规定和程序进行，各项工作都能顺利进行。有关房产权转移办理公证后，至今没有发现因房产权不清而引起的纠纷。实行办事公开，推进了廉政建设的步伐。从前认购新房常出现走后门的现象，这次在新房认购时，公证处要求各房屋开发公司将认购名单、顺序公开，任购结果也公开，并安排人员在现场进行监督，广大拆迁户都反映：“公证真公证，任何人都不会吃亏。”

整个拆迁工作拆除旧房子面积达115万平方米，涉及17000户家庭，现已安置拆迁户6000户，鹿城区公证处在服务的过程中，树立公证的良好形象，提高了公证的知名度。现在为民房拆迁办理系列公证，已成为温州市区一项成文的规定，温州市政府也善于用公证手段来从事城市建设工作。92年以来，在商品房经营管理、旧城改建房屋拆迁补偿安置、房地产金融管理等三个文件中规定了应当公证的范围。

为适应房地产业发展的需要，鹿城区公证处专门成立房地产部。88年以来共办理土地出让、商品房买卖、房产转让、继承等公证5万多件，取得了良好的社会效益和经济效益。

浙江省桐乡市公证处简介

浙江省桐乡市公证处在为经济建设服务中，勇于探索不断开拓，使公证工作逐步向经济领域全方位渗透。近几年来，在市委、市政府的支持下，先后对企业承包、国有土地使用权有偿转让、企业主制中的拍卖、招标、承包、租赁、转让及建筑承包合同招投标、专业市场摊位招投标、旧城改造中的房屋拆迁协议等法律行为实施公证，取得了显著的社会效益和经济效益。最为突出的是，他们针对金融贷款按期还贷率低的情况，积极向农业银行等五个专业银行建议，对抵押贷款协议实施公证，以保障金融秩序。

图为：浙江省桐乡市公证处针对《担保法》实施出现的新情况，研究如何进一步规范抵押贷款公证的有关问题。

钟一林 摄

各专业银行先后采纳了他们的建议，93年以来陆续发文规定，抵押贷款必须经过公证。这项规定涉及企业1500多家，涉及金额20多亿元。对经过公证的抵押贷款协议，公证处认真监督履行。94年7月，杭州市下城区人民法院几名法官到桐乡市乌镇查封一家企业的财产，并言明对抵押物需采取强制执行。公证处主任丁沈跃及时赶到现场，依据事实和法律，据理向法院提出执行异议，使该院确认了债权人对抵押物有优先受偿权力，取消了强制执行的决定，从而发挥了公证文书的法律效力，增强了银行贷款的安全感。几年来，经过公证的抵押贷款协议，通过法院强制执行的只有1件，还贷率达到百分之百，有效地维护了金融秩序，促进了桐乡市经济的发展。为此，省司法厅授予该公证处集体二等功。丁沈跃同志荣记二等功一次，95年获全国十佳公证员提名奖。

北京市公证处的创建与发展

北京市公证处创建于1950年，现有正式工作人员59人，其中公证员40人，占全处总人数的68%公证员助理5人，行政及辅助人员14人。具有硕士研究生学历的2人、大学本科学历的21人、大专学历的25人，以上人员占全处总人数的81%。北京市公证处于1955年 1 月经市编委批准，由行政编制转为事业编制，工资也随之转轨，经费管理上实行自收自支，市财政不再下拨公证处行政经费。为适应体制转变，公证处内部运行机制也进行了相应改革。实行了主任责任制，工作人员实行双轨制选择聘任制。为全面提高公证人员的业务素质，公证处试行了“一业为主，全面放开”的业务分开原则。公证体制改革调动了公证员的积极性，促进了公证事业的发展。1995年全年办理各类公证事项67961件，比1994年增长了40%。创收1400余元。北京市公证处事业转为单位后，虽自收自支，但公证处仍然把公证的社会效益放在重要位置。1995年办理了大量事实收养关系公证。《收养法》实施前形成的事实收养关系，由于年代久远，调查取证有一定难度，收取公证费很低，而公证人员仍以积极态度办理事实收养公证，以低廉的公证收费，向当事人提供了优质的公证法律服务。公证处还为中央国家机关和北京市政府机关举办的“公证员制度知识竞赛”、《工商时报》开办的“商城实验室”栏目、杨晓.霞救治基金会使用等提供了无偿的公证服务。通过这一系列服务，公证处在社会上收到了很好的社会效益。1995年，北京市公证处为来进一步规范公证行为，提高公证质量，逐步实现对公证工作的规范管理，制定了《北京市公证处质量管理办法》和《北京市公证处公证书制度运转程序规则》，并成立了公证委员会，以加强对公证业务的监督和管理。

北京市双隆法律事务所简介

北京市双隆法律事务所（原二龙路法律事务所）成立于1987年。多年来，他们坚持“四个服务”的宗旨，承办民事、经济等各类案件两千余件，为近百家企业事业单位担任法律顾问，为当事人挽回经济损失六千余元，必免经济损失一亿四千多万元，为维护社会稳定，促进经济发展做出了贡献，受到社会各界广泛好评。1992年，双隆法律事务所被北京市司法局首批评为一级法律事务所。司法部张耕副部长为他们题词：“为改革和经济建设提供优质法律服务”。

图为北京市公证处为第四届世界妇女大会提供公证服务

图为北京市公证处为华夏银行股份有限公司创立大会提供公证服务

锦州市公证处简介

锦州市公证处组建于1980年1月。十多年来，全处共办理各种公证事项10万余件，其中经济公证47726件，民事公证53506件，涉外公证3500多件。公证书发往美国、英国、加拿大、日本、香港、澳门等三十多个国家和地区，在国际上赢得了良好的信誉。

该处1992年被司法部评为全国公证质量评比先进集体；1991--1995年连续五年在辽宁省公证机关优质服务竞赛中被评为先进公证处；1993年荣立集体三等功；1995年被评为辽宁省司法行政系统行风建设先进单位。

申扬律师事务所简介

申扬律师事务所（沈阳市第一律师事务所），座落在沈阳市和平区北五经街17号。该所原为沈阳市法律顾问处，始建于1955年，1979年重新恢复，1992年改名为沈阳市第一律师事务所，1996年根据司法部统一注册更名为申扬律师事务所，目前是东北地区规模大、办公条件好、业务服务领域宽、社会知名度高的律师事务所之一。

该所努力开拓律师业务领域。1980年，在全国率先开展为企业担任法律顾问工作；1983年，组织律师辩护团积极参加“严打”斗争；1985年，创建律师顾问团为企业提供全方位法律服务；1987年，在律师分配制度方面大胆改革，曾在司法部、全国律协会议上介绍经验。

十七年来，该所连续多年荣获国家、省、市司法行政系统先进集体称号，该所始终把服务质量为立所之本，她热情欢迎各界朋友光临惠顾！

摄影　庄庆芳

▲主任金锡盛（中）副主任潘公明（左一）在研究该所2000年发展规划

西藏雪域律师事务所简介

西藏雪域律师事务所（原名为：西藏自治区经济律师事务所），是西藏唯一的专业性律师事务所。

该所于1988年6月7日、7月12日由中华人民共和国司法部（【88】司发公函字第149号）、西藏自治区机构改革办公室（【88】藏机改字35号、藏编字33号）批准成立，现有执业律师11名（其中二级律师3名，三级律师4名，律师助理2名）。他们的文化知识结构是：法律本科5名，法律大专2名非法律专业本科生4名，平均年龄为32岁。该所内设置三个部门：法律咨询中心，接待办公室和办公室。分工是：法律咨询中心负责接待当事人来访和提供法律咨询；接待办公室为业务窗口，扩大案源；办公室负责行政和后勤工作。

一、齐心协力，共创业绩

该所成立以来，全所人员立志于振兴西藏律师事业的理想，团结协作，开拓进取，艰苦创业。近十年来，共代理经济案件238起，代理民事案件135起，刑事案件118起，非诉讼律师事实88起，担任企事业常年法律顾问62家，涉及标的达41788万元，为当事人避免和挽回经济损失25360万元。

二、深化改革，完善内部管理

根据国务院批转司法部《关于深化律师工作改革方案》，结合西藏实际，雪域律师事务所制定了《律师事务所主任负责制》、《律师岗位目标责任制》等规章制度。最近，根据《律师法》和司法部《关于认真贯彻律师法，近一步加强律师队伍建设的决定》，强化律师事务所的自律性管理。该所将在所内实行专业分工，拟设立四个部，即：经济部，民事行政涉外部，法律顾问、非诉讼部，法律咨询、法律代书部。

雪域律师事务所制定了《律师事务所主任负责制》、《律师岗位目标责任制》等规章制度。最近，根据《律师法》和司法部《关于认真贯彻律师法，近一步加强律师队伍建设的决定》，强化律师事务所的自律性管理。该所将在所内实行专业分工，拟设立四个部，即：经济部，民事行政涉外部，法律顾问、非诉讼部，法律咨询、法律代书部。

三、积极开拓，
全方位为社会提供法律服务

为更好地发挥律师事务所中介组织的作用，适应社会主义市场经济的需要，该所积极拓宽业务领域，已开展的有中外经济、房地产、知识产权、技术、劳务、贸易、运输、金融、税务、保险及公司筹建等方面的法律业务。为国内外、区内外公司提供投资指导、担任常年法律顾问、企业进行股份制改组、公司申请股票上市提供法律服务；接受中外当事人委托，参与经济、民事纠纷的调解、仲裁或诉讼活动；接受刑事犯罪被告人或近亲属委托及法院指定担任辩护人出庭辩护，等等。

总的说来，这个所在近十年的创业过程中，其成绩喜人。他们的事迹和成就，先后被《中国西藏》、《中国青年》、《中国法制报》、半月谈》、香港《大公报》、《经贸世界》、《西藏日报》和中国国际广播电台等报刊杂志刊载和播放。事实证明，西藏雪域律师事务所不仅在区内外、国内外享有一定的声誉，而且已是社会各界所关注的专业性律师机构。

办公地点：拉萨市夺底路10号
邮政编码：6334334(咨询中心）、6326833（接待室）
通信地址：西藏拉萨市夺底路10号

西藏恒丰律师事务所简介

西藏恒丰律师事务所（原名为：西藏自治区第一律师事务所）是西藏唯一的合作制试点所。该所于1994年10月成立，有执业律师6名，（其中2级律师1名，3级律师1名，律师助理2名，实习律师2名，非法律专业4名，平均年龄为31.5岁。

该所的业务领域不断拓宽，由过去的10多项，现已扩大到20多项，正在向金融、房地产、企业股份制改革、股票上市等领域拓展。1995年度中，共办理各类案件51件，其中经济26件，民事14件，刑事9件，行政2件，非诉讼代理13件，为企事业单位担任法律顾问6家，并参与内引外联法律事务5起；参与洽谈联营签约法律事务3起，标的额7000多万元；为国家、集体和个人挽回经济损失600多万元。

这个所在开展业务工作中，既重视经济效益，更重视社会效益，始终把方便群众，为人民服务放在第一位。仅1995年，为当事人和被告人无偿提供法律服务5起，其中民事2起，刑事3起。如律师央金代理一宗历经数年未决的劳动争议案，为当事人提供法律咨询数十次；为当事人到有关单位调查取证20多次，并支付当事人案件材料复印费、医疗检查费和为当事人与行政交涉座谈5次，最终使这起劳动争议纠纷得到妥善的解决。

该所的律师在执业、服务过程中，做到了执业、服务清廉，严格遵守职业道德和纪律。据统计，1995年，恒丰律师事务所的律师拒理拒贿达20多次，金额达16000余元。

目前，全所政治空气浓厚，纪律作风过硬，业务水平不断提高，多次受到上级表扬。主任央金1995年被评为“全国十佳律师”。

办公地址：西藏拉萨市银桥饭店3楼
邮政编码：850000
联系电话：【0891】－6334382(办公室)
通讯地址：西藏拉萨市夺底路1号

《中国司法行政年鉴》1995年册
勘误表

页	误	正(补)
1278 司法部办公厅		办公厅副主任 张　耕(1987年2月—1993年6月)
	庐绍明(1981年10月—1982年7月)	庐绍明(1981年10月—1982年12月)
1278 普通法院司	王悦尘(1980年2月—1982年7月)	王悦尘(1980年2月—1982年12月)
	李一平(1981年10月—1982年7月)	李一平(1981年10月—1982年12月)
	牛玉祜(1981年10月—1982年7月)	牛玉祜(1981年10月—1982年12月)
1279 专门法院司	李子英(1981年10月—1982年7月)	李子英(1981年10月—1982年12月)
1279 法学教育司 (教育司)	宋子成(1980年2月—1982年7月)	宋子成(1980年2月—1982年12月)
	余叔通(1982年11月—1983年8月)	余叔通(1982年11月—1983年2月)
	甘绩华(1983年3月—1988年7月)	甘绩华(1983年3月—1985年6月)
	杨永磴(1985年7月—1985年10月)	杨永磴(1985年7月—1991年7月)
1279 公证律师司	王左平(1981年10月—1982年7月)	王左平(1981年10月—1983年8月)
1280 法制局	陈　希(1981年10月—1982年7月)	陈　希(1981年10月—1982年12月)
1280 司法部计财司	计明达(1981年10月—1982年7月)	计明达(1981年10月—1982年12月)
	吕宗德(1984年9月—1984年1月)	吕宗德(1984年9月—1994年1月)
	朱乐群(1994年1月—1994年6月)	朱乐群(1994年1月—1994年7月)
1281 政治部	组织宣传局(组宣部) 局长	组织宣传部(组织宣传局) 部长
		干部部(人事局) 部长:孙鸿翔(兼,1992年3月—1993年10月)
		警务部部长 石清河(兼,1992年3月—1993年9月)
1281 临时机关党委	王大中(1980年2月—1982年7月)	王大中(1980年2月—1982年12月)
	郑希文(兼1982年7月—1983年8月)	郑希文(1982年12月—1983年8月)
	朱化龙(1981年10月—1982年7月)	朱化龙(1981年10月—1982年12月)
	郑英之(1982年11月—1984年1月)	郑英之(1982年11月—1984年3月)
	惠德明(1984年3月—1985年7月)	惠德明(1984年3月—1984年6月)
1281 直属机关党委 (机关党委)		副书记 惠德明(1984年6月—1985年7月)
1281 直属机关纪委 (机关纪委)		书记 惠德明(兼,1984年6月—1985年7月)
1281 纪检组	王大中(1980年2月—1982年7月)	王大中(1980年2月—1982年12月)

页	误	正(补)
1287 天津市司法局	吴联云(1979年12月—1986年4月)	吴联云(1979年12月—1983年6月)
		天津市司法局局长 宋树涛(1983年6月—1986年4月)
	王凡侠(1979年12月—)	王丹侠(1979年12月—1986年3月)
	孙家林(1986年4月—1991年)	孙家林(1986年4月—1991年12月)
	柴家瑞(1993年4月—1994年)	柴嘉瑞(1993年4月—1994年5月)
	何　后(1980年1月—1986年12月)	何　后(1980年1月—1980年12月)
1289 上海市司法局	陈昭善	陈昭著
	王庆雷(女,1982年4月—1983年9月)	王庄霄(女,1982年3月—1983年9月)
	史德宝	史德保
1291 湖南省司法厅	副厅长 张春发(1983年5月—1988年5月)	厅长 张春发(1983年5月—1988年5月)
133 (右)第12行	822人	912人
1226 (左)第21行	《北京受害人调查》	《北京犯罪受害人调查》
	联合国区域犯罪与司法研究所	联合国区域犯罪与刑事司法研究所和司法部预防犯罪研究所

图书在版编目(CIP)数据

中国司法行政年鉴 1996/张秀夫主编.—北京:法律出版社,1997.6
ISBN 7-5036-2122-2

Ⅰ.中… Ⅱ.张… Ⅲ.司法-行政-中国-年鉴-1996
Ⅳ.D926.13-54

中国版本图书馆 CIP 数据核字(97)第 04190 号

出版·发行/法律出版社
经销/新华书店
印刷/北京朝阳区北苑印刷厂
排版/泰能照排中心
开本/787×1092 毫米 1/16 **印张**/34 **彩插**:28 **字数**/1160 千

版本/1997 年 8 月第 1 版 1997 年 8 月第 1 次印刷
印数/0,001—5,500

社址/北京市广外六里桥北里甲 1 号八一厂干休所(100073)
电话/63266796 63266781

书号:ISBN 7-5036-2122-2/D·1753
定价:130.00元

(如有缺页或倒装,本社负责退换)